सफरनामा

एक अखबार का, 25 वर्षों का

संपादक

निराला

प्रकाशन संस्थान

नयी दिल्ली-110002

प्रकाशक

प्रकाशन संस्थान

4268-B/3, अंसारी रोड, दरियागंज

नयी दिल्ली-110002

मूल्य : 995.00 रुपये

प्रथम संस्करण : सन् 2016

ISBN : 978-81-7714-504-5

आवरण : जगमोहन सिंह रावत

मुद्रक : बी. के. ऑफसेट, दिल्ली-110032

एक अखबार, कुछ सरोकार वाया 'सफरनामा'

प्रभात खबर का सफरनामा आपके हाथों में है। एक लंबे इंतजार के बाद। करीब छह साल विलंब से। इस सफरनामा को 2009 में आपके हाथों में होना था। प्रभात खबर के 25 वर्ष पूरे होने पर ही लेकिन कई वजहों से टलते-टालते अब सामने आ सका है। यह भी एक मुकम्मल शक्ल ले सका है या नहीं, आप जैसे सुधीजन तय करेंगे। आप ही तय करेंगे कि यह महज बिखरी हुई बातों का सहेजीकरण है, एक अखबार के इतिहास का दस्तावेजीकरण भर है या इससे इतर हाशिये से हस्तक्षेप कर भारतीय पत्रकारिता में मजबूत दखल देने की एक नयी परंपरा का जरूरी अध्याय! इस सफरनामा पर कुछ बातें करने के पहले इसके बहाने प्रभात खबर से अपने रिश्ते के सफरनामे पर चंद बातें कर लूं।

2007 के पहले माह के आखिरी दिनों की बात है। *जाना था जापान, पहुंच गये चीन...* की तर्ज जैसा कुछ-कुछ हुआ। रांची में कुछ सालों तक मीडिया में काम कर चुका था। यहां से चलाचली की तैयारी थी। पुनः अपनी पढ़ाई-लिखाई वाले शहर बनारस के लिए। एक बड़े अखबार समूह में संतोषजनक चाकरी का इंतजाम हो चुका था। बैग-बेडिंग पैक कर रहा था। उसी बीच एक रोज प्रभात खबर के हमारे एक बेहद आत्मीय पत्रकार साथी कमरे पर आ पहुंचे। अनायास ही आये थे। कोई पूर्व सूचना नहीं थी। बोरा-बस्ता बंधा हुआ देख चकित हुए। बात निकली। बताया कि अब इस शहर से विदा लेने की तैयारी में हूं। साथी ने सलाह दी– अगर शहर नहीं भाया तो कुछ नहीं कह सकता। अगर शहर से शिकायत नहीं है तो फिर यहीं रहिए। एक बार प्रभात खबर में कोशिश कर देखिए, फिर वहां भी मन न जमे तो यह शहर थोड़े न किसी के हाथ-पांव को बांधकर रोक सकता है! जब जी हो निकल लीजिएगा।

थोड़ी दुविधा की स्थिति बनी। रांची के दूसरे अखबारों से भी प्रस्ताव थे। यह कहते हुए असमर्थता जतायी थी कि अब शहर बदलना चाहता हूं। अपने शहर जाना चाहता हूं। घर-परिवार की जरूरत है। दूसरे संस्थान से ऑफर थे और प्रभात खबर में मुझे अर्जी देनी थी, अप्रोच करना था। दुविधा ज्यादा देर तक

हावी नहीं रह सकी। एक आत्मवृत्त प्रभात खबर में कार्यरत अपने साथी के हाथों भिजवा दिया। और फिर उसी रोज दो-चार दिनों के लिए गांव चला गया। इस खयाल के साथ कि कुछ दिन गांव रह लेते हैं। फिर बनारस में नये तरीके से संघर्ष, नयी शुरुआत के बाद शायद जल्दी गांव जाना संभव न हो सके।

गांव पहुंचते ही फोन को किसी कोने में रख देने की आदत है। बतकही और बतकूच्चन में फोन के खलल से परहेज करता हूं। खेत-बधार, गांव-हाट घूमकर दोपहर को घर लौटा तो पता चला कि रांची से फोन आया था, कोई हरिवंश बात करना चाहते थे। गांव में रहनेवाली छोटी बहन को समझाया– किसी के नाम में 'जी' तो लगाने का शऊर होना चाहिए। पलटकर फोन मिलाया। नेटवर्क ने धोखा दिया। बात नहीं हो सकी. अगले दिन भी फोन छोड़ इधर-उधर गया। लौटा तो फिर कहा बहन ने– फिर फोन आया था रांची से, उसी नंबर से इस बार फोन मिलाया तो बात हो गयी। एक्सटेंशन से फोन हरिवंशजी के पास गया। हरिवंशजी की ओर से एक लाइन का संवाद था– *कहां हो यार! आओ रांची तो मिलो।* पता नहीं हरिवंशजी के इस एक छोटे–से वाक्य में 'यार' शब्द गलती से आ गया था या यह उनका अंदाज था। जो भी हो लेकिन मेरे लिए यह एकदम नये किस्म का अनुभव था। बहुत हद तक अकल्पनीय जैसा। *कहां हो यार* वाला वाक्य बार-बार टकराता रहा मानस पटल में।

हरिवंश होने का मतलब बीएचयू में पत्रकारिता के छात्र रहते हुए पढ़ाई के दिनों से ही जानता था। बीचएयू के पत्रकारिता विभाग के एक क्लर्क डे बाबू, जो क्लास भी लिया करते थे, किसी भी किस्म के संसाधन की कमी की शिकायत करने पर तकियाकलाम की तरह दोहराया करते–हरिवंश यहीं से पढ़े हैं, देखो आज कहां हैं, तुम लोगों का तो भगवान ही मालिक है, सिर्फ रोना रोते रहते हो...! पत्रकारिता विभाग के अध्यक्ष डॉ. बलदेव राज गुप्त भी बात-बेबात कहते–हरिवंश जैसे पत्रकार इतने ही कम संसाधन वाले संस्थान से पढ़कर निकले हैं, देखो कैसे खुद रास्ता बनाकर एक मुकाम पर पहुंचे हैं। मिसाल कायम कर रहे हैं और तुम लोग इसके इतर पत्रकारिता का प्रशिक्षण लेते हुए ही जिन पत्रकारों के बारे में नजीर की तरह बताया जाता था या जिन्हें नजीर मान लेने को तैयार हुआ था, उनमें हरिवंशजी एक प्रमुख थे। वे आदर्श जैसे बनकर मन-मिजाज में स्थापित हो चुके थे। उन्हें रोल मॉडल मानकर उनकी तरह ही बनने की ख्वाहिशें भी मन के अंदरखाने में हिलोरें मारती रहती थीं। यह तब की बात है,जब बीएचयू में पढ़ाई हो रही थी।

बीएचयू से निकलने के बाद पत्रकारिता का पहला प्रशिक्षण प्रभात खबर के ही पटना संस्करण में हुआ लेकिन तब भी हरिवंशजी से सीधे संवाद का मौका नहीं मिला। चाकरी के चक्कर में रांची पहुंचकर दूसरे संस्थान से जुड़ा। बाहर

से ही हरिवंशजी के कृतित्व से परिचित होता रहा। उस रोज हरिवंशजी के फोन के बाद अगले ही दिन गांव से रांची आया। उनसे मिलने पहुंचा। अपने कई साथियों ने समझाया कि पैसे-वैसे की बात साफ-साफ कर लेना। मैंने कहा कि निश्चिंत रहो। लेकिन चेंबर में पहुंचते ही सब भूल गया। साधारण वेशभूषा में बैठे, साधारण-से दिखनेवाले एक व्यक्तित्व के सामने कुछ नहीं कह सका। जो कहना था, उन्होंने ही कहा, मैं सिर्फ सुनता रहा। वहां से निकलकर साथियों से कहा कि अब प्रभात खबर में ही काम करूंगा, नहीं जाऊंगा बनारस। साथियों ने पूछा– पैसा-वैसा ठीक-ठाक लगा न! मैंने सबसे झूठ बोला कि हां जितना पा रहा था, उससे डेढ़ गुना। जबकि सच्चाई यह थी कि जितना मिलने का प्रस्ताव बनारस में था, उससे लगभग आधे पर ही हामी भर दी थी।

दिल्ली समेत दूसरे शहरों में काम करनेवाले कुछ साथियों ने फिर समझाया– बड़ा हाउस, ज्यादा पैसे का ऑफर, कैरियर के आरंभ में ही एक खास जिम्मेदारी वाले काम की संभावनाएं छोड़ क्यों फिर रांची का फेरा!

मैंने सबसे कहा, बस यूं ही। मन बदल चुका था। बनारस की पैकिंग खुलने लगी थी। लेकिन ऐसा क्यों हुआ, मुझे भी पता नहीं चला। आज तक पता नहीं चल सका। आखिर किस चीज का आकर्षण था? प्रभात खबर में काम कर रहे या कर चुके साथियों-सहयोगियों से मिलने के बाद उनके बौद्धिक आकर्षण का प्रभाव था या प्रभात खबर के सरोकारी पत्रकारिता का आकर्षण? या बगैर मिले ही हरिवंशजी के द्वारा कहे गये उस एक वाक्य का असर था– *कहां हो यार...!* संभव है, इनमें सभी कारण रहे होंगे। हालांकि सही जवाब अब तक नहीं तलाश सका। प्रभात खबर ने मौका दिया। लगभग साढ़े तीन साल तक वेतनभोगी सहयोगी बनकर रहा। लेकिन इस दौरान नौकरी जैसा एक रोज भी नहीं लगा। प्रभात खबर से मासिक वेतन वाला नाता टूटे हुए चार साल से ज्यादा का समय पार कर गया लेकिन अब भी उस अखबार से अधिकार व सरोकार के आत्मीय संबंध वैसे ही बने हुए हैं। संस्थान परिसर में जाते ही रिश्ते की वही गरमाहट सराबोर करती है। वैसी ही ताजगी, उतनी ही जीवंतता। खुद को ऊर्जा से लबरेज करने के लिए बार-बार उस परिसर में जाता हूं।

साढ़े तीन साल तक काम करते हुए ही बार-बार ऐसा लगता था कि यह सिर्फ अखबार भर तो नहीं ही है जिसका काम खबरों को छापना, लोगों को खबरों से अवगत कराना, खबरों को बेचने के लिए तरह-तरह की स्कीम चलाना या कई बार सनसनी का सहारा लेकर अपने दायरे का विस्तार करना भर होता है। या यह अखबार उस तरह का भी नहीं है, जहां काम करनेवाले अपने व्यक्तित्व के विकास के तमाम आयाम को मारकर एक रोबोट-जैसा बन जाते हैं या कि यह अखबार वैसा भी नहीं है, जो पत्रकारिता की बनी-बनायी राह पर

चलता है। ऐसी ही कई बातें महसूस होती थीं। इसी साढ़े तीन साल में अखबार के प्रधान संपादक हरिवंशजी के साथ चुनाव के वक्त लगभग दो माह तक सुदूरवर्ती इलाके में सफर भी करने का मौका मिला था। एक जीप के पीछे परचे रखे होते थे और दूर-दराज इलाके में पहुंचकर वे लोगों को लोकतंत्र को और मजबूत करने, अधिक–से–अधिक वोट देने की अपील करते थे। हम परचा बांटते थे। दिनभर की थकाऊ यात्रा के बावजूद सुबह से शाम तक घूम-घूमकर वे लोगों से संवाद स्थापित करते थे। उनका गला जवाब देने लगा था फिर भी गले में चूने का लेप लगाकर इस अभियान को जारी रखे हुए थे। शाम होते-होते हम थक जाते थे लेकिन हरिवंशजी रात नौ बजे तक उसी ऊर्जा से लगे रहते थे। इस अनुभव ने सबसे ज्यादा प्रेरित किया था। लगता था कि इतना बड़ा अखबार है, खुद हरिवंशजी इतने बड़े ओहदे पर हैं, इनका नाम हो चुका है फिर क्यों इतनी ऊर्जा लगाये हुए हैं ऐसे अभियान में, जिससे अखबार को सीधे कोई फायदा नहीं होनेवाला। ये वैसे इलाके में ऊर्जा लगा रहे हैं, जहां लोग अखबार पढ़ते तक नहीं। तब दूसरे अखबार वाले शहर में ही बालटी, मग, बेडशीट देकर अपने अखबार का प्रसार बढ़ाने में लगे हुए थे और हरिवंशजी प्रभात खबर के बैनर तले दस-दस लोगों की भी सभाओं को संबोधित कर रहे थे.

2009 का साल आया। प्रभात खबर का 25वां साल शुरू हुआ। इस मौके पर कई खास आयोजनों का प्रारूप तैयार हुआ। कई विशिष्ट संपादकीय आयोजन भी तय किये गये। दोनों किस्म के आयोजनों की तैयारी प्रभात खबर के लिए सामान्य-सी बात थी। एक तरह से यह परंपरा के विस्तार जैसा था। झारखंड में प्रभात खबर लगातार कई सालों से खास किस्म के आयोजनों को करता रहा था। व्याख्यान, अभियान, खास आयोजन आदि-आदि। 'भारत किधर' व्याख्यानमाला में देश के कई नामचीन, चर्चित और महत्त्वपूर्ण चिंतक-विचारक, विद्वान, राजनीतिक-सामाजिक कार्यकर्ता प्रभात खबर की कोशिश से रांची और झारखंड के अन्य शहरों में आ चुके थे। और फिर इस अखबार के संपादकीय आयोजन को तो देश की हिंदी पत्रकारिता ने भी देखा-जाना, समझा है और विस्मित होते रहे हैं। यह देखकर कि एक अखबार कैसे राज्य के स्थापना दिवस पर 100 पृष्ठों का विशेषांक निकालता है। सिर्फ खानापूर्ति के लिए नहीं बल्कि ट्रांसपैरेंसी इंटरनेशनल और सीएसडीएस जैसी संस्थाओं द्वारा अध्ययन वगैरह कराकर। पूरी तैयारी, जिम्मेवारी और गंभीरता के साथ। सालाना झारखंड डेवलपमेंट रिपोर्ट के रूप में भी लोग देखते रहे हैं।

तब बात हुई कि अब जबकि प्रभात खबर स्थानीय, क्षेत्रीय की परिधि को पार कर राष्ट्रीय स्तर पर एक मॉडल बन चुका है और हाशिये से हस्तक्षेप कर जनसरोकार की पत्रकारिता के लिए एक खास किस्म की पाठशाला-प्रयोगशाला

माना जाने लगा है तो इसके सफरनामे का भी डॉक्यूमेंटेशन हो। 25 वर्षों के सफर में उतार-चढ़ाव, सफलता-विफलता आदि का आकलन हो। इस पर आरंभिक बात की शुरुआत हुई। प्रस्ताव हरिवंशजी के पास गया। उनका संक्षिप्त सुझाव था– आप साथी जो भी सार्थक करेंगे, करना चाहेंगे, मैं साथ रहूंगा लेकिन आप इसका ध्यान रखें कि यह आत्ममुग्धता का दस्तावेज नहीं बने, बल्कि पत्रकारिता में इसका सार्थक उपयोग हो सके। मकसद यह हो कि भविष्य में यदि पत्रकारिता का अध्ययन हो तो प्रभात खबर के सफरनामा को देख यह जाना-समझा जा सके कि लीक-लीक चलते हुए एक-दूसरे को रेस में पछाड़ते रहना ही सफलता का मानक नहीं होता बल्कि दूसरे नये रास्ते की तलाश कर अपने लिए पगडंडियों का निर्माण करना और फिर उसे रास्ते के रूप में बदल देना भी एक मजबूत वैकल्पिक रास्ता होता है, जिसमें स्थायीपन का भाव भी होता है। हरिवंशजी ने आखिरी में कहा कि इसका एक बड़ा मकसद यह भी हो कि पत्रकारिता के विद्यार्थियों को अगर इस पेशे के विविध आयाम, संघर्ष के बीच सृजन की संभावना, पत्रकारिता में प्रयोगधर्मिता आदि जानना हो तो उनके लिए यह सफरनामा बेहद उपयोगी हो। और साथ ही यह भी कि यह सिर्फ प्रभात खबर का एक दस्तावेज भर नहीं हो बल्कि अपने समय की परिस्थितियों, चुनौतियों, विडंबनाओं और संभावनाओं की सीमा को दिखानेवाला एक खुला दस्तावेज भी हो। इतना खुला कि उसके पन्नों में स्वआकलन हो तो आत्मालोचना भी और दूसरों की आलोचना करने के लिए स्पेस भी।

सफरनामा के लिए बिखरे हुए विविध आयामों को सहेजने की शुरुआत हुई। अखबार की पुरानी फाइलें निकलने लगीं। रोज-ब-रोज नये रोमांचकारी अनुभव। एक अखबार ने अपने छोटे व सीमित संसाधन से छोटी अवधि की यात्रा में कितने प्रयोग किये थे, किस-किस तरह के काम किये थे, यह सब देखना-जानना हैरत में डालनेवाला था। आजादी के पूर्व और उस दौरान तो पत्रकारिता और अखबारी संस्थानों ने जो काम किये थे, उससे कुछ हद तक हम परिचित थे। इमरजेंसी के दौरान भी अखबारों की भूमिका की थोड़ी-बहुत जानकारी थी। तब इस प्रोफेशन का मिशन साफ था और इस पेशे में लोग भी बड़े उद्देश्यों के साथ जुड़े थे। लेकिन उसके बाद के वर्षों में पत्रकारिता में पूंजी का दखल बढ़नेवाला दौर शुरू हुआ और जनसरोकार से दूर होते जाने का भी। बदलाव का दौर ऐसा कि बिहार-झारखंड जैसे इलाके में एक-एक कर कई अखबार हाशिये में जाते रहे। वर्षों से मजबूत पहचान वाले अखबार बंद होने की स्थिति में पहुंचने लगे और राष्ट्रीय अखबारों के संस्करण बंद होने की परिघटना भी घटित हो रही थी। उस दौर में प्रभात खबर रांची जैसी छोटी-सी जगह से जनसरोकारी पत्रकारिता में विविध प्रयोग कर रोज ही संभावनाओं के नये द्वार खोल रहा था, विस्तारीकरण

की प्रक्रिया में जा रहा था। जनसरोकारी पत्रकारिता के प्रयोग भी नायाब तरीके के। प्रशासनिक लापरवाही से लोगों के लिए बिजली का संकट खड़ा हुआ तो इस अखबार ने अपना संपादकीय ही खाली रखकर विरोध जताया। वैसे ही जैसे कि इमरजेंसी के दौरान विरोध का तरीका अपनाया गया था। 'पत्रिका' की शुरुआत कर देश के कोने-कोने में फैले बड़े नाम वाले विशेषज्ञों-बुद्धिजीवियों और लेखकों को जोड़ना और नये किस्म के लेखन के लिए तैयार करना भी समय के हिसाब से एक महत्त्वपूर्ण कोशिश थी। झारखंड के आदिवासी नौजवानों को अपनी खासियत, समस्याएं, चुनौतियां खुद लिखने के लिए प्रेरित करना और उन्हें मंच उपलब्ध कराने का काम प्रभात खबर ने तब शुरू किया, जब आज की तरह 'सिटिजन जर्नलिज्म' जैसे शब्द पॉपुलर धारा में नहीं आये थे और कई बार पाठकों के पत्र को ही मुख्य खबर के रूप में पेश कर देने का अनोखा प्रयोग कर भी प्रभात खबर एक नयी किस्म की पत्रकारिता का रिस्क लेता रहा। पत्रकारिता की इन विधाओं को सिर्फ लिटमस टेस्ट की तरह एकाध बार कर जांचता भर नहीं बल्कि उसे बार-बार करता रहा। संसाधनों की कमी का अंदाजा इसी से लगा सकते हैं कि इस अखबार के सफरनामे में एकाध मौके ऐसे भी आये, जब प्रिंटिंग-टाइपिंग की समस्या की वजह से हाथ से लिखकर शीर्षक वगैरह चलाने पड़े लेकिन इसके पाठकों ने इसे उस रूप में भी गर्मजोशी से अपनाया।

ऐसी ही कई बातें, कई प्रयोग चलते रहे। झारखंड के हजारीबाग में शराब ने जब कई परिवारों की गति को दुर्गति में बदलना शुरू किया तो अखबार ने खास अभियान ही चलाना शुरू किया और अखबार के प्रधान संपादक हरिवंश खुद उस इलाके में पहुंचकर महिलाओं को शराबखोरों के खिलाफ आंदोलन के लिए तैयार करने लगे, यह रोमांचित करनेवाला विषय था। राज्य निर्माण के लिए जब झारखंड आंदोलन चल रहा था तो उस एक आंदोलन को हर तरीके से बौद्धिक खाद–पानी देने का काम करना और आंदोलनकारियों के लिए मंच बन जाने का दायित्व प्रभात खबर ने कैसे निभाया था, यह सब अखबारों की फाइलों में कैद था। जब देश की पत्रकारिता में राष्ट्रीय हो जाने का मानक दिल्ली बन रहा था तब स्थानीय समस्याओं को राष्ट्रीय स्वरूप में विस्तार देने का कौशल साफ दिख रहा था। दक्षिण बिहार की देहरी से देश में दस्तक देना और देश के अलग-अलग हिस्से में बसे लोगों का इस छोटी देहरी वाले दस्तक में सहभागी बन जाने की प्रक्रिया शुरू हो चुकी थी।

पुराने अखबारों के ढेर में ऐसे कई अध्याय खुलते गये। यह भी देखा कि कैसे समय से बहुत आगे चलते हुए प्रभात खबर ने कई ऐसे प्रयोग भी किये थे, जो उस समय में संसाधनों की कमी की वजह से भले ही विफल हो गये थे लेकिन आज बड़े संस्थान वही करते दिख रहे हैं और उसी के जरिये राजस्व

संगृहीत करने के अलावा लोकप्रियता भी बटोर रहे हैं। एकाध उदाहरण लें। प्रभात खबर ने काफी पहले ही 'घर' नाम से एक पारिवारिक पत्रिका की शुरुआत की थी। 'रोजगार प्रभात खबर' नाम से साप्ताहिक प्रतियोगिता पत्रिका की शुरुआत की, जो कई वर्षों तक लोकप्रियता में शीर्ष पर बना रहा। कोलकाता से 'कारोबार खबर' की शुरुआत भी इस अखबार ने काफी पहले की थी। तब हिंदी में बिजनेस डेली का चलन आज की तरह नहीं था। और हालिया वर्ष में तो 'पंचायतनामा' नाम से बिहार और झारखंड से साप्ताहिक निकालकर ग्रामीण पत्रकारिता में एक मिसाल पेश की। यह एक ऐसा प्रयोग रहा, जिसने ग्रासरूट जर्नलिज्म में संभावनाओं के नये द्वार खोले। ऐसे ही कई प्रयोग प्रभात खबर ने समय से बहुत पहले ही किये थे। भले ही वे बाद के दिनों में बंद करने पड़े हों, लेकिन उसे विफलता भी तो नहीं कहा जा सकता क्योंकि आज वही प्रयोग एक मूर्त रूप लेकर दूसरे मीडिया समूहों के लिए पहचान की रेखा भी बना हुआ है।

'सफरनामा' के लिए दूसरा सबसे महत्त्वपूर्ण काम था, इससे जुड़े अथवा इस अखबार से सरोकार रखनेवाले लोगों से संपर्क स्थापित कर इस दस्तावेजीकरण को मुकम्मल रूप देना। देश के कोने-कोने में, अलग-अलग मीडिया संस्थानों में आज अपनी पहचान के साथ काम कर रहे कई लोगों के नाम सामने आते गये। सबने गर्मजोशी दिखायी. बिना किसी हिचक के। बिना इसकी परवाह किये कि दूसरे संस्थान में रहते हुए अब प्रभात खबर के बारे में क्या लिखेंगे, कैसे लिखेंगे, सबने लिखा। डूबकर लिखा। आत्मीय अनुभव साझा किये, जो इस किताब में शामिल किये गये हैं। सिर्फ वही लोग नहीं जो सीधे तौर पर प्रभात खबर से जुड़े रहे थे बल्कि वैसे भी लोगों ने दिल खोलकर सहर्ष अपने अनुभव को साझा करना शुरू किया, जिनका परोक्ष तौर पर प्रभात खबर से जुड़ाव लंबे समय से रहा है। इनमें प्रभात खबर के पाठकों से लेकर तमाम किस्म के सरोकारी लोग शामिल हैं। रिपोर्टिंग के अनुभव, रिपोर्टिंग के नजरिये से धारा के खिलाफ चलकर किये गये प्रयोग, कई महत्त्वपूर्ण व्यक्तियों के व्याख्यानमाला के कुछ चुनिंदा भाषण, पत्रकारिता के सरोकार के कुछ आलेख आदि जैसे कई खंड इस किताब में मिलेंगे। आरंभ में हरिवंशजी ने सफर की कहानी बतायी है। एक लंबे लेख के जरिये। साथ ही उनके कई लेख हैं, जो प्रभात खबर में समय-समय पर प्रकाशित हुए थे। विविध आयोजनों के अवसर पर। प्रभात खबर के अलग-अलग संस्करणों के शुरुआत होने पर। अलग-अलग स्थितियों में, अलग-अलग प्रसंगों पर, अलग-अलग मसले पर. लेकिन सबका मकसद कमोबेश पत्रकारिता धर्म का निर्वहन करते हुए पत्रकारिता, राज, समाज और राजनीति को स्वच्छ बनाना ही है। और अंत में उनका एक लंबा साक्षात्कार भी है। यह साक्षात्कार भी कोई विधिवत साक्षात्कार जैसा नहीं है। उनके साथ की गयी यात्राओं के दौरान उनसे हुई बातचीत का

एक सहेजीकरण जैसा है। इसलिए वह साक्षात्कार भी लगेगा और फुटकटिया वार्तालाप जैसा भी। अखबार के संघर्ष की कहानी, संघर्ष के बीच सृजन की छटपटाहट से उपजी सफलता और राह की चुनौतियों को उनके लिखे और कहे से समझा जा सकता है। आखिरकार अखबार के संपादक की दृष्टि से ही यह साफ होता है कि उसका मूल स्वरूप कैसा है और उसके अपने मानदंड क्या हैं, क्या होंगे... अब, जबकि यह किताब आपके हाथों में आयी है, प्रभात खबर के प्रधान संपादक हरिवंशजी एक नयी भूमिका में भी समाज के सामने हैं। वे राजनीति में कदम रख चुके हैं। सांसद बन चुके हैं। लेकिन सब जानते हैं कि उनकी पहचान सांसद वाली अब भी नहीं है। वे अब भी उतने ही पत्रकार हैं, जितने पहले हुआ करते थे। यह खुद के अनुभव के आधार पर भी कह रहा हूं। उनके सांसद बनने के बाद, उन्हें जितने आयोजनों में बुलाया गया या वे जितने आयोजनों में जाते रहे, उनमें अधिकांश पत्रकार की हैसियत से ही बुलाये गये आयोजन होते हैं। यह अलग बात है कि वे पत्रकार बनकर भी जाते हैं तो देश की राजनीति पर बातें ज्यादा करते हैं और यह कोई ऐसा भी नहीं कि सांसद बन जाने के बाद की प्रक्रिया है। राजनीति से उनका गहरा लगाव बचपन से ही रहा है। जेपी के गांव सिताब दियारा में जनमने की वजह से। बाद में चंद्रशेखर जैसे प्रखर नेता के संपर्क में आने और फिर उनके साथ काम करने की वजह से। कृष्णनाथ जैसे विख्यात राजनीतिक चिंतक का सान्निध्य पाने की वजह से। प्रभात खबर में आने के पहले रविवार जैसी पत्रिका में लगातार राजनीतिक पत्रकारिता करते रहने की वजह से। कई वजहों से, सभी वजहों से। बहरहाल मूल बात यह है कि इसमें हुई हरिवंशजी से बातचीत उनके पूरी तरह से पत्रकार रहने के समय की हुई बातचीत है। हरिवंशजी की सबसे बड़ी पहचान प्रभात खबर की पत्रकारिता से है, प्रभात खबर की पहचान हरिवंशजी से है। प्रभात खबर की पहचान और हरिवंश की पहचान एकाकार रूप ले चुकी है।

यह सफरनामा जिस रूप में भी आपके सामने है, उसके लिए हरिवंशजी और पूरा प्रभात खबर प्रबंधन के प्रति तो धन्यवाद ज्ञापित करना फर्ज बनता ही है लेकिन समानांतर रूप से इसमें कई लोगों की भूमिका बहुत महत्त्वपूर्ण रही है। उन लेखकों की, जिन्होंने इसके लिए लेख लिखे। प्रभात खबर के वरिष्ठ साथी विनय भूषणजी का इसमें मार्गदर्शन मिलता रहा। प्रभात खबर में तब साथ रहे साथी जेब अख्तर ने इसके प्रूफ पढ़ने में सहयोग किया। पटना प्रभात खबर के वरिष्ठ संपादकीय साथी रवींद्रजी, जिनकी भाषा पर गहरी पकड़ है, उन्होंने इस पुस्तक को कई बार पढ़कर, इसमें सुधार लाकर, इसे छपने योग्य बनाया, उनके प्रति विशेष आभार है। प्रभात खबर के ही साथी राकेशजी, अल्ताफजी ने पुराने अखबारों को उपलब्ध कराने, पुरानी सामग्री को देने में कई माह तक निरंतर

सहयोग किया और साथ खड़े रहे, उनके बिना यह काम इतना आसान नहीं होता।

और अंत में एक बात। यह 'सफरनामा' कुछ टूटी, कुछ बिखरी हुई बातों का संकलन है। बहुत हद तक संभव है, कई सारी बिखरी हुई कड़ियां इसमें नहीं जुड़ पायी होंगी। कई त्रुटियां भी होंगी। आगे त्रुटियों को दूर करने में आपकी सलाह, आपका मार्गदर्शन और सहयोग अपेक्षित रहेगा। और जब-जब यह किसी किताब के लिए बने-बनाये मानक पर खरा उतरते न दिखे तो इसका एक मतलब यह भी होगा कि यही प्रभात खबर की अपनी शैली है, जो हर वक्त किसी बने-बनाये फॉर्मूले को ही नहीं अपनाता, कुछ खास शैली भी गढ़ता है।

बस! इतना ही....

–निराला

विषय सूची

खंड-7 : रिपोर्टर्स डायरी 235

खंड-8 : व्याख्यान 265

खंड-1: प्रमुख आलेख

बाजार के दबाव में गढ़ी गयी नयी परिभाषा के अनुसार अखबार को अगर एक प्रोडक्ट भी मानें, तो हर प्रोडक्ट का अपना एक व्यक्तित्त्व होता है. जब किसी व्यक्तित्त्व पर बात करते हैं, तो उसके संघर्ष, सपने, चुनौतियों को रेखांकित किये बगैर सीधे-सीधे महिमामंडन भर करना विश्वसनीयता के संकट को सामने लाता है. बतौर अखबार, प्रभात खबर के व्यक्तित्व को निखरने में किस तरह का संघर्ष हुआ है, कितनी चुनौतियां सामने आयी हैं और किस तरह संघर्ष के साथ रचना की प्रकिया एकाकार होती गयी, यह जानना प्रेरक है. 'सफरनामा' के इस पहले खंड में संघर्ष के साथ रचना के सफर को वे लोग साझा कर रहे हैं, जो प्रभात खबर की इस यात्रा के गवाह रहे हैं और राह के रहबर तथा साझीदार भी।

कुछ भूले- बिसरे, कुछ अल्पज्ञात

बलबीर दत्त

प्रभात खबर 25वें वर्ष में प्रवेश कर गया है। रजत जयंती वर्ष तक पहुंचने की सफल यात्रा के लिए मैं प्रभात खबर को बधाई देता हूं। किसी भी समाचार पत्र या पत्रिका का 25 वर्ष का होना भारत जैसे देश में एक महत्त्वपूर्ण बात है। प्रभात खबर के प्रधान संपादक हरिवंश जी ने यह कहते हुए कि प्रभात खबर से मेरा आरंभ काल से ही कई प्रकार का संबंध रहा है, मुझे इस अवसर पर कुछ लिखने के लिए कहा।

मुझे प्रभात खबर के उद्‌भव, उतार-चढ़ाव और क्रमिक विकास को काफी नजदीक से देखने-समझने का अवसर मिला। इस अवसर पर अनेक पुरानी यादें ताजा हो आती हैं और न भूलने वाले कई दृश्य उभर आते हैं। रजत जयंती और स्वर्ण जयंती आदि के अवसर पर समाचारपत्र अक्सर अपने स्थापना काल की परिस्थितियों, अपनी आरंभिक कठिनाइयों एवं समस्याओं, अपना अस्तित्त्व बनाये रखने के लिए किये गये संघर्ष तथा अपने योगदान आदि की चर्चा करते हैं। यह परिदृश्य अनेक जानकार लोगों की नजरों से गुजरता है। मैं यहां कतिपय निजी अनुभवों और महत्त्वपूर्ण प्रसंगों के तौर पर अपने विचार व्यक्त कर रहा हूं।

प्रथम दैनिक की वीरगति

कोई समय था जब झारखंड को पत्रकारिता की बंजर भूमि कहा जाता था। 1951 में जब रांची एक छोटा नगर था। 'राष्ट्रीय भाषा' नाम से एक हिंदी दैनिक प्रकाशित करने का साहस स्व. देवीप्रसाद मिश्र ने प्रदर्शित किया था। क्राउन आकार के चार पृष्ठों और छह कॉलमों का रांची का यह पहला दैनिक फ्लैट बेड मशीन पर छपता था। इसका पूरा कंपोजिंग कार्य हाथ से होता था। लेकिन आर्थिक संकट के कारण यह समाचारपत्र शीघ्र ही वीरगति को प्राप्त हो गया। उसके वर्षों बाद तक किसी ने रांची से दैनिक समाचारपत्र निकालने का कोई गंभीर प्रयास या साहस नहीं किया। 1963 में साप्ताहिक के रूप में आरंभ होने के 13 वर्ष बाद 1976 में जब देश में आपातकाल लागू था, रांची एक्सप्रेस प्रबंधन ने साप्ताहिक को दैनिक में परिवर्तित करने

का निर्णय लिया, जिसे उस समय की स्थिति में कई लोगों ने एक दुस्साहस कहा। लेकिन यह प्रयोग सफल रहा। 1983 से जब रांची का काफी विकास हो चुका था, वाराणसी के बहुसंस्करणीय दैनिक आज ने रांची से अपना प्रकाशन आरंभ किया। चूंकि यह आजादी से पूर्व का एक बहुत पुराना और जमा-जमाया अखबार था, इसलिए इसे व्यवसाय कौशल का अच्छा-खासा अनुभव था। इसी वर्ष जब कांग्रेस नेता ज्ञानरंजन और पत्रकार एसएन विनोद ने मिलकर प्रभात खबर का प्रकाशन आरंभ किया तो अनेक लोगों ने कहा कि रांची में अब तीसरे दैनिक की कोई गुंजाइश नहीं है। वस्तुतः तत्कालीन परिस्थितियां अखबार के अनुकूल नहीं थीं। लेकिन इस अखबार ने अनेक संकटों से गुजरते और जूझते हुए आज हिंदी समाचारपत्र जगत् में अपनी एक विशिष्ट छवि और पहचान बना ली है।

संवादहीनता की स्थिति

किसी भी नये समाचारपत्र की तरह प्रभात खबर को भी आरंभिक वर्षों में, जो निर्णायक महत्त्व के होते हैं, कई विकट परिस्थितियों का सामना करना पड़ा। प्रकाशन आरंभ होने के कुछ माह बाद ही अखबार की स्थिति उत्तरोत्तर बिगड़ने लगी। अखबार लड़खड़ाने लगा। इसका बड़ा कारण था अखबार के साझेदारों ज्ञानरंजन और एसएन विनोद के बीच तीखा विवाद छिड़ जाना।

इसके परिणामस्वरूप ज्ञानरंजन ने, जो अखबार को आर्थिक सहयोग प्रदान करते थे, अपना हाथ खींचना आरंभ कर दिया। जून, 1985 आते-आते स्थिति यह हो गयी थी कि कर्मचारियों का तीन माह का वेतन बकाया हो गया। अखबारी कागज और छपाई सामग्री का अभाव हो जाने के कारण प्रकाशन अनियमित हो गया। जुलाई के तीसरे सप्ताह में कर्मचारियों की हड़ताल के कारण अखबार का प्रकाशन बिल्कुल ठप हो गया। विवाद को हल करने के लिए नगर के कई विशिष्ट व्यक्तियों ने, जिनमें कई महारथी थे, प्रयास किये। लेकिन सफलता नहीं मिली। एक दूसरे के विरुद्ध आरोप-प्रत्यारोप का बाजार गरम था। दोनों भागीदारों के बीच संवादहीनता की स्थिति थी। वे सीधी बातचीत के लिए तैयार ही नहीं थे। सभी मध्यस्थ व बिचौलिए हार चुके थे। ऐसी विषम परिस्थिति में प्रभात खबर और इसकी प्रकाशन कंपनी विज्ञान प्रकाशन के कर्मचारियों की संघर्ष समिति के सदस्यों ने मुझको और पटना के अंग्रेजी दैनिक इंड्यिन नेशन के रांची में पदस्थापित विशेष संवाददाता पीएन झा को बीच-बचाव करने को कहा। उन्होंने लिखित अनुरोध किया कि अखबार के भागीदारों को इस बात के लिए मजबूर करें कि वे प्रेस परिसर में कर्मचारियों से सीधी बातचीत के लिए तैयार हो जायें।

'कश्मीर समस्या से भी अधिक जटिल'

मैंने पीएन झा को कहा कि 124 कर्मचारियों ने बड़ी आशा के साथ हम लोगों को एप्रोच किया है। अतः इस अनुरोध को स्वीकार न करना उचित नहीं होगा। पीएन झा ने कहा कि यह समस्या कश्मीर की समस्या से भी अधिक जटिल प्रतीत होती है, क्योंकि कभी नरम और कभी

गरम दौर के बावजूद भारत और पाकिस्तान बातचीत के लिए तो सहमत हो जाते हैं। यहां तो बातचीत के सारे दरवाजे बंद हैं। कोई खिड़की भी खुली हुई नहीं है। मैंने उन्हें एक मैनेजमेंट विशेषज्ञ की एक उक्ति सुनायी जिसका मंतव्य था- हर समस्या का हल है, हर सवाल का जवाब है। हर ताले की चाबी है। काफी अथक प्रयास के बाद दोनों भागीदार बातचीत के लिए राजी हो गये। उन्होंने कहा- हम प्रेस परिसर में जाकर कर्मचारियों से सीधे बातचीत नहीं करेंगे। हम आपके निवास स्थान पर पीएन झा की मौजूदगी में बातचीत के आरंभिक दौर को शुरू कर सकते हैं। आखिर यही किया गया। बर्फ पिघलनी आरंभ हुई। लेकिन अवरोध भी उत्पन्न होते रहे। राजनीतिक सक्रियता के कारण ज्ञानरंजन का रांची से बाहर जाना-आना लगा रहता था और वह कई दिन रांची से गायब रहते थे। इससे नाराज होकर मैंने उन्हें कहा— आपका स्टैंड क्या है यह तो हमें मालूम है लेकिन उसी दिशा में वार्ता को आगे बढ़ाने और उसकी रूपरेखा तैयार करने के लिए हम इंतजार में बैठे नहीं रह सकते। ज्ञानरंजन ने मुस्कराते हुए अपना लेटर पैड निकाला और उस पर लिखा

15.7.1985

श्री बलवीर दत्त- श्री पीएन झा

जिन बिंदुओं पर आपसे बात हुई है, उसमें आपका जो भी फैसला होगा मुझे स्वीकार है.

आपका-

ज्ञानरंजन

प्रधानमंत्री तक शिकायत

आपका जो भी फैसला होगा मुझे स्वीकार है। यह कहने और लिखकर देने के लिए काफी दमखम और जिगर चाहिए। एक अवसर पर एसएन विनोद ने मुझे कहा— प्रभात खबर मुझे दे दिया जाये और प्रिंटिंग आदि के लिए विज्ञान प्रकाशन और उसकी मशीनों को ज्ञानरंजन को सौंप दिया जाये। मैंने कहा- यदि आप दोनों मिलकर चलें तो सर्वोत्तम है। लेकिन जब आपस में गहरा मनमुटाव हो गया है तो उस प्रस्ताव का कोई अर्थ नहीं। इसके बाद से कई नयी समस्याएं उठ खड़ी हो सकती हैं या कुछ लोगों द्वारा खड़ी कर दी जा सकती हैं।

आधारभूत सिद्धांत तय हो जाने के बाद माहौल में परिवर्तन हुआ। अंततः दोनों भागीदारों की कर्मचारियों से सीधी बात हुई। बातचीत का यही दौर निर्णायक था, क्योंकि अंतिम निर्णय इसी से हुआ। मामला सुलझ गया। दोनों के वकील प्रकट हुए। करारनामा बना और उस पर हस्ताक्षर हो गये। अखबार बंद होने से बच गया। नहीं तो बेरोजगारों की एक और फौज खड़ी हो जाती। कुछ शर्तों के साथ एसएन विनोद को राजी कर लिया गया कि वह अखबार और कर्मचारियों के व्यापक हित में हट जायें और पूरा दायित्व ज्ञानरंजन संभाल लें, क्योंकि पूंजी की व्यवस्था ज्ञानरंजन ही बेहतर ढंग से कर सकते थे। समझौता वार्ता की सफलता का श्रेय दोनों भागीदारों को दिया जाना चाहिए, क्योंकि ज्ञानरंजन ने जिस दायरे में रहकर बातचीत करने का अधिकार हमें दिया था, हम उससे आगे बढ़ गये। एसएन विनोद का रवैया भी

सराहनीय रहा, क्योंकि कुछ कानूनी और तकनीकी पेच ऐसे थे कि विनोद के अड़ जाने से ज्ञानरंजन कुछ नहीं कर सकते थे। ज्यादा घाटा ज्ञानरंजन को होता। यह प्रकरण कतिपय अखबारों में भी चर्चित हुआ। इस विवाद की शिकायत प्रधानमंत्री राजीव गांधी तक पहुंची। समझौते के बाद भी एसएन विनोद को ज्ञानरंजन से कुछ शिकायतें हो गयीं। विनोद ने कहा, मैं नया अखबार निकालूंगा। उन्होंने अखबारों में इस आशय का विज्ञापन भी छपवा दिया कि वह रांची से शीघ्र ही एक नया हिंदी दैनिक आरंभ करेंगे। उन्हें समझाया गया कि अब इस पचड़े में नहीं पड़ना ही उचित होगा। इस सलाह का असर हुआ। उन्होंने प्रोफेशनल पत्रकार के तौर पर पत्रकारिता करते रहने को तरजीह दी।

दो अखबार, एक स्थापना दिवस

प्रभात खबर का प्रकाशन पुनः आरंभ होने के कुछ दिन बाद ही स्वाधीनता दिवस था। स्वाधीनता दिवस की पूर्व संध्या यानी 14 अगस्त, 1985 को एक समारोह का आयोजन किया गया जो प्रभात खबर की प्रथम वर्षगांठ के रूप में मनाया गया। सत्यभारती सभागार में आयोजित इस समारोह में मुख्यमंत्री विंदेश्वरी दुबे मुख्य अतिथि के रूप में उपस्थित होने वाले थे। लेकिन किन्हीं कारणों से वह नहीं आ सके। उद्योगमंत्री रामाश्रय प्रसाद सिंह को मुख्य अतिथि बनाया गया। ज्ञानरंजन ने रॉकफेलर फारमूला अपनाते हुए सद्भावना प्रदर्शन के बतौर मुझे अध्यक्षता करने को कहा। मैंने यह कहते हुए इनकार करने का प्रयास किया कि प्रभात खबर के किसी अधिकारी या कार्यवाहक संपादक सुनील श्रीवास्तव को अध्यक्षता करनी चाहिए। लेकिन ज्ञानरंजन ने कहा कि सबका आग्रह है कि आप ही अध्यक्षता करें। अब मेरे सामने कोई चारा नहीं था। समारोह में स्वागत भाषण ज्ञानरंजन ने किया और परिचयात्मक भाषण सुनील श्रीवास्तव ने।

संयोग से रांची एक्सप्रेस की वर्षगांठ भी उसी दिन थी, जिसके लिए रांची एक्सप्रेस परिवार को बधाई दी गयी। ज्ञातव्य है कि साप्ताहिक और दैनिक रांची एक्सप्रेस दोनों का श्रीगणेश क्रमशः 1963 और 1976 में स्वाधीनता दिवस की पूर्व संध्या यानी 14 अगस्त को हुआ था। प्रभात खबर का श्रीगणेश भी 1984 में स्वाधीनता दिवस की पूर्व संध्या यानी 14 अगस्त को रांची के रोटरी हॉल में आयोजित एक समारोह में हुआ था। आज फिर 14 अगस्त था।

अखबारनवीसी बनाम खेल भावना

इस प्रसंग का उल्लेख मैं इसलिए कर रहा हूं कि आज पत्रकारिता जगत् में अक्सर अखबार या उनके प्रबंधन एक दूसरे से न केवल कटे-कटे-से रहते हैं, बल्कि कई बार उनके संबंधों में तनाव, ईर्ष्या और अनादर की अंतर्धारा प्रवाहित होती रहती है। हर शहर में कम-से-कम एक दो अखबार ऐसे होते हैं, जो आपस में कोई सरोकार नहीं रखते। गलती चाहे जिस किसी की भी हो। व्यावसायिक प्रतिस्पर्धा के बावजूद किसी भी ट्रेड, कारोबार या प्रोफेशन के लोग आपस में मिलते-जुलते हैं। सामूहिक समारोह आयोजित करते हैं। लेकिन सब अखबारवाले कभी भी एक साथ बैठते नहीं।

किसी विपत्ति को छेड़कर एकजुट नहीं होते। शायद यह अहंभाव ही समस्या(इगो प्रॉब्लम) है। लेकिन इससे पाठकों में कितना गलत संदेश जाता है, इसकी किसी को कोई परवाह नहीं। किसी व्यवसाय में प्रतिस्पर्धी का अर्थ विरोधी या शत्रु नहीं होता। सब छोटे-बड़े अखबार प्रतिदिन खेल प्रतिस्पर्धाओं पर एकाधिक बल्कि दो-तीन पृष्ठ तक देते हैं। इसलिए उन्हें स्वयं खेल भावना का परिचय देना चाहिए और स्वस्थ प्रतिस्पर्धा करनी चाहिए। प्रभात खबर के प्रथम चरण में जो कुछ हुआ। वैसा कई अखबारों में हो चुका है। मेरा यह निजी अनुभव है कि किसी अखबार में आंतरिक विवाद और अंतर्कलह उसके लिए सबसे अधिक घातक सिद्ध होते हैं। ठीक वैसे ही जैसे भारत जैसे किसी देश को बाहरी हमले से उतना खतरा नहीं है, जितना आंतरिक फूट, कलह और विग्रह से। इससे छोटे-बड़े कई अखबार बंद हो चुके हैं।

प्रभात अखबार का तीसरा अवतार

समाचारपत्रों के संचालन में उत्पन्न होने वाली समस्याओं, प्रबंधन और संपादकीय विभाग में तालमेल की कमी या गंभीर मतभेद और प्रबंधन कौशल का अभाव आदि एक सतत और विस्तृत शोध का विषय है। हमारे देश में इस तरह का कोई शोधकार्य, विश्लेषण या विवेचन प्रायः नहीं होता, जबकि पश्चिमी देशों में स्थिति बिल्कुल भिन्न है। मुझे एक बार ब्रिटिश काउंसिल ने ब्रिटेन और अमेरिका की पत्रकारिता से संबंधित कुछ पुस्तकें भेंट स्वरूप दी थीं। इनमें आठ-दस पुस्तकें केवल द टाइम्स, द सन, डेली मेल और वाशिंगटन पोस्ट आदि के उतार-चढ़ाव और स्वामित्व परिवर्तन आदि से संबद्ध थीं। भारतीय पत्रकारिता पर भी इस तरह के बहुआयामी शोध की आवश्यकता है। स्वामित्व परिवर्तन की नौबत बाद में प्रभात खबर में भी आ गयी। वस्तुतः आज की दुनिया में आधुनिक ढंग का दैनिक समाचारपत्र निकाल देना और उसे चलाये रखना आसान काम नहीं है। अनेक आंतरिक कारणों, अवरोधों और कुशल प्रबंधन के अभाव के कारण प्रभात खबर को चलाये रखना कठिन हो गया। अंततः कोई चार वर्ष बाद अक्तूबर, 1989 में ज्ञानरंजन ने अखबार को बंद करने के बजाय उषा मार्टिन गुप्र को अखबार का अधिग्रहण करने के लिए राजी कर लिया। यह प्रभात खबर का तीसरा अवतार था, जो उसके लिए वरदान साबित हुआ।

नया कलेवर, नया तेवर

जब नयी संपादकीय व्यवस्था के अंतर्गत हरिवंश जी ने कार्यभार संभाला तो अनेक लोगों को शंका थी कि वह कुछ कर पायेंगे। वह स्वयं भी कुछ सशंकित प्रतीत हुए, क्योंकि अखबार की स्थिति जितनी बाहर से दयनीय लग रही थी, अंदर से देखने पर उससे भी अधिक दयनीय लगी। अखबार की प्रसार-संख्या नगण्य थी। केवल 500 प्रतियां छपती थीं, जो अधिकतर मुफ्त बांट दी जाती थीं। पूरी व्यवस्था को दुरुस्त करने में काफी लंबा समय लगा। प्रभात खबर का यह सौभाग्य रहा कि हरिवंश के साथ महाप्रबंधक केके गोयनका और उपमहाप्रबंधक आरके दत्ता की ऐसी समर्पित, कल्पनाशील व कुशल टीम बन गयी, जिसने

प्रभात खबर को न केवल जड़ता की स्थिति से उबारने में सफलता प्राप्त की, बल्कि कई प्रतिकूल परिस्थितियों और कड़ी प्रतिस्पर्धा के बीच अखबार को नयी ऊंचाइयों तक पहुंचाया। हिंदी पत्रकारिता जगत् में प्रभात खबर की जब भी चर्चा होती है, उसे अध्ययन-विश्लेषण और कौम दल का विषय माना जाता है। अपने नये अवतार में प्रभात खबर के कलेवर और तेवर में भारी बदलाव आया है।

संपादकीय स्वतंत्रता

अखबार के क्रमिक विकास का श्रेय उषा मार्टिन ग्रुप द्वारा किये गये पूंजी निवेश को दिया जाता है। इस आरंभिक पूंजी निवेश की भूमिका अत्यंत महत्त्वपूर्ण है। इसने एक निर्जीव अखबार के लिए प्राणवायु का काम किया। लेकिन यह सिक्के का एक ही पहलू है, क्योंकि भारतीय पत्रकारिता के जगत् में कई बड़े-बड़े पूंजीपतियों और औद्योगिक घरानों ने बड़े नगरों और महानगरों से नये अखबार या पुराने अखबारों के नये संस्करण शुरू किये जो सफल नहीं हुए या बंद हो गये। उषा मार्टिन ग्रुप को इस बात का श्रेय जाता है कि उन्होंने हरिवंश जी को स्वतंत्र रूप से काम करने का मौका दिया और पत्र में किसी प्रकार का कोई हस्तक्षेप नहीं किया। इसके बगैर पत्र का वर्तमान स्थिति तक पहुंचना संभव नहीं था। वस्तुतः प्रबंधकीय विभाग और संपादकीय विभाग साइकिल के दो पहियों की तरह हैं। किसी एक के दुरुस्त नहीं रहने से साइकिल का संतुलन बिगड़ सकता है। संतुलन बिगड़ने से साइकिल का लड़खड़ाना या गिरना अपरिहार्य है। एक पहिये की साइकिल कहीं नहीं चल सकती। केवल सर्कस में ही चल सकती है।

भइया, यह काम तुम्ही करो...

आज बाजारवाद के युग में संपादक का महत्त्व घटता जा रहा है। भारतीय प्रेस जगत् में आज कई अखबारों के संचालक अपने संपादक को न तो उचित सम्मान देते हैं और न ही अधिकार ही। इन संचालकों में उच्च आकांक्षा, कल्पनाशक्ति और विजन (दूरदृष्टि) का अभाव रहता है। वे समझते हैं कि सारी अक्लमंदी का खजाना उन्हीं के पास है। इससे अखबार येन-केन-प्रकारेण चलता तो रहता है और धनागम भी होता रहता है, लेकिन अखबार की आत्मा मर जाती है।

आज के दौर में लेखक-संपादकों की संख्या घटती जा रही है। आजकल उनकी अधिक आवश्यकता नहीं समझी जाती। लेकिन उल्लेखनीय बात यह है कि हरिवंश देश के उन गिने-चुने संपादकों में हैं जो स्वयं लिखते भी हैं।

कुछ अरसा पूर्व राष्ट्रीय स्तर के एक अंग्रेजी दैनिक ने कॉरपोरेट जगत के एक बड़े एग्जीक्यूटिव को बुलाकर संपादकीय विभाग की देखभाल करने का जिम्मा सौंपा। उसने आते ही अपनी हेकड़ी में कहा— आज रेल बजट है। इस पर संपादकीय मैं खुद लिखूंगा। चार घंटे की माथापची और चार बार फाड़कर लिखने के बाद उन्होंने हथियार डाल दिये और अखबार के एक लीडर राइटर को बुलाकर कहा— भइया, यह काम तुम्हीं करो।

कहानी झारखंड आंदोलन की

किसी भी अनुभवसिद्ध संपादक का यह प्रयास रहता है कि उसके अखबार में कतिपय विशिष्ट और विशेषज्ञ लेखकों के लेख आदि छ्पें। सिंडिकेटों और फीचर सेवाओं के कई लेख उपयोगी होते हैं। लेकिन वे अक्सर कुछ विलंब से प्राप्त होते हैं। इस प्रकार के लेखों से किसी अखबार का व्यक्तित्व या अपनी विशिष्ट पहचान नहीं बनती। लेखकों से संबंध विकसित कर उनसे अपने अखबार के लिए लिखवा लेना भी एक कला है। हरिवंश इसमें पारंगत हैं। 1998 में जब मैं स्वतंत्र लेखन और पुस्तक प्रणयन कार्य कर रहा था हरिवंश जी ने प्रभात खबर में नियमित तौर पर लिखने के लिए मुझसे आग्रह किया और मुझे राजी होना पड़ा। उन दिनों मैं हिंदी-अंग्रेजी के दो तीन राष्ट्रीय समाचारपत्रों में लिख रहा था पर प्रभात खबर में लिखने का मैंने एक अलग इंपैक्ट महसूस किया। करीब चार वर्ष तक मैंने नीर- क्षीर स्तंभ नाम से 200 से कुछ अधिक साप्ताहिक स्तंभ लेख लिखे और 100 से अधिक समसामयिक लेख व टीकाएं लिखीं। इनमें ज्वलंत राजनीतिक मुद्दों पर कई बेबाक टिप्पणियां भी थीं। दो-तीन लंबी लेखमाला थी। कहानी झारखंड आंदोलन की— यह लेखमाला अगस्त, 2000 में संसद में झारखंड विधेयक पारित होने पर, कुछ लोगों द्वारा मुझसे झारखंड आंदोलन का इतिहास लिखने का आग्रह करने पर आरंभ की गयी थी। हरिवंश जी से बातचीत के बाद यह तय हुआ कि साप्ताहिक नीर-क्षीर स्तंभ में झारखंड आंदोलन का विवरण धारावाहिक लेखमाला के रूप में प्रस्तुत किया जाये। इस लेखमाला की 83 किस्तें प्रभात खबर में छ्पीं और बाकी 44 किस्तें मेरे द्वारा रांची एक्सप्रेस में पुन : संपादक का दायित्व संभाल लेने के बाद रांची एक्सप्रेस में छ्पीं। इस लेखमाला के बहाने झारखंड आंदोलन का इतिहास तैयार हो गया जो बाद में पुस्तकाकार छ्पा। एक बड़ा कार्य सिद्ध हुआ और एक बड़े अभाव की पूर्ति हुई। इस ग्रंथ के लोकार्पण के अवसर पर कृति चर्चा के लिए मैंने हरिवंश जी से अनुरोध किया जिसे उन्होंने सहर्ष साकार किया। प्रभात खबर में यह लेखमाला आरंभ नहीं होने पर शायद झारखंड आंदोलन का इतिहास नहीं लिखा जा पाता।

मीड्यिा का दायित्व

रजत जयंती वर्ष के अवसर पर बीते वर्षों का लेखा-जोखा होना स्वाभाविक है। यह अपनी कमियां दूर करने का संकल्प व्यक्त करने और अपनी उपलब्धियों पर हर्षित होने का अवसर है। प्रभात खबर का एक स्लोगन है अखबार नहीं आंदोलन यानी यह एक एक्टिविस्ट अखबार है। इसलिए इसे पत्रकारिता के मूल्यों को बचाने के लिए भी आंदोलनरत होना चाहिए। पूरी दुनिया में मीड्यिा का महत्त्व बढ़ा है। लेकिन प्रतिष्ठा और विश्वसनीयता घटी है। अंतरराष्ट्रीय प्रेस इंस्टीट्यूट द्वारा कराये गये एक विश्वव्यापी सर्वेक्षण में पाया गया कि भारत समेत विश्व के प्रायः सभी छोटे-बड़े देशों में पत्रकारिता की साख में उल्लेखनीय गिरावट आयी है।

हर अखबार और चैनल अपनी पीठ थपथपाता है। लेकिन जब भी देश के किसी भी

हिस्से में मीडिया पर कोई सेमिनार होता है और लोगों से सवाल आमंत्रित किये जाते हैं, तो लोगों का कुछ मुनासिब और कुछ गैर मुनासिब दबा हुआ आक्रोश प्रकट होता है। सबकी खबर लेनेवाले और सार्वजनिक जीवन में सक्रिय लोगों और संस्थाओं से जवाबदेही की मांग करनेवाले समाचार माध्यम अपने बारे में बेखबर रहते हैं।

इन सबके बावजूद ऐसा महसूस होता है कि अधिकांश लोग अपनी स्वतंत्रता और मुक्ति के प्रदाता के रूप में मीडिया की ओर निहारते हैं। जनता का यह समर्थन, अपना कार्य करने की पत्रकारों की योग्यता और संकल्पशक्ति के प्रति जनता के आधारभूत विश्वास की अभिव्यक्ति जाहिर करता है।

मैं आशा करता हूं कि प्रभात खबर जनजागरण और राष्ट्रीय एकता के प्रचार-प्रसार में अपना योगदान करता रहेगा तथा पत्रकारिता के मूल्यों की रक्षा का प्रयास करते हुए उत्तरोत्तर प्रगति करता रहेगा।

(लेखक फिलवक्त रांची एक्सप्रेस के प्रधान संपादक हैं। यह आलेख प्रभात खबर के 25 वर्ष पूरे होने पर 2009 में लिखा था। प्रस्तुति अनुप्रिया अनंत की है)

'प्रभात खबर' के साथ

रविभूषण

अनीता के पापा श्री कमलेंद्र किशोर वर्मा जी का अगर भभुआ से रांची तबादला न हुआ होता, तो मेरा रांची आने का कहीं कोई सवाल ही नहीं था। कई शुभैषी, हितैषी और आत्मीय जन भागलपुर छोड़कर कई बार बाहर के विश्वविद्यालयों में, जिनमें दो केंद्रीय विश्वविद्यालय भी थे,चले आने को मुझसे कह रहे थे, पर वह कई कारणों से स्वीकार्य नहीं था। भागलपुर में रहते हुए यह सोचना भी अकल्पनीय था कि बिहार के ही एक विश्वविद्यालय में नितांत पारिवारिक कारणों से मुझे भविष्य में कभी जाना पड़ेगा। अनीता के पिता बिहार सरकार के सिंचाई विभाग में सुपरिंटेंडेंट इंजीनियर थे और उनके रांची आगमन के बाद 1987-88 में रांची आने का मेरा सिलसिला आरंभ हुआ।

आज भारत का जो भी रूप-रंग है, उसे बनाने में बीसवीं सदी के अंतिम दो दशकों की बड़ी भूमिका है। सत्ता में इंदिरा गांधी की पुनर्वापसी के बाद स्थितियां पहले से एकदम बदल गयीं। जनता पार्टी की सरकार की असामयिक मृत्यु के बाद 1980 में सातवीं लोकसभा का चुनाव संपन्न हुआ। 529 सीटों के लिए हुए चुनाव में कांग्रेस को 353 स्थान प्राप्त हुए थे। पचास-साठ के दशक के बाद अस्सी का दशक रांची और झारखंड के लिए भी कई अर्थों में महत्त्वपूर्ण था। स्वतंत्रता के बाद पचास के दशक में विकास विद्यालय (1953), नेतरहाट का पब्लिक स्कूल (1954) और बीआइटी मेसरा (1955) जैसी शिक्षण-संस्थाओं का जन्म हुआ। आजादी के तुरंत बाद 1948 में दामोदर घाटी निगम की स्थापना हुई। बाद में हटिया में एचईसी अपने वजूद में आया। 1980 में बिहार विधानसभा चुनाव में कांग्रेस और झामुमो के बीच गंठबंधन हुआ। इस गंठबंधन में कांग्रेसी नेता ज्ञानरंजन की अहम भूमिका थी। उनका शिबू सोरेन से पहले से संबंध था। उनके पिता महेंद्र प्रसाद शिक्षक निर्वाचन क्षेत्र से बिहार विधान परिषद में कई बार पहुंचे थे। बिहार विधानसभा चुनाव से पहले शिबू सोरेन के साथ ज्ञानरंजन ने इंदिरा गांधी से भेंट की थी। रांची विधानसभा क्षेत्र से कांग्रेस प्रत्याशी के रूप में ज्ञानरंजन ने चुनाव लड़ा था और वे विजयी हुए थे।

मेरे लिए ज्ञानरंजन बस एक ही थे— हिंदी के प्रतिष्ठित साठोत्तरी कथाकार और 'पहल' के यशस्वी संपादक। 'पिता', 'संबंध', 'घंटा' और 'बहिर्गमन' जैसी कहानियों के लेखक। रांची आने के बाद मुझे मालूम हुआ कि ज्ञानरंजन नाम के एक क्षेत्रीय कांग्रेसी नेता भी हैं। ज्ञानरंजन झारखंड अलग राज्य के अकेले प्रमुख कांग्रेसी आंदोलनकर्ता थे। क्षेत्रीय कांग्रेस में वे अधिक प्रभावशाली थे। कांग्रेस का नेतृत्व झारखंड में एक प्रकार से उनके हाथ में था। इंदिरा गांधी से उनका संपर्क था। जनवरी, 1980 में इंदिरा गांधी पुनः प्रधानमंत्री बनीं और 14 जनवरी को उनके नये मंत्रिमंडल ने शपथ ली थी। प्रधानमंत्री कार्यालय से ज्ञानरंजन का संपर्क था।

अस्सी का दशक सामान्य दशक नहीं है। इसी दशक में अमरीकी राष्ट्रपति रोनाल्ड रीगन और ब्रिटिश प्रधानमंत्री मारग्रेट थैचर ने अपनी नीतियों से विश्व पर दूरगामी प्रभाव डाला। गेट और डंकल का यही दशक है। सोवियत रूस के विघटन की प्रक्रिया इसी दशक के अंत में आरंभ हुई। इसी दशक में क्षेत्रीय राजनीतिक दलों का जन्म और विकास हुआ। राष्ट्रीय चिंताएं घटीं। क्षेत्रीय चिंताएं बढ़ीं। क्षेत्रीय अखबार भी बड़ी संख्या में प्रकाशित होने लगे। भारतीय पत्रकारिता में बदलाव आया। ब्रिटिश भारत में पत्रकारिता के समक्ष एक सुस्पष्ट लक्ष्य था। स्वाधीनता आंदोलन के दौर की पत्रकारिता 'मिशन' थी। ब्रिटिश राजसत्ता के साथ अनेक अखबारों की पटरी नहीं बैठी थी।पत्रकारों और संपादकों को अपनी सत्यनिष्ठा एवं जनपक्षधरता के कारण दंड भोगने पड़ते थे। आजादी के बाद पत्रकारिता में एक नया बदलाव आया। पहले पत्रकारों और संपादकों की एक हस्तक्षेपकारी भूमिका थी। स्वतंत्र भारत में पत्रकारिता का चरित्र बदला। आजादी के आरंभिक दो दशकों में पत्रकारिता का 'निर्माण' और 'विकास' से संबंध था। बिहार में 'आर्यावर्त' और 'प्रदीप' की अपनी भूमिका और हैसियत थी। राज्य सरकारों पर समाचारपत्रों का यथासंभव प्रभाव था। पत्रकारों और संपादकों की कद्र थी। वातावरण धुंधला और मटमैला नहीं था। पत्रकार सत्ता प्रतिष्ठान के दास नहीं थे। उनमें सच कहने का साहस था। वे लोकतंत्र के इस चौथे स्तंभ के महत्त्व को समझते थे। 'वाच डॉग' के रूप में वे उपस्थित थे। भौंकना जारी था और दुम हिलानेवाले कम थे।

जनता पार्टी के शासन के बाद क्षेत्रीय पत्रकारिता शक्तिशाली रूप में उभरने लगी। राष्ट्रीय पूंजीपति वर्ग के साथ क्षेत्रीय पूंजीपतियों की भी पहचान बनने लगी। सत्ता प्रतिष्ठान के साथ पत्रकारों, संपादकों और अखबार के मालिकों का संबंध इंदिरा गांधी के समय से जुड़ा और बढ़ा। बाद में इसकी परिणति पत्रकारिता और सत्ता-प्रतिष्ठान के साथ दास और अनुचर के रूप में हुई। इसके पहले तक अखबार सामान्य जन से विमुख नहीं हुए थे। पत्रकारों की समाज में कद्र थी। पत्रकारिता जोखिम उठाती थी। आपातकाल के बाद पूरा परिदृश्य बदलता गया। आपातकाल में ही प्रसिद्ध अखबारों के मालिकों, संपादकों और पत्रकारों के असली चेहरे सामने आ चुके थे। इसके बाद कुर्सियां प्रमुख हुईं, चाटुकारिता बढ़ी। पत्रकारों का राजनीतिज्ञों से संपर्क और रसूख बढ़ा। यह बड़ी और तेज पूंजी के आगमन का दौर था। आवारा पूंजी के आगमन में अभी कुछ वर्ष बाकी थे। पूंजी और राजनीति के बीच अस्सी के दशक में संबंध बढ़ा। कतिपय अपवादों को छोड़कर अनेक अखबारों ने अपने मार्ग बदल डाले।

80 के दशक के आरंभिक वर्षों में माथुर-जोशी (राजेंद्र माथुर और प्रभाष जोशी) की जोड़ी ने हिंदी पत्रकारिता को एक स्वस्थ दिशा और गति दी, राजेंद्र माथुर 'नई दुनिया' छोड़कर 'नवभारत टाइम्स' के संपादक बने। एक वर्ष बाद 1983 में दिल्ली से 'जनसत्ता' का प्रकाशन आरंभ हुआ। 'जनसत्ता' के प्रकाशन से संबंधित एक-दो सूचनात्मक और औपचारिक पत्र मुझे भागलपुर में मिले थे। अखबारों से मेरा कोई संबंध नहीं था। तिलका मांझी की प्रतिमा भागलपुर में स्थापित होने के पहले से ही उस चौक का नामकरण 'तिलका मांझी चौक' था। मैं बूढ़ानाथ रोड के बाराही बोस के मकान को छोड़ कर तिलका मांझी में नरेशचंद्र सिन्हा के मकान में आ गया था। वे टीएनबी कॉलेज में अर्थशास्त्र के अध्यापक थे और मैं उसी कॉलेज में 1969 से हिंदी का अध्यापक था। 'आज' अखबार में कार्यरत मेरे एक पूर्व छात्र ने मुझसे कई बार कुछ रचनाओं की मांग की थी। उस समय तिलका मांझी पर मैंने एक कविता लिखी थी, उन्होंने वह कविता 'आज' में प्रकाशित कर दी। तिलका मांझी का तीर जिस दिशा में था, उधर कोर्ट-कचहरी थी। विद्यालय, कॉलेज और विश्वविद्यालय थे, बाजार था, मंडी थी। तिलका मांझी के संघर्ष और पराक्रम से मैं थोड़ा-बहुत अवगत था। इतिहास में तब भी दिलचस्पी थी और स्वाधीनता आंदोलन का संघर्ष मुझे बेचैन करता था। मुझे उस समय यह पता नहीं था कि मैं तिलका मांझी के इलाके से बिरसा मुंडा के इलाके में जाऊंगा। दोनों आदिवासी थे और आदिवासियों ने अंगरेजों के खिलाफ जो शानदार संघर्ष किया था, उसे कभी भुलाया नहीं जा सकता।

दैनिक समाचार पत्रों के रविवारीय अंकों की ओर लपकने की मुझमें आदत थी। यह कब-कैसे लगी, याद नहीं। बाबा (नागार्जुन) के झोले में दैनिक समाचार पत्र रहते थे। समाचार पत्र देश-दुनिया का हाल-समाचार जानने के लिए जरूरी थे। रविवारीय अंकों में कला, साहित्य, संस्कृति के लिए स्थान था। रांची आना-जाना 87-88 से लगा हुआ था। संभवतः 1989 के अंतिम दिनों में जब मैं गरमी की किसी तेज-तीखी दुपहरी में डोरंडा पोस्ट ऑफिस की बगल की गुमटी पर रविवार का 'प्रभात खबर' लेने पहुंचा था, तो मेरे एक अत्यंत आत्मीय व्यक्ति ने मुझसे कहा था, 'प्रभात खबर! यह कोई अखबार है। इसके पत्रकारों को पचास-सौ रुपयों में 'मैनेज' किया जाता है। दारू की एक बोतल और कुछ रुपये। पत्रकारों को यही तो चाहिए।' मैं हरिवंश जी के नाम से परिचित था। 'धर्मयुग' और 'रविवार' मेरे प्रिय साप्ताहिक थे। 'प्रभात खबर' में वे आ चुके हैं, इसकी मुझे जानकारी थी। 'धर्मयुग' और 'रविवार' में सुरेंद्र प्रताप सिंह। मैं इन दोनों साप्ताहिक पत्रों का नियमित पाठक था। 'रविवार' में भागलपुर के मेरे एक प्रिय छात्र अनिल ठाकुर उप संपादक थे। भागलपुर में उनसे समय-समय पर भेंट होती रहती थी। 'प्रभात खबर' के संबंध में अपने प्रिय व्यक्ति के 'कमेंट' सुन कर मैंने बस इतना कहा था - 'अब इसके संपादक हरिवंश हैं!' 'धर्मयुग' और 'रविवार' के बाद हरिवंश 'प्रभात खबर' में आये थे।

14 अगस्त, 1984 'प्रभात खबर' की जन्मतिथि है। यह कांग्रेसी नेता ज्ञानरंजन का अखबार था। इंदिरा गांधी सत्ता में थीं। इस अखबार के उद्घाटन में एलकेपी साल्वे तथा अन्य

कई विशिष्ट एवं प्रभावशाली व्यक्तियों की उपस्थिति थी। नेताओं द्वारा अस्सी के दशक में अखबार निकालने का एक नया सिलसिला चला। जगन्नाथ मिश्र ने, जिन्हें उनके बड़े भाई ललित नारायण मिश्र की हत्या के बाद बिहार का मुख्यमंत्री बनाया गया था, 'पाटलिपुत्र टाइम्स' निकाला। झारखंड राज्य के निर्माण का आंदोलन पहले से चल रहा था। 'प्रभात खबर' के जन्म के पीछे नये राज्य के निर्माण का स्वप्न भी जुड़ा था। फिर अखबार तो ताकत है! 14 अगस्त का रांची में अखबारों के जन्म से कैसा रिश्ता है? 14 अगस्त, 1963 को रांची के प्रथम साप्ताहिक 'रांची एक्सप्रेस' का प्रकाशन हुआ और तेरह वर्ष बाद 1976 के 14 अगस्त को ही रांची से हिंदी दैनिक 'रांची एक्सप्रेस' का प्रकाशन आरंभ हुआ। यह आपातकाल का समय था। 'रांची एक्सप्रेस' का नाम सुन कर मुझे कृश्नचंदर की 'पेशावर एक्सप्रेस' याद आती थी।

'धर्मयुग' और 'रविवार' साप्ताहिक प्रष्ठिानी पत्रिकाएं थीं। इन पर 'इलस्ट्रेटेड वीकली' और 'संडे' की छाया या उनके उपांग होने का आरोप नहीं लगाया जा सकता था। 'प्रभात खबर' में हरिवंश 'रविवार' के अपने कुछ सहयोगियों के साथ आये थे। 22 अक्तूबर, 1989 को हरिवंश ने कार्य संभाला। प्रबंधन बदल चुका था। अब यह ज्ञानरंजन का अखबार नहीं था। एक व्यक्ति के हाथ से अखबार एक औद्योगिक घराने और संस्थान के हाथ में आ गया था। रांची में अशोक सिन्हा मेरे पहले प्रिय मित्र बने। उन्होंने फैसल अनुराग से मेरा परिचय कराया। अखबारों के दफ्तरों में जाने और पत्रकारों-संपादकों से मिलते रहने की कभी मेरी आदत नहीं रही है। रांची आने पर 'प्रभात खबर' का केवल रविवारीय अंक खोज कर लेता रहा। कॉलेजों और विश्वविद्यालयों ने अपना चेहरा अपने से झुलसा लिया था। साहित्य के अध्यापकों में अपवादस्वरूप कुछ अध्यापक ही ऐसे थे, जिनका पत्र-पत्रिकाओं से रिश्ता था। अस्सी के दशक के अंत में चीजें बड़ी तेजी से बदलने लगी थीं। इस दशक में ही पत्रकार और संपादक संसद में पहुंचने लगे थे। राजनीति धंधे में बदल रही थी और यह स्वाभाविक था कि वह सबकुछ को धंधे में बदल दे। सबकुछ धंधा बनने लगा, अब पूंजी पहले से अधिक प्रमुख और गतिमान हुई। राजीव गांधी के कार्यकाल में यह बढ़ी और 1990-91 के बाद इसकी चाल भी बदल गयी। रफ्तार तेज हुई।

1989-90 में राष्ट्रीय और अंतरराष्ट्रीय स्तर पर कई प्रमुख घटनाएं घटीं। 1989 में जॉर्ज बुश अमरीका के 41वें राष्ट्रपति बने। पेइचिंग के थ्यानमेन चौराहे पर चीनी छात्रों ने अभूतपूर्व प्रदर्शन किया और उनमें से कई गोलियों के शिकार हुए। 1990 में सोवियत संघ के राष्ट्रपति गोर्वाचोव और संयुक्त राष्ट्र अमरीका के राष्ट्रपति बुश शीतयुद्ध की समाप्ति के लिए सहमत हुए। यद्यपि इसकी घोषणा बुश और येल्तसिन ने फरवरी, 1992 में की। इसी समय सोवियत रूस विघटित हुआ। 'प्रभात खबर' का प्रबंधन अक्तूबर, 1989 में बदला। हरिवंश को दो प्रमुख साप्ताहिक पत्रों में कार्य करने का अच्छा-खासा अनुभव था। 'धर्मयुग' और 'रविवार' ने कई मानदंड स्थापित किये थे। टाइम्स इंडिया ग्रुप से हरिवंश ने पत्रकारिता का आरंभ किया था। वे बनारस हिंदू विश्वविद्यालय में अर्थशास्त्र में एमए थे। उनके आने के पूर्व

'प्रभात खबर' के संपादक एसएन विनोद थे। 1989 में देश के भीतर के कई हिस्सों में हलचलें थीं। नौवीं लोकसभा में कांग्रेस को अपार बहुमत मिला था। इंदिरा गांधी की हत्या से उत्पन्न सहानुभूति की लहर पूरे देश में चली। छोटानागपुर-संतालपरगना की लोकसभा की सभी 14 सीटों पर कांग्रेस विजयी हुई थी। राजीव गांधी ने नयी नीतियां लागू करना आरंभ किया। स्वाभाविक था पत्रकारिता का रूप और चरित्र बदले। अब पत्रकारिता में पहले की चमक-दमक फीकी पड़ी। पूंजीपतियों ने इंदिरा गांधी के समय राज्यसत्ता के साथ जो संबंध कायम किया था, वह राजीव गांधी के कार्यकाल में और पुख्ता हुआ। 'मिशन' के बाद प्रोफेशनलिज्म और उसके बाद लाइजनिंग! - यह भारतीय पत्रकारिता की यात्रा है।

17 अक्तूबर, 1989 को लोकसभा भंग हुई। इसी समय के आसपास 'प्रभात खबर' का प्रबंधन बदला। 1989 के लोकसभा चुनाव में कांग्रेस पराजित हुई। छोटानागपुर-संतालपरगना में उसकी 12 सीटें घटीं। उसे केवल दो सीटें प्राप्त हुईं। एक वर्ष पहले 1988 में जनता पार्टी, लोकदल और जनमोरचा ने मिल कर एक नयी राष्ट्रीय केंद्रीय पार्टी बनायी थी। जनता दल की स्थापना हुई। अलग झारखंड राज्य की मांग बहुत पहले से कभी धीमी और कभी तेज गति से की जाती रही थी। 1989 में अलग झारखंड राज्य को लेकर कलकत्ता की बड़ी रैली से लेकर झारखंड बंद और आर्थिक नाकेबंदी हुई। विश्वनाथ प्रताप सिंह प्रधान मंत्री बने। स्थापना के दो वर्ष बाद जनता दल विभाजित हुआ और नवंबर, 90 में विश्वनाथ प्रताप सिंह की सरकार लोकसभा में विश्वास मत प्राप्त न कर सकी। 1990 में लालकृष्ण आडवाणी ने सोमनाथ से अयोध्या तक रथयात्रा की। एक ओर आरक्षण और दूसरी ओर हिंदुत्व की लहर! भाजपा ने विश्वनाथ प्रताप सिंह की सरकार से समर्थन वापस ले लिया था। 10 नवंबर, 90 को चंद्रशेखर नये प्रधानमंत्री बने और कुछ ही महीने बाद 6 मार्च, 91 को उनकी सरकार ने त्यागपत्र दे दिया। लालू प्रसाद यादव 10 मार्च, 1990 को बिहार के मुख्यमंत्री पद पर विराज-मान हो चुके थे। 13 मार्च, 1991 को लोकसभा भंग हुई थी और चुनाव प्रचार में 21 मई, 1991 को राजीव गांधी की हत्या हुई। 1991 के लोकसभा चुनाव में छोटानागपुर-संतालपरगना की 14 सीटों में से कांग्रेस को एक सीट भी प्राप्त नहीं हुई। 1991 के बाद भारत का राजनीतिक परिदृश्य और आर्थिक परिदृश्य बदल गया। 29 मई ,91 को पीवी नरसिंह राव कांग्रेस के अध्यक्ष निर्वाचित हुए और चुनाव के बाद जून, 1991 में नयी लोकसभा गठित हुई। मनमोहन सिंह वित्त मंत्री बने और उन्होंने 'नयी आर्थिक नीति' लागू की। अब औद्योगिक घराना और बहुराष्ट्रीय कंपनियों ने झारखंड को पहले से कहीं अधिक तेज दृष्टि से निरंतर देखना आरंभ किया।

छोटानागपुर-संतालपरगना में प्रचुर खनिज संपदा की जानकारी सबको रही है। इसके दोहन के लिए बड़ी शक्तियों की आंखें पहले से लगी हुई थीं। देश की कुल खनिज संपदा का एक चौथाई यहां है। नब्बे के दशक से उदार आर्थिक नीतियों ने पहले से बंद सभी कपाट खोल दिये। भागलपुर विश्वविद्यालय छात्र संगठन ने 'नयी आर्थिक नीति' लागू किये जाने के तुरंत बाद इस नीति पर एक सेमिनार आयोजित किया था। उसमें मैं भी आमंत्रित था। इस नीति से

नेहरू की अर्थनीति प्रभावित हो रही थी। 'विश्वग्राम' की अवधारणा विकसित हो चुकी थी और सोवियत संघ के विघटन के बाद एक ध्रुवीय विश्व बन रहा था। 1990 में अनीता की दिल्ली के एस्कॉर्ट्स में हृदय-शल्य-चिकित्सा हुई थी। भागलपुर में रांची की तुलना में चिकित्सा की सुविधाएं कम थीं। अब मुझे रांची आना था। पांच वर्ष का बेटा हाथ पकड़ कर रांची आने को बार-बार कहता था। भागलपुर में सांस्कृतिक गतिविधियां अधिक थीं। किसी अखबार का साथ नहीं था। वहां से कोई दैनिक समाचार पत्र प्रकाशित नहीं होता था, पर वहां युवाशक्ति और छात्र-शक्ति थीं। नुक्कड़ नाटकों का दौर जारी था। वैचारिक बहसें थीं, जिनमें छात्र, बैंक कर्मचारी और अन्य क्षेत्रों के लोग शरीक थे। बिहार के कुलाधिपति ने पारिवारिक कारणों-पत्नी की अस्वस्थता तथा रांची में उनकी नौकरी को ध्यान में रख कर अन्य कई प्रत्याशियों के साथ मेरा स्थानांतरण रांची विश्वविद्यालय में कर दिया। 30 सितंबर की शाम भागलपुर से रांची आनेवाली बस पर सवार होकर 1 अक्तूबर, 1991 को मैं रांची पहुंचा। भागलपुर छूट चुका था और अब केवल छुट्टियों में और अन्य जरूरतों से रांची आने का सवाल नहीं था। रांची में अशोक सिन्हा और फैसल अनुराग थे। पहले से परिचित और आत्मीय!

'कहां है रांची विश्वविद्यालय?' - मैंने 1 अक्तूबर, 1991 को सुबह दस-साढ़े दस बजे फैसल से नवभारत टाइम्स के दफ्तर में जाकर पूछा था। वहां वासवी थीं। उस समय वे स्ट्रिंगर थीं। फैसल ने उनसे मुझे 'रेड बिल्डिंग' ले जाने को कहा था। मैं चौंका। 'रेड एरिया' का नाम सुना था। यह 'रेड बिल्डिंग' क्या है। वासवी के साथ मैं इस 'रेड बिल्डिंग' में गया। यह रांची विश्वविद्यालय का कार्यालय था। पहली बार मैंने रांची विश्वविद्यालय का मुंह देखा। इसके पहले देश के सचमुच कई अच्छे और प्रतिष्ठित विश्वविद्यालयों में जा चुका था। अब मेरा वर्तमान सामने था। रांची विश्वविद्यालय के किसी अधिकारी-कर्मचारी को मैं नहीं जानता था। अब 1 अक्तबूर, 1991 रांची विश्वविद्यालय में मेरे कार्यग्रहण की तिथि थी। दो दिन बाद 4 अक्तूबर को फैसल अनुराग ने मुझसे विशुनपर चलने का आग्रह किया। मैंने इस इलाके की हवा-धूप नहीं देखी थी। आदिवासी इलाकों से अपरिचित था। मैंने हामी भरी और मारुति वैन में बैठते हुए फैसल ने संजीव क्षितिज से मेरा परिचय कराया। साथ में वासवी थीं। संजीव क्षितिज हरिवंश के साथ 'रविवार' में थे। नाम थोड़ा जाना-पहचाना लगा था। अस्सी के दशक के आरंभ में वे 'साक्षात्कार' पत्रिका में थे। हरिवंश अपने साथ उन्हें 'प्रभात खबर' में लाये थे। 'प्रभात खबर' के किसी पत्रकार से यह मेरा पहला परिचय था। बिशुनपुर में अशोक भगत थे। फैसल और उनके पत्रकार साथियों को उन्होंने आमंत्रित किया था। मैं एक बाहरी व्यक्ति था। पहली बार मैं झारखंड के किसी इलाके को नजदीक से देख रहा था। बिशुनपुर में अशोक भगत आदिवासियों के बीच काम कर रहे थे। रात का भोजन बनाया जा रहा था। आदिवासियों को खाना बनाते हुए मैंने पहली बार देखा। उनके चेहरे पर एक अजीब शांति थी। चावल पकाया जा रहा था। सचमुच, अन्न उनके लिए एक अनुपम दृश्य था। कहीं कोई हलचल नहीं थी। एक अद्‌भुत-अपूर्व शांति थी। जाहिर है, उन आदिवासियों की आर्थिक दशा बहुत तंग थी। वे समूह में थे और शांत थे। रात के अंधियारे

में बिजली की रोशनी थी। बिजली की चमक में एक बड़ा अंधेरा था, जो ऊपर से दिखाई नहीं देता था। अशोक भगत ने मुझे मंच पर बुला लिया। मैं ऊंचाई पर, जाहिर है कि मंच पर जाना नहीं चाहता था। फैसल का आग्रह था— मैं कुछ बोलूं। क्या बोलूं! मैं इस दुनिया से नावाकिफ था। इनके दुःख-दर्द से दूर था। वे शांत और मूक थे। मेरी आंखों के सामने। लगता किसी ने उन्हें सुन्न कर दिया है। उनकी आवाज छीन ली है। उनके जीवन और मेरे जीवन में अंतर था। मैं कौन था, जो उन्हें संबोधित करता! भाषा कर्म में उतरे बिना निरर्थक हो जाती है। फैसल, संजीव और वासवी का बोलना उचित था। वे पत्रकार थे। उनकी आवाज बन सकते थे। मैं कैसे बन सकता था उस समय उनकी सची आवाज! आज भी वह रात मुझे बेचैन करती है। मंच के सामने हजारों की संख्या में वे बैठे थे। वे सदियों से प्रताड़ित थे। उनके लिए ही अलग झारखंड राज्य की मांग की जा रही थी। 1991 में अलग झारखंड राज्य की स्थापना के निश्चित वर्ष की कोई भविष्यवाणी नहीं कर सकता था। विश्वविद्यालयों में बहुत बाद में ज्योतिष का विभाग मुरली मनोहर जोशी ने खुलवाया, जब वे केंद्र में मानव संसाधन विकास मंत्री थे।

मैंने आदिवासियों से लड़कियों के बारे में पूछा। कुर्सी और चौकी के बारे में पूछा। जंगल पर उनका क्या अधिकार है? नहीं, ऐसा कुछ भी नहीं था। मैं उनसे संवाद करना चाह रहा था। मेरी जिज्ञासाएं थीं। उनका मौन सर्वाधिक मुखर था। वे 'नहीं' नहीं कह रहे थे— सर को हिलाने-डुलाने से उनका 'नहीं', व्यक्त हो रहा था। वे शांत थे और समूह में थे। मेरे साथ तीन पत्रकार थे। संभव है, उस आयोजन में कुछ और भी रहे हों। स्थानीय संवाददाता। मैं नहीं जानता था। झारखंड अलग राज्य की मांग के लिए 'प्रभात खबर' ने आवाजें उठायीं। अलग राज्य किसके लिए और क्यों? रांची विश्वविद्यालय में आने के बाद मैंने सबसे पहले आदिवासियों को संबोधित किया। उनके बीच गया। एक-दो दिन ही सही, उन्हें देखता और सोचता रहा। सोचता और देखता रहा। दूसरे दिन लौटना था। जिस रास्ते गया था, उस रास्ते का एक पुल टूट चुका था। दूसरे रास्ते से गाड़ी मुड़ी।

बिशुनपुर से लौटने के दो-तीन दिन बाद संजीव क्षितिज मुझसे मिलने आये। मैं अनीता के पापा के मकान में रह रहा था। - 324 बी, रोड नंबर 4, अशोकनगर, रांची। संजीव क्षितिज भी अशोक नगर में ही उसी रोड पर कुछ आगे रह रहे थे। उन्होंने मुझसे बिशुनपुर की यात्रा पर 'प्रभात खबर' के लिए लिखने को कहा। उनकी इच्छा रविवार का एक अंक इस पर केंद्रित करने की थी। हम जो चार व्यक्ति एक साथ गये थे, उन सबको लिखना था। लिखने से मैं सदैव भागता रहा हूं। संजीव क्षितिज पीछे पड़े और एक दिन उन्होंने कहा— 'आपको कल लिख कर देना है। मैं आकर ले जाऊंगा।' अब भागने का कोई रास्ता नहीं था। मैंने लिखा 'टूटे पुलों से आगे'। उन्होंने मेरा यह लेख प्रकाशित किया और मैं 'प्रभात खबर' से जुड़ गया। लेकिन यह जुड़ना नहीं था। अभी तक हरिवंश जी से भेंट नहीं हुई थी और न मैं कभी 'प्रभात खबर' के दफ्तर गया था। फैसल के साथ कुछ दिनों बाद वहां जाना हुआ। अक्तूबर, 91 के 'प्रभात खबर' के किसी रविवारीय अंक में 'टूटे पूलों से आगे' प्रकाशित हुआ था। 'प्रभात खबर' के

दफ्तर में 1991 के अक्तूबर या नवंबर में हरिवंश जी से भेंट हुई और इसके बाद व्यवस्थित रूप से मैं इस अखबार से जुड़ा। अब इस समाचार पत्र में कार्यरत व्यक्तियों से भेंट होने लगी। हरिवंश जी भी अशोक नगर में रह रहे थे। वे बार-बार मुझे 'प्रभात खबर' में लिखने को कहते रहे। अब अशोक सिन्हा के साथ उनके पास जाना होता था। कभी दफ्तर में और कभी उनके आवास पर। रांची विश्वविद्यालय ने मुझे कहीं भी पदस्थापित नहीं किया था। प्रत्येक माह देर-सवेर मैं वेतन प्राप्त करता रहा। पढ़ाना संभव नहीं था और पढ़ना रूटीन में शामिल था।

1991 में अंतिम दिनों से प्रभात खबर से जुड़ने के बाद पत्रकारिता के संबंध में कहीं अधिक सोचने लगा। यह हिंदी पत्रकारिता का ही नहीं, भारतीय पत्रकारिता का भी एक नया दौर था। पूंजी ने सबको प्रभावित करना आरंभ कर दिया था। हर्षद मेहता बच्चों तक के हीरो बन चुके थे। अब कांग्रेस पर नेहरू-परिवार का अधिकार नहीं था। क्या पहले कभी किसी ने सोचा होगा कि कांग्रेस के अध्यक्ष और भारत के प्रधानमंत्री नरसिंह राव होंगे? 'लोकतंत्र' में 'लोक' पहले से कमजोर हो रहा था। और 'तंत्र' कहीं अधिक सुदृढ़। पत्रकारिता में मालिक और प्रबंधक महत्त्वपूर्ण होने लग गये थे। संपादकों की हैसियत और अहमियत मालिकों और प्रबंधकों ने घटा दी थी। अब पत्रकारों के मुटाने का समय आ गया था। पिछले दो दशक अपसंस्कृति के फैलने के साथ ही अब पत्रकारिता के भी फैलने के दशक हैं। बीसवीं सदी के अंतिम दशक में चिटफंडी पत्रकारिता बढ़ी। अस्सी के दशक में इलेक्ट्रॉनिक मीडिया नब्बे के दशक की तरह नहीं थी। अब पत्रकारिता व्यवसाय है। प्रोफेशनलिज्म अच्छा है और लाइजनिंग बुरी। दलाल पूंजी ने सभी क्षेत्रों में दलालों की भीड़ खड़ी कर दी। अर्थनीति और राजनीति समाज को किस तरह प्रभावित और निर्देशित करती है, इसे अब आसानी से देखा जा सकता है, जब भारतीय जीवन का एक बड़ा हिस्सा इसकी चपेट में आ गया है। ऐसे संकटग्रस्त समय में अखबारों की विशेष भूमिका बनती है। हरिवंश जी से मुलाकातें बढ़ती गयीं और वे बार-बार लिखने को कहते रहे, तगादे करते रहे। शब्दों में, भाषा में और विचारों में उनकी आस्था सदैव रही। उन्होंने बार-बार मुझे प्रेरित किया। मेरी जड़ता तोड़ी और उदासी भंग की।

मैं 'प्रभात खबर' और रांची विश्वविद्यालय की तुलना करता रहा हूं। रांची विश्वविद्यालय की स्थापना 1960 में हुई थी। अब 2010 में इस विश्वविद्यालय ने धूमधाम से अपनी 25वीं वर्षगांठ मनायी। इसका अपना परिसर तक नहीं है। जन्मकाल से लेकर अब तक अरबों रुपये खर्च हो चुके हैं। 'आउटपुट' क्या है? विश्वविद्यालय ने मुझे अक्तूबर, 1991 से लगभग डेढ़ वर्ष तक कहीं पदस्थापित नहीं किया था। वह बिना कार्य के मुझे वेतन देता रहा। उसने मुझे काहिल बनाना चाहा। प्रभात खबर ने सदैव मेरी काहिली तोड़ी, मैं किसी कॉलेज में पदस्थापित नहीं हुआ था, हरिवंश जी ने पचासों बार मुझसे लिखने को कहा। मुझसे लिखवाया। क्या कोई अखबार अपने पत्रकारों और कर्मचारियों से काम लिए बिना देता है? कार्य-संस्कृति को लतियाते रहने के कारण बिहार के विश्वविद्यालय प्राणहीन होते गये हैं। उनमें से कुछ विश्वविद्यालयों का अतीत भर शानदार है और कई अपने जन्म से ही पंगु, मूक और बधिर हैं। 'प्रभात खबर' ने रचनाशीलता, सृजन-कर्म, कर्त्तव्य परायणता और यथासंभव पारदर्शिता को महत्त्व दिया है।

संस्थान 'बिल्डिंग' के कारण महत्त्वपूर्ण नहीं होते हैं। 1991-92 में 'प्रभात खबर' का कार्यालय सामान्य था। उसका उस समय का रूप और आज का युवा चमकता चेहरा - दोनों मेरी आंखों के सामने हैं। किसी भी संस्थान की पहचान उसके नेतृत्वकर्ता के कार्यों से होती है। 1991-92 में 'प्रभात खबर' का कार्यालय सामान्य था। हरिवंश जी और अन्य लोगों से मालूम हुआ कि दो वर्ष पहले की क्या स्थिति थी! विपरीत स्थितियों और असुविधाओं में जिस तरह 'प्रभात खबर' को चमकाया-दमकाया गया, उसके लिए विजन, उत्साह, समर्पण सब कुछ जरूरी था। हरिवंश जी के नेतृत्त्व में यह अखबार बढ़ता गया। अब अखबार में पूंजी की जरूरत थी। बिना पूंजी के अखबार का खड़ा होना और दौड़ना नामुमकिन था। मुझे याद है, हरिवंश जी पांच-दस रुपये की बचत पर ध्यान देते थे। उनकी बातों से, सहकर्मियों को दिये जानेवाले सुझावों और निर्देशों से इसे जाना जा सकता है।

लोकतंत्र में अखबारों की सजगता, निष्पक्षता, सत्यनिष्ठा और जनपक्षधरता जरूरी है। अखबारों का काम केवल खबर देना ही नहीं, खबर लेना भी है। लोकतंत्र के चार स्तंभों में से कार्यपालिका और विधायिका पर विश्वास घटता गया है। न्यायपालिका और 'प्रेस' (अब मीडिया) से उम्मीदें अभी खत्म नहीं हुई हैं। न्यायालय में जाना सबके वश की बात नहीं है। प्रेस और मीडिया पर ध्यान टंगा रहता है। भारतीय मध्यवर्ग अपने में सिमटता गया है और अखबार केवल मध्य पर निर्भर नहीं रह सकता। अंतिम दशक में चीजें विकृत होने लगी थीं। 1992 में बाबरी मस्ज़िद ध्वंस, 1993 में नरसिंह राव की सरकार को अल्पमत से बहुमत में लाने के लिए झारखंडी सांसदों द्वारा ली गयी रिश्वत और बाद में चारा घोटाले में लालू और उनके साथियों की संलिप्तता! अखबार की सही पहचान ऐसी ही घड़ियों में होती हैं। 'प्रभात खबर' ने लगातार एक मोर्चा लिया। सही सूचनाएं दीं। विश्वसनीयता तुरंत हासिल नहीं होती। पाठकों का विश्वास प्राप्त करना सामान्य बात नहीं है। 'प्रभात खबर' पक्षपाती अखबार नहीं रहा। 'हरिवंश' जी के साथ हुई सभी बैठकों में देश-दुनिया के अनेक प्रश्न आते रहे। विश्वविद्यालय के किसी भी प्रोफेसर के साथ इतने विविध विषयों पर बात नहीं की जा सकती थी। 'प्रभात खबर' में मेरा नियमित लेखन आरंभ हुआ। कला, साहित्य, संस्कृति, शिक्षा, शिक्षण संस्थाएं, राजनीति, अर्थशास्त्र, ससाज विज्ञान, फिल्म आदि अनेक विषयों में जीवंत प्रश्नों पर खुला संवाद संभव नहीं था। जिन विश्वविद्यालयों में ऐसी संवाद-स्थिति नहीं है, मैं सदैव उनका आलोचक रहा। विश्वविद्यालयों पर, शिक्षा की बिगड़ती स्थिति और कामचोर - नालायक अध्यापकों पर मैंने कई लेख लिखे। पूरा देश मेरे सामने था और सभी क्षेत्रों में हो रही गिरावटों से एक गहरा दुःख और असंतोष था।

'प्रभात खबर' में आने के बाद हरिवंश ने पहला संपादकीय लिखा— 'धारा के विरुद्ध'। हिंदी पत्रकारिता जिस धारा में बह रही थी, उसमें बहते जाने में पत्रकारों-संपादकों के निजी हित थे। धारा के विरुद्ध सभी नहीं चल सकते। साहस और शक्ति के साथ दृष्टि और टीम भी चाहिए। हरिवंश ने वह टीम बनायी। उन्होंने जितने नये, सही और खरे पत्रकार बनाये— उन पर अलग से लिखा जाना चाहिए। उन्होंने नये पत्रकारों को माहौल दिया। उसे अपना सर्वोत्तम देने के अवसर दिए। अशोक सिन्हा उन दिनों कुछ लिखते नहीं थे। उन्होंने मुझसे दो-चार बार

पूछा 'क्या मैं हिंदी में लिख सकता हूं?' समाज विज्ञान का उनका अध्ययन व्यापक था। वे नयी किताबें और पत्रिकाएं खरीदते थे। उनके पास केवल सूचना नहीं, दृष्टि भी थी। विवेचन-विश्लेषण था और थी उसकी एक पद्धति भी। उन्होंने कई बड़े अच्छे लेख लिखे, जो 'प्रभात खबर' में प्रकाशित हुए। 'प्रभात खबर' में विचारों के लिए जगह रही है। विचार के संहार से जीवन का नाश होता है। हरिवंश समाजवादी हैं, पर प्रभात खबर सोशलिस्टों का अखबार नहीं है। यह किसी एक विचारधारा का अखबार नहीं है, और न किसी एक राजनीतिक दल के प्रति प्रतिबद्ध है। रामविलास शर्मा 1992 में अस्सी वर्ष के हो रहे थे। मैंने हरिवंश जी से 'रविवारीय' का एक अंक उन पर केंद्रित करने का आग्रह किया। वे तुरंत सहमत हुए। सोलह पृष्ठों का वह अंक त्रिलोचन शास्त्री से लेकर रामविलास शर्मा तक को अच्छा लगा था। उस अंक के बाद मैं रामविलास शर्मा के अधिक निकट हुआ। त्रिलोचन ने उस अंक को और बढ़ा कर 1992-93 में ही रामविलास शर्मा पर एक पुस्तक तैयार करने की सलाह दी थी, जो अब तक मैंने पूरी नहीं की। मेरे प्रस्तावों को हरिवंश जी ने सदैव स्वीकारा। यह मेरे लिए एक बड़ी बात थी। जिस विश्वविद्यालय में मैं कार्यरत था, वहां सर्जनात्मक माहौल की बात तो दूर रही, कोई अकादमिक माहौल तक नहीं था। वहां मैं कुछ कर नहीं सकता था। वह जानना दिलचस्प होगा कि हमारी शिक्षण संस्थाओं ने युवा रचनाशीलता को कहां तक साकार किया? विश्वविद्यालयों में अगर सामाजिक-राजनीतिक-सांस्कृतिक चेतना का अभाव होगा, तो समाज कहां पहुंचेगा? झारखंड अब लुटेरों का राज्य है। भाजपा की सरकार रही हो या संप्रग की - हालत लगातार बदतर होती गयी है। राष्ट्रपति शासन में अब पलामू के किसान सामूहिक आत्महत्या करने के लिए राष्ट्रपति को पत्र भेज रहे हैं।

आर्थिक उदारीकरण और भूमंडलीकरण के दौर में 'प्रभात खबर' ने अपनी गति कभी धीमी नहीं की। इसी दौर में हिंदी के कई पत्रकार करोड़ों के मालिक बने। उन्होंने सत्ता और प्रशासन से सांठ-गांठ की। पत्रकारिता का स्वतंत्र चरित्र समाप्त किया। इस प्रवाह के विरुद्ध हरिवंश अपनी टीम के साथ खड़े रहे। उन्होंने 'प्रोफेशनलिज्म' पर ध्यान दिया। एक अखबार का संपादक अखबार को हर तरह से शीर्ष पर ले जाने के लिए - मुनाफे से गुणवत्ता तक, क्या इतना श्रम करता है! मालिक और प्रबंधक का श्रम समझ में आ सकता है, पर एक संपादक का यह जुनून! हरिवंश का समय बाबूराव विष्णु पराड़कर और गणेश शंकर विद्यार्थी का समय नहीं है। यह समय धूर्तों और चालबाजों का है। पुरुषार्थ में अब पहला पुरुषार्थ 'अर्थ' है। 'प्रभात खबर' ने बदलते समय के साथ अपने को बदला। 'ले आउट' कई बार बदला गया। अखबार रंगीन हुआ। रंगीन और चमकते लिफाफे के भीतर का मज़मून भी अन्य हिंदी अखबारों की तुलना में बेहतर है। एक क्षेत्रीय अखबार का भौगोलिक सीमाओं को लांघ जाना सामान्य बात नहीं है। यह सब क्रमशः होता गया।

'प्रभात खबर' एक औद्योगिक घराने का अखबार है। न्यूट्रल पब्लिशिंग हाउस लि0 उषा मार्टिन की अनुषंगी इकाई है। बड़े राष्ट्रीय पूंजीपतियों ने आर्थिक उदारीकरण के दौर में जहां संपादकों की गरिमा घटायी और सैकड़ों करोड़ रुपये अखबार को आधुनिक-अत्याधुनिक

बनाने में झोंक डाले, वहां प्रभात खबर की आर्थिक स्थिति सामान्य थी। इस अखबार ने सामाजिक और व्यावसायिक दोनों ही रूपों में सफलता पायी। यह अपने में एक आश्चर्य की तरह है। इसके पीछे हरिवंश जी का विजन और उनकी टीम रही है। पत्रकारिता अब एक व्यवसाय है और समाज में व्यवसाय का इतिहास पुराना है। व्यावसायिक पत्रिका भी मूल्याधारित हो सकती है। मुख्य प्रश्न यह है कि लोकतंत्र का यह चौथा स्तंभ किससे जुड़ा है— 'लोक' से या 'तंत्र' से? तंत्र से जुड़ने पर पत्रकारों को फायदे ही फायदे हैं। वे रातो-रात करोड़पति बन सकते हैं, पर पत्रकारिता नष्ट हो जाती है। हिंदी के कई अखबार और उसके संपादक इस मार्ग पर चलते रहे हैं। बिकाऊ-कमाऊ पत्रकार हमेशा चलताऊ पत्रकार होता है। केवल हिंदी के ही नहीं, अंगरेजी और दूसरी भाषाओं के पत्रकारों ने भी 'ब्लैक मेलिंग' को महत्त्व दिया है। वे अपने पक्ष में तर्क दे सकते हैं कि जब डॉक्टर और इंजीनियर, प्रोफेसर और शिक्षक, कर्मचारी और अफसर, नेता और मंत्री भ्रष्ट हो सकते हैं, तो पत्रकारों से ही बड़ी-बड़ी अपेक्षाएं क्यों की जाये? सभी क्षेत्रों में आज भी नैतिक और मूल्यनिष्ठ, साम्यवादी और कर्त्तव्यपरायण मौजूद हैं। 'अखबार' से 'आंदोलन' तक का सफर तय करने में 'प्रभात खबर' को समय लगा है। आज घोषित रूप से प्रभात खबर अपने को अखबार नहीं 'आंदोलन' कहता है। 'अखबार नहीं आंदोलन' प्रभात खबर की 'पंचलाइन' है। 21वीं सदी में यह'पंचलाइन' बनी है। क्यों बनी?

'उनिभू' (उदारीकरण, निजीकरण, भूमंडलीकरण) के विकसित-विहंसित चरण में अधिसंख्य अखबारों ने अपनी नीतियां बदलीं। बहुत कम अखबारों की चिंता में भारत का सामान्य जन रहा। प्रिंट पत्रकारिता और रेडियो-टीवी पत्रकारिता से आगे बढ़ कर इ-नेट पत्रकारिता ने जन्म लिया। विकास-संबंधी नीतियां प्रायः सभी राजनीतिक दलों की एक समान हो गयीं। 1977 में जो विपक्ष बड़ी आन-बान-शान से 'जनता पार्टी' बना था, वह विश्वनाथ प्रताप सिंह के समय ही भू-लुंठित हो चुका था। तेज बहती पूंजी के नशे और उन्माद में सामान्य जन की चिंता किसे थी! सबके चेहरे समान थे। जनता के समक्ष चुनौतियां थीं। आदिवासियों को उनके आदिवासी नेता भी ठग चुके थे। आंदोलन छिट-पुट थे। ऐसे ही समय में प्रभात खबर ने अपनी जनपक्षीय भूमिका समझी और अखबार को आंदोलन कहा? हरिवंश ने 'धारा के विरुद्ध' चलना आरंभ किया था। उनकी चिंता मात्र क्षेत्रीय नहीं, राष्ट्रीय थी, जिसे 'भारत किधर' व्याख्यानमाला से समझा जाता है। 1992 में जब वैश्वीकरण और आर्थिक उदारीकरण की धूम नहीं थी, प्रभात खबर ने एक व्याख्यानमाला आरंभ की। मैं बिहार और झारखंड के विश्वविद्यालयों में व्याख्यानमाला को खोजता रहा - कहीं नहीं मिला। साहित्य से विज्ञान और इतिहास से समाज-विज्ञान तक में व्याख्यानमालाओं का आयोजन किया जाना चाहिए था। झारखंड में सुरेश प्रसाद सिंह थे। वे रांची विश्वविद्यालय के कुलपति भी थे। उनके काम सर्वविदित थे। पटना विश्वविद्यालय में बड़े इतिहासकारों की कमी नहीं थी। दूसरे विषयों में भी विख्यात व्यक्ति थे। बिहार और झारखंड के विश्वविद्यालयों में नहीं, 'प्रभात खबर' ने व्याख्यानमाला का आयोजन किया। इसमें एक लंबे समय तक नियमितता थी, संस्थाओं को जहन्नुम और समाज को गर्त में ले जानेवालों को यह चिंता क्यों होगी कि समाज और संस्थाएं कहां जा रही हैं!

'ब्रिटिश भारत में नेहरू ने लिखा था – 'ह्वेदर इंडिया' अब एक पिछड़े इलाके में भारत की दिशा पर बोलने के लिए विख्यात और उपयुक्त व्यक्ति आ रहे थे। संभवतः यह किसी भी हिंदी अखबार का अकेला उदाहरण था! चंद्रशेखर, गोविंदाचार्य और विनोद मिश्र तीन विपरीत धाराओं से थे। कृष्णनाथ और किशन पटनायक समाजवादी थे, पर रूसी मोदी? वे तो औद्योगिक जगत से थे। यह जानना जरूरी था कि विभिन्न क्षेत्रों और विचारधाराओं के लोग भावी भारत का कैसा मानचित्र प्रस्तुत करते हैं। नव उदारवाद के दौर में भारत न तो पुराने मार्ग पर चल सकता है और अमरीका की विकास-नीति और विकास-दृष्टि का अंधानुसरण कर सकता है। 1991 के तुरंत बाद 1992 से भारत की दिशा को लेकर गहरी चिंता बहुत कम समाचार पत्रों में दिखाई पड़ी थी। संपादकीय, फीचर, लेख, स्तंभादि में ये प्रश्न उठ रहे थे पर ऐसा उस समय कोई अखबार हीं था, जिसने इस प्रश्न पर व्याख्यानमाला का आयोजन किया हो और अपने-अपने क्षेत्र के प्रमुख व्यक्तियों को अपने विचार प्रस्तुत करने को आमंत्रित किया हो। चंद्रशेखर समाजवादी थे और विनोद मिश्र क्रांतिकारी वामपंथी, गोविंदाचार्य संघ और भाजपा के थे। जावेद अख्तर, शिव खेड़ा, अरुण शौरी, कृष्णनाथ, किशन पटनायक और रूसी मोदी दूसरे क्षेत्रों और अनुशासनों से थे। लोकतंत्र में खुलापन और संवाद दोनों आवश्यक हैं। सबके विचार जानने चाहिए। प्रभात खबर की अन्य अखबारों से भिन्नता 1992 से स्पष्ट रूप से दिखाई देने लगी थी। 1989 में आने के बाद हरिवंश ने इसे एक चुनौती के रूप में लिया था। उन्होंने धीरे-धीरे उन खिड़कियों को खोलना आरंभ किया, जिनसे साफ-सुथरी हवा आती है और बाहर से सारे दृश्य दिखाई देते हैं। बिना 'विजन' और 'लगन' के यह संभव नहीं था। भैरोसिंह शेखावत सुशासन पर बोल रहे थे, जब 90 के दशक से राष्ट्र-राज्य का शासन-सुशासन ढीला हो रहा था। 'प्रभात खबर' की दृष्टि व्यापक रही। प्रोफेसर यशपाल जैसे शिक्षाविद बच्चों की शिक्षा पर लोगों का ध्यान आकृष्ट कर रहे थे। 1992 से 'भारत किधर' व्याख्यानमाला रुक-रुक कर 21वीं सदी तक जारी रही। आर्थिक नीतियों ने सभी क्षेत्रों को प्रभावित करना आरंभ कर दिया था। उपभोक्तावाद के इस दौर में भाषा, कला, साहित्य, संस्कृति – सब कुछ बदल रही थी। नामवर सिंह 'प्रभात खबर' की व्याख्यानमाला में 'संस्कृति का संकट' पर बोल रहे थे और राष्ट्रीय मानवाधिकार के अध्यक्ष न्यायमूर्ति रंगनाथ मिश्र 'लोकतांत्रिक व्यवस्था में मानवाधिकार की सीमाएं' पर व्याख्यान दे रहे थे। पत्रकारिता इस दौर में दांव पर लगी हुई थी। बहती गंगा में डुबकियां लगानेवाले और पत्रकारिता पर धब्बा लगाने वाले कम नहीं थे। क्षेत्रीय और राष्ट्रीय अखबारों के पत्रकारों-संपादकों में ऐसे 'महानुभावों' की संख्या कम नहीं थी। 1992 में ही हिंदी पत्रकारिता के समक्ष जो चुनौतियां आ खड़ी हुई थीं, उन पर एसपी सिंह व्याख्यान दे रहे थे। अजित भट्टाचार्य 1997 में पत्रकारिता की चुनौतियां और साख का संकट पर रांची के पत्रकारों और प्रबुद्ध नागरिकों को बता रहे थे। प्रभाष जोशी अपने विचार प्रकट कर रहे थे। हरिवंश ने 'प्रभात खबर' का 'कंसर्न' बड़ा किया। उनके समक्ष हिंदी और अंगरेजी पत्रकारिता की चुनौतियां थीं। वे कुलदीप नैयर और मधुकर उपाध्याय को भी बुला रहे थे। इलेक्ट्रॉनिक

मीडिया की भी उन्हें चिंता थी। 2004 में राजदीप सरदेसाई पत्रकारिता पर अपने विचार प्रकट कर रहे थे। 'प्रभात खबर' अखबार ही नहीं, मंच भी बना। संभवतः भारत में किसी अखबार ने ऐसा कार्य नहीं किया है।

बलिया की मिट्टी और हवा में बहुत कुछ ऐसा है, जो इस जनपद को अन्य जनपदों से भिन्न करता है। उसका इतिहास शानदार है। हरिवंश बलिया के हैं। उन्होंने अपने सहकर्मियों में ऊर्जा भरी। यह व्यक्ति अनेक खूबियों से भरा पड़ा है। नेतृत्त्व की शक्ति इसमें है और है अपार साहस भी। किसानी चेतना है और है एक प्रकार का भोजपुरिया ठाठ भी। चुनौतियों का सामना करने का साहस - अद्‌भुत संकल्प और मेधा। 'प्रभात खबर' हरिवंश का निजी अखबार नहीं है, पर इस अखबार की देश भर में पहचान हरिवंश के कारण है। रांची से धोनी और रांची से हरिवंश! नहीं, यह व्यक्ति-प्रशंसा नहीं है। वे सद्‌गुण, आस्थाएं, विचार और दृष्टियां हैं, जिन पर हमारा ध्यान जाना चाहिए। 'यूज एंड थ्रो' के युग में जब आज का युवा वर्ग किसी एक स्थान पर नहीं टिकता। उसे अपने कैरियर की चिंता है। मध्यवर्ग के व्यक्ति को संतोष नहीं है। 'और, और, बहुत, बहुत' का अंत नहीं है। स्वाभाविक है पुराने सहकर्मी छूटे, नये आये। 'प्रभात खबर' में यह सिलसिला चलता रहा। 'प्रभात खभर' ने अनेक पत्रकार बनाये। यह एक साथ पाठशाला और कार्यशाला रही। अधिक वेतन पानेवाले कई पत्रकारों ने आपसी बातचीत में मुझसे यह कहा कि 'प्रभात खबर' में जो स्वतंत्रता थी, उतनी स्वतंत्रता दूसरे समाचार पत्रों में कहीं नहीं टिकती। अखबार का आज के बाजार में टिके रहना साधारण बात नहीं है और वह भी बड़े, साधन-संपन्न राष्ट्रीय अखबारों की तुलना में एक क्षेत्रीय अखबार का टिकना! उदारीकरण के दौर में ही नवभारत टाइम्स का प्रकाशन पटना, लखनऊ और जयपुर से बंद हुआ। 'प्रभात खबर' को हरिवंश ने गति, शक्ति और दृष्टि दी।

अखबार घटिया व्यवसाय बन कर लंबे समय तक अपनी साख कायम नहीं कर सकता। उसकी जिम्मेदारी बड़ी है। 'प्रभात खबर' में केवल राजनीति ही महत्त्वपूर्ण विषय नहीं रहा है। उसने समय-समय पर कला, साहित्य और संस्कृति को यथासंभव स्थान दिया है, जिसे आज और अधिक बढ़ाने की आवश्यकता इसलिए है कि मानव जीवन इसी से सुंदर और सुखद, स्वस्थ और प्रसन्न बनता है। मैंने हरिवंश जी के समक्ष समय-समय पर जो भी प्रस्ताव रखे, उन्होंने तुरंत उसे मान लिया। विश्वविद्यालय में मैं केवल नौकरी कर रहा था। वहां माहौल न बनने देने को अधिसंख्य एकजुट थे। 'प्रभात खबर' में मैंने विविध विषयों पर कितना लिखा, मुझे स्वयं याद नहीं है। 92-93 में ही 'विश्व कविता की झलक' मैंने लिखा था। रविवार के पन्नों पर और कभी संपादकीय पृष्ठ पर हरिवंश मेरा लेख छापते रहे। उनके और मेरे बीच के संवादों में सदैव समय और समाज, लोकतंत्र और भारतीय राजनीति प्रमुख रही है। सत्यजित राय, विमल राय, कुमार गंधर्व, दादाभाई नौरोजी, विवेकानंद, दूरदर्शन, आवारा पूंजी आदि पर मैंने 'प्रभात खबर' में लिखा। क्या कबीर की कविता, कुमार गंधर्व के गायन और परसाई के लेखों से नये आयाम प्रस्तुत नहीं करती? क्या भारतेंदु हरिश्चंद्र की 'पै धन बिदेस चलि जात इहै अति ख्वारी' को दादाभाई नौरोजी की 'ड्रेन थ्योरी' के साथ रख कर नहीं देखा जा सकता?

आज प्रोफेसर यशपाल ने उच्च शिक्षा संबंधी जो रिपोर्ट मानव संसाधान मंत्री कपिल सिब्बल को प्रस्तुत की है, उसमें अंतरविषयी अध्ययन की बात है। तथ्यों और प्रमाणों के साथ यह कहा जा सकता है कि काम शिक्षण- एक अखबार की तुलना दूसरे अखबार से की जाती रही है, पर हमें संस्थाओं की तुलना भी अवश्य करनी चाहिए। 'प्रभात खबर' को अन्य समाचार पत्रों के साथ नहीं, कई संस्थाओं के साथ भी रख कर देखना चाहिए। कॉलेज और विश्वविद्यालय लूट के मैदान नहीं बनने चाहिए थे।

पलामू के सूखे में मैं हरिवंश जी के साथ गया था। उन्हीं के साथ बिरसा मुंडा के गांव। धनबाद और जमशेदपुर के 'प्रभात खबर' कार्यालय भी गया। अखबार के लिए उन्होंने चल-अचल पूंजी बनाई। फ्लैट और मकान खरीदे। जमीन खरीदी। उसकी आर्थिक नींव प्रस्तुत की। एक ओर अमरीश पुरी, निदा फाजली और पुष्पा भारती का आगमन और दूसरी ओर तेलुगु अखबार 'ईनाडु' को देखने-समझने के लिए की गयी यात्रा। 'अंधायुग' और 'कनुप्रिया' का पाठ। वह भी अमरीश पुरी और पुष्पा भारती द्वारा! विश्वविद्यालयों में कला-संस्कृति के विभाग कम जगहों में हैं। कविता-पाठ के लिए अपने समय के प्रमुख कवियों को भाषा-साहित्य से जुड़े विश्वविद्यालयों के अध्यापकों ने अपंने विभागों में क्यों नहीं बुलाया? रांची में मंगलेश डबराल और वीरेन डंगवाल ने सर्वप्रथम 'प्रभात खबर' के कार्यालय की छत पर कविता-पाठ किया। लंदन से सत्येंद्र श्रीवास्तव 'प्रभात खबर' में लिखते हैं। रांची-यात्रा में उन्होंने प्रवासी भारतीय के संबंध में 'प्रभात खबर' के आयोजन में बताया और काव्य-पाठ किया। 'रविवारीय' पृष्ठों को मेरे आग्रह पर कई बार हरिवंश जी ने कवियों, लेखकों, आलोचकों, विचारकों आदि पर केंद्रित किया। कीट्स की द्विजन्मशती पर विश्वविद्यालयों के अंग्रेजी विभाग खर्राटे लेते रहे जबकि बेनीपुरी जन्मशती पर रविवार के सोलह पृष्ठ उनके समर्पण में थे। यह तब तक संभव नहीं था, जब तक हरिवंश जी में स्वयं इन सबके प्रति गहरी चिंता नहीं होती। 'प्रभात खबर' की राष्ट्रीय पहचान उसकी गुणवत्ता और वैचारिकता के कारण है। इस अखबार में संघी से लेकर क्रांतिकारी वामपंथी तक प्रकाशित होते रहे हैं। इसे किसी एक दल और विचारधारा विशेष का अखबार नहीं कहा जा सकता। यह कांग्रेसियों, समाजवादियों, मार्क्सवादियों और संघियों का अखबार नहीं है। माओ के समर्थक और अनुयायी न होने के बाद भी इस अखबार का 'सौ फूलों को एक साथ खिलने दो' में विश्वास रहा है। बदलाव और परिवर्तन भी स्वाभाविक आकांक्षा के साथ।

कबीर, निराला, अज्ञेय, मुक्तिबोध, रघुवीर सहाय, सर्वेश्वर, धर्मवीर भारती, कुंवर नारायण, धूमिल आदि कवियों की काव्य-पंक्तियां और उन पर मेरी बातचीत एकाध सहकर्मियों को छोड़ कर कभी भी किसी से नहीं हुई। उनकी दुनिया अलग थी और मेरी दुनिया अलग। हरिवंश ने बार-बार इन कवियों की कविताओं की पंक्तियां सुनायीं और मैं चमत्कृत होता रहा। हरिवंश का अध्ययन और कंसर्न बड़ा है। 'प्रभात खबर' के कई पत्रकार कला, साहित्य और संस्कृति से गंभीरतापूर्वक जुड़े रहे हैं। उनमें से कवि-कहानीकार भी थे। हैं भी। इन सबसे मेरा संवाद होता रहा है। कुछ 'प्रभात खबर' छोड़ कर चले गये। कुछ 'प्रभात खबर' में आ गये। मेरे

आग्रह पर लगभग एक वर्ष तक रविवारीय के एक पृष्ठ पर चित्र सहित समकालीन हिंदी कवियों की कविताएं प्रकाशित होती रहीं। हरिवंश ने कभी मेरा आग्रह नहीं टाला। इस आग्रह में व्यक्तिगत कुछ था भी नहीं। बड़े पत्रकार की दुनिया भी बड़ी होती है। जीवन का वहां कोई एक रंग नहीं होता। सप्तवर्णी इंद्रधनुष का सौंदर्य रंगों के वैविध्य से है। भारतीय समाज का कोई एक रूप-रंग नहीं है और सभी रंगों-छवियों को स्थान देने से ही संस्थान बड़े, स्थायी और जीवंत बनते हैं। बाबा नागार्जुन की कुछ कविताएं पहली बार 'प्रभात खबर' में छपीं। मैं दरभंगा में उनके जीवनकाल में जाता रहा था और शोभाकांत से और बाबा से भी आग्रह कर मैंने कुछ कविताएं (अप्रकाशित) लीं। त्रिलोचन ने जब डेढ़-दो वर्ष तक कविता लिखना लगभग बंद कर दिया था और वे अपनी वकील पुत्रवधू के साथ हरिद्वार में रह रहे थे, तब मैंने उनकी पुत्रवधू से आग्रह किया था कि उन्हें कविताएं लिखने को कहती रहें और सिरहाने कागज-कलम रख दें। जब त्रिलोचन ने कविताएं लिखना आरंभ किया, तो उनकी लिखी दो-तीन कविताएं सर्वप्रथम 'प्रभात खबर' के दीपावली अंक में छपीं।

'इंडिया टुडे' कई वर्षों तक कला और साहित्य पर वर्ष में अपना एक अंक केंद्रित करता रहा है। दीपावली के अवसर पर 'जनसत्ता' और 'लोकमत समाचार' के दीपावली अंक प्रकाशित होते रहे हैं। 'प्रभात खबर ने दीपावली अंक निकालना आरंभ किया। कुछ वर्ष बाद हरिवंश ने इसकी जिम्मेदारी मुझे सौंपी। इस वार्षिकांक का अतिथि संपादक बनाया। रूपरेखा मिल-जुल कर बनी। पूरी छूट थी मुझे। मुख्य थीम पर हम लोग सदैव विचार करते रहे हैं। कभी किसी भी रूप में उन्होंने कुछ भी नहीं कहा। सबकुछ मेरे जिम्मे। पूरी स्वतंत्रता। मैं अक्सर सोचता हूं, ऐसे व्यक्ति अब कितने बचे हैं। रांची विश्वविद्यालय के हिंदी विभागाध्यक्ष के पद पर कार्य करते हुए मैं एमए का पाठ्यक्रम थोड़ा नया और अच्छा बनाना चाहता था। कई अच्छे विश्वविद्यालयों के 'सिलेबस' मैंने मंगा रखे थे। जो सिबेलस था, वह साधारण और निम्नस्तरीय था। विभाग के एक भी सहयोगी ने सहयोग नहीं किया। मैं नया सिलेबस बना नहीं सका। 'प्रभात खबर' के दीपावली अंक के आयोजन में हरिवंश जी ने मुझे सदैव छूट दी। 19 प्रांतों के कवि, लेखकों, विचारकों की रचनाएं एक अंक में शामिल की गयीं। वह क्षेत्रीय और प्रांतीय स्तर का नहीं था। जवाहरलाल नेहरू विश्वविद्यालय में अर्थशास्त्र के प्रोफेसर अरुण कुमार से हिंदी में लेख लेने के लिए मैं उनके आवास पर गया था। उस अंक के बाद अरुण कुमार ने हिंदी में अधिक लिखना आरंभ किया। कवि, कहानीकार, उपन्यासकार, समाजसेवी, एक्टिविस्ट, आलोचक, विचारक, चिंतक, अर्थशास्त्री, समाजशास्त्री, शिक्षाविद, वैज्ञानिक, तकनीकविद, राजनेता, फिल्मकार, निदेशक, अभिनेता, गायक - सब के विचार, उनकी रचनाएं दीपावली अंक में प्रकाशित होती रही हैं। इस अंक में सबकी यह उपस्थिति रही है। शिक्षित मनुष्य और प्रबुद्ध नागरिक से यह अपेक्षा अवश्य की जानी चाहिए कि वह सामाजार्थिक प्रश्नों पर, राजनीतिक हलचलों पर, समाज के समस्त क्रियाकलापों पर अपना एक सोच रखे। अपने अनुशासन में बंध कर भी एक सामाजिक दृष्टि अवश्य होनी चाहिए। मुख्यतः इसी को ध्यान में रख कर मैंने विविध क्षेत्रों, विषयों और अनुशासनों से जुड़े महत्त्वपूर्ण व्यक्तियों को विविधि विषयों पर विचार करने को

आमंत्रित किया। यह अकेला काम नहीं है और 'प्रभात खबर' के दिल्ली कार्यालय से जुड़े तथा उस अंक से जुड़े साथियों ने पूरा सहयोग किया। मेरा काम फूलों को माला में गूंथ देने भर का रहा। हरिवंश ने बार-बार मुझे चिंतामुक्त किया। 'प्रभात खबर' में एक समय छह-आठ महीने तक कुछ भी न लिखने के बाद उन्होंने मुझे स्तंभ लिखने को कहा। अब भागना असंभव था। लेखन नियमित हुआ। 'चतुर्दिक' स्तंभ। पहले साप्ताहिक और अब पाक्षिक। बहुत पहले शनिवार के दिन। अब सप्ताहारंभ में सोमवार के दिन।

बाहर के कई लोग समझते रहे, मैं 'प्रभात खबर' में कार्यरत हूं। मुझे वास्तविक स्थिति बतानी पड़ती थी। इस स्तंभ से मैं एक बड़े पाठक वर्ग तक पहुंचा। हरिवंश जी ने एक बार भी मेरे लिखे हुए को कभी परिवर्तित-संशोधित नहीं किया। केवल एक बार संसद पर की गयी टिप्पणी पर उन्होंने बस इतना कहा कि 'संभव है, मुकदमा हो। पर जाने दीजिए, जो होगा, देखा जायेगा।' और जैसा लिखा गया था, वैसा छपा। 'प्रभात खबर' पर काफी मुकदमे हुए हैं। कई जगहों पर इस अखबार के प्रधान संपादक हरिवंश को स्वयं जाना पड़ा है। विज्ञापन रोके गये हैं, बंद किये गये हैं। सचाई सबको नहीं सुहाती। सत्ता में बैठे 'महापुरुषों' और उनकी भजन-कीर्तन मंडली की दुनिया वास्तविक दुनिया से कुछ अलग होती है। सब चाहते हैं, शीश झुके। भारतीय पत्रकारों के समक्ष कम चुनौतियां नहीं हैं। वह सत्ता के साथ रहे या जनता के साथ? आंदोलन जनता करती है और वह भी सत्ता-शासन के खिलाफ। राष्ट्रीय दैनिक और क्षेत्रीय दैनिक में अंतर है। भारत के राज्यों में असमानता है। दक्षिण के राज्य विकसित हैं और हरियाणा-हिमाचल-दिल्ली को छोड़ दें, तो हिंदी भाषी राज्य अविकसित हैं। इन राज्यों को विकसित और समृद्ध करने की जिम्मेदारी किसकी है? झारखंड राज्य सुदीर्घ आंदोलन का परिणाम है। इस क्षेत्र के विकास के लिए 1995 में झारखंड क्षेत्र स्वशासी परिषद का गठन हुआ था। 1998 में इसे भंग किया गया। फरवरी, 2000 में उच्च न्यायालय ने इसे पुनः बहाल किया। अप्रैल 2000 में बिहार विधानसभा में बिहार राज्य पुनर्गठन विधेयक पास हुआ। अगस्त, 2000 में लोकसभा और राज्यसभा से यह पास हुआ। 14-15 नवंबर, 2000 को मध्यरात्रि में 'झारखंड' एक अलग राज्य बना। 28वां राज्य। नया राज्य बनाने का आंदोलन समाप्त हुआ। फिर क्यों इसकी राजधानी रांची और अन्य जगहों से प्रकाशित होनवाले 'प्रभात खबर' ने आंदोलन का मार्ग चुना? झारखंड राज्य के स्थापना-दिवस पर यह अखबार प्रत्येक वर्ष क्यों 50-60 पृष्ठों से लेकर 80-90 पृष्ठों का परिशिष्ट प्रकाशित करता है? पहले 'प्रभात खबर' अलग राज्य के लिए चिंतित-सक्रिय था। जिन उद्देश्यों और लक्ष्यों के कारण यह राज्य गठित हुआ, उन उद्देश्यों और लक्ष्यों को प्रशासन से लेकर नेताओं तक ने समाप्त किया। जब राजनीतिक दलों ने इस अविकसित-पिछड़े प्रदेश में लक्ष्यों को प्रशासन से लेकर खबर आगे बढ़ा। नब्बे के दशक में 'भारत किधर' की चिंता अब 'झारखंड किधर' में बदल गयी। अब झारखंडी अस्मिता, साफ-सुथरे प्रशासन के वास्तविक अर्थों के विकास के, उद्योगों के साथ कृषि की चिंता के प्रश्न सामने थे। नये राज्य-निर्माण के बाद झारखंड की 'पुअर गवर्नेंस' और भ्रष्टाचार पर प्रभात खबर बार-बार-आक्रमण करता रहा। विकास का एजेंडा तैयार करने का काम राज्य सरकार

का था। राज्य सरकार निष्क्रिय हुई। प्रभात खबर सक्रिय हुआ। राज्य सरकार की निष्क्रियता और 'प्रभात खबर' की सक्रियता पर गंभीरता से विचार करना चाहिए। हरिवंश ने अपने लेखों से सच कहने और लिखने को पाठकों को प्रेरित किया।

कोई भी अखबार लंबे समय तक घाटे में नहीं चल सकता। विज्ञापनों के बिना किसी भी दैनिक समाचार-पत्र का प्रकाशन और निरंतर प्रसार-संख्या से लेकर गुणवत्ता तक में उसका विकास संभव नहीं है। रांची से 'प्रभात खबर' के बाद निकलनेवाले अखबारों की चिंताएं दूसरी रही हैं। उनकी चिंता और 'प्रभात खबर' की चिंता में भिन्नता है। नया राज्य से प्रकाशित अखबारों की वास्तविक चिंता सचमुच उस राज्य के विकास से जुड़ी रही है? 'प्रभात खबर' ने 2004 से प्रत्येक वर्ष नियमित रूप से 'झारखंड डेवलपमेंट रिपोर्ट' प्रकाशित की है। इस रिपोर्ट में 'गवर्नेंस' के अंतर्गत विधि-व्यवस्था लोक अर्थ-व्यवस्था, मूल्य वृद्धि, आधारभूत संरचना, ज्ञान अर्थ-व्यवस्था (नॉलेज इकॉनोमी) में संचार-व्यवस्था, शैक्षिक संस्थाएं, सामाजार्थिक रूपरेखा में जनसांख्यिकी (डेमोग्राफी) कार्यक्षमता, मूलभूत आवश्यकता, शिक्षा, कृषि, विनिवेश परिदृश्य, उपभोक्ता बाजार और झारखंड के जिलों में स्वास्थ्य एवं नागरिक लाभ, उपलब्धि, शिक्षा, जनसांख्यिकी, गरीबी, अर्थ व्यवस्थादि पर विचार (आंकड़ा सहित) किया जाता रहा है। हरिवंश जी ने बार-बार इस अध्ययन के कारणों पर प्रकाश डाला है- 'ह्वाई वी डिड दिस स्टडी'। क्या ये अध्ययन अनुचित और अनावश्यक हैं? अगर नहीं, तो झारखंड राज्य के उच्च शिक्षा - संस्थान, अफसर, नेता आदि क्या कर रहे हैं? क्या वर्षों से प्रकाशित होनेवाले इस 'डेवलपमेंट रिपोर्ट' पर विचार किया गया है? विनोबा भावे ने 1969 में अखिल भारतीय झारखंड पार्टी के अध्यक्ष बागुन सुंब्रई को कहा था– 'अगर झारखंड बन गया तो क्या होगा? अगर झारखंड बन गया, तो कुछ लोग मिनिस्टर वगैरह बन जायेंगे और जनता अपनी जगह रहेगी। झारखंड बनने से आम लोगों को कोई लाभ नहीं होगा, लोकशक्ति जाग्रत कीजिए।

'प्रभात खबर' के प्रधान संपादक हरिवंश अपनी टीम के साथ लोकशक्ति जाग्रत करने का भी काम कर रहे हैं। पिछले दस-बारह वर्षों में इस अखबार ने लंबे डग भरे हैं। 1995 में जमशेदपुर में इसका दूसरा संस्करण प्रकाशित हुआ था। अब यह अखबार तीन राज्यों - झारखंड, बिहार और पश्चिम बंगाल के सात स्थानों– रांची, पटना, जमशेदपुर, धनबाद, देवघर, कोलकाता और सिलीगुड़ी से प्रकाशित हो रहा है। इसकी चिंता में बिहार भी रहा है। 21वीं सदी के आरंभ में ही पटना संस्करण ने बिहार पर केंद्रित अंक निकाला था। 1857 की डेढ़ सौवीं वर्षगांठ के कई वर्ष पहले 1857 के संदर्भ में इसकी रविवार पत्रिका में 'आजादी के परवाने' को याद किया गया था। स्वाधीनता की 50वीं वर्षगांठ हो या 1942 की अगस्त क्रांति की अर्द्धशती - इसने अपने को उन पर केंद्रित किया। बिरसा मुंडा की जन्मशती और हुल आंदोलन की डेढ़ सौवीं वर्षगांठ - प्रेरणा प्राप्त करने के लिए इसने झारखंड के वीर-क्रांतिकारी सपूतों का संस्मरण किया। यह कहना और लिखना गलत नहीं होगा कि इस अखबार ने अतीत में फैली-बिखरी और इकट्ठी सभी चिनगारियों का कृतज्ञतापूर्वक स्मरण किया है। मार्क्स, गांधी, लोहिया, जयप्रकाश, आइंस्टाइन, फ्रायड - सब को उचित समय पर किया गया समुचित स्मरण क्या महत्त्वपूर्ण नहीं है। फिर यह लिखना

आवश्यक है कि जो काम विश्वविद्यालयों, सरकारों, प्रशासनिक अधिकारियों, नेताओं, राजनीतिक दलों को करना चाहिए था, 'प्रभात खबर' ने उन दिशाओं में समय-समय पर अपने कदम बढ़ाये हैं। यह अखबार हिंदी कवियों, लेखकों, आलोचकों, विचारकों, शिक्षाविदों, पत्रकारों, संस्थान-प्रमुखों के बीच जाना-सराहा जाता है। उत्तराखंड, छत्तीसगढ़, दिल्ली, राजस्थान के साथी मिलने पर हरिवंश की चर्चा करते हैं, 'प्रभात खबर' के संबंध में पूछते हैं - 'हिंदी अखबार के संपादकों में हरिवंश की बहुत प्रतिष्ठा है।

हरिवंश में संपादकीय गुणों एवं प्रबंधकीय कौशल का सार्थक मेल है। जिस प्रकार 'जनसत्ता' की पहचान प्रभाष जोशी से है, उसी प्रकार 'प्रभात खबर' की पहचान हरिवंश से है। हरिवंश और 'प्रभात खबर' पर्याय हैं। पिछले कई वर्षों से उनके द्वारा लिखे गये लेख हमें झकझोरते और बेचैन करते हैं। झारखंड फिलहाल लूट, अपराध, हिंसा और भ्रष्टाचार का राज्य है। बार-बार प्रभात खबर में राज्य के वास्तविक हालात बताये जाते हैं। सवाल खड़े किये जाते हैं। उत्तर कोई नहीं देता। सुकरात को कभी-कभार यह अखबार अकारण याद नहीं करता। झारखंड की जुझारू नेत्री दयामनी बारला ने अपना लेखन यहीं से आरंभ किया। वासवी इससे जुड़ी रहीं, फैसल इसके साथ रहे हैं, जिसके पास थोड़ी-बहुत जनपक्षधरता और विचार-दृष्टि है, उसको इस अखबार ने सदैव आमंत्रित किया है। झारखंड का प्रबुद्ध नागरिक इस अखबार को अपना समझता है। हिंदी व्याकरण पर इसने एक लंबी लेखमाला प्रकाशित की है। 'आद्री' के साथ मिल कर पटना और रांची में यह नियमित रूप से व्याख्यानमाला आयोजित करता है। अब यह भारत के हिंदी अखबारों में नौवें स्थान पर है। सप्ताह में बच्चों, युवाओं, महिलाओं के लिए इसके परिशिष्ट हैं। 'झारखंड सिटिजंस गाइड़' और 'हायर एजुकेशन गाइड़' यह प्रकाशित कर रहा है। भारतीय विद्या भवन से संबद्ध 'प्रभात खबर 'इंस्टीट्यूट ऑफ मीडिया स्टडीज' है। रांची और जमशेदपुर से इसका 'रेडियो धूम' है। सबके पीछे हरिवंश की दिशा-दृष्टि है।

हरिवंश की बड़ी विशेषता संतुलन है। एसपी सिंह में यह जितनी थी, इससे अधिक हरिवंश में है। यह किसी भी अखबार के आज टिके रहने और आगे बढ़ते रहने के लिए जरूरी है। भूमंडलीकरण के उत्तर आधुनिक दौर में अखबार को 'उत्पाद' ('प्रोडक्ट') और पाठक को ग्राहक (कस्टमर) माना जाता रहा है। प्रभात खबर रूपर्ट मर्डोक के इस नजरिये के साथ नहीं है क्योंकि तब कोई अखबार आंदोलन नहीं बनेगा। यह सच है कि अखबार का पाठक किसी एक वर्ग या समुदाय का नहीं होता। धर्म विशेष और जाति-संप्रदाय-समुदाय विशेष से जुड़कर देश के राजनीतिक दलों ने जो गंभीर समस्याएं उपस्थित की हैं, कोई भी लोकतांत्रिक, धर्मनिरपेक्ष और प्रगतिशील अखबार उसका साथ नहीं दे सकता। झारखंड राज्य की दुर्दशा को लेकर सर्वाधिक चिंतित 'प्रभात खबर' है। इसकी हस्तक्षेपकारी भूमिका है। यह अपने दायित्व को जानता है। एक अखबार आंदोलन के लिए जमीन तैयार करता है। आंदोलन जनता करती है और उसमें मध्यवर्ग की विशेष भूमिका है। अकारण नहीं है कि कई 'एक्टिविस्ट' किसी-न-किसी रूप में समय-समय पर इससे जुड़े रहे हैं। इस अखबार के पाठकों की कंस्टीट्यूऐंसी बढ़ी

है। यह लिखने और बोलने के लिए उत्साहित करता रहा है। डटने, अड़ने और लड़ने की बात अभी गर्भ में है।

15वीं लोकसभा के चुनाव में बड़े अखबारों की पोल खुल चुकी है, जब उन्होंने विज्ञापन को समाचार-रूप में प्रस्तुत कर करोड़ों रुपये कमाये। 'प्रभात खबर' ने विज्ञापन और समाचार में अंतर किया। विज्ञापन और समाचार में अंतर है। सारे प्रश्न स्वहित और जनहित से जुड़े हैं। दोनों में बैर है। स्वहित और जनहित को साथ-साथ कुछ समय तक ले चलना भी बड़ी बात है। आज का युवा वर्ग अधिक अर्थ-लाभ के लिए नौकरियां बदल रहा है। व्यक्ति-मन पहले से कहीं अधिक अस्थिर और चंचल है। आज मुश्किल यह है कि अखबार बाजार और जन दोनों को नहीं छोड़ सकते। पत्रकारिता में प्रोफेशनलिज्म जरूरी है। किसी भी क्षेत्र में आगे बढ़ने के लिए यह आवश्यक है। बदले समय की समझ और उसके अनुसार संतुलित रूप से आगे बढ़ना। 'प्रभात खबर' इस बिना पर सफल है और इसका सारा श्रेय इसके प्रधान संपादक को है। वे 20 वर्ष से 'प्रभात खबर' के प्रधान संपादक हैं। उनको कई बड़े, बहुत बड़े 'ऑफर' मिले थे। मुझे इसकी जानकारी रही है। उन्होंने इस 'ऑफर' को नहीं स्वीकारा। यह बड़ी बात है। उनका विश्वास है कि एक जिम्मेदार पत्रकारिता ही सामाजिक बदलाव में सहायक हो सकती है। जब झारखंड के सभी राजनीतिक दल रीढ़ विहीन हो चुके हैं, हरिवंश अपने लेखों में उन्हें सुधरने और संवरने का रास्ता बताते हैं। वे हिंदी के संभवतः अकेले प्रधान संपादक हैं, जिनके हाथ में अखबार का पूरा प्रबंधन भी है। अगर ऐसा न होता तो अखबार बुलंदियों पर नहीं पहुंचता।

'प्रभात खबर' से झारखंडवासियों को अधिक आशाएं हैं। आदिवासियों को सर्वाधिक, जो दबे, कुचले, पीड़ित-उत्पीड़ित और वंचित-प्रताड़ित हैं। उन्हें लगता है - यह अखबार हमारा है। झारखंड में चारो ओर अंधेरा है। मैं 'प्रभात खबर' को एक रोशनी के रूप में देखता हूं। इस अखबार से मेरा साथ अठारह वर्षों से है। इसने मुझे अपनी भावना और विचाराभिव्यक्ति के अवसर दिये हैं। सूचना-विस्फोट के इस युग में तकनीक और उपयोग से लेकर कृषि एवं लघु उद्योगों पर, कला-संस्कृति पर ध्यान देना होगा। जरूरी है संवाद और 'विमर्श - प्रभात खबर कभी लीक नहीं पीटता। हरिवंश अपने नियमित स्तंभ 'विमर्श' में नयी-नयी पुस्तकों से हमारा परिचय कराते हैं। मेरा आलस्य जो थोड़ा-बहुत टूटता है, वह हरिवंश के कारण भी। वे मुझे सदैव उत्साहित करते रहे हैं। मैं इसे अंधेरों में कई टिमटिमाती रोशनियां देखता हूं। चाहता हूं, यह पूरी तरह जलती रहे। प्रभात खबर युवा है— 25 वर्षीय और मैं इसके साथ हूं।

**(लेखक हिंदी के वरिष्ठ आलोचक व स्तंभकार हैं।
प्रभात खबर के 25 वर्ष पूरे होने पर 2009
में यह आलेख लिखा गया था)**

अभी तो कई मंजिलें बाकी हैं

अनुराग चतुर्वेदी

29जुलाई प्रभात खबर के बीस वर्षीय जीवन में महत्त्वपूर्ण पड़ाव है। देवघर से प्रभात खबर का छठा संस्करण निकला है। उस दिन के प्रथम पृष्ठ पर संपादकीय हमेशा की तरह प्रधान संपादक हरिवंश ने लिखा है। सबसे महत्त्वपूर्ण बात जो इस संपादकीय में लगती है, वह है इसमें देवघर की धार्मिक महत्ता और वहां के पौराणिक आख्यानों के बारे में एक भी शब्द नहीं है। पाठकों के लिए आधुनिक दुनिया से साक्षात्कार कराने वाला समाचार पत्र ऐसे ही निकलता है।

एक संवेदनशील, एक बदलते विश्व को समझने का मायने देनेवाला समाचार पत्र प्रभात खबर सिर्फ रांची, दुमका और देवघर की ही चिंता नहीं करता है, बल्कि उसे चिली, बीजिंग और पारामारिबो की भी चिंता है। अब जबकि आंदोलन करने वाले और जन आंदोलन ही समाप्त हो रहे हैं तब प्रथम पृष्ठ पर आकाश में मुक्त उड़ान भरनेवाले कपोत के साथ 'अखबार नहीं आंदोलन' की रोज घोषणा करनेवाला समाचार पत्र मुझे अभी भी एक स्वप्न जैसा लगता है। शायद इस शताब्दी का एक सुखद स्वप्न। भारतीय भाषाओं में तो ऐसा प्रयोग एक भी जगह नहीं हो रहा है। सिर्फ रांची अपवाद है।

मेरा रांची से परिचय नहीं था। कोकर इंडस्ट्रियल एरिया वैसे भी समाचार पत्र निकलने की जगह नहीं होगी, ऐसा बराबर लगता था। हरिवंश भारतीय पत्रकारिता और हिंदी पत्रकारिता में एक बड़ा नाम बन कर उभर रहे थे, लेकिन रांची : क्यों? शायद यही सवाल डराता भी था, लगता था धर्मयुग, रविवार के बाद छोटी-सी पारी खेल कर हरिवंश प्रभात खबर को बंद करवा देंगे या बहुत बड़ी संख्या और अकर्मण्यता का तब पर्याय बन चुका, वहां का संपादकीय विभाग बंदी की गति को और तेज कर देगा और पूंजी और मेधा के बगैर यह समाचार पत्र जल्द ही अतीत का हिस्सा हो जायेगा।

शुरू का (हरिवंश के संपादकीय के पूर्व) प्रभात खबर कैसा था, यह मालूम नहीं, लेकिन धीरे-धीरे प्रभात खबर मुझे उन अनजान स्थानों पर चल रहे संघर्षों की जानकारी देने लगा, जहां सशरीर चाह कर भी नहीं जा सकता था लेकिन वे संघर्ष महत्त्वपूर्ण थे, उनमें आदिवासी

थे, कोयलकारो के बांध की संघर्ष-गाथा थी, सरकारी स्वास्थ्य सेवाओं में हो रही गिरावट की बयानी थी। रिम्स में बदहाली की बयानी थी। प्राथमिक शालाओं की बदहाली के समाचार थे। पूरे समाज में परिधि पर लाये गये व्यक्तियों के बुरे हाल समाचार पत्रों में गायब हो रहे हैं, उन दिनों में गरीबों, वंचितो और व्यक्ति के सम्मान, गरिमा और गौरव को संजीदगी से बचाने की अनवरत कोशिश में प्रभात खबर लगा हुआ था।

प्रभात खबर आधुनिक कैसे बना? प्रभात खबर सार्वभौमिक कैसे हुआ? उसकी चिंताएं परंपराओं, धर्म, आधुनिकता, मनुष्यता और सिविल सोसायटी से कैसे जुड़ीं? स्त्रियां, जातियां, आदिवासी कैसे उनके लिए महत्त्वपूर्ण बने। यह जानना आसान नहीं है। कैसे रांची, धनबाद, जमशेदपुर के समाज में महत्त्वपूर्ण बना यह अखबार? 'भारत किस ओर'? व्याख्यानमाला के जरिये समाज और अखबार के नये रिश्तों को मजबूत करने लगा और किस तरह नये नायकों से अपने पाठकों से साक्षात्कार कराने लगा।

एक और महत्त्वपूर्ण बात। जिन्होंने भी साउथ ब्लॉक का रुआब, असर और नशा देखा है, वे ही जान सकते है कि प्रधानमंत्री का प्रेस सलाहकार और भारत सरकार में संयुक्त सचिव का ओहदा मिलने के बाद फिर से रांची लौट आने का : क्या मतलब है? प्रभात खबर की जड़ों में एक अलग ही किस्म की खाद डाली गयी है।

फिर 21 जुलाई, 2004 के संपादकीय पर दृष्टि डालें- पाठक ही प्रभात खबर के वाच डॉग हैं। फिसलन, कमजोरी, भटकाव के हर मोड़ पर सावधान करनेवाले। प्रभात खबर पाठकों के प्रति कृतज्ञता सिर्फ दिखाने भर के लिए प्रकट नहीं करता। 1990 में पाठकों की अदालत के बारे में हरिवंश लिखते हैं, जब रांची प्रभात खबर अंधेरे में भटक रहा था तब अपने पुनर्जीवन के लिए न्यूज पेपर एक्सपट्र्स के पास नहीं गये, हमने पाठकों की अदालत शुरू की। रांची से लेकर दूर-देहात तक। छह-आठ घंटे तक पाठकों की अदालत में प्रभात खबर की टीम उनके सुझावों को धैर्य से सुनती, नोट करती और उसे अख़बार में आकार देती। यह बात सही है, लेकिन आप हरिवंश की दिनचर्या देखेंगे तो पायेंगे कि वे अपना रोल जल्दी-जल्दी बदलते है। सवेरे वे देश में कहीं भी हों, प्रसार संख्या जानने को इच्छुक रहते हैं। हर संस्करण के बारे में पूछना उनका रूटीन है। दिल्ली फोन करके विज्ञापनों की जानकारी लेना। असल में वे संपादक के साथ-साथ सीईओ भी बने हुए हैं।

प्रभात खबर की असली ताकत टीम वर्क है। समर्पित, लगनशील, ईमानदार, कर्मठ और ग्रामीण जन की सहजता युक्त। कुछ-कुछ किसान की सरलतावाली, लेकिन तकनीक के प्रति, नवीनता के प्रति, आधुनिक फोंट से लेकर ले-आउट तक प्रभात खबर की विशेषता है। सुप्रभात में मोनी के कार्टून से लेकर किसलय के इंटरनेट, कंप्यूटर की जानकारी का कोई भी पाठक कायल रहेगा। वह सामयिक दुनिया से जुड़ा रहता है।

खेल, फिल्म और राजनीति - हिंदी पत्रकारिता में यह फार्मूला बहुत सफल रहा है। रविवार-संडे में सुरेंद्र प्रताप सिंह एवं एमजे अकबर की सफलता का थोड़ा राज इसी में छुपा है। धर्मयुग के छायावादी रुझान में राजनीति का हिस्सा ज्यादा नहीं होता था। गणेश मंत्री जैसे

संजीदा व्यक्ति का सान्निध्य हरिवंश को मिला। प्रभात खबर में नये और प्रतिभावान रचनाकारों को स्थान मिलता है। इसी कारण सुदूर गढ़वा में पड़े अकाल, मृत के आतंक की विस्तारपूर्ण रिपोर्ताज मिलते हैं। भिखारी ठाकुर के गांव का वास्तविक हाल जानने की इच्छा संजीव की पुस्तक सूत्रधार पढ़ने के बाद और बढ़ गयी थी कि प्रभात खबर में वहां से सीधा रिपोर्ताज पढ़ने को मिला। कई बार लगता है, हरिवंश पत्रकारिता के कुम्हार हैं। जिस मिट्टी के लोंदे में जितना दम होता है, उसे वैसे ही बना देते हैं।

प्रभात खबर की एक और खासियत यह भी है कि वह 'फ्री फोरम' है। यहां सभी विचारधाराओं के स्तंभकार, विचारकों का प्रतिनिधित्व होता है। झारखंड के पूर्व मुख्यमंत्री मरांडी प्रभात खबर से इसलिए खफा थे, क्योंकि उन्हें लगता था कि प्रभात खबर नक्सलवादियों का अखबार है, माले विधायक महेंद्र सिंह के लेखों के ही कारण किसी भी तरह प्रभात खबर को नक्सलवादी विचारों का अखबार नहीं माना जा सकता। नक्सलवादी हिंसा के कारण, सुरंगों के फटने की वजह से जंगलों में पुलिस के प्रति होनेवाली क्रूरता की रपट जितनी अच्छी इस अखबार में हुई है, उतनी तो किसी राष्ट्रीय अखबार में भी नहीं होती है। मेरी नजर में तो प्रभात खबर राष्ट्रीय चेतना और राष्ट्रीय मुद्दों की गहरी समझ रखनेवाला राष्ट्रीय अखबार है। इसमें रविभूषण, खगेंद्र ठाकुर जैसी गहरी समझ रखनेवाले साहित्यकार-आलोचक हैं, तो मारवाड़ी में चिट्ठी लिखनेवाले लेखक मनोहरलाल गोयल भी हैं। मारवाड़ी या राजस्थानी की इतनी सेवा तो राजस्थान का भी कोई अखबार नहीं करता है। गैर-झारखंडी भाषा-भाषियों को अपनी जड़ों से जोड़ने की कोशिश जारी है।

कोई भी समाचार पत्र अपनी जड़ों को पहचाने बगैर न तो अधिक उम्र हासिल कर सकता है, न लोकप्रियता की सीढ़ियां चढ़ सकता है और न ही अपनी प्रसार संख्या बढ़ा सकता है। प्रभात खबर जो कई बार वैकल्पिक अखबार जैसा दिखता है, अपनी जड़ों को बखूबी बहचानता है। आदिवासी संस्कृति का सम्मान और खबरों में अल्पसंख्यकों को बराबरी का एहसास इस अखबार की खासियत है। प्रभात खबर में आदिवासियों की सांस्कृतिक पहचान की चिंता निरंतर दिखाई देती है, वहीं दूसरी तरफ शिक्षा एवं स्वास्थ्य सेवाएं चलाने में दक्ष ईसाई समाज को पहले 'कोरल' गानेवालों के हाथ में ईसा की प्रार्थना में जली मोमबत्तियों के चित्र वर्षों से दिखते हैं।

प्रभात खबर का पाठक सभी धर्मों के त्योहारों, परंपराओं और एक-दूसरे के धर्म को सम्मान देने से परिचित है। वरना ज्यादातर हिंदी अखबारों को बहुसंख्यकों के धर्म की वाह-वाही करने से फुर्सत ही नहीं मिलती। बाबरी मसजिद बनाम रामजन्म भूमि आंदोलन के बाद ज्यादातर हिंदी समाचार पत्र धर्म से ज्यादा संप्रदायों को महत्त्व देने लगे हैं। रामलीलाओं, आसाराम बापुओं के समाचार ऐसे छपने लगे हैं मानो पूरा शहर ही धार्मिक हो गया हो। या फिर पूरे शहर में सिर्फ एक ही कार्यक्रम हो रहा हो। संपादकीय विवेक समाप्ति के दौर में प्रभात खबर सर्वधर्मों को प्राथमिकता देकर अपने को 'प्रताप' जैसे अखबारों-पत्रिकाओं की श्रेणी में बनाये हुए है।

प्रभात खबर वैचारिक और समाचार दोनों ही पक्षों को मजबूत बनाये हुए है। साथ में

रविवार को निकलनेवाला साप्ताहिक 'रविवार' अपनी छाप छोड़ जाता है। उसका कलेवर पिछले कुछ दिनों में बदला है। लेकिन पाठकों की भागीदारी प्रभात खबर की मुख्य ताकत है। बाल पाठक, स्त्रियों की अस्मिता और स्वास्थ्य की चिंताओं को प्रभात खबर ने गहराई से समझा है।

प्रभात खबर को देश का स्तरीय समाचार पत्र बनाने में हरिवंश की दृष्टि और उनका धर्मयुग, रविवार में योगदान भी महत्त्वपूर्ण है। रविवार में वर्षों तक हरिवंश अपने परिश्रम से अंक-दर-अंक निकालते रहे। रविवार के संग्रहणीय नेहरू विशेषांक का तो लेखों के प्रूफ पढ़ने से लेकर पुनर्लेखन तक उन्होंने ही किया था। मुझे हरिवंश के साथ धर्मयुग में एक कवर स्टोरी, जेपी और जसलोक करने का अनुभव है। वह कई उतार-चढाव और जीवन-मृत्यु से जुड़ी कथाओं के मोड़ों से गुजरनेवाली आमुख कथा थी। जयप्रकाश नारायण हरिवंश के गांव सिताबदियारा के ही हैं। जगदीश बाबू से लेकर गुलाब तक उन्हें जानते थे। चंद्रशेखर जी भी हरिवंश की काबिलियत को पहचानते थे। अस्पताल से एक मानवीय संबंधों की बयानी करनेवाली कहानी धर्मयुग में बहुत लोकप्रिय हुई।

समाचार पत्रों की भी क्या उम्र होती है? लोकप्रियता का शिखर देखने के बाद अपनी दुनिया को पिटते हुए देखना कोई भला अनुभव नहीं होता; लेकिन समय का ज्ञान किसी भी संपादक को स्थायी सफलता दिला सकता है। प्रभात खबर में युवा मन को थाहने की कोशिश पिछले 15 वर्षों में निरंतर होती रही है। 'हेलो रांची', युवा मन की चिट्ठियां, प्रेम संदेश प्रभात खबर में स्थान पाते हैं। बेरोजगारों के लिए नयी दुनिया दिखानेवाला 'अवसर' होता है और ज्यादा गंभीर, पत्रकारिता में रुचि रखनेवालों के लिए पत्रकारिता का इंस्टीट्यूट है। हरिवंश ने बहुत ही मेहनत से महिलाओं की एक पत्रिका घर निकाली थी जिसका मुंबई के एंबेसेडर होटल में फिल्म तारिका मीनाक्षी शेषाद्रि ने उद्घाटन किया था। हरिवंश के मन में भारत के महानगरों में प्रभात खबर जैसे बेहतरीन प्रकाशन को जमाने की इच्छा कई वर्षों से है। यह इच्छा कोलकाता में तो पूरी हुई है, मुंबई और दिल्ली को अभी इंतजार है।

दुनिया और इंसानों को जानने के क्रम में मेरी हरिवंश से पहली मुलाकात जून, 1978 में मुंबई में हुई और पहली ही मुलाकात में मुझे लगा कि पत्रकारिता एक भला पेशा है। इसमें ईमानदार, निर्भीक और स्वाभिमानी व्यक्ति आते हैं। पद-प्रतिष्ठा प्राप्त करने के बाद भी सहज और सरल कैसे रहा जा सकता है, यह मैंने जब जाना तब साउथ ब्लॉक में प्रधानमंत्री कार्यालय में हरिवंश को प्रधानमंत्री सलाहकार बना देखा। वहां भी उन्होंने न कोई घर आवंटित करवाया और न दिल्ली में स्थायी बसेरा बनाने की सोची। दिल्ली और रांची के सत्ताधीशों से दूरी बना कर अपनी दुनिया में जीनेवाले, प्रभात खबर के बारे में दिनरात चिंतित रहनेवाले हरिवंश ने इस अखबार को अपने खून-पसीने से सींचा है।

प्रभात खबर की टीम मजबूत रिपोर्टरों ,खोजी और मानवीय सरोकारों से जुड़े कलमकारों की है। फैसल अनुराग, मधुकर, बैजनाथ मिश्र, शशिकांत को तो वर्षों से पढ़ रहा हूं पर कई राष्ट्रीय लेखकों की कृतियां, विशेष आलेख भी प्रभात खबर में ही मिलते हैं। कृपाशंकर चौबे ने

हजार चौरासी की मां की लेखिका महाश्वेता देवी के साथ उसी तरह अरण्य यात्राएं करवाई हैं जैसे प्रसिद्ध मराठी लेखक लक्ष्मण माने ने उन्हें मराठी साहित्य में लिखा है। हिंदीभाषी क्षेत्रों के पिछड़ेपन की आर्थिक-सामाजिक छानबीन प्रभात खबर ने अपने दीपावली विशेषांकों में की है जिसका कुशल संपादन हरिवंश और रविभूषण करते हैं। प्रभात खबर ने झारखंड के निर्माण में उसी तरह भाग लिया है मानो आदिवासी प्राणपण उसमें जुड़ गये हों।

आदिवासियों के शीर्ष नेताओं की आत्मकथा छापकर प्रभात खबर ने जंगल के नेताओं के विदेश जाने और उनके इलाके से मोह को बार-बार प्रदर्शित किया है। प्रभात खबर ने आदिवासी नेताओं की राजनीतिक-आर्थिक फिसलन को बार-बार उजागर किया, लेकिन कभी भी चाहे शिबू सोरेन हों, सूरज मंडल हों, बाबूलाल मरांडी हों या अर्जुन मुंडा हों उनको गिराया नहीं।

आपने देश के किस अखबार में विधानसभा अध्यक्ष (अब पूर्व) इंदर सिंह नामधारी का लेख किस्तों में छपा हुआ पढ़ा है। कहां पर माले विधायक महेंद्र सिंह का विचार मंथन करता लेख देखा। दीपांकर का तेजस्वी साक्षात्कार पढ़ा, कहां एके राय का मजदूरों के सवालों पर विचारोत्तेजक लेख पढ़ा ? कहां पूर्व प्रधानमंत्री चंद्रशेखर का पाक्षिक स्तंभ पढ़ा है? प्रभात खबर ने आज के राजनेताओं को फिर से लिखने-पढ़ने की दुनिया से जोड़ा है। आज जबकि राजनेताओं ने पढ़ना-लिखना बंद कर दिया है, ऐसे में इन लेखकों का लेख पढ़ना एक सुखद अनुभव होता है।

प्रभात खबर में बहुधा स्थानीय के नाम पर कई बार अस्तरीय रचनाएं भी प्रकाशित होती हैं। लेकिन रांची में प्रतिभाएं कुछ ज्यादा ही हैं। एक सांस्कृतिक साहित्य माहौल में शायद प्रोत्साहन का काम भी प्रभात खबर करता है। समारोह, उत्सव, प्रदर्शनियां, गोष्ठियां, विश्वविद्यालय की चहल-पहल रांची की खासियत है।

प्रभात खबर ने यह धारणा भी तोड़ी है कि अच्छी सामग्रीवाले समाचार पत्रों की बिक्री भी कम होती है। क्योंकि समाज में अच्छाई के कद्रदान भी कम ही होते हैं। प्रभात खबर ने यह भ्रम तोड़ दिया है। बाजार, बाजार की शक्तियां, समाज और समाज की शक्तियों का समझदारी से विश्लेषण करके प्रभात खबर ने दिल्ली और उत्तर प्रदेश से आये अपार धन शक्ति और सांप्रदायिकता के बलबूते पर पत्रकारिता करने वालों को थाम लिया।

रांची के बारे में बात करते समय फादर कामिल बुल्के की याद बार-बार आती है। रांची में सेंट जेवियर्स कॉलेज के प्रांगण में खड़े होकर हिंदी के उस महान् विद्वान् की स्मृति हरिवंश के साथ ताजा कर रहा था तभी मुझे याद आया कि अबुल कलाम आजाद भी रांची आकर ही रहे थे। रांची में हिंदी का जो यज्ञ फादर कामिल बुल्के ने शुरू किया था, लगता है, वह प्रभात खबर के रूप में अभी भी चल रहा है। झारखंड के बहुत सारे हॉकी खिलाड़ी ओलंपिक में भाग ले रहे हैं।कई महिला खिलाड़ी राष्ट्रीय-अंतरराष्ट्रीय स्तर पर नाम अर्जित कर रही हैं, लेकिन उनकी सरलता और सहजता देखने लायक है। बहुत कुछ आदिवासी जन के इस समाचार पत्र में हैं, वह बाजार से आतंकित नहीं हैं, उसे चुनौती देते हुए समाज

से जुड़ता है और गरीब-गुरबा की बात करता है, उसके जहन में भिखारी ठाकुर हैं, नागार्जुन हैं। बिरसा मुंडा हैं, दिशुम गुरुजी हैं।

प्रायोगिकता और मौलिकता प्रभात खबर में जगह-जगह दिखाई देती है। वार्षिक कैलेंडर से लेकर अखबार के नये लेआउट तक में। छपाई, ले आउट और फोंट में दक्षता के गुण हरिवंश ने अपने पत्रकारिता के गुरु धर्मवीर भारती से लिए हैं। हरिवंश के परिचितों में बनारस के प्रसिद्ध चिंतक कृष्णनाथ, बेंगलुरु के नारायण दत्त प्रमुख हैं। इन दोनों की प्रकृति गंभीर है।

आज की दुनिया तेजी से बदल रही है, इस बदलती दुनिया में हो रही तकनीकी क्रांति, फ्यूचरोलोजी के तत्त्वज्ञान और पश्चिम के मुल्कों के मुकाबले एशिया के देशों की कितनी ताकत है यह जिज्ञासा हरिवंश में शुरू से है। पुस्तकों के जरिये दुनिया को जानना और उन स्थानों पर जाना जहां आए बदलाव के महत्त्वपूर्ण प्रयोग हो रहे हैं, हरिवंश का शगल है। वे सिंगापुर, हांगकांग की यात्राओं के दौरान परिश्रम के प्रति इन देशों के निवासियों के समर्पण पर बातें करते और मछुआरों के गांव का सिंगापुर में बदल जाने की कथा को सिर्फ कहानी नहीं मानते हुए एक सचाई के रूप में उसे प्रभात खबर के पाठकों तक पहुंचाते हैं। वे अमेरिका में हवाई जहाज के लैंडिंग करते समय यात्रियों द्वारा तालियां बजाने का जिक्र अपने प्रभात खबर के संस्मरणों में करते हैं तो सिंगापुर के हॉलीडे इन होटल में पैरों के आगे-पीछे होने से लाइट के बंद हो जाने की बात करते हैं। प्रभात खबर के पाठक होटलों के बारे में जानें, अच्छे पकवानों के बारे में जानें, स्त्री-पुरुष के बनते-बिगड़ते रिश्तों के बारे में जानें, राजनीतिक रूप से वह बालिग की तरह व्यवहार करें, यह कोशिश पिछले कई वर्षों से यह अखबार करता दिख रहा है।

'गुड न्यूज' बुरी खबरों के दौर में प्रभात खबर की यह कोशिश जीवन के प्रति 'पॉजिटिव नजरिया' रखनेवालों को हिम्मत देता है। यही कारण है कि केरल या कर्नाटक की खबरें भी इस रूप में प्रथम पृष्ठ का एंकर बन जाती हैं।

जो लोग समाचार पत्रों को डाक के जरिये पाते हैं, उन्हें मालूम होगा कि बहुत से अखबार बगैर रैपर खोले ही रद्दीवाले को भेंट हो जाते हैं, लेकिन प्रभात खबर अपवाद है। इसके 'देश' पृष्ठ की खबरों का चयन भी इतना अलग होता है कि वह अपनी चमक बनाये रखता है। मुझे हिंदी के कई विद्वानों, कवियों, समाजसेवियों, समाजवादियों के दुनिया छोड़ने के समाचार प्रभात खबर से मिले हैं। उदयपुर के परशुराम त्रिवेदी की मृत्यु तक का समाचार। वे समाचार पत्र जिन्हें हिंदी के तीन करोड़ पाठकों की संख्या की चिंता है, समाचारों की नहीं, उन्हें समाचारों की दुनिया में कुछ नहीं बल्कि बहुत कुछ सिखाता नजर आता है प्रभात खबर।

हम प्रभात खबर का रैपर खोलते हैं, उसे पढ़ते हैं भले ही घर लौटते-लौटते आधी रात गुजर गयी हो, इतना ही नहीं अगले दिन उस पुराने अखबार को सीपी टैंक रोड पर रहनेवाले कौशल जी भी ले जाते हैं, जो दस-पंद्रह दिन के प्रभात खबर एक साथ पढ़ते हैं। तो यह जादू है प्रभात खबर का। यह जादू है झारखंड से प्रकाशित होनेवाले प्रभात खबर का। प्रभात खबर अखबार सिर्फ रांची के आसपास के संघर्षों का अखबार नहीं है बल्कि उसमें जिज्ञासा और नये नजरिये की किरण भी सतत दिखती है।

प्रभात खबर ने एक बार भारतीय पत्रकारिता के इस मूल स्वर को जोर से गुंजा दिया है, जिसमें पत्रकारिता को एक 'मिशन' के रूप में देखा जाता है। पत्रकारों को समाचारों में निष्पक्षता बरतते हुए आप हर अंक में प्रतिदिन देख सकते हैं, वहीं दूसरी तरफ संपादकीय पृष्ठ में समाज की चिंता, धर्मनिरपेक्षता जैसे मूल्यों पर दृढ़ता और आदिवासी पिछड़े क्षेत्रों पर विशेष नजरिये ने प्रभात खबर को चर्चित बना दिया है।

कई सार्थक और कम पूंजी से चलने वाले समाचार पत्र अपने यहां नौकरशाही और मैनेजमेंट की आधुनिक प्रणाली को न तो लागू करते हैं, न उसे सही मानते हैं, वहीं दूसरी तरफ 'ब्रांड मैनेजर' और 'मार्केटिंग' के सहारे हिंदी पत्रकारिता को विपरीत दिशा में चलाने और कुछ सीमा तक सफल भी हो जानेवाले कई दैनिक अपने पत्रों में समाचारों-विचारों के स्थान पर बाजार के कारण गति पाये व्यक्तियों या समारोहों को महत्त्वपूर्ण मानते हैं और उन्हें महत्ता देते हैं। लेकिन प्रभात खबर ने छोटे प्रयास संभव हैं और वे सार्थक भी हैं, यह साबित कर दिया है। प्रभात खबर के पास अपनी मैनजेमेंट टीम है जिसमें गोयनका जैसी युवा स्फूर्ति और हिंदी मानसिकता को पहचाननेवाली प्रशासकीय कुशलता है।

महानगरों में हिंदी पत्रकारिता को दूध बेचनेवाले, कपड़ों पर इस्त्री करने वालों और अमीरों के ड्राइवरों और उनके सुरक्षा गार्डों द्वारा पढ़ा जाने वाला अखबार माना जाता है। पर रांची में विधानसभा अध्यक्ष से लेकर मंत्रालय के सचिव द्वारा प्रभात खबर को सम्मान दिया जाता है, वह उसके समाचार कवरेज में रखी गयी निष्पक्षता और संपादकीय निर्भीकता के कारण मिलती है।संपादकीय स्वतंत्रता और बाजार की शक्तियो के बीच संतुलन बनाये रखना, स्वतंत्र पूंजी निर्माण करना और जनसंघर्षों का मंच बन जाना प्रभात खबर की इस लंबी, दुरूह यात्रा के महत्त्वपूर्ण पड़ाव के कुछ मील के पत्थर हैं। जिस तरह से वैश्वीकरण और निजीकरण का समाचार पत्रों पर प्रभाव पड़ रहा है उसमें केंद्रीकरण एक महत्त्वपूर्ण सिद्धांत के रूप में पनपता दिखाई दे रहा है। कुछ वर्ष पूर्व एक राष्ट्रीय समाचार पत्र के संपादकीय कार्यालय में दो राष्ट्रीय ख्याति के कला फिल्म समीक्षकों को लंबी प्रतीक्षा करते देख मन ग्लानि से भर गया था, वहीं उन्हीं समीक्षक द्वारा नौकरी छोड़ देने के बाद रांची जाने पर प्रथम पृष्ठ पर उनके लेख को स्थान देने का साहस प्रभात खबर ने किया तो वही पूंजी के अखबारों द्वारा किनारे कर देने की दुनिया भर के 'ट्रेड' को पलटने जैसा लगा। क्या प्रभात खबर विपरीत दिशा में तैरनेवाला अखबार है या फिर परंपराओं का अनुशीलन करने वाला, भारत की आजादी में हिस्सेदारी करने वाली परंपरा का वारिस है। कवियों-समाजसेवियों, अच्छे शिक्षकों, अच्छे प्रशासकों का विश्वास प्रभात खबर पर ज्यादा है। क्योंकि प्रभात खबर में शुभ-अशुभ, अपराध मुक्त समाज और अपराध युक्त समाज में अंतर किया जाता है।

प्रभात खबर में बेजुबानों को आवाज देने, उन्हें सशक्त बनाने के प्रयास किये जाते हैं। विषय चयन भी जिन खबरों का किया जाता है, वह बेजुबानों के पक्ष में होता है। पत्रकारिता के इस समय में जिन्हें भुलाने की कोशिश हर रोज, ज्यादातर अखबार करते हैं, उस समय प्रभात

खबर उन्हें रोज याद करता है। यह महत्त्वपूर्ण बात है। प्रभात खबर को काल के बदलते पदचाप भी सुनाई देते हैं, इसलिए अखबार के रंगीन होने की जरूरत वह समझता है पर रंगीन होते हुए भी वह फैशन, फिल्म के कवरेज में भौंडा-अश्लील नहीं होता। वह सौंदर्य और अश्लीलता में अंतर करता है, शायद यही विवेक है जो प्रभात खबर को बाजार में और समाज में टिकाये हुए है। प्रभात खबर के संग्रहणीय अंकों, विशेषांकों, दीपावली अंकों को देख कर लगता है कि हिंदी में गंभीर लेखों-साहित्य को पढ़ने की परंपरा बची हुई है। प्रभात खबर एक विश्वास देने वाला है।

मेरी पत्रकारिता की यात्रा में पहले ही दिन से सहयोगी और हमराही हरिवंश हैं, उन्होंने और मैंने देश-विदेश की कई यात्राएं की हैं। दो वर्ष पूर्व अगस्त के घने बादलों से घिरे आकाश में रांची से देवघर और फिर देवघर से रांची हेलिकाप्टर में एक यात्रा फिर साथ हुई। हम चार यात्री और पाइलेट और इंजीनियर आगे की सीट पर थे। रामगढ़ शिखर जी (पारसनाथ जी) झुमरीतिलैया और आगे सिर्फ बादलों के झुंड के झुंड से आकर हमारे हेलिकाप्टर को झकझोर कर नष्ट करने की शक्ति रखते थे। देवघर सुरक्षित पहुंचने के बाद तेज बारिश हुई और लौटते समय तक गंभीर बादल छंट गये। हम रांची लौट आये। मुझे प्रभात खबर का खटोला भी कुछ इसी तरह लगता है। अंतर सिर्फ एक। हरिवंश प्रभात खबर की इस यात्रा में पाइलेट हैं और भयावह और डरावने बादलों की जगह बाजार, निजीकरण और निराशा के बोध से डरी हुई हिंदी पत्रकारिता की चुनौतियां हैं, जिसे प्रभात खबर अपनी मंजिल तक ले जा रहा है। देवघर से भी आगे कई मंजिलें प्रभात खबर को तय करनी हैं।

(लेखक वरिष्ठ पत्रकार हैं व महानगर समाचार, मुंबई के संपादक रहे हैं। प्रभात खबर के बीस वर्ष पूरा होने पर 2004 में लिखा गया आलेख)

प्रभात खबर में हरिवंश

अनुराग चतुर्वेदी

मनुष्य में आस्था, परंपरा और अध्यात्म का उत्स कहां और कैसे होता है, इस दार्शनिक सवाल का जवाब दर्शन के अमूर्तीकरण वाले सिद्धांत से मिल सकता है। कोई परंपराओं का अनुशीलन क्यों एक लंबे काल तक करता है? चेतना उसे कैसे बदलती है? ये, वे सवाल हैं, जो हमें समाज के संकट के हल के बारे में सोचने पर मजबूर करते हैं। यही विचार जब मैं हरिवंश के बारे में सोचता हूं, आते हैं, शायद उनसे इनके उत्तर मिल जायें।

प्रभात खबर की पत्रकारिता और उसके संपादक हरिवंश का व्यक्तित्व बहुत कम दूरी बना कर रखता है, लेकिन मैं पहले हरिवंश के व्यक्तित्व की बनावट की चर्चा करूंगा। फिर प्रभात खबर की पत्रकारिता की। बहुत पहले समाजवादी विचारक और काशी में निवास करनेवाले युगेश्वर की राजनारायण पर लिखी पुस्तक प्राप्त हुई थी, 'आपातकाल का धुमकेतु' राजनारायण। इस पुस्तक में राजनारायण को लोकबंधु कहा गया था और निराला की एक पंक्ति 'देख रहा हूं निखिल विश्व को मैं ग्रामीण नयन से' इस पुस्तक में बार-बार उद्धृत की गयी थी। इस पुस्तक की चर्चा और इस पंक्ति की चर्चा हमारे बीच 1978 के दिनों में बार-बार होती थी। जहां मुंबई के एक गरीब उपनगर कुर्ला में मैं रामकृपाल, हरिवंश और विजय भास्कर रहते थे। रामकृपाल मार्क्सवादी और फिराक गोरखपुरी जैसे व्यक्तियों की बात करते थे। मैं लोहिया और समाजवादियों की चर्चा करता और हरिवंश जी जेपी और सिताबदियारा और अर्थशास्त्र का मनन करते। मुझे हरिवंश जी नदियों और खेती की संस्कृति का प्रतिनिधित्व करनेवाले लगते थे। गणेश मंत्री जी कहते थे - हरिवंश के घर में हाथी था। राजस्थान की पृष्ठभूमि का होने के कारण हाथी का क्या महत्त्व होता है, यह समझ नहीं प्राया, लेकिन बाद में वर्षों बाद बिहार की सामंतवादी व्यवस्था देखने के बाद यह एहसास पुख्ता हो गया कि हरिवंश सर्वोदयी, समाजवादी मन के एक उदारमना पत्रकार हैं, जो अपनी मेहनत से सींची गयी ग्रामीण परंपरा को बचा कर रखे हुए हैं। मैं अभी तक सिताबदियारा नहीं गया हूं, लेकिन मेरी इच्छा है कि गंगा के इस दियारे को देख आना चाहिए जहां जेपी का घर है, और हरिवंश का भी।

प्रसिद्ध अर्थशास्त्री कृष्णनाथ की दार्शनिकता और अर्थशास्त्र के ज्ञान के हरिवंश प्रशंसक

है। कृष्णनाथ जी की पुस्तक 'पृथ्वी परिक्रमा' को पढ़ते हुए न जाने क्यों मुझे हरिवंश के साथ की गयी यात्राएं याद आने लगीं। चीन में तो मुझे लगा वे इतिहास को खोज रहे हैं। माओ की धरती पर क्रांति के बदलते रूप को देखने में वे इस तरह एकाग्र हुए कि लगा वे विश्व नजरिया रखते हुए चीन को समझ रहे हैं। चीन की यात्रा ने उन्हें काफी बदल दिया। वे वहां की कार्यसंस्कृति के प्रशंसक बन कर लौटे, वे चीन से एक टार्च खरीद कर लाये थे। तब मुझे आश्चर्य हुआ था कि टार्च क्यों खरीद रहे हैं? शायद तब तक मैं जान नहीं पाया था कि बिहार में बिजली का संकट इतना गहरा है? तब उन्होंने मुझे माओ स्टाइल का एक कोट खरीदने को प्रेरित किया था। वे चीन में, शंघाई में 'रेड स्टार ऑन चाइना' के पात्र को ढूंढ़ रहे थे। वे भावाकुल थे। शायद मैं भी सिताबदिआरा जाऊं, तो जेपी और हरिवंश के बचपन के चिह्न खोजूं। कैरेबियन और यूरोप की यात्रा का जिक्र बाद में।

हरिवंश क्या सांसारिक या पारिवारिक मोह से परे हैं। शायद हां, उनसे बातचीत तो हर रोज होती है। चाहे वे कंबोडिया गये हों या हिंदी सम्मेलन के लिए लंदन या न्यूयॉर्क। खैर, सूरीनाम तो वे हमारे साथ ही गये थे। फोन से संपर्क में रहते हैं। कभी दिन में बात होती है, तो वे दफ्तर की व्यस्तता में होते हैं। शायद संध्या को जब वे घर जा रहे होते हैं, तब गाड़ी में बैठ बात करते हैं वे। इस बात में घर गायब रहता है। इस बातचीत में बिहार रहता है। देश के हालात रहते हैं। चचा (दयानंद सहाय) रहते हैं। दिग्विजय जी रहते हैं, कुछ पुराने प्रसंग होते हैं। पर उनका परिवार गायब रहता है। वे अपने अत्यंत प्रतिभाशाली पुत्र-पुत्री की चर्चा नहीं करते। वे कितना कमा रहे हैं इसका प्रसंग बार-बार तो क्या कभी भी चर्चा में नहीं लाते। आज जब पूरा देश सिर्फ अपने में सिमट रहा है। इस तरह के माहौल में परिवारवाद को नकारनेवाला आदमी दुर्लभ है।

हरिवंश के साथ मैंने दो स्मरणीय यात्राएं कीं। एक यादगार लड़ाई धर्मवीर भारती के खिलाफ लड़ी और डॉक्टर लोहिया और अशोक मेहता के संवाद को याद करूं तो नीले आकाश के नीचे रहनेवाले हर विषय पर बात की।

इस सच्ची कहानी में कई पात्र हैं। स्वर्गीय लोगों की संख्या ज्यादा है। यह सिर्फ 32 वर्ष पुरानी घटना की स्मृति है। इसमें चर्चा हमारी कुर्ला में रहकर संघर्ष करने की इच्छा शक्ति की है। और हमारे लखनऊवासी मित्र आलोक मेहरोत्रा की बात कहूं तो यह लड़ाई है, 'दीये और तूफान' की 'धर्मयुग' में भय और आतंक के काल की समाप्ति ही थी। कुछ-कुछ हिस्सा शेष रहा था। भारती जी से बुधवार को मुलाकात का दिन तय था। मैं अपने तईं लापरवाह नहीं था, फिर भी मुंबई में नयी-नयी आजादी का मजा ले रहा था। मुंबई को समझ रहा था, मुंबई मुझे तौल रही थी। मैं मुंबई को चुनौती दे रहा था। उधर भारती जी भी देख रहे थे 'यह लड़का क्या कर रहा है? मैं उप संपादक तो था पर थोड़ा लापरवाह, लेकिन मेरी शक्ति थे गणेश मंत्री और हरिवंश। और जिस दिन मैं पहली बार धर्मयुग पहुंचा मुझे मंत्री जी तो मिले ही, मैं पहले एक सप्ताह उनके साथ मंगलकारिणी गोरेगांव (पश्चिम) में रहा। साथ ही हरिवंश जी भी मिले। अर्थशास्त्री के रूप में मेरा परिचय कराया गया। मैं अर्थशास्त्र को तब भी और आज भी बहुत कम समझता हूं। फिर भी कभी हरिवंश ने अपना अर्थशास्त्र मुझ पर झाड़ा नहीं और बात में मुझे लगा इस अर्थशास्त्री के पास तो अर्थ नहीं; सिर्फ शास्त्र है।

वह बुधवार की शाम थी। भारती के निजी सहायक कमलाकांत पाठक अपना सामान

समेट रहे थे, पर उनके चेहरे से लग रहा था, वे मुझे कुछ कहना चाहते हैं। मुझे धर्मयुग में रहते पूरा साल हो गया था। मैं घर पर भी लिख चुका था, 'यहां कठिनाइयां हैं। उदयपुर आ जाऊं? पर दिन कट रहे थे। कुर्ला में हरिवंश, रामकृपाल, विजय भास्कर का साथ था और नौकर राजू के हाथ के स्वादिष्ट पराठे थे। हम और हरिवंश जी कुर्ला के फास्ट लोकल पकड़ते और चासनाला होते हुए कुर्ला के बेहद भीड़ भरे स्टेशन पहुंचते। (चासनाला एक नाला था जिसे हमने तब भी दुर्घटना के नाम पर याद कर लिया था। आज भी यह नाला हमारी बातों में लौट आता है) माटुंगा से रेल पार होती, तो वहां एक बहुत बड़ी तसवीर गांधी जी की लगी थी। मैं उसे देखता। तभी मुझे कुछ खटका। जब भी मैं उस तसवीर को देखता। उसी दोपहर या शाम होते-होते दफ्तर में कठिनाइयों का दौर बढ़ जाता। कई बार लगता आज ही दफ्तर में आखिरी दिन है। इस तरह की स्थितियां पैदा करने में मेरा भी हाथ होता था, पर ज्यादा बड़ा कारण भारती जी द्वारा असुरक्षा का माहौल बनाना होता था। वे हमें हमेशा 'विदाई', 'अंतिम दिन' की मुद्रा में रखना चाहते थे। हरिवंश जी और दूसरे मित्र चाहते थे लड़ाई हो, हम जमे रहे। शांति से दिन नहीं कट रहे थे। हमने समाजवादी वकील एडवोकेट पिल्ले से मिलना तय किया, जिन्होंने हमारी तरफ से टाइम्स ऑफ इंडिया मैनेजमेंट को कानूनी पत्र लिखा, जिसमें साफ तौर से कहा गया कि वेतन वृद्धि को जिस तरह से रोका है, वह गैरकानूनी है और दस दिन में वेतन वृद्धि दी जाये। वेतनवृद्धि मात्र पचीस रुपये की थी। पर उससे पैदा हुआ खौफ लाखों का था। मेरे साथ पी लालचंदानी के केबिन में हरिवंश जी साथ थे। उसी दिन हमने उस दुकान को 'अपना' मान लिया था, जहां एडवोकेट पिल्ले का ड्राफ्ट हमने टाइप करवाया था। हरिवंश ने अपना धर्मयुग से इस्तीफा भी वहीं टाइप करवाया था और जब मैं धर्मयुग छोड़ कर कलकत्ता से प्रकाशित होनेवाले 'रविवार' में हरिवंश के प्रयासों की बदौलत आ रहा था, तब भी वे मुझे कलकत्ता से फोन करके यही कहते थे कि 'वहीं इस्तीफा टाइप करवाओ और तत्काल कलकत्ता आओ। यह दुकान वीटी में आज भी मौजूद है। धर्मयुग में हरिवंश जी के साथ मित्रता की नींव रख दी, जो बाद में 'रविवार' में मजबूत हुई। कई विशेषांक, कई वैचारिक लड़ाइयां संपादक उदयन शर्मा के बहुत लंबे समय तक अनुपस्थित रहने के बावजूद 'रविवार' के अंक समय पर निकालना उनका काम बन गया।

'रविवार' के नियत समय पर प्रकाशन, मैनेजमेंट से संवाद और छपाई-वितरण को बहुत नजदीदी से देखने के कारण वे 'प्रभात खबर' का बहुत कुशल प्रकाशन कर पाये। उदयन शर्मा, हरिवंश को संडे ऑब्जर्बर से जोड़ना चाहते थे, जो दिल्ली से प्रकाशित होनेवाला था। रविवार बंदी के कगार पर था। संडे ऑब्जर्बर शुरू हो रहा था, पर हरिवंश के लिए फिर एक अनिश्चित डगर पर सफर तय हो रहा था। मुंबई, हैदराबाद और कोलकाता में रहने के बाद लगभग दम तोड़ चुके 'प्रभात खबर' का क्या भविष्य होगा? यह चिंता का विषय था। रांची तब बिहार में था। बिहार पिछड़ रहा था और बहुत-सी खबरों के बावजूद स्तरीय पत्रकारिता नहीं के बराबर हो रही थी। ऐसे में कम वित्तीय संसाधनों के चलते हरिवंश, प्रभात खबर को कम संसाधनों का बड़े इरादोंवाला अखबार बनाने में सफल रहे। उन्होंने राजेंद्र माथुर की तरह नयी दुनिया को पहले इंदौर का अखबार बनाया, फिर देश का। देखते ही देखते प्रभात खबर रांची का अखबार बन गया और कुछ वर्षों बाद हिंदी पट्टी का सर्वश्रेष्ठ वैचारिक अखबार बन गया।

हरिवंश की राजनीतिक ट्रेनिंग संपूर्ण क्रांति आंदोलन के दौरान हुई। वे किसी राजनीतिक दल या विचारधारा के पिछलग्गू बन कर नहीं रहे। वे कई अर्थों में आधुनिक हैं। नये विचार, बदलती दुनिया से उन्हें परहेज नहीं है। वे सत् को पहचानते हैं, यह उनकी ताकत है। भारत के सर्वोच्च सत्ता के गलियारे प्रधानमंत्री कार्यालय से सीधे फिर रांची आ जानेवाला विरले पत्रकारों में से एक वे हैं। मैंने उनमें भ्रष्ट तत्त्वों के प्रति झुकने की प्रवृत्ति बिल्कुल नहीं देखी है। उनमें ईमानदारों और भ्रष्ट राजनेताओं में अंतर करने की शक्ति है। ठगी और बेईमानी करनेवालों और साधनों की शुचिता मानने वाले राजनेताओं में अंतर करने का विवेक उनमें है। यही कारण है कि झारखंड के निर्माण के बाद में कमोबेश तीन मुख्यमंत्रियों के भ्रष्टाचार के खिलाफ जेहाद छेड़ चुके हैं। क्या वे सत्ता विरोधी हैं? कई बार मुद्दों को उठाते समय वे सत्ताधीशों से टकराते हैं। अखबार में निरंतर, दिन-प्रति-दिन फालोअप करवाते हैं। मन-प्राण से लड़ाई लड़ते हैं। संपादक का नाम का नमक क्या होता है, यह उनसे कोई जाने। संपादक संस्था जब समाप्त हो चुकी है, उस दौर में अपने ज्ञान-विवेक के आधार पर इस संस्था को बचाये रखनेवालों में हरिवंश की गिनती होगी।

दिग्विजय जी बांका से निर्दलीय के रूप में चुनाव लड़ रहे थे। प्रभाष जोशी दिग्विजय जी के चुनाव नामांकन के लिए पटना से जसीडीह होते हुए बांका आ रहे थे। हरिवंश उनके साथ थे। वे बार-बार मुझे ट्रेन से फोन कर रहे थे, कहां पहुंचे हैं, कब तक जसीडीह पहुंचेंगे, सब बयान कर रहे थे। हंसी-मजाक हो रहा था। नक्सलियों के भय की बात हुई। प्रभाष जी जब बांका पहुंचे, तो उन्होंने मुझे सबसे पहले कहा कि अब मैं यह कह सकता हूं कि 'हरिवंश जी आपके लंगोटिया यार' हैं। लेकिन हरिवंश जी अपनी संपादकीय गरिमा को बचाये रखने के लिए मंच के ऊपर नहीं चढ़े। हां, उन्होंने मेरे से चुनाव प्रचार की जानकारियां लीं और जब मैंने उन्हें पेड न्यूज के काले धंधे की विस्तृत जानकारी दी, तो उन्होंने बांका डायरी लिखने का सुझाव दिया और चुनाव के बाद उसे प्रथम पृष्ठ पर छापा। प्रभाष जी द्वारा चलाये गये अभियान से भी हम जुड़ गये और सबसे पहले प्रभाष जी ने ही अपने कॉलम 'कागद कारे में बांका' में खबरों के साथ हुई नाइंसाफी पर लिखा। हरिवंश समाज में आ रही बीमारियों को पहले ही पहचान लेते हैं। बिहार का चारा घोटाला, मधु कोड़ा का भ्रष्टाचार। इस उदारीकरण के दौर में जहां बड़े-ताकतवर कारपोरेट घरानों द्वारा संचालित अखबार भ्रष्टाचार का आचरण स्वयं कर रहे हैं। ऐसे में गरीब इलाके में हो रहे भ्रष्टाचार को उजागर करना प्रभात खबर का एक महत्त्वपूर्ण हिस्सा बन गया है।

मैंने हरिवंश के साथ एक पहाड़ी पर आज तक स्मृति में अंकित हो चुकी यात्रा की। मुंबई के नज़दीक ही लोनावाला - एक पर्यटक स्थान है। हम पत्रकारों के गेस्ट हाउस में रात में ठहरे और सवेरे पैदल चल कर मुख्य शहर पहुंचे। वहां से साइकिल पर बैठे। कार्ला की गुफाओं की तरफ चले। और तभी तेज बारिश होने लगी। बारिश, लोनावाला और यायावरी के वे दिन अब भी अतीत राग से लगते हैं। हमारे प्रिय राजनेताओं में चंद्रशेखरजी रहे हैं। हरिवंश ने मेहनत कर उनकी जेल डायरी से लेकर उनके सामाजिक-राजनीतिक लेखन को छापा। चंद्रशेखर जी कई बार जब मुझसे मुंबई में मिलते, तो अचानक ही भोजपुरी में बातचीत करने लगते। मैं असमंजस में पड़ जाता। मैंने हिम्मत करके चंद्रशेखर जी से पूछा, 'आप क्या यह नहीं जानते हैं कि मैं

भोजपुरी इलाके का नहीं हूं' उनका जवाब था, 'तुम्हें मैंने अक्सर हरिवंश के साथ देखा है। इसी लिए मेरे दिमाग के किसी कोने में यह बस गया है कि तुम भी भोजपुरी हो'।

अखबार एक प्रवाह में चलते हैं धर्मयुग और रविवार क्रमशः मुंबई और कोलकाता जैसे बड़े शहरों से प्रकाशित होते थे। वहां पर किसकी स्मृति के चिह्न बनते हैं? प्रवासियों के योगदान को कौन याद रखता है? हम केशव गोरे ट्रस्ट में गणेश मंत्री के साथ महाराष्ट्र के राष्ट्र सेवा दल वाले अनुशासन में समता के दर्शन, भारत-रूस चीन संबंधों पर चर्चा करते। मंत्री जी हरिवंश को अर्थशास्त्री मानते थे। धर्मयुग में हरिवंश सामाजिकी देखते थे, पर धीरे-धीरे उनका रुझान पुस्तकों को पढ़ने में हुआ। उनके रांची स्थित घर में उनके ड्राइंग रूम के पास उनकी पठनशाला में सैकड़ों पुस्तकें हैं। वे दिल्ली में भी खान मार्केट से बाहरी की दुकान से पुस्तकें खरीदते हैं और पढ़ते भी हैं। पुस्तकें उनकी मित्र हैं। ऑक्सीजन हैं।

हरिवंश आर्थिक व्यवस्थापन भी करना जानते हैं। प्रभात खबर ज्यादातर सेकेंड हैंड मशीनों पर चलता रहा, पर देखते-ही-देखते पटना में अति आधुनिक दफ्तर देख मन खुश हो गया। बहुत कम हिंदी संपादकों को यह अच्छे दिन देखने को मिलते हैं वरना ज्यादातर तो अपने सामने ही गुलशन उजड़ते देखते हैं। धर्मयुग, रविवार, संडे ऑब्जर्बर की धीरे-धीरे हुई मौत तो मैं भी देख चुका हूं। लेकिन भारत के दो पिछड़े राज्यों में अखबार को जमा देना अपने में कोई कम बड़ी उपलब्धि नहीं है, फिर इन राज्यों में 'वर्क कल्चर' का भी बेहद अभाव है।

प्रभात खबर के संपादक के अलावा भी हरिवंश में बहुत कुछ खूबियां हैं। बहुत-से मूल्यों की पहचान है। राजनेताओं के हितों, मंशाओं को पहचाने की कूबत है। संपादक के साथ-साथ नैतिक व्यवस्थापक के गुण हैं। अब जब ऊंची जगहों पर बैठे टीवी और अखबारों के संपादक-व्यवस्थापक सिर्फ जमीन-ही-जमीन देख रहे हैं, ऐसे जमीन लालच के विकट काल में अपने को इन सबसे दूर रखना उनके मूल्यों को अलग रूप से परिभाषित करता है।

हरिवंश ऐसे संपादक हैं, जो आपको अपनी बातों से भयभीत नहीं करते हैं, ना ऐसी बातें करते हैं, जिनसे आपको लगे कि वे गप्पी हैं। उन्हें वे लोग पसंद आते हैं, जिन्हें आप भी अपने सामाजिक स्केल पर अच्छे नंबर देते हैं, हरिवंश की दुनिया में भले लोगों की जगह अभी भी बनी हुई है। यही विवेक और उदारता उन्हें दूसरे संपादकों से अलग करती है।

अब आइए, उनके आलोचक छुपी जुबान में उनकी आलोचना किन मुद्दों पर करते हैं। पिछले वर्ष एक बेलगान वेबसाइट ने 'पेड न्यूज' (खबरों को खरीदने का काला धंधा) के मसले पर प्रभाष जोशी और हरिवंश को घेरा, तो देखिए प्रभाष जी ने अपने कॉलम कारे कागद में क्या लिखा? संदर्भ था, कोई प्रभात रंजन हैं, जिन्होंने पैकेज के काले धंधे को तो बुरा माना, पर इससे भी बुरा उन्होंने जाति धर्म और मित्र धर्म को बताया। प्रभात रंजन ने प्रभात खबर के संपादक हरिवंश और सुरेंद्र किशोर की टिप्पणी को उद्धृत किया। प्रभाष जी जवाब में लिखते हैं, 'हरिवंश कोई पैंतीस साल से मेरे मित्र हैं। हरिवंश जेपी आंदोलन से कुछ पहले से मेरे मित्र हैं। बांका उनका मेरे साथ जाना भी कोई बड़ी बात नहीं है। बीसियों सभाओं-सम्मेलनों, आंदोलन और संघर्षों में वे मेरे साथ गये हैं। उनकी सोहबत मुझे प्रिय और महत्त्वपूर्ण लगती है।' आगे प्रभाष जी मेरा जिक्र करते हैं और मुझे प्रभाष जी और हरिवंश जी का मित्र बताते हैं।

हरिवंश के 26 मार्च, 2009 के लेख की अंतिम पंक्ति को प्रभाष जी रेखांकित करते हैं 'विज्ञापन और खबर दो चीजे हैं। जिन चीजों के साथ स्पांसर्ड, प्रायोजित, पीके मार्केटिंग मीडिया इनिशियेटिव लिखा होगा वह विज्ञापन होगा। हम खबर की शक्ल में विज्ञापन नहीं छापेंगे। हरिवंश ने एक लेख ही नहीं, दो और लेख, एक पाठक का एक पत्र भी पहले पेज पर छापा। उनके चुनाव कवरेज की अपनी आचार संहिता भी खूब बड़ी छापी। इसमें नाम-पता देकर पाठकों से कहा कि इसका उल्लंघन हो रहा हो, तो तत्काल शिकायत कीजिए। चुनाव के बाद प्रकाशित 11 मई के हरिवंश के लेख की चर्चा करते हुए प्रभाष जी लिखते हैं - किसी भी हिंदी अखबार ने न ऐसा अभियान चलाया, न पाठकों के सामने ऐसी जवाबदेही दिखाई।

इस सारे प्रसंग में यह बात मैं दर्ज करवाना चाहता हूं कि लोकसभा चुनाव के दौरान जब मैं बांका गया, तब मैं समझ नहीं पा रहा था कि यह सब गड़बड़ झाला क्या है? हरिवंश का ही सुझाव था, इसको डायरी में दर्ज कीजिए। लिखना शुरू कीजिए। शायद हरिवंश ने ही प्रभाष जी को मेरी डायरी के बारे में बताया। इस टिप्पणी में प्रभाष जी अपने मन की बात कहते हैं, उनकी सोहबत मुझे प्रिय लगती है, महत्त्वपूर्ण लगती है। हरिवंश कष्ट उठा कर रिश्तों को निभाते हैं। वे मेरे विवाह में हैदराबाद से दिल्ली आये, वे एक चुनाव नामांकन में पांच घंटे तक पटना स्टेशन पर प्रतीक्षा कर गंतव्य पर पहुंचे। वे परंपरा को निभाने के पक्षधर हैं। वे पुराण पंथी या दकियानूस नहीं है। और बार-बार अतीत की आड़ लेकर वर्तमान का विश्लेषण नहीं करते हैं। वे सामाजिक घटनाओं के आगत को पहचान लेते हैं। व्यवस्थापन अर्थशास्त्र को वे पहचानते हैं। लेकिन भारतीय समाज की बीमारियों को भी जानते हैं।

समाज हरिवंश के सोच में रहता है। यही कारण है कि कभी वे प्रभात खबर के जरिये झारखंड में मुख्यमंत्री जैसे ताकतवर पद के खिलाफ खड़े हो जाते हैं, तो कभी पत्रकार-संपादक-मालिकों पर लगाम लगाने के लिए चुनाव के दौरान आचार संहिता का प्रकाशन करते हैं, बाद में वरिष्ठ पत्रकारों के साथ इस बीमारी पर हल्ला बोलते हैं। जिस तरह एक पत्रकार में बदलाव की आकांक्षा कभी समाप्त नहीं होती है। उसी प्रकार हरिवंश समाज, व्यक्ति दोनों के बदलाव के पक्षधर हैं। उनमें अच्छे-बुरे को पहचानने की कूबत है और मेहनत द्वारा एक सार्थक समाज बनाने-पैदा करने का माद्दा है। सीमित साधनों में एक बड़ा सपना देख कर, उसे पूरा करना प्रभात खबर और हरिवंश की सफलता है।

और अंत में मैं जब भी हरिवंश जी से फोन पर बात करता हूं, वे लगभग हर रोज काफी जोर से हंसते हैं। उन्हें कई अजीब हरकतें करनेवाले, कुछ पटरी से उतरे लोगों की यादे हैं। वे पात्र उन्हें याद आते हैं। तंग करनेवालों की न तो वे चर्चा करते हैं, न उनकी निंदा। उनका एक बहुत ही पवित्र एवं निजी संसार है, जिसमें मुझे प्रवेश करने का मौका मिला और शायद यही कारण है कि मेरे और उनके मित्र समान हैं। हम दोनों परम मित्रों पर कभी संकट के बादल आते हैं, वे कभी हमसे सदा के लिए दूर हो जाते हैं। हम भयभीत और सशंकित भी हो जाते हैं, लेकिन लगता है दोस्ती और मित्रता की चादर जितनी फैलती है, वह उतनी ही सुख देती है।

(लेखक वरिष्ठ पत्रकार हैं व महानगर समाचार, मुंबई के संपादक रहे हैं। प्रभात खबर में प्रधान संपादक हरिवंश के बीस साल की यात्रा पर लिखा गया आलेख)

अर्श से फर्श पर और फिर फर्श से अर्श तक

अनुज कुमार सिन्हा

आज प्रभात खबर देश के शीर्ष दस हिंदी अखबारों में है। देश भर में इसकी अलग पहचान है, अपनी विश्वसनीयता है। हिंदी पत्रकारिता में इसकी खास जगह बन चुकी है। प्रसार संख्या के बल पर नहीं बल्कि अलग किस्म की पत्रकारिता, जनहित की पत्रकारिता, भ्रष्टाचार के खिलाफ लड़नेवाले अखबार के कारण इसे यह स्थान मिला है। आज देश के किसी कोने में चले जाइए, प्रभात खबर आपको परिचित नाम मिलेगा। इसमें काम किये हुए साथी देश के लगभग हर बड़े हिंदी अखबारों में अच्छे पदों पर मिल जायेंगे। यह स्थान प्रभात खबर ने ऐसे ही हासिल नहीं किया है। लंबे संघर्ष और उतार-चढ़ाव का इतिहास इसके पीछे छिपा है। यह चुनौती अभी खत्म नहीं हुई है बल्कि अब तो हर दिन नयी-नयी चुनौतियों का सामना करना पड़ता है। ऐसा इसलिए क्योंकि काल दर काल प्रभात खबर का सामना अपने जिन प्रतिद्वंद्वियों से हुआ, वे भी कम ताकतवर नहीं थे। सच तो यह है कि इस अखबार का जन्म ही संघर्ष के लिए हुआ है और यह संघर्ष करता जा रहा है। इस दौरान प्रभात खबर ने लाखों पाठकों से संबंध बनाया, उनके हाथों में गया, हजारों घटनाओं का मूक गवाह बना। सामाजिक दायित्व के सैकड़ों बड़े काम प्रभात खबर ने किये। जनता की आवाज बनकर खड़ा रहा। जहां गड़बड़ी दिखी, नफा-घाटा की चिंता किये बगैर जनता के साथ मैदान में उतर गया।

1984 से शुरू हुई यात्रा

2011 में गया संस्करण के शुरू होने के साथ ही प्रभात खबर तीन राज्यों के दस शहरों से निकलनेवाला अखबार बन गया, पर इस दौरान 27 साल लग गये। प्रभात खबर की यात्रा 14 अगस्त, 1984 को रांची शहर से शुरू हुई थी। उन दिनों झारखंड राज्य नहीं बना था। देखा जाये तो प्रभात खबर अखबार का प्रकाशन ही झारखंड राज्य के लिए उस समय चल रहे आंदोलन को गति देने के लिए किया गया था। ज्ञानरंजन रांची के विधायक थे। अलग झारखंड राज्य के प्रबल समर्थक थे। झारखंड के आंदोलनकारियों से उनके बेहद करीबी संबंध थे।

अलग राज्य के लिए उन दिनों आंदोलन चल रहा था, लेकिन स्थानीय मीडिया में उसे जगह नहीं मिलती थी। उस समय रांची से हिंदी में रांची एक्सप्रेस और आज अखबार का प्रकाशन होता था। उन दिनों आज की तरह इलेक्ट्रॉनिक मीडिया नहीं थी। रांची में दूरदर्शन केंद्र खुला ही था। अलग झारखंड राज्य के लिए आंदोलन चलानेवालों को एक अखबार की कमी महसूस होती थी। उन दिनों चक्रधरपुर से झारखंड आंदोलनकारियों द्वारा सिंहभूमि एकता का प्रकाशन होता था, बड़ा लोकप्रिय साप्ताहिक था, लेकिन दैनिक नहीं था। जब झारखंड के आंदोलनकारी बैठते थे, उस दौरान इस बात की चर्चा होती थी कि अपना एक अखबार होना चाहिए। ज्ञानरंजन हालांकि एक विधायक थे लेकिन उनकी पहुंच दिल्ली तक थी। तत्कालीन प्रधानमंत्री श्रीमती इंदिरा गांधी के दरबार तक में उनका स्थान होता था, उन्होंने तय किया कि एक अखबार निकालेंगे जिसमें झारखंड आंदोलन को प्रमुखता दी जायेगी। इसी क्रम में ज्ञानरंजन ने अपने पुराने मित्र एस एन विनोद से बात की। कोलकाता के कुछ और पत्रकारों से विचार-विमर्श हुआ और अखबार की योजना बनायी गयी। विनोद जी सिर्फ संपादक ही नहीं थे बल्कि साझेदार भी थे। वे मूलतः संपादकीय का काम देखते थे। प्रबंधकीय काम ज्ञानरंजन देखा करते थे, इंडियन ओवरसीज बैंक ने वित्तीय व्यवस्था की थी। ज्ञानरंजन प्रसिद्ध पत्रकार सुरेंद्र प्रताप सिंह (उन दिनों वे रविवार में थे) से मार्गदर्शन लिया करते थे।

वीरान हुआ करता था कोकर

आज की रांची और 1984 की रांची में काफी फर्क है। जो कोकर इलाका आज रांची शहर का मुख्य इलाका बन गया है, जहां आज प्रभात खबर का विशाल कार्यालय है, 1984 में उसी कोकर में रात में कोई आना नहीं चाहता था, पूरा क्षेत्र वीरान हुआ करता था। मेन रोड से शाम सात बजे के बाद आने का कोई साधन नहीं था। इसी कोकर औद्योगिक क्षेत्र में प्रभात खबर की आधारशिला रखी गयी। 1984 में एक मंजिला भवन बना और 14 अगस्त, 1984 से उसी परिसर से विज्ञान प्रकाशन प्राइवेट लिमिटेड के बैनर तले प्रभात खबर का प्रकाशन प्रारंभ हुआ। तत्कालीन सूचना और प्रसारण मंत्री एन के पी साल्वे ने प्रभात खबर के पहले अंक का लोकार्पण किया था।

छोटानागपुर की पत्रकारिता में क्रांति

हालांकि उन दिनों रांची से रांची एक्सप्रेस और आज, जमशेदपुर से उदितवाणी, धनबाद से आवाज जैसे क्षेत्रीय अखबार थे और वे काफी सशक्त हुआ करते थे। प्रभात खबर ने नयी तकनीक के बल पर धमाकेदार शुरुआत की। वैसी मशीन लायी गयी, जो उन दिनों की बिल्कुल आधुनिक मशीन थी। वह मशीन थी बंधु एम-20। बाद में यह मशीन बहुत लकी साबित हुई। जमशेदपुर, पटना संस्करण की शुरुआत भी उसी बंधु मशीन से हुई। संस्थापक संपादक एसएन विनोद ने प्रभात खबर के लिए श्रेष्ठ टीम बनायी थी। जिन लोगों के नाम याद हैं, उनमें सुनील श्रीवास्तव, प्रकाश चंद्र, दिनेश जुयाल, मणिमाला, सुभाष डे, विजय भास्कर, कल्याण

कुमार सिन्हा, राय तपन भारती, व्योमेश चंद्र जुगरान, सुरेश सिन्हा, मधुकर, रजत गुप्ता, अविनाश ठाकुर, फैसल अनुराग, दीपक अंबष्ठ, अभय श्रीवास्तव, प्रबल महतो, मणिकांत ठाकुर, अनीस अहमद खान प्रमुख हैं। बाद में डॉ राजचंद्र झा, श्रीनिवास जुड़े, शशिकांत पाठक, कवींद्र कुमार कर्ण, जावेद जी (बाद में मुंबई जनसत्ता में कार्यरत जावेद जी का निधन स्टेशन पर उस समय हो गया जब वे जमशेदपुर से मुंबई ट्रेन से पहुंचे ही थे) और कमल नयन पंकज भी प्रभात खबर से जुड़े। यहां एक बात का उल्लेख करना उचित होगा। पंकज जी काम करने के बाद अखबार के दफ्तर में ही अखबार बिछाकर सो जाते थे ताकि देर रात अगर कोई खबर आ जाये तो वे उसे ले सकें। पटना और दिल्ली समेत कई महानगरों में प्रभात खबर के कार्यालय थे। क्षेत्रीय अखबारों के लिए उस समय के लिए यह बिल्कुल नयी बात थी। रांची से प्रकाशित होकर उत्तर बिहार भी प्रभात खबर भेजा जाता था। उन दिनों बिहार में आर्यावर्त का बोलबाला था। इसके बावजूद प्रभात खबर पूर्णिया तक भेजा जाता था। शुरू में प्रभात खबर (1984 वाले प्रभात खबर) के ले आउट से लेकंर संपादकीय योजना में वरिष्ठ पत्रकार विजय किशोर की बड़ी भूमिका थी। अरुण रंजन (पटना) का भी सहयोग मिला करता था। मानव दॉ कैमरा के विशेषज्ञ थे। मुरली नायर, अमर पालित और घोष उन लोगों में से थे जिन्होंने संकट काल में साथ दिया था। किसलय जी उन दिनों फोटोग्राफी करते थे।

1984 से प्रभात खबर से जुड़ा

प्रभात खबर से 1984 में मैं उस समय जुड़ा, जब मैं संत कोलंबा कॉलेज हजारीबाग में बीएससी (प्रतिष्ठा) की पढ़ाई कर रहा था। साइंस का छात्र होने के बावजूद कभी मेरी रुचि इंजीनियरिंग में नहीं रही। स्कूल के दिनों से ही मैं लिखा करता था। जब मैं हिंदू हाईस्कूल, हजारीबाग में आठवीं कक्षा का छात्र था, उसी समय से मैं विज्ञान प्रगति, विज्ञान दूत जैसी पत्रिकाओं में लिखा करता था। कॉलेज के दिनों में मेरा एक मित्र था पंकज मिश्र (जिसकी बाद में इंजीनियर बनने के बाद दुर्घटना में.मौत हो गयी)। एनएसयूआई से जुड़ा था। उसने पहली बार यह जानकारी दी थी कि रांची से ज्ञानरंजन अखबार निकालने जा रहे हैं। यह अप्रैल या मई, 1984 की बात होगी। मैंने उत्सुकतावश एक आवेदन भेज दिया था। अखबार निकलने के पहले ही अंचल के संवाददाताओं का चयन हो जाता है, यही मेरे साथ हुआ। तत्कालीन समाचार संपादक सुरेश सिन्हा (जो नवनीत पत्रिका से आये थे) ने मुझे हजारीबाग से समाचार भेजने के लिए अधिकृत किया था। श्री एसएन विनोद संपादक थे। इस प्रकार मैं प्रभात खबर से जुड़ा। हजारीबाग से स्ट्रिंगर के रूप में। उन दिनों पत्रकारिता में आना और इसे पेशा के रूप में अपनाना आसान नहीं था। आज जैसी सुविधा नहीं थी, न तो फैक्स का जमाना था, न मॉडम सेंटर हुआ करते थे। टेलीफोन काफी महंगे थे। समाचार भेजने के लिए उन गाड़ियों का इस्तेमाल किया जाता था जो अखबार लेकर जाते थे। । वरीय पत्रकारों का शायद ही कभी साथ मिलता था। अभिजीत सेन आकाशवाणी, पीटीआई और कई अन्य अंगरेजी के अखबारों से जुड़े थे। उन्होंने उत्साहित जरूर किया था।1987 में मैं पत्रकारिता की पढ़ाई के लिए रांची

आया तो प्रभात खबर कार्यालय में काम करने का अवसर मिला। उस समय डॉ आरसी झा समाचार संपादक हुआ करते थे। पेशे से चिकित्सक होने के बावजूद उनमें पत्रकारिता के प्रति जो जज्बा था, वह शायद ही देखने को मिलता है। उन दिनों प्रभात खबर के संपादक सुनील श्रीवास्तव थे।

हड़ताल से परेशानी बढ़ी

जिस तेवर के साथ प्रभात खबर की 1984 में शुरुआत हुई थी, उसे बहुत जल्द ग्रहण लग गया था। कांग्रेस के रांची के एक शक्तिशाली नेता के खिलाफ प्रभात खबर में एक रिपोर्ट छपी, उक्त कांग्रेस नेता शक्तिशाली थे। यह मामला दिल्ली तक गया। इंदिरा गांधी प्रधानमंत्री थीं। ज्ञानरंजन पर आरोप लगा कि वे अखबार के जरिये पार्टी में अपने विरोधियों पर हमले कर रहे हैं। यहीं से संपादक और ज्ञानरंजन के बीच मतभेद शुरू हो गया। ज्ञानरंजन ने आर्थिक सहयोग देना धीरे-धीरे कम कर दिया, खुद किनारे होने लगे। स्थिति बिगड़ने लगी, वेतन की समस्या उत्पन्न हो गयी, दो-तीन माह तक वेतन नहीं मिला था। पैसा नहीं मिलने के कारण पीटीएस के सहयोगियों ने हड़ताल की घोषणा कर दी। मशीन के साथियों ने भी हड़ताल की धमकी दी थी। घोष उन दिनों मशीन के प्रभारी थे। उन्होंने मशीन विभाग के अपने साथियों को समझाया और किसी प्रकार अखबार निकालते रहे। अखबार नहीं रुके, इसके लिए घोष ने एक बार दूसरे रास्ते से मशीन रूम में प्रवेश कर अखबार निकाला था। ध्रुव मित्र ने उन दिनों काफी सहयोग किया था। उनका अपना प्रेस सरस्वती प्रेस था। उक्त प्रेस में कंपोज कर किसी तरह अखबार निकाला जाता रहा। प्रभात खबर के तीन सहयोगी (इसमें एक रजत गुप्ता थे) गेट पर लेटे हुए थे। उसी समय एक वरिष्ठ अधिकारी उन्हें लांघ कर कैंपस में चले गये, इससे मामला और बिगड़ गया। स्थिति विस्फोटक तब हो गयी जब प्रभात खबर के एक कर्मचारी को मकान मालिक ने किराया नहीं देने के कारण घर से निकाल दिया। घर में रखने के लिए शर्मनाक शर्त रखी। इस घटना की जानकारी से प्रभात खबर के सहयोगी गुस्से में थे। बाद में हड़ताल में संपादकीय सहयोगी भी शामिल हो गये। स्थिति तब बदली, जब संपादकीय विभाग के कुछ वरिष्ठ साथियों ने ज्ञानरंजन से मुलाकात की और अखबार खुलवाने पर वार्ता की। ज्ञानरंजन ने शर्त रखी थी कि अखबार पर उनका अधिकार रहेगा। इधर पत्रकारों ने उनसे यह वचन लिया कि लड़ाई में वे उनका साथ देंगे लेकिन उन्हें संपादकीय मामलों में (यानी खबरों के चयन में किसी प्रकार का दबाव नहीं) हस्तक्षेप नही करना पड़ेगा। नये संपादक सुनील श्रीवास्तव ने 1 अगस्त, 1985 के अंक में पेज एक पर विशेष संपादकीय लिखकर सभी मामलों का खुलासा करते हुए साथियों से अखबार को नये उत्साह के साथ आगे ले जाने की अपील की। उस दौरान सहयोगियों का उत्साह बढ़ाने में रजत गुप्ता, दीपक अंबष्ट ने महत्त्वपूर्ण भूमिका अदा की थी।

नये संपादक बने सुनील श्रीवास्तव संपादक और प्रोपराइटर के बीच का मामला सुलझ गया। एसएन विनोद अलग हो गये। नये संपादक के रूप में सुनील श्रीवास्तव आ गये। एन के विश्वास (पूर्व अधिकारी एचइसी) महाप्रबंधक और अमित स्वरूप (पूर्व वरिष्ठ बैंक अधिकारी)

निदेशक के रुप में प्रभात खबर प्रबंधन से जुड़ गये। इसी बीच रांची टाइम्स अखबार को ज्ञानरंजन ने अपने पास रख लिया था। उन दिनों उसके संपादक दिलीप दाराद थे। प्रभात खबर से सुरेश सिन्हा को रांची टाइम्स में भेजा गया। ज्ञानरंजन ने संपादकीय साथियों से किया गया अपना वादा निभाया, हड़ताल के बाद चार साल तक उन्होंने एक-दो मामले को छोड़कर कभी खबरों के चयन में हस्तक्षेप नहीं किया। खुद ज्ञानरंजन कभी हस्तक्षेप नहीं करते थे लेकिन उनके आगे-पीछे घूमनेवाले नेता ज्यादा हस्तक्षेप का प्रयास करते थे। हालांकि उनकी चलती नहीं थी।

हड़ताल का असर

हड़ताल के कारण जो स्थिति बन चुकी थी, उसके कारण कुछ वरिष्ठ सहयोगी संस्थान छोड़कर चले गये। ज्ञानरंजन शुरू से ही इस अखबार के सदस्यों को परिवार की तरह मानते थे और अखबार को परिवार की तरह चलाते थे। लेकिन एक अखबार को चलाने में जो परेशानियां आती हैं,वे आने लगीं। साधन का अभाव दिखा। इसका असर अखबार के सर्कुलेशन पर पड़ने लगा। कई और सहयोगी अखबार छोड़कर चले गये, आय का स्रोत घटने लगा, धीरे-धीरे संकट बढ़ने लगा। इसका एक बड़ा कारण आर्थिक संकट था। प्रोफेसनल्स की कमी के कारण विज्ञापन के पूरे बाजार का प्रभात खबर लाभ नहीं उठा सका। मशीनों की कार्यक्षमता जवाब देने लगी। बदलती तकनीक को साधन के अभाव में अपनाया नहीं जा सका और इस क्षेत्र में प्रभात खबर पिछड़ता गया। बाद के दिनों में ज्ञानरंजन के छोटे भाई अलख रंजन अखबार को देखने लगे। उनके साथ निदेशक के रूप में अमित स्वरूप थे। मृदुभाषी श्री स्वरुप ने संकट से उबारने का काफी प्रयास किया। उनके व्यवहार के कारण प्रभात खबर के सहयोगी उनकी प्रशंसा करते थे।

1987-1989 संघर्ष के दिन रहे

1987 से 1989 के बीच प्रभात खबर कई बार गंभीर आर्थिक संकट में फंसा। इस दौरान कई ऐसे अवसर आये जब कंपोजिंग की सीआर ट्रोनिक मशीन खराब हो गयी। किसी तरह अखबार तो निकालना ही था, सहयोगी हार नहीं माने। सामान्य टाइप राइटर पर कंपोजिंग कर और सरस्वती प्रेस से हेडिंग कंपोज (लेटर प्रिंटिंग प्रेस) कर मंगाया गया। ऐसा ही एक अंक निकला था 30 अगस्त, 1987 का अंक। इसका जिक्र इसलिए किया जा रहा है क्योंकि इस घटना से प्रभात खबर के साथियों के जज्बे का पता चलता है। किसी भी हालत में अखबार का प्रकाशन नहीं रुके, इसके लिए अंतिम प्रयास तक होता था। बाद में मशीन बनी, कुछ सुधार हुआ लेकिन 1989 आते-आते स्थिति फिर खराब होने लगी। इसी बीच प्रभात खबर के संपादक सुनील श्रीवास्तव लोकमत समाचार (नागपुर) चले गये। उनकी जगह रांची टाइम्स के संपादक दिलीप दाराद ने प्रभात खबर के तीसरे संपादक के रूप में जिम्मेवारी संभाली।

हाथ से लिखी गयी हेडलाइन

1989 में आते-आते स्थिति प्रतिकूल हो गयी थी। सर्कुलेशन घटकर कुछ हजार रह गया था। कई सीनियर सहयोगी नौकरी छोड़कर अन्यत्र जा चुके थे। स्थिति को सुधारने के लिए ज्ञानरंजन ने जमशेदपुर कार्यालय में कार्यरत दिनेश्वर प्रसाद दिनेश को समाचार संपादक के रूप में बुलाया। मुख्य उपसंपादक के दायित्व में अविनाश ठाकुर थे। बड़े ही संयमित और धैर्यवान। इस बीच कई दिन ऐसे आये जब लगा कि शायद कल का अखबार नहीं निकलेगा। उन दिनों कंपोजिंग के बाद सीआर ट्रोनिक मशीन से ब्रोमाइड़ निकलता था, वह खराब हो गयी। समय पर भुगतान नहीं होने के कारण न्यूज एजेंसी की लाइन काट दी गयी थी। न्यूज प्रिंट और इंक की भी किल्लत होने लगी, परेशानियां बढ़ गयीं। अब तक यह महसूस होने लगा था कि अब आगे की यात्रा बहुत मुश्किल है। अपरिहार्य कारणों से प्रभात खबर का प्रकाशन कल से स्थगित रहेगा, यह सूचना बनाकर वरिष्ठ सहयोगी अविनाश ठाकुर के पाकेट में रख दी गयी थी। कहा गया था कि किसी भी दिन इसका इस्तेमाल किया जा सकता है। कर्मचारियों के लिए यह सबसे दुखदायी खबर थी लेकिन साथियों ने हिम्मत नहीं हारी थी। संकट के इस दौर में रांची शहर की कई संस्थाओं ने प्रभात खबर का साथ दिया था, एक था समुद्रण। जब प्रभात खबर की 1989 में सी आर ट्रोनिक मशीन खराब हो गयी, तो कंपोजिंग के लिए समुद्रण प्रबंधन ने अपने कंप्यूटर प्रभात खबर के कंपोजिटरों को सौंप दिया ताकि अखबार निकलता रहे। ऐसा सहयोग बहुत कम देखने को मिलता है। एक बार तो अपने सहयोगी अल्ताफ ने रात-रात भर सामान्य टाइपराइटर पर कंपोजिग कर अखबार निकालने में मदद की थी। ऐसे प्रतिबद्ध साथियों का ही प्रयास था कि अखबार निकलता रहा।

प्रभात खबर के कर्मचारियों-सहयोगियों की जितनी तारीफ की जाये, कम है। सारे लोगों ने एकजुटता दिखायी और संकल्प लिया कि किसी भी कीमत पर अखबार को बंद नहीं होने देंगे। दूसरे अखबारों से भी सहयोग मिला। मुझे 1989 की एक घटना आज भी याद है। एक दिन कंपोजिंग की भी मशीन खराब हो गयी। एजेंसी की लाइन काट दी गयी थी, रेडियो एकमात्र सहारा था। लेकिन कंपोजिंग कहां हो। गोदरेज का एक टाइपराइटर था। उस पर स्थानीय समाचारों की कंपोजिंग का काम किया गया। हेडलाइन बड़ा होना चाहिए, कैसे होगा तो सरररस्वती प्रेस (कोकर) का सहारा लिया गया। कुछ हद तक उससे काम निकला। जब परेशानी हुई तो हाथ से हेडलाइन को लिखकर अखबार निकाला गया। हाथ से लिखे गये शीर्षक का गवाह 8 सितंबर, 1989 (दिन शुक्रवार) का प्रभात खबर का अंक है। पत्रकार साथियों पर एक जुनून सवार था कि अखबार रुकना नहीं चाहिए, चाहे जो हो जाये। इसी संकल्प ने मनोबल को बढ़ाया। 13 अप्रैल, 1989 के प्रभात खबर का पूरा अंक टाइप कर निकला और समाचारों की हेडिंग्स लेटर प्रेस से निकाली गयी थी, इसमें सहयोग दिया था सरस्वती प्रेस ने। सिंगल्स की हेडिंग्स को कभी मैंने हाथ से लिखा, कभी मेरे सहयोगी कवींद्र कुमार कर्ण ने लिखा था। अविनाश ठाकुर जी का आदेश होता और हम लोग लग जाते हेडलाइन लिखने में।

एक और घटना का जिक्र जरूरी है। उन दिनों रांची एक्सप्रेस की तूती बोलती थी। वहां पवन मारू जी संपादक थे। बड़े उदार विचार के थे। प्रभात खबर की कंपोजिंग मशीन खराब। लगा कि आज अखबार अब नहीं निकलेगा। बड़ी पीड़ा हुई। कोई रास्ता सूझ नहीं रहा था। सहयोगियों से विचार-विमर्श हुआ। तय हुआ कि मैं और कवींद्र दोनों रांची एक्सप्रेस जायें, पवन जी से आग्रह करें कि कंपोजिंग किया कुछ समाचार दे दें ताकि उसे पेस्टिंग कर और कुछ पुराने कंपोज किये न्यूज के बल पर किसी तरह अखबार निकल जाये। पवन जी को उठाया गया, रात के दो बज रहे थे। पवन जी ने वह सहयोग किया जिसकी आज की पत्रकारिता में कोई कल्पना नहीं कर सकता। उन्होंने रांची एक्सप्रेस का पूरा पेस्टिंग पेज दे दिया और कहा कि इसका जैसे उपयोग करना हो, कर सकते हो। सहयोग का ऐसा उदाहरण आज की प्रतिद्वंद्विता के दौर में देखना बहुत मुश्किल है।

अनेक उदाहरण भरे पड़े हैं। 25 दिसंबर, 1987 को भी एक बड़ी परेशानी आ गयी थी। मशीन खराब होने के कारण उस दिन संपादकीय जनता के रामचंद्रन सामान्य टाइपराइटर से कंपोज कर छापना पड़ा था। 29 अगस्त, 1989 का तो पूरा खेल पेज ही टाइपराइटर से निकाला गया था। इसके गवाह उन दिनों के अंक हैं।

संकट के इस दौर में अखबार के प्रोपराइटर ज्ञानरंजन ने कर्मचारियों का मनोबल बढ़ाया। अखबार के पांच साल पूरे होने पर 27 अगस्त, 1989 के प्रभात खबर के अंक में ज्ञानरंजन ने अपना विचार देते हुए लिखा : प्रभात खबर के प्रारंभ से लेकर अब तक मेरी यही मान्यता रही है कि इसे शुद्ध रूप से एक व्यावसायिक प्रतिष्ठान नहीं बनने दिया जाये। प्रभात खबर ने इस क्षेत्र में निष्पक्ष पत्रकारिता का नया मानदंड स्थापित किया है। मुझे इस बात से बहुत खुशी है कि बिहार में प्रभात खबर ने प्रतिबद्ध पत्रकारों की एक टीम तैयार की है। इस बात से मुझे बहुत संतोष मिलता है कि यहां से जो लोग दूसरे अखबारों में गये हैं, उन्होंने अपनी एक पहचान बनायी है। इन पांच सालों के दौरान कई उतार-चढ़ाव आये हैं, लेकिन यहां के सहयोगियों ने उनका बहादुरी के साथ सामना किया है।

प्रबंधन बदला

ज्ञानरंजन को जब लगा कि प्रभात खबर को चलाने में अब परेशानी हो रही है, तो उन्होंने इसे बेहतर हाथों में देने का निर्णय लिया। प्रभात खबर में जुलाई-अगस्त में ही यह चर्चा सुनने को मिल रही थी कि ज्ञानरंजन जी अब अखबार को शायद बंद कर देंगे या किसी को बेच देंगे। अक्तूबर, 1989 में मैं ग्रामीण विकास की पढ़ाई के दौरान एक्सआइएसएस की ओर से दस दिनों के कैंप पर गया था। 10 दिन बाद जब लौटा तब सब कुछ बदला-बदला लगा, प्रबंधन बदल चुका था। विज्ञान प्रकाशन की जगह न्यूट्रल पब्लिसिंग हाउस लिमिटेड ने जिम्मेवारी संभाल ली थी। हरिवंश जी नये संपादक बनकर आ गये थे। वे पहले रविवार में थे, उनके साथ संजीव क्षितिज, हरिनारायण सिंह, कृपाशंकर चौबे, ओमप्रकाश तथा कई अन्य सहयोगी भी आये थे। जब मैं लौटा तो अविनाश ठाकुर जी ने मुझे हरिवंश जी से मिलवाया था। नीले रंग

की जींस पहने हरिवंश जी ने खड़ा होकर, हाथ मिलाकर मेरा उत्साह बढ़ाया था और कहा था कि तुम जैसे नौजवानों की मुझे जरूरत है। मैं आज भी उस क्षण को भूल नहीं पाता, क्योंकि उन दिनों में सिर्फ उपसंपादक (अखबार में यह पद सबसे जूनियर माना जाता है) था लेकिन जिस तरीके से पहले ही दिन हरिवंश जी ने मेरा मनोबल बढ़ाया, उससे वे शंकाएं दूर हो गयीं जो मेरे और मेरे पुराने सहयोगियों के मन में थीं।

नये प्रबंधन में डीएस शर्मा निदेशक और हरिवंश जी प्रधान संपादक के रूप में थे। बाद में केके गोयनका जी और आरके दत्ता जी जुड़े। हरिवंश जी ने प्रभात खबर का दायित्व तो संभाल लिया था लेकिन रांची आकर जब अखबार देखा था तो निराश हुए थे। प्रसार संख्या, इन्फ्रास्ट्रक्चर, काम करने का माहौल सब कुछ विपरीत। पहले मुंबई और फिर कोलकाता की पत्रकारिता छोड़कर आये हरिवंश जी को कई सहयोगियों ने कहा था कि रांची में पत्रकारिता कर क्यों अपने कॅरियर को जोखिम में डालने जा रहे हैं लेकिन हरिवंश जी ने अपने पुराने मित्रों की सलाह को किनारे कर रांची आने का निर्णय लिया।

सच तो यह है कि प्रभात खबर से जुड़ने के बाद पहली बार हरिवंश जी जब रांची आये तो वे आर्या होटल में ठहरे थे। अपने एक और वरिष्ठ सहयोगी संजीव क्षितिज को पहले प्रभात खबर भेजा था। उन्होंने लौटकर जो कुछ बताया था वह बेहद निराशाजनक था। पहले तो इन दोनों को लगा था कि यहां आकर फंस गये हैं, फिर दोनों संभले और संकल्प लिया कि इसी अखबार को सुधारेंगे, चाहे इसके लिए जो कुछ करना पड़े। सिर्फ थोड़े से मोटिवेशन से उस टीम ने जो कुछ कर दिखाया, आज वह पत्रकारिता के लिए उदाहरण बन गया है। अब प्रभात खबर शोध का विषय बन गया है कि कैसे बंदी के कगार से प्रभात खबर देश के टॉप टेन अखबारों में पहुंच गया।

प्रबंधन की भूमिका

नये प्रबंधन ने जब प्रभात खबर का दायित्व संभाला तो पहले निदेशक डीएस शर्मा थे। शांत, अनुभवी और सुलझे हुए व्यक्ति। उन्होंने महसूस किया कि अगर इस अखबार को स्थापित करना है तो यहां कार्यरत सहयोगियों को काम करने की छूट मिलनी चाहिए, उनकी आवश्यकताओं की पूर्ति होनी चाहिए, वेतन में सुधार होना चाहिए, वर्क कल्चर बेहतर होना चाहिए, अनुशासन होना चाहिए। इन सभी को उन्होंने एक-एक कर बगैर किसी दबाव के लागू किया। एक घटना याद है, प्रभात खबर कैंपस में पीने के पानी की किल्लत थी, बोरिंग करवायी गयी थी। उसी समय श्री शर्मा आये और कहा कि उक्त बोरिंग का पानी तब तक कोई पीने के काम में न लाये जब तक पानी की जांच नहीं हो जाती, यानी पानी पीने योग्य है या नहीं। अपने कर्मचारियों के स्वास्थ्य के प्रति श्री शर्मा का ध्यान कर्मचारियों का दिल जीतने के लिए काफी था। इतनी दूर तक सोचनेवाले ऐसे अधिकारी विरले ही मिलते हैं। आज प्रभात खबर परिसर में जो आकर्षक और सुविधायुक्त कैंटीन है, उसका श्रेय भी श्री शर्मा को ही जाता है। पहले कैंटीन की स्थिति इतनी खराब थी कि खाना खाते रहिए, ऊपर से टीन की छत से पानी टपकता था। श्री शर्मा ने

कैंटीन की गुणवत्ता सुधारने के लिए कमेटी बनायी थी जिसके बाद सारा परिवर्तन हुआ। नये प्रबंधन ने शुरू से ही मानव संसाधन पर बहुत जोर दिया था, व्यक्ति के अंदर छिपी ताकत को उभारने की मुहिम चली थी। आज जहां प्रभात खबर खड़ा है, उसकी बुनियाद उन्हीं दिनों रखी गयी थी। प्रभात खबर के विकास में उषा मार्टिन के योगदान को भुलाया नहीं जा सकता। जैसे आर्थिक मामलों में हो या तकनीकी सहयोग में। डिप्टी चेयरमैन वीके झंवर का योगदान मैं सबसे अधिक मानता हूं, उनके एक-एक सुझाव बहुमूल्य रहे हैं। विनम्र इतने कि कोई सोच नहीं सकता। जमशेदपुर में जब कभी उषा मार्टिन (गम्हरिया) में बैठक बुलाते तो इस बात का खयाल रखते कि मीटिंग 12 बजे के पहले नहीं हो। वे कहते थे कि रात में आप देर तक काम कर घर जाते हैं, सुबह उठने में परेशानी होगी। कंपनी के शीर्ष पद पर बैठा व्यक्ति अगर इतना ख्याल करेगा तो उस कंपनी को आगे बढ़ने से कौन रोक सकता है।

जब आग लग गयी थी

प्रभात खबर में कार्यरत साथियों ने कई बार उदाहरण पेश किया है। अपनी जान को दावं पर लगाकर अखबार को बचाया है। 1990 की घटना होगी, एक दिन रात में अखबार के गोदाम में (उन दिनों गोदाम वहीं पर था जहां पर आज हॉल बना है) आग लग गयी। पूरे अखबार के साथियों ने, चाहे वे किसी भी विभाग के क्यों न हों, गोदाम से अखबार के बंडल निकालने और आग बुझाने में लग गये। आग शॉर्ट सर्किट से लगी थी। उस दौरान अशोक मुखर्जी, रजत गुप्ता समेत कई साथियों ने जान जोखिम में डालकर धुएँ से भरे गोदाम में घुसकर कागज का रीला हटाया था, पुराने अखबारों का बंडल खाली कराया था। सभी के प्रयास से आग पर काबू पाया गया।

टीम सशक्त बनी

प्रभात खबर को अगर आगे ले जाना है तो इसकी टीम और नेटवर्क को और मजबूत करना होगा, इस बात को हरिवंश जी और प्रबंधन दोनों जानते थे। इसी क्रम में महानगरों में प्रभात खबर के दफ्तर खुले। उन दिनों झारखंड में कोई बड़ा अखबार नहीं आया था। आनेवाले दिनों में किस तरह की पत्रकारिता होगी, कैसे-कम-से कम मैनपावर में अखबार निकालने होंगे, कैसे मल्टी एडिशन अखबार होंगे और कैसे जल्द-से-जल्द तैयार न्यूज प्रभात खबर के मेन कार्यालय में आ सकते हैं, इन पर काफी काम हुआ। इसी क्रम में जिलों में मॉडम सेंटर खुले, जो संवाददाता पहले कागज पर लिखकर प्रेस की गाड़ियों से समाचार भेजा करते थे, उन्हें कंपोजिंग सिखायी गयी। वे न्यूज संग्रह करते, कंपोज करते और रांची स्थित कार्यालय भेजते। यह क्षेत्रीय अखबारों के लिए नया प्रयोग था। डाल्टेनगंज में पहला मॉडम सेंटर खुला। यह सिलसिला जारी रहा और दूर-दराज के क्षेत्रों में प्रभात खबर के कार्यालय खुल गये। टीम में देश के जानेमाने लोगों को शामिल किया गया। एक परेशानी आती थी। उन दिनों रांची में पत्रकारिता करना काफी मुश्किल था और देश की पत्रकारिता में रांची का स्थान नहीं के बराबर था। चाहे संपादकीय के हों या अन्य विभाग के, बड़े नाम रांची आना नहीं चाहते थे। फिर भी

कई लोगों ने इस चुनौती को स्वीकार किया। पीके सेन महाप्रबंधक के रूप में जुड़े। श्री सेन की अलग पहचान थी और उनके संपर्क का लाभ प्रभात खबर को मिला। विज्ञापन में एचएन चटर्जी आये, जो ऐसे सहयोगी थे जो बड़े पद पर होकर भी छोटे-छोटे काम करने में कभी हिचक महसूस नहीं करते थे।

जनहित की पत्रकारिता

प्रभात खबर को 1989-90 के दौरान रांची एक्सप्रेस और आज से मुकाबला करना था, अपनी अलग पहचान बनानी थी, इसलिए प्रभात खबर ने लीक से हटकर खबरों का चयन किया। जिन्हें अखबार पहले खबर नहीं मानता था, उन्हें अखबार में प्रमुखता दी। अपनी निष्पक्षता को साबित किया, जनहित की पत्रकारिता की, मुद्दे की पत्रकारिता की, अखबार को आंदोलन की तरह चलाया, सकारात्मक पत्रकारिता की, लोगों में जनचेतना जगाने का अभियान चलाया, लोगों से सीधे जुड़ा। इन सबों से बढ़कर प्रभात खबर ने एक नया वर्क कल्चर विकसित किया, काम करने की आजादी मिली, माहौल मिला। व्यावसायिकता के इस दौर में घाटा-नफा न देखकर जनहित के मामलों में किसी से कोई समझौता नहीं किया। हालांकि कई बार इसकी काफी बड़ी कीमत प्रभात खबर को चुकानी पड़ी। कई बार सरकार का कोपभाजन भी इस अखबार को होना पड़ा। विज्ञापन तक बंद किये गये।

रांची में पानी-बिजली का मामला हो या और कोई जन मुद्दा, प्रभात खबर हमेशा लोगों के साथ खड़ा रहा। रांची में जब बिजली संकट गहराया, टावर गिरा और एक सप्ताह तक पूरा रांची शहर अंधेरे में रहा तो प्रभात खबर ने इसको मुद्दा बनाया और अखबार का मुख्य पृष्ठ इसी खबर से भर दिया। ऐसा एक बार नहीं, कई बार हुआ। 11 मार्च, 1990 के अंक में हरिवंश जी ने पहले पन्ने पर उजाले के लिए शीर्षक से पानी-बिजली पर विशेष संपादकीय लिखा, संयोगवश उसी दिन बिहार में सत्ता परिवर्तन हुआ था और लालू यादव ने मुख्यमंत्री के रूप में गांधी मैदान में शपथ ली थी। ऐसा दूसरे अखबारों में शायद ही हुआ हो जब पानी और बिजली के मुद्दे पर अखबार ने विरोध स्वरूप अपना संपादकीय खाली छोड़ दिया हो। प्रभात खबर ने यह कर दिखाया 22 मई 1992 के अंक में। उस दिन का संपादकीय खाली छोड़ा गया।

इन बातों से यह साफ जाहिर होता है कि प्रभात खबर जनमुद्दों को कितना अहमियत देता रहा है। 16 मई ,1992 को पुनदाग में टावर गिरने के बाद लगातार पेज एक पर इस खबर को प्रमुखता दी गयी। अखबार की लीड स्टोरी बनी। 21 मई ,1992 के अंक में प्रभात खबर में इसी बिजली संकट पर, आपसे, शीर्षक से हरिवंश जी की विशेष संपादकीय छपी। यह इस बात का संकेत है कि जन मुद्दों को प्रभात खबर ने कितनी प्रमुखता दी। उन दिनों शहर में बिजली के कारण पानी का संकट गहरा गया था। लोग सड़कों पर उतर आये थे। एक तरह से प्रभात खबर ने रांची की जनता की ओर से वह लड़ाई लड़ी। और लड़ाई जीती भी। इसी प्रकार नेतरहाट के फायरिंग रेंज के मामले में जब लोग सड़कों पर उतरे, कई-कई दिनों तक लोगों का

धरना जारी रहा तो प्रभात खबर उनका साथी बनकर आंदोलन के साथ खड़ा रहा। जब सेना ने घोषणा की कि फायरिंग रेंज का प्रस्ताव स्थगित कर दिया गया है तो घेराव स्थगित कर दिया गया। (प्रभात खबर 25 मार्च, 1994)। लगभग ऐसा ही कोयल-कारो परियोजना में हुआ।

प्रभात खबर जब नये तेवर में दूसरी बार आया और पेज एक पर लीड स्टोरी छपी- कुसुम रांची छोड़कर जा रही है, तो पत्रकारिता से जुड़े लोगों ने सवाल उठाया था कि ऐसी खबर क्या लीड बन सकती है? दरअसल, एक महिला के घर डकैती हुई थी, उनकी पुत्रियों को धमकाया गया था, पुलिस कोई कार्रवाई नहीं कर रही थी। इसके बाद विवश होकर उक्त महिला ने रांची छोड़ने का फैसला किया था। यह कानून-व्यवस्था पर गंभीर सवाल था। इसे प्रभात खबर ने उठाया था। यह प्रयोग सही साबित हुआ। लीक से हटकर पत्रकारिता का वह पहला प्रयास था। प्रभात खबर ने विकास की पत्रकारिता को बढ़ावा दिया। गांव और देहात की खबरों को महत्त्व दिया, यहां तक कि पेज एक पर उन खबरों को स्थान दिया। अनेक एक्सक्लूसिव खबरें प्रकाशित की गयीं। प्रभात खबर के सहयोगियों को धमकियां मिलीं लेकिन कोई पीछे नहीं हटा। जिस पशुपालन घोटाले में आईएएस से लेकर बड़े-बड़े अधिकारी जेल गये, सैकड़ों लोगों को सजा मिली, जो मामला पूरे देश में चर्चित हुआ, उस पशुपालन घोटाले का सबसे पहले पर्दाफाश प्रभात खबर ने किया था। शायद 1992 में ही प्रभात खबर ने इस घपले की रिपोर्ट छापी थी। इसके बाद दवा घोटाला, जमीन घोटाला का पर्दाफाश प्रभात खबर ने ही किया। झारखंड के गठन के बाद भ्रष्ट मंत्रियों के कारनामों का पर्दाफाश प्रभात खबर ने ही किया। प्रभात खबर ने अपनी जिम्मेवारी को बखूबी निभाया।

विकास पर बैठक

झारखंड राज्य के गठन के पहले से ही प्रभात खबर इस क्षेत्र के विकास के लिए चिंतित रहा। एक ओर प्रभात खबर अलग झारखंड राज्य के समर्थन में वैचारिक लड़ाई लड़ रहा था, दूसरी ओर राज्य पिछड़ा न रहे, इसके लिए विकास के प्रति भी सचेत रहा। इसका एक उदाहरण था विकास पर बैठक का आयोजन करना। प्रभात खबर द्वारा 17 मई, 1990 को नयी दिल्ली में एक होटल में बिहार (अविभाजित) से संबंधित आधा घंटे की एक फिल्म दिखायी गयी थी, इसमें राज्य के औद्योगिक विकास में हुए ह्रास, विकास के नाम पर ठगी, बदहाली, सामाजिक विषमता और बिहार के साथ केंद्र के भेदभाव को दिखाया गया था। इस समारोह में लगभग 30 सांसद और अनेक बुद्धिजीवी, जवाहरलाल नेहरू विश्वविद्यालय के प्राध्यापक मौजूद थे। इसमें चंद्रशेखर, शत्रुघ्न सिन्हा भी मौजूद थे। यह इस बात का संकेत है कि प्रभात खबर अपने राज्य के विकास के लिए सतत प्रयासरत रहा है।

इतना ही नहीं, राज्य (तब बिहार नाम था) के विकास के लिए प्रभात खबर ने विचार गोष्ठी तक आयोजित की। 29 दिसंबर, 1990 को रांची कालेज के हॉल में शत्रुघ्न सिन्हा और सुबोध कांत सहाय (तत्कालीन गृह राज्य मंत्री) ने एक मंच से प्रभात खबर के बैनर तले 'बिहार का पिछड़ापन' विषय पर अपने विचार रखे। इसी गोष्ठी में सुबोध कांत सहाय ने घोषणा की थी

कि छोटानागपुर के विकास के लिए 10 अरब की योजना के कार्यान्वयन की प्रक्रिया शुरू हो चुकी है (प्रभात खबर 30।12।1990 का अंक)। इसी दौरान प्रभात खबर ने रांची में भारत किधर व्याख्यानमाला की शुरूआत की जिसमें देश के जाने-माने लोगों को आमंत्रित कर उनके विचार सुने जाते थे।

मल्टी एडिशन का पहला कदम

प्रभात खबर प्रबंधन ने बहुत पहले महसूस कर लिया था कि आनेवाला दिन मल्टी एडिशन का है। वही अखबार टिक पायेगा जिसके कई संस्करण होंगे। इसी क्रम में जमशेदपुर और धनबाद में दूसरे प्रबंधन को प्रभात खबर का बैनर देकर अखबार निकालने का प्रयास किया गया। अखबार निकला भी, पर कई परेशानियां आयीं। अंततः तय किया गया कि प्रभात खबर प्रबंधन अपने बल पर दूसरे शहरों से संस्करण निकालेगा। इसी क्रम में 12 जनवरी, 1995 को हरिवंश जी ने मुझे अपने चैंबर में बुलाया था और कहा था कि जमशेदपुर जाना है तुम्हें, वहां से अखबार निकालना है, जाकर तैयारी करो। फिर पूछा कि कब जाना है, मैंने कहा था कि आज ही जा सकता हूं। (ऐसा मैंने इसलिए कहा था क्योंकि उन दिनों मैं अकेला था। सिर्फ सोने के लिए घर जाता था। चुनौती-जोखिम लेना मेरे स्वभाव में रहा है।)। मेरे उत्तर के बाद हरिवंश जी ने कहा था कि आज नहीं, एक-दो दिन समय ले लो, फिर जाओ और तैयारी करना। मैं लक्की था क्योंकि नया संस्करण खड़ा करने की जिम्मेवारी मुझे दी गयी थी, मैं चुना गया था। 17 जनवरी, 1995 को मैं जमशेदपुर पहुंच गया, मेरे साथ संतोष थे। दोनों प्रभात खबर के कार्यालय में (काशीडीह, जमशेदपुर में दो कमरे का कार्यालय भाड़े पर लिया गया था) रात में रुके। रात की घटना को भूल नहीं सकता। मकान मालिक ने बाहर से ताला बंद कर दिया और कहा कि जगह दी गयी है कार्यालय के लिए, रहने के लिए नहीं। वहां से प्रभात खबर की जमशेदपुर में यात्रा शुरू हुई। उन दिनों आज की तरह तकनीक उन्नत नहीं थी। शुरुआती दिनों में बहुत परेशानियों का सामना करना पड़ा था। मेगावाइट से फैक्स से समाचार भेजता था, उमाशंकर दुबे दो बजे तक की तसवीर मुकेश बस से रांची भेजा करते थे। स्कैनर नहीं हुआ करता था। जब तक प्रेस नहीं तैयार हुआ, रांची से अखबार छपकर जमशेदपुर जाता था, बाद में फिर बिष्टुपुर में नया कार्यालय खोला गया। शहर में जमीन नहीं मिलने के कारण प्राजीव स्टील (गम्हरिया) में प्रिंटिंग मशीन लगायी गयी और वहीं से 8 सितंबर, 1995 से प्रभात खबर का प्रकाशन शुरू हुआ। अखबार जल्द निकालना था, शहर में कोई शेड नहीं मिल रहा था इसलिए प्रजीव स्टील में बांस की बल्ली पर टेंट लगाया गया और उसके अंदर मशीन लगायी गयी ताकि आयरन डस्ट से मशीन सुरक्षित रहे। अपने किस्म का यह अनोखा उदाहरण था।

इस संस्करण को शुरू करने के पहले से वहां विनोद शरण संवाददाता के रूप में थे। बाद में जयनंदन, लीलाधर मिश्रा, रहमान, आरके झा, विजय शर्मा रांची से आये। यहां संजय मिश्र (जो बाद में देवघर के संपादक बने) सुप्रतिम बनर्जी (अभी आजतक, नयी दिल्ली), संजीव शर्मा, निरंजन जुड़े। धीरे-धीरे जमशेदपुर में प्रभात खबर ने अपना स्थान बना लिया। गम्हरिया से

दूरी को देखते हुए मशीन को बाद में काशीडीह में लगाया गया, बाद में जब न्यूजलाइन-30 मशीन आयी तो यह स्थान छोटा पड़ गया और आदित्यपुर में प्रभात खबर ने अपना शेड खरीदा, बेहतरीन भवन बनाया और मशीन को वहीं पर लगाया। फिर यहां सर्कुलेशन में सौभिक विश्वास को लाया गया, जिससे अखबार को आगे बढ़ने में काफी मदद मिली। बाद में टेलीग्राफ की प्रिंटिंग प्रभात खबर की मशीन पर शुरू हुई। इस काम को रांची से आये दिलावर साहू देखा करते थे, इस जॉब वर्क से प्रभात खबर को काफी मदद मिली। नयी मशीन भी इसके लिए ली गयी थी।

जमशेदपुर की सफलता के बाद प्रभात खबर ने बिहार में अपना पैर जमाया। पटना संस्करण खोला गया। यह प्रभात खबर का तीसरा संस्करण था। यह 1996 की बात है, फिर कोलकाता, धनबाद, देवघर और सिलीगुड़ी से अखबार निकलना शुरू हुआ। फिर तो 2010 में मुजफ्फरपुर, 2011 में भागलपुर और गया संस्करण शुरू किया गया। यह किसी भी क्षेत्रीय अखबार के लिए गर्व की बात है।

चुनौती का वर्ष रहा 2000

1989 के बाद लगातार प्रभात खबर बढ़ता गया। उसे बाद में कोई बड़ी चुनौती नहीं मिल रही थी। पहली बार इसे 2000 में तब बड़ी चुनौती मिली जब दैनिक हिंदुस्तान का प्रकाशन फरवरी, 2000 में रांची से शुरू हुआ। चुनौती थी तो अवसर भी था। इसी दौरान कई पुराने सहयोगी एक नये अखबार में चले गये। जो रह गये, उन्होंने रात-दिन मेहनत कर अखबार को प्रभावित होने से बचाया। उस दौरान रांची में विजय कांत पाठक के कंधे पर अचानक काफी जिम्मेवारी आ पड़ी जिसे उन्होंने बखूबी निभाया। कई बार तनाव के क्षण में भी विजय-जीवेश और उनकी टीम ने धैर्य का परिचय दिया और प्रभात खबर को टस से मस नहीं होने दिया। विजय के साथ पुराने साथी एक पैर पर खड़े रहे। इसके बाद एक बार रांची कार्यालय में हड़ताल के दौरान एक मौका ऐसा आया जब प्रभात खबर के संपादकीय और कुछ अन्य विभाग के लोग प्रेस में ही रहने लगे और कई दिनों तक घर नहीं गये। वहीं खाना, वहीं रहना और वहीं सोना। जब किसी अखबार में ऐसे प्रतिबद्ध, समर्पित और जीवट बाले लोग रहें, तो उस अखबार को आगे बढ़ने से कौन रोक सकता है। 2003 में जब जागरण का झारखंड में पदार्पण हुआ तो प्रभात खबर का सामना एक साथ देश के दो बड़े अखबारों से हुआ लेकिन तब तक प्रभात खबर काफी बदल चुका था। अच्छी मशीनें थीं, तकनीक बदल गयी थी, प्रोफेशनल्स की टीम आ चुकी थी।

प्रभात खबर की सफलता के पीछे राज्य भर में फैला इसका नेटवर्क है। इसमें कई ऐसे प्रतिबद्ध लोग हैं, जो सुविधाओं का ख्याल किये बगैर, जान जोखिम में लेकर अखबार के लिए लगे रहे। इनमें सलाउद्दीन (हजारीबाग), प्रमोद कुमार (चाईबासा), धरिश्चंद्र (घाटशिला), परवेज (गालूडीह), ओमप्रकाश चौरसिया (गुमला), नीरद (दुमका), जगदीश सलूजा (कोडरमा), सुबोध (इटकी) शामिल हैं।

असमंजस की स्थिति

2007 में एक बार ऐसा माहौल बन गया था जब लगा कि प्रभात खबर का प्रबंधन बदल जायेगा। देश के अखबारों, इंटरनेट पर ऐसी खबरें आ रही थीं कि प्रभात खबर बिकनेवाला है, इसका प्रबंधन बदलनेवाला है। इससे प्रभात खबर के सहयोगी दुविधा में थे। क्या किया जाये, क्या होगा? अपने भविष्य के प्रति चिंता सता रहा थी। खास तौर पर वे परेशान थे जो लंबे समय से प्रभात खबर से जुड़े थे। उनकी चिंता में दम भी था। तय हुआ कि एक बार प्रबंधन से वरीय सहयोगी मिलेंगे, अपनी बात रखेंगे। साथियों ने प्रबंधन से विनम्र आग्रह किया कि निर्णय पर पुनर्विचार करें। प्रभात खबर के मालिकों ने उदारता का परिचय दिया और प्रभात खबर के सहयोगियों के आग्रह को मान लिया। इतना ही नहीं, प्रबंधन ने यह भी निर्णय लिया कि प्रभात खबर को कोर बिजनेस की तरह चलाया जायेगा। राष्ट्रीय अखबार के रूप में इसकी पहचान बनेगी। इसके बाद खुद श्री राजीव झंवर ने प्रभात खबर को देखना शुरू किया। कई नये संस्करण खुले। आज बिहार-झारखंड में प्रभात खबर बड़ी ताकत के रूप में सामने है।

2010 में प्रभात खबर का सामना दैनिक भास्कर से तब हुआ जब उसका प्रकाशन रांची से शुरू हुआ। भास्कर के आगमन के पहले प्रभात खबर ने एक बड़ा कदम उठाया और अखबार का दाम चार रुपये की जगह दो रुपये कर पूरे देश को एक मैसेज भी दे दिया कि वह झारखंड का लीडर है और लीडर जैसा वह कदम भी उठा सकता है। इसका फायदा प्रभात खबर को मिला। दूसरे अखबार जब तक प्राइस वार में जाते, विलंब हो चुका था और प्रभात खबर इसका लाभ ले चुका था। सर्कुलेशन में तेजी से वृद्धि हुई।

अन्य प्रकाशन

प्रभात खबर अपने पाठकों के लिए आकर्षक और संग्रहणीय सामग्री लगातार देता रहा है। हर साल 15 नवंबर को प्रभात खबर झारखंड के स्थापना दिवस पर ऐतिहासिक अंक प्रकाशित करता रहा है। राज्य बनने के पहले भी प्रभात खबर विशेष अंकों के लिए चर्चित रहा है। 31 अक्तूबर, 1985 को निकाला गया स्व. इंदिरा गांधी स्मृति अंक काफी चर्चित रहा था। उसी वर्ष कांग्रेस शताब्दी वर्ष के अवसर पर वार्षिकांक निकाला गया। 1985 में ही राजीव गांधी अंक, राजीव गांधी के कार्यकाल के तीन वर्ष पूरे होने पर विशेष अंक और 1987 में निकाला गया नववर्ष उपहार अंक, इंदिरा गांधी स्मृति अंक प्रमुख रहा।

प्रभात खबर ने महसूस किया था कि छात्रों के लिए एक अलग पत्रिका होनी चाहिए। ऐसे तो हिंदी में बाजार में प्रतियोगिता दर्पण मौजूद था, पर बिहार (उन दिनों झारखंड नहीं बना था) में कॅरियर पर कोई पत्रिका नहीं थी। छात्रों के लिए रोजगार प्रभात खबर का प्रकाशन शुरू किया गया। 31 जुलाई, 1992 का पहला अंक बाजार में आया था। महिलाओं के लिए पारिवारिक पत्रिका घर का प्रकाशन शुरू किया गया था। पहले यह अखबार के साथ बांटा जाता था। 26 दिसंबर, 1993 को घर का पहला अंक (60 पन्नों की अलग पत्रिका)

बाजार में आया। फिर अगले वर्ष यानी 25 फरवरी, 1994 को प्रभात खबर पत्रिका (60 पन्नों की) का पहला अंक बाजार में आया। कई विशेष अंक निकाले गये। प्रभात खबर के 10 साल पूरे होने पर 15 अगस्त, 1993 को दशक अंक निकाला गया। फिर 1 जनवरी, 2000 को सहस्राब्दी अंक निकला। सबसे ज्यादा चर्चित रहा 15 नवंबर, 2000 का अंक। झारखंड राज्य के निर्माण के दिन प्रभात खबर रांची ने 76 पेज का अखबार निकाला। हर साल 15 नवंबर का अंक संग्रहणीय निकाला जाता रहा है। नये प्रबंधन के 14 साल पूरे होने पर 2 नवंबर, 2003 को विशेष अंक निकाला गया। फिर 20 साल पूरे होने पर 2004 में कई अंक निकले।

सिर्फ रांची ही नहीं, जमशेदपुर तथा अन्य प्रकाशन केंद्रों ने भी समय-समय पर विशेष अंक निकाला। प्रभात खबर पटना ने 7 अप्रैल, 2001 को 84 पेज का अखबार निकाला। इसमें नियमित 12 पेज के अखबार के साथ 72 पेज का बिहार परिशिष्ट शामिल है। क्रिकेट वर्ल्ड कप के अवसर पर जमशेदपुर में 65 पृष्ठों की विशेष पत्रिका निकाली गयी। सामाजिक दायित्व के तहत छात्राओं को रोजगार के बारे में जानकारी देने के लिए विशेष कॅरियर गाइड़ेंस निकाला गया।जब अलग झारखंड राज्य का निर्माण हुआ तो प्रभात खबर, रांची ने 76 पेज का विशेष परिशिष्ट निकाला। हिंदी अखबारों में ऐसा विशेषांक देखने को नहीं मिलता। विनय भूषण के नेतृत्व में प्रभात खबर ने कई परिशिष्ट निकाले। साप्ताहिक परिशिष्ट और समृद्ध होते गये। 15 नवंबर के अंक और दीपावली विशेषांक की तो राष्ट्रीय स्तर पर मांग रही है।

प्रभात खबर ने सामाजिक दायित्व को बखूबी निभाया है। इसी क्रम में पलामू में सूखा के दौरान प्रभात खबर की पूरी टीम रांची में निकलती थी और घर-घर से सामान जमा करती थी। बिहार बाढ़ के दौरान प्रभात खबर ने काफी काम किया था। लोकसभा चुनाव के दौरान प्रभात खबर, जमशेदपुर की ओर से मतदाता जागरूकता अभियान चलाया गया। 1999 के लोकसभा चुनाव में एक वाहन पर बैनर बांधकर प्रभात खबर की टीम जमशेदपुर से नोवामुंडी तक गयी। इस दौरान हर महत्त्वपूर्ण स्थान पर नुक्कड़ सभा कर लोगों को उनके अधिकार से अवगत कराया गया। आप कैसे सांसद चुनें, इसी नारे के साथ पूरे क्षेत्र में प्रभात खबर ने अभियान चलाया। हिंदी अखबारों में शायद यह पहला मौका था जब चुनाव सुधार को लेकर अखबार सीधे मैदान में था, लोगों के बीच में था। 2004 के चुनाव में फिर इस अभियान को दोहराया गया। पंचायत चुनाव की जानकारी देने के लिए जमशेदपुर में पंचायत पर कार्यशाला का आयोजन किया गया था।

पाठकों से सीधे जुड़ने के लिए प्रभात खबर ने पाठक मंच का आयोजन किया। पाठकों से सीधे संवाद की परंपरा प्रभात खबर ने कायम की। स्कूलों में बच्चों के साथ मिलकर अभियान चलाया। प्रसिद्ध मोटिवेटर शिव खेड़ा को प्रभात खबर ने रांची, जमशेदपुर और बोकारो में बुलाया, उन्हें सुनने के लिए लोगों की भीड़ उमड़ पड़ी। शिक्षण संस्थाओं में गंदगी के खिलाफ प्रभात खबर ने अभियान छेड़ा और जमशेदपुर के को-ऑपरेटिव कॉलेजों से सफाई

अभियान की शुरुआत की। दूर-दराज के गांवों में जाकर कैंप लगाया, पाठकों से बात की। परमवीर चक्र विजेता अल्बर्ट एक्का की विधवा बलमदीन एक्का की सहायता के लिए जमशेदपुर में 'हम आपके साथ हैं मिसेज एक्का' के बैनर तले दर्जनों कार्यक्रम चलाये गये और सवा चार लाख की राशि उन्हें सौंपी गयी। देश के लिए मर मिटने वाले परमवीर अलबर्ट एक्का के परिजन के लिए देश भर में अब तक का सबसे बड़ा कार्यक्रम है।

प्रभात खबर ने अनेक प्रयोग किये। अधिकांश सफल रहे। हिंदी पत्रकारिता के इतिहास में संभवतः यह पहला अवसर था जब पोइला बैसाख के अवसर पर विशेष अंक बांग्ला में निकाला गया। ऐसे अनेक प्रयोग किये गये, इन्हीं के बल पर प्रभात खबर ने अपनी अलग जगह बनायी। खबरों के साथ कभी समझौता नहीं किया, यही कारण है कि देश के लगभग हर बड़े अखबार और पत्रिका ने कभी न कभी प्रभात खबर का उल्लेख किया। प्रभात खबर सिर्फ अखबार नहीं बल्कि आंदोलन की भी बात करता रहा है, यही स्लोगन भी है। झारखंड की प्रतिभाओं को आगे बढ़ाने के लिए हर साल राज्य स्तरीय नृत्य-संगीत कार्यक्रम का आयोजन करता है। मैट्रिक-इंटर समेत प्रतिभाशाली छात्र-छात्राओं को सम्मानित करने का कार्यक्रम प्रभात खबर ने ही झारखंड में शुरू किया जिसका भव्य आयोजन हर साल होता है।

प्रभात खबर ने देश के महत्त्वपूर्ण लोगों को बुलाकर अतिथि संपादक बनाया और उन्हें अखबार के लिए खबरों के चयन का जिम्मा सौंपा। इनमें एमएस धौनी, बाबा रामदेव, श्री श्री रवि शंकर, तनुश्री दत्ता, तथागत अवतार तुलसी, अभिषेक बच्चन शामिल हैं। यह सब इसलिए सफल हो सका क्योंकि प्रभात खबर के पास एक ऐसी जुझारू-समर्पित टीम है जिसके लोग नौकरी नहीं करते बल्कि आज भी एक मिशन की तरह लगे हुए हैं। सच कहा जाये तो प्रभात खबर समय के साथ बदलता गया, पाठकों की मांग के साथ-साथ मुद्दों-मूल्यों पर आधारित पत्रकारिता की, सत्ता में जो भ्रष्टाचार है, उसके खिलाफ अभियान चलाया। यह उसी का नतीजा है कि आज प्रभात खबर रांची से निकलकर पूरे झारखंड, बिहार और बंगाल में मजबूती के साथ खड़ा है।

(लेखक प्रभात खबर के झारखंड के वरिष्ठ संपादक हैं।)

दूसरी पारी

अनुज सिन्हा

1984 से 1989 का दौर प्रभात खबर के लिए बहुत ही संघर्ष का दौर था। उस दौरान कई उतार-चढ़ाव हुए। 1984 में देश के पत्रकारों की श्रेष्ठ टीम प्रभात खबर ने बनायी थी, पर धीरे-धीरे ऐसे लोग राँची छोड़ कर चले गये। बाहर से आकर कोई राँची में पत्रकारिता नहीं करना चाहता था। कठिन दौर था। कई ऐसे कारण थे जिसने अखबार को संकट में ला दिया था। अखबार सिमट गया था। किसी तरह एक-एक दिन का अंक निकल रहा था। उसी दौरान भाग्य पलटा। अक्टूबर 1989 में प्रभात खबर का स्वामित्व बदल गया। नया मैनेजमेंट आया और उसी समय रविवार से हरिवंश जी रांची आये। उनके साथ कई अनुभवी साथी भी थे, पर कुछ को छोड़कर बाकी धीरे-धीरे चले गये। स्थिति ऐसी ही थी। लगता था कि इस अखबार को फिर से खड़ा करना या फिर इसे आगे बढ़ाना लगभग असंभव है। अखबार के संपादक थे हरिवंश जी। सारी जिम्मेवारी उन्हीं के कंधों पर थी। परिस्थितियां विपरीत थीं। उनके पास दो रास्ते थे। एक था यह सोचकर लौट जाना कि इस अखबार को चलाया नहीं जा सकता। दूसरा रास्ता था— रांची में रहना। चुनौती को स्वीकारना और इसी अखबार को फिर से खड़ा कर इतिहास रचना। चूंकि वे मुंबई और कोलकाता जैसे महानगर में पत्रकारिता करते थे, इसलिए लोगों को लगा था कि शायद ही वह पहला रास्ता चुनेंगे यानी रांची में समय गंवाने से बेहतर लौट जाना। पर उन्होंने यही रास्ता चुना। रांची में रहना। इसे ठीक करना। पटरी पर लाना और इसकी पहचान राष्ट्रीय स्तर पर बनाना।

उस समय वे युवा ही थे। अखबार को रास्ते पर लाने में लग गये। यह काम आसान नहीं था। मैनपावर इतने अधिक थे जिनसे तीन-चार अखबार निकाला जा सकता था। पेज एक पर सात या आठ लोग थे। उन दिनों न्यूज बनाने के लिए आपस में लोग लड़ते थे। आठ पेज का अखबार था। सबसे बड़ी चुनौती थी पाठकों का खोया विश्वास पाना, अखबार की गुणवत्ता को बढ़ाना। प्रभात खबर के प्रति पाठकों की

धारणा अच्छी नहीं थी। लोग इसे राजनीतिक अखबार (किसी खास दल का) कहते। इस धारणा को हटाये बगैर अखबार को आगे नहीं ले जाया जा सकता था। गलतियों की भरमार, खराब प्रिंटिंग, स्तरहीन पत्रकारिता के साथ-साथ वे सारे तत्व मौजूद थे जिनके कारण कोई भी अखबार आगे नहीं बढ़ सकता था। इन सबको एक साथ ठीक करना आसान नहीं था।

हरिवंश जी के रांची आगमन और अखबार को संभालने की पहली झलक तब लगी जब अखबार ने हार्ड न्यूज की जगह कुसुम रांची छोड़ कर जा रही है, पेज एक की लीड खबर छापी। वह 8 नवंबर, 1989 का प्रभात खबर का अंक था। एक महिला कुसुम के घर में घुस कर गुंडों ने हमला किया था। घटना हवाईनगर के आसपास की थी। गुंडों के आतंक से वह इतनी परेशान थी कि वह रांची शहर ही छोड़ रही थी। रांची में ऐसी खबरों को लीड बनाने की न तो परंपरा थी, न ही पहले ऐसा प्रयोग किया गया था। इसलिए जब कुसुम वाली खबर पहले पेज की लीड स्टोरी बनी तो लोग चौंक गये। उसी दिन शहर को यह संदेश मिल चुका था कि प्रभात खबर किस तरह की पत्रकारिता करना चाहता है, कैसे भिन्न पहचान बनाना चाहता है। उसे किस दिशा में आगे जाना है। दरअसल वह जनहित की पत्रकारिता की शुरुआत थी।

उन दिनों प्रभात खबर सिर्फ रांची से छपता था। इसलिए सबसे पहले रांची को ठीक करना था। इसलिए पाठकों की नब्ज को पहचानना आवश्यक था। हालांकि यह काम अखबार अपने स्तर से लगातार कर ही रहा था। हरिवंश जी खुद यह काम करना चाहते थे। अखबार के बारे में पाठक क्या सोचते हैं, वे जानना चाहते थे। इसके लिए सबसे अच्छा रास्ता पाठकों से सीधा संवाद था। उन दिनों सीधे संवाद की अखबार में कोई परंपरा नहीं थी। 28 जुलाई, 1991 का दिन था। पाठकों से सीधे संवाद के लिए जिला परिषद के सभागार में प्रभात खबर ने रांची के प्रमुख लोगों को आमंत्रित किया था। पाठकों को बुलाना कठिन कार्य था। कोई अपना काम छोड़कर क्यों आये। पूरी टीम लगी और अच्छी संख्या में पाठक (लोग कहिए) आ गये। गोष्ठी आरंभ हुई। हरिवंश जी ने अखबार के बारे में उनसे अपनी राय मांगी। पाठकों से साफ-साफ कहा था— हम यहां अपनी बात कहने नहीं, आपकी तीखी टिप्पणी सुनने आये हैं। हरिवंश जी ने पाठक मंच का प्रारंभ करते हुए कहा था— यह बहुत अनौपचारिक मिलन है। इस कारण खुलकर बातें हों, परंपरागत ढंग से सभा-समारोहों में जो तामझाम होते हैं, उससे विपरीत जिसे बतियाना कहते हैं। मेरा अनुरोध-आग्रह-निवेदन सब है कि सिर्फ प्रभात खबर की त्रुटियों की चर्चा हो, किसी दूसरे अखबार की प्रशंसा-उल्लेखनीय पहलू की चर्चा हो। पर मेरा निवेदन होगा कि दूसरे अखबार की आलोचना न हो। एक और निवेदन। इस गोष्ठी की प्रासंगिकता तभी होगी जब आप प्रभात खबर को बेहतर बनाने के लिए उसकी कमियों को उजागर करें, हमें कहीं ठेस नहीं लगेगी, क्योंकि आप जिस स्नेह से आये हैं, उसमें ही आपका इस अखबार के प्रति रागात्मक लगाव झलकता है।

हरिवंश जी ने पाठकों के सामने जो कुछ कहा था, उससे ही लग गया था कि वे हर कड़ुवा घूंट पीने की तैयारी कर आये हैं। इसलिए ताकि अखबार का भविष्य बेहतर हो। कार्यक्रम कई घंटे तक चला। अनेक मुद्दे उठे। दिन भर पाठक प्रभात खबर की टीम पर अपने दिल की भड़ास निकालते रहे। कुछ ही दिन पहले हरिवंश जी ने मुरदों का शहर है रांची, विषय पर लंबा लेख लिखा था। इस पर तीखी प्रतिक्रिया हुई थी। 28 जुलाई की बैठक में भी यह मामला तत्कालीन सिटी एसपी राजेश चंद्रा ने उठाया था। कहा था– रांची शहर को मुरदा शहर कहना बंद कर दीजिए। हरिवंश जी ने जवाब में कहा था– हम इस शहर को मुरदा मानते हैं, क्योंकि जिस शहर में 10 वर्ष की बच्ची से बलात्कार हो, कहीं भी, कभी भी डकैती-हत्या हो, एक बाप, बेटी को गाड़ी सिखाने के लिए ले जाये, उसके साथ हादसा हो, अदालत से अपराधी रिमांड पर लाया जाये और पुलिस लाकअप में उसकी हत्या हो, फिर भी शहर में लोगों का धैर्य बना रहे, तो उसे हम मुरदा मानते हैं। बैठक में अनेक मुद्दे उठे, आलोचना हुई। हरिवंश जी और प्रभात खबर की सीनियर टीम चुपचाप सुनती रही। इस बैठक का फायदा मिला। बैठक के बाद तो इतना तो पता लग ही गया था कि कहाँ पर गड़बड़ी है। फिर उसे दूर करने का प्रयास आरंभ हुआ। यहीं से बदलाव का दौर शुरू हुआ।

सुधार तभी होता जब टीम सुधरती। टीम के सदस्यों को प्रशिक्षित करने की जरूरत थी। मुझे याद है कि सबसे पहले उन्होंने पुरानी टीम को ही प्रशिक्षित करने का काम किया। उनके अंदर आत्मविश्वास जगाया, दस बजे पूरी टीम आ जाती और दो-तीन बजे रात तक काम करती। खुद हरिवंश जी देर रात तक रहते। एक बार टीम में आत्मविश्वास जाग गया, तो वी टीम रिजल्ट देने लगी। ऐसा रातो-रात नहीं हुआ। लंबा समय लगा। कठिन काम था। उस दौरान एक ओर पत्रकारों को प्रशिक्षित करने का काम चला, दूसरी ओर पाठकों के बीच प्रभात खबर की विश्वसनीयता बढ़ाने का अभियान चला।

रांची आने के बाद हरिवंश जी यह तय करने में जुट गये कि प्रभात खबर को आगे बढ़ाने का मॉडल क्या होगा? इसके लिए वे दक्षिण के कई राज्यों में गये और वहां के क्षेत्रीय अखबार अपना जिला संस्करण भी निकालते हैं, यह उन्होंने इनाडू में देखा। उन्होंने उसी समय तय कर लिया था कि धीरे-धीरे अखबार को छोटे-छोटे शहरों, फिर गांवों तक ले जाया जाये। उनके संस्करण निकाले जाएं उसी के बाद से प्रभात खबर के कई संस्करण निकलने लगे। पहले अखबारों के दो ही संस्करण हुआ करते थे। एक डाक और दूसरा सिटी संस्करण। उसी समय हरिवंश जी ने महसूस कर लिया था कि आनेवाले दिनों में जैसे-जैसे टेलीविजन का प्रचार होगा (उस समय तो सिर्फ दूरदर्शन हुआ करता था), अखबारों को छोटे-छोटे शहरों से निकालना होगा। यह उनका विजन था कि आनेवाले दिनों में मल्टी एडिशन वाले अखबार ही टिकेंगे। यही अब सच साबित हो रहा है। उन दिनों अखबार में एक ही काम के लिए तीन-चार लोग होते थे। संवाददाता

कागज पर रिपोर्ट लिखते। डेस्क के लिए उसी कागज पर एडिट करते। फिर कंपोजिटर कंपोज करते। उसके बाद प्रूफ रीडर प्रूफ पढ़ते। फिर उसे कंपोजिटर ठीक करते।

ब्रोमाइड निकलता। फिर पेस्टिंग का काम (पेज बनाने का काम, उन दिनों अखबार के आकार के कागज पर बोमाइड को कैंची से काट कर चिपकाया जाता था) होता था। हरिवंश जी ने कड़े फैसले लिये। महसूस कर लिया था कि आनेवाले दिनों में इतने कामों के लिए चार-पांच लोगों की जगह एक-एक आदमी से काम होगा।

संवाददाताओं को खुद कंपोज करने, उपसंपादकों को ही कंप्यूटर पर एडिट करने और प्रूफ पढ़ने, पेज बनाने का प्रशिक्षण दिया गया। प्रारंभ में लगा था कि यह क्या हो रहा है, इससे तो प्रूफ रीडर और कंपोजिटर की नौकरी ही चली जायेगी, पर बाद में यह पता चला कि यह बेहतर रास्ता है। आनेवाला दिन ऐसा ही होगा। एक-एक सहयोगी कई काम एक साथ करने लगे। इसको मल्टीस्किलिंग कहा गया। यह काम देश के अन्य अखबारों की तुलना में प्रभात खबर में 15-17 साल पहले हुआ था।

उन दिनों छोटे-छोटे शहरों में अखबरों के मॉडम सेंटर नहीं हुआ करते थे। हरिवंश जी ने महसूस किया था कि अखबार को आगे ले जाना है तो छोटे-छोटे शहरों में मॉडम सेंटर खोल कर उन्हें मुख्य कार्यालय से जोड़ना होगा, यानी नयी तकनीक का पूरा इस्तेमाल करना होगा। उन्हीं दिनों हरिवंश जी अमेरिका गये थे। कई बड़े अखबारों के दफ्तरों का दौरा भी किया था। यह समझा था कि वहां कैसे काम होता है। वहां से लौटने के बाद कई परिवर्तन दिखे थे।

प्रभात खबर ने खास कर हरिवंश जी ने बहुत पहले महसूस कर लिया कि आनेवाले दिनों में कैसी पत्रकारिता होगी, कैसे पाठक महत्वपूर्ण होंगे, कैसे उन्हें जोड़ना होगा, कैसे एक पत्रकार को पत्रकारिता के अलावा अन्य क्षेत्रों में भूमिका अदा करनी होगी। यही कारण था कि प्रभात खबर ने पाठकों से सीधी बातचीत की परंपरा की शुरुआत की। प्रभात खबर की टीम सीधे पाठकों के पास जाती थी। इसका नाम दिया गया प्रभात खबर पाठक मंच। बाद में प्रभात खबर की टीम दूरदराज के गांवों में भी जाती थी और और पाठकों से संवाद करती थी। इसका नाम दिया गया था प्रभात खबर आपके द्वार।

जमशेदपुर में चाईबासा, झींकपानी, हाटगम्हरिया, जगन्नाथपुर, नोवामुंडी, मनोहरपुर, चाकुलिया, घाटशिला, डुमरिया में प्रभात खबर आपके द्वार कार्यक्रम आयोजित किया गया। ये दूरदराज के इलाके हैं। इसके पहले कभी भी इन क्षेत्रों के पाठकों से किसी अखबार ने इस स्तर पर जाकर बात नहीं की थी। इस प्रयास से पाठकों की नब्ज को समझने का प्रभात खबर को मौका मिला। यह प्रयास लगातार चलता रहा। इसी बीच प्रबंधन ने तय किया कि जमशेदपुर से प्रभात खबर का प्रकाशन होगा। तब तक प्रभात खबर सिर्फ रांची से निकलता था। अखबार निकालने की तैयारी करने के लिए मुझे जमशेदपुर भेजने का प्रबंधन ने निर्णय लिया था। मैं जनववरी, 1995 में जमशेदपुर चला

गया था। जब तक प्रभात खबर की मशीन वहां नहीं लगी थी, रांची से छप कर ही जमशेदपुर प्रभात खबर भेजा जाता था।

बात फरवरी, 1995 की है। मेरे जमशेदपुर गये हुए एक माह से भी कम समय हुआ था। उन दिनों प्रभात खबर का प्रकाशन जमशेदपुर से शुरू नहीं हुआ था। दो कमरों का कार्यालय था। टीम बनाने में मैं जुटा हुआ था। रांची से प्रभात खबर छप कर सिंहभूम संस्करण के नाम पर जा रहा था। दिन भर न्यूज जमा करना, कंपोज करना, अपने साथियों की रिपोर्ट को एडिट कर उसे मॉडम से रांची भेजना मेरा काम था। तब तक स्कैनर का प्रयोग शुरू नहीं हुआ था। उमाशंकर दुबे साथ हुआ करते थे। दिन के कार्यक्रम का फोटो खींच कर उसे दो बजे की बस से रांची भेजते थे। यही दिनचर्या थी। इसी बीच 18 फरवरी को जमशेदपुर में एक बड़ा कार्यक्रम होनेवाला था। एक्सएलआरआइ में देश की प्रमुख कंपनियों के शीर्ष अधिकारी आनेवाले थे। खबर थी कि प्रधानमंत्री भी इस कार्यक्रम में हिस्सा लेंगे। जमशेदपुर जैसे औद्योगिक शहर में ऐसे कार्यक्रम का खास महत्व भी था।

इस कार्यक्रम की खबर जमशेदपुर में हिंदी अखबारों को नहीं दी गयी थी। उस समय ऐसा प्रचलन था कि हिंदी अखबारों को ऐसे कार्यक्रमों में कोई पूछता भी नहीं था। हां, अंगरेजी अखबरों को खबर जरूर मिलती थी। पर इस कार्यक्रम की जानकारी प्रधान संपादक हरिवंश को मिली। वे चाहते थे कि इस कार्यक्रम का बेहतरीन कवरेज हो। सिर्फ फोन से निर्देश ही नहीं दिया (उन दिनों मोबाइल फोन नहीं था), बल्कि 14 फरवरी को मेरे पास एक पत्र भेजा, जिसमें सारी योजना बनी हुई थी। कैसे कवरेज करना है, कैसे सप्लीमेंट करना है, कब तक पूरा मैटर रांची भेज देना है, कैसे लोगों से बात करनी है, कैसे तसवीर भेजनी है। इतना ही नहीं, 18 फरवरी, 1995 के जमशेदपुर संस्करण का पेज वन कैसा होगा, इसकी भी योजना बनाकर उन्होंने भेजी थी। सिर्फ खबरों की बेचैनी ही उनमें नहीं थी बल्कि यह विशेष अंक संबंधित शीर्ष अधिकारियों तक पहुंच जाये, इसके लिए उन्होंने पत्र में उल्लेख भी किया था। लगभग 100-150 अतिरिक्त अखबार संबंधित लोगों के हाथों में पहुंचाने की जिम्मेवारी भी मुझे दी गयी थी।

दरअसल यह विजन का कमाल था। जमशेदपुर में अखबार प्रारंभ करने के पहले यह सुनहरा अवसर आया था। हरिवंश जी के दिमाग में यह बात चल रही थी कि उद्योग जगत के शीर्ष व्यक्तियों तक प्रभात खबर ब्रांड को पहुंचाने के लिए इस मौके का उपयोग किया जाये। मैंने वैसा ही किया था। उन दिनों की हिंदी पत्रकारिता में ऐसी खबरों (उद्योग की खबर) पर कोई बहुत ध्यान नहीं देता था। प्रभात खबर ने बदलाव के दौर को समझा था। यह पूरा प्रयास उसी का एक उदाहरण है। लंबा समय बीत गया, इसलिए पूरी घटना तो याद नहीं है। पर इतना याद है कि उस कार्यक्रम में आइटीसी के चेयरमैन केएल चुग से मुझे बात करने का मौका मिला था। यह रिपोर्ट मैंने प्रभात खबर में छापी थी। इन लोगों तक अखबार पहुंचाना कठिन कार्य था। अंदर में अखबार

बांटने की अनुमति नहीं थी। कार्यक्रम के बीच में या अंत में जब कोई अधिकारी बाहर निकलते, एक अखबार उनके हाथ में देता था, यानी पहले न्यूज कवरेज करना, रांची भेजना, छप कर अखबार आ जाये तो उसे एजेंट के पास से लाना और फिर कार्यक्रम स्थल पर जाकर खुद बांटना। मेरे इस काम में विनोद शरण भी सहयोग करते थे। आज का दौर अलग है। संपादकीय के साथियों को शायद अखबार बांटने का काम करना अच्छा नहीं लगे।

उन दिनों हरिवंश जी ही अखबार के प्रधान संपादक के साथ-साथ प्रबंध निदेशक भी थे। खुद पूरा अखबार देखते थे। जाहिर था कि विज्ञापन पर भी उनकी नजर रहती थी। छोटी-छोटी कमियों पर भी उनका ध्यान रहता था। कभी कोई बड़ा विज्ञापन छूट जाये तो संपादक से लेकर विज्ञापन मैनेजर तक को लाइन में खड़ा कर देते थे। कहीं अखबार नहीं बंटा या कुछ कॉपी कम हुई तो संपादक और सर्कुलेशन मैनेजर की खैर नहीं। बैठक करते तो किसी में हिम्मत नहीं होती कि कुछ बोल पाता। हर विभाग पर नजर और जानकारी। 22 जून, 1995 को उन्होंने मुझे पत्र लिखा था। एचएमटी का कोई विज्ञापन छपा था। पर अखबार एचएमटी के डीलर तक नहीं पहुंच पाया था। डीलर ने मुझ तक बात पहुंचायी थी। यह जानकारी हरिवंश जी को मिली। वे जानते थे कि एचएमटी के डीलर या अधिकारियों तक अखबार नहीं पहुंचने का क्या दूरगामी प्रभाव हो सकता हे। अखबार का क्या इमेज बनेगा? यह पूरा मामला ही संवादहीनता के कारण हुआ था। कौन काम किसे करना है, इसे लेकर संशय था। इस घटना के बाद हरिवंश जी ने कुछ निर्देश जारी किये। इसमें लिखा था कि कौन काम कौन करेगा, इसका स्पष्ट उल्लेख करना होगा। यह सही है कि मीडिया हो, सरकारी संस्था हो या अन्य संस्थान। आज भी स्थिति यह है कि काम का बंटवारा सही ढंग से नहीं होता है। यह मेरा काम नहीं है, यह कहना आम बात है। जब भी ऐसे मामले आये, प्रभात खबर ने जिम्मेवारी तय की। इसका असर यह हुआ कि जो गलती एक बार हो जाती थी, वह गलती दुहरायी नहीं जाती थी। तुरंत निर्णय लेने की क्षमता हर किसी में नहीं होती है। इसी घटना में मेरे पत्र मिलते ही प्रधान संपादक ने रांची में सीनियर अधिकारियों के साथ बात की। मुझे कहा कि अखबार लेकर खुद उक्त डीलर/अधिकारी तक जाओ और खेद प्रकट करना। यह उनके काम करने का तरीका रहा है। मार्केटिंग में अब पीआर पर जोर दिया जा रहा है पर प्रभात खबर ने आज से 18-20 साल पहले ही उस पर अमल करना शुरू कर दिया था। उनके पत्र में कई ऐसे वाक्य थे जो किसी भी संस्था को खड़ा करने में सहायक होते हैं। मैं मूलतः संपादकीय का व्यक्ति रहा हूं। जमशेदपुर जाने से पहले मुझे अन्य विभागों के काम से बहुत लेना-देना नहीं था। पर जमशेदपुर में अखबार शुरू करना था। इसी के लिए मुझे भेजा गया था। यानी पहले कार्यालय खोजना, टेबुल-कुरसी खरीदना, फोन लगवाना, कंप्यूटर लगवाना। फिर जमीन खोजना, कैमरे से लेकर मशीन लगवाना। शहर से लेकर अंचल तक की टीम तैयार करना। पूरा काम मैनेजर का।

लगता था कि यह सब करना मेरे वश में नहीं है। निराश हो जाता। इस बात को प्रधान संपादक हरिवंश जी समझ जाते थे। लगातार उत्साह बढ़ाते। रांची में बैठ कर यह बताने का प्रयास करते कि जमशेदपुर में कहां प्रेस लगाया जा सकता है। उनके अपने स्रोत थे। 23 जून, 1995 को उन्होंने आदित्यपुर में प्रेस लगाने का सुझाव दिया था। पहली बार मशीन लगी भी तो उसी क्षेत्र में। आदित्यपुर के आगे गम्हरिया स्थित प्राजीव स्टील में। बिष्टुपुर के मधुकुंज में प्रभात खबर का कार्यालय खोला गया था।

8 सितंबर, 1995 से प्रभात खबर का जमशेदपुर से प्रकाशन प्रारंभ हो गया था। वहां पहले से उदितवाणी और आवाज जैसा सशक्त क्षेत्रीय अखबार था। प्रभात खबर को भी अपनी जगह बनानी थी। इसके लिए आवश्यक था अखबार का अच्छा निकलना, गलतियां नहीं होना। सिर्फ चार दिन ही बीते थे कि हरिवंश जी का पत्र (12 सितंबर, 1995) मिला। साथ में 11 सितंबर का अखबार था। नया-नया अखबार था, पूरा अखबार खुद पढ़ा था। गलतियों को मार्क किया था। उन्हें घेर कर उन्होंने भेजा था। हिदायत भी दी कि गलतियों के प्रति सावधान रहो, छोटी खबरों को बढ़ाओ। अंचल में मजबूत नेवर्क तैयार करो। बैठते थे रांची में, पर पूरी निगाह रहती थी जमशेदपुर पर। इसका कारण था। आज प्रभात खबर भले ही 10 जगहों से प्रकाशित होता है, पर रांची के बाहर जमशेदपुर पहला अखबार था। इसलिए जमशेदपुर संस्करण की सफलता/असफलता पर ध्यान रहता था। पूरे अखबार का पेज कैसा होना चाहिए? मेरा व्यवसाय कॉलम शुरू करना चाहिए। हर शनिवार को शहर की प्रतिभा पर स्तंभ शुरू करने को कहा था। खास तौर पर निर्मल मिलिंद जी के नाम का उल्लेख किया था, जिनसे लिखवाना था।

अखबार के संपादक को न सिर्फ संपादकीय बल्कि अन्य विभागों की भी जानकारी होनी चाहिए। इस बात को हमेशा हरिवंश जी अपने सहयोगियों तक पहुंचाते थे। गाइड किया करते थे कि कैसे काम करना है। यहां तक कि स्टोर का हिसाब कैसे रखना है, इसका भी उल्लेख करते थे। उन दिनों मैं जमशेदपुर में न सिर्फ संपादक था बल्कि यूनिट प्रभारी भी था यानी खबरों से लेकर सर्कुलेशन, विज्ञापन, प्रोडक्शन, स्टोर, एडमिनिस्ट्रेशन, एकाउंट की जिम्मेवारी संभालता था। 12 सितंबर, 1995 को मुझे उन्होंने जो पत्र भेजा था, उसमें साफ-साफ लिखा था कि कैमरा, पीटीएस या संपादकीय में जो भी सामान चाहिए, उसका हिसाब रखना कम-से-कम 10 दिनों का स्टॉक रहना चाहिए। उन दिनों पेस्टिंग कर पेज बनता था। फिर कैमरे के माध्यम से उसकी फिल्म बनती थी। बड़ी महंगी आती थी। इसी फिल्म (निगेटिव) से प्लेट बनता था। उन दिनों क्षेत्रीय अखबारों की आर्थिक स्थिति काफी कमजोर होती थी। इसलिए प्लेट और निगेटिव घट जाना आम बात थी। अखबारों में मांगने की प्रथा भी चलती थी। यानी एक अखबार का निगेटिव या कागज घट गया तो दूसरे अखबार से मांग कर उसे बाद में वापस कर देते थे। बड़े घरानों के अखबार में आने से अब यह परंपरा खत्म हो गयी।

प्रधान संपादक आनेवाली परेशानी को समझते थे। उन्होंने साफ-साफ निर्देश दे रखा था कि ऐसी स्थिति न हो कि स्टॉक खत्म होने पर खबर करें। यह प्रशिक्षण देने का हिस्सा भी था। ऐसा नहीं करते तो किसी भी दिन अखबार फंस जाता। प्लेट या निगेटिव रांची से जाता था। रात में अगर घट जाये तो दूसरी जगह से मांगने के अलावा कोई विकल्प भी नहीं बचता। इसलिए ऐसे सुझाव/निर्देश लिखित में मिलते रहते थे। यह प्लानिंग का हिस्सा भी था। इसमें एक तरह से अखबार चलाने का प्रशिक्षण था कि जिन-जिन चीजों की जरूरत पड़ती है, उनका स्टॉक रहे ताकि अखबार निकालने में कोई दिक्कत नहीं हो।

उन दिनों ज्यादा अखबार नहीं थे पर जो भी थे, प्रभावशाली थे। विज्ञापन उन्हें ही मिलता था। हरिवंश जी 20 साल पहले ही महसूस कर चुके थे कि भविष्य मल्टी एडिशन वाले अखबार का है। तभी तो उन्होंने जमशेदपुर से अखबार निकालने की योजना बनायी थी। सिर्फ अखबार निकालने की नहीं, उन्हें यह पता था कि सर्वाइव करने के लिए नंबर एक होना अनिवार्य है। इसलिए पहले दिन से ही यह दबाव रहा कि जमशेदपुर में अखबार को नंबर एक करना है। ऐसा तभी होता जब अखबार बेहतर निकले। बेहतर अखबार कैसे निकले, इसकी भी वे योजना बना देते थे।

1997 के अप्रैल माह की बात है। अखबार निकले लगभग डेढ़ साल हो गये थे। फिर भी कमियां थीं। एक बार राउरकेला होते हुए वे भोपाल जा रहे थे। राउरकेला में जमशेदपुर का प्रभात खबर हाथ लग गया। गलतियां तो थी ही। तुरंत उन्होंने गलतियों को मार्क किया। फिर मुझे पत्र भेजा कि पाठक सर्वश्रेष्ठ अखबार को ही लेंगे। इसलिए अखबार को सुधारो। यह काम धैर्य का है। (मैं अब भी महसूस करता हूं कि मुझमें आज भी धैर्य की कमी है)। संपादन पर उन्होंने जोर दिया। उस पत्र में जो उल्लेख था, वह है– वाक्य छोटे लिखे जाएं, सूचनाएं अधिक हों, विचार/टिप्पणी न हों, विशेषण न हो शुद्ध शब्द-वर्तनी हो, दोहराया इंट्रो न हो। ये सारे सुझाव वे हैं जो आज भी सामयिक हैं। उन दिनों अखबार को सुधारने के लिए संपादक खुद कितनी मेहनत करते थे, यह एक उदाहरण है।

अखबार निकालना जितना कठिन होता है, उसे चलाना और कठिन होता है। नया अखबार निकालने और उसे चलाने में विज्ञापन से लेकर सर्कुलेशन तक में परेशानी आती है। सबसे जरूरी है अखबार की इकोनॉमी को समझना। आम तौर पर उन दिनों संपादक को इससे बहुत मतलब नहीं होता था कि कितना वेस्टेज निकल रहा है, कितने का विज्ञापन आ रहा है, कितने का घाटा हो रहा है। प्रभात खबर अपवाद रहा है प्रारंभ से ही। मुझे याद है 26 जुलाई, 1997 का हरिवंश जी का एक पत्र। इस पत्र के जरिये हरिवंश जी ने मुझे और मेरी टीम को यह बताने का प्रयास किया था कि बाजार की स्थिति खराब हो गयी है। (मार्केट डाउन चल रहा है यानी मंदी है), विज्ञापन कम आ रहे हैं जिससे घाटा बढ़ रहा है। अगर तुरंत इस पर

नियंत्रण नहीं किया गया तो अखबार चलाना मुश्किल हो जायेगा। ऐसे पत्रों से हमारी टीम को वास्तविक स्थिति का पता चलता था। उसी पत्र में उल्लेख था कि वह समय नहीं रहा कि घाटे वाली यूनिट चलायी जा सके इसलिए हर यूनिट को अपने पैरों पर खड़ा होना होगा। यह तभी होगा जब अखबार बेहतर रहे, अच्छा सर्कुलेशन, अच्छा विज्ञापन। वित्तीय अनुशासन तो अनिवार्य है ही। इसके लिए वेस्टेज पर कंट्रोल रहना। (अखबार जब छपता है तो शुरू की कुछ कापियों की प्रिटिंग खराब रहती है और वह बेकार जाती है। बाद में किलो से बिकता है। यह जितना कम होता है, अखबार के लिए उतना ही बेहतर है) इस पत्र का ही परिणाम था कि हम सभी अखबार की सेहत को सुधारने में जी-जान से जुट गये थे। मशीन मैन भी उतना ही अलर्ट था जितना संपादकीय, विज्ञापन या सर्कुलेशन के सहयोगी। रिजल्ट भी सामने दिखने लगा था। स्थिति सुधरने लगी थी। इसी बीच एक दिन रांची के सभी टेलीफोन अचानक डेड हो गये। ऐसा शायद ही कभी होता है जमशेदपुर यूनिट अपने शहर की खबरों के अलावा अन्य सभी खबरों से कट गया। (रांची, पटना देश जाते थे, रांची से प्रधान संपादक ने बस के माध्यम से पत्र भेजवाया जिसमें उल्लेख था कि टेलीफोन खराब होने के बावजूद कैसे समय पर अखबार निकालना है। यह एडवांस प्लानिंग का एक उदाहरण था।

रांची में बैठ कर प्रधान संपादक यह बताते रहते थे कि जमशेदपुर में कैसी खबरों की मांग रहेगी। वहां अच्छी संख्या में मुसलिम हैं। अधिकांश लोग रोजगार की तलाश में खाड़ी देश जाते हैं। इसलिए उनकी जरूरतों को पूरा करने के लिए हर सप्ताह खाड़ी देशों में रोजगार के नाम से विज्ञापन छपते थे। इसकी अच्छी मांग होती थी। उन दिनों यह काम टाइम्स ऑफ इंडिया किया करता था।

मैंने पहले भी उल्लेख किया है कि प्रधान संपादक संपादकीय के अलावा विज्ञापन-सर्कुलेशन के मामलों पर निर्देश देते थे। रांची से गये विज्ञापन के बिल के बारे में वे पत्र लिखते थे कि चेक कर एक-एक बिल समय पर संबंधित लोगों तक पहुंच जाये। रांची से बताते थे कि रंग (फिल्म की सामग्री का परिशिष्ट) समय पर बंट जाना चाहिए। घर पत्रिका की कितनी प्रति जमशेदपुर पहुंची, उसका हिसाब कौन रखेगा, इसका भी उल्लेख हरिवंश जी के पत्र में होता था। तब सर्कुलेशन का काम वीरेंद्र सिन्हा देखा करते थे। उन दिनों प्रभात खबर के पास रोजगार प्रभात, घर जैसी पत्रिका भी थी। अवसर जैसे परिशिष्ट। इनका विज्ञापन भी वे रांची में बनवाते और छापने का निर्देश खुद देते थे।

हरिवंश जी के योजनाबद्ध तरीके से काम करने के तरीके का एक उदाहरण काफी होगा। हर यूनिट अपने पैर पर आर्थिक रूप से खड़ा रहे, उसकी संपादकीय आजादी बनी रहे, इसके वे पक्षधर रहे हैं। 26 जुलाई, 1997 को उन्होंने एक पत्र लिखा था। इसमें निर्देश दिया गया था कि हर हाल में अनसोल्ड और वेस्टेज कंट्रोल

किया जाये। लगता है कि यह मामूली निर्देश है, पर अखबार की अर्थव्यवस्था समझनेवाले यह जानते हैं कि अनसोल्ड या फिर वेस्टेज बढ़ने का कितना बड़ा घाटा होता है। अमूमन यह काम संपादक का नहीं होता है पर हरिवंश जी इस दायित्व को निभाते थे और अखबार के हर कर्मचारी को इस बात के लिए प्रशिक्षित करते थे कि कैसे अनसोल्ड/वेस्टेज कंट्रोल रहे। उसी दिन के पत्र का एक पारा पढ़िए। यह तय किया गया है कि हर यूनिट अपनी जरूरत भर कमाएगा। जो नहीं कमाएगा, वह बंद होगा। हर यूनिट संपादकीय नीति, वित्तीय नियंत्रण को छोड़ कर स्वायत्त होगी। रोजमर्रे के काम, अनुशासन, कास्ट कंट्रोल वगैरह सारी चीजें खुद संभालें, इस पारा से स्पष्ट है कि आनेवाले संकट का सामना करने के लिए क्या-क्या और कैसे संदेश दिये जाते हैं, दरअसल यह तमाम सहयोगियों के लिए मैसेज था कि आर्थिक तौर पर हर यूनिट को खड़ा होना होगा वरना भविष्य नहीं होगा।

आर्थिक मंदी का दौर चल रहा था। जमशेदपुर में नया-नया अखबार खुला था। विज्ञापन कम था। अखबार लगातार घाटे में चल रहा था। ऊपर से दुनिया की मंदी का भी असर पड़ा था। ऐसे में पूरे प्रभात खबर ग्रुप ने कॉस्ट कंट्रोल करने (खर्च में कटौती) का निर्णय लिया था। छोटी-छोटी कटौती भी साल में बड़ी बचत कर सकती थी। इसलिए तय किया गया था कि अनसोल्ड कम-से-कम हो, जितनी अखबार की मांग हो, उससे थोड़ी अधिक प्रति छापी जाये, वेस्टेज नहीं के बराबर हो। अनावश्यक बिजली खर्च न हो। जिस कमरे में काम न हो रहा हो, वहां की बत्ती बुझा दी जाये।

एक दिन अचानक खबर आयी कि प्रधान संपादक हरिवंश जी रांची से जमशेदपुर आनेवाले हैं। वह भी बस से। पहले मुझे बात समझ में नहीं आयी। मैं अपने स्कूटर से बस स्टैंड ले गया। उन दिनों दूर दराज के इलाके से स्ट्रिंगर बसों से समाचार का पैकेट बनाकर भेज दिया करते थे। कई अवसरों पर मैं खुद उन पैकेटों को लाया करता था। इस काम में एक दिन हरिवंश जी भी मेरे साथ थे। उसी दिन मुझे पता चला कि खर्च में कटौती कर अपनी कार की जगह वे बस से आये थे। जैसे ही हरिवंश जी दफ्तर आये और सहयोगियों को मालूम हुआ कि वे बस से आये हैं, बगैर एक शब्द कहे उनका मैसेज सभी सहयोगियों में स्वतः पहुंच गया था।

कम लागत पर अखबार को चलाना, अनावश्यक खर्च नहीं करना प्रभात खबर की ताकत-खासियत रही है। इसी फॉर्मूले से प्रभात खबर संकट से उबरता भी रहा है। 1991 से जब उदारीकरण का दौर शुरू हुआ, देश में आर्थिक संकट गहराया था। अखबार उद्योग पर भी इसका गहरा असर पड़ा था। प्रभात खबर भी इससे अछूता नहीं था। पर प्रभात खबर ने इससे निकलने का प्रयास किया। एक फरवरी, 1992 को ही प्रभात खबर के सीनियर साथियों ने बैठक की थी। इस बैठक में हरिवंश जी के अलावा पीके सेन (महाप्रबंधक), रविभूषण, केके गोयनका, आरके दत्ता मौजूद थे। नवभारत टाइम्स के पूर्व कार्यकारी संपादक एस. पी. सिंह प्रभात खबर के कार्यक्रम में आनेवाले

थे। इसकी तैयारी पर भी चर्चा हुई थी। कई अन्य फैसले लिये गये थे। उस बैठक में भी हरिवंश जी ने कहा था कि उन क्षेत्रों को तलाशिए जहां से कॉस्ट कंट्रोल किया जा सके ताकि इससे जो पैसा बचे, उसका उपयोग प्रोडक्ट (प्रभात खबर) को आगे बढ़ाने में किया जा सके।

आम तौर पर सामान्य परिस्थिति में किसी भी अखबार में यह काम संपादक का नहीं होता है कि वह कॉस्ट कंट्रोल की योजना तैयार करे। प्रभात खबर में खुद हरिवंश जी ने एक नोट तैयार किया था, सुझाव/निर्देश दिया था। आज जब देश में आर्थिक संकट और खर्च में कटौती का मुद्दा उठता है, 22-23 साल पहले हरिवंश जी द्वारा दिये गये सुझाव प्रासंगिक नजर आते हैं। कैसे उन्होंने छोटे-छोटे खर्च को बचाने की राय दी थी। जैसे–

1. रात में नौ बजे के बाद एसटीडी का उपयोग हो (क्योंकि रात में एसटीडी की दर काफी कम थी)
2. सामान्य काम-बातचीत के लिए कूरियर का इस्तेमाल हो।
3. मॉडम से कम-से-कम शब्दों में संदेश भेजें ताकि भेजने का खर्च कम पड़े।
4. ऑफिस की गाड़ियों का इस्तेमाल सिर्फ ऑफिस के काम में हो, निजी कामों में नहीं।
5. प्रिंट वेस्टेज कम हो।
6. अनसोल्ड जीरो प्रतिशत के आसपास रहे।
7. लिफाफा और पैकेट का रि-यूज हो।
8. स्टेशनरी (जैसे जेम्स क्लिप) का रि-यूज किया जाये।
9. फ्लैट फाइल जो भर जाएं, जिनका उपयोग न हो, उनका भी रि-यूज हो।
10. वेस्टेज (व्हाइट पेपर) से रफ पैड बनाये जाएं।
11. जब काम न हो तो बिजली, पंखे बंद कर दिये जाएं।
12. यात्रा के दौरान अपना खर्च घटाएं।

देखने में ये छोटे-छोटे खर्च लगते हैं। पर साल के अंत में इसका बड़ा असर दिखा। ऐसे प्रयासों से अखबार को खड़ा करने में मदद मिली।

पत्रकारिता और पत्रकारों पर सवाल उठते रहे हैं। पेड न्यूज का मामला हाल में काफी चर्चित रहा है। कई बड़े अखबारों को प्रेस काउंसिल ने नोटिस जारी किया, उनकी आलोचना की। प्रभात खबर प्रारंभ से ही सचेत रहा है। 1992 में ही प्रभात खबर ने अखबार में *विश्वसनीयता की कसौटी* शीर्षक से सार्वजनिक सूचना छापी थी। इसमें पाठकों और लेखकों से निवेदन किया गया था। इस खबर के माध्यम से प्रभात खबर ने पाठकों का आह्वान किया था कि अगर उन्हें लगता है कि रिपोर्ट में कहीं कोई गड़बड़ी है, कोई पत्रकार गड़बड़ी कर रहा है तो इसकी सूचना तुरंत अखबार को दें, कार्रवाई होगी। यहां 1992 में छपी उस सूचना को प्रकाशित किया जा रहा है।

विश्वसनीयता की कसौटी : पाठकों-लेखकों से

वह पत्रकारिता जो समाज को संकट से उबारने में युग-धर्म की भूमिका का निर्वाह कर सके, तभी विकसित हो सकती है, जब समाज के नैतिक कर्णधार इस विधा की आचार संहिता विकसित होने दें। जब पाठकों, लेखकों, नेताओं, समाज सुधारकों, राजनीतिक कार्यकर्ताओं, जागरूक नौकरशाहों का समान सहयोग मिले, तभी पत्रकार एक सर्वस्वीकृत आचार संहिता विकसित कर सकते हैं। आम तौर पर बिहार में यह स्थिति है कि भ्रष्टाचार के जिस उद्गम स्रोत पर पत्रकार हाथ डालें, तत्काल भ्रष्टाचार के अनगिनत स्रोत हाथ लगते हैं, भ्रष्टाचार में लिप्त लोग दो दलीलें देते हैं : (1) यह पूर्वग्रह से प्रेरित है या (2) आपका पत्रकार अमुक के इशारे पर ऐसा कर रहा है। ऐसे लोगों के पास न तीसरा जवाब होता है और न अपने भ्रष्टाचार को गलत साबित करने का एक भी तर्क। प्रभात खबर ने पाठकों-पत्रकारों-लेखकों के बीच विश्वसनीय संवाद कायम करने के लिए निम्न मापदंड स्थापित किये हैं पर इनकी सफलता पाठकों के सक्रिय सहयोग पर निर्भर है–

1. लेखक अपनी रचनाओं के साथ टिकट लगा लिफाफा अवश्य भेजें ताकि न छपने की स्थिति में रचनाएं लौटायी जा सकें अन्यथा प्रभात खबर अस्वीकृत होने की स्थिति में रचनाएं लौटाने का दायित्व नहीं लेता। प्रभात खबर को भेजे गये लेख पत्र साफ-सुथरे, सुस्पष्ट और एक ही ओर लिखे होने चाहिए।
2. प्रभात खबर में इंटरव्यू देने, गोपनीय दस्तावेज देने या गोपनीय सूचना देने के पूर्व यह तय कर लें कि आप जिससे बातचीत कर रहे हैं, वह प्रभात खबर का सदस्य है। प्रभात खबर में काम करनेवाले हर अखबारनवीस के पास परिचय पत्र है।
3. कभी-कभार अखबार के कार्यालय में यह शिकायत आती है कि आपके प्रतिनिधि ने समाचार संकलन के क्रम में अभद्रता बरती, धमकी दी या अमर्यादित हरकत की। उस प्रतिनिधि का पूरा ब्योरा पूछने पर नाम तक संबंधित पक्ष नहीं बता पाते। प्रभात खबर चाहता है कि जो छद्मवेश में प्रभात खबर का नाम लेकर अमर्यादित पत्रकारिता करते हैं, उनके खिलाफ कड़ी-से-कड़ी कार्रवाई हो। पर यह आपके सहयोग पर ही निर्भर है। ऐसे लोगों के खिलाफ कानूनी कार्रवाई का प्रभात खबर स्वागत करेगा। साथ ही प्रभात खबर कार्यालय को पूरी सूचना मिलनी चाहिए।
4. प्रभात खबर को अनगिनत स्रोतों से महत्त्वपूर्ण सूचनाएं मिलती रही हैं। ऐसे गोपनीय सुराग देनेवालों की बदौलत जनहित में प्रभात खबर ने अनेक महत्त्वपूर्ण खबरों का रहस्योद्घाटन किया है। ऐसे व्यक्ति अपनी गोपनीयता

के संबंध में आश्वस्त रहते हुए सुनिश्चित कर लें कि वे प्रभात खबर में कार्यरत व्यक्ति को ही सूचनाएं दे रहे हैं।

5. प्रभात खबर में छपे तथ्यों-समाचारों में कहीं भी आपको अधूरापन या अपूर्णता लगे, तत्काल प्रभात खबर को अपनी प्रतिक्रिया भेजें।
6. पाठकों के पत्र स्तंभ के लिए आनेवाले पत्र संक्षिप्त, साफ सुथरा व प्रभावोत्पादक होने चाहिए।
7. कोई भी व्यक्ति गोपनीय रह कर प्रभात खबर में छपी खबरों का तथ्यपूर्ण आधार पर खंडन करना चाहता है, तो इसका स्वागत है, कृपया अनर्गल आरोप और निराधार बातें लिखने से बचें।
8. प्रभात खबर में कविताएं नहीं छपतीं। इस कारण कविताएं न भेजें।

याद रखें, समाज किसी एक पक्ष के साफ-सुथरे व निर्मल होने से नहीं निखरता। यह हर पक्ष की सक्रिय साझेदारी पर निर्भर है। प्रभात खबर अपनी इस संकल्पपूर्ण यात्रा में आपके ऐसे सहयोग का आकांक्षी है। **—संपादक**

अभी ऐसी सूचना देश के कुछ अखबारों में कभी-कभार मिल सकती है पर 1992 में ऐसा करनेवाला प्रभात खबर संभवतः पहला अखबार था। सिर्फ एक सूचना ही नहीं छापी बल्कि इसे अमल में लाया भी। 1994 में प्रभात खबर ने अखबार में अपने रांची के पत्रकारों के नाम छापे और पाठकों को बताया कि ये भी पत्रकार प्रभात खबर में समाचार संकलन के लिए अधिकृत हैं। 2004 के आम चुनाव के बाद देश के अखबारों में पेड न्यूज का मामला सामने आने लगा। प्रभात खबर ने लगातार विज्ञापन छाप कर पाठकों को आगाह किया और जिम्मेवार पत्रकारिता से अवगत कराया। चुनाव के दौरान जब अखबारों में खबर और विज्ञापन में फर्क नहीं के बराबर रहने लगे तो प्रभात खबर ने अपने सहयोगियों के लिए आचार संहिता बनायी, उसे लागू किया।

जब भी चुनाव आया, प्रभात खबर ने सामाजिक दायित्व के तहत अपनी भूमिका अदा की। 2013 में झारखंड में निकाय चुनाव हो रहा था, प्रभात खबर ने लोगों को जागरूक करने का अभियान चलाया था। उस दौरान लाखों पंपलेट पूरे झारखंड में गांव-गांव में बांटे थे। पढ़िए पंपलेट का मूल पाठ।

भविष्य संवारने का अवसर निकाय चुनाव

झारखंड में निकाय चुनाव होने जा रहा है। आप सभी के लिए अपने वार्ड, शहर को बेहतरीन बनाने का अच्छा अवसर आया है। यह आप में से एक-एक पर निर्भर करता है कि इस अवसर को हाथ से जाने दें या इसका लाभ उठाएं। जैसा प्रतिनिधि आप चुनेंगे, वैसा ही आपके क्षेत्र का भविष्य होगा, आपके परिवार का भविष्य होगा, आपकी भावी पीढ़ियों का भविष्य होगा। इसलिए रोज-रोज कोसने, निराश होने की जगह सोच-समझकर बेहतर प्रत्याशी का चयन करें और उन्हें वोट दें। जाति-धर्म और

क्षेत्र से ऊपर उठकर प्रत्याशी का चयन करें। इसमें लापरवाही न करें। इसे हल्के में न लें। यह आपके जीवन से जुड़ा है। आपके परिवार से जुड़ा है।

सिर्फ यह शोर मचाने से नहीं होगा कि पार्षद/मेयर काम नहीं करते। आपको बेहतर पार्षद/मेयर चुनना होगा। मतदान के दिन घर से बाहर निकलना होगा और हर हाल में मत देना होगा। आपका एक-एक वोट कीमती है। आपको वोट देने का अधिकार संविधान ने दिया है और आप इसका उपयोग करें। ***प्रभात खबर*** आपसे अपील करता है कि आप योग्य प्रत्याशी को विजयी बनाएं, वह प्रत्याशी ईमानदार हो, कर्मठ हो, दागदार नहीं हो और आपके सुख-दुख का साथी हो।

याद रखिए

अपने मत का प्रयोग अवश्य करें और बेहतर छविवाले को चुनें ताकि आपका शहर/क्षेत्र साफ-सुथरा और सुंदर बन सके।

प्रभात खबर का अपना मॉडल रहा है। जब साधन कम हों तो कैसे कम साधन में, कर्म खर्च में किसी अखबार की राष्ट्रीय ब्रांडिंग की जा सकती है, इसका उदाहरण प्रभात खबर का भारत किधर व्याख्यानमाला है। इसे हरिवंश जी ने ही प्रारंभ किया था। देश के किसी दिग्गज को बुलाकर उनका व्याख्यान कराना, राज्य के मुद्दे पर सेमिनार, गोष्ठी, कविता पाठ का आयोजन करना इसका हिस्सा था। भारत किधर व्याख्यानमाला में रूसी मोदी, पूर्व प्रधानमंत्री चंद्रशेखर, भैरों सिंह शेखावत, जावेद अख्तर, दिग्विजय सिंह, अरुण शौरी जैसे लोगों का कार्यक्रम कराया। जब झारखंड नहीं बना था, बिहार का हिस्सा था तो बिहार के पिछड़ेपन पर रांची में सेमिनार कराया जिसमें शत्रुघ्न सिन्हा और तत्कालीन गृहराज्यमंत्री सुबोध कांत सहाय वक्ता थे। इसी विषय पर दिल्ली में कार्यक्रम कराया।

चुनाव में मतदाताओं को जागरूक करने की जिम्मेवारी सबसे पहले प्रभात खबर ने निभायी। 1999 के लोकसभा चुनाव के ठीक पहले प्रभात खबर ने जमशेदपुर से मतदाता जागरूकता रथ निकाला, यह सिंहभूम लोकसभा और जमशेदपुर लोकसभा क्षेत्र में घूमा। प्रखंडों में गया और मतदाताओं को बताया कि आपके प्रतिनिधि में क्या-क्या गुण होने चाहिए? आप कैसे व्यक्ति को अपना जनप्रतिनिधि चुनें? अपराधी, दागी, बेईमान को संसद में न भेजें। इसके कई साल बाद देश के अन्य हिस्सों में अन्य अखबारों ने ऐसा ही प्रयास किया।

(लेखक प्रभात खबर के झारखंड के वरिष्ठ संपादक हैं।)

पहचान की लड़ाई का वफादार साथी

दयामनी बरला

प्रभात खबर ने अपनी पत्रकारिता की यात्रा में आदिवासी, दलित, महिला, अल्पसंख्यक लेखकों, बुद्धिजीवियों को अपनी कलम इस्तेमाल करने की विशेष जगह दी। इस एक अखबार ने झारखंड अलग राज्य के आंदोलन को न केवल धार दी थी, बल्कि एक नयी दिशा देने का भी काम किया। आदिवासियों, मूलवासियों के जल-जंगल-जमीन की रक्षा के लिए उभरे जन-आंदोलनों की आवाज को प्रमुखता से जगह देकर आंदोलनकारियों में नयी ताकत भरने का काम प्रभात खबर ने किया था। नेतरहाट क्षेत्र में नेतरहाट फील्ड फायरिंग रेंज के खिलाफ झंडा थामने वाली केंद्रीय जनसंघर्ष समिति, नेतरहाट तथा कोयलकारो हाईडल पॉवर प्रोजेक्ट के खिलाफ खड़ा कोयलकारो जनसंगठन को प्रभात खबर ने पत्रकारिता के माध्यम से सहयोग किया। ये दोनों जन आंदोलन 1993 से लेकर 1995 तक चरम पर थे। सन 1992-93 में नेतरहाट के जोभीपाट, टुटुआपानी की आवाज जन-जन का नारा है— 'जंगल-जमीन हमारा है, जान देंगे जमीन नहीं देंगे', उस दौर में रोज ही प्रभात खबर में गूंजता था। मुझे याद है, 1995 में जब केंद्र में नरसिंह राव की सरकार थी तथा बिहार सरकार के मुख्यमंत्री लालू प्रसाद थे, तब सरकार की ओर से घोषणा हुई कि 5 जुलाई को कोयलकारो परियोजना का शिलान्यास होगा। इससे चिंतित क्षेत्र के ग्रामीणों ने दियांकेल-तोरपा मैदान में एक सभा बुलायी थी। सभा को कवर करने के लिए रांची के वरिष्ठ पत्रकार फैसल अनुराग, वासवी जी तथा अरुण ठाकुर जी गये थे। मैं साथ थी, सभा में बहुत कम संख्या में लोग थे, इससे सभी चिंतित हुए कि कैसे लड़ाई जीती जायेगी। उसी दिन तय हुआ कि रांची में एक प्रेस वार्ता का आयोजन होगा। इसकी व्यवस्था रांची के साथी करेंगे और कोयलकारो जनसंगठन के साथी प्रेस को संबोधित करेंगे। प्रेस कॉन्फ्रेंस में अध्यक्ष सोमा मुंडा जी, रोयलेन गुड़िया, सदर कंडुलना, निकोलस गुड़िया शामिल हुए थे। जब पत्रकारों ने पूछा, यदि सरकार जबरदस्ती शिलान्यास करेगी तब आप लोग क्या करेंगे, इसके जवाब में एक साथी के मुंह से निकल गया— हम लोग विरोध करेंगे, यदि नहीं मानेंगे तो महिलाएं अपना कपड़ा उतार देंगी। दूसरे दिन प्रभात खबर में यही लाइन न्यूज की

हेडलाइन बनी। यह चारों तरफ चर्चा का विषय रहा। इस समय आदिवासियों के तमाम तरह के जनआंदोलनों के बारे में फैसल अनुराग प्रभात खबर में लिखते थे। कभी-कभी हेराल्ड एस तोपनो का लेख भी पढ़ने को मिलता था।

नेतरहाट आंदोलन तथा कोयलकारो जन आंदोलन से निकले आदिवासी युवा-युवतियों को लेखन के क्षेत्र में प्रभात खबर ने आगे आने का अवसर दिया। अपने गांव-समाज के प्रति इनकी चेतना को प्रभात खबर ने जगह देकर विस्तार दिया। कोयलकारो जन आंदोलन थमने के बाद 1995 में मीडिया क्षेत्र में आदिवासियों को लाने के लिए हम लोगों ने इसकी योजना बनायी। टीम में फैसल अनुराग, रेमिश कंडुलना, सुनील मिंज, जेवियर कुजूर, जेरोम जेराल्ड कुजूर, ज्योत्स्ना, सुषमा, अलफ्रेड एक्का , वशीर अहमद आदि थे। इसमें सुनील पहले से ही प्रभात खबर में लिख रहे थे। बाकी सभी नये साथियों ने जनहक पत्रिका में लेखन की शुरुआत कर के प्रभात खबर में भी अपनी जगह बना ली। 1998-99 में प्रभात खबर के प्रधान संपादक हरिवंश जी ने सुझाव दिया कि हम लोग जो विभिन्न भाषा बोलने वाले हैं - सभी अपनी-अपनी भाषा में लिखें। सुनील मिंज, अजय और जेवियर कुजूर, जेरोम जेराल्ड आदि कुडूख में लिखते थे। मैं और रेमिश कंडुलना मुंडारी में लिखते थे लेकिन इन भाषाओं के जानकार डेस्क में नहीं रहने के कारण जारी नहीं रखा जा सका। इसके पहले से शिशिर टुडू, रतन तिर्की, अलफोंस मिंज आदि को आदिवासी विषयों के साथ पढ़ते थे। सामाजिक काम में पूरी तरह लग जाने के कारण गांवों से रिश्ता गहराता गया। मेरा पहला लेख-सरहूल पर छपा था। इसके बाद गांवों की रिपोर्ट जो विकास योजनाओं में संबंधित हो, सरकार द्वारा उपेक्षित गांवों की खबरें शोषितों की पीड़ा ही मुझे ज्यादा खींचती है इसलिए इन्हीं मुद्दों को अखबार में लाती थी। झिझक तो होती थी कि क्या अखबार इन मुद्दों को छापेगा। लेकिन समय के साथ प्रभात खबर ने सभी मुद्दों को जगह दी। एक-दो गांवों की खबरें छपने के बाद जब भी किसी गांव में कोई बैठक की जाती थी, लोग मेरा परिचय प्रभात खबर में लिखती हैं, कह कर देते थे। मुझे इस परिचय से झिझक होती थी क्योंकि मैं पूरी तरह से न तो अखबार से जुड़ी थी, न ही पत्रकारिता से। व्यस्तता बढ़ती गयी, लोगों की आशाएं बढ़ने लगीं - जिस भी गांव में जाती थी, लोग उम्मीद करने लगे कि मैं उनके गांवों की बातें अखबार तक पहुंचाया करूं। उनकी बातें सामने आये। जब कभी किसी गांव की खबर अखबार में नहीं छपती थी, अगली बार उस गांव में जाने पर लोग पूछ बैठते थे - दीदी हम लोगों के गांव का नहीं छपा। लोगों के इन सवालों ने मुझे अपनी जिम्मेदारी का एहसास कराया। गांव की रिपोर्ट लिखकर अखबार में देने के बाद सप्ताह दिनों तक इंतजार करती थी। नहीं छपने पर प्रधान संपादक से पूछ लेती थी -कि सर मेरी रिपोर्ट क्यों नहीं छपी। 1995-2000 तक कोई ऐसा सप्ताह नहीं गुजरता था, जिसमें प्रभात खबर में गांव की बातें नहीं होती थीं।

यहां मैं बिना झिझक के कहना चाहती हूं। 2000 से पहले जब पांच गांवों की रिपोर्ट अखबार को देती थी, उसमें एक रिपोर्ट छपती थी, इससे मन दुःखी तो होता ही था, इससे बड़ी बात यह थी कि उन गांव वालों का सामना करने में भी संकोच होता था, जिनकी रिपोर्ट नहीं छप पाती थी क्योंकि वे सवाल पूछते थे कि उनकी गांव की रिपोर्ट क्यों प्रकाशित नहीं हुई? 8 जून,

2000 को मुझे ग्रामीण पत्रकारिता के लिए मुंबई के वरिष्ठ पत्रकार पी साइनाथजी ने काउंटर मीडिया पुरस्कार दिया, पुरस्कार में एक ओलंपस कैमरा, एक सोनी टेपरिकॉर्डर तथा दस हजार रुपये का एक चेक मिला। इस पुरस्कार समारोह में प्रधान संपादक श्री हरिवंश जी अपने संबोधन में बोल रहे थे कि दयामनी में एक सबसे अच्छी बात है – जब इनकी कोई लेख या रिपोर्ट नहीं छपती है, तो हमको फोन करके पूछती हैं कि सर मेरी वह रिपोर्ट नहीं छपी। संपादक जी के इस वाक्य ने मुझे अपनी जिम्मेदारी के प्रति बड़ी ताकत दी। समारोह में दिल्ली से अनिल चौधरी, आनंदस्वरूप वर्मा, वरिष्ठ पत्रकार प्रभाष जोशी जी तथा पी साइनाथ जी मुंबई आये थे। समारोह के बाद प्रभात खबर हॉल में प्रभाष जोशी जी तथा पी साइनाथ जी के लिए एक कार्यक्रम रखा गया था। इसमें मै भी थी। पहली बार अखबार के सभी साथियों को सामने से देखने का मौका मिला था। कार्यक्रम में मंच पर इन मेहमानों के साथ मुझे भी बैठाया गया। उस समय स्थानीय संपादक हरिनारायण सिंह थे। इन्होंने अपने संबोधन में कहा था – दयामनी प्रभात खबर परिवार की सदस्य हैं। पहली बार मुझे एहसास हुआ कि सही में मैं इस परिवार के साथ हूं।

यहां मैं खुलकर कहना चाहती हूं कि काउंटर मीडिया पुरस्कार ने मेरी जिम्मेवारी को और बढ़ा दिया। मेरे नन में आया कि यह पुरस्कार गांव के वंचितों, शोषितों, पीड़ितों की आवाज को सम्मानित किया गया है। इस घटना के बाद मैं अपनी हर रिपोर्ट को अखबार में देखना चाहती थी, क्योंकि इसी के लिए मुझे पुरस्कार दिया गया था। एक इंतजार के बाद मेरी रिपोर्ट नहीं छपी तो सीधे प्रधान संपादक के दरवाजे पहुंच जाती। मुझे पता है कि मेरे इस तरह के कामों से अखबार के कई साथी नाराज भी होते थे कि ये सीधे संपादक के पास चली जाती है लेकिन मुझे तो कर्ज उतारना था। कई बार मेरे शुभचिंतक मित्रों ने अपनी बात को कम शब्दों में लिखने की सलाह दी? लेकिन मेरे मन में आता था कि आज जब हम अपनी बात अपनी कलम से लिख रही हूं, तो आप लोगों को आपत्ति होती है, मैं अपनी पूरी बात अपने तरीके से लिखूंगी ही। एक घटना मुझे याद है – 1998 के अगस्त माह में अलग झारखंड राज्य के आंदोलन को केंद्रित करते हुए लंबा लेख लिखा था। लेख अखबार के दफ्तर में दो माह तक वैसे ही पड़ा रहा। मैं यही सोचती थी कि यह लेख कचरा पेटी में चला गया। इस समय अलग राज्य की लहर चल रही थी। 30 नवंबर, 1998 को सभी दलों की ओर से (एनडीए को छोड़कर) झारखंड में महारैली का आयोजन तय हुआ। इसी दिन मेरा वह लेख अखबार में मुखपृष्ठ पर छपा, जिसमें अलग राज्य आंदोलन के लिए कई नये स्लोगन थे। तब मुझे लगा हर विषय-वस्तु और मुद्दे समय में ही प्रासंगिक होते हैं। 1998-99 में मैं लगातार तोरपा प्रखंड के तपकरा, गुटूहातू, कालेद, डेरांग, लोहाजिमी, रोन्हे, कोचा, गोंडरा, डिंबुकिल, सेहदआ, केलाओ, बंडा जयपुर, जापुद आदि गांवों में घूम-घूमकर स्वास्थ्य विभाग का ग्रामीणों के प्रति गैर जिम्मेदाराना, विकास योजनाओं का घोटाला, आंगनबाड़ी केंद्रों में ग्रामीणों को मिलनेवाली दवाओं के अभाव पर लगातार अखबार में लिखती रही। इन रिपोर्टों का अच्छा असर रहा। इसको देखते हुए श्री हरिवंश जी ने सुझाव दिया कि एक गांव को गोद लेते हैं, और इस गांव के बारे में हर माह दो-तीन रिपोर्ट छापेंगे, हर पहलू पर लगातार एक साल तक जारी रखा जाये। तब देखेंगे कि इससे सरकारी स्तर पर क्या असर पड़ता है, जो गांव में दिखे। यह भी तय हुआ कि

उस गांव की रिपोर्ट उसी गांव के युवक-युवती लिखेंगे। इसी सोच के साथ सेहेलदा में श्रीमती बहालेन गुड़िया की अगुवाई में एक बैठक की गयी, जिसमें श्री हरिवंश जी भी उपस्थित हुए थे। यह प्रयास सफल नहीं हो सका - कारण जिस युवक को यह काम सौंपा गया था, उसने रुचि नहीं ली।

झारखंड अलग राज्य के आंदोलनकारियों को अखबार ने एक वैचारिक मंच प्रदान किया था जहां अलग राज्य के समर्थक तथा विरोधी दोनों अपनी-अपनी बातें रखते थे? आदिवासी समुदाय के अलग राज्य के सपने क्या हैं, अलग राज्य क्यों चाहते थे, इनका अस्तित्व क्या है - इन मुद्दों पर दर्जनों आदिवासी, मूलवासी, दलित, बुद्धिजीवियों के विचार पढ़ने को मिलता था। मुख्य रूप से डॉ रामदयाल मुंडा, रोज केरकेट्टा, डॉ पीपी हेम्ब्रोम, श्री देमता, डॉ निर्मल मिंज, डॉ करमा उरांव, श्रीहरि उरांव, गिरिधारी राम गौंझू, अब्दुल कयूम, अब्दुल रउफ, डॉ बासंती कुमारी जैसे शिक्षा के क्षेत्र से जुड़े बुद्धिजीवियों के आलेख पढ़ते थे। राजनीति के क्षेत्र से प्रभाकर तिर्की, प्रवीण प्रभाकर, ललित मुर्मू आदि को कभी-कभी पढ़ लेते थे। प्रभात खबर ने व्यक्ति विशेष के विचारों-लेखकों को तो जगह दी ही साथ ही कई नये लेखकों तथा विचारकों को लेखक के रूप में जगह दी। अखबार आदिवासी इतिहास, भाषा-संस्कृति, जल-जंगल-जमीन, पहचान आदि की लड़ाई में एक वफादार साथी का साथ निभाया। सरहूल, करमा, जितिया आदि प्राकृतिक त्योहारों में अखबार में मांदर की धुन, बांसुरी की मधुर तान के साथ यहां की माटी की सुगंध का एहसास कराता था। साथ ही इन पहलुओं पर विभिन्न लेखकों द्वारा दिये विश्लेषणों-विचारों से भी पाठकों को लैस कराता रहा।

2003 में मेरे साथ एक घटना घटी - मेरे होटल में एक लड़का विजय काम करता था, उसकी मृत्यु हो गयी, इससे हम लोगों को गहरा धक्का लगा। हम दोनों (पति के साथ) फिर से होटल चलाने की हिम्मत नहीं जुटा पा रहे थे। तब परिवार चलाना मुश्किल हो रहा था। रोटी का जुगाड़ करने से लेकर हर महीना घर किराया देना, सभी बोझ बन गया था। मैंने हरिवंश जी से अपनी इस समस्या को लेकर बातें कीं। उन्होंने मुझे हर माह तीन हजार छह माह तक देकर सहयोग किया। इसी बीच मुझे एनएफआइ फेलोशिप मिला, जो लेखन को आगे बढ़ाने में मददगार हुआ। ये सब उतार-चढ़ाव अखबार के साथ रहने का ही अनुभव है।

यह अखबार अपने जीवनकाल के 20वें साल तक जिन आदिवासी, दलित, अल्पसंख्यक, महिला, शोषित, पीड़ितों की आवाज का परचम बना था, 25वें साल में ये मुद्दे ढलान पर दिखाई दे रहे हैं। इन समुदायों के लेखक गायब होते जा रहे हैं। झारखंड के गांव ओझल होते जा रहे हैं, यहां की माटी की सुगंध अब धीरे-धीरे घटती जा रही है। यह पाठकों के लिए और झारखंडी समाज के लिए चिंता का विषय बनता जा रहा है। इसके चाहे जो भी कारण हों। हो सकता है आदिवासी, अल्पसंख्यक, दलित, किसान समुदाय में सामाजिक चेतनाएं कुंद हो रही हों, इनमें लिखने की क्षमता खत्म हो रही हो या फिर ग्लोबल बाजार व्यवस्था में अखबार में इनके स्थान सिमट रहे हों।

(लेखिका विस्थापन के खिलाफ लड़ाई लड़नेवाली चर्चित आदिवासी महिला आंदोलनकारी हैं) [वर्ष 2004 में लिखा गया लेख]

बचपन, अखबार और प्रभात खबर

महादेव टोप्पो

झारखंड में पत्रकारिता या पत्रकारिता में प्रभात खबर की भूमिका या पत्रकारिता के झारखंडी अनुभव के बारे में कुछ कहने के पहले मैं अपने बचपन की उन कुछ घटनाओं की चर्चा करना चाहता हूं जिसने मेरे मन में पत्रकारिता के प्रति रुचि और आकर्षण पैदा किया, क्योंकि आज जब पत्रकारिता के बारे में कुछ कहने का आग्रह किया गया है, तो अनायास ही मुझे बचपन की वे घटनाएं क्रमश: किसी फिल्म की तरह मन में लगातार घूमती चली गई हैं कि आखिर मैंने लिखने के लिए क्यों सोचा? लेकिन क्षमा करें, पत्रकारिता के बारे ये विचार एक पाठक के नाते हैं, न कि एक पत्रकार के नाते। बचपन में जब से मैं पिताजी के यहां खासकर गर्मी की छुट्टियों में जाता, तो पिता जी के दफ्तर में अखबार पढ़ा करता था। किसी अखबार से मेरा यह पहला परिचय था। तब पटना के दो अखबार 'प्रदीप' एवं 'आर्यावर्त्त' से परिचय हुआ। पटना से प्रकाशित 'जनशक्ति' के बारे मैं कुछ बाद में जान सका। खैर वहां कभी पिता जी के मित्रों के आग्रह पर कुछ समाचार के शीर्षक पढ़ दिया करता था। एक दिन मैंने अखबार के व्यंग्य कॉलम को पढ़कर पिता जी तथा उनके दोस्तों को सुनाया। व्यंग्य पढ़ने की शैली उन्हें पसंद आयी। नतीजा यह हुआ कि वे जब भी फुर्सत में होते मुझे व्यंग्य पढ़ने को कहते और मैं व्यंग्य पढ़ता। इस तरह मेरा लगाव बचपन में किसी अखबार से हुआ।

लेकिन, मुसीबत इसके बाद शुरू हुई जब मैं छुट्टियों के बाद वापस रांची घर लौटता और पढ़ने के लिए इस तरह की कोई सामग्री घर में नहीं मिलती। किंतु, कुछ महीने बाद स्कूल से आकर एक दिन मेरे बड़े भैया श्याम दा ने अपने स्कूल से प्रकाशित एक पत्रिका दी। तब वे संत अलोइस स्कूल में पढ़ते थे। पत्रिका मैंने पढ़ ली। अच्छी लगी। हमारे गांव के चाचा चर्वा टोप्पो भी हमारे साथ ही रहते थे और बड़े भैया से उम्र में कुछ ही बड़े थे। बीच-बीच में वे मेरी पढ़ाई की प्रगति भी जांचने का काम कर लिया करते थे। शायद अपने इसी कर्तव्य का निर्वहन करते-करते उन्होंने भी एक दिन वह पत्रिका पढ़वा डाली और एक नागपुरी व्यंग्य लेख को पढ़ने की शैली से वे भी प्रभावित हुए। परिणाम यह हुआ कि वे अक्सर उस पत्रिका को पढ़वाते रहते और अनायास ही इस प्रक्रिया ने मुझमें पत्रिका आदि पढ़ने की इच्छा पैदा कर दी। तब मैं

दूसरी-तीसरी कक्षा में पढ़ता था और इस तरह पिता जी एवं चाचा जी द्वारा कुछ-कुछ पढ़वाने की प्रेरणा ने मुझे एक नयी दुनिया जानने की नींव डाल दी।

किंतु, जब भी कोई पत्रिका या अखबार पढ़ता तो यह देखकर बहुत आश्चर्य होता कि वहां कहीं किसी पत्रिका में न तो किसी आदिवासी लेखक का नाम होता न पाठक के पत्रों के कॉलम में उनके द्वारा लिखे पत्र। यह मेरे लिए विस्मय का विषय था, दुख का भी, क्योंकि मैं देख चुका था कि रांची के अधिकांश मिशनरी स्कूलों में कई अच्छे आदिवासी शिक्षक थे। विद्वान् किस्म के लोग भी थे। लेकिन, एक आदिवासी मिशनरी धार्मिक पत्रिकाओं के अतिरिक्त भी लिख क्यों नहीं सकता है? यह प्रश्न तब मेरे मन को बहुत कचोटता था।

बचपन में एक और घटना ने किताबें पढ़ने के लिए मन में जिद पैदा की। पांचवीं कक्षा में पढ़ते समय इत्तफाक से एक दिन मैं एक मित्र के चाचा के घर गया, जो मित्र के परिवार से ज्यादा संपन्न थे और बैठकखाने के कमरे में किताबों से भरा रैक था। मित्र मेरे लिए पानी लाने अंदर गया। उत्सुकतावश मैं वहां रखी कुछ किताबें देखने लगा। इतने में मित्र के चाचा जी कमरे में आए और अनजान लड़के को देख, डांट लगाते पूछताछ की, मेरा नाम पूछा और नाम जानने के बाद उन्होंने कहा, ''ये किताबें तुम लोगों के लिए नहीं हैं, तुमलोग हल चलाओ, दारू पीओ, मांदर बजाओ, नाचो, कूदो'', कहते हुए मेरे हाथ से किताब लगभग छीनते हुए ले ली। मन बहुत दुखी हुआ। बहुत आहत हुआ। अब प्यास बुझ चुकी थी। किंतु, आज अनुभव करता हूं, मेरा जिद्दी मन कहीं चुपचाप अपना काम कर रहा था। कुछ-कुछ पढ़ते रहने की इच्छा मन में कहीं जग चुकी थी। किताबें पढ़ने की, किताबों के बारे में जानने की उत्सुकता तेज होती गई।

इसी समय आर. सी. मिडिल स्कूल, हिन्दपीडी के स्कूल में जहां मैं पढ़ता था, कुछ किताबें आईं थीं। किन्तु, हेड सिस्टर पेरपेतुआ की सख्ती के सामने हमारी हिम्मत नहीं थी कि उनसे किताबें मांगते, यह जानते हुए भी कि ये किताबें हमारे पढ़ने के लिए ही लाई गई हैं। शाम को हम सिस्टर को क्लास रूम बंद करने में कभी-कभी मदद किया करते थे और चोरी-छिपे स्टाफ रूम में जाकर उन किताबों को रैक से जल्दी-जल्दी निकालते, छूते और देखते। इस बीच अन्य मित्र चंद्रू बाहर पहरेदारी कर रहा होता। यह काम हम बारी-बारी से करते थे। एक दिन हम पहरेदारी करने का काम भूल गए और किताबें देखने में मशगूल हो गए। अचानक हमने देखा कि सामने सिस्टर पेरपेतुआ आ खड़ी हुई हैं। हमारी सिट्टी पिट्टी गुम। हम भय से आतंकित बस तुतलाते ज् जि जी... रैक साफ कर रहे थे, जैसा कुछ कह पाए थे कि सिस्टर का हाथ कंधे पर पड़ा। सिस्टर ने हमारा डर दूर करने के उद्देश्य से कहा था 'घबराओ मत ! किताब चाहिए?' हमें सहसा विश्वास नहीं हो रहा था कि सिस्टर किताब के लिए कह रही हैं, वह भी इतने प्यार से! फिर भी घबराते हुए शायद डर से तुतलाते हुए कहा था ज ज जी। और सिस्टर ने उस दिन से हमें छूट दे दी कि हम उस रैक की जो चाहें किताबें पढ़ सकते हैं। सिस्टर उस दिन मुझे उन्ही देवदूतों की तरह लगीं जिनके बारे में वह कभी कक्षा में बाइबल की कहानियों की चर्चा करते बताया करती थीं कि जो भले लोग हैं, स्वर्गदूत उनकी सहायता हमेशा करता है।

एक दिन टीचर ने कक्षा में साहित्य संबंधी एक पाठ का विश्लेषण करते बताया कि साहित्य समाज का दर्पण होता है। मैंने जानना चाहा यह साहित्य क्या होता है? फिर कुछ-कुछ पढ़ते उसका भी उत्तर मिल गया। किंतु वहां भी उस दर्पण में मैंने स्वयं या मेरे समाज की छवि देख नहीं पाया। इससे ऐसा लगा यह साहित्य कहीं पर या तो अधूरा है या कहीं कुछ छुपाया या दबाया जा रहा है। छुपाने या दबाने की बात मैं आज कह रहा हूं लेकिन इसके अधूरेपन का आभास संभवत: मेरे बाल मन को तब हो गया था। कुछ और पढ़ने के बाद स्थिति स्पष्ट हो गई कि पत्रकारिता या साहित्य में जो कुछ है वह बस सभ्य या सवर्ण समाज का ही चित्र है। वहां आदिवासी समाज के चेहरे को देखने की इच्छा प्रकट करना भी अलगाववादी दृष्टि थी या ईसाई मिशनरी षड्यंत्र। (इस नजरिये में आज भी ज्यादा अंतर नहीं आया है।) अत:, अपने बारे में कुछ सोचने की ललक तो जारी रही, किंतु अपने बारे में कुछ लिखने की इच्छा मरती चली गई। फिर मित्रों ने समझाया ये क्या आदिवासी-आदिवासी सोचते हो, असली बात तो है मानवतावाद, सारे मानव समाज के बारे में सोचो! आदिवासी के बारे में ही क्यों? और यह धारणा आज भी उससे बहुत ज्यादा बढ़ नही सका है। लेकिन, मेरा सवाल था और अब भी है कि इस नकली मानवतावाद के नाम पर विभिन्न आदिवासी समस्याओं की अवहेलना, तिरस्कार एवं उपेक्षा क्यों? सभ्य समझे जा रहे लोगों की समस्याएं, समस्याएं मानी जायें और आदिवासी, दलितों, पिछड़ों की समस्याओं के समाधान की बात तो दूर, उसे समस्या ही न मानी जाये। ऐसा क्यों? किंतु, स्कूल के उस पुस्तकालय में भी ऐसी कोई किताब नहीं थी जो आदिवासियों के बारे में कुछ बताती। न ही किसी आदिवासी लेखक की कोई किताब थी। यह अभाव मुझे अजीब लगता था। मित्र के चाचा के शब्द संभवत: अंदर ही अंदर मुझे कचोटते थे। तब तक लेखक या पत्रकार बनने की हल्की-सी भी इच्छा नहीं थी। हां, कुछ छप जाये, यह इच्छा जरूर थी।

जब हाई स्कूल के लिए संत जॉन्स स्कूल गया तो प्राय: कामिल बुल्के के निवास मानरेसा हाउस से होकर गुजरता था। स्कूल की लाइब्रेरी में मेरी पसंद की कई किताबे थीं। अत:, कहीं से कोई किताब लेने की आवश्यकता न थी। किंतु, नौवीं कक्षा में एक बार ऐसा हुआ कि गर्मियों की छुट्टियों में पढ़ने के लिए कुछ न था। अत: कई मित्रों एवं बुजुर्गों के विरोध के बावजूद मैं फादर कामिल बुल्के के पास चला गया और पढ़ने के लिए उपन्यास मांगा। किंतु हाफ पैंट पहने उपन्यास मांगनेवाले लड़के की शायद फादर बुल्के भी परीक्षा लेना चाह रहे थे। फादर बुल्के ने कहा, उन लेखकों का नाम बताओ जिन्हें तुम पढ़ना चाहते हो। मैंने कई लेखकों के नाम उनकी किताबों के नामों के साथ गिना दिए। फादर तब आश्वस्त हुए और दो अलमारी खोलकर वहां से किताबें चुनने के लिए कहा। किताबें चुनकर जब मैं फिर फादर के पास गया और नाम, पता तथा किताब का नाम लिखाया और जाने लगा तो फादर ने दोनों कंधों पर हाथ रखकर जो कुछ कहा, उसने कुछ लिखने की इच्छा को फिर से जागृत कर दी। फलत:, धर्मयुग आदि पत्रिकाएं जो मैं पढ़ना शुरू कर चुका था कुछ और ध्यान से पढ़ने लगा। इस समय की पराग बच्चों की पत्रिका से किशोरों की पत्रिका बन चुकी थी, उसे भी पढ़ा। इसके अलावा कहानी, कादंबिनी, सारिका भी पढ़ने लगा। कई बार कई कहानियां समझ में नहीं आती थीं, फिर भी पढ़ने का प्रयास कर लेता था। धर्मयुग में तब आदिवासियों

के बारे में कुछ-कुछ, कभी-कभी प्रकाशित हो जाता था। खासकर बस्तर के आदिवासियों के बारे में छपता था, रांची या इसके आस-पास के लोगों के बारे क्यों नहीं छपता? लेकिन, बाद में जाना कि धर्मयुग में छपना कितना कठिन है और यह कि छोटानागपुर के इने-गिने लेखक, विद्वान या पत्रकार ही वहां तब तक छप सके थे। हाई स्कूल में कुछ-कुछ लिखने लगा था। स्कूल में शबरी के बारे में आयोजित एक निबंध प्रतियोगिता मे प्रथम पुरस्कार प्राप्त हुआ तो कुछ-कुछ यकीन हुआ कि हां; मैं लेखक जैसा कुछ बन सकता हूं। लेकिन, इसके पूर्व दो-तीन खेद सहित लौटी कविताओं का मालिक बन चुका था। घर या मुहल्ले का परिवेश ऐसा नहीं था कि कहीं कोई मेरा साथ, साहित्यिक लेखन में देता या उसे समझता। मेरे लेखन को समझता या इस कार्य को प्रोत्साहित करता, क्योंकि मेरे अधिकांश मित्र या तो पढ़ाई छोड़ चुके थे या मैट्रिक या इंटर करने के बाद आई. टी. आई. में फिटर, बढ़ई, इलेक्ट्रिशियन आदि की ट्रेनिंग ले अपनी नौकरी पक्की करने की तैयारी कर रहे थे। जो थोड़े संपन्न थे वे डॉक्टरी या इंजीनियरिंग की पढ़ाई में जुट गए थे। अत:, बौद्धिक रूप से मैं एक तरह का एकाकीपन वर्षों झेलता रहा, जिसे न तो मैं किसी को समझा सकता था, न कोई मेरी इस व्यथा को समझ सकता था। फलत:, बीच-बीच में लिखने से विरक्त हो जाता था जैसा कि अक्सर आज भी हो जाता है। वर्षों बाद 1984 में हैरॉल्ड से मुलाकात के बाद यह इच्छा जरूर पूरी हो सकी थी। लेकिन, उनके स्वर्गवास के बाद मेरा एकाकीपन अब भी बना हुआ है।

संत जेवियर कॉलेज में पढ़ते राजीव रंजन सिंह से मुलाकात अमृतलाल नागर के उपन्यास 'अमृत और विष' के माध्यम से हुई। उसने मेरे जीवन में साहित्यिक गुरुमित्र होने की भूमिका निभाई और अनेक देशी-विदेशी साहित्य के बारे में बताया, समझाया और पढ़ाया। बीए की पढ़ाई करते उनके निर्देशन में हमने रांची रंगमंच जगत् में पहली बार मोहन राकेश के नाटक का मंचन किया। कॉलेज के रंगमंच में एक साथ पहली बार छात्र-छात्राओं ने मिलकर अभिनय किया। लेकिन शीघ्र ही जे.पी. आंदोलन शुरू हो गया और हम वह सब बहुत कुछ नहीं कर सके जो हमारी योजनाओं में थी।

राजीव से दोस्ती का प्रभाव यह रहा कि मैंने दो मुश्किल सपने पाल लिये कि भविष्य में या तो कॉलेज में लेक्चरर, प्रोफेसर बनना है या लेखक, पत्रकार। आज दोनों में से कुछ नहीं हूं। क्योंकि सौ सवा सौ लेखों, कविताओं, टिप्पणियों आदि के प्रकाशन से कोई लेखक नहीं कहला सकता मेरा ऐसा मानना है। चूंकि आर्थिक मुक्ति के लिए कुछ भी नौकरी करनी आवश्यक थी। नौकरी के सिलसिले में डालटनगंज चला गया। लेकिन इसके पूर्व एक नौकरी के क्रम में कुछ दिनों तक पटना रहा जहां कृत संकल्प के संपादक वाल्टर भेंगरा जी से मुलाकात हुई और उस समय उनके साथ हमने कई साहित्यिक योजनाएं बनाईं जिन्हें हम कभी पूरा न कर सके जिनमें एक योजना थी आलेप यानी आदिवासी लेखक परिषद का गठन। लेकिन, गिरते-पड़ते ही सही मैं कुछ सीख रहा था, सपने देख रहा था। डालटनगंज में रामेश्वरम, डॉ. बी. पी. केशरी, वीर भारत तलवार और महाश्वेता दीदी से मुलाकात हुई। फैसल जी से भी यहीं पहली मुलाकात हुई। महाश्वेता दीदी के साथ बंधुआ मजदूरों की समस्याओं से जुड़ा। पलामू के कई दूर-दराज के इलाकों में गया। देखा, रांची की तुलना में आदिवासियों की स्थिति यहां बहुत बुरी

थी। सामंती अत्याचार से प्रत्यक्ष सामना हुआ। नस्ली श्रेष्ठता के दंभ भरे वाक्य यहां तीखे रूप में सुना, देखा। कुछ खुद भुगता भी। एक आदमी, दूसरे से ऐसा भी व्यवहार कर सकता है और एक आदिवासी को तो जानवर से वह अधिक कुछ नहीं समझ सकता है, ऐसा देखना मेरे लिए हृदयविदारक एवं बहुत कड़वा अनुभव था। फलत:, मैं वहां स्कूल, कॉलेज के विभिन्न हॉस्टलों के लड़के-लड़कियों से मिलता और कुछ करने के लिए प्रेरित करता, खासकर एकजुट होने के लिए और बेहतर पढ़ाई करने का आग्रह करता। आज उनमें से कुछ लोग समाज में बहुत अच्छा कार्य कर रहे हैं।

इसी बीच हिंदी पत्रकारिता जगत् में अगस्त,1977 में एक जबरदस्त घटना घटी कोलकाता से रविवार का प्रकाशन, जिसके बारे में कहा जाता है कि इसने हिंदी की मिमियाती पत्रकारिता को गरजना सिखाया। साथ ही हिंदी पत्रकारिता जगत् में उपेक्षित छोटानागपुर, संतालपरगना की ढेरों समस्याएं दिनमान के अलावा अब रविवार के माध्यम से भी प्रकाशित होने लगीं जो अब तक प्रकाशित न होती थीं या दबा दी जाती थीं। इसी पत्रिका के किसी अंक में पटना के अखबारों की तीखी आलोचना की गई थी और कहा गया था ये इधर की समस्याओं के बारे में ध्यान नहीं देते, इसी कारण इधर की समस्याएं जटिल होती रही हैं। यह कहना अतिशयोक्ति नहीं थी।

सन् 1981 में धर्मयुग का आदिवासी असंतोष अंक प्रकाशित हुआ और मेरा पहला लेख इसी अंक में प्रकाशित हुआ। इस अंक के लिए धर्मयुग से कुछ पत्राचार हुए थे जिनमें गणेश मंत्री, राजन गांधी के अलावा एक अत्यन्त ही प्रेरक पत्र प्रभात खबर के वर्त्तमान प्रधान संपादक श्री हरिवंश जी का था जो तब धर्मयुग में कार्यरत थे। उस आदिवासी असंतोष? छपने के बाद भी कुछ लेख, विवरण आदि धर्मयुग में छपे और कई लेख समय पर नहीं भेज पाने के कारण लौटा दिए गए। लेकिन, धर्मयुग में छपने के पूर्व मेरे एक छोटे से पत्र को, कन्हैयालाल नंदन जी सारिका में भूतपूर्व प्रधानमंत्री श्री अटल बिहारी वाजपेयी के एक संस्मरण की प्रतिक्रिया के रूप में लिखित पत्र को, एक छोटे आलेख के रूप में, छाप चुके थे, जिसमें आदिवासी समाज में लेखक-पत्रकार न होने का दुख प्रकट करते सभ्य समाज के लेखकों, पत्रकारों, संपादकों के उपेक्षापूर्ण नजरिये की आलोचना की थी।

धर्मयुग में छपने का लाभ यह हुआ कि कुछ लोगों ने लिखने का आमंत्रण दिया। लेकिन कुछ लिखने के लिए मैं अपने लिखने के कारण से संतुष्ट नहीं था। अत: ज्यादा लिख नहीं सका। मैं क्यों लिखना चाहता हूं? इस प्रश्न के उत्तर के प्रति खुद आश्वस्त हो जाना चाहता था। इस बीच 'न्यू रिपब्लिक' अंग्रेजी साप्ताहिक के संपादक उत्तम सेनगुप्ता ने मेरे सामने कई प्रश्न खड़े किए और उन प्रश्नों के उत्तर तलाशने के लिए प्रेरित किया। इसके पहले मैं कविता या कहानी लिखने में रुचि रखता था। लेकिन अब लेख, रिपोर्ट आदि लिखने पर रुचि लेने लगा। निश्चय ही उत्तम द्वारा उठाए गए प्रश्नों के उत्तर खोजने की कोशिश ने कुछ खास विषयों पर लिखने के लिए उकसाया। उनके मार्गदर्शन में कई प्रकार की गतिविधियां चला करती थीं थियेटर सेन्टर, फ्री लीगल ऐड कमिटी, सिने सोसायटी आदि। इन सभी गतिविधियों में मैं

सम्मिलित होता रहा और अनजाने ही वह बहुत कुछ सीख सका जो आज मेरे लिए मार्गदर्शी सिद्धांतों के रूप में कार्य कर रहीं हैं। और सिर्फ मैं ही क्यों उस समय के पता नहीं कितनी प्रतिभाओं को न्यू रिपब्लिक के माध्यम से एक नयी दिशा और उंचाई मिली, इसकी गिनती शायद संभव नहीं। कई स्थानीय समस्याओं, मुद्दों, घटनाओं पर जिस तरह आम जनता का पक्ष लेते थे वह पत्रकारिता के संदर्भ में मुझ जैसे शौकिया लेखन करनेवाले के लिए, सीखने के लिए बहुत कुछ मिला। खासकर झारखंड एवं आदिवासियों से संबंधित मुद्दे सहानुभूतिपूर्ण होने के बावजूद आलोचनात्मक अंदाज में प्रस्तुत किए जाते थे। इसके अलावा वहां खेल एवं सांस्कृतिक गतिविधियों के संबंध में जिस प्रकार की खबरें होतीं थीं, ऐसी खबरें स्थानीय हिंदी समाचार पत्रों में नहीं मिलतीं थीं। हिंदी अखबारों का यह नजरिया प्रभात खबर के आने तक बहुआयामी नहीं बन सका था।

1980 के आस-पास धनबाद से आवाज, जमशेदपुर से उदित वाणी एवं रांची से रांची एक्सप्रेस दैनिक रूप में प्रकाशित होने लगे थे। किंतु, इन अखबारों में आदिवासी समस्याओं को कम स्थान दिया जाता था। साथ ही इनकी समस्याओं का विश्लेषण अधिकांशत: एकपक्षीय या व्यंग्यपूर्ण हुआ करता था। कई बार ऐसा लगता था जैसे वे उनकी समस्याओं या मुद्दों का मजाक उड़ा रहे हों या उन्हें समस्या ही नहीं मान रहे हैं। अखबारों से परिचय के लगभग पंद्रह साल बाद भी मेरे लिए यह देखना बेहद पीड़ादायक मानसिक कष्ट था। किंतु, 17।10।1983 से दिल्ली से जनसत्ता के प्रकाशन ने हिंदी पत्रकारिता को एक उंचाई दी। पहली बार किसी अंग्रेजी अखबार के समकक्ष कोई हिंदी अखबार हिंदी पाठकों को मिला। साथ ही इस अखबार में छोटानागपुर, संतालपरगना की अनेक समस्याओं, मुद्दों को इतनी प्रखरता के साथ उठाया कि आश्चर्य होता है। बाद में जनसत्ता धीरे-धीरे अपनी धार खोता गया और इसके कुछ संस्करण बंद हो गए। लेकिन, तब तक वह झारखंड में कार्य कर रहे अखबारों के लिए एक उदाहरण एवं चुनौती प्रस्तुत कर चुका था। इस बीच रांची से प्रभात खबर का प्रकाशन आरंभ हो चुका था और रविवारी अंक के साथ पत्रिका उपलब्ध करानेवाला संभवत: यह पहला हिंदी अखबार था। इसके कुछ आरंभिक अंक बेहद पठनीय और काफी प्रभावशाली थे। बाद में यह अपना प्रभाव इतना खो चुका कि स्टॉलों में मुश्किल से ही इसकी प्रतियां दिखती थीं।

लेकिन 1989 के बाद प्रभात खबर का प्रबंधन बदला और तब से यह निरंतर नई प्रगति की ओर है। तब गया में रहते हरिवंश जी से कई पत्राचार हुए। कई बातें हुईं। हरिवंश जी ने एक मुलाकात में कहा था, आप मुद्दे उठाइए। अपनी बातें बेझिझक कहिए। तब के एक अंक में पत्रकारिता पर प्रभात खबर में एक लंबा लेख लिखा। कुछ मित्रों ने तारीफ की। इसके बाद भी कुछ लेख, टिप्पणी आदि पत्रकारिता पर प्रभात खबर के अलावा भी प्रकाशित हुए और अब भी हो रहे हैं। मैं हरिवंश जी के आग्रह पर कुछ कहने का प्रयास करता रहा हूं, क्योंकि मुझे लगता है पत्रकारिता या लेखन के माध्यम से न केवल झारखंड, बिहार बल्कि देश की विभिन्न सामाजिक, सांस्कृतिक, आर्थिक, भाषिक, आध्यात्मिक विषमता को समझने, लोगों में व्यापक ज्ञान की रोशनी भरने की सार्थक कोशिश किये जाने की संभावना आज भी बनी हुई है।

उस समय अनुभव करता था कि हिंदी अखबारों में अंतरराष्ट्रीय समाचारों की कमी रहती है। यह कमी हिंदी अखबारों में आज भी है, प्रभात खबर में भी है। हिंदी पट्टी के सांस्कृतिक संकट की जो बात की जाती है उसके लिए हिंदी अखबार बेहतर कार्य कर सकते हैं, प्रभात खबर ने यह प्रयास किया है। लेकिन यह नाकाफी है। इसके आगे भी बहुत कुछ किए जाने की अनंत संभावना बनी हुई है। छोटानागपुर-संतालपरगना यानी वर्त्तमान झारखंड में कोई भी संस्थान चाहे वह अखबार ही न क्यों हो पहले दिन ही घोषणा करता है कि इसका लक्ष्य इस उपेक्षित आदिवासी क्षेत्र एवं आदिवासियों का विकास करना है। लेकिन, व्यावहारिक रूप में ऐसा होते कम देखा गया है। किंतु, प्रभात खबर इस मामले में अपवाद लगता है क्योंकि इसने झारखंड के जल, जंगल, जमीन, जमीर से जुडे मुद्दों एवं समस्याओं को ग्रासरूट के स्तर पर न केवल जानने का प्रयास किया बल्कि सदान आदिवासी व अन्य स्थानीय प्रतिभाओं के माध्यम से भी इसे समझने का प्रयास किया, यह बेहद सराहनीय है। इस संबंध में स्व. हेराल्ड सैमसन तोपनो के स्तंभ जंगल गाथा का प्रकाशन प्रभात खबर का एक जबरदस्त साहस कहा जा सकता है। इसके पहले पटना से प्रकाशित जनशक्ति में स्व. वासुदेव बेसरा के लेख नियमित रूप से प्रकाशित होते थे। लेकिन जंगल गाथा ने न केवल ग्रामीण एवं आदिवासी पाठकों को बल्कि बौद्धिक वर्ग को भी आकर्षित किया था। कई लोग समझते हैं ये जो स्थानीय लोगों के या आदिवासियों के संकट हैं, इन्हें ही झेलने दो। लेकिन, भविष्य उनकी भावी संतानों के लिए भी नया संकट लेकर आयेगा, वे यह नहीं देखते। दरअसल यह संकट प्रकृति से सीधे जुड़े सभी समुदायों का है, जिसे आदिवासियों ने समझने का प्रयास किया और प्रभात खबर ने समय रहते इस पहलू को समझा, विशेष बात यह है। समस्याओं की गंभीरता को वे कुछ क्षणों के लिए यहां की धरती से जुड़कर सोचें तो! झारखंड के संदर्भ में प्रभात खबर ने इसे पहचानने एवं समझने की चेष्टा की है। यही कारण है कि इसने यहां की उपेक्षित भाषा, संस्कृति, इतिहास, विकास, पर्यावरण, विस्थापन आदि से जुड़े बिलकुल जमीनी प्रश्नों, मुद्दों एवं समस्याओं को स्थानीय विशेषज्ञ विद्वानों, विचारकों, सामाजिक कार्यकर्ताओं के माध्यम से गहराई से छानबीन करने एवं समझने का प्रयास किया और कई मुद्दों पर, तो इसने दोनों पक्षों को अपनी बातें कहने का समान अवसर देकर वास्तव में जनतंत्र के चौथे पाये होने का कर्तव्य भी निभाया है।

नवंबर, 2004 में जब प्रभात खबर का झारखंड विशेषांक प्राप्त हुआ, तो अंक में प्रस्तुत सामग्री देख दंग रह गया। ऐसा लगा के इकॉनोमिक एण्ड पॉलिटिकल वीकली का हिंदी में कोई झारखंड विशेषांक देख रहा हूं। हरिवंश जी को फोन पर बधाई दी। हरिवंश जी ने कहा आप तो बधाई दे रहे हैं किन्तु सरकार नाराज है। फिर कहा, सरकार या जनता किसी एक को चुनना था, हमने जनता को चुना। जून, 2004 में रांची गया था, एक आदिवासी साहित्यकार सम्मेलन में भाग लेने। इतने बड़े पैमाने पर सम्मेलन, शायद पहली बार हो रहा था। देखा सम्मेलन में वे स्वयं उपस्थित थे। याद आया कि आज से दस साल पहले वे आदिवासी साहित्य का विकास कैसे हो? विषय पर मेरे द्वारा आयोजित परिचर्चा प्रभात खबर में प्रकाशित कर चुके थे। उसके दस साल बाद आदिवासी साहित्य सम्मेलन हो रहा था और वे वहां स्वयं

उपस्थित थे। निश्चय ही ऐसा आदमी एक अखबार का प्रधान संपादक भर नहीं है। वह संपादक के अलावा भी कुछ है। समर्थ एवं समाज में आगे बढ़ गए लोगों का साथ तो सभी देते हैं लेकिन उपेक्षितों की बातें सुनने, देखने एवं अनुभव करने के लिए वे स्वयं आएं, यह दरसाता है कि वे उनकी पीड़ाओं की रिपोर्ट भर प्रकाशित करना नहीं चाहते, उनके दर्द, उनके अभियान में सच्चे दिल से शामिल होना भी चाहते हैं। ऐसा वही कर सकता है जिसके मन में समाज को समझने की सच्ची संवेदनशीलता हो, समाज की बहुस्तरीयता को गहरे तक देखने की तीक्ष्ण, उदार एवं लचीली दृष्टि हो। स्थानीयता में संकीर्णता नहीं है, उसकी भी एक विस्तारित राष्ट्रीय संभावना है, इसे प्रभात खबर ने पहचाना है, साबित किया है जो आज इस अखबार की सबसे बड़ी शक्ति है।

प्रभात खबर की चर्चा करते एक मित्र ने बताया कि प्रभात खबर द्वारा एक प्रतियोगिता आयोजित की गई थी जिसमें कुछ सवालों का उत्तर देने के बाद एक स्लोगन लिखना था। मित्र के पुत्र ने स्लोगन लिखा था प्रभात खबर न्यारा, अल्पसंख्यकों का दुलारा। निश्चय ही प्रभात खबर ने अपनी इस भूमिका को निभाने में कोई कसर नहीं छोड़ी और पिछड़े, कमजोर, अल्पसंख्यक समुदाय के लोगों को भी अखबारों में स्थान दिया।

रांची कभी बिहार की ग्रीष्मकालीन राजधानी हुआ करती थी लेकिन आज रांची झारखंड की राजधानी है। देश में तेजी से उभरते विकासशील शहरों में से एक। आज रांची में कई सुविधाएं हैं जो कभी यहां नहीं थीं। इन सुविधाओं ने जहां स्थानीय जनता को लाभान्वित किए वहीं कुछ नुकसान भी किए। शिक्षा, चिकित्सा, खेल, रोजगार, व्यवसाय आदि की सुविधाएं तो मिलीं लेकिन रांची का खुशनुमा मौसम छिन गया, यहां की हरियाली गायब हो गई। कभी रांची, महिला हॉकी के अंतरराष्ट्रीय खिलाड़ियों अलमा गुड़िया, सावित्री पुरती, हन्न धान आदि के लिए जाना जाता था, तो अब क्रिकेटर धोनी और तीरंदाज दीपिका जैसे नए स्टार खिलाड़ी यहां हैं। कभी रांची शहर में एक भी दैनिक प्रकाशित नहीं होता था और पटना, कोलकाता एवं वाराणसी से प्रकाशित दैनिकों पर निर्भर रहना पड़ता था। आज यहां से न केवल हिंदी बल्कि अंग्रेजी, बंगल और उर्दू में दैनिक प्रकाशित हो रहे हैं। कभी यह शहर 'कामिल बुल्के' एवं 'राधाकृष्ण' जैसे हिंदी लेखकों, विद्वानों के लिए जाना जाता था, तो अब यह कई युवा साहित्यकारों के लिए भी पहचाना जाने लगा है, जिनमें से अनेक लेखकों को प्रभात खबर ने पहली बार प्रकाशित किया। कभी रांची शहर के आस-पास बंगला फिल्मों की शूटिंग हुआ करती थी, लेकिन अब स्थानीय लोग खुद अपनी फिल्म बनाने की चेष्टा करने लगे हैं। कभी फोटोग्राफरों या चित्रकारों द्वारा खींचे गए या बनाए गए जो चेहरे पत्रिकाओं, अखबारों में छपते थे, वे चेहरे अब अपनी तस्वीर खुद बनाने की कोशिश करने लगे हैं। रांची शहर कभी झारखंड आंदोलन का गढ़ रहा किन्तु आज यह अपने उक्त अस्तित्त्व के लिए जूझ रहा है। हर तरह के व्यापारियों के लिए यह लाभदायक रहा। हर किसी ने इसे एक प्रयोगशाला के रूप में उपयोग किया। कुछ अच्छे, कुछ बुरे नतीजे आए। रांची विश्वविद्यालय के शोध कार्य कभी नीति निर्धारकों को दिशा देते थे लेकिन अब ऐसा नहीं है। शहरीकरण और औद्योगिकीरण ने रांची के मूल

आदिवासी छवि को निगल लिया है। जिन खेतों में धान के खेत लहलहाते थे वहां अब बिल्डिंगें उगा दी गई हैं। इन सबके बीच एक अखबार की भूमिका बहुत ही महत्त्वपूर्ण है। दुर्भाग्य से हिंदी में अन्य भारतीय भाषाओं के मुकाबले जमीनी पत्रकारिता का चलन कम है। आजादी के बाद नई दुनिया, जनसत्ता आदि हिंदी के ऐसे अखबार माने जाते हैं जिन्होंने हिंदी अखबारों को विस्तार एवं एक नई छवि दी।

प्रभाष जोशी द्वारा संपादित जनसत्ता के बारे में कहा जा सकता है कि इसने हिंदी पत्रकारिता को एक नया आकार, दिशा, संस्कार, दृष्टि दी। आज की जनसत्ता में वह सब सामग्री नहीं है तब भी इसका संपादकीय पृष्ठ और रविवारी अंक पठनीय है। मैं काफी हद तक निराश हूं। लेकिन एक दिन देखता हूं, प्रभात खबर में एक नया कॉलम छपा है - मांय माटी। उस पृष्ठ में छपे कलात्मक चित्र अच्छे लगते हैं। हां, यह मांय माटी को पहचानने की एक सार्थक कोशिश लगती है। इसी तरह और भी बेहतर स्तंभ लाये जाएं।

किसी भी स्थान से प्रकाशित अखबार उस क्षेत्र के विकास में सहयोगी भूमिका निभाने और वहां की जनाकांक्षाओं को समझने का दावा करते हैं। लेकिन झारखंड के संदर्भ में सभी ने अपने परदेशी नजरिये को ही बरकरार रखा। प्रभात खबर अपने पहले अवतार से ही कुछ अलग रहा। हेमंत, मणिमाला, रमेश सिन्हा, संजीव क्षितिज आदि ने प्रभात खबर के शुरूआती दिनों में नया तेवर दिया और यह तब रविवारीय संस्करणों के साथ पत्रिका उपलब्ध करानेवाला अखबार बना। संभवत: उसी पौधे की अगली पीढ़ी को हरिवंश जी ने उसके तीसरे अवतार में फलने-फूलने का अवसर दिया। प्रभात खबर दूसरे अखबारों के मुकाबले यह दावा जरूर कर सकता है कि इसने बिल्कुल उपेक्षित और देशज प्रतिभाओं को भी लिखने का खुला अवसर दिया। इस तरह हरिवंश जी के नेतृत्त्व में प्रभात खबर ने पत्रकारिता का एक नया मॉडल खड़ा करने की कोशिश की। कंप्यूटर के बारे में प्रकाशित एवं किसलय द्वारा संपादित प्रभात खबर के अंको से मैंने कंप्यूटर के बारे बहुत कुछ सीखा। इसके अलावा किसलय ने कुडुंख भाषा के लिए कंप्यूटर में प्रयोग हेतु तोलोंग सिकिम (लिपि) का निर्माण किया, जो किसी पत्रकार द्वारा किसी स्थानीय आदिवासी भाषा के विकास में किया गया एक अविस्मरणीय योगदान है। प्रभात खबर के माध्यम से संभवत: यह पहला अवसर था जब स्थानीय इतिहास, भाषा, संस्कृति और सामाजिक, राजनीति, विकास, विस्थापन आदि समस्याओं पर स्थानीय युवा पत्रकार, लेखक आदि लिख रहे थे और नया करने का जज्बा दिखा रहे थे। इसे याद कर मैं रोमांचित हूं।

प्रजातंत्र में भ्रष्टाचार संबंधी समाचार अत्यंत महत्त्वपूर्ण है। प्रभात खबर ने इस कार्य में भी अपना योगदान दिया। लेकिन यहां गुड न्यूज एक लोकप्रिय प्रयोग रहा। एक शहर को सिर्फ लोग नहीं, अखबार भी बनाते हैं। अखबार उस शहर की पहचान भी बन जाते हैं। अब रांची से, झारखंड से कई अखबार प्रकाशित हुए, हो रहे हैं और होंगे। हिंदी में रांची एक्सप्रेस, प्रभात खबर, हिंदुस्तान, दैनिक जागरण, झारखंड न्यूजलाइन, दैनिक भास्कर, बंगला में दैनिक प्रतिदिन और उर्दू में कौमी तंजीम, फारूकी तंजीम, सियासी उफूक, रोजनामा राष्ट्रीय सहारा,

पिंडार और अखबारे मशरीक, अंग्रेजी में हिंदुस्तान टाइम्स, टाइम्स.ऑफ इंडिया, दि पायनियर, टेलीग्राफ आदि प्रकाशित हो रहे हैं। लेकिन रांची से बाहर किसी अखबार की चर्चा होती है तो सबसे पहले पत्रकारों, बुद्धिजीवियों के मुंह में सबसे पहला नाम प्रभात खबर का होता है। कारण स्पष्ट है कि इसने अन्य अखबारों के मुकाबले नया कुछ करने का जोखिम ज्यादा उठाया।

रविवार के प्रकाशन के पहले तक दिनमान को छोड़कर मुख्य धारा के समाज के बारे लिखना ही पत्रकार का कर्तव्य समझा जाता था और हाशिये के लोगों के बारे लिखना वामपंथी कर्म समझा जाता था। लेकिन, आज हिंदी पत्रकारिता कुछ हद तक इस संकीर्णता से निकलता लगता है तो इस कारण कि पहले जनसत्ता और बाद में प्रभात खबर जैसे अखबारों ने जहां उपेक्षित जन एवं क्षेत्र को अखबार में लगातार स्थान दिया तो वहीं दूसरी ओर प्रभात खबर ने एक कदम आगे बढ़कर क्षेत्रीय, स्थानीय प्रतिभाओं को लिखने का मौका लगातार दिया। यह कार्य किसी अन्य हिंदी अखबार के मुकाबले ज्यादा अच्छा है। अन्य अखबारों ने यह प्रजातांत्रिक कार्य नहीं किया, जबकि वे प्रजातंत्र के चौथे खंभे माने जाते हैं। उपेक्षित समाज के लोगों को इस काबिल कभी समझा नहीं गया कि वे अखबारों में लिख सकते हैं। इस अर्थ में प्रभात खबर किसी भी हिंदी दैनिक के मुकाबले मीलों आगे खड़ा है। शिक्षा एवं सूचना तंत्र के बढ़ते चलन में यह अब अनिवार्य है कि अखबार जनता के विविध भौगोलिक, सांस्कृतिक, रहन-सहन, खान-पान, शिक्षा, कैरियर आदि से जुड़ी विभिन्न समोच्च रेखाओं और उनकी गहराई का एहसास कराए। इस अखबार ने जनपक्षधरता को व्यावहारिक स्वरूप देने का प्रयास किया और आज भी कर रहा है। हिंदी पत्रकारिता में, जनता की आधी-अधूरी आवाज भरी थी। इस मायने में प्रभात खबर अन्य अखबारों से आगे नजर आता है। महत्त्वपूर्ण योगदान इस मायने में है कि प्रभात खबर में पंजाबी भाषी मंजीत सिंह संधु ने मुंडारी भाषा मे लिखा। आज झारखंड में पत्रकारिता के क्षेत्र में (स्व.) हैरॉल्ड सैमलन तोपनो के अलावा वासवी, दयामनी बरला, ग्लैडसन डुगंडुंग, सुनील मिंज, बरखा लकड़ा, रतन तिर्की, प्रबल महतो, वंदना टेटे, पुष्पा टेटे, जेवियर कूजूर, संतोष किडो, जेरोम जेरॉल्ड कुजूर, थॉमस सुंडी, प्रवीण मुंडा आदि अनेक देशज नाम सहज ही जुबान पर आ जाते हैं। ऐसी प्रतिभाओं को प्रोत्साहित करने एवं उनके लिए उपयुक्त वातावरण बनाने में बहुत हद तक श्रेय प्रभात खबर को दिया जा सकता है। पत्रकारिता के लिए प्रशिक्षण संस्थान का आरंभ करने को, इसकी अगली गंभीर कड़ी माना जा सकता है

हिंदी दैनिक अखबारों में नई दुनिया, फिर जनसत्ता को पत्रकारिता में नई दिशा देने का अगुवा माना जाता है। प्रभात खबर इसकी अगली कड़ी के विकास को काफी हद तक एक दिशा दे रहा है और आगे इसे बेहतर ढंग से कर सकता है, ऐसी आशा अवश्य की जा सकती है, क्योकि झारखंड, बिहार एवं बंगाल की धरती से भिन्न प्रकार की राजनीतिक, सामाजिक, आर्थिक, सांस्कृतिक पर्यावरण में पत्रकारिता करने का जो विविधतापूर्ण जमीनी अनुभव उसे प्राप्त हो रहे हैं, उन अनुभवों को नया रूपाकार देकर अपनी भावी भूमिका को और निखार एवं

उभार सकता है। कई अंग्रेजी अखबारों के मुकाबले प्रभात खबर ने कई रिपोर्ट एवं संपादकीय पृष्ठ कभी एकाध भटकाव को छोड़कर तुलनात्मक रूप से बेहतर एवं संतुलित ढंग से प्रस्तुत किए हैं। इसके अलावा भी कोलकाता के कई बंगला अखबारों से तुलना की जाये तो कई मामलों में यह उनसे उन्नीस नहीं, बीस ही ठहरता है। बंगला अखबार अपनी बौद्धिकता के लिए प्रसिद्ध रहे हैं। किंतु, विभिन्न मुद्दों की बौद्धिकता को बहुमंजिला बनाने, विस्तार देने की जो आकांक्षा एवं छटपटाहट प्रभात खबर में दिखती है वह अन्यत्र नहीं, कम-से-कम बंगला अखबारों में तो नहीं। यह इस अखबार की बहुत बड़ी शक्ति है कि इसने उपेक्षितों के मन में आत्मसम्मान एवं आत्मविश्वास भी भरा है और अपनी सामाजिक भूमिका निभाने की कोशिश की है। मुझे लगता है कि हिंदी अखबारों के नए मॉडल के रूप में विकसित करने के लगभग सभी गुण एवं संभावनाएं प्रभात खबर में मौजूद हैं।

फिर भी जब ओड़िशा और पूर्वोत्तर के अंग्रेजी, असमिया, बंगला, हिंदी, खासी आदि भाषाओं के अखबार पर नजर डालता हूं तो मुझे तकलीफ होती है कि इसने कुछ प्रयोगों या स्तंभों का त्याग क्यों कर दिया ? जैसे कभी प्रभात खबर ने स्थानीय, आदिवासी भाषाओं के लिए कॉलम शुरू किया था, जो अब बंद है। जबकि गुवाहाटी से प्रकाशित सेन्टिनल प्रति सप्ताह आठ पृष्ठों का एक विशेष सप्लीमेंट प्रकाशित करता है जिसमें हिंदी, बंगला के अलावा मिजो, कार्बी, बोडो, नेपाली आदि भाषा में कम-से-कम एक-एक पृष्ठ की सामग्री होती है। झारखंड में झारखंडी भाषाओं के लिए एक साप्ताहिक या पाक्षिक अनुपूरक अंक की संभावना तो बनती है। प्रभात खबर, अखबार नहीं आंदोलन जैसे अपने सूत्र-वाक्य घोषित करता है, तो स्थानीय और आदिवासी भाषाओं के विकास एवं सम्मान के लिए नियमित कॉलम देकर एक और नया आंदोलन तो शुरू कर ही सकता है, जिससे हिंदी को न केवल एक सामाजिक, भाषिक, सांस्कृतिक विस्तार मिलेगा बल्कि हिंदी पत्रकारिता द्वारा भारतीय समाज की विविधता को आत्मीयता और अंतरंगता से समझने हेतु कृत पहल के लिए उसके योगदान को सराहा जा सकता है, याद रखा जा सकता है, क्योंकि सूचना तकनीक के अत्यधिक विकास के बावजूद किसी भी अखबार के लिए संभावनाओं के अनंत द्वार, भारी प्रतियोगितात्मक बाजार के बाद भी खुले हैं। संभावनाओं के उन अनखुदे खदानों को, पहचान कर खोजने और खोदने की कोशिश की दरकार है। पत्रकारिता की इन अज्ञात संभावनाओं को बाजार नहीं, पत्रकारिता का हिस्सा भी मानकर चलें तो लिखने, पढ़ने, पढ़ाने, करने और जीतने के लिए, बहुत दुनिया बाकी है।

आशा है प्रभात खबर रायपुर, भुवनेश्वर, भोपाल, गुवाहाटी, डिब्रुगढ़ आदि स्थानों से भी प्रकाशित होकर एक नया आयाम विकसित करेगा और तमाम विपरीत परिस्थितियों के बावजूद पत्रकारिता को और उंचाई देगा, एक पूर्ण अखबार बनेगा।

(लेखक झारखंड के सांस्कृतिक-साहित्यिक आंदोलन से गहरे जुड़े साहित्यकार हैं। वर्ष 2004 में लिखा गया लेख।)

कायाकल्प की अंतर्कथा

संजीव क्षितिज

वह अब किसी प्रागैतिहासिक काल की बात लगती है। कोलकाता में चिलचिलाती गर्मियों की एक दोपहर आनंद बाजार के सामने चाय की दुकान पर खड़े होकर हरिवंश जी ने पहली बार प्रभात खबर का जिक्र किया था। एक बड़ी कंपनी रांची के इस अखबार को खरीदकर प्रोफेशनल ढंग से निकालना चाहती है। क्या तुम चलना चाहोगे? वे बड़े संशय भरे दिन थे। यह बाद में पता चला कि उन संशयों में कितने बड़े बदलावों के बीज छिपे थे। रविवार में हमारा होना उन दिनों वैसे भी गैरहिंदीभाषी समुद्र में हिंदी की छोटी-सी नाव पर अजनबी सैलानियों की तरह होना था। इसलिए कुछ हफ्तों बाद उसके बिखराव की प्रक्रिया शुरू होने पर उतना असमंजस नहीं था। असमंजस था तो भविष्य के ठिठके हुए सवालों पर। यह निरा संयोग नहीं था कि उससे पहले न तो हरिवंश जी ने और न ही मैंने कभी किसी क्षेत्रीय अखबार में पत्रकारिता की थी। उन दिनों हिंदी के क्षेत्रीय अखबारों में ज्ञान-विज्ञान और कामकाज का जो माहौल था, वह थोड़े भी होनहार और अन्यथा समर्थ नौजवान को मुश्किल से ही आकर्षित कर सकता था। तब हिंदी के मंझोले शहर आज की तरह बड़े प्रकाशन केंद्र भी नहीं बने थे। आज की वजह से एक बनारस और नई दुनिया की वजह से एक इंदौर ने जरूर कुछ पहचान हासिल की थी, किंतु अस्सी के दशक का अंत आते-आते वे भी अपने-अपने कीर्ति शिखरों से फिसलकर हांफने के दौर में आ चुके थे। इन अपवादों के अलावा बिचौले शहरों में तब न पाठक संख्या का मायावी विस्फोट हुआ था, न ही अखबारों में आज जैसी तीव्र प्रतिस्पर्धा और उसके नतीजतन आकस्मिक व चुनौतीपूर्ण पत्रकारिता थी। महानगर में रहने और काम करने का मोह इसमें और जोड़ लें तो रांची जाने का खयाल कतई उत्साहवर्धक नहीं था।

उस वक्त अखबार और संस्थान दोनों के लिहाज से प्रभात खबर की जो हालत थी, वह भी इन असमंजसों से उबरने में कतई मददगार नहीं थी। यह तब पता चला जब सर्दियों की एक शुरुआती शाम मैंने अपने को प्रभात खबर के दफ्तर में खड़ा पाया। भावी कार्यस्थल की उस वक्त जो हालत देखी, वह बेहद निराशाजनक थी। सादृश्य के लिए क्षमा करें, लेकिन तब

प्रभात खबर का दफ्तर मुझे ऐसे अस्तबल की तरह लगा था, जहां से सारे घोड़े खूंटा तोड़कर बगटूट भाग गए हों। हालांकि यह शाम का यानी अखबार के लिए सबसे प्राइम समय था, लेकिन उस वक्त मेरी आंखों के सामने जो उजाड़ और मलिनता थी, उसका वर्णन कठिन है। ऊपर की मंजिल पर केवल एक मनोज प्रसाद थे, जिनके स्वागत, मुस्कान और देह भाषा में जिंदादिली और पत्रकारिता का स्पर्श था। बाद में रांची रहने के दौरान यह अच्छी मित्रता का आधार भी बनी। लौटने पर मेरा चेहरा देखने के बाद हरिवंश जी को मुझसे ज्यादा कुछ पूछने की जरूरत नहीं रह गई थी। लेकिन मैं तो अपना चेहरा भी हरिवंश जी की आंखों और चेहरे में ही देख पा रहा था जो मुझे अभी तक याद है। इस आघात को सहने की शक्ति अलबत्ता हम उस पहली संक्षिप्त रांची यात्रा के बाकी समय में पहले ही हासिल कर चुके थे, जिसे सारे दिन हरिवंश जी के सत्संग ने बेहद सुखद और यादगार बना दिया था। अब मुड़कर देखने पर लगता है कि उस यात्रा के दौरान हरिवंश जी का साथ, शहर का खुशनुमा मौसम, कुछ नया करने की उत्सुकता, कुछ रचने का सपना और उसे हकीकत में बदलने की हार्ड कोर योजनाओं का ही असर था कि मैं रांची जाने की हिम्मत जुटा पाया। एक और बात थी। उन दिनों हमें लग रहा था कि बड़े शहरों के बड़े अखबारों के बड़े तंत्रों में नौकरी की खातिर सिवा खपने के हम भला और क्या कर पाएंगे। यहां एक अवसर था जब हम अपने ढंग से एक अखबार निकाल सकते थे, कुछ सार्थक कर सकते थे। इसी एक उम्मीद ने शायद हमें जीवन के उस मोड़ पर जोखिम लेने के लिए प्रेरित किया।

फिर जब टीम जुटी और काम शुरू किया तो देखते-देखते फिजां कैसे बदल जाती है, यह भी एक यादगार अनुभव था। निराशाएं किस तरह आशाओं में बदल सकती हैं, आशाएं कैसे पॉजिटिव ऊर्जा को जन्म देती हैं और पॉजिटिव ऊर्जा का विस्फोट कितनी नई चीजों और आयामों में सामने आता है, यह मैंने पहली बार रांची और प्रभात खबर में ही देखा। पहले भीतरी संगठन को दुरुस्त किया। सही कामों के लिए सही साथियों की पहचान की। मिसाल के लिए, अपने असीम उत्साह और अनगढ़ प्रतिभा के लिए अनुज सिन्हा ने सबसे पहले ध्यान आकर्षित किया था। उन्हें शहर के पन्ने की जिम्मेदारी सौंपी गई जो उस वक्त प्राथमिकता में सबसे ऊपर था। पूरे अखबार का नया प्रोफेशनल लेआउट तैयार करवाया। न्यूज पेपर डिजाइनिंग तब भारत के अंगरेजी अखबारों में भी चलन नहीं बनी थी (कोलकाता का टेलीग्राफ पहला और तब तक अकेला अखबार था जो अपनी डिजाइन के लिए जाना जाता था), हिंदी के अखबारों की तो बात ही छोड़ दें। क्षेत्रीय अखबारों में मॉड्यूलर फॉर्मेट जैसे शब्द तक नहीं सुने गए थे। सिर्फ लेआउट ही नहीं, हरेक संपादकीय डेस्क को पेशेवर बनाया। बहुत कम लोग जानते हैं कि उस वक्त प्रभात खबर मुख्यत: डेस्क आधारित अखबार था और उसकी बेहतरी में डेस्क की बड़ी भूमिका हुआ करती थी। खबरों का रंग-ढंग बदला। उन्हें ज्यादा विश्वसनीय और सूचनापरक बनाया। 1990-91 की सर्दियों में छत पर धूप में बैठकर योजनाएं बनाने के वे अनुपम दिन अविस्मरणीय हैं।

उस दौर में घटनाओं ने भी बहुत मदद की। यह निश्चय ही ऐतिहासिक दौर था।

दुनिया में शीत युद्ध खत्म हो रहा था। जब एक अल्पज्ञात येल्तसिन ने टैंक के ऊपर चढ़कर गोर्बाचोव के सैनिक तख्तापलट को रोक दिया था, तब उस पर संपादकीय मैंने प्रभात खबर में ही लिखा था और सीखा था कि ऊपर से नीचे तक पूरा कॉलम भर देने से कोई लेखन प्रभावी नहीं हो जाता।

देश के भीतर भी अखबार के लिए वह आदर्श समय था। बिहार में लालू प्रसाद का फिनॉमिना तब शुरू ही हुआ था। जिस चुनाव से वह पहली बार सत्ता में आए थे, उसमें उनकी एक चुनाव रैली मैंने चुपचाप जाकर कवर की थी और छोटी-सी एक रिपोर्ट लिखी थी। अकेले श्रीनिवास जी थे जिन्होंने कुछ शब्द प्रयोगों से यह जान लिया था कि वह मैंने लिखी है। अयोध्या आंदोलन के दौरान जब एक रात ढाई बजे (अखबारों की डेडलाइन खत्म होने के बाद) बिहार में रथयात्रा को रोककर लालकृष्ण आडवाणी को गिरफ्तार किया गया, तब प्रभात खबर अकेला अखबार था जिसने उसी सुबह अपने पाठकों को बताया कि जब ये पंक्तियां आप पढ़ रहे होंगे तब तक आडवाणी गिरफ्तार हो चुके होंगे। दिल्ली या पटना में किसी उच्चस्तरीय स्रोत ने हमें यह नहीं बताया था, बल्कि बीती रात तत्कालीन प्रधानमंत्री विश्वनाथ प्रताप सिंह के देश के नाम संदेश में हमने यह अघोषित खबर पढ़ी थी। यह अकेला अवसर नहीं था जब घर लौटने के बाद देर रात मैं और हरिवंश जी अशोकनगर से दोबारा दफ्तर गए थे। जिस रात सवा दस बजे राजीव गांधी की हत्या हुई, ढाई घंटे में पूरा अखबार बदल देने जैसा अनुभव भी फिर कभी नहीं हुआ। उस रात रांची में मतदान के दौरान केंद्रीय गृह राज्यमंत्री सुबोधकांत सहाय की नजरबंदी पर किसलय की एक्सक्लूसिव खबर और मतदान व राजनीतिक हालात पर मेरा संपादकीय कई दूसरी खबरों के साथ अपठित ही दफन हो गए। फिर भारत में आर्थिक सुधारों के दौर की शुरुआत भी प्रभात खबर में ही देखी। नरसिंह राव के प्रधानमंत्री काल की शुरुआत के साथ ही वित्त मंत्री मनमोहन सिंह ने शाम को बजट से पहले ही सुबह आर्थिक उदारीकरण के पैकेज की घोषणा की, तब प्रभात खबर देश भर के उन बहुत कम अखबारों में से था जिन्होंने महत्त्व के अनुरूप दोनों घटनाओं को बिल्कुल नए ढंग से पहले पन्ने पर प्रस्तुत किया। अन्यथा तब ज्यादातर क्षेत्रीय अखबारों ने आर्थिक उदारीकरण के दूरगामी महत्त्व को समझे बगैर और उसके अनुरूप अखबार के व्याकरण में बदलाव करने के बजाय बजट को पारंपरिक ढंग से ही प्रस्तुत करके छुट्टी पा ली थी। यह आज इसलिए भी याद आता है क्योंकि वह चक्र मानो पूरा हुआ और जो महाशक्ति देश तब हमारे जैसे देशों के लिए उदारीकरण की प्रेरणा था, आज वह खुद महामंदी के संकट से घिरा है। ठेठ स्थानीय घटनाओं के लिहाज से देखें तो झारखंड के मुद्दे पर केंद्र सरकार की ओर से पहली गंभीर पहल उसी दौर में हुई और आजसू के नेताओं को पहली बार राष्ट्रीय राजनीतिक महत्त्व मिला। ये सब घटनाएं कवरेज की नई-नई चुनौतियां लेकर आती थीं और तब तक एकजुट हो चुकी हमारी पूरी टीम पेशेवर कर्मठता और बौद्धिक ऊर्जा के साथ उन्हें स्वीकार करती थी। फिर आश्चर्य क्या कि नए और विचारशील ढंग से प्रतिदिन का इतिहास लिखते हुए प्रभात खबर ने न सिर्फ स्थानीय पाठकों का भरोसा हासिल किया, बल्कि देश भर में प्रशंसक बने और खासकर मीडिया के लोग नोटिस लेने लगे।

कहना न होगा कि हरेक घटना, हरेक मुद्दे, हरेक विषय पर अखबार की रणनीति बहुत सुचिंतित और विचारशील तरीके से तय की जाती थी। स्थानीय और खासकर आदिवासी लेखकों को जोड़ने और मंच देने की हरिवंश जी की व्यग्रता में एक व्यक्तिगत सरोकार था जिसे मैं आज भी सलाम करता हूं। पिछले एक दशक से देश में मीडिया के जबरदस्त विस्फोट और दुनिया में अभूतपूर्व परिवर्तनों के बाद खबर को नए सिरे से परिभाषित करने की चुनौती बड़े पैमाने पर पेश आई है और ऐसा हो भी रहा है। लेकिन यह सोचकर किंचित संतोष होता है कि तब नब्बे के दशक की उस शुरुआत में ही हम बने-बनाए मानकों का ऊबाऊ अनुसरण करने के बजाय पाठकों की स्थानीय जरूरतों और जिज्ञासाओं को ध्यान में रखकर खबरों को परिभाषित कर रहे थे। देश के कई दूसरे अखबार प्रधानमंत्री और राष्ट्रपति की गतिविधियों के बुलेटिनों को अभी भी निष्ठापूर्वक पहले पन्ने की लीड बना रहे थे, ऐसे में उस वक्त भी प्रभात खबर की लीड खबर कई बार अपारंपरिक और खबर की परिभाषा में न अटने वाली घटनाएं हुआ करती थीं। अलबत्ता यह पाठकों के प्रति गहरी जिम्मेदारी का एहसास ही था जिसकी बदौलत उस संक्रमण से गुजरते हुए भी हम वैसी अराजकता से बचे रह सके जो आज मीडिया के अधिकांश हिस्सों में देखी जा रही है।

मैं रांची करीब दो साल रहा। सुदूर मध्यप्रदेश से आकर कोलकाता में भी खासी सांस्कृतिक दूरी महसूस करता था लेकिन रांची तो समूचा सांस्कृतिक आघात था। अशोकनगर जैसे अपेक्षया अभिजात मोहल्ले में एक शाम छह बजे अकेले घर लौटती मेरी पत्नी को रोककर जब एक बुजुर्ग ने कहा कि बेटे सूर्य ढलने के बाद आपका अकेले निकलना ठीक नहीं है, तब शहर और राज्य की कुख्यात कानून-व्यवस्था सहसा घर की देहरी पर आ गई। लगातार दुस्साहसी खबरें करते हुए भी हमारे भीतर की असुरक्षा पर जोश और उत्साह का आवरण पड़ा रहता था। रात में निपट वीरान सड़कों पर गाड़ी चलाते हुए हरिवंश जी हंसते हुए कहते थे कि संजीव, रोके तो कोई, मैं तो गाड़ी चढ़ा दूंगा, तब एक अनकही आशंका हमें बांधती थी। ऐसे में अगर मैं वहां दो साल पूरे कर सका तो इसका निर्विवाद और अखंडित श्रेय हरिवंश जी को जाता है। वे सपरिवार कब और कितने चुपचाप - और हां, कितनी गरिमा से - हमारे अभिभावक बन गए, पता ही नहीं चला। पेशेगत कामकाज में जो उनसे सीखा, वह अलग। कुछ कर्ज जीवन में कभी चुकाए नहीं जाते। इसके अलावा भी रांची एकाधिक मायनों में मेरे लिए पाठशाला थी। कइयों से कई-कई बातें मैंने सीखीं। एक उदाहरण काफी होगा। एक सुबह अखबार में एक खबर मुझे दिखाई नहीं दी जो शाम को मैंने डेस्क पर देखी थी। दफ्तर पहुंचते ही मैंने हमारे धीर-गंभीर ब्यूरो प्रमुख से कुछ ज्यादा ही तल्खी से पूछा कि वह खबर छपी क्यों नहीं है। कुछ ही मिनटों में बाद बेहद शांति और शालीनता से अखबार के एक कोने में छपी वह खबर किसलय ने खामोशी से मेरे सामने लाकर रख दी। तब से पूरी जांच-पड़ताल के बाद भी अगर मैं किसी से कुछ कहता हूं तो संशय के साथ ही कहने और तीखे-से-तीखे हमले के सामने भी अपना आपा न खोने का प्रयत्न तो करता ही हूं। कुछ बातें, हालांकि, हम जीवन में कभी नहीं सीखते। मनोज प्रसाद और फैसल अनुराग के साथ दुनिया के तमाम मसलों पर तीखी और उग्र बहसें भी रांची

की अमिट याद हैं। दोनों के बगैर मेरे रांची प्रवास में यह संपूर्णता शायद नहीं होती। यह वह समय था जब दुनिया के तेज रफ्तार परिवर्तनों के बीच हम अपनी-अपनी दृष्टि विकसित कर रहे थे।

अंत में, अदृश्य कागजों पर लाल बॉलपेन से महीन और सधे हुए अंगरेजी अक्षरों में लिखा 'के के गोयनका' मैं आज भी देख सकता हूं। बहरहाल गर्व महसूस करता हूं कि इस अखबार और संस्थान के साथ एक समय मैं भी जुड़ा रहा। पत्रकारिता की जिस पाठशाला के रूप में अपनी ख्याति को इस अखबार ने बाद में और भी सुदृढ़ किया, उसका मैं भी एक विनम्र विद्यार्थी रहा हूं। पच्चीसवीं सालगिरह के मौके पर प्रभात खबर को और उससे जुड़े सभी नए-पुराने मित्रों व साथियों को अनंत और हार्दिक शुभकामनाएं।

(लेखक वरिष्ठ पत्रकार हैं। प्रभात खबर के 25 वर्ष पूरे होने पर लिखी गयी टिप्पणी है। 1989 में प्रभात खबर के कायाकल्प अभियान के प्रमुख साथी)

खंड-2 : स्मरण वे दिन, वे लोग

कभी प्रभात खबर के साथी रहे अथवा प्रभात खबर से ही पत्रकारिता की शुरुआत करनेवाले कई लोग आज देश के अलग-अलग हिस्से में, अलग-अलग मीडिया संस्थानों में कार्यरत हैं। सबने अपने-अपने कौशल, श्रम और सृजन क्षमता से पहचान की अलग-अलग रेखाएं खींची हैं। अलग-अलग स्थानों व संस्थानों में जाने के बावजूद उनका प्रभात खबर से गहरा व आत्मीय रिश्ता बना हुआ है। इस खंड में एक समय में प्रभात खबर के साथ जुड़कर इसे बनाने-बढ़ाने और स्थापित करने में अपना योगदान देने वाले पत्राकार अपने अनुभवों को साझा कर रहे हैं। साथ ही इसी खंड में कुछ साथियों के अनुभव पढ़ते हुए यह साफ पता चलेगा कि प्रभात खबर कैसे सिर्फ एक प्रोडक्ट भर नहीं है बल्कि खबरों के आगे-पीछे भागने के अलावा उसका समाज से गहरा सरोकार भी है। वह सरोकार ही प्रभात खबर का आज लाखों पाठकों से घरैया रिश्ता कायम किये हुए है। प्रभात खबर में समय-समय पर आनेवाले अतिथि संपादकों के विचार भी इसी खंड में संकलित किये गये हैं।

हिंदी पत्रकारिता जगत् में प्रभात खबर की दो अन्य खूबियां ऐसी हैं, जिनके लिए इसे हमेशा याद रखा जायेगा। पहली यह कि इस अखबार को 'पत्रकारिता की प्राथमिक पाठ्शाला' कहते हैं और दूसरे इसे कई लोग 'पत्रकारिता की प्रयोगशाला' के नाम से भी पुकारते हैं। ये दो उपनाम प्रभात खबर को यूं ही नहीं मिले। यह एक लंबी प्रक्रिया का नतीजा है, जिसके लिए प्रभात खबर ने हिंदी पत्रकारिता में बनी-बनायी कई परंपराओं को खारिज किया और नये रास्ते बनाये। खबरों में प्रयोग को लेकर जो प्रयोग प्रभात खबर ने किये, उनका अनुसरण आज देश के प्रायः हिंदी अखबारों में देखने को मिलेगा लेकिन आंतरिक अनुशासन और अपने सहकर्मियों से साथी-सा व्यवहारवाला जो उदार पक्ष है, उस पर चलने की हिम्मत आज भी कई संस्थान नहीं जुटा पाये। यह सही

है कि इससे अखबार को मुश्किलों का भी सामना करना पड़ा। लेकिन इसी वजह से यह एक ताकत बनकर भी उभरा। आज देश के विभिन्न मीडिया घरानों में कई ऐसे साथी मिलेंगे, जिनकी पत्रकारिता की प्राथमिक पाठशाला प्रभात खबर रही। इस अध्याय में हम कुछ वैसे ही साथियों के अनुभव को साझा कर रहे हैं। उनके अनुभवों, संस्मरणों को जानना एक डायरी के पन्ने पलटना भर नहीं बल्कि किसी मीडिया व मीडियाकर्मी के व्यक्तित्व से रू-ब-रू होना है। संघर्ष व चुनौतियों से पार पाकर खुद को निखारने की कला को जानना है। एक अखबार के आइकॉन बनने में कितनी चीजें सहायक होती हैं, उसे जानना भी है।

पत्रकारिता की प्राथमिक पाठशाला

दिनेश जुयाल

तीन महीने पहले हिन्दुस्तान के लिए देहरादून में नई टीम बनाते समय और इस टीम के साथ लांच की तैयारी करते समय कई बार प्रभात खबर के शुरुआती दिन याद आए। हिमाचल में जब अमर उजाला की शुरुआत कर रहा था तो रांची को याद किया। एकदम नए लोगों के साथ अखबार की शुरुआती टीम का हिस्सा होना इस अखबारी दुनिया का अलग रोमांच है। हम एक दूसरे को और नए शहर को समझ रहे होते हैं और कुछ बुन रहे होते हैं। जून, 1984 में जब दिल्ली से रांची पहुंचा था तो सुनील श्रीवास्तव जी के अलावा सारे नए चेहरे थे। सुनील जी के साथ तीन साल पहले जबलपुर में काम किया था। संपादक एस. एन. विनोद जी को इस बात के लिए तो मानना ही पड़ेगा कि टीम बढ़िया बनाई थी। न्यूज डेस्क के संचालन के लिए मुंबई से विजय भाई और सुरेश सिन्हा जी आए थे। मैगजीन के लिए सुनील जी थे ही। मणिमाला, फैसल अनुराग, मधुकर, विपेंद्र, दीपक, विनोद, अशोक वर्मा, कमल नयन पंकज जैसे उत्साही और बिहार को समझने वालों की ठीक-ठाक फौज थी। प्रकाश चंद्रायन जी के खामोश कक्ष में ठेठ बिहारीपन का एहसास होता था। खेल पत्रकार के रूप में रजत जैसे उत्साही साथी और सुभाष डे का मार्गदर्शन था। लोकमान्य जैसा कार्टूनों में डूबा कार्टूनिस्ट और कहीं नहीं मिला। किसलय अपनी बुलेट जितना मजबूत फोटोग्राफर था। प्रकाश सनोई जी भी पहले कैमरे के साथ ही आए थे। रिपोर्टिंग में बाद में हरिओम जी जुड़े तो अखबार की सियासी खबरों पर भी पकड़ और मजबूत हुई। व्योमेश जुगरान और मैं तो एक ही घर में रहते थे राम लखन कॉलेज के पीछे गली तपोवन में। याद करते ही मशीन में मानव दा से लेकर मुरली तक सारे चेहरे जैसे एक-एक सामने आ गए हैं।

इन चेहरों के अलावा उस ऊर्जा का एहसास आज भी ताजा दम कर देता है जो इन सबसे मिल कर बनती थी। शुरुआती दिनों में हम सुबह से सुबह तक वहीं 15 पी इंडस्ट्रियल एरिया में ही होते थे। वहीं लिट्टी-चोखा या पूरी-आलू खाकर मेज पर कागज का विस्तर बना कर सो गए। कुछ देर कमरे पर जाकर फ्रेश होने के बाद फिर वहीं। चार-पांच सीनियर्स के बाद बाकी हम सब रंगरूट ही थे। जबलपुर, मुंबई और दिल्ली में साढ़े तीन साल धक्के खाकर मैं रांची पहुंचा तो विनोद ने मेरे बारे में दिल्ली वाले छोरे की छवि बना ली थी। हालांकि मैं तब भी

ठेठ पहाड़ी था । कई मामलों में पहाड़ी और बिहारी एक जैसे होते हैं इसलिए मुझे उस माहौल में ढलने में खास दिक्कत नहीं हुई ।

कुछ दिन बाद ही विनोद जी ने मुझे बुलाकर पैसे बढ़ाने की जानकारी दी और सब एडीटर के रूप में नौकरी भी पक्की कर दी । प्रबंधक विश्वास जी ने मुझे बधाई दी । मुझे काम सौंपा गया विदेश पेज का । तब हिंदी के अखबारों में विदेश की खबरें बहुत कम होती थीं । विनोद जी ने कहा, हम देंगे पाठकों को एक पेज विदेश की खबरें । वह कहते थे मैं तो आइडिया बेचता हूं और वाकई उनके कई आइडिया अच्छे होते थे । टाइम और न्यूजवीक के अलावा मैं वहां लाइब्रेरी में उपलब्ध सारे अखबारों से एक दिन पुरानी खबरें भी टीपता था । पत्रिकाएं पढ़ कर *परदे के पीछे* और *पृष्ठभूमि* के नाम से दो कॉलम भी लिखता था । कोई खबर छूटे नहीं इसलिए रात टेलीप्रिंटर बंद न हो इसका ध्यान रखना पड़ता था और सुबह ही आकर मैं विदेश की खबरें सहेज कर रख लेता था ताकि कहीं फेंका न जाए । विनोद जी काम से खुश थे । एक दिन बोले, विदेश के मसलों पर एडिट पीस आप ही लिखोगे । यह प्रोत्साहन अच्छा लगा था । विपेंद्र मेरे साथ जुड़ गए थे । कुछ समय बाद मुझे चीफ सब एडीटर भी बना दिया गया ।

वे बुरे दिन हंसाते भी हैं और परेशान भी करते हैं जब प्रबंधन को लेकर विनोद जी और ज्ञानरंजन जी में अनबन के कारण अखबार बंद होने की नौबत आ गई ।

विनोद जी अलग होने का मन बना चुके थे । प्रबंधन ने खर्चे बंद किए तो मशीन रुक गई । हम सब विनोद जी के कमरे के बाहर धरना देकर बैठ गए । मधुकर और हम *साए में धूप* से दुष्यंत की गजलें हड़ताली तेवर में गा रहे थे । जैसे– तैसे अखबार फिर छपने लगा लेकिन वेतन के लाले पड़ गए । एक दिन विनोद जी ने कहा ये जो बाहर से आए हैं इन्हें तो कुछ पैसे दो । टूथपेस्ट खरीदने के लिए ही सही । कल्याण जी ने कुछ रुपये हमें दिए थे । मेरे किचन वाले कमरे में एक नेपाली लड़का झलक बहादुर थापा रात में रहता था । वही मुझे खाना खिलाता था । सुबह अखबार बेचता था और कहीं बच्चों को ट्यूशन भी पढ़ाता था । तंगी के इन दिनों में झलक ने मेरी रोटी की ही व्यवस्था नहीं की, सुबह मेरे सिरहाने के पास एक चारमीनार की डिब्बी और चाय भी रख जाता था । पता नहीं अब कहां है, लेकिन मेरे आने के वक्त प्रभात खबर में ही गार्ड से कंप्यूटर ऑपरेटर बन गया था । मेरे अन्नदाता प्यारे झलक! जहां भी हो सुखी रहो ।

संकट खत्म हुआ विनोद जी के जाने के साथ । कमल, प्रकाश जी और कल्याण जी सहित कुछ लोग उनके साथ लोकमत में चले गए । व्योमेश, फैसल, मणिमाला विजय भाई आदि ने नवभारत टाइम्स की राह पकड़ ली । कुछ दिन बिना संपादकीय के किट्टू जी का संपादन भी देखा फिर सुनील जी संपादक हुए । परिवर्तन के इस दौर में डॉ राजचंद्र झा को कैसे भूल सकता हूं । डॉ राज की योग्यता का कायल हुआ । बतौर चीफ सब एडीटर जहां मैं बैठता था उसकी ठीक बगल में उनके लिए कुर्सी लगाई । अगर वह पूर्णकालिक पत्रकार होते तो मुझसे ऊपर ही होते । एक बार तो उनका मन कुछ ऐसा हुआ भी । नई सत्ता में मैं डीएनई बना लेकिन उनका सहयोग मिलता रहा ।

1984 मार्च में मेरे बेटे का जन्म हुआ तो मां-पिताजी मुझसे मिलने रांची पहुंचे । मां का

स्वास्थ्य काफी बिगड़ चुका था। गांव में देखभाल करने वाला भी कोई नहीं था। जून के महीने में मुझे घर लौटने का फैसला करना ही पड़ा और प्रभात खबर वहीं छूट गया।उसके बाद तो नए स्वामित्व में अखबार ने खूब तरक्की की है। लेकिन भाई मैं तो यही कहूंगा कि वो शुरूआत वाली टीम भी गजब की थी।

पुराने प्रभात खबर के कई संस्मरण हैं। कभी किताब में लिखूंगा। अखबार जनता से जुड़ा था। विष्णु राजगडिया ने माफिया की समानांतर सरकार पर अच्छी खबरें दी थीं। पलामू की एक खबर को मैंने बैनर तान दिया था जब दबंगों के आतंक से पूरा गांव भागकर एक स्कूल में शरण लेने पहुंच गया था। किसी दाल मिल वाले की शिकायत पर खबर के प्लेसमेंट पर सवाल उठा था। मुझे तो लगा था कि नौकरी गई पर विनोद जी ने मामला संभाल लिया था। कोयला माफिया के खिलाफ लिखने का मौसम नहीं था लेकिन लड़कियों के यौन शोषण और डायन बताकर प्रताड़ित करने जैसे मसलों पर मणि जी ने लिखा। फैसल भी सामाजिक मुद्दे उठाते थे। ईमानदारी से कहें तो राजनीति पर ज्यादा लिखने का तब स्कोप नहीं था। विनोद जी ने बोकारो जाकर कई अच्छी खबरें दीं। रांची की इस प्राइमरी पाठशाला में कई सबक सीखे। लिखो- काटो के सबक पर व्योमेश खूब रियाज करते थे और जब लिखते थे, खूब लिखते थे। हाशिए पर लिखने वाले किट्टू जी ज्यादा प्रयोग नहीं कर पाए। और हां, उस गांगुली लड़की को बहुत मिस करता हूं जिसने मुझे कुछ दिन बांग्ला सिखाने का प्रयास किया था। रांची पलटकर नहीं गया, ऐसा कुछ खास भी नहीं था कि दोस्त मुझे याद करते लेकिन बहुत मीठी हैं रांची और प्रभात खबर की यादें।

(लेखक वरिष्ठ पत्रकार हैं। 2009 में जब वे दैनिक हिंदुस्तान, देहरादून के स्थानीय संपादक थे, तब उन्होंने यह आलेख लिखा था।)

उलगुलान का वह अविस्मरणीय दौर

कृपाशंकर चौबे

दो दशक पहले की स्मृतियों में जब उतरता हूं, तो रोमांच का अनुभव करता हूं। मैंने तब बनारस के 'स्वतंत्र भारत' अखबार से इस्तीफा देकर कोलकाता के 'सन्मार्ग' में बतौर उप संपादक काम करना शुरू किया था। 'सन्मार्ग' का संपादकीय विभाग एक परिवार की तरह था। रमाकांत उपाध्याय समाचार संपादक थे। राधाकृष्ण प्रसाद और हरिराम पांड्य (मौजूदा संपादक) पीटीआइ और यूएनआइ की खबरें बनाने के लिए हमें देते थे। 'सन्मार्ग' में तब सभी नियुक्तियां स्थायी होती थीं। पत्रकारों के लिए वेतन बोर्ड की सिफारिशों का अक्षरश: पालन किया जाता था। उप संपादक की ड्यूटी छह घंटे की होती थी। उससे आधा घंटा ज्यादा काम करने पर ओवरटाइम भी मिलता था। अगर उप संपादक को रिपोर्टिंग के लिए भेजा जाता था, तो उसे 25 रुपये बतौर यात्रा भत्ता उसी दिन दिया जाता था। संचालक संपादक राम अवतार गुप्त (अब दिवंगत) ने संपादकीय सहयोगियों को लिखने-पढ़ने व अपने ढंग से अखबार निकालने की पूरी छूट दे रखी थी। 'सन्मार्ग' में तब रमाकांत उपाध्याय के लिखे अग्रलेखों की भूरि-भूरि प्रशंसा कृष्ण बिहारी मिश्र जैसे विद्वान सार्वजनिक तौर पर करते थे। उन दिनों कोलकाता में हरिवंश जी से अक्सर भेंट होती थी। वे तब 'रविवार' में सहायक संपादक थे। एक दिन उन्होंने मुझे रांची से प्रकाशित 'प्रभात खबर' में समाचार संपादक पद की पेशकश की। मैंने 'सन्मार्ग' की स्थायी नौकरी छोड़ दी और 16 अक्तूबर, 1989 को रांची पहुंच कर 'प्रभात खबर' ज्वाइन किया। उसके पहले हरिवंश जी ने 'प्रभात खबर' के खर्चे पर मुझे टूर पर भेजा , ताकि देश के विभिन्न हिस्सों में जाकर मैं हिंदी के प्रमुख साहित्यकारों से भेंट कर उनके रचनात्मक सहयोग को सुनिश्चित कर सकूं। यात्राओं के दौरान मुझे विख्यात साहित्यकार अमृत राय (मुंशी प्रेमचंद के पुत्र) की व्यंग्य रचनाएं, शिवप्रसाद सिंह के संस्मरण, काशीनाथ सिंह की कहानी, उपेंद्रनाथ अश्क, रामकुमार वर्मा, अमरकांत व जगदीश गुप्त की रचनाएं मिल गयी थीं, जिन्हें 'प्रभात खबर' ने पूरे सम्मान के साथ प्रकाशित किया। विख्यात लेखकों की रचनाएं और उसी के साथ यथार्थपरक रपटें छपते ही 'प्रभात खबर' का स्तर ऊपर उठने लगा। हरिवंश जी प्रधान संपादक थे और उनकी टीम में नये लोग सिर्फ तीन थे। एक मैं, दूसरे हरिनारायण सिंह व तीसरे ओमप्रकाश मिश्र। हरिवंश जी की

सुचिंतित संपादन दृष्टि ने पुरानी टीम का ही नया रूपांतरण किया। ज्ञान रंजन के स्वामित्व में कांग्रेस के अखबार के रूप में प्रायः बदनाम' प्रभात खबर' नया जन्म लेने लगा। तब अखबार में आने का समय तय होता था, जाने का नहीं। मैं, हरिनारायण सिंह और ओमप्रकाश मिश्र सुबह नौ बजे 15 कोकर इंडस्ट्रियल एरिया पहुंचते और रात एक बजे दफ्तर छोड़ते। अखबार में कंटेंट ही नहीं बल्कि उसके समूचे लेआउट और डिस्प्ले पर हरिवंश जी का खासा जोर रहता था। तब सुरेंद्र मोहन से लेकर विनय बिहारी सिंह की चिट्ठी को प्रमुखता से पहले पेज पर टॉप बॉक्स या बॉटम स्टोरी के बतौर छापा गया। हरिवंश जी ने साफ एलान कर रखा था कि यह अखबार आदिवासियों का मुखपत्र होगा। उस पूरे अंचल की आकांक्षा के साथ अखबार ने अपने आप को जोड़ा। किसलय की एक रपट हमने पहले पेज पर टॉप बॉक्स छापी थी 'कुसुम रांची छोड़ रही है'। इसी तरह जेल में सिसकते बच्चों पर भी एक स्टोरी हमने छापी थी। पत्रकारिता में खबर को स्टोरी कहते हैं, जबकि साहित्य में इसका आशय एक रचनात्मक विधा से होता है।

बहरहाल, कई खबरें तो हरिनारायण सिंह, ओमप्रकाश मिश्र और मैं साझे तौर पर लिखा करते थे और उसकी ज्वाइंट बाइलाइन इस तरह होती थी 'हरि ओम चौबे'। खास तरह की खबरों की नयी प्रस्तुति के बलबूते 'प्रभात खबर' को झारखंड में विश्वसनीय और प्रतिष्ठित होते देर न लगी। तीन-चार हजार बिकने वाला अखबार 30-40 हजार बिकने लगा। प्रसार संख्या बढ़ी तो झारखंड के प्रमुख चिंतक विशेश्वर प्रसाद केसरी का *झारखंड भ्रमण* कॉलम के रूप में छापना शुरू किया गया। बाद में वह ' मैं झारखंड में हूं' शीर्षक से पुस्तकाकार भी आया। अखबार जम गया तो मैंने हरिवंश जी से दिल्ली जाने की ख्वाहिश जतायी। उन्होंने तुरंत ही हां कहा और मैं विशेष संवाददाता बनकर दिल्ली चला गया। वहां मैंने प्राय: सभी प्रमुख लेखकों से अखबार को जोड़ने की कोशिश की। तब दिल्ली में शाम को अखबार पहुंच जाता था और कई सांसद संसद भवन में उसका इंतजार करते रहते थे। बहुत विलंब होने पर अखबार न मिलने की शिकायत शिबू सोरेन, सूरज मंडल, शैलेंद्र महतो जैसे नेता करते थे। तब 'प्रभात खबर' के विशेष संवाददाता के रूप में लोक सभा और राज्य सभा का स्थायी प्रेस कार्ड मेरे पास था। तब मैंने दो-दो प्रधानमंत्रियों (विश्वनाथ प्रसाद सिंह व चंद्रशेखर) को संसद से जूझते देखा था। संसद की रिपोर्टिंग के दौरान ही मैं जान पाया कि संसद के दोनों सदनों में हम जो कुछ भी देखते हैं उसे हुबहू नहीं लिख सकते। एक सांसद दूसरे सांसद का कॉलर पकड़ सकता है, उसे चमार का बच्चा कह सकता है। इसे हम देखते हैं, लेकिन लिख नहीं सकते यदि उसे सदन की कार्यवाही से विलोपित कर दिया गया है। मीड्यिा में अभिव्यक्ति की आजादी की सीमा का एहसास मुझे संसद में ही हुआ। संसद या विधान मंडल की कार्यवाही का विलोपित हिस्सा प्रकाशित करने पर संबद्ध संवाददाता के खिलाफ विशेषाधिकार हनन का प्रस्ताव लाया जा सकता है। पत्रकार को जेल हो सकता है। मुंबई से प्रकाशित 'आपलं महानगर' के संपादक को इसीलिए जेल जाना पड़ा था।

दिल्ली में कुछ वर्ष रहते हुए मैंने शिद्दत से महसूस किया कि पत्रकारिता ने अपने भीतर कई विकृतियों को घर कर जाने दिया है। इन विकृतियों में सबसे बड़ी है उपहार संस्कृति। प्रेस विज्ञप्ति के साथ उपहार लेना उन्हीं दिनों शुरू हुआ। इसके अलावा पीत पत्रकारिता जैसी

विकृतियां तो पहले से ही मौजूद थीं। राजनीतिक नेताओं के आगे शीर्ष पत्रकारों को एक नहीं, अनेक बार मैंने दिल्ली में झुकते हुए देखा। छोटे-छोटे लाभ के लिए पत्रकारों को बिकते हुए और राजनेताओं के राजनीतिक लाभ के लिए व्यवहृत होते देखा। सांप्रदायिक आधार पर विभाजन का असर देखा। समूची मीड्यिा में हिंसा, अश्लीलता और सांप्रदायिकता का बोलबाला देखा। पत्रकारिता इंग्लैंड से आयी विधा है, जिसके तीन घोषित उद्देश्य रहे हैं– सूचना देना, शिक्षित करना और मनोरंजन करना। आज हालत यह है कि सूचना भी मनोरंजन की शक्ल में दी जा रही है। आज शिक्षित करने, पाठकों की रुचि के परिष्कार की कल्पना भी नहीं की जा सकती है। आज अधिकतर मीड्यिा ने रुचि को विकृत कर डाला है। मीडिया आज हिंसा, सांप्रदायिकता व अश्लीलता के प्रचार का वाहक बन गया है। क्या इसी का सपना हिंदी के आदि पत्रकार युगल किशोर शुक्ल ने देखा था? 30 मई, 1826 को शुक्ल जी ने हिंदी का पहला अखबार 'उदंत मार्तंड' निकाला था तो उसका मकसद घोषित किया था ' हिंदुस्तानियों के हित के हेतु'। यानी आरंभिक दौर की पत्रकारिता देशवासियों के हित के हेतु से बंधी थी। देश का हित तब ब्रिटिश साम्राज्यवाद से मुक्ति में था और उस मुक्ति को तब की पत्रकारिता ने मिशन के रूप में लिया था। वह मिशन आजादी के बाद प्रोफेशन में बदल गया। वह प्रोफेशन की पत्रकारिता आज कमीशन की पत्रकारिता हो गयी है। हरिवंश जी की टीम का जब मैं संस्थापक साथी बना था, तब से लेकर आज तक अन्यत्र काम करते हुए भी पाता हूं कि' प्रभात खबर' ने कमीशन को नहीं पनपने दिया। यह मिशन और प्रोफेशन के बीच विस्मयकारी संतुलन कायम किये हुए है। नयी विश्व बाजार व्यवस्था के सामने भी 'प्रभात खबर' जैसे अखबारों ने आत्मसमर्पण नहीं किया है। जब समूची मीड्यिा के लिए बाजार का मकसद यानी शुद्ध लाभ कमाना सर्वोच्च प्राथमिकता बना हुआ है। वैसे समय में भी प्रभात खबर की नजर शुद्ध लाभ पर नहीं बल्कि शुभ लाभ पर है। यानी वह लाभ जो शुभ हो, जो पाठकों के लिए मंगलकारी हो। यह सोच ही किसी अखबार को जनोन्मुख बनाती है। आज यह अखबार यदि सर्वहारा(हैव नॉट्स) के बारे में सोचता है तो उसके मूल में उसकी जनोन्मुखता ही है। 'प्रभात खबर' आज भी झारखंड की मूल संवेदना, वहां के जंगलपुत्रों के जल, जंगल, जमीन के अधिकारों के लिए अभियान के रूप में दिखता है तो इससे साफ है कि पत्रकारिता में अभी संभावनाएं मरी नहीं हैं।

(लेखक फिलहाल महात्मा गांधी अंतरराष्ट्रीय हिंदी विश्वविद्यालय से संबद्ध हैं। यह आलेख भीष्मदेव से हुई बातचीत पर आधारित है।)

गर्दिश का सहयात्री और बुनियादी प्रशिक्षक

मणिकांत ठाकुर

प्रभात खबर के शुरुआती दौर में मात्र डेढ़ या दो साल के लिए मुझे इस अखबार से जुड़ने का मौका मिला था। लेकिन उतने ही समय में वहां मैंने पत्रकारिता की जिस ताजगी भरी तेजस्विता का अनुभव किया था, उसे मैं कभी नहीं भूल सकता।

श्री एसएन विनोद द्वारा संपादित 'प्रभात खबर' से जहां मैं अलग हुआ था तो लगा था कि चलो, अच्छा ही हुआ। लेकिन श्री हरिवंश द्वारा संपादित 'प्रभात खबर' से अलग होते समय मुझे कुछ खोने जैसा अफसोस जरूर हुआ था। इस अखबार के रंग-रूप में निखार और खबरों की प्रस्तुति में भी नयापन लानेवाले श्री हरिवंश और श्री संजीव क्षितिज के दृष्टि कौशल से मैं बहुत प्रभावित हुआ था। इन दोनों के नेतृत्व में हरिनारायण जी के साथ जो संस्कारी पत्रकारों की वहां टीम बनी थी, उसे मैं बिहार की तत्कालीन हिंदी पत्रकारिता में एक उल्लेखनीय उभार के रूप में आज भी याद करता हूं।

वे मेरे गर्दिश के दिन थे। मेरा पत्रकार-मन तेजी से मलिन होता जा रहा था। ऐसे में सहज-सार्थक शब्दचित्रों जैसी सजधज वाले इस हिंदी दैनिक ने मुझे अपने आरंभिक दिनों का सहयात्री बनाया था। जिस रांची शहर में रहकर मैंने पढ़ाई पूरी की थी, उसी शहर से प्रकाशित दो प्रमुख अखबार रांची एक्सप्रेस और प्रभात खबर मेरी पत्रकारिता के बुनियादी प्रशिक्षक भी बने थे।

रांची एक्सप्रेस के तत्कालीन संपादक श्री बलबीर दत्त में उन दिनों मैंने समर्पित श्रमिकों जैसी धुन में रमी खांटी पत्रकारिता देखी थी। लेकिन उनमें, या कहें कि 'रांची एक्सप्रेस' के प्रबंधन में बंधी-बंधाई लीक पर चलते रहने जैसा पुरानापन घर कर गया था। यही वजह थी कि नयी ऊर्जा, खुले खयालात, कुछ उदार पारिश्रमिक नीति और कल्पनाशील व्यावसायिकता के बूते 'प्रभात खबर' के संपादक और प्रबंधक ने वहां तुरंत अपनी खास जगह और खास पहचान बना ली थी।

इधर पटना में बिहार की माटी से जुड़े अखबारों, यानी आर्यावर्त से लेकर पाटलिपुत्र

टाइम्स तक का उजड़ जाना और उधर बिहार के ही दूसरे सबसे बड़े शहर रांची में प्रभात खबर का अपनी माटी में जड़ जमा लेना मैंने बहुत निकट से देखा है। लेकिन इसे मैं प्रादेशिक हिंदी पत्रकारिता के क्षेत्र में एक घटना मात्र नहीं मानता। प्रबंधन की सफलता और विफलता से जुड़े मालिक वर्ग की भूमिका पर ही सबसे बड़ा सवाल होता है।

उस समय जनसत्ता में न्यूजपेपर से उभरती न्यूज मैगजीन वाली जो छवि राष्ट्रीय स्तर पर लोग देख रहे थे, लगभग वही झलक यहां प्रादेशिक स्तर पर पहली बार प्रभात खबर में पाठकों को मिलने लगी थी। इसीलिए यह अखबार बिहार में सुरुचिपूर्ण हिंदी पत्रकारिता का एक मजबूत दावेदार भी बना था। अब हिंदुस्तान और जागरण की तरह व्यावसायिक सामर्थ्य शायद नहीं जुटा पा रहे इस बहुसंस्करणीय प्रभात खबर को मैं जानबूझकर गौर से नहीं देखना चाहता क्योंकि डर है कि कहीं निराश न हो जाऊं।

(लेखक बीबीसी से जुड़े बिहार के वरिष्ठ पत्रकार रहे हैं। यह आलेख 2009 में लिखा गया था।)

जूता सिलाई से चंडी पाठ तक का सबक

रजत गुप्ता

25 वर्षों को कम शब्दों में समेट देना कोई आसान काम नहीं है। प्रभात खबर कार्यालय में आज आने वाले वर्ष 1983 के उस स्थान की कल्पना नहीं कर सकते। गहरा गड्ढा और उसमें भरा पानी। वहां काम करना काफी मुश्किल था। वहां से पानी निकालकर पत्थर का टुकड़ा भरने में ही डेढ़ माह लगे थे। तब भी कभी-कभी सीमेंट के बीच से पानी निकल आता था। किसी तरह काम खत्म होने के बाद प्रकाशन की तैयारी शुरू हुई।

वर्ष 1984 में एक प्रशिक्षु पत्रकार के तौर पर मेरी जिम्मेदारी स्थानीय खेलों के समाचार संकलन की थी। यानी शाम को खेल के मैदानों से जाकर परिणाम हासिल किया और उसे सुभाष डे यानी शिबू दा के जिम्मे छोड़ दिया। इस दौरान शिबू दा के अलावा जिन लोगों से काम सीखने का अवसर मिला वे सभी उस दौर के सफल पत्रकार थे और कुछ नया करने एसएन विनोद जी के साथ आये थे।

सारा कुछ सामान्य तरीके से चल ही रहा था कि एक मामूली घटनाक्रम ने मेरे पत्रकारिता के जीवन को ही बदलकर रख दिया। यह कहने में संकोच नहीं कि उस दौर में मैं बहुत ही उद्दंड और जिद्दी किस्म का युवक हुआ करता था। प्रभात खबर कार्यालय जाते वक्त एक होटल के बाहर लगी एक तख्ती से सारा उलट-पुलट हो गया। सारा कुछ इतनी तेजी से हुआ कि सोचने का वक्त तक नहीं मिल पाया।

झोंपड़ीनुमा इस होटल में तख्ती लगी थी कि प्रभात खबर के कर्मचारियों को यहां उधार नहीं मिलेगा। अपना पुराना रेकार्ड कुछ अच्छा नहीं था सो होटल मालिक से उलझने के बाद सीधे ऑफिस पहुंचा तो पता चला कि अनेक सहयोगियों को कई माह से वेतन नहीं मिला है, जिसकी वजह से दुकानदार उन्हें उधार नहीं दे रहा है। वरना मैं तो अपने तीन सौ रुपये के मानदेय से काफी प्रसन्न रहता था क्योंकि उस दौरान पारिवारिक जिम्मेदारियां भी नहीं थीं।

प्रबंधन के आपसी टकराव का सबसे ज्यादा नुकसान कर्मचारियों को उठाना पड़ा। वैसे आज घटना के इतने दिनों बाद यह कहने में हिचक नहीं कि उस दौरान भी पत्रकारिता में

सुविधाभोगी हुआ करते थे पर उनकी संख्या कम होती थी। प्रबंधन का झगड़ा निपटने तक मैं एक आंदोलनकारी बन चुका था। पर पत्रकारिता के अनुभव की मेरी झोली लगभग खाली थी।

कई अप्रत्याशित घटनाक्रमों की वजह से पत्रकारिता से ज्यादा जुड़ गया। तब जाकर पता चला कि हेडिंग कैसे लगती है, प्वाइंट साइज क्या होता है और पेज कैसे बनता है। उस दौर में अखबार के पन्नों को दूसरे तरीके से तैयार किया जाता था। लिनोटाइप पर तैयार समाचार के ब्रोमाइड़ के कभी पीले तो कभी काले पड़ जाने की सूचनाओं ने फोटोग्राफ के रसायनशास्त्र की भी जानकारी दे दी। फिर आया संपादन सीखने का दौर।

आर्थिक तंगी से जूझते अखबार में दूसरे अखबारों के शीर्षक के लिए एक आकार के शब्दों को छांटकर हेडिंग बनाना, कर्मचारियों के अभाव में डार्क रूम से लेकर बंडल बांधने तक में सहयोग करना कुछ ऐसे अनुभव हैं, जिन्हें सीखकर आदमी अखबार की दुनिया को बेहतर तरीके से समझ पाता है। यानी प्रभात खबर में जूता सिलाई से चंडी पाठ तक का अनुभव रहा।

आज के पत्रकार इस मामले में शायद दुर्भाग्यशाली हैं कि अत्यधिक तेज गति की वजह से उनकी खबरों का ध्यान से संपादन नहीं हो पाता है। वरना शब्दों के मामूली हेरफेर से वाक्य की ताकत कैसे बदलती है, यह सीखना इसी संपादन सीखने के दौर का अनुभव है।

चूंकि यह काम तब कागज पर होता था, इसलिए गलती की संभावनाएं कम होती थीं। यह मेरी व्यक्तिगत राय है कि आज कंप्यूटर पर होनेवाले सुधार में हर बार गलतियों को खोज पाना अपेक्षाकृत कठिन काम है। वहां से लेकर आज तक के पत्रकारिता जीवन में एकमात्र यही संस्थान है, जिसे हम अपना ट्रेनिंग सेंटर मान सकते हैं। इन वर्षों में जो कुछ भी हासिल हुआ, वह इसी संस्थान के प्रशिक्षण की देन है। वर्ष 1992 तक प्रभात खबर से जुड़े रहने के दौरान ही कंप्यूटर युग का प्रवेश हो चुका था। वरना उससे पहले तो संस्थान में बेकार पड़ी एक इलेक्ट्रॉनिक टाइपराइटर में टाइप करने की होड़ मची रहती थी। दौड़ में पीछे रहनेवाले हाथ से लिखकर ही अपनी खबर फाइल करते थे।

प्रबंधन बदलने के दौरान ही एक पेशेवर प्रबंधन का अनुभव आज भी महत्त्वपूर्ण पूंजी है। इस दौरान सामाजिक जीवन को झकझोरने वाली कई परिस्थितियों के दौरान पत्रकार को किन मानदंडों और प्राथमिकताओं के आधार पर काम करना चाहिए, यह भी सीखने को मिला। मसलन इंदिरा गांधी और राजीव गांधी की हत्या। ऐसे ही अवसरों में पत्रकारिता के उन अनुभवों से भी दो-चार होने का मौका मिला, जो पाठ्यक्रम के विषय नहीं होते और सामान्य दिनचर्या में भी इन्हें कभी हासिल भी नहीं किया जा सकता। पत्रकारिता की इसी पाठशाला ने सामाजिक सरोकारों से प्रत्यक्ष तौर पर जुड़े रहने को भी प्रेरित किया। नतीजा था कि पत्रकार होने के बाद भी पानी और बिजली जैसी नागरिक सुविधाओं के सवाल पर सड़क पर खुद उतरने और दूसरों को आगे आकर संघर्ष करने को प्रेरित करने पर किसी मानसिक द्वंद्व से नहीं गुजरना पड़ा। बतौर पत्रकार कई आंदोलनों से जुड़ने और सफलता हासिल करने का संतोष आज भी बल प्रदान करता है। ऐसा लगता है कि आवश्यकता के क्षणों में उसे नये सिरे से दोहराने में कोई खास परेशानी नहीं होगी न ही कोई झिझक।

प्रभात खबर की पत्रकारिता के दौरान जीवन की कई महत्त्वपूर्ण चुनौतियों का भी सामना करना पड़ा। पत्रकार की हैसियत से कलम को निजी रिश्तों से ज्यादा महत्त्व देने की सीख भी इसी संस्थान ने इन वर्षों में दी। यह एक ऐसी चुनौती है जिसका मुकाबला करना अक्सर कठिन होता है क्योंकि हमारा मुकाबला हमारे अपने से ही होता है। ऐसे अवसरों पर प्रबंधन और अखबार की कार्य संस्कृति बहुत काम आती है।

इस नाते कह सकता हूं कि इस किस्म की विषम परिस्थितियों से निपटने का अनुभव भी प्रभात खबर में अपने वरीय सहयोगियों से प्राप्त हुआ। चारा घोटले से संबंधित मामलों की जांच के क्रम में हर बार विपक्षी खेमे में कोई न कोई परिचित चेहरा दिख जाता था। खबर नहीं लिखने के लिए दबाव डालने के सारे हथकंडे भी आजमाये जाते। इसके बीच खबर को लिख देना और अगले दिन उसे अखबार में यथावत प्रकाशित अवस्था में पढ़ने का आनंद ही कुछ और होता है।

नब्बे के दशक के प्रारंभ में हरिवंश जी ने पत्रकारिता के बदलते तेवरों के बारे में जो कुछ बताया, वह उस दौर में किसी ऐसे शहर की सीख नहीं हो सकती थी क्योंकि तब सूचना तकनीक का इतना विकास नहीं हुआ था। आकर्षक ले-आउट से लेकर शब्दों को परोसने की तकनीक के बीच वर्तनी की शुद्धि के लिए एक मानक तैयार करना आज तक मेरे निजी अनुभवों के भंडार को समृद्ध करता जा रहा है।

प्रभात खबर से लेकर नागपुर जाने से लेकर अब तक इस संस्थान को एक कॉरपोरेट संस्कृति के तहत पनपते देखना भी एक सुखद अनुभूति है। आम तौर पर पश्चिमी देशों से यह शब्द तो भारत आयातित हो गया पर उसकी आत्मा नहीं आ सकी। हमारे निजी पूर्वाग्रहों ने इस कॉरपोरेट कल्चर में भी सामंती सोच का घालमेल कर दिया। नतीजा था कि इस किस्म के प्रबंधन में निजी हित साधने और अपने लोगों को आगे बढ़ाने की प्रवृत्ति ने भारतीय समाज के बीच यह सवाल पैदा किया है कि क्या वाकई यह कार्य-संस्कृति अच्छी है या पारिवारिक विरासत के व्यापार के पुराने तरीके ही बेहतर हैं। इस अंतर को प्रभात खबर में बेहतर तरीके से समझा जा सकता है। इस संस्कृति की अच्छाइयों को समझने के लिए प्रभात खबर सबसे बेहतर पत्रकारिता का उदाहरण हो सकता है। एक सामान्य कार्यशैली के तहत सभी को अपने काम की पूरी जानकारी है और आजादी भी। वरना अक्सर लिखने और उसे छापने के बीच का घालमेल पत्रकारों के लिए हमेशा ही अप्रिय स्थिति उत्पन्न करता है।

लगातार बढ़ते उत्पादन लागत के बीच प्रसार संख्या बढ़ाने के अलावा किसी औद्योगिक संस्थान की अन्य जरूरतों को पूरा करते हुए आगे बढ़ना कोई आसान लक्ष्य नहीं है। प्रभात खबर की दैनंदिन गतिविधियों से पूरी तरह अलग होने के बाद इसका विश्लेषण करते हुए यह एहसास सुखद है कि कभी मैं भी इस संस्थान से जुड़ा रहा हूं। वरना तेजी से बदलती पत्रकारिता में मानदंडों के बीच बाजारवाद का कुप्रभाव आम पत्रकार के दिलोदिमाग पर छाया हुआ है।

इस स्थिति में प्रभात खबर को अपने बलबूते पर बाजार की चुनौतियों का सामना करते हुए देखना एक सुखद अनुभूति है।

(रजत गुप्ता ने यह लेख 2009 में लिखा था। तब वे राष्ट्रीय सहारा, देहरादून संस्करण के समाचार संपादक थे।)

एक पत्र लेखक कुछ यूं बना पत्रकार

डॉ. संतोष मानव

6 मई, 1992। सुबह साढ़ेछह बजे बस में बैठा। झुमरीतिलैया से रांची और रांची से जमशेदपुर। यहां गीताजंलि एक्सप्रेस से नागपुर। फिर बस से मेरे साथ थे झुमरीतिलैया के प्रभात सिन्हा। नागपुर से 35 किलोमीटर दूर है उमरेड। यहीं इंजीनियरिंग की पढ़ाई करते थे प्रभात। 6-7 रोज उमरेड में उनके साथ रहा। हिंदी दैनिक लोकमत समाचार से जुड़ा। नागपुर आता-जाता रहा। अखबार के संपादक श्री एसएन विनोद ने गले लगाया और लोकमत के बैचलर्स फ्लैट में रहने की व्यवस्था करवा दी। नागपुर आया। नाता ऐसा जुड़ा कि लगातार 13 साल लोकमत समाचार का होकर रह गया।

15 नवंबर, 2004 को भोपाल में राज एक्सप्रेस अखबार से जुड़ा। 11 सितंबर, 2005 को देश के सबसे तेज बढ़ते अखबार दैनिक भास्कर, भोपाल से नाता जोड़ा और फिर अप्रैल, 2008 में दैनिक भास्कर, ग्वालियर से जुड़ गया। झुमरीतिलैया और प्रभात खबर से दूर हुए कुल जमा सोलह साल। पत्रकारिता की दुनिया की राजनीति, उखाड़-पछाड़, भाई-भतीजावाद जैसे भूतों ने जब भी डराया, इनसे मन घबराया तो जेहन में एक ही नाम आया— प्रभात खबर : एक अखबार अपना-सा। वह अखबार जिससे दूर होने के बावजूद कभी नहीं लगा कि वह तो पराया अखबार है, वहां के लोग दूसरे हैं। लगता भी कैसे? सोलह वर्षों में कम से कम सोलह बार तो फोन पर कहा ही होगा- आना चाहता हूं। कभी किसी ने नहीं कहा कि जगह नहीं है। हर बार जवाब मिला- तुम्हें पूछना पड़ेगा, आ जाओ, जब मन करे, आ जाओ। घबराओ नहीं, एक महीने में व्यवस्था कर देता हूं। वह तो समय का चक्र है कि कभी आना नहीं हुआ। लेकिन जवाब सुनकर छाती चौड़ी हो जाती थी। डॉ. स्वर्गीय हनुमंत नायडू की कुछ पंक्तियां याद आतीं— जीवन में कभी हार, कभी जीत भी तो है, दुश्मन हो लाख-लाख कोई मीत भी तो है।

प्रभात खबर नहीं होता तो नागपुर कैसे जाता! नागपुर नहीं जाता तो एसएन विनोद जैसे लोग कहां मिलते।

याद है वह दिन, जब एक गुंडे ने एक खबर से उत्तेजित होकर जान से मारने की धमकी

दी थी। श्री विनोद तक बात पहुंचाई गई। उन्होंने तत्काल नागपुर के पुलिस आयुक्त को फोन पर गरजते हुए कहा– 'मानव का बाल भी बांका हुआ तो तो ईंट से ईंट बजा दूंगा' आयुक्त ने दूसरे दिन ही मुझे बुलाकर बात की। गुंडा राष्ट्रीय सुरक्षा कानून के तहत गिरफ्तार हुआ। तिथि और वर्ष याद नहीं। दिल्ली से पुण्य प्रसून वाजपेयी का फोन आया– क्या बात है भईया, कल विनोद जी राजकिशोर जी (प्रसिद्ध पत्रकार) के पास बैठे थे। एक घंटे में पचास मिनट तुम्हारी चर्चा हुई। कह रहे थे कि मेरे पास एक नौजवान रिपोर्टर है, जो आज नागपुर के सबसे बड़े गुंडे को लिख-लिखकर जेल भिजवा दिया। कुदरत का कमाल देखिए– पत्रकारिता में पहचान मिली प्रभात खबर से। नागपुर जाने का माध्यम बने प्रभात खबर में ही मिले श्री फैसल अनुराग। नागपुर गया प्रभात के साथ। श्री एसएन विनोद जैसे लोगों का स्नेह मिला, तो वह भी प्रभात खबर के पहले संपादक थे।

प्रभात खबर में पहली स्टोरी छपी थी। शीर्षक याद है– कोडरमा में लॉटरी, फिल्म व नशे का बढ़ता जोर। लगभग उसी समय प्रभात खबर की संपादकीय टीम में कोलकाता से नए-नए लोग आए थे। अखबार की विकास यात्रा शुरू हो गयी थी। एक मरता हुआ अखबार निखरने लगा था। खबरों की परिभाषा बदली थी। ऐसे विषय भी खबरें बनने लगे थे, जिन्हें पहले अमूमन नजरअंदाज किया जाता था। शहरों की समस्याएं एक पूरे पेज पर छपती थीं। सो, अपने शहर की बात कोरे पन्ने पर उतारकर पता लिखा– संपादक, दैनिक प्रभात खबर, इंडस्ट्रियल एरिया कोकर, रांची। एक सप्ताह बाद मेरी बात खबर के रूप में अखबार में छपी थी- कोडरमा में लॉटरी, फिल्म व नशे का बढ़ता जोर। दो-चार स्टोरी और छपी। फिर मित्रों ने कहा कि संपादक से मिल आओ। तब मेरी उम्र होगी यही कोई 20-21 साल।

सहमता हुआ-सा कोकर स्थित कार्यालय पहुंचा। तत्कालीन समाचार संपादक श्री हरिनारायण सिंह ने कहा- 'अच्छा, आप ही हैं संतोष मानव। ठीक है लिखिए। लेख-वेख से काम नहीं चलेगा। समाचार लिखिए।'

इसके बाद सिलसिला शुरू हुआ तो लगातार दो साल चला। पूरे दो साल। इस दो साल में बे-पनाह मुहब्बत, स्नेह, हौसला-अफजाई। पहचान यहीं से मिली। नाम भी इसी ने दिया। पत्रकारिता की पहली पूर्णकालिक नौकरी का माध्यम भी यही अखबार बना। वरना इससे पहले क्या था अपने पास? सारिका जैसी पत्रिका में छपे एक-दो पत्र, आज जैसे अखबार में एक-दो पत्र, झुमरी तिलैया से प्रकाशित साप्ताहिक नई दिशा, जो बाद में वनांचल एक्सप्रेस बना में प्रकाशित एक-दो परिचर्चानुमा आलेख, धनबाद से प्रकाशित दैनिक आवाज में एक-दो परिचर्चा, कुछ खबरें, धनबाद से ही प्रकाशित श्रमिक जागरण नामक एक अनाम से साप्ताहिक में छपी एक-दो खबरें।

दो साल में होते हैं 730 दिन। प्रभात खबर से जुड़ी इतनी ही कहानियां हैं जेहन में। दिन भर खबरें बटोरता। रात में लिखता। सुबह-सुबह टैक्सी स्टैण्ड पर आ धमकता। जिस जीप से अखबार आता, उसमें सवार हो जाता था। कोकर स्थित दफ्तर पहुंचता तो सब स्वागत करते। वैसा स्वागत, जैसा अपनों का किया जाता है। मेरा रक्त संबंध नहीं था उन

लोगों के साथ, वे मेरे दूर-दराज के रिश्तेदार भी नहीं थे। पर ऐसा स्नेह मिला, इतनी हौसला अफजाई हुई कि आज याद करता हूं तो आंखें पनिया जाती हैं। मन पूछता है कि पत्रकारिता की दुनिया में इतने अच्छे लोग होते हैं क्या?

जेब में रुपए हों या नहीं हों, रांची में कभी कोई दिक्कत नहीं हुई। लगा नहीं कि अपने घर से डेढ़ सौ किलोमीटर दूर हूं। खाने के लिए पूछने वालों की कमी न थी। सोने के लिए बिस्तर भी था। कभी किसी से नहीं कहा कि मेरा नाम छाप दीजिए। वह तो अपने आप ही छप जाता था। दिन में मदन की कैंटीन में रोटी-सब्जी, दाल-चावल, ब्रेड-आमलेट मिल जाता। मदन ने कभी पैसा नहीं मांगा या संपादकीय विभाग के लोगों ने पैसा देने न दिया। देता तो लोग हड़का देते-पैसा अपने पास रखो। रात में हरीजी के टिफिन में मेरा भी हिस्सा होता। अनिल सिन्हा के ब्रेड-आमलेट पर मेरा भी हक था। विजय पाठक और घनश्याम श्रीवास्तव के जलपान में मेरी भी हिस्सेदारी होती। ओमप्रकाश अश्क पान खाने जाते तो मुझे भी साथ ले जाते, ऑफिस के पीछे स्थित सड़क के पास वाली गुमटी पर कहते- पान खाइए। पूछते- क्या बनना है। मैं कहता कि राजनीति में रुचि है। उनका जवाब होता, लिखिए- खूब लिखिए, छाप-छाप कर नेता बना देंगे आपको। रात होती तो लोग रोक लेते। कहते, कहां जाओगे! कल जाना। फिर रात में हरीजी, अश्कजी, विजय पाठकजी या कर्णजी के घर पर एक बिस्तर मेरे लिए आरक्षित होता।

लोगों का नाम लेने में घबराहट हो रही है। एक दिन विजय पाठक को पोस्टकार्ड लिखा-पढ़ने की भूख जाग गई है। कुछ दिनों तक समाचार नहीं लिख पाऊंगा। पाठकजी आज भी चिढ़ाते हैं- पढ़ने की भूख समाप्त हुई या नहीं? श्री प्रकाश, निहारिका, विनय बिहारी सिंह, शशि पाठक, संदीप कमल, रंजीव मोहंती, ठाकुर जी, श्रीनिवास जी, शफीक अंसारी, कृपाशंकर चौबे, राजेश मिश्र, रजत गुप्ता, अनुज कुमार सिन्हा। पचासों चेहरे हैं, नाम भले ही याद नहीं, चेहरा जेहन में बसा है। याद करो तो मन गद्‌गद हो जाता है।

स्नातक का परिणाम आया। मिठाई का डिब्बा लेकर प्रभात खबर पहुंचा। पहली बार हरिवंश जी के क़क्ष में गया। कहा- 'संतोष मानव नाम है मेरा। प्रभात खबर का संवाददाता हूं। बीए पास हो गया हूं, इसलिए आपको मिठाई खिलाना चाहता हूं।' उस दिन उन्होंने कहा था- 'आप हैं संतोष मानव! मैं तो सोचता था कि कोई बुजुर्ग आदमी होगा, जो इतनी गहरी बातें लिखता है' इसके बाद जब भी वे सीढ़ियों, गलियारे में मिले, मुस्कुराये। पूछते थे, कैसे हो? एक राजनेता ने गोली से उड़ा देने की धमकी दी। तब मोबाइल का जमाना नहीं था। मेरे शहर में इक्का-दुक्का घरों में ही फोन था। एक संबंधी के यहां से हरिवंश जी को फोन किया था। उन्होंने पूरी बात सुनने के बाद कहा- 'आपको डर लग रहा है तो रांची आ जाएं। वैसे मैं जियालाल आर्य से बात करता हूं।' श्री आर्य उस समय बिहार के गृह सचिव थे। शायद उन्होंने बात की भी थी। तभी तो शहर के थाने का एक अधिकारी दूसरे दिन मुझे पूरे शहर में ढूंढ़ता फिर रहा था। मिलते ही उसने कहा था- 'का कइलड, थाना हिल गईल बा। सुनले बानी कि आर्य साहब के फोन एसपी साहब के पास आईल रहे...'

संजीव जी कहते कॉलम लिखिए। शायद मैं प्रभात खबर के दो-तीन अंशकालिक संवाददाताओं में था, जिसका कॉलम छपा। प्रभात खबर की सीढ़ियों पर ही श्री फैसल अनुराग से मुलाकात हुई। जब भी वे मिले, हाल-चाल पूछा। एक दिन बोले-नागपुर जाइयेगा? विनोद जी का फोन आया है। उन्हें कुछ अच्छे लोग चाहिए। मैंने कहा था- 'मैं नहीं जाना चाहता। मेरी पढ़ाई भी चल रही है। फिर प्रभात खबर मुझे रांची बुलाने ही वाला है। मैं यही पढ़ूंगा, प्रभात खबर से जुड़ा रहूंगा।' लेकिन फैसल जी कहां मानने वाले थे। बताने लगे कि विनोद जी का तीन-चार बार फोन आ चुका है। किसी को तो भेजना ही पड़ेगा। कोई तैयार नहीं हो रहा है। जोर देकर कहा कि वहीं नागपुर विश्वविद्यालय में पढ़िएगा। उन्होंने लगभग जबरदस्ती एक पत्र थमा दिया- आदरणीय विनोद जी, संतोष मानव मेरे छोटे भाई की तरह हैं। इनकी हिंदी बहुत अच्छी है। आशा है आपके काम आएंगे। तीन पंक्तियों का पत्र थमाते हुए कहा- यह रहा आपका एप्वाइंटमेंट लेटर। बात हुई थी कि नागपुर में मन नहीं लगा तो लौट आऊंगा। पर जाने वाले कहां लौटते हैं। अपने शहर की धरती छूट ही गई।

बचपन से सोचता था कि वकील, राजनेता, लेक्चरर या पत्रकार बनेंगे। एलएलबी में नाम भी लिखवा लिया था। किताबें भी जुटा ली थीं। पर प्रभात खबर के प्यार में ऐसा पड़ा कि एक भी दिन क्लास नहीं आया। एडमिशन की रसीद आज भी फाइल में है। भावुकता भरे क्षणों में आज भी उसे निहारता हूं। छात्र नेता तो था ही। आज सोचता हूं कि प्रभात खबर ने वकील, राजनेता बनने नहीं दिया। पत्रकार जरूर बना दिया। शायद यह बात हो कि व्यक्ति अपने जीवन का पहला प्यार कभी नहीं भूलता। मुझे भी कहने में झिझक नहीं है- हां, मैंने प्रभात खबर से प्यार किया- पहला-पहला प्यार...

(लेखक वरिष्ठ पत्रकार हैं। यह आलेख 2009 में दैनिक भास्कर के ग्वालियर संस्करण में रहते हुए लिखा था। फिलहाल हरिभूमि, भोपाल के स्थानीय संपादक हैं।)

खबर पहुंचाने गया था, बन गया खबरची

विनय पाठक

समझ में नहीं आ रहा है कि बात कहां से शुरू करूं । प्रभात खबर से मेरा नाता कभी भी एक पत्रकार भर का नहीं रहा । प्रभात खबर से यों तो कई पत्रकार जुड़े, लेकिन इस संस्थान को छुटपन से देखने और फिर उससे जुड़ने वाले कुछ एक पत्रकारों में मैं भी रहा हूं । यहां काम कर चुके बहुत कम ही पत्रकारों ने इस संस्थान की नींव पड़ते देखी होगी । लेकिन प्रभात खबर के सामने के बगल वाले प्लॉट में रहने के कारण मैंने छुटपन में इसकी नींव पड़ती भी देखी और फिर पढ़ाई पूरी करने के बाद एक पत्रकार के रूप में मैंने यहां काम भी किया ।

यद्यपि पत्रकारिता की शुरुआत मैंने रांची एक्सप्रेस से की लेकिन पत्रकारिता के प्रति मेरे मन में रुझान छुटपन से प्रभात खबर को देखकर ही बना था । मुझे आज भी याद है वो दिन जब मैं अपने क्लब की ओर से आयोजित एक क्रिकेट टूर्नामेंट की खबरें वहां पहुंचाया करता था । मुझे याद है कि मैं पहले दिन सिर्फ दोनों टीमों का स्कोर लेकर प्रभात खबर पहुंचा था । वहां रजत गुप्ता को मैंने स्पोर्ट्स डेस्क पर बैठा पाया । रजत गुप्ता ने खबर तो ले ली, लेकिन मुझे कुछ देर बैठने के लिए कहा । थोड़ी देर बाद वे बाहर निकले तो उन्होंने पहली बार समझाया कि खबर के लिए क्या-क्या सूचनाएं होनी चाहिए । उनके समझाए जाने का ही परिणाम था कि अगले दिन से मैं टूर्नामेंट की खबर बाकायदा न्यूज फॉर्मेट में लिखकर ले जाने लगा । खैर टूर्नामेंट खत्म हुआ तो उसके साथ ही प्रभात खबर जाकर न्यूज देने का वो सिलसिला भी वहीं थम गया । भले ही इसे मेरे पत्रकारिता जीवन की शुरुआत न समझा जाए, लेकिन वास्तविकता यही है कि तभी से पत्रकारिता के प्रति मेरे मन में रुझान शुरू हुआ, जो आगे चलकर पहले रांची एक्सप्रेस, फिर प्रभात खबर और बाद में कई अखबारों से होते हुए टीवी जर्नलिज्म तक के रूप में साकार हुआ ।

घर के सामने प्रभात खबर था और इस नाते प्रभात खबर के कई पत्रकारों से मेरे व्यक्तिगत संबंध पहले से ही थे । मैं प्रभात खबर जाया भी करता था । लेकिन 1989 के अक्तूबर में रांची एक्सप्रेस से अलग होने के बाद मैं पहली बार नौकरी करने के उदेश्य से प्रभात खबर गया । हरिवंश जी ने उन्हीं दिनों प्रभात खबर की कमान अपने हाथों में ली थी । उनके

साथ संजीव क्षितिज, हरिनारायण सिंह, विनय बिहारी सिंह और कृपाशंकर चौबे ने भी प्रभात खबर ज्वाइन किया था । कुछ दिन तक मुझे ट्रायल पर रखे जाने की बात कही गई, जिसे मैंने मान भी लिया । लगभग डेढ़ महीने के ट्रायल के बाद मुझे कनफर्म किया गया ।

बहरहाल मैं बात कर रहा था पहले दिन की । पहले दिन ही मुझे प्रादेशिक खबरों के डेस्क की जिम्मेदारी सौंपी गई । इसके पहले रांची एक्सप्रेस में काम करने के दौरान मैंने कभी भी बिना किसी को चेक कराए कंपोजिंग के लिए खबरें नहीं भेजा था। मतलब मैंने इसके पहले हमेशा किसी सीनियर के अंडर में ही काम किया था । यही कारण था कि जब मुझे प्रभात खबर में प्रादेशिक डेस्क की जिम्मेदारी सौंपी गई तो मैंने साफ कहा कि कुछ दिन तक किसी सीनियर पत्रकार के साथ काम करने के बाद ही मैं यह जिम्मेदारी ले सकता हूं । लेकिन इसके जवाब में मुझे यही कहा गया कि विनय आप अपना काम ईमानदारी से करें, हम लोगों को आप पर भरोसा है । इस एक वाक्य ने ही सच में मेरे मन में इतना आत्मविश्वास भर दिया कि पहले दिन से ही मुझे कभी भी काम करने में कोई परेशानी नहीं हुई । उस दिन मिले आत्मविश्वास का ही फल है कि मैंने रांची से दिल्ली आने के बाद भी कभी भी और कैसी भी परिस्थिति में हार नहीं मानी और हमेशा ही दम ठोंक कर काम किया । प्रादेशिक डेस्क पर काम करने के दौरान चुनाव आ गए । मुझे याद है कि तब मुझे प्रादेशिक डेस्क से हटाकर चुनाव डेस्क की जिम्मेदारी यह कहते हुए दी गई थी कि अभी के समय में लोगों का ध्यान चुनाव की खबरों पर अधिक होता है, इसलिए हर हाल में चुनाव डेस्क की जिम्मेदारी उसी को दी जा सकती है, जो काम के दबाव से घबराये बिना अधिक-से-अधिक काम कर सके । मुझे खुशी है कि मैंने इस जिम्मेदारी को भी बखूबी निभाया और इसके लिए मुझे अपने तमाम वरिष्ठ सहयोगियों से शाबाशी भी मिली । कुछ दिन मैं फीचर डेस्क पर भी रहा और फिर प्रभात खबर में अपने आखिरी दिनों में सिटी डेस्क की जिम्मेदारी भी संभालता रहा ।

प्रभात खबर में काम करने के दौरान का एक और वाक़या मेरे ध्यान में आता है, जिसने मेरी पत्रकारिता की शैली को कुछ और भी नये आयाम दिये । शायद वो फरवरी का महीना था । एक दिन संजीव क्षितिज ने मुझे अपने चेंबर में बुलाया और पूछा कि शनिवार को क्या कर रहे हो? शनिवार मेरा साप्ताहिक अवकाश का दिन हुआ करता था । शनिवार के लिए मेरे पास कोई खास योजना नहीं थी । ऐसे में उन्होंने कहा कि मुझे एक दिन के लिए पलामू चला जाना चाहिए जहां नक्सलवादी गुटों ने दहशत बना रखी थी । नक्सली और उनके खिलाफ बने संगठन सनलाइट सेना के आपसी संघर्ष ने आमलोगों का जीना मुहाल कर दिया था । उन्होंने कहा कि वीकली ऑफ के दिन घर में सोने से अच्छा है कि मैं वहां जाकर रिपोर्टिंग कर आऊं । शुक्रवार की रात ही मैं अखबार ले जाने वाली गाड़ी से पलामू निकल गया । अपना कैमरा मैं अपने साथ ले गया था । दिन भर पलामू के तमाम गांवों में और आस-पास के नक्सली ठिकानों पर भटकने के बाद मैं जब एक दिन बाद वहां से लौटा तो नक्सलवाद के तमाम पहलुओं को लेकर रिपोर्ट का खाका मेरे मन में बन चुका था । मेरी यह खबर कई फोटो के साथ प्रभात खबर में एक बड़ी रिपोर्ट के रूप में डेढ़ पेज में छपी और इसकी तब काफी चर्चा भी हुई । इसके बाद तो मैंने सासाराम के

अपहरण उद्योग पर भी फुल पेज रिपोर्टिंग की । शायद यह सिलसिला आगे भी चलता, लेकिन इसी बीच मैंने कुछ गलतफहमियों की वजह से प्रभात खबर से नाता तोड़ लिया और वापस रांची एक्सप्रेस ज्वायन कर लिया । लेकिन संजीव जी की प्रेरणा से बाद में जब मैं रांची एक्सप्रेस छोड़कर दिल्ली आया तब भी मैं वीकली ऑफ का उपयोग अलग-अलग इलाकों में जाकर वहां की रिपोर्टिंग करने में करता रहा । इससे न केवल मुझे दिल्ली की पत्रकारिता में पहचान मिली, बल्कि रिपोर्टिंग के बहाने ही मुझे कई नयी जगहों को देखने और जानने का मौका भी मिला । इस अनुभव को मैं अपने पत्रकारिता जीवन की अमूल्य निधि समझता हूं ।

(लेखक टीवी पत्रकार हैं। यह लेख उन्होंने 2009 में लिखा था, तब वे न्यूज 24 में एसोसिएट सीनियर प्रोड्यूसर के पद पर कार्यरत थे।)

जज्बा भरनेवाला गुरुकुल

कृष्ण मुरारी किशन

प्रभात खबर के रूप में ज्ञानरंजन जी ने एक ऐसे अखबार की कल्पना की थीं, जो मिट्टी से जुड़ा हो और लोगों के दिलों से भी। पर कुछेक कारणों से वे प्रभात खबर को अपने सपने के अनुरूप स्थापित कर नहीं पाये। ऐसे में हरिवंश जी ने प्रभात खबर की कमान संभाली। हरिवंश जी ने स्वयं खाद-पानी बनते हुए अखबार को सिर्फ नवजीवन ही नहीं दिया बल्कि प्रभात खबर के रूप में उन्होंने पत्रकारिता का एक गुरुकुल ही स्थापित कर दिया। रांची से निकलनेवाला एक क्षेत्रीय अखबार होने के बाद भी इसकी राष्ट्रीय-अंतरराष्ट्रीय पहचान बनी।

प्रभात खबर में काम एक कम्यून की तरह होता है और इससे जुड़ा हर पत्रकार कॉमरेड है। हर कोई एक-दूसरे की मदद कर अखबार के हित की या कह सकते हैं कि लोकतंत्र के चौथे पाये के हित की सोचता है। इस अखबार में प्रभात खबर टोली जैसी अनूठी टीम काम करती है। ऐसा अखबार सबसे अलग दिखाई देता है और कभी मरता नहीं है। इसका अपना अलग अस्तित्व है। आज के इलेक्ट्रॉनिक युग में जबकि प्रतियोगिता काफी है, तब भी यह अखबार तेजी से आगे बढ़ रहा है। आज स्थिति यह हो गयी है कि बहुत से बड़े अखबार विषय वस्तु के मामले में प्रभात खबर का अनुसरण कर रहे हैं। प्रभात खबर की इस सफलता के पीछे है पाठकों के साथ इसका जीवंत रिश्ता।

जहां तक प्रभात खबर के साथ मेरे व्यक्तिगत जुड़ाव का संबंध है, यह हरिवंश जी के साथ पुराने रिश्ते का ही एक्सटेंशन था। हरिवंश जी से मेरा जुड़ाव धर्मयुग के जमाने से ही था। बात मंड्ल आयोग की सिफारिशों के बाद भड़के आरक्षण आंदोलन की थी। हरिवंश जी मुंबई से आकर इस घटना पर रिपोटिंग करते और तसवीरें मेरी होतीं। इतना ही नहीं, कभी-कभी आपात स्थिति में मुझे भी कुछ रिपोर्ट लिखनी पड़ती। मेरी आधी-अधूरी रिपोर्ट को हरिवंश जी एक अच्छे लेख में तब्दील कर देते। प्रभात खबर के शुरू होने के बाद मैं पटना से इसके लिए खबर व तसवीरें भेजने लगा। तब सूचना तकनीक का ऐसा विकास नहीं हुआ था। खबरें जल्द पहुंचें, इसके लिए हम हवाई जहाज की सहायता लेते। अपने तेवर के कारण तब पटना से नहीं छ्पने के बाद कई ऐसी खास खबरें-लेख प्रभात खबर में छ्पने लगीं, जिसे पटना के अखबार नहीं छाप

पाते थे। जैसे कि डॉ विनयन के नक्सल आंदोलन से जुड़ी खबरें। पटनावासियों के लिए यह गागर में सागर के समान था और मेरे लिए हर कदम पर हौसला बढ़ानेवाला साथी। आप अगर एक पत्रकार का हौसला भर बढ़ाते हैं तो वह दोगुने जोश से काम करने लगता है, क्योंकि वह एक मिशन पर होता है। संसाधन-सुविधाओं से इतर उसे हौसला अफजाई की ज्यादा जरूरत होती है। मुझे याद है कि मेरे हर उल्लेखनीय काम पर हरिवंश जी मेरी पत्नी को फोन कर कहा करते थे कि आज इसने बहुत अच्छा काम किया है, इसे एक रोटी ज्यादा खिलाना। तब मैं दुबला-पतला भी था।

हरिवंश जी में एक खासियत यह भी है कि आप जब किसी असाइनमेंट पर हों तो आपको कभी अकेला महसूस नहीं होने देंगे। उनकी आंखें आपको रास्ता बताने के लिए आपके आस-पास घूमती रहती हैं।

प्रभात खबर की झारखंड आंदोलन को गति देने में बहुत ही खास भूमिका रही है। हम ऐसा कह सकते हैं कि इसने एक नया राज्य बना दिया। ऐसी स्थिति कभी इनाडु की थी। आज प्रभात खबर प्रशासन-जनता-बुद्धिजीवी सबके बीच समान रूप से विश्वसनीय है। मैंने कई बार शिबू सोरेन को यह पूछ कर तसल्ली करते सुना है कि अमुक खबर प्रभात खबर में छपी है कि नहीं।

प्रभात खबर का थीम हमेशा नेशनल रहा है। इस कारण इसका अपना अलग आकर्षण है। मुझे तो यह प्रतिष्ठित साप्ताहिक पत्रिका रविवार का दूसरा रूप दिखाई देता है। प्रभात खबर ने पत्रकारिता की गरिमा को नयी ऊंचाई दी है। इसके अनूठे प्रयोगों के कारण इसका चुंबकीय आकर्षण है। जैसे धौनी, रवि शंकर जैसे पब्लिक फिगर का एक दिन का एडीटर बनाना। ऐसे प्रयोगों से यह अखबार पाठकों के साथ काफी तेजी से जुड़ा है। प्रभात खबर का अंक, विशेषकर विशेषांक संग्रहणीय होते हैं। हर सजग पाठक इसे रेफरेंस बुक की तरह इस्तेमाल करते हैं।

प्रभात खबर का पुराना साथी होने के हक से यही कहूंगा कि भविष्य की चुनौतियों को देखते हुए अखबार को चाहिए कि वह समय व तकनीक के साथ चले। पर सबसे बड़ी जरूरत है कि प्रभात खबर टोली अपना जज्बा, अपनी संवेदनशीलता, अपनी जनपक्षधरता बनाये रखे।

(लेखक वरिष्ठ छायाकार थे। यह आलेख 2009 में मनीष शांडिल्य से बातचीत पर आधारित है।)

एक जरूरत, जिस पर हमेशा फख्र रहेगा

जिले के रिपोर्टर से स्टार न्यूज तक की यात्रा

अनिस कुमार सिंह

प्रभात खबर के साथ मेरे अनुभव किस तरह के रहे हैं, इसे बताने से पहले मैं एक खास बात बताना चाहूंगा। वह यह कि इंटरनेट की दुनिया में कदम रखने के साथ ही जो ई-मेल आईडी मैंने बनाई थी वो आज भी चल रही है। इसके बारे में मैं आगे बताऊंगा तो अच्छा रहेगा। वैसे तो मैं छपरा जिले के मढ़ौरा अनुमंडल स्थित एक छोटे से गांव परौना का रहने वाला हूं। लेकिन दसवीं के बाद की मेरी शिक्षा-दीक्षा इलाहाबाद और दिल्ली में हुई। मेरे अब तक के जीवन में बहुत भटकाव रहे। कुछ ऐसी बातें मैं बताना चाहूंगा जो शायद पढ़ने के लिए घर से बाहर कदम रखने वाले अधिकतर बच्चों के साथ होता है।1996 में मेरे पिता का देहांत हुआ। बड़े भाई की अनुकंपा पर नौकरी लगी। मां एक घरेलू महिला। घर की हालत उतनी अच्छी न थी लेकिन फिर भी मेरे भैया और मां ने मुझे दसवीं के बाद आगे की पढ़ाई के लिए इलाहाबाद भेजा। मैंने वहां से 12वीं पास की और फिर आगे की पढ़ाई के लिए चला आया दिल्ली। जरूरतें बढ़ीं। खर्च बढ़े लेकिन घर से पैसा वक्त पर पहुंचता रहा। मैं कभी इंजीनियर बनने के सपने देखता तो कभी आईएएस। लेकिन कुछ सोचकर मैंने बीआईटी में दाखिला लिया। तीन वर्षों तक कंप्यूटर की पढ़ाई की लेकिन मेरे मन में कुछ और ही चलता रहा। मैंने पहली बार 2004 में, जब मैं एक ग्रेजुएट बन गया था, मास कम्यूनिकेशन के बारे में सुना। फिर क्या था मैंने आईआईएमसी के लिए फॉर्म भरा और लिखित परीक्षा पास कर ली। लेकिन वाद-विवाद और साक्षात्कार के फाइनल मार्क्स में मैं कुछ अंकों से अन्य प्रतियोगियों से पिछड़ गया। यह रही सन् 2004 की बात। साक्षात्कार तक पहुंचकर मेरा मनोबल बढ़ा। और मैंने सूचना तकनीक के क्षेत्र में आगे की पढ़ाई करने के बजाय अगले एक साल तक आईआईएमसी की तैयारी में ही जुटा रहा। इस बार भी मेरा दाखिला न हो सका और अंततः साक्षात्कार में लटक गया। मैंने फिर भी हिम्मत न हारी और तीसरे प्रयास के लिए फिर से जुट गया लेकिन इस बार मैं पत्रकारिता क्षेत्र का कुछ अनुभव बटोरना चाहता था ताकि अगले बार साक्षात्कार में मेरा पलड़ा कुछ भारी हो सके। इसलिए फिराक में लग गया कि कहीं इंटर्नशिप का ही मौका मिल जाए। दिल्ली के आईटीओ स्थित वीर

अर्जुन, राष्ट्रीय धारा और महामेधा जैसे अखबारों का चक्कर लगाता रहा। लेकिन कुछ हासिल नहीं हुआ। फिर एक दिन मैंने सीधे कस्तूरबा गांधी मार्ग स्थित दैनिक 'हिंदुस्तान' के दफ्तर में जाने की हिम्मत जुटाई। एक दिन पहुंच गया कार्यालय। चूंकि मैंने उन दिनों हिंदुस्तान अखबार की लोकवाणी में कुछ लिखना शुरू कर दिया था और कुछ छपे भी थे। उसी को अपना सहारा बनाकर मैं अरविंद मोहन जी से मिलने पहुंच गया। चार घंटों तक दफ्तर में इंतजार करने के बाद उनसे मिलने का मौका मिला। इस आस में कि कहीं कुछ काम मिल जाए। मैं एक आज्ञाकारी बेरोजगार ग्रेजुएट की तरह उनके सामने उपस्थित हुआ। उन्होंने मेरी बात सुनी और मुझे साहित्य वाचस्पति जी के पास भेज दिया। उस समय वे नई दिशाएं देखा करते थे। किसी बड़े अखबार के कार्यालय में घूमने का यह मेरा पहला अनुभव था। किसी तरह मैं उन्हें ढूंढ़ पाया और अपनी बात सामने रखी। बातचीत का लब्बोलुआब जो निकला वह मेरे लिए किसी ब्रह्मवाक्य से कम न था। 'यू हैव टू स्टार्ट फ्रॉम इनिशियल लेवल।'

चार महीने गुजर गए। मैं फिर भी बिना मास-कम्यूनिकेशन में डिग्री या डिप्लोमा किए इंटर्नशिप के लिए भटकता रहा। मैं दिन-प्रतिदिन निराश होता जा रहा था। लेकिन पत्रकारिता का भूत ऐसा चढ़ा था जो उतरने का नाम ही न लेता था। मैं पीछे भी नहीं मुड़ सकता था क्योंकि मैंने कंप्यूटर इंजीनियरिंग की जो तीन साल में पढ़ाई की थी वह डेढ़ साल बाद दिमाग से लगभग निकल चुकी थी। और तो और अब भविष्य में कुछ करने के लिए मेरे पास केवल एक ही क्षेत्र बचा था और वह थी पत्रकारिता।

एक रात मेरे दोस्त के घर पार्टी थी। मैं भी शामिल हुआ। वहां मेरे अभिन्न मित्र अश्विनी और कौशलेंद्र ने मुझे एक राय दी। राय यह थी क्यूं न मैं अपने जिले से ही पत्रकारिता की एबीसी सीखूं। लेकिन मैंने इनकार कर दिया। डरता था कि घर वाले मुझे देखकर कहीं ये न सोच बैठें कि इतने साल की पढ़ाई-लिखाई बेकार हो गई। तब उन्होंने छपरा से सटे भोजपुर जिला मुख्यालय आरा जाने की राय दी। राय अच्छी लगी। चूंकि उसी समय जून, 2005 से पंजाब केसरी का बिहार-झारखंड स्पेशल पृष्ठ निकलना शुरू हुआ था। मुझे ऐसा दिलासा दिया गया कि वहां जाते ही पंजाब केसरी में मुझे रख लिया जाएगा। मैंने अपने घरवालों को बिना बताए आरा जाने का फैसला कर लिया और 26 अगस्त, 2005 को वहां पहुंच गया। पहुंचने पर पता चला कि जो उम्मीदें बांधकर मैं वहां पहुंचा था वे सभी थोथी निकलीं। पंद्रह से बीस दिनों तक खुद अपने पैसे से आरा से दिल्ली स्थित पंजाब केसरी कार्यालय के लिए खबरों को फैक्स से भेजता रहा लेकिन एक खबर तक नहीं छपती। फिर आखिर कबतक मैं यूं ही काम करता। शायद दिल्ली कार्यालय में मेरी लेखनी पसंद न आती हो क्योंकि सामान्य लेखनी और अखबार की लेखनी में कुछ बुनियादी अंतर होते हैं जो मुझे बाद में प्रभात खबर से सीखने को मिला।

छोटा शहर, अनजान गलियां। भला हो मेरे मित्र अश्विनी के घरवालों का जिन्होंने इस अनजान शहर में मुझे न केवल अपने घर में पनाह दी बल्कि बेटे से भी बढ़कर माना। मैं नए अवसर की तलाश में लगा रहा और एक दिन प्रभात खबर के आरा कार्यालय से जुड़ने की

पेशकश आई। मैं सहर्ष तैयार हो गया। दिन था मंगलवार और तारीख थी 27 सितंबर, 2005। मैं तब तक प्रथम प्रवक्ता मैगजीन के बिहार संस्करण, जिसके संपादक राजीव रंजन चौबे थे, के साथ जुड़ चुका था। मेरी कुछ रिपोर्ट भी इस पत्रिका में छप चुकी थी। शायद इसी बात को लेकर आरा कार्यालय के ब्यूरोचीक मिथिलेश जी ने मेरे सामने प्रभात खबर से जुड़ने की पेशकश की। काम शुरू हुआ। शुरुआती दिनों में आरा कार्यालय से जुड़े रामाशंकर जी ने मुझे कुछ हद तक लिखने की कला सिखाई। बाकी मैं खुद कुछ दिनों में समझ गया। दिन भर शहर के किसी न किसी कार्यक्रम में शामिल होना, घुमक्कड़ की तरह इधर-उधर भटकना, शाम 5 बजते ही कार्यालय में पहुंचना। फिर दिन भर में शामिल कार्यक्रमों की खबर बनाना, अनुमंडल स्तरीय स्ट्रिंगर से फोन करके खबर लेना और उसे सुधारना और साथ-ही-साथ प्रेस विज्ञप्तियों को लिखना रोज-रोज के काम में शुमार हो चला था। और इस तरह के रात के साढ़े ग्यारह या बारह बज जाया करते। एक दिन की भी छुट्टी नहीं और ना ही एक पैसा मिलना। फिर भी मैं जो सोचकर आरा आया था मेरा वो काम तो चल ही रहा था इसलिए मुझे यह करके तसल्ली मिलती थी। एक महीने तक अपने दोस्त के घर में रहने के बाद मैंने किराए पर एक घर ले लिया। घरवालों को मेरे आरा आने की बात बहुत पहले ही मालुम हो गयी थी लेकिन मैंने उन लोगों को किसी भी तरह मना लिया था। तर्क यह था कि मैं यहां यानी आरा में पत्रकारिता के क्षेत्र में कुछ अनुभव लेने आया हूं, फिर कुछ दिनों बाद दिल्ली वापस लौट जाउंगा। घरवाले पैसे भेजते रहे और आरा में घुमक्कड़ी का जीवन चलता रहा। मैं इस बीच हर सरकारी दफ्तर में जाता और उनके आगे-पीछे का रेकॉर्ड खंगालता। इस तरह मेरी कुछ बाइ-लाइन रिपोर्ट भी प्रभात खबर में प्रकाशित की गई जो आज भी मेरे पास एक धरोहर की तरह है। मेरे काम को देखकर शायद आरा ब्यूरो मिथिलेश जी को मुझ पर दया आई होगी और 10 फरवरी, 2006 से उन्होंने अपनी जेब से मुझे 300 रुपये महीने देने शुरू किए। यह मेरी पहली तनख्वाह थी। कार्यालय के सामने सड़क पार करते ही ठीक सामने ही गोइठे पर लिट्टी बनाने वाला आज भी दुकान लगाता है। मैं अक्सर रात में वहीं अपनी भूख मिटाता था।

हालात मुश्किल थे लेकिन आर्थिक मामलों में ऐसी स्थिति सिर्फ मेरी ही नहीं थी। मुफस्सिल में काम करनेवाले अधिकांश पत्रकारों की दशा एक-सी थी। लेकिन संघर्ष में उन पत्रकारों का जोश हमेशा याद रहेगा। आखिर मैं कैसे भूल सकता हूं कोईलवर से रोजाना साइकिल से आकर वहां की खबरों से रू-ब-रू कराने वाले शगीर आलम को, जो सुबह-सुबह सबके घरों में अखबार पहुंचाने का काम करते और साथ ही पत्रकार की भूमिका भी अदा करते। संदेश के अरुण जी, जो एक ब्राह्मण हैं। पूजा-पाठ कराने के साथ पत्रकारिता की बागडोर भी संभाला करते। इन दोनों के जज्बे को मेरा सलाम। पीरो से फैक्स की लड़ी लगाने वाले विजय जी को जिन्हें हम प्यार से बाबा कहा करते थे। शाहपुर के मोहन गुप्ता को जो मुझे निजी तौर पर बहुत अच्छे लगते थे। उम्र में वो मुझसे छोटे थे जिन्हें मैं हमेशा खबर लिखने की कला सिखलाया करता था। उनकी नयी-नयी शादी हुई थी। खुशी तो मुझे भी हुई लेकिन मैं भीतर ही भीतर इस बात से चिंतित था कि एक अकेली जान के लिए तो पेट भरना इतना मुश्किल था, शादी करने

बाद दो जानें इस नौकरी पर कैसी पलेंगी ? डुमरांव के मुरली मनोहर को जिनकी स्क्रिप्ट अच्छी रहती थी उसमें मुझे ज्यादा सुधार करने की जरूरत नहीं पड़ती। अपने कार्यालय की बात करूं तो प्रभारी के तौर पर मिथिलेश जी की भूमिका सबको साथ लेकर चलने की रही। रामाशंकर जी बेहद जुझारू और काम के प्रति बेहद वफादार लगे जिनसे मैंने बहुत कुछ सीखा। शशि भूषण जी पेशे से एक शिक्षक थे। जब भी मैं उन्हें याद करता हूं तो भोजपुरी में लिखी उनकी एक रिपोर्ट की याद आती है जिसमें एक घास काटने वाले की नाव से डूबने की वजह से मौत की घटना को उन्होंने बेहद मार्मिक ढंग से पेश किया था। निरंजन दूबे, मेरे छोटे भाई की तरह। हर मोड़ पर साथ निभाने वाला एक महत्त्वाकांक्षी युवक।

देखते ही देखते दिन बीता और मई के महीने में मैंने तीसरी बार आईआईएमसी का फॉर्म भरा। इस बार किस्मत ने मेरी सुन ली और मेरा दाखिला भी हुआ, मैं बेहद खुश था। लेकिन आरा से मेरी नजदीकी इतनी ज्यादा हो चुकी थी कि मेरे आंसू निकल आए।

मैंने आईआईएमसी में दाखिले के बाद भी प्रभात खबर के लिए दिल्ली कार्यालय से फ्रीलांसिंग जारी रखी। इसके दौरान ही मेरी मुलाकात दिल्ली कार्यालय में कार्यरत संजय और सूरज जैसे नौजवान मित्रों से हुई। इन्होंने मेरा भरपूर साथ दिया। लगातार लिखते रहने की आदत रंग लाई और मैंने आईआईएमसी में टॉप किया। जिसका पूरा श्रेय मैं प्रभात खबर को ही दूंगा। जिसने मेरे सपनों को दिशा दी। उसे निखारा और आज मैं जो कुछ भी हूं इसी की बदौलत हूं, और इसी कारण मैंने अबतक अपना ई-मेल आई डी नहीं बदला जिसके अंत में पीके है। जिसका मतलब प्रभात खबर से है। प्रभात खब़र से जुड़ना मेरे लिए उस समय की जरूरत और आज फख्र की बात है। और अंत में मैं यही कहना चाहूंगा-

जीवन में असफल वही होते हैं, जिन्हे खुद पर होता नहीं यकीन।
कर्तव्य को अपने भार समझकर, ढोते रहना सही नहीं।
आंखों में सपनों को लेकर, जो कर्तव्य पथ पर बढ़ जाते हैं।
जीत उन्हीं की होती है, और बाकी देखते रह जाते हैं...

(लेखक दिल्ली में टीवी पत्रकार हैं। स्टार न्यूज में असिस्टेंट प्रोड्यूसर के पद पर रहते हुए यह लेख *2009 में लिखा* था)

शुक्रिया, मैं पत्रकार बन गया

संदीप कुमार

प्रभात खबर...! मेरे लिए महज एक अखबार का नाम भर नहीं है। यह एक एहसास... सुकून... साहस... जज्बा...जोश...और भी बहुत कुछ । कम-से-कम मेरे लिए प्रभात खबर तो कुछ ऐसा ही है। कॉलेज के दिनों में की गई छिटपुट पत्राकारिता को अगर दरकिनार कर दें तो सक्रिय पत्रकारिता का मेरा पूरा कॅरियर अभी कुल जमा चार साल का भी नहीं हुआ है। बीच में तकरीबन एक साल का समय इंडियन इंस्टीट्यूट ऑफ मास कम्यूनिकेसन में पत्रकारिता प्रशिक्षण के नाम रहा। 2003 में प्रभात खबर के साथ शुरू हुआ मेरा पत्रकारीय सफर आज भले ही एक लोकप्रिय न्यूज चैनल के न्यूज रूम तक जा पहुंचा हो लेकिन जब भी बात मेरी नींव की होगी उसमें प्रभात खबर का पत्थर मजबूती से टिका मिलेगा। अब जब यह अखबार कमोबेश मेरी ही उम्र का हो चला है तो इस अखबार के साथ की मेरी पुरानी यादें दिल-दिमाग में बड़ी जोर से हिलोरें मार रही हैं।

प्रभात खबर के साथ के अपने सफर की याद आती है तो लगता है जैसे यह तो कल की ही बात रही हो। प्रभात खबर से एक पाठक के तौर पर शुरू हुआ मेरा नाता इसके रूरल रिपोर्टर के रूप में कब और कैसे तब्दील हो गया... पता ही नहीं चला। यह प्रभात खबर का मैगनेटिक इफेक्ट ही था जिसने स्कूल में पढ़नेवाले एक पाठक को इतना बेचैन कर दिया कि जब उसके दोस्त डॉक्टर-इंजीनियर-अफसर बनने के ख्वाब देखते थे तब वो पत्रकार बनने की सोचा करता था। और बाकायदा इसके लिए मशक्कत भी करने लगा था। अखबार को पहले से लेकर आखिरी पन्ने तक देखकर समझने की कोशिश करने लगा था। 'लेटर टू एडिटर' में दो-चार अल्फाज लिखकर भी भेजने लगा। कुछ-कुछ छपने भी लगा था लेकिन कतर-ब्यौंत के साथ। मैंने हार नहीं मानी। कॉलेज खत्म होते-होते उसी अखबार के साथ हो लिया जिसमें कभी 'लेटर टू एडिटर' में दस लाइन भेजने पर दस शब्द छपते थे। अब आलम यह था कि दो खबर भेजने पर दो और खबर की डिमांड की जाने लगी थी। कुछ-कुछ ऐसा ही रहा पत्रकारिता में आने का मेरा सफर।

प्रभात खबर ने 2003 में बगोदर में जब अपना मॉडम सेंटर खोला तभी से मैं सक्रिय

रूप से इस अखबार के साथ हो लिया। इससे पहले एक पाठक और संघर्षशील लेखक के रूप में इस अखबार से मेरा नाता कॉलेज के शुरुआती दिनों से बना हुआ तो था ही। बगोदर में हमारी टीम कोई बहुत बड़ी नहीं थी लेकिन कोई खबर नहीं छूटती थी। हर दिन रूटीन स्टोरीज के अलावे स्पेशल स्टोरीज भी छपती। आलम यह था कि हमारा अखबार देखकर दूसरे अखबारों के बड़े पत्रकार बगोदर के अपने रिपोर्टरों को हड़काया करते थे। दरअसल हमने बगोदर को सिर्फ एक पाठक-बैंक के रूप में नहीं देखा।

हमने सिर्फ बगोदर प्रखंड मुख्यालय और बाजार को ही फोकस नहीं किया बल्कि उन सुदूर गांवों में भी गए जहां न तो हमारा अखबार पहुंचता था और न ही वहां तक पहुंचने के लिए ठीक-ठीक सड़क थी। दरअसल हमने पाठकों के साथ अपनापन वाला नाता बनाया। इसीलिए तो प्रभात खबर को हम सिर्फ रिपोर्टिंग ही नहीं करते थे बल्कि गांव-समाज में जागरूकता फैलाने की लड़ाई भी लड़ा करते थे। 'प्रभात खबर आपके गांव कार्यक्रम' के तहत हम कई गांवों में पहुंचे। इसी तर्ज पर हमने 'प्रभात खबर आपके स्कूल' कार्यक्रम चलाया। इस कार्यक्रम के तहत हम बगोदर के दूर-दराज के सरकारी स्कूलों में गए। कहीं सैकड़ों की तादाद में बच्चे तो मिले लेकिन बिल्डिंग के नाम पर दो जर्जर कमरे। ऐसे कई स्कूलों की समस्याओं को हमने गिरिडीह पेज की लीड स्टोरी बनवाई और व्यवस्था को कटघरे में खड़ा किया। लगातार आ रही खबरों का प्रभाव यह देखा गया कि बगोदर के तत्कालीन विधायक महेंद्र सिंह को अपने विधायक फंड का एक बड़ा हिस्सा स्कूलों के विकास के लिए देना पड़ा। गौर करने वाली बात यह थी कि जिन स्कूलों को फंड मिला उनकी बदहाली की कहानी प्रभात खबर पहले ही छाप चुका था।

बगोदर में प्रभात खबर ने पर्यावरण जागरूकता फैलाने में भी अहम भूमिका निभायी। तुकतुको से लेकर खंभरा तक के गांवों में चल रहे जंगल बचाओ अभियान को तो हमने फोकस किया ही साथ ही अपने पर्यावरण संरक्षण की मुहिम भी छेड़ी। इसी का नतीजा है कि आज भी बगोदर के गर्ल्स हाई स्कूल कैंपस में कई पेड़ लहलहा रहे हैं। प्रभात खबर के प्रयास से इस स्कूल में वृक्षारोपण कार्यक्रम चलाया गया था और भारी संख्या में यहां फलदार और छायादार पेड़ लगाए गए थे।

बगोदर प्रखंड मुख्यालय में घर होने की वजह से इसके दूर-दराज के इलाकों में जाने का पहले कभी मौका नहीं मिला था। लेकिन प्रभात खबर के लिए रिपोर्टिंग करते हुए बगोदर के हर उस कोने तक पहुंचा जो भारत की एक अलग तस्वीर ही नुमायां करता है।

बगोदर से सुदूर कारीचट्टान और पिपराडीह के उन बिरहोर आदिम जनजातियों के पास जाने और उनपर लिखने का भी मौका मिला जो आज भी बड़ी ही दयनीय हालत में रहते हैं। संथाल जनजातियों की दुर्दशा की कहानी तो किस्तवार छपी। फागू मांझी नाम के एक आदिवासी की दर्दनाक कहानी भी छापने का मौका मिला जिसे जेल में रहते हुए भी कथित तौर पर उग्रवादी गतिविधियों में संलग्न बताकर उसपर कार्रवाई की गई थी। इस स्टोरी की गूंज विधानसभा तक में उठी थी और बाकायदा विधानसभा की एक जांच समिति भी गठित की गई थी। एचआईवी

पॉजिटिव से ग्रस्त कई लोगों की केस स्टडी करने और उसपर स्टोरी करने का भी मौका मिला। और यह सब हो पाया प्रभात खबर के चलते।

इस अखबार ने ना सिर्फ मेरी स्पेशल और डेवलपमेंटल स्टोरी को जगह दी बल्कि सीनियर्स के जमकर कंप्लीमेंट भी मिले। हमने स्टोरी दी, अखबार ने स्पेस दिया। एक रूरल रिपोर्टर को भला इससे ज्यादा और क्या चाहिए था। एक रूरल रिपोर्टर की आखिर कितनी स्टोरी बाइलाइन आ पाती है लेकिन मुझे याद है कि मेरी एक भी स्पेशल स्टोरी शायद ही बगैर बाइलाइन की छपी हो। मुझ जैसे रूरल रिपोर्टर पर प्रभात खबर ने जिस तरह से भरोसा जताया उसे ताजिंदगी भुला नहीं जा सकता। प्रभात खबर के उस भरोसे ने ही मुझमें यह भरोसा जगाया कि पत्रकारिता के इतर कभी कुछ सोच भी नहीं पाया।

एक छोटी कहानी याद आ रही है। 2004 की बात है। प्रभात खबर के एक वरिष्ठ पत्रकार बगोदर से होकर गुजर रहे थे। उनसे मुलाकात का मौका मिला तो उन्होंने छूटते ही पूछा कि आगे क्या करने का इरादा है? शायद वो यह जानना चाहते थे कि कहीं मैं सिविल या बैंकिंग में तो नहीं जाना चाहता! दरअसल उन्हें पता चल गया था कि मैं साथ-साथ में पढ़ाई भी कर रहा हूं सो उन्हें संदेह था कि मैं महज टाइमपास के लिए ही पत्रकारिता में हूं। लेकिन तब मैंने बड़े कमिटमेंट के साथ उन्हें जवाब दिया कि बस पत्रकारिता करनी है और कुछ भी नहीं। आज वो वरिष्ठ पत्रकार दिल्ली के एक अखबार में काम कर रहे हैं और यहीं एक दिन उनसे मुलाकात भी हो गई। हालांकि साल 2004 की वो बातचीत उनके जेहन में तो नहीं ही रही होगी लेकिन मुझे इस बात का आज भी गुमान जरूर है कि मैंने उस वक्त किए गए कमिटमेंट को बरकरार रखा है।

मेरा मानना है कि यह कमिटमेंट प्रभात खबर में काम करते-करते ही पैदा हुआ जो आज भी जर्रे-जर्रे में इस कदर बसा है कि पत्रकारिता से अलग हटकर कुछ सोच नहीं पाता। इसलिए यह महज इत्तेफाक नहीं कि साल 2005 में इंडियन इंस्टीट्यूट ऑफ मास कम्यूनिकेसन के इंटरव्यू में जब मुझसे पूछा गया कि पत्रकारिता में क्यों आना चाहते हो तो मेरा सीधा-सपाट जवाब था- मुझे नहीं पता कि पत्रकारिता नहीं करता तो और क्या करता? इसके बाद पूरे इंटरव्यू में मुझसे सिर्फ और सिर्फ प्रभात खबर और इस अखबार के साथ काम करने के मेरे अनुभवों के बाबत ही मुझसे पूछा गया। कहने में मुझे संकोच नहीं कि आईआईएमसी में मेरे सेलेक्शन से लेकर यहां पढ़ने तक में प्रभात खबर में काम करने के मेरे एक्सपेरिएंस बहुत काम आए। तभी तो प्रभात खबर पत्रकारिता की मेरी पहली पाठशाला रही है।

आईआईएमसी के मार्फत फिर टीवी पत्रकारिता में ब्रेक मिला। यानी कि आज जो भी हूं जहां भी हूं जैसा भी हूं उसमें प्रभात खबर की भूमिका सर्वोपरि है। इसे भूल नहीं सकता और ना ही यह भुलाया जा सकता है। दिल्ली में प्रभात खबर की हार्ड कॉपी देखने आज भी छुट्टियों के दिन आईआईएमसी की लाइब्रेरी में जाता हूं। लाइब्रेरी में पुरानी प्रतियों को उलटते-पुलटते थोड़ा नोस्टैल्जिक हो जाता हूं। दिल्ली में जहां लोग किसी अखबार को औसतन सात मिनट का समय तक नहीं दे पाते वहां सात दिन पुराने अखबारों को पढ़ने-देखने का क्या मजा है, यह

कोई मुझसे पूछे। दरअसल कोई भी अपने उस पहले गुरु को नहीं भूल पाता जिससे वो ककहरा सीखता है। प्रभात खबर मेरा पहला गुरु रहा है जहां मैंने पत्रकारिता का प से लेकर पत्रकारिता के पेच तक सीखे।

प्रभात खबर के साथ 2003-04 के दौरान तकरीबन दो साल काम करने का मौका मिला। लेकिन आज भी प्रभात खबर से कुछ-न-कुछ जरूर सीखता हूं और मेरे सिर पर गुरुदक्षिणा का बोझ हर दिन बढ़ता ही जा रहा है। यूं तो लोग जितनी जल्दी हो सके कर्ज से छुटकारा पा लेना चाहते हैं लेकिन मैं प्रभात खबर के इस कर्ज के साथ ही ता-उम्र जीना चाहता हूं।

जोहार झारखंड!

जोहार प्रभात खबर!!

(लेखक टीवी पत्रकारिता के बाद अब अध्यापन के क्षेत्र में हैं। यह आलेख 'आज तक' में रहते हुए 2009 में लिखा था।)

जज्बे में रंग भरनेवाला साथी

मणिमाला

सत्तर और अस्सी के दशक में बोधगया आंदोलन के दौरान मैंने समाज के कुछ अनदेखे पहलू देखे। बेइंतहा गरीबी, जिसकी कल्पना उससे पहले नहीं कर सकती थी। हर गांव में एक-एक दक्षिण टोला देखा। गांव के आम बसाहट से दूर दक्षिणी कोने में सूअर के बखोर में इंसानों को रहते हुए देखा। इन दलितों को वहां की जबान में हरिजन, चमरा, डोम कुछ ऐसे ही शब्दों से पहचाना जाता था। इनकी कोई सामाजिक हैसियत नहीं थी। सूरज निकलने से लेकर सूरज ढलने तक, दिन भर हाड़तोड़ मेहनत और शाम को धान के साथ-साथ भूसी खाना फिर उसी बखोर में अपने सूअर और मुर्गियों के साथ थोड़ी-सी जगह निकालकर सो जाना। सुबह उठना। अगर घर में थोड़ा बहुत सत्तू बचा हो तो पीना और फिर निकल जाना दबंगों-अमीरों की तीमारदारी में। मां-बप दोनों काम पर। बच्चों को जहां पेट भर खाना नसीब नहीं हो वहां स्कूल की बात कौन करे? इन्हीं परिस्थितियों में समाज की खुली किताब को थोड़ा-बहुत पढ़ना सीखा, बिना किसी तरह के संपादन के, बिना किसी तरह के न्यूज सेलेक्शन के। वहां से शहर आती तो अखबार पढ़ती तो उसमें किसी बोधगया का कोई दक्षिण टोला नहीं मिलता। फिर शुरू होता सवालों का एक सफर 'खबरों की दुनिया इतनी बेखबर क्यों हैं'

उन दिनों मैं विज्ञान की छात्रा थी। बड़े मनोयोग से जीव विज्ञान में बीएससी कर रही थी। बोधगया जाने से पहले तक इरादा था 'जीन' के क्षेत्र में रिसर्च करना और एक वैज्ञानिक के रूप में नाम कमाना। बोधगया ने जीवन को नई दिशा दी, नए सवाल और समस्याएं खड़े कीं। और इनसे जूझने की नई शक्ति भी दी। वहीं से लिखना शुरू किया। कभी लेख कभी कोई कविता, तो कभी किसी इंसान की तस्वीर शब्दों के जरिए खींचने की कोशिश। उन्हीं दिनों हम, छात्र युवा संघर्ष वाहिनी के कुछ साथी मिलकर पटना से एक पत्रिका निकाला करते थे। कभी दस-बीस, तो किसी से पांच रुपये, कभी एक- दो रुपये चंदा उगाह-उगाह कर पेपर और प्रिंटिंग की व्यवस्था होती। लिखने का, रिपोर्टिंग करने का, संपादन प्रूफ रीडिंग हम सब आपस में मिल-जुलकर करते। सामाजिक सरोकारों सिर्फ सामाजिक सरोकारों की बातें होतीं इस पत्रिका में। इतना बता देना जरूरी है कि हमारे लिए राजनीति, शिक्षा नीति, अर्थनीति...ये सब

सामाजिक सरोकारों के ही विभिन्न पहलू हुआ करते थे। आज भी हैं। कुछ वरिष्ठ और कुछ बराबर के साथियों की सोच बड़ी स्पष्ट और कलम की धार बहुत तेज थी। उनके साथ थोड़ा-बहुत सीख रही थी।

तब कहीं से भी दूर-दराज तक पत्रकार बनने की बात दिमाग में नहीं थी। यह भी मालूम नहीं था कि लिखने के पैसे भी मिलते हैं और उसके सहारे जिंदगी गुजारी जा सकती है। वो तो पिपरा में जब 14 दलितों को जिंदा जला दिया गया था और रघुवीर सहाय ने मेरी डायरी के कुछ पन्ने एक रिपोर्ताज के रूप में 'दिनमान' में छापे और एक 'छोटा-सा बड़ा' चेक भेजा तो पहली बार मुझे पता चला कि लिखने के भी पैसे मिलते हैं। लिखती तो इससे पहले भी थी। पटना के अखबारों में। दिल्ली से निकलने वाली प्रत्रिका 'मानुषी' में। तब पटना के अखबार वाले लिखने का कुछ भी नहीं दिया करते थे। पता नहीं औरों को देते थे या नहीं। फिर भी हम लिखते थे । अपनी बात कहने के लिए । छपने पर हमें खुशी भी होती थी।

1980 में प्रसिद्ध समाजवादी चिंतक किशन पटनायक ने मुझे 'सामयिक वार्ता' के महिला अंक का संपादन करने का न्योता दिया। दोस्तों के साथ मिलकर वह अंक निकाला। पटना से लेकर दिल्ली तक के साथियों ने दिल खोलकर प्रशंसा की। उतना अच्छा तो नहीं निकल पाया था फिर भी शायद दोस्तों ने हौसला अफजाई के लिए इसे सराहा। किशन जी ने बताया कि इस अंक की मांग इतनी ज्यादा है कि आखिरी कॉपी तक नहीं बची। बहुत खुशी हुई। किशन जी का एक-एक शब्द हमारे लिए बहुत मायने रखता था। सामाजिक-राजनीतिक जिंदगी में और व्यक्तिगत जिंदगी में भी। अगले ही महीने इस अंक की कवर स्टोरी रविवार में और संपादकीय 'दिनमान' में फिर से छपी। इन दोनों ने चेक भेजे। ये दोनों ही पत्रिकाएं उस जमाने की काफी बड़े पैमाने पर पढ़ी जानेवाली पत्रिकाएं थीं। इन में छप गए तो समझो पत्रकार बन गए, ऐसा ही कुछ मानना था सब का।

और मेरा भी। मुझे लगा कि मेरी पत्रकारिता का सफर शुरू हो गया। साथ में यह भी लगा कि पत्रकारिता करते हुए सामाजिक सरोकारों और आंदोलनों से जुड़ाव बनाए रखा जा सकता है।

एमएससी करने के बाद रोजी-रोटी के जुगाड़ में अखबार के दफ्तरों के खाक छानना शुरू किया। दूसरी तरफ पढ़ाई भी जारी रखी। जिन अखबारों ने कॉलम लिखवाया उन अखबारों ने भी अखबारों के दफ्तरों में काम देने से मना कर दिया। कई संपादक तो अपने बहुत करीब के भी थे। आंदोलनों में इनका बड़ा सक्रिय योगदान भी रहा। इनसे मैंने पूछा था कि क्या कमी है मेरे काम में? मेरे लेखन में? मैं क्यों नहीं बन सकती पत्रकार? हर जगह से एक ही जवाब मिलता क्योंकि मैं लड़की हूं और लड़कियों के लिए हिंदी अखबार में जगह नहीं होती। इस जवाब ने पत्रकार बनने का मेरा इरादा पक्का कर दिया। मैंने तय किया कि अब प्रोफेशन के रूप में मुझे पत्रकारिता ही करनी है।

इस बीच केन्द्रीय विद्यालय में पढ़ाने का काम मिल गया। साथ ही जहां जगह मिलती, लिखती भी रही। इन्हीं दिनों 1984 में मेरा एमएड का रिजल्ट आया और मैंने स्कूल छोड़ने का मन बना लिया।

उसी समय रांची में एक नए हिंदी अखबार के आगाज की तैयारियां चल रही थीं। कुछ वरिष्ठ पत्रकारों ने इस अखबार 'प्रभात खबर' के संपादक विनोद जी से मेरा परिचय कराया। उन्होंने एक छोटी-सी परीक्षा लेकर मुझे रिपोर्टिंग के लिए रख लिया। पहली बार मुझे लगा कि वाकई सपने ही सच होते हैं और कोशिशें ही कामयाब। रांची शहर ने मुझे 'प्रेस रिपोर्टर' की पहचान दी। मैंने सबसे पहली रिपोर्ट रांची में आदिवासी लड़कियों का घरेलू नौकरानी के रूप में शोषण पर लिखा। बड़े अच्छे डिसप्ले के साथ एक चौथाई पेज पर बैनर के रूप में छपी यह न्यूज स्टोरी। उन दिनों रांची में 'न्यू पब्लिक' नाम से एक अंगरेजी अखबार निकला करता था। इसके संपादक और मालिक उत्तम दा थे। उन्होंने अपने दफ्तर में कुछ वरिष्ठ और कुछ युवा पत्रकारों को बुलाकर मेरा परिचय कराया। उस रिपोर्ट को 'स्टोरी ऑफ द वीक ' का दर्जा देकर सेलेक्ट किया। बस इसी तरह एक के बाद एक खबरें लेकर लोगों ने मेरे पास आना शुरू किया और मै भी अपनी समझ के अनुसार लिखती रही। डेस्क के साथी उसे सजो-संवारकर छापते रहे। सामाजिक सरोकारों के साथ पत्रकारिता करने का मेरा सपना बड़ा होता चला गया। उन दिनों की जो टीम थी प्रभात खबर में उसके कई साथी जेपी आंदोलनों से ही आए थे। हम एक-दूसरे को अच्छी तरह जानते थे। फैसल अनुराग, प्रकाश जी, मधुकर, विपेंद्र, अशोक जैसे ढेर सारे साथी। साइंस कॉलेज के मेरे सीनियर विजय भास्कर भी थे। उनके पास काम का बड़ा लंबा अनुभव था। ऑफिस का माहौल कुछ ऐसा था कि लगता ही नहीं था कि हम नौकरी कर रहे हैं। हालांकि काम दिन-रात करते थे। कई बार तो सारी-सारी रात ऑफिस में बितानी पड़ती थी। विजय जी कहते थे— छोटा अखबार है, नया अखबार है। यहां तुम्हें जितना सीखने को मिलेगा उतना बड़े अखबार में नहीं मिलेगा। घर जाकर तुम्हें करना क्या है। ठीक है कि तुमने अपनी रिपोर्ट दे दी है फिर भी देखो अखबार का हर काम कैसे होता है। अक्सर हम सुबह 4 बजे ऑफिस से एक साथ एक-एक अखबार लेकर अपने-अपने घर जाते थे। कई बार रास्ते में ढाबे या ठेलेवाले से चाय भी पी लिया करते थे। मेहनत में मस्ती का अजीबोगरीब आलम था। आज यह 'छोटा और नया' अखबार 'बड़ा और 25 साल पुराना' हो चला है तो एक सुखद एहसास से भर जाती हूं। मेरी पत्रकारिता की उमर भी यही पच्चीस साल हो चली है।

प्रभात खबर में काम करने का अवसर मेरे लिए पत्रकारिता के बंद दरवाजे खुलने जैसा था।

हालांकि काम के लिए खुला आसमान मिला था, कई दुश्वारियां ऐसी भी आयीं, जो कभी न खत्म होने वाले दुःस्वप्न की तरह थीं। सबका जिक्र करना मुमकिन नहीं। उनमें एक घटना ने तो मुझे पहली बार इस बात का एहसास कराया था कि पत्रकारिता का मेरा यह सफर बिना शुरू हुए ही खत्म हो जाएगा। मुझे पहली बार खुद के लड़की होने पर रोना भी आया था और तब कुछ देर के लिए यह भी सोचती रही थी कि क्या वाकई लड़कियों के लिए हिंदी अखबार में काम करना ठीक जगह नहीं। खैर! अभी तो यह मेरी चौथी रिपोर्ट ही थी। एक कांग्रेसी गुंडे के खिलाफ जिससे आम लोग, खास होस्टल में रहने वाली लड़कियां त्रस्त थीं। कुछ तथ्य व कुछ सबूत जुटाए और एक खबर लिखी। पहले पेज पर एंकर छपी। इधर अखबार निकला, उधर मेरी बहन हॉस्टल से गायब। लेकिन एक बार फिर गुंड़ागर्दी हार गई और एक लड़की का जज्बा

जीत गया। वह उनके हाथों से बचकर भाग निकली और अपने एक दोस्त के घर छिप गई थी। इस घटना का, जो दुर्घटना बनने से रह गया उसका उस पर बड़ा असर पड़ा था। बहुत डर गई थी वह, अब चुनौती और गहरी थी। पर हौसला उससे भी बड़ा था।

रांची शहर ने पहचान दी मुझे। वहाँ की लड़कियां, मुहल्ले की औरतें, कॉलेज की प्रोफेसर्स के साथ उठना-बैठना शुरू हुआ। कॉलेज की लड़कियां मेरे घर सिर्फ यह देखने आती थीं कि एक 'अकेली लड़की' कैसे रहती है। बड़ी खुश होती थीं वे। उनकी खुशी मुझे बड़ी ताकत देती थी। इसी बीच एक नवविवाहिता को जलाकर मारने की घटना हो गयी। ज्यादातर अखबार उसे 'हादसा' साबित करने की कोशिश कर रहे थे। दूसरी तरफ मालंच दी (मालंच घोष) सहित मुहल्ले की कई महिलाओं व कॉलेज की लड़कियों की अगुवाई में एक टीम बनाकर सामूहिक मशक्कत से तथ्य व सबूत जमा करके रिपोर्ट बनाती रही व अखबार में अहमियत से छपती रहीं। अब यह रिपोर्टिंग नहीं रह गयी थी, एक अभियान का रूप लेती जा रही थी। आरोपियों की जमानत अर्जी पर सुनवाई होती तो कॉलेज की लड़कियां, शिक्षिकाओं सहित गृहस्थ महिलाओं का हुजूम उमड़ पड़ता। पूरी-की-पूरी अदालती कार्रवाई की हर छोटी-बड़ी जिरह सुर्खियों में होती। आखिरकार उस मामले में जमानत की अर्जी खारिज हुई। मुहिम रुकी नहीं। 90 दिनों के अंदर आरोप पत्र दाखिल कराने का अभियान शुरू हुआ। इसी अभियान से उभरकर आया नारी उत्पीड़न विरोधी मंच। सालों तक यह महिला जन संगठन अपने सवालों से जूझता रहा। इस मंच ने नागरिक अधिकारों से जुड़े अन्य सवाल भी उठाए। रोमाचिंत कर देनेवाले इस अभियान ने भरोसा दिलाया कि सरोकारों वाली पत्रकारिता वाकई लोकतंत्र का चौथा खंभा है। इसी विश्वास को संजोकर मैं जयपुर चली गयी। नवभारत टाइम्स के जयपुर संस्करण के आगाज में शामिल होने। और भी कई यादें हैं। लेकिन फिलहाल इतना ही कहूंगी कि उम्मीद है, अपने पच्चीसवें साल में प्रभात खबर नये तेवर और साज-सज्जा के अपने उसूलों को बनाए रखेगा। समाज में रहकर समाज से जुड़ा रहेगा।

(लेखिका बुक्स फॉर चेंज से जुड़ी रही हैं। फिलवक्त अंतिम जन की संपादक हैं। यह आलेख 2009 में लिखी थीं।)

उनको देखा तो ये खयाल आया...

अखिलेश्वर पांड्य

यह उस युवक की दास्तान है जो छपरा (बिहार) के गांव बसंतपुर (एकमा) का मूल निवासी है। अपने समाज की बिगड़ती व्यवस्था देखकर अक्सर व्याकुल रहनेवाला यह युवक भी सामान्य युवकों की तरह ही भविष्य के सपने देखता पर जब खुद को तौलता तो पाता कि उसके पास तो कुछ भी नहीं है। न अपेक्षित संसाधन, न ही वह चातुर्य, जिसकी बदौलत वह कुछ कर पाए। बस थी तो एक ललक, एक जज्बा, एक हौसला। जो मन की असीम गहराइयों में कहीं छिपकर उसे झकझोरती कि उसे भेड़चाल में शामिल न होकर कुछ अलग करना है।

प्रत्येक व्यक्ति के पास कुछ बनने और न बन पाने की अपनी वजहें होती हैं और मैं भी इसका अपवाद नहीं हूं। मैं पत्रकार ही क्यों बना, इसका संबंध मेरे पत्रकार बनने के पूर्व के अनुभवों से है। ये अनुभव मेरे लेखन व पत्रकारीय जीवन के लिए एक वरदान की तरह हैं। हालांकि साधनविहीनता और तकलीफें महसूस करने मात्र से कोई पत्रकार नहीं बन जाता, लेकिन इन परिस्थितियों ने मुझे दूसरे लोगों के मुकाबले जीवन की एक गहरी समझ विकसित करने का मौका दिया। मैं सामाजिक विषमताओं के बीच पला-बढ़ा और अपने इर्द-गिर्द मैंने अन्याय और गरीबी का नंगा नाच देखा, इसलिए मेरे अंदर मानवता के प्रति सहानुभूति और असमानता के कांटों में जी रहे समाज के प्रति विद्रोह की भावना है। मुझे यह बताने में गर्व का अनुभव हो रहा है कि मेरे अंदर छिपे पत्रकार को पहचानने और उभारने में प्रभात खबर समूह के प्रधान संपादक श्री हरिवंश जी का विशेष योगदान रहा है।

फ्लैशबैक : समाचार पत्रों में मेरी रुचि कैसे हुई यह तो नहीं मालूम पर वर्ष 1992 तक मैं संपादक के नाम पत्र कॉलम में खूब छपने लगा था, पटना से प्रकाशित आर्यावर्त, हिंदुस्तान, आज और प्रभात खबर के साथ ही इंडिया टुडे, आजकल, वागर्थ, कादंबिनी, हंस आदि में। उन दिनों मैं छपरा राजेंद्र कालेज का छात्र था। इसी दौरान वहां हरिवंश जी का व्याख्यान सुनने को मिला। किसी नामचीन पत्रकार को उतना करीब से सुनने का यह मेरा पहला अनुभव था। मुझपर जादू-सा असर हुआ। मैंने ठान लिया कि मुझे पत्रकार बनना है। इसी प्रयास में मैंने प्रभात खबर, पटना के लिए लोकल रिपोर्टिंग शुरू कर दी। पर दो साल बाद ही यह लगने लगा

कि मेरी मंजिल यह नहीं है। तब तक मैं कविताएं व कहानियां भी लिखने लगा था, प्रकाशित भी हुईं। फिर मैं माखनलाल चतुर्वेदी राष्ट्रीय पत्रकारिता विश्वविद्यालय, भोपाल (मप्र) की प्रवेश परीक्षा में शामिल हुआ पर इस जद्दोजहद के साथ कि यह प्रोफेशनल कोर्स करने के लिए इतनी भारी-भरकम रकम कहां से आएगी? पिताजी से आर्थिक मदद मांगने की हिम्मत क्या मैं जुटा पाऊंगा? क्योंकि कालेज की पढ़ाई में मैं पिताजी की उम्मीदें पूरी नहीं कर पाया था और वे मुझसे नाराज थे। पर प्रवेश परीक्षा में मैं उत्तीर्ण हो गया और विश्वविद्यालय में दाखिले के लिए मेरा चयन हो गया। इस संदर्भ का पत्र मेरी गैर मौजूदगी में पिताजी ने ही रिसीव किया और काफी प्रसन्न हुए। तब तक उन्हें पता लग चुका था कि मेरी रुचि लेखन और पत्रकारिता में है। उन्होंने मेरा हौसला बढ़ाया और कहा कि तुम्हें पत्रकारिता की पढ़ाई करने भोपाल जाना चाहिए, और इस प्रकार मैं भोपाल पहुंच गया।

वहां पत्रकारिता का कोर्स करने के दौरान कई सृजनधर्मी व नामचीन पत्रकारों से बावस्ता हुआ। उसी दौरान एक बार मालूम हुआ कि वहां हरिवंश जी आ रहे हैं। मैं सकुचाते हुए उनसे मिलने गया, पर वे जिस तरह से मुझसे मिले मैं उनका मुरीद हो गया। उसके बाद वे जब भी कभी वहां आते मैं उनसे मिलने अवश्य जाता। 2002 में मेरा कोर्स खत्म हो चुका था। मैं नवभारत में बतौर ट्रेनी काम कर रहा था। एक दिन मैसेज मिला कि हरिवंश जी मुझसे बात करना चाहते हैं, रांची से फोन था। मैंने जब उन्हें फोन लगाया तो उन्होंने सिर्फ एक सवाल पूछा- क्या तुम प्रभात खबर से जुड़ना चाहोगे? मैं क्या बोलता। मुझे तो जैसे मन मांगी मुराद मिल गई हो? मेरे हां कहते ही उन्होंने कहा कि जितना जल्दी हो सकता है रांची चले आओ। इस प्रकार मेरा प्रभात खबर का सफर शुरू हुआ।

रांची में काम करने के दौरान प्रभात खबर से जुड़े कई अविस्मरणीय अनुभव हैं। संपादकीय टीम में तत्कालीन स्थानीय संपादक श्री वैद्यनाथ मिश्र जी जिन्हें सभी बाबा कहते थे, के साथ-साथ विजय पाठक जी, रंजन श्रीवास्तव, जीवेश रंजन व भाई विनय भूषण के साथ काम करते हुए काफी कुछ सीखने को मिला। वहीं मैंने देखा कि टॉप टू बॉटम तमाम मतभेदों व अन्तर्विरोधों के बावजूद शत-प्रतिशत आउटपुट कैसे दिया जा सकता है। इन लोगों के साथ काम करते हुए मैंने यह जाना कि टीम भावना बहुत जरूरी चीज है। मैं हरिवंश जी का विशेष रूप से आभारी हूं कि उन्होंने मुझे हमेशा ही कुछ अलग करने की प्रेरणा दी। डेस्क पर काम करते हुए भी उन्होंने मुझसे इसके इतर दुसरे ऐसी कई जिम्मेदारी भरा टास्क दिया जिससे मेरा आत्मविश्वास तो बढ़ा ही मैं कई अलग तरह की विषय वस्तुओं से रूबरू हो सका। वहां के कार्य अनुभव से मुझमें सृजनात्मकता, कठिन परिश्रम, लगन और ईमानदारी का उत्तरोतर विकास हुआ।

अब तक के अनुभव के आधार पर मैं यह कह सकता हूं कि हरिवंश जी की संपादक के रूप में सबसे बड़ी विशेषता यह है कि वे पत्रकारों को बेहतर अवसर प्रदान करने का प्रयास करते हैं। वे हरेक के साथ व्यक्तिगत रुचि लेकर उसकी पसंद व नापसंद के बारे में जानने का प्रयास करते हैं। यही वजह है कि उन्हें यह बखूबी मालूम होता है कि किससे क्या काम लेना है?

मैं अपनी बात प्रभात खबर में काम करने के दौरान हरिवंश जी की कही उस बात से खत्म करना चाहूंगा जिसे मैं शिद्दत से मानता हूं- महान् कार्य ताकत से नहीं लगन के साथ पूरे किए जाते हैं। हमारे जीवन में कई ऐसी घटनाएं होती हैं जिन पर हमारा कोई नियंत्रण नहीं होता। हालांकि हमारे पास यह विकल्प जरूर होता है कि हम समय और घटनाओं को सहते रहें या फिर हार मान जाएं। मेरे लिए हरिवंश जी की कही बात का अनुसरण का मतलब है अपनी नजरों में एक संपूर्ण व्यक्ति बनना। ऐसा मैंने अपने लिए तय किया है। मैं अपनी तुलना अपने आप से करता हूं और जब मुझे लगता है कि मैंने कुछ अच्छा किया है तो मैं स्वयं को शाबाशी देता हूं और गलती करने पर खुद को एक चपत लगाता हूं।

(लेखक फिलहाल प्रभात खबर, जमशेदपुर में वरिष्ठ संपादकीय सहयोगी हैं। दैनिक जागरण, मेरठ में वरिष्ठ उपसंपादक रहते हुए यह आलेख लिखा था।)

वह एक व्यक्ति, एक अखबार

सचिन श्रीवास्तव

मैं फिलहाल प्रभात खबर से दूर हूं लेकिन यह दूरी महज भौगोलिक है, क्योंकि यह जरूरी भी है। कहा जाता है कि चीजें करीब से उतनी साफ दिखाई नहीं देतीं, जितनी वे दूर से दिखाई देती हैं। दोनों ही बातें सिरे से गलत हैं। असल में नजर के हर कोण का एक खास मतलब है। किसी भी चीज को हर तरफ से उलट-पलट कर देखो तो उसके कई-कई अर्थ खुलते हैं। जैसे खबर। एक खबर को उसकी भाषा, कथ्य, तथ्य, महत्त्व, प्रभाव, इतिहास, भविष्य आदि जितनी नजरों से देखते जाओ वह अपने नए अर्थ खोलती जाती है। क्या खबर को हम कभी इस नजर से देखते हैं? जरूर- झारखंड की राजधानी के एक हिस्से 15 पी कोकर इंडस्ट्रियल एरिया में तो देखा जाता है। इसका जिक्र इसलिए कि पहली बार मैंने वहां खबरों के भीतर उतरना शुरू किया था। माखनलाल चतुर्वेदी विश्वविद्यालय के बेहद अराजक तीन सालों से गुजरकर कुछ छुटपुट नौकरी टाइप पत्रकारिता के बाद मैं प्रभात खबर के ऑफिस में हरिवंश जी से मुलाकात के लिए इंतजार कर रहा था। वे मीटिंग में व्यस्त थे। रिपोर्टर्स अपने असाइनमेंट पर निकल चुके थे और ऑफिस में एक व्यवस्थित खामोशी थी। बाद में पता चला कि यह खामोशी किसी उदासी की पर्याय नहीं है बल्कि प्रभात खबर की कार्यशैली का एक सबसे जरूरी हिस्सा है। अखिलेश जी ने एक सफेद दाढ़ी वाले बुजुर्ग से परिचय कराते हुए कहा- ये श्रीनिवास जी हैं। अनमने मन से उन्हें नमस्कार किया। उन्होंने कुछ कहा उस पर ध्यान नहीं दिया। तब तक बुजुर्गों को बहुत ज्यादा भाव न देने का भाव छूटा नहीं था। कुछ दिनों बाद श्रीनिवास जी की परतें खुलीं तो पता चला कि वे किसी भी 20 साला से ज्यादा युवा और सपनों से भरे हुए थे। जुबान पर लाग-लपेट का नामोनिशान नहीं और बातचीत में जिंदादिली का सबसे खूबसूरत बाना। इन दोनों अनुभवों से जाना कि असल में यहां जो दिखाई दे रहा है उसे महज एक नजर से नहीं देखा जाना चाहिए।

हरिवंश जी से मिला तो वे अपने ऑफिस से बाहर की ओर खुलने वाली खिड़की में झांक रहे थे। पहली नजर पड़ी तो देखा यह वे हरिवंश नहीं हैं, जो भोपाल में मिले थे। कुछ उदासी उनके चेहरे पर थी। यूं भी खिड़की के बाहर को झांकता आदमी एक किस्म का रूपक तो गढ़ता

ही है। भावुकता का रूपक। सो दिमाग खदबदाने लगा। एक बेचैन दिमाग की यही कमजोरी है। वह अपने सबसे जरूरी समय पर इधर- उधर भागता है। मुझसे कहा गया था कि हरिवंश जी से स्थिर दिमाग से बातचीत करना और दिमाग था कि उड़ा जा रहा था हिरन पर सवार। उन्होंने मुझसे पिछले काम, झारखंड में काम की दिक्कतों के अलावा अन्य मुद्दों पर बातचीत की और किसी भी समय दिक्कत होने पर बेझिझक बताने को कहा। तकरीबन 10 मिनट में। ये हरिवंश थे। अपनी दर्परहिता बौद्धिकता के आईने से झांकते बेहद सजग और व्यवस्थित हरिवंश। यानी उनकी भावुकता कहीं पीछे छिपी हुई चीज थी। मुझे पहले दिन से ही उनमें दो आदमी दिखाई देने लगे थे। मैं नहीं जानता यह प्रभात खबर के वातावरण का प्रभाव था या फिर अकबकाई नजरों से चीजों को देखने का तिलिस्म या फिर एक नए शहर में घर कर गई बेचैनी। जो भी हो मैं चीजों को उलट-पुलट कर देख रहा था। खबरों के प्रभातखबरीय अंदाज में।

अपकंट्री की खबरों को प्लेसमेंट देते हुए मैं फैसल जी से जुबानदराजी करते, विनय जी की मुलायम बातों का खुरदुरापन महसूसते, अनिल जी के पान की पीकों पर वाह-वाह करते खबरों से उलझता था। विजय पाठक जी की केबिन ठीक मेरी सीट के सामने थी और उनकी नजर अमूमन कंप्यूटर स्क्रीन पर गड़ी रहती थी। उनकी दायीं तरफ जीवेश जी बैठे होते थे अपकंट्री की किसी समस्या को हंसी में चुभलाते और ठीक उनके पीछे अविनाश ठाकुर जी होते थे, सारे शहर के कबाड़ को तरतीब देते। यह अपने आप में प्रबंधन का बेहतरीन उदाहरण था। मैंने अपने पत्रकारीय कैरियर में सभी टीम लीडर को इतने करीब फिर कभी नहीं देखा। वे तीनों इतने पास-पास बैठते थे कि बिना आवाज दो मीटर दूर जाए वे खबरों पर डिस्कस कर सकते थे। यह एक उदाहरण भर है प्रभात खबर के सेटअप का। ऐसी कई बेहद छोटी- छोटी खामोश व्यवस्थाओं से बना प्रभात खबर अपने रंग में बेहद भरा हुआ था। वहां किसी भी मुद्दे पर किसी से भी बहस की जा सकती है। क्रिकेट से लेकर फिलिस्तीन और रोजर मूर से लेकर बर्तोल्त ब्रेख्त तक प्रभात खबर कैंटीन में उड़ते थे शब्दों पर सवार होकर। यह 2003 का प्रभात खबर था जिसमें क्लास रूम की उबासियों के बीच सुने- समझे गए भारी-भरकम सिद्धांत टूट रहे थे।

मैं खुशकिस्मत भी था और परेशान भी। खुशकिस्मत इसलिए कि पत्रकारिता के सबसे बेहतर माहौल में मैं पक रहा था और परेशान इसलिए कि यहां घर करने वाली समझ के साथ कहीं और मैं काम कर पाऊँगा कि नहीं। असल में मैं घूमने- फिरने और हर जगह की पत्रकारिता को समझने का उद्देश्य लेकर मध्यप्रदेश से चला था। लेकिन रांची रोकने लगा था। लालपुर से बरियातु और धुर्वा से कांके रोड तक घूमते हुए मैंने वहां ढाई साल गुजारे। बेहद उथल-पुथल वाले ढाई साल। इसमें लोकसभा और विधानसभा चुनाव थे, झारखंड स्थापना के स्पेशल इश्यू, अन्य एडीशनों को दिए जाने वाले पेजों का दबाव और सीखने- सिखाने वाले चेहरों का एक भरा-पूरा माहौल। लेकिन कहीं कुछ कमी थी। जो वहां से देखने पर नजर नहीं आती थी, क्योंकि चीजें वहां बहुत बड़ी दिखाई दे रही थीं करीब से। इतने करीब से कि हम कई बार एक ही हिस्सा देख पा रहे थे। प्रभात खबर झारखंड में एक ब्रांड था। वह लोगों की तकलीफों का आईना था, एक अखबार जिसने पाठक से दोस्ती की थी। वह हर वक्त उसके कंधे पर हाथ

रखने का हौसला दिए रहता था, लेकिन फिर भी कुछ था जिसकी आवाज नहीं आ रही थी। इस कमी को पहचाने बिना ही मैंने खुद को प्रभात खबर परिवार से अलग कर लिया। मैं आजतक नहीं समझ पाया कि आखिर वह क्या था जो मैं रांची में ढाई साल रह सका, जबकि और शहरों में छह महीने में कोफ्त होने लगती है। आसान है कि प्रभात खबर की विकास, ग्रामीण और मुद्दों की पत्रकारिता को कारण मान लिया जाए, रांची के लोगों के अपनेपन पर आभार जता दिया जाए, या फिर दोस्तों को खुश कर लिया जाए। लेकिन आप जानते हैं इनके अलावा कुछ था जो अलग है। यह बात जरूर दूर से महसूस की जा सकती है।

असल में प्रभात खबर जहां खड़ा है। वह उसका हकदार नहीं है। मैं यह बात पूरी जिम्मेदारी के साथ कह रहा हूं। आप अंदाजा लगाइए कि झारखंड की आबादी तकरीबन पौने तीन करोड़ है और साक्षरता 69 फीसदी। यह सरकारी आंकडा है। फिर भी फिलवक्त इसे आधार बनाते हैं, तो इस लिहाज से करीब एक करोड़ 86 लाख पाठक हैं, झारखंड में और अगर कॉपीज के लिहाज से देखें तो करीब 30 लाख कॉपी की जरूरत है पूरे प्रदेश में। जाहिर है सभी अखबार मिलकर इस मांग को पूरा नहीं कर पा रहे हैं। इस दरकार को पूरा करने की सबसे ज्यादा जिम्मेदारी प्रभात खबर पर है क्योंकि अगर अविकसित, अर्धशिक्षित, गैरजिम्मेदार और मुद्दों से कटा हुआ समाज इसके कारण हैं, तो प्रभात खबर की जिम्मेदारी है कि वह इन तक पहुंचे। प्रभात खबर का हर साथी बेहद साफ तौर पर जानता है कि झारखंड के पिछड़ेपन और टूटे- फूटे विकास के पीछे क्या कारण हैं– उन्हें दोहराने से कोई फायदा नहीं। मैं उम्मीद करता हूं कि सिल्वर जुबली की खुशी के बीच साथी अपने लक्ष्यों को ज्यांदा साफ ढंग से पहचान पाएंगे और अपनी जिम्मेदारी को नए सिरे से एनालाइज करेंगे।

मेरी शुभकामनाएं।

(लेखक फिलहाल दैनिक भास्कर, इंदौर में पत्रकार हैं। दैनिक जनवाणी, मेरठ के फीचर संपादक रहते हुए यह आलेख उन्होंने 2009 में लिखा था।)

खबरों के आगे की जहां...

शहनवाज कुरैशी

अखबार नहीं आंदोलन का स्लोगन जब प्रभात खबर के साथ लगाया जाता है तो कुछ यह भी कहते हैं कि यह तो खुद से ही तय कर लिया गया तमगा है। कुछेक का यह भी कहना होता है कि आखिर कोई अखबार आंदोलन कैसे हो सकता है। लेकिन प्रभात खबर को आंदोलन का पर्याय अचानक ही नहीं मान लिया गया। कभी बिजली-पानी के मुद्दे पर संपादकीय को खाली छोड़ विरोध दर्ज कराना तो कभी अपराध व भ्रष्टाचार के खिलाफ लोक जागरूकता के लिए लगातार संपादकीय सामग्री व विज्ञापन के माध्यम से अभियान चलाना। इसके लिए कई-कई पहले ऐसी हुई, जिनसे यह सम्मान हासिल हो सका है। ऐसी ही एक बानगी यहां प्रस्तुत कर रहे हैं, जिससे कुछ हद तक स्पष्ट होगा कि यह अखबार आंदोलन कैसे बन गया।

—संपादक

अखबार मूल रूप से खबरों की दुनिया से ही सरोकार रखता है। जब से मीड्यिा बदलाव के दौर से गुजरने लगी और इलेक्ट्रॉनिक मीड्यिा से प्रिंट मीड्यिा का मुकाबला शुरू हुआ, तब से खबरों के लिए न जाने किस स्तर तक जाकर और किस-किस किस्म की कवायद कुछेक मीड्यिा घराने व मीड्यिाकर्मी करने लगे हैं। बाद में कॉरपोरेट सोशल रिस्पांसबिलिटी जैसे शब्द आये और इवेंट सेक्शन का अलग से सेट-अप लगभग हरेक मीड्यिा हाउस में चलन में आया। बदलाव से कदमताल करने वाले प्रभात खबर ने भी ऐसा किया। कॉरपोरेट सोशल रिस्पांसबिलिटी के तहत कई अहम आयोजन हुए तो इवेंट सेक्शन की ओर से नियमित तौर पर विविधता भरे कार्यक्रम होते रहते हैं। लेकिन मीड्यिा जगत् में ऐसे चलन के शुरू होने से पहले ही प्रभात खबर के साथियों ने कई ऐसे काम किये, जिनसे यह स्पष्ट होता है कि पत्रकारिता के इस विद्यालय में अपने साथियों को प्रभात खबर सिर्फ खबरों की दुनिया का ही प्रशिक्षण नहीं देता। कई ऐसी घटनाएं हैं और यादगार क्षण भी, जिन्हें प्रभात खबर के साथी अक्सर याद करते हैं। सभी की चर्चा संभव नहीं लेकिन यहां अपने साथियों की कलम से संक्षिप्त ब्योरा भर दे रहे हैं, जिससे यह पता चलेगा कि अखबारों की दुनिया सिर्फ खबरों तक की नहीं होती, पत्रकारों का दायित्व

सिर्फ किसी तरह खबरों को ला देना भर नहीं होता। उसके आगे जहां और भी है।

यह एक ऐसी अनाथ बच्ची की दास्तां है, जिसकी जिंदगी तबाह करने की साजिश की जा चुकी थी। अपने साथी शाहनवाज कुरैशी ने दो अनाथ भाई-बहनों की कहानी को एक छोटी सी स्टोरी के रूप में ब्रेक किया था। कुरैशी उस स्टोरी को मसालेदार बनाकर ब्रेकिंग न्यूज जैसे टर्मिनोलॉजी में खुद का नाम और अखबार का नाम चमका सकते थे। लेकिन उन्होंने वह किया, जिसे करने के लिए एक संस्कार, धैर्य और दूरदृष्टि की जरूरत होती है—

—संपादक शहनवाज कुरैशी

सवाल एक लड़की को नयी जिंदगी देने का था

अक्तूबर, 2003 की घटना है। प्रभात खबर में काम करते हुए साढ़े तीन साल का समय गुजर चुका था। बीआइटी मेसरा में कार्यरत मनोज कुमार ने एक दोपहर में फोन किया। अपनी किसी परेशानी के कारण वे मिलना चाह रहे थे। उनकी आवाज में कंपकपी साफ झलक रही थी। मैंने ऑफिस आकर मिलने को कहा। नीचे मदन जी के कैंटीन में बैठकर मनोज ने जो कुछ कहा, उसे मैं बस सुनता ही चला गया। कहानी ही कुछ ऐसी थी।

बकौल मनोज, रांची जिले के ही बुंडू प्रखंड के राहे गांव में एक लड़की पूजा अपने भाई अरविंद के साथ रहती थी। मां राधा देवी का निधन जिस समय हुआ पूजा की उम्र दो व अरविंद की उम्र सात वर्ष थी। इनके पिता अर्जुन ठाकुर ने बिंदू देवी नाम की महिला से दूसरी शादी कर ली। 1997 में अर्जुन ठाकुर भी गुजर गये। शादी-ब्याह में खाना बनानेवाले अर्जुन ठाकुर की दवाई और उनके अंतिम संस्कार का खर्च रांची के ही न्यू किशोरगंज मुहल्ले के लोगों ने चंदा करके जुटाया था। गोबर से गोइंठा ठोंक कर दो जून की रोटी का जुगाड़ करनेवाली सौतेली मां बिंदू देवी दोनों बच्चों का ध्यान रख पाने में असमर्थ थी। गरीबी की धुंध में उनका बचपन खोने लगा।

ऐसे में पूजा को वर्ष 2000 में एसबीआइ ऑफिसर कॉलोनी, हेसल-रांची के ऋषिकेश मल्लिक ने घरेलू कामकाज के लिए लाया। ऋषिकेश मल्लिक का पुत्र श्रीराज मनोज कुमार का मित्र था। मनोज की मदद से पूजा ऋषिकेश के घर पहुंची। पूजा की जिंदगी में अचानक बदलाव आया। सेवानिवृत्त मल्लिक को एक पुत्र व एक पुत्री थी। दोनों की शादी होने और पत्नी के देहांत के उपरांत वे अकेले पड़ गये थे। उन्होंने पूजा को अपनी बेटी की तरह पालना शुरू कर दिया। पूजा का एडमिशन होली चाइल्ड स्कूल में कराया। उसे अपने स्कूटर में बैठा कर स्कूल पहुंचाना और लाना उनकी दिनचर्या का हिस्सा बन गया। पूजा के लिए अलग स्टडी व बेडरूम की व्यवस्था की गयी। अरविंद किशोरगंज में अपने एक रिश्तेदार के घर रह कर फोटो फ्रेमिंग का काम करने लगा। छुट्टी व जरूरत पड़ने पर वह बहन से मिलने जाता। भाई-बहन की जिंदगी खुशगवार गुजरने लगी।

सौतेली मां कभी-कभी मल्लिक जी के यहां पहुंचकर पैसों की मांग करती। निर्धन समझ वह उन्हें कुछ पैसे दे देते। लेकिन उसका लालच बढ़ने लगा। मल्लिक जी ने मासिक रूप से पैसे निर्धारित कर देने से इनकार किया। उनका तर्क था, मैं पूजा से घरेलू काम नहीं कराता, बल्कि

ताकि उन्हें किसी बड़ी परेशानी से बचाया जा सके। मैंने उन्हें आश्वासन दिया कि पूजा की जिंदगी को तबाह होने से हर हाल में बचाया जायेगा और आपको कोई परेशानी नहीं होगी। इस आश्वासन के बाद मल्लिक जी को उम्मीद बंधी कि पूजा को लेकर वे किसी बड़ी समस्या में नहीं उलझेंगे।

इधर पुलिस की दबिश मनोज कुमार पर बढ़ती जा रही थी कि वह पूजा को सुपुर्द करे। 18 अक्तूबर को मनोज और मैं फिर मल्लिक जी के घर पहुंचे। हालात अब भी नहीं बदले थे। मल्लिक जी पूजा को जल्द-से-जल्द अपने घर से विदा करना चाहते थे। एक बार फिर हमने भरोसा दिलाया कि पूजा को लेकर वे किसी संकट में नहीं फंसेंगे। आखिरकार 19 अक्तूबर को मल्लिक जी के यहां से पूजा को लेकर मैं और मनोज राहे के लिए निकले। पुलिस थाना पहुंचाने की बात सुन कर मासूम पूजा के चेहरे पर घबराहट साफ दिख रही थी। उसे सहज करने के लिए मैं मनोज व पूजा को अपने घर ले गया। घर के सदस्यों से मिलाया। हल्का-फुल्का नाश्ता कर हम राहे ओपी की ओर गये। रास्ते में पूजा बार-बार लौटने की बात कह रही थी। बुंडू मोड़ पहुंचकर मैंने अपने अखबार के अपराध संवाददाता को फोन किया कि वह ग्रामीण एसपी को पूजा के संबंध में सूचना दे दे, ताकि राहे ओपी में कोई खिचखिच न हो। मनोज को मैंने ओपी के समीप ही छोड़ दिया कि कहीं मनोज को पुलिस गिरफ्तार न कर ले। पूजा को लेकर मैं राहे ओपी पहुंचा। मेरे साथ राजेश महतो व पंकज महतो थे। राजेश मनोज के रिश्तेदार व पंकज उनके भाई थे। राहे नक्सल प्रभावित इलाका है। ओपी की छत के चारों ओर अर्द्धसैनिक बलों के जवान राइफल लेकर तैनात थे। हाथ ऊपर कर ओपी में आने को कहा गया। हमने आदेश का पालन किया। ओपी प्रभारी को परिचय देने के बाद काफी अच्छा रिस्पांस मिला। ओपी प्रभारी का कहना था सीएम, डीजीपी, एसएसपी को शिकायती पत्र भेजा गया है। इसलिए बार-बार हमसे कार्रवाई की रिपोर्ट मांगी जा रही है।

थानाप्रभारी बी मिश्र से मैंने बात की। उन्हें बताया कि मामले की जड़ में क्या है। जो सौतेली मां अपने बच्चों को गांव में गोइंठ ठोंकवा रही है। वह सिर्फ पूजा को हासिल करने के लिए उतावली क्यों है? अरविंद को लेने में उनकी दिलचस्पी क्यों नहीं? मैंने उनके समक्ष मनोज की स्थिति रखी। मेरी बातों पर उन्होंने भरोसा करते हुए मनोज को बेकसूर माना। फिर मैंने मनोज को फोन कर उन्हें राहे ओपी बुलाया। मनोज ने थाने में पूरे घटनाक्रम पर विस्तार से प्रकाश डाला। थानाप्रभारी ने सौतेली मां बिंदू देवी को पूजा के आने की खबर भिजवायी। जवाब में बिंदू देवी ने फोन पर कहा कि जब तक मनोज को गिरफ्तार नहीं किया जाता, वह थाना नहीं आयेगी। थानाप्रभारी ने कहा कि मनोज कुमार पर आरोप है, इसलिए उनके हाथों बच्ची को नहीं सौंपा जा सकता।बच्ची जहां रह रही हैं। वहीं रहना चाहे और ऋषिकेश मल्लिक थाना आकर बच्ची को सशर्त लिखित रूप से अपने साथ ले जाये कि जब जरूरत पड़ेगी पूजा को सौंप देंगे, तभी पूजा को उनके साथ भेजा जा सकता है।उन्होंने इसके लिए 24 घंटे का समय दिया। अगले दिन 20 अक्तूबर को 12 बजे दिन तक मल्लिक जी के नहीं आने पर पूजा को बाल सुधार गृह भेज देने की बात हुई।

राहे ओपी में हम लोग लगभग चार घंटे रुके रहे। इस दौरान अर्द्धसैनिक बलों के जवानों ने भी डरी-सहमी पूजा की हौसलाअफजाई की। हमारी कोशिश थी कि पूजा को अपने साथ ही लेकर वापस लौटें, लेकिन ओपी प्रभारी अपनी मजबूरी बताते रहे। तब शाम के 4.30 बज चुके थे। देर शाम में मोटरसाइकिल से बुंडू का रास्ता कुछ परेशानी भरा था। आखिरकार हमें पूजा को रात भर के लिए ओपी में छोड़ना पड़ा। एक ग्यारह वर्ष की बच्ची को नक्सल प्रभावित इलाके के पुलिस थाने में रात में छोड़ना बिल्कुल गवारा नहीं हो रहा था। जब हम थाने से लौट रहे थे, तो पूजा की आंखों से आंसू टपक पड़े। बुंडू मोड़ पहुंचकर हमने मल्लिक जी से कहा कि अगले दिन उन्हें राहे ओपी आना है। मल्लिक जी पुलिस-थाने को लेकर नकारात्मक हो गये।

राहे से वापसी में ऐसा महसूस हो रहा था कि जिस्म के किसी टुकड़े को छोड़ कर आ गया। ऑफिस पहुंचकर तुरंत ओपी में फोन कर पूजा से बात की। पूजा फफक पड़ी। मैंने हाल-चाल जाना। पूजा के लिए वह रात कयामत से कम नहीं थी। रात ग्यारह बजे तक मैंने छह-सात बार फोन कर पूजा से बात कर उसे इत्मीनान दिलाया। 20 अक्तूबर को सोमवार का दिन था।सुबह जल्दी उठने के बाद मनोज से बात हुई। दोनों नौ बजे सुबह मल्लिक जी के घर पहुंच गये। मल्लिक जी पूजा को अपने पास रखना चाहते थे, लेकिन पुलिसिया चक्कर और कोर्ट-कचहरी के लफड़े में पड़ने को बिल्कुल तैयार नहीं थे। काफी समझाने-बुझाने और हर संभव सहयोग का वादा करने के बाद हम मल्लिक जी को राहे चलने के लिए तैयार करने में सफल रहे।

मैं और मनोज मोटरसाइकिल से दिन में बुंडू पहुंच गये। मल्लिक जी,उनका पुत्र श्रीराज मल्लिक, बहू कंचन मल्लिक व कंचन की बहन कार से लगभग 3.30 बजे राहे पहुंचे। हालांकि 24 घंटे का समय गुजर चुका था, पूजा को मल्लिक जी को सौंपे जाने की औपचारिकताएं पूरी होने लगीं। पूजा ने राहे में लिखित स्टेटमेंट दिया कि वह मल्लिक जी के यहां रहना चाहती हैं। पूजा ने अपनी सौतेली मां पर खुद को बेचने के प्रयास करने का आरोप लगाया। मल्लिक जी को लिखित बांड देना था। थानाप्रभारी के निर्देशानुसार मल्लिक जी की ओर से मैंने उनका बयान लिखा, जिस पर मल्लिक जी ने हस्ताक्षर किये। अंत में थानाप्रभारी ने मल्लिक जी के हाथों पूजा को सौंपे जाने का लिखित साक्ष्य लिया।

इस दौरान अखबार में मैं आकर रोजमर्रा की बातें बताता रहता लेकिन अखबार के अपने वरिष्ठ साथियों की सलाह थी कि पहले उस लड़की की जिंदगी पटरी पर कैसे आयेगी, इसके लिए प्रयास करो। खबरें तो रोज आती रहती हैं। इतनी परेशानियों के बाद पूजा की जिंदगी पटरी पर आ गयी तो वे चुनौतियां व परेशानियां भी अब खुशी देती हैं। पूजा की परवरिश बहुत अच्छे ढंग से हो रही है। वह अगले साल 2009 में सीबीएसइ से 10वीं की परीक्षा देगी। पूजा अब डॉक्टर बनने का ख्वाब देख रही है, उसके लिए प्रयास कर रही है।

(लेखक प्रभात खबर के संपादकीय विभाग से लंबे समय तक जुड़े रहे हैं। फिलहाल राँची में शिक्षक हैं।)

आंदोलन बनने की एक छोटी-सी दास्तां

सलाउद्दीन

यह अप्रैल, 2003 की बात है। हजारीबाग शहर के आसपास के इलाकों में अवैध शराब बेचने, पीने से घर-घर में कलह होने लगा था। बेटी, बहू की इज्जत दांव पर लगने लगी थी। नशाखोरी से समाज में छोटे-बड़े का सम्मान समाप्त हो रहा था। रिश्ते तार-तार हो रहे थे। सबसे अधिक महिलाएं प्रताड़ित हो रही थीं। तब इस रोज-रोज की चखचख से तंग महिलाओं ने हजारीबाग सदर प्रखंड के मुकुंदगंज गांव से नशाखोरी के खिलाफ एक अभियान की शुरुआत की। यह गांव हजारीबाग शहर से चार किलोमीटर की दूरी पर स्थित है। मुकुंदगंज गांव की महिलाएं अनिता देवी, सुनीता देवी, कौशल्या देवी, उषा देवी, सावित्री देवी, उर्मिला देवी, सीता देवी, वीणा देवी समेत दो दर्जन महिलाएं दोपहर में मंडप के पास इकट्ठी हुईं। सभी महिलाओं ने अपने-अपने घर की समस्याओं से एक- दूसरे को अवगत कराया। बात यही सामने आयी कि शराब के कारण घर की शांति खत्म हो रही है। गांव में छेड़खानी और बलात्कार की घटनाएं घट रही हैं। कई महिलाओं ने बताया कि हम विधवा शराब के कारण ही हुए हैं। मेरा पति दिन- रात शराब पीता था, जिससे उसकी मौत हो गयी। महिलाओं ने निर्णय लिया कि मुकुंदगंज गांव में शराब का निर्माण नहीं होने देंगे। महिलाएं डंडा, झाड़ू, बेलन लेकर सड़कों पर निकल पड़ीं। टोली में शामिल महिलाओं ने बारी-बारी से अपने-अपने घरों पर धावा बोला। घरों में अवैध महुआ शराब निर्माण कार्य को रोका। दारू निर्माण करनेनवाले बर्तन को तोड़-फोड़ दिया। घरों में रखे शराब को बहा दिया। अभियान में अड़चन डालनेवाले युवा, बुजुर्ग जो भी सामने आये, उनका जमकर विरोध किया। पहले दिन के अभियान से संबंधित समाचार फोटो के साथ सिर्फ दैनिक प्रभात खबर में प्रमुखता से प्रकाशित हुआ। दूसरे दिन अगले सुबह प्रभात खबर प्रतिनिधि और फोटोग्राफर मुकुंदगंज गांव अखबार की प्रति लेकर पहुंचे। आंदोलन में जुड़ी महिलाएं स्वयं की तसवीर और अभियान का समाचार पढ़कर आत्मविश्वास से भर उठीं। दूसरे दिन फिर महिलाएं अपने-अपने घरों का कामकाज निबटाकर मंडप के पास इकट्ठा हुईं। दूसरे दिन के अभियान में महिलाओं की संख्या दोगुनी हो गयी। महिलाओं ने पहले दिन की अपेक्षा दूसरे दिन और उग्र होकर अभियान की शुरुआत की।

इस अभियान के संदर्भ में दैनिक प्रभात खबर की टीम शुरू से ही समाचार और फोटो संकलन के लिए साथ-साथ चलने लगी। दूसरे दिन के अभियान में महिलाओं ने 50 से अधिक घरों में धावा बोला। 100 से अधिक शराब के घड़े तोड़े गये। शराब बनाने, बेचने और पीने वाले किसी भी व्यक्ति ने विरोध किया, तो महिलाओं ने झाड़ू, डंडे से उनकी पिटाई की। ऐसा भी नहीं था कि इस आंदोलन को वहां महिलाएं आत्मप्रचार के लिए चला रही थीं। अपने ही घरों पर हमला करने से उनके चेहरे पर तनाव साफ देखा जा सकता था लेकिन वे इसे अंजाम दे रही थीं। आंखों में आंसू भरे हुए थे, दिलों में गम छुपा हुआ था। किसी महिला को अपने बेटे को खोने का गम, तो किसी को अपने पति से बिछुड़ने का गम सता रहा था। तीसरे दिन फिर इसी गांव में महिलाओं की टोली ने अभियान को चलाया। इस टोली में स्कूलों में पढ़नेवाली लड़कियां शामिल हुईं। इस गांव से कोई भी लड़की स्कूल पढ़ने नहीं गयी। सभी लड़कियां अभियान में शामिल हुईं। गांव के मनचले युवक शराब पीकर छेड़खानी करते थे। अभियान में शामिल महिला व युवतियों की टोली ने इन युवकों को गांव से खदेड़ा। वैसे लोग जो आसपास के गांवों से मुकुंदगंज गांव आकर दारू पीते थे, उन युवक और पुरुषों को भी महिलाओं ने भगाया। नशाखोरी और शराबबंदी के खिलाफ तीनों दिनों के अभियान को दैनिक प्रभात खबर में विस्तार से स्पेस दिया गया। इसका असर पूरे हजारीबाग जिले में पड़ा। चौथे दिन एनएच 33 के समीप चरही बाजार जहां महुआ शराब की दर्जनों दुकानें लगती थीं, महिलाओं ने वहां धावा बोला। मुकुंदगंज गांव की महिलाओं ने जो अभियान शुरू किया, उसी का असर था कि लक्ष्मी महिला समिति चरही की 50 से अधिक महिलाओं ने अध्यक्ष वीणा मिश्रा के नेतृत्व में आंदोलन शुरू किया। भीड़-भाड़वाले बाजार में महिलाओं की टोली के साथ दारू बेचने वाले लोगों की झड़प हुई। सभी महिलाएं डंडा, झाड़ू, बेलन से लैस थीं। बाजार में जोराकाट, मांडू, दाहुदाग, हत्यारी, सरवाहा, पिंड्रा व कुजू गांव के महिला-पुरुष दारू बेच रहे थे। आंदोलनकारी महिलाओं ने दारू के हंड़िये को फोड़ दिया। बर्तन को फेंक दिया। दोनों ओर से झड़प में कई महिलाएं घायल हो गयीं। इसके बावजूद आंदोलन को महिलाओं ने जारी रखा। चरही थाना पुलिस को आकर बीच-बचाव करना पड़ा। पांचवें दिन शराबबंदी आंदोलन की चिनगारी जिले के सभी प्रखंडों में फैली। इचाक प्रखंड के पुनाई पंचायत भवन में महिलाएं इकट्ठी हुईं। शराब बनाने वाले के घरों में जाकर हंड़िया, बर्तन तोड़ दिया। पीनेवालों की भी जमकर पिटाई की। शराब विरोधी आंदोलन जिले की सभी पंचायतों तक पहुंच गया। प्रभात खबर ने अखबार के तीसरे और चौथे पन्ने को नशाखोरी अभियान से संबंधित समाचार के लिए आरक्षित कर दिया। सभी प्रखंडों में और पंचायत स्तर तक चल रहे आंदोलन का समाचार विस्तृत रूप में प्रकाशित होता रहा। पूरे जिले में नशाखोरी के विरुद्ध अभियान शुरू होने से सामाजिक संगठनों व राजनीतिक कार्यकर्ताओं ने भी अभियान में रुचि ली। आंगनबाड़ी सेविका-सहायिका और गांव की पढ़ी- लिखी महिलाएं चौके से बाहर आकर आंदोलन में शामिल होने लगीं। महिलाओं के इस अभियान में शुरुआती दिनों में पुरुषों ने सहयोग नहीं दिया। 10-15 दिनों के बाद विद्यार्थी और पढ़े.- लिखे पुरुषों का सहयोग मिलना शुरू हुआ। सरकारी महकमा जागा। गांव में शराब का कारोबार बंद होने से

कई घरों में चूल्हे जलने बंद हो गये थे। बेरोजगारी और भुखमरी की भी समस्या सामने आने लगी। जिला प्रशासन ने गांव में विकास योजना चलाकर बेरोजगार हुए लोगों को रोजगार देने की बात कही। प्रभात खबर इस अभियान में अपनी भागीदारी निभाते हुए जिले के वरीय अधिकारियों को गांव तक पहुंचाने का माध्यम बना। हर गांव की महिलाओं की टोली उपायुक्त के जनता दरबार में पहुंचने लगीं। जिला प्रशासन की ओर से अभियान को जितना सहयोग मिलना चाहिए था, नहीं मिला। आबकारी विभाग द्वारा इस धंधे से जो अवैध वसूली होती थी, वह बंद होने का भी समाचार प्रभात खबर ने प्राथमिकता से प्रकाशित किया। प्रभात खबर ने जब इस मसले को एक जन आंदोलन के रूप में खड़ा कर दिया तो बड़े-बडे. इलेक्ट्रॉनिक मीडिया के चैनल ने मुकुंदगंज गांव पहुंचकर समाचार संग्रह किये। हजारीबाग जिले के मुकुंदगंज गांव से उठी आवाज पूरे देश में गूंजने लगी। इस जन आंदोलन को प्रभात खबर ने सिर्फ एक खबर के रूप में नहीं लिया बल्कि इसे एक अंजाम तक पहुंचाने में भी लगा रहा। गांव में जुआरियों और शराबियों की चहलकदमी बंद हुई। स्कूल जानेवाली लड़कियों के साथ छेड़खानी बंद हो गयी। ससुर और पति का अत्याचार महिलाओं पर कम होने लगा। घरों की आर्थिक स्थिति में सुधार होने लगा। पुरुष की गाढ़ी कमाई का पैसा घरों एवं पत्नी के हाथों तक पहुंचने लगा था। प्रखंड के बीडीओ, सीओ, पंचायत सेवक गांव में सड़क, तालाब बनाने के लिए पहुंचने लगे क्योंकि इसी शराब के बहाने गांव की बदहाली की कहानी भी सामने आती रही। बिजली व्यवस्था और पेयजल में सुधार की बात होने लगी। जनवितरण प्रणाली की दुकान समय पर खुलने लगी।

इतने के बाद भी प्रभात खबर रुका नहीं। प्रभात खबर के प्रधान संपादक हरिवंश ने प्रभात खबर के हजारीबाग टीम के साथ मुकुंदगंज गांव में बैठक की, जिसमें आंदोलनकारी महिलाओं एवं समाज की मुख्य धारा से जुड़े आंदोलनकारियों को शामिल किया गया। आंदोलनकारियों में से एक महिला अपनी बात को कहते-कहते बेहोश हो गयी। मुकुंदगंज गांव की यह महिला तुलसी देवी ने जब कहा कि मेरे बेटे की मौत शराब के कारण हुई है। वर्ष 2003 की होली में मेरा बेटा प्रकाश शराब पीकर शहर की ओर जा रहा था। दुर्घटना में उसकी मौत हो गयी। बेटे के दर्द को याद कर महिला बेहोश हो गयी। इसी तरह कई और महिलाओं ने पति के अत्याचार को व्यक्त किया। इस पीड़ा से जो दुःखी थीं, उनके दिल को तसल्ली देने का काम दैनिक प्रभात खबर ने किया। इस बैठक में प्रधान संपादक हरिवंश ने कहा कि आप सभी महिलाएं धन्य हैं, जिन्होंने समाज को बदलने का बीड़ा उठाया है। घर, परिवार और समाज बदलने में आपकी भूमिका को हमेशा याद रखा जायेगा।

(लेखक प्रभात खबर में हजारीबाग के ब्यूरो प्रमुख हैं।)

यूं ही नहीं बना भरोसे का रिश्ता

अनिल कुमार झा

झारखंड में प्रभात खबर को विश्वास व भरोसे के अखबार के साथ 'घरैया अखबार' का भी सम्मान प्राप्त है। यह सम्मान किसी कागजी प्रमाण पत्र के रूप में नहीं मिला बल्कि इसके लिए प्रभात खबर ने, प्रभात खबर के साथियों ने स्वविवेक से कई ऐसी पहल भी की, जिससे पहचान की नयी रेखा बनती चली गयी। इन सबके बीच प्रभात खबर की जो सबसे बड़ी ताकत रही, वह यह कि यहां काम करनेवाला हरेक कर्मी एक परिवार के रूप में काम करता रहा। प्रभात खबर के वरिष्ठ साथी अनिल कुमार झा याद कर रहे हैं, उन दिनों को जब प्रभात खबर के साथियों ने कैसे-कैसे काम किये। कैसे प्रभात खबर उन दिनों जन-जन में ऐसे रच-बस गया था कि लोग पुलिस-प्रशासन को किसी घटना की सूचना देने के बजाय प्रभात खबर को ही सूचित करते थे। यह भरोसे का रिश्ता था, विश्वास का रिश्ता था, जिसका निर्वहन आज भी झारखंड खबर में प्रभात खबर के पाठक करते हैं।

पुलिस बाद में, पहले प्रभात खबर को बताओ। वर्ष 94-95 की घटना है। देर रात रांची के ही अपर बाजार में चोरी हो रही थी। वहां के एक परिवार ने चोरों को दुकान में घुसते देखा। कोतवाली पुलिस को सूचना देने के बजाय उस सज्ञन ने रात करीब दो बजे प्रभात खबर दफ्तर में फोन किया। आठ-दस प्रभात खबर कर्मी बिना विलंब किये घटनास्थल पर पहुंच गये। पुलिस को भी सूचना दी। करीब दो घंटे के अभियान व बिना कोई डर-भय के सभी चोरों को पकड़ा गया। उन्हें पुलिस के हवाले किया गया। स्थानीय लोगों ने भी साथ दिया। कई दुकानदार लुटने से बच गये। बदले में अखबार को मिला अपर बाजार के दुकानदारों का विश्वास।

गैस गोदाम तबाह होने से बचा

दूसरी घटना रांची के ही रातू रोड क्षेत्र की है। वर्ष 93-94 की घटना है। रातू रोड स्थित जिवासिया गैस के गोदाम में देर रात अचानक आग लग गयी। आसपास के लोगों ने तुरंत प्रभात खबर दफ्तर में फोन से सूचना दी। पुलिस से पहले प्रभात खबर के सात-आठ कर्मी काम छोड़ कर गैस गोदाम को बचाने पहुंचे। जान पर खेलकर गोदाम में भरे गैस सिलिंडरों को बाहर

निकाला। फायर ब्रिगेड को सूचना देकर तत्काल आग को क़ाबू में किया गया। आसपास का क्षेत्र तबाह होने से बच गया।

बगैर परवाह के लगे रहे हम

इसी क्रम में एक और बात बार-बार याद आती है। वर्ष 96-97 की घटना है। कोकर चौक के पास देर रात पुआल से लदे ट्रक में शॉर्ट-सर्किट से आग लग गयी। रामगढ़ से कार से आ रहे एक सज्जन ने ट्रक को जलते हुए देखा। उस सज्जन ने प्रभात खबर दफ्तर आकर इसकी सूचना दी। हम साथियों के साथ दौड़े-दौड़े घटनास्थल पर पहुंचे। आसपास के गड्ढों से किसी तरह पानी ला-लाकर ट्रक को जलने से बचाया। जाड़े की रात थी। अपने कई साथी पानी से सराबोर हो गये, तो एक-दो मामूली रूप से जख्मी भी हुए। पुलिस व फायर ब्रिगेड के पहुंचने से पहले अखबार के कर्मियों ने अपना दायित्व निभाया।

घायल चोर का इलाज भी कराया

यह रांची मेन रोड की घटना है। वर्ष 1996 में सर्जना चौक के पास देर रात एक चोर घर में घुस गया था। हल्ला हुआ, तो वह छत से कूद गया। बुरी तरह जख्मी हो गया। टांग टूट गयी। सूचना मिलते ही प्रभात खबर की टीम सबसे पहले वहां पहुंची। चोर को अपनी गाड़ी में लाद कर सबसे पहले सदर अस्पताल पहुंचाया। चोर की जान बच गयी। प्रभात खबर की तत्परता देख वहां के लोग काफी प्रभावित हुए। बेवजह परेशानी से तो बचे ही, पुलिस को भी तत्काल सक्रिय होना पड़ा।

अपराधी को दी सीख

वर्ष 1993 की घटना है। कांटा टोली के पास एक अपराधी किस्म का युवक पिस्तौल लेकर अक्सर देर रात आने-जानेवालों को तंग करता था। गाली-गलौज करता था। जान से मारने की धमकी देता था। प्रभात खबर को जब इसकी सूचना मिली, तो देर रात कई कर्मी वहां पहुंचे। जान पर खेल कर पिस्तौल ताने उस युवक को पकड़ा। लोगों ने उसकी जम कर धुलाई की। फिर सदर थाना पुलिस को सौंप दिया। उक्त अपराधी युवक को ऐसी सीख मिली कि उसने लोगों को तंग करना छोड़ दिया। स्थानीय लोगों ने प्रभात खबर को साधुवाद दिया।

(लेखक प्रभात खबर के, रांची में वरिष्ठ संपादकीय सहयोगी हैं।)

खंड-3 : अतिथि संपादक

बदलाव के साथ कदमताल करते हुए प्रभात खबर ने कई नवीनतम प्रयोग किये। उन्हीं प्रयोगों में से एक अतिथि संपादक का प्रयोग भी रहा। इस प्रयोग का उद्देश्य प्रधान संपादक हरिवंश ने अपने एक आलेख में स्पष्ट किया था। यह आलेख 26/10/2006 को प्रकाशित हुआ। इसे पढ़ने पर स्पष्ट होगा कि अतिथि संपादक का प्रयोग क्यों हुआ।

नया प्रयोग क्यों? इससे पत्रकारिता समृद्ध होगी

हरिवंश

अतिथि संपादक का यह प्रयोग सोद्देश्य है। हालांकि हिंदी पत्रकारिता में संभवतया पहला प्रयोग। आज के प्रभात खबर के अतिथि संपादक है विश्व मशहूर आध्यात्मिक व्यक्तित्व श्री श्री रवि शंकर। आर्ट ऑफ लिविंग (जीने की कला) के प्रणेता और संस्थापक। सात जगहों से छप रहे प्रभात खबर के रोज के कुल इकतीस संस्करणों की एक-एक खबर या सामग्री आज कोई एक संपादक या व्यक्ति नहीं पढ़ या देख पाता, अनेक लोग मिल कर एक साथ यह बृहद कार्य करते और देखते हैं। फिर अतिथि संपादक का योगदान? अखबार का मूल मर्म क्या हो? उसकी ध्वनि-चिंता और सरोकार क्या हों? इन महत्त्वपूर्ण सवालों पर श्री श्री रविशंकर ने गौर किया। आज की महत्त्वपूर्ण खबरों के बारे में पूछा। प्रभात खबर की वरिष्ठ टीम से परामर्श किया। विभिन्न जगहों से छप रहे प्रभात खबर के स्थानीय संपादकों से उन्होंने बात की। स्थानीय या राज्यों की चर्चित खबरों के बारे में पूछा। फिर प्रस्तुति से लेकर खबरों के चयन और उद्देश्य पर चर्चा की। आकर्षक व्यक्तित्व के धनी श्री श्री रवि शंकर जी ने कोलकाता प्रभात खबर के कार्यालय में इस अतिथि संपादन के कार्य में समय दिया। संपादन क्रम में उनके साथ प्रभात खबर टीम का गुजरा समय, हुई चर्चा और उनके सुझाव, जीवन, दृष्टि और अनुभव को समृद्ध करनेवाले क्षण हैं। सन् 1977-78 में टाइम्स ऑफ इंडिया समूह मुंबई में ट्रेनी जर्नलिस्ट (प्रशिक्षु) बना। तब एक मशहूर संपादक पत्रकारिता पर पढ़ाने आये। कहा, जर्नलिस्ट यानी जेनरलिस्ट (हरफनमौला) यानी एक पत्रकार को थोड़ा-बहुत हर क्षेत्र के बारे में जानना चाहिए। वह जैक ऑफ ऑल और मास्टर ऑफ नन हो। खेल, फिल्म और संगीत से लेकर राजनीति, कारोबार, दर्शन सब कुछ वह थोड़ा-बहुत जाने। भले ही किसी खास क्षेत्र में वह विशेषज्ञ या पारंगत न हो। उक्त संपादक का आशय था कि अपना ज्ञानसंसार विस्तृत करें। पढ़ें- जानें। आज 2006 की दुनिया बिल्कुल अलग है, यह जेनरलिस्ट का युग नहीं, स्पेशलिस्ट (विशेषज्ञ) का दौर है। इस ज्ञानयुग में पत्रकारों से

अपेक्षा है कि वे हर विषय में पारंगत हों, पर यथार्थ भिन्न है। हमारी पुरानी पीढ़ी (अज्ञेय, धर्मवीर भारती, रघुवीर सहाय, नारायण दत्त, गणेश मंत्री वगैरह या श्यामलाल, गिरिलाल जैन, निखिल चक्रवर्ती, अजीत भट्टाचार्य, जॉर्ज वर्गीज वगैरह) सचमुच ज्ञानवानों की पीढ़ी थी।

चरित्र, चिंतन और विजन की दृष्टि से प्रेरणा देनेवाली। गौरव प्रदान करनेवाली पीढ़ी। आज पत्रकारिता की दुनिया के बारे में धारणा है कि वहां एरोगेंस (आक्रामकता) है, ज्ञान का सरोकार कम है। नेटवर्किंग (समाज व सत्ता में शीर्ष के लोगों से संबंध) का महत्त्व है। आज की पत्रकारिता में शिखर तक जाने के लिए एरोगेंस + नेटवर्किंग का समीकरण ज्यादा कारगर है। हालांकि इस धारणा के अपवाद हैं, पर यह मान्यता आधारहीन नहीं है। ऐसे दौर में जिन लोगों के प्रयास से करोड़ों - करोड़ लोगों का जीवन समृद्ध हुआ है, जिनकी बात दुनिया में गूंजती है, ऐसे लोगों की दृष्टि से पत्रकारिता समृद्ध होगी। हमने इसीलिए श्री श्री रवि शंकर जी को प्रभात खबर के अतिथि संपादक के रूप में न्योता। उल्लेखनीय है कि श्री रवि शंकर जी राजपुरुष नहीं हैं, वह किसी बड़े वंश या परिवार में नहीं जन्मे और वह अतीत की आभा से बड़े नहीं हुए। उनमें कुछ असाधारण है, जिसने उन्हें पूरी दुनिया में पहुंचा दिया है। बचपन से ही विलक्षण गुणों वाले श्री श्री रवि शंकर, आज अपने व्यक्तित्व, चिंतन और दृष्टि के कारण करोड़ों लोगों के प्रिय हैं, प्रेरणास्रोत हैं, दीपस्तंभ हैं। उनकी यह प्रेरक दृष्टि प्रभात खबर के पाठकों तक पहुंचे, पत्रकारिता की गुणवत्ता पर उनका सकारात्मक और दूरगामी असर हो, इस प्रयोग के पीछे यही दृष्टि है। प्रभात खबर श्री श्री रवि शंकर और आर्ट ऑफ लिविंग के सभी साथियों का इस कार्य के लिए आभारी है।

(25/10/2006 को लिखा हुआ आलेख।)

नैतिक क्रांति की जरूरत

श्री श्री रवि शंकर

दुनिया के हर देश में राष्ट्रवाद को अच्छा माना जाता है। हिंदुस्तान में राष्ट्रवाद को खासतौर पर अंगरेजी पढ़े-लिखे लोग हेय मानते हैं। ऐसा राष्ट्रविरोधी बीज किसी भी देश के लिए हानिकारक होगा। रक्षा जैसे संवेदनशील क्षेत्र में हानि पहुंचानेवाले विदेशी तत्त्वों के घुसने की घटना साधारण नहीं है। यह खतरनाक खबर है। हादसा है। हालांकि हमारे रक्षा मंत्री ने ईमानदारी से इसे स्वीकार किया। यह स्वागतयोग्य है। हम राष्ट्रवाद-राष्ट्रभक्ति से दूर हट रहे हैं। अकसर धर्म विशेष के लोगों को समझा जाता है कि वे राष्ट्रभक्त नहीं हैं।यह धारणा गलत है। यह प्रमाणित है कि किसी भी धर्म का कोई भी व्यक्ति क्यों न हो, उसकी नैतिकता के साथ देशभक्ति नहीं जुड़ी है, तो वह देशद्रोही ही सिद्ध होगा। वह समाज हित का काम नहीं कर पायेगा। विशाल दृष्टिकोण, विश्वप्रेम, राष्ट्रवाद के लिए कतई अवरोध नहीं है। जैसे कोई व्यक्ति घर को भी संभालता है और कार्यालय, फैक्टरी या खेत में भी सफल होता है, दोनों में कोई विरोध नहीं है, जिस वयक्ति के लिए राष्ट्र और धर्म से पैसा अधिक महत्त्वपूर्ण हो जाता है, वैसे विचारवाला व्यक्ति आतंकवादी से भी अधिक खतरनाक होता है। खासतौर से देश की सुरक्षा का जो क्षेत्र है, वहां पूरी देशभकित निष्ठा होनी चाहिए। इसके अभाव में पूरी जनता में भय व असुरक्षा का भाव फैल जायेगा। इतना ही नहीं, अंतरराष्ट्रीय मंच पर हम हास्य के पात्र बन जायेंगे। अमेरिका को स्वतंत्रता मिले 200 साल से अधिक हुए, पर आज भी वहां राष्ट्रभक्ति बढ़ती ही जा रही है। पर भारत 60 साल में ही अपने योद्धाओं की कुरबानियों को भुला रहा है। इसका कारण जातिवाद, भ्रष्टाचार, पार्टी-पोलिटिक्स, संकीर्ण मनोभाव है। इससे निकलने के लिए नैतिक क्रांति की जरूरत है।

(प्रभात खबर के कोलकाता कार्यालय में पहुंचे श्री श्री रवि शंकर ने संपादकीय के बारे में जानकारी ली और एक दिन पूर्व तत्कालीन रक्षामंत्री द्वारा सार्वजनिक रूप से सेना व रक्षा महकमे में आईएसआई की मौजूदगी का उल्लेख किया)

(05/11/2006, रांची कार्यालय)

समाज का आईना है अखबार

महेंद्र सिंह धोनी

समाचार पत्र समाज का आईना होता है। आम व्यक्ति के दिन की शुरुआत समाचार पत्रों से ही होती है। इसी के माध्यम से आम लोगों को सभी स्थलों के समाचार की जानकारी होती है। मीडिया के माध्यम से ही लोगों को हर तरह के समाचार पढ़ने को मिलते हैं। यहां मैं यह भी कहना चाहूंगा कि जो समाचार जैसा है, उसे वैसे ही पेश किया जाये। अगर रिपोर्टिंग 'टू द प्वाइंट' हो, तो इससे बेहतर कुछ और नहीं हो सकता। समाचार पत्रों के माध्यम से ही रोजगार, अवसर, फिल्म, देश-विदेश आदि के समाचार आम लोगों तक पहुंचते हैं। मुझे लगता है कि प्रिंट मीडिया लोगों को सभी तरह की सहायता प्रदान करती है। मैं खेल से जुड़ा हुआ हूं, तो खेल की बात मैं जरूर करूंगा। अगर मीडिया नहीं होता, तो शायद मैं आज इस जगह नहीं होता, क्योंकि, सारे देश को पता चलना चाहिए कि कौन-सा खिलाड़ी किस लेवल पर कैसा कर रहा है। इसमें मीडिया की ही भूमिका होती है। चाहे वह रणजी ट्रॉफी या फिर दलीप ट्रॉफी का मैच ही क्यों न हो। अगर आप स्कूल लीग का मैच खेल रहे होते हैं, तो लोकल स्तर के समाचार पत्रों, टीवी चैनलों को उनके प्रदर्शन जरूर बताने चाहिए। चयनकर्ता हर जगह मौजूद नहीं होते हैं। खिलाड़ियों का प्रदर्शन सामने लाने का काम मीडिया करती है, जिनके संवाददाता हर जगह मौजूद रहते हैं। इसके अलावा सभी स्तरों पर किस चीज की आवश्यकता है, यह बताना भी मीडिया का दायित्व बनता है। हमारे पास सभी विधाओं के टैलेंट हैं। इसे सामने लाना मीडिया का काम है। सरकार क्या-क्या कर रही है, उसे भी लोगों को बताने का काम मीडिया करती है। अभी झारखंड को राष्ट्रीय खेलों की मेजबानी मिली है। इसकी सफल मेजबानी करना राज्य की प्रतिष्ठा का सवाल है। इन खेलों के लिए आधारभूत संरचनाओं का निर्माण कहां तक पहुंचा है, उसके बारे में मुझे अभी नहीं पता। लेकिन मुझे लगता है कि अगर नेशनल गेम्स को हम समय पर आयोजित नहीं कर सके, तो राज्य की प्रतिष्ठा को इससे गहरा आघात लगेगा। एक खिलाड़ी होने के नाते मुझे पूरा भरोसा है कि हम सभी झारखंडवासी इन खेलों का सफल आयोजन करने में सफल हो सकेंगे।

(29/12/2006, जमशेदपुर कार्यालय)

दुनिया बदल सकता है मीडिया

तनुश्री दत्ता

हाल के वर्षों में मीडिया ने जिस प्रकार की सकारात्मक भूमिका अदा की है, उससे मीडिया पर लोगों का भरोसा और बढ़ा है। एक समय था, जब निराश होने के बाद लोग पुलिस, प्रशासन या अदालत जाते थे। अब इसमें थोड़ा बदलाव आ गया है। अब लोग पहले मीडिया के पास जाने लगे है, क्योंकि उनकी कई समस्याओं का समाधान तेजी से होता है। दरअसल मीडिया उनलोगों की बुलंद आवाज बन कर सामने आया है, जिस की कोई सुनता नहीं है। यह एक अच्छा संकेत है।

मीडिया ने देश में युवाओं को आगे बढ़ाने का काम किया है। आधी आबादी यानी महिलाओं को उनका हक दिलाने का अभियान छेड़ा है। फिल्म हो या मनोरंजन के साधन या दुनिया में हो रहे बदलाव की जानकारी, मीडिया ने सब जानकारी लोगों तक पहुंचायी है। प्रेस को ऐसे ही चौथा स्तंभ नहीं कहा जाता है। विधायिका, कार्यपालिका और न्यायपालिका के समकक्ष अगर मीडिया खड़ी है तो वह अपने कार्यों के बल पर। अगर मीडिया सक्रिय नहीं हुई होती तो जेसिका लाल और अनेक मामले गौण हो गये होते, दब गये होते। जहां कार्यपालिका, विधायिका या कभी-कभी न्यायपालिका फेल होती है, वहीं से मीडिया का काम शुरू होता है। लोगों को उनका अधिकार दिलाने के लिए अपनी सीमा से बाहर जाकर भी मीडिया काम कर रही है। मीडिया ने लगातार लोगों को जागरूक बनाया, लोगों के विचार को प्रचारित-प्रसारित किया, पब्लिक ओपिनियन को देश के सामने रखा। एक तरह से अदालत के सामने भी सचाई को रखा। इसका रिजल्ट भी दिखा। सच तो यह है कि अगर मीडिया चुप्पी साध ले तो लोगों को न्याय भी नहीं मिलेगा। मीडिया जनहित के कार्य में सीधे जुड़ रहा है।

(कोलकाता ऑफिस, 28/03/2007)

देश को सशक्त वैचारिक आंदोलन की आवश्यकता

स्वामी रामदेव

रामनवमी के पावन अवसर पर मैं सभी देशवासियों को हार्दिक शुभकामनाएं देता हूं। राम राष्ट्रवाद और अध्यात्मवाद के जीवंत प्रतीक थे। आज देश को उनके आदर्शों की सख्त जरूरत है। राष्ट्रवादी, अध्यात्मवादी, सत्यवादी, पुरुषार्थवादी शक्तियों को सशक्त आवाज उठानी होगी। उनकी आवाज बनो, जो कमजोर हैं, उपेक्षित हैं। आजाद भारत को आज वैचारिक आंदोलन की जरूरत है। पत्रकारिता आईना है समाज का। लोकतंत्र का न्याय मंदिर अन्यायकारियों के हाथ नहीं छोड़ा जाना चाहिए। देश सर्वोपरि है। राजनेताओं का कर्तव्यबोध विस्मृत हो रहा है। रामनवमी भारत की संस्कृति, समरसता, तप, त्याग और बलिदान व मानवीय मूल्यों को समेटने वाला राष्ट्रीय सांस्कृतिक पर्व है। राम व्यक्ति नहीं, संस्कृति हैं। वह मात्र हिंदुओं के देवता नहीं, मानवता के आदर्श हैं। आज की भ्रष्ट राजसत्ता और कर्तव्य से विमूढ प्रशासनिक व्यवस्था के लिए भगवान राम का आदर्श, उनका जीवन समाज को आईना दिखाता है। यह एहसास कराता है कि देश में भगवान राम से महात्मा गांधी तक तप और त्याग, बलिदान की परंपरा रही है। लोकतंत्र में मूल्यों का ह्रास हो गया है। लोकतंत्र का एक सशक्त स्तंभ है पत्रकारिता। सकारात्मक, सोच के साथ प्रभात खबर वैचारिक आंदोलन कर रहा है। इसके लिए साधुवाद।

आज के बच्चों में बहुत उमंग है

सरला बिरला

अखबारों में आजकल जो कुछ छपता है, उसे बदलना होगा। ज्यादातर दुखभरी, बीभत्स खबरें हैं। पढ़कर अच्छा नहीं लगता। मुझे लगता है, ऐसी खबरें यदि कम हों, या छोटी करके दी जायें तो ठीक है। पहले पन्ने पर सब कुछ अच्छा और सकारात्मक रहे तो ठीक लगेगा। अध्यात्म और धार्मिक चीजों को प्रमुखता दी जाये ताकि उन्हें पढ़कर लोगों में अच्छी भावनाएं जन्म लें। बहुत खुशी होती है जब देखती हूं कि हर तरफ औरतें बहुत बढ़ियां कर रही हैं। 20-25 साल पहले की स्थिति कुछ और थी। अब सब कुछ तेजी से बदल रहा है। अच्छा लगता है। मुझे अखबार के दफ्तर में आना अच्छा लगता है। मेरे ताऊजी अखबार निकालते थे, तब मैं बहुत छोटी थी। दफ्तर जाकर कंपोजिंग किया करती थी। मैं देखती हूं और महसूस करती हूं कि आज के बच्चों में बहुत उमंग है, सब बहुत मेहनत कर रहे हैं। सबको मेरी शुभकामनाएं। उन्नति करो, नाम कमाओ।

(09/03/2008, कोलकाता कार्यालय

अंतरराष्ट्रीय महिला दिवस के अवसर पर प्रभात खबर के 08 मार्च, 2008 के अतिथि संपादक के तौर पर लिखे गये लेख का हिस्सा।)

खंड-4 : आलेख

वक्त और जरूरत के हिसाब से प्रभात खबर ने अपने स्वरूप व तेवर में लगातार बदलाव किये हैं। जड़ता का शिकार कभी नहीं रहा। बस, अगर कुछ रहा तो वह कोर वैल्यू, जो इसके लिए बैकबोन की तरह हमेशा बना रहा। इस खंड में संकलित कुछ आलेखों व अनुभवों को पढ़ते हुए यह पता चलेगा कि कैसे प्रभात खबर समाचारों के साथ विचारों की भी पत्रकारिता करते हुए बाजार, विचार, समाचार व सरोकार के बीच तारतम्य बिठाये रखा और अपने सहयोगियों को ही असल पूंजी समझ बड़े-बड़े मीडिया संस्थानों/प्रतिष्ठानों की चुनौतियों से पार पाकर उनके लिए चुनौती बनता रहा।

प्रयोगधर्मिता ने दिलायी अलग पहचान

ओमप्रकाश अश्क

एक बडे.अखबारी संस्थान में प्रबंधन से जुड़े एक सीनियर व्यक्ति ने एक सामान्य सवाल प्रभात खबर के बारे में मुझसे पूछा था। दरअसल वह इंटरव्यू का कोई सवाल नहीं, बल्कि सौजन्यमूलक मुलाकात के दौरान उनके मन में छिपी स्वाभाविक जिज्ञासा थी। उनका सवाल था कि देश में कहीं भी हिंदी प्रदेशों में जाता हूं तो लोग प्रभात खबर के बारे में चर्चा करते वक्त बड़े सम्मान से इसका नाम लेते हैं। जबकि मेरा हाउस इतना बड़ा है और मेरे अखबार के बारे में वैसी धारणा किसी की नहीं होती। आखिर प्रभात खबर में ऐसा क्या है? मेरा सीधा जवाब था कि यह उन्हीं लोगों से पूछ लेते। बहरहाल, उस वक्त मैं उनकी जिज्ञासा भले शांत नहीं कर सका, पर इस आलेख से उनके जैसे कई की जिज्ञासाएं शांत हो जायेंगी, जिनके मन में अक्सर यह सवाल कौंधता है।

बेहतर ढंग की विरल कार्यसंस्कृति, समाज में अपनी अलग साख और पाठकों के बीच विश्वसनीय अखबार के रूप में पहचान प्रभात खबर की रही है। प्रभात खबर परिवार से जुड़े होने के कारण महज यह मेरी धारणा नहीं है, बल्कि स्थानीय स्तर से लेकर देश के दूसरे हिस्सों में मीडिया से जुड़े लोगों के बीच अक्सर प्रभात खबर को केंद्र कर होने वाली चर्चाओं से यह नतीजा निकलता है। प्रमाण व प्रभाव पत्रकारिता के बुनियादी तत्त्व हैं, जो किसी अखबार की साख व उसके प्रति विश्वास पैदा करने में सहायक होते हैं। प्रभात खबर ने इन दोनों तत्त्वों का साथ कभी नहीं छोड़ा। बाबरी मसजिद विध्वंस के दौरान पुलिस फायरिंग में कार सेवकों की मृतक संख्या का जो प्रमाण प्रभात खबर के पास उपलब्ध था, उसके आधार पर ही खबर छपी। जबकि दूसरे अखबारों ने संख्या बढ़ा-चढ़ाकर बतायी। दरअसल प्रभात खबर को अपुष्ट सूत्रों के आधार पर संख्या बढ़ा कर छापने में संकोच इसके प्रभाव को लेकर था। दूसरे अखबारों में कारसेवकों के मरने की संख्या बढ़ा कर छपी तो उसका प्रभाव पूरे देश ने देखा। दंगे हुए, बेकसूर मारे गये। अंततः पता चला कि उतने कारसेवक मारे ही नहीं गये थे, जितनी संख्या दूसरे अखबारों ने छापी थी। पाठकों के बीच साख और विश्वास बनाने के ऐसे ही छोटे-बड़े प्रयासों ने प्रभात खबर को वह ताकत दी, जिसे कम करने या तोड़ने की बड़ी पूंजी के अखबारी घरानों की लगातार कोशिश भी नहीं डिगा सकी। अलबत्ता कभी प्रभात खबर के पत्रकारों से कोई भूल हुई तो पाठकों से माफी मांगने और भूल की वजहें बताने में प्रभात खबर ने कभी कोताही नहीं बरती।

प्रभात खबर में साख व विश्वास से इतर एक और चीज है, जिसने प्रभात खबर को एक अलग पहचान दिलायी है। यह है प्रभात खबर की प्रयोगधर्मिता। प्रयोगों के निश्चित दो परिणाम होते हैं- सफलता या विफलता। यदि प्रयोग सफल है तो यकीन मानिए, उसके पीछे वह दृष्टि है, जो सिर्फ सफलता को लक्ष्य करती है। प्रभात खबर परिवार के अगुआ हरिवंश की इसी दूरदृष्टि ने हमेशा सफलता का ही स्वाद चखाया। यद्यपि संस्थान में किसी एक व्यक्ति की भूमिका नहीं होती, समूह का निर्णय स्वीकार्य होता है, लेकिन परिवार के प्रधान की भूमिका या सलाह को नकारा नहीं जा सकता। यह अलग बात है कि हरिवंश ने प्रभात खबर की सफलता का श्रेय खुद लेने के बजाय हमेशा अपने सहयोगियों को दिया है। एक बेहतर टीम लीडर की यह खूबी होती है कि विफलता का ठीकरा वह अपने सिर फोड़े और कामयाबी का सेहरा साथियों के सिर बांधे।

अब यह जानना आवश्यक है कि प्रभात खबर ने ऐसे क्या-क्या प्रयोग किये, जो सर्वदा सफल रहे। जिसकी वजह से इसकी पहचान पत्रकारिता की प्रयोगशाला और पाठशाला के रूप में बनी। 1984 में प्रभात खबर का जन्म भले हुआ, पर प्रगति की कहानी गढ़ने की वास्तविक शुरुआत हुई 1989 में। नये प्रबंधन ने इसे अपने हाथ में लेकर इसका पुनर्जन्म कराया। इसके बाद प्रभात खबर तमाम झंझावातों के बावजूद प्रगति पथ पर बढ़ता रहा।

प्रभात खबर के हमेशा कामयाब होते रहे प्रयोगों को वर्गीकृत कर देखें तो तकरीबन दो दशक तक प्रभात खबर से जुड़े रहने के कारण मैं इन्हें तीन हिस्सों में बांटूंगा। पहला- लीडर की दूरदृष्टि, दूसरा - नयी प्रतिभाओं को अवसर और तीसरा-आमतौर पर अन्य अखबारों में प्रसार, विज्ञापन, वित्त, प्रबंधन और संपादकीय के बीच स्पष्ट विभाजन की जगह प्रभात खबर में एक परिवार की अवधारणा।

दूरदृष्टि

जब देश में राष्ट्रीय अखबारों का बोलबाला था, अखबारों में राष्ट्रीय स्तर की खबरें भरी रहती थीं, स्थानीय स्तर की घटनाएं या आम आदमी की आवाज-पीड़ा भीतर के पृष्ठों में बड़ी मुश्किल से स्थान पाती थीं, उस वक्त प्रभात खबर ने अपनी दूरदृष्टि के कारण क्षेत्रीयता की ताकत को पहचाना। पहले पेज पर स्थानीय खबरों को स्थान मिलने लगा। अंदर के पन्नों पर स्थानीय खबरें भरी जाने लगीं। अखबारी दुनिया के महारथी तब यह कहकर खिल्ली उड़ाते थे कि यह कहां की अखबारनवीसी है। लेकिन इसी प्रयोग ने प्रभात खबर को अलग पहचान दिलायी। पाठकों से नजदीक का रिश्ता बनाने में कामयाबी दिलायी। डाक से आनेवाली बासी क्षेत्रीय खबरें पाठक क्यों पढ़े, इसका सबसे पहले ख्याल प्रभात खबर को आया। तत्कालीन बिहार में सिर्फ प्रभात खबर ऐसा अखबार था, जिसने जिलों और प्रखंडों को मॉड्म सेंटर से जोड़ कर न सिर्फ ताजातरीन स्थानीय खबरें पाठकों तक पहुंचाना शुरू किया, बल्कि तकनीक के इस्तेमाल के मामले में भी यह औरों से आगे निकल गया। यह प्रभात खबर के टीम लीडर की दूरदृष्टि थी, जिसका अनुसरण करीब एक दशक बाद दूसरे अखबारों ने किया। जो अखबार पाठकों पर जबरन राष्ट्रीय खबरें पढ़ने का दबाव बनाये हुए थे, उन्हें भी थक-हार कर प्रभात खबर का अनुसरण करना पड़ा। यानी क्षेत्रीय खबरों को प्राथमिकता देने के मामले में प्रभात खबर ने ट्रेंड सेंटर की भूमिका निभायी। प्रभात खबर

ने क्षेत्रीयता के महत्त्व को उस दौर में पहचाना, जब दूसरे अखबारों को इसकी भनक भी न थी। अपनी संपत्ति से बेदखल किये जाने पर रांची की एक महिला कुसुम ने जब शहर को अलविदा कहने का निर्णय लिया तो प्रभात खबर में उसे पहले पन्ने पर लीड की जगह मिली। तब अखबारी दुनिया के दिग्गजों को निश्चित ही किसी संपादक या उसकी टीम के इस निर्णय पर हंसी आयी होगी और इस आधार पर वे अखबार के भविष्य का अपने हिसाब से अनुमान भी लगा रहे होंगे। लेकिन कालांतर में यह साबित हो गया कि अखबारों में क्षेत्रीय और स्थानीय खबरें कितनी जरूरी हो गयी हैं। अपनी इसी क्षेत्रीय भावना-आचरण के आधार पर प्रभात खबर ने अपनी अलग पहचान बनायी और आज इसे झारखंड में नंबर वन का गौरव प्राप्त है।

टेक्नोलॉजी में प्रयोग

खबरें डाक के भरोसे रह कर बासी न हों, इसके लिए नयी टेक्नोलाजी जरूरी थी। तब बड़े कुछ अखबारों में ही लीज लाइन की व्यवस्था थी। पर, इसका इस्तेमाल वे प्रांतीय या राष्ट्रीय-अंतरराष्ट्रीय स्तर की खबरों के आदान-प्रदान के लिए करते थे। प्रभात खबर ने उस जमाने में प्रखंडों और जिलों को मॉड्म नेटवर्क से जोड़ा और खबरों के बासीपन की शिकायत दूर हो गयी।

प्रतिभाओं की पहचान

छोटे, पिछड़े या सुदूर इलाके में छिपी प्रतिभाओं को बड़े अखबारों में जगह मिलना तो उन दिनों सपना होता था, जब प्रभात खबर का पुनर्जन्म हुआ। नयी प्रतिभाओं को मौका मिलने की बात तो कोई सोच भी नहीं सकता था। पर प्रभात खबर ने ऐसा किया। न सिर्फ सिद्धहस्त प्रतिभाओं को लिखने का प्रभात खबर ने अवसर दिया, बल्कि आदिवासी बहुल तत्कालीन दक्षिण बिहार (अब झारखंड) में वैसी प्रतिभाओं को भी गढ़ने का काम शुरू किया, जिनमें संभावनाएं नजर आती थीं। दयामनी बारला, वासवी जैसे कई नाम हैं, जिन्हें प्रभात खबर के प्लेटफॉर्म से आगे बढ़ने का मौका मिला।

प्रभात खबर की पहचान पत्रकारिता की समृद्ध पाठशाला के रूप में भी रही है। देश का शायद ही कोई अखबार या न्यूज चैनल हो, जहां प्रभात खबर से निकले पत्रकार न मिल जायें। यहां से निकले पत्रकार तो कुछ अखबारों के संपादक भी बन गये हैं।

युवा संपादकों का चयन

प्रभात खबर ने अंदरूनी तौर पर एक परंपरा विकसित की, जो शायद ही कहीं देखने को मिलती है। युवा संपादकों की जमात इसने तैयार की। इस जमात में वैसे लोग भी आते रहे, जो कभी इसके स्ट्रिंगर के तौर पर काम कर चुके थे। मसलन पटना के मौजूदा स्थानीय संपादक स्वयंप्रकाश, अभी एक अन्य अखबार में काम कर रहे रविप्रकाश, फ्रीलांसर के तौर पर काम करने वाले अविनाश इसके उदाहरण हैं। अपने ही अखबार में जूनियर पदों पर रहे कई लोग आज प्रभात खबर के कई संस्करणों के संपादक हैं। इनमें एक मैं खुद हूं। एक जूनियर सब एडिटर के रैंक में 1990 में मैंने ज्वाइन किया और आज एक जिम्मेवार पद पर हूं। अनुज सिन्हा

सब एडिटर थे और आज झारखंड संस्करणों के सीनियर एडिटर हैं। विजय पाठक ने ट्रेनी के रूप में कॅरियर शुरू किया और आज रांची संस्करण के संपादक हैं। फिलवक्त अपने साथ नहीं रहे एक अन्य साथी अनुराग अन्वेषी ट्रेनी के रूप में आये और कुछ ही वर्षों बाद धनबाद संस्करण के संपादक बने। राघवेंद्र भागलपुर से प्रतिनिधि हुआ करते थे, जो बाद में पटना और धनबाद के संपादक बने। रिपोर्टर के रूप में कॅरियर शुरू करनेवाले अजय कुमार पटना के संपादक बने। वह फिलहाल एक अन्य अखबार का एक संस्करण संभाल रहे हैं। सिलीगुड़ी में स्ट्रिंगर रहे दिलीप दूगड वहां अखबार शुरू होने पर संपादक बनाये गये। कम उम्र व छोटे पद के बावजूद अपने ही लोगों को प्रभात खबर ने संपादक बना कर प्रतिभा के विकास की एक स्वस्थ परंपरा का हिंदी पत्रकारिता में शुभारंभ किया, जो अब तक जारी है।

अतिथि संपादक

हिंदी अखबारों में प्रभात खबर देश का पहला अखबार है, जिसने अतिथि संपादकों की परंपरा कायम की। अध्यात्म गुरु श्री श्री रवि शंकर, योग गुरु स्वामी रामदेव, अंतरराष्ट्रीय ख्यातिप्राप्त क्रिकेटर महेंद्र सिंह धोनी, फिल्म जगत् की मशहूर अभिनेत्री तनुश्री दत्ता और मशहूर औद्योगिक घराने- बिरला परिवार की विदुषी महिला सरला बिरला ने प्रभात खबर में अब तक समय-समय पर अतिथि संपादक की भूमिका निभायी है। प्रतिवर्ष वार्षिक तौर पर प्रकाशित प्रभात खबर की दीपावली पत्रिका के लिए अतिथि संपादक बतौर रविभूषण जी के योगदान को भी नहीं भुलाया जा सकता।

पत्रकारों में प्रबंधकीय सरोकार

यह भी अन्य संस्थानों से प्रभात खबर का भिन्न प्रयोग रहा है। अखबार में काम करनेवाले संपादक या उनकी टीम के सदस्यों को आमतौर पर आमदनी, खर्च, वित्तीय अनुशासन, खर्च की मर्यादा, सर्कुलेशन बढ़ाने में सहयोग से कभी सरोकार नहीं रहता। लेकिन प्रभात खबर का हर पत्रकार इन बारीकियों से अवगत रहता है। एक संपादक को अपने यूनिट के आमद-खर्च का पता रहता है। उसे आमदनी बढ़ाने और खर्च करने की हमेशा चिंता रहती है। यही सीख वह नीचे के लोगों को देता है। आमदनी बढ़ाने की चिंता का यह अर्थ नहीं कि संपादक या पत्रकार विज्ञापन की वसूली में लग जायें। इस मामले में प्रभात खबर शायद देश का अकेला अखबार होगा, जहां इसके पत्रकार कभी विज्ञापन नहीं मांगते-लाते। हां, उनका काम यह जरूर रहता है कि विज्ञापनदाताओं से संपर्क इस तरह के बन जायें कि वे खुद विज्ञापन देने को बाध्य हों। संबंध भी उनके आगे-पीछे लगे रहने वाला नहीं। यह सबंध होता है उनकी पीड़ा-परेशानी में साथ रहने का। उनकी समस्याओं को स्वर देने का। प्रभात खबर के पत्रकारों का प्रयास रहता है कि अपने कंटेंट की क्वालिटी बेहतर बना कर पाठकों का बड़ा वर्ग तैयार करें, ताकि बड़े तबके तक अपने संदेश पहुंचाने के लिए विज्ञापनदाताओं को अपने संदेश प्रचारित करने के लिए प्रभात खबर के चयन की मजबूरी हो जाये।

अपने इन्हीं प्रयोगों की बदौलत प्रभात खबर ने देश में एक प्रयोगधर्मी अखबार की पहचान बनायी है।

(यह आलेख तब का है जब लेखक प्रभात खबर के कार्यकारी संपादक थे।)

संपादक की निज साधना

पुण्य प्रसून वाजपेयी

अस्सी के दशक के भारत को अगर 2009 में पकड़ने की कोशिश भी की जाये तो सिवा ग्रामीण जीवन के उथल-पुथल के नीचे दबी भावनाओं के अवशेष के अलावा शहरों में बुजुर्गों की खामोश अकुलाहटभरी शिकन के अलावा कुछ मिलेगा भी नहीं। इस दौर में राजनीति ही नहीं, जिंदगी जीने के तौर-तरीकों से लेकर रिश्तों और संबंधों में संवाद बनाने की समझ तक उलट चुकी है। आज अगर यह मुनादी करा दी जाये कि बीते 25 सालों में हमने क्या पाया, तो आवाज उठेगी आधुनिकीकरण। लेकिन इस आवाज के अंदर की खामोशी हाशिये पर घिसटती भावनाओं और शिकन के जरिये इस एहसास को जियेगी कि 25 साल के दौर के आधुनिकीकरण में हर शख्स अकेला होता जा रहा है। विकास की अंधी मोटी लकीर तले 25 साल में 25 लाख से ज्यादा लोग घर-बार गंवा बैठे। एक लाख से ज्यादा किसान-मजदूर से लेकर ग्रामीण-आदिवासियों ने खुदकुशी कर ली, और इतनी बड़ी तादाद में भी हर कोई अकेला ही रहा। यानी लाखों अकेले लोगों की मौत को आधुनिक समाज अपने बचे रहने के सुकून में टटोल रहा है। ऐसे में कोई अखबार अगर इस अकेले होने के खौफ से लड़ता हो, आधुनिक बनते समाज के अंदर के बुझे हुए मन को जगाने का प्रयास करता हो, रस्म अदायगी में बन चुके सरोकार को ही पत्रकारीय जमीन मानने और फिर बनाने में भिड़ा हो तो इसे महज प्रभात खबर कहकर टाला नहीं जा सकता है। असल में पत्रकारीय समझ प्रभात खबर की पत्रकारिता को संघर्ष का तमगा दे सकती है लेकिन मुझे लगता है यह संपादक की निजी साधना है, जिसमें उसने आजादी के बाद बनते भारत को अपनी कोमल भावनाओं में समेटा है और सत्तर-अस्सी के दशक में उन्हीं कोमल भावनाओं को टूटते या फिर पिसते हुए देखा भी होगा और भोगा भी होगा, और उसी के बाद देश और समाज को अपनी कठोर हथेलियों पर मथना शुरू किया होगा जिसे कभी नन्हे हाथों से कागज या बालू पर संजोया होगा। पत्रकारीय भाषा में कह सकते हैं कि संपादक कभी निजता में नहीं जीता। उसका जीवन ही सार्वजनिक होता है तभी वह संपादक होता है। लेकिन, प्रभात खबर को बाहर-अंदर से जितना मैंने देखा है उसमें संपादक शब्द पर हरिवंश

का नाम मुझे अक्सर उम्र और बड़ा लगा है क्योंकि दो दशकों से कोई शख्स बतौर संपादक एक अखबार को जीवन से जोड़ने में लगा हो तो वह महज संपादकीय जरूरत नहीं हो सकती। यह निज साधना है, जिसमें समाज व्यवस्था का कसैलापन चखते हुए उसे स्वाद और जिंदगी से जोड़ने की जद्दोजहद का ऐसा दौर है जिसे दो दशकों में बदलता वक्त भी डिगा नहीं पाता। यह कहना आजादी के उस हवा में सांस लेना सरीखा है या कहें कि उस आधुनिकीकरण को चुनौती देना है जिसकी आंधी में हर रिश्ता और हर सत्ता बदल गयी लेकिन हरिवंश जी प्रभात खबर के जरिये हर काल-खंड को पिरोते रहे। पत्रकारीय प्रयोग प्रोफेशनल शब्द है। लेकिन, पत्रकारीय जीवन गैर आधुनिक और बाजारवाद में न टिक पाने वाला शब्द है। इन दोनों को साथ मिला कर जो पत्रकारीय संसार प्रभात खबर के जरिये हरिवंश जी ने फैलाया है, उसमें बतौर पाठक मैंने भी महसूस किया कि मै भी इस अखबार से जुड़ा हूं। और न जुडूं तो पत्रकारीय जीवन अधूरा-सा है। यह सफलता प्रभात खबर की है। यह बेहद मुश्किल है कि जब हर क्षेत्र में सत्ता बाजार और मुनाफे को आखिरी सच मानने को बेताब हो तब आप बाजार-मुनाफे के बीच उस समाज को भी छूने का प्रयास करें जो हाशिये पर हैं। उसे भी आवाज दें जिसकी आवाज वक्त के साथ दौड़ने की सोचने मात्र से हांफने लगती है। मैं हरिवंश जी को संपादक से ऊपर इसलिए मानता हूं कि जो राजनीति बीस साल बाद मंडल-कमंडल का चक्र पूरा करने के बावजूद अपनी मौजूदगी को सत्ता में जीना चाहती है और जो आर्थिक सुधार 18 साल बाद बाजार की थ्योरी के ढहने के बावजूद खुद को 1991 के ही तर्ज पर खड़ा करने में जुटा है वहां प्रभात खबर के जरिये हरिवंश जी ने उस मिथ को तोड़ा है कि अखबार बाजार का हिस्सा है। प्रभात खबर ने दिखलाया कि बाजार के आगे समाज है, प्रभात खबर उसी समाज का हिस्सा है जिसके आगे 25 साल का आधुनिकीकरण भी कोई मायने नहीं रखता।

(लेखक वरिष्ठ टीवी पत्रकार हैं। वर्ष 2009 में लिखा गया लेख)

आदिवासियों की धड़कन का आईना

कृपाशंकर चौबे

'साक्षात्कार' के जनवरी-मार्च, 2003 के अंक में शिवमंगल सिंह सुमन के जो पत्र छपे हैं (इन पंक्तियों के लेखक के नाम), उनमें 22 जनवरी, 1990 को लिखे पत्र में उन्होंने लिखा है, 'प्रभात खबर के उच्च स्तरीय स्वरूप से मैं बहुत प्रभावित हुआ हूं। भारतवर्ष के हिंदी दैनिक समाचार पत्रों में नि:संदेह उसे शीर्षस्थ कोटि में रखा जा सकता है।'

21 जून, 1991 को लिखे दूसरे पत्र में सुमन जी ने लिखा है,' प्रभात खबर छ्पाई, सफाई और उच्चस्तरीय पत्रकारिता के रूप में प्रतिष्ठा प्राप्त कर चुका है (साक्षात्कार, जनवरी-मार्च 2003, पृष्ठ 97)।'

इसी तरह का पत्र कवि त्रिलोचन ने भेजा था। 29 जून, 1990 को सागर से इस लेखक को भेजे पत्र में त्रिलोचन शास्त्री ने लिखा था, 'आपका प्रभात खबर मैं ध्यान से पढ़ता हूं और मैं इसको हिंदी के उत्तम पत्रों में मानता हूं। आप समाचार देने में भी अद्यतनीन हैं और महत्त्व के बाहर के समाचार भी पूरी तरह देते हैं। रांची में मैं स्वयं छह महीने रह चुका हूं। अतः उस ओर के आसपास से भी मैं परिचित हूं। इस तरह यह पत्र मुझे अच्छा जान पड़ता है। आपने साप्ताहिक अंकों को अच्छे ढंग से निकाला है। आपका रविवार अंक संग्रहणीय रहता है।'

इलाहाबाद से लेखक को भेजे एक पत्र में रामकुमार वर्मा ने लिखा, ' प्रभात खबर के कुछ अंक पढ़ कर ज्ञात हुआ कि यह प्रथम श्रेणी का पत्र है और इसके द्वारा प्रकाशित सूचनाएं विश्वस्त और प्रज्ञमाणिक हैं।'

वाराणसी से एक फरवरी, 1990 को इस लेखक को लिखे पत्र में काशीनाथ सिंह ने लिखा, ' नये साल की बधाई हरिवंश और तुम्हारे लिए। सबसे अधिक बधाई प्रभात खबर जैसा जनसत्ता के टक्कर का अखबार निकालने के लिए। सचमुच मैंने बिहार से इतने अच्छे अखबार की उम्मीद नहीं की थी'। उज्जैन में रहते हुए सुमन जी, सागर में रहते हुए त्रिलोचन जी, इलाहाबाद में बैठे रामकुमार वर्मा और वाराणसी में रहते हुए काशीनाथ जी सुदूर रांची के एक हिंदी दैनिक पत्र का नोटिस ले रहे थे, तो इसका ठोस कारण है। और उस कारण के केंद्र में

है उस अखबार के प्रधान संपादक हरिवंश और उनकी सुचिंतित संपादन दृष्टि। इस दृष्टि की बानगी अखबार के साठ पेजी झारखंड विशेषांक में देखी जा सकती है। इसी तरह का विशेषांक एक साल पहले भी अखबार ने निकाला था , जो पुस्तक रूप में आ चुका है। इन विशेषांकों की खासियत यह है कि इसका आधा से ज्यादा हिस्सा अरण्यवासियों-जंगलपुत्रों का ही लिखा हुआ होता है। झारखंड के अधिकत्तर जंगलपुत्र मेहनत-मजदूरी कर जीवनयापन करते हैं। क्या किसी ने सोचा था कि किसी पत्र के विशेषांक में आधी से ज्यादा रचनात्मक हिस्सेदारी उन्हीं जंगलपुत्रों की होगी? हरिवंश की संपादन दृष्टि ने उसे संभव किया। पूरा का पूरा झारखंड विशेषांक अरण्यवासियों या उनके आपन जन ने ही लिखा है। शायद हरिवंश की इसी संपादन कला के कारण झारखंड के आदिवासी प्रभात खबर को अपना अखबार मानते हैं।

अखबार ने भी अपनी पत्रकारिता को अंचल के बाशिंदों की आकांक्षा से जोड़ लिया है। पत्र के जनोन्मुख होने के कारण सरकार का कोप भी उसे सहना पड़ता है। पर इस अखबार ने कभी समझौता नहीं किया। आदिवासी बहुल पलामू जिले के कुसुमटांड़ गांव में भूख से हुई मौत की खबर इस अखबार ने 23 मई, 2002 के अंक में छापी, तो अगले दिन राज्य के भूमि सुधार व राजस्व मंत्री मधु सिंह ने अधिकारियों के साथ गांव का दौरा किया और अखबार की खबर का खण्डन किया। 25 मई, 2002 को अखबार ने फिर खबर छापी कि गांव में भूख से तीन मौतें हुईं। इस पर झारखंड सरकार ने अखबार के प्रधान संपादक हरिवंश को धमकाते हुए कहा, 'सत्यापित खबरें छापें वरना कार्रवाई की जायेगी'। सरकार और अखबार में छिड़े विवाद के बाद अंगरेजी पत्रिका फ्रंट लाइन के लिए बेला भाटिया और ज्यां द्रेज ने गांव का दौरा किया और 21 परिवारों से इंटरव्यू कर सघन सर्वे किया। उन्होंने 'प्रभात खबर' की खबर को सही पाया और फ्रंट्लाइन के 16 अगस्त, 2002 के अंक में तीन पेज में रिपोर्ट लिखी। फ्रंट लाइन ने अपनी रिपार्ट में 'प्रभात खबर' का विशेष उल्लेख किया खासकर सत्य को प्रकाशित करने के पत्र के साहस का। झारखंड के कुसुमटांड़ जैसे गांवों की कमी नहीं है, जहां भुखमरी, गरीबी, अशिक्षा का साम्राज्य है। वहां के लोग अपने अधिकारों से भी अनजान हैं। ऐसे ही लोगों के साथ खड़ा रहता है ' प्रभात खबर'। वंचित लोगों को न्यूनतम नागरिक सुविधाएं दिलाने के लिए यह पत्र निरंतर संघर्षशील भी रहा है। यह संघर्ष हरिवंश की जनोन्मुख पत्रकारिता का ही एक अंग है।

हरिवंश ने 1989 के आखिर मे' प्रभात खबर' का संपादकीय दायित्व संभाला था। तब यह अखबार मरणासन्न था। तब आनंद बाजार पत्रिका समूह से निकलने वाले 'रविवार' के सहायक संपादक का पद छोड़कर हरिवंश ने नया दायित्व लिया, तो कई लोगों को लगा था कि हरिवंश अपने पत्रकारीय जीवन को ही खत्म करने चले हैं। लेकिन ऐसा सोचनेवालों का मुंह बंद कर दिया हरिवंश ने और आज उन्होंने' प्रभात खबर' को झारखंड के प्रमुख दैनिक में बदल दिया है। 'रविवार' में आने से पहले हरिवंश 'धर्मयुग' में सह संपादक थे। फिर एक राष्ट्रीयकृत बैंक में कुछ समय अधिकारी रहे। यही क्या, स्वयं प्रधानमंत्री के अतिरिक्त सूचना सलाहकार भी रहे। सब कुछ छोड़ कर सुदूर रांची आ गये। केंद्र (दिल्ली) और प्रचार प्रतिष्ठान का मोह उन्होंने किस

तरह छोड़ा? हरिवंश ने देश की राजधानी जरूर छोड़ी थी , लेकिन आज राजधानी को भी नोटिस लेना पड़ रहा है, रांची के एक पत्र का। साहित्य समालोचक डॉ. नामवर सिंह से लेकर कवि केदार नाथ सिंह तक यह मत व्यक्त करते हैं कि 'हिंदी का सर्वश्रेष्ठ दैनिक है प्रभात खबर' तो यह सिर्फ शिवमंगल सिंह सुमन के मत का समर्थन मात्र नहीं है , बल्कि वह योग्यता है जिसके बूते कोई पत्र श्रेष्ठ बनता है। वह योग्यता अर्जित होती है-पाठकों का भरोसा जीत कर और उनकी धड़कन का आईना बन कर। 'प्रभात खबर' अरण्यवासियों की धड़कन का आईना इसलिए बन सका, क्योंकि उसे उस हरिवंश का संपादकीय संस्पर्श मिला, जिसने दिल्ली जैसे केंद्र का परित्याग कर रांची जैसी जगह को अपनी कर्मभूमि बनायी। शायद इसके पीछे 70 के जेपी आंदोलन की प्रेरणा रही। लोकनायक जयप्रकाश नारायण ने 1974 में अपने गांव में जब वैचारिक शिविर लगाया, तो उसमें श्यामाप्रसाद प्रदीप, कृष्णनाथ आदि के साथ हरिवंश को भी रखा था। हरिवंश ने जेपी का भरोसा जीतने और स्नेहभाजन होने का गौरव पाया। जेपी के सान्निध्य ने हरिवंश की दृष्टि को वैचारिक प्रखरता दी और वह प्रेरणा की सेवा का निमित्त पत्रकारिता भी हो सकती है। हरिवंश ने वंचितों व आदिवासियों की सेवा का साधन 'प्रभात खबर' की पत्रकारिता को बनाया और बराबर वे कोशिश करते हैं कि पत्रकारिता का लक्ष्य पवित्र रहे, वह अंचल के सामाजिक, आर्थिक जीवन का हिस्सा बने, जनतंत्र, समता, धर्मनिरपेक्षता, ज्ञान व वैज्ञानिक सोच-विचार की चेतना को बल पहुंचाए, स्वशिक्षण के प्रयासों को दिशा दे, जनरुचि को परिष्कृत करे, जनाकांक्षा के अनुरूप आचरण करे। इस कोशिश में संलग्न रहने के कारण ही कई विकृतियों से 'प्रभात खबर' बचा रह सका।

समकालीन हिंदी पत्रकारिता ने अपने भीतर कई विकृतियों को घर कर जाने दिया है। इनमें कुछ विकृतियां स्वाभाविक हैं, कुछ परिस्थितिजन्य। जब पत्रकारिता व्यवसाय या उद्योग है, तो जाहिर है कि उद्योगों की जो विकृतियां होती हैं, वे इसमें आयेंगी ही, क्योंकि उद्योग का मकसद धन कमाना और व्यापार बढ़ाना होता है। फिर भी प्रभात खबर ने समकालीन पत्रकारिता में अपवाद बनाते हुए व्यावसायिक हित और जनहित में संतुलन बनाये रखा और बाजार में भी स्वयं को टिकाये रखा-अपनी ही शर्तों पर। ध्यान देने योग्य है कि जब राष्ट्रीय कहे जाने वाले 'जनसत्ता' के मुंबई और चंडीगढ़ संस्करण बंद हो रहे थे, तो प्रभात खबर जैसे अखबार अपने को बहुसंस्करणीय बना रहे थे। आज यह हरिवंश की ही देन है कि 'प्रभात खबर' रांची के अलावा पटना, जमशेदपुर, धनबाद के बाद कोलकाता से भी छपता है। तीन-तीन प्रदेशों से प्रसारित हो चुकने के बावजूद हरिवंश ने रांची को ही मुख्यालय बनाया हुआ है। रांची ही उनकी जड़ है। जमीन से जुड़ा अखबार ही आश्वस्ति जगा सकता है। आश्वस्ति जगायी है हरिवंश ने।

(लेखक फिलहाल महात्मा गांधी अंतरराष्ट्रीय हिंदी विश्वविद्यालय, वर्धा से संबद्ध हैं। यह आलेख 2009 में भीष्मदेव से हुई बातचीत पर आधारित है।)

एक अखबार, जिसे लोगों ने खड़ा किया

सुभाष डे

झारखंड का सबसे लोकप्रिय और स्वाभाविक रूप से ही सर्वाधिक प्रसारित दैनिक समाचार पत्र 'प्रभात खबर' अपने जन्म के बाद रजत जयंती वर्ष में प्रवेश कर चुका है। अखबार के 25 साल का यह सफर अपना अस्तित्व बचाये रखने के लिए संघर्ष, भाग्य के भारी उतार-चढ़ाव और अखबार के कर्मचारियों के जोश, जुनून और जिजीविषा की एक लंबी कहानी है।

इस कहानी की शुरुआत भले ही वर्ष 1984 के अगस्त महीने में हुई थी, लेकिन इसकी पटकथा का लिखा जाना काफी पहले ही शुरु हो चुका था। 'प्रभात खबर' उसके संस्थापक संपादक एसएन (शिवेश्वर नारायण) विनोद की ही कल्पना का फल था। वह वर्ष 1974 से ही एक 'खास तरह' के हिंदी अखबार की शुरूआत करने का सपना देख रहे थे। अंततः वर्ष 1980 में वह 'जनता टाइम्स' के नाम से एक हिंदी साप्ताहिक प्रकाशित करने में सफल हुए थे। इस साप्ताहिक समाचार पत्र का कार्यालय स्थानीय आनंद होटल में था और इसका प्रकाशन उन दिनों मेन रोड स्थित बांग्ला प्रेस से होता था। उन दिनों रांची की नंबर एक अंगरेजी साप्ताहिक पत्रिका 'द न्यू रिपब्लिक' का प्रकाशन भी इसी बांग्ला प्रेस से हुआ करता था। बताया जाता है कि प्रकाशकों के असहयोग के कारण 'जनता टाइम्स' की अकाल मृत्यु हो गयी। श्री विनोद के शब्दों में, 'इसके बाद तो मैंने प्रण कर लिया कि अब अखबार निकालूंगा तो वह एक हिंदी दैनिक अखबार ही होगा'।

उन दिनों 'रांची एक्सप्रेस' रांची का नंबर वन हिंदी दैनिक हुआ करता था और इसके पास डेढ़ दशक से भी ज्यादा समय तक दैनिक अखबार निकालने का अनुभव था और साधन भी मौजूद थे। उन दिनों की रांची जैसे छोटे शहर से दैनिक अखबार निकालना कोई हंसी-खेल की बात नहीं थी। लेकिन श्री विनोद के दैनिक अखबार निकालने की आकुलता को हवा मिली पूर्व सांसद और कांग्रेसी नेता ज्ञानरंजन से सहयोग के आश्वासन से। तभी रांची के एक प्रतिष्ठित व्यापारी ने आगे आकर अखबार के लिए प्रेस भी लगवा देने का वायदा किया। इतना ही नहीं, उसी व्यापारी ने अखबार के नाम से इंडियन ओवरसीज बैंक की स्थानीय शाखा में एक एकाउंट खोलकर उसमें कुछ पैसे भी जमा कर दिये। यह भी उल्लेखनीय है कि 'प्रभात खबर' के कोकर

इंडस्ट्रियल एरिया स्थित कार्यालय भवन के निर्माण में भी रांची के कई व्यापारियों ने बढ़-चढ़कर सहयोग दिया। किसी ने भवन निर्माण के लिए उधार में ही लोहे के छड़ आदि उपलब्ध करवाये, तो किसी ने ईंट-बालू और किसी अन्य ने सीमेंट। इसी सीमेंट व्यापारी ने भवन की जमीन के रजिस्ट्रेशन के लिए 10 हजार रुपये की फीस भी दी। इन सारे खर्चों का उधार चुकता करने के लिए न तो कोई शर्त थी और न ही कोई समय अवधि।

श्री एसएन विनोद तब तक 'समाचार भारती' संवाद एजेंसी से जुड़े हुए थे और कोलकाता में पदस्थापित थे। अखबार निकालना तय हो जाने के बाद वह नौकरी छोड़कर रांची चले आये और ज्ञानरंजन के साथ एक कंपनी बनायी, जिसका नाम इन दोनों के नामों के प्रथम अक्षरों (वि- विनोद, ज्ञान -ज्ञान रंजन) से विज्ञान प्रकाशन रखा गया। ज्ञानरंजन कंपनी के महाप्रबंधक बने, जबकि उनकी पत्नी विभा रंजन और एसएन विनोद तथा उनकी पत्नी शोभा विनोद कंपनी के निदेशक बने। ज्ञान रंजन का वर्दवान कंपाउंड स्थित आवास विज्ञान प्रकाशन का रजिस्टर्ड दफ्तर था, जबकि अखबार के एकमात्र मालिक एसएन विनोद ही रहे, जिसके दफ्तर का रजिस्टर्ड पता श्री विनोद के हरमू हाउसिंग कॉलोनी स्थित मकान का था।

उल्लेखनीय है कि 'प्रभात खबर' नाम के चयन को लेकर भी प्रारंभ में लोग सशंकित थे। जैसा कि स्पष्ट है कि यह नाम 'मॉर्निंग न्यूज' जैसे अंगरेजी नाम का हिंदी-उर्दू रूपांतर था। हिंदी पाठकों द्वारा इस नाम की ग्राह्यता पर लोगों को शक था। हिंदी अखबार के ऐसे अजीबोगरीब नाम को लेकर भी उन दिनों अनेक व्यंग्य कसे गये थे और छींटाकशी की गयी थी। अंततः 15 अगस्त, 1984 को जब रांची से राष्ट्रीय स्तर के हिंदी दैनिक के रूप में अखबार का पहला संस्करण बाजार में आया, तो स्थानीय पत्रकार जगत में खलबली मच गयी। पठ्न सामग्री, समाचारों का चयन, उनका प्रस्तुतीकरण, संपादकीय तेवर, राष्ट्रीय एवं अंतरराष्ट्रीय समाचारों की विविधता और शायद सबसे बड़ी बात अखबार का ले-आउट देखकर पाठ्क दंग रह गये। फूल मॉड्यूलर यह अखबार एक नजर में सभी को आकर्षित करने लगा। इसके साथ ही कई अन्य अखबारों को शायद 'प्रभात खबर' से 'डर' भी होने लगा और उन्होंने इसके विरुद्ध प्रचार करना शुरू कर दिया। किसी ने आरोप लगाया कि यह कांग्रेस के पैसे से चल रहा है, तो किसी ने अखबार के घोषित उद्देश्यों को 'ड्पोरशंखी वादे' की संज्ञा दी। इसमें कोई संदेह नहीं कि 'प्रभात खबर' ने बिहार में हिंदी पत्रकारिता को एक नयी दिशा दी। ले आउट के मामले में तो इसने देश की हिंदी पत्रकारिता में एक नया मानदंड ही स्थापित किया। उल्लेखनीय है कि उन दिनों इस अखबार के पृष्ठ आठ कॉलमों के बजाय छ्ह कॉलमों के हुआ करते थे। इससे पहले दिल्ली से प्रकाशित होनेवाले हिंदी दैनिक 'जनसत्ता' के भी पृष्ठ छ्ह कॉलमों के हुआ करते थे, लेकिन यह जनसत्ता से भी मॉड्यूलर था और फुल मॉड्यूलर होने के कारण प्रभात खबर शायद ज्यादा आकर्षक लगता था।

यहां इस बात का उल्लेख किया जाना जरूरी है कि उन दिनों पाठकों की रुचि भी आज से भिन्न हुआ करती थी। उन दिनों दैनिक अखबारों में 'न्यूज स्टेरीज' का प्रचलन नहीं था। लोग प्रतिदिन 'हार्ड न्यूज' पढ़ने के आदी थे और विश्लेषणात्मक समाचारों या फॉलो-अप न्यूज

के लिए साप्ताहिक, पाक्षिक या मासिक पत्र-पत्रिकाओं पर निर्भर रहते थे। प्रभात खबर ने पाठ्कों की इस जरूरत को (दैनिक अखबार के रूप में पूरा कर दिया) अखबार की खूबियों की चर्चा इतनी दूर तक गयी कि झारखंड (तत्कालीन छोटानागपुर का हिस्सा) के साथ-साथ बिहार के बक्सर, भागलपुर, दरभंगा, पटना से लेकर उत्तरप्रदेश में गोरखपुर, लखनऊ यहां तक कि बंगाल और केरल के त्रिवेंद्रम आदि स्थलों से भी लोग इसकी एजेंसी लेने की इच्छा जताते रहे। दिल्ली तथा कोलकाता जैसी जगहों से भी अखबार की क्रमशः 2200 और 3000 कॉपियों की मांग हुई। पटना में एक बार हॉकरों ने एक सप्ताह तक जनसत्ता का वितरण नहीं किया और प्रभात खबर से प्रतिदिन 12000 कॉपियां मंगवायीं। इस तरह प्रभात खबर को यह गौरव प्राप्त है कि एक क्षेत्रीय अखबार होने के बावजूद इसकी मांग दूसरे राज्यों में भी हुई।

लेकिन यह याद रहना भी जरूरी है कि हिंदी पत्रकारिता की दुनिया में प्रभात खबर का चामत्कारिक प्रवेश यूं ही नहीं हो गया था। यह संपादक के विजन और योग्य तथा कुशल कर्मचारियों के प्रयास से ही संभव हो पाया था। कुछ स्थानीय लोगों को छोड़कर अखबार के संपादकीय विभाग से लेकर प्रोसेसिंग और मशीन मैन तक दर्जनों कर्मचारी दिल्ली, कोलकाता या मुंबई में राष्ट्रीय अथवा पत्रिकाओं से लाये गये थे। अखबार प्रकाशित होने से पहले मेन रोड में तत्कालीन रूपाश्री सिनेमा हॉल के सामने स्थित बैंक ऑफ बड़ौदा बिल्डिंग में कई सप्ताह तक संपादकीय विभाग का कार्यालय चलाया गया था।

उन दिनों दैनिक अखबार निकालना शायद आज की तुलना में बहुत कठिन काम था। कंप्यूटर ने आजकल काम को बहुत आसान बना दिया है। संचार व्यवस्था में भी क्रांति आ गयी है। उन दिनों एजेंसियों से समाचार प्राप्त करने के लिए भी काफी जद्दोजहद करनी पड़ती थी, कभी किसी एक एजेंसी की 'लाइन' काम नहीं करती, तो कभी दूसरी की,

टेलीप्रिंटर पर समाचार आते थे। वह भी कभी-कभी महत्त्वपूर्ण जगहों में अस्पष्ट या अपाठ्य होते थे। कंपोजिंग, प्रोसेसिंग या फोटो कंपोजिंग, प्लेट मेकिंग सभी की प्रक्रिया अपेक्षाकृत जटिल और समय-सापेक्ष हुआ करती थी।

अखबार के प्रकाशन के प्रारंभ के कुछ दिनों में सामने आयी दिक्कतों का जिक्र करते हुए दो बड़ी ही दिलचस्प व रोंगटे खड़े कर देनेवाली घटनाएं याद आती हैं। नया अखबार होने के नाते यह जरूरी था कि अखबार का प्रकाशन समय पर हो और सुबह अन्य अखबारों के साथ, यह हो सके तो सबसे पहले वह बाजार में पहुंचे, लेकिन यह एक अद्‌भुत संयोग था कि हर संभव प्रयास के बावजूद हर दिन अखबार के प्रकाशन में देर हो जाया करती थी। प्रत्येक दिन आधी रात के बाद मशीन में कोई न कोई गड़बड़ी आ जाया करती, जिन के कारण प्रकाशन चार-पांच घंटे तक रुका रहता। विशेषज्ञ मेकैनिकों के अथक प्रयास के बावजूद वह गड़बड़ी प्रातः पांच बजे तक ही ठीक हो पाती। तब तक अन्य सारे स्थानीय अखबार बाजार में पहुंच चुके होते थे। एक-दो दिन की बात होती, तो इसे संयोग माना जा सकता था, लेकिन बिना किसी रुकावट के हर रात मशीन के साथ कई हफ्तों तक जारी इस तरह की किसी न किसी दुर्घटना से (निरुपाय) अखबार के कर्मचारी हताश हो उठे थे। मजे की बात यह कि मशीन यदि दिन में चलायी जाती

या शाम को चलायी जाती, तो फिर कोई परेशानी नहीं होती थी। परेशानियां शुरू होती थीं, तो आधी रात के बाद। तभी किसी ने इस सिलसिले में पूजा-पाठ कराये जाने का सुझाव दिया। पटना से एक पुजारी भी बुलाये गये। वे पटना हाइकोर्ट में रजिस्ट्रार के पद पर कार्यरत भी थे। पहले भवन का भली-भांति निरीक्षण करने के बाद उनके सुझावों के अनुसार जेनरेटर का धुआं निकलनेवाले पाइप के मुंह की दिशा बदल दी गयी, पहले इस पाइप का मुंह भवन से सटे कब्रिस्तान की ओर खुलता था। इसके बाद घंटों पूजा-अर्चना, हवन आदि किये गये। पूजा के अंतिम दिन आहुति हो रही थी। तभी प्रेस में मौजूद लोग उस समय चौंक पडे, जब एक जोरदार आवाज के साथ प्लेटमेकिंग रूम में स्थित टेबुल की शीशे की चद्दर टूट गयी। उस रूम के आसपास जो लोग थे, उन्होंने कहा कि इसके साथ ही उन्होंने एक जोरदार हवा के झोंके से रूम की खिड़की को खुलते देखा। अद्भुत बात यह है कि इसके बाद फिर कभी प्रेस की मशीन के साथ उस तरह कि कोई अनहोनी नहीं हुई, जिसके कारण अखबार के प्रकाशन में जरूरत से कहीं ज्यादा देर हुई हो।

इस बात का भी उल्लेख किया जाना जरूरी है कि प्रभात खबर की संपादक मंडली की लाख कोशिश के बावजूद प्रारंभ में रांची शहर के पाठकों के बीच पैठ बैठा पाना टेढ़ी खीर साबित हुई। संपादक एसएन विनोद के साथ संपादकीय विभाग के कई सदस्य भी खुद अनेक दिन सुबह अखबार बेचने के लिए शहर के विभिन्न केंद्रों में उपस्थित रहते। मैं इंदिरा गांधी की हत्या के बाद अगले दिन सुबह की बात को भूल नहीं पाता हूं, जब हम संपादकीय विभाग के कुछ सदस्य संपादक के साथ उनकी फिएट कार में उस दिन के अखबार के बंडल लेकर कर्फ्यू में शहर की सड़कों पर निकल पड़े थे। कई मुहल्लों में जहां कर्फ्यू का असर कम था, लोगों ने अखबार लेने के लिए हमारी कार को घेर लिया था। विनोद जी ने तब मुफ्त में ही उनके बीच अखबार बांटे थे।

लेकिन अखबार के दुर्दिन आने में भी देर नहीं लगी। बिहार सरकार की ओर से अखबार को अनुमोदन मिलने में काफी विलंब हुआ। यहां तक कि ज्ञानरंजन के नजदीकी माने जानेवाले बिहार के तत्कालीन मुख्यमंत्री चंद्रशेखर सिंह के जमाने में भी अखबार का एप्रूवल नहीं मिला। अंततः बिंदेश्वरी दुबे के मुख्यमंत्रित्व काल में राज्य सरकार के अनुमोदन का झमेला खत्म हुआ। उधर विज्ञापन नहीं मिल पाने से अखबार की आर्थिक स्थिति बिलकुल कमजोर हो चुकी थी। कर्मचारियों को समय पर वेतन मिलना तो दूर अखबार के प्रकाशन के लिए न्यूजप्रिंट जैसी अत्यावश्यक सामग्री की भी कमी पड़ने लगी। न्यूज प्रिंट के अभाव में कई बार अखबार के आठ पृष्ठों में कटौती भी करनी पड़ती। ऐसी स्थिति में प्रबल प्रतिद्वंद्वी होने के बावजूद रांची एक्सप्रेस ने प्रायः ही न्यूज प्रिंट की आपूर्ति कर उसे संकट से उबारने का काम किया। लेकिन इतना काफी नहीं था। प्रबंधन के प्रति कर्मचारियों का असंतोष बढ़ रहा था। संपादकीय विभाग के साथ-साथ कई अन्य विभागों के भी कई दिग्गज कर्मचारियों का 'प्रभात खबर' से मोहभंग हो रहा था। वे एक-एक कर प्रभात खबर से अलग होते गये। तरह-तरह की परेशानियों से घिरकर एसएन विनोद ने भी तंग आकर प्रभात खबर से अलग होने का निर्णय ले लिया। अंतत: वर्ष 1985 के

अंत में प्रसिद्ध अखबार 'द स्टेट्समैन' के बिहार के तत्कालीन मुख्य संवाददाता मोहन सहाय के ओल्ड कमिशनर्स कंपाउंड स्थित आवास में मोहन सहाय के साथ ज्ञानरंजन व एसएन विनोद की एक बैठक हुई। इस बैठक में श्री विनोद ने प्रभात खबर से खुद को अलग कर लिया और अखबार से जुड़े अपने सारे अधिकार ज्ञानरंजन को सौंप दिये। ज्ञानरंजन ने अपने अनुज अलख रंजन व एक मित्र तथा कांग्रेसी आरपी राजा के साथ मिलकर कई वर्षों तक अखबार को ठीक-ठाक चलाया, लेकिन सक्रिय राजनीति के दबाव के कारण उन्होंने भी एक दिन अखबार को स्थानीय उद्योगपति घराने उषा मार्टिन को सौंप दिया।

90 के दशक में कोलकाता के प्रसिद्ध आनंद बाजार पत्रिका ग्रुप की मशहूर हिंदी साप्ताहिक 'रविवार' के सहायक संपादक हरिवंश को प्रभात खबर का संपादक नियुक्त किया गया। उनके साथ रविवार के उनके कुछ और साथी भी प्रभात खबर से जुड़े और शुरू हुआ फिर एक कठिन संघर्ष का दौर। इस दौरान अखबार को आर्थिक परेशानियों को छोड़कर अनेक तरह की परेशानियों से जूझना पड़ा, लेकिन नये संपादक के कुशल, दूरदर्शी एवं ऊर्जावान नेतृत्व में अखबार सारी बाधाओं को दरकिनार करते हुए राज्य की पत्रकारिता की दुनिया में आज एक मील का पत्थर बनकर एक प्रकाश स्तंभ की तरह देदीप्यमान है।

(प्रसिद्ध खेल पत्रकार सुभाष डे प्रभात खबर की यात्रा में वर्षों सहभागी रहे हैं।)

आंदोलन की ईंटों पर

दीपक अम्बष्ठ

प्रभात खबर का ध्येय वाक्य है 'अखबार नहीं आंदोलन'। यह वाक्य जिन परिस्थितियों में तय किया गया हो वह अलग विषय है। लेकिन वस्तुतः इसके स्थापना काल 14 अगस्त, 1984 के प्रायः एक वर्ष बाद ही स्थितियां कुछ ऐसी बनीं कि यह वाक्य अखबार के पन्ने पर आने से पहले ही अखबार के परिसर में चरितार्थ हो चुका था। यह अतिशयोक्ति नहीं होगी जो कहा जाये कि प्रभात खबर की नींव ही आंदोलन की ईंटों से निर्मित है। कई घटनाएं जेहन में हैं जो यह साबित करती हैं कि वास्तव में प्रभात खबर का अस्तित्त्व ही आंदोलन से है। अखबार का जिस रोज प्रकाशन शुरू हुआ, यह लोगों के हाथों में पहुंचा, इसे सराहा गया, क्योंकि परंपरागत हिंदी अखबारों से अलग हट कर इसमें बहुत कुछ था, पर पत्र का दुर्भाग्य था कि इसके स्थापनाकाल से ही यह प्रबंधकीय और संपादकीय विवादों में घिर गया। ये विवाद कुछ समय तक तो पर्दे के पीछे रहे लेकिन जैसा कि होता है, ये धीरे-धीरे सार्वजनिक होने लगे और इसका प्रभाव अखबार पर पड़ने लगा। विवादों की वजह से कर्मचारियों के वेतन भुगतान में विलंब होना शुरू हुआ यह क्रम आगे बढ़ा और 1986 के अप्रैल-मई माह में भुगतान एकदम से बंद हो गया, मैं उन दिनों प्रभात खबर के पटना कार्यालय में था। यह कार्यालय तब डाक बंगला चौराहे के इलाके में सरमेरा कोठी के पहले तल्ले पर था। रांची से सहयोगियों के फोन आया करते थे, पैसे के अभाव में मेरा भी वहां रहना कठिन होता जा रहा था। तारीख याद नहीं पर मई माह के पहले सप्ताह में रजत कुमार गुप्ता जो तब खेल की रिपोर्टिंग किया करते थे और मधुकर जी जो राजेंद्र मेडिकल कॉलेज अस्पताल की रिपोर्टिंग करते थे, का फोन आया 'स्थितियां बिगड़ रही हैं, वेतन बंद हुआ है, अब अखबार भी बंद होगा, जल्दी पहुंचो, लड़ना पड़ेगा' अपने पास कोई सामान था नहीं, जमीन पर सोना और होटल में खाना, सो मैं भी दो दिनों के भीतर रांची आ पहुंचा। प्रभात खबर में आज जहां सभागार है, उन दिनों वहां मशीन की बगल में ही एकाउन्ट्स और रिपोर्टिंग का एक हिस्सा हुआ करता था। वहीं एक बैठक हुई, तय हुआ कि अखबार बंद नहीं होगा, सबकी राय थी कि प्रबंधन अखबार बंद करने का प्रयास कर रहा है! संपादक एस. एन. विनोद जो प्रबंधकीय पक्ष से भी जुड़े थे, उनके साथ खड़ा हुआ जाये, लेकिन सप्ताह भर

में ऐसी घटनाएं घटीं कि सभी साथियों का विचार बदल गया और निर्णय लिया गया कि अखबार के मालिक ज्ञान रंजन जी से मिला जाये और बात की जाये कि क्या वह अखबार चलाना चाहते हैं? संपादकीय साथियों जिनमें डॉ. राजचंद्र झा, मधुकर, रजत गुप्ता, कार्टूनिस्ट लोकमान्य, इन दिनों हिन्दुस्तान के देहरादून संस्करण के सम्पांदक दिनेश जुयाल और मैं शामिल था। ज्ञानरंजन के वर्दमान कंपाउंड स्थित आवास पर पहुंचे। यह पहला अवसर था जब संपादकीय विभाग से कोई अखबार के मुद्दे पर ज्ञानरंजन से मिला था। मधुकर जी के यह पूछने पर कि क्या आप अखबार चलाना चाहते हैं। ज्ञान रंजन का जवाब था अखबार दिला दें तो आपके फोटो की पूजा करूंगा। तय हुआ कि अखबार के कर्मचारी उन्हीं के साथ रहेंगे, जिनके पास अखबार के प्रकाशन की क्षमता है। आंदोलन के बाद संस्थापक संपादक एस.एन. विनोद जी ने हटने का फैसला किया और समझौते के बाद सुनील श्रीवास्तव प्रभात खबर के दूसरे संपादक बने। लेकिन बाजार में धीरे-धीरे जम रहे इस अखबार की उठा-पटक ने इसकी छवि पर बुरा असर डाला, फिर ऐसे लोगों का भी यहां प्रवेश हुआ जिन्हें अखबार के प्रबंधकीय पहलुओं की व्यावहारिक जानकारी नहीं थी। उस पर पैसे की किल्लत, दुश्वारियां बढ़ने लगीं। एक दिन ऐसा आया कि प्रबंधन से जुड़े एक शख्स ने नोटिस टाइप करा लिया कि 'अपरिहार्य कारणों से अखबार का प्रकाशन स्थगित किया जाता है' यह नोटिस चिपकने वाली ही थी कि इसकी जानकारी संपादकीय सहयोगी अविनाश ठाकुर जी को मिली। सभी बेचैन, क्या होगा इतनी लड़ाई लड़कर जिसे हासिल किया क्या वह अंततः बंद ही हो जायेगा। यह घटना 1987 के अंतिम महीने की है। तुरंत ज्ञानरंजन जी से बात की गई, ज्ञान जी उस वक्त दिल्ली में थे उन्होंने अविनाश जी से कहा, किसी भी हाल में नोटिस नहीं लगना चाहिए, मैं कल ही पहुंच रहा हूं। फिर तनातनी और नोटिस का चिपकना रुका। इन्हीं दिनों कंपोजिंग विभाग की लाइनो टाइप मशीन खराब हो गई, अखबार निकालना कठिन हो चला, कहीं कोई सुनवाई नहीं। तय हुआ कि कर्मचारी एक दिन का वेतन देंगे, और शेष पैसा प्रबंधन। मशीन बनवायी जायेगी। यह प्रस्ताव प्रबंधन को दिया गया, प्रबंधन की ओर से बड़ी वाहवाही हुई, कर्मचारियों की भावना को सराहा गया, लेकिन दो टूक स्वभाव वाले साथी मधुकर किसी भी तरह इस बात के लिए तैयार नहीं थे कि कंपोजिंग मशीन की मरम्मत के लिए कर्मचारी अपना वेतन दें। डॉ. राज चंद्र झा, रजत गुप्ता, व्योमेश जुगरान, दिनेश जुयाल, हरिओम गुप्त और स्वयं मेरे समझाने पर मधुकर नरम तो हुए पर इस शर्त के साथ कि प्रबंधन के साथ बैठक में वे अपनी बात जरूर रखेंगे। नियत दिन को बैठक शुरू हुई, तब प्रभात खबर का कार्यालय एक मंजिला ही था, उसी की छत पर बैठक थी। संपादकीय सहयोगी और अन्य कर्मचारी बैठे थे, सामने प्रबंधन से जुड़े लोग और ज्ञानरंजन। कुछ विचार-विमर्श के बाद मधुकर जी के बोलने की बारी आई। उन्होंने सवाल उठाया, जो दायित्व प्रबंधन का है वह उसे पूरा क्यों नहीं कर रहा है। अनाप-शनाप खर्चों में कमी नहीं, फिर कंप्यूटर बनाने का पैसा ही क्यों घट रहा है, कर्मचारी क्यों दें अपना एक दिन का वेतन, भारी गरमा-गरमी के बीच बैठक रद्द हो गयी, लेकिन इसका एक असर हुआ कि कुछ ही समय के भीतर मशीनें ठीक करा दी गयीं और फिर यह परेशानी दूर हो गयी। एक वाकया याद आता है कि जिस दिन एस.

एन. विनोद अखबार से अलग हुए थे, उसी शाम संपादकीय विभाग में बैठक थी। कुछ चर्चा के बाद यह बात उठी कि ज्ञानरंजन राजनीति में हैं तो क्या वह अखबार में हस्तक्षेप का लोभ संवरण कर पाएंगे। मधुकर जी ने फिर यह बात पूछ ही ली। ज्ञानजी का कहना था वह संपादकीय में कभी हस्तक्षेप नहीं करेंगे, यहां तक कि विभाग में भी नहीं आयेंगे। ऐसा चलता भी रहा। एक रात नयी दिल्ली से उनका फोन मेरे पास आया, दीपक कल वसंत साठे रांची जाएंगे, उन्होंने प्रभात खबर दफ्तर जाने की सहमति दी है, दिक्कत है कि हमको भी साथ रहना है और उन्हें लेकर सभी विभागों में जाना होगा। अगर सभी की सहमति हो तो मैं भी संपादकीय में आना चाहूंगा। ज्ञानजी आये भी इसका जिक्र इसलिए कि उन्होंने अपने संपर्कों का लाभ अखबार के माध्यम से लेने की कभी कोशिश नहीं की, यह अलग बात है कि उनके साथ के लोगों ने अखबार का उपयोग और दुरुपयोग खूब किया।

1984 में प्रभात खबर की टीम में देश के प्रायः सभी हिंदीभाषी क्षेत्र के लोग थे। कुछ बंगाल से भी थे। प्रबंधन से संघर्ष के दिनों में जब पैसे की किल्लत थी तो उस समय एक दौर ऐसा भी आया जब इंडस्ट्रियल एरिया के नुक्कड़ पर स्थित लक्ष्मण के छपरा होटल में प्रभात खबर के कर्मचारियों को भोजन नहीं देने का पर्चा भी साट दिया गया। इस बात से संपादकीय और प्रोडक्शन के साथी इतने आहत हुए कि उन्होंने आंदोलन की राह पकड़ ली। वह आंदोलन अपने लिए और अखबार का अस्तित्त्व बचाने के लिए था। आज के प्रभात खबर का आंदोलन, राज्य और समाज को बचाने का है, तभी मैंने आरंभ में ही लिखा है कि प्रभात खबर की नींव ही आंदोलन की ईंटों से निर्मित है।

(लेखक प्रभात खबर के वरिष्ठ संपादकीय सहयोगी रह चुके हैं। यह आलेख 2009 में लिखा गया था)

सामाजिक कर्म की बुनियाद डालनेवाला

मधुकर , वरिष्ठ पत्रकार, रांची

मैंने 10 अगस्त, 1984 को प्रभात खबर में प्रशिक्षु पत्रकार के रूप में काम शुरू किया था। 14 अगस्त, 1984 को प्रख्यात पत्रकार कुलदीप नैयर ने रोटरी क्लब में इसके पहले अंक का विमोचन किया था। उस समय प्रभात खबर के मुख्य संपादक श्री एसएन विनोद थे। देश भर में घूम-घूमकर वह चुनकर लोगों को ले आये थे। उस समय अखबारों में कुछ छपने पर प्रशासन और सरकार में खलबली मच जाती थी। अब ऐसा तब होता है, जब अखबार स्वयं उस मामले को तूल दिलाने का इंतजाम करे।

मैं 1974 के आंदोलन से निकलकर एक कॉलेज में शिक्षण कार्य कर रहा था। फिर वहां से पत्रकारिता करने रांची चला आया। शानदार टीम थी। सभी साथी थे। एक-दूसरे के सुख-दुख और भावनाओं का खयाल रखते थे। पहाड़ से आये साथी दिनेश जुयाल, व्योमेश जुगरान के साथ दीपक अंबष्ठ, शिबू दा, कृष्णचंद्र चौधरी यानी किटू जी, सुनील श्रीवास्तव, विजय भास्कर, प्रकाश सनोई, अर्जुन शर्मा के साथ काम करना, पत्रकारिता करना सचमुच में बड़ा सुखद अनुभव था। मुझे तब समाहरणालय, कमिश्नरी, आरएमसीएच अब का रिम्स, होटवार का पशुपालन केंद्र, मेकॉन, आरएंडडी सेल बीट मिला हुआ था। उस समय अखबार के कई संस्करण निकलते थे, जो देश भर में भेजे जाते थे। इसलिए दिन के 11 बजे से काम शुरू हो जाता था। टेलीप्रिंटर का जमाना था। आरएमसीएच की दो रिपोर्ट ने मुझे एक माह के अंदर स्थायी संवाददाता बना दिया। एक रिपोर्ट जिसमें पाराफाइलेरिया विभाग में चूहे रोगी को खा रहे थे। विजय भास्कर ने शीर्षक लगाया था— बड़ी मुश्किल से काटी है सजा-ए-जिंदगी मैंने। एक्सपायरी दवाएं और फंगस लगे स्लाइन वाटर चढ़ाने की रिपोर्ट देखते ही मुख्य संपादक विनोद जी ने पहले ही महीने कनफर्म कर दिया। 1984 में रांची में दूरदर्शन केंद्र की स्थापना हुई थी। आकाशवाणी के केंद्र निदेशक इस केंद्र के भी प्रभारी थे। स्थापना में गड़बड़झाले की रिपोर्ट छापनी शुरू की। संयोग से मुख्य संपादक के अत्यंत करीबी आकाशवाणी के एक अधिकारी हमारे मुख्य संवाददाता और उप मुख्य संवाददाता से मिलकर इसका खंडन कराने में लग गये, लेकिन घरेलू संबंध होने के बावजूद मुख्य संपादक ने ऐसा करने से मना कर दिया।

इसी तरह आरएमसीएच के शल्य चिकित्सा विभाग और न्यूरो सर्जरी विभाग पर छपी रिपोर्ट पर जब सरकार ने कार्रवाई शुरू की तो दोनों विभागाध्यक्षों ने मैनेज करने की बहुत कोशिश की, विनोदजी नहीं माने। रांची विश्वविद्यालय में पीएचडी घोटाला पर लिखना शुरू किया, हंगामा मच गया, बड़े-बड़े डॉक्टरों के पुत्रों ने बगैर पीजी किये पीएचडी हथिया ली थी।

पत्रकारिता एक सामाजिक कर्म है। तब हमारे सहयोगी अशोक वर्मा ने रात के साढे आठ-नौ बजे कहा कि एक गंभीर मामला है। मालंच भाभी (मालंच घोष) को लेकर रातू चटी जाना है। त्रिदीव दा का स्कूटर बिना ब्रेक का था। बजाज स्कूटर की लाइट कैसी होती है, सबको पता है। अशोक वर्मा बोले कि हम भी चलेंगे। पीछे मालंच भाभी। वहां तब के आइपीएफ नेता बिरसा उरांव का अपने ही साथियों से मतभेद हो गया था। रात के करीब 11 बजे मतभेद सुलझा। जैसे-तैसे हम लोग वापस आये। बाद में किसी ने बताया कि असल मामला नक्सलियों में आपसी विवाद का था। खैर! हम तो मालंच भाभी को लेकर वहां गये थे।

प्रभात खबर में तीन माह तक कर्मचारियों को वेतन नहीं मिला। कर्मचारी आंदोलन पर बैठ गये। भूख हड़ताल शुरू हो गयी। लेकिन अखबार निकलना एक दिन भी बंद नहीं हुआ। सक्षम मित्र, बाहर के मित्रों के खाने-पीने में सहयोग करते थे। टूथपेस्ट से लेकर उनके रोजमर्रा की जरूरतें पूरी होती रहीं। अपने-अपने घर से इसकी व्यवस्था करते थे। कोकर के छप्परा होटल में, जो आज भी है, ने अपने यहां पोस्टर लगा दिया था कि प्रभात खबर कर्मचारियों के लिए यहां खाना नहीं है। उस आंदोलन से कैसे-कैसे निजात मिले, यह याद करना ही अपने आप में एक कठिनतम दौर को याद करना है। आदिवासियों की भूमि के घोटाले, सिल्ली जंगल को कैसे वहां के विधायक बेच रहे थे, किस तरह हरिजन आदिवासी अफसरों के साथ सरकारी महकमे में भेदभाव होता था, उस पर लिखता रहा। एक प्रसंग बताना जरूरी है। 1984 में पहली बार बिहार सरकार के सभी महकमे के कर्मचारियों ने संयुक्त हड़ताल की थी। सभी सरकारी संस्थान ठप हो गये थे। रांची मानसिक आरोग्यशाला से सारे रोगी भाग निकले। रात-रात भर जागकर रिपोर्ट की थी। उनके भागने के बाद पता चला कि किस तरह उनके भोजन और कपड़े वहां के अधीक्षक और कर्मचारी हड़प जाते थे। बाद में यह मामला सुप्रीम कोर्ट गया। सुप्रीम कोर्ट के हस्तक्षेप से रांची मानसिक आरोग्यशाला आज रिनपास के रूप में तब्दील हो गया है। उन दिनों महालेखाकार की रिपोर्ट पर कोई नहीं लिखता था। उस पर लिखना शुरू किया। एचईसी कैसे सफेद हाथी बनता जा रहा है, किस तरह सीआईपी और बिरसा कृषि विश्वविद्यालय को भ्रष्टाचार की दीमक चाट रही है, लिखता रहा, चीजें सुधरती रहीं, रांची के भूमि घोटाले के बारे में लगातार लिखने का परिणाम यह हुआ कि विधानमंडल की विशेष जांच कमेटी बनी, जिसने जांच रिपोर्ट सौंपी, फिर भी कार्रवाई नहीं हुई। मेकॉन में नाइजिरिया में अजय कोटा स्टील प्लांट का निर्माण किया, उसमें करोड़ों रुपये के घोटाले हुए थे। सबूत के साथ उस पर लिखा। बाद में बने उसके एक सीएमडी ने कहा कि इस घोटाले में दिल्ली से लेकर रांची तक के बड़े-बड़े लोगों का हाथ हैं। सभी दबाने में लगे हुए हैं। दबाने में वे कामयाब हो भी गये।जिस समय प्रभात खबर शुरू हुआ, उस समय तक सोशलिस्टों, कम्युनिस्टों और इस

तरह के रंगकर्मियों के बारे में यहां के अखबार नहीं लिखते थे। लिखते भी तब शीर्षक लगाते थे नरकट्वा, मुड़ीकट्वा आदि। पर अब मैंने इनकी गतिविधियों को लिखना शुरू किया। 1986 में आजसू का गठन हुआ। उसी समय झारखंड समन्वय समिति भी बनी। इन दोनों के साथ इनके सलाहकार, इनके शुभचिंतक के साथ-साथ एक सक्रिय कार्यकर्ता के रूप में पूरे आंदोलन में जुटा रहा। सूरज सिंह बेसरा, प्रभाकर तिर्की, डॉ देवशरण भगत, डॉ बीपी केशरी, डॉ रामदयाल मुंडा, संजय बसु मल्लिक... ये सब इसके साक्षी रहे। फैसल अनुराग, आज अखबार के रवींद्र कुमार सिंह साथ में लड़ते रहे, लिखते रहें। सीसीएल के घाटे को राइटअप कर ओवर रिपोर्टिंग कर कंपनी को फायदा दिखाकर इस तरह उस समय एक सज्जन चेयरमैन बन गये। लगातार लिखा। उनके गुस्से को भी झेला। समाज में जो अच्छे स्वैच्छिक संगठन हैं या व्यक्तिगत प्रयास हैं, जब कभी किसी आंदोलन को खड़ा किया तो उनके साथ खड़ा रहा। उस समय हमारा एक ही मकसद था, प्रभात खबर को हर कीमत पर जिंदा रखना। परंतु 1989 में प्रभात खबर का प्रबंधन बदल गया। भरपूर संसाधन, फायदे में जाने का संकल्प, काम करने की पूरी छूट। प्रभात खबर तेजी से दौड़ने लगा। उन दिनों कई बार दंगे की स्थिति में 1984 में इंदिरा गांधी की हत्या के बाद दंगा हुआ था, श्रीनिवासजी, फादर बोगर्ड, डॉ अमर कुमार सिंह, डॉ एमके हसन, सरदार मोहिंदर सिंह, सरदार अवतार सिंह आजाद, रांची विश्वविद्यालय के कुलपति डॉ विश्वनाथ प्रसाद, बिरसा कृषि विवि के कुलपति डॉ एचआर प्रसाद, गुलाम मुस्तफा वकील वगैरह के साथ मिलकर शहर को शांत किया था। फिर इप्टा, एआइएसएफ, एसएफआइ, एनसीओइए, एटक, सीटू और धर्मनिरपेक्ष युवाओं व बुद्धिजीवियों की टीम का नेटवर्क इंसानी एकता मंच बनाकर हर बार दंगे को नियंत्रित करने में सफल रहा। बाबरी मस्जिद ढहने के बाद भी शहर को इन सबके सहयोग से बचाने में कामयाबी मिली। उन्हीं दिनों सूचना के अधिकार का आंदोलन शुरू किया। सरकार से सूचनाएं लेने की, अदालतों में याचिका दायर कर सूचनाएं हासिल कीं। तीसरा फेज, शताब्दी बदलने के समय शुरू हुआ। जब भागमभाग शुरू हुई। मैं सीएचआरआइ के साथ मिलकर सूचना के अधिकार का आंदोलन चलाता रहा। नया राज्य बना, तब से इसे कानूनी रूप दिलाने में लगा रहा। कुछ अफसरों एके सिंह, यूपी सिंह, सुखदेव सिंह, टी. नंद कुमार, राजीव कुमार इन सबके सहयोग से उनके अधीन की स्कीम व योजनाओं को पारदर्शी बनाने के लिए उसकी लागत पूरा होने का समय, ठेकेदार, इंजीनियर सबके सूचनापट्ट लगवाने में कामयाबी मिली। प्रभात खबर के नये प्रबंधन ने भी सामाजिक कर्म करने की मेरी स्वतंत्रता बनाये रखी, इसलिए मेरे लिए सामाजिक कर्म ज्यादा सहज हुआ। मैं मानता हूं कि सामाजिक कर्म के बगैर पत्रकारिता हो ही नहीं सकती।

कलम का काम ही है बेजुबानों को जुबां देना। कलम से जुल्म के तलवे को सहलाये नहीं जाते।

अखबार या पत्रकारिता मेरे लिए कभी नौकरी नहीं रही। आज भी नहीं। इन 25 सालों में मैंने पत्रकारिता को पल-पल बदलते, व्यावसायिक होते और फिर धंधे में तब्दील होते देखा और महसूस किया है। पत्रकारिता एक विश्वास है, भरोसा है, जिसे पत्रकारिता संस्थान खुद

खोते जा रहे हैं। जिस डाल पर बैठे हैं, कालिदास की तरह उसी डाल को काट रहे हैं। इन 24 सालों में रांची और झारखंड को बदलते देखा। बिहार का हिस्सा झारखंड अलग राज्य में तब्दील हो गया। सरकार बहुत करीब हो गई। जनहित के नाम पर सरकारों को जनहित को रोकते, खसोटते देखा है। नीरज की उक्ति दुहरायें तो इनके बारे में यही कह सकते हैं—

मेरे यारों का कितना हुआ है पतन
मुझको कहते हुए भी कहते न बने।
जिनके होंठों पर थी रहबरी की कसम
उनकी फितरत में अब रहजनी आ गई...

(लेखक प्रभात खबर के विशेष संवाददाता रहे हैं। यह आलेख 2009 में लिखा गया था।)

वह पहला दिन

कुमार सौरव

आज भी 19 जून, 2000 की दोपहर की याद मेरे जेहन में बिलकुल ताजा है। एक सामान्य दिन। मुझे अंदाजा नहीं था कि यह अलसाया दोपहर मेरे जीवन का ट्रेंड सेटर बनने जा रहा है। कोई ऐसा महान् दिन नहीं था पर मेरे जीवन के उन बेहतरीन पलों में से एक था जिसने मेरे जीवन को नई दिशा दी। यह बात शायद अतिरेक लगे। दोपहर 12 बजे का समय और थोड़े इंतजार के बाद प्रभात खबर के प्रधान संपादक हरिवंश जी से मुलाकात। छोटी-सी मुलाकात में उन्होंने नाम पूछा और फिर पूछा : किस विषय में रुचि है। क्या लिखना चाहते हो? मैंने कहा सामाजिक विषयों पर। उन्होंने कहा ठीक है कल एक बायोडाटा और एक राइट अप लेते आना। मेरे साथ मेरे कॉलेज के दिनों का मित्र सुनील चौधरी भी था। उससे भी उन्होंने यही कहा। मुझे याद है मैंने रांची की हृदयस्थली के पास बसी एक मलिन बस्ती की रिपोर्ट लिखी। उस रिपोर्ट और बायोडाटा के साथ प्रभात के दफ्तर में पहुंच गया। उन्होंने रिपोर्ट देखी और कहा अभी तुम्हें एक हजार रुपये मिलेंगे। मेहनत से काम करो बहुत आगे जाओगे। मैं चाहता हूं कि तुम जैसे नौजवान पत्रकारिता की अगली पीढ़ी के रूप में विकसित हों।

जो रिपोर्ट मैंने लिख कर दी थी वह प्रभात खबर में मेरे नाम के साथ छपी। एक प्रशिक्षु पत्रकार होने के नाते पहले ही लेख में नाम छप जाने की खुशी के साथ मैं दूसरे दिन दफ्तर पहुंचा एक और रिपोर्ट के साथ। उन्होंने पहले ही कह दिया था कि कंप्यूटर सीख लो और उसी में काम करो। शुरू में बंदिश नहीं थी पर मैंने ठाना कि उसी दिन से कंप्यूटर पर काम करूंगा। तीन घंटे में अपनी रिपोर्ट टाइप की। बाद में जहां कहीं भी काम करते हुए मेरे तकनीकी कौशल की सराहना हुई मुझे प्रभात खबर की ये तीन घंटे में टाइप की गई रिपोर्ट की याद आ जाती है। थोड़ी देर में पता चला कि हरिवंश जी एक मीटिंग करनेवाले हैं। एक छोटा-सा कमरा था जिसमें सभी लोग जमा होने लगे। 10-15 कुर्सियां रखी थीं और कुछ खाली जगह थी। कुर्सियों पर प्रभात खबर के पुराने साथी बैठ गए। हम जैसे प्रशिक्षु खड़े हो गए। थोड़ी देर में हरिवंश जी कमरे में दाखिल हुए। चेहरा गंभीरता और तनाव से खिंचा हुआ पर गजब का आत्मविश्वास। आज भी वह चेहरा नहीं भूल पाता। जब भी पत्रकारिता से निराश होता हूं तो उस चेहरे को याद

करता हूं और नई ऊर्जा से फिर से जुट जाता हूं बाजार के दबाव को झेलने के लिए। उन्होंने बोलना शुरू किया। थोड़ी देर में बात समझ में आ गई कि नए लांच हुए हिन्दुस्तान के रांची संस्करण में प्रभात खबर के कई लोग एक साथ चले गए हैं और कुछ और लोग जाने वाले हैं। कुछ पुराने रिपोर्टर जैसे मधुकर जी, राजीव कुकरेजा के साथ कुछ और रिपोर्टर ही बच गए थे। डेस्क की भी वही हालत थी, पुराने लोग जा चुके थे। कुछ ही नाम बचे थे। विजय पाठक, संजय सिंह, श्रीनिवास जी। हरिवंश जी ने एक ही बात कही : मुझे आप नौजवानों पर भरोसा है। आप अपने काम के दम पर उन सारी ताकतों से लड़ सकते हैं जो पैसे के बल पर टिकी हैं। उन्होंने कहा कि प्रतिद्वंद्वियों के पास तमाम संसाधन मौजूद हैं पर हमारे पास सीमित संसाधन हैं। हमें इन्हीं संसाधनों में बेहतर अखबार निकालना है।

शानदार वर्क कल्चर

तो यह थी शुरुआत प्रभात खबर से जुड़ने और एक पत्रकार बनने की। पूरी तरह पत्रकार बना या नहीं यह मैं नहीं बता सकता। पर आठ साल के कैरियर में कई उतार चढ़ाव देखे तो उन तीन वर्षों की बदौलत जो मैंने प्रभात खबर में काम में डूब कर बिताए। शायद काम में डूबने को आप अतिशयोक्ति समझें पर प्रभात से जुड़ा हर शख्स उन दिनों काम में डूबता ही था। कोई यह देख कर काम नहीं करता कि उसने कितने घंटे काम किए। एक परिवार की तरह एक दूसरे की मदद करते हुए आगे बढ़ने का शानदार कल्चर मुझे प्रभात खबर के अलावा कहीं नहीं मिला। चार संस्थानों में काम कर चुका हूं पर काम की वह संतुष्टि आज तक नहीं मिली। जिस संस्थान में रहा काम को प्राथमिकता दी पर आज भी उस काम को याद करता हूं जो मैंने प्रभात खबर में किए।

एक गलती और वह डांट

एक बार मैंने स्कूलों की छुट्टियों से संबंधित खबर लिखी। गलती से एक प्रतिष्ठित स्कूल की छुट्टी की तारीख मैंने गलत लिख दी। खबर छप गई गलती का पता भी चल गया। हरिवंश जी हर दिन दोपहर 12 बजे रिपोर्टिंग टीम के साथ बैठक किया करते थे। उस दिन भी वह आए। रूटीन बातें होने के बाद उन्होंने पूछा कि स्कूलों की छुट्टियों से संबंधित खबर किसने दी थी। मैंने कहा : सर मैंने। सूचनाओं के प्रति उनकी संवेदना मैंने पहली बार उस दिन देखी। उन्होंने कहा कि तुम्हारे अलावा यदि किसी और ने यह खबर बनाई होती तो मैं उसे नौकरी से निकाल देता। किसी दूसरे से उनका मतलब किसी सीनियर से था। फिर उन्होंने मुझे उस खबर का महत्त्व समझाया और कहा कि गलत सूचना देने से अच्छा है सूचना न दी जाए। मुझे पत्रकारिता का पुराना सबक याद आया 'व्हेन इन डाउट लीव इट आउट'। आज भी वह सबक याद है।

(लेखक यह आलेख अमर उजाला, नोयडा में कार्यरत रहने के दौरान 2009 में लिखा था।)

इस तरह मिलीं मंजिलें...

अनिल सिन्हा

ये मौज-ए-बला, जय उनको भी दो चार थपेड़े से
कुछ लोग अभी तक साहिल से तूफां का नजारा करते है...

प्रभात खबर ने 14 अगस्त, 2008 को अपनी स्थापना के सिल्वर जुबली वर्ष की शुरुआत की। 1984 में एक सीमित दायरे में, सीमित संसाधनों में शुरू हुआ यह अखबार आज 2008 में कई नामवर मुकाम हासिल कर चुका है। देश के हिंदी अखबारों में नुमाया तौर पर प्रभात खबर का शुमार हो रहा है। इस मुकाम के पीछे अखबार के निरंतर-अबाध संघर्ष की कहानी पिन्हां है। इससे जुटे कुछ लोग लगातार संघर्ष करते रहे। तूफां से लड़ते रहे। विपरीत धार में हाथ-पैर मारते रहे। तथापि कुछ लोग साहिल (किनारा) से तूफां का नजारा कर रहे थे। आखिरकार फख्र उनको हासिल हुआ, जिन्होंने तेज हवाओं में दीये की लौ को बरकरार रखने का हौसला बनाये रखा। संघर्ष की बड़ी तवील (लंबी) दास्तां है प्रभात खबर।

सन् 1987 में रांची विश्वविद्यालय में बीजे (बैचलर ऑफ जर्नलिज्म) की पढ़ाई शुरू हुई। इस वक्त मैं एमए की परीक्षा दे चुका था। रिजल्ट का इंतजार था। बीजे की नामांकन परीक्षा में शामिल हुआ। इंतखाब हो गया। एकीकृत बिहार में बीजे के पहले बैच में सिर्फ 35 विद्यार्थियों का चयन हुआ। उनमें मैं भी एक था। जोश व उमंग के पौधे को गोया मिट्टी-पानी मिल गया। सुबह में बीजे का क्लास करने के बाद मैं कोकर, रांची स्थित प्रभात खबर के कार्यालय आने लगा। अखबार क्या होता है, यह जानने-सुनने के लिए। फिर मुझे वहां काम मिल गया। उधर बीजे का क्लास भी चलता रहा। क्लास के बाद प्रभात खबर के दफ्तर में आ जाता और देर रात तक सीखता-परखता। यह सिलसिला लगभग एक वर्ष चला। सुबह छह बजे से रात 10-11 बजे तक व्यस्तता। उसी वक्त प्रभात खबर ने अपना अंगरेजी संस्करण शुरू किया। मुझे अंगरेजी संस्करण में बाजाब्ता नौकरी मिल गयी। पगार थी 600 रुपये माहवारी। फिर भी यह कम नहीं लगता। गोदरेज के टाइपराइटर पर न्यूज टाइप कर उसे कतरन कर, खुद पेस्टिंग करता था। प्रभात खबर के ऊपरी तल्ले पर (अभी जहां फीचर सेक्शन है) अंगरेजी संस्करण का सारा काम होता था। नीचे हिंदी संस्करण बदस्तूर चल रहा था। स्पोर्ट्स डेस्क, फिर सिटी डेस्क

संभाला। तब तो आलम यह था कि सुबह छह बजे बीजे का क्लास करने निकलता था, फिर अखबार के दफ्तर आ जाता था और रात के अंतिम पहर तक यहीं रहता था। जब लौटता था, तो कभी-कभी चिड़ियों की चहचहाहट सुनाई देने लगती थी। 17-18 घंटे की मशरूफियत। फिर भी थकान नहीं, पेशानी पर शिकन नहीं। उस समय अखबार पर मालिकाना हक प्रभावशाली कांग्रेस नेता ज्ञानरंजन का था। प्रभात खबर का अंगरेजी संस्करण दो वर्ष चलने के बाद बंद हो गया। हिंदी संस्करण बदस्तूर चलता रहा। अंगरेजी संस्करण के मैं और मेरे चंद सहकर्मियों की नौकरी बाजाब्ता हिंदी संस्करण में हो गयी। हिंदी प्रभात खबर से तजुर्बा शुरू कर, फिर अंगरेजी संस्करण में लगभग दो वर्ष की नौकरी कर, फिर हिंदी संस्करण का मुलाजिम हो गया। तब तक बीजे का रिजल्ट भी आ गया। इसी वक्त (1989) में ज्ञानरंजन ने पूरा अखबार मय जमीन, साज-ओ-सामान उषा मार्टिन को बेच दिया। नया मैनेजमेंट आया। नये लोग आये। हरिवंश जी की टीम आयी। नया नेतृत्व आया। हम पुराने मुलाजिमों में भी नया जोश आया। उस वक्त संसाधन मौजूद थे। छोटे से तंग कमरे में बैठ के प्रतिनिधियों व संवाददाताओं द्वारा भेजे गये समाचार की एडिटिंग करता। समाचार का ब्रोमाइड़ निकलता था। उसे प्रूफ रीडर चेक करता था। हलकी गलतियों को सुधार देता था। ब्रोमाइड़ ड्वेलप करने का भी नीचे छोटा कमरा था। (वहां अभी कैंटीन परिसर है)। फिर उसी के बाजू में पेस्टिंग होती थी। स्केल से मिला-मिलाकर पेस्टर हेड्लाइंस व मैटर सीधा करता था। फिर एक पेज तैयार होता था। उसकी फिल्म बनती थी। फिर पेज प्रिंट के लिए जाता था। प्रिंटिंग मशीन भी नीचे ही थी (अभी यहां हमारी न्यूजपेपर लाइब्रेरी है) प्रिंटिंग मशीन के पीछे कैंटीन थी। छोटा-सा। तंग-सा। उसी की बगल में ग्राइंडिंग मशीन थी। वहीं शीशे के बड़े-बड़े गोलों की मदद से पेज के प्लेट की सफाई होती थी। हर वक्त घर्र-घर्र करके मशीन चलती रहती थी। ताकि अगले दिन के लिए खाली प्लेट तैयार हो सके। उषा मार्टिन द्वारा टेकओवर करने के बाद खासे परिवर्तन हुए। उधर सीमित संसाधनों के बीच हमारा काम चलता रहा। उस वक्त रांची ही नहीं, पूरे दक्षिण बिहार में रांची एक्सप्रेस की तूती बोलती थी। शनैः-शनैः हमने अपनी धार तेज की। संघर्ष और तेज किया। लोग प्रभात खबर को जानने-पहचानने लगे। इसी दौरान टाइप करनेवाले व पेस्टिंग करनेवाले हड़ताल पर चले गये। भारी मुश्किल आन पड़ी। फिर भी हमने अपनी रफ्तार में न्यूज टाइप किया, लरजते हाथों से न्यूज की कतरन भी पेस्ट किया, पेज तैयार किया। धूप में गोया बरगद की छांव मिल गयी। यह सिलसिला चंद दिनों तक चला। वर्क लोड बढ़ गया। 15-16 घंटे लगातार काम। कोई साप्ताहिक अवकाश नहीं। छह महीने तक निरंतर मुसल्लसल काम। कोई ठहराव नहीं। सिर्फ मैं ही नहीं, और भी चंद लोग हैं इस फेरहिस्त में। रात में देर तलक काम करने के बाद सूरज की शुआओं के फैलने के पहले अखबार बेचने भी निकल पड़ते थे हम लोग। इसी दौरान अखबार के एजेंट व हॉकरों ने एकमुश्त मुखालफत कर दी। हमारी पूरी टीम गाड़ियों व अन्य साधनों की बदौलत अखबार बेचने निकल पड़ी। रांची के हर मोहल्ले, नुमाया स्पॉट पर अखबार का बंड्ल खुद गिराया और बिक्री करायी। कई जगहों पर तनाव भी हुआ। तू-तू, मैं-मैं हुई। फिर भी हमारा कारवां चलता रहा। इस बीच मैं रोजगार प्रभात खबर का

इंचार्ज बनाया गया। यह पाक्षिक था। दूर-दूर से इनफॉरमेशन लाकर, प्रतियोगी परीक्षाओं की सामग्री जुटा कर मैं और मेरी टीम ने रोजगार प्रभात खबर को एक मुकाम तक पहुंचाया। इसका सर्कुलेशन एक लाख के फिगर से आगे निकल गया। बिहार, यूपी, राजस्थान, बंगाल तक इसकी रसाई हो गयी। इसी बीच मैं एक रोड एक्सिडेंट में कंपाउंड फ्रैक्चर का शिकार हो गया। लगभग चार महीने तक मैं अस्पताल व घर के बेड तक सीमित रहा। काम करने की छटपटाहट का परिंदा परवाज करता रहा। प्रभात खबर ने मुझे संबल दिया। पूरी तरह ठीक होने के पहले मैं छड़ी टेक कर फिर दफ्तर आने लगा। काम करने का जुनूं महफूज रहा। प्रभात खबर निखरता गया। ऊपरी तल्ले पर (अभी जहां एडिटोरियल का झारखंड व सिटी डेस्क है) अखबारों के ढेर पड़े रहते थे। उन्हीं के बीच बैठ कर काम करता था। रोजगार प्रभात खबर के बाद फिर दैनिक प्रभात खबर में आ गया। स्पोर्ट्स, सिटी, जेनरल डेस्क का काम देखा। फिर रूरल डेस्क का इनचार्ज बना। लगभग 200 प्रतिनिधियों में हर का न्यूज डाक से आता था। उसकी स्क्रूटनी करना, फिर उसकी एडिटिंग करना— कागज-कलम का काम चलता ही रहा। उस वक्त तक न रिवाल्विंग चेयर था, न एसी, हां कहीं-कहीं बिजली के पंखे जरूर थे। संघर्ष के इस माद्दे की बदौलत तब तक हमारा प्रभात खबर वर्चस्ववाले रांची एक्सप्रेस को पीछे छोड़ चुका था। अब तक दक्षिण बिहार में कायम हो चुके थे।

उसी वक्त दो बड़े मोड़ आये। राष्ट्रीय अखबार हिंदुस्तान रांची आ गया और एकीकृत बिहार से कट कर झारखंड राज्य वजूद में आ गया। इस दरम्यान हमारी शाखाएं धनबाद, पटना, जमशेदपुर में चल चुकी थीं। हिंदुस्तान के आते ही प्रभात खबर का एक बड़ा हिस्सा वहां शिफ्ट कर गया। संकट पुनः गहराया। हार न मानने और विपरीत धार में नैया खेने का माद्दा रखनेवाले चंद लोग अब भी प्रभात खबर में थे। फिर क्या था, लोग साथ आते गये, कारवां बनता गया। हम नंबर वन थे और इस चोटी से हमने अपने पैर डिगने नहीं दिये। प्रभात खबर ने तत्काल नयी टेक्नोलॉजी अपनायी। कंप्यूटरीकरण का दौर शुरू हुआ। हम सब उसी में रम गये। हमें कई तरह से पछाड़ने की जायज-नाजायज कोशिशें की गयीं, पर कुछ बात है कि हस्ती मिटती नहीं हमारी। हमारा रांची मुख्यालय झारखंड के लगभग 14 जिलों पर तारी हो गया। कोई हमारे मुकाबले नहीं। टफ कंपीटीशन, टफ टसल। हमारे असलहा भी उतने कारगर नहीं। फिर भी हमने जंग जारी रखी। और मोरचे जीतते गये। गोया किसी नामालूम ताकत ने पीठ थपथपाते हुए कहा - इट इज नॉट द गन, बट द मैन बिहाइंड द गन मैटर्स। हमारे पैर बढ़ते गये। देवघर, कोलकाता, पटना, सिलीगुड़ी तक हमने पहुंच बना ली। हम भी रफ्ता-रफ्ता कारगर वार करनेवाले हथियारों से लैस होते गये। इसी बीच एक और राष्ट्रीय स्तर के अखबार ने कदम रखा। इसके आने से हम उतने मुत्तासिर नहीं हुए। संघर्ष जारी रहा। तब तक हमने भी कोर ग्रुप के रूप में अपनी पहचान् बना ली। हमारी नयी शाखाएं खुलती गयीं, नयी फैकल्टी खुलती गयी। कितना फर्क है सन 1987 और सन 2008 के माहौल में, यह सोच कर ही रोमांचित हो उठता हूं। चहारदीवारी को ऊंचा करने के लिए हमने अखबारनवीस के रूप में ही ईंट पर ईंट धरे। रोशनी गुल होने पर मोमबत्ती की टिमटिमाती लौ में ही काम किया और आज एसी कमरे में

रिवाल्विंग चेयर पर कलर्ड कंप्यूटर पर भी काम कर रहा हूं। कितना फर्क है तब में और अब में। आज हमारा संसाधन बढ़ा, कार्यक्षेत्र बढ़ा, विजन बढ़ा, इनोवेशन बढ़ा, जिम्मेवारी बढ़ी, दायरा बढ़ा। इन दो दशकों में कई आये, कई छोड़कर चले गये, कई फिर लौटे, कई फिर गये, पर हम नहीं जानते क्या होता है फायदे से फायदा। संघर्ष हमारी फितरत है। साफ रास्ते पर निकल पड़ना उनकी पसंद होगी। हमें तो कांटों भरी राह, संगीन मराहिल वाले रहगुजर से गुजरना ही रास आता है। नयी चीजें सीखना, इनोवेशन करना, सरवाइवल के लिए संघर्ष करना हमारी जिंदगी का एक अहम हिस्सा है। तभी तो हम हैं नंबर वन, प्रभात खबर है नंबर वन।

(लेखक प्रभात खबर, रांची के संपादकीय विभाग में वरिष्ठ सहयोगी हैं।)

सारी कोशिशें बेकार रहीं...

सुबोध सिन्हा

मैं वर्ष 90 में प्रभात खबर से जुड़ा। उससे पूर्व मैं 84 से आज दैनिक से जुड़ा था। उस समय क्षेत्र में प्रभात खबर की स्थिति नगण्य थी। रांची एक्सप्रेस व आज अखबार का वर्चस्व था। मैं पत्रकार के साथ-साथ हॉकर व वर्त्तमान में एजेंट भी हूं। हॉकर की हैसियत से मैं ने वर्ष 90 में मात्र दो प्रतियों से प्रभात खबर को क्षेत्र में प्रवेश कराया। वर्त्तमान में क्षेत्र में प्रभात खबर आमलोगों का अखबार व आवाज बन गया है। यहां के करीब 75 प्रतिशत लोग प्रभात खबर के पाठ्क हैं। क्षेत्र में फर्श से उठकर अर्श तक पहुंचने में प्रभात खबर को कई चुनौतियों का सामना करना पड़ा। अखबार में प्रकाशित कई खबरों का क्षेत्र पर व्यापक असर पड़ा। प्रखंड सृजन की मांग को लेकर जारी आंदोलन में प्रभात खबर की भूमिका अग्रणी रही। लगातार प्रकाशित खबरों के कारण आरोग्यशाला में व्यापक सुधार हुए। वर्ष 90 में 1।78 लाख का गबन शीर्षक से प्रकाशित एक खबर पर बेड़ो प्रखंड की तत्कालीन बीडीओ जयश्री झा को निलंबित होना पड़ा। इस खबर को लेकर बीडीओ श्रीमती झा द्वारा इस प्रतिनिधि को काफी भला-बुरा सुनना पड़ा। ऐसे कई समय आये, जब क्षेत्र से प्रभात खबर को उखाड़ने का प्रयास किया गया। अन्य अखबारों द्वारा हॉकरों व एजेंट के साथ-साथ इस प्रतिनिधि को भरमाने व तोड़ने का भी प्रयास किया गया। इन सब चुनौतियों का सामना करते हुए वर्तमान में प्रभात खबर क्षेत्र में आम लोगों की आवाज बना हुआ है। क्षेत्र में पहुंचने वाले अन्य सभी अखबारों की संख्या से दो गुणा से भी अधिक प्रभात खबर की संख्या है। मेरे साथ-साथ आठ हॉकर प्रभात खबर को घर-घर पहुंचाने में लगे हैं। कहावत है ईमानदारी से किया गया हर प्रयास सफल होता है।

(लेखक प्रभात खबर के रांची जिले के इटकी के प्रतिनिधि व विक्रेता हैं।)

दो दिनों तक टाइपराइटर खटखटाता रहा

मो. अल्ताफ

एक दिसंबर, 1984 को प्रभात खबर में ज्वाइन किया। टाइपराइटर के सहारे मैंने रोजगार की सीढ़ी पर पहला कदम रखा। उस समय प्रभात खबर छह पृष्ठों का छपता था। कंपोजिंग विभाग में कार्य प्रारंभ किया।

1989 में एक दिन कंपोजिंग विभाग के सभी ऑपरेटर अचानक काम छोड़कर चले गये। भारी संकट आ गया। हम सब लोगों के बीच एक चुनौती थी। अखबार तो निकालना ही था। इस बीच तत्कालीन संपादक सुनील श्रीवास्तव एवं निदेशक अमित स्वरूप ने मुझे बुलाकर कहा 'अल्ताफ, तुम्हें टाइपराइटर से अखबार निकालना है'। मैं सोचने लगा कि क्या किया जाये? एक इलेक्ट्रॉनिक्स टाइपराइटर को इंडिया ऑफसेट से लाया गया। इंडिया ऑफसेट के एक ऑपरेटर ने मेरा साथ दिया और फिर कंपोजिग शुरू की। मन में एक उमंग और चैलेंज का भाव था। बार-बार संपादक जी और सहयोगी पी. टी. एस. विभाग की ओर आकर देखते और कहते... हो गया क्या? हो गया क्या? किसी भी मैटर की हेडिंग बाहर से कंपोज कर लायी जाती थी। कई समाचारों की हेडिंग हाथ से लिखी गयी। मैं 48 घंटे टाइप करता रहा। एक दिन-एक रात के बाद परेशानियां बढ़ने लगीं। लेकिन नींद आने पर भी कमरे में ही घूम लेता। फिर टाइप करना शुरू करता। कई बार तो की बोर्ड पर ही नींद के मारे झपकी ले लेता।। लेकिन अगले दिन के मैटर की कमी का खयाल आते ही नींद गायब। 31 अगस्त, 1989 का वह अखबार टाइपराइटर पर टाइप कर निकाला गया। उसमें कुछ समाचार बाजार से और सुमुद्रण प्रेस से मुद्रित कराकर लाये गये थे। दो दिन बाद फिर शोभाराम साहू और शफिउर्रहमान आदि लौटकर आये और अपना काम फिर से शुरू किया। यह दो दिन-दो रात का सफर कष्टदायक होते हुए भी एक अजीब तरह की खुशी दे रहा था, क्योंकि मुझे खुद विश्वास नहीं हो रहा था कि मैंने ही लगातार 48 घंटे तक टाइप किया है। आज भी इस अनुभूति को अंदर ही अंदर महसूस करता हूं, तो अजीब-सी खुशी का एहसास होता है। हमारे इस कार्य से खुश होकर तत्कालीन निदेशक अमित स्वरूप ने मुझे 50 रुपये स्पेशल इंक्रीमेंट की घोषणा की। मुझे अत्यंत ही

खुशी हुई कि अब मेरा वेतन 450 रुपये से बढ़कर 500 रुपये प्रति माह हो जायेगा। यह खबर मैंने सबसे पहले अपनी माता जी को दी।

बाद में मुझे प्रसार व्यवस्थापक सह प्रोडक्शन प्रबंधक के सहयोगी के रूप में काम करने का मौका मिला। फिर हम लोग प्रभात खबर की प्रतियां लेकर रेलवे स्टेशन और बस डिपो में जाया करते थे। सभी साथियों को प्रभात खबर को आगे बढ़ाने का जुनून सवार था। शुरुआती दौर में इसे कांटों भरी राह से गुजरना पड़ा, हर जगह हर मोड़ पर बाधाएँ आती गयीं, एक नये संस्थान में संकट के बादल छाने लगे थे और एक समय ऐसा आ गया जब संस्थान के संस्थापक ज्ञान रंजन एवं संस्थापक संपादक एस. एन. विनोद के बीच विवाद गहराने लगा। अखबार आर्थिक तंगी के दौर से गुजरने लगा। विज्ञापन और अखबार की प्रति बेचकर इतना पैसा नहीं आता था, जिससे कि अखबार चलाया जा सके। ऐसी विषम परिस्थिति हो गयी कि कर्मचारियों को तीन माह तक वेतन का भुगतान नहीं हो सका। ऐसी संकट भरी स्थिति में भी साथियों ने हिम्मत बनाये रखी, इसकी वजह से उनका हौसला और मजबूत हो गया और सभी अपने-अपने काम में डटे रहे। आज उन्हीं साथियों का सार्थक प्रयास है कि प्रभात खबर अपनी सफलता का परचम 25वें वर्ष में गर्व से फहरा रहा है।

हमें उन दिनों की विषम परिस्थितियों की याद भी आती है जब अगस्त,1985 में प्रभात खबर की छपाई तीन-चार दिनों के लिए बाधित हुई।। अन्य स्थानीय अखबारों से छपाई की सामग्री उधार स्वरूप मिलती थी। कई बार हाथ से भी हेडिंग लिखकर अखबार निकाला गया। उन दिनों बंधु एम 20 मशीन पर छपाई होती थी, कंपोजिंग के लिए पी. टी. एस. में सी. आर. टॉनिक मशीन लगी थी, जो तब अत्याधुनिक मशीन थी। उन दिनों प्रोसेस विभाग में केमिकल्स के साथ सफेद जर्दी का उपयोग किया जाता था। 1985 में ज्ञानरंजन जी ने प्रबंधन पूर्ण रूप से अपने हाथों में ले लिया। अमित स्वरूप निदेशक के रूप में आये। अलख रंजन सारे काम देखने लगे। संपादक की जिम्मेवारी सुनील श्रीवास्तव के कंधों पर डाली गयी। इसके बाद भी आर्थिक स्थिति में सुधार नहीं हो सका। धीरे-धीरे लोग संस्थान छोड़कर जाने लगे।

अंततः अक्तूबर, 1989 में ज्ञानरंजन जी ने प्रभात खबर को उषा मार्टिन घराने को सौंप दिया। हरिवंश जी ने प्रधान संपादक के रूप में प्रभात खबर की बागडोर संभाली। निदेशक डी. एस. शर्मा थे। संजीव क्षितिज ने अखबार का नया लेआउट बनाया। प्रभात खबर के दिन बहुरे। थोड़े ही दिनों में सभी लोगों का वेतन बढ़ा दिया गया। नयी-नयी मशीनें मंगायी गयीं। केके गोयनका लेखा विभाग (अभी महाप्रबंधक), आर. के. दत्ता कार्मिक, प्रसार एवं प्रोडक्शन (अभी उप महाप्रबंधक), पी. के. सेन को महाप्रबंधक का भार सौंपा गया। बाद में एच. एन चटर्जी को विज्ञापन की जिम्मेवारी दी गयी।

हरिवंश जी ने तीन नवंबर, 1989 को प्रभात खबर में पहला संपादकीय लिखा। उसके बाद हरिवंश जी के विजन से प्रभात खबर तेजी से आगे बढ़ने लगा। बीच-बीच में कठिन अड़चने भी आयीं। जैसे सन् 2000 में करीब 36 लोग प्रभात खबर छोड़कर चले गये। इस

परिस्थिति में लोगों में और भी उत्साह बढ़ा। ऐसे समय में कुछ साथी, जैसे मधुकर जी, अनिल जी, विजय कांत पाठक, शशिकांत पाठक, जीवेश रंजन, श्रीनिवास जी, अविनाश जी, अपूर्वो मुखर्जी, विजय अग्रवाल, एच. एन. चटर्जी, आर. पी. केशरी, फैसल जी, सुनील, आर. आर. अधिकारी-बापी, कमल पोद्दार एवं संस्थान के वरिष्ठ लोग मुख्य थे। अखबार पर आंच नहीं आयी। सन् 2002 में एक अखबार ने प्रभात खबर को गिराने के लिए हर तरीके (साम,दाम,दंड,भेद) की कोशिश की।, लेकिन प्रभात खबर हर क्षेत्र में अग्रसर रहा और कोई कुछ नहीं बिगाड़ सका। हरिवंश जी के निर्देशों पर बेहतर तरीके से काम होता रहा। आज प्रभात खबर झारखंड का नंबर वन और तीन राज्यों के 07 स्थानों से छपने वाला अखबार है।

(लेखक प्रभात खबर की नींव रखनेवाले सहयोगी हैं।)

खंड-5 : पत्रों की पत्रकारिता

जब अपने को राष्ट्रीय अथवा पत्राकारिता का मानक बनाने के लिए समाचार पत्र बगैर महत्त्व वाले राष्ट्रीय खबरों को ही तरजीह देने के फॉर्मूले पर काम कर रह थे, तब प्रभात खबर ने इस बनी-बनायी लीक को साहस के साथ तोड़ा। व्यक्ति से समाज, समाज से राज्य और राज्य से देश के फॉर्मूले का प्रयोग खबरों में किया। एक-एक परिवार अथवा एक-एक व्यक्ति के जीवन में घटित हो रही घटनाओं को प्रमुखता से प्रकाशित कर उसे राष्ट्रीय स्वरूप दिया। जब बिजली-पानी के लिए रांची के कई इलाकों में हाहाकार मचा तो प्रभात खबर ने संपादकीय खाली रखकर जनता के पक्ष में अपना विरोध दर्ज कराया। आम तौर पर पाठकों के पत्र के लिए अखबारों में जगह सुनिश्चित होती है। प्रभात खबर में भी रही है लेकिन कई बार पत्रों को पहले पन्ने पर प्रमुख खबर के रूप में छापने की परंपरा प्रभात खबर ने शुरू की। उन पत्रों को प्रकाशित करने का असर किसी खबर से ज्यादा हुआ। ऐसे ही पत्रों व खबरों में अहम प्रयोग को इस खंड में संकलित किया गया है।

पत्रकारिता में कंटेंट की दृष्टि से प्रभात खबर ने कई ऐसे प्रयोग किये, जिन्हें हिंदी के कई अखबारों ने बाद में अपनाया। पत्रों की पत्रकारिता भी उन्हीं प्रयोगों में से एक है।

पाठक सहमति का विवेक रखते हों अथवा असहमति का साहस, प्रभात खबर सभी को संपादक के नाम पत्र स्तंभ में जगह देता रहा है। अखबारी जगत में यह परंपरा बहुत नयी भी नहीं है। लेकिन प्रभात खबर के पत्र स्तंभ की खास पहचान इस रूप में रही है कि असहमति का विवेक दिखानेवाले पाठकों को प्रभात खबर और भी ज्यादा प्रमुखता देकर छापता रहा है। बावजूद इन सभी बातों के, कई पाठक ऐसे होते हैं, जो अपनी पीड़ा, अपनी पूरी बात तो अखबार में रखना चाहते हैं लेकिन उन्हें उचित स्पेस

नहीं मिल पाता। प्रभात खबर को कई ऐसे पत्र नियमित तौर पर मिलते रहे हैं, जो एक नजर में देखने पर तो व्यक्तिगत पत्र लग सकते हैं लेकिन उनका दायरा बहुत व्यापक होता है। वे पत्र सिर्फ एक खत भर न होकर सवालों का दस्तावेज होते हैं। ऐसे पत्रों को प्रभात खबर ने पहले पन्ने पर प्रमुखता से जगह देनी शुरू की और फिर इसे लेकर काफी बहस भी हुई। बड़े स्तर पर इसकी शुरुआत 1993 में प्रभात खबर ने अपनी रविवार पत्रिका में की थी। 23 मई, 1993 को पत्रिका की कवर स्टोरी ही एक पत्र को बनाया गया। उस पत्र में एक लड़की ने अपनी पीड़ा व्यक्त की थी कि कैसे उसकी भाभी के भाई ने उसके साथ बलात्कार किया। यह पत्र प्रकाशित हुआ। इस पर चर्चा हुई। फिर बाद में समय-समय पर कई पत्र प्रभात खबर ने अखबार के पहले पन्ने पर संपादकीय टिप्पणी के साथ प्रकाशित किये। उन्हीं पत्रों में चार चुने हुए पत्र हम यहां प्रकाशित कर रहे हैं, जिन्हें पढ़कर यह महसूस होगा कि पत्रकारिता किसी रूप में हो सकती है, किसी तथ्य को उठाकर की जा सकती है। बस उसके लिए दृष्टि और साहस चाहिए।

—संपादक

मेरी भाभी के भाई ने मेरे साथ बलात्कार किया

प्रभात खबर पत्रिका, 23 मई, 1993

12 मई, 1993 की शाम प्रभात खबर को यह पत्र मिला। इस सड़ रहे माहौल में इस पत्र की गंभीरता, मार्मिक उद्वेलन और बेचैन करनेवाले सवाल कहां तक लोगों को मथ पाएंगे, यह द्वंद्व उभरा। क्या इसके प्रकाशन से उस मनोभावना-पीड़ा के साथ न्याय हो पाएगा, जिसके तहत यह लिखा गया है। क्या इस उपभोक्तावादी समाज में उपभोग वस्तुओं की तरह प्रस्तुत की जानेवाली महिलाओं के साथ इससे न्याय होगा? ऐसे असंख्य सवाल उभरे। पर आप पाएंगे कि धर्मयुग के अंक 'कलमुंही तू मर क्यों न गयी' बलात्कार के संदर्भ के तहत उठे सवालों ने इस उत्पीड़ित लड़की को आत्मदर्द लिखने के लिए प्रेरित किया। प्रेरणा का आग्रह कितना व्यापक था, इसे भी आप पत्र में पढ़ेंगे। यह उत्पीड़ित लड़की चाहती है कि दूसरी महिलाएं-लड़कियां उसके इस दुखद हादसे से अनुभव ग्रहण करें। सचमुच इस स्वार्थ भरे समाज में भी भारतीय महिलाओं का व्यापक सोच, संकीर्ण पुरुषों के आगे उदार और व्यापक है। पत्र में उक्त उत्पीड़ित लड़की ने उल्लेख किया है कि वह नाम सही लिख रही है, पता गलत। प्रभात खबर इस मूल पत्र से उस नाम और ऐसे दूसरे संकेत जिनसे उस लड़की का आभास मिल सकता है, निकालकर इस पत्र को हू-ब-हू प्रकाशित कर रहा है। यह पत्र मामूली नहीं है, बल्कि मौजूदा सभ्यता, नैतिकता और समाज के सारे संकट इसमें छिपे हैं। एक बर्बर और अमानवीय समाज के संकेत हैं। अवसादपूर्ण और अंधकार भरे भविष्य के पदचाप सुनाते हुए...

मैं एक लड़की हूं। औरत भी हूं। मेरी मां भी है। मैं भी मां हूं। नारी का अधिकतम स्वरूप मैं पा चुकी हूं। साथ ही समाज में परिवार ने बहू और बेटी का दर्जा दिया है। मैं मध्यमवर्गीय परिवार की एक बेटी हूं। तीन बहन, बहनों में बड़ी। एक भाई सबसे बड़ा है। दो बेटों की चाह में शायद तीन बेटियां आ गईं और बोझ बन गईं। उपेक्षा और कड़े अनुशासन के कारण दब्बू भी बनी। बिना किसी विरोध के इसे स्वीकार भी किया। मैं बीए पार्ट थ्री की छात्रा हूं। मेरे पिता एक कारखाने में कार्य करते हैं।

हमारे समाज ने मुझे बहुत कुछ दिया। और वह भी दिया, जिसकी बात या तो सुनती थी या पढ़ती थी। पर कभी सोच नहीं पाती थी कि मेरे साथ भी वैसा हो सकता है। और हुआ मेरे साथ बलात्कार।

आज मैं टूट चुकी हूं। मैं किसी से कह नहीं सकती यह बात। घुट-घुटकर जी रही हूं, तो मेरे मनोविज्ञान में सिर्फ एक बात आ रही है-आत्महत्या। कुछ समझ में नहीं आ रहा था कि संयोगवश धर्मयुग का एक अंक 'कलमुंही तू मर क्यों न गयी' सहेली से मिला। मैंने उसमें बलात्कार से पीड़ित महिलाओं के बयान पढ़े, तो लगा कि मेरी ही कहानी है। पर धन्य हैं वे महिलाएं, जो खुलकर बयान दे पायीं। इसके बाद मैं सोची कि नीचता तो उस दुष्ट ने की, झेल मैं क्यों रही हूं। उस धर्मयुग में बहुत कुछ लिखा था। सबकुछ एकदम सच था। उसमें लिखा था कि 67 प्रतिशत मामलों में किसी भी लड़की से बलात्कार उसके नजदीकी संबंधी या रिश्तेदार या पड़ोसी ही करते हैं। मेरा उद्देश्य है उन सभी लड़कियों, औरतों और नारियों को सावधान करना। जो चरित्रवान हैं, पर वासनामय पुरुष के चंगुल में फंसकर बलात्कार की शिकार होती हैं।

इसी वर्ष होली की घटना है। मैं अपने घर में अकेली थी। मां-पिता, बहन और भाई सभी रिश्तेदार के घर गये थे। शाम के सात बजे थे। मेरे बड़े भाई की ससुराल भी यहीं है। उनके साले आये। मैंने औपचारिकता निभायी। उन्हें गेस्ट रूम में बिठाकर उनके लिए दही-बड़ा और छोला निकालकर ले गयी। उनके आगे टेबुल पर रखने लगी। उसने पूछ कि आपके वो नहीं आये हैं? मैं बोली नहीं। फिर उसने कहा, पहले होली मना लें, फिर नाश्ता वगैरह। रिश्ता हंसी-मजाक का था। मैं सदैव संकोची रही हूं। उसने अबीर निकाला। गेस्ट रूम में चादर साफ थी। मैंने साफ किया था। इसलिए कहा कि यहां चादर गंदी होगी बीच वाले रूम में आ गयी। वह मेरी ओर न आकर दरवाजा बंद करने लगा। मैंने कहा, गेस्ट आएंगे, बंद देखकर लौट जाएंगे। मत बंद कीजिए। मैं थोड़ी डरी। वह बोला, अरे खेलते हैं, अबीर लगाकर। मैं खड़ी थी। बैठ जाइये चौकी पर। मैं बैठी। पीले रंग का अबीर उसने पूरे मुंह में लगाया। अपना हाथ सीधे मेरे स्तन में घुसाने का प्रयास किया। मैं अचकचा गयी। यह क्या कर रहे हैं आप? और मैं खड़ी हुई। पहला प्रयास दरवाजा खोलकर बाहर भागने का किया पर उसने कसकर मेरा हाथ पकड़ा। जबरदस्ती धक्का देकर चौकी पर बैठाने लगा। मैं घबरा गई। इस बार सामने मेरा रूम था, जहां मैं सोती थी। पूरी ताकत से कहा, आप क्या कर रहे हैं? वह बोला, क्या रखा है। आप इतना नखरा कर रही हैं। मैं अपनी पूरी ताकत से रूम की ओर भागी। साड़ी उसके हाथ में थी। आधी साड़ी खुल गयी। आधी पकड़ी थी। इस बार मैं गिरी। कैसे समझ में नहीं आया, पर सर में चोट लग गयी। साड़ी पूरी खुल गयी। मैं चिल्लाना चाह रही थी। मैं जानती थी कि रूम से आवाज बाहर नहीं जाती। हां, याद आया घर में वह टेप जो उसने दहेज में बहन को दिया था, उसकी आवाज बहुत तेज कर दी थी। बाहर लगभग सभी के घर गाने बज रहे थे। पर क्या करते, पूरा शरीर डर से कांपने लगा। मैं रोने लगी। मैं दोनों हाथ से अपना पैर पकड़े, पक्का पर बैठकर बोली, तीन-चार बार। मैं पैर पड़ती हूं, मुझे छोड़ दीजिए। कुछ देर वह शांत रहा। एकाएक दोनों

हाथ से उसने गर्दन दबायी और ऊपर की ओर उठाया। मेरी आवाज रुंध गयी। उसने चौकी के ऊपर पूरी तेजी से पटक दिया। मेरा पूरा शरीर थरथरा रहा था। मैंने उठने का प्रयास किया। एक हाथ से उसने मेरी गर्दन को दबाया। मेरा दम घुटने लगा। मैंने दोनों हाथों से उसका हाथ हटाने का पूरा प्रयास किया। मेरी आवाज बंद हो गयी थी। मेरे शरीर पर साया था, सिर्फ पेटीकोट था। कुछ ही देर बाद मैं बेहोश-सी हुई, हालांकि आंख खुली थी।

अब मैं क्या लिखूं, समझ में नहीं आ रहा। मैं कलंकिनी हो गयी। चरित्रहीन हो गयी। वह उठा, पेटीकोट ठीक किया, साड़ी नीचे से उठाकर मेरे शरीर पर रख दिया और चूड़ी जो फूट गयी थी, उन्हें चुनकर बेसिन में डाल दिया, चला गया। कुछ बोला, मैं सुन नहीं सकी। उसके जाने के साथ ही मेरा ध्यान टूटा, तेजी से जाकर रूम में बंद हो गयी। और फूट-फूटकर रोने लगी। सिर्फ पांच या दस मिनट में मैं क्या से क्या हो गयी। उसके बाद पड़ोसी की एक लड़की आयी, मुझे रोती देख, वह मजाक करने लगी। जीजाजी नहीं आये, इसलिए रो रही हैं। मैं स्तब्ध थी। सच तो कुछ और है, मेरी अपनी भाभी के भाई ने मेरे साथ बलात्कार किया। मैं क्या करूं। 9-10 बजे रात तक बहनें आयीं, पापा-मां सभी आये। किसी ने कुछ नहीं पूछा। अगर मेरे सर में चोट या केहुनी की छिछ्न के बारे में वे पूछते तो मैं बता देती पर सभी आये और सो गये। मैं रात भर सो नहीं पायी। अब तो सबसे डर लगता है। मैं यह बात किससे कहूं, अगर सहेली से कहूं तो पूरी चर्चा का विषय बनेगा, मां-बाप तो बेटी पर ही ज्यादा शक करते हैं और भाई या भाभी को बताऊं तो उनका साला या भाई है। क्या भाई विश्वास करेंगे? स्कूल के जमाने से सरल थी जहां से आज तक पिता और भाई की छाया में रही, कहीं भी अकेली नहीं गयी। आईए में पढ़ती थी, तब शादी हो गयी। छेड़खानी तो हम लड़कियों से खूब होती है। गंदी-गंदी बात टेंपो स्टैंड से लेकर सिनेमा हॉल तक सुनायी जाती थी। पर मैंने इन सब पर कभी ध्यान नहीं दिया। मैं लड़की में अच्छी मानी जाती थी। चरित्रहीन लड़कियों से मुझे घृणा होती थी। आदत हो गयी थी और दबाव घर से था ही। इस कारण दब्बू थी। कभी किसी स्तर से न किसी से झगड़ा किया, न विरोध।

मैं यह लिख रही हूं आग्रह के साथ कि इसे छाप दीजिएगा। मेरे घर भी प्रभात खबर आता है इसलिए मुझे लगेगा कि जो लड़कियां अपने रिश्तेदार पर विश्वास करती हैं, वे मेरी तरह बलात्कार की शिकार न हों। मैं पढ़ने में कमजोर हूं, हताशा और घुटन है। बात आप लोगों के लायक नहीं लिख पायी। बेटी हूं, इसलिए सिर्फ ब्याह हो जाये। इसलिए पढ़ा दिया गया। अतः गलती सुधार लेंगे। मैं धर्मयुग के उस अंक से प्रेरणा पाकर आपके अखबार में लिख रही हूं। नाम सही लिखूंगी, पता नहीं लिखूंगी। सिर्फ शहर का नाम। मैं तो समझ ही लूंगी। पता लिखने का साहस नहीं है।

एक तीस वर्ष का तीन-तीन बच्चों का बाप, सुंदर पत्नी का पति। मेरे अपने भाई का साला बलात्कार करेगा, अपनी बहन की ब्याहता ननद से, जहां उसने अपनी इज्जत भेजी है, वहां की इज्जत लूटेगा, यह मेरे सोच से बाहर था। मेरे पति मुझको बहुत प्यार करते हैं, उनसे कहने में डर लगता है क्योंकि पूरी जिंदगी का क्या होगा? एक बुरा तो झेल नहीं पायी, अगर पति

छोड़ देंगे तो क्या करूंगी? कहां जाऊंगी? मैं सोचती थी कि अगर मेरे साथ कभी ऐसी घटना हुई तो चिल्लाकर लोगों को जुटा दूंगी। मेरी आवाज तेज है, कड़ा विरोध करूंगी पर जब विपदा आयी, तो हताश हो गयी, रोने लगी। मैं उन सहेलियों से माफी चाहती हूं, जिन्हें मैं दब्बू कहती थी, आज क्या हाल है मेरा? हमसे अच्छा आप लोग समझते होंगे। आज का समाज मुझे ही दोषी ठहरायेगा, उस नीच को क्या। मैं क्या कर सकती हूं, चुपचाप सहन कर लूंगी। बहुत हिम्मत करके अखबार में लिख रही हूं, आशा है आप लोग इंसान की तरह सोचेंगे। मेरी गलती क्या है, मेरा दोष कितना है? सिवा इसके कि मैंने उसे भइया कहा। एक बार तो राखी बांधी थी जब वह बहन से राखी बंधवाने मेरे घर आया था। कृपा करके इसको छाप दीजिएगा। मैं नाम लिख रही हूं, पता नहीं लिखूंगी क्योंकि आप जानते हैं कि आज मेरी क्या हालत है? मैं बेबस हूं, लाचार हूं, कहीं से कोई सहारा नहीं है।

कहां जाएं, क्या करें

07/09/2008

सरकार, हम और आतंकवाद

एक व्यथित व्यक्ति द्वारा लिखा यह पत्र हमें डाक से मिला। यह पत्र एक मार्मिक दास्तान है उस व्यक्ति की, जो अपनी मेहनत और प्रतिभा से अपने गांव में सम्मानपूर्वक जीवन जीना चाहता है, परंतु जी नहीं पा रहा। यह पत्र स्वतः सारी स्थिति बयान करता है। प्रशासन, पुलिस, समाज बदलने का सपना देखने वाले और हम सब समाज की इस स्थिति पर आत्मविश्लेषण करें, इसी उद्देश्य से यह पत्र प्रकाशित किया जा रहा है।

–संपादक

एक युवा भुक्तभोगी का पत्र

मेरा घर बीहड़ जंगलों के बीच स्थित है। मै एक ग्रामीण साधारण इंसान हूं। आइए पास एवं कंपाउंडरी ट्रेंड, परंतु नौकरी नहीं मिली। अतः कुछ दिनों तक किसान का जीवन, फिर कुछ वर्षों तक कंपाउंडरी कर परिवार का भरण-पोषण करनेवाला, पुनः कुछ समय के लिए ठेकेदारी करके जीवन व्यतीत करनेवाला और अब अंत में हारकर बेकाम, अति दयनीय जीवन जी रहा हूं। अब मेरी जिंदगी कुछ लोगों के हाथों में - वे या तो पक्षियों की तरह गोली से भून देंगे या जानवरों की तरह बेरहमी से तड़पा-तड़पाकर मार डलेंगे। मैं समझता हूं झारखंड में मेरी ही जैसी अनेक लोगों की जिंदगी है।

मेरी संक्षिप्त जीवनी कुछ इस प्रकार है। एक सड़क दुर्घटना में मेरे माता-पिता का निधन हो गया था। अब हमारा परिवार हम दो, हमारे दो की गिनती में है। शहर से दूर ग्रामीण क्षेत्र होने के कारण कृषि से प्राप्त आमदनी से बमुश्किल परिवार का भरण-पोषण हो पाता था। प्रखंड से पता चला— यहां की मिट्टी एवं आबोहवा पोस्ता की खेती के लिए उत्तम है। पोस्ता यानी अफीम के पौधे से प्राप्त बीज यानी हमारे खाने की सब्जी का लजीज मसाला यानी आमदनी का अच्छा स्रोत। गांव के लोगों के साथ मैंने भी इसकी खेती शुरू की। सफलता मिल गयी, बढ़िया जीवन जीने लगा। भविष्य के लिए भी कुछ बचत होने लगी। गांव खुशहाली की ओर अग्रसर पर हमारी खुशहाली सरकार को नहीं भायी। वह काला दिन याद है, जिस दिन पुलिसिया अत्याचार शुरू हुआ। पुलिस ने हमारे खून-पसीने से तैयार लहलहाती फसल रौंद डाली और कहा-.. साले, हरामजादे! जिस फसल पर सरकार ने बैन लगाया है, उसकी खेती करते हो।.. लाठी बरसाते हुए हम लोगों को गाड़ी में बिठाया। तीन साल के बाद जेल से छूटकर आये। परिवार की दयनीय स्थिति देखकर रुलाई आने लगी। बेहतर होता, सरकार हमारी फसल खरीद लेती, न कि हमारे मुंह की रोटी छीनती। पूरे गांव में पोस्ते की खेती बंद और सारा गांव भुखमरी के कगार पर।

अब मैं गांव में कंपाउंडरी का काम करने लगा। धीरे-धीरे अच्छी आमदनी होने लगी लेकिन कुछ ही समय बाद पुनः काला दिन आ गया। जब भी लीक से भटके लोगों के साथ कोई हादसा होता तो हमारे घर को घेर लेते। आंखों में पट्टी बांधकर गंतव्य स्थान ले जाते। दवा-दारू, मरहम-पट्टी के बाद पुनः घर पहुंचा देते। उनके चोटिल और घायल लोगों का इलाज होने लगा। विरोध तो मैं कर नहीं सकता था, मगर उनके असमय आने और हरकत से मेरे परिवार

और पड़ेास में भय व्याप्त हो गया। ना-नुकुर करने पर उन्हें हाथ चलाने में थोड़ी भी देर नहीं लगती थी। कुछ अंतराल बाद पुलिस को इस बात की भनक लग गयी। फिर क्या था, मेरे घर को घेर लिया गया। पुलिस द्वारा लाठी-डंडा और विशेषणों की बौछार। ढाई साल तक एमसीसी की सहायता करने के इलजाम में जेल की हवा खानी पड़ी। मेरी स्थिति सांप-छछूंदर जैसी हो गयी। इलाज करने पर पुलिस की मार और न करने पर लीक से हटे भाइयों का कठोरतम दंड। मजबूरन मुझे इस पेशे को त्यागना पड़ा परंतु रोटी, कपड़ा और मकान का सवाल पीछा तो छोड़ता नहीं। सोचा, सरकार ने अनेक काम खोल रखे हैं। क्यों न ठेकेदारी की जाए। ठेकेदारी चल निकली। मन कचोटता था। सरकारी तंत्र की कमीशनखोरी के कारण काम की गुणवत्ता नहीं दे पाते थे। यहां भी खैर नहीं। वह दिन याद है जब लीक से हटे लोगों के जत्थे द्वारा बुलाहट हुई। मैं मुजरिम-सा था। चेतावनी दी गयी कि ठेकेदारी का निश्चित परसेंटेज अमुक स्थान में, अमुक तिथि तक पहुंच जाना चाहिए। आगे कहने की जरूरत नहीं पड़े। इस बात की भनक पुलिस को नहीं लगनी चाहिए अन्यथा दोनों हाथ काट देंगे, बोलो मंजूर है। मैंने दबी जबान से कहा था- आपके बीच रहना है, एतराज काहे का। इस पर भी उन्हें विश्वास नहीं हुआ, डांटकर कहा- .. मरियल जैसा क्या बोल रहा है, बे..। जोर से बोलो- ..मंजूर है..।

कुछ ही महीनों के बाद लीक से हटे दूसरे ग्रुप की बुलाहट एवं लेवी तय। अब मेरी कमाई का तीन हिस्सा कमीशन में। सरकारी काम की गुणवत्ता क्या होगी, इसे सहज ही समझा जा सकता है। ऐसे इससे किसी को मतलब नहीं है, पब्लिक भी मर चुकी है, सरकार मर चुकी है।

लेकिन यह क्या? पहले ग्रुप द्वारा पुनः बुलाहट। और अल्टीमेटम-खबरदार, जो दूसरे ग्रुप को लेवी दी। अगर दी तो सपरिवार ऊपर जाने के लिए तैयार रहना। अब तीसरा विकल्प ठेकेदारी भी त्याग दिया हूं। अभाव की जिंदगी जी रहा हूं पर अब भी खैर नहीं। बीच-बीच में संवाद आता है- कमाकर बैठगये हो, लेवी नहीं आ रही है, अंजाम के लिए तैयार रहना। लगता है आत्महत्या कर लूं, पर इस कायरतापूर्ण कुकृत्य करने को मन स्वीकार नहीं करता है। सोचता हूं, अब एक ही उपाय शेष है-मातृभूमि, घर, जमीन-जायदाद का मोह त्याग कहीं दूर चल दूं और किसी प्रकार परिवार का भरण-पोषण करू। आगे सोचता हूं इस राज्य में जीने-कमाने का हक हम साधारण लोगों को नहीं है! कैसा अपराध किया हूं कि बार-बार जेल की कालकोठरी में सड़ना पड़ रहा है। पत्नी और बच्चों ने कौन-सा पाप किया है कि उनका जीना मुश्किल हो गया है। यह सहमा-सहमा जीवन भी कोई जीना है। हम भयाक्रांत हैं। सही बात बोलने की हिम्मत नहीं है। आंखों के सामने घटते कुकृत्य, जघन्य अपराध, हिंसा, व्यभिचार को देखकर भी विरोध करने की हिम्मत नहीं।

नाश हो ऐसी विजनविहीन सरकार का, जिसके राज्य में आम जनता कशमकश की जिंदगी जी रही है।

लगता है सभी बकवास है, अन्यथा इन भटके लोगों के हृदय से दया, धर्म, करुणा, सहानुभूति का लोप नहीं होता। ये बेकसूरों की हत्या नहीं करते। करोड़ों की संपत्ति की क्षति नहीं करते।

एक भुक्तभोगी

बोलेरो में चालक, उसके साथी ने मेरी अस्मत लूटी

एक लड़की का पत्र प्रभात खबर को मिला है। उसने अपनी पहचान रूरल ड्वेलपमेंट की फाइनल इयर की छात्रा के रूप में बतायी है। पत्र की पक्तियां उसने कई अखबारों और पुलिस-प्रशासनिक अफसरों को भी भेजी हैं। पत्र मिलने की पुष्टि कई पुलिस अफसरों ने की है। वे अपने स्तर से जांच भी कर-करा रहे हैं। पत्र में लड़की ने कहा है कि शोध के सिलसिले में 28 जनवरी, 2008 को वह गुमला में थी। उसके साथ जो हुआ, वह समाज को शर्मसार करनेवाली घटना है। लड़की ने अपनी पीड़ा का इजहार किया है, उसे हम हू-ब-हू छाप रहे हैं।

—संपादक

महाशयगण,

मैं एक पढ़ी-लिखी लड़की हूं। पढ़ाई से संबंधित कार्य हेतु मैं गुमला (28 जनवरी, 2008) दोपहर 12.30 बजे पहुंची। मैं आप सबों को पत्र के माध्यम से बताना चाहती हूं कि मैं रूरल ड्वेलपमेंट की फाइनल इयर की छात्रा हूं। उसी से संबंधित कार्य हेतु मैं एनजीओ से मिलकर शोध एवं मूल्यांकन का कार्य कर रही थी। इसी क्रम में मुझे सिमडेगा जाना था। मैं गुमला से शाम पांच बजे सिमडेगा जा रही थी। स्थानीय लोगों ने बताया कि यहां से सिमडेगा के लिए शाम में कोई बस नहीं मिलेगी। मैं बस स्टैंड से निकलकर शहर के बीचोबीच टैक्सी स्टैंड पहुंची। वहां पर बहुत सारी बोलेरो गाड़ियां लगी हुई थीं।

मैंने वहां मौजूद लोगों से बात की और अपने बारे में बताया। उनमें से एक बोलेरो गाड़ी का चालक सिमडेगा जाने के लिए राजी हो गया। मुझसे बोला कि आप 10 मिनट रुकिए, मैं आता हूं। उसने बताया कि आपको सिमडेगा पहुंचाने के लिए 1200 रुपये लूंगा। मैं राजी हो गयी। चूंकि मेरे पास कोई विकल्प नहीं था, क्योंकि मेरी टीम के कई लोग सिमडेगा जा चुके थे। मेरे साथ जो मेरी कलिग थी, वह भी चैनपुर व डुमरी के दौरे पर दोपहर तीन बजे रवाना हो चुकी थी। बोलेरो का ड्राइवर शाम 5.30 बजे स्टैंड पहुंचा और बोला, चलिए। मैंने गाड़ी में बैठने के पहले उसका नंबर नोट करना चाहा, पर नंबर प्लेट पर ए/एफ लिखा हुआ था। सिल्वर रंग की गाड़ी थी, बस इतना ही बता सकती हूं। मुझे लेकर बोलेरो गाड़ी चली और आगे पेट्रोल पंप पर रुकी। ड्राइवर ने मुझसे कहा कि आप पांच सौ रुपये दीजिए, डीजल भरवाना है। मैंने उसे पैसा दे दिया। गाड़ी में डीजल डलवाने के बाद गाड़ी आगे बढ़ी। मैं गाड़ी में अकेली थी, ड्राइवर को छोड़कर। कुछ दूर गाड़ी पहुंची, मुझे याद है गुमला कॉलेज

के पार करने के बाद ड्राइवर बोला कि मेरा एक दोस्त है, उसे बैठा लेता हूं, आते समय रात हो जायेगी, तब हम लोग साथ लौट आयेंगे। मैं कुछ बोलती, उससे पहले ही उसने गाड़ी रोककर अपने दोस्त को बैठा लिया। वे दोनों आपस में बातें कर हंसने लगे। गाड़ी में टेप बज रहा था, उसने आवाज काफी तेज कर दी। गाड़ी गुमला से 18-20 किमी आगे गयी होगी, तभी ड्राइवर ने गाड़ी रोकी। वह अपनी सीट से उतरकर मेरी बगल में बैठ गया और अपने दोस्त को बोला कि गाड़ी तुम चलाओ। उसने गाड़ी का शीशा बंद कर दिया और मेरे साथ अजीब हरकत करने लगा। मेरे साथ छेड़छाड़ करते हुए मुझे कसकर पकड़ लिया। बोला, जो मैं बोल रहा हूं वही करो, नहीं तो यहीं पर मारकर जंगल में फेंक देंगे, किसी को पता भी नहीं चलेगा। मैं बहुत डरी हुई थी। मेरे साथ उसने जो मन में आया, करता रहा। मेरे कपड़े फाड़ दिये। सारे पेपर इधर-इधर बिखेर दिये। उन लोगों ने मुझे एक जंगलवाले रास्ते में गाड़ी घुसाकर मेरे साथ बारी-बारी से कुकर्म किया। मेरी स्थिति नाजुक थी। उन लोगों ने मुझे रात नौ बजे के करीब सिमडेगा से पहले ही गाड़ी से उतार दिया। मेरी हालत ऐसी थी कि मैं दो कदम भी कहीं नहीं चल पा रही थी। शुक्र है कि मेरा सेल फोन मेरे बैग में था। मैंने सेलफोन से अपने कलिग से बात की। मेरे कलिग्स वहां पहुंचे, फिर मुझे अपने साथ सिमडेगा ले गये। मैंने अपने सारे दोस्तों को बता दिया, जो घटना मेरे साथ घटी थी। वे लोग चाहते थे कि मैं सिमडेगा थाना जाकर रिपोर्ट दर्ज कराऊं। लेकिन मैंने ऐसा नहीं किया, क्योंकि मेरा पूरा भविष्य चौपट हो जाता। मैंने तो अभी जिंदगी की शुरुआत ही की है। वैसे मेरी जिंदगी तो बर्बाद हो ही गयी है, जिसे मैं कभी भूल नहीं सकती हूं। मैंने घटना के बारे में अपने माता-पिता को भी नहीं बताया और न ही बताना चाहती हूं, क्योंकि इस सदमे को मेरे माता-पिता कभी बरदाश्त नहीं कर पायेंगे।

महाशय गण, मैं एक लड़की हूं और मैं जिस देश में पैदा हुई हूं, उस देश में नारी का सम्मान बहुत ऊंचा है, लेकिन मुझे बहुत दुख है कि मेरे साथ इस तरह का कुकर्म किया गया। शायद ही मैं इस सदमे से उबर सकूं।

महाशय गण, विनम्रपूर्वक निवेदन है कि हो सके तो पूरे झारखंड में इस चीज का सख्ती से पालन हो कि जो भी बोलेरो या अन्य वाहन भाड़े पर चलाये जाते हैं, उनका रजिस्ट्रेशन कमर्शियल परपज के लिए हो तथा कौन-कौन-सी गाड़ियां कहां जा रही हैं, उसकी डायरी मेनटेन हो, ताकि जो मेरा हश्र हुआ, वो दूसरों के साथ न हो। मैं सामने इसलिए नहीं आ रही हूं, क्योंकि में एक संभ्रांत परिवार से आती हूं और मेरा भविष्य अंधकारमय हो जायेगा।

महाशय गण, मुझे तभी तसल्ली मिलेगी, जब आप सब मेरी इस सलाह को पूर्णतया लागू कर देंगे, मेरी जिंदगी का दाग तो नहीं धुल पायेगा, लेकिन वाहन मालिकों को इसका एहसास तो हो। इस बात को समाचार पत्र के माध्यम से पढ़ ही लूंगी, तभी अपना छोटा-सा प्रयास सफल मानूंगी। याद रहे, इस चीज की पुनरावृत्ति न हो, इसलिए सभी गाड़ियां जो भाड़े पर चलती हैं, का कॉमर्शियल रजिस्ट्रेशन हो और आने-जाने की डायरी मेनटेन हो।

मैंने अपना काम कर दिया है, अब आप सबों का काम देखना है।

इन्हीं सब बातों के साथ आप सबों की

—सुमन (काल्पनिक नाम), झारखंड

खंड-6 : प्रयोग दर प्रयोग

क्यों न बनूं मैं नक्सली?

पीड़ा भरा यह पत्र हमें एक ग्रामीण युवक ने भेजा है । यह पत्र झारखंड में व्याप्त भ्रष्टाचार से उपजी पीड़ा का एक नमूना है । पत्र यह भी दरसाता है कि युवक क्यों हिंसा के रास्ते के राही बन रहे हैं । यदि यह आग धधकती रही, तो हिंसा की राह अपनानेवालों की सूची लंबी होती जायेगी, जिसे सिर्फ पुलिस की ताकत के जोर पर दबाया नहीं जा सकता । हालांकि हम मानते हैं कि आंदोलन के गांधीवादी रास्ते का कोई विकल्प नहीं है । हिंसा हिंसा को ही जन्म देती है और यह सिलसिला अंतहीन होता है । मगर सबसे ज्यादा चिंता की बात है कि सिविल सोसाइटी, राजनीतिक दल आदि के लिए भ्रष्टाचार विचारणीय मुद्दा ही नहीं रह गया है । असंतुष्ट युवाओं की अनदेखी समाज का संतुलन बिगाड़ सकती है । पत्र में से युवक का नाम और पता हटा दिया गया है, क्योंकि उसने इस पत्र के प्रकाशन के बाद अपनी जान के खतरे में पड़ने के बारे में संकेत दिया है । प्रभात खबर को अनेक युवकों और उनके अभिभावकों ने जेपीएससी की हाल की परीक्षा- परीक्षाफल में हुई अनियमितताओं की सूचनाएं भेजी हैं, बगैर जांचे इन सूचनाओं के संदर्भ में कुछ भी कहना मुश्किल है । इसलिए युवाओं को प्रभात खबर का सुझाव है कि जेपीएससी परीक्षा से संबंधित कोई भी शिकायत हो, तो सीधे झारखंड के महामहिम राज्यपाल को पत्र भेज कर अवगत कराएं – संपादक, प्रभात खबर ।

सेवा में,
संपादक, प्रभात खबर, रांची ।

महाशय,

मैं प्रभात खबर का नियमित पाठक हूं । जब झारखंड बना तो मन में इच्छा जगी कि अब बिहार का कुशासन खत्म हुआ और हम सब युवक उचित प्रयास से नौकरी लेंगे, परंतु यहां पर भी उल्टी गंगा बही ।

मैंने प्रथम बार जेपीएससी में पीटी पास किया और मुख्य परीक्षा में असफल रहा । कारण था, इतिहास के एक पेपर में 40 अंक प्राप्त करना । जबकि इस पेपर में पूरे पांच प्रश्नों का जवाब मैंने दिया था परंतु जनरल मार्किंग के कारण उल्टी गंगा बही ।

द्वितीय जेपीएससी में पीटी पास किया। मुख्य परीक्षा में सफल रहा, साक्षात्कार में असफल बनाया गया।

मैं शांति देवी बोर्ड में था। मेरा स्नातक स्तर का विषय भौतिकी था परंतु भौतिकी से एक भी प्रश्न नहीं पूछा गया। सिर्फ भूगोल से प्रश्न पूछा गया, जबकि भूगोल मेरा विषय नहीं था। मुख्य परीक्षा में मेरा विषय था श्रम एवं सामाजिक कल्याण (एलएसडब्ल्यू) और इतिहास। एलएसडब्ल्यू से एक भी प्रश्न नहीं पूछा गया। इतिहास से कुछ प्रश्न पूछे गये।

क्या यह उल्टी गंगा बहाने का तरीका नहीं है।

फिर भी दूसरे साक्षात्कार में अच्छा रहा। उम्मीद थी कि चुनाव होगा पर नहीं हुआ। मन दुखी हुआ, पर सिस्टम की बात सोचकर चुप रहा।

कुछ दिन पहले प्रभात खबर में जेपीएससी नियुक्ति में धांधली की खबर छपी। मन खुश हुआ कि किस तरह वे लोग (एमएलए, एमपी, जेपीएससी मेंबर) अपने बेटों/बेटियों को नौकरी दे रहे हैं।

मैं पूछता हूं –

1. क्या उनके बेटे-बेटियों को पहले से प्रश्न मालूम नहीं थे?
2. क्या उन्हें अलग से प्रश्नों के उत्तर नहीं लिखाये गये होंगे, ताकि मेरिट में स्थान पा सकें।
3. क्या साक्षात्कार में बिना प्रश्न पूछे (या पहले से ज्ञात प्रश्न से) मेरिट लिस्ट में नहीं रखा गया।

मुझे पता चला कि मंत्रियों के रिश्तेदारों को पहले से प्रश्न-पत्र दिलाया गया। हालांकि इस करामात का मेरे पास कोई प्रमाण नहीं है क्योंकि हम सब प्रतियोगी सुबह से शाम सिर्फ पढ़ाई करते हैं व परिणाम की चिंता करते हैं, न कि भ्रष्टाचार का पता लगाने की।

आपसे विनम्र निवेदन है कि आप तह तक जाकर इसका पता लगायें और समाज को उचित राह दिखायें।

महाशय मैं बुंडू निवासी हूं। अतः आप इसे गोपनीय रखें, नहीं तो राजनीतिज्ञों के गुंडों से मुझे खतरा रहेगा।

महाशय, यदि इसकी तह तक आप नहीं जायेंगे, तो मैं एमसीसी ज्वाइन करूंगा तथा एमसीसी के ढंग से विरोध करूंगा।

मैं बहुत ही पीड़ा के साथ कुछ सवाल पूछना चाहता हूं

मैंने अपनी जिंदगी की आधी उम्र (35 वर्ष) सिर्फ पढ़ाई और तैयारी में लगायी (2000-08 झारखंड में)। फिर भी अंतिम में छंट गया। यह बात मैं अपने से ज्यादा दूसरों के लिए लिख रहा हूं।

तो क्या इस सो-कॉल्ड एलीट बेईमानी के खिलाफ मुझे कदम उठाना चाहिए?

क्या मुझे जेपीएससी बिल्डिंग उड़ाना चाहिए?

क्या सचिवालय नियुक्ति के घोटालों के लिए पूर्व एवं वर्तमान दोषियों को मारना चाहिए?

क्या जेपीएससी सदस्य जिनके बेटे-बेटियों का चुनाव हुआ है, उनके खिलाफ कार्रवाई करनी चाहिए?

क्या एमसीसी ज्वाइन करके व्यवस्था बदलनी चाहिए? (आपका विचार हो सकता है कि हिंसा ठीक नहीं है, परंतु नेपाल में हिंसावादी सत्ता में आये।)

क्या इतिहास ने हिंसावादियों को स्थान नहीं दिया है? (नेक काम और सबकी भलाई हेतु हिंसा करने वालों को दिया है)

क्या अन्याय करनेवालों को मारने में हिंसा का साथ सही है?

क्या राम ने रावण को नहीं मारा? (नेक काम के चलते हम इस हिंसक भगवान की पूजा करते हैं)

खबरों में प्रयोग दर प्रयोग

प्रभात खबर की दूसरी पारी शुरू होने यानी बतौर प्रधान संपादक हरिवंश के आने के बाद खबरों में प्रयोग का सिलसिला शुरू हुआ, जिसने न सिर्फ प्रभात खबर की पहचान को बदल दिया बल्कि हिंदी पत्रकारिता को भी एक रास्ता दिया। यहाँ वैसे ही कुछ प्रयोग दिये जा रहे हैं–

–संपादक

कुसुम अपनी दो बेटियों के साथ रांची छोड़ रही है

प्रभात खबर-8 नवंबर, 1989

पहले पन्ने पर खबर छ्पी-' कुसुम अपनी दो बेटियों के साथ रांची छोड़ रही है।'

यह रिपोर्ट कुसुम धवन से संबंधित थी। कुसुम के घर ड्कैतों व गुंडों ने कुछ दिन पहले ड्कैती डाली थी। कुसुम नें इस घटना के संबंध में पुलिस रपट भी दर्ज करवाई लेकिन मामला ढाक के तीन पात वाला होकर रह गया था।

जिस दिन प्रभात खबर ने यह रिपोर्ट पहले पन्ने पर छापी, उस दिन राजीव गांधी भी चुनावी यात्रा में रांची आये हुए थे। देश के अन्य हिस्सों की तरह रांची में भी चुनावी खुमार था। भागलपुर, सासाराम दंगे का शोर भी था। प्रभात खबर ने उन सभी घटनाओं की रिपोर्ट के साथ ही कुसुम की इस खबर को लीड बनाया तो अखबारी जगत् में तरह-तरह की चर्चा हुई। कहा यह गया कि यह अखबार सुसाइड्ल नोट लिख रहा है। ऐसी खबरों को कहीं लीड बनाया जाता है और वह भी चुनावी मौसम में? लेकिन इस खबर ने लोगों के बड़े हिस्से में असर डाला। खबर चर्चा में आई। पत्रकारिता जगत् में इस लीड खबर को एक नये प्रयोग की तरह देखा गया। आज देश के बड़े-बड़े अखबार लोकलाइज होकर हर अखबार स्थानीय खबरों को ही तरजीह देकर लीड बनाते हैं। चुनौतियों को लेते हुए यह प्रयोग प्रभात खबर ने 1989 में ही शुरू कर दिया था। कुसुम की खबर के साथ इतना भर नहीं हुआ कि पहले दिन अखबार ने छापकर छोड़ दिया। इस खबर के छ्पने के बाद कुसुम को धमकियां मिलने लगीं। पुलिस आरोपियों को बचाने में लगी हुई थी। कुसुम को भी धमकियां मिल रही थीं। प्रभात खबर ने इस रिपोर्ट के बहाने पुलिसिया कार्यप्रणाली से भी लोगों को अवगत कराया कि कैसे कुसुम जैसे लोगों को पुलिस यह कहकर

शांत करवाती है कि आपने उस मुहल्ले में घर बनाया ही क्यों?

प्रभात खबर ने फिर सप्ताह दिन बाद 16 नवंबर, 1989 को पहले पन्ने पर ही खबर छापी-' कुसुम भयभीत है।'

कुसुम धवन वाली रिपोर्ट का प्रयोग सफल रहा या असफल, इसकी परवाह किये बिना प्रभात खबर निरंतर इस तरह के प्रयोग में लगा रहा। उसी वर्ष अगले माह यानी 14 दिसंबर, 1989 को प्रभात खबर ने फिर पहले पन्ने पर एक बड़ी रिपोर्ट छापी ।शीर्षक था-' गायत्री मर रही है।' यह अपनों के घात का मामला था। गायत्री रांची की रहनेवाली थी उसके 35 हजार रुपये बैंक में थे उसी को लेकर गायत्री की फजीहत हो रही थी और उसे अमानवीय पीड़ा से गुजरना पड़ रहा था, उसी मसले को प्रभात खबर ने उठाया।

इन प्रयोगों के संदर्भ में प्रधान संपादक हरिवंश जी का कहना है कि यह पागलपन ही माना गया था क्योंकि एक तो अखबार का सर्कुलेशन उस समय 500-600 कॉपी था और दूसरे यह प्रयोग आसानी से हजम होनेवाला नहीं था।

कई शुभचिंतकों ने तो कहा भी कि एक तो आप जिस अखबार में आये हैं, वह पहले से ही कहीं उपस्थिति दर्ज कराने में सफल नहीं है और दूसरे आप इस तरह खबरों की स्थापित परंपरा को खारिज कर रहे हैं, तो कौन अखबार लेगा।

हरिवंश जी आगे बताते हैं कि लेकिन हमने सभी शुभचिंतकों की बात सुनी लेकिन इस प्रयोगधर्मिता के मामले में हम अपनी टीम की बात ही सुनते थे। हम लोगों ने ऐसे प्रयोग जारी रखे। कुसुम धवन वाली रिपोर्ट में प्रयोग करने के बाद निरंतर हम स्थानीय खबरों को तरजीह देते रहे। कुछ माह बाद ऐसा ही एक मामला रांची-पतरातू रोड में पतरातू घाटी के पास हुआ। कुछ गुंडों ने एक महिला को बस से उतारकर उसके साथ बलात्कार किया। प्रभात खबर ने उस खबर को ला एंड ऑर्डर से जोड़ कर एक मुद्दा बनाया। ऐसे प्रयोग का सीधा फायदा तो यह हुआ कि जिस रांची में शाम छह बजे ही सड़कों पर वीरानगी छा जाती थी, लोग आना-जाना बंद कर देते थे,वह जड़ता टूटने लगी। प्रभात खबर ने ऐसी खबरों को केंद्र में रख लॉ एंड ऑर्डर में सुधार लाने का एक अभियान-सा चलाया, जिसका असर साफ तौर पर देखने को मिला।

आज परिणाम सामने है। लोकलाइजेशन ही अखबारों का मेन फॉर्मूला हो गया है। प्रभात खबर ने यह प्रयोग चुनौतियों के रूप में हिंदी अखबारों में सबसे पहले किया।

रैगिंग के संदर्भ में

1990 में दिल्ली के रामजस कॉलेज में रैगिंग का एक मामला सामने आया था। तब वहां रैगिंग का घिनौना रूप सामने आया था। कॉलेज की कुछेक छात्राओं ने मिलकर एक छात्रा को वस्त्रहीन कर दिया था। तब यह मामला तूल पकड़ा था। मीडिया ने भी मामले को उछाला था लेकिन वह पीड़िता को न्याय दिलाने में या मामले को एक अंजाम तक पहुंचाने में सफल नहीं हो सका था। वहां महिलावादी संगठनों की भी कमी नहीं लेकिन रामजस कॉलेज रैगिंग प्रकरण में कोई सशक्त आंदोलन नहीं खड़ा हो सका था। जबकि रांची जैसी छोटी-सी जगह में प्रभात खबर ने रैगिंग के एक मामले को पहले आंदोलन का रूप दिया, फिर मामले को अंजाम तक पहुंचाया और समानांतर रूप से महिलावादी आंदोलन को भी सशक्त किया।

—संपादक

मसला रैगिंग का, सवाल आंदोलन का

प्रभात खबर के मास्टहेड के साथ कैचलाइन लगता है 'अखबार नहीं आंदोलन'। यह कैचलाइन अचानक से प्रभात खबर ने नहीं लगाया बल्कि उस राह पर चलने का प्रयास वर्षों करता भी रहा।

5 नवंबर, 1991 : वीमेंस कॉलेज में रैगिंग अत्याचार

7 नवंबर : वीमेंस कॉलेज रैगिंग मामला- छात्राएं आंदोलन की तैयारी में

8 नवंबर : महिला कॉलेज की छात्राओं ने प्राचार्य का घेराव किया

10 नवंबर : रैगिंग कांड के लिए जांच समिति बनी

10 नवंबर : टिप्पणी- रैगिंग के खिलाफ मुखर होने की जरूरत है

12 नवंबर : रैगिंग कांड को उछालने के लिए छात्राओं को धमकी

13 नवंबर : अब कौन-सा प्रमाण चाहिए जांच समीति को

16 नवंबर : रैगिंग कांड- मामले को दबाने का प्रयास

21 नवंबर : वीमेंस कॉलेज रैगिंग प्रकरण- अश्लील होने का सुख

- 'दर्शक' उपनाम से प्रधान संपादक की टिप्पणी

27 नवंबर : कुलपति ने अधिसूचना जारी की- रैगिंग दंडनीय अपराध- दोषी पाये जाने पर विश्वविद्यालय से निष्कासन— यह कुछ शीर्षक थे। रांची में घटित एक घटना को लेकर प्रभात खबर ने एक अभियान चलाया। लगभग तीन सप्ताह तक रैगिंग प्रकरण की खबर अखबार में छपती रही। इस खबर को एक अभियान का रूप देकर अंजाम तक पहुंचाने का काम प्रभात खबर ने तब किया। मामला यह था कि रांची वीमेंस कॉलेज में एक दलित महिला आशा रैगिंग की शिकार हुई। आशा के गर्भ में चार माह का बच्चा था। उसने आइए प्रथम वर्ष में दाखिला लिया था।कॉलेज की कुछ पुरानी छात्राओं ने रैगिंग के नाम पर आशा नामक लड़की को कई बार सीढ़ियों से चढ़ने-उतरने को कहा। उसे मानसिक-शारीरिक तौर पर प्रताड़ित किया गया। सीढ़ियों पर चढ़ने-उतरने के क्रम में आशा का रक्तस्राव शुरू हुआ। घटना एक नवंबर की ही थी लेकिन उसे दबा दिया गया था। प्रभात खबर ने चार दिन बाद इसे पांच नवंबर को पहले पन्ने पर छापा और फिर उसके बाद तो यह एक अभियान की तरह ही चला। इस प्रकरण को एक आंदोलन के रूप में स्थापित करने में संवाददाताओं को कई चुनौतियों का सामना करना पड़ा।

प्रभात खबर ने जब पहली बार यह रपट 5 नवंबर को छापी तो कॉलेज की तत्कालीन प्राचार्या सुश्री विनोदिनी तरवे ने मामले के बारे में अनभिज्ञता जतायी। बाद में उन्होंने मामले को रफा-दफा करने का प्रयास किया। फिर अखबार में रिपोर्ट छ्पती रही और तीन दोषी लड़कियों नीति, अनिता और पल्लवी का नाम सामने आया।नीति,अनिता और पल्लवी ने इस घट्ना से ही पूरी तरह से इनकार किया। तब प्रभात खबर संवाददाता ने पीड़िता आशा से मिलकर और रक्तस्राव के बाद जिस हॉस्पिटल में उसका इलाज हुआ था, वहां से रिपोर्ट निकालकर अखबार में छापा और रैगिंग कांड प्रकरण की जांच में लगी समिति जो टालमटोल के मूड में थी, उसके सामने प्रमाण प्रस्तुत किया कि अब इससे बड़ा प्रमाण क्या चाहिए।

प्रभात खबर ने मामले को उठाने के लिए एक आह्वान के तौर पर रैगिंग के खिलाफ मुखर होने की जरूरत— शीर्षक से रपट भी छापी। असर यह हुआ कि प्रमाण प्रस्तुत करने पर जांच समिति भी टाल-मटोल की स्थिति में नहीं रह सकी। इसके बाद भी जांच समिति के कुछ लोग और प्राचार्या सुश्री तरवे रफा-दफा करने को प्रयासरत थे। प्रधान संपादक हरिवंश जी ने खुद ही इस मामले पर दर्शक नाम से एक टिप्पणी लिखी। इतने प्रयास का परिणाम यह हुआ कि रांची में महिला संगठ्नों की आवाज भी मुखर होने लगी। वीमेंस कॉलेज की छात्राओं में भी रैगिंग के खिलाफ विरोध का स्वर तेज हुआ। जांच समिति में एक और नाम जुड़ा मालंच घोष का जो उस वक्त रांची की प्रमुख महिला एक्टिविस्टों में शामिल थी। आखिर में रांची यूनिवर्सिटी के कुलपति डॉ. अमर सिंह ने एक अधिसूचना जारी कर रैगिंग के खिलाफ नियम बनाया। उस समय रांची विश्वविद्यालय बिहार का इकलौता विश्वविद्यालय बना, जहां इस तरह के कानून बने।

मीडिया ट्रायल

फादर मार्टिन टेटे हत्याकांड

जेसिका लाल हत्याकांड का जब मुकदमा दुबारा खुला तो देश भर में मीड्यिा ट्रायल का शोर हुआ। यह कहा गया और बहुत हद तक सच भी है कि मीड्यिा ट्रायल के कारण ही जेसिका लाल हत्याकांड के रहस्यों पर पड़ा परदा उठ सका। आरोपी फिर से जेल गये। मीड्यिा ट्रायल की सार्थकता-निरर्थकता पर बहस भी चली। इलेक्ट्रॉनिक मीडिया ने जेसिका लाल हत्याकांड को दुबारा खुलवाकर अंजाम तक पहुंचाने के साथ यह भी दावा किया कि मीड्यिा ट्रायल के रूप में यह नया फॉर्मूला लगा । अपने कम संसाधन और बहुत कम दायरे में सिमटे रहने के बावजूद मीड्यिा ट्रायल का पहला सबसे सबसे बड़ा प्रयोग काफी पहले ही किया था। वह 1990 का साल था। मसला यह था कि रांची के एक चर्च के वरिष्ठ अधिकारी फादर मार्टिन टेटे की मौत 13 जून, 1990 को कोलकाता में एक बड़े होटल से एयरपोर्ट जाने के क्रम में हो जाती है। रहस्य का साया तो तब भी मौत पर रहता है लेकिन लगभग एक माह तक फादर टेटे की मौत को सामान्य मौत मान रहस्यों पर परदा डाल दिया जाता है। प्रभात खबर का अंगरेजी दैनिक इस मसले को शुरुआती दिनों से ही साधारण मौत की श्रेणी में नहीं मान रहा था।

प्रभात खबर पड़ताल शुरू करता है। रहस्यों पर ढके परदे एक-एक कर उठने लगते हैं और आखिरकार एक लंबे अभियान के बाद सच और झूठ का पता लोगों को भी चलता है।

13 जून, 1990 को दुनिया से अलविदा हो चुके फादर मार्टिन टेटे का शव अगले दिन यानी 14 जून को दफनाया जाता है। लेकिन टेटे का शव फिर से निकालना पड़ता है।

इसके साथ ही प्रभात खबर को कट्घरे में खड़ा करने का अभियान भी शुरू हो जाता है। रांची से ही प्रकाशित दूसरे अखबार इस मसले को लेकर प्रभात खबर की खबरों का रोज काउंटर करते थे। प्रभात खबर के अंगरेजी अखबार पर मानहानि का मुकदमा हुआ। दरअसल इसकी जद में रांची के एक कांग्रेसी नेता रौशन लाल भाट्यिा का नाम आने के कारण ऐसा हुआ। स्थानीय मीड्यिा, जिनका वर्चस्व उन दिनों यहां हुआ करता था, वे भले ही प्रभात खबर की विश्वसनीयता पर रोज प्रश्न उठाकर जनता के बीच भ्रम फैलाने की कोशिश करते रहे लेकिन दूसरी ओर नेशनल मीड्यिा प्रभात खबर के उठाये सवालों पर काम करने लगा था। इंड्यिा टुडे,

संडे ऑब्जर्वर, द वीक जैसी पत्रिकाओं ने इस मामले को कैच कर लिया था। तमाम प्रतिकूल परिस्थितियों में भी प्रभात खबर फादर टेंटे हत्याकांड प्रकरण में सच सामने लाने के अभियान में लगा रहा। इसी क्रम में कई दस्तावेजी प्रमाण छापे गये। मृत्यु प्रमाणपत्र जारी करने में जो जालसाजी की गयी थी, उसका प्रमाण अखबार में छपा, किस तरह दो डेथ सर्टिफिकेट कोलकाता के चितरंजन मेडिकल कॉलेज में बनाये गये थे, उसे भी लोगों के सामने लाने का काम प्रभात खबर ने किया। पोस्टमार्टम रिपोर्ट भी प्रभात खबर ने लोगों के सामने रखी। चर्च की ओर से भी कई तथ्य छिपाये गये थे, उसे भी प्रभात खबर ने सामने लाया।

प्रभात खबर की संपादकीय टीम के लिए यह काफी चुनौतियों से भरा हुआ था। इस अभियान में लगे संवाददाताओं को काफी परेशानियों का सामना करना पड़ा। तब संवाददाता अनिल श्रीवास्तव व छायाकार मानिक को आरोपियों ने निशाने पर लिया, हमला भी किया लेकिन प्रभात खबर ने इन सारी चुनौतियों का सामना करते हुए पहली बार सच व साहस के साथ की जानेवाली पत्रकारिता की मिसाल पेश की। मीडिया ट्रायल के इस प्रयोग का असर यह पड़ा कि सरकार को भी इतने प्रमाणों के बाद आरोपी के खिलाफ कदम उठाने पड़े।

विधानसभा में सरकार को पहले तो यह घोषणा करनी पड़ी कि फादर टेंटे की मृत्यु की जांच सीआईडी करेगी और फिर उसके बाद बिहार के तत्कालीन मुख्यमंत्री लालू प्रसाद यादव को सार्वजनिक तौर पर कहना पड़ा कि आरोपी भाटिया को हथकड़ी पहनाना जायज है।

बुनियादी सुविधाओं के मसले पर संपादकीय खाली

चरमराता शहर,बेहाल नागरिक और अखबार

छोटानागपुर इलाके में रचे-बसे नागरिकों में प्रभात खबर के कई पाठक ऐसे मिलेंगे, जो इस अखबार को अपना घरैया अखबार कहते हैं। घरैया अखबार का मतलब हुआ घर का अखबार। प्रभात खबर के बारे में ऐसा कहा जाना या सचेत पाठकों की ऐसी धारणा ही संभवतः इसकी सबसे बड़ी पूंजी है लेकिन इस तमगे को लेने के लिए प्रभात खबर को पत्रकारिता की बनी-बनाई लीक से हटकर प्रयोग तो करने ही पड़े, साथ ही कई बार अखबार की भूमिका से उठकर भी काम करना पड़ा।

1992 के मई माह में प्रभात खबर ने एक मसले को लेकर कुछ इसी तरह की भूमिका निभायी थी। यूं सिर्फ खबरों की दृष्टि से देखें तो 16 मई, 1992 को आंधी में रांची में बिजली के टावर का क्षतिग्रस्त होना एक सामान्य घटना ही थी। उससे उत्पन्न बिजली संकट भी एक खबरिया मामला भर था लेकिन इसे लेकर प्रभात खबर ने नागरिकों की ओर से बुनियादी सुविधाएं, सरकार की लापरवाही और अव्यवस्था को मुद्दा बनाया और इस आंदोलन से प्रभात खबर के लगाव का उदाहरण इसी से समझा जा सकता है कि अपने 22 मई के अंक में प्रभात खबर ने अपने संपादकीय को खाली रखकर विरोध का संकेत भी दिया।यह एक नये तरह का प्रयोग था। आमतौर पर किसी बड़ी घटना के विरोध में यथा आपातकाल के समय में अखबारों ने अपना संपादकीय खाली छोड़कर विरोध दर्ज कराया था लेकिन प्रभात खबर ने जनमुद्दे पर ऐसा कदम उठाया।

हुआ यह था कि 16 मई को आंधी में रांची के पुनदाग इलाके में एक साथ बिजली के सात बड़े टावर क्षतिग्रस्त हो गये थे। इससे रांची में और छोटानागपुर में बिजली संकट पैदा हो गया। पहली दफा तो यह कहा गया कि आंधी के कारण ऐसा हुआ लेकिन सच यह था कि प्रशासन की मुस्तैदी नहीं होने के कारण ऐसा हुआ था।पिछले कुछ दिनों से नट-वोल्ट चोरी करने वाले चोरों के गिरोह ने टावर के नट-वोल्ट खोल लिए थे। इसलिए टावर हल्की आंधी को भी बर्दाश्त नहीं कर सका।

प्रभात खबर ने 17 मई को क्षतिग्रस्त टावर की तसवीरों के साथ इस खबर को लीड

बनाया। खबर में यह भी बताया कि अब रांची कई दिनों तक अंधकार में डूबी रहेगी। इस कारण पानी का भी संकट होगा। इसी खबर में पाठकों को यह भी बताया गया कि यह आसमानी नहीं मुलतानी कहर है यानी प्रशासन की लापरवाही के कारण यह सजा भुगतनी पड़ेगी।

18 मई के अंक में प्रभात खबर ने बिजली-पानी के लिए मचे हाहाकार की खबर को तो लीड बनाया ही साथ ही आसन्न संकट पर कई रिपोर्ट प्रकाशित की– जैसे कि एचईसी, आकाशवाणी, दूरदर्शन, मेडिकल कॉलेज व सभी होटलों में पूरी व्यवस्था कैसे ठप होने की राह पर है। लीड के साथ पहले पन्ने पर ही उस दिन यह एक समीक्षात्मक एंकर स्टोरी भी बनी कि' पुलिस प्रशासन का तोहफा है यह संकट।' प्रभात खबर ने सिर्फ इस मसले को लेकर खबरों के माध्यम से आलोचना ही नहीं की बल्कि एक मार्गदर्शक के तौर पर विशेषज्ञों की राय लेकर संकट से उबरने के वैकल्पिक उपाय भी बताये।

संकट का असर शहर के कोने-कोने में दिखने लगा था। बिजली-पानी के बगैर लोगों का हाल-बेहाल हो गया था। प्रभात खबर ने अगले दिन 19 मई को भी अखबार में इस मसले को ही लीड के तौर पर लिया कि लोग पानी के लिए सड़कों पर उतर आये हैं। असर यह हुआ कि पानी के लिए बिजली का उपाय सरकारी तंत्र ने कराया। इस आंदोलन को समस्या के समाधान तक चलाते रहने के लिए प्रभात खबर ने फिर एंकर स्टोरी इसी मसले पर बनायी,' लोकशक्ति का कद ऊंचा हुआ और प्रशासन का नीचा।' इस तरह लोगों के साथ मिलकर प्रभात खबर इस आंदोलन को आगे बढाता रहा। प्रभात खबर की इस आंदोलन में सक्रियता व अहम भूमिका का एक नमूना यह रहा कि 22 मई, 1992 के अंक में प्रभात खबर ने इस जनमुद्दे को लेकर एक सूचना के साथ संपादकीय कॉलम को ब्लैंक ही छोड़ दिया।

चारा घोटाला

अब तक सुनाई दे रही है प्रतिध्वनि

यह वह समय था, जब पत्रकारिता में भ्रष्टाचार शब्द का प्रयोग भी मामले की गहराई को समझते हुए किया जाता था। यह शब्द बोलचाल में शामिल नहीं था। जितनी आसानी से आज हम इस शब्द का प्रयोग करते हैं, उस वक्त नहीं कर सकते थे। भष्टाचार व भष्ट शब्द का प्रयोग करने पर उस रिपोर्ट की गहन तफ्तीश की जाती थी और ऐसे ही दौर में प्रभात खबर ने एक ऐसे घोटाले का पर्दाफाश किया, जिसकी प्रतिध्वनि अब भी सुनाई पड़ती है।

वह समय था 90 के दशक का और घोटाला था पशुपालन विभाग का बहुचर्चित चारा घोटाला। आज भी हर एक-दो माह पर चारा घोटाला किसी न किसी बहाने चर्चे में आ ही जाता है। कभी दोषियों पर कार्रवाई करने की बात से तो कभी अदालत में सुनवाई को लेकर। राजनीति के गलियारे में तो है ही। चारा घोटाला अपने समय का सबसे बड़ा घोटाला था। इसके पर्दाफाश का श्रेय प्रभात खबर को जाता है। देश और फिर विदेश तक इस घोटाले की चर्चा हुई। कारण था तत्कालीन मुख्यमंत्री लालू प्रसाद यादव का नाम इस घोटाले के साथ जुड़ जाना। ऐसा भी नहीं है कि इस घोटाले की चर्चा प्रभात खबर में छपने से पूर्व नहीं थी। मगर इससे जुड़े हुए नाम इतने प्रभावशाली और कद्दावर थे कि इसे छापना तो दूर खुली जबान से इसकी चर्चा करने तक से मीडिया जगत् के लोग कतराते थे। इसमें नेताओं और नौकरशाही की संलग्नता की जानकारी भी लोगों को थी। नौकरशाही और राजनीतिज्ञों के गंठबंधन को देखते हुए यह अनुमान लगाया जा रहा था कि किसी भी जांच को आगे बढ़ने नहीं दिया जायेगा।

लोगों की यही धारणा बनी रहती, अगर प्रभात खबर ने इसे प्रकाशित करने का साहस नहीं किया होता। 1992 में चारा घोटाले से संबंधित पहला समाचार छपा और अगले 12 माह 70 रिपोर्टें चारा घोटाले पर छपती रहीं। उस समय इस घोटाले की अनुमानित राशि सिर्फ आठ करोड़ की थी। संवाददाता और संपादक को धमकियां मिलीं मगर घोटाले की सूचना जनता तक पहुंचाने का अभियान जारी रहा। देश ने इस घोटाले को 96 में जाना। राष्ट्रीय अखबारों ने काफी देर से इस घोटाले को महत्त्व देना आरंभ किया। टेलीग्राफ, टाइम्स ऑफ इंडिया और इकोनॉमिक्स टाइम्स जैसे अखबारों ने इसे लीड बनाया।

चारा घोटाले की रिपोर्टिंग का श्रेय प्रभात खबर के प्रधान संपादक हरिवंश किसलय को देते हैं। स्वयं किसलय इस रिपोर्टिंग के बारे में कहते हैं - जो दस्तावेज मेरे हाथ लगे थे उसे लेकर हरिवंश जी के चेंबर में दाखिल होते हुए मेरे पांव लड़खड़ा रहे थे। कारण जोखिम के बीच से हासिल किये गये इस दस्तावेज में उल्लिखित नाम राजनीतिक रूप से इतने भारी-भरकम थे कि इनकी चर्चा दबी जुबान से होती तो थी, लेकिन लोग कुछ लिखने से कतराते थे। हरिवंश जी ने दस्तावेजों को ध्यान से देखा - आप रिपोर्ट बनाकर फाइल कीजिये। किसलय कहते हैं, उस कुरसी पर कोई दूसरा संपादक होता, तो क्या होता? बहरहाल बाद की कहानी पूरा देश जानता है।

1992 में प्रभात खबर ने चारा घोटाले के बारे में पहली रपट प्रकाशित की। 700 करोड़ रुपये के इस घोटाले ने पूरे देश में सनसनी फैला दी। आरंभ में इस घोटाले की राशि आठ करोड़ आंकी गयी, पर जैसे-जैसे रिपोर्टिंग आगे बढ़ती गयी यह राशि भी बढ़ती गयी। हालांकि 1990 में राज्य सतर्कता विभाग ने इस मामले में एफआइआर दर्ज कर रखी थी, मगर सत्ता और नौकरशाही के दिग्गजों की ओर संकेत होने के कारण जांच रुकी पड़ी थी। इस घोटाले की चर्चा भी आम थी, मगर इसे छापने का साहस किसी में नहीं था। प्रभात खबर ने 12 माह में इस घोटाले की 70 रपटें छापीं और चार रिपोर्टर इसके लिए अलग से बहाल किये। खामियाजा - धमकियां, दबाव और विज्ञापन में भारी कटौती। दूसरी ओर बिहार के तत्कालीन मुख्यमंत्री लालू प्रसाद यादव को कुरसी छोड़नी पड़ी। यह अपनी तरह का अलग घोटाला था। पशुधन के विकास के लिए वर्ल्ड बैंक से पैसे लिए गये थे। यह पैसा बेहतर श्रेणी के चारे के लिए थे। चारे की आपूर्ति भी हो रही थी। मगर सब कागज पर। इसमें एक रोचक मोड़ 1993 में आया। इनकम टैक्स के कुछ अधिकारियों ने रांची एयरपोर्ट जाकर दिल्ली जाने वाले एक हवाई जहाज को रोकने का प्रयास किया। इसमें नकद एक करोड़ रुपये ले जाये जा रहे थे। यह रकम जांच में लगे अधिकारियों के तबादले के लिए रिश्वत के रूप में दिल्ली ले जायी जा रही थी पर प्रभात खबर के रिपोर्टर वहां हवाई अड्डे पर पहले से उपस्थित थे। दूसरे दिन हॉकरों से अखबार के बंडल के बंडल खरीदे गये, जिससे समाचार को फैलने से रोका जा सके। राजनीतिक लॉबी के बाद इसकी मजबूती नौकरशाहों की प्रभावशाली भूमिका का अनुमान लगाना भी तब कल्पनातीत था। इस घोटाले के प्रकाश में आने के बाद मिलने वाली धमकियों के बारे में हरिवंश जी कहते हैं- अगर आप राजनीतिज्ञों को ब्लैकमेल नहीं करते तो आपको कोई खतरा नहीं।

किसलय कहते हैं, मैं इस विशेष रिपोर्टिंग के लिए प्रभात खबर व हरिवंश जी को साधुवाद देता हूं, विशेष कर हरिवंश जी को कि उन्होंने उस कठिन घड़ी में मेरा मनोबल बढ़ाये रखा। उन्होंने स्वयं भी जोखिम उठाते हुए निडर होकर पूरे इश्यू को प्रमुखता से प्रकाशित किया। एक पत्रकार के रूप में वह मेरे जीवन का सबसे अहम मुद्दा रहा।

खंड-7 : रिपोर्टर्स डायरी

यूं तो इस खंड में प्रभात खबर के कुछ सहयोगी पत्रकार साथियों ने रिपोर्टिंग के दौरान के अपने अनुभवों को साझा किया है, लेकिन यह पत्रकारिता के छात्रों के लिए अहम खंड है। किस तरह रिपोर्टिंग के दौरान, जब खतरा सामने हो, तो पत्रकारों ने अपनी सूझ-बूझ व विवेक से खुद को बचाया और पत्रकारिता की अथवा किस तरह विषम परिस्थितियों में भी रिपोर्टिंग की जाती है, ये सब बातें इस खंड में जानने को मिलेंगी। पिछले दो दशक से भी अधिक समय में, अलग-अलग क्षेत्रों में अलग-अलग पत्रकारों द्वारा अपनी रिपोर्टिंग के अनुभव को इस खंड में साझा किया है गया, जो अखबारी जगत् से अलग लोगों के लिए भी एक नयी किस्म के रोमांच व अनुभव कराने वाला है। मसलन माओवादियों की जन अदालत में कैसे आंखों के सामने मौत की सजा दी जाती है, भागलपुर दंगे के समय कैसे रिपोर्टिंग करना अपनी जान को खतरे में डालना था आदि इस खंड में संकलित हैं।

यूं तो मोटे तौर पर पुस्तक के इस अध्याय में अपने साथियों के संस्मरण भर हैं, लेकिन कई मायनों में यह इससे काफी अलग भी है। खासकर पत्रकारिता के क्षेत्र में कदम रखनेवाले साथियों के लिए 'रिपोर्टर्स डायरी' अनुभवों का एक दस्तावेज है। रिपोर्टिंग के दौरान प्रभात खबर के साथियों ने कैसी-कैसी चुनौतियों का सामना किया, अखबार को जनसरोकार की पत्रकारिता का पर्याय बनाने में किन विषम परिस्थितियों से रू-ब-रू होना पड़ा, इन सभी बातों का जिक्र ' रिपोर्टर्स डायरी' के इस खंड में है। प्रभात खबर कम संसाधनों में भी एक छोटे शहर से निकलकर यदि विकास, जन सरोकार व हिंदी की मेनस्ट्रीम पत्रकारिता में अपनी खास पहचान बनाने में कामयाब रहा, तो इसमें यहां काम करनेवाले साथियों की अदम्य इच्छाशक्ति की भूमिका सर्वाधिक महत्त्वपूर्ण रही। कस्बे में जहां एक अखबार तक पहुंचना मुश्किल हो पाता था, वहां

कस्बे के पत्रकार साथियों ने कैसे सैकड़ों की संख्या को पार किया, यह जानना भी काफी दिलचस्प है। वह भी तब, जब न तो स्कीम जर्नलिज्म की कहीं संभावना थी, न हिंदी मीडिया में एग्रेसिव मार्केटिंग जैसे शब्द आये थे।

—संपादक

देखैं छं की, पकड़, इ सब जासूस छेकौ...

श्रीनिवास

बात नवंबर, 1989 की है। भागलपुर में दंगा लगभग समाप्त होने को था। प्रभात खबर, रांची से मुझे वहां रिपोर्टिंग के लिए भेजा गया। भागलपुर जाने का दायित्व तो मिल गया लेकिन उन दिनों वहां तक पहुंचना ही काफी मुश्किल था। भागलपुर दंगे की लहर प्रदेश के अन्य क्षेत्रों तक पहुंच चुकी थी और इसका असर यातायात-परिवहन पर भी पड़ा था। खैर! रांची से बस से देवघर पहुंचा। फिर वहां से छोटी बस से हंसडीहा, हंसडीहा से छोटी बस से ही बौंसी और उसके बाद बौंसी से ट्रेन पकड़कर भागलपुर। भागलपुर पहुंचा तो वहां पहले से ही अपने सरोकार के कई लोग थे। चूंकि मूल रूप से मैं वहीं का रहनेवाला हूं, इसलिए मेरे साथ इतना जरूर हुआ कि रहने-खाने आदि की समस्या नहीं हुई। वहां अपने कई पुराने साथी भी थे। मैं सबसे पहले गांधी शांति प्रतिष्ठान के संपर्क में आया, जहां जयप्रकाश जी, केदार चौरसिया जैसे मित्र (अब दिवंगत) शिद्दत से दंगा पीड़ितों के सहायतार्थ कार्य कर रहे थे। मुझे अधिकांश जानकारी भी वहां से मिल जाती थी।

उन दिनों भागलपुर में कई गांव ऐसे थे, जहां दंगाइयों का कहर सबसे ज्यादा बरपा था। तमौनी का नाम भी वैसे ही गांवों में शामिल था। मैं उस इलाके का होते हुए भी वहां के कस्बाई भूगोल से बहुत ज्यादा परिचित नहीं था, इसलिए जब तमौनी जाने के लिए यामाहा मोटरसाइकिल से निकला तो साथ में अपने एक पुराने मित्र विजय और भतीजे बबलू को साथ ले लिया। हम तीन लोग तमौनी के लिए निकले। तमौनी जाने के लिए कच्ची सड़क थी और उसे जगह-जगह काट दिया गया था, ताकि पुलिस-प्रशासन के लोग वहां आसानी से नहीं पहुंच सकें। गांव से कुछ दूर पहले ही कुछ लोग मिलें। हमने पूछा कि क्या तमौनी यही रास्ता जाएगा? जवाब बताने के बजाय वहां उपस्थित लोगों ने सवाल पूछा कि वहां क्यों जाना है, किसके यहां जाना है? यह भी कहा कि वहां तो अब कोई रहता ही नहीं है। हमने मोटरसाइकिल में कूट पर लिख कर प्रेस भी टांग लिया था। इतने में मैंने पूछ लिया कि वहां के सभी लोग मार डाले गये हैं क्या? सवाल-जवाब चलता रहा, तभी लोगों ने घेर लिया। दूसरी ओर से एक महिला की स्थानीय बोली में तेज आवाज आई- .देखैं छं की, पकड़, इ सब

जासूस छेकौ ।. (देख क्या रहे हो? जासूस हैं, पकड़ो इनको) । भीड़ अभी आक्रामक रूप लेती, उसी वक्त कहीं से एक बुजुर्ग सज्जन आते दिखे । वे देखने में संभ्रांत लग रहे थे, उन्होंने भीड़ को देखते हुए पूछा कि क्या बात है? तब मैंने अपने गांव के बारे में जानकारी देते हुए यह बताया कि अपने रिश्तेदार के यहां तमौनी जा रहा हूं लेकिन लोग जाने नहीं दे रहे हैं । उन्होंने लोगों को डांट-फटकार कर वहां से भगाया, तब हम वहां से निकल सकने में सफल हो सके। भीड़ से निकलते ही हमने सबसे पहला काम यही किया कि प्रेस का कूट निकाला और उसकी जगह डिक्की से जनता दल का झंडा निकालकर लगा लिया । मुझे यह आशंका पहले से ही थी कि जनता दल के झंडे की जरूरत पड़ सकती है, इसलिए भागलपुर में अपने जनता दल के साथियों से पहले ही झंडा,पोस्टर, बैनर ले लिया था ।

तमौनी की यात्रा तो खत्म हुई, उसके बाद लौगांय गांव जाने की तैयारी थी । लौगांय भी उस दंगे में सर्वाधिक प्रभावित गांवों में से एक था, जहां करीबन सौ लोगों को मार-काट दिया गया था । इस यात्रा में मेरे साथ साथी विजय जी थे । लौगांय गांव के रास्ते में ही रुककर हम एक जगह प्रेस का कूट निकालकर अभी जनता दल का झंडा लगा ही रहे थे कि उसी वक्त दूसरी ओर से 25-26 साल का एक नौजवान आया और रुककर पूछा कि कहां, क्यों और किनके यहां जाना है । तमौनी का अनुभव ताजा था, इसलिए मन में अचानक से डर तो हुआ लेकिन तुरंत हम लोग बोले कि जनता दल के कार्यकर्ता हैं, झंडा देख रहे हैं न । हम लोगों ने पोस्टर भी दिया। देखते ही थोड़ा आश्वस्त होकर उसने कहा कि आप लोग का पार्टी तो ठीक है जी, यहां पर लोग वोट भी आपकी पार्टी को ही देंगे लेकिन आप लोगों का पार्टी ही सुस्त है । कुछ नहीं कर रहा, न कोई कैंपेन चल रहा है, न कोई नेता दिखाई पड़ता है । खैर! कई सवाल-जवाब उस लड़के से भी हुए । उसने बड़ी साफगोई से डंके की चोट पर स्वीकार किया कि सौ लोगों को काट कर उन लोगों ने एक बड़ा काम किया है और जो भी इस रास्ते में आएगा, उसे भी काट दिया जाएगा । हमें लौगांय गांव में मुखिया जी के यहां जाना था, यह हम पहले से ही तय कर चुके थे । क्योंकि बबुरा गांव में जहां कई गांवों से भागे हुए मुसलमानों ने शरण ले रखी थी, उनलोगों ने भी बताया था कि लौगांय गांव में मुखिया जी की सहानुभूति रही है और वे पहले भी हमारी मदद करते रहे हैं ।

जब हम पहुंचे तो मुखिया जी अपने घर में नहीं थे । मुखिया जी के युवा बेटे से मुलाकात हुई । हम लोगों ने अपना परिचय जनता दल कार्यकर्ता के रूप में दिया । जनता दल का कार्यकर्ता जानकर वह भी आवभगत में लग गया । नाश्ता-चाय हुआ, उसके बाद हमने उससे ही पूरी घटना जानने की कोशिश की । वह बताता रहा । जैसे ही मैंने यह प्रस्ताव रखा कि जिन घरों को जलाया गया है, क्या उसकी तसवीर ले सकते हैं । इतना कहते ही वह पूरी तरह से दूसरे रूप में आ गया । उसका सवाल था कि फोटो क्यों लीजिएगा, क्या करना है? आप इतनी रुचि क्यों ले रहे हैं इस गांव की घटना में । एक तरह से उसके कान खड़े हो गए थे । मैंने और विजय ने भी आसन्न खतरे को भांप लिया था । मैंने तुरंत ही कहा कि मेरे साथ जो मित्र हैं, उनकी फोटोग्राफी में रुचि है वे कैमरा लेकर चलते हैं उनका मन है कि तसवीर ले लें । मुखिया जी का बेटा अब शक की नजर से देखते हुए सवाल पर सवाल दागने लगा, तब तक हम लोगों ने बात बदलते हुए

किसी तरह वहां से निकलने में भलाई समझी। चलते-चलते हमने कुछ तसवीर उतारने की भी कोशिश की, लेकिन वह कैमरे में ठीक से कैद नहीं हो सकी।

भागलपुर दंगों के बाद लौगांय पहुंचने वाले पत्रकारों में हम सबसे पहले थे। एक सौ से अधिक लोगों की सामूहिक हत्या की घटना करीब 15 दिन पहले ही वहां घट चुकी थी।

इसी तरह सात-आठ दिनों तक भागलपुर दंगे के दौरान चंदेरी समेत कई गांवों में जाता रहा और नित्य नई चुनौतियां सामने आती रहीं। मुश्किलें इतनी ही नहीं थीं। भागलपुर में अखबार का नेटवर्क नहीं था, तब वहां से फोन से ही रांची में खबर लिखवाना पड़ता। जब वहां से लौटा तो फिर पूरी रिपोर्ताज को लिख सका।

(लेखक प्रभात खबर के वरिष्ठ संपादकीय सहयोगी रहे हैं)

चारा घोटाले की रिपोर्टिंग के वे दिन

किसलय

जिंदगी के लाइट, कैमरा, एक्शन में फ्लैश भी क्लिक होते रहते हैं। कैमरे में कैद कुछ मोमेंट्स यादगार बन जाते हैं। जिंदगी के चलचित्र में किरदार जुड़ते हैं, कहानी बुनती जाती हैं और कारवां बनता चला जाता है और फिर उसी कारवें के साथ अपना सफर तय करते चले जाते हैं हम! इस सफर की शुरुआत भी कुछ इसी तरह हुई। बतौर रिपोर्टर बाद में, तसवीरों के माध्यम से कहानी कहने की शुरुआत पहले हुई।

फोटो जर्नलिस्ट के रूप में पहला मौका मिला, 1983 में, कोलकाता से प्रकाशित द टेलीगाफ में। फिर तो, देश के कई सम्मानित अखबारों, पत्रिकाओं में दक्षिण बिहार से फोटो जर्नलिस्ट के तौर पर काम करने लगा। संस्कृति और मानवीय पहलुओं में हमेशा से लगाव होने के कारण अखबारों के लिए कल्चरल और ह्युमैन इंटरेस्ट रिपोर्ट लिखनी शुरू की। प्रभात खबर से तो उसके पहले दिन, 14 अगस्त, 1984 से ही जुड़ गया था। उसी दौरान, नवभारत टाइम्स, धर्मयुग, रविवार में भी मेरे कई आलेख प्रकाशित हुआ करते थे। धीरे-धीरे दक्षिण बिहार के जनसरोकार मुद्दों में रुचि बढ़ी। मेरी ख्वाहिशों को मुकाम मिलने लगा। जब भी दक्षिण बिहार से जुड़े किसी भी मुद्दे पर ठोस जानकारी की जरूरत होती, लोग मुझे याद करते। कोलकाता से प्रकाशित रविवार साप्ताहिक पत्रिका में भी दक्षिण बिहार से रिपोर्ट करने लगा। तब, सुरेंद्र प्रताप सिंह वहां के संपादक थे। उस वक्त हरिवंश जी भी रविवार में ही काम किया करते थे। मेरे आलेख अक्सर वे ही संपादित करते थे। आलेखों के जरिये ही हमारे बीच संवाद भी होने लगे। इसी बीच मुझे नागपुर से प्रकाशित दैनिक लोकमत समाचार से प्रस्ताव मिला। मैं नागपुर चला गया। लेकिन, कुछ ही समय बाद मुझे हरिवंश जी का संदेश मिला कि मैं रांची आ रहा हूं आप भी अपने शहर वापस आइए। मिलकर काम करेंगे। वर्ष 1989 में मैं वापस आया। बतौर मुख्य संवाददाता, मैं प्रभात खबर से जुड़ गया। अब दिनचर्या की पत्रकारिता के काफी अवसर मिलने लगे। उस दौर में रांची में अखबारों की संख्या अधिक नहीं थी। प्रभात खबर आया और आने के साथ ही उसने पत्रकारिता के नये तेवर लोगों के बीच इंट्रोड्यूस किये, नये कलेवर व नये अंदाज के साथ। जाहिर है, चुनौतियां थीं। परेशानियां थीं, क्योंकि अखबार

पुराना था पर लोग नये थे। नयी टीम, नया प्रबंधन। अखबार को पहचान दिलाने में सभी तन्मयता से लगे हुए थे। मेरे लिए भी कुछ कर दिखाने का अवसर था। निःस्संदेह, काम करने का जज्बा, हर वक्त लीक से हटकर करने की सोच व विश्वसनीय रिपोर्ट देने का हर संभव प्रयास, बस यही कोशिश होती थी हमारी। एक्सक्लूसिव डाइमेंशन की तलाश की प्यास मेरे अंदर थी। इसी क्रम में वर्ष 1992 में पशुपालन घोटाले के खुलासे से मुझे बड़ा ब्रेक मिला। मेरे जीवन, या यूं कहूं कि मेरे पत्रकार जीवन का सबसे थ्रिलिंग एक्सपीरियंस था वह और शायद प्रभात खबर के लिए भी। अखबारों में पशुपालन विभाग में हो रही गड़बड़ियों की चर्चा तो होती थी, लेकिन सरगना तक पहुंचने की हिम्मत लोग नहीं जुटा पाते थे। एक कारण शायद दस्तावेजी प्रमाण का अभाव भी था। लेकिन, प्रभात खबर ने वह कर दिखाया।

पहली बार हुआ, जब देश के किसी अखबार ने पशुपालन घोटाले के सरगना का नाम प्रकाशित किया। जाहिर है, रांची से लेकर राजधानी पटना तक इसका व्यापक असर रहा होगा। राजनेता से लेकर प्रशासन के आला अफसरों के नाम शामिल होने से हंगामा और अधिक बरपा। मेरी रिपोर्ट की वह सीरीज शुरू होते ही धमकियां मिलने लगीं- बस अब रोक दो, वरना...! अपनी फिक्र नहीं थी पर बेटी और पत्नी को लेकर चिंता लगी रहती थी। मुझे याद है मैं अपने पड़ोसियों को उनका खयाल रखने के लिए कहकर आता था। मुद्दे की शुरुआत तब हुई जब मुझे पता चला कि निगरानी विभाग के रांची शाखा कार्यालय में दागी अफसरों और नेताओं की लिस्ट बनती थी, और पटना पहुंचते-पहुंचते रद्दी की टोकरी में चली जाती थी। कारण का अंदाजा लगाना मुश्किल नहीं है। हुक्मरान ले-देकर मामला निबटा लेते थे, पब्लिक में चर्चा नहीं होती थी। मुझे पता चला कि इस बार भी दक्षिण बिहार के दागी लोगों की लिस्ट बनायी थी निगरानी विभाग ने लेकिन उस लिस्ट पर एसपी के दस्तखत होने बाकी थे,उसके बाद ही उसे सरकारी दस्तावेज माना जाता। चंद रोज बाद संपर्क सूत्रों से जानकारी मिली कि हस्ताक्षर हो गये। अभी तक मैंने हरिवंश जी को इस बारे में कुछ नहीं बताया था। सूत्रों ने बताया कि एसपी के हस्ताक्षर वाली लिस्ट को निकाल पाना बेहद कठिन है। उसे अत्यधिक निगरानी के साथ रखा जाता है। उसे निकाल लाना काफी मुश्किलों भरा काम है। लेकिन, मैंने तो ठान लिया था। और, जद्दोजहद के बाद लिस्ट मेरे हाथ लग गयी। मैं उस लिस्ट को, जो अब केवल लिस्ट न रहकर सरकार का प्रामाणिक दस्तावेज बन चुकी थी, उसे लेकर सुबह हरिवंश जी से मिला। हरिवंश जी भी चौंक गये, यह सब कैसे किया। गंभीर मामला है। जोखिम भरा काम भी। उन्होंने पांच मिनट सोचा और निर्णय ले लिया कि हम इसे प्रकाशित करेंगे। सात दिनों तक वह सीरीज प्रकाशित हुई। पशुपालन घोटाला गिरोह ही नहीं कई अन्य मामलों में लिप्त माफिया तत्त्वों के नाम पहली बार जनता के सामने उजागर हुए। पटना विधानसभा में जमकर हंगामा हुआ। वहां मुद्दे को उठाया स्वर्गीय विधायक महेंद्र सिंह ने। जैसे-जैसे रिपोर्ट छपती जा रही थी, परेशानियां बढ़ती जा रही थीं। माफिया तत्त्वों से लेकर, दागी अफसरों, निगरानी के एसपी तक से मुझे धमकियां मिल रही थीं कि अब बस करो नहीं तो मुसीबत में पड़ जाओगे। कई तरह के लोभ भी दिये गये। लेकिन, हम डिगे नहीं और पशुपालन घोटाला

न्यायालयों तक पहुंचा, मुकाम तक पहुंचने को है। मैं इस प्रकरण के लिए प्रभात खबर व हरिवंश जी को साधुवाद देता हूं, विशेष कर हरिवंश जी को कि उन्होंने उस कठिन घड़ी में मेरा मनोबल बढ़ाये रखा। उन्होंने स्वयं भी जोखिम उठाते हुए निडर होकर पूरे इश्यू को प्रमुखता से प्रकाशित किया। पूरे मामले का रिस्पांस पाठकों की तरफ से भी जबरदस्त रहा। उनका स्नेह और विश्वास आज भी मेरे लिए धरोहर है और, इस मामले ने प्रभात खबर को खोजी पत्रकारिता में विशेष पहचान दिलायी। उन पलों को मैं कभी नहीं भूल सकता। प्रभात खबर की इस पहल के बाद देश के अन्य अखबारों ने लिखना शुरू किया। एक पत्रकार के रूप में वह मेरे जीवन का सबसे अहम मुद्दा रहा। मुझे याद है उस वक्त पत्रकारिता में भ्रष्टाचार शब्द का प्रयोग बहुत सोच-समझकर व मामले की गहराई को समझते हुए किया जाता था। यह शब्द बोलचाल में शामिल नहीं था। जितनी आसानी से आज हम इस शब्द का प्रयोग करते हैं, उस वक्त नहीं कर सकते थे। भ्रष्टाचार व भ्रष्ट शब्द का प्रयोग करने पर उस रिपोर्ट की गहन तफ्तीश की जाती थी। बहरहाल, कुछ ऐसी ही कोशिशों व प्रयासों के साथ वर्ष 1989 से लेकर 1992 तक मैंने चीफ रिपोर्टर के रूप में प्रभात खबर में कार्यभार संभाला। फिर कुछ कारणों से मैं प्रभात खबर से अलग हुआ।

हालांकि मेरा संपर्क प्रभात खबर से कभी टूटा नहीं। मैं उसका लगातार पाठक रहा हूं। बाद में भी उसके लिए स्वतंत्र तौर पर काम किया है। उस वक्त, प्रभात खबर से काम छोड़ने के बाद मैंने कुछ मुश्किलों का सामना जरूर किया पर जज्बा कभी कम नहीं हुआ।

आने वाले समय में हम पत्रकारिता में कई बदलाव देख रहे हैं। लगातार हमारी यह शिकायत होती है कि पत्रकार बदल रहे हैं, पत्रकारिता में बदलाव आ रहे हैं। बदलाव कहां नहीं होते, तकनीक बदलती है, तरीके बदलते हैं। प्रेजेंटेशन बदलता है। मगर इसका यह मतलब नहीं कि हम पत्रकारिता की आत्मा को मिटा दें। मेरा मानना है कि बदलाव अच्छा है। होना चाहिए। बस आत्मा नहीं मरनी चाहिए। जिस दिन उसका अंत हुआ, पत्रकारिता का अंत होगा। पत्रकारिता कभी किसी विचारधारा से प्रभावित नहीं होनी चाहिए, वह स्वयं में एक संपूर्ण विचारधारा है। नये पत्रकारों को आदर्श दिखाने की जरूरत है, उन्हें खुलने का मौका दिया जाना चाहिए।

(लेखक लंबे समय तक प्रभात खबर से जुड़े रहे हैं)

गोलियों की बौछार के बीच

जीवेश रंजन सिंह

प्रभात खबर में नौकरी से पहले जमशेदपुर में सक्रिय पत्रकारिता कर चुका था। प्रभात खबर में आकर जो अंतर लगा वह शहर के मिजाज और काम की प्रवृत्ति से संबंधित था। जमशेदपुर जहां जिंदादिलों का शहर था, वहीं रांची खुद में सिमटे और भयभीत लोगों का बसेरा लगा, पर प्रभात खबर में काम करने की छूट मन को भा गया। प्रभात खबर में डांटकर ही सही पर सिखानेवाले लोगों की एक अच्छी टीम रही, खास कर अनिल सिन्हा, अनिल झां और विजय पाठक जैसे लोगों का स्नेह मिला, तो गणेश गोप, प्रसाद जी जैसे ऑपरेटरों के सही सुझाव ने परिपक्व बनाया। झारखंड के कई जिलों के लिए निकलने वाले डाक संस्करणों की जवाबदेही मेरी थी। शुरू से ही अलग मिजाज का होने के नाते हो जाएगा, कर दूंगा, क्यों नहीं होगा... जैसी बातें ही दिमाग में होती थीं।

वर्ष 2000 में हिंदुस्तान के आने और अपने संस्थान से कई लोगों के चले जाने के बाद जो पहली और अंतिम बात दिमाग में थी, वह थी कि सबसे बेहतर करना है। इसी कारण बिना कुछ सोचे-समझे रात-दिन झारखंड के नौ-दस जिलों में लगातार भ्रमण और बेहतर करने की कोशिश शुरू हुई। कम समय में ज्यादा काम हो सके, इसके लिए देर रात तक उग्रवाद प्रभावित जिलों की वैसी सड़कों पर भी भ्रमण किया, जहां शाम होते ही लोग जाना भूल जाते हैं।

वर्ष 2000 में झारखंड में उग्रवादियों के खिलाफ सघन अभियान चला था। उस वक्त वर्तमान लातेहार जिला पलामू जिले में था। पलामू पुलिस ने लातेहार के बालूमाथ में उग्रवादियों के दो बंकरों का पता लगाया था। एक बालूमाथ के लेबराही और दूसरा जामाबाड़ा में था। वहां से काफी रुपये, हथियार व कागजात बरामद किये गये थे। उन दोनों बंकरों को उड़ाने की योजना पलामू के तत्कालीन एसपी अनिल पालटा की थी। पहली बार हुई ऐसी कार्रवाई के कारण पुलिस की ओर से रांची के पत्रकारों को इसकी सूचना दी गयी। प्रभात खबर की ओर से मैं और दिलीप जी (प्रसार विभाग) गये थे। बालूमाथ थाने पर मीडियाकर्मियों का जमावड़ा था। इलेक्ट्रॉनिक मीड्यिा के लोग भी भारी संख्या में थे। वहां से पुलिस द्वारा मंगायी गयी गाड़ियों पर सवार हो तत्कालीन पलामू एसपी अनिल पालटा और उपायुक्त प्रदीप कुमार के नेतृत्व में सभी

लेबराही गांव की ओर चल पड़े। लेबराही से काफी पहले ही गाड़ियां छोड़ दी गयीं और सभी पैदल ही चल पड़े। गरमी का दिन था और किसी के पास पीने का पानी भी पर्याप्त नहीं था। जगह-जगह रुकते-रुकते सभी लेबराही के बंकर की ओर जा रहे थे।

यह एक नया अनुभव था। एक अजीब उत्तेजना और जोश से सभी लबरेज थे। खास कर पुलिस के जवानों में गजब का उत्साह था। उस जमाने में इलेक्ट्रॉनिक और प्रिंट मीडिया के बीच एक गैप हुआ करता था, जो इस अभियान में भी दिख रहा था। कई किलोमीटर पैदल चलकर हम जामावाड़ पहुंचें वहां नदी किनारे बने बंकर में उग्रवादी हथियार बनाते थे। वहां से हथियारों के अवशेष व अर्द्धनिर्मित हथियार लेने की होड़ थी। फिर उसे उड़ाने की तैयारी हुई, काफी दूर-दूर सभी छुप गये। छायाकार पेड़ की ओट में अपने कैमरों के साथ तैनात थे। काफी दूर से डायनामाइट के फ्यूज में आग लगायी गयी और पलक झपकते ही विस्फोट हो गया। कुछ देर बाद धूल के गुबार के छंटने के बाद ध्वस्त बंकर पर एसपी और डीसी ने मीडिया को संबोधित किया। इस तरह झारखंड में एक नया इतिहास बना। फिर पैदल वहां से कुछ किलोमीटर दूर हमारा दल लेबराही पहुंचा। लेबराही का बंकर शिल्प का अद्‌भुत नमूना था। झाड़-झंखाड़ के बीच एक-दो छेद दिख रहे थे। बगल से बहने वाले नाले के किनारे एक छेद था। पता चला वही छेद उस बंकर में घुसने का रास्ता है। जमीन के ऊपर बने छेद बंकर के अंदर से निकले पाइप के कारण बने थे। उनसे हवा अंदर आती थी। बंकर में अंदर बैठकर घुसा जा सकता था। वहां सबसे पहले एसपी अनिल पालटा घुसे, फिर उपायुक्त प्रदीप कुमार, तीसरे स्थान पर घुसनेवालों में मैं खुद शामिल था। अंदर से पूरी तरह बख्तरबंद उस कमरे के अंदर दीवार के चारों ओर रैक बना हुआ था। पता चला कि उन पर बक्सों में संगठन का पैसा, साहित्य, हथियार और अन्य सामान रखे हुए थे। इसके बाद वहां से महत्त्वपूर्ण कागजात लूटने की होड़ पत्रकारों में मच गयी। मेरे हाथ भी कई महत्त्वपूर्ण कागजात लगे, जिनके आधार पर कई दिन तक मैंने भी स्टोरी लिखी, जिन पर चर्चा हुई, खैर यह चर्चा फिर कभी।

इस दौरान शाम हो चली थी। तत्काल विस्फोटक लगे बंकर को उड़ाया गया और जंगल के बीच से लोग निकलने लगे। घने जंगल के बीच के रास्ते में पड़ने वाले सभी गांव खाली थे। एक अजीब बेचैनी और भारीपन का एहसास मैं महसूस करने लगा था। कुछ दूर पर सभी वाहनों को लाया गया था। गाड़ी के पास सभी जमा होने लगे थे, इसी दौरान शांत वातावरण में अजीब से पक्षी की आवाज गूंजने लगी। मैंने अपने साथ खड़े एक बड़े अखबार के संपादक से अंदेशा व्यक्त किया कि हम घिर चुके हैं, पर उन्होंने बात को हंसी में उड़ा दिया। सभी गाड़ियों पर सवार हो वापसी के लिए रवाना हो गये। अभी कुछ ही दूर चले होंगे कि अचानक सड़क के दोनों ओर से गोलियां चलने लगीं। एक गोली हमारी जीप से होते हुए पेड़ में जा लगी। इससे पहले कोई कुछ समझ पाता, सभी गाड़ियां रुक गयीं और लोग गाड़ी से कूदकर जमीन पर लेटने लगे। मैं जिस जीप पर सवार था उस पर बचा हुआ बारूद भी लदा था। मेरे साथ उस जीप पर सवार एक बड़े अखबार का पत्रकार कांपने लगा और जीप से उतरने की बजाय वहीं लेट गया। बारूद के गाड़ी में होने की जान1कारी मुझे थी, मैंने उक्त पत्रकार को उतरने को कहा, पर उसकी हालत खराब

थी, वह हिल भी नहीं पा रहा था, इस पर मैंने उसे जबरदस्ती धक्का दे उतार दिया। हम सभी जीप से उतरकर जमीन पर लेट गये। मेरे साथ ही मेरे साथ वहां गये छायाकार संजय कपरदार भी लेट गये। दोनों ओर से गोलियों और गालियों की बौछार चल रही थी। इस दौरान एसपी अनिल पालटा जवानों और मीडियाकर्मियों के बीच इस छोर से उस छोर लगातार दौड़ते रहे और चिल्लाते रहे कि हथियार पहचानो आपस में ही नहीं भिड़ जाना। इतनी देर में अंधेरा गहरा गया था। गोलियों की आवाज, गोलियों से पत्तों के टूटने और गोली चलने पर बंदूक से निकलने वाली रोशनी ही दिख रही थी। पुलिस ने रोशनी के लिए कई फायर किये, पर कई चले ही नहीं। इस दौरान चिल्लाने के क्रम में कई पुलिसकर्मियों की आवाज ही नहीं निकली, यह सब देख उस स्थिति में भी हंसी छूट जा रही थी। करीब घंटे भर बाद गोलियां चलनी कम हुईं, तो एसपी ने तय किया कि सभी पैदल चलेंगे और जवान गार्ड करेंगे। इस दौरान मेरे साथी दिलीप वर्मा ने सफेद शर्ट पहन रखी थी, किसी ने उन्हें कहा कि दूर से भी वह दिख रहे हैं। इस पर उन्होंने अपना शर्ट खोलकर फेंक दिया। अभियान के शुरू में जहां इलेक्ट्रॉनिक मीडिया के लोग अलग-अलग रहे थे, संकट की उस घड़ी में सब एक जगह जमा हो गये। तय हुआ सभी साथ रहेंगे। गाड़ियों को कौन चलायेगा, इस पर काफी हुज्जत हुई, फिर आगे-आगे गाड़ियां चलीं, पीछे-पीछे हम सब पैदल। कुछ-कुछ दूर चलकर जवान अचानक चिल्लाते थे और हम सब जमीन पर लेट जाते थे। किसी को नहीं पता था कि वे कहां लेट रहे हैं। कुछ देर तक गोलियां चलतीं और हम फिर चल पड़ते, हर वक्त इस बात का अंदेशा होता कि कहीं से कोई गोली आयेगी और काम तमाम हो जायेगा। खैर, सभी डेंजर जोन से बाहर आये और गाड़ियों पर सवार हो देर रात तक सब रांची आ पाये। मोबाइल आदि की सुविधा नहीं होने के कारण हम उस दिन डाक संस्करण में बेहतर नहीं कर पाये, इसका अफसोस रहा पर जिस रूप में हम रांची पहुंच पाये थे देखते बनता था। कोई पहचान नहीं जा पा रहा था। इस अभियान ने जहां एक नया अनुभव दिया वहीं मेरे अंदर से उग्रवादियों के प्रति बैठे भय को हटा दिया।

(लेखक प्रभात खबर, भागलपुर के स्थानीय संपादक हैं।)

दहशत के वे पांच घंटे

सुरजीत सिंह

उस वक्त नक्सलियों का बंकर मिलना और फिर उसे ध्वस्त किया जाना, बड़ी खबर होती थी। दोनों खबरें पहले पन्ने पर नाम के साथ छपती थीं। झारखंड के चतरा जिले के कुंदा थाना क्षेत्र के कारीमरार जंगल में बंकर मिला था। पांच मई, 2001 की बात है, एके सिन्हा उत्तरी छोटानागपुर प्रमंडल के डीआईजी हुआ करते थे। अभी वह रांची जोन के आईजी हैं। दिन के करीब दो बजे उनका फोन आया, उन्होंने कहा— गोपनीय रखना है, अभी खबर नहीं बनाना है। कल सुबह चतरा में मिले बंकर को ध्वस्त करना है, दो घंटे बाद हम सभी निकलेंगे। अगर चलना है तो आवास पर आ जायें। सब साथ ही चलेंगे। पुलिस के साथ मूव करने का यह पहला अवसर था। मैंने कैमरा साथ ले लिया था। ठीक चार बजे हम उनके आवास पर पहुंचे। दूसरे अखबारों के भी दो पत्रकार पहुंचे। पर निकलते वक्त सभी खतरा बताकर लौट गये। मीडिया से सिर्फ मैं ही बचा। यह सोचकर खुशी मिली कि अब खबर सिर्फ अपने अखबार में ही होगी। वहां से पुलिस का पांच वाहनों का काफिला चला। आगे से दूसरे नंबर की गाड़ी पर डीआईजी एके सिन्हा थे। तीसरे नंबर के वाहन पर हम कुछ पुलिसकर्मियों के साथ। रास्ते में इचाक में गाड़ी खराब हो गयी। काफिला आगे निकल गया। गाड़ी ठीक होने में करीब 10 मिनट लगे। फिर हम आगे बढ़े। पहली बार यह अनुभव इट्खोरी पहुंचने के करीब हुआ कि पुलिस की गाड़ी भी 90-100 की स्पीड में चलती है, पर यह भी पता चला कि ऐसा तब होता है, जब सिर पर खतरा होता है। खैर शाम के करीब सात बजे हम चतरा सर्किट हाउस पहुंचे। डीआईजी एके सिन्हा हमारा इंतजार करते मिले। कुछ देर बाद चतरा के एसपी आरके मल्लिक भी पहुंच गये। श्री सिन्हा ने परिचय कराया। श्री मल्लिक मिलनसार हैं, पहले भी फोन पर एक-दो बार उनसे बात हुई थी, सो जल्द ही हम लोग बातचीत में मशगूल हो गये। इलेक्ट्रॉनिक मीडिया के एक पत्रकार व कैमरामैन भी रांची से वहां पहुंचे थे। परिचय के बाद सभी बातचीत करने लगे। ज्यादातर चर्चा नक्सल पर ही हुई, भोजन करने के बाद रात के करीब 11 बजे सभी सो गये। तय हुआ कि सुबह छह बजे ही निकलेंगे।

छह मई की सुबह तय समय पर हम चतरा सर्किट हाउस से निकले। पुलिस के साथ

15 वाहनों का काफिला था, दो कंपनी सीआरपीएफ की एक और एक कंपनी जिला पुलिस बल के जवान थे। काफिले का नेतृत्व प्रमंड्ल के डीआईजी एके सिन्हा और चतरा के एसपी आरके मल्लिक कर रहे थे, सभी सतर्क थे। बीच-बीच में काफिला रुकता था, आरके मल्लिक सभी को क्षेत्र की जानकारी देते थे। तीन नदियों को पार करने के बाद जंगलों से घिरी पथरीली सड़कों से गुजरते हुए पुलिस प्रतापपुर थाना पहुंची। प्रतापपुर थाने में करीब 10 मिनट रुके। वहीं पर नाश्ता किया। नाश्ता करने के बाद पुलिस का काफिला बंकर को ध्वस्त करने के लिए कारीमरार जंगल की ओर प्रस्थान कर गया। दुर्गम रास्तों से होते हुए हम कारीमरार जंगल के बाहर तक पहुंच गये। बताया गया कि यहां से बंकर अभी दो किलोमीटर दूर है। उस बंकर से छह दिन पहले उग्रवादियों के हथियार और लेथ मशीन मिली थी। वाहनों का काफिला वहीं रुक गया। कुछ पुलिसकर्मी भी वहां तैनात कर दिये गये। फिर हम पैदल ही आगे बढ़े। आगे-आगे पुलिस के जवान कांबिंग करते तीन लाइनों में चल रहे थे और पीछे-पीछे हम सभी। पहाड़ी रास्तों से पैदल चलने के बाद हम बंकर के नजदीक पहुंच गये। पुलिस के जवान बंकर की चारों तरफ पसर गये। दिन के लगभग सवा दस बजे मेटल डिक्टेक्टर लेकर एक पुलिसकर्मी व चौकीदार बंकर तक पहुंचे, अचानक विस्फोट हो गया। विस्फोट का कारण उग्रवादियों द्वारा पूर्व से ही वहां बिछायी गयी बारूदी सुरंग थी, जिस पर चौकीदार का पैर पड़ गया था। चारों तरफ धुआँ फैल गया और लगा जैसे पत्थरों की बरसात हो रही हो। दो-तीन मिनट तो किसी को कुछ समझ में ही नहीं आया, जो जहां थे, वहीं से चीख-चिल्ला रहे थे। जिस वक्त विस्फोट हुआ, उस वक्त हम डीआईजी एके सिन्हा के साथ बंकर की छत पर थे। एसपी आरके मल्लिक हमें जानकारी दे रहे थे कि छह दिन पूर्व छापामारी के वक्त वहां पर क्या हुआ था। विस्फोट के वक्त या तो हमने छलांग लगाई या विस्फोट के प्रभाव से हवा में उड़ गये, यह कह नहीं सकते, पर मैं करीब पांच फुट गहरे गड्ढे में चला गया था। उसी वक्त एक बड़ा पत्थर सिर से टकराया। कुछ देर के लिए आंखों के सामने अंधेरा छा गया। सिर से खून बहने लगा। यह सोचकर कि उग्रवादी विस्फोट के बाद फायरिंग भी करेंगे, वहीं एक पत्थर के सहारे पड़ा रहा। तभी एसपी श्री मल्लिक ने आवाज देकर हाथ बढ़ाया और मुझे ऊपर उठाया। अगर पत्थर हाथ से छूट गया होता, तो हम करीब 15 फुट नीचे खाई में होते। दहशत से शरीर कांप रहा था और मुंह से आवाज नहीं निकल रही थी। बंकर की छत की दूसरी तरफ डीआईजी एके सिन्हा पड़े हुए थे। उन्हें उठाया गया। वह जख्मी हो गये थे। उनके चेहरे और पीठ में काफी चोट आई थी। श्री मल्लिक भी चोटिल हुए थे। कुछ अन्य पुलिसकर्मी भी घायल हुए थे। हम संभल पाते, उससे पहले ही एक पुलिसकर्मी ने आकर बताया कि चौकीदार का शव कुछ दूरी पर पड़ा है। यह सुनकर सभी के होश उड़ गये। दरअसल बंकर में घुसते वक्त चौकीदार का पैर बारूदी सुरंग पर पड़ गया था और उसी से विस्फोट भी हुआ था। अब समस्या यह थी की जंगल से बाहर कैसे निकलें।

आशंका यह भी थी कि कहीं और बारूदी सुरंग तो नहीं, हर किसी के चेहरे पर दहशत साफ दिख रही थी। अधिकारियों के चेहरे पर घबराहट थी। सबके मन में यह बात थी कि अगला कदम बारूदी सुरंग पर पड़ सकता है। हमने हिम्मत जुटाकर कैमरे से सात-आठ तसवीरें

लीं। जैसे-तैसे हम जंगल से बाहर निकले। जहां से बंकर तक जाने में हमे आधा घंटा लगा था, वहां से लौटने में घंटा भर से अधिक समय लगा। जंगलों से घिरे रास्तों से होते हुए दिन के करीब तीन बजे हम प्रतापपुर पहुंचे। रास्ते में जंगल में डर के मारे हाल-बेहाल था।

यहां सभी का प्राथमिक इलाज हुआ, पुलिस मुख्यालय को घटना की जानकारी दी गयी। वहां से हेलिकॉप्टर भेजा गया तब तक हमने सिर पर रूमाल बांध लिया था। खून बहना भी बंद हो गया था, पर शर्ट पर खून के धब्बे चकते में जम चुके थे।

डीआईजी को हेलिकॉप्टर से रांची भेजा गया। हम एक जिप्सी पर सवार होकर चतरा के लिए चले, रास्ते में दोनों तरफ हर 50 फुट पर पुलिस के जवान तैनात दिखे। चतरा कार्यालय के प्रभारी नौशाद हमें रास्ते में ही स्कूटर से मिल गये। फिर हम उनके स्कूटर से ही सबसे पहले चतरा सदर अस्पताल पहुंचे। वहां सिर में नौ स्टिच लगे। फिर हम नौशाद के घर पहुंचे। वहां से हजारीबाग कार्यालय और रांची में जीवेश जी से बात की।

अब समस्या थी कि खबर रांची कैसे पहुंचे। सिर में तेज दर्द था, दवा खाने के बाद कुछ आराम कर के फोन पर ही लिखवाने को सोचा। खबर लिखवाने के बाद नौशाद की मां ने पानी गर्म किया। नौशाद की मदद से हमने शरीर में लगे खून को साफ किया, नौशाद की बहन ने शर्ट को साफ कर दिया था। बीच-बीच में रांची कार्यालय से फोन आ रहा था।

विस्फोट की घटना के दूसरे दिन हम बस से हजारीबाग पहुंचे। होटल के कमरे में पहुंचने के कुछ देर बाद कई मित्र देखने आये। डॉक्टर ने हमें आराम करने को कहा था। तीसरे दिन एक अन्य अखबार ने घटना को लेकर उल्टी-सीधी बातें छाप दीं तब दूसरी बार अपने प्रधान संपादक हरिबंश जी से फोन पर बात हुई। हमने पूरे घटनाक्रम के बारे में उन्हें विस्तार से बताया। इसके बाद मुझे कार्यालय जाना पड़ा। वहां से मिनट-दर-मिनट के अनुभव को लिखा, जिसे पहले पन्ने पर नये रूप में प्रकाशित किया गया।

(लेखक प्रभात खबर के रांची कार्यालय में वरिष्ठ संपादकीय सहयोगी हैं।)

आक्रोशित जनसमूह की मार झेली लेकिन...

दीनबंधु

19 जनवरी, 2006 का वह दिन मुझे कभी नहीं भूल सकता। उस दिन जो मेरे साथ हुआ था, आज भी नजरों के सामने घूमता रहता है। चतरा जिले के पत्थलगडा प्रखंड में बड़े पैमाने पर पोस्ता (अफीम) की खेती हुई थी। जिला प्रशासन द्वारा पोस्ता विरोधी अभियान चलाकर पोस्ता के पौधे नष्ट किये जा रहे थे। घटना के दिन भी भारी संख्या में पुलिस के जवान पत्थलगडा पहुंचकर पोस्ते की फसल नष्ट करने लगे। पोस्ता नष्ट होते देख इसके उत्पादक पत्थलगडा चौक पर हजारों की संख्या में जमा होकर पुलिस के खिलाफ नारेबाजी करने लगे। पुलिस बल पर पथराव भी किया, यह खबर मुझे मिली, तो समाचार संकलित करने के लिए अपनी मोटरसाइकिल से पत्थलगडा पहुंचा। चौक पर आठ- दस हजार लोगों की भीड़ लगी थी, भीड़ में शामिल कुछ लोगों की नजर मुझ पर पड़ी। मैं अपनी मोटरसाइकिल खड़ा कर (स्व.) केशव महतो के घर में बैठ गया। कुछ ही देर में चौक की पूरी भीड़ करीब आ गयी। केशव महतो के घर के दरवाजे में लगा ताला बंद कर दिया गया। भीड़ में शामिल लोग कह रहे थे कि पेपर में अफीम के खिलाफ समाचार छापनेवाला यही पत्रकार है। मारो-मारो, बाहर निकालो। लाठी-डंडे से लैस लोग ताला तोड़कर घर में प्रवेश कर गये, बचने के लिए सीमेंट की दुकान में जा छुपा। लेकिन वहां भी लोग पहुंच गये। उस वक्त लगा कि शायद आज जान से ही हाथ धोना पड़ेगा। मन ही मन देवी-देवताओं को याद करने लगा। काफी अफसोस भी हुआ कि अभी यहां क्यों आ गये। 15 वर्ष की पत्रकारिता में पहली दफा इस तरह का माहौल हमारी नजरों के सामने था। कमरे से बाहर निकालकर सभी हाथ-पैर पर वार करने लगे। घायल हो गया। इस बीच पत्थलगडा के कुछ जान-पहचान के लोगों ने मेरी जान बचायी। इसके बाद फिर से स्व. केशव महतो के ही कमरे में बंद कर ताला लगा दिया गया। वहां भी कई लोगों ने आकर कहा कि इसे बाहर निकालो। पेपर में छापकर हम लोगों को आर्थिक नुकसान पहुंचाया। बंद कमरे में मैं दर्द से कराह रहा था। शर्ट-गंजी फाड़ दी गयी थी। काफी आग्रह के बाद दरवाजा में लगे ताले को खोला गया, कमरे से बाहर निकलकर सिमरिया पहुंचकर सबसे पहले सुरक्षित पहुंचने की सूचना प्रभात खबर रांची के जीवेश जी को दी। इस घटना के बाद भी अफीम की खेती के

खिलाफ लिखना बंद नहीं किया। कई बार अफीम के सौदागरों ने जान से मारने की धमकी भी दी, यही वजह है कि आज पत्थलगडा क्षेत्र में अफीम की खेती पर 90 प्रतिशत अंकुश लग गया। 9 जनवरी, 2006 की घटना भुलाये नहीं भूल पाता हूं। पत्थलगडा के लोगों ने अफीम का उत्पादन तो बंद कर ही दिया। साथ ही मेरे खिलाफ भीड़ को भड़काने वाले खुद क्षेत्र छोड़ चुके हैं जबकि मैं उसी जीवटता, तत्परता के साथ समाचार संकलन के काम में लगा हूं।

मैंने पत्रकारिता की शुरुआत 1993 में प्रभात खबर से ही की। इतने वर्षों की यात्रा में कई चुनौतियों का सामना किया। सिमरिया जैसे अति उग्रवाद प्रभावित क्षेत्र में पत्रकारिता करना काफी चुनौतीभरा काम था और अब भी है। लेकिन जंगल, पहाड़ के बीच बसे गांवों में पैदल पहुंचकर खबरों को निकालता रहा।जब मैं सिमरिया में प्रभात खबर से जुड़ा, उस वक्त यहां मात्र एक कॉपी प्रभात खबर आता था। यहां दूसरे अखबारों का एकछत्र राज था। हमने अखबार बढ़ाने के लिए स्थानीय व ग्रामीण खबरों को प्रकाशित करना शुरू किया ।आज 300 से अधिक कॉपी के साथ प्रभात खबर इलाके की पहचान है। समाचार संकलन कर खबर रांची भेजने में काफी कठिनाई होती थी। लिफाफा भेजने के लिए बस का घंटों इंतजार करना पड़ता था। भेजे गये समाचार एक सप्ताह के बाद प्रकाशित होते थे। इस दरम्यान उग्रवादियों की धमकियां भी कम नहीं मिलीं।1996 में भूतपूर्व एरिया कमांडर बसारत मियां ने पत्रकारिता छोड़ने का आदेश नहीं मानने पर दाहिना हाथ काट देने की धमकी दी। 1995 में चतरा में भाई-बहन में शादी की खबर प्रकाशित होने पर गोली मारने की धमकी दी गयी।

(लेखक झारखंड के उग्रवाद प्रभावित चतरा जिले के सिमरिया प्रखंड के प्रभात खबर के प्रतिनिधि हैं।)

जन-अदालत वाली वह खौफनाक रात ...

नौशाद

वह झारखंड के चतरा जिले के प्रतापपुर का जंगल था। जाड़े की रात, कड़ाके की ठंड, जंगल में माओवादियों की जन अदालत लगी थी। तकरीबन दो हजार लोग जमा थे। जन अदालत में दो लोगों की जिंदगी का फैसला होने वाला था। उनपर पुलिस मुखबिरी का इलजाम था। उन्हें फिर से एक नई जिंदगी मिलेगी या सजा-ए- मौत, यह अब कुछ ही देर में तय होने वाला था। दोनों आरोपी अदालत में मौजूद थे, वे सैकड़ों माओवादियों के चंगुल में खड़े अपने फैसले का इंतजार कर रहे थे। इसी बीच जन अदालत की कार्यवाही पूरी हुई। आरोपियों को सजा सुनायी गई। एक को सजा-ए-मौत मिली और दूसरे को मुक्त कर दिया गया।अभी यह घोषणा हुई ही थी कि गोलियों के धमाके से जंगली इलाका दहल उठा। जन अदालत में अफरा-तफरी मच गई। माओवादियों का दस्ता इधर-उधर दौड़ते हुए मोरचा संभालने लगा।आम लोगों की भीड़ भी बदहवास हो गई। कुछ लोग जंगल की एक ओर स्थित खाई की तरफ दौड़ने लगे तो कुछ लोग चट्टानों की ओट में जा लगे। बहुत सारे लोग झाड़ियों में जा घुसे। मै भी एक चट्टान की ओट में जा दुबका। सबने यह समझ लिया था कि पुलिस ने हमें घेर लिया है। करीब 15 मिनट तक लोग भारी दहशत में डूबे रहे। फिर माओवादियों ने लोगों को बताया कि डरने की बात नहीं है। सभी लोग वापस जन अदालत में लौट आये। एक कॉमरेड मुझे ढूंढ़ते हुए मेरे पास भी पहुंच गया। उसने बताया कि घबराइए नहीं। यहां से करीब 60 किमी दूर पूरब के जंगल में पुलिस का प्रशिक्षण चल रहा है। गोलियों की आवाज वहीं से आ रही है। जंगली इलाका होने की वजह से ऐसा लग रहा है कि फायरिंग यहीं कहीं आसपास हो रही है। बहरहाल, फिर से लोग जन अदालत में बैठ गये। अब बारी थी सजा सुनाये गये व्यक्ति को सजा-ए- मौत देने की। उस व्यक्ति की पत्नी और बचे भी वहां मौजूद थे, वे तड़प रहे थे, चिल्ला रहे थे, अपने पति व पिता की जिंदगी की भीख मांग रहे थे, पर उनकी सुनने वाला कोई नहीं था। लाठियों से पीट-पीट कर उस व्यक्ति को मार डाला गया।

इस समय तक सुबह हो चुकी थी। अब वापस चतरा लौटना था। खुद को पुलिस की नजर से बचाते हुए, इमामगंज-शेरघाटी होते हुए चतरा पहुंचा। चतरा में कदम रखा तो शाम हो

चुकी थी, अब जन अदालत की खबरें और तसवीरें रांची दफ्तर तक पहुंचाने की जल्दबाजी थी। उस समय चतरा में फैक्स या मोडम नहीं था, सिर्फ टेलिफोन का ही सहारा था। तुरंत तत्कालीन स्थानीय संपादक से बात की। उन्होने कहा— जन अदालत में एक की हत्या की खबर आज ले लेता हूं। शेष समाचार और तसवीर लेकर कल रांची आ जाओ। फिर हमने वैसा ही किया, फिर उस रात भी जगकर कई एंगल से खबरों को लिखने का प्रयास करता रहा। फिर सुबह होते ही रांची के लिए निकल पड़ा।

यह उन दिनों की बात है, जब चतरा में गिनती के ही अखबार बिकते थे।उस समय प्रभात खबर की प्रसार संख्या 50 से भी कम थी।समाचार भेजने के लिए बस या डाक विभाग पर ही आश्रित रहना पड़ता था।उन दिनों चतरा में रहकर पत्रकारिता करना एक बड़ी चुनौती थी। अक्सर दोहरी चुनौतियों से निपटना पड़ता था, एक तो समाचार संकलन करना और दूसरा इसे समय पर रांची दफ्तर तक पहुंचाना।

एक और घटना की याद आती है। चतरा जिला बन चुका था। उपायुक्त के पद पर एक अधिकारी यहां काफी दिनों से जमे थे। उन्होंने यहां एक गांव में अपना खटाल खोल लिया था। इस खटाल में 25-30 गायें और उनकी देखरेख करने वाले लोग रहते थे। उपायुक्त ने जिस जमीन पर खटाल खोला था, वह गांव के ही एक व्यक्ति की थी। उन्होंने उस व्यक्ति से यह कहकर जमीन ले ली थी कि इसके बदले में उसे नौकरी दी जायेगी।कई महीने बीत गये।उस व्यक्ति को नौकरी नहीं मिली।जब भी वह उपायुक्त से मिले, उसे टहला दिया जाता। इसकी जानकारी मुझे मिली। मैने समाचार बनाने का फैसला लिया। गांव के उस खटाल में पहुंचा। वहां हमने खुद को जानवरों का बीमा करने वाला बताया। खटाल के बारे में एक-एक जानकारी ली। तसवीरें भी खींचीं। फिर गांव के उस व्यक्ति से भी मिला, जिससे नौकरी के नाम पर जमीन ली गई थी। समाचार संकलन तो कर लिया था लेकिन इसे प्रेस तक भेजने का कोई उपाय नहीं हो रहा था। उन दिनों तक चतरा कार्यालय में मोड्म नहीं लगा था। बस से भेजना सुरक्षित नहीं लग रहा था। लेकिन हजारीबाग में मोड्म लग गया था। रांची जाने के बजाय हजारीबाग से खबर भेजना बेहतर लगा। दूसरे दिन सुबह ही हजारीबाग पहुंच गया। वहीं से खबर और तसवीर रांची कार्यालय भेजी।अगले दिन खबर छ्पते ही हंगामा हो गया।आनन-फानन में खटाल से गायों को हटाया गया।उपायुक्त ने गांव के व्यक्ति की जमीन को तो मुक्त कर ही दिया, उसपर खटाल के लिए बनाया गया अच्छा-खासा भवन भी छोड़ दिया।लेकिन इसके बाद से उपायुक्त मेरे पीछे पड़ गये।वह जब तक चतरा में रहे, मुझसे बदला चुकाने के लिए मौका ढूंढ़ते रहे। लेकिन ऐसा कोई मौका उन्हें नहीं मिला है।

(लेखक फिलहाल दैनिक भास्कर से जुड़े हुए हैं। यह आलेख प्रभात खबर में रहते हुए 2009 में लिखा था।)

जब गुंडों ने मुझे जमकर पीटा

कविलाश कुमार बैठा

रांची जिले के अनगड़ा प्रखंड संवाददता के रूप में प्रभात खबर के साथ पत्रकारिता की शुरूआत मैंने 1991 में की। तब मैं रांची के मारवाड़ी कॉलेज में स्नातक द्वितीय वर्ष का छात्र था। कॉलेज में क्लास करने आता तो प्रभात खबर के लिए रिपोर्ट भी साथ लेकर आता। बहुत ही गरीब परिवार में जनमा। पिता स्वर्गीय सुखनंदन बैठा कपड़ा धुलाई का काम करते थे। जब मैं अखबार से जुड़ा, उस समय अनगड़ा में प्रभात खबर की मात्र पांच कॉपी बिकती थी। प्रभात खबर ने गांव-देहात की खबरों को अखबार में जगह देना शुरू किया, अपने गांव की खबर अखबार में छ्पने की खबर सुनकर लोग प्रभात खबर को पढ़ने लगे। धीरे-धीरे लोग खुद ही प्रभात खबर से जुड़ते चले गये। आज उस इलाके में प्रभात खबर की लगभग 400 प्रतियां बिकती हैं।

समाचार संकलन में उन दिनों काफी परेशानियों का सामना करना पड़ता था। मेरे पास एक पुरानी साइकिल थी, उसी से गांव-कस्बे में रिपोर्टिंग के लिए जाता। साइकिल ले जाने के कारण घर में डांट भी पड़ती, पिताजी भी उसी साइकिल से दूर-दराज इलाके में कपड़ा पहुंचाने जाते थे। मैं जब अपने को कमजोर महसूस करता या परेशानियों में महसूस करता, हरिवंश जी, मधुकर जी, रणेंद्र कुमार, सुनील कुमार जैसे अग्रजों ने हौसला बढ़ाया।

इस दौरान धमकियां भी कम नहीं मिलीं। एक घटना की याद बार-बार आती है। रांची जिले के ही सिकिदरी थाना क्षेत्र में आगर टोली गांव में तत्कालीन थाना प्रभारी कृष्ण कुमार महतो ने दलित महिलाओं को बेरहमी से पीटा था। मैट्रिक के छात्र महादेव रजवार समेत 12 लोगों के खिलाफ मामला दर्ज कर उन्हें जेल भेज दिया गया। मामला दलितों की धनकट्नी जमीन पर ताकतवर लोगों द्वारा अवैध कब्जे का था। 24 नवंबर, 2003 को प्रभात खबर में समाचार छ्पा। उसके बाद मुझे धमकियां मिलने लगीं। लेकिन अंततः तत्कालीन अंचलाधिकारी साधना सिन्हा को गांव में ही कैंप लगाकर दलितों को जमीन वापस करनी पड़ी।

दूसरी यादगार घटना 18 जून, 2003 की है। अनगड़ा प्रखंड के सिंगासरई, चंदराटेली में एक बस पेड़ से टकरा गई। घटनास्थल पर ही 23 यात्रियों की मौत हुई, 50 यात्री घायल हो

गये। उस समय मेरे पिताजी कैंसर से पीड़ित थे। उनकी हालत खराब थी। बस दुर्घटना की खबर मिलते ही मैं घटनास्थल पर पहुंचा; वहां शव इधर-उधर बिखरे पड़े थे। ग्रामीणों के सहयोग से हम भी शवों को निकालने में लग गये। दूसरे दिन 19 जून, 2003 को गोंदलीपोखर अस्पताल के समक्ष रांची-पुरुलिया मार्ग को ग्रामीणों ने जाम कर रखा था। इसमें तत्कालीन सांसद, विधायक, थाना प्रभारी, बीडीओ, अस्पताल के अधिकारी-कर्मी समेत सैकड़ों की संख्या में लोग वहां उपस्थित थे। मैं जैसे ही अपने मित्र उमेश कुमार गुप्ता के साथ मोटरसाइकिल से उतरा, मुझे वहां से खींचकर कुछ लोग भीड़ में ले गये, जातिगत संबोधन के साथ गालियां देने लगे। बांस के डंडे से हमला हुआ, भीड़ से आवाज आई-मारो, आदिवासी-हरिजन का समाचार छापता है। जमीन वापस करवाता है... सभी अधिकारियों के सामने ही यह घटना घटी। मैंने पांच लोगों के खिलाफ हरिजन-आदिवासी उत्पीड़न अधिनियम के तहत मामला दर्ज करवाया। मामला दर्ज होते ही नये सिरे से धमकियां मिलने लगीं। लोगों से पता चला कि मेरी हत्या करने की तैयारी है। थाना प्रभारी भी केस वापस लेने का दबाव बनाते रहे, जब बात नहीं बनी तो अखबार के हॉकर बंधुओं को धमकी दी गयी। प्रभात खबर का वितरण किसी भी स्थिति में नहीं करना है। बंडल फेंका गया, डर से हॉकरों ने प्रभात खबर बेचना छोड़ दिया। मेरे खिलाफ कई शिकायतें प्रभात खबर कार्यालय में पहुंचीं, लेकिन अखबार के प्रधान संपादक हरिवंश जी ने हमें इन परिस्थितियों में मोरल सपोर्ट दिया। मैं रिपोर्ट लिखता रहा, परिणाम यह हुआ कि पाठक दूसरे स्थानों से भी प्रभात खबर मंगवाकर पढ़ने लगे।इस स्थिति में मैंने हॉकर बंधुओं से कहा कि यदि आप अखबार नहीं बेच सकते तो मैं दूसरे हॉकरों को खड़ा करूंगा। दो लड़के तैयार भी हो गये। लेकिन पुराने हॉकर प्रभात खबर फिर से बेचने लगे। अखबार की प्रतियों में भी बढ़ोतरी हुई।

(लेखक प्रभात खबर के रांची जिले के अनगड़ा प्रखंड के प्रतिनिधि रहे हैं।)

हॉकर, मास्टर, समाचार वाचक, कार्यकर्ता, साथी...

रामानंद सिंह

यूं तो झारखंड में अवस्थित बगोदर छोटी-सी जगह है लेकिन प्रकृति से मिले कई अनुपम उपहार के कारण यह हमेशा आकर्षण का केंद्र रहा है लेकिन यहां पत्रकारिता करना चुनौती भरा कार्य रहा है। यह पहाड़ों, नदियों व जंगलों की तराई में बसा है, जहां के किसानों, मजदूरों, युवकों के बीच डेढ़ दशक पूर्व तक अखबार नहीं जाता था, न ही लोग अखबार के प्रति रुचि रखते थे। अखबार वही व्यक्ति पढ़ पाते थे, जो कभी-कभार बाजार आते होंगे।

1998 में बगोदर के सुदूरवर्ती गांवों में एमसीसी उग्रवादी अपना पांव पसारने लगे थे। इस दौर में 7 जुलाई, 1998 को अट्काडीह में एमसीसी ने दस लोगों की हत्या कर दी। घटना के बाद पूरे क्षेत्र में दहशत का माहौल था, लेकिन अकेले प्रभात खबर के प्रतिनिधि ने घटना व राजनेताओं में तत्कालीन मुख्यमंत्री राबड़ी देवी, लालू प्रसाद यादव, रामविलास पासवान, यशवंत सिन्हा, सुशील कुमार मोदी जैसे नेताओं की खबरों को प्रमुखता के साथ संकलित किया। इसमें कई परेशानियां उठानी पड़ीं, लेकिन लोगों ने प्रभात खबर को खूब सराहा। दूसरी घटना प्रखंड मुख्यालय से 35 किमी दूर जंगली क्षेत्र कोयरीडीह की है, जहां लोग वर्ष 2000 के पूर्व दिन में जाना नहीं चाहते थे। उस गांव में तीन विवाहिताएं एक ही कुएं में डूब मरी थीं। उस खबर को संकलित करने के लिए अपने शुभचिंतक भी वहां नहीं जाने की सलाह दे रहे थे। लेकिन मैंने तय किया था कि जाना है, चला गया। ऐसी ही कई और यादें जिनके माध्यम से कहना इतना भर है कि बगोदर में पिछ्ले बारह वर्षों की अपनी पत्रकारिता के कार्य में जो भी परेशानी उठानी पड़ी वह चुनौतियों से भरी हुई रही, लेकिन इन चुनौतियों का सामना करने का ही परिणाम है कि आज प्रभात खबर बगोदर के शहरी एवं ग्रामीण क्षेत्रों के लोगों का अपना अखबार बन गया है।

समय एक-सा नहीं रहताः हर किसी व्यक्ति या संस्थान का समय एक जैसा सदैव नहीं रहता, लेकिन संस्थान से जुड़कर काम करने वाले लोगों में यदि अपने संस्थान व दायित्वों के प्रति ईमानदारी हो, तो खराब दिन में भी वे सबसे ऊपर हो सकते हैं। ऐसा ही अनुभव मेरा रहा है। एक समय वह था, जब बड़े अखबार घराने के लोग प्रभात खबर के बंडल नहीं खोलने देते थे,

जिससे मन को दुख होता था। इन बड़े अखवार वालों को कुछ कहने की हिम्मत नहीं होती थी। कई माह तक चिंतन करने के बाद कुछ अलग करने को सोचा। गांव जाना शुरू किया, लोगों की समस्याओं को अखबार में रखने लगा, गांव-गांव में हॉकर के साथ जाकर लोगों के बीच अखबार पहुंचाने लगा। खबरों को अशिक्षित लोगों को पढ़-पढ़कर सुनाता था। गांव के शिक्षित छात्रों को अखबार पढ़ने तथा बुजुर्गों को पढ़ कर बताने का अभियान चलाया। सफलता मिलने लगी, तो पंचायत स्तर पर अखवार भेजवाने के लिए 20 युवकों को अपने साथ जोड़ा। वर्ष 2004 में प्रभात खबर की ओर से कई गांवों के करीब सात सौ कुओं में ब्लीचिंग पाउडर डलवाये। ब्लीचिंग पाउडर का पैकेट भी खुद ही तैयार करता। कन्या उच्च विद्यालय बगोदर में वृक्षारोपण कराया, बगोदर में प्रभात खबर की ओर से क्रिकेट टूर्नामेंट का आयोजन कराया। मध्य व उच्च विद्यालय में छात्र-छात्राओं के बीच रूटीन चार्ट का वितरण हुआ। गांव-गांव में प्रभात खबर आपके द्वार कार्यक्रम चला, चुनावी मौसम में जनता अदालत लगी, समाज के लोगों के बीच एक पत्रकार होने का ढकोसला छोड़कर उनके सुख-दुख में साथ खड़ा हुआ। परिणाम यह हुआ कि सभी सहयोग करने लगे। बड़े अखबार वाले, जिनके पास खड़ा होने के लिए सोचना पड़ता था, वे हम लोगों के बीच आने लगे, अपने साथ जोड़ने की बात करने लगे, लेकिन मैं अपनी धुन में था। संघर्ष, मेहनत से व लोगों के सहयोग से पीछे मुड़कर नहीं देखे, आगे बढ़ते रहे। सभी धराशायी हो गये, प्रभात खबर लोगों का चहेता अखबार बन गया।

(लेखक गिरिडीह जिले के बगोदर में प्रभात खबर के प्रतिनिधि हैं।)

पहली मजबूरी साइकिल, आखिरी विकल्प मोपेड

शशिकांत पाठक

जब मैं प्रभात खबर से जुड़ा तो उस समय अखबार की स्थिति उतनी अच्छी नहीं थी। संसाधनों की भारी कमी थी, दफ्तर में दो टीवीएस मोपेड हुआ करते थे, जिनसे हम लोग रिपोर्टिंग के लिए जाया करते थे। उस समय प्रभात खबर का कोई सिटी ऑफिस भी नहीं था, इस कारण सबसे ज्यादा परेशानी खेल समाचार के संकलन में ही होती थी। साइकिल से ही एक मैदान से दूसरे मैदान जाना पड़ता। उस दौरान रांची एक्सप्रेस एवं आज अखबार का बोलबाला था। चूंकि दोनों ही समाचार पत्रों के दफ्तर मेन रोड में थे, इसलिए खेल के समाचार भी लोग उनके कार्यालय में पहुंचा दिया करते थे। जब मैं खेल संघों के लोगों से आग्रह करता कि जैसे आप उन दो समाचार पत्रों को समाचार उपलब्ध कराते हैं, वैसे ही मुझे भी दें तो लोग यही कहते कि आपका दफ्तर तो कोकर में है, उतनी दूर कौन जायेगा? कहीं कोई समाचार छूट न जाये, इसलिए हम लोग साइकिल से ही समाचार संकलन के लिए जाया करते थे।

1987-88 में हजारीबाग में राष्ट्रीय स्कूली खेल-कूद प्रतियोगिता का आयोजन हुआ था। उस समय हजारीबाग में प्रभात खबर का कोई दफ्तर नहीं था, वहां जो प्रभात खबर के प्रतिनिधि थे, उनकी रुचि खेल में बिल्कुल भी नहीं थी। उस समय प्रभात खबर के संपादक सुनील श्रीवास्तव हुआ करते थे। चूंकि राष्ट्रीय स्तर की प्रतियोगिता आयोजित हो रही थी, इसलिए वहां से रिपोर्टिंग करना भी जरूरी था। दफ्तर में कर्मचारियों की संख्या भी काफी कम थी। इसलिए कहा गया कि आप प्रतिदिन हजारीबाग जायें, वहां की रिपोर्टिंग कर रांची लौटें, न्यूज फाइल करें और फिर घर जायें। मैं प्रात: आठ बजे हजारीबाग निकलता, वहां दिन भर रिपोर्टिंग करता और उसके बाद लगभग शाम सात-आठ बजे रांची स्थित कार्यालय पहुंचकर रिपोर्ट फाइल करता और फिर साइकिल से अपने घर लौटता था। जबकि रांची से हजारीबाग की दूरी लगभग 100 किलोमीटर है। एक वे भी दिन थे। आज कोई समाचार तब तक सार्थक नहीं होता, जब तक कि प्रभात खबर में उसे जगह नहीं मिले। उन दिनों को याद करता हूं तो रोमांचित हो जाता हूं, क्योंकि उन चुनौतियों का भी अपना आनंद था।

(प्रभात खबर के वरिष्ठ सहयोगी शशिकांत पाठक खेल पत्रकार थे। अब वे इस दुनिया में नहीं हैं।)

उन्हें मानना पड़ा कि लेपसी भूख से ही मरी थी

विनोद पाठक

हालांकि प्रभात खबर में लिखने की शुरुआत वर्ष 1988 में ही हो सकी, लेकिन बाद में मालूम हुआ कि अखबार बंद हो गया, लेकिन फिर जैसे ही हमारे डालटनगंज के एक मित्र ने जब इसकी सूचना दी कि प्रभात खबर फिर से शुरू हो गया है, तो खुशी का ठिकाना न रहा। उन दिनों मैं स्नातक प्रतिष्ठा की परीक्षा देकर खाली बैठा हुआ था। मझिआंव डेटलाइन से फिर खबर लिखना शुरू हुआ।

खबर को डेस्क से महत्त्व मिलने पर उत्साह बढ़ता चला गया। उन दिनों सबसे मुश्किल था खबरों को रांची तक भेज पाना। टेलीफोनिक खबर को छोड़कर अन्य खबरों के लिए एकमात्र सुबह प्रेस की गाड़ी से लिफाफा भेजने का साधन ही था। समाचार का पैकेट भेजने तथा अखबार देखने के लिए सुबह डालटनगंज जीएलए कॉलेज गेट से तीन किमी चलकर छहमुहान पर आना पड़ता था, लेकिन इसके बाद भी कोई आलस नहीं। लिफाफा भेजकर एक दिन बाद से अखबार में बेसब्री से खबर खोजते थे। तब मुश्किल से पचास प्रतिशत खबरें छपती थीं, लेकिन जितनी संतुष्टि व सुखद अनुभूति होती थी, उतना आज शायद शत-प्रतिशत और मनोनुकूल खबर छपने के बाद भी नहीं होती। तब सबसे कष्टकारी होता था, लिफाफा का टेबुल पर पहुंचने के पूर्व ही गायब हो जाना, लेकिन उस समय धैर्य अपार था। समाचार नहीं छपने पर पुन: उसी उत्साह से खबर लिखकर भेजने में कोई कोताही नहीं होती थी। बाद में जब गढ़वा जिला बना, मुझे तत्कालीन संपादक जी ने गढ़वा की जिम्मेवारी संभालने की सलाह दी। फिर क्या था, उन दिनों पत्रकारिता का जो क्रेज था, मुझे लगा कि और मित्रों से हमें सबसे बढ़िया नौकरी मिल गयी।इस दौरान कई ऐसे अवसर आये, जब प्रभात खबर लोगों की आवाज बनकर अखबार नहीं आंदोलन के अपने स्लोगन को सार्थक करने की भूमिका निभाता रहा।

इस सिलसिले में जब मैं याद करता हूं वर्ष 2004 की अपनी आरंभिक यात्रा को तो आज भी दिल में अजब रोमांच जगता है। 22 अगस्त, वर्ष 04 को हमारे भंडरिया प्रतिनिधि संजय गुप्ता ने टेलीफोन से एक खबर लिखवायी कि सरूअत पहाड़ी पर रहने वाली लेपसी देवी नामक एक आदिम जनजाति की महिला की भूख से मौत हो चुकी है। मैंने उनसे क्रॉस किया कि

भूख से मौत की खबर लिखना इतना आसान नहीं है। इसकी छानबीन एवं प्रमाण जुटाने के लिए सरूअत पहाड़ी पर चढ़ना होगा। जिला मुख्यालय गढ़वा से सरूअत पहाड़ी की दूरी 100 किमी जाने में जितनी परेशानी नहीं होती, उससे अधिक परेशानी बड़गड़ से चलकर टेहरी गांव से सरूअत के रूट तक पहुंचने और फिर चढ़ाई चढ़ने में होती है। रांची में टेलीफोन से जीवेश जी को खबर के विषय में जानकारी देने के बाद लेपसी की मौत के विषय में खबर लेने का कार्यक्रम बन गया। रंका से सत्यनारायण मालाकार एवं बड़गड़ से संजय गुप्ता एवं एक स्वास्थ्यकर्मी सहयोगी के साथ 23 अगस्त को सरूअत यात्रा का कार्यक्रम हुआ। बड़गड़ से पांच किमी चलने के बाद ही बरसात के समय में आगे मोटरसाइकिल से चलने लायक रास्ता नहीं होने के कारण वहीं से हम लोग पैदल करीब आठ किमी चलकर सरूअत के पास पहुंचे। 3819 फुट सरूअत पहाड़ी की थोड़ी चढ़ाई चढ़ने के बाद ही जो पहला झरना मिला, उसमें स्नान करने के बाद नाश्ता हुआ। हम लोगों का पाथेय के रूप में रखा गया पेड़ा, बिस्कुट व मिक्सचर समाप्त हो चुका था और भूख लग चुकी थी, जबकि अभी अधिकांश चढ़ाई बाकी थी। खैर लेपसी के घर तक पहुंचने की इतनी बेसब्री थी कि बिना भूख-प्यास की परवाह किये पसीना पोंछते हम लोगों ने लेपसी का घर खोज ही लिया। वहां लेपसी के पति बोहरन कोरवा से बातचीत हुई, तबतक उस टोले के सभी कोरवा परिवार जुट गये थे। जब उनके घरों में हम लोगों ने झांककर देखा तो दिल दहल उठा, किसी के घर के बर्तन में चकवड़ के साग के अलावा कुछ नहीं मिला। जब मालूम हुआ कि लेपसी के मरने के पूर्व वे लोग भंडरिया अंचलाधिकारी के पास सहायता के लिए गये थे, लेकिन उनका नाम सूची में नहीं होने की बात बताकर उन्हें भगा दिया गया। यह सुनकर पत्रकारिता का जोश गरम हो उठा था। आदिम जनजाति परिवार के बच्चों की भूख देखकर जैसे हम पत्रकारों की भूख ही समाप्त हो गयी हो। हमने बचे हुए बिस्कुट उनके बच्चे को देकर उसी अवस्था में शाम ढलते ही लौटना चाहे, किंतु कुछ नीचे उतरते ही अंधेरा छा गया। घने जंगल में सूअर व अन्य जानवरों की आवाज से कहीं न कहीं भय उत्पन्न हो जाता था। अंदाज से रास्ता चलकर अपनी मोटरसाइकिल के पास पहुंचे, जहां से बड़गड़ लौटने में करीब आठ बज चुके थे। वहां से दूसरे दिन गढ़वा लौटने के बाद खबर अखबार को भेजी गयी और 26 अगस्त को प्रथम पेज पर लेपसी की भूख से मौत की खबर जब प्रकाशित हुई तो जैसे सरूअत की चढ़ाई की सारी पीड़ा समाप्त हो गयी। खबर का असर हुआ। तत्कालीन मुख्यमंत्री अर्जुन अधिकारी मुंडा ने इसकी जांच का निर्देश दिया और अपना दिल्ली कार्यक्रम स्थगित कर गढ़वा दौरे का कार्यक्रम बनाया। गढ़वा दौरे में अधिकारी अपने बचने के लिए हर बार की तरह खबर को गलत बताने और लेपसी की मौत बीमारी से होने की कहानी गढ़ने में परेशान रहे। जब लगातार अधिकारी सरकार की ओर से खबर की सच्चाई पर उंगली उठाने लगे तो सरूअत की पहाड़ी के सभी टोले सहित पहाड़ी के नीचे के भी ग्रामीण एकत्रित होकर लेपसी के पति बोहरन को लेकर बीस सूत्री उपाध्यक्ष सुबोध कुमार के साथ गढ़वा पहुंच गये। गढ़वा में पत्रकारों के समक्ष जब बोहरन ने बयान दिया कि अखबार में खबर प्रकाशित होने के बाद भंडरिया सीओ ने जाकर उन्हें दो सौ रुपये देने का प्रलोभन देकर कहा कि मत कहना कि लेपसी भूख से मरी। दूसरे दिन जब बोहरन का यही बयान प्रभात खबर सहित अन्य

अखबारों में प्रकाशित हुआ तो अधिकारी एवं सरकार के अन्य लोगों के होश ही उड़ गये। खैर बाद में सरकार ने बेमन से ही इस बात को महसूस किया। खबर के असर से सरकार के अलावा विभिन्न राजनीतिक एवं सामाजिक संगठ्नों के लोगों का सहयोग भी सरूअत पहाड़ी के उन आदिम जनजाति के लोगों को मिला। इस समाचार के कवरेज व खबर प्रकाशित होने के बाद अधिकारियों से जूझने में जितना सुख मिला, शायद उतना किसी अन्य धार्मिक कार्य करने से भी नहीं मिल सकता। यह तो एक उदाहरण है, प्रभात खबर में करीब दो दशक की पत्रकारिता के दौरान सैकड़ों बार ऐसे अवसर आये, जिनसे गर्व महसूस होता रहा।

(लेखक प्रभात खबर के गढ़वा जिले के प्रभारी हैं।)

गया तो था रिपोर्टिंग करने, बन गया बंधक

जेब अख्तर

कहानियां लिखते-लिखते पता नहीं कब पत्रकारिता का शौक जगा, कह नहीं सकता। बाद में लगा कि यह शौक नहीं इसमें छिपी ताकत है, जो हमेशा अपनी ओर खींचती रही है। इसी के तहत प्रभात खबर के संपादकीय विभाग में काम करने का अवसर मिला, लेकिन जल्दी ही संपादकीय से मन ऊबने लगा। यही खयाल आता कि व्याकरण की गलतियां और पेज बनवाने के जैसा तकनीकी काम तो कोई भी कर सकता है। मैं इससे कुछ अलग करना चाहता था। नौकरी छोड़ने का मन बना लिया और हरिवंश जी को बताया। हरिवंश जी शायद मेरी मनोदशा को समझ रहे थे, लेकिन वे यह भी जानते थे कि मैं लिखने से बाज नहीं आऊंगा, सो उन्होंने सलाह दी कि जहां रहते हो वहां से भी तुम पत्रकारिता कर सकते हो। मैं अपने शहर बेरमो (बोकारो) वापस आ गया और आसपास के गांव व कोयला खानों से संबंधित स्टोरी करने लगा। चूंकि प्रभात खबर का ब्यूरो कार्यालय वहां पहले से मौजूद था, इसलिए मुझे कुछ ऐसा करने को कहा गया जो सामान्य तौर पर खबरों का हिस्सा नहीं बनता। यानी ऑफ बीट स्टोरी। जाहिर है कि क्षेत्र के नेता और स्थानीय प्रशासन इस तरह की रिपोर्टिंग के आदि नहीं थे, सो उन्हें मेरा लिखना बहुत ही नागवार गुजरने लगा। आज अधिकांश जगहों पर संवाददाताओं के नेताओं और स्थानीय प्रशासन के साथ मधुर संबंध होते हैं। दोनों में एक मूक समझौता-सा होता है कि किस सीमा तक जाना है, लेकिन इतना तय है कि संवाददाता किसी खबर के लिए इन दोनों वर्गों में किसी को भी नाराज करने का जोखिम शायद ही कभी लेता है। इसके बड़े ठोस कारण हैं, अंचल के संवाददाताओं को अखबार से बहुत मामूली पैसे मिलते हैं, उससे अधिक उन्हें स्थानीय माध्यमों से, विभिन्न रूपों में लाभ हो जाता है, तो भला वे किसके प्रति ईमानदार और प्रतिबद्ध रहेंगे, इसे सहज ही समझा जा सकता है। मैंने अपने ही क्षेत्र में ऐसे भी संवाददाता देखे हैं, जिनको वहां के विधायक बाकायदा वेतन देते हैं। इसके बदले में संवाददाता सालों तक, अखबार में उस विधायक का गुणगान करता रहता है। ऐसे माहौल में मैंने जब लिखना शुरू किया तो सबसे ज्यादा तकलीफ इन्हीं संवाददाताओं को हुई, क्योंकि उनके आकाओं ने यह कहकर उन्हें डांटना शुरू कर दिया कि जब हमारे

खिलाफ खबरें छप ही रही हैं तो आपकी सेवाएं क्यों ली जाएं। मैं तो उनकी नजर में पहले से ही किरकिरी बना हुआ था, सो मुझे सच लिखने के लिए दोहरे स्तर पर विरोध का सामना करना पड़ा। कह सकता हूं कि एक तरह से मेरा सामाजिक बहिष्कार कर दिया गया। लेकिन इस बहिष्कार के पहले बहुत कोशिश हुई कि मैं भी इन ताकतों से समझौता कर लूं, यह नहीं कर पाया। जानता था कि इसकी कीमत भी चुकानी पड़ सकती है। ऐसे कमजोर क्षणों में हरिवंश जी को फोन करता तो नयी ताकत और ऊर्जा मिलती। सच के साथ खड़े होने का साहस मिलता। एक संपादक के तौर पर उन्होंने जोखिम भरी सभी आजादियां दीं, कई बार उन तक खबर पहुंचायी गयी कि मेरी रिपोर्टिंग की वजह से उस अंचल के विज्ञापन में कमी आ गयी है, फिर भी मेरा लिखना जारी रहा।

ऐसे लेखन में जो खतरे आ सकते थे, आये। इनमें से एक मौका याद है। दामोदर कैसे प्रदूषित हो रही है, इसकी पूरी रिपोर्टिंग करनी थी। इसी समय झारखंड सरकार को केंद्र सरकार की ओर से दामोदर को बचाने के लिए भारी अनुदान मिला था। यह दामोदर के प्रदूषण पर लिखने का बहुत ही उपयुक्त समय था। मैं अपने एक मित्र गुलाब प्रजापति (दामोदर बचाओ अभियान से संबद्ध) को साथ लेकर दामोदर की यात्रा पर निकल पड़ा। इस क्रम में कथारा के निकट एक कारखाने का पता चला, जिसकी वजह से दामोदर को भारी क्षति हो रही थी। कारखाने का सारा कचरा गैरकानूनी तरीके से पास बहती दामोदर में बहाया जा रहा था। इस कारखाने में कोयले को जलाकर छोटे-छोटे गोले बनाये जाते थे जो कि उत्तर प्रदेश, पंजाब और हरियाणा भेजे जाते थे। कारखाने का मालिक दबंग था, यह तो पता था, लेकिन उसके गुर्गे किस हद तक जा सकते हैं, इसका अंदाजा नहीं था। कारखाना आबादी से दूर, बहुत बड़े क्षेत्र में और लगभग दामोदर के बेड में फैला हआ था। हम दोनों रिपोर्टिंग के सिलसिले में आये हैं, इसका आभास वहां काम कर रहे लोगों को नहीं होने देना था, इसलिए मैं और मेरे मित्र सैलानी बनकर लोगों से पूछताछ करने लगे। साथ ही मैंने गुलाब को सावधानी से तसवीरें खींचने के लिए कहा, लेकिन कारखाने के प्रबंधक को हम पर शक हो ही गया, उसने हमें तसवीरें खींचते देख लिया। जबरन उसने हमारी मोटरसाइकिल को रोका और हम दोनों को कारखाने के ही एक कमरे में लगभग बंधक बना लिया। मालिक से हमारी बात कराने के आग्रह को भी उसने इनकार कर दिया। कारखाना इतने सुनसान इलाके पर था कि वहां मोबाइल का नेटवर्क भी फेल था। तीन घंटे की प्रतीक्षा के बाद कारखाने के मालिक आये, उन्होंने बहुत विनम्रता दिखाते हुए हमारा कैमरा तो लौटा दिया मगर रील निकाल लिया। साथ ही मिले-जुले लहजे में यह भी बताते रहे कि उनके पांस के सभी पत्रकारों से अच्छे संबंध हैं। उन्हें हैरानी हो रही थी कि मैं उनसे मिलने के लिए उनके घर पर जाने के बजाय कारखाने में क्या करने आया हूं, क्योंकि उनका यह भी मानना था कि रांची अखबार के दफ्तर में बैठे लोग भी उन्हीं के आदमी हैं। उनको यह भरोसा वहां के स्थानीय संवाददाता ने दिलाया होगा, यह मैं समझ रहा था। वे बार-बार मुझसे मेरा नोट बुक भी मांग रहे थे जिसे मैंने छिपा दिया था, लेकिन मैंने गलती से अपना सही नाम उनको बता दिया था। अब सैलानी कहे जाने का कोई मतलब नहीं था। अखबारों के जरिये ही सही, लेकिन

वे मुझे अच्छी तरह से जानते थे। उस समय पता चला कि प्रसिद्धि भी कभी-कभी कितनी खतरनाक साबित हो सकती है। बहुत मुश्किल से धर्म और जाति वगैरह का वास्ता देकर हम लोग वहां से निकल पाये, यह आश्वासन देने के बाद कि यहां की रिपोर्टिंग नहीं की जायेगी। हालांकि बाद में रिपोर्टिंग छपी, अभी पता चला है कि कारखाने के मालिक विधायक हो गये हैं।

(लेखक प्रभात खबर के फीचर विभाग से जुड़े रहे हैं। फिलहाल दैनिक भास्कर, धनबाद के उप समाचार संपादक हैं। यह आलेख 2009 का है)

खंड-8 : व्याख्यान

प्रभात खबर ने बड़ी-बड़ी होर्डिंग या स्वप्रचार के विज्ञापन से लकदक अथवा जिसे एग्रेसिव मार्केटिंग कहते हैं, उसके सहारे पाठकों के दिलों में जगह नहीं बनायी, बल्कि इसके लिए वह लीक छोड़कर, सरोकार के रास्ते शुरू से ही चलता रहा। तब टीवी चैनलों के प्रभाव का युग नहीं था कि बड़े-बड़े बौद्धिकों को टीवी के स्क्रीन पर रोजाना सुना जा सके। उस समय में प्रभात खबर ने देश के अलग-अलग हिस्से में, अलग-अलग क्षेत्रों में शीर्ष पर काम करने वाले अथवा पहचान रखने वाले बौद्धिक लोगों को बुलाकर रांची व झारखंड के अलग-अलग शहरों, कस्बाई शहरों में व्याख्यानमाला का आयोजन शुरू किया। पूर्व प्रधानमंत्री चंद्रशेखर, पूर्व उपराष्ट्रपति भैरों सिंह शेखावत, समाजवादी चिंतक व विचारक किशन पटनायक, कृष्णनाथ, कॉमरेड विनोद मिश्र, प्रभाष जोशी, अरुणा रॉय, राजदीप सरदेसाई, प्रसिद्ध पत्रकार एसपी सिंह, कुलदीप नैयर, मजदूर नेता दत्तोपंत ठेंगड़ी समेत कई नामचीन हस्तियां प्रभात खबर के व्याख्यान में पहुंचीं। माला में देश के हालात पर बहस हुई, आख्यान-व्याख्यान हुए और साथ ही पत्रकारिता के सरोकार व भटकाव पर भी बात चलती रही। इस खंड में वैसे ही कुछ व्याख्यानों में वक्ताओं द्वारा दिये गये वक्तव्यों के संक्षिप्त अंश को संकलित किया गया है.

—संपादक

गरीबी से नहीं, दिलों के टूटने से देश टूटता है

चंद्रशेखर, पूर्व प्रधानमंत्री, भारत

जवाहर नगर नेहरू सांस्कृतिक केंद्र, कांके रोड, रांची

देश गरीबी से नहीं, दिल टूटने से टूटता है। आत्मविश्वास टूटने से देश टूटता है। बेबसी से देश नहीं टूटता। आज पूरे देश में नौजवानों का, किसानों का, बुद्धिजीवियों का दिल टूट रहा है। देश को बचाना है, तो इस देश के लोगों का आत्मविश्वास जगाना होगा, लोगों की इच्छाशक्ति को मजबूत करना होगा। देश की जनशक्ति को, करोड़ों हाथों को, विद्वत समाज को उनकी योग्यता और क्षमता के अनुरूप देश और समाज के सृजन से जोड़ना होगा।

भारत में विभिन्न भाषाओं को बोलने वाले, धर्मों को मानने वालों की अपनी-अपनी अपेक्षाएं हैं। इन्हें जोड़ना कठिन लगता है, लेकिन यह आसान भी है, क्योंकि पांच हजार वर्षों का हमारा इतिहास है। हमने समृद्धि भी देखी है, विवशता भी। भारत कहां था और कहां है तथा इसे कहां ले जा रहे हैं, यह समझाना ज्यादा जरूरी है। जब पूरी दुनिया में अंधकार था, इतिहास गवाह है कि तब भारत से उसे रोशनी मिलती थी। पूरी दुनिया जब अज्ञान थी, हमारे यहां ज्ञान का अकूत भंडार था। हमारे मनीषियों ने दुनिया की समस्याओं को परखा था, समस्याओं का समाधान किया था। आज दुनिया को तथाकथित एक सूत्र में बांधने की बात कही जा रही है, लेकिन ढाई हजार वर्ष पहले भारत ने 'वसुधैव कुटुंब्रकम्' का संदेश दिया था। सर्वधर्म समभाव की बात की थी। समता की बात कार्ल मार्क्स से हिंदुस्तान ने नहीं सीखी। हजारों साल पहले हमारे मनीषियों ने सादा जीवन उच्च विचार का दर्शन दिया था। आज पर्यावरण की रक्षा की बड़ी चर्चा हो रही है, जबकि हिंदुस्तान में प्रकृति के साथ जीवन जीने की बात हजारों साल पहले से चली आ रही है। भारत तो पशु-पक्षियों के स्वतंत्र विचरण का भी हजारों साल से हिमायती रहा है।

आज दुनिया के कुछ देश सस्टेनेबुल डेवलपमेंट की बात करते हैं, लेकिन हिंदुस्तान तो प्रारंभ से ही इसका हिमायती रहा है। सादा जीवन की परंपरा हिंदुस्तान ने गरीबी के कारण नहीं, अपने ज्ञान की वजह से विकसित की थी। ज्ञान से हमने जाना था कि हमें उतना ही लेने का अधिकार है, जितने भर की जरूरत है। गांधी जी ने भी जो रास्ता बताया था, वह हमारे

अतीत के अनुभवों पर आधारित है। किसी भी देश, व्यक्ति को अपने भविष्य का निर्णय करने का अधिकार है। कोई दूसरा यह तय करे, यह हमें स्वीकार नहीं है। लोगों को यही बताना है, उनके मन से डर निकाल देना है, उन्हें बताना है कि उनकी इच्छाशक्ति चाहिए, सब कुछ बदलेगा। महावीर ने, बुद्ध ने, नानक ने जो कहा था, उसे ही गांधी ने कहा। नानक ने केवल प्रेम के गीत गाकर ईश्वर को पा लिया था। गांधी कहा करते थे कि अहिंसा से हम दुनिया को सीधे रास्ते पर ला सकते हैं, उन्होंने समझा था कि इच्छाशक्ति जगाने से ही बात बनेगी।

अंगरेजों के हिंदुस्तान आने के पहले भारत बहुत धनी था। यह मात्र तीन सौ साल पहले की बात है लेकिन अंगरेज जब गये, तो हम गरीब हो गये। हमारे गांव के हुनरवाले लोग, बढ़ई, लोहार, बुनकर, मोची के हुनर का लोहा सारी दुनिया मानती थी। हम किसी के पास हाथ पसारने नहीं जाते थे, गांधी ने इस चीज को समझा था।

इसीलिए उन्होंने कहा कि भारत में ऐसी अर्थनीति बनाओ कि यहां के करोड़ों हाथों को रोजगार मिल सके। उनके बाजुओं की ताकत बढ़े, क्योंकि जनशक्ति से बड़ी ताकत कुछ और नहीं है। हमारे देश को प्रकृति ने सब कुछ दिया है, हमारे यहां के लोग भी बहुत ज्ञानी हैं, हुनरमंद हैं। फिर भी क्या कारण है कि आज हर जगह लोग अपने को विवश महसूस कर रहे हैं। इसका कारण तलाशना होगा। विकास के दो ही रास्ते हैं- दूसरे के वैभव को देखकर होड़ करना तथा दूसरे की पीड़ा को देखकर उसकी पीड़ा मिटाने के लिए प्रेरित होकर काम करना। भारत शुरू से करुणामयी देश रहा है। यह देश बेबसी को मिटाकर लोगों के चेहरे पर मुस्कान लाने के लिए जाना जाता है। संविधान भी इसी आधार पर बना। पिछले 50 सालों में हमने कुछ प्रयोग भी किये। लेकिन करोड़ों की जनशक्ति का उपयोग नहीं किया, उनकी इच्छाशक्ति नहीं जगायी। पीएल-170 के अनाज पर निर्भर करने वाला हिंदुस्तान अनाज के मामले में बहुत हद तक आत्मनिर्भर है। आज भी हिंदुस्तान में पेचीदा मिसाइल बनाने का मामला हो या और कुछ, हमारे लोगों ने हर जगह अपनी मिसाल कायम की है। सीमा के मामले में हमारे देश के जवानों ने हर समय अपनी वीरता दिखायी है, लेकिन जब 50 सालों का विश्लेषण करते हैं, तो लगता है कि चारों ओर केवल रोना है, केवल अंधकार है। यह सबसे बड़ा अपराध हुआ, पिछले दस सालों में तो इस देश को निर्भरता की खाई में धकेल दिया गया, 21वीं शताब्दी के नाम पर। इस देश में गांधी जी ने प्राणशक्ति का संचालन किया था। हम उसे बहाल नहीं कर सके, देश गरीबी से नहीं, दिल टूटने से टूटता है। भारत के किसान, नौजवान, मजदूर, सब यही समझते हैं कि उन्हें जो मिलना चाहिए, वह नहीं मिला। नौजवान देश के लिए कुछ करना चाहते हैं, इस सबका समाधान हम स्वयं कर सकते हैं। दुनिया से हमें सहायता नहीं, सहयोग की जरूरत हो सकती है, लेकिन इस पर क्यों नहीं सोचते। यही सवाल बार-बार मन को टटोलता है कि भारत किधर जायेगा। आज हमारी समस्या क्या है, कहा जाता है कि भारत मजबूत है, दुनिया से रिश्ता जोड़ने के लिए। जहां जोड़ लिया है, वहां से अलग नहीं हो सकता, ऐसा नहीं है। पहले भी द्वितीय विश्वयुद्ध के वक्त इस तरह के रिश्ते कुछ देशों ने जोड़े थे। लेकिन उनकी समस्याओं का समाधान नहीं हो सका।

भारत के संविधान ने मजदूरों को आजादी दी है, अपना हक मांगने की। विद्वत समाज को आजादी है, अपना मत रखने की। धीरे-धीरे इस सब पर अंकुश लगने लगा है, मानवता आज फिर कराहने लगी है। व्यक्ति की तरह राष्ट्रों का व्यक्तित्व भी अलग-अलग होता है। कुछ देश अपनी सामरिक शक्ति के बल पर अन्य देशों पर हुकूमत करना चाहते हैं, लेकिन आदमी का दिमाग पिंजरे में कैद नहीं होता, हुकूमत करने वाले की मंशा को देखकर छ्टपटाहट है, डर है कि यह छ्टपटाहट विध्वंस की ओर न चला जाये। आज सारे देश को दासता की बेड़ी में बांधने की कोशिश हो रही है, लेकिन लोग यह भूल रहे हैं कि जो उद्योगों में पैसा लगाता है, वह रोजगार देने नहीं, धन कमाने के लिए आता है। हम यह भूल रहे हैं कि इसी तरह एक कंपनी यहां व्यवसाय करने आयी थी और उस कंपनी ने सौ साल तक राज किया। ढाई सौ साल तक गुलाम रखा, आज फिर वही दुहराया जा रहा है। 1930 में ब्रिटिश हुकूमत ने अल्पमत और दलितों को जोड़ कर समाज को बांटने की जो नीति चलायी थी, आज वही नीति सामाजिक न्याय के नाम पर लाने की कोशिश की जा रही है। पिछले पांच-सात सालों से उन्हें जुटाने का काम चल रहा है। कहां गये गांव के दरजी, लोहार, मोची। भागकर शहर आये और यहां भी तड़प रहे हैं। महात्मा गांधी ने जो स्वयंसेवी जत्था तैयार किया था, उसे भी तोड़ दिया।

आज विदेशी मुद्रा की अपने देश में होड़ लग गयी है। भारत ने योजनाओं को चलाने के लिए जो विदेशी मुद्रा लिया था, उस सबको चुकाया भी। 10-12 साल पहले भारत को 21वीं सदी में ले जाने के नाम पर लघु अवधि ऋण लिए गये। आज वही हमारे गले की हड्डी बन गयी। उस समय जो 300 करोड़ ऋण लिए गये थे, उसका ब्याज चुकाने के लिए सोना गिरवी रखना पड़ा था। आज उसको लेकर चंद्रशेखर ने सोना गिरवी रख दिया का रोना रोया जाता है, लेकिन देश की इज्ज़त सोने की कीमत से बहुत ज्यादा है। भारत कभी भी गरीबी की वजह से नहीं टूटा। भारत में जब सोना ही साथ था, तो सोना लुटता रहता था और गरीब कहते थे, उनका नहीं, किसी और का लुट रहा है, उनका क्या है। भारत में 15 फीसदी ऐसे लोग हैं, जिन्हें बाजार की जरूरत केवल नमक और कपड़े के लिए पड़ती है। गांधी ने यह समझा था, इसलिए उन्होंने कहा था कि अंगरेजों भारत छोड़ो। हम कहते हैं कि अंगरेजों, जापानियों, अमेरिकनों, जर्मनियों भारत आओ। गांधी कहा करते थे कि भारत के गरीबों से ही भारत में समृद्धि आयेगी। लेकिन सत्ताधीश कहते हैं कि विदेशी कंपनियों से भारत में समृद्धि आयेगी। आधुनिक मशीनीकरण के इस युग में आने वाली विदेशी कंपनी हिंदुस्तान को रोजगार देने नहीं, हिंदुस्तान को और बेरोजगार करने आ रही है।

आत्मविश्वास की कमी हमारी सबसे बड़ी समस्या है। अगर इसी तरह मनोबल गिरता रहा, तो बुरे दिन देखने से हमें कोई नहीं रोक सकता। हमारे पास जितना भी ज्ञान है, वह दुनिया के किसी और देश में नहीं, हर साल 50 लाख स्नातक देश के विभिन्न विश्वविद्यालयों से निकलते हैं, इनमें से कई दुनिया के दूसरे देशों में कीर्तिमान स्थापित करते हैं। विश्वबंधुत्व का नारा देने वाले देश का अपने पड़ोसी से रिश्ता समाप्त हो रहा है और कहते हैं कि पूरी दुनिया को जोड़ रहे हैं। उन्होंने कहा कि भारत को लुटाना आसान नहीं है, भारत के मनोबल को तोड़ना भी

आसान नहीं है। हमारे यहां तो कहा जाता है कि जब-जब अधर्म आता है , तो उसका नाश करने के लिए धर्म को सदैव उससे युद्ध करना पड़ता है। आज जरूरत है, सोई हुई मानवता को जगाने की, आज सबसे बड़ी समस्या है कि जो भारत को बनाना चाहते हैं, वे भारत को जानते ही नहीं। इस देश में क्या नहीं है, सुंदर जलवायु, उपजाऊ धरती, नदियां, लेकिन उसपर कोई नहीं सोच रहा है। सारा ध्यान विदेश की उपभोग वाली वस्तुओं की तरफ है। यहां कभी जाति, कभी भ्रष्टाचार के नारे लगाकर देश को कमजोर किया जा रहा है। देश में केवल पांच फीसदी लोग ऐसे हैं, जिन्हें भ्रष्टाचार के अवसर मिलते हैं, उनमें से भी अधिकतर ईमानदार हैं। हम राजनीति में अपने कर्त्तव्य का पालन तो नहीं करते, बल्कि दूसरे की शिकायत ज्यादा करते हैं। हमारा देश कबीर का देश है— जिसने कहा था 'बुरा जो देखन मैं चला, बुरा न मिलया कोय,जब देखों मैं आपनो, मुझसे बुरा न कोय। यह करुणा का देश है, अबाध प्रतियोगिता का देश नहीं हो सकता। जाति का नारा लगाने वाले धर्मनिरपेक्षता की दुहाई देकर लोगों को बांट रहे हैं, इसीलिए अंधेरा है, लेकिन अंधेरा मिटेगा। दुनिया की कुछ ताकतें इस अंधेरे को कायम करने में लगी हुई हैं, लेकिन यहां के 95 फीसदी लोग जगेंगे, तो सारा अंधेरा मिट जायेगा और भारत दुनिया को फिर वह संदेश देगा विश्वबंधुत्व का।

झारखंड के लोग गरीब रहेंगे तो दिल्ली जलेगी

जमशेदपुर, राजेंद्र विद्यालय ऑडिटोरियम

सोना देश को नहीं बचा सकता है और न ही सोना देश की मर्यादा है। भारत जब गुलाम हुआ था, तब देश में सोने का अभाव नहीं था, रत्नों से भंडार भरे थे। देश की रक्षा तो आत्मविश्वास से होती है। आज सरकार को विदेशी मुद्रा कमाने की फिक्र है, जहां अन्न उपजाये जाने चाहिए थे, उन खेतों में विदेशी मुद्रा अर्जित करने के चक्कर में फूल उगाये जा रहे हैं। मगर विदेशी मुद्रा देश में कोका-कोला ला सकती है, समृद्धि नहीं। मैं उदारीकरण के विरोध में नहीं हूं लेकिन उदारीकरण के जो नतीजे अब तक सामने आए हैं, उनसे लगता है कि देश कहीं अंधेरे की ओर जा रहा है। आज देश के उद्यमियों को उत्पादन के लिए जितना कर चुकाना पड़ता है, उतना विदेशी कंपनियों को नहीं देना पड़ता। इस गंभीर समस्या से देश का वित्त मंत्री भी मुंह मोड़ लेता है। भला ऐसे में देश की तरक्की कैसे संभव है?

यदि यही स्थिति बनी रही, तो वह दिन दूर नहीं, जब टाटा घराने को विदेशी दबाव का सामना करना पड़ेगा। विदेशी कंपनियां भी दिल्ली व मुंबई के पास ही रहना चाहती हैं। इससे देश में आंचलिक विषमता और बढ़ेगी, स्थिति भयावह हो जायेगी।

मजबूरियों पर विजय पाना होगा

विषय : वैश्वीकरण के नतीजे
वक्ता : गोविंदाचार्य

आयोजन स्थल : प्रभात खबर सभागार 03/09/2002

वैश्वीकरण या भूमंडलीकरण के बारे में अपने देश में यह स्थिति पैदा कर दी गयी है कि यह आवश्यक है। इसे अपरिहार्य बना दिया गया है, यह कहा जा रहा है कि घर बैठे पूरी दुनिया का समाचार देख लेते हैं, जब चाहे कहीं भी आ-जा सकते हैं। समय बहुत कम लगता है। एक-दूसरे के बीच संचार होना बुरा है क्या? लेकिन जिसके लिए यह सवाल है, उसे सोचना है । विकास क्या, विकास किसका, विकास कब तक, विकास किसकी कीमत पर, लेकिन यह नहीं सोचा जा रहा। यहां जो वैश्वीकरण है, उसके तीन पहलू हैं।जहां चाहें पैसा लगाओ, पैसे से पैसा पैदा करो। प्रौद्योगिकी को एक जगह से दूसरी जगह ले जाओ, जहां चाहे बाजार में अपने सामान बेचो, लेकिन पैसा ज्यादा है। दूसरी जगह लगायेगा, तो पैसे की धमक व ताकत भी होगी। पैसा पैसे को खींचता है, तो ज्यादा पैसे वाला कम पैसे वाले को खा जायेगा। हर प्रौद्योगिकी हर जगह के लिए उपयुक्त हो, यह जरूरी नहीं है। प्रौद्योगिकी की ईजाद स्थान विशेष की जरूरतों के मुताबिक होती है। वह दूसरे स्थान के लिए भी उपयोगी हो, यह जरूरी नहीं। मसलन ठंडे मुल्क में ठंडी हवा को रोकने के लिए वहां मकानों को ऐसा बनाया जाता है, ताकि ठंड से बचाव हो। अपने देश की जलवायु गर्म है, अगर यहां भी वैसा ही मकान बनाया जाये, तो उसमें एसी लगाना पड़ेगा। एसी का खर्च अलग से भरना पड़ेगा, लेकिन हम लोग नकल भी अकल के साथ नहीं करते। इस प्रौद्योगिकी के आयात का मतलब देश को बेचना है। हमें तय करना है कि जरूरत है कि नहीं। वस्तुओं की बेरोक-टोक आवाजाही भी नहीं चलेगी।

वर्ष 2001 में यूएनओ की रिपोर्ट है कि वैश्वीकरण के बाद पूरी दुनिया में गरीब का जीवन स्तर नहीं बदला। आज भी दुनिया में 40 फीसदी आबादी, 80 फीसदी आबादी के साधनों का इस्तेमाल कर लेती है, यानी जिसकी लाठी उसकी भैंस। इसे भारत के संदर्भ में समझाने की जरूरत है। यह देखने की जरूरत है कि रोजगार बाजार में कितने लोग आये। यहां तो बेरोजगारी

की रफ्तार में भयंकर वृद्धि हुई है। कहा यह जा रहा था कि रोजगार के अवसर बढ़ेंगे। बेंगलुरु में देखिये, वहां कंप्यूटर कचरा चुनने वालों की संख्या में भारी वृद्धि हुई है, यानी बरगेटिया मजदूर 40 हजार हो गये हैं। बहुत हल्ला था कि वैश्वीकरण से पूंजी आयेगी, कहां है पूंजी। रोजगार के अवसर बढ़ेंगे, उल्टे बेरोजगारी बढ़ी। हमें दुनिया के उन मुल्कों से सीखने की जरूरत है जहां व्यापार के नाम पर होटल बढ़े, वेश्यावृत्ति बढ़ी, वहां के हुक्मरानों की सुख-सुविधा में भारी वृद्धि हुई, कानून-व्यवस्था की हालत बदतर हुई, इससे भारत को सीखने की जरूरत है। सब बीमारी की एक ही दवा नहीं हो सकती है।

समाज के काल, इतिहास, भौगोलिक संदर्भ अलग-अलग होते हैं, लेकिन यहां कुछ में संसाधन पर कब्जा करने की आपाधापी मची है। इससे राजनीतिक विघटन होगा। जहां तक खेती के क्षेत्र में वैश्वीकरण का सवाल है, बहुराष्ट्रीय कंपनियों द्वारा इसका निगमीकरण किया गया है। पिछले सालों में आठ फीसदी कृषि उपज घटने से गांवों के लोग रोजगार की तलाश में शहर की ओर भागे हैं। इससे महानगर ओवरफ्लो कर गये हैं। जब कृषि पर इससे भी गहरा असर पड़ेगा, तो दस-बीस करोड़ आदमी को झटका लगेगा। सुरक्षा और अखंडता पर खतरा मंडरायेगा, इसे बचाने के लिए हमें अपना खुद का तरीका ढूंढ़ना पड़ेगा। मेक्सिको, चीन में हुई घटनाओं से हमें सीखना होगा। उनकी बातचीत की कलाबाजी में नहीं फंसना होगा। हमें अपने ढंग से विचार करना होगा। देश पर आर्थिक गुलामी का खतरा उत्पन्न हो गया है। खींच-खांच कर 30 फीसदी लोग इस स्पर्धा में टिक सकेंगे, उन्हीं के पास तमाम संसाधन होंगे। शेष 70 फीसदी का क्या होगा? कौन-सा विकास हो रहा है। आज हमारे यहां 70 हजार करोड़ पेट्रोलियम पर खर्च होता है। हम वैकल्पिक ईंधन, वैकल्पिक ऊर्जा की तलाश कर लें, एक तिहाई से ज्यादा पेट्रोलियम की खपत कम की जा सकती है। डब्ल्यूटीओ पर हमने दस्तखत किया। अमेरिका ने भी, लेकिन दस्तखत करने के पहले अमेरिका ने शर्त रखी कि वह अपने संविधान और कानून के दायरे में ही दस्तखत करेगा, लेकिन भारत में यह तय नहीं हुआ, आखिर क्यों? डब्ल्यूटीओ के बावजूद बहुत-सा रास्ता निकल सकता है। हम अगुवाई करें, तो तीसरी दुनिया के देशों को जोड़ा जा सकता है। यह ध्यान रखते हुए कि उन्होंने 63 देशों को मैन्यूपुलेट कर लिया था। गरीब देशों को आपस में ही लड़वा दिया था। हमें यह तय करना होगा कि हम अमेरिका का जीवन स्तर कुछ लोगों को देना चाहते हैं या सब हाथों को काम देना चाहते हैं। नहीं तो सुरसा की तरह बढ़ रही बेरोजगारी युवाओं को आतंकवाद, उग्रवाद व नशीली दवाओं की तरफ धकेल देगी। आज भी जमीन, जल, जंगल और जन के मामले में हम दुनिया भर में बेजोड़ हैं। हम पूरे एशिया को खिला सकते हैं, लेकिन अनावश्यक उर्वरक व कीटनाशक ने हमारी जमीन की उर्वरा शक्ति कम की है। हम उसे जैविक उपायों से ठीक कर सकते हैं। कम खर्च, कम पूंजी वाली खेती की जरूरत है। हम कृषि को यांत्रिकीकरण से बचाकर जानवर आधारित बनायेंगे, तभी जानवर बचेंगे। जैविक कृषि उत्पादों की मांग में भारी इजाफा हुआ है। हमें स्वावलंबी व स्वायत्त बनाने के लिए किये गये प्रयोग के अनुभवों से सीखना होगा, उनका समन्वय करना होगा। हमें श्रम की पूंजी का महत्त्व समझाना होगा। चाहत की चीजें आसपास से, जरूरत की चीजें देश में कहीं से और

मजबूरी की चीजें विदेश से भी खरीदनी चाहिए, लेकिन हमें अपनी मजबूरियों पर विजय पानी होगी। वैश्वीकरण से निबटने का यह भी एक रास्ता है। आज भी भारत में परिवार सामाजिक सुरक्षा के बहुत बड़े आधार हैं। यहां विधि-व्यवस्था बड़ों के लिहाज व आंख की शर्म से ज्यादा नियंत्रित होती है। जल प्रबंधन पद्धति को ज्यादा बेहतर करना होगा। अपने देश की अर्थव्यवस्था के आधार पर विकेंद्रित अर्थव्यवस्था क्यों न बनायें। यहां तो देशी मुर्गी बिलायती बोल, कौवा के मुंह में सुग्गा के ठेर वाली बात है। अपने देश के प्रयोगों से मिले निष्कर्षों को लागू करने के लिए पहल करनी होगी। जनता में चेतना जगानी होगी, जनता को यह समझाना होगा कि आज मात्र दस फीसदी लोग 90 फीसदी के नियामक बने हुए हैं। 90 फीसदी को आगे बढ़ना होगा। समन्वय, सहयोग, पहल व प्रयास से महात्मा गांधी के अंतिम आदमी के हक व हित में खड़ा होना होगा। वही धर्म के पक्ष में खड़ा होना है और जहां धर्म होगा, वहीं विजय होगी, इसकी शुरुआत खुद से करनी होगी।

भारत में तीसरे विद्रोह की जरूरत

वक्ता : कॉमरेड विनोद मिश्र

दिनांक : 4 जुलाई, 1993

स्थान : जवाहर नगर प्रेक्षागृह

विषय : भारत किधर

भारत रूपी जहाज बीच समुद्र में भटक गया है, कोई दिशा देनेवाला नहीं है। राष्ट्रवाद की परिभाषा अंधराष्ट्रवाद और बहुसंख्यकवाद में तब्दील हो गयी है। नतीजा भारत हिंदू राष्ट्र, मुसलिम राष्ट्र और इस तरह के कई राष्ट्रों के विवाद में फंस गया है। आजादी के संघर्ष के वक्त ही हिंदू और मुसलिम राष्ट्र के झगड़े ने भारत को हिंदुस्तान एवं पाकिस्तान दो राष्ट्रों में बांट दिया। आजादी के बाद प्रजातांत्रिक व्यवस्था एवं पंचायती राज से भारत ने नयी यात्रा शुरू की, परंतु 1960 के दशक में भारत अंधराष्ट्रवाद में भटक गया। उसी समय भारतीय राज्य निरंकुशता की ओर बढ़ने लगे। आतंकवाद और राज्य सत्ता के बीच संघर्ष प्रारंभ हुआ। अर्धसैनिक बलों की नयी-नयी टुकड़ियां गठित की जाने लगीं। सेना का भी इस्तेमाल लोकतांत्रिक आंदोलनों के दमन के लिए किया जाने लगा।

राष्ट्रवाद बहुसंख्यक वाद में बदलता रहा, जिसने भाजपा को उदय की जगह दी। हिंदू राष्ट्र ही भारतीय राष्ट्र लगने लगा, उससे आज भाजपा सत्ता के सीधे द्वार पर खड़ी है। आजादी के वक्त भारत के विभाजन को कम्युनिस्ट पार्टी ने भी समर्थन दिया था। सावरकर तो पक्के समर्थक थे ही, गोलवलकर को सिर्फ यही एतराज रहा कि सारे मुसलमानों को पाकिस्तान क्यों नहीं भेज दिया गया।

आज धड़ल्ले से यह कहा जाता है कि भाजपा का मुकाबला राष्ट्रीय स्तर पर केवल कांग्रेस ही कर सकती है। एक हद तक यह बात सही भी है, परंतु गौरतलब यह है कि कांग्रेस किस परिस्थिति में मुकाबला कर सकती है। सूरजकुंड के सम्मेलन में नरसिंह राव ने कहा था कि भाजपा के पास मंदिर के सिवा है ही क्या? भाजपा की अर्थनीति, उद्योग नीति वगैरह तो कांग्रेस ने ले ही ली, बचा मंदिर तो उसे लेने की दिशा में कांग्रेस अग्रसर है। कांग्रेस शासन में

भारत ने दुनिया में अपनी प्रतिष्ठा खोयी। हर वक्त भारत ग्लोबलाइजेशन के नाम पर विश्वबैंक, गैर आईएमएफ जैसे संगठनों के पास कर्ज के लिए खड़ा रहता है। चूंकि राष्ट्र ने दिशा एवं राष्ट्रवाद की परिभाषा खोयी है, इसलिए भारत भटक रहा है। आर्थिक स्वतंत्रता पर ही राजनीतिक स्वतंत्रता निर्भर करती है, परंतु भारत की आर्थिक नीति तो विश्व बैंक, आइएमएफ और गैर तय करता है। नतीजन आर्थिक संप्रभुता को गिरवी रखकर अंधराष्ट्रवाद हजारों साल पुराने मंदिर की तलाश में भटक रहा है। एक जमाना था कि पंचवर्षीय योजनाओं पर बहस होती थी। कारखाने भारत के आधुनिक मंदिर के नाम से सुशोभित होते थे, आज बोफोर्स, पनडुब्बी, कुओं-ऑयल, रामास्वामी के भ्रष्टाचार पर चर्चा होती है। चर्चा होती है कि प्रधानमंत्री नरसिंह राव ने हर्षद मेहता से घूस ली या नहीं। मतलब यह कि भ्रष्टाचार को संस्थागत रूप दे दिया गया है।

भारत में अभी दो देश हैं। एक भारत जिसमें गरीब-मेहनतकश रहते हैं, जो शरीर और आत्मा से भारतीय हैं, परंतु दूसरा इंडिया है, जिसमें रहने वाले रंग से तो भारतीय हैं, परंतु उनकी आत्मा विदेशी है। उन्हीं के लिए नयी आर्थिक नीति है, लेकिन यह आर्थिक नीति देश के पूंजीपतियों के एक बड़े हिस्से को विदेशी और बहुदेशी कंपनियों का एजेंट बना देगी। 1960 के दशक में भारत ने जब अपनी दिशा बदली थी, तो पश्चिम बंगाल में नक्सलवाद के नाम से एक विद्रोह हुआ था। दूसरा विद्रोह हुआ था 1974 में जेपी आंदोलन के नाम से, आज जेपी आंदोलन सत्ता के गलियारे में जाकर बिखर गया। उस आंदोलन के अगुआ दस्ते के लालू प्रसाद जनता की लड़ाई को हक-अधिकार की लड़ाई के रूप में नहीं देखते हैं।

आज भारत को तीसरे विद्रोह की जरूरत है। यह विद्रोह समाजवादी, साम्यवादी, जेपीवादी ताकतों के एक मंच पर जमा होने से होगा। यही देश का भविष्य है, यही देश को दिशा देगा, यही भारत रूपी जहाज को बीच समुद्र में भटकने से दिशा देकर किनारे ले आयेगा।

भारत अपनी राह स्वयं ढूंढ़ लेगा

कृष्णनाथ, सुप्रसिद्ध चिंतक-विचारक

आयोजन स्थल : सत्यभारती सभागार, रांची

'मैं नहीं जानता कि भारत किधर जा रहा है। भारत की अगर कोई सूत्र आत्मा है, तो वही जानती है कि भारत किधर जा रहा है। मैं नहीं जानता कि भारत क्या है? आदि भारत का स्वरूप है आपके मन में या आधुनिक भारत का, जिसका एक टुकड़ा रांची में बन रहा है या बन-बनकर बिगड़ रहा है, वह दिमाग में है।'

'यहां एक गांव हुआ करता था हटिया, जिसे आधुनिक सभ्यता, आधुनिक भारत लील गया। कारखाने में समा गया पूरा गांव। आज उस गांव के अवशेष भी वहां नहीं हैं, यह हाल सिर्फ हटिया का नहीं, पूरी दुनिया का है। आधुनिकता, विकास, गांव को लील रहा है। इस विकास को आज दुनिया भी पूरी नहीं पड़ रही है, तो वह अंतरिक्ष की ओर भाग रहा है। कुल मिलाकर होड़ लगी है, प्रकृति पर विजय पाने की। जो कुछ भी आकाश में है, जल में है, वनस्पति में है, उस पर आधिपत्य स्थापित करने की। उसे अपने लाभ या लोभ का विषय बनाने की वही आदिम प्रवृत्ति। कितना भी उसी आधुनिकता का जामा पहनाये, दूसरे को अपने वश में रखने, उसे अपने भोग की वस्तु बनाने की वही पुरानी आदिम प्रवृत्ति।'

आज हम जहां हैं, वहां नहीं हैं। जहां नहीं हैं, वहां हैं। कुंवरनारायण की कविता 'दिल्ली में दो कमरे, और सपनों का गांव, और न यहां टिके, न वहां टिके पांव,' ब्रिटिश काल में लगता था कि अंगरेज चले जायेंगे, तो सुराज आयेगा, सारे दुःख दूर हो जायेंगे। सुराज आया, ऐसा शासन आया, जिसके लोग तन से तो भारतीय थे, लेकिन मन से अंगरेज ही। फिर लगा 67 के आसपास कि इन्हें बदला जाये, तो बात बने, वह भी बदला। फिर लगा कि दिल्ली भी बदले, तभी बात बनेगी। 77 में वह भी बदली, लेकिन कुछ नहीं हुआ। मतलब सिर्फ सत्ता बदलने से कुछ नहीं होगा, फिर भी बदलते रहना होगा। जैसे बीमार करवटें बदलने से ठीक तो नहीं हो जाता, फिर भी थोड़ा आराम महसूस करता है।

बाह्य सत्ता व्यवस्था परिवर्तन से असली छुटकारा या मुक्ति नहीं आती, चित्त भी बदलना होगा। शुभ-अशुभ से देखना होगा। आज भारत रसातल की ओर जा रहा है, लेकिन रसातल

का वह तल कहां है, वहां पहुंचते ही फिर ऊपर उठना शुरू होगा। विकास, आधुनिक सभ्यता ने जंगल को लील लिया, गांव को लील लिया और दे रहा है धुआं, प्रदूषण। हमने कल्पवृक्ष की तरह जो चाहा किया, लेकिन जो मिला है वही हमारे भय का भी कारण बना है। उसी से हमारी दृष्टि को भी खतरा है। दूसरे को सुधारने, दुनिया को बदलने के नारे लगाने के बजाय स्वयं को बदलें, थोड़ा स्वयं अंदर- बाहर बेहतर करें, थोड़ी शांति थोड़ा सुख बांटें, अवसाद झेलें, पीड़ा स्वयं पी लें। थोड़ी रोशनी-थोड़ा प्रकाश बांटें। भारत अपनी राह स्वयं ढूंढ़ लेगा।

ध्वंस के कगार पर पश्चिमी संस्कृति

किशन पटनायक
समाजवादी नेता, चिंतक व लेखक

आयोजन स्थल : प्रभात खबर परिसर

पश्चिमी संस्कृति ध्वंस के कगार पर है। भारत भी पश्चिमी संस्कृति के मोह में फंसता चला जा रहा है। भारत तेजी से आर्थिक गुलामी की ओर बढ़ रहा है। पश्चिमी संस्कृति विकासशील देशों को, जिनमें भारत भी है, अपने पूर्ण नियंत्रण में ले लेना चाहती है। भारत का नेतृत्व ही उसे रोक सकता है। 91 और दिसंबर 92 की दो घटनाओं ने भारत के भविष्य को बहुत हद तक स्पष्ट कर दिया है। 1991 में केंद्र सरकार ने अंतरराष्ट्रीय मुद्रा कोष की नीतियों को अपनाकर एवं 92 दिसंबर में बाबरी मसजिद ढ्हाकर भारत के भविष्य को स्पष्ट कर दिया है। देश अब तक खुल्लम-खुल्ला गुलाम नहीं हुआ है, लेकिन देश का नेतृत्व करने वाला समूह निश्चित तौर पर गुलाम हो चुका है। देश के पिछ्ले तीनों बजट इस बात के सबूत हैं, जो विश्व बैंक के निर्देश पर बनाये गये। खदानों और खनिजों को निजीकृत करने का प्रस्ताव पारित हो गया है। रुपये को पूरी तरह परिवर्तनीय बना दिया गया। आयात में छूट दे दी गयी, परंतु संसद में विरोध नहीं हुआ, क्योंकि पश्चिमी देशों ने इसके लिए भारत में पूरी तैयारी कर रखी है। गुलामी का इससे अधिक और क्या प्रमाण हो सकता है कि जंगल पैदा करने का जिम्मा भी बहुउद्देश्यीय कंपनियों को दे दिया गया हैं।

केंद्र झारखंड राज्य तब तक नहीं देना चाहता, जब तक बहुराष्ट्रीय कंपनियों का जंगल और खनिज पर कब्जा नहीं हो जाता। इसके लिए पृष्ठभूमि तैयार कर ली गयी है। अगले 50 सालों में दुनिया में बहुत परिवर्तन होना है, जिसमें बड़े पैमाने पर सुनियोजित ढंग से जनहत्याएं होना, दवाओं की कीमत को एकाएक दस से बीस गुणा बढ़ाना, अकाल पीड़ित क्षेत्रों में राहत नहीं चलाना, जनसाधारण के शिक्षा, स्वास्थ्य पर होने वाले खर्च में कटौती करना इसके ज्वलंत उदाहरण हैं।

मौजूदा विकास नीति के तहत न तो भारत का और न जनतंत्र का कोई भविष्य है, क्योंकि मौजूदा विकास नीति के मार्ग में जनतंत्र ही सबसे बड़ा अवरोधक है।

पश्चिमी विकास, पश्चिमी औद्योगिक सभ्यता अब सिर्फ गैर वैज्ञानिक होकर जादू-मंत्र से ही रुक सकती है। इसी गैर वैज्ञानिक तरीके के तहत ही ध्वंस को रोकने के बारे में कल्पना की जा सकती है। अन्यथा ध्वंस रुकने वाला नहीं है, क्योंकि अगले कुछ दशकों में दुनिया की आबादी को खाने लायक अन्न भी नहीं होगा। पश्चिमी वैज्ञानिकों ने अपने सत्ताधारियों को यह बता दिया है। इसी कारण अपनी आय बढ़ाने के लिए पश्चिमी देश एशिया और विकासशील देशों पर कब्जा कर रहे हैं और भारतीय समाज का नेतृत्व इनका समर्थन कर रहा है, क्योंकि इनकी जड़ें जमीन में नहीं हैं।

आखिर भारत कहां है?

रूसी मोदी

सीएमपीडीआई, मयूरी प्रेक्षागृह, रांची

जब तक हम जात, धर्म, मजहब और क्षेत्र के ऊपर उठ कर, भारतीय बनकर देश के लिए कुछ करने का संकल्प नहीं लेंगे, तब तक देश नहीं बनेगा। आज तो हर कदम पर देश और समाज को तोड़ा जा रहा है।

45 सालों में हम पेयजल तक की समुचित व्यवस्था नहीं कर पाये हैं, जबकि पानी के बगैर जीवन की कल्पना भी नहीं की जा सकती है। अगर सभी उद्योग एवं लोक उपक्रम ही संकल्प कर लें और इनसे सरकार सही मायने में तादात्म्य स्थापित करके काम कराये तो इस संकट का आसानी से समाधान हो सकता है। हमें आर्थिक उदारीकरण के लिए स्वयं को मानसिक रूप से तैयार करना ही होगा, क्योंकि इसके बगैर विदेशी निवेश की चुनौतियों का मुकाबला नहीं हो सकता है। विदेशी निवेश से ही विनिमय के संकट का मुकाबला किया जा सकेगा। बेरोजगारी में वृद्धि को रोकने और कम उत्पादकता की समस्या का मुकाबला करने का एकमात्र रास्ता विश्वव्यापी प्रतियोगिता है। भारतीय उद्योगपतियों को चाहिए कि वे विदेशी निवेश से आशंकित और भयभीत होने के बजाय अपने को उसके लिए सक्षम करें। हर वर्ष भारत में एक नया ऑस्ट्रेलिया जुड़ जाता है। प्रति व्यक्ति पर राज्य 50 हजार रुपये सालाना खर्च करता है। मौजूदा जनसंख्या वृद्धि की दर से दो वर्षों में देश में पांच करोड़ और बच्चे जुड़ेंगे। इस विषम परिस्थिति का मुकाबला हर कीमत पर जनसंख्या वृद्धि को कारगर ढंग से नियंत्रित करने से ही होगा।

अब भी पर्यावरण संतुलन के समुचित प्रबंध नहीं किये गये, तो अगले 20-40 सालों में भारत के लिए गंभीर संकट बनेगा। इसलिए इसका मुकाबला युद्ध स्तर पर करना होगा। 30-40 फीसदी आपराधिक रिकॉर्ड वाले लोग राजनीति में छाये हुए हैं। 85 करोड़ लोगों की बाध्यता है कि इनमें से ही अपना प्रतिनिधि चुने। इस माहौल के बदले बगैर सही लोकतंत्र की स्थापना नहीं हो सकेगी। निरक्षरता पर काबू पाने की सार्थक कोशिश नहीं होने के कारण साक्षरता दर में वृद्धि नहीं हो रही है। भारत में शिक्षा पर सबसे कम खर्च किया जाता है।

उदाहरणस्वरूप सिंगापुर शिक्षा पर 19 प्रतिशत, थाईलैंड 17 प्रतिशत खर्च करता है, परंतु भारत जैसे विशाल देश में शिक्षा पर 2.7 प्रतिशत खर्च किया जाता है। शिक्षा के बगैर लोकतंत्र मजाक होकर रह गया है। पंड्ति जवाहरलालन नेहरू ने राष्ट्रीय प्रयोगशालाओं की स्थापना करके भारत के विकास को गति दी, लेकिन आज बड़े पैमाने पर बेहतरीन दिमाग वाले व्यक्तियों का पलायन हो रहा है, क्योंकि उनको देश में काम करने का माहौल नहीं दिया जाता है। हालात ये हैं कि भारतीय प्रयोगशालाओं की उपलब्धियों को प्रयोग में लाने में हम नकारा सिद्ध हुए हैं। अभी भी उम्मीद है, भारत के सकारात्मक विकास के पक्ष भी हैं। जाति, धर्म, मजहब और क्षेत्र से ऊपर उठकर स्पष्ट दिशा तय करके भारत अपनी वर्तमान दशा को बदलकर विकास और निर्माण में अग्रणी हो सकता है। अगले दस वर्षों तक सभी तरह के धार्मिक जुलूसों पर प्रतिबंध लगा दिया जाना चाहिए और सार्वजनिक भाषणों के दौरान धार्मिक मुद्दों को नहीं उठाया जाना चाहिए। आज हमारी पहचान एक भारतीय के रूप में समाप्त हो गयी है और हमें हिंदू, मुसलमान, ईसाई, व सिख इत्यादि के रूप में पहचाना जाने लगा है, आखिर भारत कहां है? स्वच्छ छवि वाले व्यक्तियों को ही चुनकर संसद व विधानसभाओं में भेजा जाना चाहिए। आज कई आपराधिक चरित्रवाले व्यक्ति राजनीति में आ गये हैं और यह चिंता का विषय है।

अंग्रेजी का एक शब्द है लीड। मतलब हुआ ल- लीडरशिप (नेतृत्व), ई - इफिशियेंसी (कार्यक्षमता), ई- एजुकेशन (शिक्षा) तथा डी - डिसिप्लीन (अनुशासन)। लीड करने के लिए इसे हमेशा याद रखना होगा।

स्वतंत्रता आंदोलन के राष्ट्रवाद से ही खत्म होगी कट्टरता

नामवर सिंह
प्रसिद्ध आलोचक

24 मई, 2003

आयोजन स्थल : सीसीएल विचार गृह

विषय : संस्कृति का संकट

किसी भी संस्कृति का सार तत्त्व है सहिष्णुता। सहिष्णुता से ही संस्कृति के संकट का सामना किया जा सकता है। हमारी संस्कृति के सामने सबसे बड़ी चुनौती है सांस्कृतिक उपनिवेशवाद। संस्कृति हमारे लिए मंदिर नहीं बल्कि धर्मक्षेत्र है, कुरुक्षेत्र है। इसमें संघर्ष करने वाले आमने-सामने हैं, आपको अपना पक्ष चुनना है। 1990-1991 के बाद दुनिया वही नहीं रह गयी हैं, जो पहले थी। पहले कम-से-कम एक विकल्प था, जिसे हम सोवियत संघ कहते हैं। दुनिया के दो ध्रुव थे लेकिन अब एक ध्रुव है-- सिर्फ अमेरिका। हम एक ध्रुवीय विश्व और इराक युद्ध के बाद संस्कृति की चर्चा कर रहे हैं। हम आज दुबारा उपनिवेशीकरण के शिकार हो रहे हैं। नये उपनिवेशवाद का असर राजनीति के साथ संस्कृति पर भी पड़ेगा। अमेरिका अपने उपनिवेश सिर्फ अपनी सैन्य ताकत से ही नहीं कायम कर रहा है। हथियारों के बाद उसका सबसे बड़ा उद्योग सूचना है। मीड्या ने कई धोखेबाज शब्द गढ़े हैं, ये शब्द चीजों की भयावहता साफ नहीं कर पाते। ऐसा ही एक शब्द है भूमंड्लीकरण। दरअसल भूमंड्लीकरण साम्राज्यवाद है, जिसके तरीके पहले से अलग हैं। ये अपने ही देश में बैठकर, दूसरे देशों पर शासन चलाने का तरीका है। उपनिवेशवाद ने सूचना का साम्राज्यवाद पैदा किया है। हमें वही खबरें मिलती हैं, जो अमेरिका देना चाहता है। सूचना और जासूसी के बीच का फर्क मिटता जा रहा है। अमेरिका ने पूरी दुनिया की गुप्तचर संस्थाओं का नेटवर्क तैयार किया है। ब्रिटेन ने केवल हमारी धरती पर कब्जा किया था लेकिन अमेरिका ने आकाश पर भी कब्जा कर लिया है। राष्ट्रपति भवन और प्रधानमंत्री कार्यालय की गतिविधियां भले ही हमारे लिए गोपनीय हों पर अमेरिका से कुछ भी नहीं छुपा है। वहां वही हो रहा है, जो अमेरिका चाहता है। अमेरिकी पूंजीवादी साम्राज्यवाद का असर हमारी शिक्षा व्यवस्था पर भी पड़ रहा है। स्कूलों व कॉलेजों

का मकसद सिर्फ अच्छे टेक्निशियन पैदा करना रह गया है। शिक्षण संस्थानों से अच्छा इंसान पैदा करने की अवधारणा खत्म हो चुकी है। अमेरिका ने विचारधारा का भी उद्योग खोल रखा है। वहां नये-नये छद्म विचारों को जन्म दिया जा रहा है। जैसे, उत्तर आधुनिकतावाद, उत्तर उपनिवेशवाद। उनका मकसद यह साबित करना है कि दुनिया से सारे विचार, संगठनों का अंत हो चुका है। मानव अपनी समस्त ऊंचाइयां हासिल कर चुका है। इन विचारों का मकसद नये विचारों को उपजने से रोकना है, सांस्कृतिक विकास को रोकना है। अमेरिका में आजकल अंतोनियो, नेग्री और माइकल हार्ड की किताब 'द एंपायर' खूब बिक रही है। इस किताब में यह अवधारणा पेश की गयी है कि दुनिया में अब किसी का साम्राज्यवाद नहीं है। साम्राज्य है तो सिर्फ बहुराष्ट्रीय पूंजी का। इस अवधारणा का मकसद साम्राज्यवादी विरोध के निशाने से अमेरिका को हटाना है। यह किताब लेनिन के लेख 'साम्राज्यवाद- पूंजीवाद की चरम अवस्था' पर परदा डालने के लिए लिखी गयी है। ब्रिटिश उपनिवेशवाद के दौर में लोग ऑक्सफोर्ड, कैंब्रिज से पढ़कर राष्ट्रवादी बने, साम्यवादी बने, लेकिन नये उपनिवेशवाद में बुद्धिजीवी अमेरिका के पिछलग्गू बन रहे हैं। नॉम चोमस्की और एड्वर्ड सईद जैसे अमेरिकी बुद्धिजीवी अमेरिकी साम्राज्यवाद का विरोध कर रहे हैं तो भारतीय बुद्धिजीवी शाश्वत चिंतन में व्यस्त हैं। अमेरिकी उपनिवेशवाद के खिलाफ लड़ाई अकेले नहीं लड़ी जा सकती। हमें अंतराष्ट्रीयतावाद के आधार पर सोचना होगा। यह लड़ाई 'लोकल' और 'ग्लोबल' दोनों स्तरों पर लड़नी होगी। अमेरिकी साम्राज्यवाद की जान जिस तोते में है, वह हमारे घर में भी बैठा है। इराक पर हमले से उसको सिर्फ दुख होता है, विरोध के स्वर तक उसके मुंह से नहीं निकलते। साम्राज्यवाद फासीवाद पैदा करता है। 1930 की महामंदी के बाद साम्राज्यवादियों ने फासीवादी ताकतों को बढ़ावा दिया। दूसरे विश्वयुद्ध में फासीवादी नाजीवाद को सोवियत संघ की समाजवादी ताकत ने परास्त किया। अमेरिकी साम्राज्यवाद आज फिर फासीवादी ताकतों को पैदा कर रहा है। चाहे वह इस्लामिक कट्टरपंथ हो या कट्टर हिंदुत्ववाद। फासीवाद आज उग्र राष्ट्रवाद के नाम पर हमारे सामने आ रहा है, लेकिन हमारे पास महात्मा गांधी, तिलक, भगत सिंह के राष्ट्रवाद की भी परंपरा है। आजादी के आंदोलन के दौर का बहुजातीय, बहु संस्कृतीय, बहुधार्मिक राष्ट्रवाद हिंदुत्ववादी राष्ट्रवाद को पराजित कर सकता है।

कानून से भ्रष्टाचार का खात्मा संभव नहीं

भैरों सिंह शेखावत

18 नवंबर, 2003

स्थान : सीएमपीडीआई, मयूरी प्रेक्षागृह

विषय : सुशासन

विकास कार्यों का जब तक सोशल ऑडिट नहीं होगा, तब तक भ्रष्टाचार नहीं रुकेगा। सुशासन को अब तक वनवास नहीं मिला है, जब कि सभी चाहते हैं कि सुशासन आये। इच्छा के साथ-साथ प्रतिबद्धता होनी चाहिए। सुशासन तब होगा, जब लोग राजधर्म का पालन करेंगे। जो राजधर्म का पालन करेगा, वही जनता को सुशासन दे सकता है। सुशासन व्याख्यानों से नहीं होगा। कानून से भ्रष्टाचार का खात्मा संभव नहीं है, इसके लिए जरूरी है कि विकास जिनके लिए हो रहा है, उन्हें उस कार्य में भागीदार बनाया जाए। उस कार्य का सोशल ऑडिट हो, जो भ्रष्ट है, उसे तुरंत सजा मिले। सरकार गरीब से गरीबतम व्यक्ति तक पहुंचे तभी कुशासन खत्म होगा और सुशासन आएगा।

आज तो राजधर्म के विपरित सारे कर्म हो रहे हैं। जातिवाद, धर्मवाद, संप्रदायवाद कैसे बढ़े, इसी की प्रक्रिया चल रही है। राजधर्म का पालन कैसे हो, यह गौण हो गया है। 1952 में जब मैं पहली बार चुनाव जीता था तो उस चुनाव में मेरे कुल 37।50 रुपये खर्च हुए थे, इसलिए कि उस समय राजधर्म था। जातिवाद नहीं था, धर्मवाद नहीं था और संप्रदायवाद नहीं था। लोग यह मानते थे कि अच्छे लोग चुनकर आने चाहिए। जो चुनकर जाते थे, वे राजधर्म का पालन करते थे लेकिन आज तो जो जातिवादी है, पैसे वाला है, वही चुनाव लड़ सकता है। जिसके पास मसल पावर है, चुनाव वही जीतेगा। राजधर्म का पालन करने वाले चुनाव नहीं जीतेंगे तो सुशासन कैसे आएगा। चाहे जितना व्याख्यान करा लें, चुनाव प्रक्रिया बदली जानी चाहिए। चुनाव के हिसाब से जो नीतियां बनती हैं, उनसे सुशासन नहीं लाया जा सकता। और जब तक नीतियों को लागू करने का समय नहीं मिलेगा, तंत्र नहीं बदलेगा, विकास नहीं होगा तो सुशासन कैसे आएगा? लोकसभा और विधानसभा चुनाव एक साथ हों तो धन कम खर्च होंगे। बाहुबलियों की कम चलेगी। धीरे-धीरे अच्छे लोगों की संख्या बढ़ेगी। लोकतंत्र के जो चार स्तंभ

हैं, वे भी अगर धर्म का पालन करें तो स्थिति बदलेगी। संसद में गंभीर चर्चा नहीं हो रही है। विधानमंड्लों में जो लोग हंगामा करते हैं, मीड्यिा में वही प्रमुखता पाते हैं। न्यायपालिका पर जनता का भरोसा कम होने लगा है। जज गिरफ्तार होने लगे हैं, इन चीजों के सुधार की दिशा में क्या हो रहा है? जिसने गरीबी देखी है, बेरोजगारी झेली है, जिसे भ्रष्टाचार का दंश सहना पड़ा है, वही इसके विरुद्ध लड़ने व इसे मिटाने की दिशा में आगे बढ़ सकता है। हमें सुनिश्चित करना होगा कि गरीब का वोट कोई नहीं खरीद सके। विकास के झूठे नारे पर कोई वोटर को ठग नहीं सके और गरीब से गरीबतम व्यक्ति को उसकी इच्छा से उसकी जरूरत और मांग के मुताबिक उसे विकास में सहायता करने से बात बनेगी। जैसा कि मैंने मुख्यमंत्री रहते हुए राजस्थान में अंत्योदय योजना से की थी। आज एक करोड़ से ज्यादा मुकदमे पेंडिंग हैं। यह तय है कि जो साधनहीन हैं, उन्हीं के मुकदमे ज्यादा पेंडिंग हैं। अब गरीब को न्याय पर कितना भरोसा होगा? सुशासन लाने के लिए कोई भी एक काम हाथ में लेकर उसे सुव्यवस्थित ढंग से शुरू किया जाए। लोग इसका अनुकरण करें। धीरे-धीरे सुशासन की ओर बढ़ें, साधन की कमी नहीं है। प्रधानमंत्री ग्राम सड़क योजना में जितना धन केंद्र ने दिया है, ठीक से खर्च हो। सड़कें ठीक से बनें तो सारे गांव बेहतर सड़कों से घिर जाएंगे। झारखंड के जेलों में बहुत सारे कैदी ऐसे हो सकते हैं, जो बहुत छोटे-मोटे मामलों में वर्षों से जेल काट रहे हैं। जिस जुर्म से वे जेल में हैं, उसकी सजा उनके जेल में गुजारे गये समय से कम ही होगी। ऐसे लोगों को कैसे बाहर निकाला जाए? इनमें तो बहुत सारे ऐसे भी होंगे जिनकी जमानत हो चुकी होगी लेकिन जमानतदार नहीं मिला होगा। ऐसे कैदियों को बाहर निकालने में वे अपनी तरफ से हर तरह की मदद करेंगे।

प्रवासी भारतीय

सत्येंद्र श्रीवास्तव

आयोजन स्थल : सीसीएल विचार सभागार

तिथि : 15 सितंबर, 2003

विषय : प्रवासी भारतीय

इंग्लैंड में आज स्थिति यह है कि शिक्षा के मामले में वहां भारतीय अंग्रेजों से भी आगे निकल चुके हैं। पिछ्ले दिनों एक रिपोर्ट में भारतीयों को शिक्षा के क्षेत्र में अंग्रेजों से आगे दिखाया गया। शिक्षा के मामले में भारतीय जहां सर्वोपरि हैं वहीं अपराध के मामले में वे सबसे नीचे हैं। लेकिन वहीं इस सूची में पाकिस्तानी 18 और बांग्लादेशी 20वें स्थान पर हैं। इंग्लैंड में भारतीय लोगों की संख्या दो फीसदी है लेकिन वहां के पेशागत जीवन में भारतीयों की संख्या चार फीसदी है। आज बैंक, शिक्षण संस्थानों, कंप्यूटर संबंधी नौकरियों में भारतीयों की संख्या अधिक है। वस्तुतः भारतीयों के बिना इंग्लैंड नहीं चल सकता। इंग्लैंड के जीवन में आज भारतीयों की भूमिका बड़ी हो गयी है। इंग्लैंड में जब 60 के दशक में भारतीय लोग ज्यादा संख्या में आये, वहां सफल होने लगे और धन बनाने लगे तो उनके प्रति हिंसा बढ़ी, नस्लवाद बढ़ा। अंग्रेजों का कहना था कि भारतीय पैसा भारत भेज देते हैं लेकिन सच्चाई यह थी कि भारतीय दुनिया में सबसे ज्यादा बचत करते हैं। भारतीयों ने इंग्लैंड में भी सोसायटी बनाकर वहां पैसे रखे, जिससे उनके द्वारा दिये गये लोन से वहां के उद्योग चल रहे हैं। इस बात से भारतीयों के प्रति अंग्रेजों के दृष्टिकोण में बदलाव आया है। भारतीय जब इंग्लैंड आये थे तो वे सर्वहारा थे। भारतीय 18 घंटे तक काम करते हैं और वैसे भी काम कर लेते हैं जो अंग्रेज नहीं करते हैं। पहले जहां किसी भारतीय घर से भोजन बनाने से मसाले की गंध होती तो अंग्रेज भाग जाते लेकिन अब वहीं भारतीय भोजन इंग्लैंड का राष्ट्रीय भोजन बन गया हैं। वहां छ्ह बजे के बाद दुकानें बंद हो जाती हैं लेकिन अगर आपको भारतीय भोजन चाहिए तो वह रात नौ बजे भी मिल सकता है। सच्चाई यह है कि इंग्लैंड को हमने बदल दिया है। इंग्लैंड में भारतीयों की उपलब्धियों के बावजूद उनकी अपनी समस्याएं हैं। एक बड़ी समस्या है कि आज की पीढ़ी

अंग्रेजों के बीच पली-बढ़ी है लेकिन जब उन्हें सही काम नहीं मिलता है तो दिक्कतें पैदा होती हैं। इंग्लैंड में भारतीय मजदूर के रूप मे गये थे। वहां गुजराती, पंजाबी, बंगाली एक-एक क्षेत्र में बसे। वहां उनकी भाषा में साइनबोर्ड भी होते हैं लेकिन हिंदीभाषियों का इस तरह एक क्षेत्र नहीं है। बावजूद इसके सभी भारतीय लोग जब मिलते हैं तो हिंदी में बात करते हैं। उन जगहों में अंग्रेजी के बाद हिंदी सबसे ज्यादा बोली जाती है। पहले यहां के लोग प्रवासियों से ईर्ष्या करते थे कि वह धन कमाकर यहां मकान आदि बना रहे हैं लेकिन अब उन्हें सम्मान की दृष्टि से देखा जाता है। यह एक बड़ा बदलाव है। इंग्लैंड में रहने वाले विभिन्न भाषा, जाति के भारतीय लोगों में आपस में वैसा द्वेष भाव नहीं है, जैसा कि भारत में दिखाई देता है। केवल इंदिरा गांधी की हत्या के समय थोड़ा दिखाई दिया था जो मिट गया, लेकिन वहां भी भारत की तरह दहेज एक बड़ी समस्या है। शादियों में दिखावा होता है। कैंब्रिज विश्वविद्यालय में अंग्रेज समेत अमेरिकी, जर्मनी के छात्र हिंदी पढ़ने के लिए आते तो हैं लेकिन दुर्भाग्य की बात है कि भारतीय लोग नहीं आ रहे हैं। भारतीय युवक-युवतियां हिंदी पढ़ना चाहते हैं लेकिन उनके माता-पिता उन्हें रोकते हैं। अच्छी हिंदी पुस्तकों का अंग्रेजी में अनुवाद नहीं हो रहा है।

(सत्येंद्र श्रीवास्तव, लंदन)

कोई दिल से धर्मनिरपेक्ष नहीं है

जावेद अख्तर
तिथि : 22 अगस्त, 1993
स्थान : जवाहर नगर प्रेक्षागृह, रांची

विषय : भारत किधर

मुल्क की कोई भी सियासी पार्टी धर्मनिरपेक्षता को दिल से नहीं मानती। सभी धर्मनिरपेक्षता का इस्तेमाल सियासत हासिल करने और उसमें बने रहने के लिए करती हैं। नतीजन, धर्म निरपेक्षता, लोकतंत्र और पूरा मुल्क ही मंदिर-मसजिद, जाति-धर्म, दंगे-फसाद और संप्रदायिकता के इर्द-गिर्द धूम रहा है। संस्कारों, मूल्यों के लिए कोई नहीं लड़ता। हिंदुस्तान को मूल्यहीन बनाया जा रहा है। हिंदुस्तान में आज भी लाखों लोग बंधुआ मजदूर हैं, करोड़ों बच्चे बाल मजदूर के रूप में नारकीय जिंदगी जी रहे हैं। भुखमरी फैली हुई है, लोग भूखों मर रहे हैं लेकिन उसे स्वीकारने तक में सरकार अपनी तौहीन समझ रही है। लाखों बच्चे स्कूल नहीं जाते, दहेज के नाम पर औरतें जिंदा जला दी जाती हैं। बेरोजगारी सुरसा के मुंह की तरह बढ़ती जा रही है। स्वास्थ्य पर खर्च करने के लिए सरकार के पास धन नहीं है लेकिन किसी सियासी पार्टी के लिए यह मुद्दा नहीं है। किसी को इसकी फिक्र नहीं है। हम सब हर मसले के लिए सिर्फ राजनीति और राजनीतिज्ञों को जवाबदेह बताकर किनारा कर लेते हैं, लेकिन हम अपनी जिम्मेदारी से बच नहीं सकते।

फिल्मों को ही देखें तो 1950 में जमींदार विलेन हुआ करता था। 1960 में सामंत हो गये, 1970 में स्मगलर विलेन हो गये, 1980 में डकैत, लेकिन इसके बाद राजनीतिज्ञ विलेन हो गये और विलेन हीरो हो गये। आखिर यह सब कैसे हुआ? इन सबका अंत्यपरीक्षण करना होगा, तभी बात समझ में आएगी और वह बात, 'मैं'। मैं सबसे ऊपर हो गया। नतीजन समाज से संस्कार और मूल्य गायब हो गये। बेलगाम औद्योगीकरण भी इसका कारण रहा है। पिछले 40-45 सालों में आजादी का सबसे ज्यादा लाभ लेने वाला उद्योगपति और पूंजीपति ही आज सबसे ज्यादा असंतुष्ट है, उसका कारण है कि वे पावर में, सत्ता में अपनी हिस्सेदारी

चाहते हैं। सत्ता की होड़ में धर्म निरपेक्षता तथा लोकतंत्र को खत्म किया जा रहा है। ऐसा नहीं कि 1950 के पूर्व सांप्रदायिक नेता नहीं थे लेकिन उनकी सियासत के साथ सांठ-गांठ नहीं थी। हिंदुस्तान और हिंदुस्तानी जनता सांप्रदायिक नहीं है, फासिस्ट नहीं है लेकिन दंगे कराकर उनसे सांप्रदायिकता और फासिज्म की आग में झोंकने की कोशिश चल रही है। आजादी के 40 साल बाद आज 1993 में हिंदुस्तान को 1946-47 में ले जाने की कोशिश हो रही है। धर्म निरपेक्षता और लोकतंत्र को खत्म कर के हिंदुस्तान को पाकिस्तान बनाने की साजिश हो रही है।

दुनिया में दो तरह के लोग होते हैं। एक वह, जो अपने तजुर्बे से सीखता है और दूसरा वो जो दूसरे के तजुर्बे से सीखता है। लेकिन हम दोनों में से कुछ सीखना नहीं चाहते। पड़ोसी मुल्क के तजुर्बे से सीखने के बजाय, हिंदुस्तान को भी पाकिस्तान यानी एक धर्म का शासित देश बनाने की कोशिश कर रहे हैं। हमारे मौलिक अधिकारों का हनन हो रहा है। 1950 में जिस सपने से हिंदुस्तान का संविधान बना था, उन्हें चूर किया जा रहा है और सिर्फ धर्म से कोई राष्ट्र नहीं बनता। इतना तो साफ-साफ समझना चाहिए, जिन्होंने इसके तहत मुल्क बनाया है, वहां देख लें, पता चल जाएगा।

सांप्रदायिकता को सही ढंग से हिम्मत करके रोकने की कोशिश करती कोई भी शक्ति नहीं दिखती। कुछ लोग तो सांप्रदायिकता को जातिवाद से खत्म करने की कोशिश कर रहे हैं। यानी एक कुएं से निकालकर, दूसरे कुएं में डालते हैं। अल्पसंख्यकों के तुष्टीकरण की बात आजकल जोरों पर है लेकिन तुष्टीकरण अल्पसंख्यकों का नहीं, अल्पसंख्यकों के फंडामेंटलिस्टों का हुआ है, हो रहा है और इसे कांग्रेस के साथ-साथ सभी दल कर रहे हैं। भाजपा ने तो कांग्रेस से ही सीखा है, इसलिए सभी बराबर के भागीदार हैं। मौलाना बुखारी और लालकृष्ण आड्वाणी का 1977 में एक ही मंच से सभा करना इसका सबूत है। आज मुल्क में जनता की समस्याओं को उठाना होगा, राष्ट्रीय विकास की बात करनी होगी, आर्थिक मसले उठाने होंगे, तभी बात बनेगी। अभी निराश होने की घड़ी नहीं हैं। अभी भी आशा और उम्मीद बची है, जरूरत है उसके साथ एकजुट होकर चलने की। यह सब कुछ नैतिक मूल्यों व संस्कारों को प्रतिस्थापित कर, फंडामेंटलिस्ट को अलग कर लोकतंत्र को मजबूत करने से ही होगा।

(मशहूर गीतकार व लेखक)

लोकतांत्रिक व्यवस्था में मानवाधिकार

जस्टिस रंगनाथ मिश्र

तिथि : 18 सितंबर, 1993, स्थान : मेकॉन कम्यूनिटी हॉल

विषय : लोकतांत्रिक व्यवस्था में मानवाधिकार की सीमाएं

हरेक नागरिक मानवाधिकार का समर्पित सिपाही बने। जब तक नागरिकों में मानवाधिकार के प्रति जागरूकता नहीं होगी, तब तक उन्हें इसके उल्लंघन की पीड़ा झेलनी होगी। जब आप एकजुट हो जाएंगे, उसी दिन समस्या का समाधान निकल आएगा। आज पूरी दुनिया में अशांति फैली हुई है, इस माहौल में मानवाधिकर की रक्षा कठिन काम है, इसके लिए हरेक नागरिक का सहयोग जरूरी है। पांच या छह लोगों का आयोग बनाकर पूरे देश में स्थिति नहीं सुधारी जा सकती है। आजादी के 47 वर्ष बाद भी भारत के नागरिकों में राष्ट्रीयता की भावना नहीं आयी है। यहां के लोग बहुत थोड़े में संतुष्ट हो जाते हैं, उन्हें अपने अधिकारों की भी जानकारी नहीं है, इसलिए मानवाधिकारों का उल्लंघन होता है। पुलिस, प्रशासन या सत्ता में बैठे लोग जनता के नौकर हैं, उन्हें इस बात को समझाना होगा। जनतंत्र में जनता सर्वोपरि है, यह तथ्य भी नागरिकों को समझना होगा। एक स्वर में अन्याय के खिलाफ विरोध प्रकट करने से उसका असर होगा। शिक्षित समुदाय गांवों में रहने वाले लोगों को शिक्षित बनाएं। यदि नागरिक संगठित होकर काम करें तो हर समस्या खुद-ब-खुद सुलझ जाएगी। यदि नागरिक जागरूक हो जाए तो कहीं भी मानवाधिकार का उल्लंघन नहीं होगा। पुलिस जुल्मों की घटनाएं बढ़ रही हैं, इनके खिलाफ लोगों को एकजुटता दिखानी होगी। यदि लोग संगठित हो जाएं तो पुलिसवाले इस तरह की कार्रवाई नहीं करेंगे। भारत जैसे विशाल देश के सभी नागरिकों की सभी समस्याएं एक साथ नहीं सुलझायी जा सकती हैं। भारत में मानवाधिकार का सबसे अधिक उल्लंघन घरों में होता है। लोग अपने बच्चों को पीटते हैं, नौकरों को कम मजदूरी देते हैं। इस प्रवृत्ति पर अंकुश लगाना जरूरी है। लोग यह संकल्प लें कि वे अब मानव अधिकार का उल्लंघन नहीं करेंगे। मानव अधिकार आयोग का उद्‌देश्य देश में मानवाधिकार की संस्कृति का विकास करना है। इसके लिए प्रयास चल रहे हैं। आयोग हरेक भारतीय के चेहरे पर मुस्कान देखना चाहता है। हर देश अपनी आत्मकथा अपने नागरिकों के काम या निकम्मेपन से लिखता है।

क्या हम आजाद हैं

शिव खेड़ा

12 मार्च, 2004

स्थान : जयपाल सिंह स्टेडियम, रांची

क्या हम आने वाले 50 साल वैसे ही गुजारना चाहते हैं, जैसे पिछले पचास साल गुजरे थे? याद रखिए, कुरसी अथॉरिटी देती है, अथॉरिटी पावर देती है, मगर सिर्फ अच्छे व्यवहार से ही आपको इज्जत मिल सकती है। उन्होंने पूरी विनम्रता से देश को सजाने-संवारने की वकालत की। सबसे पहले देश की चिंता करने की बात की, फिर अपनी। विवेकानंद शिकागो में एक ही चीज की रट लगाते थे, माई कंट्री, माई मदरलैंड। मेरा वतन, मेरी मातृभूमि, किसी विदेशी सज्जन ने उनको टोका और कहा कि आपको पूरे विश्व की चिंता करनी चाहिए और आप हैं कि बस अपने ही वतन की बात कर रहे हैं। विवेकानंद ने कहा कि एक देश एक मां के समान होता है, अगर आप अपनी ही मां की इज्जत नहीं करेंगे, तो दूसरों की मां की इज्जत कैसे कर सकते हैं।

विवेकानंद का एक दूसरा किस्सा भी है। एक बार किसी हैजापीड़ित इलाके में विवेकानंद जनसेवा में जुटे थे, तो किसी ने उनका भगवा रूप देखकर कहा, बाबा आप तो डॉक्टर नहीं हैं, फिर यहां क्या कर रहे हैं। आपको तो मंदिर में होना चाहिए, पूजा करनी चाहिए। विवेकानंद ने उस आदमी से कहा, असली पूजा यही है दोस्त, मंदिर में तो सिर्फ कर्मकांड होता है। तो 'जो हाथ लोगों की सेवा करते हैं, वो उस मुंह से कहीं अच्छे हैं, जो सिर्फ दुआ करते हैं।'

क्या कानून का सम्मान करनेवाले नागरिक को इज्जत और प्रतिष्ठा से जीने का हक है? 1947 में हमें आजादी तो मिली, लेकिन सवाल यह है कि क्या हम वाकई आजाद हुए? हर देश अपनी आत्मकथा अपने जिम्मेदार नागरिकों के काम या निकम्मेपन से लिखता है। 'कुछ करने की भी कीमत चुकानी पड़ती है और न करने की भी कीमत चुकानी पड़्ती है। अपने पांव पर खड़े होने की भी कीमत होती है और घुटने टेककर जीने की भी कीमत होती है। फैसला आपका है...'

हिंदी इलाके भी विकास का विस्फोट कर सकते हैं

अरुण शौरी

12 अप्रैल, 2004

आयोजन स्थल : सीएमपीडीआई मयूरी प्रेक्षागृह

उदारीकरण के बाद भारत में क्या हुआ? दुनिया के साथ हमारी दोस्ती बढ़ी और दुनिया ने देखा कि हमारी हैसियत बड़े देशों जैसी है और दुनिया से हमारी दोस्ती की दावेदारी हमारी कमजोर नस कतई नहीं है। पूरी दुनिया में हम भी प्रतिस्पर्धा करने लायक ताकत हो रहे हैं। अमेरिकी लोकतंत्र के इतिहास में वहां पहला ऐसा आम चुनाव हो रहा है, जहां भारत से प्रतियोगिता एक मुद्दा है। किस चीज से घबरा रहा है अमेरिका? वह घबरा रहा है 26 साल से कम उम्र के उन पांच लाख हिंदुस्तानी लड़कों से, जो आइटी के क्षेत्र में 60 हजार करोड़ रुपये का व्यवसाय कर रहे हैं। अमेरिका के राजनीतिज्ञ अपने नागरिकों को यह भरोसा दिला रहे हैं कि वे आईटी के क्षेत्र में भारत को पीछे छोड़कर रहेंगे।

हमने एक जेनरेशन गंवा दी सोशलिस्ट कंट्रोल और लाइसेंस परमिट राज में। सरकारपरस्ती में हमने अपनी असल ताकत को तिरोहित कर दिया। हम, जो एक 'चमकता हुआ चेहरा' बहुत पहले हो सकते थे, वह अब हो रहे हैं। हमें इंडियन सोसाइटी की स्ट्रेंथ समझनी होगी और उसके हिसाब से विकास की स्ट्रेटजी बनानी होगी। अमेरिका की स्ट्रेंथ है वहां की सरकार। एक विकलांग बच्चे की परवरिश वहां की सरकार करती है मगर, हमारे देश में सरकार के पास यह इन्फ्रास्ट्रक्चर ही नहीं है। हमारे देश की स्ट्रेंथ है सोसायटी। अगर समाज के पास इच्छाशक्ति होगी, तो हम आने वाले सालों में दुनिया की बड़ी ताकत होंगे और इसकी कुछ झलक हम उदारीकरण के बाद देख भी रहे हैं। देश एक शव की तरह था, जिसके पास इतनी भी शक्ति नहीं थी कि वह अपने ऊपर बैठी मक्खी उड़ा सके।

सन्. 92 में हमें तीन दिनों के लिए महज 30 मिलियन डॉलर की जरूरत थी। विश्व का कोई बैंक कर्ज देने के लिए तैयार नहीं था। ब्रिटेन का एक बैंक सोना गिरवी रखने की शर्त पर कर्ज देने के लिए तैयार हुआ और हमने सोना गिरवी रख दिया। आज हम किसी को भी 110

से 112 मिलियन डॉलर कर्ज दे सकते हैं। महज एक दशक में हमारी यह हैसियत हो गयी है। और, यह सिर्फ उदारीकरण का ही चमत्कार नहीं है, बल्कि उस भरोसे की बुनियाद पर यह हुआ, जो नागरिक समाज ने पिछले दशक में इस नयी आर्थिक परिघटना पर तैयार किया।

पार्टियों के पास देश को आगे बढ़ाने के लिए लगभग एक ही एजेंडा है। दो बड़ी पार्टियों- कांग्रेस और बीजेपी के दृष्टिपत्र-घोषणापत्र में उन बातों को छोड दें, जो उन्होंने एक-दूसरे के लिए कही है, तो आपको यह समझ में नहीं आयेगा कि इसमें अलग-अलग बात क्या है। सवाल है, हाउ टू इंप्लीमेंट दीज बेटर। जो कहा, वह किया कैसे जाए?

विकास की इस दौड़ में हिंदी इलाके पीछे रहे गये, मगर अरुण शौरी के लिए यह चिंता की बात नहीं है। जो छूट गये, वे भी रेस में आ जायेंगे। जब विकास सिंगापुर, अमेरिका और जापान में था, तब बहुत दूर था। तब की बात मत कीजिए तब प्लेन में बैठकर विकास से मुलाकात करने जाना पड़ता, आज हमारे सामने विकास के अदभुत मॉडल के रूप में आंध्र, कर्नाटक, तमिलनाडु, महाराष्ट्र, केरल हैं। यह बहुत नजदीक है, जहां केवल बस की सवारी करके हम पहुंच सकते हैं। इसलिए, जब विकास की बस्ती इतनी नजदीक बसी हो, तो हिंदी इलाके भी विकास के लिए कमर कसकर तैयार होंगे।

देश के हर सरकारी संस्थान में कामचोरी की मानसिकता बन गयी है, इसको बढ़ावा हमारी सरकारों ने ही दिया है। हमारी सरकारें देश की कीमत पर उन कर्मचारियों को वह सब देते थे, जो वह मांगते थे। बदले में कर्मचारी उतना ही कम काम करते थे, जितना उन्हें दिया जाता था। निजीकरण काम का हिसाब मांगता है और तब पैसे देता है।

एक बार मेरी फ्लाइट लेट थी और ढाई बजे सुबह हैदराबाद पहुंची। हैदराबाद की सड़कों से पौने तीन बजे गुजर रहा था, मैंने देखा कि स्वीपर तेजी से सड़कों की सफाई कर रहा है। सवाल यह है कि क्या यह तत्परता हमारे नगर निगमों के सफाईकर्मी दिखा सकते हैं? नहीं, क्योंकि उनके कामों का निरीक्षण करने के लिए साढ़े छह बजे कोई अधिकारी सड़क पर आकर खड़ा नहीं होगा।

हम उदारीकरण के पहले भी अपनी चमक बढ़ा सकते थे, क्योंकि तब भी नयी दुनिया बन रही थी। मगर हम नयी दुनिया का एडवांटेज लेने से चूक गये। आज, यह देश ग्लोबलाइजेशन का अपने हित में इस्तेमाल कर रहा है। आज, देश के हर कोने से युवा कर्नाटक, पुणे पहुंचते हैं और उनकी प्रतिभा को वहां अवसर मिलता है। हम इस बात को कैसे इग्नोर कर सकते हैं कि उदारीकरण ने उन्हें यह अवसर दिया! कोई भी राज्य अगर तीन चीजें दुरुस्त कर ले, तो वह अपने यहां अजस्त्र अवसर पैदा कर सकता है। वे तीन चीजें हैं, गवर्नेंस, पावर सप्लाई और टेलीकॉम।

उदारीकरण के समय संसद में गजब का शोर था। 'चिंतित प्रतिनिधि' कहते थे कि देश को अभी दुनिया के मैदान पर खेलने के लिए नहीं छोड़ना चाहिए, घरेलू प्रतिस्पर्धा से इसको पहले उस लायक बनाना चाहिए जैसे बच्चे को अगर तैरना सिखाना हो, तो उसे स्वीमिंग पुल में डाल दीजिए, वह अपने आप तैरना सीख जायेगा। उस वक्त, क्या हम सोच सकते थे कि महज

दस साल में ही इंडियन इंडस्ट्री कंपिटीटिव हो जाएगी? आज जीडीपी रेट सालाना 19 प्रतिशत की दर से बढ़ रही है। उस वक्त की हवाबाजियों को याद करते हुए शौरी ने बताया कि संसद के 'चिंतित प्रतिनिधि' कहते थे कि देश के बाजार पर चाइनीज बैटरी राज करेगी और हमारी इंडस्ट्री बंद हो जायेगी, दुकानें बंद हो जायेंगी। आज कोई चाइनीज बैटरी कहीं दिख रही है आपको?

देश में डिपार्टमेंट ऑफ साइंटिफिक एंड इंडस्ट्रियल रिसर्च हर साल देश की हालत का सैंपल सर्वे करती है, जो लगातार इंप्रूव कर रहा है। नेशनल सैंपल सर्वे के अनुसार, पिछले कुछ सालों में गरीबी रेखा का आंकड़ा लगातार कम हुआ है। डेवलपमेंट से भारत का भविष्य आसान हो गया है। हमारे पास दो ऐसी चीजें हैं, जिनसे हम दुनिया में नंबर वन हो सकते हैं। हमारी फार्मास्युटिकल कंपनी से दुनिया डरती है। बायो-टेक्नोलोजी में हमारी स्ट्रेंथ असीमित है। इन दोनों के कंबीनेशन से हम विकास का विस्फोट कर सकते हैं।

फॉर्चून, 500 कंपनियों (जो विश्व की सबसे बड़ी कॉरपोरेट कंपनियां होती हैं) में से सौ कंपनियों के रिसर्च सेंटर के इंडिया में खुलने की सूचना दी है। इन सौ कंपनियों के छह सौ मास्टर ब्रेन ने तय किया है कि वे भारत में ही रहेंगे।

विजय मलहोत्रा कह रहे थे कि देश में इकोनामिक प्रोग्रेस के कारण पॉलिटीशियन की हालत खराब हो गयी है। पहले एक विधायक से स्कूटर या फिएट कार का कूपन लेने के लिए लोग उनके आगे-पीछे करते रहते थे। अब यह बहुत आसानी से हो जाता है, कोई विधायकों को पूछता तक नहीं। पहले फोन के लिए दस साल की वेटिंग लिस्ट होती थी। कोई सोशल वर्कर हुआ, तो वह तीन साल की वेटिंग लिस्ट के कोटे में आ जाता था। आज यह एक दिन का मामला हो गया है। पहले विधायकों के पास लोग जाते थे, कहते थे कि गैस के कूपन दे दें, इतने पैसे ले लें। आज इस लेन-देन के बीच में पैसा गायब हो गया है। आज मोबाइल के 13 लाख नये कस्टमर हर महीने बन रहे हैं। आप सोच सकते हैं कि देश, इन कुछ सालों में क्या से क्या हो गया है।

केवल उदारीकरण के कारण ऐसा हुआ है, यह सही नहीं है। यह हुआ है सरकार के रेस्पांसिव एटीट्यूड के कारण। फिर भी, जो अब तक हुआ, वह महज टेलर था। हमारे पास अनलिमिटेड विकास की स्ट्रेंथ है। हम लॉ फर्म्स में कुछ नया कर सकते हैं और चार्टर्ड एकाउंटेंसी, प्रोडक्ट डिजाइनिंग, आर्किटेक्चर डिजाइन और ओपेन हर्ट सर्जरी के क्षेत्र में तो चमत्कार करने की ओर बढ़ रहे हैं।

जिस ओपेन हर्ट सर्जरी कराने पर अमेरिका में 40 से 60 लाख रुपये खर्च होता है, दिल्ली के एस्कॉर्ट अस्पताल में ढाई से तीन लाख में हो जाता है। अमेरिका में नेत्र संबंधी ऑपरेशन का खर्च 1,500 डॉलर है और अरविंद नेत्र अस्पताल में हर साल 200,000 आंख के बडे ऑपरेशन होते हैं, लेकिन लेंस का खर्च जोड़ने के बाद एक ऑपरेशन का खर्च सिर्फ 12 डॉलर आता है।

ये कुछ ऐसे उदाहरण हैं, जिनसे स्पष्ट होता है कि देश का चेहरा इतना चमकदार हो गया है, जिसकी कल्पना हम कुछ साल पहले तक कतई नहीं कर सकते थे।

हमें बच्चों से सीखना चाहिए

यशपाल
11/08/2005

स्थान : प्रभात खबर सभागार, रांची

हमें बच्चों से सीखना चाहिए। क्यों सारी दुनिया को एक रंग में रंगने की कोशिश की जा रही है। मोनोकल्चर की इस प्रक्रिया पर हम चुपचाप क्यों हैं? आम धारणा है कि शिक्षा कोई ऐसी भौतिक चीज नहीं है, जिसे शिक्षक प्रदान कर सकता है। शिक्षा एक सृजनात्मक काम है। इसका सृजन अभिभावकों, शिक्षकों, सहपाठियों और समुदाय के जरिए होता है। बच्चों से भी हम सीख सकते हैं। इस परस्पर सहभागिता से ज्ञान की सटीक संरचना निर्मित की जा सकती है। हमने अपने बच्चों को रटंत तोता बना दिया है, उनकी मेधा उनकी सृजनात्मकता से नहीं, बल्कि परीक्षा में हासिल किये गये अंकों से की जा रही है। अगर बच्चों को सवाल पूछने से न रोका जाये, तो ज्ञान के स्रष्टा के रूप में बच्चों की भूमिका महत्त्वपूर्ण हो सकती है, परंतु हमारे समाज में इसे तवज्जो नहीं दी जाती है। ऐसी शिक्षा के बारे में सोचें, जो हमें संकीर्ण न बनाये। सवालों की टाइपोलॉजी बदलने की जरूरत है। प्रयोगशाला और कक्षाओं से बाहर पड़ी प्रतिभाओं को पहचानने और प्रतिष्ठित करने की जरूरत है।

हमारे देश के पहले प्रधानमंत्री वैज्ञानिक मिजाज की बात करते थे, उसकी जरूरत समझते थे। परंतु आज की हालत यहां तक है कि हमारे वैज्ञानिकों के पास तकनीकी दक्षता तो है, परंतु साइंटिफिक टेंपर नहीं। दूसरी तरफ ऐसे सैकड़ों लोग मिल जायेंगे, जिनके पास साइंस की डिग्री नहीं है, मगर उनके पास वैज्ञानिक मिजाज है। विशेषज्ञता हासिल करने की होड़ है लेकिन अगर विशेषज्ञ ही सब कुछ हैं तो संयुक्त राज्य अमेरिका में तो हर विषय के विशेषज्ञ हैं, परंतु ये विशेषज्ञ अमेरिकी राष्ट्रपति बुश को क्यों नहीं समझा पाते कि आतंकवाद का खात्मा बमों से नहीं होगा। अगर यही हाल रहा तो ग्लोबल जीनोसाइड़ के हालात से दुनिया को गुजरना होगा। 'ऐसी दुनिया बनायी जाये, जहां हम इंसानियत का सम्मान कर सकें, जहां हम अपने को खास मानें, पर साथ ही यह भी याद रखें कि दूसरे भी खास हैं। ऐसी दुनिया बने, जहां स्नेह हो, दूसरों का खयाल हो। मानवीय मूल्य हमारे लिए बहुत ही जरूरी हैं। हम ऐसा ग्राम स्वराज अपनायें, जहां गांव में रहकर भी उत्पादन किया जा सके। दुनिया को एक ध्रुवीय बनाने के बजाय बहु ध्रुवीय बनाने का प्रयास करें, तभी संभव है कि हम बिना ग्लोबल जीनोसाइड़ के 21वीं सदी पूरा कर पायेंगे।'

आदमी से इंसान बनने की राह में कई बाधाएं हैं

निदा फाजली

28/12/2005

स्थान : प्रभात खबर सभागार

हम ईश्वर को मंदिरों, मसजिदों, गिरजाघरों में खोजते हैं, लेकिन खुद में खुदा को नहीं ढूंढ़ते। हम सब आदमी तो हैं, लेकिन इंसान हममें से कम लोग ही हैं। आदमी से इंसान बनने की राह में कई बाधाएं खड़ी की जाती हैं। इन बाधाओं से पार पाना होगा, ताकि हम सिर्फ आदमी नहीं, इंसान भी बन सकें। किसी घर, किसी कौम, किसी मजहब, किसी सूबे या किसी देश में पैदा होने या मरने में मनुष्य का कोई योगदान नहीं होता। वह महज इत्तेफाक होता है। इसलिए हिंदू या मुसलमान होने पर गर्व करने की बात सरासर नासमझी है। गर्व तो उस पर करना चाहिए, जो खुद के परिश्रम, लगन से हासिल किया गया हो। भाषा के आधार पर हिंदुस्तान को अंगरेजों ने बांटा व लड़वाया और अपना काम पूरा किया। वरना भाषा तो हमेशा जोड़ने का काम करती है और फिर उर्दू और हिंदी का फर्क न तो सूफी संतों की भाषा में है और न ही कबीर से लेकर हिंदुस्तानी मिजाज के दूसरे कवियों व साहित्यकारों की भाषा में। कविता सिर्फ शब्द या विचार नहीं है, इसमें आसपास की आबो- हवा व माहौल का भी पुट होता है। कविता में भाषा आड़े नहीं आती। पत्रकार-साहित्यकार हमेशा अपनी आखें खुली रखें। समय को पहचानने, परखने व प्रस्तुत करने के लिए यह जरूरी है।

ईमानदारी से ताकत मिलती है

अंजन श्रीवास्तव
11/04/2007

स्थान : प्रभात खबर सभागार

मुझे स्पीच देना नहीं आता। मैंने इप्टा में मजदूरी की है व एक मजदूर बढ़िया वक्ता नहीं होता, लेकिन जब बोलता है तो दिल से व सच बोलता है। कह सकते हैं कि उसके जज्बात जुबां पर आ ही जाते हैं। हम बात भ्रष्टाचार की करते हैं, करप्शन पहले भी था, है और आगे भी रहेगा, लेकिन ईमानदारी से जीने व मुश्किलातों से एक ताकत मिलती है। पहले पेपर बेचकर फिर बैंक की मामूली नौकरी से मेरे पिता ने मेरी परवरिश की, यही मेरी ताकत है। कमाने के रास्ते तब भी थे, लेकिन मेरे पिता इससे दूर रहे। जीवन में सहजता जरूरी है, सहजता कोई कला नहीं, बल्कि बेहतर जीवन के लिए एक जरूरी डिमांड है। खासकर एक कलाकार के लिए, अन्यथा एक झूठ का आवरण आदमी ओढ़े रहता है। आज के समाज व सिनेमा में हम आज अपना जीवन नहीं ढूंढ़ पाते। पहले एक मजदूर अच्छे बोलवाले बेहतरीन गाने से अपना मनोरंजन करता था। आज उसे मोबाइल, सास व बहू दिखा दिया गया है, पूरे मेकअप में। अब इस परिस्थिति में वह कैसे नहीं सहज जिंदगी भूलेगा। हम गांधी को भी तो भूल गये, जो छह पैसे में पता नहीं कैसे अपनी जिंदगी चलाता था। कहां 40 रुपये की चीज, कहां वही 400 रुपये की चीज। बचत का सवाल ही कहां है, हम सचाई से हट गये हैं, क्योंकि हमने अपने लोगों को शिक्षित नहीं किया। चैनलों की भीड़ में नेशनल चैनल (डीडी वन) को उन्होंने देशज हथियार कहा, जिसे हम लगातार कमजोर कर रहे हैं। आज भी कई सार्थक चीजें नेशनल चैनल में ही दिखती हैं। नेशनल चैनल हमारे हथियार हैं लेकिन हम इसे कमजोर कर रहे हैं।

पोलिटिक्लि साइंस नहीं, सेंस ज्यादा महत्त्वपूर्ण

योगेंद्र यादव

तिथि : 10 सितंबर, 2008

स्थान : प्रभात खबर सभागार

विषय : भारत के लिए उपयुक्त चुनाव प्रणाली

पोलिटिक्लि साइंस से राजनीति की वह समझ नहीं बनती, जो बाहरी समाज व आम लोगों के बीच से आती है, इसलिए मैं एक बात कहता हूं कि पोलिटिक्लि साइंस व पोलिटिक्लि सेंस दो अलग-अलग चीजें हैं। साइंस से सेंस ज्यादा महत्त्वपूर्ण है, इस विषय में लोगों की दिलचस्पी रही है। जब हम लोकतंत्र को बेहतर व प्रभावी बनाना चाहते हैं, तो हमें अपनी राजनीतिक समझ विकसित करनी होगी। मुझे हैरानी होती है कि अपने जीवन के कई पक्ष के बारे में तो हम बड़ी बारीकी से सोचते हैं, लेकिन राजनीति के मुद्दे पर हम ऐसा नहीं करते। मैं उदाहरण देता हूं यदि अस्पताल में डॉक्टर न जायें, तो कोई नहीं कहता कि अस्पताल बंद कर दो। उसी तरह यदि मास्टर साहब स्कूल में नहीं पढ़ाते, तो ऐसा कोई नहीं कहता कि स्कूल बंद कर दो। बल्कि हम यह कहते हैं कि डॉक्टर या शिक्षक को बदलकर व्यवस्था दुरुस्त करो, लेकिन राजनेता के चोर होने पर हम राजनीति को गंदी चीज कह देते हैं। हम अपनी राजनीति में कई खामियां पाते हैं, ऐसी सोच इसी से पनपती है। इन्हीं कारणों से राजनीति से हमें घृणा, वितृष्णा होती है, हमें गुस्सा आता है।

ऐसे में यह सवाल उठता है कि क्या इसकी वजह हमारी चुनाव प्रणाली ही तो नहीं है? अब एक बार किसी ने पूछा कि तलाक की वजह क्या है, किसी ने जवाब दिया शादी। यानी शादी ही जब नहीं होगी, तो तलाक कैसे होंगे पर समस्याओं की ऐसी मूल जड़ें खोजना फायदेमंद नहीं है, क्योंकि यह समाधान की ओर नहीं ले जाते। सवाल है कि चुनाव प्रणाली क्या है?

कई बातें हो सकती हैं। मैं मोटे तौर पर यह कहता हूं कि यह वोट को सीट में बदलने की व्यवस्था है। दुनिया में 10-15 किस्म की चुनाव प्रणालियां हैं। अब मैं उन सबकी बात नहीं करूंगा। भारत में ब्रिटेन की चुनाव प्रणाली फर्स्ट पास द पोस्ट (पहले पहुंचकर जीतने वाला के अर्थ में) व्यवस्था है। एक चुनाव प्रणाली को समझने के लिए मैं आपको नेपाल की ओर ले चलूंगा। पहले लगा था कि माओवादी बहुमत में आयेंगे, पर बाद में वह कुछ पीछे रह गये। पहले

वहां भारत की चुनाव प्रणाली अपनाना चाहते थे, पर प्रचंड व माओवादियों को संदेह था कि वह इस तरीके से बहुमत में नहीं आ पायेंगे। फिर तय हुआ कि आधी सीटों पर चुनाव भारतीय प्रणाली से व आधी के लिए आनुपातिक व्यवस्था से हो। भारतीय व्यवस्था से चुनाव पर माओवादी सहमत हो जाते, तो उन्हें बहुमत मिल जाता, लेकिन उनमें बहुमत पाने का आत्मविश्वास नहीं था इसलिए यह हुआ कि भारतीय प्रणाली वाले चुनाव में 30 फीसदी वोट पाकर उन्हें 50 फीसदी सीटें मिल गयीं, लेकिन आनुपातिक व्यवस्था से आधी सीटों के चुनाव में उन्हें वोट के बराबर यानी 30 फीसदी सीटें ही मिलीं। इसलिए बाद में प्रचंड को गंठबंधन की सरकार बनाने के लिए दूसरी पार्टियों से समर्थन लेना पड़ा।

हमारे सिस्टम में यह भी संभव है कि एक साथ कोई प्रत्याशी जीत भी जाये और उसकी जमानत भी जब्त हो जाये। अपने यहां कुल मतदान के छठे भाग से भी कम वोट मिलने पर जमानत जब्त हो जाती है। अब यदि मान लें किसी उम्मीदवार को 14 फीसदी ही वोट मिले और वह जीत जाये। ऐसे में उसकी जमानत भी जब्त हो जायेगी, ऐसा हुआ है हमारे यहां। यानी सबसे ज्यादा वोट पाने वाले को जीत मिलती है। कितना वोट मिला, यह हमारे यहां मायने नहीं रखता। आपके झारखंड में यह हो सकता है कि कोई पार्टी सभी 81 सीटों पर 20-20 फीसदी वोट पाकर सभी सीटें जीत जाये व इससे थोड़ा कम 19 फीसदी पाने वाली पार्टी घर में बैठे। लगातार 50 वर्षों तक शासन करने वाली कांग्रेस पार्टी को कभी 50 फीसदी वोट भी नहीं मिला। इंदिरा गांधी की हत्या के बाद सद्‌भावना लहर में भी राजीव गांधी की सरकार को 48 फीसदी वोट मिले थे। पहले भी वह 40-42 फीसदी वोट पाकर 60 से 62 फीसदी सीटों पर जीतती रही थी। दूसरी ओर हमारी व्यवस्था में एक बात है कि क्षेत्र आधारित चुनाव के कारण आप अपने प्रतिनिधि को पहचान सकते हैं।

इससे अलग एक दूसरी व्यवस्था आनुपातिक व्यवस्था है, जो यूरोप के कई देशों में है। इसमें कैंडिडेट के लिए नहीं, पार्टी के लिए वोट डाला जाता है। इसमें वोटों की फीसदी के आधार पर सीटें तय होती हैं। जैसे किसी पार्टी को 16 फीसदी वोट मिला, तो वह 16 सीटों पर जीत जायेगी। इसी तरह वोटों की अलग-अलग फीसदी के आधार पर विभिन्न पार्टियों की सीटें तय होती हैं। इसमें होता यह है कि पार्टियों को कुल सीटों की संख्या के बराबर वरीयता के आधार पर अपने कैंडिडेट की लिस्ट चुनाव से पहले देनी होती है। यानी 16 फीसदी सीटें पाने वाली पार्टी की सूची में से 16वें नंबर के बाद लकीर खींच दी जायेगी। उतने लोग सरकार में, बाकी बाहर। इसे लिस्ट सिस्टम भी कहते हैं।

इस सिस्टम की सबसे बड़ी खूबी यह है कि इसमें वोट के आधार पर सीटें मिलती हैं। यह बिलकुल साफ है कि इस व्यवस्था से पार्टियों के साथ ज्यादा न्याय होता है। दरअसल इसी न्याय के लिए यह व्यवस्था बनी है। इसका असर यह होता है कि संसद में पार्टियों की संख्या बढ़ जाती है। यह व्यवस्था छोटी पार्टियों व अल्पसंख्यकों को राजनीति में सहारा देती है। इसकी खामी यह है कि इसमें किसी स्थायी सरकार का बनना मुश्किल है। इजरायल इसका नमूना है। लिस्ट सिस्टम में किसी पार्टी की हार-जीत की बात नहीं होती, बल्कि सीट के हिसाब से पावर का अनुपात घटता-बढ़ता है।

अब सवाल आता है कि सर्वोत्तम चुनाव प्रणाली क्या है। मेरी समझ से ऐसी कोई प्रणाली नहीं है। अब कोई पूछे कि सबसे अच्छा कपड़ा क्या है? कोई कपड़ा सबसे अच्छा नहीं हो सकता, यह बताना मुश्किल है। अब भारत के गरम मौसम के लिहाज से कोई कह सकता है कि सूती कपड़े, कुरता-पायजामा बढ़िया पहनावा हो सकता है। अब मैं यही कपड़े पहनकर शिकागो चला जाऊं, तो ठंड से ठिठुर जाऊंगा। यानी किसी भी प्रणाली में समय व स्थान निरपेक्ष नहीं हो सकता। ऐसे में प्रश्न यह हो सकता है कि आज के भारत में कौन-सी प्रणाली बेहतर है। मुझे लगता है कि प्रणाली का संदर्भ हमारे देश में बदल गया है। जेपी ने भी पहले चुनाव प्रणाली में बदलाव की बात उठायी थी। 60-70 के दशक और आज के संदर्भ में अंतर है। तब कांग्रेस 40 फीसदी वोट पाकर राज करती थी, तभी जेपी व अन्य लोगों ने यह सवाल उठाये थे। अभी भी 26 फीसदी वोट लाकर 145 सीटें कांग्रेस को मिलीं। सन् 1989 के बाद राजनीतिक स्थिति वोट व सीट के संदर्भ में बदल गयी है। छोटी पार्टियां व दल संसद में घुसने लगे। अब कोई पार्टी एकछत्र राज नहीं चला सकती।

यहां आनुपातिक प्रणाली लागू हो गयी, तो कभी भी एक पार्टी की सरकार नहीं बनेगी। राज्यों में भी सिर्फ पश्चिम बंगाल में ही यह हो सकता है। वहां भी सीपीएम की नहीं लेफ्ट फ्रंट की सरकार बन सकती है। फर्स्ट पास द पोस्ट सिस्टम के कारण हमारे देश में एक बात हुई कि इससे एक राजनीतिक स्थिरता की संभावना रहती है। मैं मानता हूं कि राजनीतिक स्थिरता बहुत अनिवार्य नहीं है। स्थायित्व हो व एक जड़ता रहे, तो क्या फायदा। हालांकि जब राजनीतिक अस्थिरता होती है, तो हाशिये पर पड़े समाज को फायदा होता है। आनुपातिक (लिस्ट) सिस्टम से उलट हमारे प्रतिनिधिमूलक व्यवस्था में नागरिक व प्रतिनिधि का एक रिश्ता बनता है। अब व्यवहार में यह होता है या नहीं होता है, ये अलग चीज है। चूंकि लोकसभा या विधानसभा के आधार पर हमारा चुनाव होता है, तो आप अपनी सरकार ही नहीं एमएलए-एमपी की भी जांच करते हैं। लिस्ट सिस्टम में आपके सब हैं, इसलिए कोई आपका नहीं है, तो रिश्ते वाली बात कट जाती है। यह सिस्टम छोटे देशों में चल जाता है। यहां झारखंड में यह सिस्टम हो जाये, तो आदिवासियों के लिए कोई काम नहीं होगा। किसको पकड़ियेगा! हमारे सिस्टम में तो क्षेत्र के आधार पर प्रतिनिधि होते हैं। लिस्ट सिस्टम में कौन कहां का है, पता नहीं। सभी 81 को पकड़ना होगा। आज कम-से-कम कोई रिजर्व तो है इसके लिए।

हमारे यहां चुनाव जीतने के लिए हर जाति के लोगों को जोड़ना पड़ता है। मायावती समझ गयी थीं कि इस 21फीसदी से काम नहीं चलेगा। इसलिए वह वर्षों पहले बहुजन के बजाय सर्वजन की बात करने लगी थीं। कोई हृदय परिवर्तन थोड़े ही हुआ था उनका। मुलायम सिंह यादव क्यों मुसलमानों को साथ लेकर चलना चाहते हैं। इधर लालू यादव की सरकार में व्यवहार में यादवों का राज भले चले, लेकिन लालू मुंह से यह बात नहीं कहेंगे। भारत के लिए यह शुभ लक्षण है। अब मान लीजिये कि लिस्ट सिस्टम लागू हो जाये, तो संसद में 60 फीसदी सीटें जातीय आधार से तय होंगी। अब इतने लोग वहां पहुंच गये, तो कैसी भाषा बोलेंगे? यह सच है कि भारतीय राजनीति में जातीय प्रभाव हमेशा से रहा है, आज भी है, लेकिन मर्यादित है। तो जनता-प्रतिनिधि संबंध का खत्म होना व जातीय प्रभाव का बढ़ना, यह खतरा दूसरे सिस्टम में है।

हमारी चुनाव प्रणाली की खामी अलग है। एक उदाहरण देता हूं– कोई ड्राइवर यदि गाड़ी चला रहा हो और वह गाड़ी अचानक रुक जाये, तो कई बातें हो सकती हैं। ड्राइवर सबसे पहले पेट्रोल देखता है, फिर टायर देखता है, तुरंत इंजन नहीं देखता। पर राजनीति के मामले में हमेशा हम सोचते हैं कि इंजन ही खराब है। एक और बहस चलती है संसदीय बनाम राष्ट्रपति प्रणाली। हालांकि संसदीय प्रणाली बहुत बेहतर है यानी वर्तमान में हमें अपनी प्रणाली की डिजाइन बदलने की जरूरत नहीं है।

एक बार एक आदमी एक लैंप के पास कुछ खोज रहा था। किसी ने पूछा कि क्या खोज रहे हो? उसने कहा कि मेरी चाबी गुम हो गयी है, कहां? उसने दूर इशारा किया। पहले ने पूछा : तो यहां क्यों ढूंढ़ रहे हो? पहले ने कहा : क्योंकि यहां रोशनी है। हमारे साथ भी यही होता है। हम समस्या को उसकी सही जगह पर नहीं देख रहे। हम अक्सर कहते हैं कि कानून-संविधान बदलने की जरूरत है, लेकिन ऐसा नहीं है।

यदि हमारे प्रतिनिधि व राजनीतिक दल व्यवस्था व लोगों के साथ न्याय नहीं कर रहे, तो इसमें दोष हमारी प्रणाली का नहीं है। जैसे गाड़ी के चलने के लिए पेट्रोल चाहिए, तो लोकतंत्र का पेट्रोल राजनीति है। नयी पीढ़ी, हमारे युवा राजनीति में आने की सोचते तक नहीं। राजनीति से द्वेष का फैशन चल पड़ा है, दुनिया का कोई लोकतंत्र राजनीति के बगैर नहीं चल सकता। दरअसल हमारी व्यवस्था में जो दोष है, वह सत्ता के केंद्रीकरण का है। दिल्ली में बैठकर लोहरदगा के सुदूर गांव के बारे में चाहे जितनी ईमानदारी से सोचा जाये, वह गड़बड़ ही होगा। यह काम रांची से भी नहीं होगा। क्यों नहीं यह फैसला लोहरदगा के उस गांव में ही हो। सत्ता का विकेंद्रीकरण, पंचायत व नगरपालिका के जरिये लोगों के फैसले हों। हर जिले में चुनी सरकार का मुख्यमंत्री हो। उपायुक्त जिले के मुख्यमंत्री का कैबिनेट सचिव बनें। अभी एक नया छोकरा थोड़ा पढ़कर लाखों लोगों के जीवन व भविष्य का फैसला लेता है। इसे बदलने की जरूरत है।

अभी हमारे देश में टीवी पर राजनीति के विज्ञापनों की शुरुआत हुई है। यूनाइटेड स्टेट्स में चुनाव पर लगभग 25 हजार करोड़ रुपये खर्च होते हैं। इनमें से दो हजार करोड़ रुपये टीवी पर खर्च होते हैं। टीवी पर विज्ञापन व पैसे के असर को रोकना होगा। राजनीति में पैसे की कमी है, उसे पैसा उपलब्ध करायें। अच्छे लोगों के लिए 10-20 लाख रुपये समस्या है, ईमानदार कैंडिडेट्स को ये पैसे मिलें, यह काम सरकार का नहीं हमारा-आपका है। पहले एक राजनीतिक कार्यकर्ता को समाज सहयोग करता था। किसी के घर जाने पर उसे लोग खाना खिला देते थे, कहीं जाना हो, तो घर के लड़के को टिकट के लिए भेज दिया। आज यह सामाजिक सब्सिडी बंद हो गयी है। हम राजनीति को कोसते हैं, इसके कार्यकर्ता की सुध नहीं लेते। वह टीबी से मर जाता है। घर वाले कहते हैं कि अपने साथ अपने बच्चों का भी भविष्य चौपट कर दिया।

अंत में मैं कहूंगा कि पुरानी बात को छोड़कर आज के संदर्भ में व्यवस्था बने। हम सूचना का अधिकार, अच्छे लोगों को धन उपलब्धता व सत्ता के विकेंद्रीकरण की बात करें व लोकतंत्र को बेहतर बनायें। राजनीति में नये विचार व लोगों को आने में सहयोग करें, यही आज की जरूरत है।

सुंदर चीजें हमेशा छोटे शहरों से शुरू होती हैं

(रामगढ़ में प्रभात खबर द्वारा आयोजित व्याख्यानमाला में योगेंद्र यादव)

आप सबने मुझे यहां इस शहर में आने का मौका दिया, इसके लिए शुक्रगुजार हूं। अक्सर मेरा परिचय दूरदर्शन व चुनाव विश्लेषक के रूप में होता है, लेकिन यहां एक नये रूप में मुझे पेश किया गया है। परिचय में एक बात छूट गयी है। वह यह कि जेएनयू में आने से पहले एक छोटे-से शहर श्रीगंगानगर में मेरी शिक्षा-दीक्षा हुई। दिल्ली या उस जैसे बड़े शहर में घबराहट होती है। छोटे शहर में आते ही मुझे अपनापन-सा महसूस होता है, रामगढ़ आकर मुझे ऐसा ही लगा। यहां आकर एक नयी चीज देखने को मिली, जहां भी मैं जाता हूं, मेरा स्वागत फूलों के गुच्छे से किया जाता है। यहां मेरा स्वागत विचारों के गुच्छे, एक पुस्तक भेंट कर किया गया, यह एक नयी पर अच्छी शुरुआत है। मेरी काफी समय से मान्यता रही है कि इस देश में सबसे सुंदर चीजें दिल्ली जैसे बड़े शहरों के बाहर शुरू होती हैं। नवनिर्माण की प्रक्रिया की छोटे शहर से शुरुआत होती है।

अपनी बातचीत की शुरुआत मैं 22 जुलाई, 2008 की घटना से करना चाहूंगा। जिस दिन संसद में अविश्वास प्रस्ताव पर बहस हो रही थी, आपमें से बहुत से लोगों ने टीवी पर देखा होगा। उत्सुकता होती है कि देखें संसद में ये लोग कर क्या रहे हैं। उस दिन शाम को आप लोगों ने संसद में नोटों का बैग खुलते हुए देखा होगा। जिन्होंने उस समय नहीं देखा, बाद में जरूर देखा होगा, क्योंकि बार-बार एक ही फुटेज को दिखाया जा रह था। शर्म भी आयी होगी, गुस्सा भी आया होगा, घिन भी आयी होगी। वो एक घड़ी है, जहां रुककर हमें सोचना चाहिए। वो जो शर्म थी, गुस्सा था, घिन थी, किसके प्रति थी, एक आसान-सा उत्तर हो सकता है, जिन्होंने रिश्वत दी सरकार को बचाने के लिए। जाहिर है, हम सबों ने यह भी देखा कि टीवी पर असली नायकों का चेहरा नहीं दिखा। अक्सर ऐसे खेल में ऐसा ही होता है, असली नायकों का चेहरा सामने नहीं आता। हमारा गुस्सा शायद बैग देने वाले के प्रति था। उसके पीछे उस नायक, जिसका फोन पर बार-बार नाम आ रहा था, उस पर था। कहीं उसके प्रति था, जिसे बचाने के लिए सारा खेल हो रहा हो। हमारे प्रधानमंत्री ईमानदार हैं। अगर ईमानदारी का मतलब यह है कि जिसे पैसा देकर खरीदा नहीं जा सके, तो हमारे

प्रधानमंत्री ईमानदार हैं। इस मायने में जैसे इस देश के अधिकतर प्रधानमंत्री नहीं रहे हैं। मैं इस बात को मानता हूं, लेकिन यह कैसी ईमानदारी है कि आपकी ईमानदारी को बचाने के लिए करोड़ों रुपये के नोट इधर-से-उधर हो रहे हैं।

एक छोटी-सी घटना, गांधी जी थर्ड क्लास कंपार्टमेंट में बैठे हुए थे। किसी ने उनसे कहा, गांधी जी आपको गरीब रखने के लिए इस देश को बहुत खर्च करना पड़ता है। आपकी गरीबी बड़ी महंगी है। डॅ मनमोहन सिंह की ईमानदारी भी पता नहीं कितने नोटों से चल रही है। कहीं कुछ छींटे हम पर भी पड़े होंगे, कुछ गुस्सा वहां भी शायद हमारा पहुंचा हो, लेकिन जरा सोचिए, जिस व्यक्ति ने बैग वहां दिया था। आप यूं ही किसी को बैग तो नहीं दे देते, या अगर आपको पता है कि हरिवंश जी के अखबार में ऊपर-नीचे करके खबरें नहीं छ्पतीं, जो भी छ्पवाना होगा, काम करके छ्पवाना होगा। हरिवंश जी के साथ एडजस्टमेंट करके नहीं छ्पवा सकते। ऐसे में आप एक करोड़ का बैग लेके तो हरिवंश जी के घर नहीं पहुंच जायेंगे। सबको पता है कि किसके साथ क्या करना चाहिए और नेता कुछ भी हो, ये गधे और उल्लू नहीं होते, जो ऊपर तक पहुंच जाते हैं। इन्हें पता है कि किस तरह के लोगों के पास बैग भेजे जाते हैं और कहां नहीं भेजे जाते। ये सच है कि बेचारे पकड़े गये और उन्हें पता नहीं था कि वहां कैमरा लगा है। लेकिन ऐसा लेन-देन चलता ही रहा होगा, जब आपको लगता है कि मार्केट में यह सब चलता ही रहता है। एक दुकानदार भी जब पूछता है कि भाई साहब पक्का बिल बनाऊं या वैसे ही चलेगा। इसका मतलब है कि उस दुकान में आने वाले कहते होंगे भाई वैसे ही चलेगा। जिसने यह बैग भिजवाया, उसे इतना तो पता होगा ही कि यह सब चलता है।

हमारी संसद में सांसदों की खरीद-फरोख्त चलती है। कोई पकड़ा गया वो अलग बात है। तो हमारा गुस्सा था बैग भेजने वाले पर, होना भी चाहिए, लेकिन लेने वाले की बात करें। संयोग निकला कि वे ईमानदार निकले, उन्होंने इसका भंडाफोड़ करवाया और भंडाफोड़ भी कैसे करवाया। अगर मैं सांसद हूं, और कोई मेरे को खरीदने की कोशिश करे, तो मैं सीधे लोकसभा अध्यक्ष को फोन करूंगा कि साहब मुझे खरीदने की कोशिश की जा रही है। बताइए मैं क्या करूं। या अगले दिन 11 बजे जैसे ही संसद की कार्यवाही शुरू होगी, मैं खड़ा होकर अध्यक्ष से शिकायत करूंगा कि साहब कल रात मेरे साथ ऐसा हुआ। आप बताइए मैं क्या करूं, या स्पीकर के कमरे में जाके नोट पकड़ा दूंगा, स्थिति बता दूंगा, आप ही सोचिए, आपने गौर किया कि नोटों का आदान-प्रदान कल रात या सुबह हुआ। शाम चार बजे तक इंतजार किया गया कि इसका भंडाफोड़ किया जाये या नहीं। मैं कोई सीबीआई का खुलासा नहीं कर रहा हूं, न ही मेरे को कोई खुफिया जानकारी है। मैं यहां ये बातें इसलिए कह रहा हूं कि उस घड़ी मेरे मन में जो क्षोभ आया, जो घिन आयी, जो गुस्सा था, तो सिर्फ एक छोटे-से समूह पर उसका आरोप लगा दें, तो हम अपने साथ न्याय नहीं करेंगे। उसमें कहीं एक बहुत बड़ा वर्ग शामिल है। सिर्फ नोट देने या लेने वाला नहीं, इस खेल में बड़े लोग शामिल हैं, जहां इस तरह के खेल चलते हैं और मामला सिर्फ नोट का नहीं है। ये नोट वाला कांड होने के पहले आपने डेढ़ दिन की बहस भी सुनी होगी। बहस में किस-किस तरह की बातें की गयीं, सरकार ने इस मामले को ऐसे पेश

करने की कोशिश की, मानों देश के ऊर्जा संकट को निबटाने के लिए एक ऊर्जा की नयी नीति बन रही है। सरकार भी जानती है कि ये ऊर्जा की रणनीति नहीं, देश की विदेश नीति को बदलने की एक बहुत बड़ी कोशिश है। अच्छी है, या बुरी है, इस पर बहस नहीं करूंगा, आज हमारा विषय भी नहीं है। लेकिन अपनी विदेश नीति पर हमें अमेरिका के साथ जुड़ना चाहिए या नहीं, उस सवाल को पलट के बना दिया गया कि देश में बिजली की कमी है, ऊर्जा आनी चाहिए कि नहीं। एक पैसे की बेईमानी होती है, एक विचार की बेईमानी होती है, शब्दों की बेईमानी होती है। पैसे की बेईमानी का कांड देखने से पहले डेढ़ दिन तक हमने क्या देखा, सत्ता पक्ष जो जानबूझकर अपनी बात को विदेश नीति के बजाय ऊर्जा नीति पर ले जा रहा है। बड़ा विपक्ष भारतीय जनता पार्टी अगर उसे अपने जमाने में अमेरिका की डील मिल जाती, मैं विश्वास से कह सकता हूं कि वे सिर के बल खड़े होकर डील पे साइन कर देते, तो वे उस डील का विरोध कर रहे हैं, जिसे करने के लिए वे आतुर थे, और दायें-बायें बात कर रहे थे। आड्वाणी जी के स्पीच से पता चलता है या अंत में उनकी बातों से आभास हो रहा था कि सरकार गिराने के पक्ष में वे नहीं थे। कहीं मायावती की तूती न बोलने लग जाये, उन्हें मायावती का डर था। विरोध करने वाले वामपंथी कहते हैं देश की संप्रभुता के बारे में हम चिंतित हैं, जो लोग सोवियत संघ से समझौते का नगाड़ा बजा-बजाकर समर्थन करते थे, वे कह रहे हैं अमेरिका के विरोध से हमारी संप्रभुता को खतरा है। रूस के साथ जाने से संप्रभुता नहीं बिकी हमारी? अमेरिका के साथ जाने से बिक जायेगी? अचानक आज भूल गये। जिन लोगों ने कल तक कहा था कि राष्ट्रीय संप्रभुता चीज क्या होती है, अचानक वे राष्ट्रीय संप्रभुता पे पलायित हो गये। यहां मेरा उद्देश्य किसी पार्टी विशेष का चरित्र चित्रण करना नहीं है। मैं ये कहना चाह रहा था कि वो जो बेईमानी हमने 22 जुलाई की शाम देखी, उसकी जड़ में एक दूसरी गहरी बेईमानी है। इस देश की जनता को वो बात नहीं बताना, जिसके लिए सारा कांड हुआ। यह जो सारा मुद्दा था, जिसे पक्ष भी छुपाना चाहता था, विपक्ष भी छुपाना चाहता था, जिसके लिए नाटक हुआ, जिसके आगे ये सब चीजें हुईं, यानी ये बेईमानी है। ये सिर्फ एक हिस्से तक सीमित नहीं थी। ये देश का पूरा राजनीतिक सत्ता प्रतिष्ठान देश की जनता के साथ गहरी बेईमानी में लिप्त था। जब मैं राजनीतिक सत्ता प्रतिष्ठान कहता हूं, तो इसका मतलब क्या है। इस समय हमारे देश में कोई 30 के करीब राजनीतिक पार्टियां हैं, उनमें से एक भी पार्टी ऐसी नहीं है, कम-से-कम मेरे ज्ञान में जो या तो आज सत्ता में भागीदार नहीं है, या पिछ्ले पांच-सात सालों में केंद्रीय स्तर पर या राज्य स्तर पर सत्ता के भागीदार नहीं रही। ये तमाम राजनीतिक पार्टियां जो लोकसभा में बैठी हैं, वो या तो सत्ता का सुख भोग रही हैं, या भोग चुकी हैं या भोगने की तैयारी में हैं ये सारा मिला के इस देश का सत्ता प्रतिष्ठान है, कांग्रेस आज सत्ता में है, भाजपा और उसका गंठबंधन जो कल तक सत्ता में था राज्य स्तर पर सत्ता में हैं। सीपीएम और उसका सहयोगी बंगाल, केरल, त्रिपुरा में सत्ता में हैं। जो एक बार सत्ता में आता है, या आ गया है और जो एक बार सत्ता में टिक जाता है, ये सब मिलाकर आज इस देश का सत्ता प्रतिष्ठान है, एस्टेबलिशमेंट है। अंगरेजी में एक सुंदर शब्द है - ब्रिटेन में जो विपक्ष होता है, उसको सिर्फ विपक्ष या ऑपोजिशन नहीं कहते, वहां चूंकि कागज

पर राजा की सरकार है, इसलिए सरकार को कहते हैं— हर मेजेस्टीज गवर्नमेंट महारानी की सरकार और विपक्ष को क्या कहते हैं— हर मैजेस्टीजलॉयल ऑपोजीशन (महारानी का वफादार विपक्ष)। हमारे देश में भाषा इस्तेमाल नहीं होती, लेकिन हकीकत यही है। यहां की रानी और राजा कौन है, कल्पना कीजियेगा। कभी-कभी मुझे लगता है कि इस देश के दो धड़े औद्योगिक घराने हैं। संयोग से दोनों के नामों का अर्थ एक ही है। एक नाम अंगरेजी में और दूसरे का नाम हिंदी में है, और उन दोनों के सहारे के बिना इस देश में कोई सरकार नहीं बनती। आप दोनों का नाम समझ लीजिए क्या है? उसके सहारे बिना सरकार नहीं बनती। हमारे यहां एक सरकार है और दूसरा उसका वफादार विपक्ष - लॉयल ऑपोजिशन, यह सरकार और उसका विपक्ष मिलाकर इस देश का सत्ता प्रतिष्ठान है, जो इस देश को चलाते हैं। 22 जुलाई को हमने जो देखा, वह इसका अंतिम प्रमाण था कि इस देश का सत्ता प्रतिष्ठान सड़ चुका है, इस देश की राजनीति में सड़न आ गयी है। राष्ट्रीय राजनीति इसकी आम जनता के सरोकार से कट चुकी है। यह पहली बात है, जो गांठ बांधने की है। मेरे को आज तीन-चार बातें कहनी है, पहली बात जो गांठ बांधने की है, जिसमें देश की सत्ता, पक्ष-विपक्ष सब शामिल हैं, ये पूरा का पूरा तालाब गंधा रहा है, सड़ चुका है। भई सड़ चुका है, तो मेरा क्या जाता है, तो सड़ने दो, राजनीति तो गंदी चीज है ही। चलो छोड़ो, राजनीति को गोली मारो, क्या राजनीति को गोली मारने से काम चलेगा। हम सब अपना दैनंदिन जीवन इस अंदाज में जीते हैं मानो राजनीति एक ऑप्शनल चीज है। जैसे बच्चों की परीक्षा में होता है न कंपलसरी और ऑप्शनल, कंपलसरी पहले करो, ऑप्शनल छोड़ भी दो तो कोई बात नहीं है। ये जो पॉलिटिक्स है, ये क्या है? हमारे जीवन का ऑप्शनल या कंपलसरी सब्जेक्ट, ऑप्शनल है तो गोली मारो, जाने दो, सड़ांध हो गयी है, जाने दो। मैं एक खेल खेलता हूं, मैं जब भी किसी स्कूल या कॉलेज में जाता हूं, तो बच्चों से एक सवाल करता हूं कि लोकतंत्र अच्छा है या खराब, तो सब हाथ उठाते हैं। बहुत अच्छा है हम ऐसा मानते हैं, फिर मैं पूछता हूं राजनीति अच्छी है या खराब, तो कोई हाथ नहीं उठाता, एकाध ही हाथ उठाता है, वह भी इधर-उधर देखकर अपना हाथ नीचे कर लेता है।

काम नहीं करने के हजार बहाने संभव

मृत्युंजय सिंह

प्रभात खबर सभागार में इन्फोसिस के एसोसिएट वाइस प्रेसिडेंट

इन्फोसिस के मुखिया नारायणमूर्ति का कहना है कि किसी काम को नहीं करने के हजार कारण हो सकते हैं, लेकिन उसे करने की सिर्फ एक वजह होती है, और वह है 'मुझे करना है'।

हिंदीभाषी राज्यों के लिए एक कहावत काफी प्रसिद्ध है। हिंदीभाषी क्षेत्रों में किसी काम को नहीं करने के लिए एक हजार कारण होते हैं। झारखंड के लोगों में भी यही बात है। विकसित राज्यों में किसी भी काम को करने के लिए एक ही कारण काफी होता है कि मुझे यह काम करना है। समाज व राज्य के विकास के लिए आम आदमी को ही माहौल बनाना होगा। आम आदमी के बदलाव की इच्छा से ही समाज में परिवर्तन संभव है। लोगों को सोच में बदलाव लाना होगा, विकास तभी होगा, जब समाज का हर आदमी केवल विकास के मुद्दे पर बात करे। बदलने की इच्छा ही समाज बदल सकती है, इसमें मीड्यिा का योगदान महत्त्वपूर्ण है।

मार्केट लीडर बनने के लिए कठिन प्रयास जरूरी है

सफलता का कोई शॉर्टकट नहीं होता। मेहनत सबसे जरूरी है, अमेरिका में मेरा एक दोस्त है, उसे पीएचडी करनी थी और उसके पास मात्र छह माह का समय था व उस दौरान उसके पिताजी बीमार थे। इस कारण वह लड़का अपनी पीएचडी पूरी करने के लिए एक दिन छोड़ कर सोता था। सफलता के लिए एक्सेलेंस की इच्छा जरूरी है। ज्यादा-से-ज्यादा काम करना जरूरी है, आप सोचें कि आज मैं वो करूंगा, जो दुनिया में किसी ने अब तक नहीं किया। यह सोच नहीं होगी, तो दूसरों से प्रतियोगिता भी संभव नहीं है। इन्फोसिस अगर सामान्य तौर पर काम करे, तो उसे आईबीएम जैसी कंपनियों के बराबर जाने में शायद 50 साल लगे। इसलिए हम लोग क्षमता से अधिक काम करते हैं। अगर हम सामान्य रफ्तार से काम करेंगे, तो जब हम अगले के स्थान पर पहुंचेंगे, तो अगला उससे आगे निकल चुका होगा।

ग्रो नहीं करेंगे, तो कंपीटीट नहीं करेंगे

आगे बढ़ने के लिए ग्रो करना बहुत जरूरी है, जिनका ग्रोथ नहीं है, वे नहीं बच सकते। बिना ग्रोथ के दूसरों से कंपीटीट भी नहीं कर सकते। इन्फोसिस जैसी कंपनी हर वर्ष 30 फीसदी ग्रो करती है। ग्रोथ से ही कान्फीडेंस और एक्सेलेंस आता है। आगे बढ़ने के लिए अपने ग्रोथ से कभी संतुष्ट नहीं होना चाहिए। आगे बढ़ने के लिए इनोवेशन भी जरूरी है। काम में हमेशा बदलाव होते रहना चाहिए। हां, ग्रोथ के साथ-साथ सोशल सपोर्ट सिस्टम भी बहुत जरूरी है, सोशल सपोर्ट सिस्टम ही ग्रोथ को कंट्रोल करता है।

यह भी याद रखना होगा कि इनोवेटिव आइडियाज ही क्लिक करते हैं। विकास के प्रति सकारात्मक नजरिया रखने के साथ-साथ इनोवेटिव भी होना होगा। देश में मोबाइल हेल्थ क्लिनिक का कांसेप्ट आ रहा है। आंध्रप्रदेश और गुजरात में मोबाइल हेल्थ क्लिनिक का कांसेप्ट हिट है। झारखंड की 74 फीसदी जनता गांवों में रहती है, मोबाइल हेल्थ क्लिनिक जैसे आइडिया यहां बहुत लाभकारी साबित हो सकते हैं। समाज के विकास के लिए इसी तरह के इनोवेटिव आइडियाज चाहिए।

भारत जैसे देश से करप्शन खत्म करना बहुत मुश्किल है। मुगल काल व अंगरेज शासन से ही करप्शन हमारी सोच में घर कर गया है। इससे ज्यादा चिंतित होने की जरूरत नहीं है। करप्शन से विकास नहीं रुकता। जब तक लोगों के सिद्धांतों में बदलाव नहीं होगा, तब तक करप्शन समाप्त नहीं होगा। लोग समझें, घूस लेना ही नहीं, देना भी गलत है, लोगों को सिद्धांत से समझौता नहीं करने का संकल्प लेना होगा।

विकास के लिए पारदर्शिता जरूरी है। जब सिस्टम में पारदर्शिता आती है, तो दायित्व खुद-ब-खुद बढ़ जाता है। सूचना के अधिकार का इस्तेमाल विकसित राज्यों में ज्यादा-से-ज्यादा होता है। अंतर देखिए, विकसित राज्यों के लिए केंद्र द्वारा जारी की गयी सहायता राशि कम पड़ जाती है, वहीं झारखंड जैसे बीमारू राज्यों में केंद्र द्वारा प्रदत्त राशि खर्च ही नहीं होती। लोग अपने अधिकारों के प्रति जागरूक हों, अपनी सोच में थोड़ा परिवर्तन करें, सिस्टम विकास के लिए बाध्य होगा।

झारखंड के पास वह सब कुछ है, जो विकास के लिए जरूरी होता है। महाराष्ट्र के पुणे में हर वर्ष दो लाख छात्र आते हैं। इनमें से 40 फीसदी छात्र हिंदीभाषी क्षेत्रों के ही होते हैं। हमारे पास ट्रेंड मैनपावर है, जरूरत बस कोशिश करने की है। हर आदमी कुछ नया व अलग करने की कोशिश करे, विकास के बारे में सोचे, लोग सोचें कि जब दूसरे कर सकते हैं, तो हम क्यों नहीं। यहां सब है, बस कोशिश की जरूरत है और यह धारणा हटानी होगी कि सरकार कुछ नहीं कर रही। असल में सरकार बहुत कुछ कर रही है।

विकास का दायित्व अकेले सरकार का नहीं है। झारखंड में भी शिक्षा व स्वास्थ्य के क्षेत्र में काफी काम किये जा रहे हैं। कई अच्छे शैक्षणिक संस्थान खुले, स्वास्थ्य सुविधा पहुंचाने के लिए भी काफी प्रयास हुए, लेकिन केवल सरकार के प्रयास से विकास संभव नही है। विकास के

लिए सरकार के साथ-साथ आम आदमी की सकारात्मक सोच बहुत जरूरी है।

अंत में एक बात बताना चाहता हूं। इन्फोसिस के प्रमुख एनआर नारायणमूर्ति को उनके लोग एनआरएन नाम से भी बुलाते हैं। वे बहुत सामान्य हैं। हर बात का वे सीधा उत्तर देते हैं। कंपनी में काम करने वाले उनसे कभी भी बात कर सकते हैं। अपने सुझाव उन्हें दे सकते हैं। उनके पास सबके सुझाव हमेशा आमंत्रित होते हैं। नारायणमूर्ति सुझावों को हमेशा डेमोक्रेटिक तरीके से छांटते हैं। उन्हें इस बात से कोई फर्क नहीं पड़ता कि सुझाव किसने दिया। उनका मानना है कि अच्छे सुझाव हमेशा वहीं से आते हैं, जहां लोग काम करते हैं। नारायणमूर्ति अपने मूल्यों के साथ कभी समझौता नहीं करते। इन्फोसिस में भी सबको मूल्यों से समझौता नहीं करना सिखाया जाता है। मूल्यों और सिद्धांत से समझौता करने वालों को न नारायणमूर्ति पसंद करते हैं और न ही उनकी कंपनी। हमें लगता है कि लीडर को ऐसा ही होना चाहिए।

प्रभात खबर कर रहा है बदलाव की इच्छा जगाने का प्रयास

मैं बचपन से प्रभात खबर का पाठक रहा हूं। खुद को इस अखबार के परिवार का सदस्य के तौर पर देखता हूं। यह रिश्ता आज का नहीं है। देश-दुनिया में कहीं भी रहता हूं, सुबह-सुबह नेट पर प्रभात खबर पढ़ना नहीं भूलता। जब मेरे दोस्त रांची के बारे में कुछ बताते हैं, तो मैं उन्हें कहता हूँ : मैं प्रभात खबर में पढ़ चुका हूं। यह मेरी दिनचर्या का हिस्सा है। मेरी यह मान्यता है कि समाज बदलने के लिए अखबार बढ़िया माध्यम हो सकता है। प्रभात खबर पढ़कर लगता है कि आम लोगों में विकास के बदलाव की इच्छा जगाने का प्रयास किया जा रहा है।

पत्रकारिता पर व्याख्यान

पत्रकारिता को लेकर एक बात पर चिंता आये दिन व्यक्त की जाती है कि बाजार ने इसे निगल लिया। इसके विपरित एक दूसरा खेमा भी है, जो बाजार को बहुत ही आशा की दृष्टि से देखता है। पत्रकारिता में जन सरोकार महत्त्वपूर्ण है कि बाजार, या दोनों। प्रभात खबर ने इस बात की सिर्फ सैद्धांतिक पड़ताल भर नहीं की बल्कि दोनों ही पक्षों को व्यावहारिकता की कसौटी पर कसकर एक परिणाम भी दिखाया। बाजार की दृष्टि से जहां प्रभात खबर ने खुद के बल पर अपनी मजबूती बनाये रखी, वहीं पत्रकारिता के लिए एक आदर्श भी स्थापित करता रहा। यूं तो प्रभात खबर ने कई ऐसे आयोजन पत्रकारिता को ध्यान में रखकर किये, जिन्हें हमेशा याद किया जाएगा, लेकिन उनमें से कुछ खास रहे व्याख्यान आयोजन व कार्यशाला का आयोजन तथा समय-समय पर पत्रकारिता पर अखबार में बहस चलाना आदि।

—संपादक

सबसे बड़ी चुनौती साख की

सुरेंद्र प्रताप सिंह

तिथि : 06 फरवरी, 1992

स्थान : जिला परिषद् सभागार, रांची

विषय : हिंदी पत्रकारिता के समक्ष मौजूदा चुनौतियां

आज हिंदी पत्रकारिता के सामने सबसे बड़ी चुनौती अखबार और अखबारनवीसों की साख की है। पिछले एक दशक में हिंदी पत्र-पत्रिकाओं के प्रसार में 147 फीसदी का इजाफा हुआ है। इसके उलट अंगरेजी पत्र-पत्रिकाओं के पाठक और क्रेताओं की संख्या में विकास दर शून्य के बराबर है। कुछ इलाकों में तो यह विकास ऋणात्मक भी रहा है। 1977 के बाद पहली बार हिंदी पत्रकारिता में उफान-सा आया था। उस वक्त दिल्ली से प्रकाशित नवभारत टाइम्स और हिंदुस्तान ही हिंदी में एक लाख से ज्यादा बिकने वाले अखबार थे, लेकिन एक साल के अंदर ही अमर उजाला और नई दुनिया एक लाख से अधिक बिकने लगे थे। अब उत्तर प्रदेश और मध्यप्रदेश के इन अखबारों की प्रसार संख्या तो तीन से पांच लाख तक पहुंच गयी है।

यह दुर्भाग्य है कि बिहार में एक लाख से अधिक बिकने वाला आर्यावर्त बंद हो गया। प्रदीप भी बंद हो गया। उसके बाद बिहार में कई अखबर आये, जिनका स्वरूप न राष्ट्रीय है न ही क्षेत्रीय, परंतु वे राष्ट्रीय होने का दावा कर रहे हैं। ऐसे में अगर चुनौती है, तो वह विरोधाभास की चुनौती लगती है। क्या हिंदी पत्रकारिता के विकास को सिर्फ आंकड़ों के विकास से ही देखा जा सकता है? क्या सचमुच हमारा विकास हुआ है।

हिंदी पत्रकारिता में आज सबसे बड़ी चुनौती पत्र-पत्रिकाओं और अखबारों की साख की है। पिछले दो सालों से साख का सवाल ज्यादा विकराल रूप से हमारे सामने खड़ा हुआ है। मंडल आयोग और मंदिर-मसजिद के मुद्दों पर तो साख को और धक्का लगा है। आज हिंदी पत्रकारिता जहां पहुंची है, वहां से वह ऐसा सवाल छोड़ गयी है, जिसका सही समाधान नहीं किया गया तो वह पतन के गर्त में चली जायेगी। अभी तो लोग पत्रकारों से पुलिस वालों की तरह डरने लगे हैं। पता नहीं क्यों यह स्थिति बनी है कि लोग पत्रकारों, पत्रकारिता और छपे शब्दों से

डरने लगे हैं। इन्हें अप्रभावी माना जाने लगा है, जबकि कुछ वर्षों पूर्व लोग अखबार में छपे शब्दों को ब्रह्म वाक्य मानते थे और पत्रकारों को सम्मान की नजर से देखते थे। आज यह आत्ममंथन करने की जरूरत है कि कहीं इसके लिए पत्रकार स्वयं तो जिम्मेदार नहीं हैं?

एक ओर अखबारों की प्रसार संख्या बढ़ती जा रही है, मालिकों की आय भी बढ़ रही है, परंतु दूसरी ओर पत्रकारों की सुविधाएं कम की जा रही हैं। मालिक अखबार के अन्य संसाधनों पर तो खूब खर्च करते हैं, लेकिन विचार और समाचार पर सबसे कम खर्च करते हैं। हम बैठे-बैठे क्षेत्रीय पत्रकारों से सही, वस्तुपरक रपटों की अपेक्षा तो करते ही हैं, यह भी चाहते हैं कि वे हमारे लिए आय के साधन भी जुटाएं, परंतु उन्हें कुछ नहीं देते। पत्र-पत्रिकाओं का काम सही सूचना देना, जन शिक्षण करना और मनोरंजन करना है, परंतु आज तो पत्र-पत्रिकाएं सिर्फ मनोरंजन ही करती हैं, जिनके कारण चुनैतियां सामने आयी हैं। पत्रकारिता के साख पर सवाल उठा है। इन सब चुनौतियों से तभी मुकाबला किया जा सकेगा, जब हम इन पर गंभीरता से सोचें ओर इनसे जूझना शुरू करें। पत्रकारों को हमेशा यह ध्यान रखना चाहिए कि अधिकांश पाठक उनसे दो सीढ़ी नीचे खड़े हैं। उन्हें एक सीढ़ी ऊपर लाने और स्वयं एक सीढ़ी ऊपर चढ़ने की जिम्मेदारी भी पत्रकारों की ही है।

कब तक, किसी के तर्ज पर चलते रहेंगे

प्रभाष जोशी
एसडीसी सभागार, रांची
26 अप्रैल, 1997

विषय : पत्रकारिता की चुनौतियां : साख का संकट, समाचार लेखन

गांव में जमीन पर जो पत्रकारिता हो रही है, उससे पटना और दिल्ली की पत्रकारिता में जीवंत तार जुड़े, जिसकी धमक दोनों ओर जाए, इसकी कोशिश होनी चाहिए। इसका प्रबंध दोनों ओर से करना होगा। ऊपर-नीचे के लोगों में दो अलग-अलग धारणाएं काम कर रही हैं। इन धारणाओं से जो अंतर्द्वंद्व पनपता है उस पर भी विचारने की जरूरत है। आज जो पत्रकार हैं, वे आसमान से नहीं टपके, एक प्रक्रिया के चलते पत्रकार बनते हैं। अखबार भी एक प्रक्रिया के चलते निकला लेकिन अक्सर वे यह याद नहीं रखते, भूल जाते हैं कि पत्रकारिता का इतिहास हमारे लिखने-पढ़ने को हमेशा प्रभावित करता रहता है। वैताल-पचीसी की तरह इतिहास हमारे कंधे पर बैठा रहता है और जिस प्रकार बगैर संतोषप्रद जवाब के वैताल कंधे से नहीं उतरता, उसी प्रकार पत्रकारिता का इतिहास भी बगैर संतोषप्रद जवाब पाए भारतीय पत्रकारिता और पत्रकारों के कंधे से नहीं उतरता। भारतीय पत्रकारिता का दुर्भाग्य यह है कि उसने अपने वैताल को पहचाना ही नहीं। भारतीय पत्रकारिता का भी एक छोटा-मोटा इतिहास है। ऐसा नहीं कि अपने आप उमड़कर भारत में पत्रकारिता शुरू हो गयी। लंदन से अंग्रेज आये, वे अपने साथ वहां की पत्रकारिता भी ले आये, उसके बाद भारतीय भाषाओं में भी अखबार निकलने शुरू हो गये। इसीलिए यह धारणा बनी है कि अच्छा हिंदी अखबार अंग्रेजी अखबारों से अपनी तुलना करता है। इस प्रकार अंग्रेजी अखबार लंदन टाइम्स और गार्जियन के तर्ज पर निकालना चाहते हैं, हिंदी अखबार भी उसी प्रकार अंग्रेजी अखबारों के तर्ज पर निकालने की कोशिश करते हैं। जब तक किसी के तर्ज पर अख़बार निकालते रहेंगे, तब तक समस्या का हल नहीं होगा। जब तक अपने गांव की खबरों को अपने समाज की खबर मानकर छापने, जोड़ने की कोशिश अपने समाज से नहीं करते हैं तब तक हमारी हिंदी पत्रकारिता अपनी वाली पर नहीं आएगी। क्षेत्रीय अखबार वैसे नहीं निकलते हैं, जैसी वहां की आम बोली, आम भाषा होगी।

कहने का तात्पर्य यह कि क्षेत्रीय अखबार राज्य स्तर के अखबारों के तर्ज पर निकलने की कोशिश करते हैं और राज्य स्तर के अखबार राष्ट्रीय स्तर के तर्ज पर। उसी तरह राष्ट्रीय स्तर के अखबार अपनी नकल विदेशी अखबारों के तर्ज पर करते हैं। हम हिंदी अखबारों में हिंदी के पंडितों की बोली लिखते हैं, इससे समस्या का हल नहीं होगा। क्षेत्रीय पत्र यह अब तक नहीं खोज पाये हैं कि जब तक देशी बोली के तत्त्व व लय को इस्तेमाल नहीं किया जाएगा, तब तक क्षेत्रीय अखबारों में उसकी अपनी वाली लय नहीं आएगी। सभी क्षेत्रीय अखबारों की यही समस्या है। साहित्यकार हिंदी को हिकारत की नजर से देखते हैं। अखबार केवल उनकी समझ के लिए नहीं होते बल्कि अखबारों का काम खबरें और सूचना देना होता है, उन लोगों को भी जो बहुत कम पढ़े-लिखे होते हैं। जिस समाज में लिखना-पढ़ना पूरा नहीं हुआ है, तहां इलेक्ट्रॉनिक मीड्यिा पहुंच गयी है और यह मीड्यिा एक नयी परंपरा की शुरुआत कर रही है। अपने देश में वाचिक, मौखिक परंपरा के लोग हैं, श्रुति, स्मृति वाले लोग हैं। सुनकर, याद कर बड़े-बड़े ग्रंथों को हासिल किया है और उसे याद रखा है। आम लोगों तक टीवी, रेड्यिो ज्यादा आसानी से जाता है, जबकि अखबार वस्तुतः उनके बीच जाता है, जो कम पढ़े-लिखे लोग भी हैं, उसमें पत्रकारिता का क्या स्वरूप होगा। उसमें तो अराजकता आएगी ही। एक निरक्षर समाज में इलेक्ट्रॉनिक क्रांति में देखने का महत्त्व ज्यादा हो गया है। अखबारों में भी उसी तरह की रंगीन तसवीरें आने लगी हैं, इससे पत्रकारिता में और समस्या पैदा होने लगी है। पूर्व में ही आम जनों की भाषा और विद्वत समाज की भाषा अलग-अलग हुआ करती थी। पिछले पांच वर्षों की जो आर्थिक नीति है, इसने इस विषमता को और बढ़ाया है। महानगरों में नयी पीढ़ी की कोई भाषा ही नहीं रह गयी है। इसलिए आकाशमार्ग से वे जुड़ गये हैं। महानगरों की नयी पीढ़ी को यह बर्बाद कर रहा है, उनकी न अपनी कोई भाषा रह गयी है और न कोई देश रह गया है, लगता है कि वे जैविक समाज के नहीं हैं। आकाश मार्ग से बनने वाला यह समाज त्रिशंकु की तरह लटका हुआ है। महानगरों की भाषा, संस्कृति, भाषाविहीन, देशविहीन होती जा रही है। उसके साथ कैसे संपर्क स्थापित करेंगे, यह दूसरी समस्या है। तीसरी समस्या है, अपनी भाषा का गौरव, आत्मसम्मान स्थापित करने का। पहले पूरी दुनिया में बंगालियों में अपनी भाषा के प्रति, अपनी बोली के प्रति जितना लगाव था, वह किसी दूसरे समुदाय और दूसरे भाषा भाषियों में नहीं था लेकिन तीन-चार माह पहले कोलकाता में कुछ अभिभावकों ने एक जुलूस निकालकर यह मांग की थी कि वहां भी कक्षा एक से ही अंग्रेजी की पढ़ाई की जाए, ठीक उसी तरह जिस तरह बांग्ला की पढ़ाई होती है। कल यह मांग होने का खतरा है कि केवल अंग्रेजी भाषा ही पढ़ाई जाए, ताकि अंतरराष्ट्रीय कंपनियों में उन्हें नौकरी मिल सके। अच्छे पढ़ने-लिखने वाले लोगों की लगातार कमी होती जा रही है। टीवी, रेड्यिो के चलते महानगरों से निकलने वाले अखबारों की खबरों को अब ब्रांड मैनेजर तय करने लगे हैं। ग्लोबलाइजेशन से जो नयी-नयी धारणाएं आ रही हैं, पत्रकारिता के लिए नयी-नयी समस्याएं पैदा कर रही हैं। इन यक्ष प्रश्नों का जब तक जवाब नहीं ढूंढ़ेंगे, तब तक बात नहीं बनेगी। इनका जवाब सभी को मिल-बैठकर ढूंढ़ने की जरूरत है।

साख से सौदा करने वाले को पत्रकारिता से कोई मतलब नहीं होता। आज साख का जो

संकट है, पत्रकारिता की जो चुनौतियां हैं, उनका हल ढूंढ़ने के लिए हम अपनी बिरादरी या संस्था बनाकर सर्वमान्य, सर्वस्वीकार्य मुद्दों को, मूल्यों को लागू कर चुनौतियों का मुकाबला कर सकते हैं। एक डॉक्टर जो शपथ लेता है, जब उसका पालन नहीं करता तो उसका लाइसेंस रद्द कर दिया जाता है। ठीक उसी प्रकार जब एक चार्टर्ड एकाउंटेंट अपने लाइसेंस की शर्तों का पालन नहीं करता तो उसका लाइसेंस रद्द कर दिया जाता है। पत्रकारिता में ऐसा कोई नियम नहीं है। पत्रकार बिरादरी ही आपस में मिल-बैठकर, कोई एक ऐसा मंच, संगठन बना सकती है, जिससे पत्रकार यदि गलती करते हैं या उनसे चूक होती है तो उसपर आपस में मिल-बैठकर उसको सुधारा जा सके। इस तरह की संस्था अपनी सालाना रपट रखे और उसमें बताए कि किस अखबार, किस पत्रकार ने क्या गड़बड़ी की तब पत्रकार बिरादरी द्वारा गठित संस्था या मंच आगे उसकी बाबत फैसला ले। संविधान के तहत हर चीज के लिए कानून है, अदालत है। शायद इसीलिए प्रेस परिषद् को यह अधिकार नहीं दिया गया। प्रेस परिषद् का दबाव मात्र नैतिक है। कई बार तो प्रेस परिषद् ने जिन अखबारों के विरुद्ध टिप्पणी की, बार-बार हिदायत के बावजूद संबंधित वह टिप्पणी तक नहीं छपते, तब भी प्रेस परिषद् कुछ नहीं कर सकता। पत्रकार बिरादरी को अपने पर इस तरह का दबाव बनाने के लिए एक सशक्त मंच की जरूरत है। सच लिखने के जोखिम हैं। गांव-कस्बों के पत्रकारों के समक्ष तो और भी जोखिम हैं। पत्रकारों की सुरक्षा का कोई अधिकार कोई देश दे सकता है, ऐसा नहीं लगता। पत्रकारिता के काम में जोखिम है, जो जोखिम है, वह सामने आना चाहिए। अब तक जो सामने आया है, उसमें अधिकतर मामलों में यह पता चला है कि संबंधित पत्रकार इस या उस गुट से मिलकर काम करते हैं, तभी अक्सर उन पर जोखिम आता है। पंजाब के मसले पर पूर्व प्रधानमंत्री ने संपादकों की एक बैठक बुलाई थी लेकिन सभी संपादकों ने एक साथ प्रधानमंत्री से बात करने से मना कर दिया, क्योंकि उन्हें यह शक था कि उनकी बातों को दूसरे संपादक कहीं आतंकवादियों तक नहीं पहुंचा दें। आतंकवादी तो यों ही गोली मार देते हैं, अखबार में आतंक फैलाने के लिए। इसके बावजूद जबकि पंजाब केसरी के दो-दो संपादकों की हत्या कर दी गयी, पंजाब केसरी सारे जोखिम उठाकर पहले से ज्यादा संख्या में निकलता है और प्रसार की दृष्टि से हिंदी का सबसे बड़ा अखबार बन गया है। दुनिया के हर आतंकवादी को प्रेस की जरूरत होती है। सेना को शायद उतनी जरूरत नहीं पड़ती। आतंकवादी किसी पत्रकार में इस गुट या उस गुट का संदेह महसूस नहीं करते, तब तक पत्रकार पर हमला नहीं करते। पत्रकारिता की साख और उसके सम्मान में इसलिए भी कमी आई है कि पत्रकार रोब जमाने का प्रयास करने लगे हैं।

वेतन का साख से कोई संबंध नहीं है। जो साख का सौदा करते हैं या कर रहे हैं, वे अपनी समृद्धि के लिए कर रहे हैं। पत्रकारिता से उन्हें कोई मतलब नहीं। स्वतंत्रता दिलाने में भारतीय अखबारों व पत्रकारिता की भूमिका पूरी दुनिया में एक मिसाल है, लेकिन आजादी के बाद पत्रकारों में एक स्वाभाविक इच्छा जगी कि सत्ता में उनकी भी भागीदारी हो, उन्हें भी सत्ता की मलाई मिले। फलस्वरूप दलीय राजनीति और नेताओं के प्रति उनका जुड़ाव बढ़ता गया। आज जब दलीय राजनीति और नेताओं के प्रति लोगों का मोहभंग हुआ है, ऐसे में पत्रकारिता

को रचनात्मक मोड़ देना होगा, क्योंकि दलीय नेताओं को पत्रकारिता ने जीवन से बड़ा बनाकर रखा है। ग्लोबलाइजेशन की दुनिया में पाठ्क के बजाय व्यवसाय प्रमुख हो गया है। आज स्थिति यह है कि एक मंत्री के सत्ता में शामिल होने, नहीं होने से व्यापार में तेजी या गिरावट आती है। व्यापार की खबरें आज ज्यादा इसलिए छ्प रही हैं कि उनमें विज्ञापन दिखता है, जबकि खेती के संबंध में बहुत कम छ्पता है।

नीम यूनाइटेड नेशंस, यूनेस्को, बीबीसी के लिए ज्यादा महत्त्वपूर्ण है लेकिन भाषायी अखबारों के लिए उसका महत्त्व इसलिए नहीं है कि उसका विज्ञापन नहीं है। जबकि दवा उद्योग में आधे पैसे से निर्मित टैबलेट की कीमत ढाई रुपये होती है, इसलिए उन पर ज्यादा ध्यान दिया जाता है। अखबार लोकमत बनाते हैं। हम यह अधिकार किसी विदेशी अखबार या विदेशी अखबार मालिक को नहीं दे सकते हैं। जो इस देश का नागरिक ही नहीं है, उसे इस देश की राजनीति को प्रभावित करने का अधिकार कैसे दिया जा सकता है? आज सबसे दुर्भाग्यपूर्ण स्थिति यह है कि जब मैं 18 साल का था, तो देश बनाने का सपना देखता था, लेकिन मेरा 18 वर्षीय पुत्र आज यह सपना देख रहा है कि बड़ा क्रिकेटर कैसे बना जा सकता है? ऐसे में देश कैसे बनेगा? पत्रकारिता में आदर्श प्राप्त करने के लिए अब भी बहुत कुछ है। बाहरी वातावरण के सारे प्रयास के बावजूद पत्रकारिता को खासकर भाषायी पत्रकारिता को और बेहतर बनाने की पूरी-पूरी गुंजाइश बची हुई है। इलेक्ट्रॉनिक मीड्यिा, खासकर टीवी अमेरिका के साम्राज्यवाद, उपभोक्तावाद को फैलाने का सबसे सशक्त माध्यम है। मौजूदा विषमतावादी अर्थव्यवस्था से निपटने की बात नहीं करता। पाठ्क का हस्तक्षेप अखबार की नीति पर असर डाले, इसका उपाय करना होगा। अगर अखबारों में आंतरिक लोकतंत्र नहीं होगा तो लोकतंत्र की रक्षा अखबार वाले कैसे कर सकते हैं? संपादक को यह समझना चाहिए कि उनको जितनी स्वतंत्रता मिली हुई है, वह स्वतंत्रता उनके सभी साथियों की है। हिंदी पत्रकारिता का भविष्य उज्ज्वल है। पाठ्कों को सूचित करें कि ज्यादा-से-ज्यादा खबरें दें, जहां राय प्रकट करनी हो, उसे अलग से लिखें। भय, लालच में नहीं आएं, खबरें तथ्यात्मक हों।

साख किसकी नजर में? किसी भी पत्रकार से पत्रकारिता बहुत बड़ी चीज है। अगर कोई पत्रकार उसकी चिंता नहीं करता तो पत्रकारिता उसे रद्दी की टोकरी में डाल देगी। लोकतंत्र के तीन स्तंभ तो वैधानिक रूप से ताकत पाते हैं जबकि पत्रकारिता की सारी ताकत उसके पाठ्क और उसका समाज है। पत्रकारिता धर्म का पालन कर अर्थ, काम, मोक्ष तीनों की सिद्धि की जा सकती है।

विश्वसनीयता को बनाये रखने की जरूरत

अजीत भट्टाचार्य
प्रेस इंस्टीच्यूट ऑफ इंडिया के तत्कालीन निदेशक

स्थान : एसडीसी सभागार, रांची

तिथि : 26 अप्रैल, 1997

विषय : पत्रकारिता की चुनौतियां, साख का संकट, समाचार लेखन

पूरी दुनिया में प्रेस नकारात्मक खबरों को ज्यादा तरजीह देता है, क्योंकि उससे उसका प्रसार बढ़ता है, विकासमूलक या अनुसंधान परक खबरों में समय और खर्च ज्यादा लगता है। इसीलिए सामाजिक बदलाव की खबरों से ज्यादा सनसनीखेज और नकारात्मक खबरों पर प्रेस ज्यादा ध्यान देता है। यूरोप वालों ने तो अपना रास्ता तय कर लिया है, परंतु हमे अपना रास्ता ढूंढ़ना है। यही राह ढूंढ़ने की कोशिश में जगह-जगह पत्रकारों की कार्यशालाएं व उनके प्रशिक्षण की कोशिश की जा रही है।

इलेक्ट्रॉनिक क्रांति के बावजूद अखबारों पर कोई असर नहीं पड़ा है बल्कि अखबारों की संख्या और उसके व्यवसाय में वृद्धि ही हुई है। इलेक्ट्रॉनिक मीडिया सब कुछ नहीं दे सकती जबकि अखबार सब कुछ दे सकते हैं। इलेक्ट्रॉनिक मीडिया से एक चुनौती जरूर सामने आयी है कि वह खबरों को उसी दिन दे देता है जबकि अखबारों की विवशता यह है कि वे दूसरे दिन देते हैं, लेकिन इसमे घबराने की जरूरत नहीं है। अखबार उससे आगे की बात लिख सकते हैं।

अयोध्या में जब बाबरी मसजिद के तोड़े जाने की घटना हो रही थी, तब पत्रकारों की विश्वसनीयता पर जरूर संदेह उत्पन्न हुआ था क्योंकि पत्रकार खेमे में बंट गये थे और तथ्य से अलग हटकर खबर दे रहे थे। इस संबंध में प्रेस काउंसिल ने भी माना कि पत्रकारों से ऐसी गलती हुई है। फिर भी पत्रकारिता आज भी बहुत विश्वसनीय है, उसकी विश्वसनीयता के चलते हमें बहुत सम्मान मिलता है। इलेक्ट्रॉनिक मीडिया में कोई समाचार देखने-सुनने के बावजूद जब तक अखबारों से चेक नहीं कर लिया जाता, तब तक उसे विश्वसनीय नहीं माना जाता। इस विश्वसनीयता को बनाये रखने की जरूरत है।

जनता से जुड़ना हो तो हिंदी पत्रकारिता करनी होगी

राजदीप सरदेसाई
10/09/2004
मयूरी प्रेक्षा गृह, रांची

पत्रकारिता की चुनौतियां

आज मीडिया के अत्यधिक प्रभाव का युग है। न्यूज चैनल्स व अखबारों की संख्या काफी बढ़ी है। देश के बड़े बैनर, खासकर अंगरेजी मीडिया से जुड़े लोग भी जान गये हैं कि उन्हें तरक्की करनी है, तो हिंदी सीखनी होगी। इससे भाषायी दीवार भी टूट रही है। जनता से गहरे जुड़ना हो, तो हिंदी पत्रकारिता करनी होगी। पत्रकारिता को पेशा बनाने वालों से यही कहना चाहता हूं कि पहले तो यह सोचें कि आप पत्रकार क्यों बनना चाहते हैं, क्या सिर्फ टीवी पर दिखने के लिए। टीवी आजकल फैशन हो गया है, वहां पत्रकारिता कहीं नहीं रह गयी है। विभिन्न चैनलों के बीच आपसी प्रतियोगिता में मामूली व गैरवाजिब बातें ब्रेकिंग न्यूज बन जाती हैं। मजेदार बात यह है कि एक ही समय विभिन्न चैनलों पर दिखाये जा रहे समाचार को ब्रेकिंग व एक्सक्लूसिव बताया जाता है। इन्हीं वजहों से चैनल्स बढ़े हैं, अखबार बढ़े हैं, लेकिन पत्रकारिता कमजोर हो गयी है। अखबारों में अब पैसे लेकर खबरें छापी या नहीं छापी जाती हैं। पत्रकार एमपी बनने लगे हैं, नेताओं से बड़े संपादकों के संबंध बन गये हैं।

आज मीडिया इंफोटेनमेंट हो गयी है, यह सही है, लेकिन इसकी कोई सीमा तो होनी चाहिए! फटाफट न्यूज बनाने की शैली में खोजी पत्रकारिता भी कहीं खो गयी है। गूढ़ व गंभीर विषयों का सारांश निकाला जाता है, इस दौर में कालिदास, खुशवंत हो गये हैं। आज के ज्यादातर युवा व नये पत्रकार राजनीतिक पत्रकारिता करना चाहते हैं। वह सोचते हैं कि नेताओं से कुछ सवाल पूछकर वह जल्दी मशहूर हो सकते हैं। अन्य जरूरी मसलों को छोडकर आप कब तक ऐसी पत्रकारिता करेंगे?

चुनावों में सर्वेक्षण कराने वालों ने अपने प्रतिनिधियों को आंध्र के रायलसीमा क्षेत्रों में नहीं भेजा, जहां हजारों किसान आत्महत्या कर रहे थे। कहा कि असली पत्रकारिता यही है। हमें

इस पर मंथन करना चाहिए। आज की पत्रकारिता शॉर्टकट हो गयी है। क्या बिक सकता है, सारा जोर इसी पर है। यह चलने वाला नहीं है। प्रिंट व इलेक्ट्रॉनिक मीडिया में आपस में कोई कनफ्लिक्ट नहीं है। इलेक्ट्रॉनिक चैनल्स के युग में भी अमेरिका में वाशिंगटन पोस्ट जैसे स्तरीय अखबार हैं। प्रभात खबर की तरह पत्रकारिता में हम अपनी लक्ष्मण रेखा व ताकत पहचानें, अपने लोकतंत्र में विश्वास करें, तो सफल होंगे।

हम भी बदल गये तो इस देश का क्या होगा?

कुलदीप नैयर

09/12/2007

स्थान : प्रभात खबर सभागार, रांची

मैं कोई आसमान पर बैठा आदमी नहीं हूं। मुझे अपनी सीमा मालूम है। हमारे समय में लोग (पत्रकार) सचमुच ईमानदारी से काम करते थे। तब पैसे की इतनी चकाचौंध नहीं थी। उस वक्त पाठकों ने कभी ऐसी बात नहीं की कि उनका विश्वास हमने तोड़ा है। आज मुझे लगता है कि हमारे पेशे में प्रतिबद्धता की कमी है, मूल्यों के प्रति दृढ़ता नहीं रही। आदर्शवादिता का असर नहीं रहा। कई अखबारों के संपादक अब मालिकों के पीआरओ बन गये हैं। अब ऐसी स्थिति में संपादक और पत्रकार दोनों देखते हैं कि जब हम दूसरों के लिए पीआरओशिप का काम कर रहे हैं, तो अपने लिए क्यों न करें और वह भी पैसा कमाने में लग जाते हैं। यानी जो वातावरण है, वह प्रतिकूल है। सोचिए ! यदि हम सब भी बह गये, तो देश का क्या होगा ? देश-समाज को बेहतर बनाने, लोकतंत्र, धर्मनिरपेक्षता व अभिव्यक्ति की स्वतंत्रता को बनाये रखने का प्रयास हमें करना होगा।

यह तभी होगा, जब आपके दिल में एक आग जल रही हो। मुझे लगता है कि आज भी यह आग कुछ न कुछ हम सब में है। पत्रकारिता वह पेशा है, जिसमें आप अपनी बात कह सकते हैं। आप खुद को टटोलें कि अब तक जो कुछ भी लिखा, वह खुद पर विश्वास करके लिखा या नहीं। कहीं उसमें जाति, धर्म, पैसे या सरकार का कोई प्रभाव तो नहीं था! यह बात रोज अपने से पूछें। हम देशवासियों को दर्पण दिखाते हैं, हमें भी दर्पण देखना चाहिए।

जवाहर लाल नेहरू जब पीएम थे, तो उन्होंने हमेशा यह खयाल रखा कि अखबारों की स्वतंत्रता कैसे रहे। उस वक्त वह चाहते थे कि पत्रकार ही विपक्ष की भूमिका निभाएं। अब तो पैसे देकर लोग लिखवा रहे हैं। एक अखबार तो खुलेआम कहता है कि कॉलम खरीद लो। अगर यह स्थिति है, तो डेमोक्रेसी का क्या होगा! लोकतंत्र के तीनों स्तंभों में काफी बदलाव आया है। ऐसे में हम भी गिरे, तो फिर क्या रहेगा? अब यह बात भी सच है कि हम कोई आइलैंड (द्वीप) नहीं हैं, लेकिन अगर आज भी इमरजेंसी लगे, तो मुश्किल से एक-दो लोग लड़ सकेंगे। अब लोग

कई बात सोचते हैं कि उसके पास गाड़ी है, मेरे पास नहीं है, मेरा बच्चा कैसे पढ़ेगा, परिवार की दूसरी बातें। यदि सिर्फ यही सब था, तो इस पेशे में नहीं आना था, क्योंकि इस पेशे में जो है, इसके आगे भी बहुत कुछ है। एक तो हमें दिल से अपने को साफ करना चाहिए।

एक सर्वे के अनुसार आजादी के 60 साल बाद भी देश के 70 फीसदी लोग ऐसे हैं, जो एक डॉलर पर बसर करते हैं। बाकी 30 फीसदी लोगों के लिए मकान, मॉल्स, क्लब वगैरह बन रहे हैं। अब आप अपने दिल में झांककर देखें कि क्या सचमुच एक ऐसा देश चाहते हैं? आप ऐसी जगह, ऐसी पदवी पर हैं कि आपका काम सिर्फ लिखना ही तो है। हम सोचें कि क्या लिखते वक्त हम रिश्तों, जाति और धर्म से ऊपर उठ सके हैं? आपातकाल में जब ज्यादातर पत्रकार सरकारी दबाब-लोभ में बह गये, तभी सरकार ने सोचा कि क्यों न इन्हें अपने ही हाथ में ले लिया जाये। ऐसा हुआ भी और आज भी यह कोशिश चल रही है। मैं फिर कहूंगा कि आप इससे तभी बच सकते हैं, जब आपके दिल में आग जल रही हो।

कुछ बातें आपको कहना चाहूंगा। यह एक तो कि पढ़ना बंद मत करें। मैं अखबार नहीं, किताब की बात कर रहा हूं। साइंस सहित कई विषय हैं, जिनके बारे में आपको जानना चाहिए। जात-पांत, धर्म के आधार पर भेद मत करो। विकास हो, लैब बनें, मॉल्स बनें, डैम बनें, लेकिन उस गरीब के बारे में भी सोचें, जो उजड़ रहे हैं। आपने अपने को हिंदुस्तानी नहीं रहने दिया, तो फिर क्या रहा? बाइबिल में लिखा है कि एक दिन पश्चिम (वेस्ट) वाले पूरब (इस्ट) की ओर आयेंगे। आप देखें, वेस्ट ऐसे भी खत्म हो रहा है। इसलिए हम भी खत्म न हों, हम अपने प्राचीन सभ्यता- संस्कृति व मूल्यों को बचाकर रखें।

एक आखिरी बात और कि मुझे आज अखबार वालों में कमिटमेंट नहीं दिखता, लेकिन प्रभात खबर जरा हट कर है। मैं जहां कहीं भी जाता हूं मुंबई, दिल्ली लोग यही कहते हैं। मैं भी यही मानता हूं, आप खुशनसीब हैं कि आपको वह वातावरण मिला जो आप चाहते हैं।

पहले खुद को बदले मीड्यािकर्मी

मधुकर उपाध्याय
09/09/2008

स्थान : प्रभात खबर सभागार, रांची

बार-बार कहा जा रहा है कि मीड्यिा के समक्ष चुनौतियां बढ़ी हैं। प्रिंट मीड्यिा के तो अस्तित्त्व पर ही संकट है। एक मित्र ने तो यहां तक लिखा कि 2040 में आखिरी बार छ्पा हुआ अखबार दिखेगा। अब यह सोचना जरूरी है कि मीड्यिा के समक्ष चुनौतियां कैसी हैं? दरअसल मीड्यिा व मीड्यिाकर्मी एक तरह से जड़ता के शिकार-से हो गये हैं। खुद में बदलाव लाने को तैयार नहीं दिखते, लेकिन देश-समाज बदलने की बात रोज करेंगे, ऐसा कैसे संभव होगा?

एक विडंबना यह भी है कि मीड्यिा जड़ता की शिकार है। अबू फजल ने *आईने अकबरी* में अखबारों की चर्चा की है यानी अकबर के जमाने में भी अखबार आया करता था। तब भी स्वरूप यही था कि पहले प्रमुख खबर, फिर बाद में महत्त्व के हिसाब से सूचनाएं। भारत में भी उद्दंत-मार्तंड से लेकर अब तक अखबारों के पहले पन्ने का स्वरूप कुछ वैसा ही दिखता है जबकि जमाना तेजी से आगे निकल गया। आज अखबारों में विजुअलाइजेशन की ज्यादा जरूरत है, क्योंकि सबसे ज्यादा प्रभाव उसी का होता है। लेकिन अखबारों में विजुअलाइजेशन को और फिर उसके बारे में बताने के अंदाज को आज भी गंभीरता से नहीं लिया जा रहा। ऐसी चीजों में बदलाव करना होगा, क्योंकि नई इमारत बनाने के लिए पुरानी इमारतों को गिराना तो होगा ही। अब सिर्फ लिखना या बोलना महत्त्वपूर्ण नहीं, यदि अखबार एक प्रोड्क्ट ही है तो उसके ग्राहकों के बीच स्पेस बनाना अहम हो गया है और यह स्पेस बगैर जानकारी के संभव नहीं।

आज के मीड्यिाकर्मी इस मुगालते में रहते हैं कि उनके पास जो सूचनाएं होती हैं, उनके जानकार सिर्फ वे ही हैं जबकि इससे बड़ी गलतफहमी और कुछ हो ही नहीं सकती। पत्रकारों को इस पर आत्ममंथन करना चाहिए। पत्रकारों को चाहिए कि वे साल में एकाध बार पत्रकारिता छोड़ अनुभव लेने के लिए अन्य स्थानों पर, दूसरे समाज के लोगों के बीच जाएं और फिर उनसे चीजों को जानने-समझने-सीखने की कोशिश करें। जो देखेंगे नहीं, महसूस नहीं करेंगे, उसके बारे में

लिखेंगे कैसे? मीड्ियाकर्मी सीखने को तैयार हों, सवालों को तैयार करें, जवाब देने वाले लोग भरे हुए हैं। कोई ऐसा सवाल नहीं, जिसका जवाब नहीं मिलेगा, लेकिन सबसे बड़ी मुश्किल और खतरनाक बात यह है कि पत्रकारिता में अब सवाल पूछने की प्रवृत्ति ही नहीं दिखती। इस भ्रम में नहीं रहना चाहिए कि जो उम्र में वरिष्ठ हैं, वही सीख देंगे। जो आज की पीढ़ी है, उससे सीखने की कोशिश मैं हमेशा करता हूं, क्योंकि मेरा मानना है कि वे पिछली पीढ़ी से ज्यादा अपडेट हैं, जानकार हैं। जिंदगी में हार मान लेना सबसे आसान है लेकिन जीतने की शर्तों के साथ आगे बढ़ना सबसे मुश्किल होगा लेकिन जीतने के लिए तो शर्तों को मानना ही होगा।

खंड-9 : सूचनाधिकार और अखबार

सूचनाधिकार कानून को असल मायने में लोगों के बीच ले जाने में झारखंड के इलाके में प्रभात खबर की भूमिका काफी अहम रही। एक विषय को लेकर यह अखबार काफी पहले से ही, रांची जैसी छोटी जगह में अपने स्तर पर अभियान चला रहा था, उसके लिए लोगों का मानस तैयार कर रहा था। देश में सूचना का अधिकार कानून 12 अक्तूबर, 2005 को लागू हुआ। लेकिन उसके पहले ही प्रभात खबर ने रांची में सूचनाधिकार से संबंधित दो महत्त्वपूर्ण आयोजन कर लोगों को उसके बारे में जानकारी देने की पहल की थी। इन दोनों आयोजनों में सूचना का अधिकार अभियान की अगुवाई कर रही दो महत्त्वपूर्ण हस्तियों ने प्रभात खबर व्याख्यान में भाग लेकर रांचीवासियों को संबोधित किया था। उनमें जस्टिस पीबी सावंत व अरुणा राय के नाम शामिल हैं। बाद में जब सूचना का अधिकार कानून लागू हुआ तो प्रभात खबर ने कैसे उस अभियान को प्रचारित-प्रसारित कर इससे लोगों को जोड़ने के अभियान चलाये, यह सबको पता है। इस क्रम में प्रभात खबर के साथियों को कई आलोचनाओं व झंझावातों का सामना करना पड़ा, बावजूद इसके अभियान चला, सफल हुआ और झारखंड जैसे पिछड़े राज्य में यह लोगों के मानस में उतरता चला गया।

इस लिहाज से सूचना अधिकार कानून को केंद्र में रखकर प्रभात खबर की भूमिका का अध्ययन दो चरणों में किया जा सकता है। पहला चरण कानून लागू होने से पहले का और दूसरा कानून लागू होने के बाद का।

कानून लागू होने के बाद प्रभात खबर परिसर में अरविंद केजरीवाल आये। वेंकटेश नायक को बुलाया गया। प्रभात खबर के वरिष्ठ साथी विष्णु राजगढ़िया ने केजरीवाल के साथ मिलकर सूचना अधिकार पर महत्त्वपूर्ण पुस्तक लिखी। पोस्टर-बैनर व अखबार में नियमित विज्ञापन प्रकाशित कर प्रभात खबर ने लोगों को जागरूक किया। घूस को घूंसा अभियान चलाया और इन सबमें महत्त्वपूर्ण बात यह कि पत्रकारिता में सूचना का अधिकार कानून को इस्तेमाल में लाने की पहल की, उस कला को विकसित किया, जिसका अनुसरण आज देश भर के अखबार कर रहे हैं।

—संपादक

साथी, सहयोगी और गवाह

शक्ति पांडेय

प्रभात खबर से मैं 17 अक्तूबर, 2005 को जुड़ा। इस तरह देखें तो 'सूचना का अधिकार' कानून लागू होने और प्रभात खबर से मेरे जुड़ने की तिथि में सिर्फ पांच दिनों का अंतर रहा। यह कानून 12 अक्तूबर, 2005 को पूरे देश में लागू हो गया था। झारखंड में इसके प्रचार-प्रसार में प्रभात खबर इंस्टीट्यूट ऑफ मीडिया स्टडीज की प्रमुख भूमिका रही। संस्थान के तत्कालीन निदेशक विष्णु राजगढ़िया के नेतृत्व में मैंने व मृत्युंजय शर्मा ने इस अभियान को आगे बढ़ाने का काम शुरू किया। संस्थान के 35 विद्यार्थियों को सूचनाधिकार अभियान से जोड़ा गया। इनके रिसर्च पेपर में सूचना के अधिकार को शामिल किया गया। प्रत्येक विद्यार्थी से 10-10 सूचनाधिकार आवेदन जमा कराये गये। ये आवेदन झारखंड सरकार के अमूमन सभी विभागों व कार्यालयों से संबंधित थे। फिर क्या था, सचिवालय में चपरासी से लेकर सचिव स्तर के अधिकारियों में हड़कंप मच गया। सभी जानना चाहते थे, आखिर सूचनाधिकार है क्या और यह कैसे कान करता है? मुझे वह दिन याद है कि जब संस्थान के विद्यार्थी फर्स्ट हाफ में क्लास करते और सेकेंड हाफ में आवेदन जमा करने के लिए सचिवालय जाते। दूसरे दिन क्लास आकर हम सभी के सामने वे सब अपना कड़वा अनुभव सुनाते कि किस तरह जन सूचना पदाधिकारियों की तलाश में उन्हें कार्यालयों की खाक छाननी पड़ी। किस तरह उन्हें वहां के पदाधिकारी एक फ्लोर से दूसरे फ्लोर और फिर वहां से तीसरे फ्लोर पर भेजकर टालते रहे। पहले तो इन छात्रों की बातों पर ज्यादा विश्वास नहीं होता था, तो मैं भी अगले दिन सचिवालय जा पहुंचता और वहीं हम सब मिलते। इन बातों को मैं हरेक दिन अखबार में लिखता। कई बार अखबार में जगह मिलती तो कभी नहीं भी। जिस दिन जिस विभाग के बारे में खबर छपती, दूसरे दिन वहां जाने के बाद आवेदन जमा कर लिया जाता, लेकिन बहाना जारी रहता कि अभी रसीद नहीं छपवायी गयी है, इसलिए आवेदन शुल्क जमा नहीं होगा, या फिर शुल्क जमा करने के लिए आप फलां दिन आएं, अभी पैसा लेने वाला नहीं है आदि। अक्तूबर से दिसंबर, 2005 तक कमोबेश ऐसी ही स्थिति रही। मैंने प्रभात खबर में अधिकारियों की बहानेबाजी को लेकर

21 दिसंबर, 2005 को ' सूचनाएं नहीं देने के और कितने बहाने' शीर्षक से एक खबर छापी। इसमें राज्य सरकार के आठ विभागों में किये जा रहे बहानों का जिक्र था। समाज कल्याण विभाग के जन सूचना पदाधिकारी का कहना था कि सूचना का अधिकार कानून से संबंधित अधिसूचना अब तक नहीं आयी। जिला जनसंपर्क पदाधिकारी के कार्यालय में कहा गया कि जन सूचना पदाधिकारियों की सूची उपलब्ध नहीं है। जिला निर्वाचन पदाधिकारी के कार्यालय में कहा गया कि उपायुक्त रांची की अनुमति लेने के बाद ही आवेदन लिया जायेगा। योजना एवं विकास विभाग के जन सूचना पदाधिकारी ने कहा कि वह जन सूचना पदाधिकारी नहीं हैं। रांची नगर निगम के जन सूचना पदाधिकारी ने कहा कि उनके यहां नकद शुल्क स्वीकार नहीं किया जाता है। निबंधन विभाग के जन सूचना पदाधिकारी ने कहा कि आवेदन के साथ शुल्क भी लेना है, इसकी जानकारी उन्हें नहीं है। भवन निर्माण प्रमंडल-दो के जन सूचना पदाधिकारी ने कहा कि कंप्यूटर ऑपरेटर छुट्टी में है, इसलिए बाद में आइए। इसी तरह बिरसा कृषि विश्वविद्यालय के जन सूचना पदाधिकारी ने कहा कि सूचनाधिकार आवेदन के बारे में उन्हें कोई जानकारी नहीं है। शुरुआती दिनों में आवेदन जमा कर लेने के बाद लड़ाई जीतने के समान खुशी मिलती थी। सूचना एवं प्रौद्योगिकी विभाग के जन सूचना पदाधिकारी ने तो हद ही कर दी। आवेदक को बुला लिया और खुद गायब हो गये। यही नहीं, इस बीच खूब नौटंकी भी हुई। यहां के जन सूचना पदाधिकारी वीर बिरसा एक्का ने सूचनाधिकार आवेदन लेने के लिए ढाई बजे कार्यालय बुलाया। जाने पर वह वहां नहीं मिले। एक महिला कर्मचारी उस आवेदन को लेकर सहायक जन सूचना पदाधिकारी जगमोहन प्रसाद के पास गयीं। श्री प्रसाद ने उनसे कहा कि इस आवेदन को मंजूरी देने का काम कार्मिक विभाग का है। कार्मिक विभाग से जब इस संबंध में पूछा गया तो बताया गया कि श्री प्रसाद ने आपको गलत जानकारी दी है। विभाग की ओर से जन सूचना पदाधिकारी वीर बिरसा एक्का से संपर्क करने को कहा गया। इधर श्री एक्का ने आवेदन लेने से साफ इनकार कर दिया और कहा कि वरीय अधिकारियों से विचार-विमर्श के बाद ही आवेदन लिया जायेगा। इसके लिए उन्होंने निर्धारित समय पर दोबारा आने को कहा। अगले दिन जाने पर वहां बताया गया कि साहब घर चले गये हैं, अब इसके लिए अगले दिन आइए। ये बातें उन दिनों की हैं, जब राज्य सूचना आयोग का गठन भी नहीं हुआ था। यदि आयोग रहा होता, तो हम इन शिकायतों को सीधा वहां ले गये होते। श्री राजगढ़िया के मार्गदर्शन में मैंने विधानसभा सचिवालय में छह आवेदन जमा किये। ये आवेदन विधानसभा सचिवालय परिसर में हो रहे निर्माण कार्य, वहां संचालित कैंटीन व टेलीफोन बूथ, विधानसभा गेस्ट हाउस, प्रोन्नति, गिफ्ट वितरण व लैप टॉप वितरण से संबंधित थे। एक-एक आवेदन के अपने अलग अनुभव थे। कानून बनाने वाली इस संस्था के अधिकारी सूचना का अधिकार कानून से अनभिज्ञ थे। 24 नवंबर, 2005 की बात है, यहां के निकासी एवं व्ययन पदाधिकारी जावेद हैदर अली ने नये ढंग से कानून की नियमावली को परिभाषित करते हुए कहा कि आवेदन शुल्क देते समय भी आवेदन की एक कॉपी जमा करनी पड़ती है। सहायक जन सूचना पदाधिकारी गिरिधर पोद्दार ने हालांकि आवेदन जमा कर लिया। एक महीने के बाद जब सूचना लेने के लिए मैं वहां गया तो श्री

पोद्दार ने कहा कि हमारे यहां सूचना देने की समय सीमा तीन महीने की है। विधानसभा गेस्ट हाउस को छोड़कर किसी आवेदन में सूचना नहीं दी गयी। इसमें भी तत्कालीन विधानसभा अध्यक्ष इंदरसिंह नामधारी से संपर्क किया गया तब जाकर सूचना मिली। शेष पांच आवेदनों पर कोई कार्रवाई नहीं हुई। 31 जुलाई, 2006 को राज्य सूचना आयोग का गठन हुआ। सभी आवेदनों को द्वितीय अपील में लाया गया। इस तरह आयोग में जाने वाली विधानसभा सचिवालय जैसी उच्च लोकतांत्रिक संस्था से संबंधित मेरे ये मामले शुरुआती दौर के थे। इस समय सात सूचना आयुक्त, जिनमें मुख्य सूचना आयुक्त जस्टिस हरिशंकर प्रसाद, सूचना आयुक्त रामविलास गुप्ता, प्रो पीके महतो, सृष्टिधर महतो, हरिश्चंद्र पातर मुंडा, गंगोत्री कुजूर व बैजनाथ मिश्र शामिल थे, एक साथ बैठकर अपील सुनते थे। मुझे याद है, किस तरह मिलकर आपस में बिना कोई वैचारिक मतभेद के पूर्ण पीठ अपीलों की सुनवाई करता था। मुझे यह भी याद है कि शुरू के दिनों में सूचना आयुक्तों को सूचना का अधिकार कानून की विभिन्न धाराओं की जानकारी नहीं रहती थी।

इसी दौरान पूर्ण पीठ ने विधानसभा सचिवालय में किये गये उन आवेदनों की अपीलों की भी सुनवाई शुरू कर दी जो गिफ्ट बांटने व प्रोन्नति से संबंधित थे। उनकी ओर से झारखंड हाईकोर्ट के वकील दिलीप जेरथ वकालत कर रहे थे। इधर से मेरा साथ दे रहे थे विष्णु राजगढ़िया जी। इसी दौरान यह देखने को मिला कि यह कानून कितना शक्तिशाली है। हमारा तर्क था कि कानून के अनुसार जो सूचना मांगी गयी है, वह देने योग्य है, इसलिए सूचनाएं दी जायें। दूसरी बात, हमने पीठ से आग्रह किया कि अगली बार से जन सूचना पदाधिकारी स्वयं यहां हाजिर रहें ताकि उनके साथ हमारी बातचीत हो सके। पीठ ने हमारे आग्रह को मान लिया और ऐसा ही निर्देश दिया। अगली सुनवाई में विधानसभा सचिवालय के जन सूचना पदाधिकारी व सचिव साथ में आये और सूचना आयोग के समक्ष सौंपते हुए हाथ जोड़कर माफी मांगी और कहा कि हमसे गलती हो गयी है, जुर्माना मत लगवाइए। इस क्षण के अनुभव को मैं शब्दों में नहीं लिख सकता। इस दिन विष्णु राजगढ़िया जी ने खबर बनायी कि जिन सवालों का जवाब विधायकों को भी नहीं मिलता, एक नागरिक ने उन सवालों का जवाब लेकर दिखा दिया। यह सूचना का अधिकार कानून की ही ताकत थी, जिसके इस्तेमाल से यह घटना हमारे लोकतंत्र में घटी। इस घटना ने जादू की छड़ी-सा काम किया। राज्य सरकार के अधिकारी हरकत में आ गये, सभी अपने स्तर पर इस कानून के क्रियान्वयन को लेकर व्यवस्था को ठीक करने में लग गये। जिनके पास रसीद नहीं थी, वे रसीद छपवाने में लग गये। उधर मुख्य सूचना आयुक्त ने भी फरमान जारी कर दिया कि सभी विभाग व कार्यालय अपने यहां सूचना अधिकारी नामित कर दें, वरना कार्रवाई होगी।

घूस को घूंसा

शिविर का भी इस कानून के प्रचार-प्रसार में व्यापक योगदान रहा। यह अभियान एनडीटीवी, परिवर्तन व अन्य प्रमुख मीडिया संस्थानों के संयुक्त प्रयास से पूरे देश में एक साथ

चलाया गया था। शिविर एक से 15 जुलाई, 2006 के बीच लगाये गये। झारखंड और बिहार में प्रभात खबर इस अभियान का एक प्रमुख पार्टनर था। प्रभात खबर के रांची, जमशेदपुर, धनबाद, दुमका व पटना में यह शिविर लगाया गया। इसमें हरेक दिन अलग-अलग सामाजिक संगठनों, राजनीतिक पार्टियों व व्यावसायिक संगठनों के प्रतिनिधियों को बुलाकर सूचना का अधिकार के बारे में बताया गया। काफी संख्या में लोग इन शिविरों में आये और सूचनाधिकार आवेदन तैयार कराये। रांची में तो भूचाल-सा आ गया। उन दिनों जिला जन संपर्क पदाधिकारी मुकुल लकड़ा का कहना था कि आपलोगों ने क्या कर दिया है कि रोज 40-50 आवेदन आ रहे हैं। वाकई यह परेशानी की ही बात थी। इस समय तक रांची समाहरणालय इस स्थिति में नहीं था कि किसी सूचनाधिकार आवेदन जमा कर लेने के बाद उसकी जिम्मेदारी किनकी होगी और कौन सूचना देगा, यह साफ-साफ बता सके। जब केके सोन यहां उपायुक्त के रूप में आये, तो व्यवस्था में बदलाव आया और पूरे जिले में सहायक जन सूचना पदाधिकारी, जन सूचना पदाधिकारी व प्रथम अपीलीय पदाधिकारी नामित करने का सिलसिला शुरू हुआ। अधिकारियों को प्रशिक्षण दिया जाने लगा। श्री सोन ने प्रभात खबर इंस्टीट्यूट से सहयोग मांगा। यहां के विद्यार्थियों को प्रखंड कार्यालयों के अधिकारियों व कर्मचारियों को सूचनाधिकार का प्रशिक्षण देने के लिए भेजा गया। उत्साहजनक परिणाम सामने आये, सूचनाधिकार की पहुंच प्रखंड स्तर तक हुई। हालांकि यह प्रयास सिर्फ रांची जिले में हुआ, अन्य जिलों में इस तरह के प्रयास नहीं देखे गये। आज सूचनाधिकार में आवेदन शुल्क के रूप में यदि पोस्टल ऑर्डर लेने की व्यवस्था की गयी है तो इसके पीछे कहीं न कहीं उस जन दवाब का ही हाथ है। बहरहाल, पिछले तीन सालों के दौरान सैकड़ों लोगों को हमने उनके लंबित कार्यों के लिए सूचनाधिकार आवेदन डलवाये। जरूरत पड़ने पर खुद बनाकर भी दिया। उन्हें सूचनाएं मिलीं, उनका हक, उन्हें मिला।

15 दिनों में हजार से अधिक आवेदन

15 दिनों तक चले घूस को घूंसा अभियान के दौरान विभिन्न विभागों व कार्यालयों में एक हजार से अधिक आवेदन जमा कराये गये। कमाल हो गया, सबके रुके हुए काम होने लगे। कल तक आम जनता को देखते ही अपनी अकड़ दिखाने वाले अफसरों ने इस कानून के सामने घुटने टेक दिये। वे शीघ्रता से संचिका निपटाने लगे। सरकारी अधिकारियों से सवाल-जवाब करने के लिए इस शिविर ने आम लोगों को जहां रास्ता दिखाया वहीं पत्रकारिता को और विस्तार दिया।

प्रभात खबर ने आरटीआई को पत्रकारिता का हथियार बनाया तो कई घपले सामने आये। प्रभात खबर की सूचनाधिकार टीम ने इस कानून के जरिये कई बड़े मामलों का खुलासा किया। इस टीम ने झारखंड विधानसभा गेस्ट हाउस की गड़बड़ी, विधायकों व महत्त्वपूर्ण व्यक्तियों के बीच लाखों रुपये के गिफ्ट का बंटवारा, अधिकारियों व कर्मचारियों को अवैध रूप से प्रोन्नति देने, लैपटॉप के वितरण व वसूली, कैंटीन-स्टॉलों का वितरण, सहायकों की नियुक्ति आदि

मामले में की गयी अनियमितताओं का पर्दाफाश किया। सूचनाधिकार ने देवघर में मनोरमा ट्रस्ट की अरबों रुपये की संपत्ति को निजी हाथों में जाने से बचाया। तुपुदाना औद्योगिक क्षेत्र में फर्जी फैक्ट्री खोलकर आईडीबीआई बैंक के लाखों रुपये के गबन के मामले का खुलासा किया। झारखंड में पंजीकृत 160 फर्जी एनजीओ को सामने लाया गया। जल संसाधन विभाग के 749 भ्रष्टाचारी इंजीनियरों के नामों को सार्वजनिक किया गया।

ऐसे ही कई मामलों को प्रभात खबर सामने लाता रहा तो जनता ने भी जाना कि यह आरटीआई लोकतंत्र में कितना सशक्त हथियार है। बड़े मामलों के अलावा कुछ ऐसी पहल के साथ कई छोटे उदाहरण भी रहे, जिनके माध्यम से प्रभात खबर की पहल से काम हुआ। दुर्गाकांत झा ने रांची के रातू रोड से रातू डायट ऑफिस तक एनसीईआरटी की पुस्तकें पहुंचायी थीं। इस मद में जिला शिक्षा कार्यालय के पास उनका 10 लाख रुपये बकाया था। सूचनाधिकार ने उन्हें यह बकाया दिलवाया। रांची के ही लोवाडीह चौक निवासी पवन कुमार का टेलीफोन कनेक्शन के लिए बीएसएनएल कार्यालय में दिया गया आवेदन पांच माह से लटका था, सूचनाधिकार ने 24 घंटे में कनेक्शन दिलाया, दुमका का 50 वर्षीय सोकोल मरांडी पिछले छह माह से राशन कार्ड बनवाने के लिए कार्यालय का चक्कर लगा रहा था, सूचनाधिकार ने उसे 12 घंटे के अंदर राशन कार्ड दिलाया। बोकारो के सुगंध कुमार, रातू के रामसुंदर दास व कोकर के गणतंत्र कुमार सिंह पासपोर्ट के लिए छह-सात महीनों से कार्यालय का चक्कर लगा रहे थे, लेकिन सूचनाधिकार ने इन्हें चंद घंटों में पासपोर्ट दिलाया। इस तरह प्रभात खबर झारखंड में सूचनाधिकार अभियान में जनता का साथी बना, इसे एक आंदोलन का रूप देने का सहयोगी बना और इसे लोकतांत्रिक हथियार के रूप में स्थापित होने की प्रक्रिया का गवाह भी।

(लेखक प्रभात खबर के संपादकीय सहयोगी रहे हैं। यह आलेख 2009 का है।)

खामोशी को तोड़ने वाला वह अभियान

विष्णु राजगढ़िया

झारखंड में प्रभात खबर ने सूचना के अधिकार को अपना पर्यायवाची बना डाला। जिस तरह आंदोलन इस अखबार का समानांतर शब्द बन चुका है, उन अनुभवों को याद करना रोमांचक है। प्रभात खबर के प्रधान संपादक श्री हरिवंश जी ने इस अभियान का दायित्व मुझे सौंपकर एक अविस्मरणीय अवसर दिया। सूचना का अधिकार अभियान से मिली स्फूर्ति और आत्मबल से लगा मानो एक नया जीवन मिला हो।

भारत में जब सूचना का अधिकार लागू हुआ तो प्रभात खबर ने झारखंड को इसकी प्रयोग भूमि बनाने का ऐतिहासिक प्रयोग किया। इसमें शानदार सफलता भी मिली। प्रभात खबर इंस्टीट्यूट ऑफ मीडिया स्टडीज में पत्रकारिता का सैद्धांतिक एवं व्यावहारिक प्रशिक्षण पाने वाले 35 विद्यार्थियों की टीम ने इस प्रयोग में पैदल सेना का काम किया। इन्हें सूचना कानून की बारीकियां बताकर विभिन्न सरकारी कार्यालयों में सूचना का आवेदन डालने के लिए प्रेरित किया गया। शुरुआती अनुभव काफी दिलचस्प और कई बार तो रोंगटे खड़े करने वाले साबित हुए। संसद द्वारा पारित एक कानून के प्रति सरकारी बाबुओं में मौजूद नफरत और उपेक्षा का शिकार इन विद्यार्थियों को होना पड़ा। एक-एक आवेदन जमा करने के लिए कई-कई दिन चक्कर काटने पड़े। अपमान के घूंट पीकर विद्यार्थियों ने मृत्युंजय शर्मा के सहयोग से अपना प्रयोग जारी रखा। आवेदन जमा कर लिया तो दस रुपये नहीं लिये। दस रुपये लिये तो रसीद नहीं दी। रसीद दी तो सूचना नहीं दी। आवेदक विद्यार्थियों पर तरह-तरह की छींटाकशी, व्यक्तिगत किस्म के सवाल और यहां तक कि भयादोहन की नीयत से सूचना मांगने के आरोप। कई अधिकारियों ने तो सूचना देने से बचने के लिए विज्ञापन विभाग तक के लोगों के पास पैरवी लगानी शुरू कर दी।

इसी क्रम में हरिवंश जी ने शक्ति पांडेय को नियुक्त किया। सूचनाधिकार पर काम करने के लिए एक अलग संवाददाता? सबको हैरानी थी, कुछ ने इस नौजवान के अंधकारमय भविष्य तक की घोषणा कर दी। सरकारी कार्यालयों में सूचना का आवेदन जमा करने और सूचना के लिए चक्कर काटने के दौरान शक्ति पांडेय ने अपमानजनक परिस्थितियों का धैर्यपूर्वक

मुकाबला किया। सरकारी बाबुओं को हैरानी होती कि जब अन्य किसी भी मीडिया संस्थान या राजनीतिक-सामाजिक समूह को सूचनाधिकार से कोई वास्ता नहीं तो आखिर प्रभात खबर क्यों इस कदर हाथ धोकर इसके पीछे पड़ गया है? कुछ अधिकारियों ने अपना गुस्सा प्रभात खबर के अन्य संवाददाताओं पर भी उतारा। किसी खबर के लिए संपर्क करने पर कई बार व्यंग्यपूर्ण जवाब मिलता- दस रुपये का आवेदन डालकर सूचना मांग लीजिये।

ऐसे दुराग्रहपूर्ण माहौल के कारण इस वक्त तक सूचनाधिकार से जुड़ी टीम को ये सारी चीजें महज सैद्धांतिक कसरत लग रही थीं। हमने सोचा तक नहीं था कि दूरगामी और शानदार सफलता हमारा इंतजार कर रही है।

हमारे लिए सूचनाधिकार आंदोलन का मतलब अधिकारियों के उपेक्षापूर्ण रवैये का दस्तावेज तैयार करना भी था। विभिन्न गतिविधियों के जरिये सूचनाधिकार के प्रचार-प्रसार का काम तेज किया गया। प्रभात खबर के पन्नों पर लगातार इस संबंध में सामग्री प्रकाशित हुई। सूचनाधिकार के सभी सैद्धांतिक एवं व्यावहारिक पहलुओं के साथ ही सफलता के प्रेरक किस्से और विज्ञापन प्रकाशित किये गये। एक मार्च, 2006 को प्रभात खबर सभागार में कार्यशाला आयोजित हुई। नयी दिल्ली से सीएचआरआई के विशेषज्ञ वेंकटेश नायक को बुलाया गया। इसमें हमारी टीम के कटु अनुभवों पर चर्चा हुई। राज्य के विकास आयुक्त एवं पारदर्शिता के लिए चर्चित अधिकारी टी नंदकुमार भी कार्यशाला में थे। बोले- हमारी नौकरशाही को गोपनीयता के पर्दे में काम करने की आदत है। अगर आपके अनुभव इतने कड़वे न होते तो मुझे ताज्जुब होता।

हमारे लिए जरूरी था कि हम सूचनाधिकार की ताकत के प्रति भरोसा पैदा करें। इसके लिए 23 मार्च, 2006 को प्रभात खबर सभागार मे कार्यशाला की गयी। इसमें दिल्ली की चर्चित संस्था 'परिवर्तन' के अरविंद केजरीवाल ने सूचनाधिकार आंदोलन की सफलता के रोमांचक किस्से सुनाये। प्रभात खबर, विकास भारती, रामकृष्ण मिशन तथा आईसी सेंटर फॉर गवर्नेंस (रांची चैप्टर) द्वारा बरियातु स्थित आरोग्य भवन में 24-25 मार्च, 2006 को राज्यस्तरीय पंचायत कार्यकर्त्ता शिविर भी इस दिशा में मील का पत्थर था।

इन प्रयासों ने एक बड़े सूचनाधिकार अभियान की बुनियाद रख दी। इस बीच हुए दो बड़े कार्यक्रमों ने अचानक बड़ी सफलता की ओर अग्रसर किया। पहला कार्यकम था- एमिक इंडिया की नंदिनी सहाय के सहयोग से रांची के कैपिटोल हिल होटल में सूचनाधिकार पर आयोजित दो दिवसीय कार्यशाला। इसके जरिये झारखंड आरटीआई फोरम सामने आया। दूसरा कार्यकम था- राष्ट्रीय स्तर पर संचालित पंद्रह दिवसीय कार्यकम 'घूस को घूंसा', इसके लिए सूचनाधिकार पर एक पुस्तक प्रकाशित की गयी। एक से पंद्रह मई, 2006 तक प्रभात खबर ने रांची, धनबाद, पटना, जमशेदपुर, दुमका एवं देवघर में शिविर लगाया, इसमें हजारों नागरिकों ने आकर सूचनाधिकार के सैद्धांतिक एवं व्यावहारिक पहलुओं की जानकारी ली। शिविर में समाज के विविध तबकों एवं संगठनों के प्रतिनिधियों को अलग-अलग दिन आमंत्रित करके सूचनाधिकार के समस्त पहलुओं की जानकारी दी गयी। पीकेआईएमएस के छात्र-छात्राओं ने सैकड़ों नागरिकों के आवेदन तैयार किये, उन्हें दाखिल कराने में मदद की। बाद में, राज्य सूचना आयोग के गठन

ने रही-सही कसर पूरी कर दी। सूचनाधिकार पर नागरिकों का भरोसा जग चुका था और प्रभात खबर टीम भी सफलता के नये-नये किस्से सामने लाने में सक्षम हो गयी थी। ये सफलताएं नागरिकों के लंबित जायज कामों को बिना घूस दिये कराने से लेकर भ्रष्टाचार के किस्से उजागर करने और सूचना नहीं देने वाले अधिकारियों की फजीहत के रूप में सामने आ रही थी। प्रभात खबर ने 'ये कैसा राज है भाई' स्तंभ के जरिये नागरिकों की समस्याएं सामने लाना शुरू किया। ऐसी एक्सक्लूसिव खबरें भी मिलने लगीं, जो इस अधिकार के बगैर असंभव थी।

इससे पहले सबको लगता था कि सूचना का अधिकार महज किताबी बातें हैं। खासकर झारखंड जैसे राज्य में इसका कोई असर नहीं होने वाला। कई बार हमारी टीम में भी निराशा दिखती, ऐसे में हमने कुछ बड़ी संस्थाओं में आवेदन डालकर कुछ बड़ा काम करने की ठानी। इसमें मिली शानदार सफलता ने पूरा नक्शा ही बदल दिया। झारखंड विधानसभा के अधिकारियों को कई मामलों में सूचना आयोग आकर खेद प्रकट करते हुए अपने काले कारनामों के दस्तावेज दिखाने पड़े। राज्य विधि विभाग को एक बड़े अवैधानिक फैसले की दबी हुई फाइल मुख्यमंत्री की मेज से मंगाकर देनी पड़ी। गामीण विकास विभाग के सचिव को 22 जिलों के जिलाधिकारियों या उनके प्रतिनिधियों के साथ सूचना आयोग में उपस्थित होकर नरेगा संबंधी सारे आंकड़े देने पड़े। ऐसे अनुभवों की संक्षिप्त चर्चा आवश्यक है।

झारखंड विधानसभा के संबंध में कई विवादास्पद किस्से चर्चा में थे, लेकिन मीडिया के लिए उन पर खबर लिखना संभव नहीं हो पाता था। दस्तावेजों के बगैर लिखने से संसदीय विषेशाधिकार का खतरा था। हमने ऐसे कई मामलों पर सूचना के आवेदन डाले, जैसे-

1. झारखंड विधानसभा परिसर में तीस वातानुकूलित कमरों का गेस्ट हाउस है। इसके किराये की पूरी राशि ट्रेजरी में जमा होनी चाहिए, लेकिन ट्रेजरी में मामूली रकम जमा की जा रही थी। प्रति कमरा शुल्क भी 100 रुपये के बदले अवैध रूप से 300 रुपये लिये जाते। सूचनाधिकार के तहत मिले दस्तावेजों से सारी पोल खुल गयी। 09-12-2005 को प्रभात खबर में बड़ी खबर छपी।

2. झारखंड विधानसभा में नियुक्तियों में भारी अनियमितता हुई। हजारों बेरोजगार सड़कों पर उतर आये। अक्तूबर, 2005 में 75 अनुसेवकों की बहाली में भी अनियमितता हुई। इन पहलुओं पर सूचनाधिकार के जरिये महत्त्वपूर्ण दस्तावेज हासिल हुए।

3. झारखंड विधानसभा में पदोन्नतियों में भी भारी अनियमितता हुई। विभिन्न कर्मियों एवं अधिकारियों को एक ही दिन में दो-दो बार गैरकानूनी तरीके से पदोन्नति मिली। सूचनाधिकार के जरिये महत्त्वपूर्ण दस्तावेज हासिल हुए।

4. झारखंड विधानसभा परिसर में अक्तूबर, 2005 में विभिन्न निर्माण-कार्यों को लेकर अचानक हंगामा हुआ। घटिया सामग्री के इस्तेमाल, मनमाने एवं अनावश्यक कार्यों, बारह करोड़ के काम में 45 फीसदी कमीशन जैसे गंभीर आरोप लगे। सूचनाधिकार से जुड़ी प्रभात खबर की टीम ने इन पहलुओं की पड़ताल के लिए 22 नवंबर, 2005 को भवन निर्माण विभाग में आवेदन देकर जानकारियां हासिल कीं।

5. प्रथम तथा द्वितीय झारखंड विधानसभा के दौरान विधायकों के लिए खरीदे गये लैपटॉप की राशि व उनके उपयोग में कई अनियमितताएं भी सूचनाधिकार से उजागर हुईं।

6. विधानसभा के हर सत्र में विभिन्न विभागों द्वारा गैरकानूनी तरीके से खरीदे उपहारों तथा विधायकों, पत्रकारों, अधिकारियों के बीच उनका वितरण किया जाता। इन उपहारों की राशि कहां से आती है, कोई नहीं जानता। इनकी खरीद एवं इनके वितरण में जनप्रतिनिधियों, अधिकारियों, सप्लायरों एवं बिचौलियों के नापाक गंठबंधन की साफ झलक दिखती है। इस संबध में मांगी गयी सूचना ने सभी विभागों में हड़कंप मचा दिया।

7. विधानसभा परिसर की दुकानों, कैंटीन, स्टॉल वगैरह का आवंटन मनमाने तरीके से हुआ। इनसे मिली राशि का भी कोई हिसाब नहीं था। सूचना के आवेदन ने इसकी भी पोल खोली।

विधानसभा से ऐसी सूचनाएं हासिल करना कोई हंसी-खेल नहीं था। शुरू में तो इसका आवेदन तक जमा करना लोहे के चने चबाने जैसा था। आवेदन जमा करने गये हमारे साथियों को विधानसभा अधिकारियों की गर्वोक्ति सुनने को मिलती- हम तो खुद कानून बनाते हैं। हम पर यह कानून लागू नहीं होगा, यहां तक कि विधानसभाध्यक्ष इंदर सिंह नामधारी ने सार्वजनिक तौर पर हमारी खिल्ली उड़ायी। एक मई, 2006 को घूस को घूंसा अभियान के उद्घाटन के दौरान प्रभात खबर सभागार में मुख्यमंत्री अर्जुन मुंडा और विपक्ष के नेता सुधीर महतो की उपस्थिति में श्री नामधारी ने विधानसभा से सूचना मांगने वालों की उलाहना की।

लेकिन प्रभात खबर टीम के अनवरत प्रयासों ने विधानसभा का घमंड चूर किया। घोर अनियमितता के बोझ तले दबा लोकतंत्र का यह मंदिर हमारी खुल्लमखुल्ला रपटों पर चूं तक नहीं कर सका।

दूसरी बड़ी सफलता विधि विभाग में मिली। झारखंड हिंदू धार्मिक न्यास बोर्ड के अध्यक्ष राजेंद्रनाथ शाहदेव ने एक अवैधानिक फैसले के जरिये लगभग दो अरब की परिसंपत्ति को मनोरमा ट्रस्ट के बदले किसी की निजी संपत्ति में बदल दिया था। मामला कैबिनेट में पहुंचने पर विधि विभाग से जांच करायी गयी। रिपोर्ट दबा दी गयी। इन पंक्तियों के लेखक ने 29 दिसंबर, 2005 को सूचनाधिकार आवेदन द्वारा विधि विभाग से यह रिपोर्ट मांगी। जवाब आया कि यह संचिका अभी विधिमंत्री यानी मुख्यमंत्री के पास है, इसलिए नहीं दी जा सकती। लेकिन झारखंड राज्य सूचना आयोग ने जांच रिपोर्ट उपलब्ध कराने का आदेश दिया, इससे मनोरमा ट्रस्ट मामले में हुई घोर अनियमितता सामने आयी।

तीसरी बड़ी सफलता राज्य के ग्रामीण विकास विभाग में मिली। फरवरी, 2006 में पूरे देश में राष्ट्रीय रोजगार गारंटी कानून लागू हुआ। इसे एक बड़ा प्रगतिशील कदम माना गया। लेकिन झारखंड में इसके अमल में गंभीरता का घोर अभाव था। हमारी टीम ने ग्रामीण विकास विभाग से राज्य के विभिन्न प्रखंडों में नरेगा के क्रियान्वयन संबंधी आंकड़े मांगे। लेकिन जो ग्रामीण विकास विभाग नरेगा कानून को मजाक समझ रहा था, वह भला सूचना कानून को कितनी तवज्जो देता। अंततः मामला सूचना आयोग पहुंचा, आयोग ने राज्य के ग्रामीण विकास

आयुक्त तथा 20 जिलों के उपायुक्तों को एक ही दिन सूचना आयोग में तलब कर लिया। इसने पूरे राज्य की नौकरशाही में हड़कंप मचा दिया। सभी जिलों के अधिकारियों ने रातोंरात सारे आंकड़े जुटाकर हमें उपलब्ध कराये।

मीड्यिा में प्रभात खबर अपवाद रहा

इन अनुभवों तथा मीडिया के लिए सूचनाधिकार के महत्त्व की चर्चा के लिए एक प्रसंग महत्त्वपूर्ण है। भारतीय प्रेस परिषद् ने दो जून, 1998 को एक समिति बनायी थी। उद्देश्य था- भारत में प्रिंट मीडिया के भविष्य का पता लगाना। चौबीस सवालों की प्रश्नावली देश भर में भेजकर राय मांगी गयी। इसका दूसरा ही प्रश्न था- पत्रकारिता के पेशागत कार्यों में सूचना कानून कितनी मदद करेगा? मीडिया जगत् ने इसका जवाब प्राय: बेहद ठंडे, औपचारिक रूप में दिया था। यह उदाहरण यह बताने के लिए काफी है कि मीडिया ने आम तौर पर सूचनाधिकार को कभी गंभीरता से नहीं लिया। न पहले, न अब। प्रभात खबर अपवाद है।

इसी तरह, प्रेस परिषद् ने मार्च, 2001 में पेश रिपोर्ट में सूचना कानून को मीडिया के लिए काफी महत्त्वपूर्ण बताया था। कहा था- ''आधिकारिक सूचनाएं नहीं मिल पाना आज खोजी, विश्लेषणात्मक एवं लोकप्रिय पत्रकारिता की राह में सबसे बड़ी बाधा है। नौकरशाही, पुलिस, सेना, न्यायपालिका और विधायिका द्वारा बेहद सामान्य सूचनाएं भी आश्चर्यजनक रू प से छुपा ली जाती हैं। अधिकारियों के असहयोग के इस लौह द्वार को कम ही पत्रकार भेद पाते हैं। सूचना का कानून पत्रकारों तथा समाज को सवाल पूछने के लिए उत्साहित करेगा। यह जवाबदेही को बढ़ावा देगा, इसके बाद पत्रकार अटकलबाजी, अफवाह, लीक तथा अज्ञात सूत्रों पर निर्भर नहीं रहेंगे। इस कानून का आना उन निहित स्वार्थी तत्त्वों के मंसूबों पर पानी फेर देगा, जो सूचनाओं को छिपाते या गलत ढंग से व्याख्या करते हैं, या फिर जो लोग गलत सूचनाएं उपलब्ध कराकर मीडिया को प्रत्यक्ष या अप्रत्यक्ष रूप से गुमराह करते हैं।

हैरत की बात है कि भारतीय प्रेस परिषद् के इतने सटीक आकलन को मीडिया के बड़े हिस्से ने तवज्जो नहीं दी। सूचना कानून लागू हुआ तो मीडिया जगत् ने औपचारिक स्वागत तक करने का उत्साह नहीं दिखाया। इसे महज राजस्थान के किसानों तथा दिल्ली के झुग्गीवालों का मामला, या फिर एनजीओ-टाइप लोगों का खेल मान लिया गया। इसका उपयोग करने के बजाय उपेक्षा की ही प्रवृत्ति दिखी। दूसरी ओर, जिन लोगों ने पत्रकारिता में इस कानून को हथियार के बतौर उपयोग करने संबंधी प्रयोग किये, उनके अनुभव काफी दिलचस्प एवं नयी राह दिखाने वाले हैं।

भारत के संविधान में धारा 19 (1) (क) के तहत नागरिकों को वाक् एवं अभिव्यक्ति का अधिकार है, लेकिन सूचना के अभाव में यह अधिकार अधूरा था। शासन और प्रशासन से जुड़ी तथ्यपरक, नवीनतम एवं प्राथमिक सूचनाओं के बगैर ठोस आकलन संभव नहीं। शासन, प्रशासन से जुड़े लोग तमाम सूचनाओं पर कुंडली मारकर बैठे रहते थे। संविधान में वाक् और अभिव्यक्ति की स्वतंत्रता पर युक्तियुक्त निर्बधन के कतिपय प्रावधानों तथा नौकरशाही के

हाथों में मौजूद जबरदस्त हथियार- 'शासकीय गुप्त बात अधिनियम' के कारण नागरिकों के मौलिक अधिकार काफी सीमित रह जाते थे। उधर विधायिका के पास विषेशाधिकार और न्यायपालिका के पास अवमानना कानून, पत्रकारों के लिए किसी भी मामले की तह में अधिकारपूर्वक जाना असंभव ही था।

आज सूचना कानून का उपयोग किस तरह कर सकती है मीडिया? प्रभात खबर से जुड़े कुछ उदाहरण देखें। अवैध देशी शराब के कारण कई वर्षों तक झारखंड को उत्पादकर एवं बिक्रीकर में अरबों का नुकसान हुआ, लेकिन अधिकारी आश्चर्यजनक रूप से खामोश रहे। विधानसभा में माले विधायक विनोद सिंह ने मामला उठाया तो सदन को गुमराह करने वाला जवाब दिया गया। मीडिया ने जब कभी ऐसी खबरें छापीं तो तथ्य को झुठलाया गया। वित्तमंत्री रघुवर दास ने सूचना मांगी तो फाइल दबी रह गयी, लेकिन प्रभात खबर इंस्टीट्यूट के छात्र दयानंद राय ने सूचना का आवेदन डालकर पूरा कच्चा चिट्ठा निकाल लिया। पता चला कि वर्ष 2001-02 में मिला सोलह करोड़ का राजस्व वर्ष 2005 में दस गुना नीचे आ गया, मात्र डेढ़ करोड़। प्रभात खबर में यह पेज वन की एक्सक्लूसिव खबर बनी।

आज हम अटकलबाजी के बजाय दस्तावेजों के गंभीर अध्ययन के जरिये कलम चला सकते हैं, पहले यह असंभव था। लिहाजा, सूचनाधिकार से पहले और आज की पत्रकारिता में बुनियादी अंतर आ गया है, इस अंतर को शासकीय गुप्त बात कानून बनाम सूचना कानून के प्रावधानों में बेहद आसानी से समझा जा सकता है। गोपनीयता कानून जहां किसी भी सूचना को गोपनीय बता सकता है, वहीं सूचना कानून अधिकतर सूचनाएं देता है।

किसी स्वयंसेवी संस्था के निबंधन के लिए उसके आवेदन संबंधी दस्तावेजों में उसका स्थायी पता बताना जरूरी है। झारखंड में 160 ऐसी संस्थाओं को निबंधन दे दिया गया जिनके आवेदन में स्थायी पता नहीं था। प्रभात खबर इंस्टीट्यूट की छात्रा सरिता ने 03-01-2006 को सूचनाधिकार द्वारा इसका भंडाफोड़ किया।

इसी तरह, सुनील चौधरी ने स्वास्थ्य विभाग द्वारा बड़ी संख्या में एंबुलेंस की खरीद करके स्वयंसेवी संस्थाओं में वितरण संबंधी सूचनाएं मांगीं। मिली सूचनाओं के आधार पर छपी खबरों से इस बात का खुलासा हुआ कि कई एंबुलेंसों का उपयोग सब्जी खरीदने तथा सैर-सपाटे में हो रहा है। इसकी खबर छपने के बाद सरकार ने ऐसे वाहनों पर कड़ी निगरानी का निर्देश दिया। एक अन्य मामले में सुनील चौधरी ने झारखंड में प्रस्तावित 52 विद्युत सब-स्टेशनों के निर्माण के लिए जमीन उपलब्ध कराने संबंधी सूचना मांगी। पता चला कि 18 सब-स्टेशनों के लिए भूमि का आवंटन तक नहीं हुआ है। खबर छपने के बाद 14 के लिए तत्काल जमीन उपलब्ध करा दी गयी।

नेहा गुप्ता ने राजस्व एवं भूमि सुधार विभाग में 09-12-05 को आवेदन देकर आदिवासियों की हड़पी गई जमीन का ब्योरा मांगा। पता चला कि झारखंड बनने के बाद आदिवासी भूमि पर कब्जा संबंधी मुकदमों के निष्पादन तथा उन्हें वापस अपनी जमीन दिलाने संबंधी काम की गति काफी धीमी है। हड़पी गयी जमीन के एवज में मुआवजा देने की राशि का

भुगतान भी समुचित नहीं हो सका है। ऐसे तथ्य एक अच्छी खबर का आधार बने।

विधानसभा चुनाव के दौरान जब्त वाहनों हेतु रांची के मोराबादी मैदान की घेराबंदी के खर्च का ब्योरा मांगा था। पता चला कि लोकसभा चुनाव के दौरान घेराबंदी के खर्च लगभग एक लाख हुए। विधानसभा चुनाव में ये लगभग तीन लाख हो गये, यानी महज एक साल में तीन गुना। ऐसे तथ्य प्रभात खबर के लिए एक 'एक्सक्लूसिव न्यूज' का आधार बने।

सूचनाधिकार की विषेशता यह है कि सूचनाओं का न मिलना या अधूरी सूचना का मिलना भी काफी दिलचस्प तथ्य प्रदान कर सकता है। यह बात सहज पता लग जाती है कि किन सूचनाओं को छुपाया जा रहा है। झारखंड अधिविद्य परिषद् में बड़ी संख्या में पिछले दरवाजे से नियुक्तियों की खबरें सुनने को मिलती थीं।

यह भी एक दिलचस्प प्रसंग है। रांची के तुपुदाना औद्योगिक क्षेत्र में फैक्ट्री खोलने के नाम पर बाहर से आये लोगों को समुचित चल-अचल जमानतों के बगैर बीस करोड़ का ऋण दिया गया था। यह लोन किन परिस्थितियों में दिया गया, इसकी जांच करने वाला कोई नहीं। तीनों कारखाने बंद पड़े हैं। विभिन्न स्रोतों से मिले तथ्यों के आधार पर प्रभात खबर में एक से छह दिसंबर तक छह किस्तों में खबर छपी। इस प्रकरण में आईड़ीबीआई बैंक से महत्त्वपूर्ण सूचनाएं मिल सकती थीं, लेकिन बैंक ने कहा कि किसी के व्यक्तिगत खाते की जानकारी नहीं दी जा सकती। हमने आईड़ीबीआई को रजिस्टर्ड डाक द्वारा आवेदन भेजकर विभिन्न सूचनाएं मांगीं। बैंक ने अपने जवाब में माना कि तीनों कारखानों में भारी गबन हुआ है, लेकिन सूचना देने से मना किया। मामला केंदीय सूचना आयोग पहुंचा तो गबन संबंधी सूचना हासिल हुई।

ऐसे ही कई और मामले सामने आते रहे। यह सब सूचना का अधिकार कानून का पत्रकारिता में इस्तेमाल का ही परिणाम था। जो लोग यह कहते हैं कि सूचनाधिकार से समाचार नहीं निकलता, वे दरअसल पत्रकारिता और जनसंपर्क का फर्क छुपा रहे होते हैं। समाचार की एक चर्चित परिभाषा यह है कि जिसे कोई छुपाना चाहे, वह समाचार है, शेष सब विज्ञापन। इस परिभाषा का मतलब सूचनाधिकार आने के बाद ज्यादा स्पष्ट हो रहा है। व्यक्तिगत रिश्तों के आधार पर या तो महिमामंडन की खबरें मिलती हैं, या परस्पर द्वेष के कारण जारी प्रायोजित सूचनाएं। संवाददाता जाने, अनजाने इस या उस पक्ष का उपकरण ही बन रहा होता है। प्राथमिक एवं पूर्ण तथ्यों के अभाव में कई बार वह एकांगी, अतिशयोक्तिपूर्ण, असत्य, पूर्वाग्रहप्रेरित खबरें लिख रहा होता है। सूचनाधिकार उसे यह आधार मुहैया करा रहा है कि वह सारे तथ्यों की पड़ताल स्वयं कर सके, अपने विवेक और अपनी विश्लेषण क्षमता का भरपूर उपयोग कर सके। सूचनाधिकार ने नागरिकों एवं मीडिया के हाथ में एक शानदार हथियार दिया है। प्रभात खबर के प्रयोगों ने इसे साकार कर दिखाया है।

(लेखक प्रभात खबर के वरिष्ठ संपादकीय सहयोगी रहे हैं। 2009 में नयी दुनिया के झारखंड ब्यूरो प्रमुख रहते हुए यह आलेख लिखा।)

असली मालिक तो जनता है

पी बी सावंत
अध्यक्ष, भारतीय प्रेस परिषद्
तिथि : 27 अप्रैल, 1997

विषय : सूचना का अधिकार

अभिव्यक्ति की स्वतंत्रता की रक्षा के लिए यह जरूरी है कि सही सूचनाएं मिलें। सूचना का अधिकार मिले बगैर संविधान ने जो अभिव्यक्ति की स्वतंत्रता का अधिकार दिया है, उसका पूरा-पूरा लाभ आमजन नहीं उठा सकते हैं। इस विधेयक के पारित होने में सबसे बड़ी अड़चन नौकरशाह बन रहे हैं। ढेर सारे लोकतांत्रिक देशों में यह अधिकार नहीं है, जबकि कई देशों ने इस अधिकार को बहुत पहले से दे रखा है। भारत में तो इसकी शुरूआत 1989 में तत्कालीन प्रधानमंत्री वीपी सिंह ने की थी लेकिन नौकरशाहों ने बार-बार अड़ंगा डालकर इसे लटकाये रखा। सरकार मालिक नहीं है, न ही नौकरशाह मालिक है, असली मालिक तो जनता है और जनता को सूचना पाने का पूरा-पूरा हक है। यह अजीब विडंबना है कि मालिक से ही नौकर, मालिक के हित के नाम पर सूचनाएं छुपाते हैं। ऐसे में लोकतंत्र कैसे मजबूत होगा? सूचना का अधिकार आम जन भीख, अनुदान या दान के रूप में सरकार से नहीं मांग रहा है, बल्कि यह सरकार का दायित्व बनता है कि सूचना का अधिकार अपने मालिक यानी जनता को दे ही। अमूमन राजनीतिज्ञ तो सूचना का अधिकार देना चाहते हैं लेकिन नौकरशाही के बार-बार के अड़ंगे के कारण मामला अटक जाता है। बगैर सही सूचना मिले लोकतंत्र में लोक की भागीदारी कैसे संभव है? चुनाव तो मात्र माध्यम है। चुनाव में मात्र 35 फीसदी वोटपाने वाले राजनीतिक दल दो-तिहाई स्थान पा लेते हैं और सरकार बना लेते हैं। जनता अपना मत देकर जो सरकार बनवाती है उसका मतलब यह कतई नहीं है कि जनता अपनी संप्रभुता उनके समक्ष गिरवी रख देती है। सरकार और प्रशासन के काम में पारदर्शिता आनी चाहिए। जनता के लिए जो कानून बनते हैं, वे जनता के सूचना के अधिकार नहीं होने के कारण जनता तक नहीं पहुंच पाते। इससे बड़ा दुर्भाग्य और क्या होगा? जब सूचना का अधिकार मिल जाएगा, तो जनता पूछ सकेगी उसके लिए जो विकास योजनाएं बनती हैं, उन योजनाओं की कितनी राशि कहां, कब और

किसने खर्च की। नहीं तो क्यों? और जनता तक ये सूचनाएं स्वयंसेवी संगठ्न और लोकतंत्र का जागरूक प्रहरी ही पहुंचा सकता है।

प्रेस बहुत हद तक लोकतंत्र का पहरुआ है, जो जनता तक सूचनाएं पहुंचाता है और इसी से लोकतंत्र मजबूत होगा। उसके लिए जनता को जागरूक करने और जनता को साथ जोड़ने की जरूरत है।

(जस्टिस पीबी सावंत का यह आलेख उनके प्रभात खबर व्याख्यान का संक्षिप्त अंश है।)

कभी मिलकर सोचें, देश रहेगा या नहीं...!

अरुणा राय

स्थान : सीसीएल विचार सभागार, तिथि : 11 फरवरी, 2001

विषय : सूचना का अधिकार

आजादी के बाद राजनीति एक धंधा हो गयी। गोरे की जगह काले लोग शासन में आये। लोकतंत्र एक जामा बनकर आया, मगर इस लोकतंत्र में आवाज उठने की संभावना गलती से बच गयी।राजस्थान के एक गांव से शुरू होकर सूचना के संघर्ष की लड़ाई, जो पूरे हिंदुस्तान में फैली, उसकी दिशा इसी संभावना ने तय की।

लोकतंत्र की आज यह स्थिति है कि एक पार्टी से लोग दुखी होते हैं तो दूसरे को वोट देते हैं। समाधान का कोई स्वरूप हमारे सामने नहीं है। इस स्थिति ने मध्यम वर्ग के हमारे कई हिस्से को यह सोचने के लिए जगह छोड़ा कि लोकतंत्र का रास्ता ही गलत है। इससे अच्छा तो गोरा जमाना था। लोकतंत्र ने धोखा नहीं दिया, दरअसल पढ़े-लिखे लोगों ने यह ध्यान ही नहीं दिया कि हमें हथियार और अधिकार भी चाहिए। बिहार में तो राजनीतिक शिक्षा एक हद तक है भी, राजस्थान में तो वह भी नहीं है। राजस्थान के जिस जिले में हम लोगों ने 1987 में जाकर काम शुरू किया, तब तक वहां के महिला-पुरुषों ने कम्युनिस्ट शब्द सुना ही नहीं था। महिलाएं जूता पहनकर गांव में नहीं निकल सकती थीं। दलित शिक्षक ऊंची जगह पर खड़े होकर सवर्ण बच्चे को नहीं पढ़ा सकता था। आज वहां सूचना के अधिकार के बारे में एक-एक आदमी जानता है। जब सूचना का सवाल देश के पैमाने पर उमड़ने-घुमड़ने लगा तो कई दिग्गजों को यह आश्चर्य हुआ कि इतने पिछड़े हुए प्रांत से इतना समझा हुआ मुद्दा कैसे उठा?

एक मई, 1990 को हम लोगों ने मिलकर मजदूर-किसान शक्ति संगठन बनाया। सबसे पहले निम्नतम मजदूरी के संघर्ष से इस संगठन की यात्रा आरंभ हुई। इस सवाल को लेकर भूख हड़ताल पर बैठे। मांग पूरी नहीं हुई तो दुबारा 1991 में भूख हड़ताल की। चुनाव का टाइम था। तब भैरों सिंह शेखावत मुख्यमंत्री थे, उन्होंने कहा कि मांग पूरी करेंगे, मगर नहीं की। मजदूरी के सवाल को लेकर छिड़े इस संघर्ष की जो सबसे बड़ी बाधा सामने थी, वह हर बार अफसरों के सामने मजदूरी की बात को झूठा करार देने की थी। तो तय यह हुआ कि जब तक सरकारी दफ्तरों से रेकॉर्ड बाहर नहीं निकलेगा, तब तक हम भूखे रहेंगे। सूचना के अधिकार का आंदोलन यहीं से शुरू हुआ। इस आंदोलन का पूरा प्रारूप गांव के अनपढ़ मजदूरों ने बनाया। राजस्थान

के पाली जिले में पड़ने वाले कोटकी राणा गांव में न्यूनतम मजदूरी का रेकार्ड ब्लॉक ऑफिस से निकालकर, मस्टररोल की लिस्ट से गांव के लोगों का नाम चेक करने के बाद बवंडर मच गया। इसमें सैकड़ों फर्जी नाम चढ़े थे। जिन्होंने काम किया था और पैसे उन्हें नहीं दिये गये थे। दो दिसंबर, 1994 को इस पर जनसुनवाई हुई, जिसमें डेढ़ हजार लोग आये थे। उसमें खुलासा हुआ कि यहां भारी गबन हुआ है। इसी तरह भीम पंचायत समिति में हम लोगों ने 36 लाख का गबन पकड़ा। तब हम लोगों ने यह तय किया कि मस्टररोल के सिलसिले में तीन आग्रह हम साफ रखेंगे। पहला दस्तावेजों की पारदर्शिता, दूसरा सोशल ऑडिट और तीसरा फिक्स जवाबदेही। उसमें विधानसभा चल रही थी तो वहां मुख्यमंत्री ने कह दिया कि हम मस्टररोल का बिल और वाउचर ओपन कर देंगे। तब दैनिक नव ज्योति के पहले पन्ने पर यह खबर छपी थी। बाद में जब इसकी कटिंग लेकर हम लोग घूमने लगे तो जवाब मिलता रहा कि मुख्यमंत्री इस तरह के आश्वासन तो रोज ही देते रहते हैं। हमें लोकतंत्र की जवाबदेही को पकड़ना पड़ेगा। 1996 की एक कैबिनेट मीटिंग में राजसत्ता की तरफ से यह बात आई कि इनफॉर्मेशन बांटते हैं तो पावर बांटते हैं। ऑफिशियल सीक्रेट एक्ट को रद्द नहीं किया जाना चाहिए। यह ऑफिसियल सीक्रेट एक्ट अंग्रेजों का बनाया हुआ है। अंग्रेजों ने लोकतंत्र को एक वस्तु बनाये रखने के लिए इसकी ईजाद की थी। ब्यावर में चले हमारे आंदोलन को अप्रत्याशित जनसमर्थन मिला। सारी धर्मशालाएं खुल गयीं। स्थानीय सब्जी विक्रेताओं ने 40 दिनों तक मुफ्त सब्जी हम पर खर्च कीं। एक लड़का अपने रोज की मजदूरी में से दो रुपये शाम को दे जाता था। एक फूल बेचने वाली प्रतिदिन पांच रुपये दे जाती थी। 400 संगठनों ने इसको सहमति दी। निखिल चक्रवर्ती जैसे पत्रकार ने उस समय हमारे आंदोलन को देश की दूसरी लड़ाई कहने का साहस दिखाया। उस दरम्यान हमने अपने आंदोलन के लिए 86 हजार रुपये इकट्ठे किये। पारदर्शिता के लिए उसके पूरे एकाउंट को खुला रखा। जो मांगता है, वह दिखाने के लिए भी तैयार रहे कि मांगी गयी चीज का इस्तेमाल कैसे-कैसे किया गया। इससे एक तरह का नैतिक नियंत्रण रहता है। 1997 में हुए आंदोलन के दौरान जब 53 दिन जयपुर की सड़कों पर उन्हें रहना पड़ा, उस समय आंदोलन के लिए गांव से आये लोगों से यह पूछा जाता कि आपका नेता कौन?

सब कहते— हम। दरअसल, हमारे संगठन में कोई एक नेता नहीं। 20 लोगों की एक डीसिजन कमेटी है, आंदोलन की दशा और दिशा तय करती है। हमारा मुद्दा कुछ और नहीं है, बस यही है कि हम जानना चाहते हैं कि सरकार चलती है तो कैसे चलती है। ये लालबत्ती वाले घूमते ही रहते हैं कि कुछ करते भी हैं! सूचना के अधिकार से ये सब हम जान पाएंगे और भ्रष्टाचार के खिलाफ एक वातावरण बन सकेगा। सूचना के अधिकार की लड़ाई, सरल तो नहीं मगर एक अजीब किस्म की सहूलियत इसमें हमारे पास है। सरकार इसे गैरकानूनी कह नहीं सकती न हमें निगल सकती है और न उगल सकती है। इस लड़ाई में हम परेशान तो नहीं होंगे, मगर सरकार को खूब परेशान करेंगे। हम सोचते हैं कि हम रहेंगे कि नहीं रहेंगे, आप सोचते हैं कि हमारी कुरसी रहेगी कि नहीं रहेगी। पर हम सबको मिलकर यह सोचना चाहिए कि यह देश रहेगा कि नहीं रहेगा।

(पूर्व आईएएस अधिकारी अरुणा राय का नाम सूचना अधिकार आंदोलन को नेतृत्व प्रदान करने में सबसे आगे है।)

रिश्वत न दें, सूचना मांगें

अरविंद केजरीवाल

22 मार्च, 2006, प्रभात खबर सभागार

सूचना के अधिकार द्वारा हर जायज काम कराये जा सकते हैं। अब आप रिश्वत न दें, सूचना मांगें। आपका काम हो जायेगा, जब दिल्ली के नागरिक सूचना का अधिकार के माध्यम से इतनी सफलता हासिल कर सकते हैं, तो झारखंड के नागरिक भी इसका लाभ क्यों न उठाएं। झारखंड सहित 12 राज्यों में सूचना आयोग का गठन नहीं होना इस कानून का उल्लंघन है। इसके लिए सरकार पर जनांदोलनों से दबाव बनाना होगा। दिल्ली सरकार ने पेयजल के वितरण का जिम्मा बहुराष्ट्रीय कंपनियों को देने की प्रक्रिया शुरू की थी, जिससे पानी छह गुना महंगा हो जाता, लेकिन सूचना का अधिकार के सहारे इस मामले की पूरी जानकारी सामने लाकर इस पर रोक लगायी गयी। झारखंड सहित अन्य राज्यों में भी ऐसी कोशिशें हो सकती हैं। उन्होंने कहा कि जिस तरह दिल्ली में पानी वाले मामले में सारे नियमों को किनारे रखकर विश्व बैंक के इशारे पर काम हुआ, उससे लगता ही नहीं कि हम एक आजाद देश के नागरिक हैं। हमारा नारा है कि किसी भी जायज मामले में अब किसी भी प्रकार की रिश्वत देने की जरूरत नहीं है।

(सूचनाधिकार के क्षेत्र में अपनी खास पहचान रखने वाले अरविंद केजरीवाल का यह आलेख उनके व्याख्यान का अंश है।)

सूचनाधिकार अभियान का इकलौता सीरियस पार्टनर

अरविंद केजरीवाल, मैग्सेसे अवार्ड विजेता

क्षेत्रीय पत्रकारिता का ध्यान आते ही मुझे प्रभात खबर का ध्यान सबसे पहले आता है। इसके पीछे जो कारण हैं, वह यह कि जब सूचना के अधिकार पर कैंपेन चलाने की बात आयी तो सबसे पहले प्रभात खबर इसका हिस्सा बनने के लिए आगे आया। सूचना के अधिकार कैंपेन में प्रभात खबर ने एक पार्टनर की भूमिका निभायी, वहीं देश के अन्य अखबारों ने स्वयं को केवल इसकी कहानियां छापने तक सीमित रखा। प्रभात खबर ने न केवल इसके लिए बाकायदा कैंप लगाकर इसको एक आंदोलन की भांति चलाने का काम किया, बल्कि इस मामले पर काम करने वाले स्वयंसेवी संगठनों को आगे बढ़ाने और जनता से रू-ब-रू कराने में महत्त्वपूर्ण भूमिका निभाई।

प्रभात खबर के मुख्य संपादक हरिवंश जी द्वारा कुछ दिन पहले लिखे गये लेख के बारे में मैं यहां कहना चाहूंगा। जब राज्य सरकार ने ऐसे चार सूचना आयुक्तों की नियुक्ति के लिए नाम फाइनल किया, जिनका इन मामलों के प्रति कोई कमिटमेंट नहीं था। केवल सत्ता के करीबी होने के कारण सरकार ने उनका नाम फाइनल कर दिया था। इस मामले पर हरिवंश जी का एक संपादकीय आलेख पढ़ा, जिस तरह से उन्होंने लोगों का बैकग्राउंड देते हुए तथ्यों को जनता के सामने उजागर किया है, वह वाकई में काबिलेतारीफ है। ऐसा देश के अन्य समाचार पत्रों में देखने को कम ही मिलता है। उन्होंने सचाई को कहने की हिम्मत जिस तरह से उठाई है, आज क्षेत्रीय पत्रकारिता की क्या कहें राष्ट्रीय समाचार पत्रों में कहीं नहीं दिखता है। प्रभात खबर के इस कैंपेन का यह परिणाम हुआ कि अंतत: राज्य सरकार के इस फैसले पर राज्यपाल ने साइन करने से मना कर दिया। सूचना का अधिकार को लेकर हमनें ढेरों कहानियां पढ़ीं, लेकिन उसका प्रभाव कहीं नहीं दिखा। लेकिन प्रभात खबर ने इस अधिकार को लेकर जिस तरह से मुहिम चलायी वह वाकई में काबिलेतारीफ है।

मैं झारखंड से उतना परिचित नहीं हूं, जितना होना चाहिए। मुझे याद है कि एक बार सूचना के अधिकार कैंपेन के सिलसिले में रांची गया, वहां देखा कि प्रभात खबर ने अपने सभी संस्करणों में सूचना के अधिकार को लेकर न केवल स्टोरी छापी, बल्कि इसके लिए कैंप

लगाकर आरटीआई कैसे फाइल किया जाना चाहिए, इसके बारे में लोगों को बताया। इसके लिए प्रभात खबर ने खुद अपने स्टाफ को प्रशिक्षित किया। एक तरह से कहा जा सकता है कि प्रभात खबर लोकतंत्र के चौथे स्तंभ की अपनी भूमिका का बखूबी निर्वाह कर रहा है, साथ ही जनता की समस्याओं के साथ जुड़कर काम भी करता है।

प्रभात खबर की दो-तीन बातें मुझे बहुत प्रभावित करती हैं, पहला इसका निष्पक्ष तरीके से जनता के हितों व मुद्दों की बात करना, दूसरा जन सरोकार की बातों को बिना किसी भय के लोगों को बताना। वर्तमान समय में जहां मीडिया हाउसेज पर पैसों का बोलबाला है, उसके कारण आज वास्तविक बातें जनता के समक्ष पहुंच नहीं पा रही हैं। कई जगह मीडिया सरकार के डर और सरकारी मिशनरी के कारण निष्पक्ष स्टैंड लेने से हिचकिचाता है। ये सब बातें प्रभात खबर की पत्रकारिता को डगमगा नहीं पाती हैं। इस पर न तो कॉरपोरेट जगत् का कंट्रोल है न ही यह सरकारी अॅथोरिटी से डरकर अपनी बातों को कहने से हिचकिचाता है।

प्रभात खबर अपनी पत्रकारिता ने न केवल अपने-अपने संस्करण वाले क्षेत्र के लोगों को प्रभावित किया है, बल्कि राजधानी में बैठे बुद्धिजीवी वर्ग उसके इंटरनेट संस्करणों को पढ़ते हैं। गोष्ठियों में प्रभात खबर के द्वारा की जा रही पत्रकारिता को बानगी के तौर भी पेश किया जाता है।

(बातचीत : प्रमोद कुमार सुमन)

सूचनाधिकार : मीडिया के हाथों में एक बड़ी ताकत

हरिवंश

यह दौर है जब भारतीय राजस्व सेवा का एक अधिकारी सारी ठसक भूलकर, निश्चित भविष्य ठुकराकर दिल्ली की झुग्गियों में यह बताता घूमता है कि किसी काम के लिए रिश्वत मत दो, सूचना मांगो।

भारतीय राजस्व सेवा से त्यागपत्र देकर सूचनाधिकार चला रहे अरविंद केजरीवाल और परिवर्तन के प्रयोगों ने लोकतंत्र में शासन-प्रशासन को पारदर्शिता और जवाबदेही का नया पाठ पढ़ाया है। ऐसे ही सफल प्रयोग देश के अन्य हिस्सों में भी लगातार सुनने को मिल रहे हैं।

अन्य जगहों पर जहां नये लोकतंत्र के लिए सूचनाधिकार के प्रयोग हो रहे हैं, वहीं हमारे कुछ साथी नयी पत्रकारिता में इसके क्षमता परीक्षण में जुटे हैं। प्रारंभिक संकेत उत्साहवर्द्धक हैं, जिसके कुछ उदाहरण इस पुस्तक 'सूचनाधिकार : नया लोकतंत्र, नयी पत्रकारिता' में संकलित हैं।

वस्तुतः हमारी प्रस्थापना रही है कि गंभीर व खोजपरक पत्रकारिता में सूचनाधिकार का जबर्दस्त उपयोग संभव है। यही वजह है कि सूचनाधिकार लागू होते ही हमने इसके लिए एक अलग संवाददाता की नियुक्ति की। साथ ही प्रभात खबर इंस्टीट्यूट में पत्रकारिता का प्रशिक्षण ले रहे विद्यार्थियों की भी एक टीम को इसके प्रयोग के लिए उत्साहित किया। प्रशासन तंत्र की साजिश व उपेक्षा इस टीम के उत्साह का मुकाबला नहीं कर पायी। अधिकारियों को हैरानी होती कि दूसरे लोगों को सूचना के अधिकार की परवाह नहीं तो अकेले प्रभात खबर के लोग ही क्यों इस कदर परेशान हैं। लोग इस बात पर भी हैरान थे कि 'महज' सूचना के अधिकार पर काम करने के लिए एक 'पूरा-का-पूरा' रिपोर्टर बहाल करने की क्या जरूरत। उस रिपोर्टर के अनिश्चित भविष्य की आशंकाएं जतायी गयीं।

'सूचना के अधिकार' से भला कोई समाचार निकलता है?' ऐसे तर्कों के बीच इस छोटी-सी टीम ने कई ऐसी खबरें निकालीं, जो चालू पैटर्न की पत्रकारिता में शायद ही संभव हो पातीं। चालू पैटर्न में जो खबरें प्रायः शासन-प्रशासन की आपसी खुन्नस के कारण सामने आ

पाती हैं, उन खबरों को शेर के मुंह से शिकार की तरह निकाल लायी यह टीम। जाहिर है कि सूचनाधिकार के जरिये ही नयी पत्रकारिता के इन प्रयोगों के अनुभव भविष्य के रास्ते खोल रहे हैं। 'अखबार नहीं आंदोलन' के हमारे ध्येयवाक्य के अनुकूल। पेज थ्री, ग्लैमर और जनसंपर्क पत्रकारिता के दौर में ऐसे सरोकार-केंद्रित साहसिक प्रयोगों से जुड़े नौजवानों को साधुवाद!

सूचनाधिकार वस्तुतः मीडिया के हाथों एक बड़ी ताकत है, इसे समझने की गंभीर कोशिश न हो तो भला सदुपयोग कैसा? स्वतंत्र भारत में प्रेस की स्वतंत्रता के किस्से तो बहुत सुनने को मिले हैं, किंतु नौकरशाही के पास शासकीय गुप्त बात क़ानून, न्यायपालिका के पास न्यायालय अवमानना कानून तथा विधायिका के विशेषाधिकार के सामने कई बार अभिव्यक्ति की स्वतंत्रता संकुचित होती रही है। सूचनाधिकार ने नागरिकों के साथ ही चौथे स्तंभ को भी ऐसा ही हथियार दिया है। इसकी निशानेबाजी सीखनी ही होगी।

12 मई, 2006 को नयी दिल्ली में प्रेस इंस्टीट्यूट ऑफ इंडिया के ग्रासरूट सम्मेलन का उद्घाटन करते हुए देश के राष्ट्रपति डॉ. एपीजे अब्दुल कलाम ने अकादमिक संस्थाओं को ऐसे शोध-केंद्र बनाने का सुझाव दिया जहां मीडियाकर्मियों को विशेष प्रशिक्षण देना संभव हो। उन्होंने मीडिया को राष्ट्रीय महत्त्व के विषयों पर मौलिक एवं गंभीर शोध को बढ़ावा देने का भी सुझाव दिया। महामहिम के विचार स्वागत योग्य हैं। प्रभात खबर द्वारा झारखंड के जुड़े मौलिक विषयों पर निरंतर शोध, झारखंड डेवलपमेंट रिपोर्ट, सिटिजन हैंडबुक वगैरह इसी सिलसिले की कड़ी है। सूचनाधिकार पर प्रभात खबर इंस्टीट्यूट की यह पहल इसी का विस्तार है, हमें प्रसन्नता होगी, अगर राष्ट्रपति महोदय की अपेक्षाओं की दिशा में कुछ कदम आगे चल पाये।

अरुणा राय, निखिल डे और राजस्थान के उन गरीब किसानों को धन्यवाद, जिन्होंने सूचना के अधिकार की लड़ाई लड़ी। आज यह अधिकार न सिर्फ हकीकत है बल्कि इसने अंग्रेजों के बनाये शासकीय गुप्त बात अधिनियम-1923 को अप्रासंगिक कर दिया है। इसकी स्वाभाविक परिणति है कि प्रशासनिक सुधार आयोग ने इस कानून को खत्म कर देने की सिफारिश की है। आयोग की स्पष्ट राय है कि सूचना और पारदर्शिता के मौजूदा युग में गोपनीयता का कोई स्थान नहीं रह गया है। आयोग ने सूचनाधिकार को विधायिका और न्यायापालिका में भी लागू करने की सिफारिश कर दी है। साथ ही, सूचना आयोग में प्रशासनिक सेवाओं के लोगों के बदले, सामाजिक सरोकारों से जुड़े लोगों को स्थान देने की इस कानून की मूल भावना पर नये सिरे से जोर देकर प्रशासनिक सुधार आयोग से सूचना आयोग को जीवंत बनाने की चुनौती भी पेश की है।

सूचनाधिकार के सफल प्रयोगों ने नौकरशाही और राजनेताओं सहित सार्वजनिक हित से जुड़े समस्त हिस्सों को स्पष्ट संदेश दिया है कि लोकसेवक, जनप्रतिनिधि की दायित्वपूर्ण कुरसियों पर बैठने वाले गोपनीयता के परदे में सार्वजनिक हितों से खिलवाड़ नहीं कर सकते। इस एहसास ने सूचनाधिकार को पंगु करने की अप्रत्यक्ष कोशिशों के स्पष्ट संकेत दिये हैं। हम अपने इस नये अधिकार के प्रति तत्काल सचेत नहीं हुए, तो इसे संकुचित करने की प्रत्यक्ष कोशिशें भी संभव हैं। जबकि अभी वक्त है, हम इस नये अधिकार का समुचित उपयोग करते

हुए भारतीय लोकतंत्र को एक नया विस्तार देने के लिए शासन व प्रशासन तंत्र में पारदर्शिता व जवाबदेही को अनिवार्य बनाते हुए नागरिकों की सक्रियता सुनिश्चित करें। सूचनाधिकार ने इसे किस तरह संभव किया है, इसे जानना उन समस्त लोगों के लिए जरूरी है, जो इस या उस रास्ते देश और समाज में किसी बदलाव की आकांक्षा रखते हैं। खासतौर पर झारखंड और बिहार जैसे राज्यों में, जहां सूचनाधिकार अभी नयी चीज है और सूचना-प्रदाय मशीनरी अपर्याप्त, पूर्वाग्रहग्रस्त एवं संवेदनाहीन हैं। नागरिक संगठनों एवं मीडिया के लिए निहायत जरूरी है कि इस मुद्दे को कानून की किताबों और सेमिनार की चर्चाओं से निकालकर गलियों-सड़कों तक ले जायें।

नये लोकतंत्र और नयी पत्रकारिता की राह में सूचनाधिकार के प्रयोग पर केंद्रित यह पुस्तक देश को सुशासन की ओर ले जाने का हथियार बने, यही कामना है।

(यह आलेख 'सूचनाधिकार : नया लोकतंत्र, नयी पत्रकारिता' पुस्तक की भूमिका का संक्षिप्त अंश है।)

खंड-10 : अखबार, सरोकार और विचार

प्रभात खबर को पत्रकारिता की प्रयोगशाला भी कहा जाता है। खबरों को लेकर यहां प्रयोग हर समय होते रहे हैं। बनी-बनायी लीक और परम्परागत रूप से पत्रकारिता के गढ़े गये फॉर्मूले से अलग जाकर खबरों में अथवा खबरों के साथ प्रयोग इसकी ताकत भी रही है। सिर्फ खबरों के साथ प्रयोग ही नहीं बल्कि नये लोगों को जिम्मेवारियां सौंपने में भी प्रभात खबर ने हमेशा ही लीक से हटकर काम किया है। प्रभात खबर की इस खासियत की सराहना देश-दुनिया भर में होती रही है। ऐसे समय में जब अधिकतर आत्ममुग्धता अथवा स्वआत्ममुग्धता के शिकार हैं, प्रभात खबर ने अपनी आलोचना को भी प्रमुखता से जगह दी और पत्रकारिता के भटकाव पर भी बहस करवाता रहा। इस खंड में योगेंद्र यादव, प्रभाष जोशी, कृष्णनाथ, पुष्पा भारती जैसे कुछ लोगों के साक्षात्कार के साथ ही प्रभात खबर के गंभीर व नियमित पाठकों की सहमति व असहमति के स्वर को समेटा गया है। स्तुति गान की बजाय पाठकों की अदालत में प्रभात खबर का आकलन किस रूप में है, इस खंड में संकलित किया गया है।

—संपादक

प्रभात खबर : एक प्रयोग

फैसल अनुराग

'प्रभात खबर' हिंदी पत्रकारिता में एक प्रयोग है। जब पाठकों-हॉकरों-एजेंटों को करोड़ों-करोड़ के उपहार-गिफ्ट देकर 'एग्रेसिव मार्केटिंग' से पाठक बनाये जाते हों, तब प्रभात खबर ने ऐसा कुछ भी नहीं किया। अखबारों की कीमत कम करके नये पाठक मिलते हों, उस दौर में पूंजी अभाव (Capital Starved) वाले प्रभात खबर ने कोई ऐसा कदम नहीं उठाया। पत्रकारिता में जब मान लिया गया हो कि 'इंटरटेनमेंट' (मनोरंजन) और 'इनफॉरमेशन' (सूचना) ही पत्रकारों-अखबारों के धर्म हैं, तब प्रभात खबर ने पब्लिक इश्यूज (जनमुद्दों) को उठाया। जब इस बात पर मौन सहमति हो गयी हो कि बाजार और ग्लोबलाइजेशन एरा के इस दौर में, विचार और मूल्य के लिए जगह नहीं है, तब प्रभात खबर ने विचारों-मूल्यों को पत्रकारिता का आधार माना।

खासतौर से हिंदी पत्रकारिता का कंटेंट एनालिसिस (विषयवस्तु विश्लेषण) करें, तो पायेंगे कि 'रयूमर (अफवाह), गॉसिप (झूठ), क्राइम (अपराध), और सेनसेशन (सनसनीखेज चीजें) का ही बाहुल्य है। हालांकि बहुत धीरे-धीरे चीजें बदल रही हैं। यह उस दौर की परिघटना है, जब घोषित कर दिया गया कि अखबार प्रोडक्ट बन गये हैं, वे मिशन नहीं रहे, प्रोफेशन (व्यवसाय) बन गये हैं। उस दौर में प्रभात खबर ने विज्ञान, आईटी (हिंदी में पहली बार सूचना तकनीक पर सप्ताह में एक पेज प्रभात खबर ने देना शुरू किया। कई वर्षों बाद आज भी यह क्रम जारी है) अर्थव्यवस्था, विभिन्न राज्यों की तुलनात्मक आर्थिक प्रगति वगैरह पर सामग्री देना आरंभ किया। साथ ही, समाज में मूल्य आधारित आंदोलनों का वाहक बना।

प्रभात खबर ने बाजार से यह नहीं सीखा कि 'कंज्यूमर इज किंग' (उपभोक्ता ही राजा है), बल्कि गांधी द्वारा तय पत्रकारिता के मूल्य को माना कि 'पाठक ही मालिक हैं'। लगभग बंद प्रभात खबर को जब चौदह साल पहले श्री हरिवंश जी और उनके सहयोगियों ने पटरी पर लाने का काम शुरू किया, तब शायद किसी ने कल्पना भी नहीं की होगी कि एक दिन यह हिंदी पत्रकारिता का एक सफल एवं उल्लेखनीय प्रयोग होगा। उस दौर में (1990-91) प्रभात खबर ने 'पाठकों की अदालत' कार्यक्रम चलाये। बड़े शहरों, छोटे-बड़े कस्बों में 'पाठकों की

अदालत' बैठकें कीं। लंबी चलने वाली इन बैठकों में पाठक बोलते थे, अखबार के लोग अपनी कमियां और उनके सुझाव सुनते। सीधा पाठकों से प्रभात खबर के बारे में संवाद क्रम चला। बड़ी-बड़ी होर्डिंग लगा कर, अखबारों में विज्ञापन देकर, ग्लोसी पेपर पर खूबसूरत ब्रोशर बनाकर, उपहार व सब्सर्क्रिप्शन रिबेट (शुल्क में छूट) देकर, हमने पाठक नहीं बनाये, बल्कि पाठकों से सीधा संवाद किया। गांव-ब्लॉकों में 'प्रभात खबर आपके द्वार' कार्यक्रम चलाकर लोगों को एकत्र किया गया, उनकी समस्याओं-आकांक्षाओं से अखबार को जोड़ा गया। जन आंदोलनों (पीपुल्स मूवमेंट) से अखबार को जोड़ा। चुनावों में मतदाता जागरूकता अभियान चलाकर, प्रभात खबर ने चेतना जागरूकता अभियान चलाया। अखबार शहर के साथ-साथ गांवों के जीवन का हिस्सा बने। इस तरह के अनेक जनोन्मुख कार्यक्रमों को चलाकर प्रभात खबर (1990-2003) बहुत कम पूंजी के बल पर झारखंड का सबसे बड़ा अखबार बना। मामूली पूंजी और जन मुद्दों के बल, प्रभात खबर ने अपनी पहचान उस दौर में बनायी, जब बड़ी पूंजी के अखबार अपने आक्रामक तौर-तरीकों से कम पूंजी वाले अखबारों को खत्म कर रहे थे।

उल्लेखनीय है कि 1990-2000 के दौर में देश के बड़े-बड़े घरानों ने अखबार निकाले, पर विजुअल मीडिया के इस दौर में वे चल नहीं सके। अंबानी और डालमिया से लेकर थापर तक... ऐसे घरानों की लंबी फेहरिस्त है, जो अखबार-पत्रिका लेकर एग्रेसिव मार्केटिंग के साथ बाजार में उतरे। अखबारों को उन्होंने प्रोडक्ट बनाया, बढ़िया पैकेजिंग की, एग्रेसिव मार्केटिंग की, पर वे अपार पूंजी होने के बाद भी टिक नहीं पाये।

उसी दौर में बिहार के सबसे पिछड़े हिस्से रांची से शुरू हुआ बंदप्राय प्रभात खबर आगे बढ़ा। अब वह सात जगहों और तीन राज्यों से छप रहा है।

उल्लेखनीय है कि अखबार विज्ञापन से चलते हैं। विज्ञापन हमेशा आर्थिक विकास का बाईप्रोडक्ट है, पर बिहार और झारखंड के इस इलाके में आर्थिक विकास की गति धीमी होने से विज्ञापन कम थे। ऐसी विपरीत परिस्थितियों में देश के सबसे पिछड़े इलाके से निकलकर एक अखबार फैला, यह एक ससेक्स स्टोरी है। एबीसी, एनआरएस और आईआरएस के आंकड़े भी यह पुष्ट करेंगे।

पत्रकारिता के लिए इस सक्सेस के गंभीर संकेत हैं। पहला संकेत यह कि विचारों-मुद्दों और जन सरोकार (पीपुल्स ओरियेंटेड) की पत्रकारिता में ताकत है। पत्रकारिता पूरी तरह व्यवसाय, प्रोडक्ट या बाजार की चीज नहीं बनी है।

झारखंड अलग राज्य बनने की चर्चा के साथ ही वर्ष 2000 में देश का एक बड़ा अखबार घराना, बड़े तामझाम के साथ यहां पहुंचा। उसने एक दिन अचानक तत्काल प्रभाव से प्रभात खबर से इकट्ठे 33 लोगों को इस्तीफा दिलाकर अपने यहां बुला लिया। यह गुपचुप षड्यंत्र इस उम्मीद से रचा गया कि अचानक प्रभाव से विभिन्न विभागों के क्रिटिकल लोगों को भारी सैलरी देकर ले लेने से, अगली सुबह से प्रभात खबर नहीं छपेगा। पत्रकारिता का यह षड्यंत्र अभूतपूर्व था, पर ऐसा हुआ नहीं। एनआरएस के आंकड़े बताते हैं कि उस अखबार के

इस षड्यंत्र के बाद प्रभात खबर के पाठकों की संख्या अगले चार वर्षों में दोगुनी हुई।

इसी तरह, 2003 के आरंभ में हिंदी का स्वघोषित सबसे बड़ा अखबार (करोड़ों पाठक) भी झारखंड आया, एक साथ तीन संस्करण लेकर। अपूर्व प्रचार-प्रसार और समारोह के साथ।

इन बड़े घरानों के अखबारों को लगता है कि खनिज संपदा से भरपूर झारखंड समृद्ध होगा। इस समृद्धि में लाभ के लिए ये पहुंचे हैं। हिंदी में अपने को सबसे बड़ा बताने वाले दोनों घरानों ने झारखंड में अपनी एग्रेसिव मार्केटिंग, हॉकरों-पाठकों को भारी गिफ्ट देकर अपार पूंजी के बल पर प्रभात खबर की जड़ें कमजोर करने की कोशिश की, पर वे सफल नहीं हो सके हैं।

क्यों? क्योंकि प्रभात खबर ने हमेशा जन मुद्दों से खुद को जोड़ा। जनता से सीधा संवाद, जब समाज के बड़े तबकों, अपर मिडिल क्लास के लोगों का रहन-सहन बड़े अखबारों का कंटेंट निर्धारित कर रहा हो, तब प्रभात खबर ने समाज के सबसे कमजोर लोगों के जीदन की स्थितियों और उसमें आये परिवर्तन को सामने लाना शुरू किया। इस प्रयास पर मशहूर अखबार द टेलीग्राफ की टिप्पणी थी-

"LOOKING FOR SOME METHOD IN MADNESS"

... Should costly newsprint, that too sub Sidised, be uesed or misused in this fashion is something that votaries of liberalisation will not like to answer.

But even in the prevalling madness, some notable attempts are being made to highlight popular sentiment Prabhat Khabar, in many ways a pioneering newpaper, has been running a series of interviews with people who are lieterally on the street; the vendors on the footpath and people who do odd jobs.

It is quite likely that after some time the series will grow to be monotonous and repetitive. But at this point, the series, tucked unfortunately inside and often in inconspicuous spots, must be hailed as a brave attempt. reading the interviews makes one feel guilty for enjoying the good things in life and hightens awareness of the thousands of people here who actually maintain their families at less than Rs 2,000 a month.

One of the questions put to these people by the newspaper is whether the family has ever visited some other place for an "outing".

Predictably, the reply in mostly in the negative. They cannot afford to leave their work because they are virtually daily-wage-earners' and some of them claim to have lived, worked and commuted within a 2 km radius for as many as 37 years. Another question is related to their eating habits and asks if they ever "eat out". A cruel question to ask perhaps but significant nevertheless.

Once again the replies are in the negative and urban city slickers would be horrified to discover people who, for three decades or more, have eaten nothing but roti and dal.

The Telegraph (Ranchi Edition), 24.7.03

यह अप्रोच और एटीट्यूड ही प्रभात खबर की ताकत है। प्रभात खबर ने पूंजी और एग्रेसिव मार्केटिंग के बिना किस तरह अपनी जगह बनायी, इसका विवरण और यह प्रयोग पूरी पत्रकारिता के लिए संदेशभरा है। बाजार और ग्लोबलाइजेशन के दौर में इस अखबार के दोबारा निकलने और लोकप्रिय बनने तक की यात्रा अखबार उद्योग के लिए रोचक है। यह प्रयोग कथा पत्रकारों के लिए भी जानकारीपूर्ण है।

(प्रभात खबर के 20 वर्ष पूरे होने पर 2004 में विशेषांक के लिए लिखी गयी भूमिका)

खबरों में प्रभात खबर

प्रभात खबर की कुछ खबरों की गूंज देश में हुई, तो 2000 के दशक में अनेक अखबारों ने उन खबरों पर टिप्पनियां लिखी। यह प्रभात खबर के शुरूआती दिन थे।

1. 'इकॉनामिक ऐंड पॉलिटिकल वीकली' ने 21 नवंबर, 1992 के अंक में ' *"Ranchi women fight Ragging"* आलेख में टिप्पणी की –

"This despite the fact that Ranchi's leading Hindi newspaper 'Prabhat Khabar' was following up the incident almost everyday in its news columns" इसी आलेख में आगे लिखा गया है – *'as the women students continued this agitation for the punishment of the guilty and the newspapers of Ranchi particularly Prabhat Khabar contituned to follow up the incident prominently.'*

2. चारा या पशुपालन घोटाले पर तो ढेरों टिप्पणियां अनेक अखबारों ने छापे। प्रभात खबर ने न केवल इस घोटाले का रहस्योद्घाटन किया बल्कि अंजाम तक निरंतर रिपोर्टिंग भी की और इस कारण अन्य मीडिया को इस सवाल को केंद्रीय विषय भी बनाना पड़ा। बीबीसी ने इस घोटाले पर बनायी फिल्म में प्रभात खबर की चर्चा की, द टेलीग्राफ के 25 अप्रैल, 1997 के अंक में इस पर एक रिपोर्ट छपी।

"The picturesque town recently hogged international limelight when a team of British poducers, directors and cameramen decended on the city to shoot a programme for the BBC on the Rs. 1,200 crore fodder scam." इस रिपोर्ट में उल्लेख है – *"The sequence of events at the district treasuries of both Chaibasa and Ranchi were filmed by the team. They also interviewed Mr. Harivansh, chief editor of Prabhat Khabar, a Ranchi based Hindi daily."*

3. अजीत भट्टाचार्यी ने *'The daily that broke the fodder scam'* शीर्षक से एक टिप्पणी 13 ।5 ।97 को द ट्रिब्यून में लिखी। उन्होंने लिखा *"Indeed, the scandal may be contiuned to grow unchecked if a small, courageous local paper, Prabhat Khabar, had not decided to expose it right from 1992.*

About 70 reports concerning the fodder scam were published in the next 12 months, exposing a swindle then valued at Rs 8 crore. The editor and staff were theatened, but the campaign continued."

श्री भट्टाचार्या ने लिखा : *Until my visit to Ranchi, I had not heard of Prabhat Khabar's contribution to exposing the fodder scandal. Unfortunatly such achievements of smaller non-English papers are not widely rocognised. Awarenes of their role would help to counter the growing impression that the entire press was lacking in courage and was failing in its responsibilities. To some extent this is true, but recognition of those who do this job would provide a model to these papers.*

4. दि ट्रिब्यून में 20 फरवरी, 93 को सुनीत वीर सिंह और सुमिता दासगुप्त ने *'From regional press'* कॉलम में प्रभात खबर के संदर्भ में *'Newspaper takes up arms against mafia'* शीर्षक से लिखा *"Prabhat Khabar, the popular Hindi daily from Ranchi has sounded, the battlecry. It's news against Bihar's animal husbandry mafia is on banner headlines and news items recounting the latest escapasles of the underworld dons who now dominate the front pages of the newspaper."*

5. 'बाबी हत्याकांड से तार जुड़े हैं चारा घोटाले के?' शीर्षक से जनसत्ता नयी दिल्ली के 10 अक्तूबर, 96 के अंक में छपी रिपोर्ट में प्रभात खबर की चर्चा की गयी।' रिटायर्ड आई ए एस अफसर वाइवी प्रसाद का लेख प्रभात खबर में छपा था। उन्होंने अपने लेख में कुछ महत्त्वपूर्ण जानकारियां दी हैं। वे जानकारियां सीबीआई की जांच टीम के लिए अब महत्त्वपूर्ण बन गयी हैं। टाइम्स ऑफ इंडिया के 12 फरवरी, 96 अंक में प्रभात खबर का उल्लेख किया गया।

"The Hindi daily Prabhat Khabar had published the details in a series of reports." टाइम्स ऑफ इंडिया ने कई बार इन मामलों में भी 'प्रभात खबर' की भूमिका की चर्चा की और इसमें प्रकाशित रपटों-आलेखों के उद्धरण दिये। *'Printout'* कॉलम में उत्तम सेन गुप्ता ने *'No fire in the ire'* में लिखा *"The most incisive commentries on the court's ruling were carried by the Ranchi based Prabhat Khabar."*

सुनीत वीर सिंह ने द हिंदू में लिखा *"There are, however. some voices crying for reach and sanity. Prabhat Khabar district level newspaper from Ranchi (Bihar) gues the day when the BJP and all own political groups in the country were taken over by lumpen elements who believe only in brute force."* इन उद्धरणों का तात्पर्य यह बताना भर है कि सीमित संसाधनों के बीच प्रभात खबर ने अपनी भूमिका को पत्रकारीय एवं सामाजिक नैतिकता से किस तरह जोड़े रखा एवं वह क्षेत्रीय भावना, विचार एवं चेतना की अभिव्यक्ति का सशक्त मंच बन गया।

गुजरे बीस वर्षों में प्रभात खबर की भूमिका पर देश के जाने।माने प्रकाशन लगातार टिप्पणी करते रहे हैं। प्रभात खबर के विकास, चरित्र और स्वरूप को समझने में ऐसी कुछ टिप्पणियां सहायक होंगी (इन्हें या इनके कुछ अंशों को हम पहले भी उद्धृत कर चुके हैं)।

Tribune (20.02.93)

"Prabhat Khabar the popular Hindi daily from Ranchi has sounded the battlecry. It is war against Bihar's animal husbandry mafia in banner headlines and news items, recounting the latest escapasle of the underworld dons who now dominate the front pages of the newspaper. For years our reports have been on their trail. They risked their lives to expose there mew, who are looting public money. But the successive governments in Bihar have been strangely reluctant to follow up our stories, complains Prabhat Khabar. So the editor who calls himself 'Ajay' (the unconqueed) has decided to launch an aggressive compagin agaist the mafia to make life a little more diifferent for the gang leaders."

By suneet Vir Singh and Sumit Das Gupta

पशुपालन घोटाले को देश ने 1996 में जाना, पर इसके खिलाफ 1991 से प्रभात खबर सक्रिय रहा। इसी तरह जमीन घोटाला, दवा घोटाला जैसे अनेक प्रकरणों को प्रभात खबर ने सबसे पहले पाठकों तक पहुंचाया और पहरेदार की भूमिका में रहा।

The Times of India

14.2.93

Prabhat Khabar arguably the best produced Hindi newpaper in the state, in an editorial, commented on the apparent contradiction between BJP's claims, being a party devoid of any lust for power and advani's public declaration that the nation would get rid of riots, external debt and corruption if the party were to be voted to power...

Uttam Sengupta

Govt. was not in dark over AHD Scam

The Times of India 12.2.96

.... The Hindi daily, Prabhat Khabar had published the details in series of reports. Other newspapers had also published follow up reports ......

Economic Times 2 Oct. 92

सिर्फ भ्रष्टाचार के भंडाफोड़ में ही प्रभात खबर की भूमिका उल्लेखनीय नहीं रही, बल्कि लोकशक्ति जगाने में भी अखबार एक आंदोलनकारी की भूमिका में रहा। अक्तूबर, 92 में अचानक रांची शहर की बिजली आपूर्ति में भारी गड़बड़ी हो गयी, जनता को सक्रिय कर प्रभात खबर ने बिजली आपूर्ति के लिए आंदोलन चलाया।

'... Earlier this year, Ranchi went without power for nearly seven consecutive days and supply was restored after the Hindi daily Prabhat Khabar and other organisations took the lead in organising a massive protest.'

यही नहीं, जो समाज में ईमानदारी से जीते रहे हैं, गुमनाम होकर, उन्हें भी प्रभात खबर ढूंढ़ता रहा है। ऐसी ही एक खबर पर जनसत्ता (28 जून, 93) की टिप्पणी।

हल जोतता पूर्व विधायक

पटना, 27 जून (जनसत्ता)। लगातार दस वर्ष तक सत्तारूढ़ दल का विधायक रह चुका कोई व्यक्ति आज इतना फटेहाल हो सकता है कि तन ढकने के लिए उसके पास सिर्फ एक फटी गंजी और धोती के नाम पर दो गज मारकीन हो। रोटी के लिए उसे अपने खेतों में हल चलाना पड़े? यह बात अविश्वसनीय लगती है, लेकिन है सच।

इस पूर्व विधायक का नाम है लक्ष्मी नारायण मांझी। श्री मांझी धनबाद जिले के निरसा विधानसभा क्षेत्र का 1957 से लेकर 1967 तक प्रतिनिधित्व कर चुके हैं। वे कांग्रेसी विधायक थे। श्री मांझी पर रांची से प्रकाशित हिंदी दैनिक प्रभात खबर ने अपने एक अंक में 'हल जोतता पूर्व विधायक' शीर्षक से संपादकीय लिखा है।

जनसत्ता, 28 जून, 93

महिलाओं पर, गरीबों पर, गांवों के संबंध में, बिहार की विपरीत परिस्थितियों में सफलतापूर्वक काम करने वालों के बारे में, युवकों के बारे में, आदिवासियों के बारे में, विकास और शिक्षा संस्थाओं के बारे में लगातार प्रभात खबर में अलग ढंग की छपने वाली सामग्रियों का हवाला देश के जाने-माने अखबार देते रहे हैं। 1991 में पलामू-डाल्टनगंज में पड़ा भीषण अकाल हो या कारगिल संकट या उड़ीसा में तूफान, प्रभात खबर इन चुनौतियों के सृजनात्मक उत्तर के लिए अपने हजारों पाठकों के साथ खुद सक्रिय हुआ, मूक दर्शक नहीं रहा। बिहार में भी जागरण के लिए प्रभात खबर 'देश किधर' और 'बिहार किधर' दो व्याख्यानमालाएं चलाता है। इन कार्यक्रमों में विभिन्न क्षेत्रों के देश के चोटी के वक्ता शामिल हो चुके हैं।

कुछ बातें पत्रकारिता पर

यहां दिये गये आलेख प्रभात खबर के 2003 के दीपावली अंक से लिये गये हैं तो कुछ प्रभात खबर के 20 वर्ष पूरे होने पर प्रकाशित पत्रकारिता विशेषांक से। बाद के कुछ आलेख इस पुस्तक के लिए लिखे गये हैं। हरिवंश, कृष्णबिहारी मिश्र, राजेंद्र यादव, अभय छजलानी के आलेख दीपावली विशेषांक के परिचर्चा सेक्शन से लिये गये हैं तो शेष आलेख प्रभात खबर के पत्रकारिता विशेषांक पत्रिका से। दीपावली अंक की परिचर्चा में इन लेखकों से कुछ सामान्य सवाल पूछे गये थे और उसी पर परिचर्चा को आगे बढ़ाया गया था। वे सवाल निम्नवत हैं—

1. हिंदी पत्रकारिता के संकट को आप किन रूपों में देखते हैं?
2. उदारीकरण के बाद हिंदी पत्रकारिता में किस तरह के बदलाव आये हैं?
3. आज हिंदी पत्रकारिता में राजनीति, फिल्म, खेल और धर्म के लिए जितना स्थान है, उतना स्थान कला, साहित्य, संस्कृति, विचार, शिक्षा और विज्ञान के लिए नहीं है। आप इसे किस रूप में देखते हैं?
4. हिंदी पत्रकारिता को अपनी समृद्ध परंपरा से भटकने न देने के लिए आपके पास कौन-से सुझाव या उपाय हैं?
5. हिंदी प्रदेश के पिछड़ेपन को दूर करने में हिंदी पत्रकारिता की क्या भूमिका हो सकती है?
6. हिंदी पत्रकार हिंदी भाषा पर अब अधिक ध्यान नहीं देते। क्या इससे हिंदी पत्रकारिता प्रभावित हो रही है?
7. हिंदी पत्रकारिता अंगरेजी पत्रकारिता पर निर्भर रहकर अपना विकास कर पायेगी?
8. आपके अनुसार हिंदी पत्रकारिता सत्ता और शासन व्यवस्था की सही अर्थों में खोज-खबर कर रही है?
9. अंगरेजी पत्रकारिता और टीवी चैनल के दौर में हिंदी पत्रकारिता का भविष्य कैसा है?
10. आप समाचार पत्र के द्वारा आंदोलन खड़ा करने के पक्ष में हैं या नहीं। इसकी कोई रूपरेखा बतायेंगे?

'मैनेज' और 'प्लांट' होने लगी है पत्रकारिता

हरिवंश

सच तो यह है कि आज पूरी सभ्यता और दुनिया संकट से घिरी है। गांधी जिस मशीनी संकट की चर्चा करते हैं, उस मशीनी टेक्नोलॉजी संस्कृति की असली चुनौती आज आप देख-सुन और भुगत रहे हैं। उपभोक्ता संस्कृति के संकट, अनैतिक होने के संकट, अनेक पहलू हैं इस मूल संकट के। भारतीय समाज-संघ (फेडरल स्ट्रक्चर) और राजनीति भी आज गंभीर संकट के दौर से गुजर रहे हैं। पत्रकारिता समाज से अलग नहीं है, इसलिए उसमें भी भटकाव है। अब हम हिंदी पत्रकारिता के संकट की बात कर रहे हैं।

हिंदी पत्रकारिता अपनी जड़ से कट रही है। वह हिंदी में उभरे मध्य वर्ग (जो टेस्ट-संस्कार-जीवनशैली में अंग्रेजी मध्यवर्ग जैसा है) की पत्रकारिता बन रही है। सौंदर्य, फैशन, पॉलिटिकल गॉसिप और बेडरूम की पत्रकारिता, अंग्रेजी अखबारों में पत्रकारिता की एक नयी धारा चल पड़ी है, पेज तीन की पत्रकारिता, यह क्या है? बड़े महानगरों में रोज शाम होनें वाली कॉकटेल पार्टियों की खबरें, तसवीरें? इन पार्टियों में कौन लोग शरीक होते हैं? फैशन, फिल्म, राजनीति, दलाली, नौकरशाही, उद्योग के शीर्ष नाम और चेहरे। इनकी बातचीत के विषय क्या होते हैं? सौंदर्य, सेक्स,धनार्जन की शैलियां, महंगे कपड़े, लेटेस्ट फैशन, गहने, प्रेम-प्रसंग परदे के पीछे की राजनीति के चटक प्रसंग, महंगे ड्रिंक्स वगैरह-वगैरह। ऐसी पार्टियां चर्चा का विषय होती हैं। भारत का यह वर्ग सही रूप से ग्लोबल दुनिया (अमेरिकी दुनिया सही शब्द है) का हिस्सा है। अंग्रेजी के बड़े अखबार (अपवाद भी हैं) ऐसी चर्चित पार्टियों की भरपूर खबरें व तसवीरें छापकर इसी वर्ग की पत्रकारिता कर रहे हैं।

भ्रष्टाचार की नदी के स्रोत से हिंदी इलाकों में भी ऐसा मध्यवर्ग उभर आया है। हिंदी के बड़े अखबार (जो करोड़ों पाठक का दावा करते हैं या जो धड़ाधड़ नये संस्करण खोल रहे हैं) भी हिंदी के इसी नव समूह वर्ग की पत्रकारिता कर रहे हैं, क्योंकि यही क्रेता, उपभोक्ता व विज्ञापनदाता हैं। गंभीरता से इन हिंदी अखबारों का कंटेंट एनालिसिस (सामग्री विश्लेषण) करें, तो पायेंगे कि हिंदी प्र्त्रकारिता, र्यूमर, गॉसिप, सेंसेशन, क्राइम और घटिया पॉलिटिक्स के घेरे में कैद हो रही है। हिंदी पत्रकारिता का यह पहला गंभीर संकट है। अपनी जड़, विरासत

और मिट्टी से कटना, हिंदी समाज की मूल समस्याएं पत्रकारिता की विषय वस्तु नहीं हैं।

एक दूसरा गंभीर संकट, याद करिए हिंदी साहित्य का हिंदी समाज को योगदान, हिंदी के लेखकों ने आजादी के पहले, आजादी के बाद' 74 के छात्र आंदोलन तक हिंदी समाज को दुनिया में हो रहे बड़े बदलावों से जोड़ा। सपने जगाये, बदलाव का साहित्य रचा, समाज विज्ञान वगैरह में दुनिया में जो कुछ हो रहा था, हिंदी साहित्य में वह छप रहा था। महावीर प्रसाद द्विवेदी की पत्रिका 'सरस्वती' में मार्क्स के लेखन के अनुवाद छप रहे थे। रूसी क्रांति, फ्रांस की क्रांति पर सामग्री आ रही थी। पिछले 10 वर्षों का हिंदी लेखन देखिए, दुनिया में हो रहे बदलावों, सूचना क्रांति के असर वगैरह पर कितनी चीजें आ रही हैं? इस देश के राज्य आर्थिक मोरचे पर क्या नया कर रहे हैं, कितने हिंदी पाठक जानते हैं? 'नान फिक्शनल' विषयों पर जब तक अधिकाधिक चीजें हिंदी में हम पाठकों को नहीं देंगे, हिंदी समाज का ठहराव नहीं टूटेगा। ठीक ऐसा ही हिंदी पत्रकारिता में हो रहा है। पुराने हिंदी पत्रकारों ने हमें गौरव दिया, विधा को सम्मानित बनाया, कंटेंट से, त्याग से, हिंदी पत्रकारिता को समृद्धि दी। खास तौर से पिछले 15 वर्षों में बड़े हिंदी अखबारों की पत्रकारिता 'फिक्शनल और सेनसेशनल' हो रही है। भ्रष्टाचार की दुनिया से उसका आत्मीय ताल्लुक रहा है। गरीबी, बढ़ती विषमता, बेरोजगारी, नवधनाढ्यों के जुल्म, जड़ से कटती और आपराधिक बनती राजनीति, पिछड़ापन, 21वीं शताब्दी की नयी दुनिया 'फोकस' के विषय नहीं रहे।

पत्रकारों का चरित्र संकट तीसरा गंभीर पहलू है। हालांकि यह पूरे समाज, राजनीति का संकट है, पर पत्रकारिता पर समाज को इस संकट से उबारने की नैतिक जिम्मेवारी है। हमारा पेशेगत धर्म-दायित्व है। हिंदी पत्रकारिता के इस चरित्र संकट के उत्स में है पूंजी का अभाव, प्रतिभा की कमी, प्रोफेशनलिज्म न होना, पत्रकारिता का उद्योग न बनना और पत्रकार की भूमिका से अपरिचित पत्रकारों का उदय, अज्ञानता, अध्ययन से छत्तीस का रिश्ता, विरासत बोध से अपरिचय, चरित्र संकट के ही हिस्से हैं। एक कहावत है, करैला वह भी नीम चढ़ा। अज्ञानी और छिछले व्यक्तित्व को 'पावर' दे दीजिए, उसका तमाशा देखिए। पत्रकारिता, भारतीय समाज में 'पावर स्रोत'का हिस्सा बन गयी है, पर 'पावर विदाउट एकाउंटबिलिटी' राजनीतिज्ञों की आलोचना होती है, नौकरशाहों पर कार्रवाई होती है, पर गलत पत्रकारिता करने-रिपोर्ट लिखने वालों के खिलाफ क्या होता है? इस 'पावर विदाउट एकाउंटबिलिटी' मानस ने अज्ञानी पत्रकारों को अहंकारी बना दिया है। अधिसंख्य पत्रकार एरोगेंट (ढीठ) हो गये हैं। विनयी, जिम्मेवार और जानकार पत्रकार (जिनकी अच्छी तादाद है, पर ऐसे पत्रकार ड्राइविंग सीट पर कम हैं) नेपथ्य में। अर्थशास्त्र में ग्राहम लॉ है, जो कहता है कि खोटे सिक्के, अच्छे सिक्कों को बाहर कर देते हैं। यही भारतीय राजनीति में हुआ है। यही पत्रकारिता में हो रहा है।

91 के बाद एक और बुराई उभरकर आयी है। पत्रकारिता में जातिवाद। बड़े पदों पर बैठे पत्रकार जाति क्षेत्र के आधार पर पत्रकारों का चयन करते हैं। हिंदी के एक करोड़पति पाठक समूह वाले अखबारों के विभिन्न विभागों में एक ही जाति के लोगों का वर्चस्व है। ऊपर से नीचे

तक वहां चयन का आधार ही जाति क्षेत्र है। एक नयी जानकारी पिछले वर्ष मिली, हिंदी के एक बड़े घराने के अखबारों में (जिसके कई राज्यों में संस्करण खुल रहे हैं) गाली-गलौज से बात होती है। मालिक भी इसी भाषा में अपने वरिष्ठ साथियों से बात करते हैं, फिर वरिष्ठ लोग सहकर्मियों से इसी भाषा में व्यवहार करते हैं। अब बताइए जातिवाद और गाली-गलौज वाले माहौल में पल-पनप और बढ़ रहे पत्रकार समाज को कौन-सी रोशनी देंगे?

दुनिया की राजनीति में दो धाराएं हैं। गांधी की धारा और मैकियावेली की धारा। पिछले 200 वर्षों में दुनिया की राजनीति की मुख्यधारा मैकियावेली के दर्शन से प्रभावित रही है। इस धारा में षड्यंत्र, पाखंड, झूठ, छल, छद्मता राजनीति के स्वाभाविक अंग माने गये हैं। पश्चिम में जब प्रिंट मीडिया का जन्म हुआ, तो उसने भी इसी राजनीति के संस्कार मूल्य ग्रहण किये। मानवीय इतिहास में पहली बार ऐसा हुआ कि गांधी ने पश्चिमी राजनीति की इस मूल धारा को चुनौती दी। विकल्प भी बताया कि 'साध्य और साधन' के सवाल राजनीति में अहम हैं। इस सूत्र से राजनीति के लिए नयी कसौटियां बनीं। राजनीति में नीति, शुचिता, मूल्य, सच, नैतिक आयाम के पहलू जुड़े। आजादी की लड़ाई में भारतीय राजनीति इन्हीं कसौटियों के इर्द-गिर्द घूमती रही। भारतीय क्रांतिकारियों का चरित्र देखिए, सुभाष बाबू, भगत सिंह, चंद्रशेखर आजाद या उनके पहले के या बाद के क्रांतिकारी, सबका चरित्र, जीवन मूल्य, प्रतिबद्धता, स्वानुशासन प्रेरित करते हैं। भारत की हिंदी पत्रकारिता (स्वर्णयुग) ने गांधी की इसी राजनीति से ऊर्जा पायी, मैकियावेली के छल-छद्म से नहीं। खासतौर से उदारीकरण के बाद की हिंदी पत्रकारिता गांधीवादी राजनीति के अपने मूल जनाधार से कट गयी है। वह मैकियावेली के छल-छद्म से ऊर्जा पा रही है।

हिंदी के बड़े अखबारों के प्रसंग में कह रहा हूं। प्रायः झूठ छापना और उसी बेशर्मी से उसका खंडन करना आदत बन गयी है। यह एकाध दिन की बात हो, तब भी गंभीर भटकाव है। हर सप्ताह ऐसी गंभीर भूलें हों, छोटी भूलें रोज हों, फिर भी कहीं कोई जवाबदेही नहीं, यह पत्रकारिता की नयी धारा है।पाठक, समाज, व्यवस्था-संस्था किसी के प्रति जवाबदेही नहीं, ट्रांसफर, पोस्टिंग, ठेकेदारी, सरकार बचाने-गिराने की खरीद-फरोख्त में साझेदारी जब वरिष्ठ पत्रकारों-संपादकों के शगल बन जायें, तो पत्रकारिता का वही हश्र होगा, जो आज हिंदी इलाकों में हो रहा है।

इसका एक और कारण है। हिंदी पत्रकारिता में पूंजी आज भी कम है। बड़े घरानों के हिंदी अखबार के पत्रकारों को भी वेतन-सुविधा पहले से ही कम रहे हैं। पैसे कम होने से हिंदी पत्रकारिता में प्रतिभाएं नहीं आयीं। जो प्रतिभावान लोग हिंदी पत्रकारिता में आये, वे अपनी प्रतिबद्धता-सरोकार के कारण आये। प्रतिबद्ध पत्रकारों की अंतिम जमात तैयार करने वाली सामाजिक पाठशाला बिहार आंदोलन था। समाज, राजनीति से विचार गायब हो गये, इस कारण 1980 के बाद वैचारिक कराह (चाहे मार्क्सवाद या समाजवाद या संघ के) से पत्रकार निकलने बंद हो गये। टीवी के आने और नये संस्करण खोलने की होड़ ने अब दृश्य बदला है। हिंदी के बड़े अखबारों में वेतन काफी बढ़े हैं, सुविधाएं बढ़ी हैं, पर प्रतिभाएं, ज्ञान और विचार

सिमट गये हैं। इसलिए पत्रकारों को दलाल बनते या अनैतिक बनने में जरा भी संकोच नहीं है, अपराध बोध नहीं है।

मैनेजमेंट स्तर पर भी एक गंभीर संकट है। अधिकतर अखबार उद्योग घरानों के हैं। उद्योग घराने 'परहित' के लिए तो अखबार चलाते नहीं। इस सवाल को लेकर आजादी के बाद (जूट प्रेस) से अब तक बहस होती रही है। उद्योग घराने अखबारों के लाभ लेते हैं, यह स्थापित सच है। पिछले 15 वर्षों में एक नया फर्क हिंदी इलाकों में आया है। मालिकों के बड़े नौकरों (पहले लोग प्रबंधक कहे जाते थे, अब प्रेसीडेंट, वाइस प्रेसीडेंट वगैरह-वगैरह) में भी अखबारों के नाम पर धनार्जन लाभ लेने की होड़ मच गयी है। कोई चाय बागान ले रहा है, कोई नयी सोने की खान ले रहा है। चाय की पत्रकारिता और सोने की पत्रकारिता... गहराई में उतरेंगे तो इस पत्रकारिता के अनेक नये, अनजाने विविध रूप मिलेंगे।

हिंदी पत्रकारिता की नयी चुनौती यह नया परिवर्तन है। अब मालिक ही अखबार के नाम का दोहन नहीं कर रहे हैं या भुना रहे हैं, उनके नये प्रबंधक भी रातों-रात अमीर बनने के लिए अखबार को उपयोगी औजार मान रहे हैं। यह उसी तरह हो रहा है, जैसे राजनीति में हुआ। राजनीतिज्ञ पहले अपराधियों का इस्तेमाल करते थे। अपराधियों को लगा कि राजनीति के सीधे लाभ वे खुद क्यों न लें? अब दोनों ले रहे हैं। यही पत्रकारिता में हो रहा है। मालिकों के साथ-साथ बड़े पत्रकार-बड़े प्रबंधक भी इस फन में माहिर हो गये हैं। इस कमाई का स्रोत सूत्र, जानना रुचिकर होगा। संक्षेप में कहें तो भ्रष्ट अपराधी, नेता (विधायक, सांसद, मंत्री), नौकरशाह और पत्रकार मिल गये हैं। इन चारों का एकजुट होना सिर्फ पत्रकारिता के लिए ही नहीं, देश-समाज, लोकतंत्र के लिए खतरनाक है।

इन बदलावों से पत्रकारिता 'मैनेज' होने लगी है। 'प्लांट' होने लगी है। स्वाभाविक है कि मैनेज्ड पत्रकारिता, प्लांटेड पत्रकारिता, सच की पत्रकारिता से दूर होगी ही, आग और बर्फ साथ-साथ रह नहीं सकते। यह अंतर्विरोध हिंदी पत्रकारिता का सबसे गंभीर संकट है। वैसे और भी अनेक संकट हैं, भाषा का संकट, इथिक्स का संकट, कोड ऑफ कंडक्ट पालन।

मैं हिंदी अखबार क्यों पढ़ूं?

राजेंद्र यादव

हिंदी पत्रकारिता में तो कई संकट हैं, पर सबसे बड़ा संकट इसकी विश्वसनीयता को लेकर है। हिंदी के अखबार पढ़ते हुए आप आश्वस्त नहीं हो सकते कि लिखा गया समाचार अपने सही स्वरूप में है। समाचार के सही रूप को जानने के लिए आप को अंग्रेजी के अखबारों की मदद लेनी होगी। मुझे उन लोगों पर दया आती है, जो हिंदी अखबारों के सहारे देश और दुनिया को जानते हैं। ऐसे लोग इन्हीं खबरों को पढ़कर अपनी समझ विकसित करते हैं। हिंदी अखबारों की खबरों में ज्यादातर खबरें सांप्रदायिकता के रंग में रंगी होती हैं। कुछ अखबारों को छोड़कर मिसाल के लिए नयी दुनिया, दैनिक ट्रिब्यून, प्रभात खबर, जनसत्ता आदि। इन अखबारों के अलावा बाकी अखबार उन लोगों के द्वारा चलाये जाते हैं, जो कृष्णा सोबती के शब्दों में 'तिलकछाप, धोतीबाज...' हैं। ऐसे लोगों में न वैज्ञानिक सोच है और न ही उनमें राष्ट्रीय या अंतरराष्ट्रीय राजनीति की समझ ही है। वे खुद भले ही करोड़ों में खेलते हों, पर किसी भी ऐसे व्यक्ति को अपने यहां नहीं टिका पाते, जिसमें प्रोफेशनल इंटिग्रिटी या पेशेगत ईमानदारी का भाव हो। हिंदी अखबारों की बढ़ती प्रसार संख्या और पाठक के बाद भी स्थिति अच्छी नहीं है। वे पाठकों के भीतर बैठी जड़ता और अंधविश्वास का पोषण कर रहे हैं। यह उसी तरह है जैसे आज भगवती जागरण व आसाराम बापू, सुधांशु जी महाराज आदि लोगों के भाषणों में लाखों लोगों की भीड़ जमा हो जाती है, मगर उनमें सोचने वाले लोगों की संख्या कितनी होती है, यही हाल हिंदी पत्रिकाओं की बढ़ती लोकप्रियता का है।

सही रूप से देखा जाये, तो विदेशों में पत्रकारिता में पेशेवर कुशलता है। उनके यहां का वेतन भी अच्छा है, इन सब बातों से यहां के लोग डरे हुए हैं। लेकिन एक प्रभाव यह होगा कि अखबार उद्योग हो जायेगा। ऐसे में उसे सिर्फ बिकने से मतलब रहेगा, ज्यादा बिकने से ज्यादा विज्ञापन मिलेगा। प्रसार संख्या बढ़ाने के लिए मुफ्त में भी अखबार बांटना पड़ता है। आक्रामक प्रचार तंत्र के जरिये जैसे दूसरे उत्पाद बेचे जाते हैं, वैसा ही हाल अखबारों का होगा, लेकिन अखबारों में वैचारिकता खत्म हो जायेगी। यही अंतरराष्ट्रीय राजनीति का हिस्सा है। हमारे पाठक कुछ सोच ही नहीं पायेंगे। मिसाल के लिए टीवी को देखा जाये, टीवी देखते समय आप

कुछ सोच नहीं सकते। हालांकि हिंदी अखबारों में अभी भी बहुत कुछ पढ़ने लायक नहीं होता है, न ही समाचार होता है और न ही विचार होता है। समाचार आप पहले ही देख चुके होते हैं। विचार के नाम पर वही बातें पुरातन धर्म गाथा व गौरव गाथा होती है।

इसकी मुख्य रूप से दो वजहें हैं। एक तो मालिकों को कोई मतलब नहीं है। ये बिकती नहीं हैं, आप देखें तो साफ हो जायेगा कि क्या बिकती है। फिल्में बिकती हैं, क्रिकेट बिकता है, इसके अलावा इनको समझ भी नहीं है कि साहित्य, संस्कृति आदि को कैसे प्रस्तुत किया जाये। इसमें बढ़िया तसवीरें नहीं होती हैं। इसमें अच्छी बात है कि हिंदी में जो नये पत्रकार आ रहे हैं, वे प्रशिक्षित पत्रकार हैं। पहले के पत्रकारों में कुंठित साहित्यकार ज्यादा हैं, ऐसे में जो इनकी राजनीति में फिट नहीं बैठता या जो इन्हें रास नहीं आता हो, उसे नहीं छापते हैं?

भाषा के लिए एक न्यूनतम स्तर तो होना ही चाहिए। हिंदी अखबारों में ज्यादातर लेख और समाचार अनुवाद होते हैं। ऐसे में एक व्यक्ति अलग से होना चाहिए, जो सिर्फ भाषा पर ही ध्यान दे। वास्तव में लोगों को उनकी योग्यता, अनुभव, क्षमता के हिसाब से काम नहीं मिलता है। किसी को कुछ भी दे दिया जाता है।

वास्तव में अंग्रेजी पर निर्भर रहकर हिंदी पत्रकारिता अपना विकास नहीं कर पायेगी। दूसरों के सहारे कितने दिनों तक चल पायेंगे। आदमी बहुत मोटा हो जाता है पर इसका यह मतलब थोड़े ही होता है कि वह बहुत बलवान भी होता जाता है।

हिंदी पत्रकारिता को अंग्रेजी के वर्चस्व से मुक्त होना पड़ेगा। जब तक अपना स्वतंत्र स्वरूप नहीं बनायेगी, अपने स्तंभकार विकसित नहीं करेगी, दूसरों के जूठन पर पलती रहेगी, तब तक कुछ खास नहीं होने वाला। अंग्रेजी में कई ऐसे स्तंभकार हैं, जिनका पेशा ही नियमित रूप से लिखना है। इसके लिए उन्हें जो रकम मिलती है, उससे वे आराम से अपना जीवन जी सकते हैं, पर हिंदी में ऐसा संभव ही नहीं है। उनके लेखों में गंभीरता व नयापन मौजूद होता है। मिसाल के तौर पर अगर कोई विदेशी मामलों पर लिखता है, तो वह नियमित रूप से विदेशों में होने वाली घटनाओं पर नजर रखता है। पर हिंदी में ज्यादातर मामलों में पैसे कम ही मिलते हैं। ऐसे में कोई लेखक चाहकर भी अपने मामलों में पूरी जानकारी हासिल नहीं कर सकता।

हिंदी प्रदेशों के पिछड़ेपन को दूर करने में हिंदी पत्रकारिता की कोई भूमिका नहीं रह गयी है। हिंदी अखबारों के पिछड़ेपन और हिंदी प्रदेशों के पिछड़ेपन को अलग-अलग कर नहीं देखा जा सकता है। हिंदी अखबारों का ध्यान ही सनसनीखेज खबरों की ओर होता है या किसी खबर को सनसनीखेज बनाने में होता है।

अगर चेतना विकसित हो, तो यह हो सकता है, पर हिंदी अखबार तो अपनी जमीन और उनकी समस्याओं से बहुत जुड़े हुए नहीं हैं। आंध्रप्रदेश में 'इनाडू' ने अच्छी भूमिका निभाई है। तेलुगुदेशम पार्टी बनवाने में इस अखबार की अहम भूमिका रही है लेकिन हिंदी अखबारों ने कभी किसी सरकार को मुसीबत में डाला हो, इसकी मिसाल शायद ही मिलती है। पत्रकारिता लोकतंत्र का चौथा खंभा है, इसके लिए खुद कुछ कर पाना कठिन है, पर यह बाकी तीनों खंभों को रास्ता दिखा सकती है। हिंदी अखबारों में मौजूद पठनीय सामग्रियों को देखें, तो उसमें क्या

रहता है। सवाल यह उठता है कि मैं हिंदी अखबार क्यों पढ़ूं? समाचार के नाम पर जो रहता है, वह एक दिन पहले ही शाम को दिखा दिया जाता है। विचार के नाम पर कुछ खास ऐसा नहीं होता, जिसे पढ़ा जा सके। एक तो अंग्रेजी अखबारों के स्तंभकारों के अनूदित आलेख होते हैं या फिर कुछ ऐसे नाम होते हैं, जिनके विचारों में कुछ नयापन नहीं है। ऐसे में यह जरूरी नहीं है कि हिंदी अखबार पढ़े जायें।

(दिवंगत हो चुके श्री यादव ने यह आलेख हंस का संपादक रहते हुए प्रभात खबर के दीवाली अंक के लिए लिखा था।)

पत्रकार की भूमिका लोकनायक की

कृष्ण बिहारी मिश्र

हिंदी पत्रकारिता का संकट चरित्र का संकट है। आजाद देश को नियामकों ने जो अनुशासन दिया, उसने मूलभूत मूल्यों पर ही चोट की, और सारी विद्या-सरणियां मूल्यहीन हो गयीं। स्वधर्म का विवेक कुंठित हो गया। विद्या- व्यापार से जुड़े लोग उस बुनियादी आचार-संहिता को कुछ भी मूल्य देने को तैयार नहीं हैं। जिससे उनकी विशिष्ट पहचान बनती है और वह विशिष्टता, जो बड़े दायित्व से जोड़ती तथा सम्मान्य बनाती थी, पूरी तरह छिन्न- भिन्न हो गयी। अनुशासनहीनता का उद्धत आवेग ही एकमात्र धर्म बन गया। अज्ञेय ने लिखा था- ''आज एक भी पत्रकार या संपादक वह सम्मान नहीं पाता जो कि 50-75 वर्ष पहले के अधिकतर पत्रकारों को प्राप्त था। वे न केवल कम सम्मान पाते हैं बल्कि कम सम्मान के पात्र हैं। या कदाचित् सम्मान के पात्र बिलकुल नहीं हैं, जो पाते हैं वह पात्रता से नहीं, इतर कारणों से। अप्रतिष्ठा का प्रमुख कारण यह है कि उसके पास मानदंड नहीं हैं।'' महावीर प्रसाद द्विवेदी का समकालीन भी हमसे अच्छा था। उसके पास मानदंड थे, नैतिक आधार थे और स्पष्ट नैतिक उद्देश्य भी। उनमें से कई ऐसे भी थे जिनके विचारों को हम दकियानूसी कहते, तो भी उनका सम्मान करने को हम बाध्य होते थे क्योंकि स्पष्ट नैतिक आधार पाकर वे उन पर अमल भी करते थे। वे चरित्रवान थे, आज विचार क्षेत्र में हम अग्रगामी भी कहला लें, तो कर्म के नैतिक आधारों की अनुपस्थिति में निजी रूप से हम चरित्रहीन ही हैं और सम्मान के पात्र नहीं हैं। यह आरोप नहीं, गहरी पीड़ा की अभिव्यक्ति है। उदारीकरण पूंजी सर्वस्व का मोहक रूप है, और जहां जड़ मूल्यों को वरीयता दी जाती है वहां की संस्कृति मानव-मंगल में घातक सिद्ध होती है। जिसे आप उदारीकरण कह रहे हैं, और जिसका दुनिया में बड़ा हो- हल्ला है, वह उपभोक्ता संस्कृति की ओर पागल आवेग में दौड़ने वाली ऐसी सनक है, जो सारे मानवीय मूल्यों को लील जाती है। संवेदनशीलता का आधार ही बंजर हो जाता है।

पत्रकारिता ही नहीं, सारे अनुशासन पर इस अशुभ बयार का सांघातिक असर पड़ने लगा है। पत्रकारिता के संदर्भ में इस दशा के बारे में बाबूराव विष्णु पराड़कर ने आजादी के बहुत पहले आगाह किया था, जब वे मथुरा में आयोजित प्रथम पत्रकार सम्मेलन को अध्यक्ष पद से

संबोधित कर रहे थे। ''अखबार निकालकर सफलतापूर्वक चलाना बड़े-बड़े धनियों अथवा सुसंगठित कंपनियों के लिए ही संभव होगा। पत्र सर्वांग सुंदर होंगे, आकार बड़े होंगे, छपाई अच्छी होगी, मनोहर, मनोरंजक और ज्ञानवर्द्धक चित्रों से सुसज्जित होंगे, लेखों में विविधता होगी, कल्पकता होगी, गंभीर गवेषणा की झलक होगी, ग्राहकों की संख्या लाखों में गिनी जायेगी। यह सब होगा पर पत्र प्राणहीन होंगे। पत्रों की नीति देशभक्त, धर्मभक्त अथवा मानवता के उपासक महाप्राण होंगे, संपादकों की नीति न होगी। इन गुणों के संपन्न लेखक विकृत लेखक समझे जायेंगे, संपादक की कुर्सी तक उनकी पहुंच भी नहीं होगी। वेतनभोगी संपादक मालिक का काम करेंगे और बड़ी खूबी के साथ करेंगे। वे हम लोगों से अच्छे होंगे, पर आज भी हमें जो स्वतंत्रता प्राप्त है, वह उन्हें न होगी।'' इस प्रकाशहीन और दिग्भ्रम के सघन अंधकार में वर्तमान पत्रकारिता डूब गयी है।

क्या बुरा कर्म था बालमुकुंद गुप्त, बाबूराव विष्णु पराड़कर, माधवराव सप्रे और गणेश शंकर विद्यार्थी का जिसने साम्राज्यशाही दैत्य से पंजा लड़ाया था। आजादी उन्हीं की तपस्या की उपलब्धि है।' आज का नामवर हिंदी संपादक तत्त्वचिंतन में नया सूत्र जोड़कर कहता है कि 'पूंजी ब्रह्म है और मुनाफा मोक्ष है।' यह पराजय की भाषा है, मोक्ष के लोभ में पगलाये आज के पत्रकार ने पूंजी-ब्रह्म के चरणों में माथा टेक दिया है। आज का यही त्रासद यथार्थ है।

कोई भी विवेकशील व्यक्ति इसको शुभ कैसे मान सकता है कि पत्रकारिता कला साहित्य, संस्कृति, विचार, शिक्षा और विज्ञान के मूल्यों और विमर्श की ओर से आंख मूंदकर राजनीति, फिल्म, खेल और धर्म को वरीयता दे। पत्रकारिता की मूल प्रतिज्ञा के विपरीत यह स्थिति है, किंतु इससे भिन्न स्थिति की आशा, आज की पत्रकारिता से, जो पूंजी-सत्ता के सामने विनीत है, की भी नहीं जा सकती।

पूंजी के बल पर लाखों-करोड़ों रुपये खर्च कर धर्म-संस्कृति का तमाशा खड़ा किया जा सकता है, किंतु पूंजी-धर्म का साहित्यिक, सांस्कृतिक मूल्यों से या कला, शिक्षा, विज्ञान के विमर्श से कोई सरोकार नहीं होता। पूंजी-धर्म की दृष्टि केवल मुनाफे पर केंद्रित रहती है। मुनाफा अधिक-से-अधिक चाहे जिस राह से आये, उनकी दृष्टि में उसी का महत्त्व है और वही सबसे बड़ा मूल्य है।

आज की पत्रकारिता का सबसे बड़ा दुर्भाग्य-बिंदु यह है कि इससे जुड़े लोग पीछे मुड़कर अपनी परंपरा पर दृष्टिपात करने को तैयार नहीं हैं। कुछ को तो समृद्ध परंपरा का बोध भी नहीं है, और जिन्हें समृद्धि का ज्ञान है वे या तो अपनी लघुता में ही मुग्ध हैं या विरासत की समृद्धि से एक अंश तक, प्रच्छन्न रूप से ही सही, आतंकित हैं और अपने अहं की मचान पर बैठे विलास में डूबे हुए हैं।

विश्वविद्यालयों में पत्रकारिता की पाठ्य-चर्या शुरू कर देना ही प्रशिक्षण और समुचित संस्कार की सटीक विधि नहीं है। आज की दायित्वहीनता और अराजक स्थिति का सटीक उपचार अपनी उज्ज्वल विरासत का प्रामाणिक बोध हो सकता है और विरासत की ओर उन्मुख करने का मंत्र या नुस्खा कोई कैसे देता है, मुझे वह कला नहीं आती।

प्रश्न केवल हिंदी प्रदेश का नहीं है, हर भाषा-भाषी समाज की पत्र-पत्रकारिता की महत्त्वपूर्ण भूमिका रही है, अपने समाज में जागृति रचने में आज की पत्रकारिता, जो उपभोक्ता संस्कृति के इशारे पर अपने मूल धर्म से बेखबर होकर जिस अधोगामी राह पर धावन कर रही है, उससे जन-जागृति की आशा करना हताशा को नेवता देना है। इतिहास प्रमाण है कि 'आज' और 'प्रताप' की हिंदी समाज में आकुल प्रतीक्षा रहती थी, पराड़कर जी और गणेशजी के संपादकीय व्यक्तव्य के लिए उनके अग्रलेख अपने पाठ्कों की आंख खोलने वाले होते थे। हिंदी समाज में भी अखबार पढ़ने वालों की संख्या आज बढ़ी है, किंतु उनसे तुष्टि उन्हें ही मिलती है, जिनकी नैसर्गिक रुचि केवल तमाशे में होती है, संस्कारी पाठ्कों को आज के पत्र खिन्नता और खीझ के सिवा कुछ नहीं देते। जहां पत्रकारिता का यह चरित्र, उससे पिछड़ेपन को दूर करने की आशा?

भाषा का प्रश्न संवेदनशील प्रश्न है। इस महत्त्वपूर्ण बिंदु की आंगन से लेकर विश्वविद्यालय तक ने उपेक्षा की है। ग्रामीण पाठशाला में चौथी कक्षा तक पढ़े मेरे भोजपुरी भाषी पिता शुद्ध खड़ी बोली में पत्र लिखते थे। और आज के स्नातकोत्तर विभाग के अध्यक्ष की कुर्सी पर बैठे अध्यापक की चिट्ठी मेरे पास है, जिसमें इधर (ईधर) और उधर (ऊधर) की वर्तनी तक शुद्ध नहीं है।

आज के पत्रकारों की दशा तो और भी सोचनीय है। वे इस बोध से पूरी तरह मुक्त हो गये हैं कि पाठ्कों की 'भाषा' संस्कार का एक प्रमुख प्रयोजन है। राह-घाट, बाजार-हाट का हल्ला करते आम-फहम भाषा के सनकी आग्रह से वे भाषा शील-हरण करते तनिक नहीं सकुचाते। एक बार एक नामवर संपादक के भाषा-स्खलन को मैंने नम्रतापूर्वक स्पर्श किया था। जिससे उनकी अर्हत उद्धता ही गयी थी। मसीहा की मुद्रा में उन्होंने मुझे साहित्य और पत्रकारिता की भाषा का अंतर समझाने की कोशिश की थी। मैंनें 'मतवाला', 'गंगा' और 'हिमालय' की आचार्य शिवपूजन सहाय की तथा कर्मवीर-संपादक माखनलाल चतुर्वेदी और 'दैनिक आज' संपादक पराड़कर जी, 'प्रताप' संपादक गणेश शंकर विद्यार्थी की संपादकीय टिप्पणियों को बड़ी जागरूकता से देखा है। आज के पत्रकार नम्रतापूर्वक अपनी विरासत की पड़ताल करें तो बहुत अंश तक उनका भ्रम टूट जायेगा। 1913 में प्रकाशित 'प्रताप' की प्रथम संपादकीय गणेश शंकर विद्यार्थी द्वारा निर्मित संवाद कृतज्ञतापूर्वक उग्रजी ने स्वीकार किया है कि पराड़कर जी ने मेरी भाषा को व्याकरण की शुद्ध पटरी पर चलना सिखाया। हिंदी के श्रेष्ठ गद्यशिल्पी उग्रजी की कृतज्ञता है, दैनिक पत्र 'आज' के संपादक बाबूराव विष्णु पराड़कर के प्रति। विनोबा भावे कहा करते थे कि भाषा समाज का सटीक परिचय देती है। जिस समाज की भाषा में गिरावट आती है वह समाज गिरा हुआ समाज है, हल्ला है। लेकिन आप गौर से देखें, उसके साथ पीत पत्रकारिता की धारा भी प्रच्छन्न रूप से क्रियाशील है। खोज-खबर लेने का अर्थ यह नहीं होता कि सत्ताहीन शक्ति को चौंका कर या आतंकित कर के उनका कृपाभाजन बना जाये। आज वही पत्रकार बड़ा माना जाता है, जिसकी राजनीतिक मठाधीशों से सांठ-गांठ है। कल की दशा और थी। 'प्रताप' संपादक गणेश शंकर विद्यार्थी आज जैसे साधन-संपन्न नहीं थे, लेकिन अपने क्षीण साधन से जैसी प्रामाणिक खबर, चाहे वह अंगरेजी सरकार से जुड़ी हो या देशी रियासतों के महलों से,

उनके पास रहती थीं, वह पापाचार के लिए तीखी चुनौती थी। गणेश जी पत्रकारों को मूलभूत अनुशासन समझाते थे कि 'प्रमाण और परिणाम पर दृष्टि रखकर ही कोई संवाद छापना चाहिए।'

अंगरेजी पत्रकारिता और टीवी चैनल बड़ी शक्ति हैं। इससे बहुत छोटी शक्ति भी हिंदी पत्रकारिता के लिए बड़ी चुनौती बन सकती है यदि अपनी भाषा, अस्मिता और पत्रकार के गुरुतर दायित्व के प्रति आज के पत्रकार सचेत नहीं होते, जैसा कि नहीं है। आप ज़ानते हैं, पत्रकार की भूमिका जागरूक लोकनायक की भूमिका होती है।

पत्रकारिता के चरित्र में ही आंदोलन के बीज हैं। इस शक्ति को लक्ष्य कर ही क्रांतिकारी लोकनायक पत्रकारिता से जुड़ते रहे हैं। लोकनायक तिलक, कस्तूरी रंगा आयंगर, बिपिनचंद्र पाल, लाला लाजपत राय, श्री अरविंद और महात्मा गांधी ने इसी महत् उद्देश्य से पत्र-पत्रिकाओं का संपादन किया था, किंतु वर्तमान पत्रकारिता का चरित्र बदल गया है। वह अपने मूल धर्म से ही बहुत दूर चली आयी है, इसलिए किसी प्रकार के सामाजिक विकल्प रचने की वर्तमान पत्रकारिता से उम्मीद नहीं की जा सकती। कल्पना कीजिए, भारत जैसे गरीब देश का हिंदी पत्रकार क्रिकेट का विवरण अपने पाठकों को देने के लिए विश्व भर में हवाई यात्रा करता फिरे, वैसे विलास प्रिय चरित्र से आप समाज संस्कार की उम्मीद कैसे कर सकते हैं? अपनी विलास-भूख के लिए जो कहीं लेट सकता है, किसी रंगीन हवा के पीछे आंखें मूंदकर धावन कर सकता है, अपनी न्यूनतम सजातीय आचार-संहिता और स्वकीय वैशिष्ट्य का बलिदान कर किसी राय-घाट से समझौता कर सकता है, वह भाषा का घटिया सौदागर होता है। उससे सांस्कृतिक अपेक्षा नहीं की जा सकती है।

(कोलकता में रहनेवाले श्री कृष्ण बिहारी मिश्र मशहूर लेखक व ललित निबंधकार हैं।)

विश्वास की कमी सबसे बड़ा संकट

अभय छजलानी

हिंदी पत्रकारिता का सबसे बड़ा संकट तो स्वयं में विश्वास की कमी को ही माना जाना चाहिए। ग्लैमर और दौलत की चकाचौंध में लपेटकर खड़ी की गयी अंग्रेजी पत्रकारिता की अट्टालिकाओं के समक्ष स्वयं को बौना मान लेने की मानसिकता ने ही शायद हिंदी पत्रकारिता का सर्वाधिक नुकसान किया है। आमजन से अपने जुड़ाव और व्यापकता के महत्त्व को हम 'कैपिटलाइज क्षेत्रीय और भाषायी' ही नहीं कर पाये।

उदारीकरण के बाद हिंदी पत्रकारिता में सकारात्मक और नकारात्मक दोनों तरह के बदलाव आये हैं। एक ओर उदारीकरण के चलते हिंदी पत्रकारिता अपने 'क्षेत्रीय और भाषायी' खोल से बाहर निकलकर राष्ट्रीय पहचान बनाने की ओर अग्रसर हुई है, वहीं दूसरी ओर बाजारवाद ने हिंदी पत्रकारिता को प्रभाव से भटकाया है। पत्रकारिता की सेवा की महत्ता से हटाकर मुनाफा कमाने वाले व्यवसाय के रूप में जल्दी-से-जल्दी परिवर्तित करने के आकर्षण में, समाज के प्रति जवाबदेही और उत्तरदायित्व के निर्वाह का आग्रह कमजोर पड़ा है।

वैसे तो इसे सीधे-सीधे अच्छे और बुरे की श्रेणी में बांटने के बजाय स्थिति का विस्तृत विश्लेषण जरूरी है, पर हां, हिंदी पत्रकारिता में कला, साहित्य, संस्कृति विचार, शिक्षा और विज्ञान के लिए स्थान कम होते जाना बेहद चिंताजनक है। ये उसी बाजारवाद का असर है, जिसका जिक्र मैंने पिछले प्रश्न के उत्तर में किया। फिल्म, खेल, धर्म और राजनीति को बाजार में जमकर भुनाया जा रहा है। हिंदी पत्रकारिता इससे अछूती नहीं रह पा रही है। राजनीति चूंकि देश की दिशा निर्धारित करती है, इसलिए वह खबरों में प्रमुखता तो पायेगी, लेकिन उसे भी निष्पक्ष और स्वार्थ रहित गुणों के साथ सकारात्मक रूप में प्रस्तुत करने की कला और साहस हिंदी पत्रकारिता में आये, तभी वह प्रभावशाली और शक्तिशाली हो पायेगी।

हिंदी पत्रकारिता को अपनी समृद्ध परंपरा कायम रखने के लिए सबसे पहले तो यह समझना होगा कि हिंदी आज भी बहुसंख्यक भारतीयों की भाषा है। बहुत अच्छी अंग्रेजी बोल लेने के बाद भी उनके मन में विचार हिंदी में ही पनपते हैं। हिंदी का अपना एक मानस

है। दरअसल हर भाषा का ही अपना अलग मानस, अलग सोच होता है। हम उपयोग तो हिंदी का करें पर उसका मानस दूसरी भाषा से उठाएं तो जो खिचड़ी पकेगी, वह हिंदी और दूसरी भाषा दोनों का ही नुकसान करेगी। दूसरी बात जो हिंदी पत्रकारिता को जान लेनी चाहिए, वह यह कि हिंदी पत्रकारिता की शक्ति केवल समाचार पहुंचाने के बजाय विचारों को प्रभावित करने, उन्हें तैयार करने में है। हम 'न्यूज ब्रेकर' न भी बनें तो भी अपने विचारों और भावनाओं को प्रभावित करने की शक्ति को पहचानना होगा। अपनी भाषा में अभिव्यक्ति का संकल्प, साहस और प्रबल आत्मविश्वास ही भाषा की शुद्धता और प्रभाव को बनाये रख सकेगा। हिंदी को 'हिंग्लिश' रूप में प्रस्तुत करने के चलते-फिरते आकर्षण से बचने की जरूरत है हिंदी पत्रकारिता को।

जैसा कि मैंने पहले प्रश्न के उत्तर में कहा कि स्वयं को पिछड़ा मान लेने की मानसिकता के कारण ही हिंदी प्रदेश और पत्रकारिता स्वयं का विकास नहीं कर पाये। हिंदी पत्रकारिता हिंदी प्रदेशों के पिछड़ापन दरअसल मानसिकता का पिछड़ापन है, इसे सही विचारों को प्रेषित करके ही दूर किया जा सकता है। प्रश्न का उत्तर मेरे मत में सकारात्मक है। महत्त्वपूर्ण भूमिका हो सकती है।

ये सभी प्रश्न फिर एक-दूसरे से जुड़े हुए हैं। जब तक हम स्वयं को पिछड़ा मानेंगे, तब तक पत्रकार भी दूसरी भाषा के ग्लैमर में इधर-उधर भागेंगे। जब हम मजबूती से खड़े होंगे तो यही पत्रकार फिर हिंदी की सेवा में लौट आयेंगे। इस प्रश्न के उत्तर अलग-अलग संदर्भों में पूर्व प्रश्नों के उत्तर में स्पष्ट है, नहीं कर सकती। हिंदी को अपना स्वतंत्र अस्तित्व बनाये रखकर अपना विकास करना होगा। निर्भर रहने के बजाय, इसमें हो रहे प्रयोगों पर आधारित कल्पनाशीलता विकसित करनी चाहिए।

सत्ता और शासन व्यवस्था पर जितनी गहरी पकड़ हिंदी पत्रकारिता की होनी चाहिए, उतनी अभी है नहीं। इस दिशा में और अधिक कुशल पत्रकारिता की आवश्यकता है।

अंग्रेजी पत्रकारिता और टीवी चैनल हिंदी पत्रकारिता के लिए चुनौती अवश्य हैं, खतरा नहीं। यही चुनौती हिंदी पत्रकारिता को अपना आलस्य त्यागकर वास्तविक पत्रकारिता तक पहुंचाने के लिए उत्प्रेरक का कार्य करेगी। इन चुनौतियों के बाद भी हिंदी पत्रकारिता का भविष्य बहुत उज्ज्वल है। बस उसे अपने मजबूत पक्ष का सही दोहन और कमजोरियों को दूर करने की व्यवस्था करनी होगी।

मैं समाचार-पत्रों द्वारा स्वयं आंदोलन कड़ा करने के पक्ष में नहीं हूं। यह समाचार-पत्रों का मुख्य कार्य है भी नहीं। समाज में चल रहे सकारात्मक आंदोलनों का पक्ष लेकर उन्हें बढ़ावा दिया जाना चाहिए, अपनी ओर से नये रचनात्मक सुझाव समाज तक पहुंचाए जा सकते हैं, लेकिन स्वयं आंदोलन खड़ा करने पर समाचार पत्र अपनी दिशा से भटक सकते हैं। मेरी राय में समाचार पत्र किसी आंदोलन के पीठ बल बने रहकर, काफी मजबूत भूमिका निभा सकते हैं।

एक बात और,

हिंदी के महत्त्व को विभिन्न व्यावसायिक और अभिव्यक्ति के माध्यम में स्वीकार किया

गया है। इलेक्ट्रॉनिक मीडिया में हिंदी में विज्ञापन व चलचित्रों में हिंदी को आधार बनाकर अरबों का व्यवसाय और व्यक्तिगत तौर पर कलाकारों की करोड़ों की कमाई और फिर हिंदीभाषियों में भाषा के प्रति, सामाजिक मान्यता मिलने में, संशय बने रहने की स्थिति के कारणों पर गंभीरता में विचार करना उपयोगी होगा।

(लगभग 50 वर्षों से हिंदी पत्रकारिता। अमेरिका के थॉमसन फाउंडेशन कार्डिफ से प्रशिक्षित। सामाजिक कार्यों में सदैव सक्रिय। 'नयी दुनिया' पर एक पुस्तक प्रकाशित।)

भूमंडलीकरण से निपटना सबसे बड़ी चुनौती

पंकज बिष्ट

जब समाज में कोई आंदोलन हो रहा होता है, तो अन्य पक्षों की तरह मीडिया भी उससे प्रभावित होता है। आजादी की लड़ाई के समय मीडिया द्वारा उसका समर्थन आपको प्रबल रूप से नजर आयेगा। यही कारण है कि तब के दौर में आजादी की लड़ाई का एक महत्त्वपूर्ण माध्यम मीडिया बनी। तब जनता को आंदोलित करना समय की एक बड़ी जरूरत थी, इसीलिए उस समय की पत्रकारिता भी राष्ट्र नवनिर्माण के मोर्चे पर भी आपको सक्रिय दिखलाई पड़ेगी। आजादी के बाद मीडिया में व्यवसायीकरण की होड़ शुरू हो गयी। अब मीडिया की प्राथमिकताएं भी बदल चुकी थीं। अब उसे विदेशी ताकत से लड़ने की चुनौती नहीं थी, जो लोग उसका नेतृत्व कर रहे थे, वे अपने आदर्शों के प्रति प्रेस को प्रतिबद्ध नहीं करवा पाये। इस कारण भी समाज निर्माण में मीडिया की भागीदारी कम होती रही।

नक्सलवादी आंदोलन और जेपी आंदोलन- दोनों ही में कमोबेश मीडिया की भूमिका जबरदस्त रही। हालांकि नक्सलवादी आंदोलन में मुख्यधारा की मीडिया ने बहुत ज्यादा सकारात्मक सक्रिय भूमिका नहीं निभायी, क्योंकि वह आंदोलन व्यवस्था विरोधी आंदोलन था और तब तक मीडिया का भी व्यवसायीकरण हो चुका था। उस समय की छोटी पत्रिकाओं ने उस आंदोलन के पक्ष में प्रचार-प्रसार की जबरदस्त मुहिम चलायी। फिलहाल वैसी पत्रिकाओं की भूमिका इस संदर्भ में बहुत ही सराहनीय रही। जेपी आंदोलन गुजरात के नवनिर्माण आंदोलन से जुड़ा था, लेकिन यह आंदोलन व्यवस्था विरोधी नहीं था, जैसा कि नक्सलवादी आंदोलन था। इसलिए जेपी आंदोलन को मुख्यधारा की मीडिया ने भरपूर समर्थन दिया। यह आंदोलन बिहार में जिस रूप से पनपा, वह आधारभूत रूप में व्यवस्था के लिए खतरा नहीं था, इसीलिए मीडिया ने उसको फैलाने में अपनी बड़ी भूमिका निभायी। उस समय इंडियन एक्सप्रेस इस आंदोलन का जबरदस्त समर्थन कर रहा था। इस समूह द्वारा तब इस आंदोलन को बढ़ावा देने के लिए 'एवरीमैंस' साप्ताहिक की शुरुआत की गयी थी, जिसके संपादक अज्ञेय हुआ करते थे।

आपातकाल के दौर में अखबारों पर पाबंदियां लगीं। तब के अखबारों पर आप चाटुकारिता का आरोप लगा सकते हैं, लेकिन उसके कारण अखबारों में पतनशीलता के आरंभ होने की बात

सही नहीं है। उस समय कई अखबार ऐसे भी थे, जो आपातकाल का विरोध कर रहे थे। आपातकाल के बाद मीडिया का झुकाव सनसनीखेज खबरों की ओर हुआ। आपातकाल में जो बड़े-बड़े पत्रकार जेल में थे, उनके मुक्त होते ही मीडिया में एक विस्फोट हुआ। यह विस्फोट सही दिशा हासिल नहीं कर पाया, यह दरअसल सनसनी के रूप में व्यक्त हुआ। पिछले 10-15 वर्षों में मीडिया के व्यवसायीकरण की प्रवृत्ति के पीछे वैश्वीकरण का बड़ा हाथ है। आज के समय में अखबारों की कोई सामाजिक भूमिका दिखलाई नहीं पड़ती। यह भी किसी धंधे की तरह एक धंधा है, इस कुप्रवृत्ति के पीछे उदारीकरण का प्रभाव है। जब से अपने यहां विदेशी कंपनियां आयी हैं, उनके प्रचार-प्रसार की तकनीक भारतीय मीडिया ने भी अपना ली है। आज का हमारा आदर्श पश्चिमी प्रेस हो गया है।

तहलका ने रक्षा जैसे संवेदनशील विषय में व्याप्त भ्रष्टाचार को उसके ठोस रूप में पूरे प्रमाण के साथ जिस तरह से देश के आम अवाम के सामने रखा, वह भारतीय पत्रकारिता के इतिहास में 'टर्निंग प्वाइंट' है। दरअसल हम सार्वभौमिक किस्म के पतन के दौर में आ गये हैं, जहां लगातार अवमूल्यित होते समय के बारे में लोगों को बताते हैं, तो उसका कुछ असर ही नहीं होता। तहलका द्वारा इलेक्ट्रॉनिक मीडिया के जो माध्यम इस्तेमाल किये गये, उसका बिजली के करंट सरीखा असर आम जनमानस पर हुआ। अखबार के माध्यम से इतना तीखा असर शायद नहीं होता। अभी उसने पागलों पर जो स्टोरी पेश की, वह हमारे समाज के उस गंठबंधन के घृणित रूप को सामने लाती है, जो कानूनी, नौकरशाही, शिक्षा, स्वास्थ्य आदि क्षेत्रों में मौजूद हैं। इलेक्ट्रॉनिक मीडिया एक अगंभीर माध्यम है, इसके व्यवसायीकरण ने भारतीय पत्रकारिता को ग्लैमर और सनसनी से प्रभावित किया है, इसका असर अखबारों पर भी पड़ रहा है। अखबार इलेक्ट्रॉनिक मीडिया से टकरा रहे हैं, लेकिन संकट यह है कि वे उसकी विजुअल क्वालिटी से लड़ नहीं रहे हैं, अपितु उसे अपनाते जा रहे हैं।

आज की मीडिया की विडंबना यह है कि उसका झुकाव अपर मिडिल क्लास की ओर है, बाकी समाज पर उसकी पकड़ नहीं है। वह अपनी इस गलती को स्वीकार करना भी नहीं चाहती, क्योंकि उसका ध्यान ज्यादा-से-ज्यादा मुनाफा कमाना है। वह सोचता है कि विज्ञापन के लिए अगर वह प्रयास करेगा, तो इससे उसे मुनाफा होगा, इसीलिए वह इस तरह के कामों को ही प्राथमिकता भी देता है। पी साईनाथ का हिंदू में एक लेख छपा था। वह लेख एक कटु सच्चाई की ओर हमारा ध्यान आकृष्ट करता है कि किस तरह राष्ट्रीय अखबारों में एक कृषि संवाददाता तक नहीं है। यह स्थिति आज से 15-20 वर्ष पहले नहीं थी। यह देश कृषि प्रधान देश कहा जाता है और यहां के अखबारों में कृषि संवाददाता तक नहीं है, यह कितनी बड़ी त्रासदी है? भारतीय भाषाओं के अखबार भी पूरी तरह से इस चमक-दमक की राजनीति में मशगूल हैं। ये सामाजिक महत्त्व से जुड़ी चीजों को उठाते भी हैं, तो सनसनीखेज तरीके से। फिर इनके साथ यह भी कठिनाई है कि इन्होंने अपने को इतना स्थानीय बना लिया है कि उनकी चिंता बाकी चीजों के प्रति रही ही नहीं। उत्तर भारत का एक भी अखबार शायद ही दक्षिण भारत के ज्वलंत मुद्दों को कभी उठाता हो।

मुख्यधारा की बात करते समय हमें यह नहीं भूलना चाहिए कि इसमें सामान्यतः अंग्रेजी के अखबार हैं, जो सामान्यजन से पूरी तरह कटे हुए हैं। फिर भी ये कोई भी बात उठायेंगे, तो उसका असर सत्ता तक तो जायेगा। इन्हें मुख्यधारा का अखबार मानना गलत होगा, क्योंकि इसमें 79 प्रतिशत हिंदुस्तान की जनता की आवाज सिरे से गायब है।इलेक्ट्रॉनिक मीडिया और प्रिंट मीडिया दोनों एक-दूसरे के पूरक हो चुके हैं। तहलका ने चीजों को ऐसे सत्य के रूप में रखा कि मुद्रित मीडिया उसे इतने शक्तिशाली रूप में नहीं रख सकती थी। इस तरह से हम देखें, तो हम इस निष्कर्ष पर आते हैं कि दोनों माध्यम एक-दूसरे के लिए मददगार साबित हो सकते हैं। गंभीर मुद्दों पर आपसी समन्वय से दोनों समाज निर्माण में सार्थक हस्तक्षेप भी कर सकते हैं।

मीडिया के सामने सबसे बड़ी चुनौती भूमंडलीकरण के खतरे से निपटने की है। भूमंडलीकरण जीवन के अन्य क्षेत्रों की तरह मीडिया के लिए भी खतरनाक साबित होगा। यह जिस तरह के हितों व मूल्यों को प्रोत्साहित करेगा, वे हमारे स्थानीय हितों के खिलाफ जायेंगे। वे जिस तरह से ऐयाशी को एक जरूरी हिस्से के रूप में प्रस्तुत करते रहे हैं, वह बहुत खतरनाक भविष्य की ओर हमारा ध्यान खींचता है। अपने यहां मानव श्रम के लिए वहां कोई चिंता नहीं है। मीडिया को इन खतरों के प्रति सचेत होना होगा।

(पंकज बिष्ट वरिष्ठ साहित्यकार व समयांतर के संपादक हैं।)

हिंदी पत्रकारिता की चुनौतियां

आलोक मेहता

भारत में पिछले कुछ वर्षों के दौरान हिंदी के समाचार पत्रों की प्रसार संख्या बढ़ने के साथ ही इसकी चुनौतियां भी बढ़ती चली गयीं। हिंदी पत्रकारिता की प्रगति पर गर्व करने के साथ यह सवाल अवश्य उठाना चाहिए कि हिंदी पत्रकार अपनी जिम्मेदारी किस तरह निभा रहे हैं। हिंदी पत्रकारिता में क्या लिखा जाता है, कैसे लिखा जाता है, इसका बड़ा असर होता है। जो अखबार की दृष्टि से प्रभावशाली भाषा में लिखते हैं, वे कहीं भी हों, उनका उन अखबारों के मुकाबले अधिक प्रभाव होता है, जो पाठकों को जोड़ नहीं पाते। क्या कारण है कि हिंदी में अच्छे स्तंभ लेखक कम दिखाई देते हैं? क्या कारण है कि हिंदी में अच्छे संवाददाता नहीं मिलते? आत्मावलोकन से पता चलता है कि हिंदी अखबारों ने इस दिशा में ठोस पहल नहीं की। एक समस्या यह रही है कि हिंदी अखबारों से जुड़े लोग कुंठाग्रस्त रहे। फिर साधनों की चुनौती रही। तकनीकी विकास का जो दबाव है, उसे ध्यान में रखकर यह आवश्यक है कि हिंदी के अखबारों को वैसे ही साधन उपलब्ध हों, जो अंग्रेजी अखबारों के पास हैं। कुछ क्षेत्रीय अखबारों ने इस दिशा में निश्चित रूप से असाधारण प्रगति की है, लेकिन व्यवसायीकरण के पतन का रास्ता भी दिखाया है। पत्रकारिता अब मिशन नहीं रह गयी है। इसी तरह से कई अखबार गैर-जिम्मेदार होते चले गये हैं। राजनीतिक गपशप, अफवाह और सनसनीखेज बातों को ही प्रमुखता दी जाने लगी है। इस प्रवृत्ति का कोई विरोध नहीं करता।

लगभग एक शताब्दी पहले, जबकि पत्रकारिता बाल्यावस्था में थी, उसे लोगों ने हड़बड़ी में रचे गये साहित्य के रूप में परिभाषित कर रखा था। दरअसल, उस समय बेइंतहां फुरसत का समय था, उन्हें घटनाओं के घटने, बल्कि घटना की जानकारी प्राप्त करने और उसे रिपोर्ट की शक्ल देने तक में फुरसत की स्थिति दिखती थी। लेकिन वर्तमान समय उससे काफी भिन्न है। यह स्थिति केवल हिंदी की ही नहीं, हर भाषा की पत्रकारिता के लिए है। अति महत्त्वपूर्ण घटनाओं की जानकारी और उनका संप्रेषण पूरी दुनिया में लगे हाथ हो जाता है। यह कहना गलत नहीं होगा कि आज की दैनंदिन पत्रकारिता मात्र एक हड़बड़ी है। हड़बड़ी में लिखा साहित्य तो इसे नहीं कहा जा सकता, लेकिन पत्रकार इन घटनाओं का विवरण देते समय या

टिप्पणियां करते समय उसकी पृष्ठभूमि में अधिक नहीं जाते हैं, इसलिए इसे बौद्धिक बेईमानी भी कहा जा सकता है। ब्रिटेन की तरह भारत के अखबारों में अभी तक स्थिति बनी है कि प्रतियोगिता के लिए उन्हें अपने स्तर को नीचा करना पड़ा है। अर्थव्यवस्था की धारणाओं के मुताबिक सामान्य उद्योगों में बड़े पैमाने पर उत्पादन से अच्छी वैधता मिल जाती हो, लेकिन जहां तक पत्रकारिता का प्रश्न है, वह निश्चित सीमा के बाद विशालता गुणात्मक तत्त्वों के खिलाफ पड़ने लगती है। अखबार का आकार कितना छोटा या बड़ा होगा, यह इस बात से तय होता है कि उसे विज्ञापनों से कितनी आय होती है। स्वाभाविक है कि अखबार के सफल प्रबंधक उसके केवल व्यावसायिक पक्ष पर ही ध्यान देते हैं। इसका परिणाम यह होता है कि समाचार एवं समाचार पत्रों में छपने वाली संपादकीय टिप्पणियां गौण हो जाती हैं, विज्ञापन महत्त्वपूर्ण हो जाते हैं। ऐसी स्थिति में जवाबदेह और जिम्मेदार पत्रकारिता पर आंच आने लगती है। एक कहावत है कि जिम्मेदारी की भावना से रहित शक्ति केवल वेश्याओं के पास होती है। कई आलोचकों ने पत्रकारिता की तुलना भी इसी तरह से की है। कहा जाता है कि हमारे पास बगैर दायित्व की भावना की शक्ति एकत्र है, क्योंकि वेश्याएं और पत्रकार दोनों ही उन हवादानों की तरह हैं कि उनसे भावनाएं बाहर निकल जाती हैं। वे भावनाएं जिन्हें यदि अंदर ही रहने दिया जाये, तो वे बाद में समाज में विस्फोटक प्रतिहिंसा के रूप में व्यक्त होती हैं, लेकिन इसका अर्थ यह नहीं लिया जा सकता कि अस्थिरता से घिरे समाज में पत्रकारिता स्थायी रूप से सरकार विरोधी मुद्रा अख्तियार कर ले। जब सत्ता के प्रति असंतोष सहज हो, तो पत्रकारों के विरोध करने का लोभ बढ़ जाता है, लेकिन ऐसा करना खतरे से खाली नहीं है। इस स्थिति में तर्क दिये जाते हैं कि सरकार अक्षम तथा भ्रष्ट है। संसद अपना कर्तव्य निभाने में असमर्थ है।

न्यायपालिका का प्रभाव भी सरकार में दायित्वबोध जगाने में अधिक दूर तक सफल नहीं हो पा रहा है। जनता के सामने ले-देकर प्रेस ही बचा है, जो सरकार में दायित्व की भावना लौटा सके, लेकिन यह दृष्टिकोण एक हद तक दोषपूर्ण है। यदि सभी स्थापित संस्थाएं अव्यवस्थित हों तथा जनता ऐसे जनप्रतिनिधियों को चुनने में अक्षम हो, जो सच्ची जनसेवा कर सकें, तो केवल प्रेस से ही विवेकशील होने की अपेक्षा कैसे की जा सकती है? यह भी एक विचारणीय मुद्दा है कि केवल सत्ता पक्ष के राजनेताओं की आलोचना मात्र से सार्वजनिक नैतिक मूल्यों में सुधार कैसे आ सकता है? सत्ता में चाहे कांग्रेस रहे या भारतीय जनता पार्टी अथवा जनता दल व वामपंथी दल, नैतिक मूल्यों की चिंता तो निरंतर कम होती गयी है। प्रेस जगत् में ऐसा समुदाय है, जो सरकारी नीतियों की आलोचना मात्र से संतुष्ट नहीं है, बल्कि मसीहावाद का पक्षधर है। पत्रकारों की बिरादरी में कुछ लोग अपने-आपको इस देश का उद्धारक मानने लगे हैं, यह एक बौद्धिक अहं से ज्यादा कुछ भी नहीं है। वास्तविकता यह है कि हम नैतिकता को तिलांजलि दे चुके हैं, व्यक्तिवाद के नाम पर हम पुरानी संस्थाओं की जड़ खोदने में लगे हुए हैं। यह भूल कर कि हमारे नैतिक आदर्श व्यक्ति नहीं, बल्कि समष्टि में केंद्रित रहे हैं, जहां अहं के लिए कोई जगह नहीं है।

(श्री मेहता ने यह आलेख आउटलुक का संपादक रहते हुए लिखा था।)

इस मीडिया से कोई उम्मीद बेमानी

अनिल चमड़िया

वैश्वीकरण समाज के एक नये ढांचे की परिकल्पना है, जिसका आधार नयी अर्थव्यवस्था होगी। इसके योजनाकारों ने इसे ठोस आकार देने के लिए नयी नीतियां बनायी हैं। बाजारवाद इसका कार्यक्रम है और उदारीकरण एवं सुधार उसे वैधता प्रदान करने के नियम हैं। विश्व बैंक, अंतरराष्ट्रीय मुद्रा कोष आदि इसे लागू करने वाली संस्थाएं हैं। भारत भी नब्बे के दशक के शुरुआती वर्षों में नयी विश्व व्यवस्था की इस परिकल्पना का सहकार बना, लेकिन इन वर्षों में यह समाज कहां पहुंचा? किसी भी नयी व्यवस्था के बनने और मानव समाज पर पड़ने वाले असर ही हो सकते हैं। आखिरकार नयी व्यवस्था का नारा ही एक समृद्ध और स्वस्थ दुनिया बनाना है।

यह कहा जा सकता है कि नयी आर्थिक नीतियों का भारतीय समाज पर एक गहरा असर दिखाई पड़ रहा है। आम लोगों के रहन-सहन, बोल-चाल, ओढ़ने-बिछाने, खाने-पीने, सोच-सरोकार पर साफ-साफ दिखाई दे रहा है। परिवारों की बुनावट बदल गयी है, भाषा और मानवीय भावों को भी इसने प्रभावित किया है। मूल्यबोध में आक्रामकता आ गयी है। समग्रता में यह परिवर्तन भारतीय समाज को किस दिशा में ले जा रहा है, इसके लक्षण इन उदाहरणों में पहचाने जा सकते हैं। एक तरफ विदेशी व्यापार बढ़ा है, विदेशी मुद्रा भंडार काफी जमा हो गया है, विदेशी निवेश में भी बढ़ोतरी हुई है। देश के नौजवानों के विदेशों में जाने और काम करने के अवसर भी पहले के मुकाबले बढ़े हैं, लेकिन दूसरी तरफ देश में बेरोजगारी बढ़ी है। कल-कारखाने अपेक्षाकृत ज्यादा बंद हुए हैं, मजदूरों में अपने रोजगार के प्रति असुरक्षा का बोध ज्यादा गहरा हुआ है, ज्यादातर लोगों की माली हालत खराब हुई है। अमीरों से कई गुना ज्यादा गरीबों की तादाद बढ़ी है। आर्थिक तंगहाली की वजह से आत्महत्या की घटनाओं में काफी इजाफा हुआ है। समाज का शायद ही कोई ऐसा तबका हो, जिसमें आत्महत्या की घटनाएं नहीं हुई हों। निजीकरण के तहत जहां सरकारी कल-कारखानों और संस्थानों को नयी आर्थिक व्यवस्था के नायकों के हाथों सौपा गया, वहीं कई क्षेत्रों को भी, जैसे शिक्षा, स्वास्थ्य आदि उसके हवाले कर दिये गये हैं। दूसरी तरफ समाज का कमजोर वर्ग, जिसकी तादाद

भारतीय समाज में आधे से ज्यादा है, तमाम बुनियादी सुविधाओं से वंचित हो रहा है। इस एक उदाहरण से इस नयी विश्व व्यवसायी के भारत संस्करण की पड़ताल की जा सकती है। देश में अनाज का भंडार बढ़ा है, अनाज के मामले में विदेशों पर निर्भरता खत्म हो गयी है, लेकिन अनाज उगाने वाला किसान आत्महत्याएं करने लगा है, तो मजदूर वर्ग भूख से मौत का शिकार होने को विवश है। 1990 से पहले भारतीय समाज में किसानों की आत्महत्या अकल्पनीय थी। किसान को भारतीय अर्थव्यवस्था की रीढ़ माना जाता था, लेकिन अब तो पूरा का पूरा किसान परिवार ही आत्महत्या कर लेता है, लेकिन इस रीढ़ को तोड़े जाने के बावजूद लोकतांत्रिक राजनीति कहीं से आंदोलित नहीं दिखती है। कितना अकेला कर दिया है किसान। न ही भूख से मौत शासन व्यवथा की संवेदना को झकझोर पाती है। संसद भूख से मौत और किसानों की कार्यवाही के हफ्तों ठप होने की वजह और चुनावी मुद्दे नहीं बनते हैं। पहले की लाइसेंस राज व्यवस्था में भ्रष्टाचार था, विकास की गति रुकी हुई थी, यह आरोप लगाया जाता है। लेकिन लाइसेंस राज में वर्षों के भ्रष्टाचार से जितना कुल आर्थिक घोटाला होता था, उतना नयी आर्थिक नीति के लागू होने के बाद एक और दो दिन में हो जाता है। कई शेयर घोटालों को यहां याद किया जा सकता है। अब तक का सबसे बड़ा तीस हजार करोड़ का स्टांप घोटाला इसकी नवीनतम कड़ी है। अभी भी कई ऐसे घोटाले दबे हैं, जो पिछले घोटालों को पीछे छोड़ सकते हैं।

विकास की गति में पुल-सड़क और आधुनिक कल-कारखानों के लिए जरूरी वातावरण और निर्माण हुए हैं, लेकिन विकास का लाभ देश की चंद प्रतिशत आबादी ही उठा पाती है। पानी और सुंदरता बाजार का हिस्सा बन गये हैं। जंगल और नदियां बिकने लगी हैं, जो कल तक बाजार में सामाजिक संसाधन नहीं थे, वे खरीद-बिक्री के हिस्से हो गये। बाजार का सूत्र है भारी जेब, प्रतिस्पर्द्धा का छद्म रूप भी सामने आया। कई भारतीय उत्पाद बाजार से गायब हो गये। बाजार में प्रतिस्पर्द्धा बराबर की पूंजी के बीच ही हो जाती है। इस बाजारवाद का अर्थ पुराने बाजार के अपेक्षाकृत पूंजी के मजबूत हथियार का कब्जा है। परंपरागत बाजार को खत्म कर उस पर आश्रित जातियों और वर्गों को बाजार से बाहर धकेलना और उन्हें पूंजी के हुक्म और आतंक का गुलाम बनाना है। चंद दिनों के अंदर ड्रॉप्सी जैसे कांड के बाद सरसों के बोतलबंद तेल को आवश्यक बनाना और तेल के भाव चार गुना करना बेदखली की गति का सूचक है, तो दिल्ली के लालकिला के पीछे के सैकड़ों वर्ष पुराने बाजार का खत्म होना भी इसका दूसरा कारण है। मछुआरे, बुनकर, दर्जी और दूसरे परंपरागत कारीगरों की माली हालत का भी यहां अध्ययन किया जा सकता है। भारतीय समाज श्रम का बड़ा बाजार हो सकता है। जिस कंप्यूटर सॉफ्टवेयर में अपनी उपलब्धि का हम बखान करते हैं, वह सॉफ्टवेयर का काम अमेरिका में हमें इसीलिए मिलता है, क्योंकि वहां के इंजीनियरों के कम पारिश्रमिक की मांग भारतीय इंजीनियरों द्वारा होती है। श्रमिक बाजार के कारण ही बड़ी पूंजीवाले देश अपने कूड़े-करकट का निर्यात यहां करते हैं। इन वर्षों में अपनी आर्थिक उपलब्धि का जो खाका पेश किया जाता है, यदि बारीकी से अध्ययन किया जाये, तो वह श्रमगत पूंजी का ही हिस्सा है। वह

बाजार में अपने उत्पादों को प्रतिस्पर्द्धा में उतारकर कमाया धन तो कतई नहीं है। भारतीय मानस में बाजारवाद का विस्तार हो रहा है, लेकिन वास्तव में भारतीय बाजार का नहीं।

भारतीय मीडिया की दशा-दिशा में परिवर्तन होते रहे हैं, लेकिन उन परिवर्तनों का आधार 1990 से पहले के सामाजिक और राजनीतिक आंदोलन रहे हैं।

पहली बार नयी आर्थिक व्यवस्था बनाने की प्रक्रिया ने मीडिया की दिशा और सरोकार को प्रभावित किया। यह भी कहा जा सकता है कि मीडिया के साथ ही इस नयी व्यवस्था को बनाने की योजना बनी। बाजारवाद का विस्तार मीडिया के बिना संभव नहीं। खास तौर से उस मीडिया के बिन, जिनके पास आम नागरिकों को प्राप्त अभिव्यक्ति की स्वतंत्रता के अधिकार को इस्तेमाल करने की वैधता हो, जो आम नागरिकों में विश्वसनीय हो। यह संयोग नहीं है कि आर्थिक नीतियों को लागू करने के साथ ही प्रिंट मीडिया में पैकेजिंग का कंसेप्ट मजबूत हुआ। यानी सामग्री से ज्यादा रंगों और आकर्षक प्रस्तुति ने ले लिया। प्रोफेशनलिज्म का नारा आम पत्रकारों का आदर्श हो गया, यही बाजार में टिकने की प्रमुख शर्त हो गयी। वैश्वीकरण का समर्थक मीडिया कई-कई स्थानीय संस्करणों में विभाजित हो गया, यानी एक जिले की खबर दूसरे पड़ोसी जिले में पहुंचनी असंभव हो गयी। बुनियादी समस्याओं से जुड़ी खबरों का सरोकार यह हो गया कि जो अखबार खरीदता हो, उसे ही खबर दी जाये। यानी सामाजिक सरोकारों में विदा लेने थे तर्क के रूप में लेकिन इसके बिना बुनियादी और परंपरागत पत्रकारिता मूल्य बोध से दूर करने का कोई विकल्प भी नहीं था। जैसे, नयी आर्थिक नीति के लागू करने के साथ ही सांसदों को करोड़ों रुपये का विकास फंड दे दिया गया और दूसरी तरफ संसद में नीतिगत बहसों में सांसदों की हिस्सेदारी कम होती चली गयी। विकास के नारे को राजनीति के केंद्र में लाने की यह दूरगामी योजना थी। वैसा विकास, जो महज उत्पादों की खपत का दायरा विस्तृत करे।

प्रिंट मीड्यिा के साथ लगभग इसी समय इलेक्ट्रॉनिक मीडिया का भी तेजी से विकास हुआ। इलेक्ट्रॉनिक मीडिया ने तो 24 घंटे की खबरों को 24 मिनट में ही समेट दिया। इलेक्ट्रॉनिक मीडिया ने अपनी पूंजी और लागत को यथोचित ठहराने के लिए ही ऐसा किया, ऐसा नहीं कहा जा सकता। इलेक्ट्रॉनिक मीडिया ने प्रिंट मीडिया को भी एक तर्क मुहैया करा दिया। एक तरह से प्रिंट मीडिया इलेक्ट्रॉनिक मीडिया को फॉलो करने लगा। इस तर्क के साथ टेलीविजन के साथ प्रतिस्पर्द्धा में उसे अपने स्वरूप और चरित्र में परिवर्तन करना आवश्यक हो गया है, लेकिन वास्तव में देखें, तो प्रिंट और इलेक्ट्रॉनिक मीडिया को संचालित करने वाली शक्तियां उनकी विज्ञापनदाता कंपनियां थीं, जो बड़ी-बड़ी पूंजी आधारित उपभोक्ता उत्पाद करती रही हैं। गौरतलब है कि प्रिंट और इलेक्ट्रॉनिक मीडिया की सस्ते दरों पर बेचने की भरपाई यही बड़ी-बड़ी कंपनियां कर रही थीं। तब सवाल यह है कि सूचनाओं का चरित्र किस तरह बदला और कैसे उससे उनके बाजार का विस्तार हुआ?

भारतीय मीडिया द्वारा सूचनाएं देने का उद्देश्य सामाजिक रूप से आम पाठकों को चेतना संपन्न करना रहा है। 90 के बाद की पत्रकारिता ने सूचनाएं तो दीं, लेकिन सूचनाओं

को इस तरह से सिलसिलेवार तरीके से नहीं दिया, जिससे कि नयी व्यवस्था को लेकर आम राय कायम हो सके। दूसरी तरफ बाजार में उत्पादों के उपभोक्ताओं को बढ़ाने वाली सूचनाओं पर ज्यादा जोर दिया। प्रत्येक व्यक्ति के अपने आप में सिमटे रहने वाली सूचनाओं का विस्फोट हुआ। मनोरंजन और मनोरंजक-रोमांचक खबरों की प्रवृत्ति विकसित हुई। सामाजिक मुद्दों पर ज्यादा जोर दिया गया। यह महज संयोग नहीं है कि बड़े देशों की विदेशी पूंजी को भी सबसे ज्यादा तरजीह दी थी। वैसा ही राजनीति को बदला गया। राजनीतिक खबरों, खास तौर से परिवर्तनगामी, राजनीतिक विचारधाराओं से जुड़ी सूचनाओं को या तो नजरअंदाज किया गया या फिर उसके प्रति धुंध पैदा करने की कोशिश की गयी। आश्चर्य हो सकता है कि दिल्ली के रामलीला मैदान में हजारों की तादाद में साम्राज्यवादी वैश्वीकरण मोर्चा की रैली हुई। उस रैली का पुलिस ने घंटों दमन किया, लेकिन राजधानी की मीडिया में वह घटना खबरों का हिस्सा नहीं बन सकी। आमतौर से मीडिया में डाउन मार्केट और अप मार्केट की बात की जाती है। अप मार्केट का मतलब समाज को खाते-पीते अघाते और मौज-मस्ती करते लोगों से है और डाउन मार्केट का मतलब ऊबड़-खाबड़ चेहरों और काले-कलूटे लोगों से है। मीडिया में अप मार्केट की खबरों और दृश्यों को ही तरजीह देने की हिदायत दी जाती है। बड़ी पूंजी वाली उत्पाद कंपनियां ऐसी मीडिया को ही सबसे ज्यादा विज्ञापन देकर उन्हें समाज के बड़े तबके और समूह से काटने के लिए दबाव बनाते हैं। अफगानिस्तान और इराक पर अमेरिकी हमले के विरोध की खबरों का भी यही हाल देखा गया। ऐसी खबरों को प्रतिबंधित करने के लिए यहां मीडिया ने राष्ट्रीय हित और राष्ट्रीय भावनाओं के नारे का इस्तेमाल किया। मोटे तौर पर नयी आर्थिक व्यवस्था के इस दौर में मीडिया ने आर्थिक मुद्दों पर जोर देने वाली राजनीतिक विचारधाराओं और उससे जुड़ी सूचनाओं को हतोत्साहित किया। कल-कारखानों में चल रहे आंदोलनों और गैर सरकारी संगठनों की सक्रियता को ज्यादा तरजीह दी, जिनका उद्देश्य लोगों को अराजनीतिकीकरण करना है।

राजनीति इसी दौर में सबसे ज्यादा बदनाम हुई, जबकि वैश्वीकरण की विचारधारा राजनीतिक है। खासतौर से सुविधा संपन्न और बाजारवाद को विस्तारित करने वाले गैर सरकारी संगठनो के कार्यक्रमों की खबरों पर खास जोर दिया गया। जैसे एड्स विकासात्मक खबरों को नये नारे के रूप में स्थापित किया गया और आंदोलन तथा आलोचना को निगेटिव खबरों के दायरे में डालने की कोशिश की गयी राजनीतिक स्तर पर नयी आर्थिक नीतियों की समर्थक पार्टियों के बीच ही प्रतिस्पर्द्धा की स्थिति बनाये रखने की पुरजोर कोशिश की गयी।

(श्री चमड़िया वरिष्ठ पत्रकार व मीडिया विश्लेषक हैं।)

राष्ट्रीय अखबार का मिथक अब टूट चुका है

विष्णु खरे

आजादी प्राप्ति के पूर्व मीडिया की भूमिका महत्त्वपूर्ण और परिवर्तनकामी जनांदोलनों को बल देने वाली रही। उस समय मीडिया के सामने कई तरह की चुनौतियां थीं। वह देश के सामने व्याप्त संकट को सीधे-सीधे व्यक्त करने की स्थिति में नहीं थी। उसके सामने यह खतरा बराबर मंडराता रहा कि अगर वे खुलेआम राष्ट्रवाद की बात करेंगे, तो औपनिवेशिक शासन द्वारा नष्ट कर दिये जायेंगे, इसीलिए उस दौर में आप देखेंगे कि मीडिया ने जितनी भी लड़ाइयां लड़ीं, वे आदर्शवाद के आवरण में ही पेश की जाती रहीं। यही वह दौर था, जब भारतीय समाज की जड़ और कमजोर करने वाले मुद्दे व्यापक फलक पर उभरे और उस पर वाद-विवाद का सिलसिला आरंभ हुआ। जाति प्रथा, विधवा विवाह, अस्पृश्यता, हिंदू-मुसलिम अंतरसंबंध आदि सवाल तब मीडिया के माध्यम से उस दौर में राष्ट्रीय स्तर पर चर्चा के केंद्र में थे। उस दौर के पत्रकारों ने एक रणनीति बनायी कि वे राष्ट्रीयता की सारी बात आदर्शवाद में ढालकर करेंगे इसीलिए आप देखेंगे कि उस दौर में इतिहास में आपको भारत का अतीत गान सर्वाधिक दिखलाई पड़ेगा। वेद-पुराण और गणितीय खोजों के हवाले से तब यह सिद्ध करने की कोशिश तेज होती दिखी कि भारत कितना महान् देश है। दरअसल, इन सब का उद्देश्य अंग्रेजों को पिछड़ा हुआ सिद्ध करना था। उस दौर में बनने वाली फिल्मों में ऐसे-ऐसे प्रतीक और बिंब इस्तेमाल में लाये जाते थे कि उसका निहितार्थ अंग्रेजी राज्य से मुक्ति का ही होता था। उस समय मीडिया आदर्शवाद के बहाने ही सही, लेकिन राष्ट्रनिर्माण की लड़ाई लड़ रही थी। उसका उद्देश्य समतामूलक भारतीय समाज का निर्माण था। यह भी सही है कि आजादी पूर्व की मीडिया पर बात करते समय एक भावुक तसवीर भी उभरती है, लेकिन चांद, माधुरी आदि पत्रिकाओं ने उस दौर में जो भूमिका निभायी, वह काफी महत्त्वपूर्ण थी। यह वही दौर था, जब रूस और हंगरी में भी आंदोलन चल रहे थे।

आजादी पूर्व की मीडिया अपने आदर्शवाद में बहुत महान् थी। तब अखबार कम पूंजी में निकला करते थे, मुश्किल से दस-पंद्रह अखबार निकलते थे। उस समय रेडियो बहुत महंगे थे। दैनिकों को निकालने में चार-पांच लाख की पूंजी में काम चल जाता था, साक्षरता कम थी,

मुश्किल से एक लाख अखबार बिकते होंगे। बहुत कठिनाई से निकलते थे उस समय अखबार और उनके लगातार बंद होने की संभावना भी बनी रहती थी। उस समय मीडिया के देशी घराने थे। लीडर, सर्चलाइट, विश्वमित्र, नवभारत और ट्रिब्यून तब देशी पूंजीपतियों और देशभक्तों द्वारा निकाले जाते थे। बिड़लाजी बाकायदा गांधीजी की सहायता करते थे। पंडित नेहरू के समय तक मीडिया का वह आदर्शवाद कायम रहा, क्योंकि उनका व्यक्तित्व ही आदर्शों के वातावरण में निर्मित हुआ था। वे स्वयं नेशनल हेराल्ड के संपादक हुआ करते थे, लेकिन उस पीढ़ी के अवसान के बाद पतन का दौर आंरभ हो गया। 'सिंडिकेट-इंडिकेट' का झगड़ा हो या इंदिराजी का व्यक्तित्व, इन सबों में हम इस पतनशीलता को चिह्नित कर सकते हैं।

नक्सलवादी और जेपी दोनों ही आंदोलनों को फैलाने में मीडिया की सक्रिय भूमिका रही। नक्सलवाद को पूरे भारत में एक परिचित शब्द बना देने का श्रेय मीडिया को जाता है। इस आंदोलन के केंद्र में युवा थे और वह अपनी बात अंतरराष्ट्रीय परिप्रेक्ष्य में क्रांतिकारी भाषा में करते थे। यह अखबार के लिए सुपरिचित पहल और भाषा थी। सारे संसार में तब युवा आंदोलन का जोर था। अखबारों में फ्रेंच युवा आंदोलन जगह पाते थे, सार्त्र जैसे लेखक चर्चा में थे और हिंदी लेखकों का यह यशस्वी और प्रतिबद्ध समूह नक्सलवादी कहलाए। उस समय नक्सलवादियों के गढ़ में रिपोर्टर भेजे जाते थे। दिनमान और उस समय के तमाम दैनिकों में इनको कवरेज मिला। यह आंदोलन का प्रभाव ही था, जो मीडिया के माध्यम से पूरे देश में फैल रहा था। सेंट स्टीफेंस से भागकर बहुत सारे छात्र नक्सलवादी बन गये, बाद के दिनों में उनमें से कई प्रतिष्ठित पत्रकार भी बने। अरविंद नारायण दास उन्हीं लोगों में से थे। यह सही है कि नक्सलवाद तो मीडिया द्वारा सही और गलत दोनों ही तरह से प्रचारित किया गया। यही बात हम जेपी आंदोलन के संदर्भ में भी देखते हैं। हालांकि इसमें मीडिया ने उनके सकारात्मक रूप को ही ज्यादा फोकस किया। अगर मीडिया द्वारा इस आंदोलन को सपोर्ट नहीं किया जाता, तो श्रीमती गांधी गुजरात आंदोलन से घबराती नहीं। नेहरू की मृत्यु के बाद देशव्यापी आंदोलन को क्रियान्वित करने में अखबार पीछे नहीं थे। यह सही है कि कई अखबारों ने निंदा की खबरें छापीं, मगर कुछ ने संतुलित रिपोर्टिंग भी की। आपातकाल लगने का श्रेय इन अखबारों को ही जाता है। क्योंकि वे तत्कालीन सरकार की आलोचना निर्ममता से कर रहे थे। पिछले लोकसभा चुनाव से मीडिया को कटघरे में इंतजार करना और उसकी विश्वसनीयता पर सवाल उठाना दरअसल उसके साथ रैगिंग करना है। इसके लिए आप चुनाव विश्लेषण में लगी एजेंसियों की मंशा का पता लगाइए। आप ये देखिए कि जो भविष्यवाणियां की जा रही थीं, उसमें कितनी ईमानदारी थी या उनके पीछे किसी का पैसा तो नहीं था। ये सब आखिर किस राजनीतिक खेल के तहत हो रहा था। जब तक आप इन चीजों की जड़ में नहीं जायेंगे, आप इस निष्कर्ष पर कैसे पहुंचेंगे कि इसके लिए मीडिया ही दोषी है। यह आंशिक रूप से सत्य है कि चुनाव के बाद से उसकी विश्वसनीयता पर सवाल उठे हैं, क्योंकि हमने देखा कि चुनाव के दौरान बहुत कम ऐसे अखबार थे, जो इन भविष्यवाणियों के विपरीत सच्चाई का दूसरा पहलू दिखला रहे थे, लेकिन उनकी आवाज सुनी नहीं गयी। इन सबका मूल्यांकन करते हुए हमें यह भी देखना होगा कि

अखबारों के संपादकीय विभाग और उसमें छपने वाले लेखों ने क्या लाइन ली। टेलीविजन के माध्यम से चल रही बहसों से कौन-सी पक्षधरता प्रकट होती है। इस पूरे मामले की छानबीन के बाद ही हमें कोई मुकम्मल निष्कर्ष पर आना चाहिए। एग्जिट पोल या मतदाताओं का रुझान पेश करते समय हर चैनल को चाहिए कि वह पूरी प्रक्रिया को विस्तार से कार्यक्रम से पूर्व दर्शकों को अवगत कराये। किन-किन क्षेत्रों में किस-किस तरीके से ये काम किये गये, यह बात उन्हें जनता की अदालत में बतानी चाहिए और एग्जिट पोल अंतिम चरण के मतदान के बाद आने चाहिए।

मुख्यधारा के अखबारों का प्रभाव तब तक कायम रहा, जब क्षेत्रीय अखबार नहीं आये। 80 के बाद अखबारों की संख्या और संस्करणों में बेतहाशा वृद्धि के बाद महानगरों से निकलने वाले अखबारों की मुख्यधारा की होने की, उनकी इमेज को बुरी तरह से खंडित कर दिया। इन क्षेत्रीय अखबारों में नवभारत टाइम्स मुंबई से अधमरा निकल रहा है। मुंबई जैसे महानगर में उसकी प्रसार संख्या एक लाख है। दिल्ली में भास्कर, जागरण, उमर उजाला, सहारा, राजस्थान पत्रिका आदि अखबार निकलते हैं। ये अखबार किसी भी राष्ट्रीय अखबार से किसी मायने में पीछे नहीं, अपितु उनसे आगे ही हैं। इन अखबारों के विभिन्न शहरों से कई संस्करण निकलते हैं। ये अखबार लीडरशिप में इन तथाकथित राष्ट्रीय अखबारों को काफी पीछे छोड़ चुके हैं। वे अखबार कभी अपने यहां छपने वाले लेख व अपनी नैतिक उपस्थिति में राष्ट्रीय रहे होंगे, लेकिन आज ये छोटे-छोटे अखबार उनसे कहीं ज्यादा राष्ट्रीय और स्थानीय, दोनों हैं। दिल्ली के अखबार को हरिद्वार पहुंचते-पहुंचते शाम हो जाती है ऐसे में वहां के पाठक शाम तक उसकी प्रतीक्षा क्यों करेंगे, जब वहां के स्थानीय अखबार यहीं उन्हें राष्ट्रीय, स्थानीय और अंतरराष्ट्रीय खबरें दे रहे हों, इसीलिए मेरा कहना है कि आज तथाकथित राष्ट्रीय अखबारों की मोनोपोली पूरी तरह से टूट चुकी है। हिंदी के क्षेत्रीय अखबारों में जो गतिशीलता आज दिखलाई पड़ती है, वह किसी राष्ट्रीय अखबार में नहीं। इनकी थोड़ी-बहुत प्रतिष्ठा इसलिए बची है कि दिल्ली में इन्हें बहुत सारे बुद्धिजीवी सहज ही उपलब्ध हैं। एक का लिखा दूसरे पढ़ते हैं और परस्पर अहोरूपम अहो ध्वनि में निमग्न हैं। इसी से हम समझते हैं कि राष्ट्रीय है। तथाकथित राष्ट्रीय अखबार का मिथक आज पूरी तरह से ध्वस्त हो चुका है, क्योंकि भारत का अधिकांश पाठक सो कॉल्ड दिल्ली पर कतई निर्भर नहीं है। यह सही है कि क्षेत्रीय अखबारों में स्थानीयता का असर होता है, यह उनकी मजबूरी भी है। अपनी गति तेज करने के लिए उन्हें स्थानीयता में जाना ही पड़ेगा। आबादी और बढ़ती साक्षरता के कारण ही आज अखबारों की प्रसार संख्या बढ़ी है, उसके कलेवर बदले हैं। यह क्षेत्रीय अखबारों का प्रभाव ही कहा जायेगा कि तथाकथित राष्ट्रीय अखबार को भी स्थानीय होने पर मजबूर होना पड़ रहा है। इन अखबारों ने अंग्रेजी मीडिया और बड़े अखबारों के ग्लैमर को पूरी तरह से तोड़ दिया है। उसने हिंदुस्तान टाइम्स को यह सबक सिखा दिया है कि तुम अगर स्थानीय नहीं बनोगे, तो तुम टिकाऊ नहीं हो सकते। आज ये क्षेत्रीय अखबार एक सुपरिचित स्थानीय समाज रच रहे हैं। इनके माध्यम से प्रतिभाएं फल-फूल रही हैं। अब कुंठा वाली बात नहीं रही, क्योंकि उन्हें मुख्यधारा की मीडिया का

मुहताज नहीं होना पड़ रहा है। वे इन अखबारों में छप रहे हैं। इनके इंटरनेट संस्करण भी हैं, जिनके माध्यम से वे विदेशों में भी अपना प्रभाव क्षेत्र बढ़ा रहे हैं।

तहलका प्रकरण कई बड़े जटिल सवालों को जन्म देता है। क्या अच्छी रिपोर्टिंग के लिए जासूस सरीखा काम एक पत्रकार कर सकता है? क्या वह किसी को लालच में डालकर शिकार बना सकता है? क्या उनकी नैतिकता यह नहीं होनी चाहिए कि जहां यह सब हो रहा है, वहां से यह खबर लायें?

आखिर उसकी नैतिकता है, क्या किसी भ्रष्ट आदमी को ट्रैप करना पुलिस का काम है। क्या यह काम पत्रकारिता का है? मैं मानता हूं, है लेकिन इसका कोई कानून अपने यहां नहीं है।

इस तरह फोटोग्राफ को क्या कानून प्रमाण मानेगा? तहलका ने जो फोटोग्राफ रेकॉर्ड किये क्या कानून उसे उपयुक्त मानेगा? क्या सूटकेस में छिपी चीज को अदालत स्वीकार करेगी? फिर उसकी अल्टीमेट गुणवत्ता अदालत की जिरह में कितनी वैज्ञानिक हो पायेगी। अगर अदालत इसे सही न माने तो? तहलका ने कई जीवंत, जटिल और बहुआयामी महत्त्व के सवाल खड़े किये हैं। उसने बहुत बड़ा काम किया है, इससे सनसनी भी फैली लेकिन उसने जो उजागर किया वह एक सच्चाई थी, वरना उसे इस तरह से प्रताड़ित नहीं किया जाता। अब तो सरकार बदल गयी है। अब तो अदालत का फैसला जल्द आ जाना चाहिए। सुखराम छूट गये, नरसिंह राव छूट गये, बोफोर्स का मामला खत्म हो गया, लेकिन क्यों नहीं सुलझी तहलका प्रकरण की गुत्थी? एक पेशेवर जोखिम है, जब तक अदालत की राय आ नही जाती, तब तक अनिश्चितता की स्थिति बनी रहेगी। तहलका ने पागलों के ऊपर जो तथ्य उजागर किये उनका क्या हुआ? अगर आप रोज-रोज कैमरा छुपाकर किसी के पास पहुंच जायेंगे, तो आप मनोरंजन के साधन बनते जायेंगे। इससे आपके उद्देश्य तो नष्ट होंगे ही, खोजी पत्रकार जो बिना कैमरे के रिपोर्ट लाते हैं, उन पर से भी लोगों का विश्वास उठ जायेगा। इस बारे में प्रेस काउंसिल ऑफ इंडिया को एक बड़ी बहस चलानी चाहिए कि खोजी पत्रकारिता कहां, किस-किस रूप में जायज है, क्योंकि मीडिया जिस दोषी को कटघरे मे ला रही है, वह अगर जेल भी न जाये, तो उसको दिखाने का क्या मतलब । इससे तो यह तमाशा बनकर रह जायेगी और जनता उसमें अपनी रुचि खो देगी।

टेलीविजन और अंग्रेजी अखबार इस देश की सच्चाई से कटे हुए हैं। वे एक ऐसे वर्ग को प्रमोट करते हैं, जो देश की समस्या में रुचि नहीं लेना चाहता, इसलिए ये माध्यम हर चीज को मजाकिया और फूहड़ अंदाज में पेश करते हैं। इन अखबारों का कलर सप्लीमेंट वह मीठी गोली है, जो अपने युवा और धनाढ्य पाठकों को देना चाहते हैं कि तुम्हारी दुनिया यह है। देखो, हम कितनी अधनंगी औरतें छाप रहे हैं। स्कैंडल छाप रहे हैं, यह विडंबनापूर्ण स्थिति है कि ये अखबार आज अश्लील भाषा तक छाप रहे हैं। यह एक कटु सच्चाई है कि अगर टेलीविजन से सिनेमा को हटा दिया जाये, तो उसका भट्ठा बैठ जायेगा। एनडीटीवी का गुस्ताखी माफ कार्यक्रम इस बात का उदाहरण है कि कैसे गंभीर से गंभीर मुद्दे को मनोरंजन और चटखारे में बदला जा सकता है। यह कार्यक्रम वास्तविक राजनीतिक कुरूपताओं पर प्रहार करने के बजाय उसे और

बढ़ावा ही दे रहा है। आज के इलेक्ट्रॉनिक और प्रिंट माध्यमों का अंतिम उद्देश्य अंततः मुनाफा कमाना ही है। ऐसे में संस्कृति, साहित्य, शास्त्रीय संगीत और सार्थक राजनीतिक बहसों के लिए जगह तो सिकुड़ेगी ही। फ्रांस और जर्मनी का एक टीवी चैनल प्रोग्राम है- आर्ते। यह जर्मनी और फ्रेंच दो भाषाओं की संस्कृति पर एकाग्र इतना महत्त्वपूर्ण कार्यक्रम है कि अपने यहां इस तरह के कार्यक्रमों की कल्पना भी नहीं की जा सकती। पूरे यूरोप में 31 एफएम रेडियो स्टेशन हैं, जहां 24 घंटे शास्त्रीय संगीत के कार्यक्रम होते रहते हैं और अपने यहां? सुरभि जैसा बेहतर कार्यक्रम कितने दिनों तक चला? आखिर जनता की बौद्धिक जिंदगी के प्रति आपकी जिम्मेदारी बनती है कि नहीं? जनता की कलात्मक रुचियों का खयाल आखिर कौन करेगा? संसार भर में इलेक्ट्रॉनिक मीडिया ने एक भी अखबार बंद नहीं किया। एशियाड के बाद इंदिरा जी के प्रयासों से अपने यहां टीवी चैनलों की रफ्तार बढ़ी। साथ ही प्रिंट मीडिया में भी विस्फोट हुआ, उसके भी कई संस्करण निकले। मेरा मानना यह है कि सारे चैनल मिलकर भी एक अच्छे अखबार का स्थान नहीं ले सकते। टीवी विजुअल होने की वजह से कई चीजों को नहीं दिखा सकने की स्थिति में होता है, जबकि अखबार हर चीज को अपने अंदर समाहित करता है। टीवी के पास विश्लेषण के लिए वक्त नहीं है। अखबार यह काम गंभीरता से करते हैं। टीवी का प्रभाव जल्दी से नष्ट होता है। प्रिंट मीडिया का पत्रकार टेलीविजन मीडिया के पत्रकारों के लिए बहुत उपयोगी साबित होते हैं। वे उसे नयी सोच, नयी दिशा और नयी शब्दावली देते हैं। एक अच्छा अखबार वह होता है, जो टीवी को भी एक प्रतिबद्ध माध्यम बनाता है। टेलीविजन चैनल अपने इश्तहार प्रिंट माध्यम से देते हैं, जबकि प्रिंट माध्यम को टेलीविजन चैनलों में अपने इश्तहार देने की बाध्यता नहीं होती। टीवी में प्रसारित होने वाले कार्यक्रमों की सूचनाएं अखबारों में बाकायदा हर दिन छपती है, इससे टीवी को बल मिलता है।

(विष्णु खरे वरिष्ठ कवि व चिंतक हैं)

...तो अखबार काहे पढ़ेंगे जी !

मैनेजर पांडेय

23-24 अगस्त, 2008 को मैं रांची में एक ऐसी गोष्ठी में था, जहां 70 प्रतिशत आदिवासी लेखक, विचारक और बुद्धिजीवी थे और 30 प्रतिशत मैदानी लोग थे। इसी समय में झारखंड में मुख्यमंत्री के परिवर्तन की चर्चा हो रही थी। भारतीय राजनीति के पतन का एक प्रमाण दिख रहा था। इससे मुझे मध्यकाल की याद आ रही थी, जब दिल्ली के बादशाह सूबों के सूबेदार तय किया करते थे। झारखंड का मुख्यमंत्री कौन होगा, यह वे लोग तय कर रहे हैं, जो झारखंड में पंचायत का चुनाव नहीं जीत सकते। इसलिए यह लोकतंत्र का अपमान है, मजाक है, लेकिन दिल्ली में जो शासक लोग हैं, उनसे इससे बेहतर की उम्मीद की ही नहीं जा सकती, क्योंकि यह उस प्रक्रिया का परिणाम है, जो 'वोट ऑफ कानफिडेंस' के दौरान लोकतंत्र का मजाक बना और अपमान हुआ। इसी का परिणाम है झारखंड में सत्ता का परिवर्तन। कुछ उसी तरह आजकल की पत्रकारिता, वह क्षेत्रीय हो या दिल्ली की हो, पत्रकारिता का 80 प्रतिशत से ज्यादा मतलब सिर्फ कारोबार का हो गया है, जहां अपने मूल की गुंजाइश नहीं बचती। अखबारों के मालिक संपादक बनने लगे हैं, इनकी पत्रकारिता की समझ कितनी है, ये सब लोग जानते हैं। व्यवसाय की समझ बेहतर हो सकती है। इसलिए अब वे तय करते हैं कि क्या उसमें छ्पे और क्या नहीं छ्पे। ऐसे दौर में मुझे खास तौर से रांची का 'प्रभात खबर' नाम का अखबार हमेशा बहुत पसंद आता है। समाचार के चयन, संयोजन, प्रस्तुति आदि की दृष्टि से भी और सबसे अधिक ये कि यह एकमात्र अखबार है, जो झारखंड पर विशेषांक निकालकर कभी अर्थतंत्र, राजनीति तंत्र, संस्कृति और साहित्य का लेखा-जोखा प्रस्तुत करता है, ताकि व्यापक पाठ्क समुदाय, जो अखबार के पाठ्क हैं, वे झारखंड को पूरी तरह जान सकें। इसलिए क्षेत्रीय पत्रकारिता जहां-तहां प्रभात खबर की तरह है, वो मुझे पसंद है, अन्यथा परिस्थिति यह बन गयी है कि हर जिले के अखबार हो गये हैं, तो सबसे खराब बात यह है कि अखबारों का एक स्तर पर विस्तार बहुत हुआ है और दूसरे स्तर पर उस विस्तार की प्रक्रिया में समाचार की सिकुड़न बहुत हुई। माने एक जिले की खबर दूसरे जिले तक नहीं पहुंचती, यह स्थिति है।

दुनिया के किसी देश में अपनी भाषा के साथ ऐसा दुर्व्यवहार और मजाक नहीं हो रहा है। यह केवल हिंदुस्तान की पत्रकारिता में हो रहा है। अंगरेजी नाम की पत्रिकाएं हैं, हिंदी की 'इंड्यिा टुडे' उसको 'आज का भारत' भी कह सकते थे। 'आज का हिंदुस्तान' भी उसको कह सकते थे, लेकिन उसको अंगरेजी में भी निकालेंगे 'इंड्यिा टुडे' और हिंदी में भी निकालेंगे 'इंड्यिा टुडे'। नागरी लिपि में अंगरेजी के शब्द आ रहे हैं। विज्ञापनों की दुनिया में रोमन लिपि में हिंदी के शब्द लिखे जा रहे हैं। आप सड़कों पर चले जाइए, तो हिंदी के शब्द हैं, आधा वाक्य है और लिखे हुए हैं रोमन लिपि में। ये असल में भाषा को बाजार के माध्यम से बिगाड़ने की कोशिश है। अंगरेजी से कोई कुछ सीखे, मुझे इससे एतराज नहीं, आश्चर्य यह है कि हिंदुस्तान में अंगरेजी के भी अखबार निकलते हैं और आमतौर पर हिंदी के अखबारों से वो अंगरेजी के अखबार विचार और समाचार दोनों स्तरों पर बेहतर निकलते हैं। अंगरेजी के अखबार ऐसे हैं, जिनको पढ़ने में एक-दो घंटे का समय लगता है, हिंदी का कोई अखबार दस मिनट से ज्यादा पढ़ने में समय नहीं लगता। हिंदी के अखबार बायें से दायें, दायें से बायें पढ़ने की जरूरत नहीं होती है, ऊपर से नीचे पढ़ने की जरूरत होती है। इसलिए अधिक बिक्री के नाम पर जो ये सब तमाशे हो रहे हैं, उनसे हिंदी भाषा का बहुत नुकसान हो रहा है।

एक बात बाजार की है लेकिन बाजार में अच्छाई भी है और उसके साथ ही भयानक बुराइयां भी। वही पत्रकारिता मुकाबला करने की स्थिति में होगी, जो दोनों पर ध्यान रखे, दोनों को सामने ले आये। जो पत्रकारिता केवल बाजार का गुणगान करेगी, वो भी उसका सामना नहीं कर सकेगी और केवल बाजार की निंदा करने वाली पत्रकारिता, तो अब चल ही नहीं सकती, क्योंकि सारे विज्ञापन तो बाजार से आने हैं और बिना विज्ञापन के आजकल एक पेज से लेकर छह पेज का अखबार नहीं निकल सकता। इसलिए अपनी जमीन पर खड़ा रहकर बाजार का ठीक मूल्यांकन या जांच-परख करते हुए ही उनका सामना कर सकती है। देखिए, पत्रकारिता को अनुभव करना चाहिए कि वह ऐसी आवाज बने, जिसको बाजार भी सुने। उसके ठीक उल्टे पत्रकारिता बाजार की आवाज सुनने को विह्वल है, इससे पत्रकारिता का ही नुकसान होगा। जो काम टेलीविजन कर रहे हैं, वही काम अगर अखबार करेंगे, तो लोग टेलीविजन के बदले अखबार काहे पढ़ेंगे जी।

ऐसे दौर में भी मैं यह हमेशा कहता हूं कि प्रभात खबर ने एक तो विचार और समाचार का संतुलन बनाये रखा है। मैं दिल्ली में रहता हूं, वहां वह कम मिलता है, लेकिन आपके अखबार के संपादक मुझे जानते हैं, इसलिए विशेषांक वे मेरे यहां जरूर भेजते हैं और मैं पहले कह चुका हूं कि झारखंड पर, बिहार पर और दूसरे प्रसंगों पर भी जैसे विशेषांक और खास तौर से दीवाली के समय या दूसरे जैसे विशेषांक प्रभात खबर से निकलते रहे हैं, वैसे विशेषांक अंगरेजी के भी कम अखबारों के निकलते हैं। इसलिए इस मामले में मैं प्रभात खबर को अत्यंत महत्त्वपूर्ण अखबार मानता हूं और उसके उज्ज्वल भविष्य की कामना ही कर सकता हूं।

वैसे भी अपनी आस्थाओं, विश्वासों और सिद्धांतों के लिए शहीद होने वाले लोग हमेशा बहुत कम रहे हैं। लेकिन यह दुनिया चोरों, बदमाशों, बेईमानों, लुटेरों को उनके जीवन के बाद

याद नहीं करती, याद उन्हें ही करती है दुनिया, जो अपने सिद्धांतों के लिए शहीद होना जानते हैं। आज के दौर में भी प्रभात खबर जैसे अखबारों को देखकर मैं उम्मीद करता हूं कि पत्रकारिता में सारी व्यावसायिकता के आने के बावजूद अब भी हर अखबार में एक-दो, एक-दो पत्रकार ऐसे निकल आयेंगे, जो पत्रकारिता को जनता के वर्तमान और भविष्य से जोड़कर देखते हों और उसी दृष्टि से वो पत्रकारिता का काम करते हैं। ऐसे लोग जब तक अखबार में रहेंगे, तब तक मुझे अखबार का भविष्य अंधकारमय नहीं लगता, लेकिन जिस दिन सारे पत्रकार बाजार के बैंड पर नाचना शुरू कर देंगे, उस दिन पत्रकारिता चली जायेगी।

एक और बात इलेक्ट्रॉनिक और प्रिंट मीड्यिा को लेकर है। अभी अपना देश, स्वयं झारखंड, उससे ज्यादा मैं जानता हूं बिहार को, वहां अभी कई सौ गांव, लगभग हजार ऐसे गांव होंगे, जहां बिजली ही नहीं गयी। इसलिए इलेक्ट्रॉनिक मीड्यिा वहां पहुंची ही नहीं, बहुत संपन्न लोग, कुछ लोग बैट्री-वैट्री के आधार पर चलाते हैं। तीन चैनल आते हैं, बाकी 23 नहीं आते, लेकिन ये लोग अखबार से ही दीन-दुनिया की खबर पाते हैं। अखबार असल में जो समाचार के साथ-साथ विश्लेषण और विचार देते हैं, वो काम इलेक्ट्रॉनिक मीड्यिा से कभी नहीं होगा। इलेक्ट्रॉनिक मीड्यिा को यह फुर्सत ही नहीं है कि वह किसी समाचार पर लंबा और विस्तृत विवेचन या विश्लेषण कर सके। उसको केवल विजुअल से लेना-देना है, चाहे वह जितना भड़काऊ हो, उबाऊ हो। इसलिए अखबार की जरूरत बराबर बनी रहेगी। इलेक्ट्रॉनिक मीड्यिा का इतना विस्तार होने के बावजूद स्वयं अमेरिकी सत्ता के घपलों को एक्सपोज करने का काम वाशिंगटन पोस्ट और ऐसे अखबारों ने किया न कि वहां के टेलीविजन ने किया। टेलीविजन वाले कभी खतरा मोल नहीं लेंगे।खतरा मोल लेने का काम केवल अखबार करते हैं, जो लोग अभी शब्दों की दुनिया से जुड़े हुए हैं, वो अपनी स्वतंत्रता बनाये रखकर खतरनाक खबरें भी छाप सकते हैं। लेकिन खतरनाक खबरों की चिंता इलेक्ट्रॉनिक मीड्यिा को नहीं है।

और फिर एक बात तो यह भी है न कि एक अखबार को गांव में पांच लोग पढ़ते हैं। टेलीविजन देखने के लिए दूसरे को अपने घर में आने देना नहीं चाहते। इसलिए यह चिंता करने की जरूरत नहीं कि इलेक्ट्रॉनिक मीड्यिा कभी भी अखबारों का जगह ले सकेगा।

:

(लेखक हिंदी के वरिष्ठ आलोचक हैं)

इस पत्रकारिता में सफलता नहीं चुनौतियां हैं

पुण्य प्रसून वाजपेयी

मीडिया को लेकर जब समूचे देश में बहस हो रही हो,उस पर सवाल खड़े किये जा रहे हों, कटघरे में खड़ा करने की भी कोशिश हो रही हो तब यह जवाब कि पत्रकारिता को कुंद करने की कोशिश में बाजार सफल हो रहा है, आपको कैसा लगेगा ? यकीनन पत्रकारिता को लेकर भी कई सवाल हैं और मीडिया को लेकर भी। यह तो साफ कर लें कि दोनो अलग हैं। मीडिया सामूहिक प्रयास के बाद निकलने वाला उत्पाद यानी प्रोडक्ट है और पत्रकारिता निजी प्रयास। मीडिया किस हद तक बाजार की गिरफ्त में है और बाजार ने मीडिया को अपना औजार यानी टूल किस तरह बना लिया है इस पर काफी कुछ कहा जा रहा है, कहा भी जाता रहेगा। हमारे सामने बड़ा सवाल पत्रकारिता का है । क्या पत्रकारिता मीडिया का टूल बन गया है ? क्या पत्रकार आम आदमी से सरोकार के बदले बाजार से सरोकार जोड़कर खुद को मीडिया की अगुवाई करने वाला बनना चाह रहा है । कहा जा सकता है ये सारे सवाल मौजूं हैं और महानगरों के संपादक-पत्रकार तो इससे दो - चार भी हो रहे हैं। यह स्थिति क्षेत्रीय स्तर पर भी पहुंच रही है लेकिन इसका दायरा अभी सिमटा हुआ है । वहां मामला सौदेबाजी तक पहुंचा है, जिसमें संपादक को अखबार को मुनाफे में तब्दील करने की जद्दोजहद करनी पड़ रही है तो किसी जिले का ब्यूरो बिकने की बात खड़ी होने लगी है। अब सवाल है उस दौर के बीच पत्रकारिता का अलख जलाये रखने का जुनुन कहां से आयेगा या ऊर्जा कहां से मिलेगी?

जाहिर है प्रभात खबर की यात्रा इन्हीं परिस्थितियों के माहौल के बीच नये प्रयोग और सरोकार की समझ के साथ होती है। किसी भी संपादक के लिए यह बेहद मुश्किल काम है कि बाजार की स्थितियो से इतर वह पत्रकारिता के मापदंडों को इस तरह स्थापित करे जिससे साथ काम करने वाले पत्रकारो में यह अहंकार आ जाये कि वह वाकई पत्रकार है और जिस अखबार में वह काम कर रहा है वही पत्रकारिता को जिलाये हुए है । अगर यह मान्यता किसी समाचार-पत्र को मिल जाये तो इससे बड़ी उपलब्धि और कुछ हो ही नहीं सकती है। मुझे लगता है हरिवंश जी ने इन स्थितियों को समझा-बूझा है इसलिए उनके संपादक होते हुए जो अखबारी प्रयोग है वह बहुआयामी है मसलन कभी निर्णय लेना कि पहले पन्ने पर सिर्फ सिंगल

कॉलम की रिपोर्ट जायेगी। कभी बड़ी-से-बड़ी राष्ट्रीय खबरों को अंदर के पेज पर ले जाते हुए पहले पेज पर आम आदमी से जुड़े स्थानीय या जिले की खबरों को छापकर पाठको के मन से संवाद बनाना। मसला यह नहीं है कि क्षेत्रीय अखबारों की जरूरत तो स्थानीय खबरो को तरजीह देने की होती ही है। मामला यह है कि क्या आप ऐसे क्षेत्रीय स्तर पर ऐसा अखबार निकाल रहे हैं जो राष्ट्रीय खबरों से लेकर किसी भी राष्ट्रीय-अंतरराष्ट्रीय मुद्दे पर इस तरह की बहस चलाये कि दिल्ली से निकलने वाले अखबारों को टक्कर दे सके। और जब अखबार को न सिर्फ क्षेत्रीय स्तर पर किसी राष्ट्रीय अखबार को टक्कर देने की मान्यता मिलने लगे और राष्ट्रीय अखबारों के बीच भी उस क्षेत्रीय अखबार को मान्यता मिलने लगे, तो ही एक बड़ा सवाल पत्रकारिता को लेकर जो खड़ा होता है, वह सरोकार का है।

प्रभात खबर ने न सिर्फ इन स्थितियों को अपने साथ जोड़ा बल्कि प्रभात खबर को जब यह मान्यता मिलने लगी कि उसका कलेवर राष्ट्रीय अखबार सरीखा है तो उसने उन स्थानीय-क्षेत्रीय आम लोगों से जुड़ी खबरों को पहले पन्ने पर छापकर खबरों को बड़ा बना दिया। इतना ही नहीं कई मौकों पर इसका असर यह भी हुआ कि राष्ट्रीय अखबारों के स्थानीय रिपोर्टरों पर यह दबाव पड़ा कि वह भी प्रभात खबर में छपी खबर को कवर करें। दरअसल पत्रकारीय मान्यता का यह माद्दा बहुसंख्यक तबके के सरोकार से जुड़ी खबरों से ही पैदा होता है। यहां संपादक की इस समझ को भी समझना होगा कि पाठक को उस तरह जोड़ दिया जाये जिससे वह महज अखबार ही न पढ़े बल्कि किसी घटना-सूचना-जानकारी को लेकर रिपोर्टर का भी काम करने लगे। बड़ी बात है कि प्रभात खबर ने इस दिशा में भी पहल की है।

हाल में कोसी नदी के रास्ता बदलने से आई त्रासदी का सच प्रधानमंत्री के राष्ट्रीय आपदा के एलान से पहले और राष्ट्रीय मीडिया के जागने से पहले ही प्रभात खबर में किन्हीं स्वतंत्र लेखक शांडिल्य जी ने समूची तस्वीर सामने रख दी जिसपर बिहार सरकार का ध्यान लेख छपने के हफ्ते बाद तक नहीं गया।

सूचना तकनीक ने जिस तरह पैर फैलाये हैं, उसमें क्षेत्रीय पत्रकारिता के सामने अपने मौजूं होने का भी संकट है। सिर्फ कम्प्यूटर और नेट के जरिये की जानकारी मिलने का सवाल नही है बल्कि न्यूज चैनलों ने जिस तरह अपना जाल फैलाया है उसमें किसी खबर को अगले दिन अखबार के पन्ने पर बरकरार रखने की सोच एक नयी चुनौती के तौर पर उभरी है। इसलिए अखबारों के सामने खबरों को परोसने से ज्यादा खबरों के पीछे की खबरों को जुगाड़ना जरूरी हो गया है। इतना ही नहीं बल्कि एक पैनी दृष्टि के साथ खबरों के विश्लेषण की भी जरूरत हर दिन की हो गयी है। इसके समानांतर पत्रकारीय समझ के कैनवास को भी लगातार बरकरार रखना जरूरी है। प्रभात खबर ने इस दिशा में कुछ अच्छे काम किये हैं। झारखंड के सामाजिक-आर्थिक स्थितियों को एक किताब के जरिये लाना। सूचना के अधिकार को मिशन के तौर पर लेते हुए उसे निचले स्तर पर पहुंचाना। लेकिन क्षेत्रीय स्तर पर समाचार पत्रों के सामने जो नयी चुनौती आ रही है उसमें उदारवादी अर्थव्यवस्था के अनुरूप विकास की अवधारणा के खड़े होने की स्थितियों के बीच विकास की समव्यवस्था को बरकरार रखने की सोच को कैसे

बरकरार रखा जाये। यह सवाल पिछड़े राज्यों में टकराव के जरिये कहीं तेजी से उभर रहा है। पिछड़े-गरीब-किसान-आदिवासियों की जमीन विकास के नाम पर उद्योगपतियों को जिस तरह दी जा रही है, उसमें विस्थापन से लेकर रोजगार और भविष्य में कुछ भी काम न रहने की स्थिति में पलायन की परिस्थितियां पैदा हो रही हैं। जाहिर है इसमें राज्य सरकार की भूमिकाएं आम लोगों को लेकर सकारात्मक नहीं हैं, तो अखबारों की भूमिका बड़ी मायने की हो गयी है। छत्तीसगढ़ और ओड़िशा में विकास की इस नयी लीक को लेकर टकराव चरम पर है। आदिवासी और किसान अरसे से आंदोलन की राह पर हैं। या कहें अपने हक के लिए और जीने के लिए एक ही रास्ता बचा है कि सड़क पर आ जायें। कुछ जगहों पर इस तरह के संघर्ष ने आंदोलनों का रूप लिया है। लेकिन अखबारों की भूमिका भी सकारात्मक बहुत कम है। कुछ रिपोर्टों के आसरे ही आंदोलनों की बात सामने आ पाती है या राज्य सरकार की नकारात्मक भूमिका उभरती है। दरअसल क्षेत्रीय पत्रकारिता का संकट यहीं से शुरू होता है, जो खबरें राष्ट्रीय अखबारों में जगह पा लेती हैं उन खबरों को क्षेत्रीय अखबार इसलिए नहीं छाप पाते क्योंकि उनकी सौदेबाजी का घेरा उसमें समाता है या फिर वह अपनी स्वतंत्रता उतनी नहीं बना पाते जिससे खबरों को छापकर वह राज्य के गलत निर्णय और विकास के नाम पर चंद लोगों के मुनाफे के सवाल को उभार सके। अधिकतर मामलों में देखा गया है कि क्षेत्रीय समाचार पत्र भी विकास के निजी मुनाफे में शामिल हो जाते हैं। झारखंड में अभी सीधे विकास की यह सोच नहीं जुड़ी है। हालांकि कुछ परियोजनाओं में जमीनों को बड़े औद्योगिक घरानों को देने का सौदा राज्य सरकार ने किया है। इसमें प्रभात खबर की भूमिका इस मायने में सराहनीय जरूर है कि उसने स्वतंत्र लेखकों के जरिये इन मुद्दों को जरूर उठाया।

जाहिर है देश में जो लकीर लोकतंत्र और विकास के नाम पर खींची जा रही है, उसमें संसदीय राजनीति और आर्थिक विकास का प्रभाव छोटे राज्यों पर दो तरफा पड़ेगा ही। एक तरफ राजनीतिक परिस्थितियां लोकतंत्र को ताक पर रखेंगी और सरकारें ऐसे हाथों में आयेंगी जिन्हें जनता ने बहुमत दिया ही नहीं होगा लेकिन आंकड़ों की जोड़-तोड़ उन्हे सत्ता में पहुंचा देगी। वहीं खनिज संसाधनों से भरपूर झारखंड सरीखे राज्य में लोगों की सुरक्षा से विकास का खाका भी जोड़ा जायेगा जहां विरोध के स्वर राष्ट्र...ही नजर आएंगे और लोकतंत्र के कमजोर होते हुए भी संसदीय राजनीति तानाशाह होती नजर आयेगी। आने वाली इन परिस्थितियों की महक अभी भी सूंघी जा सकती है लेकिन कल इसे सूंघने कहीं जाना नहीं पड़ेगा। हो सकता है यह आपके दरवाजे पर ही कुकुरमुत्ते की तरह उग जाये। क्षेत्रीय पत्रकारिता के सामने इसीलिए चुनौतियों कहीं ज्यादा होती हैं और हैं भी क्योंकि वहां इन परिस्थितियों से टकराने पर लोकतंत्र में सूराख करने वाला भी ठहराया जा सकता है।

प्रभात खबर के सामने भी ऐसी चुनौती आयेगी और जिस तरह बाजार की चुनौतियों के बीच पत्रकारिता का अलख अभी तक अखबार जलाये हुए हैं, उम्मीद और भरोसा किया जा सकता है प्रभात खबर अपनी इस परंपरा को कायम रखेगा।

–(लेखक वरिष्ठ टीवी पत्रकार हैं।)

क्षेत्रीय पत्रकारिता को एक नयी दिशा दी

राम बहादुर राय

प्रभात खबर और जनसत्ता दोनों लगभग एक ही समय में अस्तित्व में आये। हिंदी पत्रकारिता की ये दो महत्त्वपूर्ण घटनाएं हैं। 1983 में प्रभात खबर निकालने का फैसला किया गया, उन्हीं दिनों लंबी जद्दोजहद और प्रभाष जोशी के आग्रह पर गोयनका ने जनसत्ता निकालने का फैसला किया। जनसत्ता को प्रभाष जोशी के नेतृत्व में योग्य नेतृत्व मिला। यह एक- डेढ़ साल में ही बड़े अखबारों के मुकाबले नये प्रयोगों के दौर से निकली और सफल हुई। उन दिनों प्रभात खबर को योग्य नेतृत्व उपलब्ध नहीं था। युवा कांग्रेस के एक बड़े नेता ज्ञानरंजन, जो इंदिरा गांधी के काफी करीब थे और झारखंड में भी प्रभावशाली थे। ज्ञानरंजन सुलझे हुए व्यक्ति थे, वे अखबार के संसाधन को जुटाने में समर्थ थे, इसके बावजूद वे प्रभात खबर को ठीक से नहीं चला पाये। मेरी समझ से 5-6 साल बाद ही प्रभात खबर में नेतृत्व का परिवर्तन हुआ, जब रांची एक्सप्रेस पहले स्थान पर था। जब प्रभात खबर को हरिवंश ने संभालना शुरू किया, तबसे वह एक व्यवस्थित अखबार बनने की दिशा में बढ़ने लगा। उसे पिछली छाया से मुक्त होने में थोड़ा वक्त लगा। यह सत्तारूढ़ पार्टी के मुखपत्र के रूप में बनी छवि से निकलने की कोशिश करने लगा। प्रभात खबर ऊंचाइयां चढ़ रहा था, तब जनसत्ता ढलान पर था। मुझे मालूम है कि प्रभात खबर को अपने क्षेत्र में एक प्रभावशाली अखबार बनाने के लिए हरिवंश ने उन जगहों पर खुद जाकर समझा, बातचीत की और उसके निष्कर्ष निकाले। जैसे उन दिनों क्षेत्रीय स्तर पर अलग-अलग राज्यों में कुछ अखबार काफी प्रभावशाली थे। दो अखबारों का उदाहरण हमारे सामने है। केरल में मलयालम मनोरमा और आंध्र में इनाडू ने नया अखबार होते हुए भी हर जिले का एक संस्करण निकाला। ये क्षेत्रीय पत्रकारिता के कीर्तिस्तंभ हैं। इस अखबार ने आंध्रप्रदेश के लोगों से खुद को जोड़ रखा था। हरिवंश द्वारा ऐसे अखबार के केंद्र में जाकर देखना, समझना और निष्कर्ष निकालना आदि प्रयास इस बात के द्योतक हैं कि वे प्रभात खबर में नये प्रयोगों को लेकर कितने प्रयासरत थे। इन अध्ययनों के बाद हरिवंश ने चेन्नई से इंडियन एक्सप्रेस की पुरानी मशीन खरीदी, बाद में कोलकाता के टेलीग्राफ के प्रेस में प्रभात खबर की छपाई शुरू हुई। इस तरह यह एक मरणशील अखबार पुनर्जीवित हो गया। वह अपनी

राख से उठ खड़ा हुआ। मैं यह मानता हूं कि पत्रकारिता चाहे क्षेत्रीय हो या राष्ट्रीय, योग्य नेतृत्व के हाथ में समय की चुनौतियों पर खड़ी होगी। प्रभात खबर ने इसे साबित किया।

हम प्रभात खबर के इन 25 वर्षों को तीन हिस्सों में बांट सकते हैं। शुरुआत, कुप्रबंधन, योग्य नेतृत्व। खासकर ऐसे समय में हिंदी पत्रकारिता नये मोड़ पर खड़ी थी, यह नया मोड़ उसका अपना आत्मविश्वास था। आठवें दशक के उत्तरार्द्ध और नौवें दशक के प्रारंभ में राष्ट्रीय घटनाक्रम के चलते भाषायी पत्रकारिता ने यह साबित कर दिया कि जनमत बनाने में उसकी भूमिका ने हिंदी और भाषायी पत्रकारिता को नया एहसास दिया। इससे पत्रकारिता में दो प्रवृत्तियां पैदा हुईं—

1. पत्रकारिता की पतनशीलता की। ऐसे समय में अखबारों के मालिक खुद संपादक बनने लगे। सत्ता से सौदेबाजी करने लगे। पत्रकारिता को कारोबार का हिस्सा बना लिया। इसके कई उदाहरण हैं। उनके मन में यह धारणा घर कर गयी कि हम सरकार के बनाने तथा बिगाड़ने में महती भूमिका निभा सकते हैं।

2. सरोकारी प्रवृत्ति भी इसी से पैदा हुई। हम आवाज बुलंद कर सकते हैं। शोषित, पीड़ितों, जरूरतमंदों की आवाज को सत्ता प्रतिष्ठान तक पहुंचा सकते हैं। पत्रकारिता के जरिये, व्यवस्था परिवर्तन करने का प्रयास करने की प्रवृत्ति विकसित हुई। मैं प्रभात खबर को इसका उदाहरण मानता हूं। यहां यह समझने की जरूरत है कि इन प्रवृत्तियों के कारण पत्रकारिता के स्वरूप में भी परिवर्तन हुआ। पहले पत्रकारिता को आप राष्ट्रीय, क्षेत्रीय और आंचलिक में बांट सकते थे। नवें दशक में हुए बदलाव की सबसे बड़ी विशेषता यह है कि पत्रकारिता अपने स्थानीय जड़ों के इर्द-गिर्द फैलने लगी। केवल इसलिए नहीं कि विभिन्न क्षेत्रीय संस्करण निकलने लगे, इसके अलावा पत्रकारिता में जो प्रयोग ईनाडु ने आंध्र में किया उसका अनुसरण करने की होड़ कई कारणों से हिंदी क्षेत्रों में होने लगी। ईनाडु के प्रयोग के कई रूप हैं। जहां यह जिले के संस्करण निकालकर अपनी उपस्थिति दर्ज कराता है, वहीं राजनीति, बाजार और पत्रकारिता तीनों के समन्वय-घालमेल से नयी किस्म की पत्रकारिता का जन्म हुआ। एनटीआर के उदय में इन दो तत्त्वों का हाथ था— 1. तेलगु स्वाभिमान, 2. स्वाभिमान को गांव-गांव तक पहुंचाने में ईनाडु का हाथ। इस समूह के मालिक रामोजी राव आरंभ से लेकर आज तक राजनीति के मुख्य सूत्रधार हैं। वे जिसको चाहे मुख्यमंत्री बना सकते हैं, एक जगह अगर यह प्रयोग सफल होता है, तो दैनिक जागरण जैसे अखबार उससे पीछे कैसे रह सकते हैं। उत्तर प्रदेश में एक समय ऐसा आया, जब मुलायम सिंह मुख्यमंत्री थे, तो अखबारों के खिलाफ हल्ला बोला। अमर उजाला और दैनिक जागरण के हल्ला बोल में दैनिक जागरण ने मुख्यमंत्री से सौदेबाजी की। प्रभात खबर को इस बात का श्रेय दिया जा सकता है कि उसने लालू प्रसाद के चारा घोटाले का जब खुलासा हुआ तो उसने चारा घोटाले की खोजपरक खबरें छापी। सिलसिलेवार 14-15 रिपोर्ट छपीं। सरकार का रवैया खराब रहा। सरकार ने इस अखबार को दबाने के कई प्रयास किये। किसी अखबार की जिंदगी में ऐसे क्षण परीक्षा के होते हैं, अगर अखबार हिम्मत से खड़ा रहे तो लोग इसे स्वतः ही अपनाते हैं। प्रभात खबर ने संकट की घड़ी में भी डटकर मुकाबला किया। इस आत्मविश्वास की पूंजी ने प्रभात खबर को यह ताकत दी। वर्ष 2000 में बिड़ला जी का अखबार हिंदुस्तान पटना में झंडा गाड़ने के बाद

रांची पहुंचा। हिंदुस्तान को प्रदीप और आर्यावर्त दोनों का पाठक मिला। हिंदुस्तान ने रिक्तता को भरा और उसने रांची में प्रभात खबर को पछाड़ने के लिए हर तरकीब अपनाई। स्थानीय संपादक के साथ 26 लोगों को रातोंरात तोड़ लिया गया। वे प्रभात खबर को बंद करना चाहते थे, उन्हें उम्मीद थी कि प्रभात खबर अगले दिन नहीं निकल पायेगा, प्रभात निकला भी, और चला भी। उस चुनौती का प्रभात खबर ने जवाब दिया। मेरी समझ से यह सराहनीय और सूझबूझ भरा कदम था। प्रभात खबर ने पत्रकारिता के छात्रों को प्रशिक्षित करने के लिए अपना इंस्टीच्यूट खोला। फलस्वरूप रांची में अब प्रशिक्षित पत्रकारों की कोई कमी नहीं। हिंदुस्तान के रांची पहुचने के दो साल बाद दैनिक जागरण भी रांची पहुंचा। इन दोनों के पहुंचने से प्रभात खबर नेतृत्व में बना रह पायेगा या नहीं। 2006 तक प्रभात खबर ने यह साबित कर दिया है कि वह प्रथम है। हम जिस दौर में आज हैं उसमें कई खतरे हैं। पहले केवल राजनीतिक खतरे थे। आज पत्रकारिता को उसके अपने अंदर घर कर गई कमजोरियों से खतरा है। हम एक नये चरण में हैं, खबरें बिक रही हैं। खबरों को बेचने का धंधा वे अखबारी घराने कर रहे हैं, जो बाजार के लीडर हैं। संभवतः 13-14 साल पहले हमने एक व्यक्ति को महाराष्ट्र चुनाव में रिपोर्टिंग के लिए भेजा। रिपोर्टर ने वहां पाया कि अखबारों में संवाददाताओं की रिपोर्टिंग नहीं, बल्कि राजनीतिक विज्ञप्ति छपती है। अखबार ने सौदा कर लिया था। यह सूचना हमारे लिए नयी थी। मैं अवाक था। महाराष्ट्र की यह प्रवृत्ति टहलते हुए एक-एक कदम बढ़ते हुए उत्तर प्रदेश पहुंची। 2007 के उत्तर प्रदेश विधान सभा चुनाव में ज्यादातर अखबारों ने पार्टी से पैसा तय किया और वैसी खबरें छापीं। उमा भारती ने मुझसे कहा कि मेरे पास 25 करोड़ रुपये होते, तो मेरी पार्टी की उपस्थिति बड़े दलों जैसी होती। अखबार और टीवी चैनल दोनों ने मुझसे पैसा मांगा और दोनों इस धंधें में शामिल हैं। 22 जुलाई को लोकसभा में विश्वास मत के दौरान सांसदों की खरीद-फरोख्त का जो भद्दा नजारा वहां दिखाई पड़ा। उसके बाद भाजपा ने आईबीएन-7 पर जो आरोप लगाये, उससे इसकी पुष्टि होती है कि खबरों की सौदेबाजी में टीवी वाले भी शामिल हैं। पत्रकारिता आज इस मुकाम पर पहुंच चुकी है कि उसे पत्रकारिता की परंपरा पढ़ाने की जरूरत है। सत्ता से संघर्ष, आजादी की लड़ाई की परंपरा, गैरबराबरी के खिलाफ आवाज उठाने की परंपरा पत्रकारिता में थी। विश्वबंधुत्व की नींव पर राष्ट्रवाद के अलख जगाने की परंपरा को फिर से वापस लाने की जरूरत है। शायद हम यह भूल गये हैं कि पत्रकारिता की कोई अलग दुनिया नहीं होती। आज भाषायी हो या अंग्रेजी पत्रकारों ने सपनों की दुनिया बना ली है। इस मुगालते में रहने की जरूरत नहीं है। समाज, राष्ट्र एवं देश की हलचलों में रहना पड़ता है। उसके सामने पत्रकारिता बेहतर जीवन का जरिया होता है। यह सही है कि पत्रकारिता उद्योग का हिस्सा है, उसके बिना नहीं चल सकता। लेकिन मुनाफे के लिए उद्योग और केवल मुनाफे के लिए पत्रकारिता होने लगे तो दुष्चक्र पैदा होगा। आम आदमी के सवाल नहीं उठेंगे। हमारे देश में जमीनी हकीकत को समझाने की पत्रकारिता होनी चाहिए और प्रभात खबर यह कर रहा है। इस समय झारखंड में नक्सली हिंसा जिस तरह से फैली है, उसमें प्रभात खबर समाज को उसकी हिंसा की जड़ों को समझाने का प्रयास कर रहा है। मेरा यह मानना है कि अब कोई भी अखबार राष्ट्रीय होने का दावा नहीं कर सकता। हिंदी-अंग्रेजी, भाषायी सभी एक क्षेत्र विशेष के अखबार हैं यह अच्छी

बात है। अगर सरोकार राष्ट्रीय है, तभी आप राष्ट्रीय अखबार हैं। सप्रे संग्रहालय के रजत जयंती समारोह में प्रभात खबर के संपादक हरिवंश को सम्मानित किया गया तो वह सम्मान उस पत्रकारिता का था, जिसने संघर्ष, त्याग और सरोकार की एक श्रृंखला कायम की। प्रभात खबर 25वें वर्ष में जब दाखिल हो रहा था, तो उस समय एक बार ऐसा लगा कि उसके अस्तित्त्व पर संकट आ गया। जिस तरह से उद्योगों में अधिग्रहण या विलय की प्रतिस्पर्द्धा चलती रहती है। वैसी ही प्रतिस्पर्द्धा का शिकार होते-होते बचा। मीडिया के कुछ एकाधिकारी घराने की उस पर नजर थी। योग्य नेतृत्व के कारण संकट से उबरने के साथ ही इसे सफल अखबार की पहचान मिली है। प्रतिस्पर्द्धा में टिके रहने का बल मिला है, वह आम आदमी के दुःख-दर्द को अपनाने के कारण संभव हुआ है। प्रभात खबर ने संकट के समय सूझबूझ से काम किया और यही वजह है कि शेवंती नैनन ने अपनी किताब में इसका विस्तार से जगह-जगह उल्लेख किया है। जब नयी दुनिया से उठकर श्री राजेंद्र माथुर नवभारत टाइम्स के लिए दिल्ली आये, तो विचार था कि नवभारत को हिंदी पत्रकारिता की समग्रता प्रदान करेंगे। संसाधनों की कोई कमी न होने के बावजूद नवभारत वैसा अखबार नहीं बन पाया जैसा माथुर बनाना चाहते थे। इसका कारण था बैनेट कोल मैन एंड कंपनी जो दो अंग्रेजों की बनाई हुई कंपनी थी। इस कंपनी में समीर जैन नाम का तीसरा अंग्रेज आया, जिसकी नजर केवल मुनाफे पर थी। जहां-जहां मुनाफे नहीं थे, वहां ताले लगवाये। दुर्भाग्य से हिंदी पत्रकारिता का रोल मॉडल समीर जैन है। इस वातावरण को हिंदी पत्रकारिता के लिए अंधकार युग कहा जा सकता है। ऐसे समय में प्रभात खबर ने 25 साल पूरा किया है और कीर्ति के शिखर पर पहुंचा है। इससे यह आश्वासन मिलता है कि लंबे सफर तक चलने का उसमें दमखम है।

आखिर में दो बात, पत्रकारिता वर्तमान में होती है। उसकी जड़ें अतीत में होती हैं और दिशा भविष्य में होती है। भाषायी पत्रकारिता के सामने जो भविष्य के सवाल हैं, उनकी कोई झलक आज की पत्रकारिता में नहीं दिखाई पड़ती है। यह कमी चिंताजनक है, अखबारी घराने इस बात को आम आदमी तक नहीं पहुंचाना चाहते कि राज्य व्यवस्था सड़ गयी है। पत्रकारिता इस यथार्थ से पूरी तरह मुंह चुरा रही है। हम लोकतंत्र और दुनिया के सबसे बड़े लोकतंत्र होने का दावा कर रहे हैं। भारत की परिधि के राज्य में विद्रोह की ज्वाला है। भारत के केंद्रीय भू-भाग के चौदह राज्य नक्सली हिंसा से ग्रस्त हैं। चुनाव जीतकर माफिया लोकसभा में पहुंच रहे हैं। हमारे संविधान निर्माताओं ने इस देश को विधान देते हुए यह वादा किया था कि भारत को समतामूलक जातिविहीन समाज और संविधान देंगे। आजादी के इतने साल बाद हम जहां पहुंचे हैं, वह समाज जातिविहीन की जगह जातीयता से भरी हुई आबोहवा में सांस ले रहा है। और समतामूलक समाज की जगह गैर बराबरी की ऐसी चौड़ी खाई तो कभी नहीं थी। इसलिए पत्रकारिता अगर अपना नाम सार्थक करना चाहती है, तो इन सवालों को उठाना पड़ेगा और कहना पड़ेगा कि लोकतांत्रिक तरीके से इस राज्य व्यवस्था को विदा देना होगा, क्योंकि यह राज्य व्यवस्था अंग्रेजों के औपनिवेशिक तंत्र की निशानी है।

(लेखक वरिष्ठ पत्रकार हैं)

(बातचीत : संतोष कुमार सिंह, वर्ष 2009)

टिकने को तैयार है, लेकिन बिकने को नहीं

प्रियदर्शन

25 साल पहले रांची जैसे छोटे शहर से प्रभात खबर का प्रकाशन उन दिनों मेरे जैसे नौजवान लोगों के लिए एक बड़ी घटना थी। तब झारखंड नहीं था और बिहार के इस पठारी अंचल का एकलौता अखबार रांची एक्सप्रेस हुआ करता था। आज का प्रकाशन शुरू हो चुका था। आज एक राष्ट्रीय वर्ग चरित्र की नुमाइंदगी का दावा करता हुआ रांची तक आया था। लेकिन आज को वह स्वीकार्यता कभी प्राप्त नहीं हुई, जो उस दौर में रांची एक्सप्रेस और बाद में प्रभात खबर को हुई। हमें याद है कि प्रभात खबर की शुरुआत को संदेह से देखने वालों की कमी नहीं थी। इस संदेह के कई और कारण रहे होंगे। मेरे लिए निजी तौर पर प्रभात और खबर की कुछ अटपटी-सी लगने वाली भाषा यह संदेह पैदा करती थी कि यह अखबार निकालने का पूरा उद्यम कुछ अगंभीर न हो, लेकिन प्रभात खबर निकला तो उसने सारे संदेह दूर कर दिये। वह एक सुरुचिपूर्ण अखबार था, जिसमें स्थानीयता के प्रतिनिधित्व से कहीं ज्यादा एक राष्ट्रीय आभा दिखाई पड़ती थी। मुझे याद है, उसमें कई बड़े कायदे के कॉलम शुरू हुए थे, जो अपने ढंग से अखबार की प्रतिष्ठा बढ़ाते थे।

दरअसल, प्रभात खबर के विकास क्रम के तीन चरण रहे हैं। दो बेहद छोटे और तीसरा अपेक्षाकृत काफी लंबा, जो अब तक चला आ रहा है। एसएन विनोद के संपादन में जो अखबार निकला, वह एक आंचलिक कोने से निकलने के बावजूद राष्ट्रीय आकांक्षाओं या हसरतों की तरफ प्रवृत्त होता हुआ अखबार था। बड़ा अच्छा लगता था, लेकिन उसमें स्थानीय ऊष्मा कम थी। शायद यही वजह रही कि अपनी प्रारंभिक उपस्थिति के बावजूद उस अखबार को रांची शहर का आईना मानने में हिचक होती थी। अपनी सारी सीमाओं के बावजूद उन दिनों रांची एक्सप्रेस ही रांची की धड़कनों का साक्ष्य हुआ करता था।

एस. एन. विनोद के जाने के बाद जो दूसरा दौर शुरू होता है, वह कई लड़खड़ाहटों और उलझनों से भरा दिखाई देता है। इस दौर में लगता है जैसे एक तेज-तर्रार शुरुआत के बावजूद अखबार थक-सा गया है या बैठने को है। उन दिनों उसके बंद होने की चर्चा रांची की पत्रकार बिरादरी में खूब चला करती थी।

लेकिन सौभाग्य से इस तरह के दिन बड़ी जल्दी से बीत जाते हैं। और इस प्रकार प्रभात खबर को हरिवंश के रूप में एक नया संपादक मिलता है। हरिवंश के पास रविवार की पृष्ठभूमि रही। सुरेंद्र प्रताप सिंह जैसे समर्थ पत्रकार के सान्निध्य पाने से संपादकीय कौशल और दृष्टि रही। सबसे बढ़कर एक ऐसा उत्साह रहा, जिससे वे कभी जोखिम लेते हुए भी झिझकते हुए दिखाई नहीं पड़ते। दरअसल, आज जो हम प्रभात खबर देख रहे हैं, उसकी शुरुआत का बीज उसी दौर में पड़ा था। चूंकि उन दिनों मैं रांची एक्सप्रेस में था, कई मित्रों की वजह से मैं प्रभात खबर की गतिविधियों से परिचित था, इसलिए प्रभात खबर के पुनर्संस्कार का वह वक्त बड़े कायदे से याद आता है। प्रभात खबर ने उन दिनों रांची से जुड़े कई युवाओं के कॉलम शुरू किये थे। ऐसे कई कॉलम बाद के दौर में प्रभात खबर के विविध वर्णी सरोकारों के पहचान बने रहे। मैं खुद रांची एक्सप्रेस से जुड़ा हुआ था, लेकिन इसके बावजूद मैंने प्रभात खबर में लेख लिखे। धीरे-धीरे प्रभात खबर ने अपनी कोशिश से पहचान बनानी शुरू की। वह केवल झारखंड की शहरी आबादी की ही आवाज नहीं रह गया। उसने झारखंडी अस्मिता के मूल स्वरों और मूल तंतुओं को पहचाना और झारखंड में स्थानीय दावेदारी के लिए चल रहे सामाजिक-राजनीतिक आंदोलनों को, जंगल और जमीन से जुड़े सवालों को बड़ी मजबूत आवाज दी। इस लिहाज से हम लोगों के मित्र रहे हेराल्ड स्टेप्नो का कॉलम जंगलगाथा विशेष तौर पर उल्लेखनीय है, जिसने उस समय जंगल और जमीन पर चल रहे समाजशास्त्रीय विमर्श में अहम भूमिका निभाई। यह वह दौर है जब हम आंचलिक अभिव्यक्ति को अखबार में धीरे-धीरे जगह पाता हुआ देखते हैं। शहरों और गांवों का मतलब सिर्फ सड़कों की खराबी की शिकायत, बिजली के खंभों या बिजली न रहना और पानी न आना जैसे सवालों तक ही नहीं, बल्कि इसका वास्ता इससे कहीं ज्यादा बड़े सवालों से है। यह बात प्रभात खबर ने महसूस की और समझाई। कायदे से देखें तो हरिवंश झारखंड के लिए एक बाहरी व्यक्ति थे। लेकिन शायद उनकी साम्राज्यवादी आस्थाओं ने, उनके वैचारिक सरोकारों ने उन्हें इतना संवेदनशील बनाया है कि उन्होंने खुद को झारखंड पर थोपने की कोशिश नहीं की। वे जैसे झारखंड के हो गये। आज हरिवंश की जो ख्याति है वह रविवार के रिपोर्टर की नहीं, बल्कि रांची से निकलने वाले प्रभात खबर के संपादक और एक झारखंडी पत्रकार की है। सिर्फ इसलिए नहीं कि वे रांची में रहते हैं और उनका अखबार रांची व झारखंड के दूसरे शहरों से निकलता है, बल्कि इसलिए भी कि प्रभात खबर में झारखंड की सांवली देह झांकती है। उसका इंद्रधनुषी मन झांकता है। असल में प्रभात खबर की सफलता इस मायने में महत्त्वपूर्ण है कि उसने एक तरफ नये जमाने की व्यावसायिक चुनौतियों का सामना किया है और दूसरी तरफ पत्रकारिता के बड़े सरोकारों का निर्वाह भी। प्रभात खबर में रांची और उसके आस-पास दिखाई पड़ने वाला महानगरीय अक्स भी देखा जा सकता है तो दूसरी तरफ व्यवस्था और बेदखली की हूक भी सुनी जा सकती है। हमारे समय का जो जटिल यथार्थ है उसकी समग्र अभिव्यक्ति आज की पत्रकारिता के लिए एक चुनौती है। इसके अलावा जो बड़ी पूंजी का दबाव है उससे पत्रकारिता के सरोकार भी बदले हैं। अखबारों के छोट-छोटे संस्करण तो बहुत सारे आ रहे हैं, लेकिन उनकी दिल्ली केंद्रीयता बढ़ती जा रही है। भूमंडलीकरण

के इस दौर में बाजार का झाड़ जैसे सबको अपने साथ लिए चलना चाहता है। इस मुश्किल समय में मीडिया संस्थाओं की सबसे बड़ी चुनौती यह है कि वो कैसे पत्रकारिता को व्यावसायिक दबावों और प्रबंधकीय कर्ताधर्ताओं का पिछलगू न बनने दें। सही मायने में यह रास्ता प्रभात खबर ने दिखाया है। वहां भी बाजार अपनी पूरी चमक-दमक के साथ मौजूद है, लेकिन अखबार इस बाजार में नतमस्तक नहीं है। अखबार इस बाजार में खो नहीं गया है। उसे अपने सरोकार याद हैं। उसमें अल्बर्ट एक्का चौक, फिरायालाल चौक, लाल चौक से लेकर नये बनते मॉल्स की सारी खिलखिलाहट देखी जा सकती है। लेकिन साथ ही कोयलकारों, सिमडेगा, गुमला और झारखंड के कोयलांचल की तकलीफ भी पढ़ी जा सकती है। कारोबार और सरोकार के इस मेल को, राष्ट्रीयता और स्थानीयता के साझे को प्रभात खबर ने संभव किया है। यह प्रभात खबर के पचीस वर्षों की सबसे बड़ी उपलब्धि है। वह टिकने को तैयार है, लेकिन बिकने को नहीं।

(लेखक वरिष्ठ टीवी पत्रकार व कहानीकार कवि हैं)

(बातचीत : संजीव कुमार)

बाजारवाद के दौर में गरीबों की बात करने वाला अखबार

बीजी वर्गीज

मैं प्रभात खबर का नियमित पाठक नहीं होते हुए भी प्रभात खबर को अन्य अखबारों से भिन्न मानता हूं। यह अखबार हिंदी पत्रकारिता में प्रयोगशाला के रूप में है। आज जहां पूरे मीडिया जगत में विदेशी पूंजी का बोलबाला है और बाजारवाद हावी है प्रभात खबर अकेला अखबार है, जिसने झारखंड के लोगों की आवाज को सरकार तक पहुंचाने में अपनी महती भूमिका निभाई है। साथ ही इस अखबार ने खबरों से कभी समझौता नहीं किया। झारखंड में इस अखबार ने ईमानदारीपूर्वक दलितों, समाज के पिछड़े लोगों की समस्याओं को अखबार के माध्यम से सरकार के सामने रखा है। आज समाज में अमीरी और गरीबी का फासला बढ़ता जा रहा है, वैसे में धनी समुदायों के बीच एक अकेला गरीबों की आवाज है। दरअसल, आज पत्रकारिता एक व्यवसाय बन गयी है और जनहित और जनसरोकारों से दूर हटकर पूंजीवाद के दौर में बड़ी पूंजी का खेल बनकर रह गयी है। पत्रकारिता में बढ़ती पूंजी के दबाव से विज्ञापनों का बोलबाला बढ़ा है एवं संपादकीय संस्था अपना प्रभाव खोती जा रही है। ऐसे में भी प्रभात खबर ने क्षेत्रीय अखबार होते हुए भी अपने राष्ट्रीय सरोकार बनाये रखे हैं। और संपादकीय संस्था का महत्त्व अभी भी बनाये रखा है। प्रभात खबर का संपादकीय क्षेत्रीय समस्याओं को गंभीरता से रखते हुए राष्ट्रीय महत्त्व के विषयों पर भी समय-समय पर गंभीर टिप्पणी करता रहता है। एक ओर जहां अन्य हिंदी पत्र-पत्रिकाएं अंग्रेजी की कार्बन कॉपी बनती जा रही हैं, वहीं प्रभात खबर भाषा के स्तर पर भी हिंदी एवं हिंदी के अलावा विभिन्न क्षेत्रीय बोलियों को हिंदी में समेटते हुए आगे बढ़ रहा है, जिससे हिंदी भाषा के विकास को एक नयी दिशा मिली है। सरकार में व्याप्त भ्रष्टाचार को उजागर करने में जहां आज बड़े-बड़े अखबार विफल हैं, वहीं प्रभात खबर आज भी सरकार में व्याप्त भ्रष्टाचार को उजागर करने में पीछे नहीं है। इसके कई उदाहरण हैं जहां प्रभात खबर पत्रकारिता नें अन्य अखबारों के लिए मिसाल है। झारखंड में नक्सलवाद का प्रभाव है, नक्सलवाद की पूरी समझ किसी अखबार को है, तो वह है प्रभात खबर। बदले हुए दौर में जैसे-जैसे पत्रकारिता में विदेशी पूंजी का प्रभाव बढ़ा और उसका कॉरपोरेटाइजेशन हुआ, अब

एकमात्र लक्ष्य मुनाफा कमाना रह गया है। अब इन संस्थानों की नजर में पाठक या दर्शक नागरिक नहीं रह गये हैं वैसी स्थिति में प्रभात खबर एकमात्र अखबार है, जिसने पत्रकारिता को जनसरोकार से जोड़े रखा है। जब पत्रकारिता नागरिकों को उपभोक्ता की दृष्टि से देखेगी, तो स्वाभाविक रूप से नागरिकों के अधिकारों और हितों की चिंता पत्रकारिता में नहीं दिखाई देगी, क्योंकि उपभोक्ता का सरोकार ही वर्तमान पत्रकारिता का सरोकार बन गया। लिहाजा मुनाफे के दबाव के कारण समाचार माध्यम, चाहे वह इलेक्ट्रॉनिक हो या प्रिंट कई तरह के अनैतिक काम कर रहे हैं या यूं कहें कि अब खबरें भी बिक चुकी हैं। पैसे देकर खबरें बन सकते हैं। पीआर पत्रकारिता बाजार पर हावी है। मेरी नजर में पत्रकारिता में गिरावट की मुख्य वजह मुनाफे की जबरदस्त भूख है। अधिक-से-अधिक निवेश कर अधिक-से-अधिक मुनाफा कमाना ही पत्रकारिता का एकमात्र लक्ष्य रह गया है। पत्रकारिता का सम्मान जनहित की पहरेदारी में है, लेकिन अब यह वर्गहित और विशेषहित का ध्यान रखने में मशगूल है। उपभोक्ता का ध्यान रखना ही पत्रकारिता का लक्ष्य बन गया है। ऐसे समय में उपभोक्ता और नागरिक में क्या फर्क है, पत्रकारिता ने ख्याल करना छोड़ दिया। एक नागरिक जब कोई उपभोग करता है तो वह उसके विभिन्न पहलुओं पर बार-बार सोचता है। सामाजिक, आर्थिक एवं पर्यावरण की दृष्टि से ऐसे उपभोग का क्या असर होगा, नागरिक इन बातों को नजरअंदाज नहीं करता। जबकि उपभोक्ता केवल अपने हित के विषय में सोचता है परिणाम के विषय में नहीं। वर्तमान की पत्रकारिता पाठकों और दर्शकों को उपभोक्ता बना रही है, नागरिक नहीं। पत्रकारिता में गुणवत्ता और टेबलाइजेशन का दौर बढ़ रहा है। कंटेंट की बजाय पृष्ठ सज्जा से पाठकों को लुभाने का प्रयास किया जा रहा है। बहुत कम ऐसे अखबार हैं, जिनमें प्रभात खबर भी शामिल है जो पब्लिक और नागरिकों के हित से प्रेरित हैं।

(बातचीत : सूरज कुमार)

(लेखक वरिष्ठ पत्रकार थे)

सच्चे अर्थों में हिंदी पत्रकारिता

वर्तिका नंदा

करीब तीन साल पहले की बात है। मैं उस समय रांची में ही रह रही थी। वहां एक सौवें फाउंडेशन नामक संस्था है। मैं उसके संयोजक सदस्यों में थी। हम लोग सौवें फाउंडेशन के तत्त्वावधान नें एक कार्यक्रम आयोजित कर रहे थे। इस कार्यक्रम में हम लोगों ने प्रभात खबर के प्रधान संपादक हरिवंश जी को मुख्य वक्ता के रूप में बुलाया था और इसमें वहां के तत्कालीन राज्यपाल मुख्य अतिथि थे। लेकिन जब हरिवंश जी बोलने के लिए उठे, तो सारे सभागार में सन्नाटा पसर गया। वे ऐसा बोले कि मैं मुग्ध भाव से सुनती रही। इस मुग्ध भाव से सुनने वालों में मैं अकेले नहीं थी, बल्कि सभागार में उपस्थित अन्य लोग भी थे। जो भी हो हरिवंश जी के वक्तव्य और सभागार में लोगों की उपस्थिति ने फाउंडेशन के कार्यक्रम को बहुत ही शानदार बना दिया। हम लोग कार्यक्रम की सफलता से उत्साहित थे। लेकिन अगले दिन जब प्रभात खबर में इस कार्यक्रम की रिपोर्टिंग देखी, तो दिल बाग-बाग हो गया। ऐसा माना जाता है कि पत्रकार सोशल बीट की खबरों की रिपोर्टिंग करने और अखबार वाले छापने से कतराते हैं। लेकिन जिस तरह से प्रभात खबर ने इस कार्यक्रम की रिपोर्टिंग की, उसने मेरी धारणा बदल कर रख दी। एक स्थानीय सोशल कार्यक्रम को अपने अखबार में इतनी प्रमुखता से जगह देना, किसी भी राष्ट्रीय अखबार के बूते के बाहर की बात है। क्षेत्रीय समाचारों को इतनी प्रमुखता देना प्रभात खबर जैसे क्षेत्रीय हिंदी अखबार के लिए ही संभव है। इसलिए जब मैं आईएमसी (भारतीय जनसंचार संस्थान) में पढ़ा रही थी, तो अपने छात्रों को यह हमेशा बताया करती थी कि अगर क्षेत्रीय पत्रकारिता को जानना है, तो प्रभात खबर अखबार का अध्ययन कीजिए। बिना प्रभात खबर को जाने आप क्षेत्रीय पत्रकारिता के तेवर, धार और विषयवस्तु को नहीं समझ सकते।

इससे पहले यह भी बताना जरूरी है कि जब हम लोग सौवें फाउंडेशन कार्यक्रम में मुख्य वक्ता के रूप में हरिवंश जी को आमंत्रित करने के लिए गये, तो हम लोग सोच रहे थे कि वे कार्यक्रम में आने को जल्दी तैयार नहीं होंगे और बड़े अखबारों के संपादकों की तरह पचास तरह के नखरे करेंगे कि इस दिन मैं फलाने जगह व्यस्त हूं। इसलिए कार्यक्रम में नहीं आ सकता।

लेकिन जैसे ही हम लोगों ने कार्यक्रम के बारे में बताया, तो उन्होंने सौवें फाउंडेशन के कार्यक्रम में मुख्य वक्ता के रूप में आने की जिम्मेदारी सहर्ष स्वीकार कर ली। इतना ही नहीं, उन्होंने हम लोगों का बड़े ही जोश के साथ स्वागत किया और सौवें फाउंडेशन के बारे में विस्तार से जानकारी ली और कार्यक्रम में आने के लिए खुशी के साथ अपनी सहमति दी। यह प्रभात खबर जैसे बड़े क्षेत्रीय हिंदी अखबार के प्रधान संपादक हरिवंश जी के व्यक्तित्व को एक अलग अंदाज में हम लोगों के सामने पेश करती है, जो कहीं-न-कहीं उनके अखबार की प्रकृति से भी मेल खाती है। जो अपने यहां राजनीतिक खबरों के साथ-साथ सामाजिक और साहित्यिक खबरों को भी प्रमुखता देती है।

क्षेत्रीय पत्रकारिता में बिना किसी पक्षपात के क्षेत्रीय चीजों को जगह देना होता है। इस काम को प्रभात खबर बखूबी अंजाम दे रहा है। इस अखबार में मुझे जो चीज सबसे ज्यादा प्रभावित करती है, वह है इसका कैच लाइन- अखबार नहीं आंदोलन। प्रभात खबर, अखबार नहीं आंदोलन कहकर आंदोलन करने की घोषणा करता है। यह दूसरे अखबारों की तरह अपने को समाज का सच बताने वाला, खबरों की खबर लेनेवाला, समाज का मित्र या हितैषी नहीं कहता। आज का युवा आंदोलन करना चाहता है। इसलिए आज का युवा वर्ग इस अखबार से जुड़ना चाहता है, क्योंकि यहां उसे आंदोलन के लिए एक आशा की किरण दिखाई देती है। प्रभात खबर सच्चे अर्थों में हिंदी पत्रकारिता कर रहा है। यह जो पत्रकारिता कर रहा है वह सरोकार की पत्रकारिता है। यही कारण है कि इसने सूचना के अधिकार कानून को जन-जन तक पहुंचाने में अपनी महती भूमिका को समझा और लोगों तक पहुंचाने के लिए पुरजोर कोशिश की। इतना ही नहीं, इसने झारखंड राज्य के अनेक पदासीन मंत्रियों की भी खबर ली है। वह भी बिना किसी डर के कि इससे उसका सरकारी विज्ञापन रुक जायेगा। यह सही है कि प्रभात खबर अपने अखबार में क्षेत्रीयता को प्रमुखता देता है, जिसके कारण कुछ लोग इसे नापसंद करते हैं। लेकिन मुझे इसकी क्षेत्रीयता पर गर्व होता है, क्योंकि यह आम जन की बात करता है, गली-मुहल्ले और कस्बाई जीवन की बात बिना किसी पक्षपात के बड़े बेबाकी ढंग से लोगों के सामने रखता है। इससे लोगों को अपने अखबार से एक अलग तरह का लगाव महसूस होता है, क्योंकि उन्हें लगता है कि कोई अखबार तो है, जो उनकी बात करता है। उनके सुख और दुःख में हमेशा शामिल रहता है। मैं तो यहां तक कह सकती हूं कि प्रभात खबर क्षेत्रीय हिंदी पत्रकारिता का न सिर्फ दिशा-निर्देशन करता है, बल्कि क्षेत्रीय हिंदी पत्रकारिता के नये-नये आयाम रचता चलता है। मेरे विचार से आने वाले दिनों में प्रभात खबर क्षेत्रीय हिंदी पत्रकारिता में एक मील का पत्थर साबित होगा। जिस तरह से खबरों की दुनिया में क्षेत्रीय हिंदी पत्रकारिता ने अपनी पहचान बनाई है और क्षेत्रीय हिंदी पत्रकारिता में प्रभात खबर, वह निश्चय ही प्रशंसनीय है। लेकिन प्रभात खबर की इस प्रशंसा में उसके पत्रकार भी बराबर के साझीदार हैं। प्रभात खबर के पत्रकार खूब मेहनत कर रहे हैं। इसका जीता-जागता उदाहरण प्रभात खबर में छपने वाले बातचीत पर आधारित आलेख हैं, जो बिना इनकी मेहनत के संभव नहीं है। क्षेत्रीय अखबारों में जिस तरह से न्यूज का दायरा बढ़ा है, उस तरह से वे अपने को प्रोजेक्ट नहीं पा रहे हैं।

वे अपने प्रोडक्ट को कैसे सेल करें, यह उन्हें नहीं पता है। क्षेत्रीय अखबारों में एकता और प्रोमोशन की कमी दिखाई देती है। आप इलेक्ट्रॉनिक चैनलों को देखें तो उनमें कोई मतभेद दिखाई नहीं देता और वे एक-दूसरे की मार्केटिंग करते नजर आते हैं। लेकिन क्षेत्रीय हिंदी अखबारों में इसका अभाव दिखाई देता है। वैसे क्षेत्रीय हिंदी पत्रकारिता के शुरुआती दौर में प्रभात खबर का यह रोल बहुत अच्छा है।

(बातचीत : संजीव कुमार

(लेखिका वर्ष 2009 से टीवी पत्रकार व मीडिया विश्लेषक हैं)

जन आवाज का द्योतक

रमणिका गुप्ता

स्थानीय समस्याओं, खासकार आदिवासियों से जुड़े मुद्दों पर प्रभात खबर ही एकमात्र अखबार है, जिसने प्रमुखता से जगह दी है। यह झारखंड के विभिन्न मुद्दों पर जिस तरह का कवरेज देता है, वह सही मायने में सराहनीय है। आज झारखंड से कई अखबार निकल रहे हैं, लेकिन जिस वक्त झारखंड से एक-दो अखबार ही निकला करते थे (आवाज तथा रांची एक्सप्रेस) उस समय प्रभात खबर के आने से पूर्व जनता के बीच पूर्व में एकपक्षीय सूचनाएं जाती थीं, वह बहुआयामी हो गयी। आम लोगों को अपनी बात रखने का पूरा मौका मिला। स्थानीय मुद्दे प्रमुखता से अखबार में जगह लेने लगे। दूसरी बात कि आमलोगों को अपनी आवाज उठाने का एक मंच मिला।

मुझे याद है, हजारीबाग के मांडु क्षेत्र के गांव में एक दलित लड़के का कुर्मी लड़की से प्रेम हो गया था। इसको लेकर लगभग 400 कुर्मी लोगों के घर से और 400 रविदास के घर से लोग इकट्ठे हो गये। लड़का रविदास घर का था। लड़के के बाप का पक्का घर था। लड़की ऊंची जाति की होने के बावजूद गरीब थी। दोनों में प्रेम हो गया और वे भाग गये। भागने का कारण यह था कि जाति पंचायत ने कहा कि इस लड़की का दो-चार दिन में विवाह कर दें। ऐसा नहीं करने पर हम उन्हें सजा देंगे। उस लड़की की उम्र 17 से 18 साल के बीच थी। आनन-फानन में उसके बाप ने महज आठ साल का लड़का ढूंढ़ा। लड़की ने इसके लिए मना कर दिया। वह अपने प्रेमी, जिसका नाम महावीर था, उसके साथ भाग गयी। उस लड़की का नाम मालती था। जातिपंचायत को यह नागवार गुजरी। उन्होंने उसकी 10 साल की लड़की को बंधक बना लिया। उसे रस्सी से बांधकर क़ब्जे में कर लिया गया। ऐसा उन्होंने दबाव बनाने के लिए किया ताकि वे दोनों लौट सकें। आखिरकार वे दोनों लौटे। लड़के को पत्थरों से मार-मारकर अधमरा कर दिया। लड़के की इससे मौत हो गयी। लड़की को नंगा कर जलती हुई लाठियों से मारा गया। लड़की ने भी दम तोड़ दिया। उसके बाद यह खबर तीन दिन तक किसी अखबार वाले ने नहीं छापी। विपरीत पार्टी से वे पैसा खाकर चुप थे। मैं उसी गांव की रहनेवाली हूं। जब मुझे इस घटना का पता चला, तो मैं वहां गयी। जब मुझे पता चला कि कैसे उन दोनों को बर्बरता से मारा गया है, तो इसकी खबर लेकर मैं विभिन्न

अखबारों में गयी। लेकिन इस खबर को किसी ने नहीं छापा। लेकिन प्रभात खबर ने इसे छापा। सभी ने विपरीत पार्टी से पैसा खाया था, इसलिए इसे दबा गये। थाने को खबर देने भी गयी, लेकिन किसी ने कुछ नहीं किया। तब मैं रांची गयी। सीधा प्रभात खबर के संपादक हरिवंश जी से मिली। उन्होंने मुझे, कहा आप अपना डिक्टेशन दीजिए, बस आगे हम देख लेंगे। दूसरे दिन यह खबर पहले पन्ने पर आयी और तहलका मच गया। फिर तो रोज मैं कमिश्नर से इस संबंध में पत्र व्यवहार करती, वे मुझे जवाब भेजते। मतलब, प्रभात खबर की एक खबर ने कमाल कर दिखाया।

एक दूसरा मामला भी ऐसा ही था जो कुछ दिन बाद सामने आया, जिसमें भी प्रभात खबर का योगदान रहा। सीधे शब्दों में कहें, तो प्रभात खबर अन्याय के खिलाफ निष्पक्ष रूप से खबर देने वाला अखबार साबित हुआ। मगर अब राजनीतिक तौर पर इसमें भी बदलाव आये हैं, लेकिन निचले, दलित और आदिवासियों के लिए काफी हद तक इसने अपना फर्ज निभाया है। जहां तक संपादन का सवाल रहा है, तो प्रभात खबर अन्याय के खिलाफ जनता का साथ हमेशा देता रहा है। प्रभात खबर के प्रबंधन से भी राजनीतिक जुड़ाव हुआ है, मगर स्थानीय जुड़ाव हमेशा रहा। इस साल के बारे में इतना कह नहीं सकती, लेकिन पिछले साल तक इसने स्थानीय मुद्दे बहुत उठाये और साथ ही साथ दलितों के मुद्दों को भी छुआ। प्रभात खबर को प्रयोगशाला से अच्छा अगर हम इसे वर्कशॉप कहें तो ठीक होगा, चूंकि जिस तरह एक वर्कशॉप में हर तरह के लोग आकर अपने विचार रखते हैं, उसी तरह इससे भी आम जनता अपने आपको उसी तरह जोड़ सकती है। हम किसानों और आदिवासियों के लिए लड़ाई लड़ते हैं और प्रभात खबर भी। अभी हाल ही में अपने आदिवासियों के लिए हमने जो किया उसे हर अखबार ने छापा लेकिन प्रभात खबर ने लगातार तीन दिन तक उस पर काम किया। खबर के मायनों को इन्होंने समझा। या फिर यूं कहें कि इन्होंने उसमें लीड लिया। उसके बाद सब आगे आये। वैसे अब खबरें सीमित हो गयी हैं, जो कि जनता के लिए दुखदायी है। अब खबरों का लिमिटेशन होने लगा है। पहले अगर रांची में कुछ हुआ है, तो उसे दिल्ली के लोग भी जान सकते थे, लेकिन अब रांची की खबरें सिर्फ रांची तक ही सीमित हैं। इसलिए तो अब बिल्ली, गायों की खबर भी खबर हो जाती है। प्रभात खबर जनता के अधिक नजदीक है। वहां जितने भी पत्रकार उभरे हैं, वो सब प्रभात खबर की देन हैं। हां, अब कुछ बदलाव जरूर हुए हैं। जाहिर है प्रबंधन बदला है, तो नीतियां तो बदलेंगी ही। जैसे मुंडा ने कन्यादान की शुरुआत की, जो कि गलत है, क्योंकि आदिवासियों में कन्यादान नहीं होता। वैसे भी दान तो किसी चीज का होता है और कन्या दान की चीज थोड़ी न हैं। प्रभात खबर को इसके विरोध में भी बोलना चाहिए था, लेकिन उसकी खबर तो छापी, मगर उसके विरुद्ध कोई अभियान नहीं चलाया। बाद के दिनों में कुछ कमियां आयी हैं। लेकिन मुद्दों पर बोलते रहे, जहां आदिवासियों को आघात हो रहा था, उसे उजागर किया, तो फिर कन्यादान के मुद्दे को भी उजागर करना चाहिए था। दहेज के लिए उत्पीड़न के खिलाफ लिखते रहे, तो फिर इसके खिलाफ क्यों नहीं? अंततः प्रभात खबर ने जो शुरू में दिशा दी, उसको देखते हुए औरों ने भी दिशा बदली। प्रभात खबर ने पत्रकारिता को एक नया आयाम दिया और उजागर किया।

(रमणिका गुप्ता वरिष्ठ लेखिका हैं। (वर्ष : 2009, बातचीत : विनीता झा)

देश खुद से बतियाता दिखता है

आनंद प्रधान

प्रभात खबर मेरे लिए केवल एक अखबार नहीं है। मेरे लिए वह पत्रकारिता के पहले स्कूल की तरह है। मैंने पत्रकारिता का ककहरा इसी अनौपचारिक स्कूल में सीखा। नहीं, मैंने प्रभात खबर में कोई नौकरी नहीं की, लेकिन वह कुछ उन चुनिंदा अखबारों और पत्रिकाओं में से एक था, जिसे पढ़ते हुए पहले छपे हुए शब्दों, अखबारों, पत्रिकाओं से और बाद में पत्रकारिता से गहरा लगाव पैदा हुआ। एक मायने में प्रभात खबर मेरे पत्रकारीय जीवन के शौर्य का पहला प्यार था। क्षीण पड़ती स्मृतियों के बीच मुझे अब भी 1983 के वे दिन याद हैं, जब मैं संत कोलंबा कॉलेज हजारीबाग में इंटरमीडिएट का छात्र था। रविवार पढ़ने की लत हाईस्कूल या उससे कुछ पहले से ही लग चुकी थी। उसके कारण दिनमान, धर्मयुग, साप्ताहिक हिंदुस्तान और सारिका, जैसी पत्रिकाएं भी लगभग बिना नागा पढ़ जाता था। स्कूल और कॉलेज और किताबों से ज्यादा मन इन्हीं सब में रमता था। कोर्स की किताबों को छोड़कर बाकी सब कुछ पढ़ने का चस्का था, लेकिन पता नहीं क्यों, उस समय रांची से निकलने वाला कोई अखबार पसंद नहीं आता था। हर ओर रांची एक्सप्रेस का जलवा था पर मुझे कुछ खास जमता नहीं था। उसी समय प्रभात खबर आया और कुछ उसके नयेपन, कुछ रंगरूप और कुछ उसकी भाषा और कंटेंट का ऐसा जादू चला कि बस प्यार हो गया। इंटरमीडिएट के बाद मैं बीए करने बीएचयू चला गया। सुबह की चाय के साथ प्रभात खबर का साथ छूट गया। तब से अब तक पच्चीस वर्ष गुजर गये, लेकिन लगता है कि जैसे कल की ही बात हो। इस बीच मैं हजारीबाग (पतरातू) से बनारस होता हुआ दिल्ली पहुंच गया। कोई पंद्रह सालों से दिल्ली में हूं और इस दौरान, दामोदर-गंगा-यमुना में न जाने कितना पानी बह गया। मैं खुद बीएचयू से पत्रकारिता की पढ़ाई करके रेडियो की नौ सालों की चाकरी के बाद अब पत्रकारिता पढ़ाने लगा हूं। लेकिन यह स्वीकार करने में मुझे रत्ती भर भी संकोच नहीं है कि मैंने पत्रकारिता यूनिवर्सिटी के पत्रकारिता विभाग से नहीं बल्कि पत्रकारिता के जीवंत लेकिन अनौपचारिक नये तेवर और कलेवर वाली हिंदी पत्रकारिता की दीक्षा ली। दरअसल यह नयी पत्रकारिता इन्हीं अखबारों और पत्रिकाओं में गढ़ी जा रही थी। इनकी सबसे बड़ी खूबी यह थी कि इनमें उनका देश समाज और लोग खुद से बातें कर रहे

थे। जैसाकि मिलर ने एक अच्छे अखबार की पहचान बताते हुए कहा है कि एक अच्छा अखबार वह है जिसमें देश खुद से बातें करता हो। हालांकि इन 25 वर्षों में शुरुआती वर्षों को छोड़ दिया जाये तो प्रभात खबर से अपनी रोजाना की मुलाकात नहीं है। भूले- भटके कभी डाक से, कभी देर-सवेर लाइब्रेरी में और कभी किसी मित्र-संबंधी के जरिये अखबार नहीं आंदोलन से भेंट होती रहती है। इसके बावजूद मुझे यह कहने में कोई संकोच नहीं है कि एक अखबार और उससे अधिक आंदोलन के रूप में प्रभात खबर लगातार बेहतर और आकर्षक हुआ है। यह हिंदी के उन गिने-चुने अखबारों में से है जिसमें सचमुच देश और हिंदी समाज खुद से बतियाता और अपने सरोकारों को साझा करता हुआ दिखाई देता है। इस अर्थ में प्रभात खबर क्षेत्रीय अखबार नहीं, बल्कि खांटी राष्ट्रीय अखबार है। केवल दिल्ली से छपने के कारण कोई अखबार राष्ट्रीय नहीं हो जाता और उसी तरह रांची या रायपुर से छपने के कारण किसी अखबार को क्षेत्रीय कहना एक बड़ी ज्यादती है। कोई अखबार राष्ट्रीय या क्षेत्रीय अपने विचारों, प्ररिप्रेक्ष्य और प्रस्तुति के कारण होता है न कि देश की राजधानी और अंग्रेजी भाषा में छपने के कारण। देश की राजधानी से निकलने वाले कई रंगीन अखबारों को पढ़ते लगता है कि जैसे वे देश के अखबार नहीं है। उनमें आज के भारत, उसकी पीड़ा, बेचैनी, खुशी, आक्रोश, और छटपटाहट की कोई झलक नहीं दिखती। कहते हैं कि पत्रकारिता इतिहास का पहला ड्राफ्ट है, लेकिन 100-50 साल बाद कोई शोधकर्ता अगर आज के भारत के बारे में जानने के लिए इन रंगीन और करोड़ों की पाठक संख्या वाले अखबारों को पलटेगा तो क्या वह सही निष्कर्ष पर पहुंचेगा? मुझे संदेह है। लेकिन इन सबके बीच प्रभात खबर की उपस्थिति न केवल ढाढ़स बंधाती है, बल्कि उस विश्वास और विचार को पुख्ता करती है कि अखबार साबुन- शैंपू- टूथपेस्ट की तरह केवल एक औद्योगिक उत्पाद भर नहीं है। पत्रकारिता की मौजूदा दशा-दिशा पर चलने वाली गोष्ठियों में कॉरपोरेट निर्देशित पत्रकारिता के सिकुड़ते और छीजते सरोकारों के बीच पत्रकारिता के लोकतंत्र के दायरे को बढ़ाने की वकालत के दौरान अक्सर उदाहरण पूछे जाने पर मेरे लिए प्रभात खबार एक ऐसे उदाहरण की तरह आता है जिसने तमाम प्रतिकूलताओं के बावजूद पत्रकारिता के लोकतंत्र के दायरे को फैलाया और उसकी आत्मा को विस्तार दिया है।आज प्रभात खबर को देखकर अच्छा लगता है कि मेरे पत्रकारीय जीवन के शौर्य का पहला प्रेम न केवल और युवा और आकर्षक हो गया है बल्कि मैच्योर भी।

[—लेखक भारतीय जनसंचार संस्थान (आईआईएमसी), नयी दिल्ली में पत्रकारिता (वर्ष : 2009) के एसोसिएट प्रोफेसर और वरिष्ठ मीडिया विश्लेषक हैं।]

प्रादेशिक पत्रकारिता का लाइट हाउस

रामशरण जोशी

आज देश की मुख्य धारा की पत्रकारिता बाजारवाद की गिरफ्त में है। ऐसी दशा में क्षेत्रीय पत्रकारिता से लोगों की उम्मीदें बंधी होना स्वाभाविक है। यद्यपि पिछले एक-डेढ़ दशक में क्षेत्रीय पत्रकारिता में भी बाजारवादी प्रवृत्तियों का विस्फोट हुआ। कतिपय क्षेत्रीय अखबार प्रदेश की राजधानियों से निकलकर दूसरे राज्यों में ही नहीं पहुंच रहे हैं, बल्कि राष्ट्रीय राजधानी दिल्ली में भी अपनी उपस्थिति का एहसास करा रहे हैं। एक वक्त था जब नयी दिल्ली से प्रकाशित हिंदी दैनिक शीर्ष हिंदी दैनिकों के लिए रोल मॉडल और ट्रेंड सेंटर हुआ करते थे, लेकिन अब यह प्रक्रिया उलट चुकी है। दैनिक भास्कर, अमर उजाला, जागरण जैसे क्षेत्रीय दैनिकों ने प्रसार संख्या व पाठक संख्या के क्षेत्र में नया कीर्तिमान स्थापित किया है। अब इंदौर से चल कर नयी दुनिया भी दिल्ली से प्रकाशित होने जा रहा है। यहां तक कि छत्तीसगढ़ का छोटा-सा दैनिक देशबंधु भी दिल्ली पहुंच चुका है। 21वीं सदी के क्षेत्रीय दैनिकों में ऊंची पूंजी व उन्नत तकनीकी के नये आयाम जुड़े हैं।

संक्षेप में क्षेत्रीय दैनिक या पत्रकारिता महाजनी पूंजीवाद के युग से निकलकर बहुराष्ट्रीय पूंजीवाद के युग में प्रवेश करने जा रही है। चूंकि एनडीए सरकार ने पत्र-पत्रिकाओं में 26 फीसदी विदेशी पूंजी के नियोजन की अनुमति विदेशी लोगों को दे दी है। अतः क्षेत्रीय मुद्रण पत्रकारिता के द्वार अब विदेशी पूंजी के लिए खुल चुके हैं। जाहिर है, इसका लाभ क्षेत्रीय पत्रकारिता को मिलेगा और इसके साथ ही यह पूंजी क्षेत्रीय पत्रकारिता को सही या गलत ढंग से प्रभावित भी करेगी। इस परिदृश्य में झारखंड के प्रमुख दैनिक प्रभात खबर की भूमिका को देखने की आवश्यकता है। निःसंदेह इस दैनिक ने अपने ढाई दशकीय जीवन काल में क्षेत्रीय पत्रकारिता के क्षेत्र में उद्देश्यात्मक भूमिका निभाई है। यह अनेक प्रकार के झंझावतों से गुजरा है। अपनी वैचारिक व व्यावसायिक प्रतिबद्धताओं के कारण समय-समय पर सत्ता प्रतिष्ठान से टकराया भी है। बड़े घरानों या एकाधिकारवादी पूंजीवादी प्रेस प्रतिष्ठानों से भी यह भिड़ा है। अपने अस्तित्व व अस्मिता को चमकदार ढंग से सुरक्षित भी रखा है। विपरीत परिस्थितियों के बावजूद इसने अपना विस्तार किया और अहिंदीभाषी कोलकाता तथा अन्य क्षेत्रों से अपने

संस्करण निकाले। यह एक बड़ी उपलब्धि है। क्षेत्रीय दैनिक होने के बावजूद प्रभात खबर जहां अपनी जड़ों से जुड़ा हुआ है, वहीं हिंदी पत्रकारिता के राष्ट्रीय स्तर पर भी अपनी गरिमामय उपस्थिति को रेखांकित किया है। पिछले कुछ वर्षो से इसके वार्षिक अंक साहित्य, समाज शास्त्र, और पत्रकारिता के अनुपम प्रतीक हैं एवं सार्थक रचनात्मक पत्रकारिता का प्रतिनिधित्व करते रहे हैं। इसके अतिरिक्त झारखंड, बिहार के विकास पर आधारित सर्वेक्षण व विश्लेषणात्मक अंक तो निश्चित ही हर दृष्टि से अनूठे हैं, क्योंकि इन अंकों में समाज वैज्ञानिकों, चिंतकों और समाज कर्मियों का उपस्थित रहना यह दरसाता है कि प्रभात खबर का इंजन आज भी मूल्यों और सिद्धांतों की पटरियों पर दौड़ रहा है। इस पहलू को रेखांकित करना इसलिए आवश्यक है, क्योंकि आज पत्रकारिता से विचार संस्था अर्थात् संपादक संस्थान लगभग गायब हो चुका है। इसका स्थान ब्रांड प्रबंधकों ने ले लिया है, लेकिन प्रभात खबर के चरित्र को देखते हुए यह निष्कर्ष तो निकाला ही जा सकता है कि आज भी इस अखबार में संपादक संस्था जीवित ही नहीं, बल्कि अपनी संपूर्ण जीवंतता के साथ सक्रिय भी है। यदि संपादक संस्था मृत हो जाती या कोमा में चली जाती, तो इसके द्वारा गंभीर पत्रकारिता संभव नहीं थी। न ही चिंतनपरक विशेषांक निकाले जा सकते थे।

यह सही है कि वैश्विक पूंजीवाद या निगम पूंजीवाद के युग में मीडिया, राष्ट्रीय या क्षेत्रीय मीडिया बदलते समाजिक, आर्थिक, राजनीतिक यथार्थों से पलायन नहीं कर सकता। मूल मुद्दा यह है कि प्रोफेशनल कमिटमेंट और पूंजी दबाव के बीच संतुलन बनाये रखा जा सके। मैं समझता हूं कि संपादक हरिवंश जी को संतुलन बनाये रखने का हुनर खूब आता है। भविष्य में भी प्रभात खबर प्रादेशिक पत्रकारिता के लिए लाइट हाउस का रोल निभाता रहेगा।

(बातचीत : संतोष कुमार सिंह)

(लेखक वर्ष : 2009 से वरिष्ठ पत्रकार व मीडिया अध्यक्ष हैं)

दबे-कुचले की आवाज

राजेंद्र यादव

पत्रकारिता का सिद्धांत है-कहीं कुछ लोग हैं, जो सत्य को बाहर नहीं आने देना चाहते, पत्रकारिता उन्हीं सत्य को सामने लाती है। आज राष्ट्रीय और स्थानीय (क्षेत्रीय)पत्र-पत्रिकाएं विज्ञापन के दबाव में अपने असल उद्देश्य से भटकती जा रही हैं। अखबार अपने अस्तित्त्व को बचाये रखने के लिए सत्य को छुपाते हैं। अखबार अत्याचार, शोषण, सत्य के दमन को वाणी देता है। अगर अखबार इनके खिलाफ आवाज नहीं उठायेगा, तो कौन उठायेगा? इन बातों को नहीं उठाना पत्रकारिता की नैतिकता की खिलाफ है। आज सत्य को कुचला जा रहा है। राष्ट्रीय अखबारों और स्थानीय (क्षेत्रीय)अखबारों में एक अंतर है। स्थानीय खबरों को राष्ट्रीय अखबार ले नहीं पाते। उन्हीं खबरों को स्थानीय अखबार उठाते हैं। इसमें प्रभात खबर जैसे क्षेत्रीय अखबारों का योगदान अहम है। झारखंड जैसे राज्य में यह अखबार बेहतर काम कर रहा है। आदिवासियों, समाज के दबे-कुचले लोगों की आवाज बनकर उभरा है। लेकिन स्थानीय अखबारों (क्षेत्रीय अखबारों)के दबाव में आने की गुंजाइश ज्यादा होती है। दबाव बनाने वालों के ये (क्षेत्रीय अखबार) मुलायम टारगेट होते हैं। इन अखबारों को आसानी से धमकाया जा सकता है, डराकर अपने हिसाब से खबर सेट किया जा सकता है, स्थानीय अखबारों में काम करने वाले पत्रकारों की स्थिति भी नाजुक बनी रहती है। हिम्मत जुटाकर घटनाओं का पर्दाफाश करते हैं, जो कभी-कभी जान पर बन आती है। ऐसा ही कुछ उमेश डोभाल के साथ हुआ, जिन्होंने शराब माफियाओं के खिलाफ आवाज बुलंद की, लेकिन इसका खामियाजा अपनी जान देकर उन्हें भुगतना पड़ा। विज्ञापन देने वाले स्थानीय अखबार वालों को खरीदते हैं। खबरें अपने हिसाब से बनवाते हैं, अक्सर ऐसा होता है कि क्लाइंट की पसंद से अखबार मालिक ने खबर बनायी और उससे पैसे बनाये। इसका उलटा कभी ऐसा भी होता है कि मालिक ने खबर बनायी और क्लाइंट से ब्लैकमेल किया। खबर बनाने के पीछे मालिक नहीं, बल्कि छोटे पत्रकार ही होते हैं। एक आदर्शवादी पत्रकार जान को जोखिम में डालकर सत्य उद्घाटित करता है, लेकिन मालिक पैसे के लालच में फंसने वाले व्यक्ति के हाथों खबर को बेच देता है। इसके कारण स्थानीय पत्रकारों में महत्त्वहीनता का भाव पैदा होता है। स्थानीय अखबार और राष्ट्रीय अखबार

में एक बड़ा रोचक अंतर आजकल देखने में आ रहा है। साहित्य, शिल्प, संस्कृति को बनाये रखने का जिम्मा स्थानीय स्तर पर स्थानीय अखबारों (क्षेत्रीय अखबारों) की जवाबदेही होती है, लेकिन दुर्भाग्यवश यह चीज स्थानीय अखबारों से पूरी तरह से विलुप्त हो चुकी है। राष्ट्रीय अखबारों में कहीं-कहीं थोड़ी-बहुत इसकी झलक मुश्किल से देखी जा सकती है। ये सारी चीजें अखबार की नैतिकता के खिलाफ हैं। सत्ता का भय या सरकार का प्रचारतंत्र या सरकार से सौदेबाजी स्थानीय अखबारों की किस्मत बन चुकी है। इसका नतीजा यह हुआ है कि खबरों की प्रामाणिकता या विश्वसनीयता आज नहीं रही। पत्र-पत्रिकाओं में छपने वाली खबरों के पीछे कौन-से लोग हैं, यह जांचना मुश्किल है। आज अखबार अपने सरकुलेशन, एसैट, विज्ञापन के द्वार बनाने में मशगूल है। उसे इस बात की फिक्र नहीं कि यह धंधेबाजी का सौदा भारतीय लोकतंत्र के चौथे स्तंभ के लिए कितना घातक बनता जा रहा है। हिंदी का कोई अखबार नहीं, जिसपर पांच मिनट से ज्यादा समय दिया जा सके। गंभीर विचार-विमर्शों की संतति समाप्त होती जा रही है। प्रभात खबर ने इस चीज को संजोये रखा है।

अंग्रेजी पत्रकारिता में अगर गंभीर विमर्श कहीं बचा है, तो वो दक्षिण भारत के एक अखबार में बचा है। जिस अखबार की विश्वसनीयता कम होगी, उसका प्रसार भी कम होगा। कुछ अखबार संस्थागत होते हैं। उसके लिए एक सफल नेतृत्व की जरूरत होती है। यानी संपादक का महत्त्व अखबार में सबसे ज्यादा होता है। प्रभात खबर को ही लें, अगर हरिवंश जी नहीं हों,तो प्रभात खबर का रूप क्या होगा? हालांकि आज के अर्थशास्त्र ने संपादकीय व्यवस्था को खत्म कर दिया है।

(वरिष्ठ साहित्यकार राजेंद्र यादव ने यह आलेख 2009 में लिखा था।)

... ताकि समाज और देश का कुछ भला हो

डॉ उदित राज

प्रभात खबर एवं इसके संपादक तथा सहयोगीगणों ने यह सिद्ध कर दिया है कि बिना व्यवसायीकरण के भी एक अच्छा दैनिक अखबार चलाया जा सकता है। जहां तक मेरी जानकारी है, यह अखबार एक उद्योगपति समूह का तो है, लेकिन जिस स्थिति में इसके संपादक श्री हरिवंश आदि को सौंपा गया था, उसको खबर के आधार पर चलाना अति कठिन था। आज के दैनिक अखबारों में मूलत: क्रिकेट, सिनेमा, अपराध एवं विवादित खबरें ही होती हैं। तर्क यह दिया जाता है कि ऐसी पाठकों की मांग है। इस मान्यता को प्रभात खबर ने ध्वस्त किया है और इसके लिए इसे धन्यवाद दिया जाना चाहिए।

26 जून, 2005 को मेरे नेतृत्व में उस समय के बिहार के राज्यपाल को ज्ञापन सौंपने के लिए प्रतिनिधिमंडल के साथ लोग जब राजभवन, पटना की तरफ कूच कर रहे थे, तो पुलिस ने बर्बरता से लाठीचार्ज किया। वह मेरे जीवन की एक बहुत ही आश्चर्यजनक घटना थी कि आखिर में बिहार प्रदेश चल कैसे रहा था? घटना की जानकारी सीधे प्रभात खबर के संपादक को दी गयी। जैसे ही उन्होंने सुना, वे खुद चकित रहे और कहा कि एक सिद्धांतवादी एवं पढ़े-लिखे नेता के साथ जब ऐसा बिहार में हो रहा है, तो कैसे देश चलेगा? उन्होंने शीघ्र ही अपने पटना के संवाददाता को भेजा और पूरे विवरण के साथ दूसरे दिन अखबार में खबर छपी। अखबार में जिस तरह से छापा गया, वह अति सराहनीय रहा, क्योंकि घटना को ज्यों-का-त्यों पेश किया गया। कहने का मतलब कि न तो घटना को बहुत बढ़ा-चढ़ाकर पेश किया और न ही उसके अंदर की गंभीरता को कमजोर होने दिया। एक बार जब मैं रांची गया, तो स्वत: हरिवंश जी से मुलाकात करने उनके निवास पर पहुंचा और उनके विचार जानने को मिले।

व्यक्ति के विचार से लेखन, पत्रकारिता, निष्पक्षता और तमाम सारी चीजें तय होती हैं, हालांकि, यह हर परिस्थिति के लिए सच नहीं है। तमाम व्यवसायी अखबारों में भी अच्छे लोग हैं, लेकिन खबर को जिस तरह से पेश किया जाना चाहिए, नहीं कर पाते। अखबार एवं पत्रिकाएं तभी खबरों का आईना बन सकते हैं, जब लिखने वाले और मालिकों की नीयत दुरुस्त हो। कई बार अच्छे संपादक एवं पत्रकारों की वजह से भी अखबार या पत्रिका ठीक हो सकते हैं, अगर

उनकी खबर से बिक्री खूब हो, विज्ञापन मिले और सत्ता के गलियारे में धमक भी हो, तो मालिकों को कोई आपत्ति नहीं होती। कभी-कभी अच्छे मालिक भी होते हैं, जो चाहते हैं कि समाज और देश का कुछ भला हो और उसको मुख्य बिंदु बनाकर लेखन एवं रिपोर्टिंग तय की जाती है।

मुंबई में जब 26 नवंबर को हमला हुआ, तो जिस तरह से मीडिया अपने दर्शकों एवं पाठकों का ज्यादा-से-ज्यादा ध्यान आकर्षित करने के लिए जो सबकुछ कर रही थी, उससे लगा कि आतंकवादियों से ज्यादा तो देश और समाज को मीडिया हानि पहुंचा रही है। ऐसे में प्रभात खबर खबरों एवं विचारों को ज्यों-का-त्यों पेश करने में बहुत हद तक कामयाब रहा और आशा है कि आगे भी रहेगा, यही देश की असली सेवा होगी। मैं तमाम अखबारों के लिए लिखता रहता हूं और स्वाभाविक है कि प्रभात खबर को भी भेजता हूं और वहां प्राय: छपता भी रहता है। पाठकों से जो इसके बारे में सुनता हूं, शायद बहुत ही कम पत्र-पत्रिकाएं देश में हैं, जिनको यह इज्जत मिलती होगी।

वर्तमान में सरकारी नीतियों एवं कार्यक्रमों, रचनात्मक कार्यक्रम, जनांदोलन, दलित उत्पीड़न, किसानों की समस्या आदि के लिए ज्यादातर पत्र-पत्रिकाओं में जगह नहीं है। तर्क यह दिया जाता है कि ऐसी खबरें पाठकों को आकर्षित नहीं करतीं। जो मीडिया परोसती है, धीरे-धीरे उसी तरह की खबरें पाठकों को अच्छी लगने लगती हैं। भूमंडलीकरण के प्रभाव के साथ-साथ देश में हालात तो बदले हैं, लेकिन इतने नहीं कि जो जीवन की सचाई है, उस पर भी लिखा-पढ़ा न जा सके। अत: पाठकों से कहीं ज्यादा अखबार के मालिक, संपादक एवं पत्रकार जिम्मेदार हैं और होना भी चाहिए।

(लेखक मशहूर दलित चिंतक हैं)

महज अखबार नहीं

योगेंद्र यादव

मेरे मन में प्रभात खबर, सिर्फ एक अखबार नहीं बल्कि एक रूपक है। रूपक है, तमाम व्यावसायिक और गैर व्यावसायिक दबावों के बावजूद गंभीर और प्रतिबद्ध पत्रकारिता के संघर्ष का। रूपक है महानगरों के बाहर हिंदी की समृद्धि और उसके विकास का, इसलिए जब भी दिल्ली में लोग हिंदी पत्रकारिता के भविष्य को अंधकारमय बताते हैं, तो मैं अक्सर प्रभात खबर के बारे में सोचकर मन को दिलासा देता हूं। जब कभी हिंदी पत्रकारिता के नकलचीपन और शोधशून्यता पर खीज आती है, तो झारखंड और बिहार पर प्रभात खबर के विशेषांकों को याद कर अपने आप को संतुलित करता हूं। प्रभात खबर को पहली बार जाना था, तो इसलिए कि किशन पटनायक और सच्चिदानंद सिन्हा के लेख इसमें छपते थे। विचारशून्यता के इस युग में यह एक सुखद आश्चर्य था, फिर हरिवंश जी से मुलाकात हुई, और बिहार के दौरों में प्रभात खबर को नियमित रूप से पढ़ना शुरू किया। जब-जब चुनाव का वक्त आया, उन दिनों विशेष आग्रह कर दिल्ली में प्रभात खबर मंगवाकर पढ़ना शुरू किया। तब समझ आया कि बड़ी पूंजी के सहयोग के बिना किस-किस तरह से इस अखबार ने पत्रकारिता के धर्म को निभाया है। रांची में दंगों और सांप्रदायिक तनाव के दौर में प्रभात खबर ने सच का साथ नहीं छोड़ा, और इसकी कीम्त अदा करने की हिम्मत बनाये रखी। बड़ी पूंजी के हमले के बाद भी प्रभात खबर बना रहा, खड़ा रहा, यह अपने आप में एक अद्‌भुत घटना थी। इससे समझ आया कि ईमानदार पत्रकारिता को सूझबूझ और प्रयोग से जोड़कर आज भी जिंदा रखा जा सकता है। अकसर प्रतिबद्ध पत्रकारिता के प्रयासों ने नयी तकनीक और भाषा व शैली के प्रयोग से परहेज किया है। नतीजन वे सब खत्म हो रहे हैं। ऐसे में प्रभात खबर ने नया मॉडल पेश किया है।

एक और मायने में भी प्रभात खबर भारतीय पत्रकारिता के लिए मॉडल है। प्रभात खबर ने दिखाया है कि आदिवासी अंचल का अखबार आदिवासियों को अपना पाठक व पत्रकार बना सकता है, उन्हें काम दे सकता है, उन्हें जुबान दे सकता है। देश में आज पत्रकारिता सिर्फ 'ए' और 'बी' वर्ग के उपभोक्ताओं के लिए सिमट कर रह गयी है। ऐसे में प्रभात खबर का मॉडल सभी गैर अंगरेजी अखबारों के लिए एक मिसाल बन सकता है। एक जमाने में इंदौर के नयी

दुनिया ने यह धर्म निभाया था। मुझे कोई शक नहीं कि आज इस धर्म को निभाने वाले चंद अखबारों में प्रभात खबर की गिनती होगी।

दिल्ली में रहते हुए रोज सुबह तो प्रभात खबर पढ़ने को नहीं मिलता है। हां, जब बिहार, झारखंड के विधानसभा चुनाव या लोकसभा चुनाव होते हैं, उन दिनों जरूर खासतौर पर मंगवाकर प्रभात खबर को रोज पढ़ता हूं। कुछ साल पहले प्रभात खबर की ओर से आयोजित व्याख्यानमाला के तहत रांची, जमशेदपुर और धनबाद में इस अखबार के पाठकों से रू-ब-रू होने का मौका मिला था। वह स्मृति मेरे जीवन की सबसे मीठी स्मृतियों में से एक है।

(लेखक मशहूर राजनीतिक विश्लेषक हैं)

अच्छी सामग्री की दरकार वाला एक अखबार

विश्वनाथ तिवारी

मैं प्रभात खबर का पाठक तो कभी नहीं रहा लेकिन अक्सर इसकी चर्चा राष्ट्रीय कार्यक्रमों में सुनता रहता हूं। अखबार के प्रधान संपादक श्री हरिवंश की चर्चा भी सुनता रहा हूं लेकिन मिलने का अवसर अब तक नहीं मिल सका है।

मेरे मन में यह बार-बार सवाल उठता रहा कि आखिर क्या है एक छोटी-सी जगह से निकलने वाले अखबार प्रभात खबर की खासियत कि गाहे-बगाहे अपने मित्रों से चर्चा सुनता हूं। लेकिन एक बार ऐसा कुछ हुआ कि बगैर प्रभात खबर देखे ही मुझे यह मानना पड़ा कि वाकई इस अखबार में ऐसी खासियत है, जिसने तमाम सीमाओं को तोड़कर इसके दायरे को इतना बड़ा कर दिया है।

करीब छह-सात साल पहले मैंने अपनी पत्रिका 'दस्तावेज' में 'हंस' के संपादक राजेंद्र यादव पर एक लंबा संपादकीय लिखा था। पत्रिका का संपादकीय राजेंद्र यादव के खिलाफ था। कुछ दिन बाद पता चला कि रांची से निकलने वाले प्रभात खबर ने उस संपादकीय को 'दस्तावेज' से साभार लेकर पूरा का पूरा छाप दिया है। ऐसा करना प्रभात खबर की संपादकीय दृष्टि और निर्भीकता दोनों को स्पष्ट किया। तब मैं समझ गया कि यह एक ऐसा अखबार है, जिसे जहां भी उपयोगी सामग्री मिले, बगैर किसी हिचक के लेता है और यह एक निर्भीक अखबार है। बाद में मैंने प्रभात खबर को एक पत्र लिखकर इसके बारे में धन्यवाद दिया। अखबार की वह कतरन आज भी मेरे पास है।

(लेखक 'दस्तावेज' के संपादक व वर्तमान में साहित्य अकादमी के अध्यक्ष हैं।)

ऐसा संपादक कहां मिलेगा

उमेश चतुर्वेदी

पिछली सदी के आखिरी दशक की बात है। तब कलम पकड़ने का ककहरा सीख रहा था। उत्तर प्रदेश के सबसे पूर्वी छोर पर स्थित बलिया में पढ़ाई के दौरान ही कलम के साथ रिश्ता जुड़ता जा रहा था। एम ए हिंदी की पढ़ाई के ही दौरान देश के जाने-माने अखबारों और पत्रिकाओं में लेखन का सिलसिला शुरू हो गया था। तब तक बलिया से महज एक ही बार मेरे पैर बाहर निकले थे। वह भी सिर्फ दो रातों के लिए - लिहाजा किताबों के अलावा साहित्य और पत्रकारिता की दुनिया के बड़े या छोटे - किसी भी तरह के व्यक्ति के साथ कोई जुड़ाव नहीं हो पाया था। अगर जुड़ाव था तो विनय बिहारी सिंह, राजेंद प्रसाद, प्रकाश और भगवती प्रसाद द्विवेदी से। जाहिर है - सभी बलिया के ही थे। विनय जी दिल्ली में पत्रकारिता कर रहे थे। शायद 1990 की होली थी - विनय जी दिल्ली से होली मनाने बलिया लौटे और जब वहां से बाहर निकले तो दिल्ली के लिए नहीं - रांची के लिए। पता चला कि वे रांची से निकलने जा रहे एक दैनिक अखबार प्रभात खबर के फीचर विभाग में काम करने जा रहे हैं। उन्हीं दिनों पहली बार प्रभात खबर के नाम से परिचय हुआ। कलम पकड़ना सीख रहे शावक पत्रकार के लिए हरिवंश का नाम रविवार पढ़ते वक्त जाना-पहचाना तो था, लेकिन विनय जी के ही जरिए पता चला कि हरिवंश जी इसके संपादक हैं। उन्हीं दिनों पता चला कि हरिवंश जी बलिया के ही रहने वाले हैं और इसके दिल्ली दफ्तर में कृपाशंकर चौबे काम करते हैं, और वे भी बलिया के ही हैं, तो बिना उस अखबार की शक्ल देखे ही मेरा उससे गहरे तक अपनापा हो गया।

उस वक्त बलिया में एक बड़े साहित्यकार थे। बलिया के टाउन इंटर कालेज में हिंदी पढ़ा रहे नरेंद्र शास्त्री का शगल पत्रकारिता भी थी। रहते भले ही वे बलिया में ही थे - लेकिन उनके लेखन की चमक राष्ट्रीय स्तर पर पहचानी और जानी जाती थी। नरेंद्र शास्त्री से परिचित तो था, लेकिन संकोच और अपने अज्ञानवश उनसे मिलने और बात करने का साहस बहुत दिनों तक जुटा नहीं पाया। तब तक वे चक विलियम का डॉक्टर जैसी कहानी लिखकर विख्यात हो चुके थे। रविवार में प्रकाशित होकर यह कहानी काफी प्रशंसा पा चुकी थी। धर्मयुग में शास्त्री जी के निबंधों ने भी काफी लोकप्रियता प्राप्त की थी। उनका एक निबंध आज भी मेरे जेहन में

टंगा हुआ है - रसबुनिया झरे। तपती ग्रीष्म के बाद हुई पहली बरसात पर लिखे उनके इस निबंध में । सिर्फ प्रकृति के सौंदर्य का बेहतर चित्रण है, बल्कि सांस्कृतिक और शस्य परंपरा की भी अनुगूंज है। लेकिन विनय बिहारी सिंह और राजेंद्र जी के साथ मैं भी शास्त्री जी की संगत में बैठ - उठकर कलम की कलाकारी सीखने की कोशिश करने लगा था।

प्रभात खबर से दिल छू लेने वाला संपर्क इन्हीं नरेंद्र शास्त्री जी के जरिए बना। लेकिन अफसोस, यह जरिया बनी भी तो उनकी असामायिक मौत। 1991 में विनय बिहारी सिंह और कृपाशंकर चौबे ने प्रभात खबर को छोड़कर कलकत्ता- (अब कोलकाता) में जनसत्ता को ज्वाइन कर लिया। कृपाशंकर जी आजकल दैनिक हिंदुस्तान के कोलकाता संवाददाता हैं, जबकि विनय जी आज भी जनसत्ता में ही हैं। प्रभात खबर में रहते वक्त एक छुट्टी में बलिया आए विनय जी को पता चला कि नरेंद्र शास्त्री एक उपन्यास लिख रहे हैं। उस उपन्यास की पांडुलिपि वे रांची लेते चले गए और यह उपन्यास प्रभात खबर में कथासूत्र के नाम से प्रकाशित होता रहा। इसके कुछ अंश हमें पढ़ने को मिले। उन दिनों हम एमए की कक्षाओं में इस उपन्यास की चर्चा करते थे ये गलत है या सही - लेकिन इस चर्चा में बलिया को लेकर जातीय गर्व बोध भी होता था।

1991 की सर्दियां बीत रही थीं। हवाओं में वसंती लास्य लक्षित होने लगा था। तारीख तो अब याद नहीं है। लेकिन ऐसी ही एक शाम शास्त्री जी से मिलकर मैं अपने गांव लौट गया। तब मैं रोजाना ट्रेन से अपने गांव से बलिया पढ़ने आता था और शाम को वापस लौट जाता था। अगली सुबह जब बलिया पहुंचा तो एक मनहूस खबर हमारा इंतजार कर रही थी। पता चला कि देर रात शास्त्री जी की हृदयाघात से मौत हो गई। आज गांवों तक में हर दूसरे के हाथ मोबाइल फोन दिखने लगा है। लेकिन उस जमाने में मोबाइल को कौन कहे - बेसिक टेलीफोन तक सिर्फ जिला मुख्यालय तक में दिखता था। ऐसे में शास्त्री जी की मौत की खबर हमें काफी देर से मिली।

शास्त्री जी तब अपनी उम्र के पांचवें दशक में थे। इतनी कम उम्र में लेखन का हमारा यह गुरु चला जाएगा - हमने सोचा भी नहीं था। जवानी की दहलीज पर पांव रखते युवा पत्रकार के लिए यह हृदयद्रावक हादसा था। उदास भावनाओं का ज्वार उफान मार रहा था। उनके दाहसंस्कार के बाद वापसी के बाद अजीब तरह का खालीपन भरा हुआ था। इसी खालीपन में मैंने एक पोस्टकार्ड पर शास्त्री जी की मौत का दुःखद समाचार हरिवंश जी को लिख कर भेज दिया। उस पोस्टकार्ड की कॉपी तो मेरे पास होनी ही नहीं थी, और हरिवंश जी भी क्या रखते। लेकिन अगले हफ्ते एक हैरत मेरा इंतजार कर रही थी। हरिवंश जी का मार्मिक पत्र मेरे पास आया, जिसमें उन्होंने लिखा था कि उस पोस्टकार्ड की सूचना को ही नरेंद्र शास्त्री जी की मौत की खबर के रूप में प्रभात खबर में प्रकाशित किया गया है। लगे हाथों उन्होंने मुझसे पूछा भी था कि कथा सूत्र के प्रकाशन के एवज में प्रभात खबर से जो पारिबश्रमिक दिया जाना है , वह किसे दिया जायेगा। मैंने उन्हें जवाब दिया कि उनके एकमात्र पुत्र अनीश श्रीवास्तव या उनकी पत्नी

के नाम यह पारिश्रमिक दिया जा सकता है। यह चिट्ठी मिलते ही हरिवंश जी ने पांच हजार रुपये का चेक मेरे ही पास भेजा था– जिसे मैंने अनीश तक पहुंचा दिया था।

बाजारवाद के दौर में जब अखबार प्रोडक्ट बन चुका है, प्रभात खबर अखबार नहीं आंदोलन का नारा आज भी बुलंद किए हुए है। इसकी वजह है उसके संपादक का मानवीय सरोकार। हरिवंश जैसा संपादक ही मुझ जैसे नवेले लेखक पर भरोसा कर सकता था और उसके लिखे पोस्टकार्ड को ही खबर मानकर छाप सकता था। इतना ही नहीं– अपने एक लेखक का पारिश्रमिक भी शावक पत्रकार को भेज सकता था।

माखनलाल चतुर्वेदी पत्रकारिता विश्वविद्यालय के लिए दिनमान के मोनोग्राफ पर काम करते पता चला कि दिनमान ने कई पत्रलेखकों को लेखक और रिपोर्टर तक बना दिया था। दिनमान के तब के सहायक संपादक जितेंद्र गुप्त ने एक इंटरव्यू में इन पंक्तियों के लेखक को बताया है कि कई पाठकों के पत्रों में इतनी साफगोई से विचारों का तारतम्य होता था कि उन्हें लेख या रिपोर्ट में छापने में दिनमान को कोई उज्र नहीं होता था। दिनमान ने इस लीक को तोड़ा था। शायद यही वजह है कि उसने इतिहास रचा। आज हिंदी पत्रकारिता में लीक पर चलने की परंपरा विकसित होती जा रही है। बाजार के दबाव के अलावा नये कदम उठाने की हिचक हर जगह दिख रही है। ऐसे मौकों पर मुझे प्रभात खबर से जुड़ा यह अनुभव बार-बार याद आता है। हरिवंश जी के बहाने प्रभात खबर से हुआ यह परिचय 17 साल बीत जाने के बाद भी मेरे मनमस्तिष्क पर आज तक छाया हुआ है।

(लेखक वरिष्ठ टीवी पत्रकार व स्तंभकार हैं)

बदलते समय-समाज के हिसाब से प्रयोग

लालू प्रसाद यादव

एक बेहतर समाज के निर्माण में मीड्यिा की अहम भूमिका है। सूचना तंत्र के विस्तार और ग्लोबलाइजेशन के कारण मीड्यिा का परिदृश्य बदल गया है। पहले जहां एक शहर से इक्के-दुक्के अखबार छ्पते थे, वहीं अब इसकी संख्या बढ़ी है। इलेक्ट्रॉनिक मीड्यिा का तेजी से विस्तार हो रहा है। इसके बावजूद प्रिंट मीड्यिा और खास तौर पर दैनिक समाचार पत्रों की भूमिका कम नहीं हुई है, बल्कि अभी भी समाज के बड़े हिस्से तक उसकी पहुंच है।

प्रभात खबर ने रांची जैसे छोटे शहर से निकलकर पटना, कोलकाता, सिलीगुड़ी, जमशेदपुर, धनबाद और देवघर में अपना विस्तार किया है। झारखंड में प्रभात खबर ने अपने स्लोगन अखबार नहीं आंदोलन, पर चलते हुए कई ज्वलंत मुद्दों की ओर सरकार और समाज का ध्यान आकृष्ट कराया है। जिन विषयों की ओर राष्ट्रीय मीड्यिा का ध्यान नहीं जाता, उन्हें ऐसे क्षेत्रीय अखबारों में जगह मिलती है। और फिर वे राष्ट्रीय स्तर पर बहस के मुद्दे बनते हैं। हिंदी समाचार पत्रों में कई गंभीर मुद्दे जगह नहीं पाते हैं। लेकिन प्रभात खबर ने इस दिशा में अच्छा काम किया है। आर्थिक मंदी, गरीबी, हिंदी पट्टी के पिछड़ेपन, बाढ़ जैसे विषयों पर कई बार इस समाचार पत्र में विशेषज्ञों के लेख और तथ्यात्मक आंकड़ों को मैंने पढ़ा है। यह जानकर बहुत खुशी हुई कि प्रभात खबर अपनी स्थापना की 25वीं सालगिरह मना रहा है। मेरी राय में समाचार पत्रों को एक सजग प्रहरी की भूमिका में रहना चाहिए, न कि किसी का पिछलग्गू बनना चाहिये। तभी लोकतांत्रिक प्रणाली अक्षुण्ण रहेगी। उम्मीद की जानी चाहिए कि प्रभात खबर आने वाले दिनों में भी पत्रकारिता की गरिमा को बरकरार रखते हुए समाज के सजग प्रहरी के तौर पर काम करेगा।

प्रभात खबर को मैं एक ऐसे अखबार के तौर भी देखता हूं, जो बदलते समय-समाज के लिए प्रयोग करता रहा है। इस प्रयोग के कारण उसकी अलग छवि बनी है। मुझे याद है कि जब हिंदी पट्टी में रोजगार, अर्थव्यवस्था, कारोबार की दुनिया से जुड़ी खबरों को लेकर निरपेक्षता का भाव था, तब इस अखबार ने रोजगार और कारोबार को केंद्रित कर अखबार का प्रकाशन शुरू किया। उस समय राष्ट्रीय स्तर पर इन विषयों पर गिनती के अखबार छ्पते थे। सामाजिक बदलाव में अखबारों की भूमिका को कोई नकार नहीं सकता। लोगों को जागरूक व चेतनशील बनाने में अखबार महत्त्वपूर्ण कड़ी हैं। प्रभात खबर की पहचान उसकी ये खूबियां हैं। मैं प्रभात खबर के 25 वर्ष पूरा होने पर हार्दिक शुभकामनाएं देता हूं।

(लेखक वरिष्ठ राजनेता हैं : यह आलेख 2009 में लिखा गया था।)

खंड-11 : अनुभवों से गुजरते हुए...

मेरी नजर में प्रभात खबर और झारखंड

बीपी केशरी

'मातली तोर प्रीते हाम अनजान में': प्रमोद कुमार राय

नागपुरी गीत की यह पंक्ति मुझे कई-कई अर्थों में संवेदित करती है। प्रभात खबर के प्रति मेरा प्रेम-प्रसंग भी कुछ ऐसा ही है। हरिवंश जी और प्रभात खबर परिवार से मेरी अनुरक्ति ही कुछ इसी तरह बढ़ती गयी है, दूज के चांद की तरह।

प्रसंग की शुरुआत

झारखंड समन्वय समिति (जेसीसी) की स्थापना (सितंबर, 1987) के बाद झारखंड आंदोलन में एक नया उभार आया। मैं इसका एक संयोजक था, इधर हम लोगों के विभाग (जनजातीय एवं क्षेत्रीय भाषा विभाग, रांची विश्वविद्यालय) की स्थापना (1981-82) से झारखंड में सांस्कृतिक नवजागरण का एक नया दौर जोर पकड़ रहा था। इसी बीच 1985 के हमारे विभागाध्यक्ष डॉ रामदयाल मुंडा को विश्वविद्यालय का प्रतिकुलपति बना दिया गया। मेरा अनुमान है कि विभाग और झारखंड आंदोलन को कमजोर करने के इरादे से ऐसा किया गया था। मगर इसका असर उल्टा होने लगा। तब कुछ लोग प्रशासन को यह समझाने में लग गये कि डॉ मुंडा सीआईए के एजेंट हैं और डॉ केशरी के सारे कार्यकलाप डॉ मुंडा के निर्देशन पर ही चलते हैं। (याद करने की बात है कि डॉ कुमार सुरेश सिंह, आयुक्त-सह-कुलपति, की पहल पर डॉ मुंडा को विभाग का कार्यभार संभालने के लिए सिनिसोटा विश्वविद्यालय, यूएसए से आमंत्रित किया गया था।)

मुझे याद है कि उदयशंकर ओझा, राजीव रंजन मिश्रा जैसे कुछ छात्र नेताओं के माध्यम से तत्कालीन कुलाधिपति वेंकट सुबैया को शिकायत भेजी गयी कि डॉ मुंडा और डॉ केशरी राजनीति से गंदा कर रहे हैं। उन दोनों को दूसरे विश्वविद्यालयों में स्थानांतरित किया जाये, इसी सिलसिले में मुझे डॉ मुंडा के साथ पटना में कुलाधिपति के समक्ष पेश होने का आदेश मिला। संयोग से जिस दिन हम लोग कुलाधिपति के पास पहुंचे उस दिन भारत के उपराष्ट्रपति का

पटना आगमन हुआ था। कुलाधिपति आवास बृहत् सुरक्षा घेरे में था, हम लोगों को आईबी चीफ श्यामल दत्ता के कार्यालय में उपस्थित होने का निर्देश मिला। उस समय हमारे परिचित पत्रकार उत्तम सेन गुप्ता हमारे साथ थे, आईबी चीफ के कार्यालय में भी वैसा ही तामझाम और आतंक का माहौल था। मेरी सांस ऊपर-नीचे हो रही थी क्योंकि मेरी प्रोफेसरी खतरे में थी।

हरिवंश जी से भेंट

पटना से खट्टा-मीठा अनुभव लेकर हम लोगों के रांची आने के कुछ ही दिनो बाद हरिवंश जी हमारे विभाग में उपस्थित हुए। उस समय वे 'रविवार' पत्रिका से जुड़े हुए थे, वे झारखंड का हाल जानना चाहते थे, और हम लोग किसी 'दिकू' को दिल की बात बताना नहीं चाहते थे, मगर थोड़ी ही देर में बीच की दीवार टूट गयी। आत्मीयता उभर आयी। झारखंड का हाल-समाचार (दुर्दशा) बताते हुए पटने के अनुभवों का जिक्र हुआ। मैंने उनसे पूछा - क्या इसी को जनतंत्र या डेमोक्रेसी कहते हैं? इस तरह के तामझाम और आतंक के माहौल में क्या हमारा कोई आदमी किसी अधिकारी से अपना दुख-दर्द निवेदन कर सकता है? राजा-रजवाड़ों के ठाट-बाट और तामझाम से इसमें क्या फर्क है?

मेरी बातों को सुनकर हरिवंश जी अभिभूत हो उठे। मेरे प्रश्न उनको आकुल कर रहे थे। उन्होंने कई बार व्यक्तिगत रूप से और कई बार सार्वजनिक रूप से भी स्वीकार किया है कि हम लोगों से इस साक्षात्कार के बाद ही उन्होंने प्रभात खबर के संपादन का भार ग्रहण करने का निर्णय किया। उस समय कई बड़ी और अच्छी सेवाएं उन्हें आमंत्रित कर रही थीं। शायद उन्हीं दिनों उनके मन में यह जज्बा पैदा हुआ था कि प्रभात खबर को झारखंड के लिए वे एक नया रूप देंगे। एक ऐसा रूप जो यादगार बन जायेगा।

यह प्रसंग मेरी जिंदगी के लिए भी एक यादगार है। बहुत संभव है कि इसी वजह से मैं न तो हरिवंश जी को भूल पाता हूं और न प्रभात खबर को।

इतना ही नहीं

बात सिर्फ इतनी ही नहीं है। प्रभात खबर से मेरे आंतरिक लगाव के और भी कई कारण हैं। मुझे बार-बार ऐसा एहसास होता है कि प्रभात खबर में झारखंड के लिए कुछ ऐसा ही है जो दूसरे अखबारों में नहीं मिलता। हो सकता है यह मेरे लिए प्रीतजन्य मोह हो या इसे आप मेरी मायोपिया भी कह सकते हैं। पर बहुत तटस्थ होकर भी मैं सोचता हूं तो लगता है कि यह सचमुच 'अखबार नहीं आंदोलन' है।

लिखने की बीमारी मुझे बहुत पहले लग गयी थी, लेकिन उसका दायरा साहित्य तक सीमित था - नागपुरी या हिंदी में। 1972 से मैं झारखंड आंदोलन से जुड़ा, एनइ होरो हमारे अजीज नेता थे। तब उनके द्वारा संपादित 'झारखंड टाइम्स' और रामेश्वरम द्वारा संपादित 'हलधर' में झारखंड के लिए कुछ-कुछ लिखा करता था। मन में झिझक थी, लेकिन हरिवंश जी की आत्मीयता से मेरा विश्वास और उत्साह बढ़ा। मेरी कई रचनाएं - 'मैं झारखंड में हूं',

'झारखंडके सदान', 'ओम विश्वविद्यालय नमः' पूरी गरिमा के साथ प्रभात खबर में सिलसिलेवार प्रकाशित हुईं। इस एहसान को मैं भूल नहीं पाता।

मैं जानता हू मेरी तरह और भी अनेकों को प्रभात खभर ने प्रतिष्ठा दी है। उनकी रचनाओं को धारावाहिक रूप से, और दूसरे प्रकार से भी, आदर के साथ प्रकाशित कर। नाम गिनाने की जरूरत नहीं, ऐसे लोगों के नाम अब लोगों की जुबान पर हैं। इनकी सूची बहुत लंबी है।

बौद्धिक आधार का निर्माण

इस लंबी सूची से झारखंड का एक बौद्धिक आधार (इंटलेक्चुअल बेस) मिला है। हम लोग बराबर सोचते रहे हैं, बौद्धिक आधार के अभाव में ही झारखंड की राजनीति भटकती है। हमारे राजनेता कॉरपोरेट बुद्धिजीवियों के जाल में असानी से फंस जाते हैं। वे 'घुघरा' खाने के लोभ में उनके 'लासा ठेंगी' में 'मैना' की तरह फंस जाते हैं या 'घाइ पंड्की' बनकर रह जाते हैं। झारखंड की दुर्दशा के इस मूल कारण को दूर करने के लिए झारखंड को एक देशज बौद्धिक आधार चाहिए। वैसे लोगों की एक जमात चाहिए जो झारखंड की पीड़ा को वाजिब आवाज दे सके। प्रभात खबर ने इस जमात को खड़ा करने में और झारखंड की आंतरिक पीड़ा को वाजिब अवाज देने में जो पहल की है, वह पत्रकारिता की दुनिया में एक मिसाल साबित होगी, मेरे मन में ऐसी आशा जगती है।

इस अर्थ मे मुझे लगता है कि प्रभात खबर झारखंड के जन-गण का एक चौकस पहरेदार है। सिर्फ शब्द से नहीं, कर्म से भी। मन, वचन और कर्म से ऐसी चौकसी बरतने वाले और भी अखबार हो सकते हैं। उनकी संख्या बढ़नी चाहिए, तभी वे 'चौथे स्तंभ' की भूमिका को सार्थक कर पायेंगे।

हरिवंश जी की टिप्पणियां

चौकस पहरेदारी की भूमिका को स्वयं हरिवंश जी (प्रधान संपादक) बखूबी निभाते रहे हैं। ऐसी सटीक और निर्भीक टिप्पणियां पत्र-पत्रिकाओं में बहुत सुलभ नहीं हैं। हाल-हाल में उनकी एक टिप्पणी में कयास था कि शिबू सोरेन झारखंड के नये मुख्यमंत्री हो सकते हैं। इस कयास में कुछ ठोस तथ्य उन्होंने दिये थे, लेकिन ऐसा कोई लक्षण सतह में दिखाई नहीं दे रहा था। हम लोगों को यह विश्लेषण विश्वसनीय नहीं लग रहा था, लेकिन उनका कयास सच निकला। संभव है, इस संबंध की कुछ बुनियादी सूचना उनके पास रही हो। यह उनकी चौकसी का एक गवाह है। प्रभात खबर में हरिवंश जी की ऐसी अनेकों टिप्पणियां समय-समय पर छपती रही हैं। ये टिप्पणियां तथ्य और प्रतिपादन दोनों दृष्टियों से उनकी निर्भीकता, बहुविज्ञता और दूरदर्शिता पर मुहर लगाती हैं। बहुत सटीक और प्रभावशाली होती है उनकी शैली। मेरी समझ से इन टिप्पणियों का एक संकलन लोकहित में उपयोगी होगा।

प्रभात खबर के परिशिष्ट

साप्ताहिक परिशिष्टों के अलावा प्रतिवर्ष 15 अगस्त, 26 जनवरी, 15 नवंबर के अवसर

पर निकलने वाले इसके परिशिष्ट अपने आप में अनमोल हैं। कुछ दिनों पूर्व रविभूषण जी के संपादन में कविताओं के संग्रहणीय अंक निकला करते थे। फैसल अनुराग ने एक ऐसा ही विशिष्ट अंक डॉ कुमार सुरेश सिंह को केंद्रित कर संपादित किया था। ऐसे विशिष्ट अंकों की एक अलग श्रृंखला है। ये सारे अंक और परिशिष्ट पठनीय-संग्रहणीय हैं।

इन परिशिष्टों से प्रभात खबर की एक विशिष्ट पहचान बनती है।

समय-समय पर आयोजित सेमिनार और विशिष्ट व्यक्तियों की व्याख्यानमाला से भी प्रभात खबर ने सारस्वत-चिंता की जमीन तैयार की है। इसे भी मुझे उपलब्धि से कम नहीं आंकना चाहिए।

प्रभात खबर की विश्वसनीयता

पाठकों के बीच प्रभात खबर की अच्छी विश्वसनीयता बन गयी है। इसके समाचार निष्पक्ष, संतुलित और विश्वसनीय होते हैं। इसका श्रेय इसके संवाददाताओं और स्तंभकारों को मिलना चाहिए। बहुतों को याद होगा कि चारा घोटाला का उद्घाटन प्रभात खबर के माध्यम से किसलय जी ने किया था। हाल-हाल में विनोद सिन्हा, एनोस एक्का, हरिनारायण राय, मधु कोड़ा प्रकरण के कई समाचार ऐसे ही विप्लवकारी थे। इन प्रकरणों को उजागर करने वाले अकाट्य साक्ष्यों की प्रस्तुति के लिए उनके संवाददाता निश्चय ही हमारे धन्यवाद के पात्र हैं। इशाण करण की टिप्पणियों ने तो तहलका ही मचा दिया था।

इन प्रकरणों में आरोपितों की सफाई को भी सामने लाने में प्रभात खबर ने कभी कोताही नहीं की है। यह पत्रकारिता-धर्म के निर्वाह का अच्छा प्रमाण है।

प्रभात खबर का नेटवर्क

प्रभात खबर का एक विशाल नेटवर्क है। इसकी शुरुआत मामूली तरीके से हुई थी, आज यह एक छतनार वट वृक्ष है। दूर-दूर तक इसकी समर्थ शाखाएं फैली हुई हैं। निश्चय ही इसका श्रेय इसके व्यवस्थापकों को है, लेकिन इसकी श्रीवृद्धि में इसके प्रधान संपादक, स्थानीय संपादक, उप संपादक, संवाददाता, स्तंभकार, लेखक और अन्य सहयोगियों का योगदान भी किसी तरह कम नहीं है। समर्पित सहयोगियों के बल पर ही इसे यह गौरवमय विस्तार मिला है। इसके विविध कार्यकलापों में उन सबों का सराहनीय योगदान हमेशा याद किया जायेगा।

मुझे ऐसा लगता है कि अपने पाठकों और सहयोगियों के जीवंत संबंध से यह और भी बड़ी कामयाबी हासिल करने के मुकाम पर पहुंच गया है।

हमारी शुभकमानाएं

झारखंड मुक्त होकर भी औपनिवेशिक बंधन में जकड़ा हुआ है। इसके शहीदों के सपने पूरे नहीं हुए हैं। वैश्वीकरण और उपभोक्तावादी संस्कृति के जाल में झारखंड के जन-गण बुरी तरह फंसाये जा रहे हैं। इससे निजात कैसे मिलेगी? यह एक बड़ा सवाल, एक बड़ी चुनौती

हमारे सामने है। एक तरफ झारखंड के विध्वंस का मंजर है, दूसरी तरफ झारखंड के नवनिर्माण के खूबसूरत सप्ने। ऐसी स्थिति में जनतंत्र के चौथे स्तंभ की एक बड़ी भूमिका बनती है।

मुझे पूरी आशा और विश्वास है कि प्रभात खबर इस दायित्व का पूर्ण रूप से निर्वाह करेगा।

प्रभात खबर की रजत जयंती के अवसर पर इसके एक-एक समर्पित सहयोगी के लिए अशेष शुभकामनाएं और हार्दिक बधाइयां!

(बिशेश्वर प्रसाद केशरी झारखंड आंदोलन के प्रमुख स्तंभ रहे हैं और जनजातीय भाषा के प्रमुख हस्ताक्षर हैं।)

'द हिंदू' का हिंदी वर्सन होना चाहिए

डॉ. केके सिन्हा

प्रभात खबर के बिना मेरी चाय की चुस्की पूरी नहीं होती है। समाचार पत्र तो कई पढ़ता हूं लेकिन जब तक प्रभात खबर न पढ़ लूं, मन नहीं लगता है। अखबार अच्छा है, इसका संपादकीय बेहतर होता है और प्रधान संपादक का पर्सनल ओपीनियन आम लोगों की आवाज है। यह अखबार साफ-साफ बताता है कि अपने क्षेत्र से लेकर देश में क्या हो रहा है? मैं प्रभात खबर का वर्षों से पाठक हूं, विचार मिलता-जुलता है। हां, हिंदुस्तान में युवकों को दिखावे वाली वस्तुएं आकर्षक लगती हैं। उन्हें बेहतर समाज, बेहतर भविष्य व बेहतर कैरियर के बारे में बताना जरूरी है। वहीं सावन मेला आदि को बहुत प्रमुखता से छापने से बचना चाहिए। यह सावन मेला चंद महिलाओं के लिए है, न कि ९९ फीसदी महिलाओं के लिए। बुनियादी सुविधाओं से वंचित लोगों को अखबार प्रमुखता दे। पाठक के तौर पर मेरी सलाह तो यह भी है कि प्रभात खबर को 'द हिंदू' का हिंदी वर्सन बनना चाहिए। अंग्रेजी अखबार 'द हिंदू' ग्रेट न्यूज पेपर है, उसका आइड्यिा लाजवाब है। अखबार को हिस्ट्री(इतिहास) से संबंधित मैटर देना चाहिए, क्योंकि लोग इतिहास नहीं जानते हैं। थोड़ा-बहुत पढ़े हैं, उसे भूलते जा रहे हैं। वैसे प्रभात खबर का कंटेंट भी काफी अच्छा रहता है, इसके कॉलम भी पठनीय होते हैं।फिर भी मुझे ऐसा लगता है कि प्रभात खबर जैसे अखबार ही लोगों को यह बता सकते हैं कि कैसे हमारे राजा-महाराजाओं ने देश को अंग्रेजों के हाथों सौंप दिया था। मात्र पचास लाख रुपये की खातिर शाह आलम ने देश को राबर्ट क्लाइव के हाथों गिरवी रख दिया था। पलासी की लड़ाई के बाद क्लाइव काफी पॉवरफुल हो गया था। तब शाह आलम ने आजीवन पेंशन देने, आजीवन रक्षा करने व बादशाह के रूप में सम्मान देने की शर्तें रखी थीं, जिसे क्लाइव ने कुबुल किया। और हम गुलाम हो गये। इसे ही दीवानी राइट्स कहा गया। यह बताने की जरूरत नहीं, हमें महसूस करना चाहिए कि स्वतंत्रता क्या है? इसका कांसेप्ट सबसे पहले अंग्रेजों ने ही हमें सिखाया। डेमोकेट्रिक की परिभाषा उन्होंने ही दी, हमारे पुरखों की जुबान तो राजाओं के डर से खुलते ही नहीं थे, हमारी सभ्यता में दम नहीं था। अपने ही लोगों ने समाज को बांट दिया, हमें लूटते रहे, कभी जमींदार तो कभी राजा। अंग्रेजों ने ही हमें नियम-कानून, गुड गवर्नेंस दी।

उन्होंने ही रेल का जाल बिछाया, यूनिवर्सिटी खोले, कॉलेज खोला, मेडिकल-इंजीनियरिंग कॉलेजों की स्थापना की, अस्पताल बनवाया, सोसाइटी दी, हमें रहन-सहन सिखाया, संचार माध्यम बताया आदि-आदि। शायद अंग्रेज नहीं होते तो मैं डॉक्टर नहीं होता, मैं भी गांव में खेती-बारी ही करता। अंग्रेजों ने ही समाज में व्याप्त कुरीतियों जैसे सती प्रथा, बाल-विवाह आदि को खत्म किया। इसके बावजूद हम लोग अंग्रेजों को गाली देते हैं। इससे बचना चाहिए।

जब तक शिक्षा नहीं आयेगी, विकास नहीं होगा

जब तक देश के लोग शिक्षित नहीं होंगे, विकास नहीं होगा। हम आजादी के छह दशक बाद भी काफी पीछे हैं। दुनिया काफी आगे निकल रही है। देश की असहाय, निस्सहाय, निरक्षर जनता आज डर के मारे क्रिमिनल्स, गुंडों को चुनाव जिता रही है। अच्छे लोग नहीं आ रहे हैं। इससे विकास का मार्ग अवरुद्ध हो गया है, किंतु अब हमारी आंखें खुल गयी हैं। शिक्षित लोगों को सही-गलत की पहचान होने लगी है, इसके लिए हम सभी को मिलकर काम करना होगा और मीडिया इसमें अहम भूमिका निभा सकती है। ऐसे मसलों पर लोगों को जागरूक करने का काम प्रभात खबर ही कर सकता है।

आज एजुकेशन का मतलब बदल गया है। लोग पढ़ने-लिखने का अर्थ नौकरी समझते हैं। ऐसा नहीं है, एजुकेशन यानी संस्कारित लोग। जो मानवता के प्रति समर्पित हो, उनके अंदर काइंड्नेस हो, रिसपेक्ट, अकाउंटबिलिटी हो। आजादी तो मिल गयी है, फिर भी हम लोगों ने अपने रहन-सहन में बदलाव नहीं लाया। एक किस्सा बताते हैं- इंग्लैंड, अमेरिका जाते समय मैं प्लेन में कई लोगों को देखता हूं कि जब वे इंड्यिा से बाहर जाते हैं, तो वहां के नार्म्स, रूल, विहैब को फालो करते हैं। लेकिन, जब वे वहां से वापस लौटते हैं तो प्लेन से लेकर लैंडिंग तक कई ऐसी हरकत करते हैं, जो हमें अंग्रेज व हिंदुस्तानी में अंतर बताता है। यह बहुत ही शर्मनाक है। पढ़-लिखकर अच्छा आदमी बनना जरूरी है, मीडिया को ऐसी बातों पर भी ध्यान देने की जरूरत है। मेरे विचार से आज विकास के नाम पर हमारे नेता तो पावर हंगरी हो गये हैं। इन्हें विकास नहीं सिर्फ पैसा चाहिए, अपनी जेबें भरें। झारखंड को बने आठ वर्ष हो गये, एक भी मेडिकल कॉलेज नहीं खुला। यहां तो मैनेजमेंट संस्थान खोलना मुश्किल लगता है। यह बात समझ में आती है कि मेडिकल कॉलेज खोलने के लिए अस्पताल चाहिए, उपकरण चाहिए। लेकिन मैनेजमेंट कॉलेज के लिए तो ऐसी बात नहीं।

(लेखक प्रख्यात न्यूरो-फिजिशियन हैं। यह आलेख 2009 में पुष्पगीत से बातचीत पर आधारित है)

बहुत कुछ बदल गया, नहीं बदला तो बस तेवर

देवव्रत दासगुप्ता

25 वर्षों का समय कम नहीं होता है। पूरे दो युगों का साथ है। स्वाभाविक है कि इस बीच कई बदलाव हुए। सूबे में, देश में, विदेश में, प्रभात खबर में और अपनी जिंदगी में भी, पर प्रभात खबर के संदर्भ में एक चीज नहीं बदला - तेवर। प्रभात खबर के प्रकाशन शुरू होने से पहले रांची के कई नागरिकों के साथ-साथ मुझे भी शिकायत थी कि रांची से प्रकाशित होने वाले अखबार सरकार समर्थक हैं, निष्पक्ष नहीं। प्रभात खबर का प्रकाशन प्रारंभ होने से यह शिकायत दूर हुई - और यह निष्पक्षता, साहस के साथ सत्य के पक्ष में खड़े होना, निर्ममतापूर्वक भ्रष्टाचार का बखिया उधेड़ देना - जारी रहा। रंग बदले, रूप बदले, संपादक बदले, कीमत बदली, पाठक जवान से अधेड़, अधेड़ से बूढ़े हुए पर आज तक प्रभात खबर के तेवर नहीं बदले।

मेरे एक मित्र ने एक बार मुझसे कहा कि कोई भी अखबार पढ़ लो, क्या फर्क पड़ता है ? एक ही समाचार सभी में मिलेंगे, थोड़ी-बहुत उलटफेर के साथ। तसवीरों में फर्क हो सकते हैं, बाकी तो एक ही रहेगा। मैंने मित्र को याद दिलाया कि भाई जब हम लोग स्कूल में पढ़ते थे, तब मास्टर साहब अंगरेजी शब्द के हिज्जे अखबार में देख लेने को कहते थे। यह आम राय थी कि अखबार में गलत हिज्जे नहीं छपते। आज भी प्रभात खबर पढ़कर बहुत से लोग अपनी हिंदी व्याकरण की गलतियां सुधार लेते हैं। पहले हिंदी, उर्दू या फिर अंगरेजी के अखबार आते थे, अब हिंगरेजी के भी आते हैं, व्याकरण और हिज्जे की कौन कहे, अब तो हिंदी के शब्दों का चयन भी मुश्किल हो जाता है। कम-से-कम इस संदर्भ में कोई भी अखबार और प्रभात खबर का फर्क उन्हें मान लेना पड़ा।

मैं नहीं जानता कि किसी और अखबार के संवाददाता को राजनेता उसी अखबार के माध्यम से चाय पर बुलाते हैं, पर ईशान करण जी को माननीय भानु प्रताप शाही से मिला हुआ आमंत्रण प्रभात खबर में ही पढ़ा। वैसे ईशान करण जी से माननीय बंधु तिर्की, माननीय इंदर सिंह नामधारी भी समय- समय पर मिलना चाहते थे। नरेगा और सूचनाधिकार पर विष्णु राजगढ़िया जी और शक्ति पाण्डेय जी का किया हुआ कार्य दिल-दिमाग को झिंझोंड़ देता था।

मोनी जी के सटीक व्यंग्य, माणिक जी की तसवीरें निश्चित ही प्रभात खबर को एक अलग पहचान दिलाती हैं। मोनीजी का एक कार्टून माननीय शिबू सोरेन पर आया था, उस समय, जब झारखंड बिहार से ताजा- ताजा अलग हुआ था या होने वाला था, जिसका शीर्षक था ''कखन बनी कखन बैठब'' यह चार कॉलम दस सेंटीमीटर में प्रकाशित हुआ था, आज के संदर्भ में भी उतना ही सटीक है, जितना उस दिन था। राजलक्ष्मीजी को पढ़कर लगता है कि ठीक यही मेरी सोच है। निराला जी का अंदाजेबयां भी निराला है, मधुकर जी ठेठ हैं, पर ये समाज को एक दिशा देने को सदा तत्पर रहते हैं। और आदरणीय हरिवंश जी के जो लेख संपादकीय के अलावा आते हैं, वे प्रबुद्ध पाठक को सोचने के लिए मजबूर कर देते हैं और संपादकीय तो संपादकीय ही है, उसका क्या कहना?

प्रभात खबर का नारा है - ''अखबार नहीं आंदोलन'', जनमानस को आंदोलित करने का प्रयास बराबर प्रभात खबर करता आया है परंतु हम राज्यसभा चुनाव के विवरण पढ़ कर आंदोलित नहीं होते, नरेगा के कारण आत्महत्यायों के विवरण पढ़कर आंदोलित नहीं होते, प्रतिदिन के भ्रष्टाचार के विवरण पढ़कर आंदोलित नहीं होते, भूख से हुई मौतों के विवरण पढ़ कर भी आंदोलित नहीं होते, होते भी हैं तो उसे प्रकट नहीं करते क्योंकि हम मूक हैं, मुखर नहीं। प्रभात खबर अपने कीमती विज्ञापन की जगह में युवा वर्ग का आह्वान करता आया है, अपने पाठक वर्ग का आह्वान करता आया है - व्यवस्था बदलने के लिए, बुराइयों को दूर करने के लिए, अंधेरे में प्रकाश जगाने के लिए, दीया जलाने के लिए। लेकिन हम मरे हुए लोग, हम सड़े हुए लोग, हम झारखंड के सोये हुए वासी - इंशाअल्लाह हम कभी नहीं सुधरेंगे, चाहे कोई लाख हमें जगाने का यत्न करे, आमीन।

(लेखक बैंक अधिकारी व प्रभात खबर के पुराने नियमित पाठक हैं।)

केवल अखबार नहीं, आंदोलन बना दिया

डॉ. दिनेश्वर प्रसाद

प्रभात खबर और बाद के कई क्षेत्रीय समाचार पत्रों की प्रेरणा का स्रोत रांची एक्सप्रेस रहा है। पहले यह धारणा सर्वमान्य जैसी हो गयी थी कि रांची या झारखंड से कोई दैनिक समाचार पत्र प्रकाशित होकर अधिक समय तक नहीं चल सकता। इस धारणा को रांची एक्सप्रेस और बलवीर दत्त ने तोड़ा। पूरे झारखंड में एक बड़ा पाठक वर्ग तैयार किया। रांची एक्सप्रेस की कुछ वैचारिक प्रतिबद्धताएं भी थीं, इसलिए कुछ समय बाद वैकल्पिक विचारधाराओं को अभिव्यक्ति देने और आम जनता तक ले जाने की अपेक्षा अनुभव की जाने लगी। किंतु यह साहस कौन व्यक्ति या प्रकाशन संस्थान करे, इस प्रसंग में असमंजस की स्थिति बनी हुई थी। इस गतिरोध को प्रभात खबर ने तोड़ने का उपक्रम पहली बार किया। मुझे यह कहने में कोई संकोच नहीं कि रांची एक्सप्रेस व प्रभात खबर अखबार न होते और इन्होंने अपनी अनन्य जीवटता प्रमाणित न की होती तो शायद अन्य दैनिक समाचार पत्र रांची से इतनी जल्दी प्रकाशित नहीं हो पाते। प्रभात खबर ने यह प्रमाणित किया कि रांची एक्सप्रेस की व्यापक लोकप्रियता के बावजूद अपने लिए स्वतंत्र और प्रतिस्पर्धी लोकप्रियता का निर्माण संभव है। यही नहीं इसने यह भी प्रमाणित किया कि वैकल्पिक, वैचारिक प्रतिबद्धताओं के आधार पर अनेकानेक दैनिक समाचार पत्रों का रांची जैसी छोटी जगह से प्रकाशन, उनका स्वागत संभव है। इस दृष्टि से मैं क्षेत्रीय पत्रकारिता ही नहीं राष्ट्रीय पत्रकारिता के संदर्भ में प्रभात खबर को विशेष महत्त्व के साथ स्मरण करना चाहूंगा।

यदि 25 वर्षों का लंबा सफर तय करने वाले दैनिक अखबार प्रभात खबर पर विचार किया जाये। विचार का वह संदर्भ इसका स्वतंत्र व्यक्तित्व और वैशिष्ट्य ही हो सकता है। शुरू से ही प्रभात खबर की अपनी प्रतिबद्धताएं रही हैं। यह समाजवादी विचारधारा का संपोषण करने वाला अखबार है। इसकी चिंता आम आदमी और आम भारतीय की जीवन की चिंता है, इसने हर दृष्टि से यहां के औसत को उजागर किया है, इसकी प्रतिबद्धताओं में जो बातें शामिल हैं उनमें एक है भारत की राजनीतिक स्वतंत्रता और इसके एक फलितार्थ के रूप में यूएस और तुलनीय विदेशी दबावों का विरोध। यदि इसके पुराने से लेकर नये अंक तक देखे जायें तो इसकी वैचारिक दुनिया का भूगोल समझा जा सकता है। इसने हर तरह के अधिनायकवाद से

टक्कर ली है। बेबाकी से हमारे देश की राजनीति और राजनेताओं की शल्य क्रिया की है। प्रभात खबर के विषय में मैंने जो कुछ कहा है उससे यह धारणा बन सकती है कि इसकी सबसे प्रमुख चिंताएं राजनीतिक और आर्थिक रही हैं, किंतु ऐसा सोचना गलत होगा। अपने समग्र रूप में प्रभात खबर गंभीर सांस्कृतिक और साहित्यिक अभिरुचियों और प्रश्नों का अखबार है। इसने समय-समय पर स्वदेश और विदेश के साहित्यकारों और कलाकारों पर बड़े गंभीर आलेख प्रकाशित किये हैं। इसने भारत के आदिवासी समाजों और संस्कृतियों को आम भारतीय की दृष्टि में लाते रहने की कोशिश की है। इसने भारत को बाहर के विचार जगत् के साथ अपने पाठक वर्ग को जोड़ते रहने की कोशिश की है। इसका सम्मिलित अर्थ यह होता है कि यह अखबार अपने पाठक वर्ग को निरंतर प्रबुद्ध बनाने और उसके संस्कारों के निर्माण परिस्कारों का कार्य करता है। प्रभात खबर की आजतक की यात्रा का कोई भी लेखा-जोखा इसके भाषिक स्तर पर विचार किये बगैर संभव नहीं है। आज न केवल झारखंड बल्कि हिंदी अखबारों की पूरी दुनिया भाषा को वह महत्त्व नहीं देती है, जो आजादी के संघर्ष के दिनों के हिंदी अखबार दिया करते थे। लोग हिंदी अखबार पढ़ कर अच्छी हिंदी सीखते हैं। आज के समय में द हिंदू व द स्टेट्समैन के पाठक अंगरेजी भाषा का अपना ज्ञान और संस्कार परिमार्जित करते हैं। पुराने हिंदी समाचार पत्रों की भाषायी स्तर संबधी चिंता प्रभात खबर में मुझे पहले के दिनों की तरह ही जिंदा दिखाई देती है। मैं इसे इसकी कम बड़ी उपलब्धि नहीं मानता। एक पाठक के रूप में मेरी यह शुभकामना है कि इसकी विविधता निरंतर समृद्ध होती रहे, जिससे इसके पाठक का कलात्मक और बौद्धिक स्तर समृद्ध होता रहे। किंतु मैंने अबतक जो कुछ कहा है अधूरा रहेगा जब तक कि मैं इसके यशस्वी संपादकों व पत्रकारों का उल्लेख न करूं। मैं इसके प्रधान संपादक हरिवंश जी के उल्लेख के बिना सब कुछ अधूरा मानूंगा, क्योंकि उन्होंने इसे सच में केवल अखबार नहीं रहने दिया। एक आंदोलन बना दिया। आंदोलन इस अर्थ में : यह निरंतर अपने पाठक वर्ग की वैचारिक जकड़न को तोड़ता है और बराबर जागरूक और प्रबुद्ध बनाये रखता है।

(डॉ. दिनेश्वर प्रसाद दिवंगत हो चुके हैं। मशहूर रचनाकार थे। यह आलेख 2009 में अनुप्रिया अनंत से बातचीत पर आधारित है।)

पहली बार ग्रामीण जनता का अखबार अस्तित्व में आया

विद्याभूषण

प्रभात खबर का नाम पहली खबर, सुबह खबर या फिर प्रभात समाचार ऐसा कोई भी नाम हो सकता था। पर प्रभात खबर के पहले संपादक एसएन विनोद ने जिस तरह समाचारों व खबरों को परोसने में समझौता नहीं किया, प्रभात खबर का नामकरण भी शब्दों के सटीक मेल-मिलाप से तय किया गया। उस जमाने में पत्रकारिता किसी अखबार के नाम की मुहताज भले ही न रही हो, पर इस वास्तविकता को भी झुठलाया नहीं जा सकता कि अखबार की सोच व उसका उद्देश्य उसके नाम से झलकता है। प्रभात खबर ने भी खुद को वाकई प्रभात की पहली खबर के रूप में सार्थक किया। 1984 से अब तक प्रभात खबर ने कई दौर देखे, आज यह झारखंड का नंबर वन अखबार बन गया। पर 25 वर्ष पहले इसे नंबर वन की कुर्सी तक पहुंचाने में कई लोगों की मेहनत, लगन, जज्बा रहा। एक शब्द में कहें तो समर्पण छुपा है। वह दौर असल पत्रकारिता का था, एसएन विनोद के नेतृत्व में अखबार ने कई नये व स्थापित स्तंभों की शुरुआत की। शीर्षकों में भी वैचारिक दृष्टिकोण स्पष्ट नजर आता था। उस दौर में रांची में रांची एक्सप्रेस के अलावा दूसरा कोई ऐसा अखबार नहीं था, इसलिए शायद लोगों के पास विकल्प भी नहीं थे। पर प्रभात खबर के आगमन के बाद इसने खुद को पूरी तरह स्थानीय व क्षेत्रीय लोगों को समर्पित किया। लोग खुलकर अपने विचार रखने लगे। लोगों को अपनी प्रतिक्रिया अभिव्यक्त करने की स्वतंत्रता दी गयी है। एक मायने से कहें तो जमाने के साथ जो टेस्ट बदल रहा था, प्रभात ने उस नब्ज को पकड़ा। कुछ समय के लिए ज्ञानरंजन ने कमान संभाली, इसके बाद आप कह सकते हैं कि प्रभात खबर का नवोदय हुआ। हरिवंश ने ऐसे समय में प्रभात खबर की कमान संभाली, जब लोगों ने यह मान लिया था कि अखबार का टिक पाना मुश्किल है। पर यहां से प्रभात खबर का सूर्योदय हुआ, अब यह हरिवंश का प्रभात खबर बन गया। हरिवंश ने प्रभात खबर में खुद को संपादक कम पत्रकार के रूप में अधिक स्थापित किया। आज भी तथ्य, तर्क, संदर्भ, दिशा उनके विशेष संपादकीय की जान है। सीमित संसाधनों के बावजूद ऊर्जावान टीम और हरिवंश या यूं कहें पत्रकार हरिवंश ने असल मायने में पत्रकार की भूमिका निभायी। आज प्रभात जिस मुकाम पर है, उसे यहां तक पहुंचाने का मुख्य श्रेय हरिवंश को जाता है। इस अखबार ने कई ऐसे

सफल व सक्रिय पत्रकारों को संवारा, जो अब पत्रकारिता के क्षेत्र में हस्ताक्षर बन चुके हैं। इसमें कोई दो मत नहीं कि हरिवंश ने टीम में ऊर्जा, उत्साह व नौजवानों में वो बैचेनी पैदा की, जिसने प्रभात खबर को घर-घर का प्रभात बना दिया। हां, मगर इस बात से भी इनकार नहीं किया जा सकता कि प्रभात खबर को रांची के पाठकों के लिए चौथा स्तंभ बनाने में कुछ पत्रकारों की अहम भूमिका रही। ऐसे पत्रकारों की फेहरिस्त इतनी लंबी है, जितनी विस्तृत अखबार की उपलब्धियां। उस दौर में महिला पत्रकार गिनी-चुनी थीं, पर प्रभात खबर ने महिला पत्रकारों को भी सुनहरा मौका दिया। मणिमाला ने महिला आंदोलन के क्षेत्र में जो योगदान दिया वह काबिलेतारीफ है। कला-संस्कृति के क्षेत्र में नीहारिका ने शानदार रिपोर्ट लिखी, जो आज भी संग्रहणीय हैं। सुनील श्रीवास्तव, संजीव क्षितिज, राजचंद्र झा, किट्टू, विनय बिहारी सिंह, पलास विश्वास, राहुल, रवींद्र भारती, अविनाश, विनोद कुमार, अनुराग अन्वेषी आज भले ही प्रभात खबर के साथ न हों, पर प्रभात खबर की सफलता में इनके योगदान अतुलनीय हैं। प्रभात खबर की फीचर टीम आज भी झारखंड की सबसे मजबूत टीम मानी जाती है। घनश्याम श्रीवास्तव के नेतृत्व में रविवारीय में ऐसे कई विशेषांक छपे जो ऐतिहासिक दस्तावेज बने। इसके अलावा जनमत से जुड़े कई विषयों पर फीचर सप्लीमेंट ने अहम भूमिका निभायी। उस वक्त फीचर के लिए नवभारत टाइम्स के बाद प्रभात खबर के रविवार अंकों की चर्चा होती थी। प्रभात खबर ने वाकई लोगों को एक मंच प्रदान किया, जहां धर्म, जात-पांत को आधार मानकर खबरें नहीं लिखी जाती थीं। हरिवंश ने खबरों व समाचारों के अलावा साहित्य जगत्, कला-संस्कृति व समाज के आम जनता तक पहुंचाया। निष्पक्ष अखबार के रूप में प्रभात खबर ने अपनी छवि बरकरार रखी। यही वजह है कि आज भी इस अखबार का बड़ा पाठक वर्ग आदिवासी, मुसलमान, वामपंथी, आंदोलनकारी, अल्पसंख्यक, बुद्धिजीवी व संस्कृति से जुड़े समुदाय का है। झारखंड का कोई भी अखबार इस पाठक वर्ग को तोड़ नहीं पाया। मुझे आज भी याद है जनवरी का महीना रहा होगा, वो कड़ाके की ठंड, सुबह 9 बजे। रांची के ठंड के मिजाज से हम सभी वाकिफ हैं, हरिवंश ने संगोष्ठी बुलायी थी। मुद्दा अयोध्या में मंदिर-मस्जिद का विवाद। हरिवंश के एक बुलावे पर उस कड़ाके की ठंड में शहर के लगभग सभी प्रतिष्ठित साहित्यकार व बुद्धिजीवी लोग वहां एकत्रित हुए थे। उस वक्त प्रभात खबर की ऊपरी मंजिल तैयार नहीं हुई थी, हम सबने अपने विचारों को खुलकर रखा। विचार-विमर्श से कई नयी बातें निकलकर सामने आयीं। उस दिन सभी में इतना जोश नजर आया था। सभी ठंड को भूल गये। हरिवंश ने समय-समय पर ऐसी कई संगोष्ठियां आयोजित कीं, जिनमें लोगों को छोटे-बड़े हर मुद्दों पर विस्तार व नजदीक से जानने-समझने का मौका मिला। आने वाले समय में प्रभात खबर नयी ऊंचाइयों को छुए, मेरी शुभकामनाएं हैं। एक तमन्ना जरूर है कि जिस तरह राजनीतिक मसलों पर प्रभात खबर ने कई प्रमाणित दस्तावेज सुलभ कराये उसी तरह झारखंड के साहित्य को भी उसकी वास्तविक पहचान दिलाये, यही उम्मीद है, यही आशा भी।

(लेखक वरिष्ठ साहित्यकार हैं। अनुप्रिया अनंत से वर्ष 2009 में बातचीत पर आधारित)

वाकई खुद को साबित कर दिया...

अशोक प्रियदर्शी

मैं उस वक्त स्थायी रूप से रांची में नहीं रहता था, लेकिन शुरुआती दौर से पढ़ने-लिखने की दिलचस्पी के कारण अखबारों से जुड़ाव रहा। उस वक्त अखबार के रूप में अगर किसी अखबार की पहचान थी तो वह केवल रांची एक्सप्रेस ही था। कुछ लोगों से पता चला कि रांची में एक और अखबार आने वाला है, बात सच भी निकली। पहली बार इस नये अखबार को 4 पन्नों के रूप में देखने का अवसर मिला। उस वक्त यह अखबार मुफ्त में बांटा जा रहा था। मुझे वो भी दिन याद है और आज यह अखबार 25 वर्ष में प्रवेश कर रहा है। इस सफलता का स्वाद कैसा होगा, ये सिर्फ वही जान सकते हैं , जो शुरुआत से लेकर अबतक प्रभात खबर से जुड़े हैं। एक स्थापित अखबार के साथ-साथ खुद की पहचान बनाना किसी चुनौती से कम नहीं था। उस दिन रांची आया तो रांची का रंग जरा बदला-सा लगा। कई चौक-चौराहे में बड़े-बड़े बैनर लगे थे। बड़े-बड़े अक्षरों में लिखा वह स्लोगन बिना चश्मा लगाये भी साफ नजर आ रहा था। पुराना अखबार नये रूप में। यह उसी अखबार की पंचलाइन थी, जो अभी केवल 4 पन्नों का अखबार था। वाकई इस अखबार ने इस बात को सार्थक किया। निस्संदेह हरिवंश श्रेय के हकदार हैं। उन्होंने अपने नेतृत्व में अखबार को नयी सोच, दिशा, वैचारिक दृष्टिकोण तो दिया ही, साथ ही जन सरोकार के साथ भी सामंजस्य बनाये रखा। पत्रकारिता में लीक से हटकर साम्रगी डालने की शुरुआत भी प्रभात खबर ने की। समय-समय पर विशेषांकों, विशेष आयोजन, किताबों व संग्रहों को प्रकाशित कर प्रभात खबर ने झारखंड में एक नये और अलग तरीके के अखबार की पहचान बनायी। मैं वो दिन कभी नहीं भूल सकता, गांधीजी के संदर्भ में मेरा एक पत्र प्रभात खबर में ही प्रकाशित किया गया। अगले दिन के संपादकीय पत्र में हरिवंश ने संदर्भ के रूप में उस पत्र को चिह्नित किया था। किसी आम पाठक के लिए संपादकीय में कोट हो जाना मेरे लिए तो कम-से-कम यह किसी ऐतिहासिक घटना से कम नहीं था। प्रभात खबर के साथ ऐसी कई हसीन यादें जुड़ी हैं, जिन्हें अगर सिर्फ उदाहरण के रूप में कोट भी किया जाये तो काफी लंबी फेहरिस्त तैयार हो जाये, पर वह संभव नहीं। उस दौर के एक भावी पत्रकार कृपाशंकर चौबे की बेचैनी आज भी मुझे याद है। बेचैनी अखबार के बेहतरीन प्रदर्शन के लिए। बेचैनी किसी भी

कीमत पर वक्त पर अखबार निकाले जाने की और बेचैनी लोगों को किसी न किसी रूप में अखबार से जोड़े रखने की। उस वक्त न तो इतनी तकनीक विकसित थी, और न ही मैनपावर के रूप में अखबार उतना मजबूत था। विजय भास्कर, बैद्यनाथ मिश्र जैसे लोग इस अखबार के लिए किसी मील के पत्थर से कम नहीं। उच्च पदों पर कार्यरत होने के बावजूद इन्होंने जमीन से जुड़कर काम किया। अखबार को टीम के रूप में स्थापित किया। कई नये पत्रकारों को मांजा और उन्हें पत्रकार के रूप में तैयार किया। आज भी मीड्यिा जगत् में झारखंड व बिहार से जुड़े जितने सचेत पत्रकार हैं, सभी लगभग प्रभात खबर की देन हैं। प्रभात खबर ने तय किया कि अगर यहां के लोग मुंबई नहीं जा सकते तो हम मुंबई के लोगों को यहां बुलायेंगे। लोगों से उन्होंने यह वादा किया और निभाया भी। अमरीश पुरी, पुष्पा भारती, निदा फाजली जैसी कई नामचीन हस्तियों से लोग प्रभात खबर के माध्यम से रू-ब-रू हुए। इसके अलावा गंभीर व समाज से जुड़े लगभग सभी मुद्दों पर संगोष्ठी, ओपेन फोरम, जनमत जैसे कार्यक्रम आयोजित करता रहा। कई वर्ष पहले पुष्पा भारती और अमरीश पुरी को धर्मवीर भारती की कविताओं का पाठ करने के लिए आमंत्रित किया गया था। अमरीश पुरी कविता पाठ करते-करते रो पड़े थे। पूरा माहौल शांत हो गया था। पुष्पा भारती धर्मवीर भारती के जीवन की लिखी आखिरी कविता का पाठ पढ़ते-पढ़ते भावुक हो उठीं। उन्होंने सभा में बैठे सभी दर्शकों से आग्रह किया कि कृपया आप में से कोई इसका पाठ कर दे। मेरी बगल में कहानीकार अशोक अंचल बैठे थे, उन्होंने कहा प्रियदर्शी जी आप पाठ कर दीजिए। मैंने कहा मैं चश्मा घर पर ही भूल आया हूं, उन्होंने कहा तो क्या हुआ मेरा ले लीजिए। मैं उन पलों को कभी नहीं भूल सकता। प्रभात खबर के माध्यम से ही मुझे धर्मवीर भारती की अंतिम कविता का पाठ करने का अवसर मिला। मेरे पाठ से पुष्पा भारती जी पूर्णरूप से संतुष्ट दिखी थी। मेरे लिए यह बड़ी बात थी। प्रभात खबर हमेशा ही निष्पक्ष की छवि बनाये रखेगा। उस दौर में भी जब भी प्रभात खबर कोई सम्मेलन आयोजित करता उसमें मुसलमान, आदिवासी सभी शामिल होते थे। इससे पहले पत्रकारिता में आदिवासी का सीधा जुड़ाव नहीं हुआ था। प्रभात खबर ने झारखंड के आदिवासी लेखकों व समाजवादी कार्यकर्ताओं को देशव्यापी पहचान भी दिलायी और आज भी यह परंपरा बदस्तूर जारी है। 25 वर्ष क्या... मेरा मानना है कि अभी तो बस इसने एक पड़ाव पार किया है, अभी ऐसे कई सपनों को पूरा करना है। 25 वर्ष की एक और नयी शुरुआत के लिए हार्दिक बधाइयां।

(लेखक वरिष्ठ साहित्यकार हैं। अनुप्रिया अनंत से 2009 में बातचीत पर आधारित)

कई-कई पहलू हैं एक अखबार के

प्रो. मालंच घोष

जब पहली बार प्रभात खबर को देखा, मुझे इसकी प्रिंटिंग ने सबसे ज्यादा आकर्षित किया। उस दौर में रांची में हिंदी अखबारों की संख्या उतनी नहीं थी, लगभग सभी अखबारों में प्रिंटिंग क्वालिटी उतनी खास नहीं थी, पर प्रभात खबर ने ऑफसेट प्रिंटिंग की शुरुआत की। मतलब मुझे लगा कि मैं झारखंड में राष्ट्रीय स्तर का अखबार देख रही हूं। मगर केवल प्रिंटिंग किसी अखबार के बारे में ये नजरिया नहीं दे सकती कि अखबार में कितना न्यूज वैल्यू होगा। मगर इस अखबार ने न केवल प्रिंटिंग में बल्कि अखबार के अन्य मापदंडों पर भी खुद को खरा उतारा। पेपर क्वालिटी, मूवमेंट व साथ-साथ खबरों के साथ न्याय, प्रभात खबर का यही स्वभाव था। पत्रकारिता का मूल भी तो यही है कि वह आवाज उठाये। प्रभात खबर के पत्रकारों ने आवाज भी उठायी। मुझे याद है विषुम महतो की हत्या का इल्जाम बिरसा उरांव पर लगाया गया था। वह इल्जाम बेबुनियाद था, बावजूद इसके उन्हें गिरफ्तार किया गया। उस वक्त पत्रकारों में जो हलचल नजर आती थी वह हलचल सच और तथ्य के साथ निष्पक्ष बातों को परोसने की थी अब कम नजर आती है। मैं बिरसा जी के गांव एक आंदोलनकारी के रूप में गयी थी। रात के 12 बज रहे थे, आश्चर्य की बात यह थी कि उस वक्त लड़कियां पत्रकारिता के क्षेत्र में न के बराबर थीं। उस महिला पत्रकार को मैं सराहती हूं। रात होने के बावजूद घटना स्थल पर पहुंचकर जांच करने की ललक में मणिमाला मेरे साथ उस गांव में गयी, वहां के हालात का हू-ब-हू वर्णन किया। उस वक्त रांची में कोई भी महिला संगठन नहीं था। हमने पहल की और रांची की महिलाओं की समस्याओं को सुलझाने की कोशिश की। मुझे याद है 8 मार्च, 1986 महिला दिवस के दिन प्रभात खबर ने महिला दिवस को केंद्रित कर महिला संगठनों की भूमिका व महिला आंदोलन पर पूरे एक पेज का विशेष आयोजन किया। समय-समय पर प्रभात खबर ने अखबार के जरिये महिला आंदोलन को बढ़ावा दिया। महिला आंदोलन पर केंद्रित कई परिशिष्ट भी निकाले गये। 1984 की बात होगी, मैं उस वक्त जहानाबाद में थी, चुनाव का समय था। पार्टी विशेष के लोगों ने वोट वाले दिन बूथ पर कब्जा कर लिया था। वे गांव वालों को वोट नहीं देने दे रहे थे, या फिर अपनी पार्टी को वोट देने के लिए दबाव डाल रहे थे। इंड्यिन पीपुल्स

फ्रंट का हमने नारा बनाया था कि हमारा वोट हम देंगे। वोट वाले दिन जब कुछ महिलाएं निकलीं, उन्हें डराया-धमकाया गया, जब वे नहीं मानीं तो उन्हें गोली मार दी गयी। दूसरे दिन अखबार में मसले को उलटफेर कर प्रकाशित किया गया। चूंकि मैं उस वक्त उसी गांव में थी, मैंने पूरी जानकारी बटोरी और रांची लौटकर मैंने प्रभात खबर को वह रिपोर्ट भेजी। मैं इसके लिए प्रभात की आभारी रहूंगी, उसने इसे सच मानकर प्रकाशित किया। उस आलेख का लोगों पर बहुत असर हुआ था। मैं प्रभात खबर को विश्वास और आस्था के रूप में देखती हूं। हां, बस वर्तमान परिप्रेक्ष्य को देखते हुए यही कामना करती हूं कि पहले का रुख अगर पुनः वापस आ जाये तो यह और बेहतर अखबार के रूप में स्थापित हो पायेगा। ग्रामीण जनता, आंदोलन, समस्याओं व विचारों को खुला आदान-प्रदान करने का मंच बने प्रभात खबर। मेरी हार्दिक शुभकामनाएं।

(लेखिका वरिष्ठ समाजसेविका हैं। यह आलेख अनुप्रिया अनंत से 2009 में बातचीत पर आधारित)

मेरे लिए यह सिर्फ एक अखबार नहीं

त्रिदिव घोष

प्रभात खबर को मैं अपना अखबार मानता हूं। शुरुआती दौर से लेकर अबतक भले ही अखबार के रूप में प्रभात खबर में कई बदलाव आये हों, पर विश्वास के रूप में प्रभात खबर अपने आगमन के कुछ सालों के बाद से ही पाठ्कों के दिल में स्थापित हो चुका था। मेरे खयाल में जनता के समक्ष पारदर्शी के रूप में आने वाला प्रभात पहला अखबार होगा। उस वक्त हम झारखंडी नहीं बिहारी कहलाते थे। वर्तमान की तुलना में उस वक्त पत्रकारिता में एक हलचल नजर आती थी। प्रभात खबर ने अच्छे व सुलझे पत्रकारों को एक मंच तो दिया ही साथ ही उन्हें एक पत्रकार के रूप में निष्पक्ष रिपोर्टिंग के लिए भी प्रेरित किया। न केवल पत्रकार बल्कि इस अखबार के प्रधान संपादक हरिवंश ने भी पत्रकार के रूप में अहम भूमिका निभायी। मुझे आज भी याद है पलामू में भयंकर सूखा पड़ा था, लगातार लोगों के मरने की खबर आ रही थी, लोग भुखमरी से बेहाल थे, ऐसी विपरीत परिस्थिति में जब मैंने व हमारे संगठ्न ने उनकी सहायता के लिए विचार किया तो हमने अपना विचार हरिवंश के समक्ष रखा। आश्चर्य तब हुआ जब प्रभात खबर ने सहयोग का हाथ तो आगे बढ़ाया ही, साथ ही वे खुद पलामू दौरे पर जाने के लिए तैयार हो गये। हम दोनों व हमारे संगठ्न(जन परिषद्) के कुछ सदस्य वहां की जनता के लिए आहार लेकर गये। एक संपादक होने के बावजूद हरिवंश जी ने निर्णय लिया कि हम किसी होट्ल में न ठ्हरकर किसी स्थानीय या गांव निवासी के पास ही रुकेंगे। उन विपरीत परिस्थितियां होने के बावजूद वहां के लोगों ने जिस भाव से हमारा आदर-सत्कार किया वह अतुलनीय है। हरिवंश जी उससे बहुत प्रभावित हुए। उन्होंने वापस लौटकर वहां की स्थिति का आंखों देखा विवरण या आप उसे रिपोर्ताज भी कह सकते हैं, दिया और साथ ही वहां के लोगों की परंपरा के बारे में भी लोगों को अवगत कराया। जन मानस से जुड़े ऐसे कई मुद्दों पर प्रभात खबर भागीदार बनता रहा। प्रभात खबर के आने के बाद स्थानीय लोगों की खबरें, ग्रामीण इलाके से जुड़ी जन समस्याओं को शहरी लोगों तक पहुंचाया गया। एक वाक्य में कहें तो इस अखबार ने नयी संस्कृति, नयी पत्रकारिता की शुरुआत की। उस दौर में झारखंड में जो नयापन आया, पत्रकारिता में एक नया उदय हुआ, मैंने इसे कभी किसी अखबार या पूंजीवादी अखबार के रूप में नहीं

देखा। मैं इसे हर दिन उम्मीद की एक नयी किरण के रूप में देखता हूं। प्रभात खबर के पत्रकारों ने केवल पत्रकारों की भूमिका नहीं बल्कि आंदोलनकारी की भी भूमिका निभायी। आम जनता तक किसी भी मुद्दे की जानकारी पत्रकार ही पहुंचाते हैं। उस दौर में ऐसे कई मुद्दे हुए जिनमें फॉलोअप कर, जांच रिपोर्ट व स्थल पर जाकर उनका सजीव चित्रण प्रस्तुत किया। पत्रकारों में खासतौर से मधुकर, मणिमाला और अशोक सिन्हा जैसे पत्रकारों की मैं सराहना करना चाहूंगा, क्योंकि उन्होंने रात-दिन की चिंता न करते हुए एक पत्रकार के साथ-साथ मानवता के फर्ज को भी निभाया। जन संघर्ष की भागीदारी में अहम भूमिका निभायी। एक खास बात जो मैं प्रभात खबर के बारे में कहना चाहूंगा कि तमाम प्रतिस्पर्धा, दबावों के बावजूद अखबार बातों की तह तक जाकर सच्चाई को प्रकाशित करने का प्रयास करता रहा। हर आंदोलन में मदद करना, प्रशासन के बिल्कुल पक्ष में आकर या दबाव में रहकर रिपोर्ट करना प्रभात खबर की नियति में शामिल नहीं था। एक और संस्मरण जिसमें प्रभात खबर ने अहम भूमिका निभायी। बिरसा चौक पर हेसाग के तीन निर्दोष लड़कों की पुलिस ने गोली मार कर हत्या कर दी थी। हमारे संगठन ने इसके लिए कई दिनों तक आंदोलन किया। रांची में वह बंदी किसी कर्फ्यू से कम नहीं थी। पुलिस प्रशासन की बात होने के कारण सभी चाहते थे कि मामला दब जाये, पर हम पीछे नहीं हटे। उस दौरान भी प्रभात खबर ने सच्चाई का साथ दिया। पूरा सहयोग दिया, लगातार फॉलोअप किया और पहली बार किसी घटना के लगातार यूं प्रकाशित होने पर पुलिस को सजा हुई। जनता तक हकीकत पहुंचाने में यह भी एक बड़ा योगदान था प्रभात खबर का।

(लेखक वरिष्ठ सामाजिक कार्यकर्ता हैं। यह आलेख अनुप्रिया अनंत से 2009 में बातचीत पर आधारित)

झारखंड का हितैषी

कार्डिनल तेलेस्फोर पी टोप्पो

प्रभात खबर के 25वें वर्ष में पहुंचने पर

मैं समझता हूं कि प्रभात खबर झारखंड का प्रमुख अखबार रहा है। जब से इसे शुरू किया गया, इसका सफर अच्छा रहा है। प्रारंभ से इसकी छवि यहां के लोगों के हितैषी की रही है। इसके संस्थापक स्व. ज्ञानरंजन जी झारखंड के लोगों के शुभचिंतक थे, इसलिए उन्होंने यहां के लोगों के हित में प्रभात खबर के प्रकाशन का बीड़ा उठाया था। आज 25 वर्ष का लंबा सफर, उतराव-चढ़ाव के बावजूद गौरवपूर्ण मुकाम तक पहुंचा है। मानना पड़ेगा कि प्रभात खबर ने हर मौके पर समय की मांग को ध्यान में रखते हुए अपनी भूमिका अच्छी तरह निभायी है, इसलिए बधाई प्रभात खबर को।

बदलती मीडिया और क्षेत्रीय पत्रकारिता पर

प्रभात खबर ने अपना स्तर कायम किया है, क्षेत्रीय पत्रकारिता के स्तर को बनाये रखा है और समय की मांग के अनुसार यहां की समस्याओं के साथ जूझता रहा है। हरिवंश जी विशेष बधाई के पात्र हैं, जिन्होंने लंबे समय से इसका सफल संचालन किया है और इसे बुलंदियों तक पहुंचाया है। निश्चय ही क्षेत्रीय पत्रकारिता में प्रभात खबर की भूमिका उल्लेखनीय रही है, इसके लिए प्रधान संपादक और उनकी संपादक एवं पत्रकार मंडली के साथ-साथ इसके प्रोपराइटर श्रेय के पात्र हैं।

प्रभात खबर की पहल के बारे में

सूचना के अधिकार पर किया गया जागरूकता अभियान एक सराहनीय कदम रहा है। 'घूस को घूंसा' काफी प्रसिद्ध और बहुत लोकप्रिय हुआ। यह जनमानस में घुस गया। लोकहित के मद्देनजर इस अभियान को जारी रहना चाहिए।

पत्रकारिता के सामाजिक सरोकार पर

निश्चय ही देखने में लगता है कि पत्रकारिता में सामाजिक सरोकार खत्म होता जा रहा है। प्रतीत होता है कि आज पत्रकारिता मिशन न रहकर व्यवसाय बन गयी है, लेकिन यह उतार-चढ़ाव का ही अंग है। दुनिया में समय-परिवर्तन के साथ जो माहौल बनता है, बहुत सारे तत्त्व उसका साथ देते हैं, परंतु इंसान की अंतरात्मा हमेशा डूबती जायेगी, ऐसी बात नहीं है, इंसान फिर उठता है, गिरता है और उठता है। उसकी अंतरात्मा उसे पुकारेगी और वह उठेगा। समय को मांग के अनुसार पत्रकारिता में सामाजिक सरोकार फिर आ जायेगा। सामाजिक परिस्थिति कभी-कभी ऐसे बनती है कि पत्रकारिता को भी अपना शिकार बना लेती है। जैसे अभी करप्शन का माहौल है और इसके प्रभाव से कोई अछूता नहीं रहा है। फिर भी अंतरात्मा एक किस्म से तड़प रही है, आवाज आ रही है कि कैसे उससे छुटकारा मिले और आखिरकार उससे छुटकारा मिलेगा ही। इसमें आम आदमी दबा हुआ नहीं रह सकता। जैसे संत अगस्टीन की कहानी है- भला और बुरा में संघर्ष हमेशा रहता है, कभी बुराई हावी हो जाती है और कभी अच्छाई ऊपर आ जाती है।

अंतरधार्मिक वार्तालाप की जरूरत पर

मनुष्य की अंतरात्मा कुछ ढूंढ़ रही है। इंसान की आत्मा हमेशा सत्य की खोज में है। आज वैज्ञानिक तरक्की की चरम सीमा तक पहुंचने के बाद इंसान की अंतरात्मा में कहीं से आवाज आ रही है कि हम लोगों को अंतर धर्म वार्तालाप करना चाहिए और यह जोर पकड़ रहा है। यह एक दिन की बात नहीं है, एक दिन में जोर नहीं पकड़ता है। यह इतिहास की बात है, सभ्यता और संस्कृति की बात है। जिस तरह से सभ्यता में लोग आगे बढ़ रहे हैं, सभी दृष्टि से विकास के पथ पर आगे बढ़ रहे हैं। उसी का यह भी एक अंग है। इसलिए अंतरधार्मिक वार्तालाप अभी समय को मांग बन गया है। पहले विभिन्न धर्म विशेष देशों या महादेशों में सीमित थे। लेकिन आज जब हम वैश्वीकरण या ग्लोबल विलेज में जी रहे हैं, अपने को समझने के दरम्यान दूसरे धर्मों के समझना जरूरी हो गया है। हम कौन हैं, वह कौन है? आखिर हम सभी इंसान हैं। वर्तमान परिस्थिति को समझने के लिए एक दूसरे के धर्म को समझना जरूरी पड़ गया है। जितना प्रथम और द्वितीय विश्वयुद्ध में लोग मारे गये, उससे अधिक धर्म के नाम पर, धार्मिक उन्माद से उत्पन्न दंगों के कारण लोग मर रहे हैं। आज की दुनिया में अगर हम अमन-चैन का जीवन जीना चाहें तो यह अंतरधार्मिक वार्तालाप अनिवार्य है। एक दूसरे को समझने का प्रयास नहीं करेंगे तो हम कैसे जी सकेंगे अमन-चैन से? पहले तो दूर-दूर थे, यूरोप जाने के लिए कितना समय लगता था? और वहां क्या हो रहा है उसका पता नहीं चलता था। आज तो दुनिया के किसी भी कोने में कुछ हो रहा है, उसे उसी क्षण देख रहे हैं, इराक में जो कुछ हुआ उसको सब जान रहे हैं। बुश को सब कोई संत तो नहीं बता रहे हैं। एक बच्चा भी कह रहा है कि उसने गलती की है, इसलिए भी अंतरधार्मिक वार्तालाप आज समय की मांग है।

दुनिया में धर्म की जरूरत पर

धर्म मनुष्य की बनायी चीज नहीं है। उरांव आदिवासियों में धर्म .धर्मेश. अर्थात् भगवान से जुड़ा हुआ है। भगवान के साथ जो रिश्ता है वही धर्म है। सवाल का तात्पर्य जैसा मैं समझता हूं- क्या आज भगवान की जरूरत पहले से अधिक है। धर्म भगवान है और भगवान हमेशा एक समान है। पहले भी सृष्टिकर्ता भगवान की आवश्यकता थी और आज भी उतनी ही है। भगवान की आवश्यकता हमेशा रही है और रहेगी। आज सवाल होना चाहिए जिसने जो सृष्टि को संभाला हम उसकी कितनी कद्र करते हैं। उसके प्रति हमारी आस्था कैसी है, यह सवाल है। उसके द्वारा हम अस्तित्व में हैं, उसी के द्वारा हम चलते-फिरते और अपना काम करते हैं। उसके बिना हम कुछ नहीं कर सकते हैं।

झारखंड के विकास व शांति के लिए

मैं हमेशा कहता हूं और आज भी कहूंगा— प्रेम के बिना न्याय संभव नहीं है। न्याय के बिना शांति नहीं और शांति के बिना विकास नहीं। विकास ही शांति का दूसरा नाम है, इसलिए झारखंड में विकास तभी होगा जब यहां शांति रहेगी, और शांति तभी होगी जब सबको न्याय मिलेगा। इसलिए झारखंड राज्य किस उद्देश्य से बनाया गया, किस उद्देश्य से यहां के लोग संघर्ष करते रहे हैं, उस उद्देश्य की प्राप्ति तभी होगी जब यहां के स्थानीय लोग एकजुट होकर उसके लिए काम करेंगे, तभी विकास संभव है।

अंत में प्रभात खबर परिवार और इसके समस्त पाठ्कों एवं झारखंड के सभी लोगों को मेरा आशीर्वाद और शुभकामनाएं।

बातचीत -प्रवीण

(वर्ष : 2009)

न्यूयॉर्क का 'मैसी डिपार्टमेंटल स्टोर'

शिवकुमार ओझा

कलकत्ता से रांची आया, 18 बरस पहले, तो घर में देखा 'प्रभात खबर', जैसे किसी ने कहा हो 'गुडमॉर्निंग'। प्रभात का तो सपना भी सच होता है, फिर प्रभात 'खबर' की तो बात ही क्या है, 'सत्यमेव जयते'। दूध जैसे सफेद कागज पर बिखरी रंग-बिरंगी खबरें, ऐसी लगीं जैसे आकाश में, मेघों की छाया में इंद्रधनुष निकल आया हो और उसके सात रंग, चटकीले सात रंग की साड़ियों की तरह, आकाश में, धरती को ढक लेने की चेष्टा कर रही हो।

जैसे विदेश से आने वाला घर का कमाऊ पूत, परिवार के हर आदमी के लिए कुछ न कुछ उपहार लाता है, वैसे ही 'प्रभात खबर' हर व्यक्ति के लिए कुछ न कुछ 'खबर' लेकर सवेरे-सवेरे उपस्थित हो जाता है, बूढ़ा, जवान, छात्र, छात्रा, मजदूर, सेठ-साहूकार, बुद्धिजीवी, अफसर, खिलाड़ी, किसान, अच्छरकटू-किसी को भी निराश नहीं होना पड़ता। हर किस्म के नागरिक के लिए एक पृष्ठ है, जो चाहे पढ़िए।

सावन में धानी चुनरिया के रंग जैसी लहराती खबरें पढ़िए— प्रभात झारखंड, बिहार, राजधानी, सिटी, शिक्षा, सोसाइटी, क्राइम, सियासत, खेल, कारोबार, धर्म, देश-विदेश और सबसे पिछले पन्ने पर 'सतरंग'।

और रंगीन तसवीरों के तो क्या कहने। चाहे शिल्पा सेट्टी को योगासन में देखिए या ऐश्वर्या राय की लहराती जुल्फें देखिए। चाहे नक्सल द्वारा रेता हुआ गला देखिए या 'धोनी' का एयरपोर्ट पर स्वागत देखिए या गुरुजी की साधु जैसी दाढ़ी का दर्शन कीजिए।

'प्रभात खबर' पढ़कर, देखकर ऐसा लगता है जैसे यह न्यूयॉर्क का 'मैसी' डिपार्टमेंटल स्टोर हो, जहां दुनिया की हर जरूरत की चीज मिलती है, हर टेस्ट की, हर आदमी की, 'प्रभात खबर' तो सावन का मेला है, हर बच्चे, हर जवान, हर बूढ़े की पसंद की खबरें। यह 'संपूर्ण' अखबार है।

सवेरे-सवेरे घर में छीना-झपटी मची रहती है। पहले कौन पढ़ेगा, कौन देखेगा। ऑफिस जाने वाले का पहला 'क्लेम' मगर कॉलेज जानेवाला केवल एक 'निगाह' मार लेना चाहता है,

दादाजी का नंबर तो ब्रेक फास्ट के बाद ही आयेगा, क्या जल्दी है, सब अपने काम पर जा चुके होंगे, घर शांत होगा और गृहिणी उनके भी बाद देखेगी।

परिवार में अगर पांच सदस्य होंगे, तो 10 आंखें देखेंगी, यानी पांच लाख प्रतियों को 50 लाख आंखें देखेंगी। मगर गांवों में एक-एक प्रति को 10 से 15 आदमी पढ़ते हैं, बारी-बारी से। उनको भी मिला लें, तो लगभग एक करोड़ आंखें, 'प्रभात खबर' पढ़ती हैं प्रतिदिन, इस तरह यह खबरों का 'प्रसाद' बांटता रहता है। 'सत्यनारायण' की कथा के प्रसाद की तरह।

जैसे भोजन में अचार-चटनी का जायका मजा देता है, वैसे ही हर कोई 'मोनी के संग, कार्टून के रंग' देखना चाहता है। पृष्ठ दो पर 'राजकाज' का व्यंग्य, हरिशंकर व्यास का 'गपशप' और 'तीसरी आंख', 'कानोंकान' का इंतजार भला किसको नहीं रहता।

एक दिन ध्यान से देखा, तो ऊपर ही लिखा था : 'अखबार नहीं आंदोलन'।

आंदोलन? कैसा आंदोलन? मैं तो आजादी का आंदोलन जानता हूं, जेपी का आंदोलन जानता हूं। भला यह आंदोलन कैसा? किसलिए?

खोजते-खोजते मिला 'संपादकीय' हां, यह तो कुछ-कुछ है खरी-खोटी सुनाने वाली बात, इसमें 'धार' है। फिर मिला 'अभिमत'-महत्त्वपूर्ण देश की समस्याओं पर विचार-विमर्श यानी 'नीर-क्षीर' विवेक। धीरे-धीरे लगा कि इस आंदोलन को चलाने वाले कुछ साहसी एवं प्रबुद्ध विद्वान् हैं जैसे वैदिक जी, सचदेव जी, राजलक्ष्मी जी, रविभूषण जी, राजहंस जी, अरुण जी इत्यादि। ये सचमुच हंस हैं जो पाठकों के लिए समस्याओं का 'नीर-क्षीर' विवेक करते हैं और रहनुमाई भी करते हैं। अब कुछ-कुछ समझ में आया कि हां, 'प्रभात खबर' एक 'आंदोलन' भी है।

एक दिन निगाह पड़ी एक जबर्दस्त हथौड़े पर—बाप रे, ''सौ सुनार की न एक लोहार की''। भ्रष्टाचार पर प्रधान संपादक का आलेख। लगा जैसे कि 'बंब' का विस्फोट हो गया। मुखपृष्ठ से ही आरंभ होकर। भीतर तक चला गया था सरकार की नाकामी, चोरी, डाकाजनी, अंतहीन भ्रष्टाचार, माफिया का जोर-जुल्म, सरकार पर खुलेआम प्रहार, सरकार की ताकत से निर्भय था यह लेख। याद आया, आजादी की लड़ाई के दिनों में भी संपादक लोग संपादकीय के स्थान को खाली छोड़ दिया करते थे, पर यह संपादक तो ताल ठोंककर लड़ने को तैयार है, निर्भय सत्याग्रही की तरह। तुम्हें जो करना हो कर लो। सूली पर चढ़ाना है तो चढ़ा दो। हम 'सत्य' की सूली पर चढ़ जायेंगे पर सत्य 'आग्रह' नहीं छोड़ेंगे।

यही था 'अखबार नहीं आंदोलन'। अब समझ में आया कि हरिवंश जी को भारतीय भाषाओं के संपादकों में 'सर्वश्रेष्ठ' संपादक का सम्मान क्यों मिला। 'सूली ऊपर सेज पिया की'-सूली सत्य की-प्रभात खबर की।

(दिवंगत हो चुके शिवकुमार ओझा स्वतंत्रता सेनानी थे, गांधी के अनुयायी और कई पुस्तकों के लेखक थे, वर्ष 2009)

कौन भूल सकता है तुम्हें...

बीपी केशरी की एक कविता

शुभकामनाएं, बधाइयां
प्रभात खबर!

तुम्हारी रजत जयंती के
मंगल अवसर पर
तुम्हारे परिवार के
एक-एक सदस्य को
समर्पित निष्ठा के लिए
आंतरिक शुभकमानाएं
अशेष बधाइयां!
'अखबार नहीं आंदोलन' है
प्रभात खबर,
बार-बार गूंजता है यह एहसास
मेरे मन की घाटियों में
ऐसे एहसासों का एक कारवां है
हमारे जेहन में।
तुम्हारी लब्धियों की लंबी पांत में
कई-कई तारे चमकते हैं
दूध-धुले मोतियों से।
हाल-हाल में
विनोद सिन्हा प्रकरण पर
मीड्यिा के सन्नाटे को
तोड़ा था तुमने।

नाथवाणी के खिलाफ नगर के
बुद्धिजीवियों, नागरिकों के
राजभवन मार्च में
अपने दायरे से तुमने
निभायी थी अग्रणी भूमिका।
कौन भूल सकता है
तुम्हारे प्रधान संपादक की
बेबाक सामयिक टिप्पणियों को?
कौन भूल सकता है
तुम्हारे संवाददाताओं, लेखकों, समीक्षकों
स्तंभकारों के पारदर्शी लेखन-कर्म को?
उसकी अनुगूंज
झारखंड के सुदूर अंचलों में
ध्वनित हो रही है
किरणों की तरह
निरंतर!
झारखंड के अस्तित्त्व, अस्मिता, अस्मत के
जागरूक पहरेदार की चौकस भूमिका में
सतत तत्पर
तुम्हारे वजूद को
भूलना
आसान है क्या?
अच्छी-बुरी खबरों, तथ्यों की परतें
बड़ी बारीकी से खोलते हुए
जन-गण की आकांक्षाओं को
वैश्वीकृत उपभोक्तावाद के बाजारों में
नीलाम होने से
कौन रोकता है?
कौन टोकता है
कॉरपोरेट बाहुबलियों को पसरने से
हमारे बीच बुलंदी से?
पत्रकारिता की मर्यादा का रक्षक
हमारे इर्द-गिर्द फैले इनौसी, नाराजगी तमस का भक्षक
शहीदों के सपनों का वाहक

तुम ही तो हो।
ऐसा निर्भीक मार्गदर्शक मीड्यिा में
और कहां है?
कौन है?
चाटुकारिता, अतिरंजना से दूर
तुमने हमें आवाज दी है,
तुमने हमारी बंद जीभ खोली है,
हमारे भाव-विचारों को पंख दिये हैं तुमने।
बेहद मुश्किलों के दिन बीत गये
तुम्हारा विस्तार छतनार है अब
उसकी हर शाख के अभिनव पल्लवों से
झरेंगे पुष्प
मनुष्यता के।
तुम झारखंड के अग्रदूत
सर्वाधिक मुखर अग्रचेता
साकार करो तुम
जन-गण के सपनों को
उज्ज्वलतर!

तमाम शिकायतों के बावजूद...

कालेश्वर

स्व. श्री ज्ञानरंजन जी द्वारा संचालित प्रभात खबर झारखंड के बारे में यहां की जनता के सवालों पर बहुत कुछ लिखने का प्रयास करता रहा। झारखंड की संस्कृति, पर्व-त्योहारों और साहित्य पर बराबर लिखा गया। समस्याओं, मुद्दों और जनता के सवाल पर जूझता रहा है। यहां के लेखकों को प्रोत्साहन भी दिया। जब उषा मार्टिन के हाथ में प्रभात खबर आया और हरिवंश जी संपादक बने, तो अखबार का कायाकल्प हो गया। कहिए कि नवीनीकरण होना शुरू हुआ। अखबार के सहकर्मियों, कार्यकर्ताओं से मशीनों तक को चुस्त-दुरुस्त करने का प्रयास चला और सच में अखबार नये कलेवर में आ गया। टीम की कठिन मेहनत और उसूल से एक नया सफर शुरू हुआ था। झारखंड की मिट्टी को समझने का प्रयास चला। जमीन से जुड़े अखबार के कार्यकर्ताओं और कार्यालय के सहकर्मियों को एक सूत्र में पिरोया गया। यहां के लेखकों को लिखने के लिए प्रेरित किया गया। जमीन से जुड़े अर्थात् जनता के संवाद से सवाल उठने शुरू हुए। बीस वर्षों में झारखंड के गांवों, कस्बों और नगरों में प्रभात खबर लहलहा उठा, फसलों की तरह। हर तबका, हर पार्टी की पसंद बन गया यह पत्र।

इसकी खास वजह थी कि जमीनी काम से जुड़ जाना, झारखंड के इतिहास, संस्कृति, कला को जगह देना। जनता के सवाल पर विद्रोही तेवर को अखबार ने अपना आदर्श बनाया और आम जन की आवाज बन गया। सवालों से घिरने लगी सरकार। हर संवाद की तल्खी से सत्ता के लोग बेचैन होने लगे।कोयलकारो पहले आंदोलन की धार था और प्रभात खबर ने उसे ऊर्जा दी। 2002 में उमड़ उठा आंदोलन और धीरज का बांध टूट गया। पुलिस प्रशासन यहां प्रताड़ित करने आयी थी आदिवासियों को, क्योंकि यह पहला प्रयोग था झारखंड में कि जनता भी कर्फ्यू- क्षेत्र बना सकती है। दयामनी जैसी दक्ष महिला आंदोलन का नेतृत्व संभाल सकती है। राजनीतिक पार्टियों से समर्थन तो ले सकती है, लेकिन जनसंगठन पर कोई हस्तक्षेप नहीं कर सकती। एक गतिशील रूप से प्रभात खबर की भूमिका तब साबित हुई थी कि यह वाकई अखबार नहीं आंदोलन है।

फायरिंग रेंज में लोगों ने सेना से टकराव कर लिया। महुआडांड़ फायरिंग रेंज के आंदोलन

ने सांस्कृतिक रूप से अस्मिता और पहचान का रूप ले लिया। बदलती परिस्थितियों में आदिवासी-सदानों के नये मेल-मिलाप से नवजागरण की शुरूआत हुई। जन-आंदोलनों को अखबार से ऊर्जा मिलने लगी।

दूसरी तरफ उदारीकरण और बाजार का प्रभाव भी ताकतवर हो रहा था। होना ही था क्योंकि बाजार का मुख्य निशाना झारखंड था। ज्यों झारखंड राज्य अलग बना और सत्ता में आंदोलन के उलट लोग आये तो बाजारवाद का झंडा लहराने लगा। धंधेबाज नेता, माफिया और नौकरशाहों की पौ- बारह होने लगी। नीतियों को बड़े पूंजी के मालिकों के पक्ष में बनने-बनाने की मंशा को लोगों ने भांप लिया। मंत्रियों की आंखों में कमीशन की फसल लहराने लगी। गैर राजनीतिक, अस्तित्वहीन, जन समर्पणहीन, बौद्धिक और मानसिक रूप से पिछड़े हुए लोग विधायक और मंत्री बनने लगे। ये लोग भी माल बन गये और हर स्तर पर बिकने के लिए तैयार हो गये। इनमें से कई ऐसे विधायक और मंत्री थे, जिन्होंने बीते दिनों में गरीबी और जलालत की जिंदगी गुजारे थे, वे बड़े ही बेशर्मी से उन दिनों को भूल गये।

इस बाजार की चमक-दमक में सभी अखबारों के साथ प्रभात खबर भी डगमगाने लगा। स्वाभाविक बात है कि बाजार इतनी ताकतवर है कि कुछ उदार हुए, सौदेबाजी किये बिना आज के दौर में अखबार चलाया नहीं जा सकता है। चुनाव के दौर में सत्ताधारी पार्टियों का बड़ा-बड़ा कवरेज नहीं दें, तो और भी संकट है और पार्टियों को तो जैसे-तैसे टाला भी जा सकता है, मगर इन सत्ताधारियों को सहलाने में चूक हुई, तो... सामान्य समय में झारखंड, जनता, संस्कृति, कला, साहित्य सब वही रफ्तार में। ऐसे ही कुछ-कुछ बदलाव हुए हैं प्रभात खबर में। फिर भी अपनी पहचान बचाने के संघर्ष में मौजूद है पत्र। तापस सोरेन के आत्मदाह को ही लें, तो समाचार में स्पष्टता के बावजूद सवालों के घेरे थे। इस आत्मदाह ने सबसे प्रभावित किया राजधानी की जनता और बुद्धिजीवियों को, जो बाढ़ की तरह सड़कों पर उतरे। ये सवाल बन नहीं रहे हैं कि ऐसी कमीशनखोरी से जिलों के उपायुक्त क्या अनभिज्ञ हैं, इनकी संलिप्तता नहीं है।क्या ब्लॉकों के कमीशन में विधायकों का हिस्सा नहीं है। मुख्यमंत्री ब्लॉक की कार्यपद्धति के बारे में नहीं जानते हैं? ये सवाल ठीक उसी तरह के हैं, जो एक लेख में हरिवंश जी ने किया था कि झारखंड में भ्रष्टाचार और अराजकता चरम सीमा पर है। फिर भी प्रधानमंत्री मनमोहन सिंह चुप हैं। मुंह नहीं खोलते हैं ऐसे ही सवालों से सरकार को घेरते थे महेंद्र सिंह।

गांव, कस्बों, शहरों के अधिकांश समाचार औपचारिकता पूरी करने में लगे हैं, ठीक राजनीतिक पार्टियों के औपचारिक आंदोलन की तरह। अधिकांश समाचार जलसे, सेमिनार, मंत्रियों के नये-नये शिलान्यास आदि के और नामों की एक लंबी सूची। गंभीर समाचार और उससे उठते सवाल की कमियां खलती हैं। आम जनता के मुद्दों पर तो शून्य-सा लगता है। अब तो ब्लॉग का जमाना है, अधिकांश फीचर ब्लॉग के होते हैं। प्रभात खबर भी इससे अछूता नहीं है। क्या खाना है, क्या पहनना है ये तमाम बातें अखबार बता रहे हैं। दुख तो इस बात का है कि अखबार सबसे अधिक आम लोग खरीद रहे हैं, लेकिन अखबारों में राजनेताओं, क्रिकेटरों,

अभिनेताओं और अब तो अंबानी, जिंदल, टाटा जैसे बडे. घरानों के बड़े-बड़े फोटो और कवरेज अटे रहते हैं और जनता की समस्या और सवाल हाशिये में।

इन सबके बावजूद प्रभात की अपनी कुछ खास खूबियां हैं – भ्रष्टचारियों से डटकर लोहा लेना, राष्ट्रीय मुद्दों को शिद्दत से उठाना और विशेष समय पर बहुमूल्य विशेषांक उपहार के रूप में पाठकों को देना। एक समय से रविवारीय पत्रिका के कार्यकर्ता रहे हरिवंश जी की लेखनी मंजी हुई थी। इसे जमीन से जुड़े लेखकों ने धार चढ़ा दिया। संवाददाताओं और कार्यालय के सहकर्मियों के समर्पण और ईमानदारी ने अखबार को गतिशील बनाया था। 20 वर्ष पूरे होने पर अखबार का एक विशेषांक निकला था। यह विशेषांक ही नहीं बल्कि प्रभात खबर का मसविदा था। इसे फिर से पढ़िए और अपनी राह संभव हो तो लौट आइए। मैं प्रभात खबर का नियमित पाठक हूं और अब भी प्रभात से उतना ही प्यार है, इसलिए खुले मन से इसके बारे में लिखा।

(लेखक हजारीबाग जिले के हेसालौंग गांव में रहते हैं और वरिष्ठ साहित्यकार हैं, वर्ष 2009)

'जोहार' शब्द की सार्थकता

मेघनाथ

जोहार शब्द की सार्थकता प्रभात खबर ने साबित की है। आज भी काम के सिलसिले में जब मैं रांची या झारखंड से बाहर जाता हूं, मन में हलचल-सी रहती है क्योंकि मैं अपना अखबार नहीं पढ़ पाता। अपना अखबार कहने से मेरा तात्पर्य है प्रभात खबर से। हां, मुझे यह कहने में कोई झिझक नहीं कि प्रभात खबर मेरा अपना अखबार है। पिछले 19-20 सालों से यह मेरे परिवार का अपना अखबार बन चुका है। मेरा ही क्यों झारखंड के कई परिवार इसे अपने परिवार का सदस्य ही मानते हैं। 80 के दशक में झारखंड (तब बिहार था) में अखबारों की संख्या बहुत कम थी। खासतौर से जन आंदोलन की खबरों को कोई खास महत्त्व नहीं दिया जाता था, जबकि उस वक्त कई ऐसे सक्रिय आंदोलन हुआ करते थे, जिन्होंने झारखंड्वासियों के जीवन में महत्त्वपूर्ण बदलाव किये। बावजूद इसके न तो वैसे जुझारू पत्रकार थे और न ही वैसा कोई माध्यम, जो खुलकर व बड़े स्पष्ट तरीके से इन मुद्दों पर बातचीत करे। आज के परिवेश में देखें, तो अब हम सभी जान चुके हैं कि पूंजीवाद पत्रकारिता पर हावी है या दोनों एक दूसरे के पूरक बन चुके हैं। ऐसा नहीं था कि उस दौर में पूंजीवादी सोच का प्रभाव अखबारों में नहीं दिखता था। पर प्रभात खबर के उदय ने एक नये दौर की शुरुआत की। मेरा आज भी यही मानना है कि हिंदी पट्टी के अखबारों में प्रभात खबर ने खासतौर से क्षेत्रीय पत्रकारिता में जो भूमिका निभायी, वैसा कोई भी अखबार अबतक नहीं कर पाया। मेरा मानना है कि पत्रकारिता का मूल उसके क्षेत्र, उसके स्थान से है। जब तक हम अपने आसपास की जिंदगी को नहीं समझ पायेंगे। देश-दुनिया को समझ पाना कठिन होगा। प्रभात खबर ने मेहनत की और अपनी प्राथमिकता को समझते हुए पहले क्षेत्रीय लोग, उनकी परेशानियों व उनसे जुड़े मुद्दों को उजागर करने लगा। विस्थापन आंदोलन, झारखंड आंदोलन , जन आंदोलन, महिला आंदोलन पर विश्लेषण के आधार पर बेझिझक रिपोर्ट प्रकाशित करने वालों में प्रभात खबर सबसे आगे रहा । इस अखबार ने अन्य अखबारों की नकल न करते हुए अपने सरोकार, मूल्य, खबर की पकड़, उसकी नब्ज और सही वक्त पर खबरों को परोसने का काम किया। उदाहरण के तौर पर गंगाराम कंडोलिया की मौत को आम घटना बतलाकर सभी अखबारों ने चुप्पी साध ली थी, पर घटना के

कई दिनों के बाद जब जमशेदपुर से अनुज कुमार सिन्हा ने फैक्ट्स के साथ रिपोर्ट पेश की, तो सचाई लोगों के सामने थी। ऐसे और भी कई उदाहरण हैं जिनमें प्रभात खबर ने समाचारों या खबरों की तह तक जाकर रिपोर्टिंग की। उस दौर में एक खास बात यह भी थी कि पत्रकारों में कमिटमेंट था, वे अपने पाठक को अपने घर का सदस्य ही मानते थे। वे उसी मुताबिक लोगों को जानकारी देते और सच से अवगत कराते। प्रभात खबर की सफलता के पीछे उसकी टीम का बहुत बड़ा हाथ रहा। अपनी टीम में अखबार ने जेपी आंदोलन में सक्रिय भूमिका निभाने वाले आंदोलनकारियों को शामिल किया। मधुकर, श्रीनिवास, मणिमाला जैसे पत्रकारों की भूमिका हम कभी भूल नहीं सकते। आज जर्नलिज्म में कॅरियरिज्म आ गया है। पर उस वक्त प्रभात खबर के हर पन्ने पर पत्रकारों का कलेक्टिव अफर्ट नजर आता था। प्रभात खबर ने पाठकों की शिकायतों को भी सहजता से स्वीकारा। अपनी कमियों को भी पाठकों के आग्रह पर लगातार सुधारते रहने का प्रयास किया। हरिवंश जी ने लेखकों की टोली काफी रिसर्च के बाद तैयार की। उन्होंने कभी उम्र को तवज्ज्ो नहीं दी, तभी तो सुनील मिंज जैसे युवा लेखकों को भी उन्होंने सही मंच दिया। हैराल्ड , दयामनी बारला उनकी ही खोज हैं। 90 के दशक में जोहार यानी झारखंड का सुप्रभात, इस शब्द को स्थापित करने में भी प्रभात खबर की अहम भूमिका रही। आदर व सम्मान के साथ अखबार ने इस शब्द का प्रयोग कई जगह किया। धीरे-धीरे लोगों के लिए यह अपना शब्द बन गया। बड़े बांध के विषय पर, नेतरहाट आंदोलन व कोयल कारो आंदोलन में विस्तृत रिपोर्टिंग व विश्लेषण प्रकाशित करने में प्रभात खबर का कोई सानी न रहा। उस दौर में लोगों की नजर में आंदोलन का मतलब आतंक था, मगर प्रभात खबर ने इस तरीके से आंदोलन की सही तस्वीर पेश की कि लोग बढ़-चढ़कर आंदोलन में हिस्सा लेने लगे। नेतरहाट आंदोलन को प्रथम पन्ने पर शानदार कवरेज मिली, जिससे लोग इसकी वास्तविकता से वाकिफ हो पाये। समय-समय पर प्रभात खबर ने कई इनिशियेटिव भी लिये। प्रभात खबर द्वारा दीपावली पर सिनेमा विशेषांक भी अद्‌भुत पहल रही। प्रभात खबर ने हमेशा ही देशज सौंध का प्रतिनिधित्व किया। जब भी पाठक प्रभात खबर हाथों में लेता होगा, उसे यह जरूर एहसास होता होगा कि हमें अपने क्षेत्र की खबरें पढ़ने को मिलेगी और हम नजदीक से अपने शहर को जान पायेंगे। यही वजह है कि आज अन्य अखबार उपलब्ध होने के बावजूद प्रभात खबर का पाठक वर्ग कभी नहीं टूटा।

(लेखक प्रसिद्ध फिल्ममेकर हैं। आलेख अनुप्रिया अनंत से 2009 में बातचीत पर आधारित)

समाचार तो सिर्फ वस्तु भर नहीं होता

डॉ. सिद्धनाथ कुमार

क्षेत्रीयता राष्ट्रीयता के सामने टिक रही है और सिर्फ टिक ही नहीं रही है, कहीं-कहीं तो उसका अतिक्रमण कर रही है। वैसी स्थिति में मुझे लगता है कि क्षेत्रीय पत्रकारिता का भविष्य उज्ज्वल है, लेकिन एक बात मुझे यह लगती है कि मात्र क्षेत्रीयता तक सीमित रहना बहुत उचित नहीं है। क्षेत्रीयता को और बड़े दायरे में लें, क्षेत्रीयता ही तो पूरी दुनिया नहीं है। पूरा देश है, पूरा विश्व है हमारे सामने। इसी संदर्भ में क्षेत्रीय पत्रकारिता को महत्त्व दिया जाये। लोगों की रुचि क्षेत्रीयता में है, लेकिन मेरे जैसे लोग हैं जो क्षेत्रीयता को आज भी बड़े फलक पर देखना चाहते हैं, तो केवल सीमित रहना आवश्यक नहीं है।

राज्यों के स्तर पर पत्रकारिता को बांट देने से अस्मिता की टकराहट का खतरा हमारे सामने उपस्थित हो चुका है। इस वर्तमान जमाने में स्वार्थ की टकराहट मुख्य हो रही है। व्यक्ति के स्तर पर, क्षेत्र के स्तर पर, भाषा के स्तर पर, हर क्षेत्र में, हर स्तर पर स्वार्थ की टकराहट सबसे बड़ी चीज हो गयी है। मेरा खयाल है कि आज जो इतनी विसंगतियां दिखती हैं, जो अनचाही स्थितियां दिखती हैं, उनके मूल में यह स्वार्थपरता है। अपने से बाहर जाकर कोई सोचता नहीं। इन सब बातों को यदि क्षेत्रीय पत्रकारिता ध्यान में नहीं रखेगी, तो उसकी अर्थवत्ता नहीं बन पायेगी। आप इलेक्ट्रॉनिक मीडिया को देखिए, वह व्यावसायिक हो गयी है, सस्ता मनोरंजन है वहां। प्रिंट मीडिया में यह अभी काफी कम है, इसका मनोरंजन काफी अलग है। यह ध्यान में रखना चाहिए कि पत्रकारिता हो, साहित्य हो, कछ भी हो मनोरंजन संवाहक का कार्य करता है। मनोरंजन पहली शर्त है, मनोरंजन मतलब रोचकता, जिसमें सिर्फ मन लगे नहीं बल्कि मन लगा रहे। ये आत्मिक मूल्य हैं, जो पत्र ऐसा कर रहे हैं, उनकी तारीफ की जानी चाहिए।

अभी कई अखबार निकल रहे हैं, सबके क्षेत्रीय संस्करण अलग-अलग निकलते हैं। नगर संस्करण अलग होते हैं। अब उत्तर प्रदेश या दिल्ली के लोग झारखंड में कितनी रुचि लेते हैं, यह सवाल है। यहां के लोग दूसरी जगहों में कितनी रुचि लेते हैं, इसका संबंध हिंदी भाषा से भी है। उसकी एकता के लिए भी। बड़े स्तर पर हिंदी का महत्त्व होना चाहिए। यह सार्वदेशीय

भाषा है। दूसरे राज्यों से कट जाना और अनभिज्ञ रह जाना उचित नहीं है। अपने क्षेत्र की जानकारी व्यापक स्तर पर हो, व्यापक दृष्टिकोण होना चाहिए; देशहित में, राष्टहित में सोचने का। व्यवसायीकरण का संबंध भी इसी से है, व्यवसायीकरण लाभ का साधन बन गया है। व्यवसाय यानी लाभ, हमें उससे बचना है, ये पूंजी बनाम परिश्रम का सवाल है। लेकिन ये आज की दुनिया का सबसे बड़ा सत्य है, कटु सत्य है, इसका सामना करना बहुत जरूरी है।

सर्वेक्षण करके देखिए कि कितने पत्रकार हैं, जो सही भूमिका निभा रहे हैं। सही भूमिका से मतलब है यथा तथ्य सूचना, यथा सत्य समाचार, उस पर अपने दृष्टिकोण को हावी नहीं होने देना और अपने स्वार्थों को हावी नहीं होने देना। यह ऐसा जमाना है, जहां सबकुछ बिकता है। यहां अमूल्य वस्तुएं भी बेची जाती हैं। यह बिक्री का धंधा तो बड़ी तेजी से बढ़ रहा है, सवाल यह भी है कि कौन नहीं बिकता है। इसी कठिन रास्ते पर डगर तय करनी है, ये हमारी जिम्मेदारी है कि हम क्या कर रहे हैं।

इन सब बातों को ध्यान में रखें तो मेरा ध्यान प्रभात खबर खास तौर से अपनी ओर खींचता है। यह औरों से हटकर व्यापक जनहित में बात कर रहा है, यह बड़ी बात है। क्योंकि प्रभात खबर में जो कटु टिप्पणियां आ रही हैं; लेखकों के, पत्र लेखकों के, रचनाकारों के, संपादकीय विभाग के वे इस अखबार की निर्भीकता को रेखांकित करती हैं। इस माने में अन्य पत्रों से काफी प्रभावशाली है। अलग राज्य बनने में इसकी महती भूमिका रही। आंदोलन के लिए इसने माध्यम का कार्य किया, लोगों के संघर्षों को इसने बल दिया। जैसे राज्य निर्माण में इसकी भूमिका रही वैसे ही क्षेत्र के विकास में इसकी भूमिका होनी चाहिए।

कोई भी समाचार केवल वस्तु नहीं है, वह शिल्प भी है। क्या बात है इससे ज्यादा महत्त्वपूर्ण है कि कैसे कही जाती है। प्रस्तुत करने का ढंग बांध ले। ईमानदारी, निष्ठा, सचाई, तथ्यता, निर्भीकता होनी चाहिए। भाषा के प्रति सजगता होनी चाहिए। जन जीवन से जुड़ी समस्याओं के प्रति सजग रहना चाहिए, वर्तमान पत्रकारों से यही आशा है।

(दिवंगत हो चुके डॉ. सिद्धनाथ कुमार साहित्यकार, नाटककार थे। यह आलेख रोहित राय से बातचीत पर आधारित है।)

कई नये मंचों को तैयार करने वाला

डॉ. रमेश शरण

सांस्कृतिक तथा क्षेत्रीय स्तर पर अलग राज्य बनने से ही छूटे हुए सवालों को राजनीतिक स्तर पर उठाया जा सकता है। हर राज्य का ऐतिहासिक परिप्रेक्ष्य अलग है। झारखंड की राजनीतिक चेतना हमेशा अलग रही है। हमारी विरासत रही है छोटे-छोटे जगहों का विकास, जबकि यहां औद्योगिक और खानों के अलावा और कुछ नहीं सोचा जा रहा है। यहां पंचायती राज का न बनना दुखद है। भ्रष्टाचार पर काबू नहीं है, यह सही है कि जकड़न एक दिन में साफ नहीं होगी। अब तक किसी पार्टी ने अपने बहुमत से सरकार नहीं बनायी, निर्दलीय हावी रहे। उन्होंने सिर्फ कमाया। यहां के क्षेत्रीय सवालों को राष्ट्रीय स्तर पर देखना चाहिए। क्षेत्रीय सवाल अभी तय नहीं हो पा रहे हैं, इन परिस्थितियों के बीच में क्षेत्रीय पत्रकारिता है। कभी-कभी लगता है कि क्षेत्रीय पत्रकारिता बहुत बड़ा षड्यंत्र है। एक ही अखबार के एक ही राज्य में कई संस्करण निकलने से लोग एक-दूसरे की स्थिति से अनभिज्ञ रह जाते हैं। यह स्थिति पूरे विश्व में हैं। सभी पत्रों ने अभी क्षेत्रीय संस्करण निकालने शुरू किये हैं। एक तो यह क्षेत्रीय मांग है, दूसरे वे इस मांग की पूर्ति करना चाहते हैं, इसमें आर्थिक कारण ज्यादा हावी हैं। इससे आंदोलनों का फैलाव कम हो पाता है, वह राष्ट्रीय स्तर पर नहीं जुड़ पाती है। पहले छोटे आंदोलन भी राष्ट्रीय स्तर पर पत्रों में आ जाते थे अब तो बड़े आंदोलन भी सशक्त ढंग से राष्ट्रीय स्तर पर नहीं आ पाते। यह पूंजी का कमाल है, लोगों को बांटने का और साथ ही आपस में सूचना के आदान-प्रदान को कम करने का। अभी की पत्रकारिता वैसी ही है।

पत्रकारों पर दबाव भी हमेशा से रहे हैं, लेकिन अभी नयी चुनौती है। पहले पेशेवर लोग पत्रकारिता में नहीं आ रहे थे, वे अपनी इच्छा से आते थे। अभी 'बेचना' ज्यादा महत्त्वपूर्ण हो गया है, प्रतियोगिता कड़ी हो गयी है, पहले कम लोग थे अब ज्यादा लोग हो गये हैं। काम का दबाव पत्रकार पर इतना है कि उसे पढ़ने का मौका नहीं मिल पाता। वह अद्यतन जानकारियों से अनभिज्ञ रह जाता है। वह लगातार भाग रहा है, ऐसे में पत्रकारिता का मानदंड कम हुआ है। इसमें कुछ काले लोग भी आ गये हैं, जो ब्लैकमेलिंग का काम करते हैं। पत्रकारों के काम के घंटे बहुत ज्यादा हैं, पैसा बहुत कम हैं। छोटी जगहों के पत्रकारों की स्थिति से शहर में बैठे संपादक

अनभिज्ञ रह जाते हैं। पत्रकारिता अब बहुआयामी हो गयी है, सामाजिक सरोकार, व्यापार, फैशन, सभी को आपको एक साथ कवर करना है। अब तो खबरें इवेंट में बदल रही हैं। बाढ़ भी इवेंट है, भूख भी इवेंट है, इससे संवेदना धीरे-धीरे खत्म हो रही है। यह परिवर्तन बहुत व्यापक है, आज के समय में। इलेक्ट्रॉनिक मीड्यिा के सारे फैलाव के बावजूद प्रिंट मीड्यिा का कोई विकल्प नहीं है क्योंकि इलेक्ट्रॉनिक मीड्यिा के समाचार में विचार और विश्लेषण कहीं नहीं है। इसीलिए प्रिंट मीड्यिा का प्रसार बढ़ता गया है। दोनों के रास्ते अलग-अलग हैं, माध्यम अलग हैं, उद्देश्य अलग हैं, इसीलिए हिंदी पत्रकारिता का भविष्य अच्छा है, क्योंकि पाठक हैं। आज के लोग क्षेत्रीय खबरें और राष्ट्रीय खबरें दोनों जानना चाहते हैं। निरक्षरता बढ़ेगी तो अखबारों पर भी असर पड़ेगा। दूसरी तरफ गंभीर पत्र हिंदी में कम आ रहे हैं। गंभीरता का ह्रास हिंदी पत्रकारिता का बड़ा खतरा है क्योंकि हम क्या पढ़ रहे हैं, यह पता नहीं चल पाता। अब फिल्म, खेलकूद, तसवीरें, राजनीति, हत्याएं, मारपीट, अधनंगी तसवीरें– यही चीजें बिकती हैं। लोग चटकारा लेकर पढ़ते हैं, गंभीर चीजें कम पढ़ते हैं, लोग इसे मनोरंजन के रूप में देखने लगे हैं। प्रभात खबर दूसरे पत्रों से अलग रहा है। जमीन के कई सवालों को पहली बार इसने उठाया। दो तरह की चीजें इन लोगों ने कीं, एक तो जमीन के सवाल को उठाना और दूसरे ऐसे पत्रकारों को जो मुख्यतः आदिवासी हैं, उन्हें लिखने का मौका दिया और उनके लिए एक मंच तैयार किया। आज कई अच्छे लोग इसकी देन हैं। उस मंच को प्रभात खबर नहीं बनाता तो कौन उन्हें छापने वाला था। इस स्तर पर कई पत्रों ने प्रभात खबर की नकल करनी शुरू की। यह हमेशा पायोनियर (सबसे पहले खोजने वाला) रहा है। राष्ट्रीय लेखकों को क्षेत्रीय स्तर पर लिखवाना उन्होंने शुरू किया। अकादमिक स्तर के लोगों को पत्र से जोड़ा। जो केवल शोध-पत्रिकाओं में लिखा करते थे। बहुत महत्त्वपूर्ण भूमिका रही है इसकी। पूरे देश में इस प्रकार की भूमिका कम रही है। झारखंड पर पूरे वर्ष विशेष सामग्री देना किसी और की ताकत नहीं थी। किसी राज्य के किसी भी पत्र ने इस प्रकार का अतिरिक्तांक लगातार नहीं निकाला है, यह कार्य जबर्दस्त है।

(लेखक अर्थशास्त्री हैं। 2009 में रोहित राय से बातचीत पर आधारित)

कुछ शिकायतों के बावजूद उम्मीद तो इसी से है...

आनंद शंकर

25 वर्षीय युवा प्रभात खबर ने राष्ट्रीय अखबारों के मिथक को तोड़कर अपने आंदोलनकारी कदम की गति को तीव्र करते हुए जो मुकाम हासिल किया है, उससे अखबार की सामाजिक जिम्मेवारी का साफ एहसास होता है लेकिन उम्मीदें भी काफी बढ़ गयी हैं। अभी जबकि मीडिया सत्ता, राजनेता, विज्ञापनदाताओं एवं इन सभी के कारण असामाजिक तत्त्वों के पक्ष में खड़ा नजर आती है और दूसरी ओर राष्ट्रीय अखबार अपनी व्यावसायिक सोच के तहत क्षेत्रीय संस्करण लेकर बाजारवादी नीति के तहत गलाकाट प्रतिस्पर्द्धा कर रहे हैं। क्षेत्रीय अखबार होने के नाते प्रभात खबर को इस प्रदेश में मीडिया लीडर की भूमिका में आना पड़ेगा, तभी उसके साथ जुड़ा आंदोलन शब्द ज्यादा सार्थक नजर आयेगा।

25 वर्ष यानी इसके जन्म काल से ही मैं इस अखबार का पाठक रहा हूं। 'अखबार नहीं आंदोलन' की नीति के तहत सत्ता की विफलता एवं भ्रष्टाचार को उजागर करने में प्रभात खबर अग्रणी रहा है, यह प्रमाणित है। यह भी प्रमाणित है कि यह आम आदमी का अखबार है तथा नागरिकोन्मुखी है। इसकी भाषा शुद्धतावादियों के पीछे नहीं, बल्कि अपने प्रसार क्षेत्र की बोलियों के पीछे भागती है, जिससे कठिन मुद्दों को भी आम आदमी आसानी से समझ लेता है। गंभीर व ज्वलंत मुद्दों पर पड़ताल इसकी खासियत रही है। यह प्रभात खबर की आंदोलनात्मक नीति की ही खासियत रही है कि इसने राष्ट्रीय अखबारों के मात्र अप मार्केट को प्रमुखता की तुलना में अप एवं डाउन दोनों मार्केट को पकड़कर भी अपने को प्रतिस्पर्द्धा में बनाये रखा है। सामाजिक, आर्थिक दृष्टिकोण से पिछड़े लोगों को यह अपना अखबार लगता है। प्रभात खबर इस वर्ग का प्रतिनिधित्व करता नजर आता है। सरल भाषा में सूचनाओं का प्रस्तुतीकरण इसकी खासियत का ही प्रमाण है कि राष्ट्रीय अखबारों को अपने प्रथम पृष्ठ पर विशेष संपादकीय लिखना पड़ता है कि अब हम कठिन नहीं बल्कि सरल हिंदी को प्रमुखता दे रहे हैं। यह इस अखबार के आंदोलन को ही सिद्ध करता है कि जब अन्य अखबार सत्तालोलुपता एवं चंद राजनेताओं को महिमामंडित करने वालों का नेतृत्वकर्ता बनने की होड़ में लगे हैं तब प्रभात खबर सत्ता का खोखलापन दिखा रहा है। वर्तमान में झारखंड की सामाजिक- सांस्कृतिक, संरचना की बुनियाद व परंपरा की

सुरक्षा में प्रभात खबर का कोई विकल्प नहीं है। यह अखबार राज्य के मुद्दों पर नीतिगत बहस का भी लगातार अगुआ बना हुआ है। प्रिंट मीड्यिा की पैकेजिंग और प्रोफेशनलिज्म के फंडे के बीच यह अखबार अपने मूल चरित्र को जिंदा रखने में कामयाब हुआ है, यही इसके आंदोलन होने की सार्थकता है।

परंतु एक गंभीर पाठ्क के रूप में मेरा मानना है कि प्रभात खबर कई मुद्दों को आंदोलन का स्वरूप देकर उजागर तो जरूर करता है, पर फिर उसे बीच में ही छोड़ देता है, मंजिल तक नहीं पहुंच पाता। जबकि पाठक घट्ना-दुर्घटनाओं का अंत जानना चाहते हैं। इसकी एक सबसे बड़ी कमी अतिक्षेत्रीय संस्करणों का प्रकाशन है, इससे पाठ्कों को अपने पड़ोसी जिले का भी समाचार नहीं मिल पाता। अन्य राज्य व राष्ट्रीय समाचारों की कमी रहती है, जबकि आंदोलन को निश्चित मंजिल तक पहुंचाने के लिए पूरे राज्य को एक सूई में पिरोना आवश्यक है।

उम्मीदें

अभी आवश्यकता है एक ऐसे आंदोलन की जो सकारात्मक सोच वाले झारखंड का निर्माण कर सके। इसके लिए नकारात्मक खबरों के बदले सकारात्मक खबरों को प्रमुखता देनी होगी। हत्या, अपहरण, फिरौती, रंगदारी, बलात्कार जैसी घट्नाओं को सनसनी बनाकर प्रस्तुत करने (सभी अखबारों में) से समाज में नकारात्मक वातावरण बन रहा है। इसके लिए पत्रकारिता के सामाजिक दायित्व के विषय पर गंभीरता से सोचने की जरूरत है। फिर इस राज्य में सरकार में हिस्सेदारी का जो खेल पहली सरकार के गठ्न के बाद से ही खेला जा रहा है, उस मुद्दे पर प्रभात खबर से आंदोलन की उम्मीद है। इस खेल का बीजारोपण करने वाले, इसमें धुआंधार बैटिंग करने वाले, राज्य गठ्न के उद्देश्य को निरर्थक साबित करने वालों का खुलासा करना होगा। विभिन्न मुद्दों पर पलक झपकते ही जनमत तैयार करने वाला अखबार यदि इन मुद्दों पर चुप रहेगा तो यह राज्य लगातार सिसकता ही रहेगा। इसके लिए अब यह जरूरी है कि अखबार अपने आंदोलन के मुद्दे निर्धारित करे और सिस्टम एवं जनप्रतिनिधियों की खामियों-नाकामियों के खिलाफ जनमत तैयार करे, क्योंकि जनमत तैयार करने का हथियार अभी मात्र मीड्यिा के हाथ में है, इस कारण उम्मीद की किरण भी मीड्यिा से ही है।

(लेखक डालटनगंज में रहते हैं। मशहूर व्यवसायी हैं)

ऐसी नजीर कम ही मिलती है...

हुसैन कच्छी

प्रभात खबर ने समाज के साथ जिस तरह का रिश्ता कायम किया, उसकी नजीर कम ही मिलती है। रांची से यह अखबार उन दिनों में जारी हुआ, जब इस तरह के प्रयोग में बड़ा रिस्क था। आरंभिक उतार-चढ़ाव के बाद प्रबंधन में बदलाव आया, एक नयी ऊर्जा के साथ नयी टीम आयी, तो गोया कल्पना ने सचाई का रूप धारण करना शुरू कर दिया। मेरा व्यक्तिगत रिश्ता बहैसियत एक पाठक के नये प्रबंधन के आने के बाद ही हुआ। हरिवंश जी से पहली बार कहीं मुलाकात हो गयी, कुछ दिन पहले मैं विधानसभा का चुनाव लड़कर हार चुका था। न जाने चुनाव अभियान के दौरान प्रेस की मेरे बारे में क्या धारणा थी। बहरहाल, हरिवंश जी ने पहली मुलाकात में ही मुझे बातचीत के लिए न्योता, तब मैं पहली बार किसी अखबार के दफ्तर गया। उससे पहले मेरा किसी अखबार, किसी पत्रकार से कोई संबंध नहीं था। मिलने-जुलने और बातचीत का सिलसिला आगे बढ़ा, तो हरिनारायण सिंह, मधुकर जी, श्रीनिवास जी, विजय पाठक, ठाकुर जी, अनुज, शफीक अंसारी, झा जी, गोयनका जी, दत्ता बाबू और प्रेस से जुड़े सभी साथियों से गपशप लगने लगी। ऐसा रिश्ता बन गया, जो मेरे जीवन का बड़ा ही सुखद अनुभव है। तकरीबन रोज ही प्रेस में उठना- बैठना होता और हम लोग छोटी-छोटी घटनाओं पर बहस करते। ऐसी खबरों की अहमियत को समझने की कोशिश करते। मैंने महसूस किया कि प्रभात खबर में कमिटमेंट है, यह महज अखबार नहीं, बल्कि आम नागरिकों से सीधे जुड़कर एक ऐसा प्लेटफार्म बन सकता है, जहां से क्षेत्र की समस्याओं को सुलझाने का आंदोलन खड़ा हो सकता है। आने वाले दिनों में यह विचार सच साबित हुआ।

सामाजिक सतह पर रांची में सांप्रदायिकता का इतिहास और राजनीतिक, प्रशासनिक स्तर पर भ्रष्टाचार ऐसे मुद्दे थे, जिनसे आम लोगों का जीवन कठिन था। दोनों सतहों पर अखबार ने अद्‌भुत प्रयोग किये। सभी सामाजिक एवं राजनीतिक कार्यकर्ताओं से व्यक्तिगत रिश्ता कायम किया गया। हर दल एवं स्तर के मित्रों का अनूठा संगम बन गया, जिससे सूचनाएं समय पर मिल जातीं और जैसी जरूरत पड़ती उस एरिया के साथी के साथ मिलकर अखबार हालात पर काबू करने में सफल हो जाता। हाल यह हो गया कि अक्सर मामलों में अखबार की पंचइती

जनता के बीच ज्यादा सर्वमान्य होने लगी। यानी अखबार सामाजिक सौहार्द की गारंटी बनता चला गया। प्रभात खबर की मौके पर मौजूदगी राहत का सबब मान ली गयी। यकीनन उन मुश्किल घड़ियों में अखबार के साफ किरदार का जनता के दिल पर गहरा असर हुआ, जिसने क्षेत्र की फिजा ही तब्दील कर दी। इस क्रम में सौहार्द स्थापित करने में लगे कार्यकर्ताओं की बड़ी खेप तैयार हो गयी। सेक्यूलरिज्म की तहरीक को मजबूत करने में इनके योगदान की जितनी तारीफ की जाये, कम है। रांची में इसने घृणा को प्रेम में बदल कर बहुत खूबसूरत मिसाल कायम की है।

पशुपालन घोटाला का पर्दाफाश सबसे पहले प्रभात खबर में हुआ, पहले तो लोगों ने कहा, इसमें कुछ नहीं होने वाला, यह घोटाला भ्रष्टाचार का सबसे बड़ा मामला था, इससे जुड़े लोगों के हाथ बड़े लंबे थे। इन लोगों की तूती बोलती थी। भला सीमित संसाधन से चलने वाला एक क्षेत्रीय हिंदी दैनिक इनका क्या बिगाड़ सकता, जिन्हें तत्कालीन सरकार का समर्थन भी प्राप्त था। राजनीतिक एवं प्रशासनिक आकाश के बड़े सितारे इससे घुले-मिले हुए थे, इतने बड़े पावर और पैसों से मुकाबला कर रहे थे, पुराने स्कूटरों, मोटरसाइकिलों पर सवारी करने वाले पत्रकार, जिनमें से अधिकतर किराये के मकान में रहते थे, कुछ अरसे पहले ही रांची आकर बसे थे। मगर हरिवंश जी और परिवार के सदस्यों में जिम्मेदारी का एहसास और अपने काम पर इनका भरोसा मैंने देखा है, जो हमेशा याद रहेगा। जाहिर है कि प्रमोशन भी दिया जाता रहेगा, धमकियां अलग मिलती होंगी। सूचनाएं दबाने या कम करके छापने की सलाह भी मिलती होंगी, मगर क्या मजाल कि ये लोग टस से मस भी हुए हों। बस धुन सवार थी कि कोई बचना नहीं चाहिए। पब्लिक का पैसा है, धोखाधड़ी नहीं चलने देंगे और वह वक्त भी आया, जब एक-एक करके गिरफ्तारी हुई, मुकदमे हुए। इससे कोई बच न सका, चाहे वह राष्ट्रीय नेता हों, आला अफसर, विभागीय कर्मचारी या ठेकेदार, सब जेल गये। ईमानदार अखबारनवीसी का यह सुनहरा नमूना था, जो प्रभात खबर ने पेश किया और जिसने बिहार के साथ- साथ केंद्र की राजनीति पर गहरा असर छोड़ा। बुनियादी सुविधाएं बिजली, पानी, सड़क, राशन, स्वास्थ्य, शिक्षा जैसे विषयों पर नागरिकों की शिकायत नजरअंदाज न हो, इसके लिए प्रभात खबर ने ऐसे मंच का रोल निभाया, जिसके द्वारा जन भावनाएं प्रशासन तक इतने मजबूत अंदाज में पहुंचतीं कि ध्यान देने पर बाध्य होना पड़ता। आम लोगों को गोलबंद करने में कामयाबी मिली। कई मौकों पर अखबार से प्रेरित होकर घरेलू महिलाएं सड़क पर उतर आयीं, कॉलोनियों एवं स्लम एरिया की समस्याओं को प्राथमिकता देते हुए सरकार को अपनी जिम्मेदारी निभाने पर मजबूर किया। जन प्रतिनिधियों को इसका भरपूर एहसास कराया। ये ऐसी पत्रकारिता है, जिससे लाजिमी तौर पर विश्वास बढ़ा और इसके सकारात्मक नतीजे भी जाहिर हुए। बस्तियों में जो थोड़ा-बहुत विकास नजर आता है, उसमें प्रभात खबर स्टाइल के काम की खुशबू महसूस की जा सकती है।

सुझावों पर गंभीरता से गौर करना प्रभात खबर की विशेषता है। हम सुझाव देने में सोचते नहीं और यहां रोज ही चिंतन चलता रहता है। इसी तरह अगर महसूस हुआ कि

अखबार में कोई खबर खामख्वाह ही बड़ी बनायी गयी या कोई शीर्षक अनुचित लगा, तो बहैसियत एक पाठक के उस पर सवाल खड़ा किया, तो उसका भी स्वागत हुआ और हमारे तर्क को स्वीकार किया गया। यह बड़ी अच्छी बात है, हालांकि आम खयाल यही है कि पत्रकार बहुत इगोइस्ट होता है और प्रबंधन तो खैर आसमान पर ही बैठा होता है, मगर मेरा व्यक्तिगत तजुर्बा इस अखबार के बारे में सुखद है। ऐसे मौके आज भी कभी- कभी आते हैं, तब हम दोनों का ट्रेड मार्क रिश्ता किसी संकोच के बिना अपना-अपना रोल निभाता है। यह जो संबंध एक पाठक और अखबार के बीच का है, उसकी अहमियत को तसलीम करना बहुत जरूरी है और मुझे खुशी है कि यहां पाठक महत्त्वपूर्ण पायदान पर है।

समाज में आये दिन होने वाली घटनाओं और राजनीतिक उतार-चढ़ाव का असर बच्चों के मन पर कैसा पड़ता है, इसको समझने के लिए चित्रकार दिनेश के साथ मैंने और हरिवंश जी ने एक योजना बनायी, जिसके तहत नगर के कई स्कूलों में हम लोग प्रभात खबर के साथ गये। बच्चों और हमारे बीच स्टेज पर भ्रष्टाचार, सांप्रदायिकता, राष्ट्रीय एकता, भाईचारा जैसे विषयों पर गंभीर चर्चा होती, जिसके आधार पर दिनेश ऑन द स्पॉट एक पेंटिंग तैयार करते फिर सभी बच्चों को हम कागज के छोटे-छोटे कैनवास देकर उन पर अपनी भावनाओं को चित्रकारी के माध्यम से दरसाने को कहते। ऐसे आयोजनों में हरिवंश जी ने भी बच्चों के साथ बैठकर हिस्सा लिया। हजारों स्कूली बच्चों ने जिस तरह अपनी भावनाओं को व्यक्त किया, उस पर छपी रिपोर्ट का समाज पर गहरा असर पड़ा। हमने इसे समझने के लिए मधुकर जी के साथ मशहूर मनोवैज्ञानिक डॉ. अमर कुमार सिंह से संपर्क किया, उन्होंने बच्चों द्वारा उकेरी भावनाओं का अध्ययन करके बताया कि हमारी योजना सफल रही है और बच्चों ने स्पष्ट संदेश दिया है कि वे बेखबर नहीं हैं और सांप्रदायिकता, भ्रष्टाचार जैसे विषयों पर बहुत चिंतित हैं और इसे बेहद नापसंद करते हैं। भाईचारा, राष्ट्रीय एकता और आगे बढ़कर जरूरतमंदों की मदद करना उन्हें बहुत पसंद है। आज इतने वर्ष बीत जाने के बाद वे सभी बड़े हो चुके होंगे। दिनेश और मैं इसपर काम करना चाहेंगे। इनमें से उन बच्चों (अब बड़े) का पता लगायें कि वे लोग अब क्या कर रहे हैं और किस मुक़ाम तक पहुंचे हैं, यह बहुत दिलचस्प प्रसंग होगा। हम तैयारी कर रहे हैं।

नगर के एक मशहूर चिकित्सक के हॉस्पिटल में एक रोगी की किडनी चोरी होने का मामला प्रभात खबर के जरिये प्रकाश में आया, तो हॉस्पिटल के बाहर भारी भीड़ जमा हो गयी। जनता मांग कर रही थी कि डॉक्टर को गिरफ्तार किया जाये और प्रशासन आनाकानी में मशगूल थी। वहां विचित्र स्थिति उत्पन्न हो गयी थी। आरोप गंभीर था, रोगी पुलिस टीम में मौजूद डॉक्टर हॉस्पिटल के अंदर, बाहर भीड़ से अलग मैं हरिवंश जी को हरि भाई के साथ पूरी स्थिति पर निगाह रख पाया यानी पत्रकार अपनी ड्यूटी पर तैनात। बहरहाल डॉक्टर गिरफ्तार हुए, मुकदमा चला, उन्हें जेल में रहना पड़ा।

बिहार सरकार के दौर में पुंदाग में बिजली का हाईपावर टावर गिर गया, तार चोरी हो गया, पूरा शहर सप्ताह भर अंधकार की परेशानी में रहा। विभाग की तरफ से असल बात छिपाकर मनगढ़ंत बातें जनता को बतायी गयीं। एक रात प्रेस में बैठे-बैठे हम लोग सही जानकारी

लेने निकल पड़े। पुंदाग पहुंचे, तो बात खुली, पूरी जानकारी वापस आकर अखबार में छाप दी गयी। इस हालत में तो महीने तक बिजली सामान्य नहीं होने वाली, क्योंकि विभाग और सरकार लापरवाही से काम ले रहे हैं। सुबह अखबार की खबर का यह असर हुआ कि लोग गुस्से से भरे सड़क पर उतर आये। शहर बंद हो गया, जनता आंदोलित हो चुकी थी। प्रशासन के खिलाफ इतनी मुखर नारेबाजी कम ही देखने को मिलती है। अफसरों को तकलीफ होना स्वाभाविक था। दिन गुजरा, रात होते-होते प्रशासन की बेचैनी चरम पर थी, गुस्सा शबाब पर, प्रभात खबर के छायाकार (बापी) से कलक्टर और एसएसपी की झड़प हो गयी, एसएसपी ने छायाकार का कैमरा छीनकर जमीन पर पटक दिया और चित्रों को बरबाद कर दिया। प्रेस की आजादी पर हमला हो चुका था, जिस पर पत्रकार जगत् एकजुट हो गया। आधी रात के समय मैंने हरिवंश जी को फोन किया, सूचना मिलते ही खुद गाड़ी ड्राइव करके प्रेस पहुंचे। फिर दिनेश और मुझे साथ लेकर लालपुर थाना पहुंचे एफ़आईआर दर्ज करवाने। इस दरम्यान प्रशासन को एहसास होने लगा था कैसे लोगों से मामला पड़ गया है कि सरकुलर रोड स्थित सरकारी अतिथिगृह में प्रशासन और प्रेस के बीच वार्ता हुई, जिसमें एसपी साहब ने अपने सलूक को दरगुजर करने का आग्रह किया, तब जाकर मामला रफा-दफा हुआ। अखबार के प्रधान संपादक का अखबार की आजादी और अपने सहयोगी के साथ तत्परता से सामने आने की अदा यादगार है।

क्षेत्रीय अखबार होते हुए भी सटीक और स्वच्छ पत्रकारिता के माध्यम से आज देश में प्रभात खबर की अपनी पहचान स्थापित हो चुकी है। इसमें कोई शक नहीं कि इसका अपना कलेवर है और निरंतर आगे बढ़ते रहने का जज्बा है। प्रभात खबर व्याख्यानमाला के जरिये 'भारत किधर' विषय पर देश के जानेमाने राजनीतिक, सामाजिक चिंतक, उद्योग जगत् के कद्दावर नाम, साहित्यकारों को सुनने और उनसे सवाल-जवाब का मौका मिला। इस आयोजन की भरपूर सराहना हुई। यह सिलसिला अभी भी जारी है।

आज लिखने बैठा हूं तो कितनी बातें याद आ रही हैं, जिन्हें एक ही किस्त में दर्ज करने की सलादियत मुझमें तो नही है, चलते-चलते एक बहुत ही अहम घटना कलमबंद करना चाहूंगा। राष्ट्रीय स्तर के एक अखबार का रांची में आगमन हुआ, बड़ी पूंजी और बड़ा बंदोबस्त, हमें खुशी हुई कि चलो अब हमारे क्षेत्र की आबरू में एक और इजाफा हुआ, तरह-तरह की अफवाहों ने जन्म लेना शुरू किया और फिर आनन-फानन में प्रभात खबर परिवार के कुछ साथियों ने वहां ज्वाइन कर लिया। यहां अचानक संकट आ गया, जाहिर है संसाधन सीमित थे और अखबार को जिंदा भी रखना था। वाकई बहुत मुश्किल वक्त था, मगर हरिवंश जी के नेतृत्व में उस नाजुक घड़ी में अखबार अलग ही तरह के जोश व जज्बे से न सिर्फ पाठकों तक पहुंचा बल्कि उससे उबरने के बाद इसका रूप संवरता चला गया, धार और तेज होती गयी और जिस पर बंद हो जाने का अंदेशा मंडरा रहा था, वह अखबार अब सात शहरों से प्रकाशित हो रहा है। सिल्वर जुबली वर्ष में दाखिल होते समय मुझे सभी दोस्त याद आ रहे हैं, वे जो किसी भी वजह से दूसरी जगह चले गये और वे जो आज भी प्रभात खबर से जुड़े, अपनी जिम्मेदारियों को निभा

रहे हैं। सभी मित्रों की कुछ न कुछ मीठी यादें उनके साथ गुजारा समय मेरे लिए शरमाये से कम नहीं। मेरे कई जानने वाले मुझसे पूछते हैं कि मैं प्रभात खबर के बारे में इतना जजबाती क्यों हूं, तो उसका जवाब यह है कि यह हमारा अपना स्थानीय अखबार है, इसने सीमित संसाधन से बड़ा हौसला दिखाया है और उस हौसले के बलबूते अपना लाजवाब क्षेत्ररक्षण किया है, जिसकी दाद जरूर मिलनी चाहिए।

(साझी संस्कृति पर काम करनेवाले हुसैन कच्छी प्रसिद्ध समाजसेवी हैं, वर्ष 2009)

बन सकता है पहला संपूर्ण अखबार यदि...

प्रभाकर अग्रवाल

वर्षों पहले ऑस्कर वाइल्ड ने लिखा था— साहित्य और पत्रकारिता में यही फर्क है कि पत्रकारिता पढ़ने योग्य नहीं होती और साहित्य पढ़ा नहीं जाता। मैं यह तो नहीं कहूंगा कि वे गलत थे, लेकिन उनके कथन को मैं अपने मामले में सही नहीं पाता। मेरे जैसे अधिकांश लोगों के लिए सुबह-सुबह अखबार पढ़ना एक लत की तरह है, आंखें खुलते ही पैर स्वतः मेन गेटकी ओर बढ़ जाते हैं, जहां हॉकर के द्वारा डाला गया प्रभात खबर पड़ा रहता है। हर दिन का पहला काम कम-से-कम आधे घंटे अखबार चाटना ही होता है। यह ऐसा चस्का है जो योगाभ्यास या कसरत वगैरह के लिए निर्धारित समय को खा जाता है। भले ही यह अभी तक मेरे जैसे पाठकों की सारी पिपासाओं को बुझाने वाला संपूर्ण अखबार नहीं बन पाया, कमी को पूरा करने के लिए एक अंगरेजी का अखबार पढ़ना ही पड़ता है, लेकिन फिर भी प्रभात खबर से पता नहीं कैसा रिश्ता जुड़ गया है कि इसके बिना कुछ-कुछ होने लगता है।

मैंने इस अखबार को इसके प्रथम अंक से ही पसंद किया, इसे दूसरे स्थानीय अखबारों पर तरजीह दी, फिर जब इसकी हालत डगमगाने लगी तो मन खराब हुआ, लेकिन रविवार शोहरतवाले हरिवंश जी को इसकी कमान मिलने की खबर ने फिर से उम्मीदों को ताजा कर दिया। हरिवंश जी ने निराश नहीं किया, धीरे-धीरे उन्होंने इसे आज की बुलंदियों तक पहुंचा दिया। किसी भी अखबार की सबसे बड़ी समस्या होती है कि मालिकों द्वारा अपने हित में या अपने राजनीतिक पूर्वाग्रहों के लिए काम करने का दबाव लगातार या समय विशेष पर बनाया जाता है, कई मालिक तो खुद ही संपादक बन जाते हैं और अपनी मरजी से लिखवाते-छपवाते रहते हैं। प्रभात खबर में प्रकाशित होने वाली सामग्रियों में यह दबाव कभी नहीं नजर आया, पता नहीं कि यह मालिकों की भलमनसाहत व दरियादिली है या हरिवंश जी के कद्दावर व्यक्तित्व का नतीजा।

कोई भी अखाबर एक वर्ग शिक्षक की तरह होता है जिसे कमजोर, औसत एवं मेधावी तीनों तरह के बच्चों को एक साथ पढ़ाना पड़ता है। यदि वह कमजोर बच्चों का ध्यान रखकर पढ़ाये तो मेधावी बच्चों का समय बर्बाद होगा। भाग तो सकते नहीं मन मारकर पढ़ते रहेंगे। यदि मेधावी के

हिसाब से चलें तो कमजोर बच्चों को कुछ भी समझ में नहीं आयेगा। इससे भी अधिक ऊहापोह परिस्थिति में अखबार होता है, बुद्धिजीवी वर्ग का ध्यान रखे तो मध्य वर्ग के लोग भाग जायेंगे। मध्यम वर्ग का खयाल करे तो बुद्धिजीवी इसे छोड़ देंगे। आम आदमी तो खरीदकर इसे पढ़ता नहीं, कहीं मिल गया तो सुर्खियों पर नजर दौड़ा ली। सभी वर्गों को बांधकर रखने के उपाय करने पड़ते हैं। शायद इसालेए परिशिष्ट निकलते हैं। प्रभात खबर इस क्षेत्र में सवाधिक पढ़ा जाता है, इसका मतलब ही है कि इसने हर वर्ग को बांधकर रखने में कुछ सफलता प्राप्त कर ली है।

अवसर परिशिष्ट के माध्यम से इसने बेरोजगार युवाओं को संभावित अवसरों की सूचना देकर ही छुटकारा नहीं पा लिया। वरन् विभिन्न क्षेत्रों के लिए उपलब्ध शिक्षण संस्थानों एवं अवसरों के बारे में नियमित रूप से कॅरियर काउंसलिंग भी करायी। कभी फोन पर, कभी स्कूल कॉलेजों में सूचनाधिकार की बात आयी, तो इसने लागातार लेख छापे, सूचना अधिकार की सफलता की कहानियां छापीं, साथ ही पूरे राज्य में जगह-जगह सेमिनार किये, लोगों को बतलाया कि इसका उपयोग भ्रष्टाचार कम करने में कैसै किया जाये। वैसे तो लिखने-पढ़ने वाले जबानी जमाखर्च में ही उस्ताद होते हैं, यहां तो समाचार पत्र एवं उसके संवाददाता-संपादक मैदान में उतरकर काम करने लगे, यह एक नयी तरह की पत्रकारिता थी जिसका लोगों ने बांहें फैलाकर स्वागत किया।

झारखंड सरकार का सूचना तंत्र हमेशा से कमजोर रहा है। यदि सही आंकड़े उपलब्ध न हों तो सही योजनाएं नहीं बन सकतीं और न उनका क्रियान्वयन ही सफलतापूर्वक हो सकता है। प्रभात खबर ने विभिन्न एजेंसियों के माध्यम से ये आंकड़े समय-समय पर एकत्र कराये और उन्हें लेखों के रूप में और पुस्तक के रूप में छापकर यहां के मंत्रियों और प्रशासकों के समक्ष व्यंजनवाली थाली की तरह परोस दिया, फिर भी ये 'बोली के शेर महाजन' उसका उपयोग न कर पाये। सरकार की निष्क्रियता से रंच मात्र भी प्रभावित हुए बिना प्रभात खबर का यह प्रयास जारी है, सरकार कभी तो जागेगी।

प्रभात खबर एक छोटे शहर से निकलने वाला अखबार है, इसे राष्ट्रीय स्तर पर प्रतिष्ठित लेखकों एवं पत्रकारों से मौलिक अप्रकाशित आलेख प्राप्त करने में परेशानी उठानी पड़ती होगी। कहीं कुछ अच्छा प्रकाशित हुआ, उस जूठन को साभार या कम पारिश्रमिक देकर छापने की मजबूरी ऐसे अखबारों को झेलनी पड़ती है। यह कटु सत्य है कि आज भी हर विषय एवं हर क्षेत्र की बढ़िया मौलिक सामग्री अंगरेजी में ही लिखी और छपी जाती है, भले ही अधिकतर हिंदीप्रेमी इस बात से सहमत न हों। इस सामग्री का अनुवाद भी ठीक से करने में लोग सक्षम नहीं हैं, वे शब्दानुवाद करने की कोशिश करते हैं, जिससे अपेक्षित भाव नहीं आ पाता, भाषा-प्रवाह दुरूह हो जाता है, लेख का लालित्य खत्म हो जाता है। अफसोस है कि इन अनुवादित लेखों के मामले में प्रभात खबर भी कुछ अलग नहीं कर पाया। प्रतिष्ठित पत्रकार शौरी जी हों या जनाब अकबर या फिर कुछ विदेशी लेखक— इन सभी के लेखों के विषय अति गंभीर होते हैं, अंगरेजी में मूल लेख को पढ़कर समझने में ही समय लग जाता है, हिंदी का अनुवाद तो सिर के ऊपर से निकल जाता है।

नेरे आलेख प्रभात खबर में शुरू से ही छपते रहे हैं। मैं किसी से भिजवा देता था, कभी

स्वयं नहीं गया। लगभग बारह साल पूर्व अग्रसेन जयंती के एक दिन पहले मैं हरिवंश जी के पास गया, सिर्फ यह कहने के लिए कि अग्रसेनजी और अग्रवालों के बारे में लोग कम जानते हैं, यदि एक लेख दूसरे दिन प्रकाशित हो जाये तो बहुत अच्छा होगा। मैंने जैसे ही अपना परिचय दिया, वे उठ कर खड़े हो गये, मेरा स्वागत किया, बैठाया, फिर लेख को सरसरी निगाह से देखकर किसी को बुलाया और कहा कि अगले दिन वह अखबार में आ जाये। फिर उन्होंने नियमित रूप से लिखने का आग्रह किया। मैंने अपनी निराशा जाहिर करते हुए कहा कि मेरे लेखों से कोई प्रभाव तो पड़ता नहीं, कहीं कोई परिवर्तन भी नजर नहीं आता, कहीं से कोई प्रतिक्रिया भी व्यक्त नहीं करता, तो लिखने से क्या फायदा। उन्होंने मेरे पूर्व प्रकाशित कुछ लेखों की चर्चा की, मुझे आश्चर्य हुआ कि उन्होंने पढ़ा था और इतने दिन बाद याद भी रखा था। मेरे अंदर लिखने का उत्साह फिर से ताज़ा हो गया।

कई वर्ष बाद फिर एक वैसी ही निराशा के दौर से गुजर रहा था, एक सेमिनार में उनसे मुलाकात हुई। उन्होंने कहा कि लिखना कम क्यों कर दिया है, मैंने फिर वही बात दुहराई कि मुझे छपने का शौक नहीं, लेकिन अफसोस होता है कि कोई पढ़ता ही नहीं, कभी कोई मेरे लेखों में व्यक्त विचारों की आलोचना या समर्थन भी नहीं करता। उन्होंने कहा कि अपना कोई लेख मेरे सेक्रेटरी के पास अपनी एक तसवीर के साथ भेज दीजिए, इस बार उन्होंने लेख के साथ मेरी तसवीर भी छाप दी। इसके बाद कई लेख तसवीर के साथ ही छपे, फिर तो जैसे मेरे लिए पृष्ठ दो पर नीचे का स्थान सुरक्षित हो गया। तसवीर छपने के साथ ही चामत्कारिक परिवर्तन हुआ, लोगों ने फोन पर या कहीं मिलने पर मेरे लेखों के बारे में जिक्र करना शुरू कर दिया। कभी-कभी तो बड़ा सुखद आश्चर्य हुआ जब एकदम अनजान व्यक्ति ने मुझे प्रभात खबर कॉलमिस्ट के रूप में पहचाना और मेरे प्रशंसक के रूप में अपना परिचय दिया।

मैं अकेला नहीं, जिसे हरिवंश जी ने अपने अखबार में एक नियमित शौकिया स्तंभकार के रूप में स्थापित कर दिया, उन्होंने अनेक लेखक एवं पत्रकार इसी प्रकार प्रोत्साहित कर विकसित किये। उनका सबसे बड़ा योगदान आदिवासी समाज की महिलाओं को पत्रकार के रूप में स्थापित करने का है, वासवी हों या दयामनी बारला या फिर कई अन्य। इन लेखकों ने जो कुछ भी लिखा उसे बेहिचक छापकर उन्होंने आदिवासी समाज की वास्तविक समस्याओं को उजागर किया। अब तक अपने ड्राइंग रूम में बैठकर शहरी पत्रकार आदिवासी समाज के दुख-दर्द के बारे में, उनकी समस्याओं के बारे में लिख देते थे, जिनमें काल्पनिक पीड़ा की मात्रा अधिक होती थी। ये पत्रकार सुदूर घने जंगलों, बीहड़ों में जाने की जरूरत भी नहीं महसूस करते थे, मुश्किल काम था, फिर ये जाते भी तो क्या समझते, उनकी भाषा तो जानते नहीं थे। इन महिला पत्रकारों ने तो उस दर्द को स्वयं जिया है, उसी मिट्टी में पली-बढ़ीं, वही भाषा बोलती रहीं, उनकी फर्स्ट हैंड रिपोर्टों में पहली बार कुसुम और महुआ की मदमाती बौराती खुशबू से दूर हटकर पलाश के सीने में धधकती आग के दर्शन हुए, शिक्षा और आधुनिक विकास से कोसों दूर बेजुबान आदिवासियों की कंपायमान निरीह वाणी सुनाई पड़ी, हुंकार का अभी भी इंतजार है... फैसल अनुराग और महादेव टोप्पो जैसे लेखकों को भी प्रभात खबर का वरद हस्त प्राप्त हुआ। इन सभी लेखकों-पत्रकारों की खूबियां हैं कि ये

दलितों के कल्याण के लिए चलाये जा रहे आंदोलनों में भी खूब सक्रिय हैं, आज ये लोग इन आंदोलनों की दिशा भी निर्धारित करते हैं।

भ्रष्टाचार के उद्भेदन में भी प्रभात खबर निडर होकर हमेशा सक्रिय रहा है, हाल-हाल में मंत्रियों द्वारा चारों हाथ-पैरों से अकूत धन-संपदा बटोरे जाने का विवरण आंकड़ों एवं प्रमाणों के साथ छापकर तो इसने मंत्रिमंडल तक को हिला दिया, लेकिन यह राज्य थेथरों का है। अमेरिका में तो मोनिका लेविंसिकी के साथ अपने संबंधों को सिर्फ नकारने के कारण बिल क्लिंटन को पूरे देश से माफी मांगनी पड़ी, यहां तो ये मंत्री यदि चौराहे पर खुलेआम बलात्कार भी कर दें, तो इनका कुछ न बिगड़ेगा। तारीफ करनी होगी 'प्रभात खबर' की जो बिना किसी नतीजे के लगातार छाप रहा है, निराशा से विचलित नहीं हो रहा। कुंभ मेला जैसे महोत्सव या फिर बाढ़-विभीषिका जैसी प्राकृतिक आपदा के कवरेज के लिए रिपोर्टर भेजकर आंखों देखा हाल छापना किसी छोटे या स्थानीय अखबार के लिए आर्थिक रूप से संभव नहीं होता, लेकिन प्रभात खबर ने समय-समय पर इसका भी प्रबंध करके अच्छी रिपोर्ट छापी है। अपने समय में अग्रणी 'दिनमान' एवं 'रविवार' जैसे साप्ताहिकों ने हिंदी को 'लौह पथगामिनी' एवं 'धूम्रदंडिका' की संस्कृतनिष्ठ से निकालकर आमजन की हिंदुस्तानी भाषा में परिवर्तित कर दिया। 'प्रभात खबर' ने भी हिंदी के उसी रूप को अपनाया, भाषागत गलतियां न्यूनतम हों, इसका हमेशा ध्यान रखा, कलेवर भी बदलता रहा, आधुनिकता के इस युग में एक ही स्टाइल पर चलने वाले लकीर के फकीर कहलाते हैं, शायद इसीलिए यह अखबार तमाम परिवर्तनों के बीच सभी वर्गों के लिए पहली पसंद बना रहा। बड़े-बड़े चर्चित विचारकों, पत्रकारों, साहित्यकारों एवं सामाजिक आंदोलनों के अगुओं को आमंत्रित कर 'प्रभात खबर' ने बहुत उल्लेखनीय काम नियमित रूप से किया है, सामाजिक, राष्ट्रीय एवं आमजन के सरोकारों से जुड़े मुद्दों पर इन विद्वानों के संबोधनों ने यहां के लोगों के दिशा निर्धारण में अनूठी भूमिका निभायी है। यह दुर्भाग्य है कि हिंदी के अखबार अपने पाठकों का मानसिक स्तर बहुत नीचे का मानकर चलते हैं, राजनीति के नाम पर सिर्फ नेताओं की अनर्गल बयानबाजी, दूसरे राजनीतिक दलों के हर सही-गलत काम की आलोचना एवं भ्रष्टाचार में आकंठ डूबे सरकारी विभागों और उनके मंत्रियों के घोटालों से ही ये अखबार भरे रहते हैं। चोरी, डकैती, हत्या, बलात्कार, धरना, सड़क जाम आदि के समाचार बाकी जगह ले लेते हैं। कुछ जगह स्थानीय संस्थाओं द्वारा किये गये कार्यक्रमों को देना भी आवश्यक होता है, लेकिन इनमें थोक भाव में आयोजकों के नाम छाप दिये जाते हैं, ताकि इन अखबारों की बिक्री बढ़े, 'प्रभात खबर' ने पहल करते हुए बड़ी हिम्मत दिखायी, इस प्रकार के समाचारों का प्रतिशत कम करके सकारात्मक खबरों को उचित स्थान पर छापना शुरू किया, प्रथम पृष्ठ पर भी छापा। हां, ऐसे समाचारों को जिस दिन मुख्य हेडिंग मिलेगी, उसी दिन क्रांतिकारी परिवर्तन होगा। 'प्रभात खबर' ने यथार्थ परोसने के साथ अपने सामाजिक सरोकारों को हमेशा अहमियत दी, अपना दायित्व निभाया। अयोध्या कांड के समय की बातें याद आती हैं, रांची में भी अन्य शहरों की तरह रोज नयी-नयी अफवाहें फैल रही थीं, अखबार भी उन्हें चटखारे ले लेकर छाप रहे थे। इन अफवाहों से दो समुदायों में तनाव बढ़ता ही जा रहा था, जो किसी भी दिन विस्फोटक हो सकता था, कर्फ्यू तो लगा ही हुआ था। इसे धर्मयुद्ध का जामा पहनाकर अयोध्या में

मरने वालों की संख्या बढ़ा-चढ़ाकर छापी जा रही थी। मार्क ट्वेन ने पत्रकारों से कहा है कि पहले तथ्यों को प्राप्त करो, फिर उन्हें जितना चाहो तोड़-मरोड़ सकते हो। यहां तो तथ्य ही गायब थे, सनसनी फैलाने के लिए एकदम गलत और झूठे आंकड़े इन अखबारों के द्वारा जारी किये जा रहे थे। मुझे गर्व है कि मेरा अखबार प्रभात खबर इस धर्मयुद्ध काल से बिना किसी खरोंच के बाहर निकल आया, उस दौरान इसमें छपी सारी खबरें एकदम निष्पक्ष होती थीं एवं प्रमाणित या विश्वसनीय तथ्यों पर आधारित होती थीं। आज भी उस समय के विभिन्न अखबारों के संस्करणों को निकालकर जांच की जा सकती है कि कौन-से अखबार अपने कर्तव्यों के प्रति जागरूक रहे और कौन विचलित हुए। यथार्थ का चित्रण जरूर हो, लेकिन उसके साथ घातक खिलवाड़ न हो और उसके संभावित परिणामों पर भी नजर होनी चाहिए। यही है आदर्श पत्रकारिता उस समय तो सनसनी फैलाकर कुछ महीनों के लिए उन अखबारों ने अपनी बिक्री खूब बढ़ा ली, आज वे मीलों पीछे छूट गये हैं।

ऐसा ही वाकया लगभग आठ-नौ साल पहले एक सामाजिक संस्था अग्रवाल सभा के द्विवार्षिक चुनावों के समय का है, अध्यक्ष पद के लिए दो गुटों में ठन गयी और अखबारों के माध्यम से एक दूसरे के लिए अनर्गल बातें की जाने लगीं, संस्था की छवि तेजी से बिगड़ने लगी, मनमुटाव बढ़ने लगा, संस्था टूटने की कगार पर आ गयी। मैंने हरिवंश जी को कहा कि ऐसी अनर्गल छींटाकशी की बातें छापकर प्रभात खबर एक संस्था को चंद दिनों में बर्बाद कर देगा जिसे बनाने में 25 साल लग गये। अगले दिन से यह सब छपना बंद हो गया; घी नहीं पड़ा तो आग भी शांत हो गयी। ऐसे अनेक उदाहरण हैं, जो प्रभात खबर को वाकई एक अखबार की श्रेणी से ऊपर उठकर एक सामाजिक आंदोलन का परचम बना देते हैं। सारी उपलब्धियां एवं कमियों के बावजूद प्रभात खबर एक आम आदमी के लिए तकरीबन एक संपूर्ण अखबार बनने की दिशा में निरंतर प्रयासरत है, विगत 24 वर्षों में तमाम प्रयोगों से गुजरते हुए इसने लंबी दूरी तय कर ली है। एक संपूर्ण अखबार में सब कुछ चाहिए, स्थानीय, राज्यस्तरीय, राष्ट्रीय एवं अंतरराष्ट्रीय समाचार हों, साथ ही संपादकीय एवं प्रतिष्ठित लेखकों के कॉलमों के माध्यम से सामयिक एवं दीर्घकालीन मुद्दों पर विचार-विमर्श हों। खेल-मनोरंजन, साहित्य-कला-संस्कृति, विज्ञान-टेक्नोलॉजी, कृषि-बागबानी आदि क्षेत्रों के समाचार हों, तो उपयोगी रोचक लेख भी होने चाहिए। बच्चे, युवा, वयस्क एवं बुजुर्ग, महिला एवं पुरुष ग्रामीण एवं शहरी, सामान्य शिक्षित एवं बुद्धिजीवी सभी की रुचि व समझदारी अलग-अलग होती है, लेकिन सभी को अखबार पढ़ना है, कैसे संतुष्ट करे एक अखबार इस विविधता को। जगह सीमित है, अखबार का खर्च कम करने के लिए विज्ञापनों को भी जगह चाहिए। इन सारी जरूरतों के बीच बहुत मुश्किल है समन्वय एवं संतुलन। एक संपादक के लिए एवं अखबार के पॉलिसी मेकर के लिए यह काम तलवार की धार पर चलने की तरह है। अखबार को अधिकतर लोग पसंद करेंगे, तभी उसकी बिक्री बढ़ेगी, प्रभात खबर ने यह संतुलन स्थापित कर लिया, तभी तो आज यह झारखंड में सबसे अधिक पढ़ा जाता है, बिहार, ओड़िशा एवं बंगाल में भी इसने पाठकों को अपनी ओर खींचा है, लेकिन मैं तो इसे तभी संपूर्ण अखबार मानूंगा, जब मैं एक अतिरिक्त अंगरेजी अखबार खरीदना बंद कर दूंगा।

(लेखक रांची में रहते हैं। व्यवसायी व समाजसेवी हैं। आलेख 2009 में लिखा गया था)

पथ प्रदर्शक बना रहेगा, यही उम्मीद है

खगेंद्र ठाकुर

पिछले 25 वर्षों में प्रभात-खबर ने विचारों के क्षेत्र में, सिद्धांतों के क्षेत्र में, और समाचारों के क्षेत्र में काफी महत्त्वपूर्ण भूमिका अदा की है। मैं उम्मीद करता हूं कि प्रभात खबर आगे भी अपनी यात्रा इसी तरह स्वच्छ गणतंत्र एवं समाज के निर्माण में जारी रखे और प्रभात खबर का सिद्धांत भी है कि 'अखबार नहीं आंदोलन है।' अकबर इलाहाबादी का एक शेर है-

''ऐसे न जमानो तुम तलवार निकालो
जब हो तोप के काबिल तो अखबार निकालो।''

अब आप प्रभात खबर को स्थानीय अखबारों की श्रेणी में नहीं रख सकते। झारखंड, बिहार राज्यों में तो इसके संस्करण प्रकाशित होते हीं हैं। और पिछले दिनों जब मैं कोलकाता गया तो वहां भी प्रभात खबर उपस्थित था। प्रभात खबर के अनेक संस्करण हैं, जिनसे अखबार काफी लोकप्रिय बन गया है।

दूसरी बात मैं यह कहूं कि पत्रकारिता अपने स्वभाव और चरित्र के हिसाब से क्षेत्रीय नहीं होती। यह अखबार जहां से निकलता है, वहां से दूर-दूर तक जाकर संवाद पहुंचाकर अपना काम करता है। तोप जितनी दूर तक जाता है, उससे काफी दूर तक अखबार जाता है।

जनमत का निर्माण करने में अथवा जनसंघर्ष की बातों को जनता और सरकार तक पहुंचाने में अखबार एक कड़ी की भूमिका अदा करता है। अत: मुझे लगता है कि अखबारों के इस व्यापक प्रभाव को तोड़ने के लिए ही क्षेत्रीय संस्करणों का प्रादुर्भाव हुआ। इसका फंडा यही है कि कई जगहों से निकलता है तो कई जगहों से विज्ञापन प्राप्त होता है। आजकल कहा जाता है कि यह सूचना विस्फोट का युग है, लेकिन वास्तविक तथ्य यह है कि सूचना का विस्फोट हुआ ही नहीं है बल्कि सूचना-तंत्र का विस्फोट हुआ है।

लेकिन सूचना को कैसे सीमित किया जाये अथवा कैसे इस विस्फोट को विघटित किया जाये इसके लिए ही एक व्यापक षड्यंत्र के तहत क्षेत्रीय संस्करणों को बाजार में लाया गया। सभी अखबारों ने यही रुख अख्तियार किया है। मुझे हाल ही में पता चला कि अमेरिका जो

दुनिया के तमाम देशों के समक्ष विकास के एक प्रतिमान के रूप में स्थापित है, में भी अखबारों के क्षेत्रीय संस्करण निकल रहे हैं। जैसे हमारे यहां अखबारों के जो संथाल परगना संस्करण हैं, उनमें छोटानागपुर के इलाकों में क्या घटित हो रहा, इसकी खबरें नहीं होतीं। तो जाहिर है कि संथाल परगना के लोगों को सिर्फ उसी क्षेत्र की खबरें मिल पाती हैं। राजधानी के लोगों को संथाल परगना में क्या कुछ हो रहा है इसकी भनक तक नहीं होती। इस तरह दूसरे इलाकों में घटने वाली बातों से लोग कटते जा रहे हैं या फिर ऐसा कहें कि उन्हें इस तरह की तमाम सूचनाओं से जान-बूझकर महरूम रखने का षड्यंत्र रचा गया है। अगर ऐसा नहीं होता है तो क्षेत्रवार समस्याएं न तो व्यापक पैमाने पर राज्य की जनता के सामने आ पाती हैं और न ही सरकार के सामने। यह स्थिति सामाजिक बंधनों के लिए काफी घातक तो है ही साथ में सरकार के कार्यों की पोल खोलने में भी अक्षम तथा नकारात्मक भूमिका निभाती है। इस तरह स्थानीय स्तर पर जो अधिकारी हैं वे उन्मुक्त तथा निडर होकर भ्रष्टाचार में लिप्त हो पाते हैं और विरोध का कोई सामूहिक स्वर बुलंद नहीं हो पाता। संक्षेप में एक तरफ तो सूचना-तंत्र का विस्फोट हुआ है वहीं दूसरी तरफ इसके प्रसार को संकुचित तथा सीमित करने के लिए जाल बुना जा रहा है, जिसमें वे बहुत हद तक कामयाब भी हो गये हैं। मेरे अनुसार हिंदी पत्रकारिता में जो अब तक बड़े-बड़े संपादक हुए, उन्होंने जो मानदंड तय किये कि पत्रकारिता का अस्तित्त्व कभी एकपक्षीय नहीं हो सकता, यह सदैव बहुपक्षीय होता है, या नहीं तो कम-से-कम द्विपक्षीय तो जरूर होगा ही। एक पक्ष तो अखबारों का आंतरिक पक्ष होता है जिसमें संपादकीय टीम, प्रबंधन, विज्ञापन, सर्कुलेशन आदि होते हैं तथा दूसरा जो अत्यंत महत्त्वपूर्ण है, वह है-पाठक वर्ग। इसके अतिरिक्त जनतंत्र के पहलू आते हैं। इसमें सत्ता पक्ष तथा विपक्ष आते हैं। सामाजिक-आर्थिक, राजनीतिक, सांस्कृतिक तथा विकास संबंधी पक्ष भी काफी अहम हैं जिनसे किसी भी अखबार की प्रकृति, उसका स्वरूप तथा आम जनता के प्रति उसका नजरिया तथा रवैया उजागर होता है। इन सब से अखबार, उसके पाठक तथा समाज प्रभावित होता है। पाठकों का जनतंत्र तभी सार्थक होगा जब उसे तमाम तरह की खबरें तथा सूचनाएं दी जायें ताकि वह अपना खुद का निर्णय-निर्माण कर सके लेकिन दुखद कि आज ऐसा हो नहीं रहा।

अखबार के ही विषय में अंबिका प्रसाद वाजपेयी ने एक बहुत ही अच्छी बात कही है कि 'यह अखबार जनता के बीच 365 दिन तक चलने वाली संसद है' और वास्तव में आज हम संवैधानिक संसद अथवा विधानमंडल से इसकी तुलना करें तो केंद्र अथवा राज्य में जो शासक मौजूद हैं, उनकी रुचि इस बात में है कि किस तरह संसद अथवा विधानमंडल के सत्र को सीमित किया जाये। इसी तर्ज पर अखबारों में खबरों का दायरा सिमटकर जिले भर तक ही सीमित हो गया। यह स्थिति बेशक कालक्रमिक, घातक है। 3-4 दिन के ही सत्र होते हैं। प्रश्नकाल, जो एक संवैधानिक व्यवस्था है, उसमें भी हल्ला-हंगामा करा कर समय को बर्बाद करवा दिया जाता है। तो जहां एक ओर संवैधानिक संसद और विधानमंडल सीमित होते जा रहे हैं, वहां इस जनसंसद जिसे हम अखबार कहते हैं, की भूमिका काफी बड़ी हो गयी है। इसलिए इसे संशोधित और सीमित करने की जो कार्यवाही हुई है, वह नहीं होनी चाहिए मेरे

खयाल से। प्रेस जनतंत्र का चौथा स्तंभ है अगर यह भी कमजोर पड़ गया तो इस देश और लोकतंत्र का क्या होगा ? लेकिन सिर्फ आंदोलन करना हीं काफी नहीं है। चूंकि आंदोलन प्रतिगामी भी होता है। प्रभात खबर ने प्रतिगामी आंदोलन किया है, ऐसा मैं नहीं कह रहा हूं, मैं नियमित कई वर्षों से लिखता रहा हूं और मुझे खुशी है कि प्रभात खबर इसे छापता रहा है। कई पाठकों की मुझे चिट्ठियां और टेलीफोन भी आते हैं। इसलिए मैं प्रभात खबर से आशा रखता हूं कि जनमुक्ति आंदोलन और वैज्ञानिक दृष्टिकोण से समाज में प्रगति को बनाये रखे। समाज निर्माण में वह महत्त्वपूर्ण भूमिका अदा करे। मैं एक साहित्यकार भी हूं और इसके नाते मुझे काफी दुख होता है कि अखबारों में साहित्यिक सामग्री के लिए स्थान लगभग नगण्य हो गया है। कहा जाता है कि साहित्य समाज का आईना होता है और मीडिया सामाजिक बदलाव का कारक तत्त्व है, जो इसकी दशा-दिशा तय करने में महत्त्वपूर्ण भूमिका निभाता है। ऐसे में मीडिया द्वारा साहित्य की उपेक्षा से समाज समग्र वैचारिकता से वंचित हो जाता है। दूसरी बात यह कि साहित्य सामाजिक गंठबंधन की एक कड़ी है तथा लोगों में एक-दूसरे के प्रति एवं संपूर्ण जगत् के प्रति एक खास भाव एवं नजरिया विकसित करता है। मीडिया इसकी उपेक्षा जिस भी वजह से कर रही हो, यह समाज के आगामी सकारात्मक व्यवहार के लिए काफी घातक है।

खैर, प्रभात-खबर को मेरी शुभकामनाएं कि यूं ही मीडिया के वास्तविक दायित्वों का निर्वहण करते हुए समाज का पथप्रदर्शक बना रहे।

(लेखक हिंदी के वरिष्ठ आलोचक हैं। आलेख 2009 में रूपक राग से बातचीत पर आधारित है।)

रांची से देश भर में दस्तक

महुआ मांझी

पहले लोगों की सुबह धार्मिक मंत्रों से होती थी। लोग उठते-उठते व्यायाम के बाद सबसे पहले मंत्र जाप किया करते थे, पर जबसे अखबार का हमारी जिंदगी में प्रवेश हुआ सब कुछ बदल गया। अब लोग आंख मलते, चाय की चुस्की के साथ अखबार पढ़ते हैं। पत्रकारिता ने अपने सामाजिक सरोकार को समझते हुए जो दायित्व निभाया है, उससे निस्संदेह यह हर घर-परिवार का सदस्य बन गया है। लोगों को शिक्षित करना, जागरूकता फैलाना, विश्लेषण करना, सचेत करना और साथ ही साथ सामाजिक-राजनीतिक सरोकार को बनाये रखना। यह काम निश्चित तौर पर कोई जिम्मेदार अखबार ही कर सकता है। प्रभात खबर ने अपनी इस जिम्मेदारी को भलीभांति निभाया। नैतिकता और नैतिक मूल्यों के साथ ही अखबार की सही छवि बरकरार रहती है। मुझे लगता है कि किसी भी मीड्यिा या किसी पत्रकार को इतना अधिकार नहीं कि वह निर्णय सुनाये। उसे पक्ष-प्रतिपक्ष को इस तरह पाठक के सामने रखना चाहिए कि उन तक हकीकत पहुंचे। पाठकों पर न तो विचार थोपना चाहिए और न ही उन्हें इसके लिए बाध्य करना चाहिए। मेरा मानना है कि भाषा, संस्कृति व साहित्य को पाठकों तक पहुंचाने का श्रेय अखबारों को ही जाता है, क्योंकि पहले लोग इसे समझते भी नहीं थे। उसके हर पहलू को उजागर कर पाठकों तक साहित्य को पहचान दिलाना यह भूमिका अखबारों ने ही निभायी है। इस भूमिका को निभाने में प्रभात खबर ने कभी कोई कोताही नहीं बरती। वह हमेशा से झारखंड में साहित्यिक माहौल बनाना चाहता है। ऐसे राज्य, ऐसे शहर में जहां राजनीतिक माहौल हमेशा मीड्यिा पर हावी रहता है। साहित्य को स्पेस देने का काम अगर किसी अखबार ने किया तो वह है प्रभात खबर। मुझे याद है धर्मवीर भारती व हरिवंश राय बच्चन की कविताओं का काव्य-पाठ सुपरस्टार अमरीश पुरी द्वारा किया गया था। यह भव्य आयोजन प्रभात खबर का ही था। अभी हाल में फिर से पुष्पा भारती व ईला अरुण द्वारा हरिवंश राय बचन जी की कविताओं का पाठ हुआ। इस बार जब वे रांची आयीं, कार्यक्रम में निर्धारित समय से देर से पहुंची थीं। मुझे देखकर इतना आश्चर्य हुआ कि जो राजनेता किसी अन्य कार्यक्रम में देर से पहुंचा करते थे। वे इस कार्यक्रम में समय से पहले भी आये और पूरा कार्यक्रम खत्म होने के बाद

ही वहां से गये। वाकई, इसे किसी अखबार की बड़ी उपलब्धि ही कहेंगे, जिसने इन प्रयासों से साहित्य की धरोहर को जीवित रखने में अहम योगदान दिया। प्रभात खबर ने साहित्य को हमेशा बढ़ावा दिया है। समय-समय पर इसके विशेष परिशिष्ट भी निकलते रहे हैं। साहित्य से जुड़े प्रतिष्ठित नाम जैसे नामवर सिंह, मैत्रेयी पुष्पा, अलका, मंगलेश वृंदवाल को भी उन्होंने प्रभात खबर में व्याख्यान के लिए बुलवाया। न केवल साहित्य के क्षेत्र से बल्कि अर्थशास्त्र, विज्ञान व पत्रकारिता से जुड़े व्यक्तित्वों से भी आम पाठकों को रू-ब-रू करवाया। व्याख्यान के अलावा अखबार में प्रतिदिन गंभीर विषयों पर आलेख मिलते हैं। मुझे याद है आजमगढ़ के किसी कॉलेज के समाजशास्त्री प्रो. यादव ने मुझसे झारखंड के चुनाव पर विस्तृत सामग्री मांगी थी। चूंकि मेरा विषय भी समाजशास्त्र रहा है। मैंने प्रभात खबर में प्रकाशित हुए लगभग सभी आलेखों की कटिंग्स रखी थी मैंने उन्हें वे कटिंग्स हू-ब-हू भेज दी। इसके बाद प्रो. यादव की जो प्रतिक्रिया मुझे मिली, उसे सुनकर मुझे वाकई लगा कि हमें सही दिशा निर्देश दिखाने वाला अखबार कोई है तो वह है प्रभात खबर। प्रो. यादव ने कहा कि मुझे झारखंड चुनाव की इतनी विस्तृत जानकारी पहले नहीं मिली थी। 15 नवंबर झारखंड के स्थापना दिवस पर अखबार का विशेष परिशिष्ट हमेशा संग्रहणीय रहा है। इस परिशिष्ट को ही एक बार राजकमल प्रकाशन ने किताब का रूप भी दिया। वर्ष में एक बार साहित्य पर विशेष परिशिष्ट या किताब प्रकाशित करने की परंपरा अब भी जारी है। झारखंड के लोगों की मानसिकता में बदलाव लाने का मुख्य श्रेय भी इसे है। अखबार के प्रधान संपादक हरिवंश जी ने लगातार विश्व स्तरीय किताबों पर लिखा और लेखक को उसके वैचारिक पहलुओं से अवगत कराया। सांस्कृतिक समृद्धि किसी भी राज्य के बौद्धिक जगत् को स्थापित करती है। इसलिए हर मीड्यिा का यह दायित्व बनता है कि वह इसे संजोये। प्रभात खबर ने ऐसा किया है। युवा पीढ़ी को टारगेट करने वाला यह झारखंड का एकमात्र अखबार है, जिसने समय-समय पर अपने आलेखों से उन्हें प्रेरित भी किया और नयी दिशा भी दिखायी। प्रभात खबर की एक और खास बात जो मुझे अच्छी लगती है वह यह कि वह गलतियों को सहजता से स्वीकारता है। अपनी गलतियों को पाठकों के सामने प्रस्तुत भी करता है, इसकी निर्भयता इसी बात का परिचायक है। छोटे शहरों व गांव से निकल रही प्रतिभाओं को निखारने में भी इसने भूमिका निभायी है। सुप्रसिद्ध पत्रकार व साहित्यकार धर्मवीर भारती जी की टीम में जो भी लोग थे, वे उन्हें मांजते थे और उनकी प्रतिभाओं को निकालते थे। हरिवंश जी उसी टीम से निकले हीरा हैं, जिन्होंने झारखंड में पत्रकारिता का नया उदय किया। पहले पत्रकार भाषा निर्माता होते थे, प्रभात खबर भी इस काम को कर रहा है। वह शब्दों को गढ़ भी रहा और उसे चलन में भी ला रहा है। बौद्धिक खुराक देने वाला यह अखबार विश्व स्तर की समस्याओं को भी उजागर करता है। हम यह नहीं कह सकते कि इसे पढ़ने के बाद हम केवल स्थानीय खबरों से ही मुखातिब हो पाते हैं। अमेरिका जैसे विकसित देशों के दृष्टिकोण को आम जनता को सहजता से समझाने का काम यह अखबार ही कर सकता है। वैचारिक निर्भीकता अब भी प्रभात खबर में मौजूद है। इसकी भाषा सोची-संभली होती है। आलेखों में सतर्कता नजर आती है। इस अखबार के माध्यम से झारखंड आंदोलनकारियों को बार-बार हाईलाइट

किया जाता रहा है। जमीन से जुड़े लोगों से लेकर अंतरराष्ट्रीय स्तर पर जौहर दिखाने वालों को भी लगातार मंच दिया जाता रहा है। बिरसा मुंडा, सिद्धू-कान्हू, सिंगी दई जैसी विभूतियों को आम जनता के बीच लाने में भी इसकी बड़ी उपलब्धि है। इन लोगों के संघर्ष, उनकी जद्दोजहद को भी बार-बार स्थान दिया जाता रहा। झारखंड की संस्कृति को भी प्रमुखता से हाईलाइट करने में इसने भूमिका निभायी। भ्रष्टाचार के मुद्दे पर बेबाक खुलासा करने में इसने हमेशा अपनी निडरता दिखायी। शायद यही वजह है कि आम जनता इसे अपना लीडर मानती है। कई बार अराजकता को रोकने के लिए इन्होंने जन आंदोलन की तैयारी की। लोगों से अपील की कि आप सही का साथ दें और जागरूक हों। हरिवंश जी को हम केवल संपादक के रूप में नहीं जानते, बल्कि वे सुलझे बुद्धिजीवी भी हैं। सरल व सामान्य तरीकों से अपनी बातों को रखने वाले भी। संपादक के रूप में उनकी बेबाक टिप्पणी हमें प्रोत्साहित करती है।मानव-अधिकारों के बारे में लोगों को अवगत कराने में अहम योगदान रहा। सूचना का अधिकार व इ-गवर्नेंस जैसे अहम मुद्दों पर जमकर प्रचार-प्रसार किया गया। लोहिया व जेपी आंदोलन जैसे महत्त्वपूर्ण आंदोलनों पर लगातार लेखनी, विस्तृत व संग्रहणीय सामग्री प्रकाशित की जाती रही है। धर्म-अध्यात्म की भी अनदेखी नहीं की गयी। मुझे याद है कि मैं जब सामान्य कविताएं ही लिखती थी, उस वक्त भी मेरी कविताएं अखबार में प्रकाशित होती थीं। मैं सामान्य लेखक के रूप में ही जब-जब समसामयिक घटनाओं पर अपनी प्रतिक्रिया भेजती उसे प्रभात खबर में हू-ब-हू उसी तरह प्रकाशित किया गया। जब रांची में पांच बहनों ने एक साथ आत्महत्या की थी, तब भी मेरे आलेख को प्रमुखता से प्रकाशित किया गया था। एक पागल के द्वारा भगवान हनुमान की मूर्ति तोड़ने पर शहर में दंगे की स्थिति उत्पन्न हो गयी थी। उस वक्त भी मेरे आलेख को प्रमुखता से प्रकाशित किया गया था। इससे यह साफ जाहिर होता है कि आम लोग भी इस अखबार के माध्यम से अपनी प्रतिक्रिया दे सकते हैं। पत्रकारिता में बदलाव तो आ रहे हैं पर इसे पूरी तरह नकारात्मक रूप से सोचना शायद गलत होगा। मेरा मानना है कि हर वक्त किसी न किसी का दौर होता है। यह सही है कि लोगों का साहित्य के प्रति रुझान कम हुआ है पर साहित्य हमारी संस्कृति की पहचान है। यह बात बिलकुल तय है कि साहित्य का दौर फिर से व जल्द ही वापस आयेगा, क्योंकि यही तो हमारी असल पहचान है। मुझे याद है कि एक बार मैं कोलकाता के सुप्रसिद्ध साहित्यकार सुनील गंगोपाध्याय का इंटरव्यू कर रही थी। उसी दौरान मैंने उनसे एक प्रश्न किया, क्या वजह है कि हिंदी भाषा से जुड़े लोग साहित्य में अधिक रुचि नहीं लेते। एक निर्धारित वर्ग के लोग ही किताबें खरीदते हैं, जबकि बंगाल में बच्चे भी पढ़ने में रुचि रखते हैं। इसके जवाब में उन्होंने कहा था कि बांग्ला भाषा में बच्चों के लिए कई साहित्य लिखे जाते हैं, इसलिए वे बचपन से पढ़ने में रुचि रखते हैं, उन्हें उनसे जुड़े विषयों पर सामग्री मिलती है, पर हिंदी भाषा में बच्चों के लिए बहुत कम साहित्य लिखे जाते हैं। हमें चाहिए कि हम बच्चों के साहित्य पर भी ध्यान दें और मीड्यिा इसे बढ़ावा देने में सहयोग करे। मुझे नहीं लगता कि अखबारों में साहित्य का स्पेस घटा है। हर वक्त कोई न कोई, किसी न किसी पर हावी रहता है। बस यही बात है पर साहित्य अपनी पहचान कभी खो नहीं सकता। साहित्यकारों के रूप में हमने कई

पत्रकार पाये हैं। हां, इस दौर में यह संख्या भले ही कम हो। पर ऐसा नहीं है कि शून्य है। एनडीटीवी के प्रियदर्शन अच्छे पत्रकार होने के साथ अच्छे साहित्यकार भी हैं। अगर हम ऐसा मानते हैं कि साहित्य का स्पेस घट गया है तो फिर जब हैरी पॉर्टर या चेतन भगत की किताबें मार्केट में आने के साथ बिक्री क्यों हो जाती है। साहित्य का काम है अच्छा परोसना। आप क्या परोसते हैं, इसपर निर्भर करता है। अब तो विदेशी प्रकाशक भी हमारे देश के साहित्य में रुचि ले रहे हैं। मीड्यिा को जरूरत है कि साहित्य के हर भाग को सही तरीके से लोगों के सामने लाये, उन्हें बताये कि आपकी रुचि के लिए इस पुस्तक में क्या है। युवा लेखकों को भी प्रकाशित करे, पुस्तक -रिव्यू के अलावा भी संबंधित सामग्री प्रकाशित की जाये, तो निश्चित तौर पर मीड्यिा के साथ-साथ साहित्य में लोगों की रुचि बढ़ेगी। हम विदेशी लेखकों को प्रोत्साहित करते हैं, उनकी प्रशंसा करते हैं। हमें चाहिए कि हम उनके साथ-साथ अपने देश के लेखकों को सम्मान दें।

(लेखिका झारखंड महिला आयोग की अध्यक्ष हैं। यह आलेख अनुप्रिया अनंत से 2009 में हुई बातचीत पर आधारित है।)

धारा के विपरीत जाने का साहस

मनीष शांडिल्य

बहुतेरे स्थापित साहित्यकारों, पत्रकारों, बुद्धिजीवियों से यह सुनता रहा हूं कि प्रभात खबर युवा पत्रकार तैयार करने की पाठशाला है, पर प्रभात खबर मेरे लिए मात्र सुनी-सुनाई सच्चाई नहीं है, बल्कि मैं पत्रकार के रूप में आज जितना भी ढल पाया हूं, वो प्रभात खबर रूपी आवां पर ही ढला हूं, प्रभात खबर युवा पत्रकारों को संवरने, निखरने और अपनी पहचान बनाने का पूरा अवसर देता है। इसका प्रमाण यह भी है कि अखबार के पटना व रांची संस्करणों में मैं व्यक्तिगत रूप से कुछ ऐसे संवेदनशील, प्रतिभाशाली और सरकारों से गहरे जुड़े पत्रकारों को जानता हूं जो अखबार में इसकी संपादकीय टीम के साथ मिलकर सीखने के लिए कार्य कर रहे हैं, जबकि आर्थिक दृष्टिकोण से उनके पास बाहर कहीं बेहतर विकल्प है।

कैरियर में इंजीनियर और कंप्यूटर प्रोफेशनल बनने जैसी कुछ असफल कोशिशों के बाद मैंने जन-संचार की पढ़ाई के लिए संत जेवियर्स कॉलेज, रांची में दाखिला लिया था। मैं अखबार के लिए खुद को उपयुक्त मानता था, इस कारण अखबार मुझे खींचता था। नतीजतन अखबार के दफ्तरों के चक्कर काटने लगा। कभी 'संपादक के नाम' पत्र पहुंचाने, तो कभी किसी आमंत्रित विषय पर अपने विचार पहुंचाने। डाक के बजाय खुद अखबारों के दफ्तर जाकर अपना लिखा पहुंचाता ताकि इतनी तसल्ली रहे कि जो कुछ लिखने की कोशिश की है वो कम-से-कम सही जगह पहुंच जरूर जाये। थोड़ी-बहुत पहचान बनी तो रांची से निकलने वाले एक दूसरे दैनिक में फिल्म-समीक्षा और कुछ सॉफ्ट स्टोरी करने का मौका मिला। इसी बीच प्रभात खबर ने 2005 के झारखंड विधानसभा चुनाव के पूर्व सीएसडीएस के साथ मिलकर अगस्त-सितंबर, 2004 के बीच चुनाव पूर्व सर्वेक्षण करवाया।

अपने विभाग के प्रभारी और प्रभात खबर के इस बड़े अभियान से जुड़े प्रो. बीके सिन्हा के मार्गदर्शन में मुझे भी इस सर्वेक्षण का हिस्सा बनने का मौका मिला। इस सर्वेक्षण की खासियत यह थी कि इसका सैंपल विश्व में अब तक किसी भी सर्वेक्षण के लिए लिया गया सबसे बड़ा सैंपल था। इस सर्वेक्षण का हिस्सा बनकर प्रभात खबर के साथ मेरे रिश्ते की शुरुआत हुई। फैसल अनुराग, कुमार संजय, विनय भूषण, विजय पाठक जैसे हर कदम पर हौसला बढ़ाने

वाले और हरिवंश जी के संरक्षण व मार्गदर्शन में इसके बाद प्रभात खबर के कुछ बड़े अभियानों का हिस्सा बनते हुए मेरी सोच-समझ को गहराई मिलती गयी, नजरिया व्यापक होता गया। झारखंड स्थापना दिवस विशेषांक, झारखंड सिटिजन हैंडबुक, झारखंड डेवलपमेंट रिपोर्ट ऐसी ही कुछ अभियान थे।

फिर आदत कुछ ऐसी बन गयी कि समय मिलते ही मन प्रभात खबर की ओर खिंचता। किसी खास असाइनमेंट पर न होते हुए भी जी करता कि वहां पहुंचकर फीचर विभाग में बैठ कर कभी बैजनाथ मिश्र और फैसल अनुराग की ज्वलंत मुद्दों पर गर्मागरम बहस सुनूं, तो कभी मदन जी से लाल चाय की चुस्की लेते हुए कैंटीन में मधुकर जी, श्रीनिवास जी, जेब अख्तर जी आदि को किसी विषय पर चर्चा करता सुनूं। पढ़ाई की दृष्टि से यह बहस मेरे लिए किसी व्यावहारिक कक्षा (प्रैक्टिकल) से कम नहीं थी। इतना ही नहीं यह दुनिया, समाज, इंसान को समझने का एक अवसर भी था, जो संयोग से मेरे लिए हाथ लगा था। इन सबों से सीखते हुए मैं भी कुछ गंभीर लेखन की कोशिश करने लगा। लिखता और विनय भूषण जी के हवाले कर देता। ऐसे लेख बहुत कम लिख पाता, जिसे अखबार में जगह मिले, पर न छपना मुझे और मेहनत करने को प्रोत्साहित करता। अखबार में समय सीमा में काम कर नहीं देना, नाकाबिलेमाफी होता है क्योंकि इसका कोई विकल्प नहीं होता। अनुवाद के मामले में भी मैंने शुरुआत में ऐसी गलतियां की थीं, पर प्रभात खबर ने अवसर देते हुए शुरुआती भयंकर गलतियों के बावजूद मुझे एक अनुवादक के रूप में भी संवारा। इसी तरह लगभग ढाई वर्ष का समय गुजरा और मार्च, 2007 में क्रिकेट विश्वकप की शुरुआत हुई। क्रिकेट के बहाने घर-घर में और ज्यादा आक्रामक होकर घुसते बाजार ने मुझे काफी परेशान कर रखा था। बाजार क्रिकेट के बहाने फिर एक बार गैर जरूरी चीजों को बेचने को उतारू था। इसी बीच 23 मार्च को भारत और श्रीलंका के बीच भारत के लिहाज से अति महत्त्वपूर्ण मैच होना था। प्रतियोगिता में बने रहने के लिए भारत के लिए यह मैच जीतना जरूरी था पर मेरे बेचैन मन ने ''काश! आज भारत हार जाये'' शीर्षक से एक लेख लिखा और फिर हमेशा की तरह मैंने विनय जी को वह लेख सौंप दिया। इसबार विनय जी तुरंत पढ़कर हरिवंश जी को यह लेख दे आये। विनय जी अमूमन इतनी जल्दी प्रतिक्रिया नहीं करते। उनके द्वारा हरिवंश जी तक लेख पहुंचाना मेरे लिए हौसला बढ़ाने वाला था कि मैंने कुछ स्तरीय लिखा है। मैं इस तसल्ली के साथ लौट आया। सुबह देखा तो लेख छपा था। प्रभात खबर ने क्रिकेट के प्रति दीवाने देश में ऐसे अवसर पर यह लेख छापने का साहस किया। अगले दिन अखबार के दफ्तर गया तो पता चला कि लेख सभी संस्करणों में छपा और इस पर तीव्र प्रतिक्रिया भी हुई है। इत्तेफाक से भारत हार भी गया और फिर यह लेख तब एक ''ट्रेंड सेंटर'' के रूप में स्थापित हुआ। तब मैं इस बात को और बेहतर ढंग से समझ पाया कि प्रभात खबर कैसे अखबार हित नहीं मुद्दे को तरजीह देता है। वह धारा के विपरीत खड़ा भी होता है और धारा के विपरीत खड़े होने का साहस भी भरता है। इसके बाद भी प्रभात खबर

ने हरभजन प्रकरण, तसलीमा प्रकरण पर धारा के विपरीत लिखे गये मेरे लेखों को छापा। अभी हाल में नयी दिल्ली में नैफरे जनांदोलन के मीडिया कन्वेंशन में गया था। यह इत्तफाक भर नहीं था कि आनंद स्वरूप वर्मा और अनिल चमड़िया जैसे पत्रकारों ने वर्तमान मीडिया परिदृश्य में जिस अखबार के बारे में विशेष रूप से जिक्र किया, वह अखबार प्रभात खबर था। उनकी टिप्पणियां इसका प्रमाण हैं कि पत्रकारिता के गिरते स्तर के बीच प्रभात खबर सरोकार से जुड़े हर बुद्धिजीवी का हौसला बढ़ाता रहता है।

(लेखक युवा पत्रकार हैं, पटना में रहते हैं)

चेतना को जागृत करने वाला पत्र

मधुकर सिंह

क्षेत्रीय पत्रकारिता की बड़ी भूमिका है पर हमारे यहां स्थानीयता को संकुचित दायरे में बांध दिया गया है। समाजवादी मुल्कों और अमेरिका में भी क्षेत्रीय पत्रकारिता का बड़ा महत्त्व है। उन विकसित देशों में क्षेत्रीय दैनिक अखबार ही निकलते हैं। साप्ताहिकों और मासिक पत्रिकाओं के अलावा हमारे यहां इस दृष्टिकोण का अभाव है, क्योंकि यहां पत्र बड़े-बड़े संस्थान, बहुराष्ट्रीय कंपनियां निकालती हैं, जिनमें जनभागीदारी बहुत कम रहती है। प्रभात खबर ने अपनी शुरुआत रांची से की और तमाम झारखंड, बिहार और बिहार के बाहर अपना एक पाठक वर्ग तैयार कर लिया। इसका कारण है। 'प्रभात खबर का मोटो है।' प्रभात खबर-अखबार नहीं, आंदोलन, यानी यह अखबार अपने को जनता का आंदोलन मानता है। जनसमस्याओं, जनता के प्रश्न को लेकर यह अखबार पाठकों के सामने पहुंचता है, तो हमें केवल खबरें या रिपोर्टिंग से ही परिचित नहीं कराता, बल्कि उन खबरों और रिपोर्टों की पीड़ा से भी जोड़ता है, क्योंकि इस तकनीकी युग में वह अखबार ज्यादा लोकप्रिय होता है जो जन सरोकारों से जुड़ता है। इसके प्रधान संपादक हरिवंश जी खुद एक एक्टिविस्ट, समाजकर्मी हैं। इसलिए इन्होंने इस अखबार को सामाजिक सरोकारों से जोड़ा है। मैं कुछ वर्ष पहले प्रभात खबर में 'गांवनामा' नाम से कॉलम लिखा करता था। तब से लगातार मैं रांची और पटना संस्करणों में लिखता रहा हूं। यहां पटना संस्करण में 'चलते-चलते' नाम से कॉलम लिखा करता था। ये कॉलम पाठकों के बीच खासे लोकप्रिय भी थे। मेरे कहने का मतलब यह है कि जब-जब मुझे सामयिक सवालों ने उकेरा है, तब-तब मैंने प्रभात खबर के माध्यम से अपने सवालों को अभिव्यक्ति दी है। प्रभात खबर ने मेरे जैसे गांव के लेखक को मेरे खेतिहर और किसान पाठकों तक पहुंचाने की भूमिका अदा की है। यही सब कारण है कि बिहार और झारखंड में प्रभात खबर को सबसे जागरूक समाचार पत्र मानता हूं। जैसे इसे पढ़ने और लिखने का मोह बराबर मेरे भीतर बना रहता है।

दूसरी बात यह है कि प्रभात खबर जैसा पत्र युवा पत्रकारिता की पाठशाला भी है। बहुत सारी युवा प्रतिभाएं प्रभात खबर से जुड़कर ही अपनी पत्रकारिता का पहला पाठ शुरू करती हैं। यह उनके लिए कैरियर की सीढ़ी तैयार करता है। आज मैं देखता हूं कि बिहार और झारखंड के

बड़े अखबारों में बड़ी हैसियत रखने वाले पत्रकार प्रभात खबर से ही आये हैं। अंत में यही कहूंगा कि यह अखबार सामाजिक कार्यकर्ताओं, सांस्कृतिक रंगकर्मियों, साहित्यकारों और पत्रकारों का अखबार है। कुछ दिन पहले जब मुझे यह पता लगा कि प्रबंधन इस अखबार को व्यावसायिक लोगों के हाथों बेचने जा रहा है तो मुझे महसूस हुआ कि उन हाथों में जाने देने के बाद इस अखबार का तेवर मारा जायेगा। इस कारण मैंने लिखित रूप से प्रबंधन से अपना विरोध जताया था।

झारखंड की मूल समस्याओं को प्रभात खबर ने ही उकेरा है और अलगाववादियों के ग्रिप में जाने से झारखंड को बचाया है। आदिवासियों में अधिकार व चेतना के प्रति जागरूक्ता पैदा की है और इन्हीं सब कारणों से मुझे प्रभात खबर के मुंह से निकला हुआ नारा 'अखबार नहीं आंदोलन' सार्थक लगता है। आखिर में मैं यही कहना चाहूंगा कि आज के समय में पत्रकारिता सिर्फ रिपोर्टिंग या एडिटिंग नहीं है, बल्कि एक तरह से सामाजिक, राजनीतिक चेतना का एजुकेशन भी है। साथ-साथ एक तरह से मानस की ट्रेनिंग भी है।

समय-समय पर प्रभात खबर ने विशेषांकों का प्रकाशन किया है। प्रभात खबर का विशेषांक साक्षरता पर दो-तीन साल पहले निकला था, वह भी संग्रहणीय था। समाज, शिक्षा, संस्कृति पर स्थानीय लेखकों से लिखवाकर उसे एक नया एंगल देना प्रभात खबर की खासियत है। 'दीपावली विशेषांक' भी इसी भगीरथ प्रयास की कड़ी है-जिसमें हिंदी के देश भर के लेखक अपनी रचनाएं देते हैं और इसे राष्ट्रीय स्तर पर पढ़ा जाता है। यह प्रभात खबर की खास पहचान है।

जिस प्रकार प्रभात खबर ने युवाओं को अपने साथ जोड़ा है। सांस्कृतिक और सामाजिक आंदोलन को अपना बनाया है, उसी प्रकार किसानों, मजदूरों, छात्रों, नौजवानों, महिलाओं के सवालों से अगर प्रभात खबर जुड़ता है तो यह बहुत बड़ी बात होगी। इनके बीच प्रभात खबर की पठ्नीयता कैसे बढ़े, इसके लिए पत्र को पहल करनी चाहिए। सचमुच प्रभात खबर अगर ऐसे लोगों को अधिकार चेतना देता है तो यह बहुत बड़ी बात होगी।

(दिवंगत हो चुके मशहूर कहानीकर-उपन्यासकार मधुकर सिंह का यह आलेख मनीष शांडिल्य से 2009 में हुई बातचीत पर आधारित है।)

पहचान गुम होने वाले दौर में खास पहचान

शैवाल गुप्ता

स्वतंत्रता आंदोलन और स्वतंत्रता प्राप्ति के बाद 1970 के दशक तक क्षेत्रीय अखबारों की राष्ट्र निर्माण में बहुत ही सशक्त और सजग भूमिका रही है। आर्यावर्त, इंडियन नेशन, प्रदीप, सर्चलाइट जैसे पुराने अखबारों ने एकीकृत बिहारी समाज में काफी महत्त्वपूर्ण भूमिका निभायी है। परंतु जैसे-जैसे राष्ट्रीय स्तर के अखबारों का पटना और रांची संस्करण निकलना प्रारंभ हुआ, अखबारों की क्षेत्रीय पहचान गुम होती गयी। ऐसे परिदृश्य में प्रभात खबर एकीकृत बिहार में क्षेत्रीय अस्मिता और पहचान के साथ धीरे-धीरे ही सही मगर मजबूती से स्थापित हुआ। इसने न सिर्फ क्षेत्रीय पहचान को पुनर्स्थापित किया बल्कि अकादमिक गुणवत्ता को भी बरकरार रखा। प्रभात खबर जब प्रारंभ हो रहा था, उस समय भी कई छोटे-बड़े अखबार रांची से प्रकाशित होते थे, पर बौद्धिक स्तर पर वे स्तरीय भी नहीं थे। प्रभात खबर अपने नारे 'अखबार नहीं आंदोलन' के अनुरूप ही जन-जन को उद्वेलित करते हुए अपनी खास पहचान बनाते हुए स्थापित हुआ। ऐसे दौर में जबकि उपराष्ट्रीयता विलुप्त होती जा रही थी, तब प्रभात खबर ने झारखंडी सोच को जीवित रखा। एकीकृत बिहार में भी प्रभात खबर ने भ्रष्टाचार का पर्दाफाश निर्भीकता से किया और कुछ दिनों पहले विदा हुई झारखंड की मधु कोड़ा सरकार के भ्रष्ट कारनामों को भी उजागर करने में वह पीछे नहीं रहा। मधु कोड़ा सरकार की विदाई में प्रभात खबर की खास भूमिका रही है। झारखंड ही नहीं बिहार में भी प्रभात खबर विभाजित राज्य के निर्माण को गति देने में लगा है। वर्तमान बिहार में सर्कुलेशन में पीछे रहने के बावजूद राज्य के बुद्धिजीवियों, चिंतकों, नीति निर्माताओं और जागरूक पाठकों की पहली पसंद प्रभात खबर ही है। प्रभात खबर की संपादकीय विषय वस्तु बिहार-झारखंड या कहें कि क्षेत्रीय अस्मिता और पहचान के इर्द-गिर्द रहती है। प्रभात खबर की अलग पहचान बनाने में इसके संपादकीय विषय वस्तु की बहुत महत्त्वपूर्ण भूमिका रही है।

प्रभात खबर की इस विशिष्टता के पीछे हरिवंश जी जैसे संपादक की सोच-मेहनत, दूरदर्शिता और प्रतिबद्धता है। मुझे पूरी हिंदी पट्टी में उनके कद का कोई संपादक नहीं दिखता। वे न सिर्फ हिंदीभाषी क्षेत्र के हैं बल्कि यहां की समस्याओं से भली-भांति परिचित भी हैं।

व्यक्तिगत रूप से आगे बढ़ने के अनेकों अवसर मिलने के बावजूद उन्होंने प्रभात खबर को स्थापित करने में ही अपना सर्वस्व झोंक दिया। प्रभात खबर के प्रति हरिवंश जी में सेंस ऑफ ओनरशिप है। आज जहां देश भर के अखबारों में मालिकों का वर्चस्व है। प्रभात खबर एक ऐसे अखबार के रूप में अलग दिखाई देता है कि जहां संपादक ही नीतियां तय करता है। एक अखबार में ऐसा होना भी चाहिए। हरिवंश जी के नेतृत्व में प्रभात खबर पूरी हिंदी पट्टी में बुद्धिजीवियों के फोरम के रूप में सामने आया है। बाकी अखबारों में लेख जहां अखबार के हित को ध्यान में रखते हुए छ्पते हैं, प्रभात खबर विषय के मुद्दों को ध्यान में रखकर छापता है। शेष अखबार बाजार केंद्रित हैं और प्रभात खबर विषय केंद्रित।

जहां तक प्रभात खबर और आद्री के संबंधों की बात है, इसकी शुरुआत कुछ वर्ष पहले हुई, जब राष्ट्रीय साक्षरता मिशन से जुड़े आद्री को बिहार में इस मिशन का राज्य संसाधन केंद्र बनाया गया था। तब बिहार-झारखंड में साक्षरता कार्यक्रमों की छवि बहुत खराब थी। यह कार्यक्रम यहां घोटालों से जुड़ा था, उस परिप्रेक्ष्य में हमने यह निर्णय लिया कि जब तक इस मिशन की छवि अच्छी नहीं होगी, तब तक इसे सही ढंग से चलाया नहीं जा सकता है। इस सोच और समझ के साथ मैने हरिवंश जी के साथ विचार-विमर्श किया और बिहार एवं झारखंड में 'अक्षर बिहार' और 'अक्षर झारखंड' पुरस्कारों की परिकल्पना की। पहले दोनों राज्यों में साक्षरता मिशन के स्वयंसेवकों को हरेक वर्ष पुरस्कार देने की शुरुआत की गयी। बाद में स्वयंसेवकों के अलावा मिशन से जुड़े बुद्धिजीवियों को भी सम्मानित किया जाने लगा। जैसे प्रशासनिक पदाधिकारी, पत्रकार, नीतिनिर्माता आदि। यह प्रयास इतना सफल रहा कि बाद में आद्री ने पटना और रांची दोनों जगह ब्राजील के शिक्षाविद पाओलो फ्रेरे और अमेरिकी सामाजिक कार्यकर्ता माइल्स हॉर्टन की याद में एक व्याख्यानमाला की भी शुरुआत की। बाद में आद्री ने अक्षर झारखंड व्याख्यान माला की भी शुरुआत की। ये दोनों स्वयं में एक अनोखा व अद्भुत अनुभव और अकादमिक हस्तक्षेप हैं। इसमें पूरे विश्व से शिक्षाविद विशेषतः अपनी बात रखते हैं। यह कहना अतिशयोक्ति नहीं होगी कि आज के दिन यह भारत की सबसे प्रतिष्ठित व्याख्यानमाला है। इसका पूरा श्रेय प्रभात खबर परिवार और हरिवंश जी को जाता है। यह उनके ही सहयोग का नतीजा है।

इसके अतिरिक्त प्रभात खबर ने बिहार-झारखंड की उपराष्ट्रीयता की पहचान को बरकरार रखने का निरंतर प्रयास किया है। कुछ वर्ष पहले आद्री ने बिहार विमर्श आयोजित किया था, जिसमें लगभग सभी प्रमुख नेता, उद्योगपति, बुद्धिजीवी, जो बिहार की पहचान और उसकी बिगड़ती छवि को लेकर चिंतित थे, दिन भर की गोष्ठी में इकट्ठे हुए थे। इसमें प्रभात खबर की अहम भूमिका थी। इसी तरह 2000 में आद्री ने प्रभात खबर के साथ जलसा का आयोजन किया था। इस अनोखे अवसर पर लालू, राबड़ी, दिग्विजय सिंह जैसे कद्दावर नेता एक मंच पर आये थे। आज जिस तरह से दुनिया भर में वैश्वीकरण की होड़ मची है, ऐसे माहौल में एक जवाबी स्थानीकरण की जरूरत है, जो क्षेत्रीय अस्मिता व पहचान को बरकरार रख सके। साधारणतः सभी अखबार वैश्वीकरण से होड़ करने में लगे हैं, जबकि एक बड़ा स्पेस स्थानीकरण

का है, जिसमें विकास और मूलभूत सुविधाओं से वंचित करोड़ों लोग शामिल हैं। अगर प्रभात खबर का यही तेवर रहा तो पूरी आशा है कि यह वंचितों के मुखपत्र के रूप में स्थापित होगा।

जहां तक हरिवंश जी से व्यक्तिगत संबंध की बात है तो हमारी घनिष्ठ व्यक्तिगत अंतरंगता है। हम अक्सर विचारों-आलेखों का आदान-प्रदान करते रहते हैं। विकास नीति को लेकर चर्चा करते रहते हैं। एक संस्मरण के साथ मैं अपनी बात समाप्त करना चाहूंगा। पिछले दिनों में मैं एम्स में भरती था। वे मुझसे मिलने भी आये, एक दिन मैंने उन्हें फोन किया तो फोन उनके किसी मित्र ने उठाया और बताया कि हरिवंश जी अभी मुंबई में हैं एवं फोन छोड़कर कहीं गये हैं। बाद में जब मैंने पुन: हरिवंश जी को फोन कर उनके फोन छोड़कर जाने का कारण पूछा तो उन्होंने बताया कि वे फोन छोड़कर उनकी ही सलामती के लिए दुआ मांगने एक स्थानीय मंदिर में गये हुए थे।

(लेखक अर्थशास्त्री व एशियन डेवलपमेंट रिसर्च इंस्टीट्यूट के सदस्य सचिव हैं)

(मीनष शांडिल्य से 2009 में हुई बातचीत पर आधारित)

पाठकों को भाषायी संस्कार देता है

रामधारी सिंह दिवाकर

प्रभात खबर की खासियत यह है कि यह बौद्धिक वर्ग और निम्न मध्यम वर्ग दोनों की मानसिकता के बिलकुल अनुरूप है। मेरे खयाल में यह बिहार का पहला बौद्धिक अखबार है। इसकी तुलना दूसरे अखबारों की बिक्री या प्रसार संख्या से नहीं की जा सकती। यह न्यूज के पीछे न्यूज की पड़ताल करता है, उस पर ज्यादा फोकस करता है। जो बेहद जरूरी है। यह स्तरीयता मुझ जैसे लोगों को ज्यादा आकर्षित करती है।

प्रभात खबर की अपनी सीमा यह है कि यह अपनी स्तरीयता के कारण और स्थानीय संस्करणों के अभाव के कारण सतही और गंभीर पाठकों के द्वारा जिनकी संख्या कहीं ज्यादा है, नहीं पढ़ा जाता है, पर यही सीमा प्रभात खबर की ताकत भी है। सबसे महत्त्वपूर्ण बात है प्रभात खबर का संपादकीय कंटेंट, यह अन्य पत्रों से अधिक स्तरीय और विचारोत्तेजक होता है। जिन कारणों से मैं व्यक्तिगत रूप से प्रभात खबर को पसंद करता हूं वे हैं इसके साहित्यिक पुट और स्पर्श। उदाहरण के लिए रविभूषण जी का एक लेख एक कहानी के शीर्षक पर छ्पा था, जिसका शीर्षक था-आखिरी छ्लांग।अमूमन अखबारी पृष्ठ पर ऐसे लेख की कोई जरूरत नहीं हुआ करती, क्योंकि इसके पाठक आखिरी छ्लांग कहानी को नहीं जानते लेकिन इस लेख को दो साहित्यिक पत्रों ने साभार उद्धृत किया। यह है प्रभात खबर की अपनी खासियत।

प्रतियोगिता परीक्षा की तैयारी करने वाले लड़के भी, जिनमें मेरा पुत्र भी शामिल है, प्रभात खबर के आलेखों को गंभीरता से पढ़ते हैं-और अपनी आधार सामग्री बनाते हैं। स्थानीय पहचान और अस्मिता को उभारने में प्रभात खबर बिहार में दूसरे दैनिकों के पीछे है। इसकी एक वजह है कि इसके क्षेत्रीय संस्करण नहीं निकलते, इस कारण क्षेत्रीय पहचान के लिए प्रभात खबर में जगह नहीं बनती। बिहार के दूसरे अखबारों में क्षेत्रीय संस्करण निकलने के कारण इसकी पूरी गुंजाइश होती है कि क्षेत्रीय समाचार और गतिविधियों को प्रमुखता से जगह दिया जा सके। बेशक़ इसके लिए प्रभात खबर को बिहार में व्यवस्थाजन्य स्थानीय संस्करणों की आवश्यकता है।

जनपक्षधरता और सरोकार को प्रभात खबर किसी भी तुलना में प्रमुखता और ज्यादा

जोरदार ढंग से तरजीह देता है। हर अखबार की अपनी नीतिगत शर्तें होती हैं, पर प्रभात खबर बड़े निष्पक्ष ढंग से जन समस्याओं और जागरूकता को पाठकों के सामने लाता है।

प्रभात खबर का पाठकीय संवाद बाकी अखबारों की तुलना में कमजोर पड़ता है। यह इस कारण कि इसके बिहार में क्षेत्रीय संस्करण नहीं हैं। जब तक क्षेत्रीय संस्करण नहीं होंगे तब तक पाठक इससे गहराई से जुड़ नहीं पायेंगे। इस मामले में व्यवस्थापकों को विचार करना चाहिए।

यह बहुत अच्छी बात है कि प्रभात खबर पत्रकारिता की पाठशाला ही नहीं, अच्छी पाठशाला है। प्रभात खबर के संस्कार पाकर युवा पत्रकार भविष्य में अपनी राह बना सकते हैं। यह काम दूसरा अखबार नहीं कर रहे हैं।

मेरे भी कुछ आलेख प्रभात खबर ने छापे हैं। कुछ कहानियां इसके दीपावली विशेषांक में भी छपी हुई हैं। वैसे भी अखबार का जो वैचारिक पक्ष है, वह साहित्यिक संस्पर्श लिये हुए है। मेरे विचार में व्यावसायिकता और टीवी से आक्रांत होते हुए भी प्रभात खबर इसी तरह साहित्य में बुझते हुए दीपक को जलाते रहने का प्रयास करता रहा है। यह विशेषता बिहार के दूसरे अखबारों में नहीं है।

इसकी अकादमिक गुणवत्ता का स्तर औरों से ऊंचा है, 'क्योंकि इसका वैचारिक स्तर है। एक खुलापन है इसके लेखों में। इसमें वैचारिक मामले में लोकतांत्रिक स्वतंत्रता है। यह राष्ट्रीय मुद्दों पर ज्यादा निष्पक्ष और गंभीर है।

हिंदी पट्टी में क्षेत्रीय पत्रकारिता में इसकी अहम भूमिका है। खासकर झारखंड में बिना प्रभात खबर को देखे कोई समाचार प्रामाणिक नहीं माना जाता है।

प्रभात खबर भाषा की स्तरीयता के लिए समाचार पत्रों में एक उदाहरण है। बहुत संजीदगी से इसकी भाषा संवारी जाती है। प्रूफ की अशुद्धियां भी कम मिलती हैं। ऐसा बाकी अखबरों में नहीं मिलता है। अखबार की भाषा एक मॉड्ल बनती है, आम पाठकों के लिए आम पाठक इससे सीखते हैं कि अखबार किस शब्द का इस्तेमाल कैसे कर रहा है। वह स्त्रीलिंग है या पुल्लिंग, इन सब के प्रति प्रभात खबर पूरी तरह चौकन्ना रहता है। बिहार के दूसरे तथाकथित लोकप्रिय अखबार इस मामले में बेहद लापरवाह हैं। यह पाठकों को एक भाषा संस्कार देता है।

(लेखक वरिष्ठ साहित्यकार हैं। यह आलेख 2009 में मनीष शांडिल्य से हुई बातचीत पर आधारित है)

अखबार, जो कभी झारखंडी संगी था

अश्विनी कुमार पंकज

एक पाठक के रूप में प्रभात खबर के 25 सालों के सफर पर बात करना मेरे लिए ठीक वैसा ही है, जैसे किसी दोस्त के बारे में बतियाना। दोस्त, जो आपका साथ देता है,अपनी सारी खूबियों और कमजोरियों के साथ, जिसका साहसी और निःस्वार्थ संग आपको ताकत देता है, तो जिसकी स्वार्थी एवं कुछ खास कमजोरियां आजीवन तकलीफ देती रहती हैं। प्रभात खबर की कुछ ऐसी ही भूमिका मेरे पाठकीय जीवन में रही है। प्रभात खबर के 26 वर्षों के जीवन को मैं दो भागों में देखता हूं। झारखंड बनने से पहले और झारखंड बनने के बाद। इन दोनों कालखंडों में उसकी प्रवृत्ति अलग-अलग है। झारखंड बनने से पूर्व वह ज्यादा आत्मीय था, जबकि झारखंड गठन के बाद उसकी 'आत्मीयता' में अब पहले वाली आर्द्रता नहीं रह गयी है। यह फर्क शायद इसलिए भी है कि शुरुआत के पहले दशक में प्रभात खबर के पास जो टीम थी वह सामाजिक न्याय, समानता और जनपक्षीय प्रतिबद्धता में विश्वास करती थी। उनमें से अधिकांश लोग आंदोलन से आये थे या फिर किसी न किसी रूप में उनका रिश्ता उस राजनीतिक सोच से था, जो भारतीय समाज के असंतुलन और उसके कारकों से संघर्ष कर रहा था। 'अखबार नहीं आंदोलन' पंच लाइन उनकी उसी दृष्टि की अभिव्यक्ति है और आज जो टीम प्रभात खबर निकाल रही है वह प्रतिबद्ध नहीं, प्रोफेशनल है। इन दोनों प्रवृत्तियों के साथ ही प्रभात खबर की सबसे बड़ी ताकत रही है उसकी टीम भावना। इस सुगठित सामूहिकता और पहले शुरुआती दशक की जनप्रतिबद्धता के कारण ही प्रभात खबर आज सफलता के इस मुकाम पर है। निःसंदेह इसके लिए हरिवंश जी, जो कि प्रभात खबर के टीम लीडर हैं, मीडिया और व्यवसाय जगत् में अब एक विशिष्ट उदाहरण हैं। एक पाठक अपने अखबार से बहुत कुछ सीखता है। उसी तरह से अखबार भी पाठकों से सीखता है। पाठक और अखबार का रिश्ता गतिशील होता है, दोनों एक-दूसरे से अपने ज्ञान व अनुभव को ग्रहण और साझा करते हैं। यह प्रक्रिया अखबार के शुरुआती दशक में साफ तौर पर देखी जा सकती है। जैसे-जैसे विभिन्न कारणों से यह प्रक्रिया मंद हुई है, व्यावसायिक प्रतिस्पर्द्धा बढ़ी है, बड़ी पूंजी का दबाव बना है, हम देखते हैं कि प्रभात खबर को भी 'करोड़ों के निश्चित उपहार एवं इनाम' की होड़ में शामिल होना पड़ा है।

बाजार के रणनीतिकार या मैनेजमेंट गुरु इस 'मजबूरी' के हजारों तर्क दे सकते हैं, लेकिन मेरा स्पष्ट मानना है कि यदि प्रतिबद्धता के साथ प्रोफेशनलिज्म का सही सामंजस्य हुआ था तो प्रभात खबर को अपना बाजार (पाठक) बचाये रखने के लिए यह सब नहीं करना पड़ता क्योंकि प्रभात खबर के पास पाठक थे और उनकी संख्या भी इतनी जरूर थी, जो अखबार का बाजार बचाये रख सकते थे। इसलिए अब आज का प्रभात खबर बाजार का अखबार है। बेहतर छपाई, साज-सज्जा और प्रस्तुतीकरण के साथ। अनेक स्थानों से अनेक संस्करणों में। प्रिंट के साथ-साथ अंतराल पर भी समान रूप से उपलब्ध। पहले प्रभात खबर बताता था कि छोटे-छोटे मामूली, बेहद मामूली लोग कैसे इस समाज की पुनर्रचना में जुटे हैं। सामाजिक, राजनीतिक और आर्थिक विषमता की मार झेल रही जनता कैसे देश-समाज को गढ़ने के लिए युद्धरत है। अब हम पूरे-पूरे पृष्ठ पर उन लोगों की महिमामंडित कहानियां पढ़ने को बाध्य हैं, जिन्होंने अपनी पूंजी और लाभ के विस्तार के लिए आर्थिक विषमता को बढ़ाने में विशेष योगदान किया है, कर रहे हैं। इस अर्थ में आज का प्रभात खबर उन विशिष्ट पाठकों का अखबार है, जिनके अन्याय के खिलाफ अपने शुरुआती दिनों में यह 'आंदोलन' हुआ करता था। मेरे जैसे पाठकों का प्रिय दोस्त 'प्रभात खबर' झारखंडी (उत्पीड़ित राष्ट्रीयताओं) जनता का वही लोकप्रिय अखबार बन सके, यह इच्छा अभी मरी नहीं है। उम्मीद है, झारखंडी पाठकों की इस इच्छा और मूल्यांकन पर 25 वर्षों का यह नौजवान दोस्त अवश्य विचार करेगा क्योंकि हम जानते हैं, सीखने और सिखाने की उसकी प्रवृत्ति मद्धिम जरूर हुई है, पूर्णतया नष्ट नहीं हुई है।

(लेखक वरिष्ठ रंगकर्मी, कहानीकार व जोहार सहिया के संपादक हैं, वर्ष 2009)

धर्मयुग, दिनमान की कमी को पूरा किया

अरशद अजमल

छात्र आंदोलन के दिनों में मुझे 1975 में पहली बार रांची जाने का मौका मिला, क्योंकि पुलिस की नजरों से छिपना वहां ज्यादा आसान था, पर उस प्रवास के दौरान रांची से निकलने वाला तत्कालीन स्थानीय दैनिक जिस तरह संवेदनशील मुद्दों को कवरेज करता था, उस तरीके ने मुझे आहत किया था, क्योंकि यह सांप्रदायिकता में रंगा था। उस अखबार के कारण रांची का सम्मान भी मेरी नजरों में कम हुआ, पर दोबारा जब रांची जाने का मौका मिला, तब तक प्रभात खबर का रांची से प्रकाशन प्रारंभ हो चुका था। इसके तेवर ने, कंटेंट ने, कवरेज के तरीके ने रांची के प्रति उस सम्मान को फिर से बहाल किया। इसका एक कारण यह भी था कि यह अखबार मधुकर, श्रीनिवास और उन जैसे कई आंदोलनकारी और संघर्षशील साथियों के मंच के रूप में सामने आ रहा था। मुझे याद है कि अपने कॉलेज में हम माया और मनोहर कहानियां पढ़ने वालों को अगंभीर और सतही समझ वाला मानते थे और दिनमान, धर्मयुग पढ़ने वालों को संवेदनशील और बुद्धिजीवी। दिनमान, धर्मयुग के बंद होने के बाद प्रभात खबर का प्रारंभ होना इन पत्रिकाओं की कमी को भरने वाला साबित हुआ था। आज भी मैं युवा साथियों से अपनी समझ और सोच को विकसित करने के लिए स्थानीय दैनिकों में प्रभात खबर पढ़ने की सलाह देता हूं।

मानव सभ्यता ने कई चीजें विकसित की हैं, जो जिंदगी को दिशा देती हैं। उनमें से अखबार भी एक है और अखबारों में प्रभात खबर एक ऐसा अखबार जो आज मानव चेतना को विकसित करने का काम कर रहा है। यह लोक शिक्षण में सहायक है, अगर एक सामाजिक कार्यकर्ता की दृष्टि से कहूं तो मैं इस मान्यता का हूं कि हम जिस भी स्तर पर और जिस भी तरीके से सामाजिक असमानता से, समस्याओं से जूझ रहे हैं - उनको अखबारों के जरिये, मीडिया के जरिये भी उबारा जाना चाहिए। मैं कभी प्रेस रीलीज या हैंड आउट भेजना पसंद नहीं करता और ऐसा हमेशा संभव भी नहीं होता। मेरे अनुसार मीडिया की यह जिम्मेदारी है कि वह ऐसे कार्यक्रमों में खुद आये और इनको उभारे, इनके प्रति एक विचार निर्माण का कार्य करे। प्रभात खबर को इस कसौटी पर कसता हूं, तो यह इस पर बहुत हद तक खरा है। जहां तक

क्षेत्रीय पत्रकारिता में प्रभात खबर की भूमिका की बात है, तो प्रभात खबर को यह श्रेय जाता है कि उसने राष्ट्र को एकजुट रखते हुए और राष्ट्र निर्माण के लिए झारखंड अलग राज्य के रूप में एक क्षेत्रीय मुद्दे को उठाया और एक अंजाम तक पहुंचाया। यह छिपा नहीं है कि बिहार का वह हिस्सा, जो आज झारखंड राज्य के रूप में जाना जाता है, तब एक आंतरिक उपनिवेश की तरह था। प्रभात खबर ने न सिर्फ इस उपनिवेशवाद के विरुद्ध आवाज उठायी बल्कि साथ ही साथ झारखंड की अलग राज्य के रूप में सांस्कृतिक स्वायत्तता को मान्यता प्रदान की। क्षेत्रीयता का मुद्दा बड़ा ही संवेदनशील मुद्दा है। इसको अगर गलत तरीके से पेश किया जाये, तो यह कटुता बढ़ाती है, अशांति फैलाती है जैसा आज राज ठाकरे जैसे लोगों के द्वारा किया जा रहा है। झारखंड अलग राज्य की मांग पर ऐसी स्थिति बनने का खतरा था, पर प्रभात खबर ने क्षेत्रीय आकांक्षाओं को सही अर्थों में आमजन के साथ जोड़ते हुए सामने रखा। उसने सामना की तरह उग्र क्षेत्रीयता को भड़काया नहीं। इस रूप में प्रभात खबर क्षेत्रीय अखबारों में एक रोल मॉडल है। प्रभात खबर की खासियत यह है कि इसने जनपक्षीय बनकर जनता को अपने साथ जोड़ा है। बिहार-झारखंड में जब राष्ट्रीय अखबारों ने स्थानीय संस्करण निकालना शुरू किया तो उन्होंने पाठकों को लुभाने के लिए नाना प्रकार की लुभावनी योजनाओं, पुरस्कारों की घोषणा की थी। ऐसे वक्त में हरिवंश जी ने एक लेख 'कचरे के खिलौने देकर हम पाठक नहीं बना रहे हैं' शीर्षक से लिखा था। मुझे वह लेख आज भी याद है, उसका तेवर आज भी याद है। अखबार कोई साबुन नहीं है। यह पाठकों की संवेदनाओं से जुड़कर ही, सरोकार की बात करके ही पाठकों का बन सकता है। प्रभात खबर ऐसा करने की कोशिश ईमानदारी से कर रहा है। पाठकों का इसके प्रति विश्वास है। इस अखबार की नैतिक शक्ति के बल पर मधुकर जी ने कभी दावा किया था कि हम छलते नहीं हैं। आज मुसलमानों को लेकर देश में कई तरह की प्रतिक्रियाएं सामने आ रही हैं, पर इन अतिरंजित टिप्पणियों के मूल में यह है कि कभी हिंदू-मुसलमानों ने एक-दूसरे को नजदीक से समझने की कोशिश नहीं की। उनकी कमजोरियों और मजबूतियों को समझने की कोशिश नहीं की। कुछ ऐसी ही स्थिति आदिवासियों के साथ भी है, पर प्रभात खबर इन दोनों समुदायों को सहानुभूति के साथ समझने की कोशिश करता है और यह नजरिया राष्ट्र निर्माण का नजरिया है। समग्रता में चिंतन वर्तमान समय की चुनौती भी है और इस बड़े सवाल की सनग्र दृष्टि की बात करते हुए मुझे अक्सर किशन पटनायक जी याद आते हैं। प्रभात खबर की एक विशेषता यह भी कि समग्र दृष्टि देने की कोशिश इस एजेंडे में है। यह मुद्दों को समग्रता में उठाने की कोशिश करता है। इस दिशा में सचेत तरीके से पहल भी करता है।

(लेखक वरिष्ठ समाजसेवी हैं। यह आलेख 2009 में मनीष शांडिल्य से हुई बातचीत पर आधारित है।)

झारखंड आंदोलन की आवाज

प्रवीण प्रभाकर

झारखंड आंदोलन के इतिहास में अगर किसी अखबार की सक्रिय भूमिका की बात की जाये तो निर्विवाद रूप से प्रभात खबर का नाम जुबान पर आ जाता है। अपनी स्थापना के समय से ही प्रभात खबर झारखंड आंदोलन के प्रति सकारात्मक रुख रखता रहा। इसकी पहचान झारखंडी अखबार के रूप में शुरू से रही।

प्रभात खबर की शुरुआत 1984 में हुई और इसके ठीक दो साल बाद आजसू का गठन 1986 में हुआ। आजसू की स्थापना के बाद झारखंड आंदोलन को एक नयी धार मिली। झारखंड के हज़ारों-हजार युवा-छात्र पढ़ाई और कैरियर छोड़कर संघर्ष की आग में कूद गये और अपनी डिग्रियां तक जला दीं। उग्र आंदोलन ने पटना और दिल्ली को हिला दिया। मुझे याद आता है कि प्रभात खबर मुस्तैदी के साथ आंदोलन पर नजर रखता रहा और सकारात्मक खबरों तथा तथ्यपरक विश्लेषणों के माध्यम से जनमानस को सूचित तथा जागृत करने में जुटा रहा। प्रभात खबर के कई पत्रकार तो मानो आंदोलन का हिस्सा बन गये थे। उन पर कई बार यह टिप्पणी होती थी कि वे जर्नलिस्ट हैं या एक्टिविस्ट! हरिनारायण सिंह, मधुकर, दीपक अंबष्ट, अनुज सिन्हा, किसलय, शफीक अंसारी, फैसल अनुराग जैसे पत्रकारों की लंबी सूची है, जिन्हें इस श्रेणी में रखा जा सकता है।

प्रभात खबर का प्रकाशन जब शुरू हुआ तो कांग्रेस नेता ज्ञानरंजन उसके मालिक थे और एसएन विनोद संपादक। दोनों अलग राज्य के समर्थक थे, लेकिन प्रबंधन की खामियों के कारण अखबार मात्र तीन-चार साल में बंद होने के कगार पर आ गया। तब इसका प्रकाशन नये, कुशल तथा अनुभवी प्रबंधन के हाथ में हस्तांतरित कर दिया गया। देश के जाने-माने वरिष्ठ पत्रकार हरिवंश जी इसके प्रधान संपादक बनकर रांची आये। प्रभात खबर के पतन से आंदोलनकारियों में निराशा छा रही थी, लेकिन इसे नया जीवन मिलने के बाद आंदोलन में भी एक नया जोश आ गया। अखबार के नये नेतृत्व ने व्यावसायिक सीमाओं एवं प्रतिबद्धता के बावजूद सामाजिक सरोकार तथा निष्पक्षता को तरजीह दी। सुदूर कस्बों तथा प्रखंड मुख्यालयों में अखबार के सूचना तंत्र को विकसित किया गया और पत्रकारों की नियुक्ति की गयी। इससे

सुदूर जंगल-पहाड़ों की पीड़ा को भी अभिव्यक्ति मिलने लगी। झारखंड आंदोलन के क्रम में विस्थापन और पलायन प्रमुख विषय थे। प्रभात खबर ने इन नॉन ग्लैमरस खबरों को लगातार प्रमुखता दी। चाहे कोयलकारो का सवाल हो या नेतरहाट फील्ड फायरिंग रेंज का। बोकारो में विस्थापितों की लड़ाई हो या संथाल परगना से आदिवासियों का पलायन, हर संघर्ष और बेबसी की खबर प्रभात खबर के पहले पन्ने पर गूंजती रही। झारखंड आंदोलन में जल, जंगल, जमीन तथा जज्बात की लड़ाई और सांस्कृतिक पहचान पर संकट को मुख्य मुद्दा बनाया गया था।

प्रभात खबर ने इन जन सवालों को हमेशा उठाया। झारखंडी लेखकों-साहित्यकारों को आज पहचान मिल पायी है तो उसके पीछे भी प्रभात खबर का अप्रतिम योगदान रहा है। मुझे याद आता है कि जब 1987 में आजसू ने झारखंड खबर पत्रिका का प्रकाशन शुरू किया तो प्रभात खबर के अधिसंख्य पत्रकारों ने उसमें जमकर सहयोग किया। किसी ने छद्मनाम से रपटें लिखीं, तो किसी ने संपादन में भूमिका निभायी।

वस्तुतः झारखंड आंदोलन के दौर में प्रभात खबर आमजन की आवाज बनकर उभरा और एक झारखंडी अखबार के रूप में इसकी पहचान बनी। इसलिए झारखंड की तमाम जनता, चाहे आदिवासी हो या गैर आदिवासी, किसान बुद्धिजीवी हो या व्यवसायी, हर वर्ग ने इसे आत्मसात् किया।

झारखंड आंदोलन की पहली मंजिल के रूप में अलग राज्य का गठन हो चुका है, लेकिन जिस मकसद को लेकर संघर्ष हुआ, उसे हासिल करना बाकी है। राज्य के गठन के आठ सालों में हुई राजनीतिक ड्रामेबाजी से जनता खुद को ठगा हुआ महसूस कर रही है। भ्रष्टाचार और लूट-खसोट ने झारखंड के नवनिर्माण के सपने को ध्वस्त कर दिया है। झारखंड आंदोलनकारी कार्यकर्ता खुद को अलग-थलग महसूस कर रहे हैं। ऐसे में प्रभात खबर जनता के हक, सम्मान और पहचान के संघर्ष को मुकाम तक पहुंचाने में मुस्तैदी से जुटा दिखता है। इसमें कोई अतिशयोक्ति नहीं है कि आंदोलन का ही दूसरा नाम 'प्रभात खबर' है।

(लेखक झारखंड के सक्रिय राजनेता हैं)

राज्य के निर्माण एवं विकास में भूमिका

प्रो. गिरिधारी राम गौंझू 'गिरिराज'

प्रिंट मीडिया के आदर्शों में एक है जनाकांक्षा एवं विचारों को आत्मसात् करना, दूसरा है जनता की अनिवार्य भावनाओं को प्रेरित करना और तीसरा है शासक एवं शासित के दोषों को निर्भयतापूर्वक प्रकाशित करना। ये मानदंड थे हिंदी नवजीवन, हरिजन, मंगल प्रभात, यंग इंड्या आदि पत्र-पत्रिकाओं के। इनके संपादक थे गांधी जी। इसका पालन वर्तमान अखबारों के व्याकरण को अपनाते हुए भी प्रभात खबर कर रहा है। झारखंड निर्माण के पूर्व आज से 25 वर्ष पूर्व रांची से प्रभात खबर का उदय हुआ। नये समाचार पत्र को स्थापित होने में समय तो लगता ही है, कई उतार-चढ़ाव हुए इसके। परंतु जब से हरिवंश जी संपादक बनकर आये, प्रभात खबर एक आंदोलन के रूप में उभरा और आज भी अपने इस तेवर को आधुनिक बाजारवाद की दौड़ में सम्मिलित होकर भी अपनी छवि विशिष्ट बनाये हुए है। अखबारों की संपादन कला का प्रारूप कुछ भिन्न है। अखबारों की भीड़ में अपनी छवि विशिष्ट बनाये रखने का विधान भी औरों से अलग हटकर होता है, उसका निर्वाह करना आवश्यक ही नहीं, अनिवार्य भी होता है, तभी डॉ रामचंद्र तिवारी की संपादन कला अक्षरशः स्मरण हो जाती है। 'संपादन का उच्च मानदंड स्थापित करने तथा समय की पगडंडी पर अपने निश्चित चरण चिह्न छोड़ने के लिए उसे अपने ज्ञान क्षितिज के विस्तार के साथ अनुभूति में घनीभूत गहनता लानी होगी। वह जिस विषय पर कलम उठाये, उसके सभी पक्षों का विवेचन पूर्ण प्रामाणिकता के साथ निर्भीक होकर कर सके। उसकी अपनी प्रखरता ज्ञानी तेजोदीप्त हो कि वह जहां पहुंचे, जगमगा उठे, हर विषय वस्तु नये आयाम ग्रहण कर ले, जो पढ़े, उसे लगे कि उसको विचारों की ही कणिकाएं मिल रही हैं, जिन्हें संजोकर रखना अनिवार्य है। राष्ट्रहित की वृहत्तर पृष्ठभूमि में विश्लेषण होते ही रहना चाहिए। जन साधारण उसका (अखबार संपादक का) ऋणी होगा तथा बौद्धिक भी उसके आगे नतमस्तक होकर उसे अपना नेता समझेगा, तभी वह राष्ट्र की मेधा को नयी दिशा दे सकेगा, तभी बड़े-से-बड़ा राजनेता भावी दिशा बोध के लिए उसके पत्र की ओर देखेगा। युगद्रष्टा तथा भविष्य स्रष्टा होने में ही उसकी मनीषा-उसकी मेधा की प्रखरता का प्रतिफलन है, यही उसकी नियति और परिणति है।

उपर्युक्त आदर्श बहुत हद तक प्रभात खबर निर्वाह करने में कभी पीछे नहीं रहा है।

प्रभात खबर ने ऐसे समय में रांची में अपनी जमीन बनाने का उद्यम प्रारंभ किया, जब झारखंड आंदोलन जनता के दिलोदिमाग में भभकने के लिए सुलग रहा था, उसे बस एक फूंक मारने की आवश्यकता थी। तब राजनेता और झारखंड आंदोलन के नेता इसे कभी न समाप्त होने वाले आंदोलन के रूप में चलाते रहने के अंतिम प्रयास में लगे हुए थे। ऊपर से झारखंड आंदोलन शिथिल पड़ गया प्रतीत हो रहा था। ऐसे समय किसी भी जाग्रत समाचार पत्र का दायित्व होता है कि वह जनता, उसके नेता एवं सरकार को सही मार्ग दर्शन दे। इस काम में प्रभात खबर ने एक तरह से अपने को पूरी तरह झोंक दिया।

झारखंड आंदोलन के कारण, उसकी अनिवार्यता, उसके सूत्रधारों की मानसिकता, वास्तविक झारखंडी नेताओं के विचारों और गतिविधियों को, उनकी योजनाओं को, उनके उद्देश्यों को अखबार में स्थान देना आरंभ किया और इस महत्त्वपूर्ण कार्य के लिए झारखंड आंदोलन के प्रमुख समर्पित नेताओं की बातों को रखने की योजना को सकारात्मक रूप से कार्य किया। इस संदर्भ में डॉ. रामदयाल मुंडा, डॉ. बीपी केसरी, एनइ होरो जैसे अन्य बुद्धिजीवियों एवं नेताओं को प्रमुखता से छापा। इतना ही नहीं, झारखंड आंदोलन में निस्पृह भाव से अंतर्लिप्त संस्कृतिकर्मियों, लेखकों, कवियों की भावनाओं को भी यह उजागर करने में पीछे नहीं रहा। तब जनजातीय एवं क्षेत्रीय भाषा विभाग झारखंड आंदोलन का बौद्धिक केंद्र बना हुआ था। जगह-जगह आंदोलन पर जो सेमिनार, सभा, गोष्ठी, बैठकें हो रही थीं, उन्हें प्रमुखता से प्रभात खबर ने छापा। कई बार तो प्रभात खबर ने अपने सभागार में अथवा स्पांसर द्वारा अन्यत्र भी संगोष्ठियां करायीं। इससे आम झारखंडी जनता अपने असली-नकली झारखंडी नेताओं को समझ सके। कई बार प्रभात खबर ने इस विषय पर सर्वे कराया।

प्रभात खबर की एक और विशेषता झारखंड आंदोलन के संदर्भ में कही जा सकती है कि इसने 15 अगस्त, 26 जनवरी के अतिरिक्त बिरसा जंयती एवं पुण्य तिथियों के अलावा विशेष अवसरों पर विशेषांक निकाले। इन विशेषांकों में विषय विशेष के विशेषज्ञों के आलेखों को प्रमुखता से स्थान दिया। सच पूछा जाये, तो प्रभात खबर ने झारखंड आंदोलन के बुझते हुए दीये में तेल डालने का काम किया है और पहली बार झारखंडी जनजातीय समुदाय के पत्रकारों को अपने अखबार में स्थान दिया। इससे ये धीरे-धीरे मंजते चले गये। आज इस समुदाय में अच्छे सुलझे हुए पत्रकार हो गये हैं और बन भी रहे हैं। कई तो इस नये पत्रकारिता जगत् में स्वतंत्र स्थान बनाने में लगे हैं, इसका भी श्रेय प्रभात खबर को जाता है। इसकी कमी की ओर इशारा न करूं, तो यह एकपक्षीय हो जायेगा। विशेष कर तब, जब किसी रूपजीवा की तसवीर के ऊपर बिलकुल यह लिखा होना कि 'अखबार नहीं आंदोलन' तो बेहद खटकता है। दूसरी बात अनेक प्रभात खबर के लेखकों को प्रेस तक आ-जाकर आलेख देने तक का पेट्रोल खर्च भी नहीं मिल पाता है। जनता का अखबार है, जनप्रिय अखबार है, सर्वाधिक बिकने तथा पढ़ा जाने वाला अखबार है। ऐसे में फीचर या प्रासंगिक विषयों पर लिखने वालों को भी पत्र-पुष्प तो मिलना ही चाहिए।

प्रभात खबर का सबसे बड़ा योगदान रहा है झारखंड आंदोलन एवं इसके निर्माण में मरङ

गोमके जयपाल सिंह के अनछुए प्रसंगों का, जो झारखंड आंदोलन से संबंधित उसको उजागर करना, झारखंड आंदोलन के जनक की दुर्लभ आत्मकथा का (अपूर्ण) 'लो वी सेंदरा' के नाम से प्रकाशित करना, (2004 में) डॉ राम दयाल मुंडा जैसे अंतरराष्ट्रीय छवि के संस्कृति विशेषज्ञ एवं आदिवासी राजनीति के (इंडीजिनस पीपुल्स) ज्ञाता के अनेक साक्षात्कार एवं उनके आलेख ने झारखंड आंदोलन को दिशा देने में महत्त्वपूर्ण भूमिका निभायी है। झारखंड समन्वय समिति के संयोजक डॉ. बीपी केसरी, जो झारखंडी इतिहास के उपनिवेशी शोषण के मुखर इतिहासकार भी हैं, उनके महत्त्वपूर्ण आलेखों को भी प्रमुखता से प्रभात खबर ने छापा है। बलवीर दत्त की कहानी झारखंड आंदोलन की लंबी धारावाहिक कड़ियां सदैव स्मरणीय रहेंगी, दिलचस्प अंदाज में लिखे जाने के कारण।

वर्तमान में झारखंड के नवनिर्माण में प्रभात खबर की क्या भूमिका होगी? इसके सर्वांगीण विकास का क्या स्वरूप होगा? लोग क्या चाहते हैं? कैसा झारखंड बनाना चाहते हैं? राजनेता, प्रशासक, मंत्री झारखंड को किधर ले जा रहे हैं? आदि-इत्यादि महत्त्वपूर्ण प्रश्नों को उठाने एवं उसके दिशा निर्देशित करने में भी प्रभात खबर कभी पीछे नहीं रहा है। यह इस बात का प्रमाण है कि सर्वाधिक स्थायी पाठक प्रभात खबर के ही हैं। इसमें उनके देश, राज्य, समाज की स्थिति के साथ उसके स्वच्छ वातावरण निर्माण में भी प्रभात खबर की महती भूमिका रही है।

हमारी आकांक्षा है कि आज की पत्रकारिता के बाजारवाद की होड़ में प्रभात खबर राष्ट्रीय एवं व्यक्तित्व निर्माण में अहम भूमिका निभाये। जैसे स्वतंत्रता आंदोलन के समय पत्रकारिता की भूमिका थी।

(लेखक रांची विश्वविद्यालय के जनजातीय भाषा विभाग के प्राध्यापक रहे हैं व संस्कृतिकर्मी हैं, वर्ष 2009)

आंदोलन की भावना को बनाये रखा

पद्मश्री डॉ. रामदयाल मुंडा

1900 ई. में बिरसा के देहांत के बाद 1920 ई. तक किसी प्रकार के आंदोलन की सुगबुगाहट नहीं हुई। आगे चलकर साइमन कमीशन पुनर्व्यवस्था को लेकर पूरे भारत में घूमा। झारखंड में आने पर यहां के लोगों ने हल्की आवाज उठायी कि हमारा अलग से प्रबंधन होना चाहिए। 1935 में जब गवर्नमेंट ऑफ इंडिया एक्ट बना तो इसमें भविष्य के राज्य साफ-साफ दिखाई पड़ने लगे। यहां के पहाड़ी लोग अपने को मैदानी लोगों से हर स्तर पर भिन्न समझते थे, लेकिन आरंभ में ही लगने लगा कि हमको अलग से एक सांस्कृतिक स्वरूप की संस्कृति नहीं मिलने जा रही है। उसी दौरान जयपाल सिंह ने इस बात को रेखांकित किया कि हमारा आर्थिक स्वरूप अलग है। खदान, जंगल के महत्त्व को उस समय भी लोग समझ रहे थे। बंगाल अलग हो चुका था, 1936 ई. में ओड़िशा भी अलग हो गया। बिहार के साथ हम बच गये, जबकि दोनों का सांस्कृतिक, ऐतिहासिक और भाषायी आधार बिलकुल अलग था।

1956 ई. में जब राज्यों का पुनर्गठन हुआ तो भाषायी आधार को खारिज कर हमें भी हिंदी इलाके से जोड़ दिया गया। यह भी तर्क दिया गया कि झारखंड की भाषाएं इस योग्य नहीं हैं कि वे प्रशासनिक कार्यों को पूरा कर सकें, लेकिन सारे हिंदी इलाके को एक ही राज्य में तो नहीं बांध दिया गया, यह एक धोखा था हमारे साथ। हमारे सामने यह भी एक बाधा थी कि आदिवासी इलाके को चिह्नित कैसे किया जाये। मुगल शासक आजमगढ़ से पुरी तक के इलाके को झारखंड बोलते थे। चैतन्य महाप्रभु इस क्षेत्र के सारे जंगल वाले इलाके को झारखंड बोलते थे, जबकि इस पूरे क्षेत्र के लोगों का मन एक साथ लड़ने का नहीं बन रहा था। दूसरी तरफ झारखंड बोलने से एक विस्तृत भौगोलिक इलाका हमारे सामने उपस्थित हो जाता था। उस समय झारखंड का मतलब वह था जिसे आजकल हम लोग ग्रेटर झारखंड बोलते हैं। ग्रेटर झारखंड में ओड़िशा और छत्तीसगढ़ का पहाड़ी इलाका भी शामिल था। फिर भी आदिवासी चरित्र बना रहा, एक बृहद स्तर पर। राजनीतिक स्तर पर दिल्ली के लिए बिहार महत्त्वपूर्ण था। सारे दबंग नेता बिहार के थे, हमारी बात सुनी नहीं जाती थी, राष्ट्रपति तक झारखंड के विरोध में थे। सिर्फ बेतुकी बातें हो रही थीं।

यहां के लोगों में शिक्षा का घोर अभाव था, नेता इस इलाके के शैक्षणिक स्तर पर ध्यान नहीं दे रहे थे। यहां की भाषाओं के उत्थान पर कोई ध्यान नहीं दिया गया, हमें खेती-मजदूरी से ही जोड़े रखने का प्रयास किया गया। इसका राजनीतिक लाभ बिहार वालों को मिलता रहा। यहां के लोग अपनी स्थिति का सही विश्लेषण नहीं कर पा रहे थे, जिसे हम बौद्धिक उत्थान कहते हैं, वह यहां नहीं हो पाया। हमें अनपढ़ रखने की साजिश रची गयी।

1961 ई. तक के चुनावों में झारखंड कोई मुद्दा नहीं बन पाया। जयपाल सिंह नेहरू के दोस्त थे, उन्होंने नेहरू से बात की, लेकिन नेहरू ने उन्हें पूरा बिहार ही देने की बात कह बहला दिया। जयपाल सिंह पढ़े-लिखे थे, लेकिन आंतरिक बनावट एक सीधे-सादे आदमी की थी। नेहरू के आश्वासन पर पूरे बिहार को झारखंड की तरह चलाने का सपना जयपाल सिंह देखने लगे। इसी राजनीतिक चालाकी के कारण जयपाल सिंह की पार्टी का विलय 1963 ई. में कांग्रेस में हो गया। जयपाल सिंह रिजेक्ट कर दिये गये, एक व्यक्ति के रूप में जयपाल सिंह अलग-थलग पड़ गये, लेकिन आंदोलन जिंदा रहा।

1963 में एनइ होरो नेता बने। होरो ने एके राय, विनोद बिहारी महतो आदि को अपनी ओर मिला लिया। लाल झंडा वालों ने इसी समय इस आंदोलन को पकड़ा, इससे आंदोलन का मूल उद्देश्य कमजोर पड़ता चला गया। लाल में हरा यह नयी बनावट थी, सदानों का भी आगमन आंदोलन में हुआ। विनोद बिहारी महतो उसके नेता थे। 1973 ई. में झारखंड मुक्ति मोरचा बना। शिबू सोरेन, सूरज मंडल और कई अन्य पिछले आंदोलन वाले लोग भी इसमें शामिल हुए। इनका मूल उद्देश्य स्थानीय स्तर पर जागृति लाना था। इसका राष्ट्रीय स्तर पर चर्चा में आना तब हुआ, जब दारोगा को मराने का आरोप इस पर लगा, लेकिन इसके साथ ही इसे एक खूंखार राजनीतिक दल भी माना जाने लगा। इंदिरा गांधी तक ने शिबू सोरेन को पकड़ने तथा बात करने का आदेश तत्कालीन धनबाद के डीसी केवी सक्सेना को दिया। 1973 से 1981 तक का समय झामुमो की बनावट के दिन थे। 1981 में शिबू सोरेन एमपी बने, इसी समय आदिवासीपन से राजनीति ऊपर उठी और झामुमो से गैर आदिवासी लोग भी जुड़े, इसका क्षेत्रीय रूप साफ हो गया। 1981 ई. से बौद्धिक स्वरूप की शुरुआत हुई, प्रतिबद्ध रूप से मांगों को सामने लाने की कोशिश की गयी। स्थिरता बौद्धिकता से आनी थी। आंदोलन में अतः एक बौद्धिक गलियारा बनाने की बात चली, जिसका आधार बना .रांची विश्वविद्यालय और जनजातीय एवं क्षेत्रीय भाषा विभाग। इसकी शुरुआत हम लोगों ने की, नौ भाषाओं के विभाग खुले, हर विभाग में 30 स्थान थे, हर साल 270 छात्र निकलने लगे, यह बौद्धिक जागरण था, इसने आग पकड़ ली। इस जागृति ने बातचीत के स्तर को बौद्धिक बनाने के साथ-साथ आंदोलन को मानसिक स्तर पर प्रतिष्ठित किया। इसी .ग्रेटर झारखंड. के स्वरूप को सामने रखा और उसका तर्कपूर्ण आधार लोगों को बताया। हमने उसी समय झामुमो के भीतर ही एक स्टूडेंट विंग बनाने की बात की, लेकिन झारखंड स्टूडेंट यूनियन को एक इंडिपेंडेंट मंच बनाना चाहते थे। उसे झामुमो की हां में हां मिलाने वाला मंच हम नहीं बनाना चाहते थे। उस समय हम यूनिवर्सिटी में थे और इस मंच को जनहित तथा सकारात्मक स्तर पर समर्थन देने के लिए तैयार थे। आलोचना

करने के लिए भी हम तैयार थे। इसी समय झारखंड पार्टी की स्टूडेंट यूनियन भी टेढ़ी-मेढ़ी हो गयी। हमने स्टूडेंट के इंडिपेंडेंट होने की बात नहीं छोड़ी, इसी कारण हम अपने तरीके से झारखंड आंदोलन को दिशा देते रहे। चरित्र पर हमने काफी बल दिया, राजनीतिक पार्टियां चार-पांच साल में एक-आध बार रैली करती थीं जिससे राजनीतिक लाभ नहीं मिलता था। झारखंड स्टूडेंट यूनियन ने ही आम जन में आंदोलन को आगे बढ़ाया। हमारा लक्ष्य सरकार से बात करने का था, इसी को लेकर हमने झारखंड के खनिजों की नाकेबंदी कर दी। 10 दिन से अधिक की स्टोरिंग क्षमता नहीं थी देश में कंपनियों के पास। 72 घंटे होते-होते बूटा सिंह आ गया, यह 1989 की बात है। उस समय मैं कुलपति था अतः तटस्थता दिखानी थी। मैं स्टूडेंट का एड्वाइजर था। रिपोर्ट मुझे ही देनी थी। उसी रिपोर्ट के आधार पर बात करने का रास्ता खुला। इसी कारण कांग्रेस के भीतर पहल हुई, मध्यस्थता .इंटेलीजेंस ब्यूरो. के कमिश्नर सीके बसु कर रहे थे। हमने उनसे कहा कि आर्थिक नाकेबंदी तो ध्यानाकर्षण के लिए है, हमसे बात होनी चाहिए, वह भी बौद्धिक स्तर पर। बिहार के खजाने में 75 प्रतिशत हम देते हैं और हमें मिलता है 20 प्रतिशत। यह जान-बूझकर किया जा रहा है। हमारा समाज बंधुआ मजदूर का समाज बनता जा रहा है। इन बातों पर सरकार सिर्फ सोचती रही, निर्णय नहीं कर पायी। हमने जो रिपोर्ट दी थी उससे आइबी के लोग काफी प्रभावित थे। आइबी खून-खराबे से डर रही थी, इसीलिए वार्ता आगे बढ़ी। वार्ता के लिए एक कमेटी बनाने की बात हुई, बड़ी बात यह थी कि इसमें सम्मिलित होने वाले सभी लोगों के नाम हमें ही देने थे, बाद में एक-आध लोगों का ही नाम हटाया गया, फिर भी कमेटी हमारे मन की बनी। झामुमो इसमें नहीं आना चाहता था, वह राजनीतिक लीड ले जा चुका था। उसे गुमान हो चुका था अपने आप पर। हमने सबसे अलग-अलग नहीं बल्कि एक जगह बात करने पर बल दिया। झारखंड के स्वरूप को लेकर केंद्र अनिश्चय की स्थिति में था। हमने कमेटी को ग्रेटर झारखंड का दौरा कर निश्चित बात लाने को कहा, वार्ता आगे नहीं बढ़ पा रही थी। हमने एक नोटिस निकाली, एक हफ्ते से भी कम समय में रांची और उसके एक लाख से ज्यादा लोग जमा हो गये। भीड़ ने सरकार को संट कर दिया। कमेटी के दौरे को सरकार रोकना चाहती थी, इसलिए दूसरे राज्य में इसकी जिम्मेदारी लेने से इनकार कर दिया। सरकार का चेहरा सामने आ चुका था, ओड़िशा में बड़ी संख्या में गिरफ्तारी हुई। इस सबका असर दिल्ली की बातचीत पर पड़ा। ग्रेटर झारखंड से कम पर हम लोग तैयार नहीं थे। अतः आंदोलन खिंचने लगा। इसी देरी के कारण आगे चलकर राष्ट्रीय पार्टियां यहां मजबूत होती चली गयीं। सारा श्रेय ये पार्टियां लेना चाहती थीं। लेकिन कैसी विडंबना है कि जो राज्य कांग्रेस से मिलना था वह मिला बीजेपी से। राज्य बनते ही बीजेपी हावी हो गयी। आंदोलन के आदमी भी राजनीति में चले गये। खास कर बीजेपी में। मिलने से लेकर अभी तक का हताशा और निराशा का दौर रहा है, क्षेत्रीयता बाधित होती गयी और दिल्ली हावी होती गयी। आंदोलन में प्रभात खबर की महती भूमिका रही। आंदोलन में प्रयोग में लाये जा रहे पंपलेट और पोस्टर प्रभात खबर में ही छपते थे। झबर जी का बड़ा योगदान है इसमें, आंदोलन की लगातार रिपोर्टिंग इसी ने की। बौद्धिक स्तर प्रर इस आंदोलन को चर्चा के केंद्र में रखा। प्रभात खबर का सहयोग

किसी पॉलिसी के तहत नहीं था बल्कि वे अंतर्मन से आंदोलन से जुड़े हुए थे। आंदोलनों की कवरेज के कारण ही हमारा आंदोलन जिंदा रहा। आंदोलन की आग को इसने जलाये रखा, यह सारा कार्य व्यक्तिगत नहीं बल्कि सामूहिक स्तर पर हुआ, हरिवंश जी इससे जुड़े और वैचारिक मंथन शुरू हुआ। इसने आंदोलन की भावना को जिंदा रखा। इसके प्रसार का यह एक प्रमुख कारण रहा है। यह अभी भी उस चीज को आगे बढ़ा रहा है, यह सही मायने में 'अखबार नहीं आंदोलन' है।

(दिवंगत हो चुके डॉ. मुंडा मशहूर संस्कृतिकर्मी, भाषाविद व झारखंड आंदोलन के प्रणेता थे– यह आलेख 2009 में रूपक से बातचीत पर आधारित है।)

झारखंडियों के लिए गर्व की बात

संजय बसु मल्लिक

झारखंड आंदोलन कई चरणों से गुजरा है। पहले चरण में जयपाल सिंह के नेतृत्व में अलग प्रांत का आंदोलन शुरू हुआ, इसमें सिर्फ आदिवासियों की ही भागीदारी थी। सदान काफी कम थे, यह अतीत के संघर्षों का वर्तमान रूप था, वही भावना केंद्र में थी। इसे ही हम लोग सहस्राब्दी का सपना कहते हैं। यह आंदोलन धीरे-धीरे आदिवासी सपनों को छोड़ता चला गया, उसका स्थान चुनावी राजनति और पार्टी पैमाने ने ले लिया, इससे आदिवासियों के बीच बड़े पैमाने पर हताशा फैली। धीरे-धीरे लोग पुराने नेतृत्व को भूल गये, जिसमें एनइ होरो, बागुन सुंब्रई आदि नाम भर के बचे थे, आंदोलन की आत्मा खत्म हो चुकी थी।

दूसरे चरण में विनय बिहारी महतो, एके राय जैसे मार्क्सवादी नेताओं का आगमन हुआ। इन्होंने आंदोलन को फिर से जगाया। झारखंड मुक्ति मोरचा मजदूर-किसान का मंच बनकर सामने आया। आंदोलन पुनर्जीवित तो हुआ लेकिन यह भी धीरे-धीरे राजनीति के दांव-पेंच से भ्रष्ट हो गया, झामुमो कई टुकडों में बंट गया।

तीसरे चरण की अगुवाई झारखंड के बुद्धिजीवी, छात्र एवं युवा वर्ग ने की। झारखंडी जनता की आशा-आकांक्षा की पूर्ति के लिए संघर्ष शुरू हुआ। अब आदिवासी के अलावा सदान और दूसरे लोगों की भारी भागीदारी शुरू हुई। विचारधारा में भी परिवर्तन हुआ, आंतरिक उपनिवेश से मुक्ति मुख्य मांग बनी। इसी के साथ जल, जंगल, जमीन जैसे संसाधनों पर झारखंडी समुदाय के खोये अधिकार की पुनर्स्थापना मुख्य रूप से सामने आयी। सांस्कृतिक सुरक्षा और आत्मनिर्णय के अधिकार को अलग राज्य के रूप में देखा जाने लगा।

राज्य बनने के बाद आठ साल गुजर गये। पीछे मुड़कर देखें, तो नहीं लगता है कि तीनों चरणों की बात में से किसी का पालन नहीं हुआ है। मजदूर, किसानों, आदिवासियों के हालात और बदतर हुए हैं। भुखमरी, बेरोजगारी, बीमारी और पलायन से यह राज्य त्रस्त है। सिर्फ नाम के वास्ते राजनीतिक क्षमता आदिवासियों के हाथ में आयी, लेकिन उसका उपयोग झारखंडी हितों के लिए नहीं हो रहा है। जिस दिशा में इस राज्य की अर्थनीति-राजनीति अग्रसर है वह बड़े पैमाने पर खून-खराबे के अलावा और कुछ नहीं लायेगा। यह बात भारत सरकार के

विभिन्न शोध संस्थानों, प्लानिंग कमीशन के शोध, निजी या एनजीओ द्वारा किये गये कार्य से बार-बार प्रमाणित होती आ रही है।

मेरा जुड़ाव आंदोलन से 1976 के शुरू में हुआ। सबसे पहले मैंने बिरसा सेवा दल के साथ कोयल कारो जनसंगठ्न में काम करना शुरू किया, बाद में झामुमो में शामिल हुआ। झामुमो की रांची जिला कमेटी का गठ्न मैंने किया, इस बीच झामुमो में टूट पड़ गयी और मैं विनोद बिहारी महतो वाले गुट में शामिल हो गया। इस समय मुझे अनुभव हुआ कि चुनावी राजनीति से झारखंड मुक्ति संभव नहीं, इसलिए मैंने झामुमो छोड़ दिया और रामदयाल मुंडा और बीपी मंड्ल के सांस्कृतिक पुनर्जागरण के कार्य में शामिल हो गया। इसके बाद मैंने .ऑल झारखंड स्टूडेंट यूनियन के गठ्न में सक्रिय भागीदारी निभायी। झारखंड समन्वय समिति के गठ्न में पांच कन्वेनर में से एक मैं भी था। झारखंड को-ऑर्डिनेशन कमेटी का विघट्न झारखंड विषय समिति बनने के बाद हो चुका था, तब इसकी तीन सदस्यीय अध्यक्ष मंड्ली में मैं भी था। इस पूरी प्रक्रिया में मेरी कोशिश यही रही कि झारखंड आंदोलन चुनावी चक्रव्यूह से निकलकर सही मायने में जनांदोलन का रूप ग्रहण कर सके और साथ ही जिसमें नौजवानों का नया नेतृत्व स्थापित हो, जिसमें महिलाओं की भागीदारी सुनिश्चित हो। इन कार्यों और आंदोलनों के केंद्र में आदिवासी अस्मिता और आत्मनिर्णय के अधिकार की आत्मा सुप्रतिष्ठित रहे। इसे हमने सुनिश्चित किया और हमारी इच्छा है कि यह आंदोलन पूरे भारत के मजदूर किसान-आदिवासी-दलित की मुक्ति का प्रभावशाली मंच बने। इन आंदोलनों के द्वारा मुझे एक ओर आंदोलनकारियों की निष्ठा, त्याग, तपस्या को नजदीक से समझने का अवसर मिला तो दूसरी ओर भारत राज व्यवस्था के जनविरोधी रूप को समझने का अवसर मिला। बहुत नजदीक से नौकरशाही की कार्यशैली को देखा, राजनीतिज्ञों की चालाकी को समझा। इससे मुझे यह समझने में भी मदद मिली कि कैसे आम जनता की इच्छा को शासक वर्ग दबा देता है। यह देखकर तकलीफ होती है कि आज जो झारखंड हैं उसका हित स्वार्थ से जुड़ा हुआ है।

सबसे पहले प्रभात खबर से जुड़े सभी को बधाई कि उनकी निष्ठा और अथक प्रयास के फलस्वरूप 25 वर्षों का लंबा सफर सार्थकता के साथ पूरा किया है। प्रभात खबर की सक्सेस स्टोरी का उदाहरण झारखंडी लोगों के लिए गर्व का विषय है। मुझे हमेशा लगता है कि इतिहास में वही प्रयास सफल होता है, जो आम जनता की आशा-आकांक्षा को अपने लक्ष्य में, अपनी कार्यशैली में, क्रिया-कलाप में महत्त्व देता है। यह कार्य प्रभात खबर ने शुरू से ही किया है, इसी के कारण प्रभात खबर झारखंड आंदोलन का एक अलिखित भागीदार बन गया। यह अखबार से ज्यादा आंदोलन के स्वरूप में हमारे सामने आता है। यह सिर्फ पत्रकारिता का आंदोलन नहीं है यह सामाजिक आंदोलन का हिस्सा बन गया है, जिसे हम कार्य और प्रतिफलन कहते हैं, प्रभात खबर ने इसे पूर्ण रूप से निभाया है। इसने आम लोगों को अपना भागीदार बनाया, इसीलिए लोग इसे अपना अखबार कहने लगे। इसने सारे सुधारों, बदलावों को लाते हुए एक ऐसी मिसाल खड़ी की, जो किसी भी उद्यमी के लिए उदाहरण है। यही सारे कारण रहे हैं कि हम लोग लगातार प्रभात खबर से जुड़े रहे।

अगर पत्रकारिता में क्षेत्रीय भावना का प्रतिफलन नहीं होगा, तो वह विफल हो जायेगा। प्रभात खबर की लगातार बढ़ती लोकप्रियता यह साबित करती है कि उसने क्षेत्रीय भाषाओं को समझने में चूक नहीं की है। कुछ अखबार संकीर्ण क्षेत्रीयता, संकीर्ण राष्ट्रीयता और अति राष्ट्रीयता में दब गये। प्रभात खबर में क्षेत्रीयता के साथ-साथ राष्ट्रीयता का समन्वय है। प्रभात खबर ने पिछले 25 वर्षों में जितने पत्रकारों को बनाया वह उदाहरण देश में कम देखने को मिलता है।

(लेखक सामाजिक कार्यकर्ता हैं। यह आलेख रोहित राय से बातचीत पर आधारित है)

प्रभात खबर, मैं और झारखंड आंदोलन

विनोद भगत

मैं इस आलेख में यह समझने तथा समझाने का प्रयास करूंगा कि कोई समाचार माध्यम किसी व्यक्ति, समाज और क्षेत्र के साथ संपूर्ण मानव जीवन के लिए कितना प्रभावशाली होता है। मैं जब स्कूलों में पढ़ता था तो आजादी के आंदोलन, आंदोलनकारियों तथा सामाचार माध्यमों की भूमिका को जितना महत्त्वपूर्ण बताया गया था वह अपने जीवन में तब ज्यादा महत्त्वपूर्ण बन गयी, जब मैं स्वयं एक आंदोलन का हिस्सा बन गया।

आज इसी परिप्रेक्ष्य में प्रभात खबर की महत्ता ने मेरे जीवन पर अपना प्रभाव छोड़ा है। मैंने जब वर्ष 1980 से सामाजिक तथा शैक्षणिक क्षेत्रों में काम करना शुरू किया तो मुझे संवाद को पहुंचाने तथा लाने वाले जरिये का अभाव महसूस हुआ। साथ ही एक जैसी माध्यम की आवश्यक्ता महसूस हुई जो मेरी भावना तथा विचारों को जन मानव तक पहुंचाने का कार्य करे।

मैं अपने विचारों को स्वयं लोगों के बीच जाकर रखा करता था। सुबह से देर रात तक लोगों के बीच ही रहा करता था। संचार माध्यमों का अन्य जरिया जैसे दीवार लेखन, पंफलेट, बुकलेट, पोस्टर इत्यादि माध्यमों को अपनाया परंतु मेरे सभी प्रयास कम ही पड़ जाते थे। मैं लगातार अपनी भावना तथा विचारों को लोगों तक पहुंचाना चाहता था। यहां यह प्रश्न उठता है कि आखिर किस बात के लिए मैं संचार माध्यमों की आवश्यक्ता महसूस करता था? मैं जब इस प्रश्न पर विचार करता हूं तो अनेक चीजें मेरे मानस पटल पर अपनी तसवीर उकेरती हैं। सच ही किसी ने कहा है कि विधि के विधान को समझना कितना आसान और कितना कठिन है। या यों कहें समझना कितना कठिन है। शास्त्रों में उल्लेखित यह बात कितनी सच है कि जब-जब अन्याय, अत्याचार, अभाव, दिक्कतें बढ़ती हैं तो उनको मिटाने के लिए स्वयं भगवान को धरती पर अवतार लेना पड़ता है। इसलिए जितने महापुरुषों ने अभाव, कमी, उपेक्षा, अपमान, अत्याचार, भ्रष्टाचार, राजतंत्र, जमीदारी, गुलामी के विरुद्ध अवाज उठायी उनको भगवान का दर्जा दिया गया, उन्हें ही भगवान का अवतार माना गया। भगवान राम, ईश्वर के दूत, बिरसा मुंडा, वीर बुधु भगत ऐसी महान् आत्माओं को भगवान माना गया और आज भी इनकी पूजा की जाती है।

संकलित समाचारों की पुस्तिका शास्त्र के रूप के होते हैं और इतिहास के सबूत होते हैं। इतना उल्लेख करना मैं आवश्यक इसलिए समझता हूं, चूंकि जिस विषय पर मैं अपने अनुभव को रखने जा रहा हूं वह भी कहीं न कहीं तथा किसी न किसी रूप में उपर्युक्त अंशदान से संबंधित है। मैं अपने सोच के दायरे के आधार पर अपनी बातें रख रहा हूं, तो उपर्युक्त तथ्यों पर उल्लेख करना जरूरी समझता हूं। चूंकि 'प्रभात खबर' के 25 वर्ष पूरे होने के अवसर पर 'प्रभात खबर' की मेरी जिंदगी पर क्या प्रभाव पड़ा तथा उसका परिणाम क्या निकला, में यह उल्लेख करना चाहूंगा।

'प्रभात खबर' दैनिक अखबार में 25 वर्ष पूरा करने के अवसर पर मैं यह कहना चाहता हूं कि 'प्रभात खबर' ने झारखंड के वासियों पर कितना सकारात्मक प्रभाव डाला है। मैं अपनी बातों- विचारों को जो मेरे अनुभव पर आधारित हैं को पांच खंडों अथवा पांच रूप से रखूंगा। एक जो मैं ऊपर लिख चुका हूं, दूसरा-लेख में मुख्य विषय की भूत काल, तीसरा-वर्तमान काल, चौथा-भविष्य काल, पांचवां-मेरा इन सभी संदर्भों में अपना विचार और निष्कर्ष क्या है? अब मैं विषय के दूसरे खंड में आपको प्रवेश कराता हूं। मैं यह बात स्वीकारता हूं कि जिस प्रकार झारखंड आंदोलन 80 के दशक के आसपास अपनी पहचान खोता जा रहा था। झारखंड आंदोलन में सोच का अभाव था, मात्र बाध्यता के कारण लोग आंदोलन चला रहे थे परंतु विचारधारा का अभाव था।

झारखंड आंदोलन अलग राज्य की मांग के साथ छोटानागपुर उन्नति समाज के गठ्न के साथ हुआ परंतु इसे बहुत वर्ष पहले से ही यहां के योद्धाओं ने जो लड़ाई शासन और हुकूमत के खिलाफ लड़ी और अपना बलिदान तक दे दिया। वह भी कहीं न कहीं स्वतंत्रता, स्वायत्तता अथवा आत्मनिर्णय के अधिकार की ही लड़ाई थी। या यूं कहा जाये कि उनका आंदोलन अपनी व्यवस्था में दूसरों के प्रभाव, घुसपैठ को रोकने का था। परिणामस्वरूप विद्रोह तथा आंदोलन का एक लंबा इतिहास है। जैसे-1785 तिलका आंदोलन तिलका मांझी के नेतृत्व में। 1775 ई. में चेरो आंदोलन 1797 का मुंडा आंदोलन विष्णु मानकी के नेतृत्व में। 1800 -पालम का चेरो आंदोलन भूखन सिंह के नेतृत्व में। 1819 ई. में तमाड़ विद्रोह, 1824 ई. में उरांव आंदोलन वीर बुधु भगत के नेतृत्व में। 1832 कोल बिद्रोह वीर बुधु भगत के नेतृत्व में। 1834 ई. में भूमिज विद्रोह। 1855-56 ई. में संथाल विद्रोह, 1860-85 ई. सरदार आंदोलन, 1895-1900 टाना भगत आंदोलन जतरा टाना भगत के नेतृत्व में। 1917 ई. मयूरभंज में मेलिन आंदोलन।

उपर्युक्त सारे आंदोलन इस बात को प्रमाणित करने के लिए काफी हैं। झारखंड के वासियों ने कभी किसी की परतंत्रता बर्दाश्त नहीं की। स्वतंत्रता के लिए अपनी जान की बाजी लगा दी। इतिहास गवाह है कि जो कौम जिंदा होती है, वह कभी परतंत्रता स्वीकार नहीं करती है। इतिहास साबित करता है कि झारखंडी समाज एक जिंदा कौम है, यही कारण है कि भारत की आजादी में तथा झारखंड राज्य के निर्माण में झारखंड्वासियों ने अपनी पहचान योद्धा के रूप में बनायी है। यह सिर्फ झारखंडी जनता के लिए गौरव की बात नहीं है, बल्कि यह संपूर्ण राष्ट्र के

लिए गौरव की बात है। आत्मनिर्णय के अधिकार के लिए आज संपूर्ण दुनिया में राष्ट्र, प्रांत और समाज के स्तर पर प्रतिस्पर्धा है कि कौन ज्यादा प्रजातांत्रिक राष्ट्र, प्रदेश अथवा समाज है। सही भी यही है, अगर बंधुवा, गुलामी, बंदिश का जीवन मानव जाति को भी जीना पड़े तो पशु और मानव में कोई फर्क नहीं है। झारखंड की धरती कितनी महान् है तथा कितने महान् पुरुष और महिलाओं ने जन्म लिया और हम उतराधिकारियों के लिए त्याग और बलिदान का इतिहास रचा है। विद्वानों तथा वैज्ञानिकों का मानना है कि बहुत चीजें जो मनुष्य में पायी जाती हैं वे वंशानुगत भी होती हैं। यह बात यहां सच साबित होती है, क्योंकि झारखंड आंदोलन जितनी बार बिखरा उतनी ही बार और उससे ज्यादा मजबूती से उभरा, शायद कहीं से झारखंड की महान् आत्माओं द्वारा शक्ति आंदोलन को प्राप्त होता रहा, ऐसा मेरा विचार है।

अब हम विचार करेंगे कि इस आंदोलन में मीड्यिा का क्या योगदान रहा। विशेष कर 'प्रभात खबर' का, जो दैनिक अखबार है उसका क्या योगदान रहा और इस संदर्भ में प्रभात खबर को किस रूप से जाना और पहचाना जाना चाहिए। 'प्रभात खबर' जो 14 अगस्त, 1984 ई. को स्थापित हुआ, इसका महत्त्व झारखंड आंदोलन में साफ-साफ सामने आया। संवादहीनता की स्थिति से आंदोलन को बाहर निकालने में ऐतिहासिक भूमिका अदा की। जब से आजसू ने झारखंड आंदोलन में अपना स्थान बनाया, तब रांची एक्सप्रेस अखबार ही एकमात्र दैनिक अखबार था। कई कारणों से यह अखबार संवाद को फैलाने में अपनी लाचारी के कारण भूमिका नहीं निभा पा रहा था, परंतु ' प्रभात खबर' के प्रकाशन से झारखंड आंदोलन को एक नया साथी और सहयोगी संचार माध्यम के रूप में मिला जिसने आंदोलनकारियों और सरकार के बीच संवादों का आदान-प्रदान करने की महत्त्वपूर्ण भूमिका अदा की। सरकार की हर नीति और नियति का आंदोलनकारियों की ओर से उत्तर दिया जाने लगा और जो बातें सरकार असहमति के रूप में रखती थीं उनकी काट अंदोलनकारी नेता तुरंत देते रहे। यह तब ही संभव हुआ जब प्रभात खबर नीति और रीति से झारखंड आंदोलन के पक्ष और नेतृत्वकारियों के विचारों को सामने लाने लगा। आज जब मैं इस बात का उल्लेख कर रहा हूं तब मैं प्रभात खबर तथा उसके कर्मचारी, पत्रकार और प्रबंधन के प्रति आभार व्यक्त किये बिना नहीं रह पा रहा हूं। मैं हार्दिक दिल से 'प्रभात खबर' परिवार जो उस समय कार्यरत था उनका आभार व्यक्त करता हूँ।

झारखंड आंदोलन तो अपनी गति से बढ़ता रहा परंतु 'प्रभात खबर' आंतरिक कारणों से डगमगाने लगा। कुछ दिन प्रभात खबर अपना योगदान आंदोलन को नहीं दे पाया, परंतु समय ने फिर से प्रभात खबर के प्रति शक्ति प्रदान की और पुन: प्रभात खबर झारखंड आंदोलन का चेहरा बन गया, जो प्रभात खबर को जानता-पहचानता था वह झारखंड आंदोलन को भी अच्छी तरह जानने और पहचानने लगा। बिहार सरकार और केंद्रीय सरकार दोनों को आंदोलनकारियों के भाव और भावना से अवगत कराने में प्रभात खबर ने महत्त्वपूर्ण और ऐतिहासिक भूमिका निभाई।

इस आंदोलन में सन् 1946 ई. से राज्य गठन तक लगातार कई पीढ़ियों नेअपने जीवन

के कीमती समय, या यों कहें कि तन, मन, धन और सर्वस्व ही आंदोलन में लगा दिया। झारखंड आंदोलन के लंबे इतिहास के बीच कई उतार-चढ़ाव देखा है। इस आंदोलन की जब भी किसी भी संदर्भ में चर्चा की जायेगी तब-तब संचार माध्यमों की भूमिका पर भी टिप्पणी करनी ही होगी। इस में प्रभात खबर की भूमिका पर भी चर्चा स्वाभाविक है। आज जब प्रभात खबर के स्थापना दिवस की 25वी वर्षगांठ आयी है तब यह उल्लेखनीय है कि अखबार के रूप में प्रभात खबर की भूमिका क्या रही। प्रभात खबर ने झारखंड आंदोलन के कदम-से-कदम मिलाकर जो साथ और सहयोग किया है वह यह साबित करने को काफी है कि झारखंड आंदोलन को सही दिशा में चलाने तथा उनके गुण और दोष को आम जनता और सरकार तथा शासन के बीच रखने का पूरा प्रयास किया गया।

'प्रभात खबर' और झारखंड आंदोलन के आपसी समन्वय तथा जरूरत को समझना उतना ही महत्त्वपूर्ण है, जितना झारखंड राज्य के निर्माण का था और है। मैं कहना जरूरी समझता हूं कि झारखंड राज्य की मांग में जो बुनियादी कारण थे, आज जबकि राज्य गठन के आठ वर्ष गुजर गये हैं तब यह विषय उतना और वैसा ही संजीदा है जितना 1946 ई. के समय राज्य गठन के लिए मांग उठायी गयी थी। झारखंड राज्य गठन का बुनियादी कारण पहचान और अस्तित्व की रक्षा ही था और है। विकास एक महत्त्वपूर्ण मुद्दा है, परंतु विकास का महत्त्व जो झारखंड के परिप्रेक्ष्य में है उसका अर्थ नहीं होता है कि बड़े मकान में रहना, गाड़ी में घूमना, अच्छा कपड़ा पहनना, बल्कि विकास का अर्थ अपने में इतना व्यापक शब्द है कि इस शब्द में सामाजिक, सांस्कृतिक, आर्थिक, राजनीतिक, शैक्षणिक, वैचारिक के साथ-साथ और अन्य चीजें समाहित हैं। आज के परिप्रेक्ष्य में जब हम विकास की बात करते हैं तो व्यापक अर्थ के साथ अगर इस शब्द को नहीं लेते हैं तो झारखंड राज्य गठन के मूल उद्देश्यों की पूर्ति नहीं हो पायेगी और झारखंड के महान् क्रांतिकारियों तथा शहीदों का सपना पूरा नहीं हो सकेगा। आज जबकि राज्य गठन हो गया है, जिन विषयों को आंदोलन के मूल कारण के रूप में चिह्नित किया था, आज भी उन्हीं कारणों को सामने रखकर विकास की नीति का निर्धारण करना होगा।

आज जबकि झारखंड राज्य का गठन हो गया है तब फिर एक बार संचार माध्यमों की भूमिका अति महत्त्वपूर्ण हो गयी है। इसी परिप्रेक्ष्य में प्रभात खबर की भूमिका प्रासंगिक हो गयी है। आज जबकि अनेक संचार माध्यम आ गये हैं तब भी प्रभात खबर और झारखंड आंदोलन के रिश्ते में बदलाव नहीं आया है। झारखंड राज्य गठन हेतु जितनी महत्त्वपूर्ण भूमिका में प्रभात खबर था, झारखंड राज्य के नवनिर्माण में भी प्रभात खबर की उतनी ही महत्ता है। मैं आशा ही नहीं बल्कि पूर्ण विश्वास करता हूं कि प्रभात खबर और झारखंड आंदोलन के रिश्ते वैसे ही रहेंगे और मैं भी दोनों के बीच अपनी भूमिका और जिम्मेदारी को उतना ही महत्त्वपूर्ण समझता हूं।

(लेखक झारखंड आंदोलन के आंदोलनकारी रहे हैं।)

खंड-12 : बात-मुलाकात

इस खंड में तीन महत्त्वपूर्ण लोगों से हुई बातचीत का संक्षिप्त व संपादित अंश दिया जा रहा है। ये तीन लोग हैं– प्रभाष जोशी, योगेन्द्र यादव और पुष्पा भारती। तीनों बातचीत 2007 से 2009 के बीच के हैं। तीनों अपने क्षेत्र के अहम व्यक्तित्व हैं और प्रभात खबर के लिए खास रहे हैं। समय-समय पर अखबार को सलाह देकर मार्गदर्शक की भूमिका निभाते रहे हैं।

अंगरेजी की छाया से हिंदी पत्रकारिता को बाहर निकलना होगा

प्रभाष जोशी

आपने एक हालिया लेख में लिखा कि आज तक एक भी नामचीन भारतीय अंगरेजी लेखक की किताबें आपने नहीं पढ़ीं और न ही पढ़ना चाहते हैं, ऐसा क्यों?

मैं भारत के संदर्भ में अमेरिकी या ब्रितानी लेखकों की अंगरेजी किताबें जरूर पढ़ना चाहता हूं, पढ़ता भी हूं लेकिन भारतीय लेखकों का लिखा आज तक नहीं पढ़ा। चाहे वह सलमान रश्दी, विक्रम सेठ, अरुंधती हों या अरविंद अडिग। मेरा स्पष्ट तौर पर यह मानना है कि भारतीय जीवन का प्रामाणिक वर्णन करने की क्षमता भारत के इन अंगरेजीदां लेखकों में नहीं। वह यहां का भाषायी लेखक कर सकता है, जो जुड़ा हुआ है या फिर विदेशी लेखक। विदेशी लेखकों में प्रामाणिकता होती है।

लेकिन विडंबना तो यह है कि हिंदी समाज भी अंगरेजीदां बनने के लिए बेसब्र-सा है। हिंदी अखबार भी अंगरेजी की नकल...

हां, इसे विडंबना ही कह सकते हैं कि अधिकतर अखबार यह मानते हैं कि जो महानगर में रहने वाले लोग हैं, वही सिर्फ अखबार पढ़ते हैं। उन्हीं के लिए अखबार निकलता है। होना तो यह चाहिए कि बोलियों का प्रयोग व प्रभाव बढ़े लेकिन हो यह रहा है कि उन पर भी अपनी भाषायी पसंद थोप देते हैं।

अब 'हिंगलिश' भी चलन में है, मीड्यिा में भी। क्या भविष्य है ऐसे नये चलन का?

कोई भविष्य नहीं, ऐसा तो होता ही रहता है। हिंगलिश में जो मीड्यिा है, उससे जुड़ने वाला कौन है। क्या कोई आम आदमी दिखता है। और बगैर आम आदमी के जुड़े किसी चीज के सरवाइवल या भविष्य की बात कैसे की जा सकती है। अखबारों की मजबूरी होगी कि वे पाठकों से जुड़ें, ग्रासरूट की पत्रकारिता करें।

वैसे भी इस मंदी से एक नयी उम्मीद जगी है। अब लगता है कि अखबारों को वापस अपने पाठकों तक लौटना होगा। अखबार विज्ञापन को सब कुछ मानकर उसी के लिए निकलने लगे हैं लेकिन इस मंदी में जब अखबारों को विज्ञापन कम मिलेगा तो फिर उनकी मजबूरी होगी कि जिंदा रहने के लिए पाठकों के अनुरूप निकलें, जिसके लिए ग्रासरूट की पत्रकारिता करनी होगी।

भाषायी अखबारों का भविष्य क्या है?

आने वाला समय भाषायी अखबारों का ही होने वाला है। बस शर्त इतनी होगी कि भाषायी अखबार अपनी स्वतंत्र पहचान बनायें, अंगरेजी की नक्ल न करें। अंगरेजी की जगह स्थानीय बोलियों का चलन बढ़े और कुल मिलाकर बात यह कि अंगरेजी की छाया से हिंदी या भाषायी पत्रकारिता को मुक्त होना होगा। वैसे भी अब बाहर वाले तो हिंगलिश में टेबलॉयड निकालने के लिए यहां निवेश तो करने से रहे और वह चलन तो वैसे अखबारों ने ही बढ़ाया है। जब वैसे अखबारों का अस्तित्व ही नहीं बचेगा, उनकी संभावनाएं ही खत्म हो जायेंगी तो फिर आखिर में घूमकर वहीं आना होगा, जहां पत्रकारिता में जन का जुड़ाव हो और वह भाषायी पत्रकारिता में ही संभव है।

नयी पीढ़ी के पत्रकारों में रोबोटिक एक्ट की क्षमता देखने को मिलती है लेकिन ज्ञान की भूख नहीं...?

इसे इस तरह से देखे जाने की जरूरत है, अब अखबार चलाने वाले कौन लोग आ रहे हैं। अखबारों को चलाने के लिए अब तरह-तरह के व्यवसायी इसमें हाथ आजमा रहे हैं। सिर्फ हाथ ही नहीं आजमा रहे बल्कि बड़े दांव भी लगा रहे हैं। सारा वर्चस्व पूंजी का है, अब उन्हें ज्ञान-वान से क्या मतलब? उन्हें लाभ चाहिए, अब का पत्रकार भी इन बातों को समझ रहा है, इसलिए वह क्यों ज्ञानार्जन के लिए परेशान रहे? जब ज्ञान का वर्चस्व था तो संपादक भी वैसे ही सामने आते थे। गणेश शंकर विद्यार्थी, माखनलाल चतुर्वेदी आदि। अब कैसे-कैसे संपादक आ रहे हैं, सबको पता है।

ग्रासरूट की जगह अब लाइफस्टाइल जर्नलिज्म हावी है। क्या सिर्फ शहरी वर्ग के लिए ही निकलेगा अब अखबार?

एक बड़ी विडंबना यह भी है कि आज अखबार वाले यही समझते हैं कि पाठकों की जो सारी दुनिया है, वह शहरों तक ही सिमित है, इसलिए वह महानगरीय जीवन, उनकी संस्कृति और समस्याओं पर केंद्रित कर अखबार को निकाल रहे हैं। उसी का असर लाइफस्टाइल जर्नलिज्म से लेकर हिंगलिश तक के प्रयोग में दिखता है।

मीड्यिा के सर्वेक्षण से निष्कर्ष निकलता है कि युवा वर्ग राजनीति नहीं पढ़ना चाहता और फिर उसी की दुहाई देकर मीड्यिा कंटेंट बदलता है। यह भी चाल है क्या?

यह मीड्यिा की चाल है या नहीं इसे कहने-समझने से बेहतर यह जान लेना है कि बाजार कतई नहीं चाहेगा कि युवा राजनीति में आयें।इसके लिए तरह-तरह के तिकड़म किये जाते हैं। युवाओं के राजनीति में आने से सबसे ज्यादा खतरा बाजार को ही होने वाला है।

फिर जब युवा राजनीति में आयेंगे ही नहीं, यथास्थितिवाद की स्थिति ही बनी रहेगी तो भविष्य कैसा होगा? जड़ता कैसे टूटेगी?

तो आखिर ऐसे कब तक चलेगा?

नहीं, ऐसे तो नहीं चलने वाला है, यह जड़ता जरूर टूटेगी। लोगों में बदलाव की इच्छा जग रही है, यही परिवर्तनकारी तत्त्वों को आगे लाकर बदलाव की भूमिका तैयार करेगा।और जब

बदलाव होगा तो धीरे-धीरे नहीं बल्कि तेजी से होगा। हमारे मित्र पूर्व प्रधानमंत्री विश्वनाथ प्रताप सिंह कहा करते थे कि राजनीति में बदलाव स्काई स्केप की तरह होता है, लैंडस्केप की तरह नहीं। कभी भी बादल, बारिश।।।कुछ भी हो सकता है। लैंडस्केप स्टाइल में यह संभव नहीं होता। और फिर यह देखना होगा कि राजनीति तो एक-एक चीज से बदली है। जेपी के आने से, वीपी सिंह के आने से, कुछ हद तक बीजेपी के मर्ज होने से भी बदली। मंडल-कमंडल की राजनीति से अब भू-मंडल की राजनीति हो रही है। भू-मंडल की राजनीति अब डोल रही है। अमेरिका में जो हुआ, वह लोग देख रहे हैं, लेकिन भारत का मध्य वर्ग हमेशा यथास्थिति को बनाये रखना चाहेगा। इसी कशमकश में नयी राजनीति का जन्म होगा।

-क्या चुनाव प्रणाली में भी बदलाव की जरूरत महसूस करते हैं आप?

एक नहीं, कई बदलाव की जरूरत है। मैं 1968 से दिल्ली में हूं, तभी से सुन रहा हूं कि बदलाव होना चाहिए। सबसे पहले तो राइट टू रिकॉल का अधिकार मिले। क्रिमिनल केस होने पर कोई भी चुनाव नहीं लड़े, लेकिन यह भी पता है कि अमूमन राजनीतिक पार्टियां ऐसे बदलाव के खिलाफ एकजुटता दिखायेंगी। ऐसा करने से सत्ता के खतरे में पड़ने का डर है।

विकास के लिए तो विकेंद्रीकरण की योजना भी सफल होती नहीं दिखती। झारखंड निर्माण को देखकर तो ऐसा ही लगता है?

झारखंड का निर्माण तो आदिवासियों के लिए हुआ ही नहीं था, यह तो पूरी तैयारी के साथ माइंस एंड मिनरल्स के लिए बनाया गया था। आदिवासियों की जीवन पद्धति को ध्यान में रख कर कहां किया गया था झारखंड का निर्माण? कहां इतने वर्षों में आदिवासियों को मौका मिला? कोई सपना तो अब तक पूरा होता नहीं दिखता यहां। आदिवासियों के क्या-क्या तत्त्व हैं और क्या-क्या, कैसे-कैसे उनके लिए होना चाहिए, इस पर एक बार भी यहां विचार नहीं हुआ।

पिछले चुनाव में भाजपा फिर से धर्म और राम मंदिर का राग अलापती रही तो कांग्रेस युवा राजनीति की बात बहुत दिनों से हवा में उछाल रही है। दोनों से क्या उम्मीद की जा सकती है?

इन दोनों दलों से किसी भी तरह की उम्मीद करना बेकार है। भाजपा तो किसी तरह राम मंदिर का मुद्दा चलाना चाहती है लेकिन उन्हें पता भी है कि कुछ नहीं होने वाला। इस मसले पर 91 में वे सबसे बड़ी लहर के साथ थे, तब तो अपनी मंशा पूरी कर ही नहीं सके तो अब इस मुद्दे के साथ क्या कर सकते हैं और रही बात कांग्रेस की तो वह जिन युवाओं की बात कर रही है, उसमें यह प्रचारित किया जा रहा है कि 65 प्रतिशत मतदाता 18-35 वर्ष के बीच के हैं। यह सब एक लंबी चाल है राहुल को प्रधानमंत्री बनाने के लिए। कांग्रेस में जो अभी युवा राजनीति का चेहरा राहुल, जिंदल, पायलट, सिंधिया आदि बने हुए हैं, वे क्या आम युवाओं का प्रतिनिधित्व करते हैं। वे सब भारतीय राजनीति में वंशवाद की देन हैं, प्राइवेट लिमिटेड कंपनी की तरह उन्हें ट्रांसफर कर राजनीति दिया गया है।

(दिवंगत हो चुके प्रभाष जोशी से यह बातचीत निराला ने 2008 में की थी)

जो क्षेत्रीय नहीं, वह पत्रकारिता भी नहीं, हवाबाजी है

योगेंद्र यादव

आप युवाओं को राजनीति में आने के लिए प्रेरित करने की वकालत करते हैं लेकिन मीड्यिा तो रीडरशिप सर्वेक्षणों का हवाला देकर कहती है कि युवा राजनीति-ग्रासरूट इश्यू में दिलचस्पी ही नहीं रखते. बहुत हद तक मीड्यिा पर इसका असर दिखने भी लगा है. पोलिटिक्स, ग्रासरूट इश्यू हाशिये पर जा रहे हैं. ऐसे में मीड्यिा से कितनी उम्मीद और मीड्यिा के लिए कौन-सी राह है?

यह बात सच है कि आज की युवा पीढ़ी का स्वाभाविक रुझान उन चीजों की ओर नहीं बनता, जिन्हें हम पारंपरिक रूप से राजनीति कहते हैं। यानी कि राष्ट्रीय स्तर पर चुनाव, देश की पार्टियां, नेताओं के वक्तव्य, चुनावी एजेंडा, आपसी कलह, दांव-पेच... इनमें युवा वर्ग की गति और स्वाभाविक रुचि नहीं बनती। उससे यह निष्कर्ष निकाल लेना कि युवा राजनीति के बारे में जानना-सुनना नहीं चाहते, यह गलत समझ है। यह दो कारणों से गलत है; पहला तो इसमें मुर्गी और अंडे वाली बात है। चूंकि अखबार राजनीति के बारे में खबर नहीं देते, गंभीर खबर नहीं देते या उस तरह से नहीं देते, फिर अखबार यह शिकायत करते हैं कि राजनीति में युवाओं की दिलचस्पी नहीं रही। दिलचस्पी नहीं है तो क्या इसका एक बड़ा कारण यह नहीं कि मीड्यिा उसे ढंग से पेश नहीं कर पाती। दूसरा और ज्यादा गंभीर बात यह है कि राजनीति का मतलब क्या? यदि इसका मतलब शीर्ष राजनीति के दांव-पेच हैं और उसमें युवा वर्ग की रुचि नहीं बन रही तो इसके बारे में आंसू बहाने की जरूरत नहीं। शायद यह अच्छा ही है, लेकिन क्या युवा वर्ग की दिलचस्पी बेरोजगारी की समस्या में नहीं है? क्या युवा वर्ग शिक्षा संस्थाओं में हो रहे भ्रष्टाचार को नहीं जानना चाहता?-क्या यह नहीं जानना चाहता कि राज्यों के लोक सेवा आयोग में कैसे धांधली हो रही है? क्या यह भी नहीं जानना चाहते कि सार्वजनिक जीवन में कौन-से लोग हैं, जो बगैर स्वार्थ के काम कर रहे हैं? क्या अपने परिसर/ इलाके के बारे में नहीं जानना चाहते? जब अखबार यह कहते हैं कि युवा ग्रासरूट में दिलचस्पी नहीं लेता तो हो सकता है कि दिल्ली का युवा झारखंड के बारे में नहीं दिलचस्पी ले लेकिन क्या झारखंड का आदिवासी युवक

दिल्ली में रहते हुए भी अपने इलाके के बारे में नहीं जानना चाहेगा? कोई दलित युवा अपने इलाके में हो रहे खेल या सम्मान की राजनीति को नहीं जानना चाहेगा? अपने शैक्षणिक परिसर की बातों को नहीं जानना चाहेगा?

मीडिया की इस समझ में तीसरी खोट भी है। हमने युवा का मतलब क्या बना दिया है? शहरी, अंग्रेजी बोलने वाला, बड़े शहरों में रहने वाला और अमीर। वह तो इस देश का युवा है ही नहीं! वह तो ऊपरी 5-10 प्रतिशत वाला वर्ग है। और उस वर्ग को भारत के युवाओं का प्रतीक और एकमात्र कसौटी मान लेना गलत है। यानी कि कुल मिलाकर युवाओं को राजनीति में दिलचस्पी नहीं है, इसमें सबसे बड़ी खोट यह है कि युवा की, राजनीति की और इन दोनों के बीच अंतरसंबंध की परिभाषा ही संकुचित है।

तो इसका मतलब यह हुआ कि या तो रीडरशिप सर्वेक्षण भूल-भुलैया में रखते हैं या फिर अखबारों की मंशा भी इन्हीं 5-10 प्रतिशत के बीच सिमटे रहने की है, जिसके लिए वह सर्वेक्षणों का हवाला देकर अपने को सेफ करता है?

सर्वेक्षण को मैं झूठ नहीं बताऊंगा, क्योंकि वह बहुत हल्की और सतही बात होती है। इसका शिकार मैं अक्सर होता हूं। इसका मतलब यह होता है कि मुझे जो आंकड़ें पसंद नहीं, उसे झूठा साबित कर दें। सबसे पहले तो किसी भी सर्वेक्षण से यह पूछना चाहिए कि यह किस सामाजिक-आर्थिक वर्ग से है। अच्छी बात यह है कि ज्यादातर सर्वेक्षण इस बात की सूचना देते हैं कि वे किस सामाजिक-आर्थिक वर्ग की बात कर रहे हैं। हम उन सर्वेक्षणों को प्रस्तुत करने में भूल करते हैं। जैसे एक खबर कहती है कि मुंबई के छह युवा फलां चीज को पढ़ना या देखना पसंद करते हैं। इसे प्रस्तुत किया जाएगा कि भारत की युवाओं की रुचि फलां चीज में है। कहने का मतलब यह कि सर्वेक्षण एक समय की परिस्थिति को बताता है। सर्वे आपको यह नहीं बताता कि इसके अलावा और भी संभावनाएं कितनी शेष हैं? यह भी नहीं बताता कि जो पाठक बन सकते हैं, उनका रुझान किस ओर है? ध्यान से देखिए किसी सर्वेक्षण को तो वे फुटनोट में स्पष्ट लिखते हैं कि उन्होंने फलां वर्ग के 10 प्रतिशत तक पहुंचकर ये कार्य किये हैं। इसलिए सर्वेक्षणों को क्यों दोष देना? हां, यह दुर्भाग्य है कि अधिकांश सर्वेक्षण 10-15 प्रतिशत में ही सिमटे रहते हैं।

आप राजनीति में सड़ांध को दूर करने के लिए युवा वर्ग को ऊर्जा देकर राजनीति में लाना एक समाधान की तरह बताते हैं, लेकिन पत्रकारिता में कस्बे से लेकर दिल्ली तक जो सड़ांध फैल गयी है, उसे दूर करने का कोई उपाय दिखता है क्या?

हमारे यहां 90 के दशक में पत्रकारिता में अभूतपूर्व विस्तार हुआ है। प्रिंट मीडिया का तो और तेजी से विस्तार हुआ है। हकीकत है कि टीवी के विस्तार से पहले प्रिंट मीडिया के विस्तार का ही दौर था। इस विस्तार के दौर के शुरू होने से अचानक से पत्रकारिता नामक पेशे में रोजगार के द्वार खुले। इस अभूतपूर्व विस्तार की कल्पना न तो मीडिया घरानों ने की थी, न ही शिक्षण संस्थाओं ने। ऐसे में इस पेशे में वैसे लोगों की फौज बनती गयी, जिनके पास न तो पत्रकारिता के लिए ट्रेनिंग थी और न ही उन्हें इन-हाउस ट्रेनिंग दी गयी। इस कारण इस पेशे के सरोकार को लेकर हल्का

रवैया कायम होता गया। यही एकमात्र कारण नहीं है, यही संकट अन्य पेशे में भी है, जहां अभूतपूर्व विस्तार नहीं हुआ, जैसे शिक्षण, चिकित्सा, वकालत आदि। इसलिए इन कमियों को अकेले सिर्फ पत्रकारिता ही नहीं ढो रही बल्कि अन्य पेशे की त्रासदी को शेयर कर रही है पत्रकारिता।

एक तीसरी चीज भी है। हमारे यहां पत्रकारिता तीन चीजों का नाम है। आजादी के पहले मिशन की पत्रकारिता हुआ करती थी, वह अच्छी थी लेकिन सीमित थी। चंद लोगों के त्याग और आदर्शों पर स्थापित थी। यह अपेक्षा करना गलत होगा कि वह मिशन की पत्रकारिता शाश्वत तरीके से चलती रहती। वैसा दौर कभी-कभार ही आता है, किसी भी आदर्श अवस्था का सामान्यीकरण होना जरूरी है।

मिशन के बाद मुनाफे की पत्रकारिता का दौर आया। कुछ लोगों को इस पर भी एतराज है लेकिन मेरी समझ है कि यह जरूरी था। व्यवसाय हो लेकिन उसके लिए बेईमान होना कतई जरूरी नहीं है। व्यवसाय की पत्रकारिता ईमानदारी से भी की जा सकती है। इसके बाद कमीशन की पत्रकारिता का दौर आया, यही सबसे सड़ांध वाला हुआ। तब पत्रकारिता एक ऐसी विधा हुई, जिसमें अधिक-से-अधिक अखबार बेचकर अथवा विज्ञापन से नहीं बल्कि मुनाफे का जरिया विशुद्ध कमीशन और दलाली बना। मीड्यिा ब्लैकमेलिंग का जरिया बनी। राजनेताओं की दलाली होने लगी, तब मीड्यिा एक ऐसे कारोबार की शक्ल लेने लगी, जहां सूचनाओं के आदान-प्रदान से नहीं बल्कि सूचनाओं को बेचकर यानी छुपाकर कमाई की जाने लगी।

अभी यह बहुत बड़े पैमाने पर हो रहा है। जाहिर है, ऐसी पत्रकारिता में किस किस्म की प्रोफेसनलिज्म चाहिए, जिसमें सिर्फ दलाली की संभावना हो।

यह दलाली स्ट्रिंगर एसपी/डीएम से उगाही कर करता है, अथवा कस्बे का पत्रकार लोगों से पैसा लेकर करता है लेकिन वह ज्यादा बदनाम होता है। शीर्ष पर तो दलाली का रूप और भयावह है। इस देश में ऐसे-ऐसे अखबार हुए हैं, जो पहले दिन से घाटे में चलते रहे लेकिन मालिक प्रसन्न रहा, क्योंकि वह अखबार बना ही सिर्फ दलाली के लिए। ऐसी खबरें आती हैं कि अखबार-सरकार में डील हुआ और यह सिर्फ आरोप भर नहीं है। दुनिया के किसी भी अन्य व्यवसाय में यह बेईमानी मानी जाएगी। इससे पत्रकारिता में गिरावट आती है। इसीलिए मेरा मानना है कि जो अखबार बेचकर ग्राहकी से अधिक विज्ञापन जुटाकर पैसा जुटाना चाहता है, वह तो देवता है, इसमें मुझे एतराज नहीं। दिक्कत मिशन के बाद व्यावसायिक पत्रकारिता की नहीं बल्कि कमीशन की पत्रकारिता से है।

यदि माहौल पूरी तरह निराशाजनक है और इस दौर में भी अधिकांश 'रोबोटिक एक्ट' वाले लोग इस पेशे में आ रहे हैं, तो फिर कैसी उम्मीद की जाए?

मुझे कई चीजों में आशा की किरण दिखती है। सारी दुनिया में जिस तरह टीवी के सामने अखबार मर गये, वैसा भारत में नहीं हुआ। भारत में टीवी भी बढ़ा और अखबार भी। यहां अखबार अपना एजेंडा टीवी से नहीं ग्रहण कर रहे। अखबारों की पहुंच आज भी ऐसे वर्ग तक है, जहां टीवी नहीं पहुंचा। देश की विशालता में आज भी अखबार ही लोगों के दुख-दर्द को पकड़ते हैं, जिसके लिए टीवी चैनलों के पास न तो समय है, न स्पेस और यदि ऐसा है तो देर-सबेर

प्रोफेसनलिज्म की गुंजाइश बनती है। अखबारों को अगर नये वर्ग में, नवसाक्षरों के बीच जाकर अपने आप को बेचना है तो नवाचार करना ही होगा, इसलिए मैं केवल यह नहीं मानता कि अखबारों की दुनिया में सिर्फ पतन ही पतन है।

दूसरी उम्मीद इस बात में दिख रही है कि अखबारों के बाजार का निरंतर विस्तार हो रहा है। यह विस्तार होगा तो सिर्फ मध्यमवर्ग तक नहीं होगा, इसे गांव-देहात तक पहुंचना होगा। संपन्न वर्ग से आगे जाना होगा। जिस दिन मीडिया का ग्राहक हाशियाग्रस्त समाज होगा, उस दिन कई सुधार खुद-ब-खुद दिखने लगेंगे।

मैं समझता हूं कि जिस तरह की पहल प्रभात खबर ने की है, वह भविष्य की धारा का पूर्वानुमान कराता है। प्रभात खबर की क्षमता रही तमाम व्यावसायिक दौर व बड़े घरानों के आने के बावजूद टिके रहने की। उसके पीछे एक बड़ा कारण यह है कि यह अखबार सिर्फ शहरी नहीं है।

यहां इस बात पर गौर करना होगा कि मीडिया का विस्तार भारतीय भाषाओं में हो रहा है। अंग्रेजी में तो विस्तार उस तरह से दिख ही नहीं रहा। भारतीय भाषाओं की पत्रकारिता का जितना विस्तार होगा, सकारात्मक संभावनाएं उतनी ही बनेंगी। प्रभात खबर ने जिन चीजों को अभी पहचाना है, हो सकता है दस साल बाद अन्य मीडिया हाउस उसे पहचानें, लेकिन पहचानना पड़ेगा। ग्रामीण उपभोक्ताओं को अपना एक टारगेट ग्रुप मानना पड़ेगा, ऐसा होगा तो संतुलन आएगा। इसकी कुछ झलक आज कुछ अखबारों व टीवी चैनलों में देखी जा सकती है। जो ऐसा नहीं कर रहे, वह एक चक्र में फंस-से गये हैं, जहां उनके विस्तार की संभावनाएं खत्म हो गयी हैं।

आपने तो यह बताया कि वर्नाकुलर प्रेस का भविष्य एक तरीके से ठीक है लेकिन असली सवाल तो यह है कि वह सड़ांध कैसे दूर हो, जिसने पत्रकारिता को इस हाल में पहुंचा दिया है?

जब पत्रकारिता इस सड़ांध से चिंतित होने लगी है, तो इसके रास्ते जरूर निकलेंगे क्योंकि ऐसी सड़ांधता से कुछेक ही चल पाएंगे लेकिन उसकी उम्र ज्यादा नहीं होगी। रोबोट की तरह काम करने वाले पत्रकारों को भी यह बात जल्द ही समझ में आने वाली है। पत्रकारिता में जो परिवर्तन दिख रहा है वह लोकतांत्रिक परिवर्तन है और लोकतंत्र में बड़े परिवर्तनों में थोड़ा समय लगता है। पत्रकारिता में एक और बड़े परिवर्तन का इंतजार मैं भी कर रहा हूं, वह है सामाजिक परिवर्तन। इस मामले में हिंदी पत्रकारिता बहुत ही बुरी स्थिति में है। इस पेशे में दलित, महिलाओं, आदिवासियों, मुसलमानों की संख्या नगण्य है, इसलिए आबादी का बहुत बड़ा हिस्सा अब तक पत्रकारिता के सरोकार से जुड़ ही नहीं पाया। जिस दिन यह सामाजिक परिवर्तन मीडिया में आंतरिक रूप से होगा, पत्रकारिता में बदलाव साफ तौर पर देखने को मिलेगा।

पत्रकारिता में भाषा का सवाल भी अहम है। संख्याबल कम होने के बावजूद अंग्रेजी का दबदबा आज भी कायम है, बदलाव तेजी से हो रहे हैं लेकिन एक बड़ा वर्ग आज भी हिंदी

पत्रकारिता में शुद्धतावादी रवैया रखता है। इसे आप किस तरह आंकते हैं?

भाषा का सवाल एक राजनीतिक सवाल है। राजनीतिक इस मायने में नहीं कि वह चुनावी राजनीति से जुड़ा होता है, बल्कि इसलिए कि यह सत्ता और शक्ति से जुड़ा हुआ मसला है। हम किस भाषा में लिखेंगे, पढ़ेंगे, किसे मानदंड मानेंगे, यह सदैव से शक्ति-सत्ता से तय हुआ है। कोलकाता की बांग्ला शुद्ध है कि दीनाजपुर की बांग्ला, इसका फैसला भाषाविद् नहीं करते, इसका फैसला तब होता है जब कोलकाता में फोर्ट विलियम्स कॉलेज खुल जाता है। बिहार की हिंदी शुद्ध है कि अशुद्ध, इसका भी फैसला भाषाविद् नहीं करते बल्कि यह तब तय होता है, जब पश्चिमी उत्तर प्रदेश की खड़ी बोली को मानकीकृत कर दिया जाता है।

यह सच है कि आज तमाम भारतीय भाषाओं की पत्रकारिता पर अंग्रेजी का दंश, दबाव और दहशत है।भारतीय भाषाओं के पास संख्याबल है, लेकिन आत्मविश्वास नहीं है। एक औसत हिंदी पत्रकार या लेखक में उतना आत्मविश्वास अथवा स्वाभिमान देखने को नहीं मिलता, जितना कि एक औसत अंग्रेजी पत्रकार अथवा लेखक में और हिंदी में शुद्धतावादी जिद उसी आत्मविश्वास की कमी का नतीजा है। दुनिया की जिन भाषाओं में आत्मविश्वास रहा है, वह धड़ल्ले से दूसरी भाषाओं से शब्द ग्रहण करती रही हैं। अंग्रेजी को ही उदाहरण में लीजिए, इसने भारतीय भाषाओं से इतने शब्द ग्रहण किये कि उस पर अलग से एक डिक्शनरी ही बनानी पड़ी, जिसे हॉप्सन-जॉप्सन डिक्शनरी कहते हैं। अंग्रेजी ने ऐसा किया है, जाहिर है यदि हिंदी को बढ़ना है तो उसे ऐसा करना होगा। हिंदी को बोलियों से सीखना होगा। मराठी, बांग्ला, भोजपुरी से सीखना होगा अंग्रेजी से सीखने को तैयार होना चाहिए। मेरी समझ में इसकी कसौटी यह है कि कौन-सा ऐसा शब्द है, जिसे आम लोग पचा सकते हैं। जब इस कसौटी को लेकर चलता हूं तो मोटर मेकैनिक को देखता हूं। उसने कई शब्दों को हजम कर लिया है, प्लायर को प्लास बना दिया, स्केल को फूटा बना दिया आदि। मोटर के अलग-अलग हिस्से के लिए अलग-अलग शब्द गढ़े। ये शब्द भारतेंदु, कालिदास या हजारीप्रसाद द्विवेदी के वाक्यों में नहीं मिलेंगे लेकिन उसकी जरूरत तो है। तो मोटर मेकैनिक ने अपने तरीके से शब्दों को लिया, उसे हजम किया। आम लोगों ने स्कूल, कॉलेज, हॉस्पिटल को हजम किया। दिक्कत सिर्फ यह है कि जिन शब्दों को हम हजम करने की कोशिश करते हैं, उनका इस्तेमाल करते हैं या नहीं? लेकिन कभी-कभी यह हिंग्लिश जैसा लगता है। बिना चबाये निगलने से मुश्किलें तो होंगी ही, वही हिंग्लिश के साथ है। मेरा यह मानना है कि भाषा के प्रति शुद्धतावादी रवैया भाषा को संकुचित कर सकता है, उसकी खिलाफत कर सकता है।

वर्तमान राजनीति पर पत्रकारिता का कोई ठोस प्रभाव दिखता है?

पत्रकारिता यह भले कहे कि पाठकों की राजनीति में दिलचस्पी नहीं लेकिन खुद पत्रकारिता राजनीति का खेल दिन-रात खेलती है। इसलिए सवाल यह नहीं कि पत्रकारिता का राजनीति पर कितना असर है और दिक्कत यह भी नहीं कि पत्रकारिता राजनीति में दिलचस्पी नहीं लेती, खतरनाक यह है कि जब हम अनजाने में राजनीति करते हैं तो उसका परिणाम भयावह किस्म का होता है। अपने यहां जो पंचायत स्तर का चुनाव नहीं जीत सकता, रातों-रात वह राष्ट्रीय

स्तर का नेता बन जाता है। सिर्फ मीडिया के कारण और तब पत्रकारिता कहे कि राजनीति में दिलचस्पी नहीं, इससे वाहियात और खतरनाक बात क्या होगी? कॉरपोरेट घरानों की जरूरत को मीडिया जनता की मांग की तरह पेश करती है, इससे निकृष्ट राजनीति और क्या होगी? झारखंड में मधुकोड़ा के जमाने में जो हुआ और जो मीडिया मौन रही, वह खतरनाक राजनीति कर रहे थे। या यूं कहें कि गहरी राजनीति कर रहे थे।

हिंदी पट्टी के वे कौन-से सवाल लगते हैं, जिन्हें मीडिया में स्पेस नहीं मिल पा रहा है और उसे गंभीरता से उठाया जाना चाहिए?

अगर आप देखें तो सबसे बड़ा संकट हिंदी पट्टी यानी उत्तर-पूर्व भारत में ही है। ये वैसे इलाके हैं, जो उदारीकरण, वैश्वीकरण की दौड़ में पीछे रह गये। उस पट्टी की हकीकत को बड़े मुद्दे के तौर पर व्यवस्थित रूप में नहीं उठाया जा रहा। सबसे बड़ा संकट और सवाल दोनों ही, किसानी का है। किसानी घाटे का धंधा तो था ही, अब वह बिलकुल अंतिम लाचारी का धर्म बनती जा रही है। किसान वही है, जो कुछ नहीं बन पाता। आत्महत्या की स्थिति तो बाद में आती है, पहले आत्मा और आत्मसम्मान की हत्या होती है। हिंदी पट्टी में वह दिन-रात हो रही है, गांव उजड़ रहे हैं, गांव-किसानी को मुद्दा न बना पाना हिंदी पत्रकारिता की सबसे बड़ी असफलताओं में गिना जाएगा।

हिंदी पट्टी की विडंबनाओं को एक तो मीडिया में महत्त्व नहीं मिल रहा, दूसरे वे जहां जाते हैं, वहां सीधे निशाने पर आ रहे हैं। फिर तो माहौल सिर्फ निराशा का ही है?

हिंदी, हिंदीभाषी और हिंदी पट्टी के लोगों की जो यदा-कदा फजीहत बाहर में होती है, मेरी समझ में उसके दो अलग-अलग कारण हैं। एक तो यह कि हिंदी पट्टी के लोग अधिकांशत: मजदूर के तौर पर अन्य प्रदेशों में जाते हैं और दुनिया के किसी भी हिस्से में आप्रवासी मजदूरों को इज्जत नहीं मिलती, उन्हें दिहाड़ी जरूर मिलती है। लेकिन दूसरी ओर स्थितियां यह भी हैं कि जब कोई बंगाली, तमिल , कन्नड़ किसी दूसरे प्रदेश में जाता है तो वह डॉक्टर, इंजीनियर, शिक्षक, किरानी बनकर जाता है। यह स्थिति कुछ वैसी ही है कि जब भारतीय ब्रिटेन जाता है तो उसकी छवि मजदूर की होती है और उसे उस तरह इज्जत नहीं मिल पाती लेकिन जब वही इंजीनियर बनकर अमेरिका जाता है तो उसे सिर आंखों पर बिठाया जाता है।

दूसरी समस्या हिंदी के राष्ट्रभाषा होने के दंभ का भी है। इस दंभ के कारण स्वाभाविक रूप से गैर हिंदीभाषियों में विरक्ति और अलगाव का भाव पैदा होता है। हकीकत यह है कि हिंदी न तो देश की राजभाषा है, न कहीं से बनने के करीब है। लेकिन राजभाषा बनाने के नाम पर जो नौटंकी होती है, हिंदी दिवस, राजभाषा अधिकारी की बहाली कर, संसदीय समिति का गठन कर हिंदी को राष्ट्रभाषा बनाने की दिशा में जो प्रक्रिया अपनायी जाती है, उससे हिंदी का कुछ भला तो नहीं होता लेकिन प्रतिक्रिया जरूर मिलती है। यह जो दिखता है, वह तो बीच-बीच में हिंदी को उसकी औकात बताने की कोशिश होती है। ठीक उसी तरह, जैसे पूरे पूर्वोत्तर में बांग्लाभाषियों और कर्नाटक में तमिलभाषियों के खिलाफ होता है। इसमें हिंदी के लिए अलग से कोई परिस्थितियां

बनी हों, ऐसा मुझे नहीं दिखता। वर्षों तक देखने के बाद मैं तो इस निष्कर्ष पर पहुंचा हूं कि हिंदी को राजभाषा कहे जाने का ढकोसला बंद होना चाहिए। हिंदी समितियां, हिंदी अफसर सबको हटाना चाहिए और फिर हिंदी को कहा जाना चाहिए कि जैसे इस देश में तमिल, तेलगु, बांग्ला जी रही हैं, वैसे ही जीओ। जब हिंदी इस तरह से रहेगी तो अन्य भाषाओं से सखा का भाव होगा और फिर हिंदी का विकास-विस्तार बॉलीवुड, क्रिकेट कमेंट्री, आपसी संवाद और जरूरत के हिसाब से तेजी से होगा, तब हिंदी के समर्थक और हिमायती गैर हिंदीभाषी होंगे। आखिर बीसवीं सदी में गांधी, अंबेड्कर और आखिर में किशन पटनायक जैसे हिंदी समर्थक हुए तो वे गैर हिंदीभाषी ही थे। हिंदी का नाटक अभी बंद हो, फिर ऐसे लोग सामने आने लगेंगे। इसका मतलब यह हुआ कि हिंदी के माध्यम से तानाशाही हो रही है?

तानाशाही भी तो नहीं हो रही। तब शक्ति तो मिलती। इस देश की अगर कोई राजभाषा है, तो वह है अंग्रेजी। अंग्रेजी आज भी सत्ता, शासन, अफसरशाही की भाषा है। यदि यह सच है तो फिर हिंदी को राजभाषा कहने का ढकोसला क्यों? यह नौटंकी बंद हो तो जो दूसरी भाषाओं को हिंदी से ईर्ष्या है, वह भी खत्म होगी और फिर हिंदी का स्वत: ही भला होने लगेगा।

क्षेत्रीय हिंदी पत्रकारिता का भविष्य कैसा दिखता है आपको? विशेषकर प्रभात खबर की पत्रकारिता को, जिसे आप करीब से देखते-जानते-समझते रहे हैं?

फणीश्वरनाथ रेणु ने जब मैला आंचल उपन्यास लिखा था, तो उन्होंने उपशीर्षक भी दिया था- मैला आंचल- एक आंचलिक उपन्यास, लेकिन बाद में जब उन्होंने 'परती-परिकथा' लिखी तब उपशीर्षक नहीं दिया। रेणु ने कहा- यह आंचलिक उपन्यास क्या होता है, आखिर हिंदी का उपन्यास तो ऐसा ही होता है। इसलिए मेरा मानना है कि क्षेत्रीय पत्रकारिता अलग से क्या चीज होती है। प्रभात खबर जो कर रहा है, उसे क्षेत्रीय पत्रकारिता नहीं कहा जाना चाहिए, आखिर यही तो पत्रकारिता है। जिस पत्रकारिता का पांव किसी क्षेत्र में नहीं, वह पत्रकारिता नहीं, हवाबाजी है। इस लिहाज से देश में जो भी अच्छी पत्रकारिता है, वह क्षेत्रीय ही है और होना भी चाहिए अथवा उसे होना ही होगा। जैसे राजनीति में एक बात कही जाती है,' ऑल पोलिटिक्स इज लोकल पोलिटिक्स' यानी जो स्थानीय नहीं, वह राजनीति नहीं। उसी तरह जो क्षेत्रीय है, वही पत्रकारिता है। इसलिए यह कहना कि प्रभात खबर ने क्षेत्रीय पत्रकारिता का नमूना पेश किया है, प्रभात खबर के साथ अन्याय होगा। बल्कि यह कहेंगे कि प्रभात खबर ने हमारे देश में एक सार्थक पत्रकारिता का नमूना पेश किया है, यह दिखाया है कि आदर्शों की पत्रकारिता, व्यावसायिक पैमाने पर भी सफल और चुस्त हो सकती है। ईमानदारी और आदर्शों को कौशल, चुस्ती और निपुणता से जोड़ने की कला, देश की पत्रकारिता के लिए नमूना है, जो प्रभात खबर ने पेश किया है। मुझे पूरा यकीन है कि देश की पत्रकारिता इससे बहुत कुछ सीखेगी, आज नहीं तो कल सीखना होगा।

(योगेंद्र यादव से 2009 में निराला की हुई बातचीत)

उम्मीद किस चिड़िया का नाम है भाई

पुष्पा भारती

भारत तेजी से विकास कर रहा है। क्या आप इससे सहमत हैं?

इससे मैं सहमत हूं कि पैसे के प्रवाह की दृष्टि से हमारे देश ने खूब उन्नति की है। उस दृष्टि से तो हम विकासशील देश न होकर अब उन्नत राष्ट्र बन चुके हैं। इस दिशा में और भी प्रगति निरंतर जारी है पर 'मानवीय विकास' की दृष्टि से हमारा अधोपतन होता जा रहा है दिन दूनी, रात चौगुनी गति से। इसके पीछे मैं कोई शास्त्रीय या किताबी विश्लेषणात्मक व्याख्या नहीं देना चाहती। मैं एक आम भारतीय गृहिणी की दृष्टि से बात करूंगी। मुझे तो लगता है कि हमारे देश में हमेशा से विभिन्न मत-मतांतरों के अनुयायी रहे हैं। देवी-देवताओं की तो कोई गिनती ही नहीं, अगणित हैं वे। पूजा की भी सैकड़ों भिन्न-भिन्न पद्धतियां रही हैं, पर तमाम स्थितियों के बीच एक चीज रीढ़ की हड्डी के समान है। धुरी के समान है, वह है कि हम भारतवासी मूलतः धर्मावलंबी व आस्थावान हैं, इसीलिए मूर्तिपूजक रहे हैं, ईश्वर की सत्ता में विश्वास रखते हैं तथा शास्त्र, ऋषि, मुनि, साधु-संत तथा गुरु के बताये मार्ग पर विश्वास करते रहे हैं। कोई बात समझ में नहीं आ रही फिर भी करते हैं, क्योंकि शास्त्र में ऐसा लिखा है या गुरु ने ऐसा कहा है। हमारे कवियों और लेखकों की लिखी बातों का भी जनमानस में जबर्दस्त प्रभाव पड़ता रहा है। पुनर्जागरण की सबसे सशक्त अभिव्यक्ति उस समय की साहित्यिक कृतियों में हुई थी। हमारे देश में भी जब हमारा कवि कह उठा था 'हम कौन थे, क्या हो गये हैं और क्या होंगे अभी' और आह्वान किया था कि आओ सब मिलकर इस पर विचार करें यह ये पुस्तक हाथों- हाथ असंख्य लोगों के हाथ में पहुंच गयी थी और गली-गली में इसकी पंक्तियों को एक दूसरे को सुनाया-बताया जा रहा था। ऐसी प्रबल आंधी आयी जागरण के सूत्रपात की कि अंगरेज सरकार को 'भारत भारती' नामक यह पुस्तक जब्त करनी पड़ी। ऐसे और भी अनेक उदाहरण हैं। मेरे कहने का मतलब है कि आज हमारे पतन का कारण एक यह भी है कि संत-महात्मा ऐसा नहीं दिखाई देता जिसकी कही बात पर पूरा का पूरा देश सोचने- समझने और कुछ कर गुजरने के लिए उठ खड़ा हो। तो मैं यह कहना चाहती हूं कि मानवीय विकास की दृष्टि से

हमारा अधोपतन हो रहा है वह इसीलिए कि आज समाज को दिशा दे सके ऐसा सर्वमान्य व्यक्तित्व किसी क्षेत्र में नजर नहीं आ रहा। पर यह सामाजिक और राष्ट्रीय पतन तभी थमेगा जब एक बार फिर व्यक्ति की इकाई का विकास होगा। हम अपने-अपने स्तर पर 'आत्म दीपो भव' को चरितार्थ करेंगे। मैं तो उम्र के चौथे पहर में आ गयी हूं पर अक्सर युवाओं से बात करने पर यह चिनगारी यत्र-तत्र नजर आती है। लोग अलग-अलग इकाइयों के व्यक्तिगत विकास के बारे में सोचने लगे हैं - पता नहीं मेरे जीवनकाल में यह चिनगारी धीरे-धीरे सुलगकर विराट उजाले में बदल सकेगी या नहीं। पर एक दिन ऐसा आयेगा जरूर जब आज सर्वव्याप्त भ्रष्टाचार की आसुरी प्रवृत्तियां खत्म होंगी और देश फिर से जाग उठेगा, भले ही कोई एक नेता, एक ऋषि या एक गुरु या एक कवि, एक मनीषी मिले या न मिले - लोग खुद ब खुद विकास करने की बात सोचेंगे।

एक देश में कई देश वाली स्थिति बनती जा रही है। जो क्षेत्रीय राजनीति करते हैं, उन्होंने अपने राज्य को ही एक देश-सा बना दिया है। वहां के लोगों को भी धीरे-धीरे यह एहसास कराया जा रहा है कि यही फलां प्रदेश है तुम्हारा देश, बाकी सब गैर हैं। भाषा के नाम पर महाराष्ट्र से लेकर पूर्वोत्तर राज्यों तक में आये दिन नयी घटनाएं घट रही हैं, इसकी परिणति किस रूप में होगी?

यह तो और भी जटिल है। सचमुच महाराष्ट्र से लेकर पूर्वोत्तर राज्यों तक में आये दिन कुछ न कुछ घटित हो रहा है।

मैं स्पष्ट रूप से कहना चाहूंगी कि इस समस्या का पूरा ताना-बाना नकली है, बनावटी है। साधारण जनता का इससे कुछ लेना-देना नहीं है यह सारा घटाटोप राजनीति से जनमा है। राजनीतिक स्वार्थों की रस्साकशी में फंसकर राजनीतिक नेताओं ने यह बिसात बिछाई है, सबकी अपनी अपनी गोटियां हैं, अपनी-अपनी चालें हैं। अपनी आजादी पाने के लिए हमने कई तरह के रास्ते चुने थे। सशस्त्र क्रांति का रास्ता चुना, छापामारी का रास्ता चुना, सुभाष का रास्ता चुना, क्रांतिकारियों का रास्ता चुना और भी कई तरह के रास्ते चुने पर सही तरीका हो या गलत इस विवाद में नहीं पड़ती पर जिस गांधी की अगुवाई में चलकर हमने आजादी पायी थी— उनके सिद्धांतों, उनकी नीतियों की बात तो छोड़ ही दीजिए, उनके प्राणों की भी हमने बलि चढ़ा दी। गांधी ने आजादी की मध्य रात्रि के तुरंत बाद बीबीसी को दिये एक इंटरव्यू में एक बात कही थी कि संसार से कह दो गांधी अंगरेजी भूल गया। काश कि उनके इस सूत्र वाक्य का मर्म समझ लिया होता और अपनी भाषायी नीति को एक पुख्ता आधार दिया होता। आधार की बात करें तो कैसे करें - हमारे देश का संविधान तक तो उस भाषा में लिखा गया था जिस भाषा ने हमें अपने बल पर गुलाम बनाकर रखा हुआ था। मैकाले ने तब अपने आकाओं को एक खत में यही लिखा था कि बड़ी विचित्र कौम है यह— ये लोग भूखे- नंगे रह लेंगे पर आजादी नहीं खोना चाहेंगे। उनकी आजादी छीनने का सबसे सही तरीका है कि इनसे इनकी भाषा छीन ली जाये। अंगरेजी को रोटी-रोजी से जोड़कर धीरे-धीरे पूरे देश को अंगरेजी पढ़ने के लिए मजबूर कर दिया जाये, तो

इन्हें हम काबू में कर लेंगे। वही हुआ, दफ्तरों और न्यायालयों की भाषा हिंदी नहीं है। गजट में घोषित कर दिया गया कि मदरसों में हिंदी पढ़ने की जरूरत नहीं उर्दू पढ़ना पर्याप्त है। हिंदी को जड़-मूल से काट दिया गया। वह तो बाबू भारतेंदु हरिश्चंद्र थे कि निज भाषा उन्नति अहै... का मंत्र जनमानस में फूंका और नयी लहर जाग उठी। इसी लहर पर आजादी पाने की ललक की नैया तैरने लगी। इसी भाषा के सहारे से सारे देश में आजादी पाने के लिए जनता को जगाने का काम हुआ था। गांधी, पटेल केवल गुजराती में नहीं बोलते थे, लाला लाजपत राय के लिए पंजाबी नहीं, बालगंगाधर तिलक केवल मराठी नहीं, राजगोपालाचारी केवल तमिल नहीं, सुभाष बाबू केवल बंगाली नहीं, अपने-अपने प्रदेशों से बाहर जाकर वे सब हिंदी में जनता को संबोधित करते थे, पर संविधान बना तो अंगरेजी में। अफसरों ने बड़ी चालाकी से यह नुक्ता डाल दिया कि जब तक सब प्रदेश हिंदी में कार्य करने योग्य न हो जायें, तब तक अंगरेजी में भी काम-काज होता रहेगा। प्रदेशों को 15 वर्षों का समय दिया गया, राजभाषा हिंदी में समर्थ हो जाने के लिए पर वे 15 वर्ष तो हनुमान जी की पूंछ बन गये हैं। अब नुक्ता यह है, जब तक सर्वस्वीकृति नहीं मिल जायेगी, तब तक नियम पारित नहीं होगा। जाहिर है हमारे इतने बड़े देश में यह स्थिति कभी आ नहीं पायेगी। स्वतंत्र रूप से कोई भी प्रादेशिक भाषा ऐसी नहीं जो हर कोने-कतरे में समझी जा सके, इसलिए अंगरेजी का वर्चस्व कायम रहेगा ही।

मध्यकाल के कवि ने लिखा था 'संतन कहा सीकरी सन काम' तब की सीकरी यानी राजनीतिक राजधानी निरंकुश शासकों की सीकरी थी पर आज हमारी 'सीकरी' हमारी राजधानी तो प्रजातांत्रिक देश की है। यहां तो संतों का काम होना चाहिए, उनकी भूमिका महत्त्वपूर्ण होनी चाहिए। पर हम देखते आ रहे हैं कि सिवाय इसके कि हर बरस पद, उपाधियां बांट दी जाती हैं। बाकी सही अर्थों में बुद्धिजीवियों का राजनीति में कहीं कोई समावेश है ही नहीं। हमारे राष्ट्रकवि मैथिलीशरण गुप्त का एक बार दिल्ली में भव्य अभिनंदन किया गया था। उस समारोह में उन्होंने पीड़ा को बड़े दर्द के साथ कहा था—

'राजा अब अंगरेज नहीं, अंगरेजी रानी!
करती उससे अधिक यही अपनी मनमानी!'

काश! तुर्की की तरह हमारे यहां भी हुआ होता।आजादी मिलते ही राष्ट्रपति कमालपाशा ने उसी दिन, उसी क्षण से तुर्की को राज के कामकाज की भाषा के साथ ही राष्ट्रभाषा घोषित कर दिया था। आपको याद होगा आयरलैंड में 12% आयरिशभासी थे, और 88% अंगरेजी बोलने वाले। पर उनकी सरकार के निर्णय से जब आयरिश राष्ट्रभाषा घोषित हुई तो सभी अंगरेजीदां राजनेताओं से लेकर न्यायाधीश तक गांवों, देहातों में जाकर आयरिश बोलना और समझना सीखने लगे। अपने पड़ोसी लंका में ही देख लीजिए। सिंहली सिंहासन पर विराजमान है, अंगरेजी मात्र चेरी है। हांगकांग जैसे छोटे देश से भी अंगरेजी हटाकर बाहर की गयी है। दुष्यंत ने कहा था 'कैसे आकाश में सूराख हो नहीं सकता,एक पत्थर तो तबियत से उछालो यारो!' हमें पत्थर उछालना ही नहीं आया!

तो मेरी दृष्टि में सारी क्षेत्रीय राजनीति की जड़ इसी अंगरेजी में ही है। इसकी जड़ों में मट्ठा पड़ेगा तभी एक भाषा, एक राष्ट्र की भावना आयेगी। उस एक राष्ट्रभाषा की गोद में अन्य क्षेत्रीय भाषाएं भी फलेंगी- फूलेंगी। गांधी की बात का मर्म समझकर हमने तभी हिंदी को उचित स्थान दिला दिया होता तो क्षेत्रवाद इतने विकृत रूप में सिर न उठाता।

राजनीतिक द्वंद्व भी तो कोई कम नहीं, उस पर कुछ कहना चाहेंगी। ऐसे में किनसे उम्मीद की जाये?

इस प्रश्न के उत्तर में तो मैं मौन ही रहना चाहूंगी। राजनीति मेरा क्षेत्र नहीं है। मैं स्वयं को अधिकारी नहीं समझती इस प्रश्न पर अपना मत रखने के लिए, फिर भी एक स्वतंत्र देश की जागरूक नागरिक होने के नाते इतना जरूर कहूंगी। समाजवादी राजनीति की बात चलती है तो मुझे याद आते हैं राहुल सांकृत्यायन। उन्होंने विचारधाराओं को 'नदी पार करने के लिए पतवार' की संज्ञा दी थी। मैं भी इन्हें इसी रूप में देखती हूं और जिस भी विचारधारा में जो भी अंश विवेक सम्मत और मानवीय दिखता है उसे ग्रहण कर लेती हूं, बाकी उनके मुखौटे उन्हें मुबारक! भगवान दत्तात्रेय ने भी कहा था- ज्ञान जहां से मिले, बटोर लो। किसी भी दायराबद्ध विचारधारा के प्रति समर्पित मत हो जाओ, मन और विवेक की आंखें खुली रखो।

पर बंधु! मन और विवेक की आंखें खुली रखने पर भी आज तो चारों ओर सिर्फ अंधेरा ही दिखाई दे रहा है। याद आ रहे हैं भाई रमानाथ अवस्थी, उन्होंने लिखा था-

'सांपों को मिली यहां चंदन की छाया,
आदमी तो आग में है, आज भी समाया।
जीनेवालों से भी बड़ा, जिंदगी का जाल है,
सबका हाथ थामे हुए अंधा महाकाल है।'

कहने के लिए हमारा महान् प्रजातंत्र है लेकिन किस कदर विकृत और दागदार हो चुका है यह, हमसे- आपसे किसी से भी छिपा नहीं है। मुझे याद है मैं जब बहुत छोटी थी यानी कि मुश्किल से आठ-दस बरस की तब अपने माता-पिता के साथ लखनऊ में अमीनुद्दौला पार्क या अमीनाबाद पार्क में बड़ी-बड़ी सभाएं हुआ करती थीं। वहां मैं भी जाती थी, समझ में तो भला कितना क्या आता होगा पर एक अजब जोश से मैं भर जाती थी। वहीं ओजस्वी भाषण सुने थे - मौलाना आजाद, सरदार पटेल, जवाहरलाल नेहरू, गांधीजी, सुभाषचंद्र बोस आदि कद्दावर नेताओं के। मेरे माता-पिता जैसे हजारों लोग देश के लिए सब कुछ न्योछावर कर देने की प्रेरणा पाते थे उन भाषणों से। आज हमारे महान् देश में एक भी नेता ऐसा नहीं है,जिसके पास सही मायनों में कोई ठोस राष्ट्रीय सोच हो। सबके सब सत्ताभोगी बन चुके हैं। सत्ता पाने या सत्ता में बने रहने के हथकंडों के अनुसार उनकी राजनीति परिचालित होती है। वे हमें क्या दे सकेंगे सिवा हताशा के, इसलिए मैं तो अब किसी के भी वक्तव्यों पर कोई प्रतिक्रिया भी नहीं देती। मुझे बहुत ममता दी है मेरे श्वसुर दादा माखनलाल चतुर्वेदी ने। उनकी पंक्तियां कितनी सटीक हैं - 'कितने संकट के दिन हैं ये। व्यक्ति ऐसे चौराहे पर

खड़ा है जहां भूख की बाजार दर बढ़ गयी है, पायी हुई स्वतंत्रता की बाजार दर घट गयी है। पेट के ऊपर हृदय और सिर रखकर चलने वाला भारतीय मानव, मानों हृदय और सिर पर पेट रखकर चल रहा है। खाद्य पदार्थों की बाजार दर बढ़ी हुई है, और चरित्र की बाजार दर गिर गयी है।'

युवाओं पर देश के भविष्य का दारोमदार है। लेकिन द्वंद्व यहां भी है कि आम युवा राजनीति में रुचि नहीं ले रहे अथवा उन्हें आगे आने को कोई प्रोत्साहित नहीं करता। बड़े संस्थानों में व उच्च तथा मध्य वर्ग के युवा कैरियरिस्टिक अप्रोच के साथ आत्मकेंद्रित समाज की रचना में लगे हैं। तो फिर भविष्य को संवारने में युवाओं से कैसी उम्मीद की जा सकती है?

आपने पूछा है 'ऐसे में किससे उम्मीद की जाये?' उम्मीद? उम्मीद किस चिड़िया का नाम है भाई?

अभी कुछ दिन पहले मैं पढ़ रही थी कि शिक्षाशास्त्रियों के बीच विवाद हो रहा है कि सूर, तुलसी, कबीर, रहीम को कब तक पढ़ते रहेंगे, अब पाठ्यक्रमों में बदलाव आना चाहिए। हमें दुनिया के बढ़ते कदमों के साथ कदम मिला कर चलना होगा, ये पुरानी बातें अब बेअसर और बेकार हैं। धन्य हैं हमारे ऐसे बुद्धिजीवी। अरे आज न तो देश न समाज न माता-पिता, कोई भी बालकों को सही राह दिखा पाने के लिए समय निकाल पाता है न ललक। अपनी संस्कृति से जुड़े रहने के लिए इन तथाकथित घिसे-पिटे महान् कवियों की कृतियों को ही माध्यम बने रहने दो, इन्हें तो इनसे मत छीनो।

उम्मीद तो अब न किसी राजनेता से है, न किसी शिक्षाशास्त्री से, न किसी समाज सुधारक से। उम्मीद अब केवल उस युवा वर्ग से ही है जिसमें बावजूद इन विपरीत परिस्थितियों के एक दिन जरूर वह विवेक जागेगा जब वे स्वयं ऐसे शोषणहीन समाज की रचना में लग जायेंगे जहां विचार स्वातंत्र्य के साथ-साथ भौतिक और आध्यात्मिक विकास होगा। धर्मवीर भारती ने लिखा था -

'तलवार टूटी, अश्व घायल कोहरे डूबी दिशाएं कौन दुश्मन, कौन अपने लोग, सब कुछ धुंध, धूमिल किंतु कायम युद्ध का संकल्प है अपना अभी भी। क्योंकि है सपना अभी भी!'

राष्ट्रीय और क्षेत्रीय, पत्रकारिता को दो खांचे में बांटकर अब इसका आकलन किया जाता है। क्या इसे इस तरह से माना जाये कि राष्ट्रीय होने का मतलब यह जरूरी है कि आपकी उपस्थिति दिल्ली में हो?

मैं नहीं जानती कि राष्ट्रीय पत्रकारिता तथा क्षेत्रीय पत्रकारिता से आपका मंतव्य क्या है? जहां तक मैं समझती हूं, क्षेत्रीय पत्रकारिता भी राष्ट्रीय पत्रकारिता ही होती है। उससे कटकर अलग से उसका कुछ वजूद नहीं होता। हां, यह दूसरी बात है कि कोई क्षेत्रीय पत्रों का छोटे-से आकार का पत्र निकले जिसमें अपने शहर तथा आसपास के अंचलों के समाचार हों और वह केवल कुछ लोगों के हित साधन को ध्यान में रखकर निकलता हो उसे आप क्षेत्रीय अखबार कह लें। मगर जब किसी पत्र को 'अखबार नहीं आंदोलन' कहते हैं तो वह क्षेत्र तक ही सिमटा हुआ नहीं होता।

वैसे एक छोटी-सी बात बताऊं। देखिए, जब छापाखाना का आविष्कार नहीं हुआ था, तो राजा जनता तक अपनी बात डौंड़ी पिटवाकर पहुंचाते थे। डौंड़ी पीट कर एक आदमी 'सुनो -सुनो' की गुहार लगाकर राजा का फरमान जनता तक पहुंचाता था। फिर जब छापेखाने खुल गये और अखबार छपने लगे तो वह था अंगरेजों का जमाना - हम गुलाम थे। गोरा शासक अंगरेजी ही पढ़ पाता था। वह दिल्ली में रहता था। छोटे लाट साहब कलकत्ता, बंबई, लाहौर, मद्रास और लखनऊ में रहते थे। इसलिए यहां से छपने वाले अंगरेजी अखबारों के लिए 'नेशनल न्यूज पेपर' कहा जाता था हिंदी या दूसरी देशी भाषाओं के अखबार अपने गांव तहसील या कस्बे के अखबार बनकर रह गये थे - उसे आप भले ही क्षेत्रीय पत्रकारिता कह लें।

पर उस समय भी हमारे भारतेंदु हरिश्चंद्र ने अपना पैसा लगाकर अपना अखबार अपनी भाषा में निकाला और नारा दिया 'निज भाषा उन्नति अहै, सब उन्नति कौ मूल।।' ऐसा ही प्रयास अन्य भाषाओं में भी हुआ होगा। मैं केवल हिंदी की बात जानती हूं इसलिए उसी की बात कर रही हूं कि हिंदी में पत्रकारिता राष्ट्रीय या क्षेत्रीय जैसे मुद्दों से उलझे बिना संपूर्ण पत्रकारिता करती थी। भारतेंदु, महावीर प्रसाद द्विवेदी, बालमुकुंद गुप्त, माखन लाल चतुर्वेदी, गणेश शंकर विद्यार्थी, बाबूराव विष्णु पराड़कर, कृष्णकांत मालवीय, कमलापति त्रिपाठी, शिवपूजन सहाय, बनारसी दास चतुर्वेदी, अंबिका प्रसाद चतुर्वेदी और स्वयं गांधीजी, सभी पत्रकारिता के क्षेत्र में बेहद महत्त्वपूर्ण काम कर रहे थे।

हमारी पत्रकारिता की छीछालेदर तो आजादी मिलने के बाद ही हुई है। उसका मुख्य कारण रहा हमारी अंगरेजीपरस्ती। अंगरेज तो अपने राजा को ही सर्वोपरि सत्ता मानते थे इसीलिए अपनी भाषा को भी वे किंग्स इंग्लिश कहते हैं। हमारा दुर्भाग्य यह रहा कि नेता कुरसी तक तो पहुंचते रहे हैं हिंदी के माध्यम से और शासन तंत्र संभालते हैं किंग्स अंगरेजी के माध्यम से। यही दोगलापन पत्रकारिता में भी पसर गया। अंगरेजी के अखबार कहलाते रहे नेशनल न्यूज पेपर। उन्हीं अखाबरों की न्यूज एजेंसियां होती थीं, उन्हीं की खबरों का अनुवाद करके हिंदी अखबार भरे जाते थे। मुझे अच्छी तरह याद है, कई बरस पहले एक बार उत्तर प्रदेश में तुलसी जयंती पर बहुत बड़े स्तर पर रामायण मेला लगाया गया था। देश भर से बड़े-बड़े विद्वान् गये थे उन्होंने तुलसीदास के कृतित्त्व पर और राम के चरित्र पर बड़े बढ़िया भाषण दिये थे, अन्य सांस्कृतिक कार्यक्रम भी हुए थे - संगीत और नृत्य तथा नाटक के माध्यम से भी राम चरित्र के प्रसंगों को दरसाया गया था और उसी अवसर पर कृषि मंत्रालय ने अवसर का लाभ उठाते हुए पशु मेला भी लगाया था - बस जनाब तथाकथित नेशनल पेपर के संवाददाता ने एजेंसियों के माध्यम से समाचार भेजा कि अमुक स्थान पर तुलसी जयंती के अवसर पर रामायण मेले का आयोजन हुआ है। वहां पशु प्रदर्शनी लगेगी। यानी की तुलसी और राम तो गये कोने-कतरे में यह महत्त्वपूर्ण बात थी कि पशु प्रदर्शनी लगने वाली है। खैर यह तो एक छोटा-सा उदाहरण है, ऐसी हजारों बातें हैं, जो हमें शर्मसार करती हैं। कई-कई वर्षों तक यही सब चलता रहा। फिर वह समय भी आया, जब हिंदी के

गंभीर चिंतकों का ध्यान उस विषमता की ओर गया और बड़े संघर्ष के बाद अपनी हिंदी एजेंसियां बनी। हिंदी में समाचारों का चयन और आदान- प्रदान होने लगा। हिंदी अखबार सुधरे। लेकिन दुर्भाग्य से एक नया विनाशकारी दानव मुंह बाये खड़ा हो गया, वह था विज्ञापनों का सर्वग्रासी दानव। आजादी के पहले मैंने जिस हिंदी पत्रकारिता का जिक्र किया था उसमें संरक्षक और संचालक स्वयं संपादक होते थे, अब चूंकि अखबार जगत् उद्योग बन चुका है और संचालन उद्योगपतियों के हाथ में है तो संपादक मात्र उनका कर्मचारी बनकर रह गया है। उसे अखबार की नीति अपने मालिक के हित साधनों को ध्यान में रख कर बनानी होती है। मालिक का हित इसमें है कि अधिक-से-अधिक विज्ञापन उसके अखबार को मिले और लीजिए बन गया एक सर्किल। इसमें फंसकर सबसे ज्यादा दुर्दशा अखबारों की भाषा की हो गयी है। मालिकों का खामख्याली है कि हिंग्रेजी जनता को ज्यादा समझ में आती है। इसलिए पिछले दरवाजे से हिंदी अखबारों में अंगरेजी फूहड़ तरीके से घुस आयी है।

प्रभात खबर 25वें साल में है। बगैर बड़े निवेश के, झारखंड जैसे पिछड़े इलाके से निकलकर, जहां न शैक्षणिक स्तर उस तरह का रहा, न ही विकास के अन्य पैमाने पर कहीं इसकी खास पहचान रही। पूंजीवादी वर्चस्व और लाइफस्टाइल जर्नलिज्म के दौर में प्रभात खबर के मजबूती से टिके रहने की प्रक्रिया को कैसे देखती हैं आप?

प्रभात खबर को मैं देश के सबसे जागरूक, सबसे निष्ठावान और प्रभावशाली अखबारों में से एक मानती हूं। वहां भाषा के साथ दुराचार नहीं होता लेकिन अछूते आप भी नहीं हैं। आप आंचलिक, नगर या शहर न कहकर मोटे-मोटे अक्षरों में छापते हैं 'सिटी' और उस पृष्ठ पर स्थानीय महत्त्व के समाचार छापते हैं। क्यों भइया जो पाठक पूरा पृष्ठ समझ सकता है वह 'सिटी' कहकर ही लुभाया जा सकता है क्या? हिंदी शब्द निरर्थक लगते हैं आपको? खैर यह तो छिद्रान्वेषण जैसी बात है पर कुल मिलाकर अखबार जितनी व्यापक दृष्टि और सूझबूझ से संपन्न है वह साधुवाद पाने का हकदार है। जिसे नेशनल पत्रकारिता या क्षेत्रीय पत्रकारिता कहा जाता है, दोनों ही का बहुत सुंदर सटीक समन्वय इस पत्र में है। दूरदराज की और आसपास की हर खबर इसके पाठक को बड़े करीने के साथ दे दी जाती है। प्रभात खबर के नियमित पाठक को दूरदर्शन या रेडियो का मुहताज होने की आवश्यकता नहीं होती। खबर ही नहीं देता - एकदम पक्षपात विहीन ढंग से खबर का विश्लेषण भी दे देता है। किसी विशेष दृष्टिकोण को अपने पाठक पर लादता नहीं। खबर स्पष्ट कर देता है, ऐसा कर पाना सबके वश की बात नहीं होती पर प्रभात खबर सफलतापूर्वक कर रहा है। प्रभात खबर की यह विशेषता भी है कि यह अखबार केवल कामकाजी प्रबुद्ध लोगों के बीच नहीं है, उसे युवा वर्ग, गृहिणियां और बच्चे भी चाव से पढ़ते होंगे। सबको अपने- अपने योग्य पाठन सामग्री इसमें भरपूर मिल जाती है। निश्चित ही अपने घर की बैठक में लोग इसे शान से रखते और पढ़ते होंगे। कुछ वर्ष पहले यह काम धर्मयुग और साप्ताहिक हिंदुस्तान किया करते थे।

एक और बात है जिसने इतनी दूर बंबई में बैठे हुए भी मुझे इस अखबार का प्रशंसक बना दिया है, वह है इसके संपादक तथा संपादक मंडल की साहित्यिक दृष्टि तथा साहित्य प्रेम व

साहित्यिक समझ! साहित्य को दूध में शक्कर की तरह मिलाकर जिस तरह पाठक को दिया जाता है उससे पाठक की समझ पैनी होती चलती है और रुचि परिष्कृत! शायद अखबार की अभूतपूर्व सफलता का रहस्य भी इसी संयोजन में छिपा हुआ है साहित्य और समाचार का यह गंगा-जमुनी मिश्रण लोकप्रियता का संगम बना देता है। कई बड़े अखबारों के लोगों को जब यह कहते सुनती हूं कि प्रभात खबर हमारा सबसे बड़ा प्रतिद्वंद्वी है तो बड़े मान, गर्व और ममता के साथ इसके संपादक के लिए मन से आशीर्वाद निकलते हैं। उन्होंने अपने ही जैसे सहायकों को अपने साथ जोड़कर जो टीम तैयार की है वह भविष्य में और भी ऊंचे शिखर छुएगी इसका विश्वास है।

रजतजयंती के अवसर पर साधुवाद, बधाई और आशीर्वाद।

(पुष्पा भारती की निराला से बातचीत)

खंड-13 : प्रधान संपादक की कलम से

प्रभात खबर अखबार की शुरुआत 1984 में हुई। पांच सालों में अखबार बंद होने की स्थिति में पहुंच गया। उस रुग्ण स्थिति में इसकी कमान प्रभात खबर के प्रधान संपादक हरिवंश के हाथों में आयी। हरिवंश के नेतृत्व में ही यह एक संस्करणीय स्थानीय अखबार पहले क्षेत्रीय और राष्ट्रीय पत्रकारिता का मानक बना। हरिवंश ने नेतृत्व सिर्फ प्रधान संपादक की भूमिका में आदेश-निर्देश अथवा योजना-रणनीति बनाकर नहीं किया बल्कि खुद भी एक पत्रकार बने रहे। संवाददाता के तौर पर खुद ही सुदूरवर्ती इलाके से जाकर रिपोर्ट लिखते रहे तो संपादक की भूमिका में तरह-तरह के प्रयोग करते रहे। देश भर के बौद्धिक जगत् को इस एक स्थानीय अखबार से जोड़कर इसे देश के कोने-कोने में पहुंचाते रहे तो दूसरी ओर खुद ही ऐक्टिविस्ट की भूमिका में आकर कभी शराबबंदी अभियान को परवान चढ़ाने गांव-देहात में लोगों को समझाते रहे, कभी चुनाव में अधिक-से-अधिक मतदान करने के लिए सुदूरवर्ती व टफ जोन में जाकर युवाओं को प्रेरित करते रहे। ऐसे कई प्रयोग व प्रयास हरिवंश ने निरंतर किये, जो अब भी जारी हैं। उन्होंने अपने संपादकीय साथियों को पत्र लिखकर समय-समय पर दिशा-निर्देश भी दिया ताकि सबके व्यक्तित्व व कृतित्व में निखार आये और खुद फैसले लेने का विवेक भी विकसित हो। इस खंड में प्रधान संपादक हरिवंश के आलेख, पत्र, विचार आदि को संकलित किया गया है और साथ ही उनका खास साक्षात्कार भी है, जिसमें उन्होंने अपने व्यक्तित्व, कृतित्व व नेतृत्व के कृष्ण व शुक्ल पक्ष पर खुलकर बातें की हैं।

सफरनामा

हरिवंश

वर्ष 2003 के आखिरी महीने में मुझे गोवा में आयोजित एक कार्यशाला में बतौर वक्ता शामिल होने का आमंत्रण मिला, तो विषय देखकर सुखद अनुभूति हुई। विषय था- 'इज डेवलपमेंट न्यूज कॉमर्शियली वायबल? (क्या विकास समाचार व्यावसायिक तौर पर वायबल हैं)।

यह सवाल मेरे लिए लगभग वैसा था जैसे कोई यह पूछे कि क्या किसी रोते हुए बच्चे को हंसाना लाभप्रद है?

इस विषय पर सोचना और बोलना मेरे लिए एक सुखद अवसर था क्योंकि मुझे तत्काल यही लगा कि यह विषय मेरे लिए महज किसी किताबी-सैद्धांतिक चिंतन का नहीं बल्कि अपने जीवन और दैनंदिन की दिनचर्या का अंग ही तो है।

'इज डेवलपमेंट न्यूज कॉमर्शियली वायबल?' अगर यह सिर्फ सवाल होता तो इसका मैं एक शब्द में जवाब देता-'बिलकुल'। लेकिन मैं कार्यशाला में इस विषय का प्रारंभिक वक्ता था, लिहाजा मेरे लिए अनायास ही एक मौका था उस विषय पर सोचने-बोलने का- जिस विषय को पहले वस्तुत: इस तरह कभी 'कॉमर्स' के हिसाब-किताब से देखा-सोचा नहीं, जबकि पूरी यात्रा ही इसी मान्यता पर रही। प्रभात खबर के साथ वर्ष 1989 में जब हमने अपनी इस यात्रा की शुरुआत की थी तो ऐसा कोई जोड़-घटाव नहीं किया गया था जिसमें यह आकलन किया गया हो कि विकास और जनता से जुड़ी पत्रकारिता के जरिये हम इस बंदप्राय अखबार को आत्मनिर्भर बनाने, आगे बढ़ाने में किस हद तक सफल हो पायेंगे। लेकिन प्रभात खबर का अनुभव बताता है कि विकासात्मक समाचार न सिर्फ किसी अखबार के लिए वॉयबल हो सकते हैं, बल्कि इससे भी बढ़कर, यह किसी अखबार के लिए 'संजीवनी बूटी' तक साबित हो सकते हैं। किसी अखबार की यूएसपी बन सकते हैं, किसी मीडिया समूह की मुख्य जीवनधारा बन सकते हैं।

सच तो यह है कि प्रभात खबर ने एक मृतप्राय स्थिति में महज एक शहर रांची से निकलने वाले छोटे-से अखबार के बदले तीन राज्यों के छह शहरों से 20 संस्करणों वाले दैनिक की हैसियत पा ली है। उसमें भी, झारखंड में नंबर वन। यह सब कुछ हुआ, तो इसका

श्रेय विकासात्मक समाचारों के प्रति इस अखबार के गहरे जुड़ाव को ही जाता है, जिसने कालांतर में गर्व के साथ अपनी पहचान 'अखबार नहीं आंदोलन' के रूप में बनायी, बतायी।

प्रभात खबर के आरंभिक दिनों की चर्चा के साथ ही एक न भूलने वाला दृश्य बार-बार उभरता है। प्रभात खबर में काम शुरू करने से दो सप्ताह पहले मैं और संजीव क्षितिज एक दिन के लिए रांची आये थे।

तब रांची के होटल आर्या का कायाकल्प नहीं हुआ था। हमें वहीं ठहराया गया। हमारे डायरेक्टर डीएस शर्मा (जिनसे धैर्य-संयम सीखा। आरंभ में वह नहीं होते, तो प्रभात खबर शुरू में ही इतिहास बन गया होता।) होटल में ही मिलने आये। वहां से श्री शर्मा प्रभात खबर जा रहे थे। साथ में संजीव गये। कार्यालय, माहौल और व्यवस्था की झलक पाने। संजीव से मेरा आग्रह था, पहली बार तुम्हीं देखो और अपना 'इंप्रेशन' लाओ। जिस दिन काम शुरू करूंगा, उसी दिन पहली बार जाऊंगा।

होटल के कमरे में ही प्रतीक्षा करता रहा, संजीव के लौटने की। दुनिया, जीवन और व्यवहार के गणित का तकाजा था कि सब देख-जानकर, भविष्य समझ-बूझकर कदम उठाऊं, पर मैं पहले ही 'हां' कह चुका था।

टाइम्स ऑफ इंडिया समूह (बंबई) के मशहूर और उस दौर में सबसे अधिक बिकने वाले हिंदी साप्ताहिक धर्मयुग और 'आनंद बाजार' पत्रिका के 'रविवार' हिंदी साप्ताहिक के बाद बंदप्राय प्रभात खबर (कांग्रेसी लेबल अलग) में। न संस्थान का नाम-अस्तित्त्व, न अखबार में जान, न रांची से पहचान, बंबई, कलकत्ता जैसे बड़े शहरों के बाद रांची की पत्रकारिता। राजधानी, राजनीति और महानगरों की पत्रकारिता का ग्लैमर छोड़कर जंगलों-पहाड़ों की पत्रकारिता! कैरियर-भविष्य से जुड़े अनेक प्रश्न उन दिनों मथते रहते थे। कई मित्र पत्रकार-कलीग तो मेरे पत्रकारीय जीवन के अंत की बात मुझे बता चुके थे। शुभचिंतक साथी नहीं चाहते थे कि मैं छोटी-अनजान जगह जाकर गुम हो जाऊं। दिल्ली-बंबई के वरिष्ठ पत्रकार (जिनसे पत्रकारिता सीखी) मित्र वहीं आने का प्रस्ताव-सलाह दे रहे थे। बरसों रांची में गुजारने के बाद भी ऐसे शुभचिंतक मित्र नहीं भूले। पर झारखंड के आदिवासी समाज की सादगी पर मुग्ध था। फादर बुल्के, फादर पी पोनेट, बीपी केसरी जी से मेरी पहले की मुलाकातों (रविवार-धर्मयुग में काम करते हुए) ने इस समाज की ओर खींचा था। महानगरों की पत्रकारिता से सफलता की निकली सीढ़ियां (मेरे साथ के कई पत्रकारों ने इन रास्तों को चुना) ही सत्ता, धन, यश (सही शब्द अपयश) ग्लैमर और संसद तक पहुंचती हैं, यह मामूली सच समझता था। पर अपना गणित अलग था। लेक्चरर, बैंक ऑफ इंडिया, रिजर्व बैंक व अन्य कई महत्त्वपूर्ण नौकरियां छोड़ कर 'पत्रकारिता' चुना था, बदलते समाज का हिस्सा बनने के लिए।

युवा दिनों में लगता था कि पत्रकारिता, सामाजिक ठहराव-सड़ांध तोड़ने की सशक्त विधा है। सिक्यूरिटी, घर, गाड़ी, संपत्ति और संभावित बैंक बलेंस के गणित और कैलकुलस से नौकरी के ऑफर तय करने की शिक्षा, मेरी पृष्ठभूमि ने नहीं दी थी। इन चीजों के प्रति आदतन लापरवाह हमारी पीढ़ी थी। जिनसे संस्कार, सामाजिक सरोकार ग्रहण किये, जिनकी सोहबत

में रहा, वे सब एक उद्देश्यपूर्ण ईमानदार जीवन के पुंज थे। गरीब रहे हों, पर आत्म-सम्मान वाले लोग थे। एक रचनात्मक बेचैनी, हमेशा कुछ नया करने का उत्साह, जोखिम-चुनौतियों में जीने का मनोबल, स्वाभिमान से समझौता नहीं, हमारी पीढ़ी को हमारे गांवों से, जेपी आंदोलन से, विरासत में मिले थे। ग्लोबल दुनिया की बाजार-व्यवस्था के सूत्रों (पद, पैसा, भविष्य में सत्तारूढ़ होने की जगह) से भविष्य-नौकरी, पर विचार करने का मौजूदा दौर होता, तो मैं रांची नहीं होता। प्रभात खबर का अनुभव नहीं होता।

फिर भी जिस प्रभात खबर को बिना पूरा जाने-देखे 'हां' कह चुका था, अपना जीवन, भविष्य जिससे जोड़ चुका था, उसका पहला इंप्रेशन जानने-सुनने के लिए बेसब्र था। होटल आर्या के कमरे में उत्सुकता से संजीव की राह देख रहा था।

कमरे में संजीव के घुसते ही उसके चेहरे से मजमून भांप गया। जोखिम बहुत बड़ा है जो सुना, उससे डर पैदा हुआ। अखबार, संस्थान और इन्फ्रास्ट्रक्चर के बारे में जो सूचनाएं पहले दी गयी थीं, वे लगभग गलत थीं। उदास मन, भविष्य के प्रति डर, पर ऊपर से चेहरा सामान्य बनाये हुए, हम उसी शाम कलकत्ता लौट गये। ट्रेन यात्रा में देर रात, जब दुनिया-स्टेशन सोये हों, नीरवता-खामोशी का राज हो, तब तेज चलती ट्रेन की खिड़की से बाहर निहारना मेरा प्रिय शगल है। मनुष्य, दुनिया, जीवन जीने के उद्देश्यों पर चुपचाप सोचते हुए अंधकार को निहारना। उस रात प्रभात खबर और भविष्य को लेकर बेचैन करते सवालों के अलावा कोई दूसरी बात नहीं सूझी। वह रात और स्मृति जेहन में ताजा है, हर इंसान के जीवन में कोई-न-कोई निर्णायक मोड़ होता है, मेरे लिए यह ऐसा ही अवसर था, पर अपना स्वभाव, जिद और मन जानता था। पीछे नहीं लौटना है, यह संकल्प था। सत्ता चाटुकारों की जमात में खड़ा होकर विरुदावली गाना या जोखिम-चुनौतियां उठाकर कुछ नया करना, इन्हीं में से एक चुनना था, वह चुन चुका था। शानदार पराजय-हार, आत्मसम्मान-स्वत्व-विवेक की कीमत पर अर्जित विजय, सुख या भौतिक उपलब्धियों से ज्यादा गौरवपूर्ण है। चाटुकारिता, जी-हुजूरी, जीते जी मौत है इसलिए अवसर स्वाभिमान के अनुरूप हो। आपातकाल में सर्वेश्वरदयाल सक्सेना की पढ़ी एक कविता युवा दिनों में जीवन का मर्म बन गयी, जिसका आशय था कि संघर्ष का अपना सौंदर्य है। अन्य कई पेशों को छोड़कर पत्रकारिता पेशा चुना था। मेरे किसान पिता को आजीवन अफसोस रहा कि मैंने रिजर्व बैंक में अफसर की नौकरी चुपचाप छोड़ दी थी। कलकत्ता पहुंचते-पहुंचते पुनरुद्धार की दृष्टि से असंभव प्रभात खबर में ही किस्मत आजमाने का संकल्प मजबूत हो चुका था।

बंबई और कलकत्ता में काम करने के बाद, दिल्ली को नजदीक से देखने-जानने के बाद, पत्रकारिता का ग्लैमर समझा। बड़े लोगों से संपर्क बनाने और समाज में अपनी हैसियत कायम करने की विधा भी बन गयी है पत्रकारिता। '80 के दशक के बाद लायजनिंग करने की होड़ से पत्रकारिता भटकी है। हाल-हाल तक ऐसा नहीं था। पत्रकारिता बौद्धिक कर्म है, पढ़ने-लिखने, समाज को नजदीक से देखने-जानने की विधा। ईमानदारी और प्रतिबद्धता इसकी सीढ़ियां हैं। यह जड़ व्यवस्था और अनीति से सत्ता-पूंजी-ताकत के बने केंद्रों से लड़ने का

हथियार है। जब हमारी पीढ़ी ने पत्रकारिता को पेशा चुना, तब पत्रकारिता की यही धारणा-आभा थी। कम वेतन और नौकरी की अनिश्चितता इस पेशे के खास पहलू थे, पर उद्देश्यपूर्ण पेशा।

पत्रकारिता, समाज में चेतना बनाने और सत्ता पर अंकुश रखने का माध्यम है, यह समझकर यह पेशा अपनाया था। 11 वर्षों की महानगरों की पत्रकारिता और पत्रकारिता के ग्लैमर से मुक्त होकर, छोटी जगहों में पत्रकारिता के माध्यम से कुछ नया करने का प्रयोग चाहता था। जोखिम बड़ा था, फिर भी प्रभात खबर में इस प्रयोग के लिए अवसर मिल रहा था।

एक सप्ताह बाद हम रांची लौटे, पहली बार 22 अक्तूबर, 1989 को प्रभात खबर दफ्तर गये। हफ्ते-दस दिनों तक चीजों को देखा। आदमी थे, लगभग 240। कंपोजिंग, प्रोडक्शन, बैठने की जगहें सब अव्यवस्थित। काम कम, पर आदमी ज्यादा। कंपोजिंग के लिए दो पुरानी सियाट्रानिक मशीनें अखबार की जान थीं। ये भी ध्वस्त हालत में, छपाई के लिए आठ पेज छापने वाली खस्ताहाल बंधु मशीन थी। सरकुलेशन, विज्ञापन में लोग भरे थे। संपादकीय में भी भरमार थी। कुल काम था- छह पेज का अखबार निकालना, 500 प्रतियां छापना। अधिकांश प्रतियां कांप्लिमेंट्री जाती थीं। बहुत बाद में पता चला काफी लोग आजीवन पाठक बनाये गये थे, कुछ प्रतियां उनके यहां जाती थीं। न्यूज एजेंसियां बंद थीं। खबरों का स्रोत; बाहर के अखबारों से न्यूज काटकर, हू-ब-हू पेस्ट करना, छपाई का समय तय नहीं। 'कटिंग-पेस्टिंग' पत्रकारिता का नाम यहीं सुना। सियाट्रानिक मशीनों से (जो अकसर खराब ही रहती थीं) खबरों के शीर्षक निकाले जाते थे, शीर्षक नहीं निकले, तो हाथ से लिखकर काम चलाया जाता था। कोई सिस्टम नहीं था, समय की पाबंदी नहीं। प्लानिंग नहीं थी, न कोई सप्लीमेंट निकलता था, न रविवार की पत्रिका। स्टेशनरी कहां से कौन देगा, कोई व्यवस्था नहीं थी। कहीं रिस्पोंसिबिलिटी नहीं थी? कौन आदमी क्या काम करता है? कौन नियंत्रण करता है? पर्सनल विभाग में इंप्लाइज के रेकॉर्ड ही नहीं थे। पुराने प्रबंधन ने कार्यरत लोगों की जो सूची पहले दी थी, और जो सूची 22 अक्तूबर, 1989 को 'हैंडओवर-टेकओवर' में मिली, उसमें गंभीर अंतर थे।'फंक्शनल एनार्की' से सीधा सामना था, ऐसी अनियंत्रित स्थिति-अव्यवस्था से जीवन में पहली मुलाकात थी। धैर्य-संयम और सब्र के बांध पग-पग पर टूटने की स्थिति।

टाइम्स ऑफ इंडिया (बंबई) और आनंद बाजार पत्रिका समूह की व्यवस्था-सिस्टम (जहां संपादकीय विभाग के लोगों को शायद ही दूसरे विभागों से वास्ता होता था), और कहां प्रभात खबर की यह अव्यवस्था। समझ में नहीं आता था कि छोर को कहां से पकड़ा जाये? ऐसी स्थिति किसी दफ्तर या अखबार की हो सकती है, इसे देखने के पहले नहीं जानता था। सचमुच अगर हां कहने के पहले देखा होता, तो निश्चित रूप से इस संस्थान में पांव नहीं पड़ते।

प्रबंधन से आरंभिक बात यही हुई थी कि संपादकीय का दायित्व संभालूंगा पर पहले दिन से लगने लगा कि हर विभाग को 'प्रोफेशनल' बनाने की जरूरत है। नयी शुरुआत आसान है, पर पटरी से उतर चुकी चीज को ठीक करना लगभग असंभव। इसलिए न्यूजपेपर इंडस्ट्री के

जानकारों की एक सूची बनी। प्रोडक्शन, सरकुलेशन, मार्केटिंग के जानकारों से सुझाव लिए जायें, यह तय हुआ। इन विशेषज्ञों को प्रबंधन की टॉप टीम के साथ बैठक में भी बुलाया जाता। मशहूर अखबार घरानों में बड़े पदों पर रहे व अखबार उद्योग के बड़े जानकार अशोक दत्ता (जो बाद में खड़गपुर आईआईटी, मैनेजमेंट के इंचार्ज बने) भी थे। उन दिनों के अखबार उद्योग ट्रेंड, प्रभात खबर की वस्तुस्थिति और भविष्य को देखते हुए अशोक दत्ता ने ऐसी ही एक टॉप मीटिंग में कहा कि इस अखबार को चलाना असंभव है। उन्होंने अपने नोट में भी साफ-साफ यही लिखा। बाकी विशेषज्ञों, अनुभवी लोगों की भी यही आम राय थी, हम सब उनकी बात से सहमत थे।

दरअसल अखबार उद्योग का युग 77-85 बीत चुका था। विजुअल मीडिया का दौर आ गया था। जहां विकास अधिक होगा, वहां विज्ञापन अधिक होंगे। अखबारों की आय का एक मात्र स्रोत विज्ञापन ही है। रांची एक्सप्रेस काफी मजबूत अखबार था। 'आज' रांची, जमशेदपुर और धनबाद तीनों जगह से छापकर एक रुपये में बेचकर बड़ा बाजार बना चुका था। इन दो स्थापित दिग्गजों के सामने किसी तीसरे के खड़ा हो पाने के खिलाफ सारे लाजिस्टिक्स थे। उधर जमशेदपुर में 'उदितवाणी' और धनबाद में 'आवाज' का वर्चस्व था। पटना से आकर 'हिंदुस्तान' भी दक्षिण बिहार में बड़ा बाजार बना चुका था। हम अखबार इंडस्ट्री के लोग, इस यथार्थ को साफ-साफ समझ रहे थे। इस प्रसंग का उल्लेख इसलिए, क्योंकि मोरचे के हिरावल दस्ते को यह मालूम हो कि पराजय तय है, विधि के विधान जैसा, तब काम करना, मोरचे पर जी-जान से डटे रहना, अपने जीवन के सबसे उर्वर संकल्प के दिनों को झोंक देना, इसका एहसास ही हो सकता है, वर्णन नहीं। जब सफल होने के कतई आसार न हों, महीने-डेढ़ महीने से अधिक लंबा भविष्य न दिखता हो, तब भी जीतने के लिए संघर्ष करना, कितना कठिन होता है, यह हमने जाना। प्रभात खबर के इस ज्ञात भविष्य की बात, अखबार में मुझसे नीचे टीम तक न पहुंचे, यह मेरी सायास कोशिश रही। यह आरंभिक दिनों की बात है। बाद के बरसों में केके गोयनका (मार्केटिंग, फाइनेंस और डेवलपमेंट के इंचार्ज) और आरके दत्ता (पर्सनल, सर्कुलेशन, एक्सपेंशन के इंचार्ज) के साथ ऐसी टीम बनी, जिसकी जानकारी में एक-एक तथ्य होते हैं और सर्वानुमति से फैसले। गोयनका और दत्ता ने प्रभात खबर से ही नौकरी शुरू की, इन युवा लोगों को अखबार का अनुभव नहीं था, पर उत्साह अद्‌भुत था।

अखबार के विकास के लिए एक मॉडल स्थापित था और सामने था आक्रामक (एग्रेसिव) प्रचार, अखबार की कीमत कम करना (इनविटेशन प्राइस-आज एक रुपये में बेच रहा था)। पाठकों, हॉकरों और एजेंटों को लुभाने वाली स्कीम योजनाएं। हिंदी के दो करोड़ पाठक बनाने वाले अखबार दैनिक भास्कर और दैनिक जागरण ने टाइम्स ग्रुप द्वारा गढ़े गये इसी मॉडल को अपनाया। अखबार विकास के इस मॉडल में ज्यादा पूंजी की जरूरत थी, हम पूंजीविहीन थे और अखबार उद्योग के मार्केटिंग पक्ष से अनुभवशून्य लोग। हमारी टीम के पास नया विकास मॉडल गढ़ने के अलावा कोई विकल्प नहीं था, हमने वही किया।

आज भी यही टीम प्रभात खबर को आगे ले जाने में डटी है।

शुरू में एक-एक विभाग को 'सिस्टेमेटाइज' करना हमारा पहला सामूहिक प्रयास था। इसी क्रम में संपादकीय विभाग को व्यवस्थित करना, पहली प्राथमिकता थी। ड्यूटी चार्ट से लेकर रोज रिपोर्टरों के साथ बैठकें, संपादन के नियम के साथ, काम करने वालों के लिए आचार संहिता। शुरुआत संपादक से ही। अपने ही अखबार में संपादक की तसवीरें-बयान छापना, अपनी स्थिति का दुरुपयोग है। क्षेत्रीय अखबारों में यह बड़े पैमाने पर होता है, रांची में भी हो रहा था, यह बंद हुआ। खबरें कैसे लिखी जायें, पत्रकारों की भूमिका पक्षकार की नहीं है, हमारी एकाउंटबिलिटी क्या है, जैसे गंभीर विषयों के साथ-साथ प्रतिदिन छपने वाली खबरों पर विमर्श आरंभ हुआ। एक गंभीर पत्रकारिता और उसके अनुकूल निष्पक्ष कार्यशैली विकसित करना, हमारी टीम की पहली संपादकीय प्राथमिकता थी। यह उल्लेख जरूरी है कि प्रभात खबर में अनेक पुराने पत्रकार थे, जो कठिन परिस्थितियों में, नये प्रबंधन के आने के पहले भी मर्यादा, प्रतिबद्धता और ईमानदार पत्रकारीय तेवर के साथ काम करते थे। एक प्रेस कॉन्फ्रेंस में एक ही संवाददाता जाये और गिफ्ट न ले, ऐसी अनेक चीजें हमने सामूहिक रूप से तय कीं। अखबारों में बड़े-बड़े गिफ्ट भेजने-स्वीकारने की प्रथा बंद हो, यह कोशिश शुरू हुई। उन्हीं दिनों एचईसी से दीपावली पर महंगे ड्राईफ्रूट्स वगैरह के तोहफे भेजे जाते थे। अक्तूबर में हम लोग आये थे, नवंबर में दीपावली थी। एचइसी से जो सज्जन गिफ्ट लेकर आये, उन्हें मर्यादित रूप से हमने कहा कि यह सार्वजनिक निगम है, घाटे पर चल रहा है, फिर गिफ्ट क्यों भेजते हैं? हमारा कोई व्यक्तिगत संबंध-रिश्ता तो है नहीं, वह वापस हुआ और इसके साथ ही एक स्वस्थ परंपरा हमने मिलकर डाली। गिफ्ट की संस्कृति (अगर आप गहरे मित्र-रिश्ते में न हों) लाइजनिंग और मैनेज करने का हथियार है। पत्रकारिता में इसका प्रचलन गलत है, यह मैंने व्यवहार में उन लोगों से सीखा था, जिनसे पत्रकारिता का ककहरा पढ़ा।

धर्मयुग उन दिनों प्रति सप्ताह सात लाख बिकने वाली पत्रिका थी। संपादक डॉ. धर्मवीर भारती का अपना विशिष्ट व्यक्तित्व था। देश के बड़े-बड़े राजनेता उनसे मिलने के लिए घंटों प्रतीक्षा करते थे, पर वह अपने काम में मगन रहते थे। बाहर के लोगों से वह 12 से एक के बीच रोजाना मिलते थे। वहीं गणेश मंत्री देश के जाने-माने नाम थे, अंबानी के बेटे की शादी थी। निमंत्रण पत्र के साथ महंगा तोहफा लेकर उनके लोग संपादकों-विशिष्ट पत्रकारों को न्योतने बंबई के टाइम्स ऑफ इंडिया बिल्डिंग में आये। डॉ. भारती पत्रकारीय संबंधों के कारण कोई गिफ्ट नहीं लेते थे, लौटा देते थे, कभी-कभार मिठाई वगैरह ऐसी जगह से आ गयी, जिसे लौटाना संभव नहीं था, तो वह दफ्तर में बंट जाती या चपरासी रामजी/शशि को सौंप दी जाती। गणेश मंत्री का संस्कार-पिंड अत्यंत सात्विक था। गणेश शंकर विद्यार्थी से गणेश मंत्री का नाम ही नहीं मिलता था, संस्कार भी मिलते थे। गिफ्ट लाने वाले अंबानी के दूत को उन्होंने बैठाया, चाय पिलायी, विनम्रता से पूछा कि उनसे मेरा दूर-दूर तक परिचय नहीं है, फिर महंगे गिफ्ट के साथ निमंत्रण क्यों? अगर मैं अपने बेटे की शादी करूंगा, तो क्या वह आयेंगे? मैं तो महंगे गिफ्ट के साथ निमंत्रण भी नहीं दे सकता? मेरे और उनके बीच क्या बराबरी का संबंध है? मित्रता है? हमारे-उनके बीच वह कौन-सा पुल है, जिस पर चढ़कर हम बराबरी से मिल सकें?

शालीनता से अपनी बातें कहकर गणेश मंत्री ने वह गिफ्ट लौटा दी। कर्मणा वह मेरे बड़े भाई-गुरु थे, उन्हीं से सीखे इस पाठ को आरंभिक दिनों में हमने प्रभात खबर का उसूल बनाया। आज इस प्रसंग का उल्लेख, पागलपन-अहं माना जायेगा पर आज पत्रकारिता को अविश्वसनीय बनाने में क्या ऐसी चीजों का हाथ नहीं है?

एक दफ्तरीय संस्कृति विकसित करने के साथ-साथ हमारी टीम की नयी चुनौती थी अखबार की संपादकीय नीति बनाना। कंटेंट-इनपुट के बारे में तय करना। हमसे जो बड़े अखबार उन दिनों रांची-झारखंड में थे (सभी बड़े ही थे), कभी भी उनसे अस्वस्थ प्रतिस्पर्द्धा हमने महसूस नहीं की। प्रभात खबर के सामने लक्ष्य इन अखबारों को पीछे छोड़ना नहीं, हिंदी का एक बेहतर अखबार बनना था। यह प्रथा बंद हुई कि प्रेस विज्ञप्तियां भी संपादक की इच्छनुसार छपेंगी। बल्कि हमने हर विषय पर एक खुली नीति बनायी और साथियों को उसके तहत काम करने को कहा। आज भी यही परंपरा है, खबरें, प्रेस विज्ञप्तियां, संपादक की इच्छानुसार चलने लगें, तो प्लांटेड और मैनिपुलेटेड पत्रकारिता को आप न्योत रहे होते हैं। हां, रिपोर्ट लिखने में किस आचार संहिता-मापदंड को अपनाया जाये। यह बार-बार बैठकों में हम चर्चा करते। यह एक पारदर्शी नीति थी। आरंभ से ही, जब हम पहचान के लिए संघर्षरत थे, हमारी कसौटी बनी कि हिंदी का एक बेहतर, साफ-सुथरा और आधुनिक अखबार हम बनें। एप्रोच-एटीट्यूड में आधुनिक भारत की बात करने वाला। धर्म, जाति, समुदाय के बंधनों से ऊपर उठना। हमने अपना स्वर तय किया।

याद करिए उन दिनों, धर्म और जाति ही हमारे हिंदी अखबारों के मुख्य विषय-वस्तु थे। भागलपुर दंगों की अंदरूनी खबरें और सही तस्वीरें छापने वाला प्रभात खबर बिहार का पहला अखबार था। यह जान-बूझकर उठाया गया साहसिक कदम था। एक तरफ कुछ बड़े दल-लोग दंगों की असली खबरें-तस्वीरें दबाना चाहते थे, दूसरी तरफ कुछ लोग-दल अल्पसंख्यकों पर हुए जुल्म में राजनीतिक लाभ देख रहे थे। हमारी मान्यता थी और है कि आधुनिक भारत में हर नागरिक का सम्मान होना चाहिए, इसलिए किसी एक समुदाय पर अनाचार, आधुनिक भारत या गांधी के सपनों की बुनियाद पर हमला है। कहने की जरूरत नहीं कि भागलपुर दंगों पर बेबाक अखबारनवीसी से समाज को हमारी उपस्थिति का एहसास हुआ।

हमारी प्राथमिकता थी कि स्थानीय लोगों की हम आवाज बनें। आदिवासी समाज की पीड़ा और स्वर का मंच बनें। हमने नागपुरी, मुंडारी, कुड़ुख, खड़िया वगैरह (आदिवासी भाषाएं) के स्तंभ शुरू किये। परंपरा यह थी कि दिल्ली के बड़े नाम और उनके लेख छापना ही बड़ा काम माना जाता था। हमने इस आदिवासी अंचल में पहली बार स्थानीय बौद्धिकों की एक बड़ी जमात खड़ी की। यह हिंदी पत्रकारिता में नया प्रयोग था। स्थानीय सरोकार के नये-नये कॉलम शुरू किये। रोज केरकेट्टा, प्रभाकर तिर्की, प्रो. अमर कुमार सिंह, रामदयाल मुंडा, बीपी केसरी और संजय बसुमल्लिक जैसे लोगों के तर्क-चिंतन और बेचैनी को हमने मंच दिया। ये झारखंड से थे, परंतु देश और दुनिया के स्तर पर इनकी बौद्धिक पहचान थी। झारखंड के जल, जंगल और जमीन के सवाल को हमने सबसे अहम माना। विस्थापन और विकास के आधुनिक दंश हमारे सरोकार

बने। इस अंचल को चरागाह बनाने वालों के खिलाफ प्रभात खबर ने अभियान चलाया। उसी क्रम में '92 के आसपास पशुपालन घोटाले पर तीन महीनों तक हमने खोजपूर्ण खबरें छापीं।' किसलय पहली रपट लाये थे। पशुपालन घोटाले के भंडाफोड़ का श्रेय प्रभात खबर को मिला, पर इस श्रेय के हकदार किसलय हैं। देश ने इस घोटाले को '96 में जाना।

आज ग्लोबल दुनिया में अखबार 'लोकलाइजेशन' का नारा लगा रहे हैं। अब लंदन के टाइम्स से लेकर देश के बड़े अंग्रेजी अखबार 'द टेलीग्राफ', 'टाइम्स' वगैरह मामूली आदमी के साथ घटी मानवीय घटना को लीड बनाते हैं। लेकिन उन दिनों पत्रकारिता में मापदंड था- बड़े लोगों के साथ घटित घटनाएं ही लीड बन सकती हैं। हिंदी पत्रकारिता में तो और खराब स्थिति थी, हमने शुरू में ही यह परंपरा तोड़ डाली। प्रभात खबर ने '90 में (उदारीकरण के पहले) महत्त्वपूर्ण व मानवीय लोकल खबरों को पहले पेज का लीड बनाना शुरू किया। यह बड़ा बोल्ड प्रयोग था। तब पत्रकारों की दुनिया में इसे नासमझी माना गया, पर पाठकों की दुनिया में हमें जगह मिलनी शुरू हुई। हमने प्रभात खबर को निखारना शुरू किया, उधर 1989 में लोकसभा के चुनाव आये। रांची की कानून-व्यवस्था गंभीर मुद्दा थी। लोकसभा चुनावों का माहौल था। रांची के हवाईनगर में एक घर में एक महिला अपनी दो बेटियों के साथ रहती थी। उसके घर में डकैती हुई, शाम पांच बजे। लोकसभा के प्रत्याशी रांची में कानून-व्यवस्था पर वोट मांगते घूम रहे थे, हमारे अखबार के लिए वह खबर 'लीड' बनी। यह घटना इसलिए याद है, क्योंकि उस दौर का यह नया प्रयोग था। इस घटना ने रांची लोकसभा चुनावों पर शहरी क्षेत्रों में असर डाला। हम उन दिनों 'लोकल' हुए, जब इसकी आहट अखबारों को नहीं थी। आज यही काम देश के बड़े अखबार कर रहे हैं। जहां से छपते हैं, वहीं की मानवीय घटनाओं को लीड बनाते हैं। हमारी शुरुआत ही इस परंपरा से हुई। उस दौर में पहले पेज का लीड, बड़ी घटनाएं, बड़े लोग, बड़ी पूंजी बनती थी। प्रभात खबर ने मामूली लोगों की पीड़ा को 'लीड' बनाना शुरू किया। खूब आलोचना हुई पर हमारी टीम ने तय कर रखा था कि ऐसी आलोचनाओं से कान बंद कर, हम काम में डूबेंगे।

अव्यवस्थित कार्यालय में सब कुछ ठीक करना था। काम का अंत कहीं दिखाई नहीं देता था। समय का अभाव, सुबह 9.00 बजे से प्रभात खबर टीम काम शुरू करती, रात तीन-चार बजे तक। शुरू के 5-6 वर्षों तक काम का यही सिलसिला चला। हर विभाग में कई साथी दफ्तर में ही रुक जाते। शायद ही कोई साप्ताहिक अवकाश लेता हो, यह परंपरा आज भी कुछ लोग अपनाये हुए हैं।

नवंबर, 89 में नेहरू के जन्म के 100 वर्ष पूरे हो रहे थे। दीवाली अलग थी। दोनों विषयों पर बेहतर सप्लीमेंट की योजना हमने बनायी। देश के बड़े लेखकों को निजी संपर्क से अनुरोध किया। साथी कृपाशंकर चौबे (मेधावी युवा पत्रकार, अब सहारा समय बंगाल के प्रभारी) साहित्य के दिग्गजों नामवर जी, डॉ. रामकुमार वर्मा, काशीनाथ जी, शिवप्रसाद जी, उपेंद्रनाथ अश्क, नरेश मेहता, वगैरह से मिलकर प्रभात खबर में लिखने का आग्रह कर आये थे। ऐसे लोगों के लेख आने लगे थे।

समस्या थी कि छह पेज से अधिक छापने-सप्लीमेंट बनाने का इन्फ्रास्ट्रक्चर नहीं था। 14 नवंबर, 1989 का नेहरू अंक या दीवाली अंक कैसे निकले? हमने वह प्रबंध भी किया। टीम में हौसला, प्रतिबद्धता और जोश हो, तो सचमुच कुछ भी नामुमकिन नहीं। प्रभात खबर में नयी टीम आने के 20-25 दिनों के अंदर दोनों परिशिष्ट, नेहरू अंक और दीवाली अंक निकले। बेहतर तरीके से, समृद्ध सामग्री के साथ, पाठक हमें ढूंढ़ने लगे।

बंद प्रभात खबर बदल रहा है, इसकी सूचना पाठकों तक कैसे पहुंचे? इनोवेशन का भूत हम सब पर सवार था। बड़ा आसान रास्ता था, जिसे आज सब अपना रहे हैं। कोई नया अखबार लांच हो या रिलांच। बड़े समारोह, कई-कई करोड़ के प्रचार-प्रसार, उसकी आरंभिक-आवश्यक सीढ़िया हैं। हमारे पास प्रचार-प्रसार की 'लक्जरी' नहीं थी। हम संपादकीय के लोग अपने अखबार के नये कॉलमों, परिवर्त्तनों का खुद आकर्षक ढंग से विज्ञापन बनाते, पैंफलेट बनाते और बंटवाने की व्यवस्था करते। जुनून में काम होता था। प्रसार, विज्ञापन विभागों से रोजाना बैठक और नये आइडियाज पर काम, यह हमारा एजेंडा था।

शुरू के दो-तीन महीनों में हमारी टीम ने अखबार के संपादकीय टोन को साध लिया। राजनीति, अपराध और सनसनीखेज कंटेट (विषय वस्तु-सामग्री) के विकल्प में स्थानीय प्रतिभाओं, स्कूल-कॉलेज के टॉपर छात्रों, सफल किसानों, उद्यमियों, महिलाओं, दुकानदारों को प्रमुखता देनी शुरू की। संघर्ष से सफल हुए आम लोगों के जीवन को उनकी उपलब्धियों के साथ सीरीज में हमने छापा। प्रभात खबर ने तय किया था कि विशिष्टों, भद्रजनों और शासक वर्गों की पत्रकारिता की जगह, हमें साधारण लोगों के दुख-दर्द और जीवन से जुड़ना है। पत्रकारिता में हाशिये के लोगों को केंद्रबिंदु में लाना है। हमारा मानना था कि पत्रकारिता में एक ताजा बयार की जरूरत है। हम इसी उद्देश्य में लगे थे और हमारा प्रयोग मंच था प्रभात खबर।

उन दिनों की दो महत्त्वपूर्ण घटनाएं और प्रभात खबर का इन पर स्टैंड अखबार के भविष्य का संकेत देने वाला था। अयोध्या मामला गरमा रहा था। अक्तूबर, 90 के दिन थे। हिंदी अखबार, अफवाहों को सुर्खियां बनाकर समाज में तनाव पैदा कर चुके थे। रांची शहर में कर्फ्यू जैसा माहौल था। अफवाह खबरें नहीं बनतीं और इस होड़ में हम सिद्धांततः नहीं जाने वाले थे। प्रभात खबर इस पूरी राजनीति और अफवाह आधारित पत्रकारिता के खिलाफ खड़ा था। छह अक्तूबर, 90 को अयोध्या में कितने लोग मारे गये, यह छापने की होड़ थी, हमने अपने पुराने मित्र और लखनऊ नवभारत टाइम्स के संपादक व वहां उपलब्ध बीबीसी की टीम से सही सूचनाएं लेकर छापना शुरू किया। अयोध्या में सिर्फ छह मरे, जिस दिन हमारा लीड था, अन्य अखबार 200-400-800 लोगों की मौत का बैनर छाप रहे थे। यहां तक कि एक ही अखबार के आठ संस्करणों में अयोध्या में मरने वालों की संख्या अलग-अलग थी। बढ़ा-चढ़ाकर तथ्यों के साथ इतना बड़ा खिलवाड़ आजाद हिंदुस्तान में शायद ही कभी हुआ हो। कहीं कोई एकाउंटिबिलिटी नहीं। कानून का भय नहीं, प्रेस काउंसिल ने अपनी ऐतिहासिक रिपोर्ट में हिंदी के छह बड़े अखबारों के खिलाफ गंभीर टिप्पणी की और उनका असली चेहरा सामने रखा। दुनिया के किसी भी लोकतांत्रिक देश में झूठी खबरों-अफवाहों से दंगे कराकर

अखबार ताकत के केंद्र नहीं बन सकते। पर ये हिंदी अखबार मौज में रहे। समाज-सरकार ने इसकी भारी कीमत चुकायी।

उन दिनों प्रभात खबर के प्रसार विभाग ने तत्कालीन डायरेक्टर डीएस शर्मा (संभवतः छह अक्तूबर को ही) को सूचना दी कि बाजार में प्रभात खबर अखबार की मांग नहीं है। लोग मुसलमानों का अखबार कह रहे हैं। खिलाफ में परचा बांट रहे हैं। (मुझे अनेक धमकी भरी चिट्ठियां मिल चुकी थीं)। उस दिन मुझे तेज बुखार था, फिर भी शर्मा जी से बात कर हम शाम को कार्यालय में मिले, सरकुलेशन विभाग की बातें सुनीं, मीटिंग से सीधे लखनऊ नवभारत टाइम्स में सबके सामने बात की। संयोग से बीबीसी लंदन से आये कुछ मित्र (जो अयोध्या प्रकरण कवरेज के लिए वहां थे) भी लखनऊ नवभारत टाइम्स में उस समय थे। प्रभात खबर में मरने वालों के आंकड़े समेत अन्य छपी रपटों के बारे में पुनः लखनऊ के ऐसे क्षेत्रों से छानबीन की। बैठक में ही पुन: प्रमाणित हुआ कि प्रभात खबर ही तथ्यों को सही छाप रहा है, अन्य अखबार अफवाहों को खबर बना रहे थे। हमने डाइरेक्टर शर्मा जी से कहा कि हमें चुनना है कि हम सच के साथ होंगे या अफवाह के साथ। कहने की जरूरत नहीं कि उस बैठक में पूरी टीम ने एक स्वर में सच और तथ्यों के साथ रहना तय किया। उन दिनों जो अखबार लाखों प्रतियां झूठ-अफवाह के आधार पर बेच रहे थे, वे आज बंद की स्थिति में हैं। जो प्रभात खबर 500 बिकता था, एनआरएस के अनुसार उसके दस लाख के आसपास पाठक हो गये हैं। यह प्रभात खबर की ताकत नहीं, सच और तथ्य पर होने वाली पत्रकारिता की ताकत है। अफवाहों की पत्रकारिता की एक और स्मृति। अयोध्या प्रकरण से पहले कुछ शरारती तत्त्वों ने ईसाई मिशनरियों के कुछ लोगों पर गुमला वगैरह के इलाके में कुओं में जहर घोलने जैसा दुष्प्रचार किया। यह शरारत की पराकाष्ठा थी, इसके खिलाफ भी प्रभात खबर ने आवाज उठायी। प्रभात खबर के पत्रकारों ने उन दिनों अनेक खोजी रपटें लिखीं। टेटे प्रकरण, नंदलाल केमिस्ट दवा प्रकरण, जमीन घोटाला, पुलिस बहाली, पलायन, बिजली संकट वगैरह, जो राष्ट्रीय अखबारों की सुर्खियां बने। इस प्रसंग में अनेक मुकदमे हुए, दर्जनों में जमानत लेनी पड़ी है। हां, प्रभात खबर अखबार संवाददाताओं को कहता रहा है कि हम पक्षकार नहीं हैं, रिपोर्ट लिखने में ध्यान रखें, पर तथ्य हों, तो हम पीछे नहीं हटेंगे। हमने इस पत्रकारिता की कीमत चुकायी है।

दूसरी तरफ, उन्हीं दिनों छठ के अवसर पर एक हिंदी अखबार की भूमिका से रांची में दंगे हो गये। पहली बार प्रभात खबर ने इस दंगे में उक्त अखबार की भूमिका के बारे में लिखा। प्रेस काउंसिल में शिकायत की। प्रेस काउंसिल की पूरी टीम जस्टिस सरकारिया के नेतृत्व में रांची आयी। खुली सुनवाई हुई और प्रेस काउंसिल ने हिंदी अखबारों की दंगाई भूमिका पर ऐतिहासिक रिपोर्ट दी। इस टीम में देश के मूर्धन्य पत्रकार-साहित्यकार रघुवीर सहाय भी थे।

प्रभात खबर की इस पत्रकारिता में सपना, साहस और नये प्रयोगों का सामंजस्य था। उन्हीं दिनों रांची में आये तूफान में बिजली के टावर गिर गये। सरकारी तंत्र ने घोषणा कर दी कि 15 दिनों तक शहर में बिजली नहीं आयेगी। टेलीफोन, अस्पताल वगैरह में क्या हालात होंगे,

यह गौर करने लायक बात थी। अफसर, खुद सरकारी जेनरेटर से सुखपूर्वक रह रहे थे, जनता भुगत रही थी। खास कर महिलाएं! प्रभात खबर ने एक एक्टिविस्ट अखबार की भूमिका में नागरिक आंदोलन का आह्वान किया। महिलाएं सड़कों पर थीं, यह जनांदोलन-बदलाव की पत्रकारिता थी। हर दल के नेताओं को हमने नेपथ्य में रहने का अनुरोध किया। इस आंदोलन में महिलाएं-सामान्य नागरिक आगे थे। इकॉनामिक टाइम्स ने प्रभात खबर की इस भूमिका का पहले पेज पर उल्लेख किया।

यह वह दौर था, जब एडवरटोरियल (संपादकीय प्रायोजित विज्ञापन) का पदार्पण हो चुका था। विज्ञापन संपादकीय शक्ल में छप रहे थे, बाजार का दबाव बढ़ रहा था, हमारी टॉप टीम ने नीति तय की। इस नीति का श्रेय केके गोयनका, आरके दत्ता और प्रबंधन को है। हमने तय किया कि जहां बड़े मुद्दे होंगे, लाखों जनता के हितों का सवाल होगा, हम जनता को चुनेंगे, विज्ञापन नहीं। 1994-95 में नान बैंकिंग कंपनियों जेवीजी, हेलियस, कुबेर वगैरह का जोर था। बड़े-छोटे अखबार लगातार पेज-पेज भर विज्ञापन छापते थे, साथ ही उनकी प्रशंसा में संपादकीय कसीदे पढ़ते थे।

सब जानते थे कि जनता को ये नन-बैंकिंग कंपनियां ठग रही हैं। प्रभात खबर ने सीरीज में तब इन चीजों के सच के बारे में छापा। इन पारा बैंकिंग कंपनियों ने प्रभात खबर के खिलाफ कानूनी कार्रवाई आरंभ की। भविष्य में ऐसे अनेक मुद्दे आये, जब प्रभात खबर ने जनहित के पक्ष में खड़ा होकर लाखों-लाख के विज्ञापन गंवाये। केंद्र सरकार और राज्य सरकार का कोपभाजन बना प्रभात खबर।

वे घटनाओं के दिन थे और प्रभात खबर सार्थक हस्तक्षेप की भूमिका में था। पलामू से अकाल-भूख से मौत की खबरें आयीं। हमने पत्रकारिता की ताकत भूख से लड़ते लोगों के पक्ष में झोंक दी। रांची में एक जन समिति बनी। डॉ. सिद्धार्थ मुखर्जी, त्रिदिव घोष, सेना के कर्नल बख्शी जैसे लोग सामने आये। कमेटी ने लोगों से तत्काल राहत के लिए मदद मांगी, जुलूस, निकाले, बैंठकें कीं, लोगों से कहा कपड़ा, अन्न की मदद दें, नकद पैसा नहीं। दान देने वालों के नाम-विवरण रोज प्रभात खबर में छपते थे। दर्जनों ट्रक सामान लेकर कर्नल बख्शी, त्रिदिव घोष, फैसल अनुराग, वासवी वगैरह अकालग्रस्त क्षेत्रों में गये। प्रभात खबर की पत्रकारिता ने पलामू अकाल को बड़ा सवाल बना दिया। अंततः प्रधानमंत्री नरसिंह राव को वहां आकर राहत की घोषणा करनी पड़ी। उन दिनों प्रभात खबर की प्रसार संख्या सीमित थी, फिर भी जन मुद्दों के साथ अपने को आत्मसात् करने का प्रयोग, उसे ताकत दे रहा था। सच तो यह है कि जनमुद्दों के साथ ईमानदार तरीके से आत्मसात् होने की प्रक्रिया से पत्रकारिता को जो त्वरा, आभा और ताकत मिलती है, उसे बाजार के प्रचार, गिफ्ट नहीं दिला सकते।

राजनीति करवट ले रही थी और प्रभात खबर इस बदलाव से उभरती प्रगतिशील धारा का प्रतीक बन रहा था। मंडल आयोग की घोषणा ने यथास्थिति की राजनीति को झकझोरा। दुनिया के स्तर पर जाने-माने राजनीतिक समीक्षक-चिंतक प्रो. रजनी कोठारी की मशहूर संस्था सीएसडीएस ने अपनी पत्रिका लोकायन में प्रभात खबर की भूमिका का उल्लेख किया।

लोकायन ने इस प्रसंग में हिंदी के सिर्फ दो अखबारों के प्रगतिशील रवैये का उल्लेख किया, एक था नवभारत टाइम्स, दूसरा प्रभात खबर। रांची में रहकर, कम प्रसार के बावजूद हम देश के सबसे जाने-माने समाज विज्ञानियों की संस्था-पत्रिका में 'उल्लेख' पा रहे थे, यह उत्साह बढ़ाने वाला प्रसंग था।

इसी तरह झारखंड स्तर पर आदिवासियों की जो समस्याएं अखबारों, बिहार व देश के लिए मुख्यधारा की समस्या नहीं थीं, उन्हें प्रभात खबर ने मुख्यधारा के ही विषय माने। यह कहना ज्यादा तर्कसंगत होगा कि इस अंचल में पत्रकारिता के पीछे मूल मकसद था कि हाशिये पर पड़ा यह समुदाय समाज के वृत्त का केंद्रबिंदु बने। रविवार में काम करते हुए, रांची के हेराल्ड एस तोप्पनो से पत्राचार हुआ। पत्र से हमारा परिचय आत्मीय संबंधों में बदल गया। हमारे आग्रह पर बिरसा मुंडा के जन्मदिन 15 नवंबर पर वह, उन दिनों बिरसा के गांव उलीहातू गये और एक पेज में स्मरणीय रिपोर्ट लिखी। उनका असमय जाना प्रभात खबर की एक बड़ी क्षति थी। वह अत्यंत प्रतिभावान, सजग और तेजस्वी युवा विचारक थे। उन्हें हमने रविवार में छापना शुरू किया। झारखंड में प्रभात खबर के माध्यम से जन सरोकार की पत्रकारिता की संभावना तलाशने के लिए पहले हेराल्ड को ही हमने कलकत्ता न्योता। लंबी चर्चा हुई, संभावनाएं और चुनौतियां, दोनों पक्षों पर उन्होंने खुलकर बातें बतायीं। वह सरकारी नौकरी में थे। फिर भी उन्हें प्रभात खबर से जोड़ा। 'जल, जंगल और जमीन' पर हेराल्ड के लेख मील के पत्थर हैं। हेराल्ड का जंगलगाथा स्तंभ संपादकीय पेज पर छपना शुरू हुआ और एक ही दो लेखों के बाद उस स्तंभ की ताजगी, धरातल और विषय, राष्ट्रीय निगाह में आ गये। इसी तरह इस आदिवासी बहुल अंचल के महादेव टोप्पो, दयामनी बरला, वासवी, सुनील मिंज, ज्योत्स्ना डांग, फिलीप कुजूर, जेराम जेराल्ड कुजूर, मिखाइल डहंगा, सुषमा कुजूर जैसे अनेक प्रतिभावान युवा प्रभात खबर के संपर्क में आते गये। आदिवासी, मुसलिम, सदान (झारखंड क्षेत्र के बाशिंदे) और पिछड़ों को पत्रकारिता से जोड़ने के लिए प्रभात खबर ने एक गंभीर कोशिश की। इन वर्गों के अनेक तेजस्वी युवा पत्रकार आज पत्रकारिता में उम्दा काम कर रहे हैं।

हमारी अगली कोशिश थी संपादकीय पेज को स्तरीय बनाना। हम अपनी सीमाओं से वाकिफ थे। छोटा अखबार, वह भी रांची से, पूंजी की कमी अलग, पुराने परिचय-संबंधों के लाभ मिले। प्रभात खबर टीम की मान्यता थी कि विचारों-मुद्दों की पत्रकारिता ही समाज की सबसे बड़ी जरूरत है। यह वह दौर था, जब दुनिया के स्तर पर घोषणाएं हो रही थीं कि विचारों का अंत हो गया है। भारतीय पत्रकारिता में भी (अंग्रेजी-हिंदी में खासतौर से), विचारहीनता का दौर शुरू हो गया था। बाजार और फैशन मूल विषय बन रहे थे। हमने विषयों के साथ खुद को जोड़ा। हमारे संपादकीय पेज पर मधु लिमये, किशन पटनायक, सच्चिदानंद जी, रघुवीर सहाय, गणेश मंत्री, सुरेंद्र प्रताप सिंह, अरुण शौरी, मेघनाथ, केवल वर्मा, प्रो. ईश्वरी प्रसाद, नारायणदत्त जी, प्रो. कृष्णनाथ, धर्मवीर भारती, चतुरानन मिश्र, प्रो. अमर कुमार सिंह, डॉ. शिवप्रसाद सिंह, रामदयाल मुंडा, बीपी केसरी, जाबिर हुसैन, अगम प्रकाश जैसे लोगों के विचार आने लगे। इस प्रयास ने अखबार को नयी पहचान दी और प्रभात खबर की इस धारणा

को स्थापित किया कि विचार मरे नहीं हैं। रविवार पत्रिका में हमने गांधी, जेपी, लोहिया पर नये संदर्भों में कई विशिष्ट अंक निकाले, जिनमें देश के जाने-माने लोगों ने लेख लिखे। इन महापुरुषों के विचारों की ताकत ने प्रभात खबर की जड़ें मजबूत कीं, यह आज स्पष्ट दिखाई देता है। यह संकेत है कि विचार, सिद्धांत या साफ-सुथरी राजनीति का आग्रह जनता में खत्म नहीं हुआ है, सिर्फ शासकवर्ग और मौजूदा राजनीति को ही विचारों से भय है, इसलिए वे विचारों के अंत के नारे लगा रहे हैं। इसी तरह हिंदी के बड़े साहित्यकारों (पुराने से लेकर अज्ञेय, धर्मवीर भारती तक) को हमने श्रद्धा से स्मरण किया। कृष्णविहारी मिश्र जैसे विशिष्ट लोगों ने इन्हें नये सिरे से परखा। पाठकों ने इसे अपनाया, इसके पीछे हमारा मानना था कि हम हिंदी समाज में अपने बौद्धिकों-विचारकों के लिए एक सम्मानजनक धरातल खड़ा करें। हिंदी क्षेत्रों का दुर्भाग्य है कि राजनीति को उसने जरूरत से ज्यादा अहमियत-सम्मान दे दिया है। इसी तरह समाज के पाखंड, भ्रष्टाचार और कुरीतियों के खिलाफ लंबा अभियान चला।

जो लोग मानते हैं कि भ्रष्टाचार मुद्दा नहीं है, वे भ्रम में हैं, इस समाज का सबसे गंभीर मुद्दा भ्रष्टाचार है। सरकारी साधनों के दुरुपयोग, आधे-अधूरे कामों पर सरकारी पूंजी का व्यय, एकाउंटिबिलिटी का अभाव, राजनेताओं के झूठ को उजागर करने के लिए प्रभात खबर ने अनेक नये-नये तरीके अपनाये। गांव-गांव 'प्रभात खबर आपके द्वार' कार्यक्रम लेकर हमारे संवाददाता गये। पाठकों से गांव के लोगों की पीड़ा सुनी। बुनियादी समस्याओं की सूची बनायी और लगातार छापे। मतदाता जागरण अभियान में पाठकों को वोट का महत्त्व बताने का काम हुआ। साथ ही स्थानीय समाज के ईमानदार नायकों को एक मुहिम चलाकर नेपथ्य से हम प्रकाश में लाये। गांव-देहात जाकर ऐसे लोगों को हमने तलाशा। अनेक आदिवासी नेता (जो मंत्री रहे हैं, कई-कई बार सांसद-विधायक रहे हैं) गांवों में हल चलाते हैं, गरीबी में रह रहे हैं, राजनीति में बड़े पदों पर वर्षों रहने के बावजूद, ऐसे लोगों को दूर-देहात से तलाश कर हमने अखबारों की सुर्खियां बनायीं।

जमशेदपुर प्रभात खबर के स्थानीय संपादक अनुज सिन्हा ने जिस पैशन से ऐसी पत्रकारिता को समृद्ध किया, वह उल्लेखनीय और अनुकरणीय है।

एक तरफ संपादकीय मोरचे पर नये प्रयोग चल रहे थे, तो दूसरी ओर पाठकों से जुड़ने के लिए अनोखी पहल भी हो रही थी। '90 में प्रभात खबर ने पहली बार पाठकों की अदालत बुलायी, प्रभात खबर की कमियों को सुना। पाठकों की यह पहली बैठक लगभग सात घंटे चली थी। अखबारी दुनिया में पिछले दो-चार वर्षों में पाठकों से जुड़ने की आवाजें सुनाई देने लगी हैं। शहर, गांव, देहात में प्रभात खबर संपादकीय टीम के साथी दस-बारह वर्ष पहले पत्रकारिता का यह नया स्वर लेकर गये और लोगों से जुड़ गये। झारखंड की मिट्टी और जीवन के हिस्से बन गये। आज भी यह परंपरा चल रही है।

एक तरफ नये संपादकीय प्रयोग चल रहे थे, तो दूसरी ओर क्षेत्र-राज्य की समस्याओं पर एक उद्वेलित मानस तैयार करने का काम भी। 1990 में दिल्ली में प्रभात खबर ने 'झारखंड के पिछड़ेपन' पर देश के सिरमौर राजनेताओं-बौद्धिकों को न्योता। झारखंड

आंदोलन के बड़े नाम एक जगह आये। साथ ही रांची में ऐसी गोष्ठियों-विमर्शों का दौर चला। अमर बाबू से इस कार्य में बड़ा सहयोग मिला। वह मानते थे कि झारखंड आंदोलन या झारखंड की समस्याओं को बौद्धिक दृष्टि से सामने लाना जरूरी है। प्रभात खबर के आग्रह पर उन्होंने कई वर्षों तक इन विषयों पर मौलिक लेख लिखे। उनके न रहने पर उनके इन लेखों का संग्रह, राजकमल प्रकाशन से 'जोहार झारखंड' छपकर आया। अलग राज्य झारखंड बनने के पहले उस आंदोलन को बौद्धिक उष्मा देना, गति देना और उसे जीवित बनाये रखने का काम प्रभात खबर ने किया। उन दिनों लोग आरोप लगाते थे कि समाज में आंदोलन मंद-शिथिल और ओझल हो गया है, सिर्फ प्रभात खबर के पन्नों पर यह जीवित है। यह आरोप बिलकुल गलत नहीं था। दूसरा महत्त्वपूर्ण तथ्य। भाजपा जब अलग राज्य के लिए सहमत हुई तब वह 'वनांचल' नाम से नया राज्य चाहती थी। 'झारखंड' नाम से अलग राज्य नहीं चाहती थी। प्रभात खबर शुरू से आखिर तक स्थानीय जनभावनाओं के अनुरूप झारखंड बनने से दशकों पहले 'झारखंड' ही कहता आया। अंतत: 'झारखंड' नाम से ही राज्य बना। इस तरह 'झारखंड' गठन से प्रभात खबर का भावनात्मक रिश्ता रहा है। उन्हीं दिनों प्रभात खबर ने 'भारत किधर', 'बिहार किधर' और 'झारखंड की स्थिति' पर रांची, जमशेदपुर और धनबाद में व्याख्यानमालाएं आरंभ कीं।

प्रभात खबर ने जीवंत और जागरूक समाज के लिए इन व्याख्यानमालाओं का आयोजन शुरू किया, महाराष्ट्र और मध्यप्रदेश की तर्ज पर। कोशिश रही है कि हर विचार को सुनने और फिर उस विशेष वक्ता से सीधे संवाद का अवसर पाठकों को मिले। पटना, रांची (सबसे अधिक व्याख्यान यहीं हुए हैं) जमशेदपुर और धनबाद में ऐसे अनेक आयोजन हुए। 1990 में ही यह प्रयास आरंभ हुआ। रूसी मोदी, किशन पटनायक, लालू प्रसाद, जगदानंद, सीताराम येचुरी, अरुण शौरी, जावेद अख्तर, दिग्विजय सिंह (मध्यप्रदेश), अरुणा राय, चंद्रशेखर, प्रो. कृष्णनाथ, कॉमरेड विनोद मिश्र, दत्तोपंत ठेंगड़ी, यू.एन. विश्वास, प्रभाष जोशी, अजीत भट्टाचार्जी, न्यायमूर्ति पीवी सावंत, पूर्व मुख्य न्यायाधीश रंगनाथ मिश्र, कैंब्रिज के प्रोफेसर सत्येंद्रनाथ श्रीवास्तव, पूर्व राज्यपाल प्रो. सिद्धेश्वर प्रसाद, डॉ. नामवर सिंह, प्रो. योगेंद्र यादव जैसे प्रबुद्ध लोग इन कार्यक्रमों में बोल चुके हैं।

इन नये संपादकीय प्रयोगों ने बहुत कम समय में हमें पहचान दी। यह हमारी टीम के लिए प्रेरक प्रसंग था। वर्ष भर के इन प्रयासों के परिणाम आने लगे, इसके बाद देश के सफल क्षेत्रीय अखबारों की कार्यशैली, रणनीति और एप्रोच देखने-जानने की जरूरत हमारी टीम ने महसूस की, मलयालम मनोरमा, ईनाडु, नयी दुनिया, दैनिक भास्कर (इंदौर), राजस्थान पत्रिका और महाराष्ट्र टाइम्स को नये सिरे से मैंने जाकर देखा-जाना। इस संक्षिप्त अध्ययन यात्रा से बहुत कुछ सीखने को मिला। ईनाडु के रामोजी राव से मुलाकात यादगार स्मृति है। इस यात्रा में सफल क्षेत्रीय अखबारों से सीखी चीजों को हमने प्रभात खबर में अपनाया। हर यात्रा से लौट कर अच्छी और गलत चीजों के बारे में अपने सहयोगियों से खुली बातचीत होती थी। यह संवाद, बड़ा सार्थक और उपयोगी रहा। इस यात्रा से स्पष्ट हुआ कि आधुनिक

तकनीक और ग्रामीण इलाकों में नेटवर्किंग में ठोस प्रयास होने चाहिए। जब देश में हिंदी के बड़े अखबारों में संपादकीय विभाग, कंपोजिंग, संपादन और पेज बनाने का काम एक साथ नहीं करता था, तब प्रभात खबर में यह काम शुरू हुआ। ग्रामीण इलाकों को मोड्म-फैक्स से जोड़ने का प्रयास '91 से आरंभ हुआ। आधुनिक टेक्नॉलोजी से जुड़ने के इस प्रयास ने हमें आगे बढ़ाया।

तब केके गोयनका और आरके दत्ता हमेशा नये आइडियाज, नये प्रयोगों के सुझावों से लैस रहते थे। नये कामों के लिए हमारे पास पूंजी नहीं थी। हमने सोचा, बगैर पूंजी के क्या नये काम हो सकते हैं? इस दिशा में सोच का पहला परिणाम था रोजगार प्रभात खबर का प्रकाशन। लालू प्रसाद इसके उद्घाटन के लिए रांची आये, यह प्रयोग सफल रहा। फिर हमने जमशेदपुर, धनबाद से प्रभात खबर के प्रकाशन की योजना बनायी। दोनों जगहों पर दो लोग प्रभात खबर का 'फ्रेंचाइज' लेने को तैयार थे। केके गोयनका-आरके दत्ता ने सूझबूझ से 'एग्रीमेंट' किया। प्रभात खबर दोनों जगह से निकलने लगा। कुछ ही वर्षों में लगा कि यह प्रयोग नहीं चल सकता, हम मित्रवत अलग हो गये।

इसके बाद हमारी 'टॉप टीम' इस जुगाड़ में लगी कि जमशेदपुर, धनबाद से कैसे हम अपना अखबार आरंभ करें। पूंजी का अभाव गंभीर समस्या थी। केके गोयनका और आरके दत्ता जालंधर जाकर एक 'थर्ड हैंड' ब्लैक एंड व्हाइट मशीन खरीद लाये, अत्यंत कम कीमत पर। तब तक प्रभात खबर की रांची में जिस मशीन से छपाई हो रही थी, वह (बंधु मशीन) इंडस्ट्री से काफी पहले स्क्रैप घोषित हो चुकी थी। जालंधर से आयी थर्ड हैंड मशीन को रांची में लगाया गया और रांची की 'स्क्रैप बंधु मशीन' को हम जमशेदपुर ले गये, वहां से फिर धनबाद। रांची में लगी थर्ड हैंड 'ओरिएंट' पुरानी मशीन ने भी गंभीर संकट में डाला। दो-तीन महीनों तक अकसर सुबह पांच-छह बजे केके गोयनका और मैं दफ्तर में होते। अखबार लेट होने के कारण। पता चलता आरके दत्ता आधी रात से ही हैं। धीरे-धीरे यह भी ठीक हुआ।

जमशेदपुर और धनबाद दोनों जगहों पर उसी स्क्रैप-ब्लैक एंड व्हाइट आठ पेजी बंधु मशीन से हमने प्रभात खबर की शुरुआत की। मामूली इन्फ्रास्ट्रक्चर खड़ा कर के। नये संस्करण खोलने के पहले हर जगह हम किराये पर एक गेस्ट हाउस लेते थे। उसमें प्रधान संपादक से लेकर चपरासी तक साथ रहते थे। साथ खाते थे। केके गोयनका-आरके दत्ता ने हर गेस्ट हाउस के नुस्खे बना रखे थे, चौकी कहां से बनेगी? लकड़ी के जो बॉक्स, मशीन ढोकर लाते हैं, उनसे सोने के लिए चौकियां बनीं। अत्यंत कम खर्चे से बिस्तर या अन्य इंतजाम। गेस्ट हाउस में हमने साथ खाना बनाने-सब्जी काटने का काम किया। कई वर्षों तक रेल के सेकेंड क्लास और बस में हमारी टॉप टीम (केके गोयनका-आरके दत्ता वगैरह) ने यात्रा की। अखबार का प्रचार-प्रसार कैसे हो? इसके भी नये-नये तरीके ईजाद किये। आज जो लोग एक-एक संस्करण करोड़ों-करोड़ों निवेश कर चलाते हैं, वे इन चीजों पर हंसेंगे, पर यह सब एक प्रयोग की स्मृति है। हमारी टॉप टीम ने तय किया कि जैसे एक व्यक्ति संकट के लिए 'रेकरिंग डिपाजिट' एकाउंट बैंकों में खोलता है, उसी तरह हम प्रभात खबर के विभिन्न संस्करणों में रेकरिंग

एकाउंट खोलें। 10, 5 हजार के। हमारे इस प्रस्ताव पर हमारे ग्रुप कंपनी के लोग तब हंसे थे।

इसी रेकरिंग एकाउंट के पैसे से हमने रांची में सिटी ऑफिस खोला। धनबाद, जमशेदपुर में प्रभात खबर की जमीन लेने में मदद मिली। हमारी संपादकीय टीम में भी ऐसे प्रशिक्षित लोग निकले, जो एक-एक पैसे फालतू खर्च पर नियंत्रण खो बैठते थे/बैठते हैं।

बहुत पहले प्रभात खबर ने संपादकीय विभाग के घेरे को तोड़कर, अखबारी उद्योग की नब्ज पर हाथ रखने के लिए संपादकीय सहयोगियों को तैयार किया। हिंदी अखबारों में आज भी मान्यता है कि संपादकीय विभाग को संपादन काम के अतिरिक्त कुछ जानना नहीं चाहिए। आज से 12-14 वर्ष पहले प्रभात खबर की टीम ने इस धारणा को ध्वस्त किया और हर विभाग की कार्यप्रणाली जानने, सबके साथ टीम बनाकर काम करने और इंडस्ट्री में आ रहे नये बदलावों को जानने की सायास पहल की। अखबार उद्योग में 'ऑलराउंडर' होने की जरूरत पिछले दो-तीन वर्षों से महसूस की जा रही है। बड़े अखबारों में युद्ध स्तर पर यह कोशिश हो रही है। हमने शुरुआत ही 'ऑलराउंडर' बनने की कोशिश के साथ की थी। और इसी कार्य पद्धति से प्रभात खबर की टीम ने एक नया अध्याय लिखा।

याद करिए 1991 में जिस अखबार के बारे में, न्यूजपेपर इंडस्ट्री के विशेषज्ञ लिखित राय दे चुके थे कि जितना जल्द यह बंद हो, नुकसान बचेगा। उस संस्थान को इन्हीं नये प्रयोगों ने आज यहां पहुंचा दिया है। हां! 1990-95 के बीच अनेक नये प्रयोगों ने दम भी तोड़ा। हिंदी में पहली बार आर्थिक समाचारों का साप्ताहिक कलकत्ता से 'कारोबार खबर' प्रभात खबर ने निकाला। डेढ़-दो साल चलकर यह स्थगित हो गया। महिलाओं के लिए 'घर' पत्रिका आरंभ हुई। जो चार वर्षों तक चली। आज यह काम जागरण समूह 'सखी' निकाल कर बहुत अच्छी तरह कर रहा है।

हमने सामयिक समस्याओं पर पाक्षिक 'पत्रिका' भी निकाली। कुछ समय बाद इसे भी स्थगित करना पड़ा। ये सारे प्रयोग बिना एक पैसा निवेश किये हुए आरंभ किये गये थे। गलती यह हुई कि इन पत्र-पत्रिकाओं के लिए आर्थिक कारणों से हमने नये स्टाफ भी नहीं रखे। प्रभात खबर के संपादकीय साथियों को ही इनके दायित्व अतिरिक्त तौर पर सौंपे गये। यह एक गंभीर भूल थी पर इन प्रयोगों ने हमारी टीम को परिपक्व और अनुभव समृद्ध बनाया।

इस पूरे अफसाने में सीखने को बहुत मिला। खासतौर से मैनेजमेंट के बारे में। संपादकीय पृष्ठभूमि से आने के कारण मैं इस क्षेत्र से अनभिज्ञ था। प्रभात खबर के मैनेजमेंट अनुभवों के बारे में अलग से हमारी टीम पुस्तक लिख सकती है। मुख्यतः 22 अक्तूबर, 1989 से 1995 तक प्रभात खबर में हुए प्रयोगों की यही कहानी है।

बाद का अध्याय और रोचक और रोमांचक अनुभवों से भरा है। मोटे तौर पर सारांश यही है कि पहले फेज (1990-95) या दूसरे फेज (1995-अब तक) में प्रभात खबर की प्रगति, उसकी टीम की प्रतिबद्धता का परिणाम है। टीम, नीचे से ऊपर तक। आज न्यूजपेपर इंडस्ट्री में आवश्यक पूंजी निवेश एक क्रिटिकल फैक्टर है। फैलाव और पाठक बढ़ाने की होड़ न्यूजपेपर इंडस्ट्री में रहने की अनिवार्य शर्त्त हो गई हैं। किसी एक घराने ने 4 वर्षों में 400

करोड़ निवेश किये, तो किसी ने 200 करोड़। पर पूंजी महत्त्वपूर्ण होने के बावजूद टीम में दृष्टि, प्रतिबद्धता हो, तो नये रास्ते निकलते ही हैं। प्रभात खबर इसका ज्वलंत उदाहरण है। इसी दौर में सितंबर, 2003 में राजस्थान पत्रिका का सर्वेक्षण विज्ञापन कहता है कि देश के सबसे आगे बढ़ते छह अखबारों में से प्रभात खबर एक है। यह दूसरे फेज ('95-2003) की कहानी है। प्रभात खबर की युवा टीम (हर विभाग) के उल्लेखनीय काम का दूसरा पहलू। बनी बनायी लीक पर, भारी पूंजी उपलब्धता और सुविधाओं के बीच यात्रा तो सब करते हैं, पर खुद राह बनाने और अभावों, संकटों और विपरीत परिस्थितियों में अपनी जगह बनाने का काम अपवाद ही करते हैं। इस संदर्भ में प्रभात खबर की टीम अपवाद है।

प्रभात खबर में पिछले चौदह वर्षों में जो अनुभव ग्रहण किये हैं, वे पत्रकारिता के बदले मिजाज के बारे में बहुत कुछ बताते हैं। उदारीकरण (1991) के बाद प्रेस पर दबाव का स्वरूप और चरित्र बदला है। अंग्रेजी के बड़े अखबार और उनको आदर्श मानकर हिंदी के उभरते बड़े अखबार (जो करोड़ों में पाठक संख्या बताते हैं) समाज के 'हैवस' (संपन्न, शासक व दबंग) के प्रवक्ता बन गये हैं। अगर आप 'हैव नॉट्स' (गरीब, विपन्न) की बात करते हैं, तो आपके ऊपर चौतरफा दबाव पड़ते हैं। सरकार से, विधायिका से, अपराधियों से, उद्योग घरानों (विज्ञापन दाताओं) से और अपने प्रबंधन से। इस ग्लोबल अर्थव्यवस्था और ग्लोबल दुनिया में ऐसे दबाव इतने ताकतवर और कई स्रोतों से हैं कि इनसे परंपरागत ढंग-अर्थ में लड़ना कठिन है।

अपने अनुभव के संदर्भ में कुछ तथ्य रखना चाहूंगा, ताकि चीजें स्पष्ट हो सकें। मैंने पत्रकारिता की शुरुआत टाइम्स ऑफ इंड्या, बंबई के प्रशिक्षण संस्थान से प्रशिक्षु पत्रकार के रूप में की। 1977, एक मार्च से। एक वर्ष प्रशिक्षण के बाद धर्मयुग में रहा, बाद में रविवार में काम किया। कोलकाता रहा, आपातकाल और उससे पहले के राजनीतिक, आर्थिक और सामाजिक माहौल ने घर के विरोध के बावजूद, पत्रकारिता में जाने की मन:स्थिति तैयार की। महानगरों का जीवन-हालात देखते हुए और महानगरीय पत्रकारिता करते हुए बार-बार सवाल उठते रहे कि पत्रकारिता में आने के उद्देश्य क्या थे? छोटी जगह से पत्रकारिता कर 'हैव नॉट्स' के जीवन में कोई परिवर्तन संभव है? पत्रकारिता, सामाजिक-आर्थिक हालात पर असर डाल सकती है? स्थानीय जीवन को प्रभावित कर सकती है? समाज बदलाव में असरदार भूमिका निभा सकती है? इसी क्रम में आदिवासियों की जीवन शैली, सहजता और सामूहिकता ने पत्रकारिता में जोखिम लेने के लिए तैयार किया।

अलग 'झारखंड' प्रदेश की हमने एक लंबी लड़ाई लड़ी। झारखंड बनते ही शोर हुआ कि यह नया राज्य खनिज संपदा से भरपूर होगा। यहां सरप्लस बजट होगा, तब इस 'बाजार' के लिए बड़े अखबार आने लगे। उल्लेखनीय है कि यहां की पीड़ा-संघर्ष के दौरान कोई नहीं आया। घाटे में रहने और यहां के लोगों के दुख में साझीदार बनने के लिए कोई समाचार समूह नहीं पहुंचा, पर लाभ-धन कमाने के लिए अंग्रेजों की तरह कंपनियां झारखंड में दौड़ पड़ीं। वर्ष 2000 में हिंदुस्तान और 2003 में दैनिक जागरण ने झारखंड में तीन जगहों से अपना प्रकाशन आरंभ किया। भारी पूंजी निवेश, प्रचार, आक्रामक मार्केटिंग के अतिरिक्त नैतिक रूप

से अनेक विवादास्पद व आपत्तिजनक कदम उठाये गये, पर झारखंड की धरती से प्रकाशित प्रभात खबर की प्रसार संख्या लगातार बढ़ी।

इन अखबारों से मुकाबले के लिए प्रभात खबर ने पत्रकारिता की एक नयी जमीन चुनी। वह जमीन, कंटेंट और विषय वस्तु, जिसे उदारीकरण के बाद पत्रकारिता खारिज कर चुकी है। उदारीकरण में जो लोग, समाचारपत्रों-मीडिया के विषय-वस्तु नहीं रहे, हमने उन्हें मूल विषय माना। वे गरीब, अनपढ़ आदिवासी, किसान, महिलाएं, जो समाज में हाशिये पर हैं, उनकी आवाज बनने का फैसला किया। 'हैव नॉट्स' की इस पत्रकारिता ने ही इस अखबार को इतनी ऊर्जा और व्यापक पाठक आधार दिया कि यह आज भी अपनी जमीन पर मजबूती से खड़ा है। पर यह राह कंटकाकीर्ण है, कठिन और मुख्यधारा से अलग। आज समाज में जैसे विचारों का निर्वासन हो गया है, उसी तरह यह राह भी अनजानी बन गयी है। तरह-तरह के दबाव और संकट इस यात्रा को असंभव बनाते हैं।

प्रभात खबर पटना संस्करण का प्रकाशन 1996 में हुआ। प्रभात खबर जमशेदपुर संस्करण का प्रकाशन 1997 में, प्रभात खबर, धनबाद संस्करण का प्रकाशन 1999 में शुरू हुआ। एक वर्ष के अंदर ही जमशेदपुर और धनबाद में स्थानीय अखबारों के मुकाबले प्रभात खबर काफी आगे निकलकर नंबर एक बन गया था।

सरकारी नियमों के अनुसार छह माह के प्रकाशन के बाद भारत सरकार के सूचना मंत्रालय के तय मानदंडों के तहत डी.ए.वी.पी. की मान्यता के लिए आवेदन देना होता है। यह मान्यता मिलने पर राज्य सरकार के पास पंजीकरण (राज्य स्तरीय मान्यता, ताकि राज्य सरकार का विज्ञापन मिल सके) के लिए आवेदन देना होता है। तब राज्य सरकार खुफिया व गृह विभाग से जांच कराकर मान्यता देती है। कई वर्षों तक प्रभात खबर के लोग सारी मान्यताओं-औपचारिकताओं को पूरा कराकर प्रभात खबर के पटना, धनबाद और जमशेदपुर संस्करणों की मान्यता के लिए बिहार सरकार के पास दौड़ते रहे। सेक्रेटेरिएट के चक्कर काटते रहे। नीचे से अफसरों की हर गोपनीय रिपोर्ट प्रभात खबर के अनुकूल थी पर धनबाद और जमशेदपुर संस्करण को (जो अपने इलाके में सबसे आगे थे) को अंत-अंत तक बिहार सरकार ने मान्यता नहीं दी। पटना संस्करण को छह वर्ष बाद 2002 में मान्यता मिली। तब, जब दैनिक जागरण के पटना संस्करण (जो वर्ष 1999-2000 में पटना से शुरू हुआ) को बिहार सरकार ने मान्यता दी। यह गौर करने लायक तथ्य है कि अयोध्या प्रकरण में जिन अखबारों की भूमिका पर प्रेस काउंसिल ने लंबी रिपोर्ट दी है, जो अपने सामाजिक विद्वेष की भूमिका के लिए जाने जाते हैं, उन्हें बिहार राष्ट्रीय जनता दल की धर्मनिरपेक्ष ताकतों ने तुरंत मदद की। अनेक फर्जी अखबार, बिना प्रसार संख्या वाले अखबार ऊपर से नीचे तक को खुश कर सारे सरकारी विज्ञापन पा रहे थे। पर, अपने-अपने इलाकों में अपनी पहचान बना चुके, नंबर वन बन चुके प्रभात खबर के जमशेदपुर और धनबाद संस्करणों को सरकारी मान्यता नहीं दी गयी, न विज्ञापन। पटना संस्करण को छह वर्ष बाद मान्यता मिली।

1991-95 के दौर में ही आर्थिक उदारीकरण के गर्भ से जो चिट फंड कंपनियां, शेयर

बाजार के दलाल और नॉन-बैंकिंग कंपनियां अवतरित हुईं, उनकी भूमिका शायद ही देश जान पाये। एक अनुभवी बैंकर के अनुसार देश भर में लगभग 85,000 करोड़ रुपये इन कंपनियों ने जनता से वसूले। गांवों से, छोटे शहरों से, गरीबों से, रिक्शा चालकों से, घर में काम करने वाली दाइयों से। पिछड़े बिहार और झारखंड के गरीब लोगों को सपना दिखाकर छला गया। दो वर्ष-तीन वर्ष में धन दोगुना करने या ऐसे अन्य ठगने वाली योजनाओं को लेकर। इस भारत-लूट में राजनीतिज्ञ, सरकार और अफसर साथ थे। तब पूरे बिहार में हेलियस, जेवीजी, कुबेर जैसे अनेक संगठन सक्रिय थे। इनमें से कुछ के मालिक इतने व्यस्त हो गये कि वे हेलीकॉप्टर लेकर यात्रा करने लगे। उनमें राजनेता भी साथ होते थे। हेलीकॉप्टर से दौरा कर, निवेशकों को मुक्तिदायक बचत योजनाएं बताकर सरकार और कानून के संरक्षण में ठगी का दौर चला। राजनीतिज्ञों के वरदहस्त से बड़े-बड़े अखबारों-मीडिया को करोड़ों-करोड़ों के विज्ञापन देकर मुंह बंद कर दिये गये।

इन कंपनियों की बचत योजनाएं महज ठगी अभियान का हिस्सा थीं। प्रभात खबर ने तब आर्थिक विशेषज्ञों से बात कर ऐसी कंपनियों के षड्यंत्र को सिलसिलेवार उजागर करना आरंभ किया, पूरी तैयारी के साथ। इन सत्ता पोषित आर्थिक ठगों के खिलाफ जनता को सचेत करना अखबारों का पहला धर्म था। इस अभियान की कीमत स्पष्ट थी। विज्ञापन कटे, लीगल नोटिस-मुकदमों का दौर आरंभ हुआ, इन धमकियों के बावजूद प्रभात खबर का यह अभियान चलता रहा। अंतत: जेबीजी, कुबेर, हेलियस जैसी कंपनियां अरबों-अरबों ठगकर आज गायब हैं। इन कंपनियों के बारे में बड़े-बड़े अखबारों में 'एडभरटोरिएल' छपते थे। इन कंपनियों के प्रमोटरों के बारे में बड़े घरानों से लेकर हिंदी के उभरे बड़े अखबार पाजिटिव लेख, फीचर छापने की होड़ में जुटे थे। स्तुतिगान की स्पर्द्धा में अखबारों में इनके 'इंटरपेन्योरशिप' (उद्यमशीलता) के गीत गाये गये। उस दौर में हमने इन बैंकिंग कंपनियों के खिलाफ धारावाहिक अभियान चलाया। वर्षों बाद पैसे डूबने के कारण अनेक लोगों ने आत्महत्याएं कीं। अपनी गाढ़ी कमाई लुटाकर उन्होंने अपनी जिंदगी खत्म कर ली। आश्चर्य तो यह था कि अंग्रेजी व हिंदी के बड़े अखबार एक स्वर में इन कंपनियों के बारे में एक ही 'इडियम-फ्रेज' (मुहावरे) में बातें कर रहे थे। शासक वर्ग (हैव्स) की इस भारत-लूट में सब साझीदार थे। आज ये सब मौन हैं, उस प्रसंग की चर्चा नहीं करते।

हिंदी के अखबारों से अपेक्षा थी कि उनकी जड़ें मिट्टी में हैं, वे अपने पाठकों के हितों का ध्यान रखेंगे। अपने इलाके-राज्यों में हो रहे इस आर्थिक लूट के खिलाफ आवाज उठायेंगे, पर इन बड़े हिंदी अखबारों ने 'बड़ा होने' के लिए अंग्रेजी के तर्ज पर 'हैव्स' का प्रवक्ता बनना चुना। यह अखबारों की भूमिका में बड़ा बदलाव है। पूंजी की ताकत के आगे संपूर्ण आत्मसमर्पण ही नहीं, जनता की लूट में साझीदार। बड़े हिंदी अखबारों की यह भूमिका (प्रो-हैव्स) लगातार मुखर होती गयी। आप गौर करिए, उदारीकरण के बाद प्रधानमंत्री, वित्त मंत्री, अन्य मंत्री, मुख्यमंत्री या विरोधी पक्ष के नेता, एकेडमिशियन, सीआईआई (कन्फेडरेशन ऑफ इंड्यिन इंडस्ट्रीज), चैंबर ऑफ कॉमर्स या ऐसे अन्य उद्योग-संगठनों के मंच से बोलने के लिए लालायित रहते हैं। ऐसे ही मंचों से प्रधानमंत्री, वित्त मंत्री प्रमुख नीतियों की घोषणा करते हैं। अंग्रेजी

अखबार तो इसी वर्ग के हितैषी हैं। हिंदू जैसे एकाध अपवाद हैं। अब बड़े हिंदी अखबार भी इसी भूमिका में उतर पड़े हैं। हुआ यह है कि दिल्ली में सीआईआई जैसी संस्थाओं के मंच से प्रधानमंत्री, वित्त मंत्री वगैरह बोलते हैं, तो राज्य की राजधानियों में मुख्यमंत्री व अन्य मंत्री। जिलों में ऐसे उद्योग मंचों से कलक्टर, एसपी, विधायक, सांसद, मंत्री। हिंदी अखबार इसी वर्ग के हितों को प्रमोट व प्रचारित कर रहे हैं। इन अखबारों में रातोंरात, बिना श्रम के अमीर बने लोग समाज के नये नायक के रूप में प्रस्तुत होते हैं।

अब बड़े पैमाने पर अखबार भी गलत ढंग से ब्लैकमनी कमाने में लग गये हैं, ब्लैकमेल कर। 1998 में मध्यप्रदेश में विधानसभा चुनाव हुए। वहां के दो बड़े अखबारों ने कैसे विज्ञापन छापे, कितने पैसे वसूले, कैसे करोड़ों कमाये, यह जानना, मीडिया और अखबारों में आये बदलाव को समझने की दिशा में एक आवश्यक कदम होगा। चुनाव आयोग ने चुनावी विज्ञापन की सीमा तय कर दी थी। इन अखबारों ने नायाब तरीके ढूंढ़े। चुनाव लड़ रहे प्रत्याशियों के पक्ष में एडवरटोरियल छपे। प्रत्याशियों ने विज्ञापन देने के बदले 'न्यूज आइटम' अपने पक्ष में छपवाये। सूचना है कि सीधे अखबारों के प्रबंधन या उसके बड़े पत्रकारों ने इन 'प्रचार न्यूज आइटमों' के विज्ञापन दर से पैसे वसूले। ब्लैक में करोड़ों कमाये गये। चुनाव आयोग की आचार संहिता - चुनावी प्रचार-विज्ञापन पर खर्च की सीमा तय करने की सारी कोशिशें धरी की धरी रह गयीं।

इसके बाद उत्तर प्रदेश, राजस्थान, गुजरात और पंजाब में विधानसभा चुनाव हुए। फिर हिमाचल प्रदेश में चुनाव हुए। इन चुनावो में बड़े हिंदी के अखबारों (दैनिक ट्रिब्यून को छोड़कर) ने किस तरह चुनावी विज्ञापन वसूले? एडवरटोरियल छपे। फर्ज कीजिए एक विधानसभा क्षेत्र से दस चुनावी प्रत्याशी थे, तो दसों के जीतने संबंधी 'न्यूज आइटम' छपे। ये 'पेड न्यूज आइटम' (पैसा लेकर छपी खबरें) थे। बड़े प्रभावशाली हिंदी अखबारों की पत्रकारिता यहां पहुंच गयी है। अखबारों का मूल फर्ज-धर्म सही सूचनाएं देना है। जब पैसे लेकर गलत सूचनाएं अखबारों में छप रही हों, तब उदारीकृत ग्लोबल अर्थव्यवस्था में हिंदी अखबारों का नया रोल समझा जा सकता है। एंटी पीपुल। देश में हैव्स यानी भद्रलोक-शासक वर्ग का समर्थन। अनेक बड़े अखबार पैसे लेकर प्रेस विज्ञप्ति छाप रहे हैं। इससे बड़ी आमद हो रही है और ऐसी काली कमाई से सस्ते, रंगीन और भारी भरकम अखबार (अधिक पृष्ठों के साथ) अत्यंत सस्ती दर पर पाठकों को मिल रहे हैं।

अखबारों का यह नया अर्थशास्त्र, छोटे अखबारों (जो जमीन से जुड़े हुए हैं) के खिलाफ है। यह नया दबाव है, जिसे जनता-पाठक नहीं समझ पा रहे हैं। नये रूस पर एक अत्यंत महत्त्वपूर्ण पुस्तक आयी है 'द ओलिगार्कस : वेल्थ एंड पावर इन न्यू एशिया' (लेखक- डेविड इ हाफमैन)। इस पुस्तक में तथ्यात्मक विवरण हैं कि किस तरह चंद बड़े घरानों ने येल्तसिन के चुनाव प्रचार में अघोषित रूप से पैसे खर्च किये। भारी मात्रा में विज्ञापन पर पैसे खर्च किये गये। बड़े अखबारों को झूठी सूचनाएं देने के लिए खरीद लिया गया। अखबार माफिया सिंडिकेट के हिस्से बन गये। उन्हें विज्ञापन के नाम पर भारी भुगतान हुए। बड़े उद्योग घरानों ने बदले में (जिन्होंने येल्तसिन का यह प्रचार बजट फाइनेंस किया) शासक वर्ग के पक्ष में खबरें छपवायीं।

चुनाव जीता और 'स्टेट पावर' 'राजकोष' को अपनी दौलत बढ़ाने के यंत्र के रूप में इस्तेमाल किया। राजकोष लूटा गया, यह सब देखकर कभी-कभी डर लगता है कि क्या भारत में भी शासक वर्ग, उद्योग घराने और अपराधी, रूस की तरह सिंडिकेट बनाकर भारत में मीडिया का इस्तेमाल करना चाहते हैं?

और केंद्र राज्य-सरकारों की भूमिका? अपने ही अनुभवों के संदर्भ में कहना चाहूंगा।

सत्ता प्रतिष्ठान के अनुकूल खबरें न देने के संबंध में प्रभात खबर का अनुभव बता चुका हूं। पर नये राज्य झारखंड का अनुभव जानिए। वर्ष 2000 में नया झारखंड राज्य बना। इस राज्य का सर्वाधिक प्रसारित अखबार प्रभात खबर हुआ। प्रसार आंकने के जो भी सर्वमान्य राष्ट्रीय मापदंड, कसौटी हैं- एबीसी, एनआरएस, आईआरएस- सबके अनुसार तब (वर्ष 2000) भी और आज भी प्रभात खबर झारखंड का सर्वाधिक बिकने वाला अखबार था और है। रांची से प्रकाशित रांची एक्सप्रेस पुराना दैनिक अखबार है, इसके संचालक राष्ट्रीय स्वयंसेवक संघ के यहां के संस्थापकों में से एक हैं। भाजपा के बड़े नेताओं का अड्डा रहा है यह। 1977 में जब यह अखबार दैनिक बना, तब तत्कालीन विदेश मंत्री अटल बिहारी वाजपेयी ने इसका उद्घाटन किया था। 1998 में भाजपा के केंद्र में आने के साथ ही गुपचुप, प्रभात खबर के केंद्र सरकार से विज्ञापन मिलने कम हो गये, रांची एक्सप्रेस के मुकाबले। प्रभात खबर की प्रसार संख्या काफी आगे थी, दोगुने से अधिक। झारखंड भाजपा के कोषाध्यक्ष तब रांची एक्सप्रेस के संपादक थे। बाद में वह (सन् 2002) भाजपा सांसद बने। सरकुलेशन-पाठक संख्या आधा, पर केंद्र से विज्ञापन प्रभात खबर के मुकाबले दोगुना। माननीय मुरली मनोहर जोशी के मानव संसाधन, विज्ञान-प्रौद्योगिकी से जारी होने वाले सारे विज्ञापनों में से वर्ष 1998 से आज तक एक भी विज्ञापन शायद ही प्रभात खबर को मिला हो। कारण, मुरली मनोहर जोशी के रांची एक्सप्रेस से अत्यंत निकट के रिश्ते रहे हैं। भाजपा और संघ परिवार इस अखबार को अपना मानता है। इतना ही नहीं, अटल बिहारी वाजपेयी के प्रधानमंत्री बनने के बाद उनके साथ विदेश यात्रा पर जाने वाले पत्रकारों में इस अखबार के दो भाइयों (मालिकों) में से एक, लगातार साथ रहते थे। तब एक भाई संपादक थे, वह बाद में राज्यसभा में गये। दूसरे भाई डायरेक्टर की हैसियत से दिल्ली में रहते हैं। बारी-बारी से दोनों भाइयों में से एक प्रधानमंत्री की विदेश यात्राओं में शरीक रहते। दोनों प्रेस कोटे से जाते जबकि एक संपादक थे दूसरे निदेशक थे प्रबंधन देखने वाले। कहने की जरूरत नहीं कि अखबार रांची एक्सप्रेस भाजपा का मुखपत्र होने का पुरस्कार पा रहा था। कम प्रसार के बावजूद अधिक प्रसार वाले अखबारों से दोगुना से अधिक विज्ञापन पाकर, प्रधानमंत्री की हर विदेश यात्राओं में शरीक होकर।

सन् 2000 में प्रभात खबर ने प्रेस काउंसिल में इन दोनों मुद्दों पर शिकायत की। प्रेस काउंसिल ने राष्ट्रपति-प्रधानमंत्री की विदेश यात्राओं में जाने वाले पत्रकारों के लिए कसौटी तय की है। तत्कालीन प्रेस काउंसिल चेयरमैन पीवी सावंत ने इसे सुनवाई के लिए स्वीकार किया। संबंधित पक्षों को नोटिस दी गयी। इसके फलस्वरूप प्रभात खबर के विज्ञापन में तो बढ़ोतरी हुई, पर भाजपा समर्थक कम प्रसार वाले अखबार के विज्ञापन नहीं घटे।

प्रधानमंत्री के साथ इस अखबार के दो भाइयों के बारी-बारी यात्रा प्रकरण में प्रेस काउंसिल ने वर्ष 2003 के आरंभ में प्रभात खबर के पक्ष में निर्णय दिया।

संयोग से नये झारखंड राज्य में भी भाजपा गंठबंधन राजग की ही सरकार बनी। बाबूलाल मरांडी राज्य के पहले मुख्यमंत्री बने। झारखंडी आकांक्षाओं और अलग झारखंड के लिए प्रभात खबर दशकों से लड़ता रहा। आदिवासियों, वंचितों, जंगलों में जीने वालों की आवाज बनकर। झारखंड लूटने वालों के चेहरे बेनकाब कर। बाबूलाल मरांडी की सरकार भी बिहार की पुरानी कार्यशैली पर चल पड़ी। राज्य को निजी जागीरदारी की तरह चलाने की कोशिश शुरू हुई। इस सरकार की कारगुजारियों को सामने रखने का काम प्रभात खबर ने किया। तत्कालीन मुख्यमंत्री और उनके मंत्रियों के इशारे पर राज्य सरकार ने दो बार प्रभात खबर के विज्ञापन घटा दिये, जिसका लिखित प्रतिरोध किया गया। अखबार का नाम लिए बगैर तब के मुख्यमंत्री और उनके मंत्रियों ने अखबार के बंद होने और धमकियों का सार्वजनिक सिलसिला शुरू किया। इस सरकार ने स्वघोषित विरोधी प्रभात खबर को कमजोर करने के लिए एक नायाब काम किया। गैर कानूनी ढंग से अन्य अखबारों को मान्यता एवं विज्ञापन देकर, प्रमोट कर। मनपसंद-अनुकूल अखबारों को प्रमोट कर, प्रभात खबर को कमजोर कर।

झारखंड की राजधानी से अन्य 'राष्ट्रीय अखबार' आये। नियमतः इन्हें छह माह प्रकाशन के बाद पहले केंद्र सरकार के डीएवीपी से विज्ञापन पाने हेतु मान्यता लेनी थी। फिर उस मान्यता के आधार पर राज्य सरकार के गृह विभाग में पंजीकरण के लिए आवदेन देना होता। इस पूरी प्रक्रिया में कम-से-कम तीन वर्ष लग जाते हैं, पर इन अखबारों को बगैर मान्यता के झारखंड सरकार से विज्ञापन मिलने लगे। एक अखबार को भुगतान भी मिला। उल्लेखनीय है कि विज्ञापन दर, केंद्र सरकार तय करती है, वही दर राज्य सरकार, अपनी जांच प्रक्रिया के बाद स्वीकार करती है। कानूनन यह सवाल उठना चाहिए कि भुगतान और विज्ञापन, बिना केंद्र सरकार की स्वीकृति के कैसे मिल रहे हैं? यह 'गैरकानूनी छूट' कभी प्रभात खबर को नहीं दी गयी। इतने कम समय में प्रभात खबर के किसी संस्करण को कभी सरकारी विज्ञापन नहीं मिले, क्यों? क्योंकि उसका सुर, सत्ताधीशों को नहीं सुहाता और सत्ताधीश 'राजव्यवस्था' को निजी जागीरदारी की तरह चला रहे हैं।

2002 में पलामू के एक प्रखंड (मनातू) के एक गांव में भुखमरी से हुई मौतों की खबर प्रभात खबर में छपी। उल्लेखनीय है कि यह खबर छपने के छह माह पहले राज्य सरकार ने इस अंचल को सूखाग्रस्त घोषित किया था। गजट में सूखाग्रस्त की घोषणा के साथ ही कानूनन उस प्रखंड में राहत के काम शुरू होने चाहिए थे। सार्वजनिक वितरण के काम तेज होने चाहिए थे, पर कोई काम आरंभ तक नहीं हुआ। भूख से मौत के संबंध में डालटनगंज अदालत में एफीडेविट प्रस्तुत हुआ। इसी आधार पर प्रभात खबर में समाचार छपा।

भुखमरी से मौत की खबर छपते ही जैसे भूचाल आ गया। अगले दिन ही सरकार के मंत्री-अफसर हेलिकॉप्टर से वहां गये। अफसरों की बड़ी फौज सड़क से गयी। न सड़क, न कोई सुविधा, न बिजली, न पानी। बहरहाल सरकार ने माना कि सूखाग्रस्त घोषित होने के बाद

राहत काम शुरू नहीं हुए, पर कोई भी भूख से नहीं मरा है, लोग बीमारी से मरे हैं।

प्रभात खबर ने सरकार की बातों को भी प्रमुखता से छापा, पर अपने संवाददाता को उस अंचल के गांवों में दस दिनों के लिए भेजा, जिन गांवों में आज तक सरकार का कोई नुमाइंदा नहीं पहुंचा, वहां संवाददाता गया। उस अंचल की गरीबी-भुखमरी की खबरें हमने लगातार छापी। अंततः झारखंड सरकार ने लिखित धमकी दी कि आप गलत खबर छाप रहे हैं, खबरें छापना बंद करें, नहीं तो आपके खिलाफ कार्रवाई होगी। तब तक अन्य अखबार या तो खामोश थे या सरकार की बातें छाप रहे थे।

इस अंचल में भुखमरी की सूचना मशहूर अर्थशास्त्री प्रो जीन द्रेज (जिन्होंने अमर्त्य सेन के साथ दर्जनों पुस्तकें लिखी हैं) को मिली। वह आये, वह उस कुसुमाटांड़ गांव में गये, चार दिन रहे, देखा, जन अदालत लगी, टीवी-अखबारों के लोग आये, बड़ा कवरेज मिला। जीन द्रेज ने खुद बड़े अंग्रेजी अखबारों में लेख लिखा। 'फ्रंटलाइन' पत्रिका (26 अगस्त, 2002) में उन्होंने यह खबर छापने के लिए प्रभात खबर को कैसे सरकार ने धमकाया, इसका उल्लेख किया। बाद में उच्चतम न्यायालय इस मामले की मानिटरिंग करने लगा। तब अन्य अखबारों ने वहां की भुखमरी के बारे में छापना शुरू किया और झारखंड सरकार ने राहत का काम शुरू किया।

इसी तरह झारखंड सरकार के बिजली विभाग ने भ्रष्टाचार के बारे में खबरें छापने पर धमकी दी। ऐसे अनंत प्रकरण हैं। ताजा प्रसंग है, झारखंड विधानसभा ने विधायकों के भ्रष्टाचार पर लिखने के कारण विशेषाधिकार हनन का मामला शुरू किया है। ये सारे प्रसंग मैंने प्रभात खबर के अनुभवों के संदर्भ में उठाये। इस बहाने 'केस स्टडी' के तौर पर तथ्यों को आपके सामने रखा, अपने अनुभवों के आधार पर।

क्यों ऐसा हिंदी पत्रकारिता में हो रहा है? दरअसल हिंदी पत्रकारिता की मूल धारा अपनी जड़ से कट रही है। वह हिंदी में उभरे मध्य वर्ग को कैटर-प्रमोट (आगे बढ़ाना) कर रही है, बड़े अंग्रेजी अखबारों में इस उच्च मध्यवर्ग के जो टेस्ट-संस्कार-जीवनशैली के अनुरूप पत्रकारिता की एक नयी धारा चल पड़ी है। पेज तीन की पत्रकारिता। यह क्या है? बड़े महानगरों में रोज शाम होने वाली कॉकटेल पार्टियों की खबरें, तसवीरें? इन पार्टियों में कौन लोग शरीक होते हैं? फैशन, फिल्म, राजनीति, दलाली, नौकरशाही, उद्योग के शीर्ष नाम और चेहरे। इनकी बातचीत के विषय क्या होते हैं? सौंदर्य, सेक्स, धनार्जन की शैलियां, महंगे कपड़े, लेटेस्ट फैशन, गहने, प्रेम प्रसंग, परदे के पीछे की राजनीति के चटक प्रसंग, महंगे ड्रिंक्स, दुनिया के बेहतरीन होटल, दुनिया के बाजार, महंगी चीजें वगैरह-वगैरह। ऐसी पार्टियां, चर्चा का विषय होती हैं। फिल्मकार-सांसद सुबी रेड्डी की चर्चित पार्टियों में निमंत्रण के लिए लोग मचलते हैं। विशाखापट्टनम की उनकी हाल की पार्टी में पटना से लालू प्रसाद गये। अमर सिंह की ऐसी पार्टियों में जाना स्टेटस सिंबल है। भारत का यह वर्ग सही रूप में ग्लोबल दुनिया (अमेरिकी दुनिया सही शब्द है) का हिस्सा है। अंगरेजी के बड़े अखबार (हिंदू जैसे अपवाद भी हैं) ऐसी चर्चित पार्टियों की चटक खबरें, रंगीन तसवीरें छापकर इसी वर्ग की पत्रकारिता कर रहे हैं।

भ्रष्टाचार की नदी के स्रोत से हिंदी इलाकों में भी ऐसा मध्यवर्ग उभर आया है। हिंदी के बड़े अखबार (जो करोड़ों पाठ्क का दावा करते हैं या जो धड़ाधड़ नये संस्करण खोल रहे हैं) भी हिंदी के इसी नव समूहवर्ग की पत्रकारिता कर रहे हैं। क्योंकि यही क्रेता, उपभोक्ता व विज्ञापनदाता हैं। कोई गंभीरता से इन हिंदी अखबारों का कंटेंट एनालिसिस (सामग्री विश्लेषण) करे, तो पायेगा कि हिंदी पत्रकारिता, र्‌यूमर, गॉसिप, सेनसेशन, क्राइम और घटिया पालिटिक्स के घेरे में कैद हो रही है। हिंदी पत्रकारिता का यह पहला गंभीर संकट है। अपनी जड़, विरासत और मिट्टी से कटना, हिंदी समाज की मूल समस्याएं पत्रकारिता का विषयवस्तु नहीं हैं।

एक दूसरा गंभीर संकट, याद करिए हिंदी साहित्य का हिंदी समाज को योगदान। हिंदी के लेखकों ने आजादी के पहले, आजादी के बाद, '74 के छात्र आंदोलन तक हिंदी समाज को दुनिया में हो रहे बड़े बदलावों से जोड़ा। सपने जगाये, बदलाव का साहित्य रचा, समाज विज्ञान वगैरह में दुनिया में जो कुछ हो रहा था, हिंदी साहित्य में वह छ्प रहा था। महावीर प्रसाद द्विवेदी की पत्रिका 'सरस्वती' में मार्क्स के लेखन के अनुवाद छ्प रहे थे। रूसी क्रांति, फ्रांस क्रांति पर सामग्री आ रही थी। पिछ्ले 10 वर्षों का हिंदी लेखन देखिए, दुनिया में हो रहे बदलावों, सूचना क्रांति के असर वगैरह पर कितनी चीजें आ रही हैं? इस देश के राज्य, आर्थिक मोरचे पर क्या नया कर रहे हैं, कितने हिंदी पाठ्क और लेखक जानते हैं? 'नॉन फिक्शनल' विषयों पर जब तक अधिकाधिक चीजें हिंदी में हम पाठ्कों को नहीं देंगे, हिंदी समाज का ठ्हराव नहीं टूटेगा। ठीक ऐसा ही हिंदी पत्रकारिता में हो रहा है। पुराने हिंदी पत्रकारों ने हमें गौरव दिया। इस विधा को सम्मानित बनाया। कंटेंट से, त्याग से, हिंदी पत्रकारिता को समृद्धि दी। खासतौर से पिछ्ले 15 वर्षों से बड़े हिंदी अखबारों की पत्रकारिता 'फिक्शनल और सेनसेशनल' हो रही है। भ्रष्टाचार की दुनिया से उसका आत्मीय ताल्लुक रहा है। गरीबी, बढ़्ती विषमता, बेरोजगारी, नवधनाढ्यों के जुल्म, जड़ से कट्ती और आपराधिक बनती राजनीति, पिछड़ापन, 21वीं शताब्दी की नयी दुनिया जैसे प्रासंगिक विषय हिंदी पत्रकारिता के 'फोकस' नहीं रहे।

'91 के बाद एक और बुराई उभरकर आयी है। हिंदी पत्रकारिता में जातिवाद, बड़े पदों पर बैठे पत्रकार जाति-क्षेत्र के आधार पर पत्रकारों का चयन करते हैं। हिंदी के एक करोड़पति पाठ्क समूह वाले अखबार के विभिन्न विभागों में एक ही जाति के लोगों का वर्चस्व है, ऊपर से नीचे तक। वहां चयन का आधार ही जाति-क्षेत्र है। एक नयी जानकारी पिछ्ले वर्ष मिली। हिंदी के एक बड़े घराने (जिसके कई राज्यों में संस्करण खुल रहे हैं) गाली-गलौज से बात होती है। मालिक भी इसी भाषा में अपने वरिष्ठ साथियों से बात करते हैं, फिर वरिष्ठ लोग सहकर्मियों से इसी भाषा में व्यवहार करते हैं। अब बताइए, जातिवाद और गाली-गलौज वाले माहौल में पल-पनप और बढ़ रहे हिंदी पत्रकार समाज को कौन-सी रोशनी देंगे।

दुनिया की राजनीति में दो धाराएं हैं, गांधी की धारा और मैकियावेली की धारा। पिछ्ले 2000 वर्षों में दुनिया की राजनीति की मुख्यधारा मैकियावेली के दर्शन से प्रभावित रही है। इस धारा में षड्यंत्र, पाखंड, झूठ, छ्ल, छ्द्म, राजनीति के स्वाभाविक अंग माने गये हैं। पश्चिम में जब प्रिंट मीडिया का जन्म हुआ, तो उसने भी इसी राजनीति के संस्कार-मूल्य ग्रहण किये।

मानवीय इतिहास में पहली बार ऐसा हुआ कि गांधी ने पश्चिमी राजनीति की इस मूलधारा को चुनौती दी। विकल्प भी बताया कि 'साध्य और साधन' के सवाल अहम हैं। इस सूत्र से राजनीति के लिए नयी कसौटियां बनीं। राजनीति में, नीति, शुचिता, मूल्य, सच और नैतिक आयाम के पहलू जुड़े। आजादी की लड़ाई में भारतीय राजनीति कसौटियों के इर्द-गिर्द घूमती रही। भारतीय क्रांतिकारियों का चरित्र देखिए, सुभाष बाबू, भगत सिंह, चंद्रशेखर आजाद या उनके पहले के या बाद के क्रांतिकारी, सबका चरित्र, जीवन मूल्य, प्रतिबद्धता, स्वानुशासन प्रेरित करते हैं। भारत की हिंदी पत्रकारिता(स्वर्णयुग) ने गांधी की इसी राजनीति से ऊर्जा पायी। मैकियावेली के छल-छद्म से नहीं। खासतौर से उदारीकरण के बाद की हिंदी पत्रकारिता गांधीवादी राजनीति के अपने मूल जनाधार से कट गयी है। वह मैकियावेली के छल-छद्म से ऊर्जा पा रही है।

हिंदी के बड़े अखबारों के प्रसंग में कह रहा हूं। प्राय: झूठ छापना और उसी बेशर्मी से उसका खंडन करना हमारी आदत बन गयी है। यह एकाध दिन की बात हो, तब भी गंभीर भटकाव है। हर सप्ताह ऐसी गंभीर भूलें हों, छोटी भूलें रोज हों, फिर भी कहीं कोई जवाबदेही नहीं, यह पत्रकारिता की नयी धारा है। पाठक, समाज, व्यवस्था-संस्था किसी के प्रति जवाबदेही नही। ट्रांसफर,पोस्टिंग, ठेकेदारी, सरकार बचाने-गिराने की खरीद-फरोख्त में साझेदारी, जब वरिष्ठ पत्रकारों-संपादकों के शगल बन जायें, तो पत्रकारिता का हश्र वही होगा, जो आज हिंदी इलाकों में हो रहा है।

इसका एक और कारण है। हिंदी पत्रकारिता में पूंजी आज भी कम है। बड़े घरानों के हिंदी अखबार के पत्रकारों को भी वेतन-सुविधा पहले से ही कम रहे हैं। पैसे कम होने से हिंदी पत्रकारिता में प्रतिभाएं नहीं आयीं, जो प्रतिभावान लोग हिंदी पत्रकारिता में आये, वे अपनी प्रतिबद्धता-सरोकार के कारण आये। प्रतिबद्ध पत्रकारों की अंतिम जमात तैयार करने वाली सामाजिक पाठशाला बिहार आंदोलन था। समाज, राजनीति से विचार गायब हो गये। इस कारण 1980 के बाद वैचारिक कराह(चाहे मार्क्सवाद या समाजवाद या राष्ट्रीय स्वयंसेवक संघ के) से पत्रकार निकलने बंद हो गये। टीवी के आने और नये संस्करण खोलने की होड़ ने अब दृश्य बदला है। हिंदी के बड़े अखबारों में वेतन काफी बढ़े हैं, सुविधाएं बढ़ी हैं, पर प्रतिभाएं, ज्ञान और विचार सिमट गये हैं। इसलिए पत्रकारों को दलाल बनने या अनैतिक बनने में जरा भी संकोच नहीं है, अपराध बोध नहीं है।

मैनेजमेंट स्तर पर भी एक गंभीर संक्ट है। अधिकतर अखबार उद्योग घरानों के हैं। उद्योग घराने 'परहित' के लिए तो अखबार चलाते नहीं। इस सवाल को लेकर आजादी के बाद (जूट प्रेस) से अब तक बहस होती रही है। उद्योग घराने अखबारों के लाभ लेते हैं, यह स्थापित सच है। पिछले 15 वर्षों में एक नया फर्क हिंदी इलाकों में आया है। मालिकों के बड़े नौकरों(पहले लोग प्रबंधक कहे जाते थे, अब प्रेसीडेंट, वाइस प्रेसीडेंट वगैरह वगैरह) में भी अखबारों के नाम पर धनार्जन-लाभ लेने की होड़ मच गयी है। कोई चाय बागान ले रहा है, कोई नया सोने की खान ले रहा है। चाय की पत्रकारिता, और सोने की पत्रकारिता... गहराई में उतरेंगे, तो इस

पत्रकारिता के अनेक नये, अनजाने विविध चेहरे दिखाई देंगे।

हिंदी पत्रकारिता की नयी चुनौती, यह नया परिवर्तन है। अब मालिक ही अखबार के नाम का दोहन नहीं कर रहे हैं या भुना रहे हैं, उनके नये प्रबंधक भी रातों-रात अमीर बनने के लिए अखबार को उपयोगी औजार मान रहे हैं। यह उसी तरह हो रहा है, जैसे राजनीति में हुआ। राजनीतिज्ञ पहले अपराधियों का इस्तेमाल करते थे, अपराधियों को लगा कि राजनीति के सीधे लाभ वे खुद क्यों न लें? अब दोनों ले रहे हैं। यही पत्रकारिता में हो रहा है। मालिकों के साथ-साथ बड़े पत्रकार-बड़े प्रबंधक भी इस फन में माहिर हो गये हैं। इस कमाई का स्रोत-सूत्र, जानना रुचिकर होगा। संक्षेप में कहें तो भ्रष्ट अपराधी, नेता(विधायक, सांसद, मंत्री) नौकरशाह और पत्रकार मिल गये हैं। इन चारों का एकजुट होना सिर्फ पत्रकारिता के लिए ही नहीं, देश-समाज, लोकतंत्र के लिए खतरनाक है।

इन बदलावों से पत्रकारिता 'मैनेज' होने लगी है, 'प्लांट' होने लगी है। स्वाभाविक है कि मैनेज्ड पत्रकारिता, प्लांटेड पत्रकारिता, सच की पत्रकारिता से दूर होगी ही, आग और बर्फ साथ-साथ रह नहीं सकते। यह अंतर्विरोध हिंदी पत्रकारिता का सबसे गंभीर संकट है। वैसे और भी अनेक संकट हैं, भाषा का संकट, इथिक्स का संकट, कोड ऑफ कंडक्ट पालन न करने का संकट।

(प्रधान संपादक श्री हरिवंश का यह आलेख प्रभात खबर के 20 वर्ष पूरा होने पर 2004 में प्रकाशित हुआ था।)

धारा के विरुद्ध

नये प्रबंधन न्यूट्रल पब्लिशिंग हाउस प्राइवेट लिमिटेड के तत्त्वावधान में प्रकाशित दैनिक प्रभात खबर आपके सामने है। अखबारों की निर्मम दुनिया में हो रहे ऐसे परिवर्तन पाठकों के लिए तब तक कारगर नहीं होते, जब तक अखबार और उसके पाठकों के बीच सीधा संवाद कायम नहीं होता। यह दुखद, पर हकीकत है कि पिछले दशक के दौरान यांत्रिक प्रगति-चकाचौंध-रंग बिरंगी उत्कृष्ट छ्पाई के बावजूद अखबारों की आत्मा मलिन, तेजहीन और निष्प्रभ होती गयी है। अब तो आलम यह है कि खुद पत्रकारिता जगत् दो ध्रुवों में विभाजित होकर एक-दूसरे के खिलाफ छींटाकशी और छानबीन कर रहा है। हिंदी पत्रकारिता अपनी समृद्ध विरासत, गौरवमय अतीत के बावजूद राष्ट्रीय फलक पर इस दुष्चक्र में फंस गयी है। हमारी विनम्र चेष्टा है कि पत्रकारिता के मूल सत्व और मापदंड निष्पक्षता और तथ्यों के प्रति प्रतिबद्धता के तहत ही हम इस पत्र को सजायें-संवारें और प्रो-पीपुल यानी जनोन्मुख अखबार निकालें। हालांकि अखबार की विषय-वस्तु में यह परिवर्तन अचानक नहीं, बल्कि धीरे-धीरे ही संभव है।

हाल के दिनों में इस पेशे में एक और अस्वस्थ परंपरा विकसित हुई है। अब अखबार पाठकों के नहीं, बल्कि संपादकों और संपादकीय मंडल के रह गये हैं। लफ्फाजी और विज्ञापन की दृष्टि से बने लोक-लुभावन नारों के बावजूद हकीकत तो यही है कि अखबार घटनाओं और पाठकों की जिज्ञासा-रुझान और मनोभाव के प्रतिबिंब नहीं रह गये हैं। विश्वविद्यालय से निकलते ही जब पहली बार हमने पत्रकारिता की जो धमक सुनी (धर्मयुग-टाइम्स ऑफ इंडिया, बंबई), उसकी गूंज आज भी मस्तिष्क में कायम है। आदरणीय डॉक्टर धर्मवीर भारती ने धर्मयुग में काम की पहली कसौटी बतायी थी कि पाठकों के मनोभाव पत्र-प्रतिक्रिया के एक-एक शब्द हमारे कार्यों का अंतिम हलफनामा (फाइनल जजमेंट) हैं। वही हमारे लिए सीमा है-अग्निरेखा या लक्ष्मण रेखा है। पत्रकारिता जगत् में आज जो यह लक्ष्मण रेखा मिट गयी है, उसमें बंधना और उस आचार-संहिता के तहत आचरण ही हमारा अभीष्ट है।

दरअसल, प्रभात खबर शब्दशः पाठकों का अखबार बने, यही हमारी सर्वोपरि कोशिश होगी। मौजूदा उपभोक्ता समाज में कुछ हद तक बाजार के दबाव के कारण भी अखबारों की दृष्टि में पाठक महज क्रेता रह गये हैं। अखबार अधिक-से-अधिक मुनाफा अर्जित करने की प्रक्रिया में पाठकों की सुधि नहीं ले पा रहे, इस प्रवृत्ति-धारा के खिलाफ जूझना हमारा संकल्प है।

उपभोक्ता-क्रेता बनाम उत्पादक के बाजारू-रसहीन संबंध में आत्मीयता-स्पंदन पैदा करना ही हमारी कसौटी होगी, लेकिन साथ-साथ विनम्रतापूर्वक हम इस पहलू को अनदेखा नहीं करना चाहेंगे कि अखबारों की जिम्मेदारी पाठकों को सुरुचिपूर्ण बनाना है। नये पाठक पैदा करने हैं। उन कमियों को पूरा करना है, जो जागरूक हिंदी पाठक पत्रकारिता में पाते रहे हैं। इस तरह सामाजिक-सांस्कृतिक, आर्थिक, राजनीतिक क्षेत्र में पूरी दुनिया समेत आसपास में जो घट रहा है, उसका हम दर्पण बनें, यह हमारी चाह है। हालांकि धारा के विरुद्ध बहने-तैरने की इस कठिनाई से हम वाकिफ हैं।

छोटानागपुर की इस धरती पर काम करते हुए हमारा मन गौरव से भर आता है, जहां बिरसा मुंडा जैसे पूर्ण पुरुष पैदा हुए, जिन्होंने आत्महीनता की स्थिति, अन्याय व शोषण के खिलाफ बगावत की। यह बगावत उस ताप-शक्ति के विरुद्ध थी, जो पूरी दुनिया में दहक रही थी। उस विश्वविख्यात ताकत के खिलाफ बिरसा मुंडा ने हथियारों के जखीरे के बल विद्रोह नहीं किया, बल्कि संकल्प और साहस की पूंजी के बल आत्मोसर्ग कर, इतिहास के उन पन्नों को रचा, जो आज भारत के अतीत का गौरव-अमूल्य धरोहर है। उस धरती पर रोमांचित होकर काम करना स्वाभाविक है, जहां स्वतंत्रता आंदोलन के पूर्व ही संपूर्ण विद्रोह और विदेशी गुलामी के खिलाफ बगावत हुई। इतिहास का यह रोचक प्रसंग है कि 17वीं-18वीं शताब्दी में जब लगभग पूरा हिंदुस्तान अंगरेजों के सामने नतमस्तक था, उस समय छोटानागपुर की धरती के मूल बाशिंदे आदिवासी लोगों ने हमारे आत्मस्वाभिमान, गौरव और तनकर खड़ा होने की धरोहर को सुरक्षित रखा। खंडित व्यक्तित्व को पूर्ण बनाने की कोशिश की। इतना ही नहीं, महात्मा गांधी के आदर्शों के अनुरूप टाना भगत लोगों ने जो बलिदान स्वेच्छा से मूक कार्यकर्ता बनकर किया, वह अप्रतिम है। लेकिन आजाद भारत में इन लोगों के ऋणों से भी हम उबर न सके, बल्कि शर्मनाक बात तो यह हुई कि आदिवासियों की जमीन निरंतर कोलोनाजइर हड़पते जा रहे हैं। अब तो रांची का जिला प्रशासन भी यह तथ्य स्वीकार करता है। जिन टाना भगत लोगों की जमीन अंगरेजों ने ले ली, आजाद मुल्क में वे फिर उस भूमि के हकदार न बन सके, इससे शर्मनाक घटना दूसरी नहीं है। अलग झारखंड की मांग के मूल में इस अंचल में व्याप्त विषमता-शोषण है, ऐसी समस्याओं के प्रति हम पूरे देश में संवेदनशील दृष्टि विकसित करें, यह हमारी चाह है।

हमारी नजर उन समस्याओं के उत्स में भी है, जो बिहार की बदहाली-गरीबी के कारण बने हैं। आखिर विपुल प्राकृतिक संपदा के बावजूद यह धरती लुटी-पिटी क्यों है? इस भूमि पर विकास का रास्ता अवरुद्ध क्यों है, यह तलाश भी हमारी मंजिल है।

दुनिया में महिलाओं के साथ समान व्यवहार के लिए न जाने कितने आंदोलन चले और चल रहे हैं, लेकिन जिस आदिवासी समाज में सदियों से यह परंपरा कायम रही, उस विरासत को हम आगे बढ़ायेंगे। महिलाएं, नौजवान सचमुच समाज की मुख्य धारा में निर्णायक बनें, इस दृष्टि से हम स्थानीय संस्कृति-समस्याओं को उजागर करेंगे।

छोटानागपुर आदर्श भारत का शायद सबसे बेहतर नमूना है, जहां हर राज्य, बोली,

परंपरा और धर्म के लोग बसे हैं। इस मिश्रित संस्कृति को मजबूत और जीवंत बनाने के प्रति हम जागरूक रहेंगे। धर्मनिरपेक्षता और स्थानीय समस्याओं के प्रति आरंभ से ही यह अखबार मुखर रहा है, उसे शिद्दत से हम आगे ले जायेंगे। बढ़ती कट्टरता, द्वेष-घृणा के बीज समाज को तोड़ते हैं, इस घटाटोप अंधेरे में ऐसे दिग्भ्रमित तत्त्वों के खिलाफ जूझना युगधर्म है। दिग-दिगंत में हो रहे आधुनिक प्रयोगों से हम पाठकों का तालमेल करा सकें, तो यह हमारी उपलब्धि होगी। लेकिन उपर्युक्त संकल्प-सपने तब तक अधूरे हैं, जब तक इस कार्य में छोटानागपुर के प्राध्यापकों, विवेकशील राजनीतिक कार्यकर्ताओं, बुद्धिजीवियों, वरिष्ठ लेखकों-पत्रकारों, नवयुवकों, महिलाओं, यानी सभी पाठकों से हमारा आत्मीय रिश्ता नहीं कायम होता।

(प्रभात खबर में आने के बाद प्रधान संपादक हरिवंश जी ने यह पहला संपादकीय आलेख 3 नवंबर, 1989 को लिखा था।)

अपनी कसौटी

पूरी तरह बदल चुके इस दौर में भी प्रभात खबर की मान्यता है कि अखबार पाठकों की धरोहर है। पिछले 10 वर्षों के दौरान पत्रकारिता की दुनिया बिलकुल बदल गयी है। बदले सामाजिक मूल्यों, आर्थिक मान्यताओं, राजनीतिक रुझान और तकनीकी क्रांति के कारण, जो शाश्वत मर्म है, सच है, उस पर अनास्था, अनीति और अकर्म के बादल छा गये हैं। पर छपे शब्दों के प्रति लोक आस्था है। हालांकि उसका भी निरंतर क्षय हो रहा है।

फिर भी प्रेस के प्रति अगर कहीं लौ है, तो उसे तेज करने की जरूरत है। और यह लौ है। इसी कारण बीएन गाडगिल को प्रेस के संबंध में पेश किया गया निजी बिल वापस लेना पड़ा। राजीव गांधी या जगन्नाथ मिश्र भी अपने इरादे में कामयाब नहीं हुए। श्रीमती इंदिरा गांधी ने भी प्रेस सेंसरशिप लगाकर परिणाम भुगता। आखिर इस निहत्थे प्रेस के पीछे कौन-सी ताकत है कि ताकतवर लोग भी इसे कमजोर न कर सके।

वह ताकत है विश्वास, आस्था और प्रेस की मर्यादा के कारण। जब राजनेता-अधिकारी यानी शासक वर्ग की दृष्टि स्वहित के प्रति प्रतिबद्ध हो, तब अखबारों की पवित्रता, निष्पक्षता और लोक आस्था बनाये रखना कितना मुश्किल है, बाहर की दुनिया को यह नहीं मालूम। अखबारों के अंदर बेहतर सेवा शर्तें रखना, साथ-साथ बिहार जैसे निरंतर पिछड़ रहे राज्य से पाठकों के प्रति प्रतिबद्ध अखबार निकालना निरंतर कठिन हो रहा है। राज्य सरकार के विज्ञापन छापें, पता नहीं कितने वर्ष बाद भुगतान हो! राज्य स्तर पर आर्थिक विकास ठप है, इस कारण निजी क्षेत्र के विज्ञापन नहीं हैं। विज्ञापन नहीं हैं, इस कारण अखबारों की आय घट रही है। इस तरह लोक आस्था के प्रति प्रतिबद्ध अखबार निकालना और सेवा शर्तें भी ठीक रखना बिहार में तलवार की धार पर चलना है।

इन गंभीर मुश्किलों के बावजूद प्रभात खबर की आरंभ से कोशिश है कि वह लोक आस्था-लोक मुददों के प्रति समर्पित अखबार हो। संभव है इस क्रम में गलतियां हुई हों या हो रही हों, पर यह पत्र उन गलतियों को स्वीकारने का नैतिक साहस रखता है। न सिर्फ स्वीकारने, बल्कि परिमार्जित करने का भी। लेकिन यह काम तभी हो सकता है, जब पाठकों का सहयोग हो। गांधी जी अखबारों के लिए कहा करते थे कि अखबार खुद को पाठकों की धरोहर समझें और पाठक अखबारों की विश्वसनीयता की चौकीदारी करें।

अपनी चौकीदारी का हम आपको न्योता देते हैं। पिछले दिनों रामगढ-रांची वगैरह से कुछ पाठकों के पत्र, फोन और सूचनाएं मिली हैं। अपनी शिकायतें दर्ज करातीं।

ये शिकायतें दो तरह की हैं—

1. अमुक जगह रांची से बाहर आपके पत्रकार शराब पीकर उधम कर रहे थे।

2. फलां व्यक्ति आपके अखबार का नाम लेकर ब्लैकमेल कर रहा है।

ऐसी खबरों का हम स्वागत करते हैं। साथ ही एक आग्रह भी। कोशिश करें कि किसी प्रतिनिधि या प्रभात खबर से जुड़े होने का दावा कर गलत करने वाले व्यति के खिलाफ प्रामाणिक जानकारी दें, अपना नाम-पता दें। अगर आप पाठक इतनी कोशिश नहीं करेंगे, तो अखबारों पर पाठकों का अंकुश नहीं रह पायेगा। प्रभात खबर आपकी गोपनीयता बनाये रखने में मदद करेगा। प्रभात खबर समाज के गलत कार्यों पर अंगुली उठाता है, तो उसका नैतिक फर्ज है कि उसके नाम को लेकर गलत काम करने वालों की भी खबर छापे, पर तथ्यात्मक। रांची के बाहर से जिस फ्रीलांसर के पार्टी में शराब पीकर उधम मचाने का आरोप था, जांच के बाद उनकी खबरें छापना हमने बंद कर दी है और उनका यहां प्रवेश भी बंद है। आपकी जानकारी के लिए। अखबारों में दो स्रोतों से खबरें आती हैं। पहला, फ्रीलांसर पत्रकारों से जो कई अखबारों के लिए लिखते हैं, वे किसी अखबार के स्थायी वेतनभोगी नहीं होते। दूसरा, निजी संवाददाताओं से, जो अखबार में काम करते हैं। प्रभात खबर ने पहली बार यह कोशिश की है कि वह रामगढ, हजारीबाग, पलामू जैसे इलाकों में भी अपना निजी संवाददाता रखे। सुदूर ग्रामीण इलाकों में अगर कुछ फ्रीलांसर कार्यरत हैं, तो उनके पास प्रभात खबर द्वारा दिया गया अधिकार पत्र है अन्यथा प्रभात खबर में कार्य करने वालों को परिचय पत्र दिये गये हैं—

1. कोई खबर देने के पूर्व जांच करें, परिचय पत्र देखें कि वह व्यक्ति प्रभात खबर का है या नहीं। प्रत्येक वर्ष अखबार द्वारा दिये गये परिचय पत्र का नवीनीकरण होता है।

2. प्रभात खबर से संबंध रखने वाला कोई व्यक्ति अगर गलत आचरण करता है, तो तत्काल उसकी लिखित शिकायत अखबार में करें।

3. किसी समाचार में अगर आपको लगता है कि आपका पक्ष छूट गया है या गलत तथ्य दिये गये हैं, तो लिखकर अपनी बात आप संपादक को दें।

इन आग्रहों के अतिरिक्त हम प्रभात खबर के लिए रांची शहर में रिपोर्टिंग करने वालों का नाम दे रहे हैं, ताकि प्रभात खबर के नाम पर आप न दूसरों को खबर दें, न प्रभात खबर का गलत नाम लेकर परेशान करने वालों को तरजीह। फिर भी जो परेशान करे उसकी पुख्ता सूचना दें, प्रभात खबर आपके साथ होगा। मुख्य संवाददाता— मधुकर, संवाददाता— महेंद्र, राजीव कुकरेजा, शफीक अंसारी, प्रह्लाद शर्मा, अनिल श्रीवास्तव। कभी-कभार संपादकीय विभाग से भी कुछ लोग खबर एकत्र करने जाते हैं, मसलन यशोनाथ झा, सुधाकर, शशि। ऐसे लोगों के पास परिचय पत्र है, वह देखकर खबरें दें। बाहर में हमारे अपने संवाददाता हैं, रामगढ़ : राकेश जावा, हजारीबाग : विजय बिहारी, डालटनगंज : प्रकाश सनोई (अधिकृत अंशकालिक संवाददाता : गोकुल बसंत), चाईबासा (अधिकृत : रामकुमार)।

प्रभात खबर को मालूम है कि अखबारों की विश्वसनीयता अगर आज भी है, तो इस कारण कि प्रेस राजनेताओं-नौकरशाहों या न्याय के अन्य केंद्रों की तरह असंवेदनशील या मोटी चमड़ी वाला नहीं हुआ है। आपकी एक-एक तथ्यात्मक शिकायत पर हम गौर करेंगे। कार्रवाई और अपनी शैली, तौर-तरीके में आवश्यक परिमार्जन भी।

(प्रभात खबर में आने के बाद प्रधान संपादक हरिवंश ने यह पहली आचार संहिता 25 जुलाई, 1994 को लिखी थी)

27/08/2008

संपादकों व वरिष्ठ सहयोगियों को प्रधान संपादक का पत्र

पिछले दिनों आम जनता से पत्रकारिता के बारे में कुछ गंभीर शिकायतें मिलीं। इस संदर्भ में आज रांची में हमने कुछ प्रयास आरंभ किया। इस प्रयास के तहत यह नोट आप सभी वरिष्ठ साथियों को भेज रहा हूं, क्योंकि आप लोग ही इसे लागू करा सकते हैं। यह लागू करना अत्यंत आवश्यक है। मेरा आग्रह है कि इस पर तत्काल कार्रवाई आरंभ करें।

मौजूदा दौर की पत्रकारिता में प्रभात खबर को एक अलग और विशिष्ट पहचान बनानी है और यह काम हममें से हर एक मिलकर करें, तभी संभव है। यह पत्र, मैं इसी संदर्भ में आप सभी को लिख रहा हूं, ताकि अपने एक-एक संपादकीय साथी और सुदूर क्षेत्र के संवाददाताओं को प्रभात खबर की अलग कार्य-संस्कृति में हम सब ढल सकें। जैसे एक व्यक्ति का व्यक्तित्त्व होता है, उसी तरह एक अखबार का भी व्यक्तित्त्व होता है और अखबार का यह व्यक्तित्त्व बनता है हमारे एक-एक संवाददाता, स्ट्रिंगर, अखबार में काम करने वाले लोगों के आचरण से, सार्वजनिक जीवन में लोगों से बात करने के तरीके से, अहंकार रहित आचरण से। ऐसे आचरण से ही हम अखबार की छवि भिन्न बना पायेंगे। अखबार के मूल फेस हमारे पत्रकार ही हैं, इसलिए हमारा दायित्व अधिक है। इधर लगातार सूचनाएं मिल रही हैं कि एक-एक प्रेस कॉन्फ्रेंस में दो-दो सौ, ढाई-ढाई सौ लोग रांची जैसे शहर में पहुंच जाते हैं। गिफ्ट के लिए मारामारी करते हैं। खाने पर टूट पड़ते हैं। हालत यह हो गयी है कि लोग प्रेस कॉन्फ्रेंस बुलाने से डर रहे हैं। प्रेस और अखबार नाम से दूर रहना चाहते हैं। यह अवसर है कि हम प्रभात खबर के लोग पुनः अपनी पुरानी आचार संहिता और सामूहिक आचरण को स्मरण करें। इसी रास्ते हम संवाददाता और वरिष्ठ साथी इस बात से सहमत थे कि हमें पुनः नये सिरे से कोशिश करनी चाहिए, ताकि सामूहिक अनुशासन और प्रभात खबर की आचार संहिता के अनुरूप हम सभी आचरण करें। इसके तहत पुनः हम लोगों ने निम्न चीजें तय की हैं—

1. प्रभात खबर का कोई संवाददाता कोई भी गिफ्ट नहीं लेगा।

2. वह खाने की भगदड़ में शरीक नहीं होगा। कोई आग्रह करे, रोके, तो विनम्रता से आयोजकों से कहकर, अपना काम बताकर प्रेस कॉन्फ्रेंस के बाद लौट आयेगा।

3. प्रभात खबर दफ्तर से लेकर किसी भी सार्वजनिक स्थान में/ पार्टी में/ संवाददाता सम्मेलन में शराब/ नशा वर्जित है।

4. एक संवाददाता सम्मेलन में एक ही संवाददाता जायेगा।

5. प्रभात खबर का हर व्यक्ति, संवाददाता, अन्य पत्रकार, स्ट्रिंगर किसी से भी विनम्रता और शालीनता से पेश आयेगा। उसके व्यवहार और आचरण में कहीं अहं या बड़बोलापन नहीं होगा।

6. हर संवाददाता सिस्टम के तहत काम करेगा। रोज संवाददाताओं की बैठक में शामिल होगा। अपने बिट्स में गहराई से काम करेगा। सूचना अधिकार का उपयोग कर तथ्यों पर आधारित रिपोर्ट बनायेगा। रिपोर्ट में भाषण, विश्लेषण और गप नहीं हो। रिपोर्ट में विश्लेषण न लिखें जाएं। वाक्य छोटे हों। अपनी वर्तनी का इस्तेमाल किया जाए। किसी भी रिपोर्ट में कोई पक्षधरता न दिखे। हर रिपोर्ट अपने महत्त्व के अनुसार ही बड़ी या छोटी लिखी जाए।

7. प्रभात खबर से जुड़ा कोई व्यक्ति ठेका दिलाने, ट्रांसफर कराने, सरकारी काम को प्रभावित करने, अखबार से जुड़े होने के कारण दूसरों को तंग करने, प्रशासनिक अधिकारियों को तंग करने जैसे कामों में किसी कीमत पर संलग्न नहीं होना चाहिए। निजी लाभ के लिए किसी कीमत पर अखबार के नाम के प्रयोग की इजाजत किसी को न मिले। यह सब हम लोगों ने मिलकर पहले भी तय किया है, पर व्यवहार में यह साफ-साफ दिखाई दे, इसकी पहल हम तत्काल शुरू कर दें। इसके अतिरिक्त भी कई अन्य चीजें हैं जो हम करते रहे हैं, मसलन कभी भी, किसी भी हाल में प्रभात खबर का कोई व्यक्ति किसी संगठन से जुड़कर चंदा उगाहने, फेवर लेने जैसे कामों में शरीक नहीं होना चाहिए।

इसके अलावा आप वरिष्ठ साथी जो अन्य कदम प्रभात खबर के व्यक्तित्व को निखारने के लिए आवश्यक समझते हैं, उन्हें बातचीत कर एक सामूहिक गाइडलाइन तैयार कर लें, उसकी प्रति मुझे भी भेजें। इसे भी हम लागू करेंगे, इस बारे में हम मीटिंग कर लगातार अपनी इस कार्य संस्कृति की सूचना अपने साथियों को दें।

1 से 7 और 1 से 35

संदर्भ : सिलीगुड़ी से प्रभात खबर का प्रकाशन

अवसर : आज 10 मार्च को प्रभात खबर का सिलीगुड़ी से प्रकाशित संस्करण बाजार में है। यह प्रभात खबर का सातवां प्रकाशन केंद्र है। रांची, जमशेदपुर, धनबाद, देवघर (झारखंड में चार जगहों से छपने वाला एकमात्र अखबार), पटना (बिहार), कोलकाता (पश्चिम बंगाल) के बाद अब सिलीगुड़ी (पश्चिम बंगाल), प्रभात खबर का सातवां प्रकाशन पड़ाव है। संस्करणों की भाषा में कहें, तो रांची से 10 (पलामू, गुमला, गिरिडीह, हजारीबाग, बोकारो, रामगढ़, सिमडेगा, रांची आसपास, रांची ग्रामीण और रांची शहर), जमशेदपुर से चार (राउरकेला (ओड़िशा), चाईबासा, जमशेदपुर ग्रामीण, जमशेदपुर), देवघर से चार (साहेबगंज-पाकुड़, भागलपुर-लखीसराय-मुंगेर, गोड्डा-दुमका, देवघर), धनबाद से पांच (बंगाल, गिरिडीह, बोकारो, जामताड़ा, धनबाद), पटना से आठ (बेतिया, मोतिहारी, बेगूसराय, बिहारशरीफ, आरा, सासाराम, सारण, पटना), कोलकाता से दो (शिल्पांचल, कोलकाता) संस्करण प्रकाशित हो रहे हैं। सिलीगुड़ी से आरंभ में दो संस्करण निकल रहे हैं। इस तरह सिलीगुड़ी प्रकाशन के बाद प्रभात खबर सात जगहों से छपकर 35 संस्करण प्रकाशित कर रहा है।

अतीत : राउंड एक : प्रभात खबर की यात्रा अगस्त,1984 से शुरू होती है। पर पुनर्यात्रा 1990 से शुरू हुई। कुल 500 प्रतियों से (तब सिर्फ एक रांची संस्करण छपता था) 1990 में प्रभात खबर देखकर बाबा आमटे (जिनके साथ आनंदवन में रहा था) की याद आयी कि आनंदवन की यात्रा, कुल छह आने पैसे, एक लंगड़ी गाय, बंजर जमीन और चंद समर्पित साथियों के साथ आरंभ हुई थी। आनंदवन दुनिया के लिए प्रेरणास्रोत है, पर ऐसे बड़े रोशनी केंद्र (प्रभात खबर जैसे) अनंत छोटे-छोटे दीपों-दीयों को प्रज्वलित करते हैं-प्रेरित करते हैं।

तब प्रभात खबर की यात्रा, अत्यंत अस्त-व्यस्त-अव्यवस्थित कार्यसंस्कृति, अपर्याप्त दफ्तर, आठ पेज छापने वाली आउटडेटेड खस्ताहाल बंधु प्रिंटिंग मशीन, सामग्री कंपोज करने के लिए भी आउटडेटेड दो सियाट्रॉनिक कंप्यूटर (जो कभी भी खराब हो सकते थे), विभिन्न विभागों में न तालमेल, न सामंजस्य। पर इन अभावों के बीच भी अच्छी टीम थी। जिसके पास हौसला था, बाबा आमटे के 'आनंदवन स्प्रिट' की प्रेरक पूंजी थी।

उन दिनों रांची से कई दशकों पुराना व स्थापित एक अखबार सबसे आगे था। जमशेदपुर, धनबाद से भी स्थानीय स्तर पर निकलने वाले दशकों पुराने स्थापित अखबार थे। उत्तर प्रदेश से आकर एक अखबार, झारखंड के तीन शहरों, रांची, जमशेदपुर और धनबाद से एक साथ प्रकाशित होने वाला एकमात्र अखबार था, अच्छी पाठक संख्या के साथ। उन दिनों भी पटना से निकलकर बोकारो, धनबाद, भागलपुर, देवघर, दुमका-साहेबगंज में सबसे अधिक बिकने वाला एक दूसरा ब्रांड था। इस क्रम में सबसे नीचे के पायदान पर हम थे। उन दिनों भी प्रभात खबर की टीम (जिसमें हर विभाग के लोग थे) बेहतर अखबार निकालने और बेहतर प्रबंध शैली की भावना से प्रेरित थी। सीमित साधनों के बीच एक्सेल (उत्कृष्ट) करने का ख्वाब। प्रतिस्पर्द्धी अखबारों के बीच तब मर्यादा थी। पेशे की गरिमा का बोध था। खुली पारदर्शी प्रतिस्पर्द्धा थी। 1996-97 आते-आते प्रभात खबर झारखंड में आगे निकल चुका था।

अतीत : राउंड 2 : शायद प्रतिस्पर्द्धा प्रभात खबर के अस्तित्त्व के साथ जुड़ी है। जन्म और पुनर्जन्म से ही अनेक स्थापित प्रतिस्पर्द्धियों के बीच प्रभात खबर की टीम को अपनी राह बनानी पड़ी, पर दूसरे राउंड की प्रतिस्पर्द्धा राष्ट्रीय खिलाड़ियों से थी।

इस दौर में भी प्रभात खबर की टीम ने अनेक उतार-चढ़ाव देखे, आशा-निराशा और विश्वास भंजन की लहरें निरंतर आयीं, पर प्रभात खबर की समर्पित टीम ने राउंड-2 के पहले स्वीकार कर लिया था कि किसी को मुकम्मल (परफेक्ट, संपूर्ण रूप से ठीकठाक), जहां (दुनिया) नहीं मिलता।

इस दूसरे फेज में देश के 10 बड़े घरानों में से दो बड़े घराने झारखंड आये। बड़ी पूंजी, बड़ा नेटवर्क और समृद्ध संसाधन। एक समूह ने एक ही दिन तीन जगहों से एक साथ अपना प्रकाशन आरंभ किया। 'एग्रेसिव मार्केटिंग' शब्द प्रभात खबर टीम ने पहली बार सुना। अखबार कंटेंट से नहीं, पूंजी से बेचने का दौर। इस दौर ने स्पर्द्धा में सब देखा। पूंजी का दंभ, प्रभात खबर को खत्म करने के अनैतिक प्रहार, षड्यंत्र और अभियान। पर इंडियन रीडरशिप सर्वे (आइआरएस), नेशनल रीडरशिप सर्वे (एनआरएस) और ऑडिट ब्यूरो ऑफ सरकुलेशन यही बताते हैं कि प्रभात खबर का विकास-फैलाव भी इस फेज-2 की स्पर्द्धा में ही अधिक हुआ। वर्ष 2000 के बाद।

आज प्रभात खबर सिलीगुड़ी को लेकर सात जगहों से छप रहा है। और प्रभात खबर का मुकाबला इन जगहों पर किससे है? पाठकों की संख्या की दृष्टि से, पूरे देश में अपने प्रकाशित संस्करणों की पाठक संख्या जोड़कर, जो हिंदी अखबार, देश के टॉप 10 अखबारों में से खुद को मानते-बताते हैं, उनमें से तीन 'राष्ट्रीय अखबारों' के मुकाबले आज प्रभात खबर खड़ा है।

इनमें से एक घराने ने वर्ष 2000 में 400 करोड़ की पूंजी लगाकर 'एक्सपैंशन' (फैलाव) किया, फिर किसी विदेशी कंपनी ने इस घराने में निवेश किया। कुछ ही महीने पहले इस घराने ने शेयर बाजार से भी लगभग 400 करोड़ जुटाये। दूसरे घराने में भी एफडीआई (प्रत्यक्ष विदेशी निवेश) आया और इस समूह ने भी शेयर बाजार से लगभग 400 करोड़ की

पूंजी जुटायी। तीसरे प्रतिस्पर्द्धी ने एक राज्य में, चार दशकों तक एकछत्र राज किया और देश का काफी समृद्ध अखबार घराना बन गया, जिससे मुकाबले के लिए राष्ट्रीय घराने गये, पर सफल नहीं हो पाये। 10 वर्ष पहले मध्यप्रदेश से जाकर एक घराने ने इस समूह को गंभीर चुनौती दी है। प्रभात खबर की टीम ने बदलती दुनिया का सूत्र पहचाना। पूंजीविहीन होकर भी इनोवेशन (नये प्रयोग) और न्यू माइंटसेट (नये मानस) से रास्ता निकल सकता है। इस दौर की एक और खासियत पर भी इस टीम ने गौर किया, पूंजी संपन्न हों, पर मानस निगेटिव (नकारात्मक सोच) हो, तो अस्तित्त्व नहीं बचेगा। 21वीं सदी के पायदान पर खड़ी दुनिया में यह बदलाव साफ दिख रहा था।

इन पूंजी संपन्न+नेटवर्क संपन्न+संसाधन संपन्न अखबारों के मुकाबले प्रभात खबर बगैर बड़े संसाधन के कैसे टिका-बढ़ा?

पाठक : 'पाठकों का अखबार' प्रभात खबर बने, यह कोशिश इस अखबार से जुड़ी टीम ने 1990 से शुरू की, तब उदारीकरण नहीं हुआ था। 'कस्टमर इज किंग' (उपभोक्ता ही सब कुछ है) का नारा, 1991 के उदारीकरण के बहुत बाद गूंजने लगा। इससे पहले 1990 के आरंभ में प्रभात खबर की टीम ने 'पाठक अदालत' लगाने शुरू किये। छह-सात घंटों तक पाठक अदालत में पाठक सुझाव देते और प्रभात खबर की संपादकीय, सरकुलेशन, प्रबंधन, प्रोडक्शन की टीम चुपचाप सुनती कि पाठक क्या चाहते हैं? प्रभात खबर ने यह दर्शन उदारीकरण से नहीं सीखा, बल्कि गांधी के द्वारा पत्रकारिता में किये गये प्रयोग से यह सीख मिली। इन पाठक अदालतों ने प्रभात खबर को पत्रकारिता को नये सिरे से देखने-समझने के लिए प्रेरित किया। सत्ता, पूंजी, सचिवालय, महलों और राजनीति की डगर से, पत्रकारिता को उतारकर 'जन सामान्य के जीवन' पर फोकस करने की पत्रकारिता प्रभात खबर ने शुरू की। लगातार नये प्रयोगों की यह कहानी है और ऐसे प्रयोगों के केंद्र में है 'पाठकों का संसार'। प्रभात खबर के लिए 'पाठक सर्वोपरि' है। यह बहुभाषी देश, अनेक संस्कृतियों-धर्मों का देश, 21वीं शताब्दी की दुनिया में विकास के नये आयाम साकार करे, इसी रचनात्मक अर्थ में प्रभात खबर अखबार से 'जनांदोलन' बन गया और प्रभात खबर की पहचान बन गयी 'अखबार नहीं आंदोलन'।

टीम : पाठकों ने प्रभात खबर को नयी दृष्टि दी, अदृश्य ईश्वरीय ताकतों ने 'विजन' दिया, तो प्रभात खबर की टीम ने एक नये प्रयोग के प्रति समर्पण दिखाया। देश के बड़े समृद्ध अखबारी घरानों से मुहमांगी रकम के प्रस्ताव छोड़कर प्रभात खबर के विभिन्न विभागों के वरिष्ठ व युवा टीम ने इस नये प्रयोग में रहना चुना। संपन्नता-समृद्धि छोड़ अभावों-कठिनाइयों को चुना। इस टीम में हर विभाग के पुराने-नये साथी हैं, जिन्होंने 'कई बार जीवन में बड़ी-बड़ी उपलब्धियों से, आत्मसम्मानजनक पराजय शानदार होती है', मानस के तहत आकर्षक प्रस्तावों को छोड़कर प्रभात खबर को आगे बढ़ाने का संकल्प चुना। इसी मानस का परिणाम है कि आज यह अखबार झारखंड का सर्वाधिक प्रसारित दैनिक है। कोलकाता में निर्णायक स्थिति में है, तो पटना में भिन्न पत्रकारिता का प्रतीक, यह कैसे हुआ?

शैली : प्रभात खबर, पत्रकारिता की नयी शैली है। पत्रकारीय आचार संहिता का

पालन, पत्रकारों में पारदर्शिता, विनम्रता और आत्मसंयम का आग्रही। अखबार को संपादक या प्रबंधन के लोग अपने बयान, तसवीर, उपलब्धि का मंच न बनायें। इस बाजार युग में बाजार के विशेषज्ञ और मार्केटिंग कंसलटेंट्स यह कहते हैं। प्रभात खबर अपनी उपलब्धियों को बताने में भी संकोच करता है। हार्वर्ड से पढ़े समाजशास्त्री-अर्थशास्त्री शशिभूषण जी ने प्रभात खबर के प्रयोगों के संबंध में लिखा कि '77 में जिस तरह नयी दुनिया इंदौर से निकलकर राष्ट्रीय फलक पर चर्चा के केंद्र में रहा, वह स्थान प्रभात खबर ने ले लिया है। हाल में पत्रकारिता पर प्रकाशित अंगरेजी में अनेक महत्त्वपूर्ण पुस्तकों में प्रभात खबर का उल्लेख है, नये प्रयोगों के कारण। दरअसल अब तक धारा रही है कि जिस तरह विदेशी चीज, देश में आकर आकर्षण का केंद्र बनती है, उसी तर्ज पर दिल्ली या बाहर की चीज नये राज्यों में जाकर आकर्षण का केंद्र बन जाये। पर दिल्ली या बाहर से आकर झारखंड-बिहार में गूंजने की इस धारा को बिहार-झारखंड के पाठकों ने पलट दिया। इतना ही नहीं, झारखंड, बिहार, बंगाल के प्रयोग दिल्ली या बाहर गूंजें, यह नयी धारा स्थापित की। झारखंड, बिहार और बंगाल के जो पाठक प्रभात खबर की धारा स्थापित करना चाहते हैं, उसके पीछे गहरा बोध, अर्थ और सपना है, अपनी मिट्टी की उपलब्धि से जुड़ने की। इस ग्लोबल दुनिया में अब एक नया शब्द आया है 'ग्लोकल' यानी ग्लोबल+लोकल। अर्थात् ग्लोबलाइजेशन के दौर में लोकलाइजेशन का जश्न। न्यूजपेपर कंसलटेंट्स यह कहते हैं कि प्रभात खबर इस अर्थ में 'सक्सेस स्टोरी है' कि वह देश के सबसे पिछड़े राज्यों से (1984 में बिहार के सबसे पिछड़े इलाके दक्षिणी छोटानागपुर) निकलकर एक सफल प्रयोग साबित हुआ है। दरअसल इस प्रयोग के पीछे भी प्रभात खबर के 'इनोवेशन' और बदलते समय से सीखने की प्रवृत्ति है।

स्पर्द्धा : स्पर्द्धा और प्रभात खबर का रिश्ता, नाभि-नाल का है। स्पर्द्धा में ही उदय और हर पल स्पर्द्धा में ही जीना। महारथियों के मुकाबले। अगर स्पर्द्धा नहीं होती, तो प्रभात खबर यहां नहीं होता। दरअसल 21वीं सदी की दुनिया स्पर्द्धाओं की दुनिया है। हर क्षेत्र में स्पर्द्धा, हर कदम पर स्पर्द्धा, पर इसी स्पर्द्धा से आर्थिक प्रगति, बदलाव और शिखर तक पहुंचने के रास्ते जाते हैं। व्यापार, कारोबार की दृष्टि से सिलीगुड़ी भी स्पर्द्धा का केंद्र बन रहा है, यह देश और बंगाल दोनों के लिए शुभ है।

प्रबंधन : प्रभात खबर के पीछे खड़े प्रबंधन का एक सूत्र है, समाज, राजकाज और व्यवस्था को मानक या सर्वश्रेष्ठ बनाने की पत्रकारिता। लगातार हौसलाअफजाई, नया विजन, धैर्य और लॉजिस्टिक सपोर्टके साथ, हर संभव परिस्थिति के लिए पीछे खड़े रहने की प्रतिबद्धता। यह ठोस आश्वासन प्रभात खबर की टीम के लिए एक नयी चुनौती है। जिस जगह से प्रकाशन हो, उस राज्य, शहर, समाज के साथ कदमताल कर नयी दुनिया गढ़ना।

सिलीगुड़ी : सिलीगुड़ी से प्रभात खबर का प्रकाशन भी आकस्मिक नहीं है। अचानक कूद पड़ने का जोश नहीं है। कोलकाता से छपकर प्रभात खबर यहां अपना अच्छा आधार बना चुका था, पर लगा कि अर्थ के इस दौर में सिलीगुड़ी, देश का एक प्रमुख केंद्र बनकर उभरने वाला है। पूरब-पश्चिम का कारीडोर, असम, भूटान, नेपाल का द्वार, नाथूला से व्यापारिक

संबंध शुरू होने पर चीन का प्रवेश द्वार। खुद बंगाल तेजी से बदल रहा है, तो बंगाल के जिले दार्जिलिंग, कूचबिहार, जलपाईगुड़ी, दिनाजपुर भी बदलेंगे। इनके बदलाव के केंद्र में भी सिलीगुड़ी होगा। दुनिया में जब भारत, चीन नयी आर्थिक महाशक्ति के रूप में उभरने के कगार पर हैं, तब भारत से चीन की भौगोलिक दूरी को पाटने का रास्ता देने वाला सिलीगुड़ी भी उदय के कगार पर है। उदय की यह गति तेज हो, यही प्रभात खबर की पत्रकारिता है और यही मकसद है, प्रभात खबर के सातवें संस्करण के प्रकाशन का। सिलीगुड़ी और आसपास के राज्यों, देशों के पाठकों से मिलकर प्रभात खबर यहां भी एक भिन्न और वैकल्पिक पत्रकारिता का पर्याय बने, यही हमारी टीम का मकसद है।

(यह आलेख प्रभात खबर के सिलीगुड़ी एडिशन शुरू होने के पहले दिन लिखा गया था)

तिथि : 09 मार्च, 2006

अच्छी पत्रकारिता के लिए सजग समाज चाहिए

14 अगस्त, 2007 को प्रभात खबर के 23 वर्ष पूरे हुए। 14 अगस्त, 1984 को यह पहली बार छपा। इस अखबार का उद्देश्य था झारखंड की आवाज बनना। अक्तूबर, 1989 में इसका प्रबंधन बदला। अपने समय की सबसे प्रभावी, प्रतिष्ठित और सर्वाधिक प्रसारित साप्ताहिक 'धर्मयुग' (मुंबई, टाइम्स ऑफ इंडिया संस्थान) और कोलकाता के आनंद बाजार पत्रिका समूह से प्रकाशित मशहूर और चर्चित साप्ताहिक 'रविवार' में काम करने के बाद बंदप्राय 'प्रभात खबर' में काम करना, मुंबई, कोलकाता, दिल्ली छोड़कर रांची में सिमटना, उस समय भी जिद या खब्त ही माना जाता था। शायद जेपी आंदोलन, वैचारिक राजनीति के जीवंत होने या सामाजिक सरोकार के कारण यह अल्प अंश हममें भी रहा हो। शायद इसी कारण रांची आना हुआ। नयी जगह, पर आदिवासी समाज और इस अंचल की समस्याओं ने प्रेरित किया यह चुनौती स्वीकारने के लिए। मकसद सिर्फ एक था, क्या पत्रकारिता पिछड़े, गरीब लोगों और अविकसित इलाकों में सार्थक हस्तक्षेप कर सकती है? यह अनुभव करना और जानना।

जीवन 'अनुभवों' का दस्तावेज है। इस दृष्टि से 'प्रभात खबर' की पत्रकारिता के अनुभव समृद्ध हैं। टीम की दृष्टि से भी। प्रभात खबर की टीम ने हर असंभव परिस्थितियों के मुकाबले खड़े होकर प्रभात खबर को मजबूत बनाया। और पाठक, जिन्होंने प्रभात खबर की पत्रकारिता को लगातार प्रोत्साहित किया। फिसलन दिखी, तो पाठकों ने सवाल उठाये, सावधान किया और वे पाठक ही 'आंदोलन की पत्रकारिता' के मार्गदर्शक बने।

पत्रकारिता क्रांति नहीं लाती, पर वह अपने समय का दस्तावेज है। रोज का जीवंत इतिहास। सच के अनेक पक्ष हो सकते हैं देखने वालों के अनुसार, पर तथ्यों के कई रूप नहीं होते। अखबार ईमानदारी से अपने समय के अधिकाधिक तथ्य दर्ज करें, यही पत्रकारिता का मूल धर्म है। बिना लाग-लपेट। ईमानदारी से हम पत्रकार यही करें, तो निश्चित मानिए, देर-सबेर हालात बदलेंगे। प्रभात खबर की कोशिश है कि हर अड़चन के बावजूद इस रास्ते पर चलें। पर प्रभात खबर समेत पूरी मीडिया के सामने आज गंभीर चुनौतियां हैं। इन सवालों पर सार्वजनिक चर्चा जरूरी है।

समाज और पाठकों का सार्थक हस्तक्षेप भी

अखबार के प्रबंधन के सहयोग के बगैर पत्रकारिता सही धर्म नहीं निभा सकती। बिना आमद, व्यवसाय या कारोबार के, मीडिया या कोई व्यवसाय नहीं चल सकता, पर इस कारोबार के आज दो रूप हैं। पहला साफ-सुथरा, दूसरा ब्लैकमेलिंग। पूरे देश या पूर्वोत्तर भारत में अनेक टीवी चैनल्स या अखबार घराने अपनी गुणवत्ता, निष्पक्षता, पारदर्शिता के आधार पर विज्ञापन व्यवसाय करते हैं और बेहतर, उच्च स्तरीय पत्रकारिता भी। पर कुछ जगहों पर शुद्ध ब्लैकमेलिंग का दौर शुरू हो गया है। खबरों से धमकाने, गलत खबर छापने, ताकतवर और पैसेवालों के इशारे पर खबरें प्लांट करने का दौर। यह वक्त है कि समाज सावधान हो, विज्ञापनदाता सजग हों और समाज को ब्लैकमेलरों के हाथ जाने से रोकें। समाज की यह पहरेदारी हिंदी इलाके की पत्रकारिता को विश्वसनीयता बनाये रखने के लिए जरूरी है। प्रभात खबर का प्रबंधन हर कीमत पर साफ-सुथरे रास्ते पर चलने का मूल मंत्र बताता रहा है। यह भी एक कारण है कि राख (बंदी के कगार) से उठकर यह अखबार खड़ा हुआ।

जिस बाजार में विदेशी पूंजी और शेयर बाजार से 800-1000 करोड़ लेकर बड़े मीडिया घराने खड़े हों, वहां मामूली पूंजी के साथ खड़ा होना, फैलना और बढ़ना, इस मिट्टी, पाठक संसार, विज्ञापनदाताओं और प्रभात खबर की युवा टीम का ही चमत्कार है। देश के सबसे पिछड़े राज्य बिहार और उसके सबसे पिछड़े भाग (रांची, छोटानागपुर) से 1984 में निकलकर, एक अखबार अब तीन राज्यों के सात केंद्रों से प्रकाशित हो, यह शुद्ध रूप से 'ग्लोबलाइजेशन' (आक्रामक पूंजी) की दुनिया में 'लोकलाइजेशन' का महत्त्व रेखांकित करता है। यह झारखंडी सफलता है।

अगर समाज को अच्छी पत्रकारिता चाहिए, तो उसे सजग भी होना पड़ेगा। आज भी हर अखबार में बहुसंख्यक, सजग और अच्छे लोग हैं, पर कुछेक जगहों पर प्रभावी पदों पर गलत लोग भी हैं। इन चंद गलत लोगों के कारण पत्रकारिता अपनी चमक, ताप, विश्वसनीयता, ईमानदारी और पारदर्शिता खो रही है। ये खबरों का धंधा करते हैं। ये तथ्यों के प्रति नहीं, अपनी भ्रष्ट जमात के संरक्षक, मंत्री, ठेकेदार और दलालों के प्रति ईमानदार हैं। ऐसे पत्रकारों के खिलाफ पत्रकारिता जगत् से ही प्रामाणिक आवाज उठनी चाहिए। जैसे कुछेक वर्ष पहले काशी में हुआ। पत्रकारों (जिसमें हर अखबार के लोग थे) के एक विश्वसनीय समूह ने नारा दिया 'पत्रकारो! दलाली छोड़ो, दलालो! पत्रकारिता छोड़ो'। गली-गली, मोहल्ले-मोहल्ले, चौक-चौराहों पर काशी में यह बहस का विषय बना। जरूरत है कि देश में जहां भी पत्रकारिता फिसले, वहां पत्रकार या मीडियाकर्मी, संस्थान, अखबार वगैरह की सीमा तोड़कर, 'मीडिया' की विश्वसनीयता बचाने के लिए आगे आयें।

समाज को पहचानने की जरूरत है कि यह 'ब्लैकशीप' कौन हैं? कहां हैं? डॉक्टर राममनोहर लोहिया ने कहा था कि व्यवस्था में दो नंबर के राजा ही परमानेंट होते हैं। ये 'ब्लैकशीप', असल में दो नंबर के राजा (दलाल) हैं। मसलन, उदाहरण से समझें। अगर

बाबूलाल जी झारखंड के मुख्यमंत्री थे, तो उनकी दरबारगिरी, उनके जाने के पहले ही अर्जुन मुंडा का चारण बनना, मुंडा जी की कुरसी खिसके, इसके पहले ही कोड़ा जी का प्रियपात्र बनना या उनके दरबारियों का गुणगान, यही कला-कौशल, कार्यसंस्कृति और पटुता है 'ब्लैकशीपों' की। इसके बदले 'ब्लैकशीप' क्या कराते हैं? ठेका दिलाना, ट्रांसफर-पोस्टिंग कराना, जमीन कब्जा करवाना-करना, दलाली कमाने का अवसर देना और खुद करोड़ों-करोड़ कमाना। पर सत्ता में बैठे लोग नहीं जानते कि ये चापलूस, चारण और दलाल कितना उनका अहित और नुकसान कर रहे हैं। यह बात उन्हें बाद में समझ में आती है। शायद इसी कारण झारखंड में कभी-कभार मंत्री भी पत्रकारिता के बारे में उपदेश देते हैं। कहते हैं कि पत्रकार मेरे पास गलत काम लेकर आते हैं। जरूरत है कि जो भी मंत्री पत्रकारिता के बारे में यह अमूर्त बयान दे, उससे पत्रकार बिरादरी स्पष्ट नाम और प्रमाण पूछे। अंततः सफाई की शुरुआत कहीं से होगी या नहीं?

कुछेक पाठक भी पत्रकारिता के स्खलन की बात करते हैं। यह सुखद संकेत है, पर इससे ऊपर उठकर पाठकों को 'पाठक समूह या क्लब' बनाने चाहिए। गलत खबरों पर सवाल उठाने चाहिए। हर स्तर पर सार्थक हस्तक्षेप और विरोध होना चाहिए। यह काम देश के कुछेक हिस्सों में हो रहा है। अगर पाठक और समाज, पत्रकारिता पर यह अंकुश रखने के लिए तैयार है, तो पत्रकारिता बेहतर होगी। और बेहतर पत्रकारिता ही नयी दुनिया गढ़ने में कारगर होगी। वह पत्रकारिता समाज, राज और व्यक्ति के हित में होगी। पत्रकारिता के संसार में जो भी कमियां हैं, वे प्रभात खबर में भी हैं, होंगी। पर 23 वर्ष पहले जब 'झारखंड' के साकार होने के संकेत नहीं थे, तब प्रभात खबर ने 'झारखंड' की बात की। आज झारखंड बनने के बाद, देश का सर्वश्रेष्ठ राज्य बनने का सपना शेष है। इस सपने को साकार करने के लिए साफ-सुथरी पत्रकारिता बुनियादी जरूरत है। आप सभी पाठक, विज्ञापनदाता, समाज के हर वर्ग के लोग, सत्ता के बाहर-अंदर बैठे रहनुमा और सभी पत्रकार, मिलकर इस दिशा में सोचें और पहल करें, यह वक्त की जरूरत है। प्रभात खबर के 23 वर्ष पूरे होने पर आप सबको बधाई!

(प्रभात खबर के 23 वर्ष पूरे होने पर यह आलेख प्रकाशित हुआ था)

पत्रकारों के प्रशिक्षण का सवाल

वर्ष 2000 नवंबर में केंद्र सरकार ने तीन नये राज्यों का गठन किया। झारखंड, छत्तीसगढ़ और उत्तरांचल। उम्मीद की जा रही थी कि छोटी इकाइयों के बतौर इन राज्यों का तीव्र विकास होगा। लेकिन आज, तीनों राज्यों की प्रगति के आंकड़े, गवर्नेंस, राजकाज, राजनीति पर नजर डालें, तो पायेंगे कि इन राज्यों में कोई बुनियादी परिवर्तन नहीं हुआ है। सिर्फ नये राज्य बने हैं, शासकीय इकाइयां बढ़ी हैं, अफसर बढ़े हैं, मंत्री-नेता बढ़े हैं, व्यवस्थागत खर्च बढ़ा है, पर विकास, शिक्षा और स्वास्थ्य के क्षेत्रों में कोई नयी शासकीय संस्कृति नहीं पनप सकी है। इन राज्यों के गठन के पीछे भावनात्मक और राजनीतिक कारण भी थे। पर मूल कारण था अविकास या क्षेत्रीय विषमता। मसलन, झारखंड बिहार से अलग हुआ, तो यही कहा गया कि बिहार के विकास यंत्र, झारखंड के गांवों तक नहीं पहुंचते। भ्रष्टाचार और कुशासन के कारण खनिज संपदा से भरा झारखंड सबसे गरीब है। अलग राज्य बनने के पहले यहां के राजनेता यही कहते थे कि बिहार की शासन शैली के विकल्प में हम बेहतर, प्रभावी दलालों को खत्म करने वाली शासकीय शैली अपनायेंगे। अलग राज्य बने नवंबर, 2004 में चार वर्ष पूरे हो जायेंगे, पर कोई नयी राजनीतिक या शासकीय संस्कृति विकसित नहीं हो सकी। सत्ता की होड़ में पक्ष-विपक्ष इस कदर उलझा है कि विकास की बातें सिर्फ जुबान पर हैं, शासन के एजेंडे पर नहीं। इन राज्यों में मीडिया अगर सार्थक हस्तक्षेप करके विकास को एजेंडा बनाये, तो एक सकारात्मक पृष्ठभूमि बन सकती है, पर ऐसा नहीं हो रहा। दरअसल देश में प्रगति की दौड़ में हिंदी राज्य (खास तौर से उत्तर प्रदेश, उत्तरांचल, बिहार और झारखंड) पिछड़ गये हैं। इस पिछड़ेपन की चुनौती स्वीकारने के प्रति सकारात्मक चेतना बनाने का काम दो ही क्षेत्रों से संभव है, राजनीति और मीडिया। राजनीति बांझ हो गयी है, देश और प्रदेश दोनों में। इससे नये विचार नहीं पनप रहे। मीडिया की कमोबेश यही स्थिति है। सही अर्थों में मीडिया को प्रोफेशनल होने की जरूरत है। अपने काम में दक्ष, कुशल और प्रतिबद्ध मीडियाकर्मी चाहिए, जो पेशे के कौशल-हुनर को समृद्ध कर सकें। झारखंड के संदर्भ में कहा जा सकता है कि यह कौशल-हुनर बढ़ाने का काम सचेत ढंग से नहीं हो रहा। इसकी जरूरत क्यों है?

91 में उदारीकरण के दरवाजे खुले। टेक्नोलॉजी की दृष्टि से भी दुनिया तेजी से बदली। सूचना क्रांति, ग्लोबल दुनिया के नये मापदंड के साथ पूरी दुनिया में 'मानव विकास' (ह्यूमन

रिसोर्स डेवलपमेंट) की चर्चा होने लगी। हर कल-कारखाने में 'एचआरडी' विभाग (ह्यूमन रिसोर्स डेवलपमेंट, मानव संसाधन विकास) खुलने लगे। पर अखबारों में ऐसा कोई सृजनात्मक प्रयास नहीं हुआ। अखबारों में काम करने वालों को सबसे अधिक प्रशिक्षण की जरूरत है। तथ्य यह है कि इस मद में शायद ही अखबार अलग बजट बनाते हों या ऐसे कार्यक्रम आयोजित करते हों। पत्रकारों के प्रशिक्षण की चर्चा हम झारखंड के संदर्भ में कर रहे हैं, पर देश स्तर पर बड़े अखबारों में भी इसके लिए अलग विभाग नहीं है। होना यह चाहिए कि अखबार के अंदर रोज काम में डूबे लोगों का भी लगातार प्रशिक्षण होना चाहिए। बदलती दुनिया, अखबारों की बदलती सामग्री (कंटेंट में हो रहे बदलाव) और नयी तकनीक पर लगातार अखबार के कामकाजी लोगों का प्रशिक्षण होना चाहिए। हर अखबार संस्थान अपने यहां एक ह्यूमन रिसोर्स डिपार्टमेंट (मानव संसाधन विभाग) खोले। क्लास रूम से सीधे बाहर निकलकर काम कर रहे पत्रकारों के प्रशिक्षण की जरूरत है। वर्षों से काम कर रहे पत्रकारों के लिए भी अपनी विधा-पेशे में आ रहे बदलावों को जानना जरूरी है, पर सिर्फ अखबारों के स्टाफ लगातार प्रशिक्षित हों, तब भी अखबारों की क्वालिटी (गुणवत्ता) पर आंशिक असर ही पड़ेगा। अखबारों के नियमित (हालांकि अब कांट्रेक्ट और ऑफ लोड का जमाना है) स्टाफ से अधिक संख्या में स्ट्रिंगर, आंशिक संवाददाता और फ्रीलांसर अखबारों से जुड़े हैं। इनके प्रशिक्षण की न कोई व्यवस्था है, न इस काम के लिए कोई पूंजी लगाने के लिए तैयार है। जमीनी हकीकत क्या है? छोटा या बड़ा हर अखबार या टेलीविजन चैनल दूर- देहात तक अपने-अपने प्रतिनिधि (स्ट्रिंगर) रख रहे हैं। इन स्ट्रिंगरों को इनके काम के अनुपात में मामूली पैसे मिलते हैं। फ्रीलांसर भी ऐसे क्षेत्रों में अखबारों की जरूरतें पूरी करते हैं। इनका सर्वे हो तो कई महत्त्वपूर्ण चीजें पता चलेंगी। कुछ स्ट्रिंगर दक्ष और कुशल हैं, पर अधिकतर को अपने पेशे का कौशल-हुनर नहीं मालूम। बुनियादी चीजें नहीं पता। गांवों-कस्बों-ब्लॉकों की महत्त्वपूर्ण घटनाओं की सूचना स्ट्रिंगरों की यही फौज देती है। इन स्ट्रिंगरों की सामाजिक हैसियत, खबर देने या अखबारों से जुड़ जाने के कारण बन जाती है। वे स्थानीय 'रूलिंग इलीट' (शासकीय वर्ग) से जुड़ जाते हैं। उनका प्रभाव क्षेत्र बढ़ जाता है। उनकी खबरों से स्थानीय राजनीति-समाज-जीवन प्रभावित होता है। उनके हाथ में कलम की ताकत आ जाती है। कम स्ट्रिंगर ऐसे होंगे, जिन्हें अपने दायित्व, सामाजिक भूमिका और अपने लिखे के परिणामों का एहसास होता है। स्ट्रिंगरों की फौज में बड़ी संख्या उन लोगों की है, जो जीवन में कोई दूसरा काम नहीं कर सके। विवश होकर पत्रकारिता में आ गये, जिसके लिए न कोई योग्यता है, न मापदंड। अब तो स्ट्रिंगर बनने के लिए 'दबाव डालकर, ब्लैकमेल कर विज्ञापन जुटा लेने की क्षमता' बड़ी योग्यता मानी जाती है। लिखना न आये, यह स्वीकार्य है, पर विज्ञापन वसूलने की कला में 'आधुनिक दक्षता' सबसे बड़ी योग्यता है। अब आप गौर करें, ऐसे अनगढ़ लोग खबरें लिखते हैं, जिन्हें खबर लिखने के बारे में कोई प्रशिक्षण नहीं है। यह ऐसा ही है कि बम बनाने वाला बम विस्फोट के परिणाम न जाने। खबरें, बमों से ज्यादा ताकतवर होती हैं। मनुष्य के मन, मस्तिष्क और चेतना को अपरोक्ष रूप से प्रभावित करने वाली सबसे ताकतवर चीज है खबर। यही खबर अगर गलत, आंशिक सच,

नियोजित हो (प्लांटेड) या ब्लैकमेल के उद्देश्य से लिखी जाती हो, तो कैसा मानस बनेगा? कैसा समाज होगा? किसी खास उद्देश्य से लिखी गयी खबर से जो समाज बनेगा, उसमें कलह, हिंसा, तनाव और स्पर्द्धा अनिवार्य है। अज्ञानता अलग चीज है, पर अखबार की कलम हाथ में आ जाने से जो ताकत स्थानीय स्तर पर स्ट्रिंगरों (आंशिक संवादताताओं) को मिलती है, उसका दुरुपयोग समाज के लिए अत्यंत नुकसानदेह है। समाज को गंभीर दीर्घकालीन लाइलाज रोग देने वाला स्रोत। खबरें मनुष्य के मन-चिंतन और अपरोक्ष मानस को प्रभावित करती हैं। गलत तथ्य होंगे, तो लोगों के मस्तिष्क प्रदूषित होंगे, लोगों के सोचने का मानस रुग्ण होगा, तो समाज का सामूहिक चिंतन, जीवन और सोच प्रभावित होगा। इस तरह खबर समाज को दीर्घकाल तक प्रभावित करती है। स्पष्ट है कि स्ट्रिंगर के इस महत्त्वपूर्ण सामाजिक रोल के बारे में किसी ने सोचा नहीं है। इस समस्या की गहराई में आप उतरें, तो इसकी गंभीरता समझ में आयेगी। नौकरशाही कैसे काम करती है? सरकारी फाइलें कैसे 'मूव' करती हैं? क्यों सरकारी पैसा, वित्तीय वर्ष बीतते-बीतते खर्च होने के लिए 'रिलीज' होता है? 'मार्च लूट' का बिहार-झारखंड में क्या अर्थ है? क्यों हर सरकार इस पर पाबंदी की घोषणा करती है, पर नहीं रोक पाती? इस जटिल प्रशासनिक व्यवस्था की बुनियादी जानकारी पत्रकारों के लिए जरूरी है, ताकि वे अपनी रपटों को और समृद्ध, अकाट्य और प्रामाणिक बना सकें।

विभिन्न पत्रकारिता पाठ्यक्रमों में फिलहाल इन चीजों को नजरअंदाज किया गया है। हर साल हजारों की तादाद में निकल रहे नये, भावी, प्रशिक्षु पत्रकारों को विकास पत्रकारिता की महज किताबी अवधारणा से आगे, असल चुनौतियों को समझने और उस अनुरूप समाचार संकलन व लेखन के लिए तैयार करना होगा। फिर, जो हजारों कार्यरत स्ट्रिंगर पत्रकार बिना किसी औपचारिक प्रशिक्षण के या विगत वर्षों के प्रशिक्षण के आधार पर, अब अपने अनुभव और कौशल के सहारे पत्रकारिता की मुख्यधारा का दायित्व संभाल रहे हैं, उनके लिए भी स्पेशलाइज्ड तथा रिफ्रेशर कोर्स बनाये जाने चाहिए।

नये राज्यों में अखबारों की बढ़ती प्रसार संख्या के बारे में मीडिया की गंभीर अध्येता शेवंती नैनन ने उल्लेखनीय काम किया है। उनके अध्ययन निष्कर्ष प्रामाणिक हैं। छत्तीसगढ़ - झारखंड में नये अखबार बढ़े हैं। अखबारों की प्रसार संख्या बढ़ी है। अखबार सुदूर गांवों तक पहुंच रहे हैं। ब्लॉक-गांव तक अखबार अपना नेटवर्क बना रहे हैं, पर ऐसी जगहों पर स्किल्ड (दक्ष) स्ट्रिंगर नहीं मिलते, पर उनकी खबरें गांवो-ब्लॉक या जिले के जन-जीवन को प्रभावित करती हैं। इन स्ट्रिंगर पत्रकारों के प्रशिक्षण की व्यवस्था सरकार, प्रेस परिषद् और ऐसी चीजों में रुचि रखने वाली संस्थाएं कर सकती हैं। क्योंकि अखबार अब तक इसकी जरूरत महसूस नहीं कर सके हैं। इन स्ट्रिंगर पत्रकारों के लिए चार-चार दिन का वर्कशाप आयोजित किया जा सकता है, पर आयोजित करने के पूर्व, ऐसे वर्कशापों के लिए 'पाठन सामग्री' (रिसोर्स मैटेरियल) अनुभवी लोगों को तैयार करनी चाहिए। सामग्री तैयार करने वालों की टीम में अनुभवी पत्रकार, नौकरशाह और आर्थिक मामले के विशेषज्ञ हो सकते हैं। स्ट्रिंगरों के प्रशिक्षण कार्यक्रम में 'अभ्यास' (प्रैक्टिकल) का लंबा सेशन होना चाहिए। खबरों की पुरानी अवधारणा और उनकी

प्रासंगिकता पर चर्चा होनी चाहिए। अखबार लगातार स्थानीय (ग्लोबलाइजेशन के दौर में लोकलाइजेशन की प्रक्रिया तेज है) होते जा रहे हैं, पर गांवों-ब्लॉकों की अपराध और राजनीति से जुड़ी खबरें ही अधिक जगह पाती हैं। गांवों के स्तर पर शिक्षा, स्वास्थ्य, महिलाओं के उत्थान और विकास पर हो रहे कामों और इनकी जरूरत पर नया मानस बनाना है, तो स्ट्रिंगरों को इन विषयों को मान्यता देनी होगी। राजनीति, अपराध और सेक्स को चटपटा - प्रमुख बनाने से बचना होगा। यह काम स्ट्रिंगरों के मानस में परिवर्तन से ही आसान बन सकता है। यह मानस परिवर्तन बगैर प्रशिक्षण संभव नहीं है। यह प्रशिक्षण संस्थागत स्तर पर ही संभव है, इसके लिए पूंजी की जरूरत है। सारे अखबार अपनी प्रतिद्वंद्विता भुलाकर अपने- अपने क्षेत्रों में इसे संस्थागत रूप दे सकते हैं। इससे समाज-देश का भला होगा। प्रेस परिषद् या अन्य संस्थाएं यह काम करा सकती हैं।

26/03/2009 को प्रकाशित

खबरों का धंधा

प्रभात खबर (झारखंड) के एक स्थानीय संपादक के पास एक सज्जन आये। उन्होंने पहले सूचना दी कि अखबारों ने राजनीतिक दलों या चुनाव लड़ रहे प्रत्याशियों द्वारा जारी प्रेस विज्ञप्ति, बयान या प्रेस कॉन्फ्रेंस के लिए रेट तय की है। मसलन अगर प्रत्याशी को इंटरव्यू कराना है, तो 25000 रुपये देने होंगे। अपने पक्ष में विश्लेषण करवाना है, तो फी अलग है। प्रत्याशी के साथ चुनावी दौरे पर जाना है, तो उसका शुल्क अलग है। ये चीजें छपेंगी, खबरों के शक्ल, रूप, आकार या फॉर्मेट में। पर उनका भुगतान विज्ञापन की तरह करना होगा। यह अंडरहैंड डीलिंग होगी। फिर पूछा कि आपके अखबार ने इन चीजों के लिए क्या रेट तय की है?

प्रभात खबर के उक्त स्थानीय संपादक ने कहा, हमें अन्य अखबारों के बारे में नहीं मालूम। हम दूसरों के बारे में न कुछ जानते हैं, न कुछ बता सकने की स्थिति में हैं, पर प्रभात खबर ने 15.03.09 को अंतिम पेज पर चुनाव कवरेज की अपनी आचारसंहिता छापी थी। प्रभात खबर लगभग हर चुनाव में यह करता रहा है। वह आचारसंहिता स्पष्ट है कि चुनावों का कवरेज किस तरह प्रभात खबर में छपेगा।

पत्रकारिता की सबसे पवित्र चीज है उसका कंटेंट। वही उसकी साख है, वही उसकी ताकत है, वही उसकी पूंजी है, पाठकों के प्रति उसकी मूल प्रतिबद्धता है कि वह सही सूचनाएं पाठकों तक पहुंचाये। जिस क्षण पता चले कि अमुक सूचना गलत है, तुरंत पाठक को तथ्यगत जानकारी दे। पाठक को बताये कि किन परिस्थितियों में गलत सूचना अखबार ने दी और क्षमा मांगे। पत्रकारिता में काम का दबाव रहता है, गलतियां स्वाभाविक हैं, पर जान-बूझकर पाठकों को गलत सूचनाएं देना, सौदेबाजी या बिजनेस की दृष्टि से ऐसा करना, पत्रकारिता में अक्षम्य अपराध है।

15-20 वर्ष पूर्व यह प्रवृत्ति पत्रकारिता में आयी। एक अंग्रेजी अखबार समूह ने शुरू किया। कंपनियां प्रेस विज्ञप्तियां भेजतीं हैं, उनके बारे में तर्क दिया गया कि ये प्रेस विज्ञप्तियां एक किस्म से प्रचार हैं, इसलिए इन्हें विज्ञापन की तरह ट्रीट करना चाहिए, इन्हें खबर के रूप में नहीं छापना चाहिए। इनका पैसा लेना चाहिए। इस तरह कंपनियों की प्रेस विज्ञप्तियां बिकने लगीं। कंपनियों को भी सुविधा हुई। खबर के रूप में प्रेस विज्ञप्तियां छपने लगीं, कंपनियों को लगा, उनके विज्ञापन पर पाठक का वह भरोसा नहीं होता है, जो खबर पर होता है। विज्ञापन के बारे

में आम धारणा है। यह आत्मप्रचार है, स्वप्रचार है। इसलिए इसमें चीजें चढ़ा-बढ़ा कर या लुभाने के लिए या बाजार में मांग क्रियेट करने के लिए कही या बतायी जाती हैं। पर खबर पर पाठक भरोसा करता है, क्योंकि वह मानता है कि खबर सच पर आधारित होगी। वैसे भी पत्रकारिता में खबरों पर सौदेबाजी, यह अनसुनी या अकल्पनीय बात रही है, पर 15-20 वर्ष पहले भारत में इस प्रवृत्ति की शुरुआत हुई। अंग्रेजी में। इसके बाद पेज 3 की पत्रकारिता अवतरित हुई, वह भी अंग्रेजी पत्रकारिता की देन है। बड़े लोगों और समृद्धों की पार्टियां, इन पार्टियों की तस्वीरें अखबारों में छपने लगीं, यह वर्ग स्वप्रचार का भूखा होता है, तरह-तरह के वस्त्रों (अधनंगे भी) में पार्टियों की तस्वीरें भुगतान के आधार पर अखबारों में छपने लगीं। इस तरह पत्रकारिता में साख की लक्ष्मण रेखा टूट गयी। फिर आया एडवरटोरियल का जमाना। विज्ञापन को एडिटोरियल के रूप में प्रस्तुत करने की विधा या कला को एडवरटोरियल कहते हैं। अब यह हिंदी अखबारों तक भी आ पहुंचा है, यानी जिन चीजों का विज्ञापन करना है, उन्हें खबर बनाकर अखबार में प्रस्तुत करना। ऐसा क्यों? ऐसा इसलिए, क्योंकि लोगों को विज्ञापन की अपेक्षा खबर (एडिटोरियल) पर ज्यादा भरोसा होता है। पहले अखबार व संपादक एडिटोरियल में एक शब्द भी हेर-फेर की इजाजत नहीं देते थे। यह स्पष्ट निर्देश होता था कि खबर (एडिटोरियल) तथ्यों पर आधारित हो, वह प्रामाणिक हो। इसलिए अपनी प्रामाणिकता, सचाई के कारण एडिटोरियल पक्ष ने पाठकों की विश्वसनीयता अर्जित की। अपनी विश्वसनीयता और सही सूचना के लिए ही अखबार पढ़े जाते हैं, अधिक बिकते हैं। विज्ञापन के बारे में आम धारणा है कि प्रचार, किसी वस्तु, विचार या उद्देश्य के पक्ष में माहौल बनाने का प्रयास है। जो कुछ प्रचार में कहा जाता है, वह सब सच पर आधारित है, ऐसी धारणा नहीं है। इसलिए बिजनेस की दुनिया ने देखा कि पत्रकारिता में जो सबसे अधिक विश्वसनीय है, पत्रकारिता का प्राण है, उसको ही क्यों न व्यवसाय के लिए इस्तेमाल किया जाये। इस तरह एडवरटोरियल जन्मा और बढ़ा।

भारत में याद करिए 1995-96 का दौर। अचानक पारा-बैंकिंग कंपनियों की बाढ़ आ गयी। बिहार-झारखंड में भी (तब झारखंड बिहार का हिस्सा था)। हेलियस, कुबेर, जेवीजी और न जाने कितनी कंपनियां। इन्होंने बड़े पैमाने पर प्रचार किया। अखबारों ने भर-भर पेज एडवरटोरियल इनके पक्ष में लिखे। कुकुरमुत्ते की तरह इनके मालिक उग आये। बड़े नेता इनके आगे-पीछे घूमने लगे। हेलिकॉप्टर से इनका प्रचार होने लगा। अखबारों में विज्ञापनों की वर्षा होने लगी। इनके मालिकों पर बड़े-बड़े प्रशंसात्मक लेख छपने लगे। किसी ने इन कंपनियों के अर्थशास्त्र या बिजनेस गणित पर गौर नहीं किया। कैसे तीन वर्षों में पैसे डबल हो सकते हैं? प्रभात खबर ने यह सवाल उठाया कि बड़े-बड़े अर्थशास्त्री या बिजनेस के जानकार लोग इन कंपनियों के बिजनेस मॉडल पर सवाल उठा रहे हैं। ये कंपनियां लोगों को ठग रहीं हैं। कुछेक ने साफ-साफ कहा, यह ठगी का धंधा है। प्रभात खबर ने इन चीजों को छापा। वे चिटफंड कंपनियां या पारा-बैंकिंग कंपनियां इस अखबार के खिलाफ अदालत भी गयीं। पर अंततः क्या हुआ, वे डूब गयीं। उन्हें डूबना ही था और अपने साथ लाखों-करोड़ों लोगों का भविष्य लेकर

डूबीं। न जाने कितने गरीबों ने आत्महत्याएं कर लीं, क्योंकि वे इन कंपनियों में अपने जीवन की पूंजी लगाकर लुट चुके थे।

इस तरह इन कंपनियों ने पत्रकारिता की साख से सौदेबाजी की। साख से यह सौदेबाजी की परंपरा को राजनीति ने अच्छी तरह समझा और इस्तेमाल करना शुरू किया। 1995 के मध्यप्रदेश के चुनावों से यह प्रक्रिया परवान चढ़ी। नेताओं के प्रेस रिलीज बेचने, इंटरव्यू बेचने, अपने पक्ष में खबर लिखवाने यानी खबरों की सौदेबाजी। फिर राजस्थान, पंजाब, उत्तर प्रदेश में हुए चुनावों में खबर बेचने की इस प्रक्रिया को लेकर खूब सवाल उठे, बहस हुई। पर यह प्रक्रिया चलती रही। सूचना है कि यह धंधा बिहार और झारखंड में भी पांव पसार रहा है, इसलिए प्रभात खबर, चुनाव में अपनी आचारसंहिता को छापता है, ताकि सार्वजनिक रूप से पाठक जानें कि हमारी कार्यशैली क्या है?

अपने पाठकों को प्रभात खबर पुनः स्पष्ट करना चाहता है कि उसके चुनाव कवरेज के स्पष्ट निर्देश क्या हैं?

1. प्रेस विज्ञप्ति – जेनुइन प्रेस विज्ञप्ति छापना अखबारों की परंपरा है। लोकतंत्र में दलों के विचार प्रेस विज्ञप्ति के माध्यम से आते हैं। हम व्यक्तिगत आरोप, प्रत्यारोप या निराधार आरोपों की प्रेस विज्ञप्ति पहले भी नहीं छापते थे, आगे भी नहीं छापेंगे। हर जेनुइन प्रेस विज्ञप्ति के साथ चुनाव पहले जैसा हम ट्रीटमेंट करते रहे हैं, आगे भी करते रहेंगे। प्रेस विज्ञप्ति के लिए कहीं कोई शुल्क की बात करता है, तो वह अपराध है।

2. इंटरव्यू – प्रमुख प्रत्याशियों के इंटरव्यू छापना लोकतंत्र में मीडिया का फर्ज है, ताकि उनके विचारों को जनता जाने, उनके अनुरूप वोट दे। यह संपादकीय काम है, यह विज्ञापन नहीं है और न इसके लिए कोई शुल्क लगता है।

3. विश्लेषण – चुनावों में किसी को जिताना-हराना अखबारों का धर्म नहीं है, न विश्लेषणकर्ता का। चुनाव में चल रही प्रवृत्तियों का संकेत करना, उनका विश्लेषण करना, यह पत्रकार का पवित्र संपादकीय फर्ज है। वह अपने विवेक के अनुसार काम करता है। विश्लेषण विज्ञापन नहीं है कि इस पर कोई मोल-भाव होता है। किस इशू पर विश्लेषण जरूरी है, यह भी तय करना अखबारों का अधिकार है।

4. प्रत्याशियों के साथ दौरा – पत्रकार इस दौरे में महत्त्वपूर्ण प्रत्याशियों के साथ जाते हैं। वे ऑबजर्वर की तरह चीजों को देखते हैं। अपनी रिपोर्ट लिखते हैं। यह भी विज्ञापन नहीं है और न विज्ञापन की दृष्टि से इसका मोल-भाव होता है।

5. फोटो छापना – चुनाव प्रचार में फोटो छापने की भी रेट तय की गयी है, ऐसी चर्चा है। हम नहीं जानते कि सच क्या है? पर प्रभात खबर चुनाव प्रचार की तस्वीरें पूर्ववत छापेगा, क्योंकि यह न्यूज का हिस्सा है और खबरें बिका नहीं करतीं।

इसी तरह चुनाव में समाचार एकपक्षीय नहीं हो सकते, न किसी के खिलाफ द्वेष से चीजें लिखी जा सकतीं हैं। सूचना यह है कि यह भी परंपरा शुरू हो गयी है कि एकमुश्त किसी दल या

नेता से सौदेबाजी हो जाये और उसके पक्ष की प्रेस विज्ञप्तियां और खबरें खूब छपतीं रहें। पर जो अखबारों की गलत शर्तों को न माने, उसकी खबरें न छपें या विरोध में छपें। पर ये सारे हथकंडे अखबारों की विश्वसनीयता छीन लेने या खत्म करने के प्रयास हैं। इसके प्रति पत्रकारों को सजग होना पड़ेगा। प्रभात खबर ने इन एक-एक चीजों के बारे में अपनी नीति पुनः स्पष्ट कर दी है, ताकि किसी भी दल, राजनीतिक नेता या पाठक को भ्रम हो, तो वह चीजों को स्पष्ट रूप से समझ ले। प्रभात खबर से संबंधित कोई भी सप्रमाण शिकायत हो (आधारहीन या बेबुनियाद शिकायत नहीं) तो आप शीघ्र सूचित करें।

अनूप सरकार और दीपक अंबष्ठ (धनबाद), निर्भय सिन्हा और सुशील भारती (देवघर), एसएन पाठक और अजय कुमार (पटना), अनुज सिन्हा और दिलावर साहू (जमशेदपुर), ओमप्रकाश अश्क, विजय पाठक और विजय बहादुर (रांची)।

संबंधित संस्करणों के पाठक संबंधित संस्करणों के लोगों को ही लिखें या सूचित करें।

नोट : जब यह आलेख छपा था तो संबंधित संस्करणों के जिम्मेवार व्यक्तियों के बारे में भी बताया गया था। वर्ष : 2009, लोकसभा चुनावों के कई माह पहले।

फिर पाठकों के द्वार (खबरों का धंधा-2)

इन चुनावों में पत्रकारिता की भूमिका से जुड़ा है यह लेख। पर इस लेख को पढ़ने के साथ या पहले प्रभात खबर में ही छपी हमारी आचारसंहिता (15 मार्च, 2009, बैक पेज) और खबरों का धंधा (26 मार्च, 2009 को छपा लंबा लेख) पढ़ने से संपूर्ण तसवीर स्पष्ट होगी।

लोकसभा के आमचुनाव संपन्न हुए। इसलिए फिर पाठकों की अदालत में या उनके द्वार पर। चुनावों में पत्रकारिता ने क्या खोया, क्या पाया, देश में इस पर खूब चर्चा हो रही है। स्तब्ध करने वाले तथ्य आ रहे हैं, पर हम प्रभात खबर की चर्चा तक ही सीमित रहेंगे। चुनाव के दिनों में ही पाठक भाई मो शकील (जोन्हा) ने संदेश भेजा, 'आपने कहा, हम विज्ञापन को खबरों की तरह नहीं छापेंगे, फिर आपने चेंज इंडिया चलाया। आज आपने वादाखिलाफी की। प्रभात खबर नहीं बंधु का अखबार हो गया'।

(नोट - उल्लेखनीय है कि बंधु तिर्की झारखंड में निर्दलीय मंत्री थे। वह चुनाव भी नहीं लड़ रहे थे, पर अपनी उपलब्धियों का विज्ञापन छपवाया था।)

इस विज्ञापन परिशिष्ट पर बड़े हरफों में लिखा था, 'प्रभात खबर मार्केटिंग मीडिया इनिशियेटिव', हर पेज पर। आमतौर पर अखबारों में छोटे प्वाइंट में इस तरह के मार्केटिंग इंपैक्ट के विज्ञापन छपते हैं। हर पेज पर नहीं छपते, कहीं एक जगह न दिखने वाले प्वाइंट में छपते हैं, पर प्रभात खबर ने बड़े प्वाइंट में इन्हें छापा। इसके बाद यह प्रतिक्रिया मिली। जमशेदपुर से भी चुनाव के दौरान एक पाठक का नाराजगी भरा पत्र मिला, जो हू-ब-हू पहले पेज पर जमशेदपुर संस्करण में छपा।

इस बार भी चुनाव के आरंभ में प्रभात खबर ने पुन: आचारसंहिता प्रकाशित की (देखें प्रभात खबर 15 मार्च, 2009, बैक पेज)। पिछले 20 वर्षों से हर चुनाव के पहले प्रभात खबर संवाददाताओं के लिए अखबार के माध्यम से खुला निर्देश जारी करता रहा है, ताकि अखबार की कार्यप्रणाली महज काम करने वालों के बीच तक ही सीमित न रहे, बल्कि पाठक भी जानें। इस बार भी हमने सात निर्देश जारी किये, अखबार में छाप कर। इसके कुछ बिंदु पाठकों को पुन: स्मरण कराना चाहेंगे—

✲ चुनाव में कोई भी संवाददाता या प्रतिनिधि किसी दल या प्रत्याशी के पक्ष-विपक्ष में नहीं, बल्कि तथ्यात्मक तरीके से रिपोर्टिंग और विश्लेषण सुनिश्चित करें।

✲ किसी प्रत्याशी या दल के हारने या जीतने की आधारहीन बात के बजाय, पूरी सावधानी से निष्पक्षता की गारंटी सुनिश्चित करें, ताकि पाठकों और लोगों के बीच हमारी विश्वसनीयता कायम रहे।

✲ अनावश्यक बढ़ा-चढ़ाकर या चरित्रहनन की चीजों से परहेज करें। झूठी, तथ्यहीन व अफवाह फैलाने वाली खबरें किसी भी हाल में न भेजें। चुनाव के दौरान ऐसी चीजें बेहद संवेदनशील होती हैं। कवरेज के दौरान आरोप-प्रत्यारोप के संदर्भ में संबंधित का पक्ष अवश्य प्रमुखता से लें।

✲ हमारे लिए सभी प्रत्याशी महत्त्वपूर्ण हैं, इसलिए सबका परिचय और तसवीर हम लोग छापेंगे।

✲ अपने क्षेत्र विशेष की बदहाली की सूचनाओं, उभर रही विकास की मांगों व जनमुद्दों पर सबसे ज्यादा फोकस करें। जनसरोकार के इन विषयों से ही जनपक्षधर पत्रकारिता की बुनियाद को मजबूत करें...

इस तरह अन्य निर्देश थे। पिछले दो-तीन दशकों से ऐसा करने वाला प्रभात खबर शायद देश में पहला व अकेला अखबार है।

हमने यह क्यों किया?

आमतौर पर चुनावों में एक दूसरे पर कीचड़ उछालने की प्रतियोगिता चलती है। एक पक्ष से मिलकर दूसरे पक्ष को टारगेट किया जाता है, क्योंकि हमारे राजनीतिक दलों या समाज में स्वस्थ मापदंड या आचारसंहिता तो है नहीं। आमतौर से जो अखबार सत्ता में बैठे लोगों की या सत्ताधारी दल की आरती उतारते हैं, पूजा करते हैं, वे चुनावों में निराधार, सनसनीखेज चीजें देकर उन पर ही हमला बोलते हैं। इसके पीछे के उद्देश्य स्पष्ट हैं। हम इस चक्कर में नहीं रहना चाहते, क्यों? इसलिए कि जब ऐसे लोग सत्ता में होते हैं, इनकी कारगुजारियों को बेबाक ढंग से सामने लाना, बिना निजी राग-द्वेष के तथ्य छापना, यह हम करते हैं, पर चुनाव में हमारी अपनी मर्यादा और आचारसंहिता है। हम किसी के खिलाफ किसी के इस्तेमाल होने की पत्रकारिता नहीं करते। इसलिए हम इस आचारसंहिता का पालन करते हैं। इन चुनावों में भी हमने यही किया। चुनावों में झारखंड के कई ताकतवर राजनेता प्रभात खबर से पता कराते रहे कि हमारे खिलाफ कोई नया अभियान तो नहीं चलेगा या पुरानी चीजें तो नहीं उठायी जायेंगी। हमने सबसे स्पष्ट कहा था, जब आप सत्ता में थे, आपने गड़बड़ियां कीं, हम इन्हें सामने लाये। यह सच कहने की कीमत भी चुकायी, पर चुनावों में हम किसी के पक्ष-विपक्ष में नहीं हैं, क्योंकि लोकतंत्र में जनता सर्वोपरि है। जनता की अदालत में आपका मामला है। जनता आपको चुनने वाली है। जब जरूरत पड़ी, जनता को हमने सही बातें बता दीं, अब जनता जाने और आप जानें। हमने इस अपने पूर्व घोषित आचारसंहिता का पूर्णतः पालन किया। पुनः 26 मार्च के अखबार में हमने लंबा लेख छापा, 'खबरों का धंधा'। इसमें दो स्टार छपे थे। पुनः दोनों स्टारों को हम उद्धृत कर रहे हैं। (पहले पेज पर देखें स्टार एक व दो)

अब ऊपर लिखे भाई शकील के आरोप के संदर्भ में। आप कृपया पता करें, देश में कितने अखबार इस तरह की पारदर्शी नीति पर चलते हैं या चल रहे हैं। दो-दो बार अपनी नीतियां स्पष्ट कीं। सार्वजनिक रूप से। लिखकर बताया कि जहां स्पांसर्ड, प्रायोजित, पीके मार्केटिंग मीडिया इनिशियेटिव लिखा होगा, वे विज्ञापन होंगे। खबर की शक्ल में हम विज्ञापन नहीं छापेंगे (देखें प्रभात खबर, 26-03-09)। यह लिखकर घोषित करने, छापने के बाद, पाठकों को स्पष्ट करने के बाद बंधु जी का वह प्रचार छपा, जिसका उल्लेख शकील जी ने किया है। पूरे चुनाव में हम इसी रास्ते चले।

यह लिखकर बताना कि जहां ये चीजें छपी होंगी, वह विज्ञापन होगा, देश में कितने अखबारों ने अब तक किया है। हाल में या पहले? आपके आस-पास कितने लोगों ने किया है? पहले लिख करके पाठकों को बता देना। खबरों और विज्ञापन के बीच के फर्क को विस्तार से लिखकर स्पष्ट करना, यह हमने किया। हां, अगर आपका सवाल यह है कि विज्ञापन ही क्यों छापते हैं, तो यह प्रसंग अलग है। इसमें मैं आपकी भावना से सहमत हूं कि विज्ञापन के बिना अखबार चल पाते, तो वह सर्वश्रेष्ठ स्थिति होती। पर यह संभव नहीं है , क्योंकि अखबारों की आमद का सिर्फ और सिर्फ एक ही स्रोत है, विज्ञापन। एक अखबार जो आपके हाथ में जाता है, उसकी न्यूनतम लागत कीमत है 10 रुपये के आसपास। कीमत है चार रुपये। पर वितरण कमीशन वगैरह में आधे से अधिक हिस्सा निकल जाता है। इस तरह एक अखबार पर शुद्ध रूप से आठ रुपये का घाटा है। फिर भी राजनीतिक विज्ञापन छापने में पहल कर प्रभात खबर ने सार्वजनिक घोषणा करके अपनी आचारसंहिता बनायी।

पर मूल सवाल यह नहीं है भाई शकील जी। असल प्रसंग है यह जानना, इन चुनावों में पत्रकारिता ने क्या किया? जिन अखबारों के पास बड़ी पूंजी है, शेयर मार्केट के पैसे हैं, विदेशी पूंजी (एफडीआई) है, वहां क्या हुआ है, यह पता करना चाहिए। इन चुनावों में पत्रकारिता को लेकर मूल मुद्दा क्या था? यह भी प्रभात खबर के लंबे लेख 'खबरों का धंधा' में छपा। 26.3.09 को चुनाव प्रचार में दम आने के पहले। इस लेख के आरंभिक अंश को पुनः हम उद्धृत करते हैं।

प्रभात खबर (झारखंड) के एक स्थानीय संपादक के पास एक सज्जन आये। इन्होंने पहले सूचना दी कि अखबारों ने राजनीतिक दलों या चुनाव लड़ रहे प्रत्याशियों द्वारा जारी प्रेस विज्ञप्ति, बयान या प्रेस कॉन्फ्रेंस के लिए रेट तय की हैं। मसलन अगर प्रत्याशी को इंटरव्यू कराना है, तो 25000 रुपये देने होंगे। अपने पक्ष में विश्लेषण करवाना है, तो फी अलग है। प्रत्याशी के साथ चुनावी दौरे पर जाना है, तो इसका शुल्क अलग है। ये चीजें छपेंगी, खबरों के शक्ल, रूप, आकार या फार्मेट में, पर इनका भुगतान विज्ञापन की तरह करना होगा। यह अंडरहैंड डीलिंग होगी। फिर पूछा कि आपके अखबार ने इन चीजों के लिए क्या रेट तय की है?

प्रभात खबर के उक्त स्थानीय संपादक ने कहा, हमें अन्य अखबारों के बारे में नहीं मालूम। हम दूसरों के बारे में न कुछ जानते हैं, न कुछ बता सकने की स्थिति में हैं। पर प्रभात खबर ने 15.03.09 को अंतिम पेज पर चुनाव कवरेज की अपनी आचार संहिता छापी थी।

प्रभात खबर लगभग हर चुनाव में यह करता रहा है। वह आचारसंहिता स्पष्ट है कि चुनावों का कवरेज किस तरह प्रभात खबर में छपेगा। (एक लंबा लेख 'खबरों का धंधा' का अंश, देखें प्रभात खबर 26-03-09)

फिर दोबारा लंबा लेख लिखकर प्रभात खबर ने स्पष्ट किया कि इसके यहां चुनाव कवरेज कैसे छपेगा? साफ व घोषित नीति।

इन चुनावों में बड़ी चीजें हुई हैं, जिसने पत्रकारिता की नींव ध्वस्त कर दी है। खबरों, इंटरव्यू, प्रेस रिलीज, रिपोर्ताज, विश्लेषण वगैरह यानी पत्रकारिता के कंटेंट पर सौदेबाजी हुई है। कंटेंट के पैकेज बेचे गये हैं। प्रभात खबर ने इसलिए पहले घोषणा कर दी थी कि हमारे कंटेंट पर कोई शिकायत मिले, तो हमें बताएं। खुद पहल कर हमने अपनी आचारसंहिता बनायी। जिस प्रत्याशी ने विज्ञापन दिया या नहीं दिया, इसकी हैसियत और महत्त्व के अनुसार इसकी खबरें छपीं। आप पता करें। एके राय जैसे प्रत्याशी हैं। देश में जो गिने-चुने धवल चरित्र के प्रतिबद्ध राजनीति करने वाले ईमानदार राजनेता बचे हैं, इनमें से हैं एके राय। वह धनबाद से चुनाव में खड़े थे, वह गरीबों का नेतृत्व करते हैं, कई बार सांसद- विधायक रह चुके हैं। पता करें कि इन पर कितनी रिपोर्टें कहां छपीं? और नहीं छपीं तो क्यों? इसी तरह बिहार से लेकर झारखंड तक जो भी महत्त्वपूर्ण प्रत्याशी चुनाव में खड़े हुए, हमने कोशिश की कि इनके महत्त्व और हैसियत के अनुसार जगह और महत्त्व मिले। इस तरह प्रभात खबर ने अपनी संपादकीय मर्यादा और आचारसंहिता का पालन किया। खबरों, इंटरव्यू, प्रेस रिलीज, रिपोर्ताज, विश्लेषण यानी हमने पत्रकारिता की सौदेबाजी नहीं की।

अब नेताओं का क्या कहेंगे? राहुल गांधी की रामगढ़ और लोहरदगा में अच्छी सभा हुई। प्रभात खबर ने अच्छी तरह छापा, तो इस दिन इसे कांग्रेस समर्थक होने का आरोप लगा। एक्सएलआरआई जैसी प्रतिष्ठित संस्था से जुड़े प्रो. गौरववल्लभ और इनकी टीम से प्रभात खबर ने झारखंड चुनाव सर्वे करवाया, इसका रिजल्ट छपा। एक पाठक ने फोन कर कहा, आपका झुकाव भाजपा की ओर है? जमशेदपुर में एक प्रतिष्ठित मुसलिम वर्ग ने कहा, हम फलां समूह को समर्थन देंगे। यह खबर जमशेदपुर संस्करण में छपी, तो किसी ने कहा, झामुमो समर्थक हो गये। इसी तरह मुसलमानों के एक प्रभावशाली तबके के प्रवक्ता ने चाईबासा में कांग्रेस को वोट देने की अपील की। यह खबर छपी, तो वहां चुनाव लड़ रहे एक पूर्व मुख्यमंत्री के खेमे ने कहा, यह हमें हराने की साजिश है। ये कुछ बानगियां हैं। मोटा तथ्य और सच यह है कि प्रभात खबर न किसी व्यक्ति, दल का पक्षधर है, न विरोधी। प्रभात खबर की प्रतिबद्धता समाज के प्रति है। भ्रष्टाचार के खिलाफ है। अच्छा काम करने वालों के साथ है। बेलाग व साफ तरीके से खबर देने की है। साफ पत्रकारिता ही नहीं, इसी अनुरूप साफ-सुथरे ढंग से विज्ञापन लाने की भी है, पर जहां लोकहित में बिजनेस की कुरबानी तय करनी पड़ी, वह भी अखबार ने किया है। सरकारों से लेकर अनेक निजी समूहों ने इसके लिए प्रभात खबर को भारी नुकसान पहुंचाया है। इतना ही नहीं, चापलूसी करने वालों को काफी मदद भी की है। कभी इस पर भी हम पाठकों को बतायेंगे। फिर यह याद दिला दें कि हम पैसे वाले न्यूजपेपर हाउस नहीं हैं। संकट

में रहते हैं, पर अपने घोषित उसूलों पर चलते हैं। सिर्फ आप पाठ्कों के बल। प्रभात खबर इसी परंपरा पर अब तक चला, आगे भी चलेगा। हां, पाठकों की यह सजगता अच्छी लगी, यह सजगता और बढ़े। इसके लिए एक सुझाव। जगह-जगह रीडर्स काउंसिल (पाठक समूह) बनाइए, पता करिए कि अखबार या मीडिया की दुनिया में क्या हो रहा है? इन पर सवाल उठाइए, समाज को जागरूक बनाइए, प्रभात खबर आपके साथ खड़ा रहेगा। आपको झलक दे दें। कुछ वर्षों पूर्व यूपी में चुनाव हुए, जब मायावती चुनी गयीं, तब शरद यादव (जनता दल यू) ने खुलेआम सवाल उठाया था कि अखबारों ने चुनाव में कैसे पैसे देने वालों के बयान, खबरें व रिपोर्टें छपीं। कैसे राजनीतिक दलों को ब्लैकमेल किया। संभवतया वह प्रेस काउंसिल भी गये। इस बार भी कुछेक राज्यों में कुछ नेताओं ने यह साहस किया है। इस बार के चुनाव में एक लोकप्रिय टीवी चैनल पर बहस के दौरान भाकपा के युवा नेता अतुल अंजान ने यह सवाल उठा दिया। उन्होंने अखबारों के नाम भी लिए। आज की राजनीति ने साहस खो दिया है, वरना साहसी और ईमानदार नेता होते, तो अखबार वाले उन्हें खबरों में ऐसा ब्लैकमेल करते?

यह भी उल्लेख कर दें कि टीवी चैनलों ने जो कुछ किया है, वह तो कल्पना से परे है। अब आप यकीन नहीं कर सकते कि कौन सी खबर सही है, कौन-सी गलत? यह भी कि भविष्य में जो पैसा देने की ताकत रखते हैं, खरीदने की क्षमता रखते हैं, इनकी ही खबरें अब दिखाई जायेंगी या छपेंगी।

इन चुनावों में क्या हुआ, इसकी एक बानगी। एक राज्य में एक प्रत्याशी की चुनावी सभा हुई। देश के एक महत्त्वपूर्ण समाचार पत्र ने अंदर के पेजों पर एक छोटी खबर के रूप में इसे छापा। तीन दिनों बाद यही खबर पुन: पहले पेज पर बड़ी सुर्खियों में, बहुत बड़ी छपी। यह खबर उसी मीटिंग की थी, जिसकी खबर उसी अखबार में तीन दिन पहले छपी थी। वहां के मुख्यमंत्री की उक्त क्षेत्र के चुनाव में दिलचस्पी थी। उन्होंने उक्त अखबार के मालिक को फोन किया, पूछा कि पहले दिन यह खबर बहुत छोटी छपी थी, तीन दिनों बाद वही घटना, इतनी बड़ी? पहली खबर में भीड़ का उल्लेख नहीं, इस खबर में तीन लाख से अधिक भीड़ की बात? सच क्या है। मालिक ने जवाब दिया, पता कर बताता हूं। पता चला। फिर उन्होंने सूचना दी, कि पहले दिन खबर छपी थी, वह सच थी, छोटी थी, अंदर थी। दूसरे दिन प्रीमियम विज्ञापन का भुगतान किया, तो उसी खबर को पुन: तड़क-भड़क के साथ, अतिरंजित तथ्यों के साथ छापा गया। पहले पेज पर टॉप बॉक्स के रूप में। मालिक ने बताया कि वह खबर नहीं, विज्ञापन था। फिर उक्त मुख्यमंत्री ने पूछा कि अखबार में विज्ञापन कैसे खबरों के रूप में छपते हैं? पहले पेज पर टाप बाक्स खबर के रूप में। अखबार के लोग इसका कोई जवाब नहीं दे सके। यह जवाब जनता को ढूंढ़ना है। पाठ्कों को ढूंढ़ना है। पाठ्क, जनता और ईमानदार नेता, इस काम में आगे बढ़ें, प्रभात खबर उनके साथ खड़ा है और रहेगा।

यह कदम हम क्यों उठा रहे हैं?

क्योंकि कंटेंट या विषय वस्तु पत्रकारिता की आत्मा है। आत्मा की सौदेबाजी संभव नहीं है। आत्मा बेचकर कोई जिंदा नहीं रह सकता। बड़ा मार्मिक प्रसंग है पर उल्लेखनीय और याद रखने योग्य।

अमरीका के पहले राष्ट्रपति जॉर्ज वाशिंगटन ने सिएटल के जनजातीय समूह के प्रमुख को पत्र लिखा। यह पत्र जमीन के मुतल्लिक था। जॉर्ज वाशिंगटन सिएटल के उस समुदाय से जमीन खरीद रहे थे। सिएटल के उस प्रमुख व्यक्ति ने जॉर्ज वाशिंगटन के नुमाइंदों से कहा –

वाशिंगटन में बैठे राष्ट्रपति ने खबर भेजी है कि उनकी इच्छा है कि वे हमारी जमीन खरीदें। पर क्या आप आसमान को खरीद सकते हैं? इसी तरह जमीन का प्रसंग है। धरती, आसमान जैसी चीजों को खरीदने-बेचने का विचार ही हमारे लिए अजनबी है। क्या हवा की ताजगी पर हमारा हक है? पानी की कलकलाहट पर हमारा हक है? जिन चीजों पर हमारा वश नहीं, उन्हें कैसे आप खरीद या बेच सकते हैं?

इस धरती का एक-एक कण हमारे लोगों के लिए पवित्र है। पेड़-पौधों के नुकीले पत्ते, रेतीले समुद्र तट, घने और अंधकार से आच्छादित जंगलों में ओस की एक-एक बूंद। हर झाड़ी, उसके कीट-पतंग, ये सभी हमारी पवित्र स्मृति के हिस्से हैं। हमारे लोगों के अनुभव संसार से जुड़े हैं।

हम उस ओज, तेज या रस को जानते हैं,जो पेड़ों की टहनियों और तनों से गुजरता है। हम अपना खून भी जानते हैं , जो नसों में दौड़ता है। हम इस धरती के हिस्से हैं और यह धरती हमारा हिस्सा। ये सुगंधित फूल हमारी बहने हैं। ये चट्टानी पहाड़, झाड़ियों पर ओस की बूंदें, टट्टू के बदन की गरमजोशी और मनुष्य, हम सभी तो एक ही परिवार के हैं। नदियां बहन हैं, वे हमारी प्यास बुझातीं हैं, वे हमारी डोंगी ढोतीं हैं, हमारे बच्चों को खिलाती हैं। इस तरह हम अपने एक बहन से जो स्नेह और प्यार करते हैं, हमारा वही महत्त्व और स्नेह नदियों के साथ भी है। अगर हम अपनी धरती बेचते हैं तो याद रखिए, इसी धरती पर वह पवित्र और पावन हवा बहती है, जो हम मनुष्यों को जीवन देती है, ताजगी देती है। इन्हीं हवाओं ने हमारे पुरखों या परपिता को पहली सांस दी और उनकी अंतिम सांस भी इन्हीं हवाओं के बीच है, यही हवाएं हमारे बच्चों को जीवन देती हैं। इस तरह अगर हम अपनी धरती बेचते हैं तो इसे आपको अलग और पवित्र

बनाकर रखना होगा, जहां मनुष्य तरोताजा होने के लिए पवित्र हवाओं का झोंका पा सके, झाड़ियों और जंगलों की सुगंध पा सके।

क्या आप अपने बच्चों को वह पाठ पढ़ायेंगे, जो हमने अपने बच्चों को पढ़ाये-सिखाये हैं कि यह धरती हमारी मां है। जो भी धरती के साथ घटित होता है, वह सब हमारी संतानों के साथ भी घटित होता है। हम यह जानते हैं कि इस धरती का मालिक मनुष्य नहीं है, बल्कि धरती का हक है मनुष्य पर। खून की तरह सब चीजें मिली और गुंथी हुई हैं, जो हमें एकजुट करती हैं।

इसी तरह अखबारों का संपादकीय रूप है, उनकी विषय वस्तु है। उनकी सौदेबाजी नहीं हो सकती। वह पाठक और अखबार के बीच का ट्रस्ट (विश्वास) है। विश्वास मर सकता है या जी सकता है, खत्म हो सकता है या टिक सकता है, उसकी सौदेबाजी संभव नहीं है। हां, जहां तक प्रभात खबर के अर्थ पक्ष का सवाल है, यह भी हम अपने पाठकों को स्पष्ट करना चाहेंगे। प्रभात खबर को आज शायद सबसे अधिक विज्ञापनों की जरूरत है क्योंकि प्रभात खबर के पास न विदेशी पूंजी है, न कोई इक्विटी। न बड़ी पूंजी पीछे है। यह मंदी का दौर है, बड़े-बड़े घराने परेशान हैं, तो हमारी क्या बिसात?। फिर भी हम संपादकीय मर्यादाओं के साथ ही काम करेंगे, क्योंकि समाज और देश पहले हैं, संस्थान बाद में। हमसे अनेक गलतियां हो सकती हैं, हुई हैं। पर हम देश और समाज के उसूलों को पहली प्राथमिकता देते हैं, आगे भी देते रहेंगे। हम पुन: यह स्पष्ट करना चाहेंगे कि सत्ता में बैठे अनेक बड़े और ताकतवर लोगों के खिलाफ हम सवाल उठाते रहे हैं, उनके कामकाज पर रपटें छापते रहे हैं, पर बिना किसी निजी रागद्वेष से। किसी व्यक्ति से हमारा कोई निजी मुद्दा नहीं है, जिनके खिलाफ मुद्दों पर हमने स्टैंड लिया, वे भी अंततः मानेंगे कि बेहतर और सुंदर समाज बनाना उनके हित में भी है। उनके परिवार की भावी पीढ़ियों के हित के लिए है। चुनावों में जिताना-हराना पत्रकारिता का काम नहीं है, यह तो जनता का काम है। हां, चुनावों में समाज के गंभीर मुद्दों को उठाना पवित्र फर्ज है, वह हम करते रहेंगे।

शब्द को ब्रह्म मानने की परंपरा रही है। पर शब्दों के पीछे के अर्थ गायब हो गये हैं। अर्थहीन शब्द पाखंड हैं। इसलिए अब पत्रकारिता शब्दों का व्यवसाय करने लगी है। इस कारण पत्रकारिता अपनी छाप नहीं छोड़ रही। वाल्डेन के महान् लेखक थोरो ने कहा था, लेट मी मीट समवन हू हैज केप्ट द मीटिंग बट फारगॉटन द वर्ड्स (मुझे किसी ऐसे से मिलने दो, जिसने शब्दों का अर्थ रख लिया है, पर शब्द भूल गया है)। दरअसल शब्द अर्थ ढोने के माध्यम हैं।

भाईश्री (योगी) उपनिषदों की एक छोटी कहानी बताते हैं। देवता, दानव और मनुष्य ब्रह्मा के पास गये प्रणाम करने। ब्रह्मा, महान् तपस्वी, सृष्टि के रचयिता, तपस्या की प्रतिमूर्ति। तीनों को साथ देखकर ब्रह्मा ने ध्वनि की 'द ध्वम्'। तीनों ने सुना। देवता समझे, ब्रह्माजी कह रहे हैं कि हम देवतागण भोगी हो गये हैं। इसलिए उन्होंने भोग के दमन की बात कही। राक्षसों ने सोचा, हम क्रूर हैं, इसलिए ब्रह्माजी ने दया करने की बात हमसे कही। मनुष्य ने समझा, हम लोभी और स्वार्थी हो गये हैं, इसलिए ब्रह्माजी ने हमें दान का सुझाव दिया। एक ही शब्द के तीन

अर्थ निकले। मान्यता है कि शब्दों के पीछे तपस्या है, वही तपस्या भाव लेकर मात्रा के अनुसार प्रकट होती हैं।

जनक से जुड़ा भी एक प्रसंग है। राजा जनक ने आर्यावर्त के सभी ऋषियों को न्योता। कहा, आर्यावर्त के सर्वश्रेष्ठ ऋषि का चयन होगा। जो सर्वश्रेष्ठ ऋषि होगा, उसे एक हजार सर्वश्रेष्ठ गायें, जिनकी सींगें सोने से मढ़ी होंगी, दी जायेंगी। महर्षि याज्ञवल्क्य पधारे, सुंदर गायें देखीं, शिष्यों से कहा, इन्हें आश्रम ले जाओ। राजा जनक के लोगों ने कहा, ये गायें सर्वश्रेष्ठ ऋषि को दी जानी हैं। उन्होंने राजा जनक को बुलाया, राजा जनक महर्षि को आदर के साथ राज दरबार में ले गये। हजारों ऋषि-महर्षि उपस्थित थे। उदालक वारुणी नामक एक ऋषि ने पूछा, क्या आप सर्वश्रेष्ठ ऋषि हैं? महर्षि ने कहा, नहीं। आश्रम के बच्चों को दूध की जरूरत है, इसलिए गायें ले जा रहा हूं। उदालक वारुणी ने तीन अन्य गंभीर प्रश्न किये, महर्षि ने उत्तर दिया। चौथा प्रश्न सुनकर महर्षि ने कहा, यह तुम्हारा अति प्रश्न है। पुन: उन्होंने वही प्रश्न दोहराया। महर्षि ने फिर कहा, इसका उत्तर सुनने के आप पात्र नहीं हैं। तीसरी बार जब उन्होंने पूछा, तो महर्षि ने उत्तर दिया। उत्तर सुनते ही पूछने वाले का प्राणांत हो गया। मान्यता है कि उस उत्तर को धारण करने, सुन पाने की क्षमता प्रश्नकर्ता में नहीं थी। उत्तर में बोले गये शब्दों में वह तपस्या थी, जिसे वह सहन नहीं कर सके। शब्द इस हद तक अर्थ से जुड़े थे। शब्दों के अनुपात में वह तप, त्याग प्रश्नकर्ता में नहीं था, जिससे वह उस उत्तर के भार को ढो सके। शब्दों के बारे में मान्यता है शब्द, कान से ही श्रवण नहीं होते, बल्कि हृदय से अनुभव होते हैं। शब्द अत्यंत प्रभावी होते हैं। जहां से निकलें और जो सुने, दोनों में उसे धारण करने की क्षमता हो, पात्रता हो, तभी शब्दों के सार्थक अर्थ होते हैं। भाईश्री कहते हैं, आज से 300-350 वर्ष पहले श्रुत (श्रवण) परंपरा थी। वाचिक परंपरा। छापाखानों के बाद शब्दों का व्यवसाय शुरू हुआ। हजारों वर्ष की कठिन तपस्या से ब्रह्म ज्ञान लोगों ने पाया। वेद, पुराण, गीता, बाईबल, कुरान, इनके शब्द महज शब्द नहीं हैं, आज महज बौद्धिक ज्ञान के लिए हम इन्हें पढ़ते हैं। इन शब्दों के सही अर्थ धारण करने की पात्रता कहां है? शब्दों के इस व्यवसाय और व्यापार में शब्दों की कीमत घटने लगी है। शब्द से ब्रह्म गायब हो गये। शब्द अनुभव से रहित, अपनी ताकत और क्षमता से रहित, अब महज स्ट्रक्चर (खोखला ढांचा) मात्र रह गये हैं। गुजरे 250-300 वर्षों में बस बोलना ही रह गया है। श्रवण परंपरा में जो शब्दों को बोलने का अधिकारी था, तपस्वी था, मनस्वी था, वही बोलता था। आचरण और व्यवहार में वे शब्दों को उतारते थे। इसलिए गांधी ने साधन और साध्य की बात की। लोहिया ने कथनी-करनी की बात की। पुराने शास्त्रों में वर्णन मिलते हैं कि मंत्रों, संगीतों को सुनकर पशु-पक्षी, जंगली जानवर भी आ जुटते थे।

पर आज क्या कारण है कि मीडिया के इतने प्रचार, प्रिंट मीडिया और विजुअल मीडिया के अभियान के बावजूद समाज पर असर नहीं। क्योंकि इनके शब्द खोखले हो गये हैं। व्यवसाय के हो गये हैं। लोग जानते हैं कि ये कहते कुछ है, करते कुछ है। प्रिंट मीडिया में तो एक सीमा तक ही संपादकीय से सौदेबाजी की परंपरा शुरू हुई है, पर विजुअल मीडिया में कई चैनल ऐसे

हैं, जो सारे कार्यक्रम बेचते हैं। उनके बारे में तो कुछ न कहना ही बेहतर है। भाईश्री कहते हैं कि यह सिस्टम पूरी तरह कोलैप्स्ड है। इसका अणु-परमाणु तक भ्रष्ट हो चुका है। उनका मानना है कि भारत के लोगों को नये ढंग से सोचना चाहिए। वह विनोबा को उद्धृत करते हैं। वेस्ट मिनीस्टर शैली की डेमोक्रेसी (ब्रिटेन की) भारत को सूट नहीं कर रही। यह 51-49 की शैली है। यहां 51 चोर 49 साधुओं को हटाते हैं और उन्हें हांकते हैं। भाईश्री कहते हैं, यह संघीय व्यवस्था अधिकाधिक विकेंद्रित हो। छोट-छोटे राज्य बनें, लिच्छिवियों के गणतंत्र जैसी कोई नयी पद्धति विकसित हो। उल्लेखनीय है कि वे सर्वसम्मति से चलते थे। तभी भारत का कल्याण संभव है।

डा. कृष्ण बिहारी मिश्र जी पत्रकारिता की मौजूदा स्थिति सुनकर गणेश शंकर विद्यार्थी का हवाला देते हैं। अपने प्रताप अखबार में वह दो तत्त्वों के आधार पर खबरों का चयन-प्रकाशन करते थे। पहला, प्रमाण और दूसरा, परिणाम। प्रमाण यानी खबर प्रामाणिक हो। परिणाम यानी खबर का परिणाम, अगर समाज के हित में न हो, तो प्रकाशन नहीं। आज संपन्न राजनेता, खबरों को खरीदते हैं, ताकि वे अपने पक्ष में झूठी बातें और दलीलें खबरों के रूप में छपवा सकें, अपने विरोधियों को चित कर सकें। संसाधन विहीन उम्मीदवारों के खिलाफ माहौल, हवा, वातावरण बना सकें। पर अंतत: खबरों के स्वभाव और प्रकृति से धीरे-धीरे सजग पाठक समझने लगे हैं। इस प्रक्रिया में सबसे अधिक नुकसान किसका है। अखबारों का? क्योंकि उनकी विश्वसनीयता नीलाम हो रही है। प्रोफेशन विश्वसनीय रहेगा, तो समाज में पत्रकार विश्वसनीय रहेंगे। सजग प्रहरी के रूप में जाने जायेंगे। खबरें बिक गयीं, तो सामने वाला सोचता है कि हमने पत्रकारों को खरीद लिया, पॉकेट में रख लिया। इसलिए न्यूज की सौदेबाजी पत्रकारिता और पत्रकार दोनों के लिए सबसे अधिक नुकसानदेह है। इस विधा को श्रीहीन बनाने की साजिश है।

हम और हमारे साथी जानते हैं कि यह दौर पैसे का है। पैसा चाहे जैसे आये। यह उपभोग का, दिखावे का, छल-छद्म से ताकतवर बन जाने का दौर है। यह इस दौर के अपने नये सामाजिक मूल्य हैं। जो भी इस चौहद्दी से बाहर हैं, उसे दुनिया आज पागल, बेवकूफ, आउटडेटेड मानती है। पर यह दौर हमेशा नहीं रहनेवाला। क्योंकि सच, सच है। बिकी पत्रकारिता कुछ दिनों के लिए ताकतवर हो सकती है, पूंजी के बल छा सकती है, पर वह कोई आदर्श कायम नहीं कर पायेगी। रांगेय राघव का एक कथन हमें बल देता है, जो हम अपने पाठकों से शेयर करना चाहेंगे।

एक बार एक ही आदमी को सूली लगाई गई थी, उस एक का परिणाम गुलामों का नजात साबित हुआ। एक ही आदमी को गोली मार दी गई थी, उस एक का नतीजा हुआ नफरत की जलती हुई मशालें बुझ गईं। सिर्फ 72 आदमियों ने नमक आंदोलन शुरू किया था, और अंत में करोड़ों बिजलियां कौंधने लगी थीं। एक ही बच्चे को सामंत की गाड़ी ने कुचला, और उसके फलस्वरुप फ्रांस की गलियों में आजादी को बराबरी की पुकार लहू से भीगकर चिल्लाई थी। एक मंगल पांडेय के शरीर को गोलियों ने छेदा था, और उसके नतीजे में लाखों गरज फूटकर निकली

थी, दिल्ली चलो, दिल्ली चलो। और एक ही हब्शी को जिंदा जलाया गया था, जब अब्राहम लिंकन ने कहा था गुलामी को नेस्तनाबूद कर दो। बगावत एक ही लफ्ज है। उसकी बुनियाद में ईमान है, उसका फैलाव इन्कलाब है। उसका नतीजा तख्तों और जुल्मों को पलटने वाली आजादी है। हजार बार दूध पीकर भी क्या इंसान एक दिन भी सांप का जहर पीना या उससे अपने को कटाना चाहता है? तो साबित हुआ कि यह एक बार भी स्थायी महत्त्व का है। इसका विरोध नहीं करना ही भूल है।क्योंकि एक ही अमीचंद ने लालच से जो दस्तखत किए थे, वे करोड़ों की गुलामी का कारण बने। एक ही क्लाइव ने जो छल किया था, वह मुट्ठी भर मसाले के सौदागरों को तीन पीढ़ियों का ऐश दे गया।

यही नहीं, धारा के खिलाफ चलने का काम प्रभात खबर ने पिछले बीस वर्षों में किया है। यह करते हुए जिन चीजों ने हमें प्रेरणा दी है, उनमें से सबसे पहले हमारे पाठक हैं, जिनका विश्वास लगातार प्रगाढ़ हुआ है। विवेकानंद का यह कथन भी हमें प्रेरणा देता रहा है–

शून्य से शिखर तक
कोई कृति खो नहीं सकती और न कोई संघर्ष व्यर्थ जायेगा,
भले ही आशाएं क्षीण हो जायें और शक्तियां जवाब दे दें।
ओ वीरान्मन
कोई सत्कर्म निष्फल न होगा
यद्यपि भले और ज्ञानवान कम मिलेंगे
किंतु जीवन की बागडोर उन्हीं के हाथों होगी,
या भीड़ सही बात देर से समझती है
तो भी चिंता न करें मार्गदर्शन करते जाएं,
आपका साथ वे देंगे जो दूरदर्शी हैं
आपके साथ शक्तियों का स्वामी है
आशीषों की वर्षा होगी
ओ महान्मन।
आपका मंगलमय हो।
सफलता के स्वर्णिम पथ पर चतुर्दिक अग्रसर रहें।

हम पाठकों से पुन: स्पष्ट करना चाहेंगे, आरंभ में भी उल्लेख किया था कि प्रभात खबर अपनी संपादकीय मर्यादा को और समृद्ध करेगा। हां, विज्ञापन चाहिए, क्योंकि बिना विज्ञापन अखबार नहीं चल सकता। यह काम हमारा विज्ञापन विभाग संभालता है, पर विज्ञापन और खबरें दोनों दो चीजें हैं। जिन चीजों के साथ स्पांसर्ड, प्रायोजित, पीके मार्केटिंग मीडिया इनीशियेटिव लिखा होगा, वे विज्ञापन होंगे। हम खबर की शक्ल में विज्ञापन नहीं छापेंगे।

11/05/2009 को प्रकाशित आलेख

भूख, पलायन, सूखा और पत्रकारिता

वर्ष 2004 में अमर्त्य सेन ने 'वर्ल्ड प्रेस फ्रीडम डे' (3 मई, विश्व प्रेस स्वातंत्र्य दिवस) के दिन 'वर्ल्ड एसोसिएशन ऑफ न्यूजपेपर्स' के लिए एक खास लेख लिखा। 'ह्वाट इज द प्वाइंट ऑफ प्रेस फ्रीडम?' (प्रेस स्वतंत्रता का औचित्य क्या है?) काश पत्रकारिता करने वालों ने इस लेख का मर्म समझा होता! इसका स्वर सुना होता! इसकी गहराई में उतरने की कोशिश की होती।

लेख का आशय है कि जहां प्रेस स्वतंत्र है, वहां अकाल-भुखमरी की स्थिति गंभीर नहीं होती। आगे वह कहते हैं कि जहां लोकतांत्रिक व्यवस्था है, प्रेस आंशिक रूप से भी स्वतंत्र है, वहां अकाल का गंभीर असर नहीं होता। लेख में अपने बचपन के दिन वह याद करते हैं। कहते हैं, 1943 का बंगाल अकाल भयावह था, क्योंकि गुलाम भारत में लोकतंत्र नहीं था। प्रेस पर पाबंदी थी। फिर वह 1958-61 के मशहूर चीनी दुर्भिक्ष की बात करते हैं। इस अकाल में 2. 3 से तीन करोड़ लोग मरे। वह कहते हैं कि यह तब हुआ, जब चीन की सरकार देश से भुखमरी मिटाने के प्रति प्रतिबद्ध थी। विस्तार से वह चीन के इस अकाल की चर्चा करते हैं और निष्कर्ष बताते हैं कि प्रेस सेंसरशिप और निरंकुश सत्ता की वजह से चीन में स्थिति गंभीर होती गयी।

पर लोकतांत्रिक व्यवस्था रहते हुए भी पत्रकारिता और पत्रकारों के सरोकार बदल जायें, तो क्या स्थिति होगी? बगैर प्रेस सेंसरशिप के लोकतंत्र में पत्रकार भूख, पलायन और सूखे से जुड़े सवालों को उठाना छोड़ दें, तब क्या होगा? गुजरे वर्षों में भारत में पेज तीन की पत्रकारिता एक नयी पहचान, धारा और संस्कृति के रूप में विकसित हुई है। महानगरों की अंगरेजी पत्रकारिता भारत में पेज तीन की पत्रकारिता का उद्‌गम स्रोत है। पर इस स्रोत की गंगोत्री - मूल उद्‌गम है अमेरिकी जीवन संस्कृति, उपभोक्तावादी धारणा। देह, रौनक, वैभव, सेक्स, महंगे लिबास, महंगे गहनों का प्रदर्शन, दुनिया की उम्दा शराब और शानो-शौकत के प्रदर्शन से प्रेरित पार्टियां। इन पार्टियों में 'सेलिबेरिटी' हस्तियां, 'इलीट' लोग, सत्ता और पैसे की आभा (उपस्थिति) अलग से मौजूद होती हैं। सत्ता, सौंदर्य और जाम की ये पार्टियां ही पेज तीन पत्रकारिता के कंटेंट हैं। पेज तीन की पत्रकारिता के ये विषय और पात्र हैं, पर यह आंशिक सच और ऊपरी पहचान है। इस पत्रकारिता का सही चेहरा ढका है। यह चेहरा है कि पेज तीन की पत्रकारिता में पैसे देकर खबरें छपवायी (पेड न्यूज) जा सकती हैं। यानी खबरों के प्रकाशन की कीमत मिलती है, सौदेबाजी होती है, मोल-भाव से खबरें छपती हैं। बिक्री-लाभ के उद्देश्य

से खबरें बेची-खरीदी जाती हैं, पर पत्रकारिता-खबरों के कंटेंट, बाजार की कीमत से तय नहीं होते। उसके स्थापित सार्वभौम मापदंड हैं। किसी घटना की रपट-वृत्तांत, तथ्य, दृश्य और सच से बंधे होते हैं, कीमत से नहीं। खबर सच का आईना होती है। प्रकृति और स्वभाव में सच के तथ्यों से छेड़छाड़ की गुंजाइश नहीं होती, पर आज 'पेज तीन की पत्रकारिता' में खबरों के प्रकाशन की कीमत तय है, पेज तीन की पत्रकारिता संस्कृति फैल रही है।

हिंदी के बड़े अखबारों में भी 'पेज तीन की पत्रकारिता' की धमक पहुंच चुकी है। जब जीवन में पत्रकारों-पत्रकारिता का सरोकार भी पैसे के मापदंड से तय होने लगें, तो समाज के बुनियादी सवाल नहीं उठेंगे। इस पत्रकारिता में भूख, पलायन, सूखा और भ्रष्टाचार सवाल नहीं बनते, क्योंकि ऐसी पत्रकारिता का सरोकार गरीबों से है और गरीब अपनी खबर छपवाने के लिए पैसा तो देंगे नहीं, न विज्ञापन देंगे। यही हिंदी पत्रकारिता (बिहार-झारखंड के अनुभव के आधार पर) में हो रहा है। राजनीतिक बयान, गपशप, अपराध, सेक्स या प्लांटेड खबरें ही अखबारों के विषय हैं। अमर्त्य सेन कहते हैं कि लोकतांत्रिक व्यवस्था में प्रेस की आजादी का लाभ सबसे अधिक गरीब लोगों को मिलता है, पर आजाद प्रेस जब गरीबों के सवालों को स्वेच्छया उठाना छोड़ दें, वह मुक्त प्रेस सिर्फ अपने विज्ञापनदाता समाज तक सिमट जाये, तब क्या स्थिति होगी?

इसका अनुभव 'झारखंड' में मिलता है। पत्रकारिता के अध्येताओं के लिए यह अध्ययन का विषय है, 'केस स्टडी' है। वर्ष 2000 में (15 नवंबर को) अलग झारखंड राज्य बना। इस राज्य के गठन के पीछे अनेक महत्त्वपूर्ण कारण थे, पर मूल कारण गरीबी, पलायन, अविकास ही थे।

झारखंड बनते ही वर्ष 2001 में डाल्टनगंज-पलामू इलाके में सूखा पड़ा। यह अंचल 'रेन शैडो' (जहां वर्षा कम होती है) इलाके में है। 1967 में यहां अकाल पड़ा, तो जयप्रकाश नारायण आकर रहे। 'बिहार रिलीफ कमिटी' बनी। उस वक्त इस जिले के उपायुक्त कुमार सुरेश सिंह (दुनिया के जाने-माने एंथ्रोपालाजिस्ट) थे। उन्होंने जिस बेहतर तरीके से उस सूखे की स्थिति से निबटने की प्रशासनिक तैयारी की, वह कुशल प्रबंध कौशल का एक अध्याय बन गया। जेपी ने तारीफ की। जेपी ने खुद रिलीफ कामों की कमान संभाली। तब संचार-आवागमन की स्थिति खराब थी। पलामू-डालटनगंज के जंगलों में पहुंचना कठिन था। उन दिनों इस अकाल की रिपोर्टिंग के लिए अज्ञेय, रघुवीर सहाय, जीतेंद्र सिंह और फणीश्वरनाथ रेणु पलामू के जंगलों-पहाड़ों में भटके। 'दिनमान', 'धर्मयुग' और 'टाइम्स ऑफ इंडिया' में तब इस अकाल की मार्मिक और क्लासिक रपटें छपी। रेणु, अज्ञेय और जीतेंद्र बाबू (टाइम्स ऑफ इंडिया के विशेष संवाददाता, अत्यंत मेधावी और निष्ठावान पत्रकार, जेपी के मित्र) 1967 के सूखे, पलायन और अकाल पर (पलामू के संदर्भ में) जो क्लासिक रपटें लिखीं, आज वे रपटें किसी भी भाषा की सर्वश्रेष्ठ रपटों में से एक हैं। हिंदी पत्रकारिता की अनमोल धरोहर। आज वह पूरा अंचल नक्सल आंदोलन से प्रभावित है। सच तो यह है कि पलामू के ग्रामीण इलाकों में नक्सली संगठन ही राज चला रहे हैं। प्रशासन और सरकार नगरों तक सिमट गये हैं। इस अंचल में कई सरकारी अधिकारी-पुलिस

अधिकारी, पुलिस के जवान, नक्सली समूहों द्वारा मारे जा चुके हैं। 1967 के अकाल की रिपोर्टिंग के लिए दिल्ली-पटना से बड़े पत्रकार-लेखक इन जंगलों में आये। आज यहां की स्थिति '67 से कम खराब नहीं है, पर रांची के पत्रकार भी भूले-भटके चार घंटे की यात्रा कर ऐसे इलाकों के गांवों में जाने से बचते हैं। यह पत्रकारिता के सरोकार में आया बदलाव है।

सन् 2000 में झारखंड गठन के वर्ष भर के अंदर इसी डालटनगंज में सूखे का प्रकोप हुआ। झारखंड विधानसभा में मामला उठा। राजग की सरकार ने इस इलाके को सूखाग्रस्त घोषित किया। सरकार द्वारा सूखाग्रस्त अंचल घोषित होने के साथ ही कानूनन जो राहत काम (राहत अनाज देने, जन वितरण प्रणाली दुरुस्त करने, रोजगार सृजन के काम...) शुरू होने चाहिए थे, नहीं हुए। छह माह तक कहीं कोई सुगबुगाहट नहीं हुई न अखबारों में, न सरकारी फाइलों में।

डालटनगंज जिला अदालत में एक वकील ने पांकी ब्लॉक के एक गांव कुसुमाटांड़ के बारे में शपथ पत्र (एफीडेविट) दायर किया। कहा, इस गांव में भूख से तीन लोग मरे हैं। इस खबर को रांची से प्रकाशित (झारखंड का सर्वाधिक प्रसारित) एक समाचारपत्र ने प्रमुखता से छापा। खबर छपने के दूसरे दिन राज्य सरकार के मंत्री उस गांव में हेलिकॉप्टर से पहुंचे। सरकारी अफसरों का काफिला गया। शाम तक सरकार का 'स्टैंडर्ड जवाब' आ गया। लोग भूख से नहीं, बीमारी से मरे हैं, पर सरकार ने माना कि अकालग्रस्त घोषित होने के बावजूद यहां राहत काम शुरू नहीं हुए हैं। कुसुमाटांड़ के दौरे से अफसरों को पता चला कि कैसे गांव तक पहुंचने की सड़क नहीं है। 16 वर्ष पहले बिहार राज्य में बिजली के खंभे गाड़े गये और सिर्फ एक दिन पंद्रह मिनट के लिए बिजली आयी। अब बिजली-खंभों के अवशेष हैं। बिजली तार गायब हैं। पिछले 16 वर्षों से उस गांव में न बिजली है, न सड़क। इसी गांव से सटे पांकी ब्लॉक मुख्यालय है, जहां कुछ ही महीनों पहले उग्रवादियों ने एक बीडीओ की हत्या कर दी थी।

आम तौर से गांवों के अविकास, पलायन, सूखे वगैरह की खबरें अखबारों के लिए महत्त्वहीन हैं, इसलिए लगभग सभी अखबारों ने (एक अपवाद छोड़कर) सरकारी पक्ष को उजागर करना शुरू किया। किसी ने यह जरूरत नहीं समझी कि एक संवाददाता उस गांव (कुसुमाटांड़) में भेजकर सच पता लगाया जाये। '67 में आवागमन की असुविधा के बावजूद दिल्ली-पटना-कलकत्ता से अज्ञेय, रेणु, रघुवीर सहाय, महाश्वेता देवी, जीतेंद्र बाबू पलामू के जंगलों में पहुंचे, पर बमुश्किल रांची से 4-5 घंटे की यात्रा कर रांची से कोई खबरनवीस इन गांवों में नहीं गया। जिस समाचारपत्र में 'भूख से मौत' की खबर (अदालत में दायर शपथपत्र के आधार पर) छपी, उसने अपने एक संवाददाता को दस दिनों के लिए उस क्षेत्र में भेजा। उस संवाददाता की रपटों से उस पूरे अंचल की कुव्यवस्था, भ्रष्टाचार, पलायन, शासकीय उदासी स्पष्ट करने वाली तथ्यपरक खबरें छपी। सीरीज में प्रशासनिक अकर्मण्यता और सरकारी भ्रष्टाचार उजागर हुए। अंततः राज्य सरकार के मंत्रिमंडलीय सचिव-राहत आयुक्त ने खबर छापने वाले अखबार को लिखित रूप से कार्रवाई की धमकी दी। हालांकि इस संबंध में आने वाले सभी सरकारी बयान भी प्रमुखता से उस समाचारपत्र में छप रहे थे। इस धमकी के पीछे

झारखंड सरकार की प्रमुख राजनीतिक हस्तियां-मंत्री थे। उस अंचल में कई ताकतवर मंत्री झारखंड सरकार में थे, जिनके राजनीतिक भ्रष्टाचार के कारण उस इलाके के भ्रष्टाचार-अविकास के तथ्य अखबार में सामने आ रहे थे।

इस कुसुमाटांड़ गांव में सूखे की कहानी की सूचना ज्यां द्रेज (जानेमाने अर्थशास्त्री, अमर्त्यसेन के साथ कई पुस्तकों के लेखक) को मिली। वह दिल्ली से रांची आये। उक्त अखबार के कार्यालय में पहुंचे।इस विषय पर छपी सभी खबरों को मांगा, पढ़ा और साथ ले गये। जयां द्रेज विदेशी मूल के (अब भारतीय नागरिक हो गए हैं) हैं। अर्थशास्त्री हैं, पर ऐसी खबरों को पढ़ने-जमीन की हकीकत जानने के लिए उन्होंने हिंदी सीखी-पढ़ी है। वह उस पहाड़ी-जंगल इलाके में खुद गये, बस से, सारी स्थिति प्रत्यक्ष देखी, फिर दिल्ली लौटे।

पुनः पंद्रह दिन बाद वह उस कुसुमाटांड़ गांव में आये। चार दिन तक ठहरे, जन सुनवाई आयोजित की, उस जन सुनवाई में पटना से टेलिविजन चैनल के लोग आये। गांव के लोगों ने राशन वितरण से लेकर विकास कार्यों के बारे में महत्त्वपूर्ण तथ्य बताये। स्पष्ट हुआ कि भ्रष्टाचार के कारण प्रशासन-सरकार का इकबाल खत्म हो गया है, इसलिए हर गांवों में नक्सली पांव पसार रहे हैं। पीने के पानी को ज्यां द्रेज ने बोतल में बंद कर प्रदर्शन करने के लिए रखा था। जिस तरह के अनाज गांव वाले खाते थे, उसे रखवाया था। जिन पौधों की जड़ें गांव वाले उबालकर खाते थे, उन जड़ों को वहां रखा गया था। ये चीजें स्वतः भूख, अकाल और गांव की कहानी कहती थीं।

टीवी मीडिया ने जब उस मुद्दे को उछाला, तब रांची से प्रकाशित अखबारों की नींद टूटी। खूद ज्यां द्रेज ने फ्रंटलाइन में कुसुमाटांड़ की इस स्थिति-अनुभव के बारे में मार्मिक लेख लिखा। अनेक अंग्रेजी अखबारों में इस सवाल को उठाया। दिल्ली-कलकत्ता से प्रकाशित अखबारों में भूख-अकाल की खबरें आनी शुरू हुईं, तब झारखंड सरकार ने बार-बार राहत काम तेज करने की बात की। विधानसभा में मामला उठा, पर जो अखबार अकेले तीन चार महीनों तक इस मामले को उठाता रहा, कुछ महीनों के लिए उसके विज्ञापन घटा दिये गये। उसे राजसत्ता ने अनेक धमकियां दीं।

ज्यां द्रेज की सक्रियता के बाद झारखंड में भूख का यह मामला उच्चतम न्यायालय पहुंचा। उच्चतम न्यायालय ने जाने-माने आईएएस (रिटायर) एनसी सक्सेना को कमिश्नर नियुक्त किया। उच्चतम न्यायालय के सुझाव-आदेश के अनुसार श्री सक्सेना झारखंड आते रहे। राज्य के बड़े अफसरों (मुख्य सचिव, विकास आयुक्त, रिलीफ आयुक्त, संबंधित उपायुक्त वगैरह) के साथ वह लगातार बैठकें करते रहे। जन वितरण प्रणाली से लेकर राहत कामों को खुद देखा। सुदूर पहाड़ी इलाकों और गांवों में वह खुद गये। प्रशासन तंत्र का स्वरूप देखा। इसके बाद उन्होंने उच्चतम न्यायालय को अपनी रपट दी। श्री सक्सेना की वह रपट किसी भी अखबार-पत्रकार के लिए विस्फोटक दस्तावेज है। दो तरह से, पहला खबर की दृष्टि से, इस रिपोर्ट में पूरे प्रशासन तंत्र की कार्यशैली का वर्णन है। अकाल-पलायन प्रभावित इलाकों में हो रहे कामकाज का ब्योरा है। दूसरा, गवर्नेस कोलैप्स (बिखरने) का उल्लेख है। रांची यानी झारखंड की राजधानी में आला सरकारी अफसर कैसे गंभीर सवालों के प्रति अगंभीर हैं, इसका तथ्यात्मक विवरण है, सप्रमाण।

झारखंड से प्रकाशित एक अंग्रेजी अखबार ने इस रिपोर्ट पर आधारित एक खबर छापी। एक हिंदी अखबार ने (जिसने भूख के सवाल को शुरू से मुद्दा मानकर उठाया था) भी सक्सेना की इस रिपोर्ट (मूल रिपोर्ट अंग्रेजी में है) का हिंदी अनुवाद कराया और किस्तों में छापा। हिंदी में इस रिपोर्ट के प्रकाशन से सरकार-नौकरशाही बहुत नाराज हुई। इस रिपोर्ट में सरकार की एक-एक कल्याणकारी-विकास से संबंधित योजना और उसमें हो रही गड़बड़ियों का तथ्यात्मक वर्णन है। इस रिपोर्ट प्रकाशन से झारखंड की पूरी व्यवस्था तिलमिला गयी। इस रिपोर्ट प्रकाशन के बाद संबंधित हिंदी अखबार ने श्री सक्सेना से इस मुद्दे पर लंबी बातचीत की। बहुत साफ शब्दों में श्री सक्सेना ने कहा कि झारखंड के नेता-अफसर चोर हैं। उन्होंने कहा कि दिल्ली से चले 100 पैसे झारखंड के गांवों में पहुंचते-पहुंचते छह पैसे रह जाते हैं। श्री सक्सेना के द्वारा उठाये गये सवालों के बारे में झारखंड के मुख्यमंत्री से उक्त अखबार ने लंबी बातचीत की। सरकार का उत्तर रक्षात्मक था। पुनः सरकार के अफसरों ने श्री सक्सेना द्वारा उठाये गये मुद्दों का जवाब भेजा। वह भी छपा। इसके बाद श्री सक्सेना द्वारा सुप्रीम कोर्ट को दी गयी सरकारी योजनाओं के झारखंड द्वारा वर्षवार इस्तेमाल के आंकड़े छपे, कैसे अनेक कल्याणकारी मद में पैसे बिना खर्च लौट गये (सरेंडर), ग्रामीण योजनाओं के हाल के तथ्यात्मक ब्योरे छपे, झारखंड सरकार के किन जिलों ने किस वित्तीय वर्ष में कितने अनाज उठाये, इसके तथ्य छपे, तो सरकार चुप हो गयी। क्योंकि प्रति उत्तर में कहने को कुछ नहीं था। बहरहाल श्री सक्सेना के इंटरव्यू का गहरा असर हुआ।

इस इंटरव्यू के छपते ही मुख्य सचिव के आदेश पर संबंधित अखबार के विज्ञापनों में भारी कटौती की गयी। मुख्य सचिव ने श्री सक्सेना को फोन पर कहा कि क्या उक्त अखबार से आपकी बातचीत हुई है? श्री सक्सेना ने कहा कि उस अखबार में मेरी बातचीत छपी है। अब सरकार के पास कार्रवाई का प्रत्यक्ष कारण नहीं था। विज्ञापन घटाने के बारे में संबंधित सरकारी विभाग से पूछा गया कि झारखंड में सबसे अधिक बिकने वाले अखबार को सबसे कम बिकने वाले अखबार से भी कम विज्ञापन क्यों मिल रहे हैं? संबंधित विभाग के अफसरों का सहानुभूतिपूर्ण उत्तर था, 'ऊपर से आदेश' है।

एनसी सक्सेना की रिपोर्ट में क्या चीज थी कि सरकार-नौकरशाही बौखला गयी? आमतौर से सरकारों के खिलाफ रोज भ्रष्टाचार से लेकर अन्य गंभीर आरोप छपते ही रहते हैं, पर इससे मोटी चमड़ी के राजनेता बेचैन नहीं होते। दरअसल श्री सक्सेना की रिपोर्ट में नौकरशाही की विफलता और मौजूदा भ्रष्टाचार का सटीक और तथ्यात्मक विवरण है। श्री सक्सेना ने आईएएस अफसर के रूप में देश में ऐसी ईमानदार कर्मठ छवि बनायी है कि उनके खिलाफ कोई टिप्पणी करना आसान नहीं है। उनकी निजी साख-विश्वसनीयता से रिपोर्ट की वजन बढ़ती है। अपनी रिपोर्ट में वह सप्रमाण 'गवर्नेंस कोलैस' (प्रशासनिक अराजकता) की चर्चा करते हैं। झारखंड की नौकरशाही में कोई उनकी कद-काठी का नहीं है, जो अपना पक्ष बेहतर-विश्वसनीय ढंग से रख सके। इसलिए जिस अखबार ने उनकी रिपोर्ट को जनता तक पहुंचाया, वह प्रशासन की खीझ का कारण बना।

इसी तरह देवघर-दुमका इलाके में मलेरिया, कालाजार और भूख की गंभीर खबरें आनी शुरू हुईं, तो सरकार-प्रशासन ने उन सवालों को हल करने की दिशा में सकारात्मक कदम उठाने के बदले खबरें छापने वालों के खिलाफ अभियान चलाया। बाद में केंद्र सरकार ने डॉक्टरों का एक दल भेजा, तो पता चला कि गंभीर बीमारियों से गांव के गांव प्रभावित हैं। युवक रोजगार की तलाश में बाहर चले जाते हैं। बूढ़े, बच्चे और औरतें गांवों में हैं। चतरा और हजारीबाग के गांवों की ऐसी स्थिति उजागर करने वाले अखबार को वहां के उपायुक्तों ने स्थानीय स्तर पर विज्ञापन बंद करवा दिया। यह काम अखबारों के आय स्रोत पर प्रहार है। इस कारण पत्रकार और अखबार अब ऐसी खबरों से ही परहेज करने लगे हैं। यह बगैर सेंसरशिप के हो रहा है। लोकतंत्र में हो रहा है। डीसी-कलक्टर जिला स्तर पर सरकारी विज्ञापनों का इस्तेमाल अखबारों को चुप कराने के लिए कर रहे हैं। राज्य स्तर पर यही काम सरकार कर रही है। विज्ञापन के सरकारी पैसों का उपयोग निजी संस्थानों में भी ऐसे नहीं होता, जिस तरह सरकारें और इसके अफसर कर रहे हैं। यह जनता का पैसा है। विज्ञापन रिलीज करने के कुछ मापदंड हैं। इन मापदंडों को मानने के लिए सरकार-प्रशासन तैयार नहीं हैं।

पेज तीन की पत्रकारिता के इस दौर में मान्यता है कि भूख, अकाल, पलायन वगैरह 'सेलेबुल सब्जेट्स' (बिकने वाले विषय) नहीं हैं। सौंदर्य प्रतियोगिता, सेक्स, सनसनीखेज सामग्री, आरोप-प्रत्यारोप की चीजें ही बिकती हैं, इस कारण पत्रकार-अखबार, ऐसे बुनियादी सवालों के प्रति निरपेक्ष-तटस्थ बन गये हैं। वे बाजार की मनःस्थिति के अनुसार खबरें छापते-खोजते हैं। इस तरह, खुली लोकतांत्रिक व्यवस्था, जहां प्रेस सेंसरशिप नहीं है, वहां भी भूख, बीमारी की खबरें अखबारों में जगह नहीं पा रही हैं। यह आज की पत्रकारिता का अंदरूनी संकट है।

झारखंड में गरीबी-बीमारी और पलायन की स्थिति गंभीर है। एकाध अखबार ही हैं, जो नियमित इनसे जुड़ी चीजों को खबर बनाते हैं। गांव के लोगों का सहज-सरल भाषा में उत्तर होता है कि अखबार शहरों के लिए निकलते हैं, गांववालों के लिए नहीं। यह अखबारों का वर्ग विभाजन है। पत्रकारिता के लिए यह विभाजन-द्वंद्व विचारणीय है।

आज मूल सवाल है कि प्रेस की स्वतंत्रता किधर जा रही है? यह पत्रकार की अपनी नजर और पत्रकारिता की अपनी दिशा पर निर्भर है। सवाल है कि समाचार किसके बनेंगे? बड़ी पार्टियों के? उपभोक्ता संस्कृति के वाहकों के? मिस वर्ल्ड, मिस यूनिवर्स, क्रिकेट के? या शहरी गरीबों, छोटे खेतिहर और भूमिहीन मजदूरों के? भारत में पत्रकारिता का उदय स्वतंत्रता और समाज सुधार आंदोलनों के बीच हुआ। इस अंतर को पत्रकार और अखबार चलाने वाले भूल गये हैं। भारत में कम साधन, कम पाठकों के पत्र थे, लेकिन उन्होंने बुनियादी सवाल उठाये। आज बड़े साधन, बड़ी पाठक संख्यावाले अखबार जगह-जगह पहुंच गये हैं, पर मूल सवाल ऐसे अखबारों के लिए मुद्दा नहीं हैं।

(पत्रकारिता पर एक नये तरीके का यह शोधपरक आलेख 2004 में प्रकाशित हुआ था)

25 साल बाद...

इस किताब में आमतौर पर संकलित आलेख प्रभात खबर के 25 सालों की यात्रा तक ही सीमित है। 2009 के बाद लिखे हरिवंश जी के इस आलेख को लेने का मकसद है कि 25 सालों के बाद प्रभात खबर ने क्या दिशा तय की है, उसे इससे समझा जा सकता है।

—संपादक

सपने, संघर्ष और चुनौतियां

प्रभात खबर में प्रधान संपादक हरिवंश समय-समय पर अपने सभी साथियों/सहयोगियों से पारस्परिक/सामूहिक संवाद करते रहते हैं। कभी सीधे सामूहिक संवाद तो कभी पत्रों के जरिये। इसी क्रम में 1 जनवरी, 2011 को उन्होंने प्रभात खबर के सहयोगियों को संबोधित किया वह भाषण आलेख के रूप में यहां दिया जा रहा है।

प्रभात खबर के पुनर्जन्म (1989 अक्तूबर) से ही हर बड़े निर्णायक और महत्त्वपूर्ण अवसरों पर हम आपस में संवाद करते रहे हैं। पूरे दफ्तर की एक साथ बैठक और संभावित चुनौतियों पर विचार, कंपनी की रणनीति पर खुली चर्चा, इस वर्ष भी एक जनवरी, 2011 के दिन रांची प्रभात खबर में वरिष्ठ साथियों के बीच इन मुद्दों की चर्चा की। इस भाषण को हमने लिखित रूप दिया, तो कई नयी चीजें कहीं-कहीं जोड़ीं। यह पूरा विचार प्रभात खबर में हो रहे बदलाव, उसकी जरूरतों और चुनौतियों को तो रेखांकित करता ही है, समाज की मौजूदा कार्य संस्कृति (खासतौर से हिंदी इलाकों) को भी समझने की कोशिश करता है। इस अर्थ में यह सार्वजनिक सवालों से भी जुड़ा है।

एक वर्ष और गुजरा. प्रभात खबर में इस वर्ष के अंत में मैं 23वें वर्ष में प्रवेश करूंगा। आप में से भी किसी ने एक साल पूरा किया होगा, किसी ने पांच, दस या पंद्रह या बीस या बाईस वर्ष, या बिलकुल नया या कुछ महीनों पुराना होगा। तात्पर्य यह है कि दुनिया की सबसे गतिशील चीज है समय। यह कभी नहीं ठहरता। बड़े संदर्भ में कहें, तो यही काल है। यह अजीब है। अगर आज हम यहां गुजरा अतीत लौटाना चाहें, तो क्या ये पिछले 22-23 वर्ष लौट सकते हैं? एक पल भी या एक क्षण भी वापस मिल सकता है? यह सोचता हूं, तो पाता हूं कि जीवन के लिए इसमें एक संदेश है। जो गया, सो गया। नहीं लौटने वाला, इसलिए क्यों नहीं सामूहिक रूप से सब संकल्प लें कि हम एक पल भी ऐसा नहीं गुजारेंगे, व्यर्थ नहीं गंवायेंगे कि अफसोस हो कि हमने अतीत में यह गंवाया। जब से चेतना या सुधि, तब से ही आयी यह सजगता। पीछे के व्यर्थ गुजरे क्षणों-वर्षों पर पश्चात्ताप से भी कुछ नहीं हासिल होने वाला। भविष्य के लिए, बीते वर्ष 2010 के अवसर पर यह संदेश है हम सब के लिए, किसका? काल का, समय का।

बंदी के कगार पर पहुंचकर संभला

बचपन में ही सुना था समय होत बलवान। इस तरह समय परिस्थितियों को धार, मोड़ और पहचान देता है। इस चुनौती के मुकाबले इंसान को खड़ा होना पड़ता है। इस रूप में प्रभात खबर के जीवनकाल में (1984 में स्थापना के बाद से ही) लगातार चुनौतियां आयीं। कुछेक संघर्ष के यादगार वर्ष हम लोगों की स्मृति में टंके हैं। मसलन 1984 में इसका जनमना। 1987-88 आते-आते बंदी के कगार पर पहुंचना। चार/पांच सौ प्रतियों में सिमट जाना। कुल छह पेज का अखबार बन जाना। इसके बाद 1989 के अंत में नये प्रबंधन का पदार्पण। 1991 में अखबार उद्योग के एक शीर्ष एक्सपर्ट का लिखित सुझाव आना कि इसे जितना जल्द बंद कर दिया जाये, उतना ही अच्छा, क्योंकि इस समाचार पत्र का भविष्य नहीं है। यहां पहले से ही स्थापित कई धुरंधर और संपन्न अखबार हैं। देश का यह सबसे पिछड़ा इलाका है। विज्ञापन का कोई स्कोप नहीं है। विज्ञापन आर्थिक विकास का बाइ प्रोडक्ट है, यहां आर्थिक विकास देश में सबसे कम है। देश के सबसे अधिक अशिक्षित यहां हैं। क्या ये गरीब और अशिक्षित लोग कई अखबार पढ़ेंगे? 1991 में मीडिया के एक एक्सपर्ट ने प्रभात खबर की वायबिलिटी और भविष्य पर अध्ययन कर अपनी रपट में ये तर्क दिये थे। ये तर्क या कारण हमारी नजरों में भी सही थे। फिर भी इन तर्कों के विपरीत प्रबंधन चलाकर देखना चाहता था।

कॉरपोरेट ताकत की पहली धमक

इसके कुछेक वर्ष बाद ही उन्हीं दिनों, आर्थिक उद्योग जगत् में भारी मंदी आयी। बड़े अखबार घराने भी अछूते न रहे। अंबानी, थापर, डालमिया और सिंघानिया जैसे बड़े समूहों से निकले अखबार असमय काल के गाल में चले गये। उन्हीं दिनों आर्थिक संकट के दौर में हमें भी बताया गया कि आइदर सिंक आर स्विम ऑन योर ओन। अपने बूते या तो तैरिए या डूबिए। वे दिन, वे वर्ष भी प्रभात खबर की स्मृति में हैं। यह 1995-96 का दौर था। इसके बाद आये दिल्ली और बाहर के अखबार। उनके पास थे पैसे, साधन और नेटवर्क। हैव और हैव नॉट्स की प्रतियोगिता शुरू हुई संपन्न और सर्वहारा के बीच। पहली कोशिश हुई कि हर विभाग के की-पर्सन (सबसे महत्त्वपूर्ण और क्रिटिकल आदमी) को तोड़ लो, ताकि अगले दिन से अखबार निकले ही नहीं। जंगल और आदिवासी इलाके में यह कॉरपोरेट ताकत या वार की पहली धमक थी। प्रभात खबर से अचानक सुनियोजित षड्यंत्र के तहत जून, 2000 में 33 लोग गये, एक साथ। बिना नोटिस पीरियड सर्व किये या मोहलत दिये, तत्काल प्रभाव से। यह सब एक रणनीति के तहत था, ताकि पूंजीसंपन्न के आगे सर्वहारा टिके ही नहीं और अगली सुबह अखबार न निकले।

पत्रकारिता में आक्रामक पूंजीवाद

फिर आया 2002 का दौर। बाजार की भाषा में कहें, तो झारखंड में एक और बड़े प्लेयर का आगमन। एक ही साथ तीन संस्करणों की धमाकेदार शुरुआत। पाठकों के लिए

अत्यंत आकर्षक और लुभावने स्कीम। हॉकरों को तरह-तरह के प्रलोभन, एजेंटों को अपने पक्ष में कर लेने की होड़, अखबार विक्रय केंद्रों पर अवांछित और असामाजिक तत्त्वों की स्पर्धा। यह आक्रामक पत्रकारिता नहीं, आक्रामक और आतंक के बल अखबार के वितरण पर कब्जा कर, पाठकों तक पहुंचने की शुरुआत थी। इसी दौर से पाठक बेबस होते गये, लोभ से उन्हें लुभाने की होड़ शुरू हुई। अखबारों की भीड़ से सर्वश्रेष्ठ या अपने बौद्धिक पसंद का अखबार पाठक खुद चुनें, यह खत्म हो गया। पाठकों को अखबार घरानों ने अपनी पूंजी के बल पर प्रभावित करना शुरू किया। प्रचार से, स्कीम से, घर पहुंचाकर, अन्य लाभ देकर, पाठकों को अन्य वजहों से प्रभावित कर, मनोवैज्ञानिक ढंग से उन्हें अपने फंदे में फांस कर, पाठकों पर अखबार थोपने की शुरुआत। इसके साथ ही पूंजीविहीन, पर विचार संपन्न अखबारों के खत्म होने का सिलसिला भी शुरू हो गया। बहुदलीय लोकतंत्र में विचारों की बहुलता भी जरूरी है, पर पूंजी के बल एकाधिकार बनाकर छोटी पूंजी वालों को बंद कराने की शुरुआत हुई। पत्रकारिता में आक्रामक पूंजीवाद के प्रवेश की धमक। आवारापूंजी, क्रोनी कैपिटलिज्म और काले धन का मीडिया में पदार्पण, विदेशी पूंजी, इक्विटी और शेयर बाजार से मीडिया में निवेश का दौर। इसका सकारात्मक पक्ष रहा कि अखबारों में नौकरियों की शर्तें बेहतर हुईं। पर समाज की सफाई के लिए निकले अखबार बाजार और विज्ञापन पर एकाधिकार कायम करने के लिए हर वह काम करने में माहिर हुए, जुट गये, जिनके खिलाफ वे अपने पन्ने भरा करते हैं।

राष्ट्रीय महारथियों से घिरा प्रभात खबर

इसी बदलते दौर में प्रभात खबर ने वर्ष 2004 में 20 वर्ष पूरे किये। फिर 2006 में लगा कि प्रबंधन जेनुइनली इससे अलगाव चाहता है, पर प्रभात खबर के लोगों की भावनाओं को देखकर प्रबंधन ने निर्णय बदला। प्रभात खबर को पटरी पर लौटने में समय लगा। तरह-तरह की अफवाहें - चर्चाएं वर्षों तक पीछा करती रहीं। ये सब चीजें जब तक थिराएं, ठहरें या वहीं पर विराम लगे, तब तक नयी स्पर्धा आरंभ। देश के दूसरे बड़े प्रतियोगी का आगमन। हिंदी संसार में अपने को नंबर वन मानने वाले, हिंदी पाठकों के बीच नंबर दो का खिताब या शोहरत विज्ञापित करने वाले और हिंदी के नंबर तीन का दावा करने वाले, सभी एक साथ, एक जगह और एक-दूसरे के सामने देश में कहीं खड़े हुए, तो सबसे पहले झारखंड में। ये तीनों अखबार देश के बड़े अखबारों (पाठकों की दृष्टि में) की सूची में नंबर 1,2,3 हैं। हिंदी, अंगरेजी समेत सभी क्षेत्रीय भाषाओं में। इस तरह एक क्षेत्रीय अखबार प्रभात खबर तीन राष्ट्रीय महारथियों और दिग्गजों से घिरा। यह वर्ष 2010 में हुआ। इस अर्थ में 2010 भी प्रभात खबर के लिए यादगार वर्ष है।

प्राइसवार में पहल

हिंदी अखबारों में प्रतियोगिता के लिए मानक बन जाने वाले, अपनी आक्रामक मार्केटिंग से आतंक का पर्याय बन जाने वाले घरानों से भी 2010 में मुकाबला। प्रभात खबर के प्रतियोगी तीनों बड़े घराने स्टॉक मार्केट की लिस्टेड कंपनियों में हैं। कोई 5000 करोड़ का घराना है, तो

कोई इससे भी अधिक का है। इन ताकतवर और धनी घरानों के मुकाबले प्रभात खबर को बाजार में उतरने का गौरव मिला, यह भी 2010 का बड़ा लैंडमार्क है हमारे लिए। हमने प्रतियोगिता का हर संभव चेहरा और सबसे बड़ी चुनौती देखी। प्राइस वार (अखबार की कीमत घटाना) में हम भी उतरे, सबसे पहले। यह स्पर्धियों को उम्मीद नहीं थी। सिर्फ झारखंड में आज प्रभात खबर की तीन लाख साठ हजार से अधिक प्रतियां रोज बिक रहीं हैं। अयोध्या निर्णय प्रसंग पर उस दिन सिर्फ झारखंड में पांच लाख से अधिक प्रतियां बिकीं।

ओछी प्रतिस्पर्धा से अलग

अपने जन्म के 3-4 माह बाद देश के दूसरे नंबर के सबसे बड़े अखबार ने रांची में एक सर्वे टीम से सर्वे कराकर छापा और पाया कि प्रभात खबर कैसे झारखंड का सर्वाधिक प्रसारित अखबार है? हालांकि अपने पैसे से कराये गये इस सर्वेक्षण के पीछे भी राजनीति है। कुछ ही दिन बाद ऐसे अखबार किसी और मार्केटिंग सर्वे टीम को भारी पैसे देकर खुद घोषित करा लेंगे कि हम सबसे बड़े अखबार हो गये हैं। इन अखबारों की निर्ल्लजता की पराकाष्ठा देखने को मिली, जब एक दिन रांची में अनेक होर्डिंग लगाकर कहा, आभार : हम रांची के सर्वाधिक पढ़े जाने वाले अखबार हैं। बिना कोई आधार, सर्वे या प्रमाण के। अपने मुंह मियां मिट्ठू बनना। फिर एक मार्केटिंग एजेंसी को पैसे देकर सर्वे कराया, दावा किया कि समाज के एक वर्ग (पैसेवालों) में हम नंबर एक हो गये हैं, पर झारखंड का सबसे बड़ा अखबार प्रभात खबर है। इस अखबार के शुरू के दावे (होर्डिंग में आभार व्यक्त करने वाले) पर एडवरटाइजिंग काउंसिल ऑफ इंडिया में लोगों ने शिकायत की कि किस आधार पर यह अखबार नंबर एक होने की होर्डिंग लगा रहा है, विज्ञापन छाप रहा है, तो एडवरटाइजिंग काउंसिल ने सख्त टिप्पणी की और भविष्य में ऐसे विज्ञापन देने से मना किया। पर सच, समता और समाज की सफाई का ढोंग रचने वाले अखबार खुद गोबल्स के सिद्धांत पर चलते हैं कि एक झूठ को सौ बार बोलो, ताकि सच लगे। प्रभात खबर शुरू से ही इस ओछी प्रतिस्पर्धा से बाहर रहा है। हम पाठकों के विवेक और समाज में स्थापित मापदंडों पर चलते रहे हैं, चलेंगे। इसी वर्ष प्रभात खबर हिंदी के सबसे बड़े दस अखबारों (देश के) में आईआरएस के अनुसार आठवें स्थान पर पहुंचा।

काम और दायित्व का विकेंद्रीकरण

वर्ष 2010 का सबसे महत्त्वपूर्ण बदलाव। सोची-समझी रणनीति के तहत। 2009 तक यह संस्था कुछेक लोगों (इंडिविजुअल) के नेतृत्व में चली। घर के माहौल में। वर्ष 2010 में पहली बार इसे इंस्टीट्यूशनल (संस्थागत) रूप देने की सायास कोशिश हुई। तब मैं, के.के. गोयनका और आर. के. दत्ता ड्राइविंग सीट पर थे। हमने महसूस किया कि बड़े सपने देखने के लिए बड़ी टीम होनी चाहिए। इस तरह संस्था को सही रूप देने के लिए इंस्टीट्यूशनल शक्ल देने के लिए काम और दायित्व का विकेंद्रीकरण जरूरी लगा। अगुआ मैं था, तय किया कि नयी

शुरुआत ऊपर से हो। महीनों लगे, मुझे अपने वरिष्ठ साथियों को राजी करने और फिर कई महीने गुजरे प्रबंधन को सहमत कराने में, समझाने में। प्रभात खबर को नया इंस्टीट्यूशनल रूप देने के लिए शुरुआत हमने ऊपर से की। पहल कर मैं हटा, केके गोयनका एमडी बने, आरके दत्ता एक्जीक्यूटिव डायरेक्टर। ये दोनों वे लोग हैं, जिन्होंने जीवन के सर्वश्रेष्ठ वर्ष चुपचाप प्रभात खबर को बनाने में दिये हैं। यह बदलाव यहीं नहीं रुका, पूरे झारखंड को संभालने के लिए दूसरी पंक्ति की एक निर्णायक टीम खड़ी की गयी, जो रोज-रोज के महत्त्वपूर्ण मसलों पर निर्णय ले। दीर्घकालीन रणनीति के तहत संपादकीय में हमने टॉप टीम के बीच स्पष्ट कार्य-विभाजन किया, ताकि कहीं किसी के कार्यक्षेत्र में अस्पष्टता न रहे। फिर हर प्रकाशन केंद्र में स्थानीय संपादकों ने अपनी-अपनी यूनिट का ऑरगेनाइजेशन चार्ट बनाया। ऊपर से नीचे तक एक-एक का काम साफ-साफ बांटकर। पहले भी ऐसा था, पर इसको और स्पष्ट व साफ किया गया, ताकि काम का बंटवारा ऊपर से नीचे तक साफ रहे, कोई कन्फ्यूजन न रहे, इसके पीछे जवाबदेही तय करने का मकसद है। अन्य विभागों में भी काम का विभाजन, बंटवारा और पावर डेलिगेट करने की यह प्रक्रिया चल रही है। संभव है कि इसमें और स्पष्टता आने में थोड़ा समय लगे, पर प्रभात खबर के संपादकीय क्षेत्र में यह एक बड़े परिवर्तन की कोशिश है। समझ-बूझ कर की गयी पहल है। नया परिवर्तन है।

संक्रमण का दौर

प्रभात खबर के लिए ट्रांजिशन (संक्रमण) का फेज (दौर)। अचानक छोटे से बड़ा बनना है। साथ ही इस इंडस्ट्री के सबसे बड़े और स्थापित तीन घरानों से एक ही साथ मुकाबला है। दो-दो मोरचों पर एक साथ जूझना। इस बड़ी लड़ाई के लिए बदलाव-परिवर्तन जरूरी था, यह हमने किया। 2010 के आरंभ में इसकी योजना हम वरिष्ठ साथियों के दिमाग में आयी। हमने इसकी पहल की, क्योंकि हम पुराने स्वरूप और पांच-छह संस्करणों के बल कैसे उन महारथियों से लड़ सकते थे?

यह परिवर्तन क्या है ?

सत्ता का विकेंद्रीकरण। पदों के अनुसार काम का साफ-साफ बंटवारा, ताकि लगातार चौकस मॉनीटरिंग हो सके। कोई अपनी जवाबदेही से न बचे। वर्ष 2010 के पहले प्रभात खबर, अंगरेजी में कहें तो पर्सनालिटी बेस्ड ऑरगेनाइजेशन (व्यक्ति आधारित संस्था) था। इंडिविजुअल रन ऑरगेनाइजेशन। किसी एक व्यक्ति या दो या तीन लोगों पर आधारित संस्था का भविष्य उज्ज्वल नहीं होता। संस्थाएं हमेशा व्यक्तियों या व्यक्ति के समूहों से बड़ी होती हैं। टीम से ही लड़ाई जीती जाती है। इससे पहले तक प्रभात खबर में हर कामकाज या समारोह में, मंच पर, हम कुछेक चेहरे ही दिखते थे। कहें, तो जूता सिलाई से चंडी पाठ की भूमिका में कुछेक ही थे। संस्था के दीर्घजीवी होने के लिए यह मिथ तोड़ना जरूरी था, इसलिए प्रभात खबर द्वारा आयोजित बड़े समारोहों, आयोजनों में वर्ष 2010 से जाना मैंने कम किया

या बंद किया। गोयनका जी से कहा, शीर्ष मार्केटिंग बैठक में भी नहीं रहूंगा, क्योंकि अगर हर बैठक और हर मोरचे पर मैं या हम कुछेक चेहरे ही रहेंगे, तो फिर नये नेतृत्व नहीं पैदा होंगे। नया नेतृत्व पैदा करने के लिए पहली शर्त है - अधिकार या पद देकर काम करने की आजादी देना। नये लोगों से गलतियां होंगी, पर वे गलतियां ही विकास की सीढ़ी बनेंगी। नये नेतृत्व विकसित करने का यही स्थापित फार्मूला है दुनिया में। कामकाज के विकेंद्रीकरण या नये ढांचे को बनाने के ये काम अभी प्रभात खबर में बिहार और बंगाल संस्करणों में होने बाकी हैं।

एक अलग और मौलिक पहल

संभव है, पावर डिसेंट्रलाइजेशन या शीर्ष पर नयी टीम खड़ा करने के इस प्रयास को लोगों ने अलग-अलग समझा हो, उनके समझने के अपने तर्क या कारण हो सकते हैं। बुनियादी तौर पर आज के समाज के मौजूदा मानस में यह भूख और लस्ट है कि हम पद पायें, तो छोड़ें ही नहीं। शरीर छूटे, पर पद नहीं। कुरसी पकड़ या जकड़कर बैठ जायें। भौतिक चीजों के प्रति यह वासना, मोह आज हमारे समाज में चरम पर है। जहां यह मानस है, वहां लोग इस पहल और प्रयास के पीछे की सही भावना समझें, यह संभव नहीं। जहां चीजों को पकड़कर बैठ जाने का मानस या मनोवृत्ति हो, वहां स्वत: पहल कर अपना दायित्व अपने कनिष्ठ साथियों को सौंपना, एक अलग और मौलिक पहल है।

हमने यह पहल क्यों की?

प्रभात खबर को इंस्टीट्यूशन का रूप देने के लिए जरूरी था कि हर क्षेत्र में और युवा साथी सामने आएं। नयी भूमिकाओं और महत्त्वपूर्ण पदों पर नये लोग आएं, ताकि टीम का आधार या फलक बड़ा और विस्तृत हो। हमारे अंदर यह कोशिश रही है कि यह संस्था दीर्घजीवी बने। वरना यहां बैठे वरिष्ठ साथी जानते हैं कि वर्ष 2006 में यह संस्था बिकने के क्रम में थी, तब मैनेजमेंट ने ईमानदार दायित्व के तहत कहा था कि जिन लोगों ने इस संस्था को गढ़ने में-बनाने में शुरू से कोशिश की है, उन्हें इसमें हिस्सा मिलेगा। इस तरह मुझे जो हिस्सा मिलता, वह आप कल्पना नहीं कर सकते। मैंने तो सपने में भी नहीं सोचा था, आज मैं लाखों पाता हूं। इतने ही पैसों की नौकरी कई जन्मों तक करता, तब भी उतने पैसे एकमुश्त नहीं मिलते। ये पैसे हमारे श्रम के जायज अर्निंग (कमाई) थे। कहीं कोई गलत कमाई नहीं। मुझे याद है एमजे अकबर ने अपने प्रयास से एशियन एज खड़ा किया, जिस दिन उस अखबार में डेकन क्रॉनिकल ने स्टेक (हिस्सा) लिया, तो उनका जवाब था कि यह मेरे लिए प्रसन्नता की घड़ी है। कारण यह उनके श्रम से, ईमानदारी से अर्जित आय थी। उसी तरह प्रभात खबर में हम वरिष्ठ साथियों को यह मौका था।

पर हम सब ने प्रबंधन से अनुरोध किया कि नहीं, हम इसे चलाने की गंभीर कोशिश करना चाहते हैं। महज एक सुरक्षित जिंदगी नहीं चाहते। तब हमारे निजी जीवन के हित में था कि उक्त प्रस्ताव के तहत अपना हिस्सा लेकर हम निश्चिंत होकर बैंकों में यह राशि रखकर, सूद के बल सुखपूर्वक रहते। एक कमजोर मध्यवर्ग की पृष्ठभूमि से आये हम लोगों के लिए यह

द्वंद्व का समय था। पर अंतत: हमने चुना कि नहीं, संस्था की लांगिविटी (दीर्घ जीवन) के लिए हम सामूहिक पहल करें। टीम साथ हो, समूह में नयी कोशिश हो, उसी लांगिविटी के कांसेप्ट (विचार) को आगे बढ़ाने के क्रम में, वर्ष 2010 में, यह दूसरी बड़ी पहल थी कि संस्था को 'पर्सनालिटी बेस्ड ऑरगेनाइजेशन' से निकालकर, उसे संस्थागत पहचान देना। टीम की पहचान। सामूहिकता की पहचान, जहां सारे काम करने वालों की पहचान मिलकर एकाकार हो जाये। इस मानस के पीछे दो लोगों की प्रेरणा रही है। गुजरे लोगों में डॉ. लोहिया की, जीवित लोगों में इन्फोसिस के संस्थापक नारायण मूर्ति की।

बढ़ रही है भोग व लालसा

मेरा एक बड़ा प्रिय निबंध है, निराशा के कर्तव्य। डॉ. राममनोहर लोहिया द्वारा लिखित। ठीक 50 वर्ष पहले लिखा गया, अक्सर अपने लेखों या भाषणों में इसका उल्लेख भी करता हूं। यह प्रेरक निबंध है, इसके कुछ अंश तो अद्भुत हैं, हर भारतीय को इसे याद रखना चाहिए। जीवन के लिए संदेश से भरा, एक पंक्ति में कहूं, तो यह सीख देता है कि जीवन में निराशा रहे और काम करें। यह फलसफा है, जीवन दर्शन है। वह एक जगह इस निबंध में कहते हैं कि भारत में आदमी अपनी चीज के लिए, स्वतंत्रता भी जिसका एक अंग है, अपनेपन, अपने अस्तित्त्व के लिए मरने-मिटने के लिए ज्यादा तैयार नहीं रहता। वह झुक जाता है और उसमें स्थिरता के लिए भी बड़ी इच्छा पैदा हो जाती है। चाहे जितना गरीब हो, शरीर चाहे सड़ रहा हो, लेकिन फिर भी जान के लिए कितना जबरदस्त प्रेम, आप अपने देश में पाओगे। कोई भी काम करते हुए हमारे लोग घबराते हैं कि जान चली जायेगी। चाहे जितने गरीब हैं हम लोग, लेकिन फिर भी एक-एक, दो-दो कौड़ी से मोह है। मुझे कुछ ऐसा लगता है कि आदमी जितना ज्यादा गरीब होता है, उसका पैसे के प्रति मोह उतना ही ज्यादा हो जाया करता है। एक विचित्र-सी अव्यवस्था हो गयी है कि शरीर खराब, जेब खराब, लेकिन फिर भी पैसे और जान के लिए इतनी जबरदस्त ममता और अनुराग हो गया है कि आदमी कोई भी जोखिम उठाने को तैयार नहीं रहता। आज देश में यही हाल है। डॉ. लोहिया के इस निबंध को पढ़कर देश के मानस को समझने में मदद मिलती है, हम ऐसे क्यों हैं? भ्रष्टाचार के अनेक गंभीर मामलों के विस्फोट के बाद हाल में एक विदेशी अखबार (वालस्ट्रीट) में पढ़ा। एक विशेषज्ञ के अनुसार हमारे खून में ही दोष है। हम स्वाभिमान-आत्मसम्मान रहित ऐसे ही लोग हैं। आजादी के 60 वर्षों के बाद यह भोग व लालसा और बढ़ गयी है। बढ़ता लोभ-बाजारवाद और उपभोक्तावाद इस आग में घी का काम कर रहे हैं। आज पद पा जाने के बाद कोई छोड़ना नहीं चाहता। सत्ता से लेकर हर जगह कोई स्वत: पहल कर, अपने साथियों-सहकर्मियों के लिए जगह नहीं बनाता। रोज ही हम-आप देख रहे हैं कि राजनीतिज्ञों के पांव कब्र में हैं, पर सत्ता से चिपके हैं। लोग कुरसी से बांह पकड़कर उठाते-बैठाते हैं, शरीर-इंद्रियों पर नियंत्रण नहीं रहा, पर हमारा-आपका भाग्य तय कर रहे हैं। सार्वजनिक पदों पर बैठकर देश की किस्मत लिख रहे हैं। पर राजनीतिज्ञ ही क्यों?

रिटायर्ड ब्यूरोक्रेटों के भी यही हाल हैं। डॉक्टर, प्रोफेसर रोज ही रिटायरमेंट की उम्र बढ़ाने के लिए हड़ताल करते रहते हैं। कहीं 60 से 62, तो कहीं 62 से 65 की उम्र में रिटायरमेंट चाहते हैं। यह वासना है, वासना की यह आग कभी तृप्त होती नहीं दिखती। क्या यही जीवन है? यही हमारा सार्वजनिक-निजी एप्रोच होना चाहिए? क्या जीवन में एक वीतराग बोध या भाव नहीं होना चाहिए? अनासक्ति का अंश? हमारे यहां यह भी दर्शन चलता है कि आसपास किसी को पनपने न दो, ताकि अपनी गद्दी सुरक्षित रहे। कितना छोटापन या संकीर्ण सोच! क्या इस रास्ते कोई संस्था, समाज या मुल्क दीर्घजीवी या मजबूत होंगे? हम समाज की दृष्टि से बहुत छोटी इकाई हैं, नगण्य। अस्तित्त्वविहीन। कोई भ्रम नहीं है कि मेरा निजी वजूद क्या है? इस सृष्टि-ब्रह्मांड में तिनके से भी कमजोर। पर मेरे सोच-विचार और जीवन दर्शन में यह बात रही है कि अपने स्तर पर हम जैसा सोचते हैं, बनने की कोशिश करें। संभव सीमा तक। अपनी हजारों-लाखों कमियों के साथ। यह कहने-बताने में कोई अहंकार या प्रगल्भता नहीं है, यह बू आये, तो माफ करेंगे।

मानसिक शांति सबसे जरूरी

रांची में योगदा मठ है। 'ऑटोबायोग्राफी ऑफ योगी' के लेखक और 20वीं सदी के महान् योगी परमहंस योगानंद द्वारा स्थापित, वहां मेरा जाना होता है, वर्ष में एक बार वे शरद संगम का आयोजन करते हैं। भारत के कोने-कोने से और लगभग 40 देशों के साधक आते हैं। एक से एक लोग, वैज्ञानिक, विद्वान्, फिल्म से जुड़े, साहित्य से जुड़े, श्रेष्ठ मस्तिष्क के लोग। वर्ष 1996 (नवंबर) में मैं पहली बार इसमें शरीक हुआ। यहां वैज्ञानिक सीवी रमण के परिवार से आये एक साधक हैं, पहुंचे हुए। उनके विचार (टॉक) सुन रहा था। वह जीवन की सफलता पर बोल रहे थे। कहा - सीवी रमण की आत्मकथा पढ़ें। रिटायर होने के बाद वह अशांत और परेशान रहने लगे। वैज्ञानिक मान्यताओं पर उनके मन में बुनियादी सवाल उठने लगे। जीवन के मौलिक सवाल बेचैन करने लगे। घर के आगे बोर्ड लगवा दिया ' विजिटर्स टू कीप ऑफ नॉट टू डिस्टर्ब' (अतिथि आकर परेशान न करें)। वह कहने लगे 'माई लाइफ हैज बीन ए अटर फेलियर (मेरा जीवन नितांत विफल रहा है)। यह भी माना कि मैंने जो काम किया, वह पश्चिमी वैज्ञानिक मान्यताओं के तहत था। हमारे देश के विज्ञान,परंपराओं के तहत मैं कुछ नहीं कर सका। फिर उन्होंने नोबेल पुरस्कार पाये वैज्ञानिक चंद्रशेखर के जीवन के प्रसंग सुनाये। चंद्रशेखर जब शीर्ष पर थे, तो पूछा गया-क्या आपका निजी जीवन सुखी है? उनका उत्तर था, किसी वैज्ञानिक का निजी जीवन नहीं होता। अब प्रायः मैं सोचता-परखता हूं कि जो किया, वह कितना उपयोगी था? जीवन के अंतिम पहर में उन्होंने अपने एक और इंटरव्यू में कहा कि जीवन पुनः मिला, तो वह हिमालय में जा बैठेंगे। ऋषियों की राह पर चलेंगे। यह भी उन्होंने माना कि सब कुछ पा लेने के बाद भी 'पीस ऑफ माइंड' (मानसिक शांति) नहीं है। एक और वैज्ञानिक (शायद लार्ड कैल्विन) का उन्होंने (साधक संत) उल्लेख किया। वह 55 वर्ष तक वैज्ञानिक रहे। महान् वैज्ञानिकों में से एक। एक शब्द में उन्होंने अपने लंबे वैज्ञानिक जीवन का निचोड़ सुनाया 'फेलियर' (विफल)।

जीवन में नवीनता जरूरी है

योगदा के उन साधक संत ने कहा - यह सब मैं क्यों सुना या कह रहा हूं, क्योंकि जीवन में संतुलन होना चाहिए। मैं अत्यंत मामूली इंसान हूं, मुझे अपने बारे में भ्रम नहीं है। मैं देश की 111 करोड़ की भीड़ का एक हिस्सा भर हूं। हम सबका परिचय इतना, इतिहास यहीं उमड़ी कल थी, मिट आज चली की तरह है। मैं ऐसा इसलिए हूं कि ऐसे ही तथ्यों से मुझे जीवन के बारे में निखरने-जानने की प्रेरणा मिलती रही है। समझ विकसित होती नहीं है, इस दृष्टि से ही एक निस्संगता का भाव पैदा होता रहा है। इसलिए जीवन के बड़े निर्णय करते समय ऐसे शाश्वत सच मेरे मन-मस्तिष्क में रहते हैं। यह बोध और भाव नहीं रहता, तो दो बड़े घरानों (टाइम्स ऑफ इंडिया और आनंद बाजार पत्रिका), महानगरों की पत्रकारिता, ग्लैमर-सत्ता के सोहबत की पत्रकारिता छोड़कर यहां आना नहीं होता। धर्मयुग, रविवार जैसी पत्रिकाओं में काम, हिंदी पत्रकारों के बीच से अकेले पीएमओ में रह लेने और उसके बाद लगातार बड़े ऑफरों को छोड़ कर मुसीबतों-संघर्षों का जीवन नहीं चुनता। पर एक ही रोल (भूमिका) में रहने से-अटकने से क्या जीवन में नवीनता रहेगी?

अनैतिक है प्रतिभाओं को बढ़ने से रोकना

डॉ. लोहिया के इस निबंध-विचार ने युवा दिनों से ही प्रेरित किया कि चीजों से चिपकना या लगातार बंधकर दूसरों को आगे आने की जगह न देना, नीचे के नेतृत्व को या साथ की प्रतिभाओं को फलने-फूलने या बढ़ने का मौका नहीं देना अनैतिक है। लगभग 22 वर्ष ड्राइविंग सीट पर रहना, सबसे कठिन दिनों में रहना, क्या यह कम है? क्या पद पुश्तैनी होने चाहिए? राजनीति में बढ़ते वंशवाद की तरह। लाभ और लस्ट (लालसा) के इस दौर में हमें भी वैसा ही होना चाहिए, जैसा दूसरे हैं? पांव कब्र में, पर पद किसी कीमत पर चाहिए। हिंदी के कवि श्रीकांत वर्मा ने काशी में अपने एक रिश्तेदार का संस्मरण लिखा है, अत्यंत शिक्षाप्रद। उनके एक रिश्तेदार मृत्युशय्या पर थे। बोल नहीं पाते थे, रसगुल्ले के शौकीन थे, जब दिल्ली से श्रीकांतजी काशी आये, यह मिठाई लेकर गये, आवाज दी, तो गले से घरघराने की आवाज आने लगी। लगातार कौमा में थे, सुन्न पड़े थे, पर मनपसंद मिठाई का नाम सुनकर भाव उभरा। इंद्रियां हिली-डुलीं। संसार से इतना बंधना भी क्या सही है?

हम और हमारे साथ अनेक साथी युवा दिनों में प्रभात खबर से बंधे। माओ की सांस्कृतिक क्रांति के नारे ने भी हमारी पीढ़ी पर असर डाला। हालांकि बाद में चीनी समाज के साहित्य को पढ़ते हुए हमने पाया कि सांस्कृतिक क्रांति के दौरान माओ का यह नारा हजारों फूलों को एक साथ खिलने दो, अपनी निजी गद्दी मजबूत करने के लिए, अपने कद के बराबर या समकक्ष प्रतिभाशाली नेताओं को अपने रास्ते से हटाने के लिए था। यह खुले और बंद समाज का भी फर्क है। खुले समाज में निजी जड़ें मजबूत करने के लिए, सार्वजनिक जीवन में लोक-लुभावन नारे देकर बच निकलना कठिन है। पर विचार के आधार पर, प्रेरणा के आधार पर, हजारों फूलों (प्रतिभाओं) को एक साथ खिलने दो, क्रांतिकारी अवधारणा है। हजारों-हजार प्रतिभाएं साथ

निखरें, तो कोई भी संस्था-समाज या देश बढ़ेगा। प्रभात खबर में भी यह जरूरी है कि अनेक युवा प्रतिभाएं एक साथ, कई क्षेत्रों में उभरें, ताकि संस्था मजबूत हो।

विचार और आचरण में प्रतिस्पर्धियों से काफी अलग

एक संतोष की बात बताऊं। 2000 में जब बड़े घरानों ने प्रभात खबर को बंद कराने की साजिश रची, तब कुछेक लोग थे, जो किसी कीमत पर प्रभात खबर से नहीं डिगे। आज प्रभात खबर (सभी संस्करणों को मिलाकर) में सैकड़ों हैं, जो बड़े घरानों के लगातार लुभावने प्रस्तावों को ठुकराकर यहां है। वह कहावत है न कि चले थे अकेले, कारवां बनता गया। बड़े घरानों के शीर्ष लोग, हमारे ऐसे साथियों के घर जाकर, महीनों-वर्षों उन्हें चेज (पीछा) कर, अपने साथ मिलाने की कोशिश करते रहे हैं, कर रहे है। अपरोक्ष यह धमकी भी देते हैं कि आपके सब लोगों को हम उठा ले जायेंगे, तब आप क्या करेंगे? पूंजी की गरमी? यह उन्हें कौन बताये कि गुजरे दस वर्षों में वे सैंकड़ों से अधिक लोगों को तोड़ ले गये। एक-एक कर, फिर भी प्रभात खबर उनके लिए चुनौती बना ही हुआ है। हम छोटे हैं, सीमित संसाधन के हैं, पर गरिमा, मर्यादा, विचार और आचरण में अपने प्रतिस्पर्धियों से अलग हैं। इन स्पर्धी अखबारों का कोई व्यक्ति शायद ही कहे कि आज तक मैंने किसी अखबार में किसी को अचानक तोड़ने या समूह तोड़कर साजिश के तहत उन्हें नुकसान पहुंचाने की कोशिश की या किसी को फोन किया, घर गया, तिकड़म रचा, अंगरेजी में कहें, तो बिलो द बेल्ट (कमर के नीचे चोट पहुंचाना) हिट किया, ताकि प्रतिस्पर्धी अखबारों को नुकसान हो। ऐसा भी नहीं है कि यह कर नहीं सकता था। ऐसी स्थिति या पद पर हूं कि कर सकता हूं। यह भी नहीं है कि किसी को उपकृत करने के लिए हमने यह आचरण किया। यह जन्मजात संस्कार है, निजी आत्मगरिमा है, स्वनिर्धारित सीमा के विपरीत आचरण कर (किन्हीं भी परिस्थितियों में) हमें लगता है कि हम अपने स्तर से फिसल रहे हैं। गिरे हैं। हर इंसान का एक स्तर होता है, निजी डिगनिटी होती है। स्वत: बनायी या इनवाल्व की हुई। इस गलाकाट प्रतियोगिता के पूरे दशक में हमने आज तक अपनी गरिमा या लक्ष्मण रेखा का उल्लंघन नहीं किया, क्या यह कम संतोष की बात है? इस आचरण या फिसलन के लिए बाहर से सर्टिफिकेट नहीं चाहिए। इस रास्ते पर चलने पर दुनिया को बाद में पता चलता है, आपके अंदर से पहली आवाज आती-उठती है। यदि अपनी आवाज सुनना आपने बंद नहीं किया हो। लोभ के इस युग में जहां कुछेक लोग अपने जीवन के उर्वर दिनों में, संघर्ष और तप के दिनों में, पग-पग पर अस्तित्त्व की लड़ाई लड़ने के दिनों में साथ हैं, यह क्या कम सुख की बात है?

निराशा के वे पुराने क्षण

आज 2010 का अंत है। सोच रहा था कि क्या प्रभात खबर में गुजारे संघर्ष के, तप के, निराशा के वे पुराने क्षण एक पल भी वापस मिल सकते हैं? तब हम साथियों को प्रभात खबर के अलावा कुछ सूझता नहीं था। न घर, न परिवार, न भविष्य की सुरक्षा, एक जुनून था, क्या वह लौट सकता है? मकसद था, संस्था बचाना-बढ़ाना। एक जिद, इस जिद के पीछे कोई आर्थिक

आग्रह था? निजी-स्वार्थ लोभ था? यह होता तो हम सब फेंस (सीमा) के उस पार होते। औरों की तरह बड़े महानगरों-बड़े प्रकाशनों में। सुख-सुविधा के संसार में क्या इस रास्ते पर चलने के लिए आज हम उभरती संस्था में कोई युवा टीम न उभरने दें? तब उन युवा साथियों के लिए भविष्य का मार्ग प्रशस्त करने का काम कौन करेगा? वरिष्ठ होने के कारण हम हीं न ! आज प्रभात खबर में ऐसे सैकड़ों लोग हैं, जो प्रतिस्पर्धी बड़े अखबारों से अधिक पैसा, महत्त्वपूर्ण पद और भौतिक सुख ठुकराकर टिके हैं।

आप सही हैं, तो मददगार मिलते हैं

मेरी गुजारिश है, नये वर्ष में कामना है कि किसी भी सूरत में न डिगने वाले ऐसे लोगों की यह संख्या इस संस्था में अब सैकड़ों से बढ़कर, कई सौ में तब्दील हो, यह कौन करेगा? आप युवा टीम ही न। अब आप नयी लकीर खींचें, हर आदमी अपने आसपास से चाहे जिस भी क्षेत्र में हो (संपादकीय, विज्ञापन, प्रसार वगैरह) अपने तहत की प्रतिभाओं को अवसर दे, उन्हें योग्य लीडर के रूप में विकसित करे। फिर ऐसा रास्ता हम आपके लिए ऊपर से ही बना रहे हैं। हम उन साथियों को भी आज विशेष याद करना चाहेंगे, जो सीधे या नियमित प्रभात खबर से जुड़े नहीं रहे, पर हमारे संघर्ष के दिनों में उनकी निर्णायक मदद रही, हमारा अस्तित्त्व बचाये रखने-बढ़ाने में। हम उनके भी ऋणी हैं, जो लंबे समय तक साथ रहे, पर आज कहीं और हैं। कुछेक को अच्छे अवसर मिले, तो हमने उन्हें जाने के लिए प्रोत्साहित किया, नयी शुरुआत के लिए। बाहर से, अंदर से, साथ रहकर फैसल अनुराग, दयामनी बारला और वासवी वगैरह ने इसे बनाने-बचाने में जो मदद की थी, वह बता नहीं सकता। अगर आप सही रास्ते हैं, तो मददगार मिलते हैं।

नारायण मूर्ति ने हमेशा प्रेरित किया

जो पुराने साथी हैं, उन्हें याद होगा। पहले फर्स्ट फ्लोर खुला था, बाद में एसबेस्टस की छत बनी। उसी छत पर खुले आसमान के नीचे हम बैठते थे, सामूहिक रूप से, प्रभात खबर के सभी लोग, अपनी चुनौतियों और कठिनाइयों पर बोलने-बतियाने-संवाद करने, फिर रणनीति बनाने। घर के सुख-दुख बांटने और भविष्य के लिए रास्ता बनाने जैसे। तब से मैं अपनी बातों में इन्फोसिस के नारायण मूर्ति का उल्लेख करता रहा हूं। उस व्यक्ति ने हमें प्रेरित किया है। किस तरह कुछेक लोगों ने पत्नियों के गहने गिरवी रख कर 10-20 हजार से कंपनी शुरू की। हर विपरीत स्थिति देखी-झेली, तब इन्फोसिस दुनिया की इतनी प्रतिष्ठित, सम्मानित व बड़ी कंपनी बनी। हम सफलता देखते हैं, उसकी बाह्य काया परखते हैं, पर उसके पीछे का तपना, जलना और आत्माहुति नहीं जानते। जब इन्फोसिस कंपनी संपन्न हुई, तब अपने यहां काम करने वालों को हिस्सा या स्टॉक ऑप्शन देकर अपने यहां कार्यरत पुराने लोगों को करोड़पति-अरबपति बनाया। प्रभात खबर में जब हमने शुरुआत की, तब 240 लोग थे, और कुल वेतन ढाई लाख के लगभग। आज प्रति माह वेतन पर लगभग दो करोड़ प्रभात खबर में औसत खर्च

है। अभी कुछेक रोज पहले खूंटी के एजेंट आये थे। 25 वर्षों से प्रभात खबर बेचने का ही काम कर रहे हैं। साधु इंसान हैं। बता रहे थे कि आज वहां एक-एक हॉकर 12 से 16 हजार प्रभात खबर बेचकर कमा रहा है प्रतिमाह। प्रभात खबर की सामाजिक भूमिका (जो मुख्य चीज है) छोड़ दीजिए, तो भौतिक रूप से भी, अपना काम करते हुए प्रभात खबर ने हमारे जीवन में यह असर डाला है।

इन्फोसिस ने नयी लकीर खींची

आनंद बाजार पत्रिका छोड़कर कुछेक हजार की नौकरी पर यहां आया। कंपनी द्वारा दी गयी थर्ड हैंड मारुति वैन + किराये का घर, यही तब पाता था। आज प्रभात खबर में वरिष्ठ होने के कारण सबसे अधिक तनख्वाह मैं पा रहा हूं, इससे काफी अधिक के प्रस्ताव भी आये। पर मन के अनुरूप काम और ठीक-ठाक वेतन, सुविधाएं, इसका संयोग कहीं और नहीं पाया। इसलिए हमने यहां काम करना चुना। इस गरीब इलाके में पत्रकारिता करने की प्रेरणा हमें यहां खींच लायी। ऐसा ही काम बड़े पैमाने पर इन्फोसिस में हुआ, ईमानदार तरीके से। भारतीय परंपरा में अर्थ, धर्म, काम, मोक्ष चार लक्ष्य हैं। अर्थ का नकार नहीं है, पर अर्थ ईमानदारी से, श्रम से, किसी से याचना या हाथ पसारकर नहीं। घूस या ब्लैकमेल से नहीं। इस रास्ते चलकर इन्फोसिस ने नयी लकीर खींची है। नये युग की कई कंपनियां ऐसा कर रही हैं। आज जो युवा कैंपस से ही लाखों-करोड़ों की तनख्वाह पर जा रहे हैं, वे ईमानदारी से खटकर उपार्जन कर रहे हैं। यह अलग बात है कि इतने उपार्जन के बावजूद वह जीवन नहीं जी पा रहे, क्योंकि कंपनियां उन्हें 20-22 घंटे काम कराकर निचोड़ लेती हैं। बहरहाल, हम बात कर रहे थे कि कैसे 1989 में स्थापित एक कंपनी को एक इनसान नारायण मूर्ति ने उसूलों-सिद्धांतों पर खड़ा किया। टीम के बल ही, अकेले नहीं। उस कंपनी पर एक पुस्तक आयी है, 'लीडरशिप इन्फोसिस'। संपादित मैट बार्ने, पीएच-डी द्वारा। उसकी भूमिका की कुछ चीजें आपको सुनाता हूं।

गलतियों से तुरंत सबक लिया

यह पृष्ठभूमि याद रखिए कि नारायण मूर्ति कंपनी के एमडी पद से हटे। अपने साथियों को मौका दिया। अब एक-एक कर वहां नये-नये लोग नये सक्षम लीडर के रूप में सामने आ रहे हैं। कंपनी को संभाल रहे हैं, आगे ले जा रहे हैं। इस पुस्तक की भूमिका में नारायण मूर्ति कहते हैं कि इन्फोसिस की रहनुमाई हमारे जीवन का काम (लाइफ वर्क) है। शुरू में, हमारे अंदर सपने थे, साझा मूल्य थे, हम एक-दूसरे के पूरक थे। हुनर, काम वगैरह में कंपनी के बड़े हितों या उसके लाभ के लिए हमने निजी हितों की कुरबानी दी। हमने मिलकर वे चीजें हासिल कीं, जो हम अलग-अलग रहकर अकेले नहीं कर पाते। इस दशक में अपनी 'लीडरशिप टीम' के बल हमने लगातार अपनी कंपनी को बदला। सिर्फ 11 वर्ष पहले 1999 में इन्फोसिस में कुल 3000 इंप्लाइज थे। अब लगभग 1.22 लाख से अधिक हैं। नारायण मूर्ति कहते हैं कि हम हर समय बिलकुल सही ही नहीं रहे, पर जब-जब कोई गलती हुई, तुरंत सबक लेकर हम पुनः

और ऊर्जा के साथ सही राह पर लौटे। हमें कंपनी को अगर 200 वर्षों तक बनाये रखने का विजन (दृष्टि) विकसित करना है, तो इसके लिए प्रभावी नेतृत्व चाहिए, हर स्तर पर। लीडरशिप का अर्थ है कि कंपनी की जरूरतें-सपने पहले, निजी चीजें बाद में। वह आगे बताते हैं कि हमने हमेशा वह भूमिका निभायी, जिसकी कंपनी को जरूरत थी, तब हमने कंपनी के बड़े और सार्वजनिक हित के हक में निजी पसंद-नापसंद को पीछे रखा।

भविष्य आपके हाथ में है

कुछेक पंक्तियां ही मैंने उक्त पुस्तक की भूमिका से आपको सुनायी। कितनी प्रेरक हैं। सफल होने का राज बताती हैं ये लाइनें। आज आप पूछिए कि हम जिस कंपनी में हैं, उसका भविष्य क्या है? शायद इसका कोई उत्तर न दे पाये। 1991 के बाद बार-बार आपके बीच यह बात दोहराता रहा हूं कि भविष्य आपके-हमारे हाथों में है। तब 91 में भी यह सवाल हम साथी आपस में करते थे। 1991 में जब समाचार उद्योग के एक एक्सपर्ट ने प्रभात खबर के भविष्य पर अपनी रपट दी, तब से यह बात मैं सारे कलिग्स (सहयोगियों) को सार्वजनिक बैठक में बताता रहा हूं। कोई दूसरी कंपनी होती, तो यह रिपोर्ट कानफिडेंशियल (गोपनीय) रहती। पर तब से ही साथ में यह भी दोहराता रहा हूं कि कंपनी का भविष्य आपके-हमारे हाथों में है। हम अपनी तय भूमिका अच्छी तरह निभाएंगे, तो आगे जायेंगे। कोई टाटा, बिड़ला, अंबानी हमारे लिए कुबेर का खजाना या दरवाजा खोल दे, पर हमारे अंदर टीम स्पिरिट, दृष्टि, अनुशासन नहीं, तो हम डुबो देंगे। बड़े-बड़े घरानों के दर्जनों उदाहरण देकर मैं आपको यह बता सकता हूं। पर देखिए कि एक विजन, सपने और स्वानुशासन से इन्फोसिस ने क्या किया? हमें यही माडल दीर्घजीवी बना सकता है। जो जहां है, अपने-अपने स्तर पर अपनी भूमिका का सही निष्पादन करे। अखबार के हित में, कंपनी के हक में। हम सबने मिलकर प्रभात खबर में शुरू से एक भिन्न संस्कृति अपनायी।

एक स्वभाव है बिहारी मानस

शुरू से ही प्रभात खबर में एक अलग कार्यसंस्कृति विकसित करने की कोशिश हुई। हरेक बैठक में विशेष रूप से मैं इसकी चर्चा करता रहा कि टिपिकल बिहारी मानस से उबरना होगा। बिहारी मानस एक विशेषण के तौर पर देखता हूं, यह एक प्रवृत्ति है, स्वभाव है। यह कहीं भी हो सकता है, पर हिंदी इलाकों में यह स्वभाव या रुझान या यह प्रवृति आमतौर से है। उसके अपवाद भी बहुत मिलते हैं। मेरी नजर में बिहारी मानस क्या है? हिंदी राज्यों में परनिंदा, परचर्चा जीवन का अंग है। परमसुख गप्पें मारना, पीठ पीछे दूसरों की शिकायत करना, किसी अच्छे काम को गौर कर प्रशंसा न करना, कोई अच्छा करे, तो उसे तबाह-बदनाम करने में लगना, हर बात और काम में निगेटिव एप्रोच, ये हमारी आदतें हैं। हमने कोशिश की कि मेरे पास कोई दूसरे की शिकायत लेकर न आये। अगर कोई शिकायत है, तो जिसके संबंध में शिकायत है, जब तक वह मौजूद न हो, तब तक उसकी चर्चा नहीं हो। जिसके खिलाफ शिकायत है, उसके सामने बात हो। इसका परिणाम हुआ कि मेरे पास कोई अनर्गल बात या किसी की शिकायत लेकर नहीं आता। हम लोगों ने यह

माहौल बनाने की कोशिश की कि दफ्तरों में पीठ पीछे रस लेकर अनर्गल चर्चाएं होती हैं, उन्हें कम-से-कम वरिष्ठ लेवल पर इंटरटेन न किया जाये। यह खत्म होना असंभव है, क्योंकि यह हमारी रगों में है। स्वभाव का हिस्सा है। फिर भी हम यह मान सकते हैं कि प्रभात खबर में हमलोगों ने इस प्रवृत्ति को नियंत्रित करने की कोशिश की। इसी कारण कई बार प्रभात खबर के अंदर की चीजें मुझे बाहर से पता चलती हैं। उसे आप मेरी कमी कह सकते हैं। आधुनिक प्रबंधन शैली भी इसे सही नहीं ठहराता, पर यहां मेरे कारण यह कमी है।

पिछले दिनों, लगभग तीन सप्ताह पहले, बाहर से एक मित्र का फोन आया कि किसी वेबसाइट पर यह खबर आने वाली है कि प्रभात खबर से आप विदा हो रहे हैं। ऐसी बहुत सारी चीजें चलती रहती हैं। न मैं ऐसी चीजों पर गौर करता हूं और न ही ऐसी चीजों के बारे में चर्चा। न मुझे किसी को यह सफाई देनी है, न पक्ष रखना है। मैं मानता हूं कि मेरे प्रभात खबर के साथियों को भी पता है कि हमें क्या करना है? और किस रास्ते जाना है? मैं पुनः अपने साथियों से कहना चाहूंगा कि प्रभात खबर का भविष्य छोटी-छोटी चीजों से तय होगा। ये छोटी-छोटी चीजें हमारे हद-पहुंच में हैं। आज भी देखता हूं, दफ्तर में कहीं कोई मौजूद नहीं है, पर पूरी बिजली जल रही है। कहीं कुरसी का पांव टूटा है और वह महीनों से वहीं पड़ी हैं, कोई ठीक कराने वाला नहीं। यानी छोटी चीजें भी आप उम्मीद रखते हैं कि वरिष्ठ लोग आकर करेंगे। हमारा कोई फर्ज नहीं है। किसी खास जगह पान की पीक या गुटखा वगैरह के पैकेट पड़े रहते हैं। इस्तेमाल के बाद बाथरूम साफ नहीं किया जाता। ऐसी अनेक चीजें हैं। इन चीजों को देख कर लगता है कि हमारे मानस में है कि साफ रखने का काम कोई बाहर से आ कर करेगा। या साफ जगह को गंदा करना हमारा संवैधानिक हक है। जीवन में इन छोटी-छोटी चीजों के प्रति अगर हम और आप सजग होंगे, तो स्वभावतः अपने काम में भी हम इसी एप्रोच को अपनायेंगे। इसलिए स्पष्ट रहिए। हम ठीक होंगे, हमारी कार्यसंस्कृति बेहतर होगी, हमारा मानस पॉजिटिव होगा, तो अखबार भी ठीक होगा।

संपादन एक कला है और पत्रकारिता बौद्धिक काम

बाहर में प्रभात खबर के बारे में धारणा है कि काम न करते हुए भी आप समय काट सकते हैं। इसका एक कारण है कि शुरू से हम सब ने मिलकर यह कोशिश की है कि यहां एक मित्रवत माहौल रहे। ऑफिस का आतंक नहीं। संपादन काम एक कला है, पत्रकारिता बौद्धिक काम है। यहां डिस्कशन-डिबेट का माहौल होना चाहिए। अपशब्द, गाली-गलौज, मानसिक दबाव या टेंशन का माहौल नहीं। हमारी अपनी आचार संहिता है। शराब पीकर कोई दफ्तर आये, स्वीकार्य नहीं है। किसी से गलत आचरण मान्य नहीं है। वरिष्ठ पदों पर बैठे लोगों का सम्मान हमारी शिष्टता है। इसलिए हम एक बेहतर, स्व अनुशासित और बौद्धिक माहौल चाहते हैं, क्योंकि हम परिवार के मुकाबले, आपस में, दफ्तर में ज्यादा समय साथ गुजारते-बिताते हैं। जब जीवन का बड़ा हिस्सा साथ गुजारते हैं, तो बेहतर और सुखद माहौल में रहें, तनाव में नहीं। यह माहौल सोच-समझकर हम सब ने बनाने की कोशिश की है, पर आज की दुनिया में और इस प्रतिस्पर्धा में

अब आपको ध्यान रखना होगा कि हर जिम्मेदार आदमी खुद निर्णायक हो। जवाबदेह बने, क्योंकि अब कोई बैठकर, बोझ बनकर चलेगा, तो संस्था का भविष्य नहीं रहेगा। यह सरकारी कार्यालय नहीं है, न चैरिटी संस्थान है, हर आदमी पहले खुद से पूछे कि वह कंपनी से जितना ले रहा है, उससे कई गुना रिटर्न अपने बेहतर काम के रूप में कंपनी को दे रहा है? हमारे लिए यही मानक और कसौटी है। जैसे हम घर चलाते हैं, वैसे ही जहां से रोजी-रोटी चलती है, उसके बारे में सोचें, तो किसी भी स्पर्धा में हम टिके रहेंगे। समय की चुनौतियों के अनुसार हम बदलते रहें। अगर यह सकारात्मक मानस प्रभात खबर की टीम में रहा, तो हम किसी से भी मुकाबला कर सकते हैं, स्पर्धा चुनौतीपूर्ण है। तीन बड़े घरानों के खिलाफ। ऐसी स्पर्धा के बारे में वर्ष 1991 से ही मैं अपने साथियों-सहकर्मियों से कहता रहा हूं। साफ-साफ बेबाक तरीके से, तब भी आधा दर्जन स्थापित व पुराने अखबारों से मुकाबला था।

कभी किसी को रोका नहीं

हर साल होने वाली प्रभात खबर की ऐसी सार्वजनिक बैठक में मैं अपनी प्रिय पुस्तक समरगाथा (अनुवाद-अमृत राय) के अंश सुनाता था। उस पुस्तक का एक अंश जो बार-बार आपको सुनाया है, यह है। अगर आपका घर अब तक खड़ा है, तो आप वापस उसमें चले जाइए। मैं सिर्फ ऐसे लोगों को अपने साथ लेना चाहता हूं, जिनके पास गंवाने के लिए अपनी जंजीरों को छोड़कर दूसरा कुछ नहीं है। अगर आपके पास अशर्फियों का ढेर है, तो जाइए उसे संभाल कर रखिए, हमारे साथ मत आइए। अगर आप अपनी आजादी से ज्यादा अपने बच्चों को प्यार करते हैं, तो चले जाइए और कोई इसके लिए आप पर उंगली नहीं उठा सकेगा और अगर आपकी मंगनी हो गयी है, तो आप अपनी मंगेतर के पास चले जाइए-क्योंकि हमारी मंगेतर तो आजादी है, लेकिन अगर आप लोगों के बीच एक आदमी भी ऐसा है, बस एक, जो आजादी के लिए अपनी जान दे सकता है - और देखिए, पक्की बात है, मैं जो कुछ करने जा रहा हूं, उसमें मौत के सिवा कुछ नहीं है - तो वह आदमी इसके बाद मेरे तंबू में आकर मुझसे मिले। मुझे एक आदमी की जरूरत है, सिर्फ एक आदमी की। बार-बार प्राय: तीन-चार बैठकों में पुस्तक का यह अंश सुनाने के पीछे मकसद रहा है, साथियों-सहकर्मियों को बताना कि हम विपरीत परिस्थितियों में कार्यरत हैं। इस कारण गिनती के कुछेक लोगों को छोड़कर कभी किसी को रोका नहीं, कोई कल जाने की बात करता था, मेरा जवाब होता कि आज और अभी जाना बेहतर है, क्योंकि एक बार अलगाव का मानस बन जाने के बाद आप भावनात्मक रूप से यहां नहीं होंगे, इसलिए तत्काल अलग होना ज्यादा बेहतर है। आपसी व्यवहार में बिलकुल स्पष्टता और साफगोई जीवन में अनिवार्य मानता रहा हूं, इन पर अमल भी करता रहा हूं।

लोगों को न छोड़ें, भले ही लोग छोड़ दें

प्रभात खबर में जब चुनौतियों के दिन शीर्ष पर थे, तो हर बार प्रभात खबर की सामूहिक बैठक होती थी, उसमें साफ-साफ कहता था कि जिन्हें सुरक्षित भविष्य चाहिए, अच्छा पैसा

चाहिए, वे वैकल्पिक रास्ता तलाश सकते हैं, क्योंकि यहां भविष्य अनिश्चित है, संघर्ष है। परिस्थितियां विपरीत हैं। जिनके पास दूसरे अखबारों से प्रस्ताव आते थे, उनमें से आरंभिक दौर में जाने वाले कुछेक को छोड़कर सब मिले थे, अपनी आर्थिक विवशता बताते। मै उन्हें जाने को प्रोत्साहित करता। कहता था कि आप कम पैसे पर अगर यहां काम करेंगे या निश्चित भविष्य छोड़कर अनिश्चित भविष्य में हमारे साथ रहेंगे और अगर यह अखबार नहीं चला, तो मेरे ऊपर आपका मानसिक-नैतिक बोझ होगा। मेरी अंतरात्मा मुझे परेशान करेगी, इसलिए आप अवसर न छोड़ें। पर जो जोखिम चाहते हैं, कुछ करना चाहते हैं, वे रहें। यह भी साथियों से अनुरोध करता था। लोग बाहरी आकर्षण छोड़कर रहे भी। उम्मीद से अधिक लोग साथ आये और कारवां बनता गया। आज सैकड़ों लोग हैं, जो आकर्षक प्रस्ताव ठुकराकर यहां कार्यरत हैं। समरगाथा पुस्तक के अंश बांचकर यह भी कहता था कि जो आत्मगौरव चाहते हैं, कुछ करने का आत्मसंतोष चाहते हैं, ऐसे लोगों का साथ चाहिए। कभी किसी साथी को भ्रम में नहीं रखा। किसी को बढ़ा-चढ़ाकर सुरक्षित भविष्य बताकर नहीं बरगलाया। बुलाने के पहले पैकेज कुछ और कहा और आने पर हाथ में कुछ और मिला, प्रभात खबर में यह नहीं हुआ। अभाव में, संघर्ष में, अनिश्चितता में चलने वाले साथियों को जरूर न्योता। आज फख्र के साथ हम सब कह सकते हैं कि मामूली पदों से लेकर बड़े पदों पर बैठे अनेक ऐसे लोग हैं, जिन्होंने अभाव, संघर्ष और अनिश्चितता की राह चुनी। मुझे जब-जब बड़ा न्योता मिला, सबसे पहले मेरे मस्तिष्क में यही चेहरे उभरे। उन्हें हम क्या मुंह दिखायेंगे? लोकलाज और नैतिक भय। यह बोध भी कि भले कोई हमें धोखा दे, पर हम अपनी ओर से कुछ भी ऐसा न करें। एक जगह से यह भी प्रस्ताव था कि जितने लोगों को साथ ला सकते हैं, लाइए। पर हमारा मकसद अलग था। हम लोगों को न छोड़ें, भले ही लोग हमें छोड़ें। यही जीवन का सुंदर पक्ष है। हम दूसरे की राह कैसे बदल सकते हैं? पर अपनी राह तो चुन ही सकते हैं।

पत्रकारिता का फोकस सामान्य आदमी

एक और संदर्भ में वर्ष 2010 हमारे लिए बड़ा लेशन (सबक) है। वर्ष 2010 में राडिया प्रकरण ने दिखा दिया कि पत्रकारिता कहां पहुंच गयी है? पतन में भी सबसे आगे। पर इस प्रकरण में अंगरेजी के महारथी पत्रकारों, बड़े अखबार, संस्थानों और मीडिया हाउसों की चर्चा तो हो ही रही है। पर हिंदी के जो दिग्गज घराने इसमें शरीक हैं, वे चर्चा केंद्र से बाहर हैं। दरअसल, यह रातोंरात नहीं हुआ है। इसकी शुरुआत भी वर्ष 90-91 में ही हो गयी। प्रभात खबर के पुनर्जन्म के दिन (वर्ष 1990) पहला संपादकीय लिखा था धारा के विरुद्ध। अपनी भविष्य की पत्रकारिता का स्वरूप और रूपरेखा रेखांकित करते हुए। इसमें साफ था कि हम गवर्नेंस की बात करेंगे, भ्रष्टाचार की बात करेंगे, बीमारू हिंदी पट्टी के गंभीर सवाल हमारे विषय होंगे, आदिवासी, पिछड़े, अशिक्षा के सवालों पर गहराई से विचार करेंगे। पत्रकारिता का फोकस विशिष्ट जन से उठाकर सामान्य आदमी को बनायेंगे। अपने बूते लकीर खींचने वाले संघर्षशील नायकों को सामने लायेंगे। समाज में हो रही अच्छी चीजों-बदलावों को फोकस करेंगे।

लाइफ स्टाइल की पत्रकारिता

उन्हीं दिनों देश की पत्रकारिता में बड़ा बदलाव आया। लाइफ स्टाइल की पत्रकारिता की शुरुआत। माना गया कि अखबारों का काम सूचना देना और इंटरटेन करना भर है। अंगरेजी अखबारों में धारावाहिक बहस चली कि पत्रकारिता में पेज थ्री की संस्कृति कैसे जायज है? पेज थ्री एक मुहावरा बन गया था, जिसके तहत लाइफ स्टाइल, उपभोक्तावादी जीवन, फैशन, अप मार्केट की चीजें छापना ही अखबारनवीसी माना गया। इसी पेज थ्री की पत्रकारिता का क्लाइमेक्स है राडिया प्रकरण। पत्रकारिता के पतन की यह शैली भी 1991 से शुरू हुई। आर्थिक उदारीकरण के साथ। यह फिसलन 2010 में शिखर पर है, सबके सामने है, सार्वजनिक है, क्या पार्टियों की खबरें-तसवीरें पैसे देकर बड़े अखबारों में छपवाने की शुरुआत 1992-93 से नहीं हुई? हिंदी-अंगरेजी के बड़े अखबारों द्वारा प्राइवेट कंपनियों के शेयर-स्टेक लेकर उन्हें खबरों के रूप में प्रमोट करने का काम बहुत पहले शुरू नहीं किया? इसके बाद शुरू हुआ चुनावों में पेड न्यूज का सिलसिला? कौन नहीं जानता, पेड न्यूज का सिलसिला 1995 के आस-पास हुए मध्यप्रदेश के चुनावों से शुरू हुआ। फिर मध्यप्रदेश के अगले चुनाव, राजस्थान के चुनावों में यह फला-फूला। अखबार वाले खूब संपन्न हुए। हरियाणा, पंजाब के चुनावों में पहुंच कर, यह एक नये दौर में पहुंच गया। करोड़ों-करोड़ के खेल में। फिर दिल्ली में हुए चुनावों में यह परवान चढ़ा। उत्तर प्रदेश के पिछले चुनावों में इसकी धूम मची। शरद यादव ने प्रेस कॉन्फ्रेंस कर इस मामले को सार्वजनिक किया। शायद प्रेस काउंसिल में शिकायत भी की थी, पर 2009 के लोकसभा चुनावों में जब यह बिहार और झारखंड पहुंचा, तो ही यह राष्ट्रीय मुद्दा बना। यह उल्लेखनीय तथ्य है। झारखंड और बिहार के अखबार चाहे जितने भी गलत हों, पर जो धंधा 1991 और 1995 के बाद पूरे देश में फल-फूल रहा था, उफान पर था, वह राष्ट्रीय मुद्दा तभी बना, जब बिहार और झारखंड में पहुंचा। इसका श्रेय किसे मिले, इस बहस में मैं नहीं पड़ रहा, पर यह दर्ज और स्थापित तथ्य तो है ही कि झारखंड और बिहार के लोकसभा चुनावों के बाद ही यह मुद्दा राष्ट्रीय बन पाया।

ठीक 20 वर्ष पहले प्राय: एक बंद, अचर्चित सुविधाविहीन, देश के सबसे पिछड़े इलाके से निकलने वाले अखबार प्रभात खबर ने एक नयी राह चुनी। इस पेज थ्री की पत्रकारिता के विकल्प में चलकर। इसी अखबार के विकल्प ने सबसे पहले पशुपालन भ्रष्टाचार को उजागर किया। आज भी इसे सामने लाने वाले पत्रकार किसलय उसी जीवनशैली में हैं। वैसे ही प्रतिबद्ध हैं, जैसे तब थे। फिर कुशासन के प्रसंगों को सामने लाने तथा झारखंड राज्य बनाने में भूमिका से लेकर नये राज्य बनने के बाद, हर सरकार पर अंकुश रखने की पत्रकारिता। मधु कोड़ा प्रसंग को सामने लाने तक की पत्रकारिता की राह कम-से-कम 20 वर्ष पहले ही प्रभात खबर ने चुनी। हम यह आत्मसंतोष कर सकते हैं कि हमने सही राह चुनी। समय ही सबसे बड़ा गवाह होता है। समय फिसलता है। आज एक और वर्ष गुजरा। क्या हम चाहें, तो यह समय ठहर सकता है? नहीं। यह मान लें कि ईश्वर ने अवतार लिया, तो वह भी इस सृष्टि को काल से नहीं बचा पाये।

काल की गति

अर्जुन का एक किस्सा मशहूर है। जब भीलों ने द्वारिका से उनके साथ आ रही महिलाओं का अपहरण कर लिया, तब का प्रसंग है। वही अर्जुन, वही गांडीव, वही तीर, पर कुछ नहीं कर सके। लोगों ने महर्षि व्यास से पूछा - आप तो ईश्वरावतार हैं, क्या होने जा रहा है? महाभारत के पहले। उन्होंने कहा, दोनों हाथ उठाकर चिल्ला रहा हूं, सर्वविनाश, पर कोई सुनता नहीं। यह है काल की गति और महिमा। यह सिर्फ पूर्वी सभ्यता की बात नहीं है। पश्चिमी सभ्यता के महान् नायकों में माने जाते हैं नेपोलियन, जिस इंसान ने कहा था -इंपासिबल (असंभव) शब्द मेरी डिक्शनरी (शब्दकोश) में नहीं है। यह वाक्य आज दुनिया के कोने-कोने में लोग कोट करते हैं। लोगों को मोटिवेट करने के लिए, पॉजिटिव थिंकिंग के रास्ते पर डालने के लिए। पर वही महान् नेपोलियन जब हेलेना द्वीप पर बंदी बन गया, तो वह कहता रहा, मेरे दिन बदल गये। मैं परिस्थितियों का दास हूं, हालात का बंदी। समय बदल गया, बड़ा ही रोचक प्रसंग है। सीखने और स्मरणयोग्य। ब्रिटिश पत्रकार पाल ब्रंटन की मशहूर पुस्तक 'गुप्त भारत की खोज' में। पाल ब्रंटन 20 वीं सदी के आरंभिक दौर में नीरव जंगलों में, हिमालय की तराइयों में, उत्तर से दक्षिण के छोटे-छोटे शहरों में आध्यात्मिक भारत का चेहरा देखने के लिए भटके। उन्हीं की पुस्तक का यह अंश है।

'चकित जगत् के सामने बड़ी दिलेरी के साथ आल्प्स पर्वत को अपनी सेना के साथ लांघ जाने पर, नेपोलियन ने जो बहुत ही महत्त्वपूर्ण बात कही थी, वही आज मुझे याद आयी, असंभव, मेरे कोश में ऐसा शब्द नहीं है, लेकिन मैंने उनके सारे जीवन की सारी बातों का बार-बार अध्ययन किया है। हेलेना के टापू पर अपने पूर्व कार्यों की समीक्षा करते हुए उस महान् बुद्धिशाली ने जिन चंद बातों को लिखा था, सो मेरे स्मृति पटल पर चमक जाती है। मैं हमेशा नियतिवाद का कायल था। विधि का बदा, एकदम बदा ही। ...मेरे सितारे मंद पड़ गये, मेरे हाथों से बागडोर फिसलती दिखाई दी, तब भी मेरा वश नहीं था।' याद रखिए ये वाक्य नेपोलियन द ग्रेट के बारे में एक अत्यंत पढ़े-लिखे ब्रिटिश पत्रकार के हैं। यह काल है।

ब्रह्मांड में मनुष्य की हैसियत

दशकों पहले एक बार रात में चंद्रशेखर जी के साथ दिल्ली में जा रहा था। सड़क की बगल में मुगल सल्तनत के एक बादशाह का मकबरा था। देखकर कहा, देखते हो, दिल्ली में बड़े बादशाहों के अनेक मकबरे हैं। उनके क्या हाल हैं? किन्हें याद हैं ये? दरअसल, इस सृष्टि, संसार या ब्रह्मांड में मनुष्य की क्या हैसियत है? गांधी जैसे महान् लोग, जब मानव इतिहास में कॉमा, फुलस्टॉप जैसे हैं, तो हम लोग क्या हैं? इन मकबरों को देखकर भी दिल्ली के शासक नहीं देखते कि हमारी हैसियत क्या है?

हम अपने को अमर और संसार का अंतिम सच मानने लगते हैं। चंद्रशेखर जी में अद्भुत इतिहास बोध था। यह बोध हर इंसान में होना चाहिए। एक बार मैंने कोशिश की, महान्

लोगों के जीवन का उत्तरार्द्ध पढ़ा। गांधी, लेनिन, माओ, स्टालिन वगैरह के अंतिम दिनों को पलटा। यकीन मानिए, उनकी विवशता देखकर, उनके भी मानव होने का एहसास हुआ। खुद भारत के पंडित जवाहरलाल नेहरू के जीवन का एक प्रसंग हमेशा याद रहता है। कुछ वर्ष पहले एक पश्चिमी ने पुनर्जन्म पर अध्ययन किया था। उन्होंने पंडित नेहरू के बारे में बताया था कि वह पूर्व जन्म में कोई महान् बौद्ध भिक्षु थे। पुनर्जन्म का रहस्य नहीं मालूम, पर पंडित नेहरू का जीवन सचमुच कुछ ऐसा ही था। वह भारत के महान् लोगों में से एक थे।

पंडित जी का करिश्मा

बचपन से ही कुछेक बड़े नेताओं की छाप हम बच्चों पर पड़ी। उनमें पंडित जी भी थे। प्राइमरी स्कूल की आरंभिक कक्षाओं में रहा होगा, तब पंडित जी की मौत हुई थी। बस से पिताजी के साथ ननिहाल जा रहा था। हर आदमी पंडित जी की बात कर रहा था। पढ़ा-बिना पढ़ा सब। यह था उनके व्यक्तित्व का करिश्मा। जब बड़ा हुआ, विश्वविद्यालय में पढ़ने गया, अंगरेजी बहुत समझ में नहीं आती थी, पर पंडित जी की पुस्तक 'डिस्कवरी ऑफ इंडिया' खरीदने की स्मृति अब भी है। जुलाई का महीना था, बनारस हिंदू विश्वविद्यालय में छात्रों की संख्या बढ़ने लगी थी।

नया सत्र शुरू हो रहा था। विश्वविद्यालय के सुंदर हरे-भरे मैदानों में 'वॉलीबॉल' खेलना और राजनीति पर बहस, ये हमारे मुख्य काम थे। उसी महीने की एक बरसाती शाम को छात्रावास से पैदल बाजार (लंका) गये और यूनिवर्सल बुक डिपो से वह पुस्तक खरीद लाये। शायद 15 या 18 रुपये में। बचा-खुचा पैसा यही था। फिर पंडित जी पर और किताबें पढ़ने की धुन सवार हुई। आज विश्वविद्यालय की लाइब्रेरी की स्मृति एक ज्योतिपुंज की तरह उभरती है। देर रात तक बिलकुल शांत माहौल में पढ़ते छात्र। वहीं हमने पूर्व सांसद और पूर्व आईसीएस एचवी कामत का पंडित जी पर संस्मरण पढ़ा। साम्यवादी और अत्यंत प्रखर वक्ता प्रोफेसर हीरेन मुखर्जी का पंडित नेहरू के बारे में संस्मरण पढ़ा। बाद में चौधरी चरण सिंह ने भारत की आर्थिक नीति पर एक पुस्तक लिखी, उसमें भी पंडित जी के उतार (उम्र ढलने) के दिनों के संस्मरण हैं। उन तीनों संस्मरणों को पढ़कर लगा कि पंडित नेहरू के व्यक्तित्व में भी एक वीतरागी धारा थी। पंडित नेहरू के इस व्यक्तित्त्व ने हम युवाओं पर गहराई से छाप छोड़ी, इसका असर अब भी है।

अहं ग्रंथि से पीड़ित

हम पत्रकार भी एक अद्भुत अहं ग्रंथि से पीड़ित रहते हैं। अहंकार का, दंभ का, कुछ विशिष्ट होने का, सत्ता के पास होने का, सत्तामद। यह सब भ्रम है, माया है, कम-से-कम तीन दशकों के पत्रकारीय जीवन में इस प्रसंग में मेरे मन में कोई अस्पष्टता नहीं रही। कम-से-कम वर्ष के अंत में, नये वर्ष की दहलीज पर खड़े होकर इन चीजों को याद रखने से नयी ताकत, ऊर्जा और दृष्टि मिलती है, इसलिए यह सब आपसे शेयर कर रहा हूं। प्रभात खबर को पुख्ता करने के कुछ नये काम क्या हो सकते हैं, उन्हें मैं सोच रहा हूं। अपनी भूमिका संपादकीय

निगरानी के अलावा उन्हीं चीजों में लगाना चाहता हूं। छात्र दिनों में अंगरेजी में एक कविता पढ़ी थी शायद कीट्स की थी। आज भी उसकी ये पंक्तियां उत्साह भरती हैं। आई वाज एवर ए फाइटर, सो वंस फाइट मोर, द वेस्ट एंड द लास्ट।

कुप्रचार और षड्यंत्र से मुकाबला

क्या नया सृजनात्मक संघर्ष हो सकता है? संपादकीय निगरानी के अलावा? यह विषय मेरे मस्तिष्क में घूम रहा है। संभव है, कोई विषय न सूझे, प्रयास विफल हो, पर फिलहाल यही सवाल मस्तिष्क में है। बड़े घरानों-बड़े महानगरों की पत्रकारिता की चकाचौंध छोड़कर जंगल (तब रांची को महानगरों के साथी यही कहते थे) में प्राय: बंद अखबार में आया। अच्छे विकल्प छोड़कर। यह जीवन में प्रयोग की एक कड़ी थी। इसके बाद लगातार बड़े घरानों की बड़ी पूंजी, अनेक संस्करण वाले अखबारों से हम प्रतिस्पर्धा में रहे। रोज हर पल कंपीटीशन में। लगातार संघर्ष, इनोवेशन। अब तीन सबसे बड़े अखबारों से स्पर्धा, उनके छल, छद्म, कुप्रचार और षड्यंत्र से मुकाबला। उनकी बड़ी पूंजी से पूंजीविहीन होकर लड़ना। तकरीबन 51, 47, 40, संस्करणों वाले अनेक राज्यों में फैले अखबारों से 8-9 संस्करणों के बल लड़ना। क्या पहले की स्थिति में रहकर हम सब इस नयी स्थिति से जूझ सकते हैं या नया विकल्प ढूंढ़ना होगा?

दूसरी राणनीति क्या होगी? यह सोचने की रणनीति पर फोकस करना होगा। रोज-रोज का काम जिम्मेदार हाथों-टीमों को सौंप दिया है। नरेंद्रपाल जी, राजेंद्र जी, अनुज, स्वयंप्रकाश, विनय की टीम। विजय पाठक, रंजीत, अनुराग, संजय, जीवेश, नरेंद्र, माधव वगैरह युवा साथियों की टीम। यह टीम मुझसे बेहतर काम कर रही है, शर्त है, मिलकर काम करे। निजी अहं किसी में हो, तो इन्फोसिस के आदर्शों से प्रेरित होकर 'अखबार' को सबसे आगे रखकर यह टीम निर्णय करे, एकजुट हो कर। आप परिणाम देखेंगे। उसी तरह विज्ञापन, सर्कुलेशन, प्रोडक्शन, इवेंट, रेडियो, इंटरनेट हर विभाग में नयी टीम अपना दायित्व समझे और संभाले। इनोवेशन के अलावा हमारा 'सस्टेनेबुल मॉडल' क्या हो सकता है, मैं और प्रभात खबर के अन्य वरिष्ठ साथी इसमें समय लगाना चाहते हैं।

समय व संयोग बार-बार नहीं

मैं कहना यह चाहता हूं कि समय का महत्त्व हम समझें। समय और परिस्थितियों ने हमें एक मंच दिया है। प्रभात खबर में 23 वर्ष पहले हम अभाव में थे, आज मजबूत हैं। आज देश के तीन सबसे बड़े घरानों से हमारा मुकाबला है। यह परिस्थितियों और समय की देन है। हमारी भूमिका ही आगे का रास्ता तय करेगी कि हम किधर जायेंगे? समय ने हमको एक अवसर दिया है, कुछ कर दिखाने का। बार-बार यह समय और संयोग किसी को नहीं मिलता। समय गुजर जाने के बाद, हाथ से बालू की तरह चीजें फिसल या निकल और बिखर जाती हैं। आइए हम चीजों को बिखरने न दें। और समय को न गंवाकर एक दीर्घजीवी संस्था की नींव डालें, जिससे हमारा निजी भला भी हो और समाज का हित भी सधे।

हमारी ताकत

सबसे महत्त्वपूर्ण बात मैं अंत में कहना चाहता हूं। हमारे प्रबंधन का सहयोग और मार्गदर्शन नहीं रहता, तो हम यहां नहीं पहुंचते। मैं तो शुद्ध संपादकीय का आदमी रहा। टाइम्स ग्रुप और आनंद बाजार पत्रिका में कार्य करते हुए, अन्य विभागों से संपादकीय का संपर्क नहीं रहता था। वह संपादकीय श्रेष्ठता से उपजा अहं बोध का दौर था। तब '90 के दशक में पत्रकारों का यही मानस था। पर प्रभात खबर आकर हमने बृजकिशोर झंवर (लाली बाबू) से मैनेजमेंट की बारीकियां सीखीं : अपने तत्कालीन चेयरमैन बसंत कुमार झंवर के विजन-प्रोत्साहन और दृष्टि ने प्रभात खबर को हमेशा नयी ताकत दी।

हमारे युवा चेयरमैन प्रशांत झंवर और युवा एम. डी. राजीव झंवर का पग-पग पर सुझाव, सहयोग और विजन 'प्रभात खबर' समूह की सबसे बड़ी ताकत है। प्रभात खबर के निदेशक समीर लोहिया के प्रैक्टिकल सुझाव हमारी ताकत हैं। मैं क्यों यह सब बता रहा हूं, क्योंकि कोई संस्था, इतनी विपरीत परिस्थितियों में भी खड़ी हुई, तो हमारे पीछे अनेक लोगों का सामूहिक प्रयास, पहल और भागीदारी है। इसी तरह हम अपना मस्तिष्क खुला रखकर सबके सुझावों से सीखें, तो हमारे सामने हमेशा एक बेहतर संसार मौजूद रहेगा। मीडिया इंडस्ट्री में विशेषज्ञ मानते हैं कि मामूली संसाधनों के बल प्रभात खबर का टिकना, बढ़ना और फैलना एक प्रबंधकीय चमत्कार है। अगर यह चमत्कार है, तो इसका श्रेय 'झंवर परिवार' द्वारा प्रभात खबर को मिले प्रबंधन दिशा-निर्देश को है। इस परिवार के हर सदस्य ने नये-नये आइडिया देकर हमें हमेशा प्रोत्साहित किया।

आभार

सबसे अंतिम पंक्ति में सबसे पहले जिनके प्रति ऋण व्यक्त करना है, उनका उल्लेख करना चाहूंगा। अंत में इसलिए, ताकि यह भविष्य में सबसे महत्त्वपूर्ण ढंग से स्मरण रहे। झारखंड -बिहार-बंगाल के हिंदी पाठकों ने, जिन्होंने हमें बचाये-बनाये रखने में सबसे कारगर काम किया, वे हमारे पूज्य हैं। प्रेरणास्रोत हैं और वे ही हमारी असली ताकत हैं।

“नये रास्ते पर चलने का संकल्प ही नये रास्ते खोलता है”

हरिवंश से निराला की बातचीत

सबसे पहले आप अपने बारे में कुछ बताएं. जन्म से लेकर कैरियर के इस मुकाम तक पहुंचने की यात्रा।

यह कोई बजाप्ता साक्षात्कार नहीं है। पिछले सात-आठ सालों में प्रभात खबर के प्रधान संपादक हरिवंश जी के साथ कई यात्राओं में रहने का मौका मिला। उन्हीं यात्राओं के दौरान हुई बतकही के कुछ हिस्से हैं इनमें। बतकही के बाद जो बातें याद रहीं, उन्हें ही फुटकटिया नोट्स की तरह सहेजता रहा, जो यहां इंटरव्यू के रूप में है। इसमें दुहराव दिखेगा, बिखराव भी लेकिन कई महत्त्वपूर्ण बातें भी।

मैं बलिया जिले के नितांत पिछड़े गांव सिताबदियारा में पैदा हुआ। यह गांव दो राज्यों, बिहार और उत्तर प्रदेश में है। तीन जिलों में बंटा। छपरा, बलिया और आरा। बड़ा हिस्सा बलिया में आता है। इस गांव में 27 टोले हैं, भगवान ने इस गांव को विचित्र तरीके से बनाया-बसाया है। दोनों तरफ, दो नदियां, गंगा और घाघरा हैं। अब आने-जाने का रास्ता हो गया है, पहले जब हम लोग छोटे थे, तो 10-12 किलोमीटर पैदल चलने के बाद किसी कस्बेनुमा बाजार में पहुंच पाते थे, नदी पार करने के बाद। आम दिनों में भी गांव से आरा, बलिया, छ्परा जाने में 10-12 घंटे लग जाते थे। बरसात के दिनों की तो बात ही अलग थी। हर साल भयावह बाढ़ आती थी। और बाढ़ के दिनों में हम सिमट जाते थे। बिलकुल प्रलय-सा दृश्य होता था। समुद्र तो बहुत बाद में देखा, तब वही दृश्य हमारे लिए समुद्र जैसा होता था। घर की चारों तरफ जल ही जल। दो भाइयों में मैं छोटा हूं। दसवीं कक्षा तक की पढ़ाई गांव में ही हुई। गांव में रहते हुए करीब से गांव के लोगों का संघर्ष देखा। एक ही फसल की उपज, उसी में शादी-ब्याह, मरना-जीना, हित-नाता, बीमारी, रोजमर्रा के खर्च सब।

मेरा जन्म जिस घर में हुआ, उसके पहले हमारे परिवार के पांच घर गिर चुके थे। सिर्फ मेरा ही नहीं, मेरी तरह सबके घर प्रायः गिरते थे, कटते थे, नदी भसान में। कटाव में। अत्यंत विकट परिस्थितियां, फिर भी सामाजिक एकता, एक-दूसरे के प्रति उदारता। यह सब कुछ मैंने गांव में ही देखा। यह भी देखा कि निजी दुश्मनी होने के बावजूद लोग लड़की की शादी में एक-दूसरे की मदद करने को तत्पर रहते थे। आज जो समाज मुझे दिखाई देता है, जिसे बहुत पढ़ा-

लिखा मानते हैं, वह संकीर्ण है। अत्यंत छोटा और मूल्यविहीन। आपसी कटुता और दुश्मनी को आज आदमी खत्म करने तक ले जाना चाहता है। स्थिति ऐसी हो गयी है कि यदि आपस में दुश्मनी है, तो या तो आप रहेंगे या हम, लेकिन गांव में जहां अनपढ़ रहते थे, जिनके पास पैसे का अभाव रहता था, वहां अद्‌भुत मूल्य देखने को मिले। उनकी जिंदगी के मूल्य देखकर यह साफ एहसास होता है कि वे अनपढ़, गरीब पर बड़े लोग थे। जिन्हें आज हम बड़े लोग कहते हैं, दरअसल वे काफी छोटे मन के लोग हैं। यह मैं आज अपने गंवई जीवन के अनुभव के आधार पर कह सकता हूं। गांव की मेरी कुछ आदतों को देखकर मेरे मित्र अनुराग चतुर्वेदी मुझे गंवई की उपाधि दे चुके हैं।

बोरा-पटरा लेकर स्कूल आना-जाना था सबका। तब आज की तरह कोई कैरियर काउंसेलिंग जैसी शब्दावली नहीं थी। कोई बताने वाला नहीं था कि क्या करना चाहिए? उसके लिए क्या रास्ते हैं? इसी स्थिति में दसवीं तक की पढ़ाई पूरी की। उसके बाद की पढ़ाई करने बनारस चला आया। उन दिनों मेरे गांव में सारे लोग बिहार पढ़ने जाते थे। भौगोलिक रूप से बिहार आना-जाना ज्यादा सुविधाजनक था। मैट्रिक में मेरा रिजल्ट बेहतर हुआ, तो घर वालों ने, विशेषकर मेरे किसान पिता ने सोचा कि इसे बिहार भेजेंगे, तो नकल आदि के कारण, इसकी पढ़ाई पर असर पड़ेगा। उन दिनों आसपास में देखा, जो बिहार में पढ़ते थे, उनमें से अधिसंख्य छात्रों के गार्जियन बेचैन रहते थे कि वे कैसे नंबर बढ़वायें, पैरवी से अच्छी डिग्री, अंक दिलायें। टॉप करने का जुगाड़ लगायें, ताकि बच्चे का भविष्य संवर जाये, पर मेरे पिता को लगा, यह रास्ता सही नहीं है। शायद इसलिए उन्होंने मुझे बनारस भेजा। हालांकि उनकी आर्थिक स्थिति बहुत अच्छी नहीं थी, फिर भी उन्होंने मुझे बनारस के उदय प्रताप कॉलेज में भेजा। इंटर में अपेक्षित परीक्षा परिणाम नहीं आया। इंटर के बाद की पढ़ाई करने इलाहाबाद चला गया, लेकिन वहां मन नहीं लगा, तो एक माह में ही फिर बनारस हिंदू यूनिवर्सिटी में आ गया। करीब 20 साल की उम्र आते-आते एमए (अर्थशास्त्र) की पढ़ाई पूरी कर ली। तब प्रतियोगी परीक्षाओं में बैठने की उम्र 21 साल हुआ करती थी। बीएचयू में पत्रकारिता में डिप्लोमा कोर्स शुरू हुआ था। दो-तीन बैच निकले थे, कंपीटीशन से चयन होता था, सीटें कम थीं, वहीं दाखिला ले लिया। उसी दौरान टाइम्स ऑफ इंडिया में ट्रेनी जर्नलिस्ट का विज्ञापन प्रकाशित हुआ। लोगों ने प्रोत्साहित किया कि मुझे उसमें कोशिश करनी चाहिए। हालांकि इसके पहले मेरा एमए का रिजल्ट अच्छा हुआ था। उस आधार पर मैंने मगध विश्वविद्यालय में अस्थायी लेक्चररशिप के लिए अप्लाई किया था और वहां से कॉल लेटर भी आया था।

मैं जिस गांव का रहने वाला हूं, वह गांव जयप्रकाश नारायण जी का गांव है। जेपी और मेरे परिवार में पुराना रिश्ता रहा है। जेपी को मैंने देखा। घर के लोग भी उनके बारे में बहुत कुछ बताया करते थे। जब वह गांव आते, तो इलाके के दूर-दराज के लोग कठिनाइयां उठाकर भी उनसे मिलने आते थे। छात्र मन पर, युवा मन पर जेपी का प्रभाव पड़ा। फिर स्कूल जीवन में भी भाषण आदि प्रतियोगिता में बढ़-चढ़ कर भाग लिया करता था। गांधी, नेहरू, चंद्रशेखर आजाद, भगत सिंह आदि के विषय में बोलने के लिए बचपन में ही तैयारी करता था, तो उनके बारे में कुछ जान भी जाता था। यह सब तब गांव की प्राइमरी के अध्यापकों के कारण संभव हुआ। अभी

जब उन दिनों को याद करता हूं, तो पाता हूं कि उन आयोजनों (15 अगस्त, दो अक्तूबर, 26 जनवरी पर गांव के स्कूलों में होने वाले आयोजन) का आज भी कितना महत्त्व है, हालांकि अब वैसे आयोजन नहीं होते।

बाद में जब बनारस आना हुआ, तो अच्छे नेताओं के भाषण सुनने के लिए पैदल कोसों चलकर जाया करते थे। रहते थे काशी हिंदू विश्वविद्यालय परिसर में और भाषण सुनने के लिए कभी-कभार पैसे के अभाव में पैदल ही बेनियाबाग जाया करते थे। उसी दौरान बीएचयू छात्रसंघ के चुनाव में कला संकाय का प्रतिनिधि चुना गया। बिड़ला हॉस्टल में महासचिव का चुनाव लड़ा। तो कह सकते हैं कि सामाजिक चेतना विकसित होने की शुरुआत बचपन के दिनों से ही हो गयी थी। जेपी से जुड़ाव-लगाव होने के कारण 74 के आंदोलन का असर पड़ा। जेपी उन दिनों बीएचयू परिसर में आते थे, कृष्णनाथ जी जैसे वक्ता को भी पहली बार उन्हीं दिनों सुनने का अवसर मिला था और फिर जेपी खुद ही प्रभावित करते थे। उन्होंने भारतीय राजनीति में कोई छोटा-मोटा काम नहीं किया। 1942 में उनके हजारीबाग जेल पलायन से भारतीय राजनीति में नया मोड़ आया। सत्ता को उन्होंने शुरू से ही ठुकरा दिया तो इन्हीं सब बातों का प्रभाव शुरू से मानस पर पड़ता रहा।

फिर बीएचयू में कई ऐसे शिक्षक थे, जिन्हें देखकर डर लगता था। डर उनके आतंक से नहीं बल्कि उनकी नैतिकता, आचरण, विद्वता, सम्मान और प्रतिबद्धता देखकर।

एक स्मृति है उस समय की, जिसका भी प्रभाव पड़ा। बनारस में मानस चतुश्शदी समारोह का आयोजन हुआ था। श्रीरामचरितमानस की रचना के 400 वर्ष पूरे हुए थे। शायद 74 के आरंभ में या 73 के अंत में। उस आयोजन में जेपी आये थे, आचार्य हजारी प्रसाद द्विवेदी भी थे। तत्कालीन वाइस चांसलर डॉ. केएल श्रीमाली थे। जब द्विवेदी जी बोलने लगे, तो माइक खराब हो गया। जेपी कुछ बोले, तो हम छात्रों ने ताली बजा दी। तब जेपी बोले- मालवीय जी ने इस यूनिवर्सिटी का निर्माण भीख मांग कर करवाया था। आप लोगों को ताली बजाने में शर्म नहीं आ रही कि एक आदमी भीख मांगकर इतनी बड़ी यूनिवर्सिटी का निर्माण करवा सकता है और आप इतने लोग, इतनी पढ़ाई-लिखाई कर के भी एक माइक तक को ठीक नहीं रख सकते। वह बोले, यहां इतना बड़ा इंजीनियरिंग कॉलेज है, क्या एक माइक ठीक रखने-बनवाने का काम भी नहीं करवा सकते, फिर कैसे बनेगा आधुनिक भारत? मालवीय जी ने यह विश्वविद्यालय खोला कि यहां के छात्र आजाद भारत का कायाकल्प करेंगे। तब जेपी को देख व सुनकर एहसास हुआ था कि वाकई नेता वही होता है, जो धारा बदल दे। समाज के अनुरूप खुद को न बदले, बल्कि समाज को बदल दे। तालियों के अनुसार अपने भाषण को न बदल दे। उस कार्यक्रम में वीसी के तौर पर नेहरू के पहले मंत्रिमंडल के पहले शिक्षा मंत्री रहे केएल श्रीमाली मौजूद थे। ऐसी घटनाओं ने प्रेरित किया, सीख दी।

टाइम्स ऑफ इंडिया के ट्रेनी जर्नलिस्ट के लिए परीक्षा देने पहली बार दिल्ली जाना हुआ। तब टाइम्स ऑफ इंडिया में ट्रेनी जर्नलिस्ट बनने के लिए योग्यता का एक अहम पैमाना हुआ करता था कि आप युवा हों, ग्रेजुएट हों, विज्ञान, कला, वाणिज्य किसी भी पृष्ठभूमि से हों, आपको उस विषय से संबंधित सामयिक विषय पर आलेख लिखकर देने होते थे। उसी आलेख

की गुणवत्ता के आधार पर लिखित परीक्षा के लिए आमंत्रित किया जाता था।

मुझे भी लिखित परीक्षा के लिए बुलाया गया। दिल्ली में पहली बार टाइम्स ऑफ इंडिया की बिल्डिंग में पहुंचा। सुबह में मैंने परीक्षा दी और शाम को रिजल्ट आ गया। अक्षय कुमार जैन, रघुवीर सहाय, गिरिलाल जैन जैसे लोग बोर्ड में थे। मुझसे पूछा गया कि लिखित परीक्षा में कितने नंबर की उम्मीद करते हो? मैं बोला कि कम-से-कम 60 प्रतिशत तो जरूर। तब अक्षय जैन जी ने कहा कि काफी मोडेस्ट लगते हो, लेकिन हम लोगों ने उससे ज्यादा नंबर दिया है। दिल्ली के बाद फिर मुंबई टेस्ट देने गया। वहां धर्मवीर भारती, कमलेश्वर, खुशवंत सिंह, श्यामलाल, गिरिलाल जैन, डॉ. राम तनेजा जैसे लोग सेलेक्शन बोर्ड में थे। एक साल की इंटर्नशिप के लिए चयनित हो गया। धर्मयुग में काम करने लगा। तब धर्मयुग में अपना नाम छपा देखना ही गौरव की बात होती थी। डॉ धर्मवीर भारती संपादक थे। अद्‌भुत व्यक्तित्व था उनका। वहां गणेश मंत्री थे, जिनका सदा ही बड़े भाई की तरह स्नेह मिला। मुंबई में ही नारायण दत्त जी से आत्मीय सरोकार कायम हुआ।

वहीं विश्वनाथ सचदेव, विष्णु नागर जी वगैरह बहुत लोग मिले। सुरेंद्र प्रताप सिंह और उदयन शर्मा भी वहीं मिले। सभी हम युवकों को प्रेरित करते थे। मुंबई के संघर्षपूर्ण जीवन में मदद भी।

बलिया के गांव से बनारस आना हुआ, तो लगा कि शायद ऐसा ही बड़ा शहर होता है। बनारस से मुंबई आया, तो लगा कि शायद सबसे बड़ा यह शहर है, फिर मुंबई छोड़कर, बैंक ऑफ इंडिया की नौकरी करने हैदराबाद चला गया, फिर हैदराबाद से पटना आ गया। इसी बीच मेरा सेलेक्शन रिजर्व बैंक के लिए भी हो गया।

जब बैंक में नौकरी करने लगा तो रविवार का प्रस्ताव आया। पत्रकारिता का चस्का लग चुका था। सिर्फ पत्नी को बताया कि रिजर्व बैंक की नौकरी छोड़ रहा हूं। पिताजी या बड़े भाई को इसलिए नहीं बताना चाहता था, क्योंकि जिस तरह की आर्थिक असुरक्षा हमने गांव में देखी थी, उस स्थिति में वे रिजर्व बैंक की नौकरी छोड़ने की सलाह कभी नहीं देते। उसके बाद रविवार में सहायक संपादक के तौर पर ज्वाइन कर लिया। पत्नी को बताया, उन्होंने प्रोत्साहित किया। वह मेरे मानस को समझती हैं। उदयन शर्मा ज्यादातर बाहर ही रहा करते थे, इसलिए अधिक-से-अधिक काम रविवार में करना होता था, लेकिन रविवार में काम करते हुए ही यह एहसास होने लगा और मन में सवाल उठने लगे कि आखिर मैं पत्रकारिता में आया किसलिए हूं? क्या ऐसे ही मुंबई, कोलकाता जैसे महानगरों में ही काम करने के लिए। बड़े अखबार घरानों में काम करने के लिए? समाज में अपने काम से सार्थक हस्तक्षेप की इच्छा थी। तब कई अपने ही ऐसे साथी थे, जिनका नाम मैं नहीं लेना चाहता, वे पत्रकारिता को माध्यम बनाकर एक नयी किस्म की सफलता की सीढ़ियां चढ़ रहे थे। इससे मन में आक्रोश था। अलग चलने की बेचैनी थी। रांची से मेरा कोई वास्ता नहीं था। एक-दो बार रिपोर्टिंग के क्रम में जरूर आना हुआ था। तब मैंने प्रभात खबर में आने का निर्णय लिया। बंदप्राय अखबार को ज्वाइन करने के निर्णय से मेरे कई साथियों ने कहा कि अपना कैरियर खत्म कर रहे हो। इस तरह रविवार बंद होने के करीब डेढ़-दो साल पहले मैं प्रभात खबर के साथ हो गया।

धर्मयुग से बैंक की नौकरी में जाना, फिर पत्रकारिता में आना... लगता है, शुरू के दिनों में पत्रकारिता को लेकर मन में दुविधा जैसी स्थिति थी?

इमरजेंसी के दिनों में जेपी के साथ जैसा व्यवहार हुआ, उसी समय से मन में रहता था कि कोई ऐसा पेशा चुनें, जिसमें अपनी भावनाओं को अभिव्यक्त कर सकें। उन्हीं दिनों सर्वोदय आंदोलन के बड़े नेता, जिनका जेपी बहुत सम्मान किया करते थे, दादा धर्माधिकारी से मिलना हुआ। मैं और मेरे मित्र रामकृपाल उनसे मिलने गये थे। बनारस स्थित राजघाट में, तब दादा धर्माधिकारी ने एक बात बतायी थी। उनकी मां ने गांधीजी के आंदोलन से जुड़ने के पहले कहा था कि आंदोलन से जुड़ रहे हो, यह अच्छी बात है लेकिन आंदोलन खत्म होने के बाद जीवनयापन के लिए क्या करोगे? इसके बारे में भी सोच लेना। तब मेरे जेहन में पत्रकारिता ही वह विधा या पेशे के तौर पर दिख रही थी, जिसमें जाने की इच्छा थी। इसीलिए मैंने शुरू में धर्मयुग ज्वाइन किया। पर सच यही है कि मुंबई मुझे रास नहीं आ रहा था। वहां से मैं ऊब गया था। महानगर से जुड़ नहीं सका, जल्द-से-जल्द निकलना चाहता था। उसी निकलने की छटपटाहट में तब मैंने सोचा कि ऊबा देने वाली मुंबई से यदि छुटकारा पाना है, तो फिलहाल बैंक की नौकरी कर लेना ही ज्यादा सही है। लेकिन पत्रकारिता का चस्का लग चुका था, इसलिए मैं वहां भी टिक नहीं सका। यदि पत्रकारिता के प्रति कोई दुविधा मन में होती, तो मैं रिजर्व बैंक की नौकरी का अवसर नहीं छोड़ता।

पत्रकारिता में खुद का नाम एक मॉड्ल के तौर पर स्थापित हो जाने की प्रक्रिया को कैसे देखते हैं?

जवाब- पत्रकारिता में रहकर मैं कुछ कर पाया या नहीं, यह आकलन तो मैं नहीं कर सकता? इसलिए उस विषय पर बात करने को ज्यादा कुछ है भी नहीं। मैं नहीं मानता कि कोई मॉडल मैंने तैयार किया है। हां, प्रभात खबर जरूर विपरीत परिस्थितियों में भी चल निकला, तो वह साथ काम करने वाले साथियों के कारण। हां, अपना अनुभव जरूर बताना चाहूंगा। मैं जब रविवार की नौकरी छोड़कर बंदप्राय अखबार में आया, तो पहले मेरे साथियों ने कहा कि मैंने अपना कैरियर खत्म कर लिया। उन्होंने ताकीद की कि खुद अपनी पत्रकारिता की श्रद्धांजलि मैंने लिख ली है। प्रभात खबर को लोग एक माह का भी समय नहीं दे रहे थे और रोज मर्सिया लिखते थे। जब मैं प्रभात खबर आया, तो गोयनका जी, दत्ता जी भी साथ आये। ये कुछ लोग नये थे। नये इस संदर्भ में कि इन्होंने मीड्या जगत् के कैरियर की शुरुआत ही प्रभात खबर से की और मैं उसके पहले दो बड़े संस्थानों के साथ काम कर चुका था। जब प्रभात खबर में आया, तो देखा यहां डायरेक्टर आते थे, छोड़ते थे। लगभग दो-तीन सालों में तीन डायरेक्टर आये-गये। फिर कोई मिला नहीं। एक जाने-माने मीडिया विशेषज्ञ को प्रबंधन ने प्रभात खबर के भविष्य और वाइविलिटी पर नोट बनाने को कहा। वह बड़े-बड़े मीडिया घरानों में प्रबंधन के बड़े पदों पर काम कर चुके थे। उन्होंने 1991 में लिखित रिपोर्ट दी कि इस समाचार पत्र का कोई भविष्य नहीं है। यह बंद हो जायेगा। उन्होंने इसके पक्ष में ठोस कारण गिनाये थे तब। हमने मैनेजमेंट से यही कहा कि आप अखबार को मुझे, गोयनकाजी और दत्ता जी को चलाने दें, हम कोशिश करेंगे। प्रबंधन के पास भी कोई विकल्प नहीं था। तब से यही परंपरा चली आ रही

है। 2010 में मैंने एमडी पद छोड़ा, अपने साथ काम करने वालों को मौका दिया।

जब मैं प्रभात खबर में आया तब रांची में रांची एक्सप्रेस, धनबाद में आवाज, जमशेदपुर में उदितवाणी के पास बड़ा पाठक समूह था। आज तीनों जगहों से छपकर सर्वाधिक बिकता था। उधर पटना से प्रकाशित होकर हिंदुस्तान, उसके पहले प्रदीप भी रांची पहुंचते थे। ऐसी स्थितियों में प्रभात खबर को स्थापित करना एक कड़ी चुनौती थी, लेकिन प्रभात खबर की टीम ने इस चुनौती को पार किया।

प्रभात खबर में आने के बाद मेरे सामने तीन सवाल थे। सृजन, संघर्ष और अस्तित्व को बचाने के सवाल।

सृजन पक्ष पर हमने सबसे पहले ध्यान दिया। तब झारखंड आंदोलन प्रायः खत्म होता जा रहा था। प्रभात खबर उस आंदोलन को तेज करने के लिए एक प्लेटफॉर्म के तौर पर उभरा। डॉ. रामदयाल मुंडा, बीपी केशरी, डॉ. अमर कुमार सिंह जैसे कई विद्वान् नियमित तौर पर झारखंड आंदोलन को गति देने के लिए प्रभात खबर में स्तंभ लेखक बने। इस तरह इस आंदोलन को बौद्धिक ऊर्जा मिली। फिर राज्य का निर्माण 2000 में हो गया, लेकिन उसके बाद एक बड़ी चुनौती राज्य को पटरी पर लाने की थी। प्रभात खबर ने उसके लिए कई प्रयोग शुरू किये। हिंदी मीडिया जगत में कई नयी परंपराओं की शुरुआत प्रभात खबर ने की। पहली बार सोशल, इकोनॉमिक, पॉलिटिकल ऑडिट का काम प्रभात खबर ने झारखंड में किया। दिल्ली के जाने-माने समाजशास्त्रियों, अर्थशास्त्रियों ने सोशल व इकोनॉमिक ऑडिट का विश्लेषण किया। तब की मुझे एक बात याद है। एक दिन मशहूर समाजशास्त्री प्रो. रजनी कोठारी का मेरे पास फोन आया। उन्होंने 15 नवंबर का विशेष अंक देखा था। 15 नवंबर , 2000 को झारखंड बना, तब से हर साल 15 नवंबर पर विशेष सोशल ऑडिट अंक हम निकालते हैं। भ्रष्टाचार, विकास, संस्कृति, प्रशासन वगैरह पर विशेष अध्ययन। वही एक अंक प्रो. कोठारी ने देखा था। देख-पढ़कर दिल्ली से फोन किया। कहा कि यह पत्रकारिता में अद्‌भुत प्रयोग है। उसी दौरान देश-दुनिया की मशहूर संस्था *इंडिकस एनालिटिक्स* के साथ मिलकर प्रभात खबर ने पहली बार झारखंड डेवलपमेंट रिपोर्ट प्रकाशित की। हमने इंडिकस से आग्रह किया कि ले-मैन लैंग्वेज में रिपोर्ट चाहिए, ताकि झारखंड का आम नागरिक भी यह जान सके कि उसका राज्य विकास के पैमाने पर आज कहां है? विकसित राज्यों की तुलना में, झारखंड के साथ ही अस्तित्त्व में आये राज्यों की तुलना में यह राज्य कहां ठहरता है। इस रिपोर्ट को प्रकाशित करने का एक प्रमुख उद्देश्य रहा कि हकीकत और तथ्यों को जानकर लोगों के मन में विकास की इच्छा जगे।

ये सब तो सृजन की बातें हुईं। इसके साथ ही संघर्ष और अस्तित्त्व को बचाने का दौर भी चलता रहा। सरकारी विज्ञापन कई-कई बार रोके गये। हर मुख्यमंत्री अपनी विफलता उजागर होते ही विज्ञापन रोक देता। धमकियां मिलीं। और भी कई तरह से प्रभात खबर को नुकसान पहुंचाया गया। इस संदर्भ में हमने संबंधित मुख्यमंत्रियों को लिखा कि कैसे अन्य अखबारों की तुलना में प्रभात खबर के साथ भेदभाव किया गया है, लेकिन इन तमाम विपरीत परिस्थितियों में भी प्रभात खबर की टीम लगी रही और अपनी राह हम बनाते रहे। इस दौरान यह एहसास भी होता रहा कि प्रभात खबर संघर्ष के लिए ही बना है। प्रतिस्पर्धा इसके भाग्य-नसीब में ही है।

अस्तित्त्व बचाने के लिए भी प्रभात खबर को लगातार संघर्ष करना पड़ा। देश के दो बड़े घरानों, हिंदुस्तान और दैनिक जागरण के साथ प्रभात खबर का मुकाबला है। दोनों संस्थानों के पास बड़ी पूंजी है। मानव संसाधन की ताकत है और इन बड़े संस्थानों के पास पूंजी के स्रोत भी बहुत हैं। कई-कई मौके ऐसे आये, जब इन बड़े संस्थानों ने प्रभात खबर के सारे कर्मियों को तोड़ने की कोशिश की, ताकि प्रभात खबर को बंद करवाया जा सके, लेकिन साथियों की प्रतिबद्धता के कारण प्रभात खबर अपनी जगह पर बना रहा। हमारे सामने सबसे बड़ी मजबूरी पूंजी की रही। उसके अभाव में हम कभी आक्रामक नहीं हो सके। पूंजी रहती, तो तेजी से संस्थान का विकास-विस्तार करते। बहुत आगे निकल गये होते। पर यह नहीं हुआ।

संघर्ष और उससे उपजी सफलता... इसके बाद आगे आपकी योजना?

पिछले 20 वर्षों से एक ही जगह पर हूं। एक ही तरह का काम कर रहा हूं। कभी कोई बड़ा ब्रेक या लंबी छुट्टी नहीं ली। मोनोटोनी (एकरसता) आ गयी है। ये सभी बातें दिमाग में चल रही हैं, लेकिन अभी तक तय नहीं कर सका हूं कि आगे क्या करना है। लेकिन ऐसे सवाल बार-बार उभरते हैं कि कब तक यह सब चलता रहेगा? जीवन पर्यंत तो नहीं ही।

सवाल- राजनीति पर आप लगातार लिखते है, राजनीति में जिस तरह की धुंध की बात आप करते हैं, वैसा ही अंधेरापन तो पत्रकारिता में भी है, फिर...

पत्रकारिता के बारे में अब एक बड़ा सच यह है कि यह पूरी तरह से पूंजी से संचालित होती है। और जब मुनाफे के लिए पत्रकारिता होगी, तो उसका स्वरूप कैसा होगा, उसकी कल्पना की जा सकती है। तब वही होगा, जो इस बार के चुनाव में देखने को मिला। चुनाव में पैकेज के अनुसार खबरें लिखी जायेंगी, यह दिखाई दिया। पत्रकारिता का मूल चरित्र ही बदल गया है, लेकिन इसके लिए सिर्फ पत्रकारिता को दोषी नहीं ठहराया जा सकता। पत्रकारिता की इस विडंबना के पीछे असल दोष कहीं और है। उसमें बदलाव किये बिना कोई भी बदलाव संभव नहीं है। आज जो पत्रकारिता हो रही है, उसमें आप लाभ तो कमा सकते हैं लेकिन वह पत्रकारिता समाज में कोई बड़ा असर डाले, इसकी उम्मीद आप नहीं कर सकते। हां, छोटे स्तर पर कुछ इंपैक्ट दिख जाता होगा।

क्या हाल के दिनों में किसी अखबार-टीवी चैनल ने सरकार के खिलाफ अभियान चलाया हो और सत्ता पलटकर रख दिया हो, ऐसा दिखा है? ऐसा नहीं दिखेगा, क्योंकि यह सिर्फ पत्रकारिता का संकट नहीं, बल्कि राजनीतिक चरित्र का भी संकट है।

गांधीजी कभी अपने काम के बारे में बताने के लिए अखबार वालों को नहीं बुलाते थे, अखबार वालों के पास नहीं जाते थे। उनके कामों में इतनी ताकत थी कि उन्हें मीड्यिा की जरूरत ही नहीं पड़ती थी। मीडिया खुद उनके पास याचक के रूप में पहुंचती थी, दुनिया के कोने-कोने से। यह कर्म की ताकत थी। आजादी की लड़ाई ने जिन मूल्यों को गढ़ा, उसने राजनीति को बहुत हद तक प्रभावित किया। समाज को बेहतर बनाने का काम किया। तब सीआर दास जैसे लोग आ रहे थे इस राजनीति में, जिन्होंने लाखों रुपये की प्रैक्टिस छोड़ दी और आजीवन देशसेवा ही करते रहे, आर्थिक कठिनाइयों में रहकर। ऐसे हजारों लोग आये, जिन्होंने गुमनाम रहकर काम किया। तब राजनीति समाज को प्रभावित करती थी और पत्रकारिता

भी उस राजनीति से प्रभावित थी। अब पत्रकारिता को रास्ते पर लाने का सामर्थ्य राजनीति में नहीं। वैसे नेता नहीं रहे, सो पत्रकारिता बेलगाम हुई। क्या कारण था कि पंडित मदन मोहन मालवीय भीख मांगकर एक विश्वविद्यालय का निर्माण करवाते हैं और वहां पढ़ाने के लिए एक-एक रुपया प्रतिमाह की सैलरी पर देश के जाने-माने प्राध्यापक पहुंचते हैं। यह चरित्र का, त्याग का प्रताप-पुण्य है। जब वैसे मूल्य थे, तो गंदगी स्वत: ही दूर हो रही थी। आज राजनीतिक मूल्य का क्षरण इतना हो गया है कि वह किसी गंदगी को दूर करने की ताकत ही नहीं रखता। यह राजनीति काले धन से, अनीति से संचालित होती है, तो दूसरे पर कैसे लगाम लगा सकती है? पत्रकारिता का दोष सिर्फ पत्रकारिता का नहीं, उसकी जड़ें कहीं और हैं। यह मैकियावेली और गांधी की राजनीति का द्वंद्व है। यह साधन-साध्य का प्रसंग है। पहले राजनीति में साधन की शुचिता थी, कसौटी थी। अब येन-केन प्रकारेण सत्ता हथियाने की महिमा है। यह अंतर आया है।

तो रास्ता क्या है?

मेरा तो यही मानना है कि यदि देश में समग्र बदलाव चाहिए, तो राजनीति के चरित्र को बदलना होगा। उसके बिना कुछ नहीं बदला जा सकता। इससे ही पत्रकारिता भी बदलेगी।

उदारीकरण या यूं कहें कि 1991 फैक्टर ने पत्रकारिता के चरित्र को किस तरह बदला?

निस्संदेह, 1991 देश के लिए एक लैंड्मार्क की तरह है। 1991 के बाद देश में कई बदलाव हुए। सबसे बड़ा बदलाव आर्थिक स्तर पर हुआ है। अर्थव्यवस्था के खुलते ही अनेक दूरगामी असर पड़े। अच्छे- बुरे, दोनों। सबसे ज्यादा प्रभाव तकनीकी बदलाव ने किया है। एक मोबाइल फोन ने दुनिया को कितना बदल दिया, यह देखने वाली बात है। लेकिन यह भी एक सच है कि स्थायीपन मौलिकता में ही है। जब तक हम किसी भी क्षेत्र में मौलिक रास्ते पर नहीं चलेंगे, कुछ नहीं कर सकते। पत्रकारिता में 1991 के बाद जो बदलाव आये हैं, उनके सकारात्मक पहलुओं को गौर करना होगा और मौलिकता को बनाये रखना होगा।

लेकिन आज इस पेशे में संस्थानों को पत्रकार के रूप में एक बेहतर रोबोट की तलाश रहती है, फिर मौलिकता का स्थान कहां?

रोबोट तो चाहिए ही। प्रतियोगिता में बने रहना है, तो बिना रोबोटिक एक्ट के कुछ नहीं किया जा सकता। प्रतिस्पर्द्धा 1991 के बाद की अर्थनीतियों की देन है, इसलिए अब ऐसा नहीं हो सकता कि एक पत्रकार सिर्फ रिपोर्ट लिखे। उसे रिपोर्ट भी लिखनी होगी, पेज भी बनाना होगा। संपादन कला का भी ज्ञान रखना होगा। तभी वह टिक पायेगा। यह बाजार की मांग है। वही बात मैं कर रहा था कि इस उदारीकरण या भूमंडलीकरण ने कई चीजें दी हैं, जिनमें कई अच्छे हैं, बुरे कुछ ज्यादा हैं। उदारीकरण ने दुनिया को एक बाजार में बांधने की कोशिश की है। बाजार में वही टिकेगा, जो इस प्रतिस्पर्द्धा में अपने को प्रतिस्पर्द्धियों के मुकाबले श्रेष्ठ साबित कर सके। इस तरह पत्रकारिता में भी प्रतिस्पर्द्धा का ही जोर है। जो संस्थान इस प्रतिस्पर्द्धा में पीछे छूटेगा, वह बाजार से बाहर होगा। यहां करुणा-संवेदना की जगह कहां है? उदारीकरण की बड़ी देन यह जरूर है कि यह युग, अब ज्ञान युग हो गया है। पहले के जमाने में जन्मना लोग महान हो जाते थे, अब कर्मणा भी महान् होने लगे हैं। नारायण मूर्ति, अजीम प्रेमजी जैसे लोगों ने तो यह साबित किया कि ज्ञान और उद्यमिता के बल पर लक्ष्यों को प्राप्त किया जा सकता है।

ये फर्स्ट जेनरेशन उद्यमी हैं। पहले टाटा-बिडला, यानी स्थापित उद्यमी परिवारों के उत्तराधिकारी ही उद्यमी-उद्योगपति बनते थे। अब ज्ञानयुग ने गणित बदल दिया है।

प्रिंट मीडिया के सामने सबसे बड़ा संकट क्या दिखता है?

प्रिंट मीडिया की बजाय मैं पत्रकारिता में मौजूदा संकट की बात करना चाहूंगा। सबसे बड़ा संकट योग्य लोगों का अभाव। अच्छे और प्रतिभावान लोगों का अभाव। यही सबसे बड़ा संकट है। जब हमने टाइम्स ऑफ इंडिया में पत्रकारिता की शुरुआत की थी, तो मुझे 650-950 रुपये मिलते थे प्रतिमाह। मुंबई जैसे शहर में इतने कम पैसे में हम काम करते थे। तब भी इस पेशे में कई अच्छे व प्रतिभावान लोग सब छोड़कर आते थे। आज तो स्थितियां पूरी तरह बदल गयी हैं। अब तो क्षेत्रीय अखबारों में भी लाख-लाख रुपये तक तनख्वाह मिल रहे हैं। फिर भी इस पेशे में प्रोफेसनलिज्म का अभाव साफ-साफ दिख रहा है। संवेदना, शिद्दत और समझदारी वाले लोग इस पेशे में कम आ रहे हैं।

हिंदी पत्रकारिता का सबसे बड़ा संकट ह्यूमन रिसोर्स का है। इस पर हिंदी मीडिया के बड़े घरानों में कोई काम नहीं हो रहा। कभी-कभी सोचता हूं कि मैं किसी बड़े अखबार में होता, तो ह्यूमन रिसोर्स को ही बेहतर बनाने में सबसे ज्यादा ध्यान देता। भारत के श्रेष्ठ, उर्वर मस्तिष्क से प्रशिक्षण का बंदोबस्त करवाता। पत्रकारों के श्रेष्ठ प्रशिक्षण की व्यवस्था करवाता।

यह सवाल भी उठता है कि अंगरेजी की तर्ज पर और अनुवाद के सहारे कब तक हिंदी चलती रहेगी?

यह संकट सिर्फ हिंदी पत्रकारिता के साथ नहीं, बल्कि हिंदी समाज के साथ है। यह भाषा और संस्कृति का संकट भी है। अंगरेजी आज इस तरह ताकतवर कैसे हुई, क्योंकि उसमें ग्राह्यता ज्यादा है। फ्लेक्सिबिलिटी है। आज हिंदी को समृद्ध बनाने का काम कहां हो रहा है? पत्रकारिता में बात करें, तो प्रभाष जोशी जी ने इस पर बहुत काम किया। जनसत्ता का प्रयोग लैंडमार्क है। हिंदी में बोलियों व जनभाषाओं का अधिक-से-अधिक प्रयोग करना होगा, तभी वह मजबूत होगी। पत्रकारिता में भी। तमिल में एक अखबार है दिनतंदि। इस अखबार को जिन्होंने शुरू किया था, वह ऑक्सफोर्ड से पढ़कर आये थे। उन्होंने भारत आते ही कहा कि मुझे एक ऐसा अखबार निकालना है, जिसे पढ़कर रिक्शावाला, मजदूर, ग्रामीण, बौद्धिक वर्ग सब समझ ले। तब तमिल भाषा के पंडितों ने उनका भारी विरोध किया कि यह अखबार तो तमिल भाषा के मूल प्राण-सत्त्व को नष्ट कर रहा है। आज वह अखबार सर्वाधिक बिकने वालों में से है। तमिल को समृद्ध करने में उसकी महत्त्वपूर्ण भूमिका रही है।

दूसरी बात जो मुझे समझ में आती है, वह यह कि हिंदी पट्टी में सांस्कृतिक चेतना का अभाव साफ तौर पर रहा। जैसे कोई हिंदी वाला थोड़ा भी पैसा कमा ले, तो उसके घर में हिंदी की जगह अंगरेजी इंडिया टुडे, आउटलुक दिखने लगता है, लेकिन यह स्थिति बांग्ला, मराठी या तमिलभाषियों वगैरह के साथ नहीं। उनके घरों में चाहे जितनी भी समृद्धि आ जाये, अपनी भाषा की पत्र-पत्रिकाएं दिखेंगी ही। आज यदि बंगाल में आनंद बाजार पत्रिका इतनी मजबूत स्थिति में है, तो इसके पीछे वहां हुए सांस्कृतिक पुनर्जागरण का प्रभाव है। इसी तरह अन्य भाषाओं में भी।

लेकिन इन सभी बातों के बीच एक बात मैं यह जरूर कहना चाहूंगा कि आज के समय में अंगरेजी से भागकर आप कुछ नहीं कर सकते। मैं उस पीढ़ी का हूं या उस आंदोलन से जुड़ा हुआ रहा हूं, जिसमें अंगरेजी का विरोध हुआ। अंगरेजी निषेध की पीढ़ी रही है मेरी। मैंने भी अंगरेजी की पढ़ाई नहीं की, लेकिन अब यह साफ-साफ दिख रहा है कि इस ज्ञान युग में अंगरेजी से दुराव-बराव कर आप दुनिया के संपर्क में नहीं रह सकते। मेरा तो यह भी कहना है कि यदि अंगरेजी ही देश की संपर्क भाषा बन रही है, तो उसे बनने दीजिए। अगर दुनिया को देखने की खिड़कियां अंगरेजी से ही खुलती हैं, तो अंगरेजी से दूरी बनाने की जरूरत नहीं। आज चीन दुनिया की महाशक्ति बनने की राह पर है। वहां आज अंगरेजी जानने-सीखने को लेकर जिस तरह का उत्साह दिखता है, वह अद्भुत है। चीन को भी यह बात समझ में आ गयी है कि दुनिया की महाशक्ति बनने के लिए अंगरेजी को अपनाना ही होगा। एक साधारण उदाहरण दूं, तो आज यदि प्रभाष जोशी जी अंगरेजी में लिख रहे होते, तो देश में उनका प्रभाव और अधिक होता, क्योंकि अंगरेजी में कोई लिखने वाला अपनी धरती से उतना जुड़ा नहीं है।

दूसरी ओर हम हिंदी पत्रकारिता- साहित्य-समाज के लोग भाषा को इतना संपन्न बनायें कि खुद अन्य उनसे सीखें। विवश होकर हिंदी पढ़ें। सरकार हिंदी थोपे तो हिंदी संपन्न होगी, कम-से-कम 60 वर्ष बाद यह धारणा तो साफ हो गयी है कि ऐसा नहीं होने वाला। फिर हम हिंदी पत्रकार अपनी भाषा को श्रेष्ठ बनाने के कर्म में क्यों नहीं लगें? क्या दया, याचना और सरकारी अनुदानों से ही हिंदी मजबूत होगी? हिंदी अधिकारी, हिंदी कमेटियां और हिंदी की संसदीय समितियां हिंदी की जड़ों को मजबूत बनायेंगी? हम हिंदीभाषियों की एक और खासियत है। हम संस्थाएं बनाने की क्षमता नहीं रखते। हम झगड़ालू, ईर्ष्यालु और द्वेष भाव से ग्रस्त लोग हैं। अयोग्य और काहिल भी। आप बतायें, काशी नागरी प्रचारिणी जैसी संस्था हिंदी में थी। आज कहां है उसका गौरव? एक हिंदीभाषी क्षेत्र में हिंदी में जुड़ा कोई सेंटर ऑफ एक्सेलेंस है? सब राजनीति के अखाड़े हैं। वाद के झगड़े हैं। हम समूह में एक साथ रहकर काम नहीं कर सकते। हम हीन भावना से ग्रस्त, पराजित और पस्त मानसिकता से पीड़ित लोग हैं। याद कीजिए आजादी की लड़ाई में आज अखबार का योगदान? स्वर्णाक्षरों में है। पर आज कहां है वह संस्था? यह पूरे हिंदी समाज की विफलता है। मधु लिमये स्वदेशी भाषाओं और हिंदी के लिए लड़ने वाले नायकों में से थे। उन्होंने अपने बेटे को मराठी-हिंदी में पढ़ाया। लोकसभा में हमेशा हिंदी में श्रेष्ठ तकरीर की। उनकी और डॉ. लोहिया जैसी बहस, बात समझने के लिए अंगरेजीदां लोग हिंदी समझते थे, क्योंकि उनके लेखन-भाषण के कंटेंट और सत्त्व में ताकत थी। आज के हमारे नेताओं की बातों, कंटेंट में क्या मौलिकता या गुणवत्ता है? यह हिंदी समाज खुद ही तय कर ले।

हिंदी पत्रकारिता गंभीरता के मामले में अंगरेजी की नकल क्यों नहीं कर सकी? पी साईनाथ जैसे विषय विशेष के एक्सपर्ट पत्रकार हिंदी अखबारों में क्यों नहीं दिखते, जबकि हिंदी मीड्यिा के लिए वैसे लोग ज्यादा जरूरी हैं?

इसकी बड़ी वजह शुद्ध रूप से आर्थिक है। पूंजी की बदौलत अंगरेजी मीडिया जो कदम उठाने में सक्षम है, जैसे लोगों को जोड़ने में सक्षम है, वह हिंदी मीड्यिा नहीं कर सकती। हिंदी मीड्यिा के सामने आज भी पूंजी का अभाव है, हालांकि हिंदी के बड़े अखबारों में अब एफडीआई

(विदेशी निवेश), इक्विटी, शेयर बाजार की पूंजी लग रही है। पहले की तुलना में आज के हिंदी के बड़े अखबार बहुत संपन्न हो गये हैं। पर यह संपन्नता जिन घरानों के पास है, उनका मोटिव (उद्देश्य) प्रॉफिट मैक्समाइजेशन (अधिकाधिक मुनाफा) है, कंटेंट एक्सेलेंस नहीं। श्रेष्ठ विषय वस्तु नहीं। पर अधिसंख्य हिंदी अखबार आज भी पूंजी संकट से, संसाधनों के अभाव से ही जूझ रहे हैं। इसके अभाव में न तो पी साईनाथ जैसे कृषि विशेषज्ञ को पत्रकार के रूप में हिंदी मीड्यिा घराने रख पाते हैं, न कई और काम हो पाते हैं। असली सवाल यह है कि यह पूंजी आयेगी कहां से? इस पूंजी का आना तभी संभव है, जब हिंदी पट्टी समृद्ध होगी। आर्थिक विकास होगा। इन इलाकों में सांस्कृतिक पुनर्जागरण होगा। आज हिंदी पट्टी में कितने लोग खरीदकर किताबें पढ़ते हैं, बहुत ही कम।

मेरा ऐसा मानना है कि हिंदी पट्टी का विकास होने पर, इस इलाके में पूंजी आने पर ही हिंदी पत्रकारिता में तमाम तरह की मजबूती और समृद्धि आयेगी। एक खास बात यह भी देखने वाली है कि आखिर कितने सेंटर ऑफ एक्सेलेंस हिंदी इलाके में हैं? हिंदी इलाके के विश्वविद्यालयों आदि की क्या स्थिति है? हिंदी इलाके के पिछड़ेपन को दूर कर के, अधिक-से-अधिक पूंजी सृजित करने का उपाय कर के और सांस्कृतिक पुनर्जागरण का आंदोलन चलाकर ही हिंदी पत्रकारिता को अंगरेजी की तरह समृद्ध किया जा सकता है।

अंगरेजी ने भी अचानक विशेषज्ञ पत्रकारों व बड़े दिग्गजों को पत्रकारिता की विधा से जोड़ने का काम नहीं किया। आज भी विज्ञापन का बड़ा हिस्सा अंगरेजी अखबारों के पास जाता है, जबकि प्रसार की दृष्टि से देखें, तो हिंदी और क्षेत्रीय अखबारों का प्रसार 90 फीसदी से अधिक है। पूंजी अगर उनके पास जा रही है, तो श्रेष्ठ लिखने वाले लोग भी उनके पास ही होंगे। आज की परिस्थितियों में यही लगता है कि हिंदी में प्रतिभाओं का विकास करना है, तो उसके लिए पूंजी जरूरी है। एक बात और, हिंदी अखबारों के अब बड़े घराने हो गये हैं। देश में सबसे अधिक बिकने वाले अखबारों की सूची में 'टॉप टेन' में हिंदी के पांच-छह अखबार हैं, पर इन अखबारों में प्रोफेसनलिज्म का विकास नहीं है। कंटेंट को सर्वश्रेष्ठ बनाने पर सबसे कम खर्च हो रहा है। यह दूसरा बड़ा संकट है हिंदी पत्रकारिता में। अधिकाधिक लाभ मिले, यह उद्देश्य है। कंटेंट सर्वश्रेष्ठ हो, यह नहीं।

प्रभात खबर ने जो पत्रकारिता की, उसमें कई साहसिक रिपोर्टिंग एक मिसाल है। क्या उस समय आपको लोभ, भय और धमकियों का सामना करना पड़ा था?

प्रभात खबर ने कई ऐसे भ्रष्टाचार के मामले उठाये, जिन्हें लोगों ने नोटिस में लिया। दवा घोटाला, पारा बैंकिंग घोटाला आदि उनमें से प्रमुख हैं। मुख्य उद्देश्य था जनसरोकार की पत्रकारिता करना। कई-कई मामले ऐसे हुए, जो न्यायालय तक पहुंचे। न्यायालय में जाने का एक मामला पारा बैंकिंग घोटाले से जुड़ा हुआ था। उदारीकरण का टटका प्रभाव था। उस समय पारा बैंकिंग कंपनियों का पूरे देश में बोलबाला था। तरह-तरह के विज्ञापन अखबारों में छपते थे। पारा बैंकिंग कंपनियों का दावा होता था कि दो- तीन साल में पैसा दोगुना कर देंगे। लोग पैसा जमा कर रहे थे। हेलियस, जेवीजी, कुबेर जैसे कई नाम इस सेक्टर में थे। उनके हेलीकॉप्टर पर

बड़े-बड़े केंद्रीय नेता, मुख्यमंत्री घूमा करते थे। हमने इस विषय पर देश के जाने-माने अर्थशास्त्रियों व वित्तीय मामलों की समझ रखने वाले लोगों से बातचीत करवानी शुरू की कि क्या कोई ऐसा फंडा है, जिसमें दो- तीन साल में पैसा दोगुना किया जा सकता है? अर्थशास्त्रियों ने कहा कि यह शुद्ध और साफ फ्रॉडिज्म है। प्रभात खबर ने उसे छापना शुरू किया। अखबार को नोटिस मिली। मुकदमा हुआ। लोगों को लगा, प्रभात खबर का कोई बायस है, बाद में सबने अंजाम देखा। एक आंकड़े के अनुसार देश में लगभग 75-80 हजार करोड़ रुपये डूबे। कई-कई लोगों ने इन कंपनियों के चक्कर में आत्महत्या कर ली। बिहार-झारखंड में भी।

इन पारा बैंकिंग कंपनियों के फुल-फुल पेज विज्ञापन छपते थे। इन्होंने अखबार वालों को बाध्य किया कि वे इनके पक्ष में 'एडवरटोरियल' लिखें। यानी संपादकीय में, खबरों में इस अभियान की तारीफ। विज्ञापनदाता मानते थे कि विज्ञापन से अधिक पक्ष की खबरों से लाभ मिलता है। यह पत्रकारिता पर उदारीकरण की पहली छाप थी। पहली बार हमने 'एडवरटोरियल' शब्द सुना। बाजार या विज्ञापनदाताओं की यह मांग भी पहली बार सुनी कि विज्ञापनदाता की बातें खबरों में, संपादकीय में छपें। यानी न्यूज के कंधे पर चढ़कर विज्ञापनदाता लोगों को ठग सकें। पत्रकारिता में 'ठगी' की शुरुआत का यह आरंभिक दौर था। इसके बाद तो कई राज्यों के विधानसभा चुनावों में खबरों के 'पेड पैकेज' की शुरुआत हुई। 2009 में तो देश ने देखा कि लोकसभा चुनावों में किस तरह खबरों का धंधा हुआ? इसकी शुरुआत 1991 की अर्थनीति में है, जिसमें लाभ, लोभ और भोग की धारा को पूजा जाने लगा। अब हम पत्रकार-पत्रकारिता भी इसके प्रभाव में हैं। हमने इन धाराओं के खिलाफ काम किया।

ये कुछ उदाहरण हैं। इसी तरह दूसरी ओर बुनियादी इन्फ्रास्ट्रक्चर से जुड़े मुद्दे प्रभात खबर ने उठाये। बिजली-सड़क के मामले, सुशासन-कुशासन के प्रसंग, स्कूलों-चिकित्सालयों के हालात, क्राइम के खिलाफ। क्राइम को संरक्षण देने वालों को बेनकाब कर। कॉलेजों में 1990-91 में रैगिंग के मुद्दों को बड़ा इश्यू बनाया। आम लोकप्रिय धारणा के खिलाफ, धारा के विपरीत हमने कई सवालों पर पहल की। कोशिश थी कि पत्रकारिता की धुरी बदले, कॉमन मैन के इश्यूज और उनसे जुड़े प्रसंग ही पत्रकारिता में हमारे विषय बनें। इसी क्रम में पशुपालन घोटाला सामने आया।

राजनीति के बाद भ्रष्टाचार पर ही लिखना आपका पसंदीदा विषय रहा है?

पहले बता चुका हूं कि प्रभात खबर ने जनसरोकार की पत्रकारिता पर ही अपने को केंद्रित रखा, इसलिए ऐसे विषय उठाये जाते रहे। बात जहां तक भ्रष्टाचार की है, तो जेपी का प्रभाव हमारी पीढ़ी पर रहा है। जेपी बार-बार सार्वजनिक जीवन से भ्रष्टाचार दूर करने का आह्वान किया करते थे।1984-85 में मुंबई के कांग्रेस अधिवेशन में राजीव गांधी ने कहा कि केंद्र से चलने वाले एक रुपये का 10-15 पैसा ही गांवों तक पहुंच पाता है। जो झारखंड को जानते हैं, उन्हें यह पता है कि वहां एक रुपया के पांच पैसे भी नहीं पहुंच पाते। एनपी सक्सेना सीनियर व चर्चित आईएएस अधिकारी रहे हैं। योजना आयोग के पूर्व सचिव। उन्होंने जयपुर में आयोजित एक सेमिनार में वर्षों पहले पद पर रहते हुए कहा था कि देश में विकास की जितनी भी योजनाएं चल

रही हैं, उन्हें बंद कर दिया जाये और उन योजनाओं में लगाये जा रहे पैसे को यदि सीधे-सीधे मनीऑर्डर से संबंधित गरीबों को भेज दिया जाये, तो लोगों की गरीबी दूर हो जायेगी। प्रो. गुन्नार मिर्डल ने नोबल पुरस्कार से पुरस्कृत पुस्तक *द एशियन ड्रामा* में भारत के पुअर गवर्नेंस का विस्तार से वर्णन किया था। आज नीतीश कुमार बार-बार कह रहे हैं कि बिहार के विकास में दो ही बड़ी चुनौतियां हैं। एक भ्रष्टाचार और दूसरी केंद्र का दोहरा रवैया। कुछ महीने पहले पी चिंदबरम का एक बयान आया था कि एक रुपया गांवों तक भेजने में केंद्र को पांच रुपये का खर्च आता है। ऐसे सवाल हमें शुरू से मथते रहे हैं। मैं राजनीति या भ्रष्टाचार पर जो कुछ लिखता हूं, वह अंदर की छटपटाहट होती है, जिसे महसूस करता हूं। आखिर कहीं न कहीं तो सैद्धांतिक प्रतिबद्धता जीवन में चाहिए ही। प्रभात खबर ने भ्रष्टाचार के मसले पर आर्थिक व तमाम तरह के नुकसान झेलकर भी अपने अभियान को जारी रखा। मुख्यमंत्रियों व कई मंत्रियों-अधिकारियों के खिलाफ सार्वजनिक तौर पर अभियान छेड़ा, कई मामले अदालत में गये। कई-कई बार विधानसभा में प्रभात खबर के मसले को लेकर हंगामा हुआ। पत्रकारिता का काम है ऐसे सवालों को उठाना, यह किया। अब समाज इसे कैसे लेता है, कितना गंभीर असर होता है, इन चीजों पर देश का भविष्य निर्भर करता है।

जिस झारखंड में प्रभात खबर का सर्वाधिक आधार है वहां नक्सल भी एक चुनौती हैं। नक्सली समस्या को आप कैसे देखते हैं?

इसे मैं राजनीति में विचारधारा की मौत और सार्वजनिक जीवन में बढ़ते भ्रष्टाचार से जोड़कर देखता हूं। ऐसा मानना है कि समाज में, जन-जीवन में राजनीति ने अपनी जगह खाली कर दी है, इसीलिए नक्सलियों ने अपनी जगह बना ली है। अब राजनीतिक दलों में कार्यकर्ता नहीं दिखते। जो हैं- वे या तो ठेकेदार-दलाल बन गये हैं या बनने की राह पर हैं। आज इतने वर्षों तक सत्ता में रहने के बाद लालू प्रसाद कह रहे हैं कि विधायक और सांसद फंड बंद कर देना चाहिए। अधिकांश पॉलिटिकल वर्कर दलाल और ठेकेदार ही बनना चाह रहे हैं। चाहे वे किसी दल या विचारधारा से हों। पॉलिटिक्स में आयी रिक्तता के कारण यह सूनापन या समस्या उत्पन्न होगी, यह जेपी ने बहुत पहले ही महसूस किया था। इसे पाटने की दिशा में उन्होंने कोशिश की थी। नक्सली अनुभव पर बहुत पहले एक किताब उन्होंने लिखी-'आमने-सामने'(फेस टू फेस)। उस किताब का भी हम पर प्रभाव है। उन्होंने गांवों को घूमने के बाद अपने अनुभवों से लिखा कि जिस तरह गांवों में सरकारी भ्रष्टाचार चरम पर पहुंच रहा है, उससे नक्सलियों का उदय होना स्वाभाविक है। मेरा ऐसा मानना है कि राजनीति में बदलाव किये बिना और भ्रष्टाचार को खत्म किये बिना नक्सलियों की समस्या से पार पाना संभव नहीं है। जो लालगढ़ में हुआ, उसमें ध्यान देने की बात है। अब पुराने जमींदार नहीं रह गये हैं। नक्सलियों या उनके साथ ग्रामीणों का जो गुस्सा है, वह उन नये अमीरों के प्रति है, जो राजनीति को जरिया बनाकर, ठेकेदारी कर देखते ही देखते करोड़पति बन रहे हैं। मैं नक्सली समस्या व चुनौती को इसी दृष्टि से महसूस करता हूं और समाधान यही मानता हूं कि राजनीति को लोगों की चेतना में फिर से जगह बनानी होगी। राजनीति और लोगों के बीच उत्पन्न दूरी या खाई को फिर से पाटना होगा।

अब राजनीति में वंशवाद देखिए। क्यों राजतंत्र को समाज ने, मनुष्य ने बदला? राजा का बेटा राजा? सामंत का बेटा सामंत? और गरीब का बेटा गरीब। हजारों वर्ष तक समाज-मनुष्य की यही नियति रही। यही गणित समाज में चलता रहा। लोकतंत्र ने पहली बार मनुष्य को मनुष्य होने का गौरव दिया। समता का अधिकार। स्वतंत्रता-मुक्ति का अधिकार। मानव नियति तय करने वाला तत्त्व जन्मना न हो, यह इंसान ने किया, लोकतंत्र गढ़कर। पर इस लोकतंत्र को फिर नेपथ्य से, परदे के पीछे से राजतंत्र के रास्ते लाया जा रहा है। आधंप्रदेश के मुख्यमंत्री राजशेखर रेड्डी की चिता भी नहीं जली थी कि उनके बेटे को सीएम बनाने की कोशिश या पहल जैसे शर्मनाक प्रकरण देश ने देखा। करुणानिधि परिवार के 200 सदस्य राजनीति में देश का भाग्य तय कर रहे हैं। डॉ. लोहिया ने राजनीति में वंशवाद के खिलाफ आवाज उठायी, पर अब उनके शिष्यों को देखें? कई नेताओं के दल क्या हैं? परिवारों की प्राइवेट लिमिटेड कंपनी ही न? ये नये राजघराने हैं। यह नये शासकों का वंश है। नये राजा, नये सामंत, नये जमींदार। क्या यही लोकतंत्र है। इस देश में अधिसंख्य राजनेता नेहरू परिवार ही बनना चाहते हैं। क्यों आज की राजनीति में यह मुद्दा नहीं है? इसी तरह कॉरपोरेट घरानों के सामने देश की राजनीति खेमों में बंटी है। कोई इधर-कोई उधर। क्या राजनीति या 112 करोड़ का प्रतिनिधित्व करने वाली सरकारें, कॉरपोरेट घरानों के तले हैं या इनके मातहत ये कॉरपोरेट घराने हैं? ऐसे अनेक बुनियादी सवाल हैं। राजनीति ने इन बुनियादी सवालों पर बहस बंद कर दी, तो नक्सलियों को ऊर्जा मिली? देखिए क्या स्तर और गहराई है संसद या विधानमंडलों की बहसों में?अगर राजनीति ने इन इश्यूज को डील नहीं किया, तो नक्सली पसरेंगे ही।

इसे आप किस तरह से देखते हैं कि एक ओर ग्लोबल विलेज की बात की जा रही है, दूसरी ओर संकीर्ण क्षेत्रवाद व जातीय अस्मिता की लड़ाई भी तेज हो रही है?

मैं जब ग्लोबल विलेज की बात करता हूं, तो तकनीकी समृद्धि से दुनिया में आये परिवर्तन व घटती दूरी की बात करता हूं। इस मायने में देखें, तो दुनिया की दूरी कम हुई है। पहले के यात्रा संस्मरण पढ़ने पर मालूम होगा कि कैसे एक देश से दूसरे देश में जाने के लिए लोगों को पानी जहाज में वर्षों रहना पड़ता था। असुरक्षित समुद्री यात्राएं, लेकिन रोजगार के लिए लोग लंबा समय यात्रा में गुजारते थे। अब नौकरियां बढ़ी हैं, टेक्नोलॉजी के बदलाव से अवसर बढ़े हैं।

लेकिन दूसरी ओर आदमी के मूल अस्तित्व पर संकट भी बढ़ा है। वह उसे बनाये-बचाये रखना चाहता है, इसलिए आइडेंटिटी के सवाल पर मतभेद भी रोज-ब-रोज गहरा रहा है। ऐसे में जब अपने ही स्थान पर अपने अस्तित्व पर संकट दिखता है, अपना ही रोजगार खत्म होता दिखता है, तो आदमी उसे अपनी अस्मिता से जोड़ता है। इस स्थिति से निकालने के लिए या इस द्वंद्व को दूर करने के लिए, कहीं कोई नेता दिखता भी नहीं। यह स्थिति दुनिया में बनती दिख रही है। आज फिर से गांधी, लिंकन, चर्चिल, आइजनहावर, माओ जैसे नेतृत्वकर्ता चाहिए, जो देश को, दुनिया को एक साथ प्रभावित कर सकें। पेटभरुआ, घरभरुआ या परिवार को सत्तारूढ़ कराने वाले नेता नहीं चाहिए।

आप व्यक्तिगत जीवन में इंट्रोवर्ट माने जाते हैं। इस अंतर्मुखी स्वभाव के कारण कभी नुकसान भी उठाना पड़ा ?

घर और दफ्तर। बस, यह दूरी पाटने में ही दिन गुजर जाता है। कई बार सोचता हूं कि अब बहुत हुआ। मेरे युवा साथी, जो अखबार को बहुत अच्छे से चला रहे हैं, वे सामने आयें और कहें कि अब हम इसे चलायेंगे। मुझे बेहद खुशी होगी। प्रभात खबर में कई ऐसे सक्षम युवा हैं भी।

बात जहां तक इस इंट्रोवर्ट के कारण व्यक्तिगत जीवन में नुकसान की है, तो कई बार ऐसा हुआ। आज के हिसाब से जीवन की सफलता की जो परिभाषा है, जो पैमाने हैं, उसमें अपने साथी, जूनियर रहे साथी, काफी आगे जा चुके हैं। लेकिन इसे लेकर मन में मलाल नहीं रहा। हां, इस बात का अफसोस रहता है कि जो करना चाहता था जीवन में, वह नहीं कर पा रहा। हिमालय को देखना चाहता हूं, देश को घूमना चाहता हूं, अधिक-से-अधिक पढ़ना चाहता हूं। दुनिया देखना चाहता हूं। यह सब समयाभाव के कारण अपने मन मुताबिक नहीं कर पाता। थोड़ी-थोड़ी कोशिश जरूर करता हूं। अब मुझे खेती सबसे क्रियेटिव व इनोवेटिव काम लगता है। मेरे गांव में परिवार का कोई सदस्य नहीं रहता, लेकिन मैं एक एकड़ जमीन पर खेती करवाता हूं। साल में तीन-चार बार गांव जाता हूं, खेती देखता हूं। जब गांव जाता हूं, तो शहर से कटकर रहना चाहता हूं लेकिन यह मोबाइल तो साथ रहता है न। कभी-कभी लगता है कि इस मोबाइल ने आदमी की निजता ही खत्म कर दी है। मॉडर्न टेक्नोलॉजी ने शांति-सुख-चैन छीन लिया है, ऐसा एहसास अक्सर होता है।

हां, स्वभावत: अंतर्मुखी हूं। काम के सरोकार में दूसरों से मिलना होता है। पेशा ही ऐसा है कि सामाजिक-सार्वजनिक सरोकार रखना पड़ता है। पर निजी जीवन में पार्टियों में जाना, जमावड़ा करना, एक सर्किल बनाकर खाना-पीना या मौज मस्ती यह स्वभाव, संस्कार या प्रवृत्ति में नहीं है। अगर यह दोष है, तो जन्मना है। ऐसा ही संस्कार है, आदत है। न क्लब, न पार्टी, न होटल, न अड्डेबाजी। वैसे भी शाकाहारी हूं। न पीता-पिलाता हूं। तो आज के उभरते समाज के लिए अयाचित या अवांछित हूं। पर, अब जो हूं, सो हूं। शाम को दफ्तर से सीधे घर आना-लौटना अच्छा लगता है। नौकरी में आने के समय से ही भीड़, पार्टी नहीं सुहाता। एकांतप्रिय हूं। मौन अच्छा लगता है। अब ऐसा ही हूं। हर इंसान अच्छा-बुरा का संयोग होता है, हम भी हैं।

हिंदी पट्टी के वे कौन से ऐसे मसले हैं, जिन पर हिंदी पत्रकारिता ने काम नहीं किया और उसे किया जाना जरूरी है।

बड़े स्तर पर गवर्नेंस के मसले पर हिंदी पत्रकारिता को काम करने की जरूरत है। इस मसले पर हिंदी पत्रकारिता में गंभीर काम नहीं हुआ या नहीं हो रहा है। जनता को उसके अधिकारों के प्रति सचेत करने का काम भी हिंदी पत्रकारिता में होना है। हिंदी पट्टी में यह एक जरूरी व व्यापक अभियान का विषय है। गवर्नेंस पर काम करने की जरूरत है। जनता जब अपने अधिकारों के प्रति जागरूक होगी, तो वह हिसाब लेगी कि आखिर उसके नाम पर विकास के लिए कितना पैसा आता है और कितना खर्च हो पाता है? तब भ्रष्टाचार पर लगाम लगेगी। स्थिति यह है कि पिछले कई वर्षों से हिंदी पट्टी को बीमारू राज्य कहा जाता है, लेकिन इस पट्टी

के लोगों को अब तक यह पता नहीं चल सका है कि वे बीमारू क्यों कहे जाते हैं? यह हिंदी पत्रकारिता की विफलता है। हिंदी इलाके पिछड़े या बीमार रहे, क्योंकि हिंदी पत्रकारिता इन सवालों से अपने पाठकों को जोड़ नहीं सकी। जागरूक नहीं बना सकी। जातिवाद के खिलाफ सशक्त अभियान जरूरी है।

जिस तरह से मल्टीमीड्यिा का विकास हो रहा है, टीवी का युग आ गया है, वैसे में प्रिंट मीड्यिा के अस्तित्त्व पर संकट को किस रूप में देखते हैं?

निस्संदेह संकट बड़ा है, लेकिन यह संकट अस्तित्त्व का संकट बन जाये, ऐसा होने में भारत में अभी वक्त लगेगा। इंटरनेट आदि के जमाने में अखबारों के सामने तो संकट आना ही है, लेकिन एक बड़ी उम्मीद जगती है कि हाल के वर्षों से किताबों की बिक्री बढ़ी है। किताबों की बिक्री बढ़ने का मतलब है कि लोगों की रुचि पढ़ने में बढ़ी है। देश, काल परिस्थितियों के अनुरूप।

मुझे इस सवाल पर एक किताब की याद आ रही है। द वेनिशिंग न्यूजपेपर। यह किताब अमेरिका में प्रकाशित हुई थी। मीड्यिा जगत् में यह किताब काफी चर्चित हुई थी। इसमें बताया गया था कि अखबारों को अपना स्वरूप बदलना होगा। उदंड मार्तंड अपने जमाने के अनुरूप बेहतर और सर्वश्रेष्ठ अखबार रहा होगा, लेकिन अब के समय के अनुसार वैसे ही अखबार तो नहीं निकाले जा सकते न! हां, देश, काल और परिस्थितियों के अनुसार बदलाव जरूरी है। लेकिन यह लगता है कि अखबार बचे रहेंगे, बने रहेंगे, स्वरूप में भले ही बदलाव हो।

और दूसरी बात यह कि इलेक्ट्रॉनिक मीड्यिा से मुझे उस तरह का खतरा नहीं दिख रहा। इलेक्ट्रॉनिक मीड्यिा में गंभीरता तो दिखती नहीं। ब्रेकिंग न्यूज की पत्रकारिता कर इलेक्ट्रॉनिक मीड्यिा कभी भी अखबारों की जगह नहीं ले सकता। हां, यह सच है कि इलेक्ट्रॉनिक मीड्यिा में कई ऐसी विशेषताएं हैं, जो प्रिंट में नहीं हैं। लेकिन कहां कोई गंभीर व बड़ा काम करती हुई इलेक्ट्रॉनिक मीड्यिा दिख रही है?

ऐसे में प्रभात खबर जैसे अखबार के लिए कितनी संभावनाएं हैं ?

निश्चित तौर पर प्रभात खबर जैसे अखबार को यदि भविष्य में अस्तित्त्व में रहना है, तो पूंजी चाहिए। परिस्थितियां बहुत साफ-साफ हैं। पूंजी लगाकर मीड्यिा व पब्लिकेशंस के अलग-अलग क्षेत्रों में जाना होगा। इंटरनेट सेक्शन को ठीक करना होगा, आउटडोर पब्लिकेशंस, बुक पब्लिशिंग के क्षेत्र में जाना होगा। नये काम करने होंगे। किसी बड़े अखबार से एडिटोरियल व मार्केटिंग के लेवल पर टाइ-अप भी करना होगा या खुद बड़ा बनना होगा। अनेक संस्करण निकालने होंगे। इस प्रतिस्पर्द्धा में जी-जान से कूदना होगा कामयाब होने के लिए। अगर यह सब काम होगा, तो प्रभात खबर न सिर्फ अपनी जगह बनाये रखेगा बल्कि आगे भी रहेगा, नहीं तो अस्तित्व पर ही संकट होगा।

इसके लिए आपके दिमाग में क्या योजना है?

मेरे दिमाग में क्या योजना है, इससे बहुत फर्क नहीं पड़ता। हम और हमारे साथी तो अस्तित्त्व की लड़ाई लड़ते-लड़ते इसे यहां तक ले आये। अब आगे प्रबंधन इसे कितनी गंभीरता से लेता है, वह ज्यादा महत्त्वपूर्ण है। फिर मेरे पास 20 साल पहले वाली ऊर्जा भी तो नहीं बची। अपने जीवन के बेहतर 20 साल प्रभात खबर को दिया लेकिन मेरी भी अपनी एक सीमा

है। मेरी भी इच्छा होती है कि कुछ लिखूं-पढ़ूं, जो मेरा पसंदीदा काम है। अब तो मेरे दिमाग में यह आता है कि कहीं एक छोटा-सा स्कूल खोलकर उसे चलाऊं, बच्चों को पढ़ाऊं। कई-कई बातें अब दिमाग में चलती रहती हैं। पता नहीं ये ख्वाब पूरे होंगे भी या नहीं?

अगर आपके दिमाग में लिखने-पढ़ने की बात आती है, तो क्या आप संस्मरण व आत्मकथा भी लिखना चाहेंगे?

आत्मकथा के योग्य पात्र नहीं मानता खुद को। आत्मकथा वे लिखते हैं, जिन्होंने देश, समाज, दुनिया को बदला-प्रभावित किया है। बड़े लोग। इतिहास नायक। अन्य तो आत्मकथा से महज आत्मप्रचार ही करते हैं। निज प्रशंसा, परनिंदा, आत्मप्रशंसा, मेरे जैसे मामूली आदमी की आत्मकथा में क्या सत्त्व होगा? इसलिए आत्मकथा लिखने की बात कभी दिमाग में ही नहीं आयी। हां, आत्मकथा या दूसरों के जीवन वृत्तांत पढ़ने में बहुत रुचि है, वह करता हूं। प्रेरित करने वाली किताबों पर लिखता भी हूं।

मेरी निजी रुचि अध्यात्म में है। उसमें कुछ-कुछ जानना चाहता हूं। मेरे लिखने या अपने बारे में बताने से क्या होगा? एक मनुष्य की क्या हैसियत होती है? मेरे रहने- न रहने से क्या फर्क पड़ेगा? चुपचाप अपनी भूमिका का निर्वाह करते हुए दुनिया से चले जायें, यही सबसे बेहतर है। आत्मप्रचार से वैसे भी मैं हमेशा बचने की कोशिश करता रहा हूं। प्रभात खबर में इतने वर्ष तक काम करने के बाद अब भी मेरी तसवीर नहीं छपती। मैं शुरू से ही कभी अपनी तसवीर अपने अखबार में नहीं छपवाता। आज भी स्तंभ के अलावा कहीं अपनी तसवीर नहीं देता। मैंने अपनी गाड़ी पर कभी प्रेस नहीं लिखवाया। इन सभी बातों में मेरी कभी कोई रुचि नहीं रही।

पत्रकारिता में आपका कोई रोल मॉड्ल, जो आपको बहुत प्रभावित करते हों या किये हों?

पत्रकारिता में प्रेरक पुरुष भरे पड़े हैं। आजादी की लड़ाई के पत्रकार मनीषी, जो तप, त्याग, चरित्र और विद्वत्ता में अप्रतिम थे, वे पूरे समाज के पथ-प्रदर्शक हैं। रामराव, चिंतामणि, विष्णु राव पराड़कर जी, गणेश शंकर विद्यार्थी जी, माखन लाल चतुर्वेदी जी, चलपति राव... अनेक नाम हैं। 'स्वराज' जैसा समाचार पत्र था, जिसमें काम करने वाले सभी संपादकों को कालापानी की सजा हुई। उसमें संपादक बनने की योग्यता थी कि वही आवेदन देगा, जो कालापानी की सजा के लिए तैयार हो। इमरजेंसी में, चलपति राव जैसा पत्रकार एक सामान्य चाय की दुकान पर बैठे-बैठे मर गया, हार्ट अटैक से। कई घंटे बाद पता चला कि मरने वाले चलपति राव हैं। 'नेशनल हेरल्ड' के यशस्वी संपादक। जिनकी कलम से अंगरेज राज की चूल हिलती थी। वैसा यशस्वी, प्रखर और प्रेरक पुरुष एक सामान्य आदमी की तरह मरे। यह एक घटना ही परिभाषित करती है कि उस युग के लोग कितने ऊंचे थे? फिर फ्रैंक मोरिस, दुर्गादास, शिरीष मुलगांवकर, देवदास गांधी, गौर किशोर घोष, अज्ञेय, धर्मवीर भारती, रघुवीर सहाय, प्रभाष जोशी जैसे लोग रहे, जिन्होंने गहराई से मन को छुआ।

इस तरह अलग-अलग लोग हैं। काम और चरित्र की दृष्टि से गणेश मंत्री, जिनका बड़े भाई की तरह हमेशा स्नेह मिला, प्रभावित करते रहे हैं। धर्मवीर भारती का प्रभाव, उनकी

कार्यशैली, उनके विवेक का मैं हमेशा सम्मान करता रहा हूं। एसपी सिंह में अद्‌भुत प्रतिभा थी। अभी के पत्रकारों में अरुण शौरी रहे हैं। श्री शौरी हालांकि राजनीति में चले गये, पर उनकी पत्रकारिता का कायल रहा हूं। राजदीप सरदेसाई की प्रतिभा का मैं कायल हूं। एमजे अकबर प्रतिभाशाली पत्रकार हैं। लेखकों में रामचंद्र गुहा मेरे प्रिय लेखक हैं। बीजी वर्गीस, अजीत भट्टाचार्य, कुलदीप नायर गहराई से प्रभावित करते हैं। ऐसे ही कई नाम हैं। इनमें से कई से व्यक्तिगत संपर्क रहा है लंबे समय से।

आप बार-बार इस बात पर जोर दे रहे हैं कि प्रभात खबर जन सरोकार की पत्रकारिता के लिए प्रतिबद्ध रहा है। कुछ लोगों की शिकायत है कि अब वैसी प्रतिबद्धता नहीं दिखती।

दोनों चीजें हैं। एक मायने में प्रभात खबर मॉर्ड्न सोच वाला अखबार है। दुनिया में जो बदलाव हो रहे हैं, शासन-गवर्नेंस की जो नयी-नयी पद्धतियां विकसित हो रही हैं, उन्हें प्रभात खबर लोगों के सामने लाता रहा है। नये बदलाव के साथ समाज कदमताल कर सके, इसके लिए भी प्रभात खबर ने यथासंभव कोशिश की है। हारवर्ड जैसी संस्थाओं से पढ़कर आये, सिर्फ अंगरेजी में लिखने वाले लोगों को हिंदी में छापने का काम प्रभात खबर शुरू से ही करता रहा है। यह इसलिए ताकि मौलिक विचार लोगों तक पहुंच सके। अच्छे विचार लोगों को पढ़ने को मिलें। यह भी जन सरोकार की पत्रकारिता का ही हिस्सा है। जहां तक पुरानी प्रतिबद्धता का सवाल है, तो हर जगह नये-नये साथी काम संभाल व देख रहे हैं। आप मानेंगे कि हर पत्रकार का चिंतन-सोच अलग होता है, पर प्रभात खबर का मूल सरोकार तो आज भी वही है, व्यवस्था में बेहतरी के लिए बदलाव-प्रयासरत और इसमें सार्थक भूमिका का निर्वाह। इस तरह कई इश्यूज पर पहल की दृष्टि से देखें, तो प्रभात खबर अपने मूल सरोकारों पर खूंटे की तरह बंधा है। सरकारी भ्रष्टाचार के खिलाफ प्रभात खबर के अभियान को आप क्या कहेंगे? जो लोग प्रभात खबर को पुराने सरोकार से भटकते देखते हैं, उनके आरोपों में भी दम है। वे चाहते हैं कि प्रभात खबर उन्हीं पुराने इश्यूज से बंधा रहे। उसी खूंटे या चौहद्दी या दुर्ग तक सिमटा रहे। प्रभात खबर मानता है कि देश, काल, परिस्थितियों के अनुरूप नये-नये सवाल रोज उभरते हैं। समय गतिशील होता है, काल ठहरता नहीं, नदी का जल प्रवाह से ही ताजा रहता है, तो रोज या पल-पल बदलते समय के अनुरूप हम नये इश्यूज से जुड़े रहे, इसलिए नये सवालों से भी हम खुद को लगातार जोड़ते हैं। अब पुराने चश्मे से देखने वाले लोगों के लिए यह भटकाव तो दिखेगा ही। वे लोग उसी दौर, समयकाल या परिस्थितियों से बंधे रहना चाहे हैं। क्या यह संभव है? सैद्धांतिक मतभेद है इस सवाल के मूल में। फैसला तो पाठक ही करेंगे।

प्रभात खबर में कब-कब चुनौतियां बहुत बड़ी दिखीं?

पहली बार प्रभात खबर आया तब सबसे बड़ी चुनौती दिखी। यहां आने से पहले जो जानकारी दी गयी थी या मैंने अपने स्तर से जुटायी थी और यहां आकर स्थितियों को देखा, तो दोनों में बहुत फर्क था। यहां कुछ भी पटरी पर नहीं था, लेकिन कई मामलों में मैं थोड़ा जिद्दी भी रहा हूं। एक जिद रही कि नहीं अब चुनौती हाथ में ले ली, तो इससे पार पाना ही होगा। दूसरी सबसे बड़ी चुनौती तब आयी, जब प्रबंधन ने अपने उचित कारणों से प्रभात खबर को बेचने का फैसला किया।

तीसरी चुनौती तो बार-बार आती रही, क्योंकि प्रभात खबर अलग किस्म की पत्रकारिता करता रहा और उसमें चुनौतियों का आना तो पहले से ही तय रहता है। इस तरह प्रभात खबर का वर्तमान-अतीत चुनौतियों से घिरा रहा है। भविष्य भी चुनौतियों से भरा हुआ ही है।

कभी ऐसा भी अवसर आया जब आपने प्रभात खबर छोड़ने का मन बनाया हो?

चार बार ऐसे अवसर आये। पहली बार मेरे मन में द्वंद्व तब कायम हुआ, जब एक टीवी चैनल से एक बड़े पद का ऑफर मिला। वह टीवी चैनल तब शुरू हो रहा था और आज देश का प्रतिष्ठित और नामी न्यूज चैनल है। बहुत दिनों तक मेरे मन में द्वंद्व चलता रहा कि पता नहीं टीवी की पत्रकारिता जिस तरह से होती है, उसमें मैं खप पाऊंगा या नहीं। फिर लगता था कि यह भी यदि पत्रकारिता का एक आयाम है, तो इसमें शामिल होकर देखना चाहिए। मेरे साथ के सभी प्रिंट के पत्रकार ही टीवी पत्रकारिता शुरू करने वाले रहे हैं। टॉप पर भी रहे हैं। पर मैंने मना कर दिया।

दूसरा अवसर तब आया, जब देश के एक बड़े मीडिया समूह ने बड़े पद के लिए ऑफर दिया। दो वर्षों के अंतराल पर पुनः दोबारा ऑफर। बार-बार उस समाचार समूह से यह कहा जाता रहा कि इस पद के लिए देश के सबसे ताकतवर कार्यालयों से पैरवी के फोन आते हैं, लेकिन आप कुछ कह नहीं रहे। उस समूह ने लंबे समय तक मेरा इंतजार किया, लेकिन मेरे सामने प्रभात खबर का जुड़ाव था, प्रतिबद्ध साथी थे, इसलिए मैंने विनम्रता से उन्हें दोनों बार मना कर दिया। यह बात मैंने प्रबंधन को बता दी थी, दोनों बार। तीसरा अवसर तब आया, जब अखबार बिकने लगा। तब मैंने प्रबंधन से निवेदन किया कि मुझे छोड़ दें। बाद में प्रबंधन ने अपना फैसला बदल लिया। चौथा ऑफर देश के बड़े समाचार पत्र समूह के प्रधान संपादक के लिए आया, हाल में। इच्छा थी कि कार्यक्षेत्र बदलकर दिल्ली जाऊं, पर बार-बार सवाल उठा कि प्रभात खबर में आज भी कई साथी हैं, जो मुझसे बंधे हैं। खुद जाऊं, तो उनके सामने मेरा नैतिक चेहरा क्या होगा? मेरे जीवन में नैतिक इश्यूज मेरे लिए महत्त्वपूर्ण रहे हैं। हालांकि आज की दुनिया इन चीजों को मूर्खता मानती हैं। किसी कीमत पर सफल हों, अब यह मकसद है। आपकी सफलता का मापदंड है। इस कारण अंततः कई महीने बाद तय किया, यहीं रहूंगा। इस प्रस्ताव के बारे में अपने प्रबंधन को भी बता दिया था। पर मन में कई तरह के खयाल आते हैं। सोचता हूं कि किसी भी काम की डेड लाइन तो होनी ही चाहिए। जीवन में हर काम की एक सीमा होनी ही चाहिए, और अपने साथियों को अवसर देना चाहिए कि वे इस यात्रा को आगे बढ़ायें। वैसे मैं अपने कैरियर में भी चाहे वह धर्मयुग हो, रविवार हो या बीच में बैंक की नौकरी, कहीं इतने दिनों तक टिक नहीं पाया। प्रभात खबर में तो इतने वर्ष हो गये।

धर्मयुग या रविवार को महानगरीय जीवन से ऊबकर भी आपने छोड़ा था। क्या अब महानगरों में बसने का इरादा है?

मुझे महानगर बसने के लिए कभी आकर्षित नहीं करते। मैं वहां नहीं रह सकता। दिल की बात बताऊं तो ख्वाहिश यह है कि जीवन के आखिरी दिन जंगल-पहाड़ में गुजारूं। जहां रात में रात का एहसास हो, दिन भी दिन की तरह लगे। समय का एहसास हो। आबादी कम हो, वैसी जगह पर रहना चाहता हूं। पता नहीं ऐसा हो पायेगा या नहीं।

इतने वर्षों की पत्रकारिता की यात्रा में सबसे बुरा और बेहतर लेकिन यादगार अनुभव, जो साझा करने योग्य हों?

बुरे अवसर की बात पहले। एक अवसर मुझे याद रहता है, प्रभात खबर से ही जुड़ा हुआ है। इस अखबार में कई-कई ऐसे साथी आये, जिनकी कुशलता से, संपादकीय हुनर से, प्रतिभा से प्रभात खबर निखरा। उन सब पर यकीन किया। उसी तरह से आज भी करने की कोशिश करता हूं, पर इस यात्रा में एकाध ऐसे साथी भी मिले, जिन्होंने विश्वास तोड़ा। एक बड़े समूह के आने के बाद पूरी की पूरी टीम तोड़ने की भरपूर कोशिश की। ऐसी चीज की मैं उम्मीद नहीं रखता था। हालांकि मजाक में मेरे एक मित्र ने एक बार मुझे कहा कि आप अपनी कुंडली किसी ज्योतिषी को दिखायें। आपके आसपास के एक-दो विश्वस्त ही ऐसा क्यों करते रहे हैं? हमने हजारों लोगों के साथ काम किया है। यदि एकाध ऐसे भी मिल गये, तो यह स्वाभाविक ही मानना चाहिए।

अच्छे अनुभव के तौर पर बहुत यादें हैं। कई वरिष्ठ पत्रकारों, बुद्धिजीवियों से मिलना। उनकी मदद-सहयोग। लेकिन उनमें भी डॉ धर्मवीर भारती के साथ काम करना, उनका मार्गदर्शन प्राप्त करना यादगार है। मुंबई के आरंभिक दिनों में प्रायः हर रविवार को गणेश मंत्री के घर गुजारना, उनसे कई चीजों को जानना-समझना बेहतर यादों में है। उदयन शर्मा के साथ मैं रहा करता था। उनके साथ गुजारे गये दिन यादगार अनुभव हैं। बेहद ही यारबाज किस्म के और जीवंत इंसान थे उदयन शर्मा। चंद्रशेखर जी के साथ कुछ दिनों तक प्रधानमंत्री कार्यालय में अतिरिक्त सूचना सलाहकार के तौर पर काम करने का अवसर मिला, वह अनुभव भी दिलचस्प है। सत्ता को करीब से देखा, उससे जीवन में कई तरह की नयी धारणाएं बनीं, कई बदलाव हुए। मैं हिंदी का शायद पहला पत्रकार रहा, जो प्रधानमंत्री कार्यालय में संयुक्त सचिव बना। हालांकि वहां रहते भी कई अवसर आये बाहर जाने के, पर मैं प्रभात खबर ही लौटना चाहता था, लौटा भी।

पत्रकारिता में जो नहीं कर सके, जिसका मलाल रहता हो?

मेरी इच्छा रही है और अब भी है कि किसी ऐसे अखबार में काम करूं, जो बिना विज्ञापन के निकले। जो वैचारिक रूप से पूरी तरह इश्यूज के प्रति प्रतिबद्ध हो। मैं मानता हूं कि प्रभात खबर तमाम विपरीत परिस्थितियों में और कई तरह के बदलावों को देखने के बाद भी ग्रासरूट इश्यू, जनसरोकार और भिन्न किस्म की पत्रकारिता की राह पर चलता रहा, लेकिन पूंजी की कमी हमेशा रही। यदि यह कमी नहीं होती, तो अपनी टीम के साथ और बेहतर अखबार निकालता, निकाल सकता हूं।

आप ग्रासरूट इश्यू, जनसरोकार की पत्रकारिता की बात बार-बार कह रहे हैं। क्या इसका भविष्य अब भी दिखता है?

भविष्य है। भविष्य तो हमेशा ही एक अनखुला द्वार होता है। प्रयोग का द्वार। कोई यह काम कर के तो देखे। धारा के विपरीत चलकर तो देखे। नयी चुनौतियों को स्वीकार करने का संकल्प और साहस होना चाहिए, विजन होना चाहिए। नये रास्ते पर चलने का संकल्प ही कई रास्तों को खोल देता है। भविष्य की संभावनाओं का द्वार खोल देता है। कोई ऐसा करे तो वह अद्‌भुत काम होगा।

कई जगहों की यात्रा आपने की। सबसे ज्यादा पसंद कौन-सी जगह है?

भारत के शहरों में चेन्नई-हैदराबाद मुझे पसंद है। कई कारणों से। वहां के लोग, लोगों के जीवन में तमाम आधुनिकता व बदलाव के बावजूद सांस्कृतिक मूल्यों का बने रहना। दुनिया के देशों में चीन, कोरिया, अमेरिका, यूरोप, फीजी समेत कई देशों में गया। विदेशों में मुझे वे जगहें सबसे अधिक अच्छी लगीं, जहां इंसान ने नेचर को, अपनी धरोहर व विरासत को संजोकर खूबसूरत बना दिया है।

व्यक्तिगत तौर पर आप टेक फ्रेंडली नहीं हैं लेकिन तकनीक के साथ कदमताल करने में आप आगे रहना चाहते हैं। ऐसा क्यों?

एलविन टॉफलर की किताबों का पाठक कई दशकों से रहा हूं। उन्हें बहुत चाव से पढ़ता रहा हूं। टॉफलर अपनी किताबों में भविष्य के बारे में बड़ी स्पष्ट रेखा खींचते हैं। विदेशों में फ्यूचरोलॉजी बहुत ही गंभीर विधा है। टॉफलर ने बहुत पहले ही लिखा था कि कैसे भविष्य में बदलाव होंगे। स्थितियां ऐसी होंगी कि पति-पत्नी को साथ रहने की जरूरत नहीं होगी। आज ऐसा ही हो रहा है। इतने सारे बदलाव देखते ही देखते हो गये। नयी-नयी तकनीक से क्या-क्या बदलाव होंगे, यह मुझे अपने साथियों से बातचीत में हमेशा एहसास होता रहा है। इसका क्या प्रभाव पड़ेगा और किस हद तक जरूरी होगा, यह समझने की कोशिश भी मैं हमेशा करता रहा हूं। इसीलिए मैं तकनीक के इस्तेमाल करने में विलंब नहीं करता। जैसे बहुत पहले ही मुझे समझ में आ गया था कि अखबार में अब डेस्क पर काम करने वाले संपादकीय सहयोगियों को पेज बनाना भी जानना होगा, तुरंत मैंने इसके प्रशिक्षण की व्यवस्था की, ताकि नयी तकनीक व व्यवस्था के अनुसार वे अपने को तैयार रख सकें। ऐसे ही हर मौके पर मैं यही सोचता हूं कि यदि आप बदलाव के साथ कदमताल नहीं कर सकते, तो समय आपको बहुत पीछे छोड़ देगा। हालांकि यह बात भी सच है कि तकनीक की गुलामी ने कई तरह की परेशानियां भी बढ़ा दी हैं। जैसे पहले के जमाने में, जब फोन इतना सुलभ नहीं था, तो लोग प्रतीक्षा करते थे पत्रों का। जीवन ज्यादा शांतिपूर्ण तरीके से चलता था। आज रोज बात होती है, तो भी उतनी शांति नहीं।

पता नहीं यह सवाल अहम है या नहीं लेकिन सवाल है. किसी व्यक्ति की पहचान संस्थान से होती है लेकिन प्रभात खबर के मामले में उलटा है. कहीं भी अब यह नहीं कहा जाता कि प्रभात खबर वाले हरिवंश जी बल्कि हरिवंश जी वाला प्रभात खबर। आप पर्याय की तरह बन गये हैं और इसका फायदा भी अखबार को वर्षों से मिल रहा है लेकिन इस प्रक्रिया के खतरे भी तो कम नहीं हैं न?

खतरे ज्यादा हैं। कोई संस्था या परिवार, व्यक्ति आधारित बन जाये, तो उसका भविष्य नहीं है। जब मैं अपनी बातचीत में बार-बार यह कह रहा हूं कि कई बातें दिमाग में चल रही हैं और कोई नयी राह पर निकलना चाहता हूं, बदलाव चाहता हूं, तो उसके पीछे एक बड़ा मकसद यह भी है। मैं चाहता हूं कि प्रभात खबर अपने रास्ते पर, अपनी गति से चले। युवा और अनुभवी साथी मिलकर अब उसे चलायें। वैसे भी मुझे एक न एक दिन यहां से अपना काम तो समेटना ही होगा। यही प्रकृति का नियम है। जब जीवन से ही इंसान को हाथ समेटना पड़ता है, तो यह तो एक संस्थान ही है। इसीलिए मैं प्रभात खबर के 28वें वर्ष में और अपनी यात्रा के

22वें वर्ष में खुद में बदलाव चाहता हूं, बदला हूं। सारा काम बांट दिया है। एमडी का पद छोड़ा। हर कार्यक्रम में नेपथ्य में रहता हूं। आप गौर से देखें। पिछले दो वर्षों से प्रभात खबर में आयोजित हर कार्यक्रम में मंच पर जान-बूझकर नहीं रहता। नेपथ्य में रहता हूं या अनुपस्थित। जिन्हें हम लोग दायित्व सौंपकर आगे ला रहे हैं, वे संभाल रहे हैं। बड़ा मुश्किल होता है अपना पद-अधिकार छोड़ना। आप देख रहे हैं, नेता 90-100 तक उसी पद पर चिपके रहना चाहते हैं। प्रोफेसर, डॉक्टर सब अपनी सेवानिवृति की उम्र 70-75 कराने के अभियान में डूबे हैं। ब्यूरोक्रेट भी अपनी सेवा अवधि का विस्तार कर रहे हैं। रिटायर होते ही कोई नया एसाइनमेंट पाने का जुगाड़ भिड़ा लेते हैं। या एनजीओ या औद्योगिक घराने ज्वाइन कर लेते हैं। पर 56 वर्ष की उम्र में मैंने अपना पद-दायित्व छोड़कर अपने साथ के लोगों को आगे लाया है। इसे व्यक्ति आधारित संस्था की छवि से निकालकर स्वतंत्र संस्था का रूप देने के लिए ही। यह कहना बड़बोलापन होगा, पर ऐसा कितना होता है? आसपास देखकर खुद जज कर लीजिए।

आप अल्टरनेटिव पॉलिटिक्स की वकालत करते हैं, तो खुद क्यों नहीं इस दिशा में कोई प्रयास कर रहे। एक सवाल यह कि आज जब कई पत्रकार खुद मीडिया हाउस के मालिक बन बैठे हैं, तो आप इस पर कभी सोचते हैं क्या?

इन सवालों के जवाब में मुझे एक प्रसंग बार-बार याद आता है। जब बदलाव की राजनीति का समाजवादी आंदोलन शुरू हुआ था, तो लोहियाजी बार-बार कहा करते थे कि नेतृत्व की क्षमता जेपी में ही है। इसके पीछे वे कई वजह भी बताते थे। लोहिया आखिरी समय तक यह बात कहते रहे। इस प्रसंग को बार-बार पढ़ा। पुराना इतिहास खंगाला, डॉक्टर साहब जैसा चिंतक ऐसा क्यों कहता है? पता चला कि नेतृत्वकर्ता में कुछ जन्मजात गुण होते हैं। मेरे अंदर भी नेतृत्वकर्ता का गुण नहीं है। मैं बॉर्न लीडर नहीं हूं। लीडरशिप क्वालिटी इन बॉर्न होती है, इसलिए मैं कभी खुद अल्टरनेटिव पॉलिटिक्स की शुरुआत करने का साहस नहीं जुटा पाता। लेकिन कोई करे और मन को जंचे, तो कार्यकर्ता जरूर बनना चाहूंगा।

बात जहां तक अखबार मालिक बनने की है, तो इसमें भी इसी तरह की दुविधा है। मैं पूंजी नहीं जुटा पाऊंगा, ऐसा अपने बारे में मुझे पता है। अब अखबार चलाने के लिए बड़ी पूंजी चाहिए और यह कर सकने में मैं खुद को सक्षम नहीं मानता। इसलिए चाहकर भी मीडिया क्षेत्र में कहीं का मालिक नहीं बन सकता।

आप पूर्व प्रधानमंत्री चंदशेखर के काफी करीब रहे। उनके कार्यकाल में पीएमओ में भी रहे। उनसे अपने जुड़ाव के बारे में कुछ बतायें। बतौर प्रधानमंत्री और एक राजनेता, आप उन्हें कैसे देखते-आंकते हैं?

दरअसल चंद्रशेखर जी जिस जिले से आते हैं, उसी जिले का रहने वाला मैं भी हूं। चंद्रशेखर जी बलिया के बिलकुल पश्चिमी छोर से, जो आजमगढ़ से लगा हुआ है और मैं बलिया के पूर्वी छोर से, जो बिहार से जुड़ा हुआ है, वहां से आते हैं। चंद्रशेखर जी से मेरी पहली मुलाकात उनके लेखन से हुई। मैंने उनका नाम भी बहुत नहीं सुना था। 1974 में मैं काशी हिंदू विश्वविद्यालय का छात्र था। जयप्रकाश जी के गांव से होने की वजह से थोडी-बहुत राजनीतिक

जागरूकता मुझमें थी। बचपन से ही या जिसे ब्लड में कहते हैं, उसी ढंग से। मैं तब महसूस करता था कि यह कौन आदमी है कि जिनकी पत्रिका 'यंग इंडिया' में लिखे संपादकीय आलेख अखबारों के बैनर हेडलाइन बनते हैं। अभी भी मुझे याद है कि - हिंदुस्तान टाइम्स ने चंद्रशेखर जी के लिखे एक लेख को बैनर हेडलाइंस बनाया था। वह इस अवसर पर बनाया गया था कि चंद्रशेखर जी ने एक लंबा एडिटोरियल लिखा जेपी के संदर्भ में। उसमें इंदिरा जी को संबोधित करते हुए साफ-साफ कहा था कि संत से राजसत्ता न टकराये, नहीं तो उसके परिणाम बुरे होंगे। कांग्रेस में रहते हुए एक व्यक्ति कांग्रेस के सबसे ताकतवर नेता के खिलाफ लिखे और मजबूती से बात कहे, यह बात उन दिनों फैसिनेट करती थी। यानी यह वह दौर था जब मजबूत व्यवस्था के खिलाफ एक विद्रोह की आवाज के प्रति स्वत: आदर उपजता था। यह माना जाता था कि यह जीवन का सबसे महत्त्वपूर्ण काम है। विरोध-बदलाव के साथ खड़ा होना। 1967 के आसपास फ्रांस में छात्र आंदोलन हुए थे। हिंदुस्तान में छात्र आंदोलन हुआ। 1974 तक की पृष्ठभूमि हमारे दिमाग में थी। वह दौर था, जब व्यवस्था से असहमत होना, संघर्ष की राह चुनना एक आदर्श माना जाता था। पिछलग्गू होना, सत्तापूजक होना नहीं। चंद्रशेखर जी के बारे में यह बात कि उसी दल में रहते हुए ऐसी खरी ब.तें करते, हमें बहुत आकर्षित करता रहा। इसके कुछ ही दिन बाद फिर चंद्रशेखर जी का एक एडिटोरियल छपा। उसकी भी देश में काफी चर्चा रही। यानी लगातार एक आदमी का लिखा संपादकीय अखबारों में देशव्यापी चर्चा का विषय बने, ऐसा पहली बार देखा।

एक बार की बात है, चंद्रशेखर ने जयप्रकाश जी को अपने घर चाय पर आमंत्रित किया। उसमें कांग्रेस के 60 सांसद पहुंचे। यह वह दौर था जब जयप्रकाश जी और इंदिरा जी बिलकुल आमने-सामने थे। कांग्रेस ऐसी पार्टी थी और उसमें भी इंदिरा गांधी इतनी ताकतवर महिला थीं कि उस वक्त उनकी मरजी के खिलाफ कोई जेपी के पास जाये, यह कोई सपने में भी नहीं सोच सकता था। पर चंद्रशेखर जी की चाय पार्टी में कांग्रेस के 60 सांसद गये। यह अखबारों की सुर्खियों में रहा कई महीनों तक। वास्तव में यह बड़ी घटना थी। उस वक्त मैं छात्र था, पर इस घटना ने मुझे अंदर से झकझोरा कि इस आदमी में गजब का साहस है। मैं एमए में था। हम सभी छात्र यह बात करते थे कि यह कौन आदमी है। पता चला कि बलिया के ही रहने वाले हैं। इलाहाबाद में इनकी पढ़ाई-लिखाई हुई है। फिर यह भी पता चला कि इंदिरा गांधी के खिलाफ यह व्यक्ति 1972 में शिमला में कांग्रेस वर्किंग कमेटी में चुना गया, वह भी सबसे अधिक वोटों से। उन दिनों इस कमेटी का चुनाव होता था और कांग्रेस के अंदर लोकतांत्रिक परंपरा बची थी। उसमें चंद्रशेखर सबसे अधिक वोटों से जीते थे। 1969 में कांग्रेस के विभाजन के समय बैंकों के राष्ट्रीयकरण से लेकर अन्य प्रोगामों के लिए ब्लूप्रिंट तैयार हुआ था, वह चंद्रशेखर ने ही किया था और उसी वक्त इंदिरा गांधी के खिलाफ भी खड़े हुए थे। युवा देश में छा गया था। राष्ट्रपति वीवी गिरि के चुनाव में उनकी बड़ी महत्त्वपूर्ण भूमिका थी। यह सब मुझे बाद में पता चला कि यह आदमी ऐसा था। इतना असाधारण। यानी पिछड़े जिला बलिया से उठकर अपने बूते देश का बड़ा निर्णायक नेता बना है, यह जानना अच्छा लगा। यह सब जान-सुन लेने के बाद मैंने चंद्रशेखर जी को एक पत्र लिखा। उसमें यह लिखा कि आपने जो लिखा है, उसमें

फलां-फलां बिंदु अच्छे लगे। उस वक्त मुझे अंगरेजी नहीं आती थी, पर मैंने अंगरेजी में ही पत्र लिखने की कोशिश की। तुरंत ही कुछ दिनों बाद तीन लाइन का जवाब भी आ गया। आपका पत्र मिला, अच्छा लगा। यह मेरी उनसे पहली मुलाकात थी, पत्रों के माध्यम से।

कांग्रेस में इंदिराजी के समय में एकाध लोग में ही यह साहस था जो जेपी की बात करे, चंद्रशेखर जी करते थे। मुझे ही नहीं, मेरी तरह अन्य युवाओं को भी चंद्रशेखर ऐसी वजहों से आकर्षित करते थे। इमरजेंसी में जब वह जेल गये, तो मेरे मन में उनके प्रति और आदर बढ़ा। तब तक मैं 1977 के आरंभ में अपनी नौकरी में चला गया था। चंद्रशेखर जब जेल से निकले, तो देश के नायक थे। आमने-सामने उनसे परिचय तब तक नहीं हुआ था। उन्हीं दिनों उनकी जेल डायरी 'रविवार' पत्रिका में छपने लगी, धारावाहिक। एक व्यक्ति का व्यक्तित्त्व कितना ऊंचा हो सकता है, यह उस डायरी पढ़ने से पता चला। इसे पढ़ने के बाद मेरे मन में और अधिक सम्मान बढ़ा। इस तरह उनसे बिना मिले ही उनके बारे में जाना और उनके निकट आता गया, मानसिक तौर पर। फिर वह जनता पार्टी के अध्यक्ष बने। उन दिनों वे स्टार थे और बेहद लोकप्रिय। उन्हीं दिनों 1978 के आसपास मुंबई आये। तब 'जनता' पत्रिका निकलती थी, जिसकी नींव पुराने समाजवादियों ने डाली थी। आज भी निकलती है। उस वक्त मैं टाइम्स ऑफ इंडिया ग्रुप के धर्मयुग में काम करता था। जनता का दफ्तर था। मुंबई से हम वहीं उन्हें सुनने गये थे। भारी भीड़ थी। मैंने अपना परिचय दिया, तो वे तुरंत मुझसे भोजपुरी में बात करने लगे। यह मुझे बहुत अच्छा लगा। दो मिनट की बातचीत हुई।

फिर जेपी बीमार हुए और उन्हें जसलोक अस्पताल में भरती किया गया। मैं जेपी के पास आता-जाता था। डॉ धर्मवीर भारती ने मुझे और मेरे मित्र अनुराग चतुर्वेदी को वहां ड्यूटी पर लगा दिया था। बड़े-बड़े फिल्म स्टार जेपी को अस्पताल में देखने आया करते थे। हम दोनों वहां बैठे रहते थे। पूरे दिन चंद्रशेखर जी वहीं कैंप कर रहे थे। कोई आदमी या साथी, जाननेवाला बीमार हो, तो इतना बढ़कर किसी की देखभाल करने वाला मैंने दूसरा नहीं देखा। भारती जी ने मुझसे कहा कि इंटरव्यू करो। मेरा पहला इंटरव्यू चंद्रशेखर जी का ही है। चंद्रशेखर जी से उसी समय 1978 में आमने-सामने का पहला परिचय हुआ, इंटरव्यू के माध्यम से। उस इंटरव्यू का कैसेट आज भी मेरे पास है, जिसमें उन्होंने अपने बारे में बताया कि 12वीं कक्षा तक बिना चप्पल के ही आठ किलोमीटर दूर स्कूल जाया करते थे। किन परेशानियों से गुजरे। उन्होंने बताया कि जब हम लोग क्रांतिकारी विचार के थे, तो चंवर में बरहम बाबा को पत्थर मारकर कहा करते थे कि अब हम क्रांतिकारी हो गये हैं लेकिन वह क्रांतिकारिता नहीं थी। बाद में मैं यदा-कदा उनके कार्यक्रमों में जाता रहा, लेकिन मेरे अंदर हमेशा यह संकोच रहता है कि मैं किसी से बढ़-चढ़कर नहीं मिल पाता। मैं उनसे एक ही बार मिला था, पर भीड़ में कहीं भी दिखता था, तो बुलाते थे। उनमें और बहुगुणा जी में यह अद्‌भुत गुण था कि वे एक बार किसी से मिल लिए, तो वे उसे पास बुलायेंगे और बहुत स्नेह से घर-परिवार के बारे में पूछेंगे। यह आत्मीयता किसी नेता की तरह नहीं, बल्कि परिवार के सदस्य के रूप में होती थी। फिर मैं धर्मयुग छोड़कर हैदराबाद चला गया। उन दिनों चंद्रशेखर जी जनता पार्टी के अध्यक्ष थे। जनता पार्टी की वर्किंग कमिटी की बैठक हो रही थी। हैदराबाद में ही। मैं भी वहां गया था।

चंद्रशेखर जी ने देखते ही पूछा कि तुमने धर्मयुग क्यों छोड़ दिया? मैंने कहा- यूं ही चला आया, पर उनका उस गर्मजोशी से मिलना मुझे बहुत अच्छा लगा। हैदराबाद के बाद मैं रविवार में आ गया। उस वक्त चंद्रशेखर जी चुनाव हार गये थे। यह इंदिरा गांधी की हत्या के बाद का समय था। उनका कालाहांडी और जयप्रकाशनगर बलिया में आकर काम करना, यह सब मुझे गहराई से छूता था। एक बात और, वह इंदिरा जी से हमेशा कहते थे कि पंजाब आग है, उसके पीछे मत पड़िए। मैं जेल में रहा हूं और उनकी कुर्बानियों को पढ़ा हूं। आप आग से खेलने की कोशिश मत कीजिए। इंदिराजी मार दी गयीं और लोग सड़कों पर निकल आये। पंजाबियों के खिलाफ। तब उन्होंने उनका समर्थन किया। उन्हीं दिनों उन्होंने यह कह दिया था कि वह अपनी बलिया की सीट हार जायेंगे। कांग्रेसियों ने उन्हें बलिया के भिंडरवाला की उपाधि दी, पर वे हमेशा मुद्दों से जुड़े रहे। इसी तरह जब पंजाब में उग्रवादियों का आंदोलन हुआ, तो उन्होंने कहा कि आप उग्रवादियों को देश के बच्चों की तरह ट्रीट कीजिए, नहीं तो देश बिखर जायेगा। उनकी जो मांगे हैं, उन्हें सुनिए। यानी धारा के खिलाफ बात करना, अपनी पॉपुलरिटी, अपने कैरियर को दांव पर लगा देना, बहुत बड़ी बात होती है, लेकिन चंद्रशेखर जी यह सब करते रहे। एक बात और, जब चंद्रशेखर जी ने पदयात्रा की, जिससे वे शीर्ष पर पहुंचे, उस वक्त की बात है। मैं एम्स में था। अपने पिताजी का ऑपरेशन कराया था। इंदिरा जी ने तब इंडियन एक्सप्रेस में एक इंटरव्यू में अपने बाद संभावनाओं से भरे नेता के बारे में संकेत दिया था और कहा था कि चंद्रशेखर जी समझदार नेता हैं। देश को जानते हैं। चंद्रशेखर जी की यह खासियत थी कि राजनीति में मतभिन्नता होने के बावजूद, सारे दलों के नेताओं से उनके व्यक्तिगत संबंध बहुत अच्छे थे। जनता पार्टी के शासन में जब इंदिरा जी को सरकारी घर से हटाने की बात आने लगी, तो उन्होंने कहा था कि राजनीति को बच्चों की लड़ाई के स्तर पर मत लाइए। उन्हीं दिनों सूरजदेव सिंह का मामला सामने आया। जब मैं अकेले में उनसे मिलता था, तो खुलकर उनसे बातें करता था। कहा, इससे आपको नुकसान हो रहा है। मैंने कहा था कि लोग आपसे घबराते हैं, इसलिए नहीं कहते। उनका व्यक्तित्त्व सचमुच बड़ा था। किसी भी बात को बहुत ही सहजता से लेते थे। वे जैसे बाहर से थे, वैसे ही अंदर से भी। वह कहते थे कि मैं वह नहीं हूं कि हाजी मस्तान से घर के अंदर मिलता हूं और दिन में आदर्श की बातें करता हूं। जैसा अंदर, वैसा बाहर हूं।

पीएम के रूप में उन्होंने कॉरपोरेट घरानों पर सबसे अधिक टैक्स लगाये। इसका बहुत नुकसान उठाना पड़ा उन्हें। पर वे छद्म नहीं थे। खुले विचारों के थे और उनमें ही यह साहस था कि कह सकते थे कि हम क्या हैं। चंद्रशेखरजी ने जेपी स्मारक बनाने के लिए जेपी के गांव को चुना। वह गांव जो दोआब कहलाता है, दियारा भी। तब उन्हें दिल्ली में राज्यसभा का सदस्य बनाया जा रहा था, तो उन्होंने एक सिरे से मना कर दिया था। पंजाब के सवाल पर हारे थे। उस वक्त उन्होंने कालाहांडी से लेकर सिताबदियारा तक काम करना पसंद किया। वह भी एक मिसाल है। उनमें सृजन की अद्‌भुत क्षमता थी। वह रेत में महल बना सकते थे। उन्होंने गांव में जेपी का जो स्मारक बनाया है, वह नायाब है। उन्होंने कई रचनात्मक कार्य किये हैं। मैं कई बार गांवों में उनके काम को देखने भी जाता था। उन्होंने

पदयात्रा की। चंपारण के भितहरवा आश्रम की स्थिति पर सवाल उठाने वाले वे पहले नेता थे। यानी गांवों के बीच से सवाल उठाने का काम उन्होनें जबरदस्त ढंग से अकेले ही किया। मैं रविवार में था। मैं इन विषयों पर लिखता था, बात करता था, संपर्क करता था। इसके बाद मैं रांची आ गया। इन्हीं दिनों 1990 में वे रांची आये। उन्हें गुमला होते हुए छत्तीसगढ़ के इलाके में जाना था, एक आश्रम की यात्रा के लिए। मैं उनसे मिला। देखते ही उत्साहित होकर उन्होंने मुझसे कहा कि तुम यहां कहां से आ गये? मैंने उन्हें बताया कि रविवार छोड़कर अब यहीं आ गया हूं। उन्होंने हंसते हुए कहा कि तुम्हारा दिमाग ऐसे ही चलता है। फिर हम लोगों ने साथ में चाय पी। घर आने का निमंत्रण दिया। वह तुरंत बोले कि चलो घर चलता हूं। घर के लिए निकले, तो राम मंदिर शिलान्यास अभियान चल रहा था। घर नहीं आ सके, भीड़ की वजह से वापस मुड़कर एयरपोर्ट चले गये। मैं उन्हें चाय के लिए होटल अशोका ले गया। तब मैं रांची में बिलकुल नया-नया था। दो-चार माह पहले ही आया था। उनके साथ कई लोग थे और मेरे पर्स में पैसे भी नहीं थे। मैंने मैनेजर को अपना परिचय दिया और कहा कि जो बिल होगा घर भिजवा दीजिएगा। चाय पी और उन्हें एयरपोर्ट छोड़ दिया। उसके दो माह बाद ही वे पीएम बने। मैं दिल्ली गया, तो उन्होंने कहा कि तुम यहीं आ जाओ। ज्वायंट सेक्रेटरी के रैंक में। प्रेस एडवाइजर के तौर पर। मेरे मन में भी यह इच्छा थी कि पीएम और देश की जो सबसे ताकतवर गद्दी पर बैठे हुए लोग हैं, वहां कैसे काम होता है, क्या होता है, करीब से देखूं। मेरा अनुभव सुखद रहा। मेरे पास तब अनेक अवसर और प्रस्ताव आये। दिल्ली में था, पीएम कार्यालय में था, सबसे ताकतवर जगह, पर रांची ही लौटा, प्रभात खबर में। चंद्रशेखर जी की छवि इतनी मजबूत थी कि पीएम पद से हटने के कई वर्ष बाद भी इंडिया टुडे जब सर्वे करता था तो सबसे ताकवतर नेता के रूप में अकेले चंद्रशेखर ही होते थे।

पत्रकारिता के आरंभिक दिनों में आपको धर्मवीर भारती, गणेश मंत्री जैसे लोगों का सान्निध्य प्राप्त हुआ। नारायण दत्त की चर्चा आप बार-बार करते हैं। बंबई जैसे बड़े शहर से शुरुआत के बाद अब दो दशकों से अधिक समय से रांची में हैं। उन दिनों को कैसे याद करते हैं?

धर्मवीर भारती के साहित्य से मेरा परिचय विद्यार्थी जीवन से ही था। जब मैं 19 साल का था, तो टाइम्स गुप में प्रशिक्षु पत्रकार बनकर गया था। भारती जी का ग्लैमर था कि उन दिनों उनके उपन्यास 'गुनाहों का देवता' को हम लोगों ने कई-कई बार पढ़ा था। यह युवाओं में बेहद लोकप्रिय था। पर जब उन्हें पास से देखा, तो पता चला कि भारती जी बहुत रिजर्व किस्म के आदमी हैं। काम में बहुत ही रमे हैं। उनके बारे में तरह-तरह की चर्चाएं वहां सुनीं। यह भी पता चला कि वह एक निश्चित समय में ही लोगों से मिलते हैं। उनका खौफ कर्मचारियों पर छाया रहता था। मुझे मेरे प्रशिक्षण के बाद धर्मयुग में काम करने का मौका मिला, टाइम्स में। भारती जी उन दिनों पावरफुल एडिटर हुआ करते थे। ट्रेनिंग के बाद मेरा पहला लेख जो छपा था, वह मुझे अब तक याद है। वह बीचएयू में इमरजेंसी के दौरान छात्रसंघ के लोगों पर हुई

कार्रवाई पर लिखा गया था। इस लेख पर इतने पत्र आये और इतने लोगों ने इस पर प्रतिक्रिया दी कि मुझे लगने लगा कि मैं रातोंरात बड़ा आदमी बन गया हूं। यह मुझे बहुत अच्छा लगा। बाद में मैंने वहीं पर बहुत सारी चीजें सीखीं। भारती जी के प्रति गलत धारणाएं, जो मैंने सुन रखी थीं, वह सब गलत लगीं। मैंने देखा कि वह एक हार्ड टास्क मास्टर थे। वह सुबह साढ़े नौ बजे दफ्तर आ जाते थे और पांच बजे तक रहते थे। हम लोग ट्रेनी थे इसलिए हम लोगों का एक रजिस्टर था, जिसे काला रजिस्टर कहते थे। इस पर हमें साढ़े नौ बजे तक दस्तखत करना होता था। फिर यह रजिस्टर पर्सनल डिपार्टमेंट में चला जाता था। यदि पांच मिनट भी विलंब हुआ, तो रजिस्टर पर रेड मार्क हो जाता था। भारती जी के लिए यह अनिवार्य नहीं था कि वह साढ़े नौ बजे ही आयें। वह दस-साढ़े दस बजे भी आ सकते थे। एडिटर के लिए कोई रूल नहीं था। पर साढ़े नौ बजे आने वाले वह हमेशा पहले व्यक्ति होते थे। दूसरी बात, उनके पास अगले चार-छह माह की धर्मयुग की प्लानिंग हुआ करती थी। वह बारह से एक बजे के बीच ही किसी से मिलते थे। चाहे वह कितना भी पावरफुल आदमी क्यों न हो। सिर्फ अपने सहकर्मियों से बीच में मिला करते थे। बहुत ही प्लांड वे में काम करने की जो थोड़ी-बहुत नींव मेरे अंदर पड़ी, वह वहीं से पड़ी। गणेश मंत्री और भारती जी की यह खासियत थी।

वहां ट्रेनिंग में किसी सीनियर के साथ जूनियर को अटैच किया जाता था। मुझे गणेश मंत्रीजी के साथ अटैच किया गया था। उन दिनों गणेश मंत्री जी देश के गिने-चुने पॉलिटिकल कमेंटेटर या विश्लेषक थे। बहुत ही शार्प। उनके करीब जाने पर मुझे पता चला कि उनका व्यक्तित्त्व कितना बड़ा है? गणेश शंकर विद्यार्थी के बारे में जो सुन रखा था, कुछ वैसा ही रूप था उनका। बड़े ही ईमानदार। उनके पिता राजस्थान के पुराने समाजवादी थे, जिन्होंने अपने घर का सबकुछ बेचकर समाजवादी सम्मेलन तब कराया था, जब लोहिया का वहां कोई नामलेवा नहीं था। उनका नाम पुरुषोत्तम मंत्री था। 1977 के बाद राजस्थान के वित्त मंत्री बने थे। हम लोगों को वे बहुत स्नेह करते थे। वे जब तक मंत्री रहे, गणेश मंत्री राजस्थान नहीं गये और न ही कोई सुविधा ली। जब वे मंत्री के रूप में बंबई आते थे, तो उनके साथ स्क्वायड चलता था। गणेश मंत्री गोरेगांव रहते थे, जहां से टाइम्स ऑफ इंडिया बिल्डिंग की दूरी काफी थी, पर जब वे बंबई आते थे, तो हमें याद है कि उनसे मिलने गणेश मंत्री जी हम लोगों को रेल से लेकर जाते थे, कभी सरकारी गाड़ी से नहीं। यह उन दिनों लोगों का इथिकल कमिटमेंट था। उन दिनों तेजस्वी पॉलिटिकल एनालिस्ट के रूप में गणेश मंत्री की पूरे देश में पहचान थी, साख भी। उन दिनों एक समाचार-विचार कॉलम उनके नेतृत्व में भारती जी ने शुरू करवाया था, जिसमें मैं भी उनके साथ था। हम आठ-दस पन्नों का काम किया करते थे। हम लोग गलतियां किया करते थे। मैं इकोनॉमिक्स का छात्र था। भारती जी बहुत ही संयम से चीजों को समझाया करते थे। मैं उनसे सीखता था और डायरी में नोट करता था कि मैंने यह गलती की है, इसे आगे ठीक करना है। यह संस्कार धर्मवीर भारती जी ने दिया। गणेश मंत्री ने दिया। जीवन में अनुशासित होने का संस्कार गणेश मंत्री और धर्मवीर भारती ने ही डाला। वहां मैंने देखा कि दीपावली के अवसर पर बड़े-बड़े उपहार आते थे। डॉ. धर्मवीर भारती उसको नीचे से ही लौटा दिया करते थे। यानी पत्रकारिता को

कैसे पवित्र रखें, इसकी नींव हमसब में जो थोड़ी-बहुत पड़ी और यदि हमसब में थोड़ी-बहुत अच्छाई है, तो इसका श्रेय ऐसे ही लोगों को जाता है। धर्मयुग में प्रशिक्षण ऐसे होता था कि हर किसी को हर बीट पर काम करना होता था। यानी ऑलराउंडर बनाने की कोशिश होती थी। मैंने फिल्म पर भी काम किया। खेल पर भी किया। जब फिल्म पर काम करने जाते थे, बड़ी पूछ होती थी। जब फिल्म रिलीज होती थी, तो फिल्म के टॉप अभिनेता आते थे। हम लोगों को फिल्म दिखायी जाती थी और फिर टैक्सी से पहुंचाया जाता था। पर टाइम्स ऑफ इंडिया वाले अपने पत्रकारों को फिल्मवालों से टैक्सी भाड़ा न लेकर खुद के खर्चे पर आना-जाना करवाते थे, इसलिए हम लोगों ने कभी इन चीजों को इंटरटेन नहीं किया। भारती जी की खासियत थी और वे शायद इकलौते संपादक थे कि अमिताभ बच्चन से लेकर बड़ी-बड़ी हस्तियां, सभी लोग उनसे दफ्तर में ही मिलने आया करती थीं। जबकि अन्य एडिटर उनके पास जाते थे। इस तरह जो गरिमा उन्होंने बनायी, उसे तोड़ने के लिए ही और उन्हें बदनाम करने के लिए ही लोग ऊटपटांग बातें किया करते थे उनके निजी जीवन के बारे में। क्योंकि वे हार्डटास्क मास्टर थे। कामचोर लोगों को इससे परेशानी होती थी। फांकी मारने वाले लोग उनसे परेशान रहते थे। वह इस बात के सख्त खिलाफ थे कि पत्रकारिता के नाम पर आप जाकर किसी पार्टी में शराब पीयें, कोई गिफ्ट लें या कोई लाभ उठायें। चूंकि हम लोग यानी मैं, एसपी सिंह, उदयन शर्मा, अनुराग आदि उनके साथ रहे थे और यह कह सकते हैं कि हम लोगों को उनसे कभी कोई परेशानी नहीं हुई। लोग उनके विरोध में बोलते थे, लेकिन हमें कभी उनसे परेशानी नहीं हुई। दफ्तर के बाहर भारती जी पुत्रवत व्यवहार किया करते थे, पर दफ्तर के अंदर, ऑफिस का संस्कार होता था। जब मैं धर्मयुग छोड़कर आ गया, तो उन्होंने मुझे कई पत्र लिखे। मैं सोचता हूं कि यदि धर्मयुग में मेरा प्रशिक्षण नहीं हुआ होता, तो मैं उम्र के इस पड़ाव पर पत्रकारिता में नहीं ठहर पाता। कहा जाता है कि आज की पत्रकारिता में ओनली यंग कैन सवाइव। मैं आउटडेटेड हो गया होता। 15-20 साल पहले जो कुछ भी मैंने इन लोगों से सीखा, शायद मैं वही कर पा रहा हूं। या यूं कहें कि मेरा यहां होना उनलोगों के साथ का प्रतिफल है। जो अच्छाइयां हैं, वो उन्हीं की देन है, और जो कमजोरियां हैं, वो हमारी खुद की हैं।

वहीं पर मेरी मुलाकात नारायण दत्त जी से हुई। वे दूसरे ही किस्म के व्यक्ति थे। उन्होंने भी मुझ पर बहुत गहरा असर डाला। नारायण दत्त एचवाई शारदा प्रसाद के छोटे भाई हैं। एचवाई शारदा प्रसाद इंदिरा गांधी के प्रेस सलाहकार थे। सिर्फ प्रेस सलाहकार ही नहीं, वे इतने पढ़े-लिखे और अद्‌भुत जानकार थे कि शायद उनके जैसे पत्रकार देश में विरले ही होते हैं। हार्वर्ड से वे पढ़ कर लौटे थे। फ्रीडम स्ट्रगल में उनका रोल रहा है। 1941 में जेल गये थे। इंडियन एक्सप्रेस में टॉप जर्नलिस्ट थे और इतने बड़े थिंकर थे कि नेहरू के सारे प्रकाशन का संपादन उन्होंने ही किया। *ब्रिलियेंट मैन आर नॉट ओनली ब्रिलियेंट बट ऑलसो मैन ऑफ कैरेक्टर एंड कनविक्शन।*

भारत सरकार के सेक्रेटरी भी उनसे मिलने से घबराते थे। कैबिनेट सेक्रेटरी तक। उनका नैतिक कद इतना ऊंचा था! उन्हीं एचवाई शारदा प्रसाद के छोटे भाई हैं नारायण दत्त

जी। नारायण दत्त जी को मैं लिविंग लीजेंड ऑफ जर्नलिज्म कहता हूं। वह अब भी इतना स्नेह करते हैं कि प्रायः घर-परिवार का हाल-चाल पूछते हैं। नारायण दत्त जी से मुलाकात तब हुई, जब वे नवनीत के संपादक हुआ करते थे। वे गणेश मंत्री के अभिन्न मित्रों में से थे। मंत्री जी सबको पूछते थे। जब मुंबई में हमें कोई पूछता तक नहीं था, तब हर संडे को वे और भाभी हमें बुलाते थे। नारायण दत्त जी भी होते थे। फिर वहां खाने पर चार-छह घंटे पत्रकारिता की बातें। डिस्कशन हुआ करता था। एक तरह से बौद्धिक डिस्कशन हुआ करता था। उन दिनों जब बंबई गया था, तो हमें बड़ी पार्टियों में ले जाया जाता था। हमें यह भी बताया गया कि थोड़ी-बहुत ड्रिंक करनी चाहिए। मैंने पहली बार वहां बीयर पीया। एक शाम एक पत्रकार के घर पर ड्रिंक पार्टी थी। मैं और गणेश मंत्री भी गये थे। बीयर पीने के मामले पर गणेश मंत्री जी ने कहा था कि थोड़ी मर्यादा तो रहनी चाहिए हम दोनों में। मुझे यह बात आज तक याद है। उसके बाद मैंने बीयर या शराब कभी भी गणेश मंत्री के सामने नहीं पी। हालांकि मैंने अपने जीवन में कम ही पी। मुंबई जाने पर शुरूआत, फिर बंद। यानी कह सकते हैं कि इन लोगों ने एक संस्कार भी डाला। गणेश मंत्री, नारायण दत्त मेरे सबसे क्लोज मेंटर थे। उसके बाद भारती जी के घर पर मैंने कभी नहीं पी। वैसे घर पर जाने पर वे अपने सहकर्मियों के साथ बहुत ही सम्मानपूर्वक व्यवहार करते थे। नारायण दत्त जी का चार-पांच भाषाओं पर जबर्दस्त कमांड है। वैसे वे मूलतः कन्नड़भाषी हैं, पर तमिल भी बहुत बढ़िया जानते हैं। उनका ननिहाल तमिल इलाके में है। वहीं परवरिश हुई। गुजराती, मराठी, मलयालम तो जानते ही थे, संस्कृत पर उनकी पकड़ थी। हिंदी और अंगरेजी के तो मास्टर थे ही। वे जिस पुस्तक की समीक्षा लिखते थे, उसे पूरा पढ़ने के बाद ही। नवनीत सर्वश्रेष्ठ पत्रिका थी। उसके पुराने अंकों को देखकर कहा जा सकता है कि उतना बेहतर रिच जर्नलिज्म और कभी नहीं हुआ। एचवाई शारदा प्रसाद सबसे पावरफुल लोगों में से थे, पर उनकी खासियत थी कि एक पत्रकार ने अपने सबसे पावरफुल स्थान या पद पर रहते हुए अपने पद का कभी भी, कहीं भी इस्तेमाल नहीं किया। यह ऊंचाई मैंने उन लोगों से सीखी और पायी। मैं वैसा नहीं हूं, जैसा वे लोग थे। लेकिन यह जरूर सीखा कि इस रास्ते चलना चाहिए। नारायण दत्त जी की आंखों में कुछ बीमारी आ गयी, तो उनके साथ सुबह अस्पताल में मैं, अनुराग और हमारे कुछ मित्र रहा करते थे। जब वे ठीक हो रहे थे, तो एक दिन दफ्तर में अचानक पता चला कि एचवाई शारदा प्रसाद जी आ रहे हैं। हमारे टाइम्स ऑफ इंडिया के एडिटर, जनरल मैनेजर सब उनके पीछे-पीछे। शारदा प्रसाद जी ने वहां पूछना शुरू किया कि हरिवंश कौन है? अनुराग कौन है? हमें आश्चर्य हुआ कि यह हम लोगों के बारे में क्यों पूछ रहे हैं? हमारे सामने हमारे सारे टॉप बॉस, मैनेजमेंट के लोग थे, जिनके सामने जाना हमारे लिए बहुत मुश्किल होता था। शारदा जी ने कहा कि मुझे नारायण ने कहा है कि मैं उन्हें धन्यवाद दूं, तुम दोनों ने उनकी बहुत सेवा की है। उस समय सात पैसे की चाय आती थी। उस व्यक्ति की महानता को देखिए, जो व्यक्ति इंदिरा जी के जमाने में पत्रकारिता में सबसे पावरफुल व्यक्ति था, पीएमओ में श्रेष्ठ पद पर था, देश में जिसकी पहचान थी, विद्वान् था, उसकी सात्विकता का असर था कि हम लोगों के साथ बैठकर उन्होंने सात पैसे की चाय पी। हम सबसे सीनियर लोग थे। हम लोगों को धन्यवाद दिया। यह कल्चर हमने उनसे सीखा। उसके बाद मैं

पटना, कलकत्ता गया। मैं चाहता था कि मेरे बच्चे भी उनसे कुछ सीखें। इतना बड़ा आदमी, इतना जानकार और देखिए कि आज भी नारायण जी पूछते हैं कि कहां हो, क्या हो रहा है, कैसे हो, घर-परिवार कैसा है? आज भी नारायण दत्तजी जो लिखते हैं, उसका प्रभाव, दायरा देखा जा सकता है, दुख यह है कि हिंदी पत्रकारिता में ऐसे लोगों को सम्मान नहीं मिला, जिसके वे हकदार हैं। इन लोगों का मेरे ऊपर नैतिक असर रहा। निश्चित तौर पर मैंने मनुष्य की ऊंचाई ऐसे ही जीवित लोगों में देखी है, जिनके बारे में हम पढ़ते रहे थे।

जब मैंने प्रभात खबर में काम करना शुरू किया, तो मैंने गणेश मंत्री जी से कहा कि आप लिखें। वे प्रभात खबर में कॉलम लिखा करते थे। नारायण दत्त जी से आग्रह करता हूं। आज भी वे हमारे आग्रह पर लिखते हैं। इस उम्र में। इन लोगों के साथ होने की वजह से ही हम लोगों में एक मूल्य, वैल्यूज विकसित हो पाया। मुझे कोफ्त इस बात से होती है कि आज की नयी पीढ़ी में ऐसा नहीं है। दोष भी नहीं दे पा रहा हूं। इन लोगों का ऋण है मेरे ऊपर, जिनसे हमने सीखा और अब तक सर्वाइव किया। ऐसी चीजों को अगर मैं नयी पीढ़ी को नहीं दे पा रहा हूं, तो यह मेरी गलती है। शायद नयी पीढ़ी के वैल्यूज बहुत बदल गये हैं। मुझे याद है, जब हम बंबई गये थे, तो टाइम्स ऑफ इंडिया सबसे प्रेस्टिजियस संस्थान हुआ करता था, जिसमें आईपीएस तक की नौकरी छोड़कर लोग काम करने आये थे। उसी संस्थान से एमजे अकबर, विक्रम राव जैसे लोग आये। ब्रिलियेंट पत्रकारों को उस संस्थान ने पैदा किया। पर पैसे की मारामारी नहीं होती थी। मेरे पास आज जैसे पैसे होंगे, मैंने अपने जीवन में कभी सोचा नहीं था। पर शायद वह पवित्रता मेरे अंदर नहीं रह गयी, जो वहां कम पैसे में थी, क्योंकि ऐसे लोगों का साहचर्य था। आज ऐसे लोगों को पागल माना जाता है। समाज इन्हें पागल कहता है। यह पैसे का प्रभाव है। भौतिकता का असर। क्या किया गणेश मंत्री ने? कौन जानता है? क्या किया नारायण दत्त ने, क्या किया एचवाई शारदा प्रसाद ने? यह किन युवा पत्रकारों को पता है। लेकिन हिस्टोरिकली किसी समाज को बनना है, रि-इनवेंट करना है, आगे जाना है, तो बिना ऐसे लोगों के समाज ऊपर नहीं उठ सकता। वह पतन की ओर ही जाएगा, यह मेरा निजी कनविक्शन है।

आप जो संस्मरण सुना रहे हैं, वह कुछ-कुछ कल्पना की तरह लगता है। बाद में वैसे मूल्य, आदर्श पत्रकारिता में क्यों नहीं बच सके?

जिस तरफ हम बढ़ रहे हैं, उसमें जंगल राज आ रहा है। जिसके पास ताकत होगी, वह सर्वाइव करेगा। हम उस दौर में जा रहे हैं, जहां 'माईट इज राईट' होगा। यानी जिसकी लाठी, उसकी भैंस। आज पत्रकारिता में अनैतिक रूप से जिन लोगों ने बहुत पैसे इकट्ठे कर लिये हैं, संपदा बना ली है, जो लॉबिंग करते हैं, बिचौलिये की भूमिका में रहते हैं, अरबपति होकर अखबारों और चैनलों के मालिक हो गये हैं, मैं उनका नाम गिना सकता हूं लेकिन यह सब योग्यता के आधार पर नहीं। गणेश मंत्री जी, नारायण दत्त जी या धर्मवीर भारती की क्वालिटी, कैरेक्टर, कमिटमेंट, तेजस्विता और प्रखरता के पासंग में कोई नहीं टिकता। पर परिस्थितियां और बाजार की इकोनॉमी ने आज दूसरे किस्म के लोगों को शिखर तक पहुंचा दिया है। यानी जिस रास्ते पर आज ऐसे लोग चल रहे हैं, चीजें उससे नॉन इथिकल हो जाएंगी। वीभत्स रूप देखने को मिलेगा। जिसके पास पैसा होगा, साधन होगा, वही सर्वाइव करेगा। वही महान् होगा। और वही पवित्र और बेहतर भी

माना जाएगा। सफल कहलायेगा। ऐसे ही दौर में हम प्रवेश कर रहे हैं। पर यह स्थायी नहीं होगा। क्योंकि जब पूरा का पूरा समाज माइट इज राइट पर चलेगा, तब अंततः कितने लोग, कितनों को खत्म करेंगे! आज इसे रोकने की शुरुआत मात्र राजनीति ही कर सकती है। पत्रकारिता नहीं कर सकती है। राजनीति इन चीजों को ठीक कर सकती है। राजनीति आधारित आइडियोलॉजी और वैल्यूज ने ही भारत को आजाद कराया और उसे एक मूल्य भी दिया। इसी पर चलकर कई सौ साल बाद हमें आजादी मिली थी। उस सत्त्व को तलाशना होगा। झूठ, छल के प्रकोप यानी जो दौर आज चल रहा है, उस पर चलकर हमने अपनी नियति आजादी को नहीं तलाशी। खैर, यह दौर कुछ दिन यूं ही चलेगा। अंततः एक दिन यह होगा कि या तो यह देश को तोड़ देगा या इस दौर के विरोध में एक बड़ा विद्रोह पनपेगा। नीचे के तबके के लोगों में भी और ऊपर में भी। यह अंडरकरेंट अभी भी है, जिसे आगे आने में भले ही पांच-दस साल लगें, पर यह चीजों को पलट देगा। और निश्चित तौर पर जिस तरह की कुनीति या दलाली का साम्राज्य चल रहा है, वह बहुत वर्ष आगे नहीं रहने वाला। चरित्र के दिन लौटेंगे, विचारों के दिन लौटेंगे। जैसे प्रकृति को चलने के लिए पंचतत्त्व की जरूरत है, उसी तरह समाज के लंबे समय तक चलने के लिए भी यह सब जरूरी है। पर फिलहाल अंधेरा है। यह कितना लंबा होगा, नहीं कह सकता।

जिंदगी में किन बातों को लेकर अफसोस रहता है कि यह नहीं कर पा रहे!

मैंने जीवन का सबसे उर्वर समय तो निकाल दिया। मुझे एक बेहतर पत्रकारिता का मौका मिला। मुझमें जितना सामर्थ्य था, मैंने कोशिश की। इसी तरह मुझे कोई संस्था मिली होती, जहां खराब-से-खराब स्थिति होती और मैं उसे बेहतर कर पाता। यदि कोई स्कूल मिला होता, बिलकुल खराब और जर्जर अवस्था में, तो उसे संबंधित इलाके का सबसे बेहतर स्कूल बना पाता। प्रशासन मिला होता, तो एक अच्छी टीम भावना पैदा कर बेस्ट प्रशासन बना पाता। इसी तरह यदि लोगों के जीवन में परिवर्तन कर के दिखा पाता और खुद को भी यह बता पाता कि हां, मैंने किया, तो बड़ा अच्छा लगता। लेकिन अफसोस कि मैं वह नही कर पाया। दूसरा यह कि मैं अपने परिवार को समय नहीं दे पाया। बच्चों की परवरिश जिस ढंग से करनी चाहिए थी, जो वैल्यूज उनमें मुझे डालना चाहिए था, वह मैं नहीं डाल सका। एक पिता के तौर पर। तीसरा, हम चाहते तो किसी संस्थान के मालिक आसानी से बन सकते थे, लेकिन उसकी कभी इच्छा नहीं हुई। हां, अगर मैं अंगरेजी अच्छे से जानता, तो जो उसके बूते शासक वर्ग में लोग आसानी से अपनी जगह बना लेते हैं, वह भी कर लेता। लेकिन वह नहीं कर पाया। मेरी अब भी इच्छा है कि मैं अपने पैसे से ऐसी संस्था बनाऊं, जो समाज का भला कर सके। उनमें दस-बीस बच्चों को ऐसा निकाल सकूं, जो बेहतर काम कर सकें। मेरे रहते भारत और ताकतवर बन पाता, यह इच्छा है। एक मोरल बेस्ड सोसाइटी का जन्म होता, लेकिन इस दिशा में मैं बहुत कुछ नहीं कर पा रहा हूं, इसका अफसोस रहता है। ऐसी चीजों की कामना, कल्पना हमेशा ही जेहन में रहती है। मैंने पिछले साल गांव में अपने पैसे से छोटी-सी जमीन खरीदी है। हालांकि मेरे पास पैतृक जमीन पहले से है। उस जमीन पर अगले कुछ सालों में कुछ बनाने का इरादा है। अपने लिए नहीं, समाज के लिए।

जीवन यात्रा के उतार-चढ़ाव की इतनी बातें हो गयीं। जीवन के आरंभिक दिनों की बातें कुछ बतायें। कब जन्म हुआ, बचपन कैसा गुजरा, पारिवारिक परिवेश कैसा था?

मेरा जन्म एक मध्यमवर्गीय किसान परिवार में हुआ। मेरे घर में खेतिहर लोग थे। मैंने गांव के स्कूल में पढ़ना-लिखना शुरू किया। बचपन की जो यादें हैं, वह यह कि मैं बोरा-पटरी लेकर बिना चप्पल-जूता के स्कूल जाता था। पहली बार 1969-70 में हाई स्कूल में था, तो मेरा जूता बना। गांव के ही एक मोची ने बनाया। जूता बनाने में उसने महीने भर का समय लिया। मैं घोड़ी पर चढ़कर रोज उसको देखने जाता था। मुझे इतना उतावलापन था कि मेरे लिए जूता बनने वाला है। यह मुझे इतना अच्छा लग रहा था कि मैं उसे बार-बार देखने जाता था। मोची से पैरवी करता कि जल्दी इसे बना दो। उस जूते की बहुत याद आती है। मैं ऐसे घर में था, जहां अभाव नहीं था। भुखमरी नहीं थी, लेकिन प्रचुरता भी नहीं थी। फसल एक ही होती थी, बाढ़ आती थी, पांच बार घर गिर चुके थे। एक बार की फसल ही सालों भर मरनी, जीनी, पढ़ाई-लिखाई, शादी-ब्याह आदि का स्रोत हुआ करती थी। परिवार पूरी तरह से कर्ज में डूबा रहता था। डुमरांव महाराज के पास जमीन गिरवी रखकर पुरखों ने कर्ज लिया था। हमारे पिताजी की डायरी में दो-दो पैसे का हिसाब भी ढूंढ़ने पर मिलता है। नियमित डायरी लिखते थे। बड़े सिस्टमेटिक थे। वे दूरद्रष्टा थे। जब लोग खेत बेच रहे थे और शानखर्ची में रहते थे, तब उन्होंने हम लोगों को पढ़ाने के लिए खेत बेचा। मेरी मां का मुझ पर बहुत गहरा असर है। कर्ज में उसके सभी जेवर चले गये। उफ तक नहीं की। आधी रात को भी यदि कोई अतिथि आता, तो वह बिना खिलाये नहीं छोड़ती थी। मैंने उन्हें कभी किसी को, नाराज होकर बोलते नही सुना। मामा का परिवार हमारे परिवार से ज्यादा सुखी-संपन्न था, लेकिन हमारी मां विपरीत परिस्थितियों में भी घर पर ही रहीं, कर्ज के दबाव को सही। वह सुबह चार बजे ही लकड़ी के चूल्हे पर खाना बनाती थीं। मुझे याद है कि हमारा घर थोड़ी ऊंचाई पर था। जब बाढ़ आती थी, तो सब लोग यहीं आकर ठहरते थे। सबका एक साथ खाना बनता था। एक आदमी का दुख सबका दुख होता था। आपस में स्पर्द्धा थी, प्रतियोगिता थी, वैमनस्यता भी थी पर संकट के समय साथ निभाने की सोच, सबसे महत्त्वपूर्ण थी। और वे गांव-परिवेश को जोड़ती थीं। आज वह खत्म हो रहा है। बड़े शहरों में तो इस परंपरा का नामोनिशान तक मिट गया है। गांवों में भी चीजें बदल रही हैं। अपढ़ समाज था गांवों का, लेकिन इथिकल सेंस विकसित था। शत्रुता ऐसी रहे कि एक-दूसरे की जान के प्यासे हो जायें, पर ऐसी स्थिति में भी बेटी की शादी में हर काम करते थे। भले ही वहां खाना नहीं खायें। इस मायने में वह बहुत ही विकसित समाज था। लोगों में ऊंचाई थी। मर्यादा थी। गांव की लड़की को अपनी लड़की समझते थे। शराब-ताड़ी गांव में वर्जित था। किसी भी जाति या किसी के अभिभावक गलत आचरण पर डांट सकते थे। हमारे घर में एक कमकर थे, भिखारी भाई। वही हमारे अभिभावक थे। हमारे पिता मुकदमों में गांव से बाहर रहते थे। पर शाम हो जाये और हम बाहर रहें या पढ़ें नहीं, तो सबसे ज्यादा डर भिखारी भाई का ही रहता था। उनका मोरल बहुत हाई था। घर में एक विधवा बुआ थी, उन्हीं का कहा घर में चलता था। उस वक्त विधवा और बूढ़ों का शासन होता था, सम्मान था। मैंने एक अंगरेजी चिंतक को पढ़ा था कि किसी समाज की ऊंचाई को जानना हो, तो वहां बूढ़ों और औरतों के साथ कैसा

बर्ताव होता है, यह देखना होगा। मैंने देखा कि अपढ़ गांव में भी किस ऊंचाई पर महिलाओं और बुजुर्गों को रखा जाता है। इन संस्कारों का मेरे जीवन पर गहरा असर रहा। स्कूल में पढ़ा, फिर यूपी कॉलेज बनारस से पढ़ा। फिर इलाहाबाद गया, तुरंत लौटा बीएचयू बनारस में।

1990-91 में पिताजी गुजर गये। 2002 में मां गुजर गयीं। हम ऐसे समाज में पले-बढ़े, जहां पिता अपने बेटों से ज्यादा अपने भतीजों को स्नेह करता था। मुझे मेरे चाचाओं ने ज्यादा स्नेह दिया, मान दिया। लेकिन ऐसा नहीं कि पिता का स्नेह नही मिला। मां भी वैसी ही थी। संयुक्त परिवार में मेरी चाची मुझे बहुत मानती थीं। पर मां का गहरा असर रहा। खुद परेशानियों में रहकर दूसरों के लिए काम करना, घोर विपरीत परिस्थितियों में रहकर भी माथे पर शिकन तक नहीं आना, उन्होंने कभी किसी से शिकायत नहीं की।

जिंदगी में सबसे दुखद क्षण कौन-सा लगा?

जयप्रकाश जी के न रहने पर। उम्र कम थी, पर उस समय लगा था कि सबकुछ खत्म हो गया। फिर चंद्रशेखर जी के न रहने पर। निजी जीवन में मेरे एक चाचा जो भागलपुर से उस जमाने में टीएनबी कॉलेज से पढ़े थे और उन्हें दारोगा की नौकरी मिली थी, लेकिन वे उस नौकरी को छोड़ गांव में रहते थे। मुझे बहुत स्नेह देते थे। वे सुबह में भ्रमर गीत गाते थे। उनका नाम बिंदा सिंह था, लोग उन्हें लाला कहते थे। मैं उस वक्त स्कूल में पढ़ता था, तब गुजरे थे लाला। कहा जाता है कि श्मसान वैराग्य का भाव पैदा करता है। मुझे पहला सदमा लाला के जाने से हुआ। इसी तरह की अनुभूति मां-पिताजी के जाने से भी हुई, लेकिन तब तक मैं मैच्योर हो गया था। सार्वजनिक जीवन में जेपी और चंद्रशेखर के न रहने पर। गणेश मंत्री की मृत्यु की खबर से मैं बहुत आहत हुआ। उन्होंने हमें उंगली पकड़कर पत्रकारिता सिखायी थी। नारायण दत्त, भारती जी, विश्वनाथ सचदेव जी ने बहुत कुछ बताया। मैं पुरानी प्रवृत्ति का हूं, तो मुझे लगता है कि जिन लोगों से मैंने जीवन में कुछ भी सीखा, उनके न रहने से पीड़ा होती है। पर अब लगता है कि शायद जीवन यही है। एक पीढ़ी आती है, तो दूसरी जाती है। अब हम और हमारी पीढ़ी जाने की तरफ है।

और सबसे ज्यादा संतुष्टि कब मिलती है?

गरीब से गरीब आदमी की खबर छपी, सिस्टम ने नोटिस लिया, तो लगा कि कुछ सार्थक हुआ। दुमका से पहाड़िया आदिवासी फोन करते हैं कि सर, यह चीज छपी है। उससे मुझे यह लाभ हुआ, तो सबसे ज्यादा अच्छा लगता है। मैं खुद खत्म होते आदिम जनजाति के बिरहोरों के यहां गया था, तो पता चला कि प्रभात खबर में खबर छपने के बाद उन्हें लाभ मिला। इस तरह की खबर छपने के बाद कुछ होता है, तो सुकून मिलता है। हालांकि यह काम हमारी टीम करती है, पर लगता है कि कुछ सार्थक तो हो रहा है। ताकतवर-से-ताकतवर आदमी के जुल्म, अत्याचार, उसके कुकर्म, भ्रष्टाचार को खतरे उठाकर सामने लाने पर लगता है कि सही काम किया। उतना ही अगर मैं कोई गलत काम करने की ओर सोचता हूं या दिमाग जाता है, तो अफसोस होता है कि मैं यह क्या करने जा रहा हूं। गलती पर घोर पश्चात्ताप आदत में है। यह सब उन्हीं लोगों का असर है, जिनके साथ मैं पला-बढ़ा-पढ़ा-काम किया और सीखा।

आब किताबें बहुत पढ़ते हैं। आपकी प्रिय पुस्तक?

समरगाथा। फाइव ग्लोरियस ब्रदर्स का हिंदी अनुवाद अमृत राय ने किया है। यह बेहद मशहूर है। दशकों पहले हैदराबाद में इसे मुझे एक मित्र ने भेंट की थी। तब से न जाने कितनी बार मैंने किताब को पढ़ा है। मैं लोगों को सजेस्ट भी करता हूं कि लोग उसे पढ़ें। हर प्रसंग में आत्मसम्मान की, मूल्यों की बात है। वो मूल्य जो आपको हानि नहीं पहुंचाते। जीने की जो अद्भुत ललक उस उपन्यास में दिखाई देती है, उसे मानस बनाने के लिए जरूर पढ़ना चाहिए। मुझे तो लगता है कि देश में मुफ्त बांटकर उसे बच्चों को पढ़ाना चाहिए। दूसरी पुस्तक है बाबरनामा। बेसिकली यह बाबर की डायरी है, रोजनामचा। भारत सरकार को उसे भी बच्चों को बांटकर पढ़ाना चाहिए। उसमें बाबर लिखता है कि लाखों लोग सड़क के किनारे खड़े हैं और हम कुछेक हजार लगभग ढाई-तीन हजार सेना लेकर आते हैं और फतह हासिल कर लेते हैं। अगर ये लोग जुट जायें, तो हड्डी-पसली तक नहीं बचेगी। पर यह कैसी कौम है, जो इस बात को समझती नहीं। कुलदीप नैयर की पांच किताब, जिसे मैं विद्यार्थी जीवन में बहुत ही रोचकता से पढ़ता था। उस किताब में पालिटिक्स के पीछे की चीजों को बेहतर ढंग से बताया गया। फिर अरुण शौरी की पुस्तकें भी। भारत-चीन रिश्तों में हो रहे बदलाव पर उनकी एक महत्त्वपूर्ण पुस्तक भी मुझे पसंद है। उसे भी पढ़ना-पढ़ाना चाहिए। थॉमस फ्रीडमैन की 'वर्ल्ड इज फ्लैट' किताब भी अच्छी है। यदि हिंदी में यादगार किताबों में कहें, तो अज्ञेय का साहित्य मुझे आकर्षित करता रहा है। 'शेखर-एक जीवनी' मुझे बहुत पसंद है। नेहरू की किताब 'डिस्कवरी ऑफ इंडिया' मुझे बहुत पसंद है। किताबों की दुनिया में मेरा मन रमता है। अच्छी लाइब्रेरी बनाई है हमने घर में।

लेखन में आप नेहरू के पक्ष में खड़े दिखते हैं, लेकिन कांग्रेस के प्रति हमेशा ही दूसरा नजरिया रहता है आपका?

आजादी की लड़ाई से बड़े नेता निकले। उनको मैं इस रूप में देखता हूं कि समुद्र मंथन की प्रक्रिया चल रही थी, जिसमें हलाहल निकलने के बाद अमृत भी निकला था। सुभाष चंद्रबोस, आचार्य नरेंद्र, जेपी, पटेल, लोहिया, गांधी आदि निकले। नेहरू उन्हीं में से एक थे। नेहरू कंटेंपररी वर्ल्ड के नायक थे। नेहरू को जितनी छूट मिली थी, वो चाहते तो डिक्टेटर हो सकते थे, पर वे ऐसा नहीं हुए। छात्र जीवन में हमने डिस्कवरी ऑफ इंडिया पढ़ने की कोशिश की। पर अंगरेजी अच्छी नहीं थी, इसलिए नहीं पढ़ सका। दोस्तों से इस पर चर्चा होती थी। भारत को समझने की गहरी दृष्टि उनमें थी। यह उनका अद्भुत पक्ष था। अब यह देखिए कि जिस व्यक्ति के बारे में यह अफवाह या धारणा फैल गयी या फैलायी गयी कि उसके कपड़े पेरिस से धुलकर आते हैं, वह व्यक्ति आजादी की लड़ाई में मोटा खद्दर पहनने लगा। सुना था कि शुरू में उस कपड़े को पहनने से नेहरू के शरीर पर रेसे उभर आते थे, ऐसा लोगों ने लिखा है। 11 साल तक वह व्यक्ति जेल में रहा। हीरेन मुखर्जी का संस्मरण पढ़िए। एक आईसीएस थे सुभाष बाबू की पार्टी से। मध्य प्रदेश से वे सांसद थे। बहुत बड़ा नाम था उनका। एच.वी. कामत। उनके संस्मरण पढ़िए। प्रो. एमजी रंगा के संस्मरण पढ़िए। अलग-अलग विचारधारा के लोग हैं। सीपीआइ, स्वतंत्र वगैरह के। सबने

लिखा कि जीवन के अंतिम समय में नेहरू ने कहा था कि मैं गांधी के रास्ते से भटक गया, यह मेरी भूल थी। इतना बड़ा आदमी ही अपनी गलती स्वीकार कर सकता है। उनके जीवन में कुछ और भी भूलें थीं, पर चरित्र गढ़ने, देश को सपने दिखाने, विजन में, जो उनका फाइनेस्ट कंट्रीब्यूशन रहा, वह अद्वितीय है। बौद्धिक रूप से वे महान् थे। इसलिए उनके प्रति मन में सम्मान रहता है। लेकिन उसके बाद से कांग्रेस में जिस तरह से इंदिरा गांधी ने शासन चलाया, यह सब जानते हैं। बेशक इंदिरा गांधी बहुत ही निर्णायक महिला थीं। साहसी भी। कई गलतियां कीं। मैं कांग्रेस को दूसरे रूप में देखता हूं। इंदिरा जी के दौर में कांग्रेस में पतन की नींव पड़ी। दलबदल को प्रश्रय देने में कांग्रेस आगे हो गयी। वंशवाद को प्रश्रय देने में भी। आज इंडियन पालिटिक्स में जो भी बुराइयां आप देखते हैं, वह कांग्रेस की देन है। स्रोत है कांग्रेस। इसलिए जब मैं विचार करता हूं, कांग्रेस के बारे में सोचता हूं, तो दुख होता है। मुझे याद है, जब मैं विद्यार्थी था, तो माओवाद फैशिनेट करता था। जिस दिन माओ की मृत्यु हुई, हम रेडियो पर उनके बारे में सुन रहे थे। माओ किसान पृष्ठभूमि से थे, तो हमें लगता था कि हम किसानों के बीच से कोई है। उन्हीं दिनों हमने नक्सल मूवमेंट को भी जाना। मुझे याद है कि कैसे एलीट क्लास के लोग, प्रख्यात शिक्षण संस्थानों के नौजवान इसमें जुड़े थे। यानी आजादी के बाद या यूं कहें कि 1966 से लेकर 1974 तक ब्रिलियंट नौजवानों की फौज इसमें आयी। वह गलत थी या सही, मैं अभी इस पर नहीं जा रहा? पर नक्सलवाद के लिए उन्होंने आहुति दी। वे सत्ता नहीं चाहते थे, फिर भी उन्होंने आहुति दी। इस तरह से माओ के बारे में फैशिनेशन बना। फिर 1978 के बाद जिस तरह से चीन ने अपने आप को रिवाइव करना शुरू किया और मैं चीन यात्रा पर गया, वहां का साहित्य पढ़ा। उससे गहराई से प्रभावित रहा। उसके पहले एडगर स्नो की किताब मैंने पढ़ी थी। चीन-माओ पर। वे बड़े पत्रकार थे। उसके बाद चीन के प्रति आकर्षण पैदा हुआ। अपने को क्रियेटिव ढंग से बनाने का, जो अभियान चीन ने शुरू किया, वह मेरे लिए बहुत फैसिनेटिंग है। खुद को सुधारने के लिए शुरू हुआ यह अभियान इसी पीढ़ी में दिखने लगा है और चीन दुनिया के सबसे ताकतवर देश के रूप में उभरा है। मुझे जीवन के इस मोड़ पर आकर लगता है कि आलोचना करना सबसे आसान काम है। बैठे-बैठे हम लोग सभी का मूल्यांकन कर देते हैं, लेकिन वहीं कुछ कर के दिखाना उतना ही कठिन है। पर चीन ने कर के दिखा दिया। वह महाशक्ति बनकर उभरा है। आज दुनिया के तमाम देश चीन के नाम से भय खाते हैं। चीन पर अभी कई किताबें मैंने पढ़ी हैं। उनकी कार्यसंस्कृति, उनका तकनीकी विकास, सब अद्भुत है। अभी मैं कुछ दिनो पहले जापान में था। जापान और चीन में आपसी कटुता है। चीन ने हमें यह सोचने पर विवश कर दिया कि कैसे दस प्रतिशत ग्रोथ रेट को 12 से 15 प्रतिशत तक बढ़ाया जा सकता है। दुनिया में इतनी मजबूती से अपने को पेश करना एक ऐतिहासिक घटना है। हमारे समय में चीन ने यह इतिहास बनाया है। हमारे लोगों में क्यों नहीं है यह दम कि हम सबसे ताकतवर बनकर उभरें। हम अपने देश को ताकतवर बनायें। हमने यहां की उत्कृष्ट संस्थाओं का कबाड़ा कर दिया, पर चीन ने उसके उलट काम किया। उसके बारे में जानने के लिए मैं इकोनॉमिक्स, साहित्य वगैरह पढ़ता हूं। चीन पर मैंने कम-से-कम 25 किताबें पढ़ी हैं। मैं 2002 में वियतनाम गया था। मैं पूरा चीन देखना चाहता हूं। वह देश, उसकी क्षमता प्रभावित करते हैं। नेहरू ने संघर्ष किया, वह आकर्षित करता है। कांग्रेस ने सृजन के रास्ते पर भारत को नहीं डाला।

कांग्रेस की आलोचना करते हैं, तो क्या बीजेपी से सहमत हैं?

बीजेपी से संबंधित जब भी खबरें छपती हैं, प्रभात खबर ने बहुत साफ स्टैंड रखा है। शुरू से ही हमें 90-95 में मुसलमानों का अखबार कहा गया। परचे बांटे गये। पर भाजपा से लेकर अब तक के सफर के लिए दोषी कौन है, उसके मेरे अपने तर्क हैं, अपनी मान्यता है। अयोध्या प्रसंग को ही ले लीजिए, शुरुआत किसने की, कांग्रेस ने। अरुण नेहरू और राजीव गांधी ने राम मंदिर का ताला खुलवाया। उसके पीछे शाहबानो प्रकरण था। हिंदुस्तान की राजनीति में सांप्रदायिकता को मुद्दा बनने-बनाने का अवसर किसने दिया, इसका जन्मदाता कौन है? हां, पर जहां जैसी जरूरत पड़ी, हमने लिखा। लोग तो प्रभात खबर को मुसलमानों का अखबार कहने लगे थे। 1989-90 में हमने बीजेपी के खिलाफ अभियान चलाया और लिखा। 1990-91 में हमारे अखबार का बायकाट हुआ। मुसलमानों का अखबार कहकर, लेकिन हमने सबसे फेयर रिपोर्ट प्रकाशित की। फिर भी लोगों को अपने-अपने ढंग से सोचने और समझने का अधिकार है। मेरा मानना है कि कांग्रेस में नेहरू और इंदिरा के बाद कोई लीडर नहीं हुआ, और नेहरू, इंदिरा के बाद से तो कांग्रेस लगातार कमजोर पड़ रही है, अच्छे नेतृत्व के अभाव में। यह पार्टी सबसे अधिक दिनों तक सत्ता में रही है। केंद्र में। राज्यों में। इसलिए भारत बदलने का अवसर इसी दल के पास था। हमने उसे खोया है। आज के पतन के सभी कारण कांग्रेस राजनीति की ही देन हैं। यह अपना मानना है। हालांकि इसी दल ने इस देश को एक रखने में भी सबसे अधिक काम किया है।

आपने विदेश यात्राएं भी खूब की हैं। दुनिया घूमना शौक है या कुछ समझने की ललक? सबसे ज्यादा किस मुल्क ने प्रभावित किया, कहां जाने की इच्छा अब भी बची है?

1994 में एक निमंत्रण के तहत एक माह के लिए अमेरिका गया। वहां पूर्वी से पश्चिमी छोर तक घूमने का मौका मिला। लौटते वक्त लंदन भी गया। वहां लोगों ने कई अच्छी चीजें दिखायीं। मुझे ऑक्सफोर्ड देखने की इच्छा थी, वह देखा। अमेरिका में हार्वर्ड देखा। फिर भारत आया। दोबारा 1999 में लंदन गया। वहां से मैं मित्रों के माध्यम से जर्मनी गया और फिर यूरोपीय देशों में फ्रांस, ब्रिटेन होते हुए वापस आया। उसके बाद दक्षिण कोरिया, रूस (मॉस्को) आदि देशों में गया। वर्ल्ड न्यूजपेपर एसोसिएशन की बैठक में। दक्षिण अफ्रीका गया। सुरीनाम विश्व हिंदी सम्मेलन में भी गया। फिर हम ऑस्ट्रिया गये। उसके बाद ब्रिटेन, फिर लौटकर मुंबई आया। बाद में मौका मिला तो कंबोडिया भी गया। सिंगापुर, हांगकांग, चीन दोबारा भी जाना हुआ। पिछले साल प्रधानमंत्री के साथ जी-20 की बैठक में रोम जाना हुआ था। 2002 में दो बार अमेरिका भी गया। इस साल जापान, मलेशिया, वियतनाम गया।

हम जिस परिवेश से आते हैं, उसमें अमेरिका हमारे जनमानस में गहराई से बैठा हुआ है। हमें लगा कि इस देश को बारीकी से देखना चाहिए। यह देश यूं ही दुनिया की महाशक्ति नहीं बन बैठा है, बल्कि अपने संस्थान, पब्लिक कैरेक्टर और अपने देशवासियों के प्रति रागात्मक लगाव के कारण बड़ा बना है। मैंने देखा कि हार्वर्ड जैसे संस्थान कैसे बने हैं? मैंने देखा कि कैसे कचरे पर वाशिंगटन शहर बसाया गया है? वह अद्भुत और चामत्कारिक है। वहां इफिसिएंट लोग हैं, जो

टैलेंट से समझौता नहीं करते। वह कोशिश करते हैं कि जो व्यवस्था बेस्ट हो, वह बनायी जाये। वे अपने शैक्षणिक संस्थानों को बेहतर बनाते हैं। वहां कोई मीडियॉकर नहीं है। जब ब्रिटेन गया था, तो लगा कि ब्रिटेन पराभव की ओर है। उसके कई कारण हैं। सुरीनाम में देखा कि कैसी मानसिकता रही होगी। जब सौ-दो सौ साल पहले भारत के लोग यहां आये होंगे। रूस को जितना जानता था, उस नजरिये से देखा। उसके विकास को देखा। व्यवस्था देखी। ऐतिहासिक चीजों को देखा और सबसे खास गोर्बाचोव को बिलकुल पास से मिलना हुआ, पर इन दिनों जापान, मलेशिया और वियतनाम ने मुझे गहरे ढंग से प्रभावित किया है। इसके पहले जब मैं ऑस्ट्रिया गया था, तो पाया कि वह बेहद खूबसूरत है। पूरा यूरोप ही खूबसूरत है। फ्रांस में पेरिस देखा। बिलकुल साफ और नफासतवाली जगह। अमेरिका सबसे ताकतवर कैसे बन सकता है, चीन एक ही पीढ़ी में कैसे पलट सकता है, जापान का आत्मसम्मान क्या है? वियतनाम अतीत का बोझ उठाते हुए खुद दुनिया में श्रेष्ठ बनने में लगा हुआ है। हर देश की अपनी खासियतें हैं। इस तरह अलग-अलग मुल्कों की अलग-अलग चीजों ने प्रभावित किया।

कहां जाने की इच्छा अधूरी रह गयी?

दो-तीन इच्छाएं हैं। पता नहीं पूरी हो पायेंगी भी या नहीं! पहली इच्छा है कि भारत में हिमालय के चप्पे-चप्पे में घूमूं। फिर बीजिंग से तिब्बत तक की यात्रा करूं। रेलवे से। फिर जो साइबेरिया से लेकर फ्रांस तक है रेल से घूमूं, पूरा यूरोप एक बार देखूं। एक और इच्छा है कि मैं पूरे अमेरिका को ट्रेन से देखूं। मैक्सिको को देखना चाहता हूं। हिमालय को बार-बार देखने की इच्छा है।

लगता है कि खुद के नास्तिक अथवा आस्तिक होने को लेकर आप कई बार द्वंद्व में रहते हैं.

हमारा परिवार पूर्णत: शाकाहारी था। घर में लहसुन-प्याज तक नहीं आता था। हमारे घर के पास गड़ही थी। यानी एक तालाब था। हमारे यहां परंपरा थी कि जब उसमें पानी कम होने लगता था, तो मछलियां पकड़वाकर नदी में छुड़वा दिया जाता था। घर में पूरी तरह से पूजा-पाठ और धार्मिक माहौल था। लेकिन बचपन में जो नींव पड़ी, जेपी और समाजवादी संग की, तो वह नास्तिकता की थी। लेकिन जब मैं रांची आया और प्रभात खबर में काम करना शुरू किया तो बदला। आज भी मैं जब पीछे मुड़कर देखता हूं, तो प्रभात खबर एक चमत्कार लगता है। जो विपरीत परिस्थितियां थीं, उन्हें मैं बदल नहीं सकता था, पर हम उससे उबर गये। तो यह लगना स्वाभाविक है कि किसी प्राकृतिक या ईश्वरीय शक्ति ने साथ निभाया। धीरे-धीरे मेरी यह आस्था बढ़ती गयी। योगानंद की ऑटोबायोग्राफी, फिर बनारस से साधुओं के बारे में 16 वोल्यूम में किताबें खरीदकर लाया और पढ़ा। फिर रिखिया गया, 4-5 बार सत्यानंद जी से मिलने की कोशिश की। रमण आश्रम गया, दक्षिण में। इन जैसे लोगों का जीवन चरित्र, इनकी लेखनी मुझे गहरे प्रभावित करती है। मैं शिरडी के साईं बाबा के मंदिर भी बार-बार जाता हूं और मुझे यह पूरा विश्वास है कि सब कुछ मनुष्य के हाथ में नहीं है। मुझे इन जगहों पर जाकर बहुत ऊर्जा और ताकत मिलती है।

आपके साथी तो इस वजह से कभी-कभी आलोचना भी करते होंगे!

मेरे पुराने मित्र कहते हैं कि मैं पहले ऐसा नहीं था। खैर! मेरी आखिरी इच्छा है कि या तो एक स्कूल खोलूं या हिमालय के पहाड़ों में जाकर तप करूं। यानी जीवन की प्रकृति को समझने की कोशिश करूं, बिलकुल एकांतवास में। मैं नहीं जानता, ऐसा कर पाऊंगा या नहीं, लेकिन मौका मिला, तो ऐसा करने की इच्छा है।

पत्रकारिता में बेस्ट अब तक क्या किये, रिपोर्टर के तौर पर

बाबा आम्टे के आश्रम में रहकर मैंने रिपोर्ट की थी। आनंद वन के चार दिन। रविवार के लिए किया था। कई रिपोर्ट लिखी। यह बेहद चर्चा में रही। हिंसक घटनाओं की रिपोर्ट लिखता था। उसकी जीवंत रिपोर्टिंग की। आदिवासियों पर रिपोर्ट लिखी। उसके पहले चुनाव की रिपोर्टिंग के लिए देश के कई भागों में गया। 1980 की बात है, मैं यूपी में गया था और पहली बार प्लेन पर चढ़ा था। एक रिपोर्ट लिखी कि क्रांतियां हुईं, पर क्या हुआ? यह धर्मयुग का कवर स्टोरी बना था। इस पर काफी प्रतिकियाएं आयी थीं। स्वामी अग्निवेश, प्रो आंद्रे बेते जैसे लोगों ने सोचा कि किसी बुजुर्ग ने लिखा होगा, लेकिन जब वे पहली बार मुझसे मिले, तो सबको बहुत आश्चर्य हुआ। नेपाल पर मैंने कुछ रिपोर्टिंग की थी, वह भी काफी चर्चा में थी।

(हरिवंश से निराला की यह बातचीत कई हिस्से में हुई बातचीत है। यह बातचीत 2007 से 2009 के बीच हुई।)

□□□